Cornel Heinsdorff

Christus, Nikodemus und die Samaritanerin bei Juvencus

W
DE
G

Untersuchungen zur antiken Literatur und Geschichte

Herausgegeben von
Gustav-Adolf Lehmann, Heinz-Günther Nesselrath
und Otto Zwierlein

Band 67

Walter de Gruyter · Berlin · New York
2003

Christus, Nikodemus und die Samaritanerin bei Juvencus

Mit einem Anhang zur lateinischen Evangelienvorlage

von

Cornel Heinsdorff

Walter de Gruyter · Berlin · New York
2003

♾ Gedruckt auf säurefreiem Papier,
das die US-ANSI-Norm über Haltbarkeit erfüllt.

ISBN 3-11-017851-6

Bibliografische Information Der Deutschen Bibliothek

Die Deutsche Bibliothek verzeichnet diese Publikation in der Deutschen
Nationalbibliografie; detaillierte bibliografische Daten sind im Internet
über <http://dnb.ddb.de> abrufbar.

Vorwort

Das vorliegende Buch ist die zum Druck leicht überarbeitete Fassung meiner Dissertation, die im Wintersemester 2002/3 von der Philosophischen Fakultät der Rheinischen Friedrich-Wilhelms-Universität Bonn angenommen wurde. Herr Prof. Dr. Heinz Neitzel hat die Arbeit mit großem Interesse und stets freundlichem Rat betreut und das Korreferat übernommen. Herr Prof. Dr. Otto Zwierlein, der Erstgutachter war, hat die Aufnahme in die "Untersuchungen zur antiken Literatur und Geschichte" angeregt und mich in der Phase der Drucklegung mit hohem Engagement und wertvollen Hinweisen begleitet. Beiden sei herzlich gedankt. Herrn Prof. Dr. Heinz-Günther Nesselrath (Göttingen) spreche ich meinen Dank aus für die sorgfältige Durchsicht des Textes und seine Korrekturvorschläge. Herrn Prof. Dr. Roger Gryson (Louvain-La-Neuve) danke ich für einen wichtigen Hinweis zur altlateinischen Bibelüberlieferung. An dieser Stelle ist auch Herr Prof. Dr. Christian Gnilka (Münster) zu erwähnen, der mich zu den Kirchenvätern hinführte und meine Aufmerksamkeit auf Juvencus lenkte. Herrn Dr. Thomas Brockmann (Bayreuth) bin ich sehr dankbar für die fortwährende und nicht nachlassende Ermutigung während der Entstehung dieser Arbeit. Herr Mario Alt (Krefeld) und Herr Dr. Michael Dodt (Düren) haben beim Korrekturlesen der zum Druck überarbeiteten Fassung geholfen, wofür ihnen nicht zuletzt mein Dank gilt.

Das Buch widme ich meinem Vater, Dr. Hellmut Heinsdorff, der im Sommer dieses Jahres verstorben ist.

Kempen, im Oktober 2003   Cornel Heinsdorff

Inhalt

Vorbemerkungen

Bei lateinischen Bibelzitaten wird, falls nicht ausdrücklich auf die Vulgata verwiesen ist, der bei Sabatier abgedruckte Vetus Latina-Text wiedergegeben, da die moderne Beuroner Ausgabe noch sehr unvollständig ist. Die Evangelien werden jedoch nach der Ausgabe von Jülicher/Aland/Matzkow zitiert, und zwar nach der oberen Hauptzeile.[1] Aus den von Hieronymus für die Vulgata nicht neuübersetzten Büchern Weisheit, Sirach, Baruch und Makkabäer wird nach der Vulgataausgabe von Weber zitiert.

Manchmal wird bei Bibelzitaten neben dem lateinischen auch der griechische und hebräische Wortlaut zitiert. Damit soll in der Regel nicht nahegelegt werden, daß der griechische oder gar der hebräische Wortlaut den Dichtertext beeinflußt habe.[2] Vielmehr soll gezeigt werden, wie weit sich bestimmte Inhalte und Ausdrucksformen grundsätzlich zurückverfolgen lassen.

Die Kirchenväter werden in der Regel aus den großen Reihen zitiert (PL = Patrologia Latina, CSEL = Corpus Scriptorum Ecclesiasticorum Latinorum, CCL = Corpus Christianorum Latinorum, PG = Patrologia Graeca, GCS = Die griechischen christlichen Schriftsteller der ersten drei Jahrhunderte, SC = Sources Chrétiennes, TU = Texte und Untersuchungen zur Geschichte der altchristlichen Literatur, CSCO = Corpus Scriptorum Christianorum Orientalium; zitiert wird auch aus MGH = Monumenta Germaniae Historica), wobei gewöhnlich die neueste Ausgabe bevorzugt wird. Band-, Seiten- und Zeilenzahlen werden in der Regel nur bei den Prosaautoren angegeben.

---

[1] Die obere Hauptzeile dieser Edition, die Recensiozeile der europäischen Überlieferung, auf Jülicher zurückgehend, ist zwar eine bequeme Zitiervorlage. Doch die Leitlinien seiner Recensio hat Jülicher nicht hinterlassen (K.Aland im Vorwort der 1. Auflage des Lukasbands von 1954, S.2). Fischer (Beiträge 202f.) hat erschlossen, daß Jülicher im Prinzip immer b folgt, wenn es mit ff² übereinstimmt, und meistens, wenn ein zweiter Zeuge vorhanden ist. Wenn b ausfällt, tritt dafür ff² ein. Nach Fischer bilden b ff² i tatsächlich die europäische Kerngruppe.- Im Anhang dieser Arbeit wird zwar gezeigt, daß der Juvencustext etwa im Hinblick auf Matthäus dem cod. h besonders nahe steht. Doch überliefert h nur Matthäus, und die Übereinstimmung des Juvencustextes mit b ist so groß, daß im allgemeinen bedenkenlos nach der Recensiozeile von Jülicher/Matzkow/Aland zitiert werden kann.

[2] Daß Juvencus Hebräischkenntnisse besessen hätte, ist bislang von niemandem nachgewiesen worden.

A. Einleitung

In den einleitenden Abschnitten soll die Frage behandelt werden, nach welchen Gesichtspunkten Juvencus Kapitel bzw. Passagen aus anderen Evangelien in sein weitgehend auf dem Matthäusevangelium basierendes Gedicht[3] eingefügt hat. Den Anlaß zu dieser Fragestellung geben jene bei-

---

[3]   Die Evangeliendichtung des Juvencus wird schon von Schanz (HdA VIII.4.1, 1904, p.190; 1914[2], p.209) als Epos bezeichnet (vgl. aus neuerer Zeit etwa Braun/Engel 129). Hierher gehört auch die Bezeichnung als Bibelepos bzw. die Zuordnung zur Bibelepik (vgl. etwa Crusius 454; Kartschoke 61, 121; Gnilka, Chrêsis II 35 Anm.60, Braun/Engel 123 [Titel], 138). Doch Schaller (La Poesia Epica 16ff.) meint, daß trotz den Elementen, die Juvencus aus dem antiken Epos übernimmt, etwa dem hexametrischen Versmaß, dem epischen Sprachstil, dem Prooem, der Einteilung in Bücher von ca. 800 Versen Länge mit Abgrenzung durch Einbruch der Nacht am Buchschluß und Tagesanbruch am Buchanfang (jedenfalls bei den Büchern 1/2 und 2/3, vgl. Kirsch 100; Thraede, Buchgrenzen 285, 287f.), sein Dichtwerk nicht als Epos bezeichnet werden dürfe. Von einem Epos kann man Schaller zufolge erst dann sprechen, wenn die Gesamtanlage des Gedichts weitgehend der Phantasie des Dichters entspringt. Davon kann bei Juvencus nicht die Rede sein, denn der weitaus überwiegende Teil seines Gedichts lehnt sich eng an das Matthäusevangelium an, wobei sich allerdings zeigen wird, daß die aus anderen Evangelien übernommenen Abschnitte mit einigem kompositorischem Geschick integriert sind. Ein Epos, das diesen Namen in jeder Hinsicht verdient, weil in ihm die biblische Geschichte wirklich neu erzählt wird, hat von den Bibeldichtern laut Schaller (Studien 292, mit Verweis etwa auf Kartschoke 101f.) erst Avitus geschrieben (vgl. Roberts 103 mit Anm.163, 218, 219). Doch ist bei aller Richtigkeit der Ausführungen Schallers zur Gattungsfrage nach modernen literaturwissenschaftlichen Gesichtspunkten mit Ratkowitsch (Rez. Springer 200f.) nicht zu vergessen, daß Juvencus sich selbst als Epiker versteht (vgl. auch van der Nat, Praefatio 251, Minucius und Lactanz 232; Thraede, Anfangsverse 474 Anm.6; Herzog, HdA VIII.5 p.334) und sich von Homer und Vergil (vgl. prooem.9f.) nicht durch die Form, sondern durch den Inhalt unterscheiden will, indem er die reine, nicht durch Zusatz von Lügen entstellte Wahrheit verkündet (prooem.15/20). Auch die Bezeichnung als Paraphrase bzw. Bibelparaphrase (Golega 92ff., Roberts 61ff. u.a. versuchen, die Bibeldichtung aus der rhetorischen Paraphrase herzuleiten [zu den frühesten derartigen Ansätzen siehe Springer 9f. mit Anm.44]; ablehnend hierzu Herzog, Bibelepik 62ff.) ist nicht glücklich, und zwar ebensowenig in bezug auf Juvencus wie etwa auf Avitus, weil Paraphrasierung nicht notwendig Episierung mit einschließt, und daß der biblische Stoff in epischem Gewand wiedergegeben wird, kann schon bei Juvencus nicht bestritten werden (ein deutliches Eingeständnis des Dilemmas um die Begriffe Epos und Paraphrase findet sich bei Kartschoke 121). Richtiger und genauer ist es, mit Herzog (Bibelepik 90) das Gedicht des Juvencus eine epische Bibelparaphrase zu nennen, während das Werk des Avitus eher als paraphrastische Bibelepik zu bezeichnen ist (vgl. Roberts 219). Dagegen faßt Kartschoke im Untertitel "Studien zur Geschichte der epischen Bibelparaphrase von

den Perikopen, die im Hauptteil dieser Arbeit kommentiert werden, das Nikodemusgespräch aus Ioh.3 und das Gespräch mit der Samaritanerin aus Ioh.4. Es muß etwas weiter ausgeholt und nach den grundsätzlichen Anliegen des Dichters gefragt werden. Von dort ausgehend läßt sich, wie es scheint, die Frage beantworten.

I. Die Johanneseinschübe im Rahmen der vitalia gesta Christi

Im Prooem[4] seines Gedichts, das er nach Angabe des Hieronymus[5] um 329/30 schrieb, verkündet Juvencus das Thema mit den Worten *nam mihi carmen erit Christi vitalia gesta* (V.19). Er möchte die lebenspendenden Taten[6] Christi besingen, die im Gegensatz zu den Taten der Helden

---

Juvencus bis Otfried von Weißenburg" den Begriff der epischen Bibelparaphrase offenbar viel weiter.

[4] "Praefatio" (diese Bezeichnung wählen etwa die Ausgaben von Arevalo, Marold, Huemer; Kievits, Komm. S.31) ist jedenfalls dann, wenn man die in der heutigen wissenschaftlichen Literatur akzeptierte Unterscheidung zwischen Praefatio und Prooem gelten läßt (in der Antike gab es sie freilich nicht; vgl. Isid.etym.6.8.9; F.Felgentreu, Claudians *praefationes*. Bedingungen, Beschreibungen und Wirkungen einer poetischen Kleinform, Stuttgart/Leipzig 1999, 13/8 mit Anm.16), der falsche Begriff (Herzog, Bibelepik 68 Anm.102; ders. HdA VIII.5 p.334f.; Thraede, Iuvencus 882). Das Prooem geht dem Epos in hexametrischer Form voraus, während die im Zusammenhang mit epischer Dichtung zuerst von Claudian und Prudentius ausgebildete Praefatio sich vom Prooem durch die vom Hauptgedicht metrisch abgesetzte Form unterscheidet (elegisches Distichon bei Claudian, jambische oder lyrische Metra bei Prudentius). Zur inhaltlich-funktionalen Unterscheidung zwischen Prooem und Praefatio sind für das epische Prooem besonders Musenanruf und direkte Themenangabe zu nennen (Ilias, Odyssee, Aeneis), während für die Praefationes des Claudian und des Prudentius der Musenanruf nicht charakteristisch ist (doch vgl. Claud.16.praef.2) und inhaltlich anhand allegorischer Verwendung mythologischer bzw. biblischer Stoffe auf das Gedicht vorbereitet wird (R.Herzog, Die allegorische Dichtkunst des Prudentius [= Zetemata 42], München 1966, 119ff.), wobei bei Claudian neben den allegorischen Grundtypus noch andere Formen treten (Felgentreu 187/9). Bei Juvencus erinnern an das klassische Prooem inhaltlich die Angabe des Themas (V.19f.) sowie die den Musenanruf ersetzende Bitte, daß der Heilige Geist das dichterische Unternehmen fördern möge, wobei das Wasser des Jordan den Musenquell ersetzt (25/7). Darüber hinaus spielen bei Juvencus der Wahrheitsanspruch (15/20) sowie der Verewigungsgedanke (21/4) eine wichtige Rolle.

[5] chron.ad ann.329 (GCS 47.232.18f.); vgl. Roberts 75 Anm.52, Herzog HdA VIII.5, S.332.

[6] *vitalia gesta* meint nicht einfach nur Jesu Lebensgeschichte (Nestler 44, Kievits 33, Costanza 274f., Roberts 69, Castillo Bejarano [Übersetzung]), sondern seine lebenspendenden Taten (Koenig; Knappitsch; van der Nat, Praefatio 251, Minucius Felix und Lactanz 233; Smolak, Die Bibel als Dichtung 19; Palla 278 mit Anm.6; Campagnuolo 50 Anm. 12; Thraede, Iuvencus 883 (vgl. Fontaine, Naissance 72; Deproost, L'apôtre Pierre 54,

des paganen Epos[7] nicht von endlicher Wirkung und vergänglichem Ruhm
sind. Denn Christus ist der Heiland der Menschheit, der *Salvator*.[8]
Grundlage bildet das Evangelium nach Matthäus. Doch hat der Dichter
Teile aus anderen Evangelien eingearbeitet. So stehen die Geburtsgeschichten des Täufers und Jesu und das Täuferwirken in einer Synopse aus Matthäus und Lukas voran[9] (Luc.1.5/80, Matth.1.19/24, Luc.2.1/39, Matth.
2.1/23,[10] Luc.2.40/51, Luc.3.1/6, Matth.3.4/17 [= 1.1/420]). Im weiteren Verlauf ergänzt Juvencus das Matthäusevangelium noch durch drei Abschnitte aus dem Johannesevangelium (zunächst Ioh.1.44/51, 2.1/23, 3.1/
21, 4.3/53 [= 2.99/346]; dann Ioh.5.19/46 [= 2.637/91]; schließlich Ioh.
11.1/46 [= 4.306/402]). Als größere Anleihe aus einem anderen Evangelium ist sonst nur noch die Besessenenszene aus dem Marcusevangelium
zu erwähnen (Marc.5.1/17 [= 2.43/74]), die aber eigentlich nur eine Va-

---

Ficta et facta 110f.: "la geste vivifiante"); beide genannten Bedeutungen hört Šubrt 15
heraus; zu *vitalis* = "lebenspendend" siehe OLD 2078 s.v. 2 und vgl. mit Campagnuolo
bei Juvencus etwa 1.595, 1.757, 2.452, 2.547). Die Menschen, denen das Wirken Christi
gilt, können wahrhaft ewiges Leben erlangen. Zum soteriologischen Verständnis von
Christi vitalia gesta vgl. die Themenangabe im Carmen Paschale des Sedulius: 1.26 *clara
salutiferi...miracula Christi*.- Fichtner (96 Anm.346; vgl. Smolak, Bibelepik 11) sagt,
daß *gesta* geschichtlich verbürgte Tatsachen meine (Nep.Han.13.3; Liv.6.1.3; 23.48.4;
Tac.Agr.8.3; hist.4.34.2). Dieser Aspekt schwingt bei Juvencus sicherlich mit, wobei
15f. *carmina.../ quae veterum gestis hominum mendacia nectunt* zeigt, daß die heidnischen Epiker Wahres und historisch Verbürgtes mit Lügen vermischt haben, während Juvencus die *vitalia gesta* Christi unverfälscht wiedergibt, was durch 20 *divinum...falsi sine crimine donum* unterstrichen wird (der Wahrheitsanspruch ist ein literarischer Topos,
der sich bis auf Hesiod zurückverfolgen läßt und den Juvencus in die christliche Dichtung eingeführt hat; vgl. Kartschoke 57, Klopsch 10, Evenepoel 45). Allerdings zeigt
divinum...donum, daß der Anspruch weiter greift als allein historische Wahrheit zu verkünden. Und im Epilog (4.804f.) sagt Juvencus, die *divina lex* habe in seinen Versen *ornamenta terrestria linguae* angenommen; vgl. Herzog, Bibelepik XLVf.
[7]   *vitalia gesta* antwortet auf V.6 *sublimia facta* und V.16 *gestis* (Smolak, Bibelepik 11,
     fühlt sich an Hor.ars 73 *res gestae regumque ducumque* erinnert, womit die Inhalte der
     paganen epischen Dichtung benannt werden).
[8]   Vgl. Komm. zu 181.- Juvencus hat 12 mal *Salvator* bzw. *Servator* (*salus* kommt 32 mal
     vor). Die Wortfamilie um *salus* ist mit der um *vita* inhaltlich eng verbunden.
[9]   Versauslassungen und Umstellungen werden aus Vereinfachungsgründen nicht angege-
     ben. Eine vollständige Übersicht bietet Widmann 24/32.
[10] Vgl. Kap.V. Die Stellung der Magierperikope.

riante der auch von Matthäus überlieferten Erzählung (Matth.8.28/34) darstellt und deren Stelle einnimmt.[11] Daneben gleicht Juvencus punktuell an andere Evangelien an oder übernimmt einzelne Verse aus anderen Evangelien.
Punktuelle Angleichungen und Einfügungen einzelner Verse bzw. kleiner Versgruppen liegen vor bei 1.321/5 (die Reihenfolge Zustrom der Volksmenge, Beschreibung des Täufers entspricht Marc.1.5f. [Widmann 15f., Fichtner 12]; allerdings kann man selbständige Umstellung von Matth.3.5f. wohl kaum ausschließen), 1.339 *vincla pedum...contingere* (liegt näher bei Luc.3.16 aur c d f e *solvere* [d *solbere*] *corrigiam* [e *coregiam*] *calciamentorum* [d *calciamenti*] und Ioh.1.27 q *solvere corrigia* [cett. *corrigiam*] *calciamenti eius* als bei Matth. 3.11 [= Luc.3.16 a b ff² l q r'] *calciamenta portare;* Fichtner 12), 1.343 *purgabitur* (Luc.3. 17 *purgabit* [so aber auch Matth.3.11 d f]; Fichtner 12), 1.356 *scinditur* (Marc.1.10 gr. σχιζομένους; Fichtner 63), 1.357 *corpoream...gerens speciem* (Luc.3.22 a aur b c f ff² l q r' *corporali specie;* Kievits 103, Fichtner 75), 1.357 *...que...discendit* (Luc.3.22 e *et discendit,* a aur b c f ff² l r' *et descendit;* Fichtner 73), 1.362f. *te...ex me progenitum* (Luc.3.22 a b c d ff² l r' *ego hodie genui te;* Fichtner 83ff.), 1.364/6 *tum petet...et lustra ferarum/ obsequiumque illi Patris praebere ministri/ certabant rapidi* (Marc.1.13 *et erat cum bestiis et angeli ministrabant ei;* Widmann 15, Fichtner 91), 2.35 *pericula* (cf. Luc.8.23 *periclitabantur* [a *periculabantur*]), 2.430/2 *haec fatus populo ex omni delecta seorsum/ fortia conglomerat bisseno pectora coetu./ hos ubi delegit, ...* (cf. Luc.6.13 aur b c f ff² l q r' *elegit,* a d *eligens*), 2.615f. (Matth.12.27f. [= Luc.11.19f.] von Juvencus ausgelassen, zu welchen Versen es auch bei Marcus keine Entsprechung gibt), 2.602ff. *quem Daemonis horrida virtus/ .../ ...propriis escam cruciatibus esse volebat* (Ioh.9.2 [Ioh.9.1ff. ist kein Parallelbericht zu Matth.12.12] fragen die Jünger, ob die Blindheit aus sündhaftem Leben folge; cf. de Wit 127f.), 2.757 *amota...plebe* (Marc.4.10 *et cum esset singularis;* Widmann 22. Allerdings richten die Jünger bei Juvencus im Gegensatz zur Darstellung bei Marcus, aber wie in Matth.13.10, ihre Frage offenbar noch in Gegenwart der Menge an Jesus. Wenn es *amota ...plebe* erst nach der Frage heißt, erhält man anders als bei Marcus ein Motiv dafür, daß sich Jesus von der Menge entfernt, nämlich um den Jüngern eine vertrauliche Antwort geben zu können, die nicht für die Ohren der Menge bestimmt ist), 2.819 *ramis ut plumea turba/ conludat possitque umbras habitare virentes* (Marc.4.32 *crescit et fit maius omnium holerum et facit ramos magnos, ita ut possint sub umbra eius aves caeli inhabitare;* Widmann 22), 2.829 *inde domum repetit serus turbasque relinquit* (cf. Marc.4.35 *et ait illis...,* cum *sero* esset factum. Widmann 16 hält Anregung aus Marcus für möglich, auch wenn dort im Anschluß der Seesturm berichtet wird, während bei Matthäus die Deutung des Gleichnisses vom Unkraut unter dem Weizen folgt. Juvencus mag auf Marc.4.35 zurückgegriffen haben, weil sich so ein Anlaß ergab, in epischer Manier das eine Buch mit Tagesende abzuschließen und das nachfolgende mit Tagesanbruch zu beginnen. Thraede, Buchgrenzen 287f., geht auf Widmanns Hinweis nicht ein), 3.500 *accedit Christumque palam submissus adorat* (Marc.10.17 *adgeniculans rogabat;* Widmann 22), 3.638 *palmeta* (Ioh.12.13 a aur b c d f

---

[11]   Die Besessenenszene ist bei Marcus breiter erzählt. Vor allem wird der *furor* mehr ausgemalt. Vielleicht hat Juvencus gerade deswegen nach Marcus erzählt. Sein besonderes Interesse am Dämonischen zeigt sich vor allem in 3.33ff. (Matth.14), wo beschrieben wird, wie der Dämon Besitz von Herodes ergreift, und im 4. Buch bei der Beschreibung des *furor* der Christusmörder (z.B. 549ff., 560ff., 642ff., 668ff., 675ff.). Widmann (21f.) und Braun (137) reicht bereits der größere Reichtum an Einzelheiten bei Marcus als Begründung dafür aus, daß Juvencus die Besessenenszene nach Marcus erzählt.

ff² r¹ e *flores* [c d f *ramos*, r¹ *medullas*] *palmarum*, l *palmas*; Widmann 23), 4.174/6 *uno quin etiam recubantes stramine lecti/ dispar iudicium diversa sorte subibunt./ unus enim socium quaeret per strata relictus* (Luc.17.34 statt Matth.24.41), 4.403/5 *ad concilium...vocatur (scribae plebisque...numerus)* (Ioh.11.47), 4.480 *Iuda fugiente* (Ioh.13.30, wo aber der Weggang des Judas während des Abendmahls erwähnt ist, während sich bei Juvencus *Iuda fugiente* auf den Gang nach Getsemani bezieht. Juvencus sucht im Gegensatz zu Matthäus und Lukas die Tatsache, daß vor der Verhaftung die Rückkehr des Judas berichtet wird [Matth.26.47, Luc.26.47, Ioh.18.3], erklärlich zu machen. Daß Judas sich zuvor von den anderen getrennt haben muß, ist allerdings eine Folgerung, die auch ohne Blick auf Ioh.13.30 gezogen werden kann), 4.560/2 *talibus auditis.../ .../ ...ait* (Marc.14.63; Flieger 180), 4.597 *Pilatus quaerit, quae tum sit causa tacendi* (cf. Marc.15.4 *non respondes quicquam?*), 4.611 *incendit* (erinnert an Marc.15.11 l *concitaverunt*, kann aber auch auf Matth.27.20 *persuaserunt* zurückgehen), 4.616f. *qui regis nomen cuperet, qui Caesaris hostem/ confessus sese proprio damnaverit ore* (Ioh.19.12; Braun 136 gegen Widmann 23 und 32, Hansson 18, Kirsch 94 Anm.146, 101, die Luc.23.2 nennen), 4.663f. *intactaeque dedit tunicae sub sorte per omnes/ militis unius servans possessio textum* (Ioh.19.23; Braun 136f.), 4.799 *ut vitam possint agitare perennem* (cf. Marc.16.16 *salvus erit*). Zurückhaltung geboten ist hinsichtlich der von Braun (123 Anm.7) vertretenen Auffassung, daß sich in 2.25ff. ein gewaltiger Wind in erster Ursache nur in Übereinstimmung mit Marc.4.37 und Luc.8.23 erhebe, nicht aber mit Matth.8.24. Braun scheint bei Matth.8.24ff. an ein Beben als erste Ursache zu denken. Vielleicht meint aber Matth.8.24 σεισμός / *motus* nur die heftige Bewegung des Wassers als Folge des Windes (Bauer/Aland 1493 s.v. σεισμός, Hil.comm.in Matth.8.1 [SC 254.192.3f.] *navem discipulis introgressis tempestas oritur, mare commovetur*). Dann wäre in einer Art Hysteron proteron die Wirkung vor der Ursache genannt. Juvencus nennt zwar den Wind zuerst (2.25), führt aber *motus*, die Bewegung des Wassers, breit aus (2.27ff.).- Wahrscheinlich sind die Harmonisierungen viel zahlreicher. Detaillierte Einzeluntersuchungen könnten weiteren Aufschluß geben.- Merkel (Widersprüche 203), der zu bedenken gibt, daß allein grobe Aneinanderfügung umfangreicherer Textblöcke nichts mit eigentlicher Harmonisierung zu tun habe, hält aus diesem Grund die Bezeichnung "Evangelienharmonie" in bezug auf das Gedicht des Juvencus für unpassend. Doch die Grundlagen für diese Folgerung sind nicht zutreffend. So erwähnt Merkel nur zwei punktuelle Angleichungen, nämlich die Taufstimme in 1.362f. nach Luc.3.22 cod. D (ἐγὼ σήμερον γεγέννηκά σε; daß für *hodie.../ ex me progenitum* mindestens ebensogut der lateinische Text *ego hodie genui te*, wie ihn die codd. a b c d ff² l r¹ überliefern [vgl. Anhang], Grundlage hätte sein können, erwähnt er nicht) und in 2.58 den Namen des Dämons nach Marc.5.9 (λεγιών / *legio*). Er übersieht also die obengenannten weiteren Harmonisierungen (unabhängig davon ist 2.58 keine punktuelle Angleichung, sondern der ganze Passus 2.43/74 basiert auf Marc.5.1/17). Und was die Aneinanderfügung umfangreicherer Textblöcke angeht, so wird Kap.III zeigen, daß die Abschnitte oft kunstvoll miteinander verknüpft sind.- Über die Frage einer Abhängigkeit des Juvencus von Tatian siehe Kap.VI.

Gerahmt wird die Evangeliendichtung des Juvencus von Prooem und Epilog. Gegliedert ist sie in vier Bücher, vielleicht in Anlehnung an die Vierzahl der Evangelien.[12]

---

[12] Diese Entsprechung wird bereits von Hieronymus mit der Formulierung vir.ill.84 (PL 23.691) *IV evangelia hexametris versibus...transferens IV libros composuit* angedeutet (Nestler 47, Kirsch 99 Anm.173). Weyman dagegen (Rheinisches Museum 51.1896.327) vermutet, daß die Vierteilung auf einen Matthäuskommentar zurückgehe. So ist der Mat-

Wie Juvencus bei seiner dichterischen Bearbeitung des Matthäusevangeliums die Thematik der *vitalia gesta* ausgeführt hat, kann hier nicht im einzelnen gezeigt werden.[13] Da der nachfolgende Kommentar sich aber mit einem Johanneseinschub befaßt, liegt die Frage auf der Hand, ob die Abschnitte, die der Dichter aus anderen Evangelien übernimmt, nicht in besonderer Weise geeignet sind, die lebenspendende Kraft Christi darzustellen. Dies ist zumeist der Fall:

a) Die Geburtsgeschichte gehört notwendig zur Biographie in historischer Hinsicht. Sie ist aber auch erklärender Hintergrund für die Fähigkeit Christi, lebenspendende Taten zu vollbringen. Denn sie gibt wichtige Informationen zur Göttlichkeit Christi.[14] Kurz seien einige Stellen, in denen auf die lebenspendende und rettende Kraft Christi hingewiesen wird, genannt: Maria wird vom Erzengel angesprochen mit 1.58 *salve, progenie terras iutura salubri* (Luc.1.28 *ave, gratia plena, Dominus tecum, benedicta tu inter mulieres*).[15] Er sagt von dem Kind: 1.61f. *natum, quem regnare Deus per saecula cuncta/ et propriam credi Subolem gaudetque iubetque* (Luc.1.33 *et regnabit super domum Iacob in aeternum, et regni eius erit non finis*). Der Sohn Gottes wird in Ewigkeit herrschen. Zu den Hirten sagt der Engel: 1.165f. *genitus puer est Davidis origine clara,/ qui populis lucem mox laetitiamque propaget* (Luc.2.11 *natus est vobis hodie Salvator, qui est Christus Dominus in civitate David*). Er wird den Menschen das Licht, d.h. das Leben, und die Freude "ausdehnen", d.h. für alle Ewigkeit schenken (Kievits "in aeternum donabit"). Er ist das Heil der Welt (1.194 *terrae...salutem*).

b) Das Weinwunder (Ioh.2.1/11 = 2.127/52) scheint Juvencus nicht nur als Wunder aufzufassen, das aufgrund der Verwandlung von Wasser zu Wein zum Erweis der Macht Christi dient und den Glauben der Jünger festigen soll (151f.), sondern im besonderen als Wunder, das die nahrung- und lebenschenkende Güte des Herrn beweist. Dieser Zweck erhellt aus der Aufforderung der Mutter 133 *adsint, nate, bonis ex te data munera*

---

thäuskommentar des Hieronymus viergeteilt, vielleicht auch der eines Vorgängers. Doch hinsichtlich der Einschnitte bei Juvencus (Matth.8.15, 13.36a, 22.14) und bei Hieronymus (Matth.10.42, 16.12, 22.40) ergeben sich jedenfalls keine Übereinstimmungen.

[13] Es soll nur kurz darauf hingewiesen werden, daß *vita* das häufigste Substantiv in der Evangeliendichtung des Juvencus ist (81 mal; 12 mal *vitalis*). Dem stehen die ebenfalls häufig gebrauchten Substantive *mors* (32 mal) und *letum* (20 mal) gegenüber. In diesem Rahmen ist auch auf die Lichtmotivik hinzuweisen, die Juvencus oft dazu dient, die Begriffe Leben und Tod bildlich darzustellen (vgl. Röttger passim, z.B. 144).

[14] Siehe Kap.III.

[15] Bibelstellen werden in der Regel nur ausgeschrieben, wenn der jeweilige bei Juvencus sichtbare Aspekt bereits in der Bibel erkennbar ist. Sonst dienen den Juvencuszitaten beigefügte Angaben von Bibelstellen nur der Orientierung.

mensis, vor allem aber aus der zunächst ablehnenden Antwort Christi 135 *nondum me talia cogit/ ad victus hominum tempus concedere dona*, während die Antwort in Ioh.2.4b mit *nondum venit hora mea* allgemein gehalten ist, d.h. sich auf jede Art von Wunder beziehen könnte.[16]

Es wird die Fülle und die Kostbarkeit des durch Christus geschenkten Nahrungsmittels hervorgehoben (143f. *tum spuma per oras/ conmixtas undis auras ad summa volutat*, 146 *venerandi dona saporis*, 147 *vini gratum ...liquorem*). Die Tatsache, daß Christus den Menschen in unerhörter Fülle kostbaren Trank schenkt, erhält bei Juvencus mehr Gewicht als die Verwandlung selbst (146f.). 2.136 *victus* klingt an *vita* an: Christus ist der Förderer des Lebens. Spiritualen Bezug des Begriffs des Lebens wie in Ioh.3 und Ioh.4 scheint Juvencus hier nicht zu sehen.

Die exegetische Akzentuierung des Juvencus paßt auf den ersten Blick nicht ganz in die Reihe der im allgemeinen von der frühchristlichen Exegese hervorgehobenen Botschaften dieser Perikope. Diese sind nach Smitmans (153ff.) die Offenbarung von Christi Gottheit, Christus als der Schöpfer, Bestätigung und Heiligung der Ehe, Christus als der Bräutigam, Ablösung und Vollendung des Alten Bundes, Christi Gabe (Taufe) und die Eucharistie.[17] Doch besteht eine gewisse Beziehung zu der Botschaft von Christus als dem Schöpfer. Wenn auch von den Exegeten vom Zeichen des Schöpfers in erster Linie im Hinblick auf die Wandlung des Wassers zu Wein gesprochen wird, zeigt das Weinwunder doch auch, daß es Gottes Sache ist, den Menschen Speise und Trank zu schenken.[18] Epiphanios sagt, Jesus wirke das gleiche Wunder, das Gott in jedem Weinstock tut, und erweise sich so als Gott und Schöpfer.[19]

---

[16] Für Beziehung von Ioh.2.4b auf die nachfolgende Wunderhandlung vgl. z.B. Iren.adv. haer.3.16.7 (SC 217.314), Ambr.in psalm.118 serm.16.38 (CSEL 62.372). Andere verstehen Ioh.2.4b von der Stunde des Todes wie etwa Aug.tract.8.10/2 in Ioh. (CCL 36.88/ 90). Vgl. ausführlich Smitmans 98/125.

[17] Eucharistische Spiritualisierung des Weinwunders bei Juvencus erkennt Herzog, Exegese 167. Die Anhaltspunkte, die Herzog dafür nennt (z.B. 133 *ex te data munera*, 135f. *talia .../ ...dona*), sind aber kaum überzeugend.

[18] Vgl. Greg.Nyss.or.catech.12 (PG 45.44D) Θεοῦ τὸ βρῶσιν καὶ πόσιν τοῖς σαρκὸς τὴν ζωὴν εἰληχόσι χαρίζεσθαι.

[19] panar.51.30.13 (GCS 31.303.16/9). Der mit paganer Bildung vertraute Leser könnte sich aufgrund der Betonung Christi als des großzügigen Schenkers von Wein an den Fruchtbarkeits- und Weingott Dionysos erinnert gefühlt haben. Ein direkter Hinweis auf Dionysos findet sich bei Juvencus jedoch nicht. Mazzega meint zu Sedul.carm.pasch.3.10f., wo es über Christus in bezug auf das Weinwunder heißt *cuius sub tegmine blando/ mitis inocciduas enutrit pampinus uvas*, daß dort vielleicht die pagane Vorstellung der Traube als "Symbol eines glücklichen Weiterlebens unter der Herrschaft des Dionysos" (O.Nussbaum, Die große Traube Christus, Jahrbuch für Antike und Christentum 6.1963.136/43, dort 138) christlich genutzt werde. Der Vergleich Christus - Dionysos liegt auch in ande-

c) In der Tempelreinigungsperikope (Ioh.2.13ff. = 2.153ff.) sagt Christus, daß er den Tod innerhalb von drei Tagen überwinden könne: 2. 166ff. *solvite pollutis manibus venerabile templum/ hoc, ego restituam, cum tertia lumina solis/ incipient rutilam terris infundere lucem.*

d) Das Nikodemusgespräch (Ioh.3.1/21 = 2.177/242) nimmt eine zentrale Rolle innerhalb des Themas der *vitalia gesta* ein. Es kreist um das *vitale gestum* Gottes schlechthin, das an jedem, der in die Gemeinschaft der Kirche aufgenommen wird, vollzogen wird, die Wiedergeburt aus Wasser und Geist in der Taufe.[20] Da der Glaube gleichsam Fundament für den Empfang der Taufe ist, ist auch der zweite Teil des Nikodemusgesprächs von Juvencus übernommen worden (Ioh.3.13ff. = 2.213ff.), wo es heißt, daß das ewige Leben erlange, wer an den Namen Christi glaubt.[21] Wichtig im Hinblick auf die angekündigte Thematik ist auch die Mitteilung des Ziels der Sendung, nämlich daß den Menschen durch den Sohn das ewige Leben zuteil werde: 229 *mitia...populis veniant ut munera vitae.* Das ewige Leben wird aber nur dem zuteil, der glaubt und sich durch gute Werke auszeichnet. Wer nicht glaubt und sündigt, ist der Verdammnis preisgegeben (Ioh.3.16ff. = 2.224ff.).

e) Das Gespräch mit der Samaritanerin am Jakobsbrunnen (Ioh.4.3/42 = 2.243/327). Im Gegensatz zum Weinwunder stellt diese Perikope Christus nicht als Spender irdischer Nahrung, sondern spiritualer Nahrung vor. Das lebendige Wasser stillt den Durst für immer und schenkt ewiges Leben: 267f. *nostri dona liquoris/ ardorem excludent aeterna in saecla bibendi.* Auch hier ist also wie bei dem Nikodemusgespräch nicht ein einzelnes, beispielhaftes *vitale gestum* gemeint, nicht irgendeine einzelne Wunderhandlung beschrieben, sondern etwas Grundsätzliches ausgesprochen, nämlich daß Christus jeden, der ihn gläubig darum bittet, vom Quell des Lebens trinken läßt. Die göttliche Gabe des lebendigen Wassers wird noch durch die Paradoxie hervorgehoben, daß Christus, obwohl als Mensch menschlicher Not und menschlichem Bedürfnis unterworfen und daher

---

rer Hinsicht nahe: Auf Teos, wo Dionysos geboren wurde, sprudelte die Quelle in der Stadt an bestimmten Tagen ohne weiteres Zutun Wein (Diod.3.66.2); am Tag des Dionysosfestes floß Wein aus der Tempelquelle von Andros (Pausan.6.26.2, Plin.nat.hist.2. 231); in Elis wurden am Abend vor dem Fest leere Krüge im Tempel aufgestellt, die am darauffolgenden Tag mit Wein gefüllt waren (Pausan.6.26.1); vgl. Bultmann 83 mit Anm.3. Doch ist in diesen Beispielen nicht die Rede davon, daß Wasser in Wein verwandelt wurde. Es besteht also ein wesentlicher Unterschied zum Weinwunder von Kana. Ob nun Juvencus und Sedulius eine Beziehung zu Dionysos sahen oder nicht: Bei Sedulius wird eindeutig auf die Stärkung zum ewigen Leben hingewiesen *(inocciduas)*, bei Juvencus scheint die Dimension des diesseitigen Lebens nicht überschritten zu werden.

[20] Über das Wirken Gottes in der Taufe siehe Komm. zu 2.185/7.
[21] Vgl. Komm. zu 2.217/23.

selbst um natürliches Wasser bittend, als Gottheit[22] mit dem lebendigen
Wasser eine viel köstlichere, weil spirituale und zum ewigen Leben füh-
rende Nahrung schenkt, die, einmal geschenkt, nicht neu geschenkt werden muß, sondern in alle Ewigkeit sich selbst erneuert.- Gegen Ende des
Gesprächs sagt die Frau 291f. *scimus, quod Christus nuntius orbi/ adventu
proprio vitalia saecula pandet.* Das ist im Blick auf das Thema der *vitalia
gesta* des Herrn viel deutlicher als der zugrundeliegende Bibelvers Ioh.4.
25 *scio, quia Messias venit, qui dicitur Christus; cum ergo venerit ille, adnuntiabit nobis omnia.* Christus kommt als Bote Gottes und spricht zu den
Menschen vom ewigen Leben und dem Weg, es zu erlangen. Hier redet
nicht nur die Frau, die nicht weiß, daß Christus selbst ihr Gegenüber ist,
sondern auch der Dichter, der ein Resümee aus dem Gesprächs zieht.

f) Die Heilung des Sohns eines königlichen Beamten (Ioh.4.46/53
= 2.328/346). Wie alle Wunder, besonders aber die Heilungswunder, ist
auch dieses Wunder ein Hinweis auf die lebenspendende und -erneuernde
Kraft Jesu. Seine Bedeutsamkeit wird dadurch erhöht, daß der Kranke sich
bereits an der Schwelle zum Tod befindet,[23] was die Heilung in die Nähe
einer Totenerweckung rückt, und daß es sich um eine Fernheilung handelt.
Die Güte des Herrn erweist sich als umso größer, als er das Wunder vollbringt, obwohl der königliche Beamte noch nicht vollen Glaubens ist. In
dieser Hinsicht könnte man von einer Steigerung gegenüber der Heilung
vom Knecht des Hauptmanns sprechen.[24]

g) Ioh.5.19/46 sind bei Juvencus Bestandteil einer größeren Verteidigungsrede, die aus Matth.12.25/37 (= 2.611/36) und anschließend Ioh.5.
19/46 (= 2.637/91) zusammengesetzt ist. Bei Matthäus wehrt sich Jesus
gegen den Vorwurf, er treibe die Dämonen mit Hilfe von Beelzebub aus.
Bei Johannes verteidigt er eine Heilung, die an einem Sabbat stattfand.
Ein wichtiger Grund für die Einfügung von Ioh.5.19ff. ist der inhaltliche
Schwerpunkt des Lebens, das Christus schenkt. Christus versteht sein Wir-

---

[22] Zu der Tatsache, daß Christus in seiner Person Mensch und Gottheit vereinigt, vgl.
Komm. zu 247 *Servator.*

[23] Vgl. 2.330f. *natum morbus anhelo/ ardore extremis vitae torrebat in oris*, 342 *puero...in
luminis oras/ limine de mortis subitam remeasse salutem.* Ob Juvencus hier eine Anleihe
bei der Erzählung vom Hauptmann von Kafernaum macht in der Variante, wie sie bei Lukas erscheint? Luc.7.2 heißt es nämlich, der Knecht sei todkrank *(erat moriturus).* Jedenfalls sieht Chrysost.hom.26.3 in Matth. (PG 57.336f.) den Glauben des Hauptmanns
durch die Erwähnung, daß der Knecht schon dem Tod nahe gewesen sei, hervorgehoben.

[24] Umgekehrt ist der Hauptmann in seiner Demut höher einzuschätzen als der königliche
Beamte, da er im Gegensatz zu jenem nicht einfach verlangt, daß Christus sogleich her-
beikommt und den Kranken heilt, sondern sich für unwürdig hält, Christus in seinem
Haus aufzunehmen; vgl. Chrysost.hom.26.3 in Matth. (PG 57.336f.).

ken und seine Wundertaten[25] als Beweise seiner lebenspendenden und -erhaltenden Kraft und als Hinweise darauf, daß er am Ende denen, die an ihn glauben, das ewige Leben schenkt (2.640/2, 648ff., 653f.). Der Sohn kann das Leben schenken, weil der Vater ihm das Leben gegeben hat (2. 656). Während im Johannesevangelium bis zu dieser Stelle nur drei Wunder berichtet worden sind,[26] beträgt deren Zahl bei Juvencus bis zur Einfügung von Ioh.5.19ff. bereits ein Vielfaches.[27] Die Thematik des von Christus geschenkten Lebens[28] ist also anhand vieler Einzelbeispiele gut vorbereitet und kann nun allgemein und in großen Zügen behandelt werden. Sie ist erneut bestimmend in Ioh.5.39ff. (= 2.676ff.). Jesus macht den Juden den Vorwurf, das Leben in der Schrift zu suchen, aber nicht zu sehen, daß diese von <u>ihm</u> Zeugnis ablegt. Nur von ihm geht das wahre Leben aus.

---

[25] Daß Jesus nach 2.611ff. (Matth.12.25ff.) auch in 2.637ff. (Ioh.5.19ff.) über seine Wundertaten spricht, geht bei Juvencus klar aus der Formulierung 2.639 *miracula rerum* hervor. Daß künftige Wunder noch größer *(potiora)* sein werden, weist voraus besonders auf die Auferweckung des Lazarus und die eigene Auferstehung.

[26] Ioh.2.1/12 Weinwunder, 4.43/54 Heilung des Sohns eines königlichen Beamten, 5.1/18 Heilung eines Gelähmten am Sabbat.

[27] Matth.4.23/5 (= 1.435/51) zahlreiche Heilungen, 8.1/4 (= 1.731/40) Heilung eines Aussätzigen, 8.5/13 (= 1.741/66) Heilung vom Knecht des Hauptmanns von Kafernaum, 8. 14f. (= 1.767/70) Heilung der Schwiegermutter des Petrus, 8.16 (= 2.1/10) zahlreiche Heilungen, 8.23/7 (= 2.25/42) Macht über den Seesturm, Marc.5.1/17 (= 2.43/74) Heilung eines Besessenen, Matth.9.1/8 Heilung eines Gelähmten (= 2.75/94), Ioh.2.1/11 (= 2.127/52) Weinwunder, Ioh.4.43/53 (= 2.328/46) Heilung des Sohns eines königlichen Beamten, Matth.9.18/25 (= 2.377/407) Totenerweckung und Heilung einer Frau, 9.27/31 (= 2.377/407) Heilung von zwei Blinden (= 2.408/16), 9.32f. (= 2.417/20) Heilung eines Besessenen, 12.9/14 (= 2.583/98) Heilung einer gelähmten Hand am Sabbat, 12.15 (= 2.600f.) weitere Heilungen, 12.22/31 (= 2.602/24) Heilung eines Besessenen.

[28] Bei den Wunderheilungen zeugt vieles von der lebenspendenden Kraft Jesu, die in den Geheilten wirkt; vgl. nur Formulierungen wie 2.89f. *firmato corporis usu/ surge vigens*, 2.91f. *surrexit lectumque umeris iam fortibus aptat,/ per mediumque vigens populi mirantis abibat*, 2.396 *viguerunt...venae*, 2.404 *morte abreptam...puellam*, 2.594 *redivivam... dextram*, 2.605 *curatum visuque et voce vigentem*, 3.644 *tam subito gressu visuque vigentes*, 3.200f. *omnibus ille...languores dempsit amaros,/ viribus et validis venerando munere donat.*- Jesus wird im Zusammenhang mit den Wundern genannt *Salvator* (1.769), *vitae lucisque parentem* (1.747), *Dei...medentis* (1.766), *terrarum lumen* (2.75), *(populis) manifesta salus vitaeque magister* (2.120), *leti victor vitaeque repertor* (2.405), *hominum lumenque salusque* (3.356); er selbst sagt von sich anläßlich der Wunder *en ego sum, vestrae doctorem noscite lucis* (3.109), *en ego sum clarae vobis reparatio vitae./ in me qui credit, mortem deponere sumptam/ et vitam poterit iugi conponere saeclo* (4.349/51).

h) Auferweckung des Lazarus (Ioh.11.1/46 = 4.306/402). Daß diese Wundererzählung sich besser als jede andere in die Thematik der *vitalia gesta* Christi einfügt, braucht nicht näher erläutert zu werden.

Schließlich bittet Juvencus im Epilog um das ewige Leben für Constantin, das ihm durch Christus, den Herrn des Lichts, d.h. des Lebens, zuteil werden soll.

Fontaine (Naissance 68) nennt den Triumph Christi als Hauptinhalt des Gedichts. Er meint den Triumph über den Tod (S.69, 76), führt das aber nicht weiter aus. Im Grunde handelt es sich nur um einen besonderen Aspekt der *vitalia gesta*. Denn Schenken des Lebens und Heilung von Krankheit ist immer auch Sieg und Triumph über den Tod. Im engeren Sinn kann von Sieg und Triumph über den Tod gesprochen werden bei den Auferweckungen (2.405 *Christus leti victor* bezieht sich auf 4.377/407 = Matth.9.18/28) und bei Christi Auferstehung (3.294f. *consurget radiis …redimita salutis/ vita mihi cunctisque dabit sua munera terris* [Matth.16. 21],[29] 3.341f. *speciosa reportet/ in lucem referens mortis de sede tropaea* [Matth.17.9], 4.756f. *surrexit Christus aeternaque lumina vitae/ corpore cum sancto devicta morte recepit* [Matth.28.6], 4.770 *victorem leti*).[30] Mit der Sieges- und Triumphterminologie geht Juvencus zurückhaltend um. Und es ist vollends unzutreffend, wenn Fontaine (Naissance 75) von "l'esprit d'un temps où le signe du Christ s'identifie, sur le *labarum*, avec la théologie impériale de la victoire" ausgerechnet im Hinblick auf Juvencus spricht. Denn allein in 3.341f. kommt das Kreuz als Triumphsymbol vor, ohne aber direkt *crux* genannt zu werden.[31] Christus ist von Juven-

---

[29] Das ist die erste Ankündigung von Leiden und Auferstehung; die zweite Ankündigung (Matth.17.22f.) hat Juvencus ausgelassen, die dritte Ankündigung (3.587/9 = Matth.20. 18f.) hat keine Sieges- und Triumphterminologie.

[30] Vgl. sonst etwa 2.222 *proculcet pedibus letum*, wo vom Triumph über den Tod durch den Glauben an den erhöhten, d.h. über den Tod triumphierenden Christus die Rede ist (Ioh. 3.16).- Unabhängig davon, daß der Triumphgedanke bei Juvencus nicht so sehr im Vordergrund steht, sei am Rande noch auf folgende unpassende Formulierung bei Fontaine (Naissance 68) hingewiesen: "Il s'agit de célébrer…l'épopée de ce Christ dont le triomphe va de pair avec celui de Constantin". Nicht der Triumph Christi ist demjenigen Constantins an die Seite zu stellen, sondern umgekehrt. Erst Christi *gratia* ermöglicht die *pax …saecli*. Christi *gratia* wird Constantin zuteil, sie verleiht ihm ewiges Leben als Lohn für sein Verdienst. Christus ist der *Dominus lucis*, der wahre Herr des Lebens, der wahre Bezwinger des Todes.

[31] Vgl. noch Komm. zu 2.217/23.

cus nicht so sehr als Kämpfer und Triumphator dargestellt,[32] sondern vielmehr als Schenker des Lebens. Auch die Auferstehung endet nicht eigentlich in einem Triumph - zumindest nicht im engeren Rahmen der Heilsgeschichte, wie sie Matthäus (und die übrigen Evangelisten) erzählt und in Anlehnung daran Juvencus -, sondern sie ist ein Sieg, der zunächst von dem Großteil der Menschheit völlig unbemerkt bleibt. Der auferstandene Christus erscheint nicht dem ganzen Volk, sondern seinen Freunden und Jüngern. Und Gott läßt es geschehen, daß die Juden den Wächtern auftragen, das Gerücht in die Welt zu setzen, die Jünger hätten den Leib Jesu gestohlen. Schaut man sich im Hinblick auf den Sieg und den Triumph Christi über den Tod allein das 5. Buch des Carmen Paschale des Sedulius an, so wird man dort bei weitem mehr und deutlichere Anklänge daran antreffen als in dem ganzen Gedicht des Juvencus.[33]

II. Die Johanneseinschübe im Rahmen der eschatologischen Weltsicht des Juvencus

II.1 Gerechtigkeit und Endgericht

Das Thema der *vitalia gesta*, der lebenspendenden Taten Christi, erklärt die Einfügungen der Abschnitte aus anderen Evangelien in einem recht allgemeinen und weitgefaßten Rahmen. In bezug nun auf den Groß-

---

[32] Für die christliche Nutzung des eigentlich epischen Themenkreises um Kampf, Sieg, Triumph gibt die Psychomachie des Prudentius ein viel besseres Beispiel ab.- Vgl. bei Juvencus aber den Ausgang des Zweikampfes mit dem Teufel als Sieg für Christus (1.404 *effuge*, 1.408 *talibus excussus fugit per devia Daemon*) oder die Enthauptung des Täufers, bei der freilich das Böse zu siegen scheint (3.34 *mala cuncta illi virtus divina domaret*, 3.45 *feritas.../ subiecit leges pedibus*).

[33] Vgl. 5.86/92 *pestifera falsis agitatum testibus ardet/ concilium, iam iamque volant mendacia mille/ in Dominum, vanis hominum conflata favillis,/ et pereunt levitate sui, velut ignis oberrans/ arentes stipulas, vires cui summa cremandi/ materies infirma rapit, victoque furore/ labitur invalidae deformis gloria flammae*, 175 *post mortem propria cum maiestate resurgens*, 181 *(necem) quam reduci contemnere carne pararet*, (182/95) 184f. *violenta...robora membris/ inlustrans propriis poenam vestivit honore*, 276/84 *dic ubi nunc tristis victoria, dic ubi nunc sit/ mors stimulus horrenda tuus, quae semper opimis/ insaturata malis cunctas invadere gentes/ poenali dicione soles? en pessima, non tu/ pervenis ad Christum, sed Christus pervenit ad te,/ cui licuit sine morte mori quique omnia gignens,/ omnia constituens te non formavit ut esses:/ semine vipereo culpa genetrice crearis/ et venia regnante peris*, (315/33) 321 *(sabbata) nunc etiam proprii donans* (sc. *gloria regis) fulgore tropaei*, 332 *Dominum calcata vivere morte*, (422/33) 423/5 *coram... beatis/ qui tantum meruere viris spectare triumphum,/ aetherias evectus abit sublimis in oras*.

teil der Einschübe aus dem Johannesevangelium gibt es einen weiteren, etwas spezielleren und daher wohl auch befriedigenderen Ansatz. Wie der vorhergehende wirft auch dieser ein Licht auf theologische Schwerpunkte, die Juvencus im ganzen Gedicht setzt. Man gelangt zu ihm, wenn man sich die Frage stellt, warum der Dichter nicht Markus, Lukas oder Johannes, sondern Matthäus zur Basis seiner Evangeliendichtung gemacht hat.

Eine Rolle bei der Auswahl der Evangeliengrundlage gespielt haben mag der Umstand, daß das Matthäusevangelium in der Alten Kirche das meistgelesene und einflußreichste aller Evangelien war.[34] Doch der ausschlaggebende Grund, weshalb Juvencus sich entschieden hat, das Matthäusevangelium und keines der anderen Evangelien zur Basis für seine Dichtung zu machen, dürfte darin bestehen, daß für ihn der eschatologische Themenkreis in Verbindung mit der Verdienst- und Gerechtigkeitsthematik (Gericht, Lohn, Strafe, Hölle, ewiges Leben) von größter Bedeutung ist und daß das Matthäusevangelium ihm in dieser Hinsicht entgegenkam, da dort dieser Themenkreis eine noch größere Rolle spielt als in den anderen Evangelien.[35] Neben den sonstigen, auch bei den übrigen Evangelisten, besonders bei Lukas anzutreffenden Warnungen vor dem Gericht und Hinweisen auf zukünftigen Lohn oder Bestrafung (5.21f., 7.1f. [Marc.4.24f., Luc.6.37f.], 7.21/3 [cf. Luc.13.27], 8.11f. [Luc.13.28f.], 19.28/30 [Marc.10, Luc.18]) fällt besonders auf, daß der Themenkreis der Gerichtseschatologie die meisten der zahlreichen Gleichnisse bestimmt, die

---

[34] Vgl. H. von Campenhausen, Die Entstehung der christlichen Bibel (= Beiträge zur historischen Theologie, Bd.39), Tübingen 1968, 198; F.Stuhlhofer, Der Gebrauch der Bibel von Jesus bis Euseb. Eine statistische Untersuchung zur Kanonsgeschichte, Wuppertal 1988, 98/100, 112/5. Aus Stuhlhofers Untersuchung geht hervor, daß das Matthäusevangelium das meistzitierte Evangelium war, so daß es auch das meistgelesene gewesen sein dürfte. Ein Grund dafür mag die Tatsache sein, daß man es für das älteste Evangelium hielt; vgl. etwa Origenes bei Euseb.hist.eccl.6.25.4 (SC 41.126), Iren.adv.haer.3.1.1 (SC 211.22.18ff.), Euseb.hist.eccl.3.24.6f. (SC 31.130f.), Aug.cons.evang.1.2.3 (CSEL 43.3.10). Freilich ist der Hinweis auf das Alter für sich gesehen kein durchschlagendes Argument, für eine Evangelienharmonie das Matthäusevangelium als Basis zu nehmen. Hatte doch Tatian sich dafür entschieden, das Johannesevangelium zur Grundlage seiner Evangelienharmonie zu machen, vielleicht wegen seiner Nähe zur Logostheologie des Johannes. Juvencus wäre sicherlich schon deswegen nie auf den Gedanken gekommen, mit Blick auf das Alter das eine Evangelium gegen das andere auszuspielen, weil die Vierzahl der Evangelien, betrachtet als Grundstoff des Glaubens der Kirche, zu seiner Zeit längst feststand, wie etwa Iren.adv.haer.3.11.7/9 (SC 211.158/77) und Orig.comm.in Ioh.1.4. 21 (SC 120.68) zeigen. Vielmehr wurde das Altersargument gegen die Schriften angewandt, die als nicht kanonisch oder gefälscht galten, nach dem Grundsatz id verius quod prius (vgl. Tert.adv.Marc.4.5.1 [SC 456.82.1]).

[35] Vgl. H.Baarlink, Die Eschatologie der synoptischen Evangelien (= Beiträge zur Wissenschaft vom Alten und Neuen Testament. Sechste Folge. Heft 20), Stuttgart 1986, 107f.

Matthäus in sein Evangelium aufgenommen hat. Freilich gibt es hier Gemeinsamkeiten mit den übrigen Evangelisten. So hat Matthäus von den gerichtseschatologischen Gleichnissen wie Marcus und Lukas das Gleichnis vom Sämann (13.3/9, 18/23 = Marc.4.3/9, 13/20; Luc.8.5/8, 11/5) und das Gleichnis von den bösen Winzern (21.33/46 = Marc.12.1/12, Luc.20. 9/19). Nur mit Lukas gemeinsam hat er das Gleichnis vom Haus auf dem Felsen (7.24/7 = Luc.6.47/9),[36] das Gleichnis vom wachsamen Hausherrn (24.43f. = Luc.12.39f.),[37] das Gleichnis vom königlichen Hochzeitsmahl (22.1/14 = Luc.14.15/24), das Gleichnis vom treuen und vom schlechten Knecht (24.45/51 = Luc.12.42/6) und das Gleichnis von den anvertrauten Talenten (25.14/30 = Luc.13.25/7). Eine beachtliche Reihe der mit der Gerichtseschatologie im Zusammenhang stehenden Gleichnisse ist aber allein bei Matthäus überliefert: das Gleichnis vom Unkraut unter dem Weizen (13.24/30, 36/43), das Gleichnis vom Fischnetz (13.47/50; fehlt bei Juvencus zusammen mit dem Gleichnis vom Schatz und der Perle),[38] das Gleichnis vom unbarmherzigen Gläubiger (18.23/35), das Gleichnis von den Arbeitern im Weinberg (20.1/16), das Gleichnis von den ungleichen Söhnen (21.28/32) und das Gleichnis von den zehn Brautmädchen (25.1/13). Demgegenüber behandeln die Gleichnisse, die nur bei Lukas vorkommen, nicht die Gerichtseschatologie, sondern Themen wie die suchende Liebe Gottes zum Verlorenen (10.29/37, 15.1/10, 11/32), den Wert des Gebets (11.5/8, 18.1/8; vgl. Matth.7.9/11) und Fragen hinsichtlich der Einstellung zum Reichtum (12.16/21, 16.1/9, 19/23).[39] Marcus hat nur wenige Gleichnisse. Nur bei ihm steht das Gleichnis vom Wachsen der Saat (4.26/9), das nicht eigentlich gerichtseschatologisch ist wie das Gleichnis vom Sämann, bei dem aber die Erwähnung der Ernte den Gerichtsgedanken assoziiert. Auch Johannes überliefert kaum eigentliche Gleichnisse, und darunter sind keine eschatologischen.

Die Bedeutung, welche Matthäus mehr als die anderen Evangelisten dem eschatologischen Themenkreis und innerhalb dessen besonders Endzeit

---

[36] Dieses Gleichnis "greift den eschatologischen Ausblick auf das Gericht der vorangehenden Perikope auf" (J.Gnilka, HThK NT I/1.279). Bei Juvencus erscheint die Verknüpfung noch enger, denn Christus scheint das Gleichnis unmittelbar aus der Perspektive seiner Richterfunktion wiederzugeben (und ihm dadurch etwas von seinem Gleichnischarakter zu nehmen); vgl. Kap.III.

[37] Der Gerichtsgedanke klingt hier nicht unmittelbar an, ist aber mit der Ankunft des Sohns assoziiert.

[38] Bei der Auslassung des Gleichnisses vom Fischnetz durch Juvencus könnte eine Rolle gespielt haben, daß die Strafschilderung dort (Matth.13.50) wörtlich derjenigen entspricht, die zum Gleichnis vom Unkraut unter dem Weizen gehört (Matth.13.43). Zur Auslassung von inhaltlichen Dopplungen in der Heiligen Schrift durch Juvencus vgl. Widmann 35f.

[39] Vgl. Baarlink, op.cit. 108.

und Endgericht zuerkennt, zeigt sich schließlich an der Rede über die Endzeit (Matth.24.1/25.46). Sie ist länger und ausführlicher als die Endzeitreden bei Marcus (Marc.13.1/37) oder Lukas (Luc.21.5/36; vgl. aber auch 17.22/37).[40] Das erzielt Matthäus zum einen dadurch, daß er die auch von Lukas überlieferten Gleichnisse vom wachsamen Hausherrn, vom treuen und vom schlechten Knecht und vom anvertrauten Geld in ebendiese Rede einfügt sowie darüber hinaus das sonst nicht überlieferte Gleichnis von den zehn Jungfrauen.[41] Außerdem beschreibt Jesus bei Matthäus das Endgericht (Matth.25.31/46), wofür es bei den übrigen Evangelisten keine Entsprechung gibt. Man kann eine Hervorhebung von Lohn bzw. Strafe in Matth.24.51, 25.29f. gegenüber Luc.12.46, 19.26f. bemerken; vgl. außerdem Matth.16.27.[42]

Bei Juvencus fällt im Hinblick auf die Gerichtseschatologie schon im Prooem, das ohne Vorgabe durch einen Bibeltext verfaßt ist, ins Auge, daß Christi Rolle als Weltenrichter betont wird (prooem.24). Daher kann der Dichter sich nicht so sehr für das Marcus- oder das Lukasevangelium interessiert haben, da in diesen beiden Evangelien die Funktion Christi als Richter nicht direkt sichtbar wird.[43] Vielmehr ist für Christi Rolle als Weltenrichter vor allem das Matthäus-, daneben das Johannesevangelium zu nennen. Bei Matthäus erkennt man in Christus den Richter zunächst in 7.22f. Während Christus beim Evangelisten aber nur *in illa die* sagt, spricht er bei Juvencus klar vom Gerichtstag, wie 1.706f. *adveniet mox summa dies, quae iure severo/ praemia iustitiae tribuet scelerique gehennam* zeigt. Die Richterfunktion von Christus selbst ist zwar auch hier nicht direkt ausgesprochen. Sie ergibt sich aber daraus, daß er sagt, am Gerichtstag würden sich viele der falschen Propheten weinend und flehend an ihn wenden (1.708 *tunc mihi multorum clamabit...fletus*). In dem Matth.13.24/30 erzählten Gleichnis vom Unkraut unter dem Weizen ist, wie die von Jesus selbst gegebene Deutung (13.36/43) erkennen läßt, vom Menschensohn die Rede, der am Ende der Welt seine Engel aussenden wird, um die Sünder zu holen und zu bestrafen. Unzweifelhaft ist daher der Menschensohn als Richter gemeint, wenn auch nicht direkt so genannt. Gleichnis und Deutung hat Juvencus übernommen (2.812ff., 3.4ff.). Matth.24.27ff. (= 4.145ff.) wird das Kommen des Menschensohns be-

---

[40] Doch ist Matth.24.37/42 bei Lukas der längere Passus 17.26/36 gegenüberzustellen.

[41] Umgekehrt wird natürlich die eschatologische Ausrichtung der genannten Gleichnisse durch Einfügung in diese Rede hervorgehoben.

[42] Wohl hat Juvencus den Passus über das Gericht über die galiläischen Städte (Matth.11. 20/4) ausgelassen.

[43] Es ist zwar vom Kommen des Menschensohns die Rede. Doch bleibt dabei die Richterfunktion unausgesprochen: Marc.8.38, Luc.12.8f., Luc.17.24ff. (cf. Matth.24.27ff.).

schrieben. Sein Richteramt ergibt sich aus dem Jammern der Völker bei
seiner Ankunft und daraus, daß er die Engel aussendet, um die Auser-
wählten zusammenzuführen. Bei der Übertragung von Matth.24.44 wird
die Richterfunktion des Menschensohns dadurch erkennbar, daß er kommt
iustis sua praemia servans (4.184).[44] Schließlich wird in der Endzeitrede
sein Handeln als Richter beschrieben (Matth.25.31ff.). Bei Juvencus wird
er ausdrücklich als *iudex* bezeichnet (4.260, 281). Außerdem geht es um
den Menschensohn als Richter in der aus dem Johannesevangelium übernommenen Rede 5.22ff. (2.644 *[Genitor] dedit haec Nato quaerendi iura
per orbem*, 656 *[Genitor] ius dicere iussit*, 664 *[Genitoris] qui me iustitiam terris disquirere iussit*).[45]

Das eschatologische Interesse des Juvencus zeigt sich im Prooem außerdem daran, daß es eingangs heißt, alles Weltliche, sogar das goldene
Rom, werde dem endzeitlichen Feuer (V.5 *flamma ultima*) ausgeliefert
sein (V.1/5). Als Motiv für die Abfassung seiner Evangeliendichtung läßt
Juvencus erkennen, daß er selbst diesem ewigen Feuer entgehen möchte,
wenn der Weltenrichter kommt (V.22/4).[46] Er ist zuversichtlich, daß ihm

---

[44] Man beachte, wie eindrucksvoll Juvencus die Ankunft des Richters beschreibt. Der Klang
der Posaune, die beim Kommen des Richters erschallt, ist furchterregend, *tuba terrifico
stridens clangore vocatos* (4.157). Die Lichtmotivik in bezug auf die Ankunft des Herrn
hebt nicht nur seine Herrlichkeit hervor, sondern auch die Macht der Vernichtung. Der
Herr kommt *cum nubibus ignicoloris* (4.155), seine Ankunft ist *flammas volvens* (4.168).
Himmel und Erde werden im Feuer vernichtet, *haec tellus caelumque super solventur in
ignes* (4.161). Die Vernichtung ist vollständig und endgültig, *cuncta...claudat sibi debita
finis* (4.160).

[45] Für das Richtersein Christi vgl. aus der westlichen Tradition Tert.adv.Prax.16.1 (CCL
2.1180f.), praescr.13 (SC 46.106.15f.), Cypr.testim.2.28 (CCL 3.66f.), 2.30 (70/2),
3.33 (128), patient.24 (CCL 3A 132.468f.), Lact.inst.4.14.20 (SC 377.130.88), 7.18.4
(CSEL 19.645.6f.), 7.20.1 (647.4f.), 7.24.1 (658.4f.).

[46] Zum Gerichts- und Straffeuer, das die Welt am Ende um der Sünden willen trifft, siehe
etwa II Petr.3.6/13 (vgl. Lang, Art. πῦρ, ThWNT VI 935f. zum AT, 942/6 zum NT),
Tert.bapt.8.5 (CCL 1.283.27/30), spect.30.2ff. (SC 332.319ff.). Die Vorstellung von einem Weltbrand kennt man auch aus heidnischen Quellen. Lact.ira 23.5f. (SC 289.204)
vergleicht Or.Sib.4.159/61 (GCS 8.100; eine Quelle, die ihrerseits christlich beeinflußt
sein dürfte) und Ov.met.1.256/8. Herzog (Bibelepik 203 Anm.166) vermutet Abhängigkeit des Juvencusprooems von dieser Lactanzstelle, was aber nicht zwingend erscheint.
Erinnert sei auch an die stoische Ekpyrosis, die bis auf Heraklit zurückgeht. Allerdings
ist dort das Weltgeschehen nicht linear (mit einem Weltende), sondern zyklisch gedacht
(mit endlosem Kreislauf von wiederkehrenden Weltperioden); vgl. M.Pohlenz, Die Stoa.
Geschichte einer geistigen Bewegung, Göttingen 1964³, S.78f., Erlbd. S.44; Lang,
a.a.O. 929f. Erwähnenswert im Hinblick auf jüdisch-christliche Weltsicht ist, daß Heraklit frg.63/6 Diels/Kranz das Feuer am Ende einer Periode als Gericht über die Welt zu
verstehen scheint. Hippolytos hat uns diese Fragmente überliefert (refut.haer.9.10 [GCS
26.243.19/244.1]), Heraklit freilich insgesamt als Wegbereiter der Irrlehre des Noetos

aufgrund seiner Wahrheitstreue (V.19f.) ewiger Ruhm zuteil werde und daß sein Verdienst belohnt werde (V.17f. *nobis certa fides aeternae in saecula laudis/ immortale decus tribuet meritumque rependet*). Er glaubt also, aufgrund seines Dichtwerks am Weltende gerettet zu werden und das ewige Leben zu erlangen.[47] Der eschatologische Horizont kehrt am Schluß des Gedichts zweifach wieder, einerseits in Ausweitung von Matth. 28.20, andererseits im Epilog in bezug auf Constantin. Bei Juvencus fügt Christus der Aufforderung, die Menschen seine Gebote zu lehren, als Grund hinzu, daß sie das ewige Leben erlangen können: 4.799 *ut vitam possint agitare perennem* (cf. Marc.16.16). Bei Matth.28.20 sichert er den Menschen für die Zeit bis zum Ende der Welt, *usque ad consummationem saeculi*, seine (beistehende) Gegenwart zu. Bei Juvencus tut er das auch, hält den Jüngern aber die endzeitliche vollständige Vernichtung dieser Welt vor Augen: 4.801 *donec consumens dissolvat saecula finis*. Umso wichtiger ist die Ausrichtung auf Christus. Im Epilog wird von dem Friedensherrscher Constantin gesagt, daß ihm verdientermaßen (808 *merenti*, 810 *iustis dignior actis*) die Gnade Gottes zuteil wird und er das ewige Leben erhalten wird durch Christus, den Herrn des Lichts. Anfang und Ende des Gedichts enthalten also mehrere eschatologische Ausblicke. Man kann sagen, daß die eschatologische Thematik das Gedicht rahmt.

Wie wichtig der eschatologische Themenkreis für Juvencus ist, wird allein schon an der sehr breiten Ausführung des Zwei-Wege-Bildes (1.679/ 89 = Matth.7.13f.) deutlich. Dieses Bild zeigt, daß die Wahl des Wegs darüber entscheidet, was einem im Jenseits erwartet. Die Gerechten *(iusti)* gelangen auf dem Weg des Lebens zu Gott und erhalten das Geschenk des ewigen Lebens. Wer aber den Lockungen des Wegs des Bösen (vgl. 1. 685f. *fallax inlexque malorum/ planities*) erliegt, wird in den Tod gerissen. Die Verlorenheit dessen, der diesen Weg wählt, zeigt Juvencus durch drei Vergleichsbilder auf: Der Weg des Bösen reißt ihn mit sich wie ein mächtiger Strom oder wie ein durchgegangenes Pferd oder wie ein führerloses Schiff im Sturm (1.687/9).[48]

---

behandelnd (Inhalt des 9. Buchs von refut.haer.).

[47] Der Gedanke von der Verdienstlichkeit geistlicher Dichtung wird in der Nachfolge des Juvencus zum Topos; vgl. etwa Prud.perist.10.1131/5, Paul.Nol.carm.22.20/8; Kartschoke 74/8, Klopsch 5ff. Juvencus wird der Glaube der antiken Dichter an das Fortleben ihres Werks und ihrer Person bzw. ihres Namens vorgeschwebt haben (z.B. Pind.Pyth.6. 5/14, Hor.carm.3.30, Ov.met.15.871/9; vgl. H.P.Syndikus, Die Lyrik des Horaz, Bd.II, Darmstadt 2001³, 256ff.).

[48] Gnilka (Chrêsis II 35 Anm.60) bemerkt zu Recht, daß das Zwei-Wege-Bild von Juvencus "fast wie nach Anweisung Lactanzens" (inst.6.3.1/4.24 [CSEL 19.485/94], 7.1.20f. [p. 585]; vgl. epit.54.1/3 [Heck/Wlosok p.81f.]) ausgestaltet wird. Denn es fallen zahlreiche

Ausschlaggebend dafür, ob der Mensch das ewige Leben erlangen
kann oder bestraft werden und Höllenqualen erleiden wird, ist das Maß an
Gerechtigkeit, das er im diesseitigen Leben erfüllt. Gerechtigkeitsgedanke
und Eschatologie (Gerichtsgedanke) sind für Juvencus eng miteinander
verbunden. Die Gerechtigkeit ist nicht irgendeine Tugend, sondern Anfüh-
rerin der Tugenden,[49] Anfang aller Tugend,[50] Tugend schlechthin,[51]
Begriff für die geistige Haltung und Lebensführung insgesamt, wie sie
Gott von den Menschen durch seine Gebote verlangt: Gerecht sein bedeutet die Gebote Gottes einhalten.[52] Daß die Begriffe "Gerechtigkeit", "ge-

---

Übereinstimmungen auf (in Klammern Seiten- und Zeilenangaben des CSEL-Bandes bzw.
der Epitomeausgabe von Heck/Wlosok): *ite per angustam, iusti* (p.490.11 *iustitiam*, p.
491.2 *iustus*, HW p.81.19 *iustorum*, p.82.4 *iusti*, p.82.7 *iustitiae via*), *super aethera por-*
tam (p.485.7 *una [via] quae in caelum ferat*, p.487.17 *[hae viae] in caelum tollant*,
p.488.16 *caeleste iter*, p.490.7f. *via caelestis*, HW p.82.4f.)./ *quam lata et spatiosa via*
est, quae limite laevo (p.487.5 *sinistram viam*, HW p.82.5f. *sinisterior [via]/ praerup-*
tum convolvit iter (p.485.7 *altera [via], quae ad inferos deprimat*, p.486.2 *viam praecipi-*
tem, p.487.17f. *[hae viae] ad inferna praecipitent*, p.490.3 *praecipitatus in altitudinem*
profundam cadat, p.490.6f. *ad inferos deiectus*) *caligine* (p.488 *ad [solis] occasum*,
p.489.1 *tenebras*) *mortis* (HW p.82.3 *mortis*),/ *innumeraeque illam penetrant per prona*
catervae!/ vitalis vastis stipatur semita saxis (p.486.2 *saxis asperam* [hier aber vom weiteren Verlauf des zunächst leicht gangbaren Wegs des Verderbens], p.490.9 *saxis extan-*
tibus [cf. bei Juvencus *vastis*]),/ *celsaque vix paucos ducit per scrupea virtus* (p.485.9
virtutum, 10f., p.486.5, 10, 14 u.ö.)./ *at si quos nimium fallax* (p.487.5 *mentiatur*,
p.489.1 *mendacium*, 17 *mendacium*, p.490.2 *fraudem*) *inlexque* (p.486.8 *inlicere*, p.488.
23 *inlectus*, p.489.15 *inlecebras omnes*) *malorum* (p.486.7 *vitia*, 14 u.ö., p.488.10 *vitiis*
ac malis)/ planities (p.485.13 *planum iter* [gemeint ist hier aber der obere Teil des Tu-
gendwegs], p.489.12 *plana [via]*) *suasit deformi lubrica lapsu* (p.485.16 *labi*, p.486.4 *la-*
bi),/ *adripit hos pronosque trahit velut impetus amnis* (p.486.3f. *[viam] gurgitibus inter-*
cisam vel torrentibus rapidam),/ aut alacer sonipes ruptis effrenus habenis,/ aut rectoris
egens ventosa per aequora puppis.- Vgl. zum Zwei-Wege-Bild noch Komm. zu 2.184f.

[49] Clem.Alex.strom.7.3 (SC 428.80.15f.) ἀνδρείας καὶ φρονήσεως καὶ σωφροσύνης τῆς τε
ἐπὶ πᾶσι παντελοῦς ἀρετῆς δικαιοσύνης, Lact.inst.6.4.7 (CSEL 19.490.11/14).

[50] Nach Orig.in Matth.frg.138 II (GCS 41.1 p.70.5f. rechts) besteht der Anfang der Tugend
darin, dafür zu beten, den Weg der Gerechtigkeit erkennen zu dürfen: ἀρχὴ ἀρετῆς τὸ
εὔχεσθαι γνωρισθῆναί τινι τὴν ὁδὸν τῆς δικαιοσύνης.

[51] So wird im Zwei-Wege-Bild Iuvenc.1.679 *iusti* aufgenommen durch 1.684 *celsa...virtus*
(Matth.7.13f.; vgl. Lact.inst.6.4.10f. [CSEL 19.491.2/11], wonach der *iustus* die *corona*
virtutis erhält), 3.530 *iustorum* durch 3.533 *virtus...celsa* (Matth.19.26). Allein die Gerechtigkeit führt zu Gott: Lact.inst.7.27.16 (CSEL 19.671.24f.) *intendamus ergo iustiti-*
ae, quae nos inseparabilis comes ad Deum sola perducet.

[52] Vgl. zur Gleichsetzung von Gesetzestreue und Gerechtigkeit Tob.4.5ff. *omnibus diebus*
vitae tuae, fili, Deum in mente habe et noli praeterire praecepta eius, iustitiam fac omni-
bus diebus vitae tuae et noli ambulare viam iniquitatis (Cypr.eleem.20 [CCL 3A 68.
401ff.]), Cypr.unit.eccl.15 (CCL 3.260.378/80) *iustitia opus est, ut promereri quis possit*
Deum iudicem; praeceptis eius et monitis obtemperandum est, ut accipiant merita nostra
mercedem, mortal.3 (CCL 3A 18.41/3) *Simeon...ille iustus qui vere iustus fuit, qui fide*

recht", "Gebot, Gesetz (Gottes)" für Juvencus eine herausragende Bedeutung haben, zeigt schon die Frequenz der entsprechenden lateinischen Wörter.[53] Christus verkündet und lehrt die Gebote.[54] Das Verhältnis zwischen dem Menschen und Gott wird in Anlehnung an die westliche Tradition, an Tertullian, Cyprian und Lactanz, als ein Rechtsverhältnis ange-

---

plena Dei praecepta servavit, 26 (31.451/4) *misericordes qui alimentis et largitionibus pauperum iustitiae opera fecerunt, qui dominica praecepta servantes ad caelestes thesauros terrena patrimonia transtulerunt*, testim.2.6 (CCL 3.38.54f.) *iusti qui fuerint et praeceptis divinis obtemperaverint*, Iuvenc.1.704/7 *illi...merito gaudebunt munere regni, / qui facient nostri Genitoris iussa volentes. / adveniet mox summa dies, quae iure severo/ praemia iustitiae tribuet scelerique gehennam*, 4.184/9 (Gleichsetzung von Gesetzesgehorsam und Gerechtigkeit ergibt sich aus der Parallelsetzung, daß Christus den Gerechten ihren Lohn aufbewahrt [184 *iustis sua praemia servans*], wie der Hausherr im Gleichnis den Knecht, der sich seinem Auftrag entsprechend verhalten hat, belohnen wird [187ff. *sapiens nimiumque beatus, / quem veniens Dominus servantem iussa videbit. / illum maiori famulum redimibit honore*]). Entsprechend dieser Gleichsetzung von Gesetzesgehorsam und Gerechtigkeit werden die Gebote Gottes *iustitiae leges* genannt (Iuvenc.3.19; *iustitiae* meint aber gleichzeitig die Gerechtigkeit des Gesetzgebers).- Gerecht sein heißt besonders das Doppelgebot der Gottesliebe und der Nächstenliebe (Matth.22.34/40) einhalten: Iustin.dial.93 (PG 6.697C) διχῇ οὖν τῆς πάσης δικαιοσύνης τετμημένης, πρός τε Θεὸν καὶ ἀνθρώπους, ὅστις, φησὶν ὁ Λόγος, ἀγαπᾷ Κύριον τὸν Θεὸν ἐξ ὅλης τῆς καρδίας καὶ ἐξ ὅλης τῆς ἰσχύος, καὶ τὸν πλησίον ὡς ἑαυτόν, δίκαιος ἀληθῶς ἂν εἴη, Lact. inst.6.10.2 (CSEL 19.514.8/11) *primum iustitiae officium est coniungi cum Deo, secundum, cum homine. set illut primum religio dicitur, hoc secundum misericordia vel humanitas nominatur.* Zur Gerechtigkeit als Gottesliebe bzw. Gottesverehrung vgl. bei Juvencus 1.406 *iustus caeli Dominum devotus adoret/ unius et famulans veneretur nomen in aevum* (Matth.4.10), 2.287f. *veri Sanctum Genitorem errore remoto/ cultores iustis armati legibus orent*, 4.319 *Deus...digno iustis celebretur honore* (Ioh.11.4); zur Gerechtigkeit als Nächstenliebe vgl. 4.42f. *magno teneantur amore/ ad ius fraternum iustae penetralia mentis* (Matth.22.39), 4.269ff. (Barmherzigkeit gegenüber den Armen und Schwachen). Von diesen beiden Geboten der Liebe Gottes und der Nächstenliebe hängt alles andere ab: 4.44 *his...geminis dependent omnia iussis* (Matth.22.40).- Den Gerechten ist das Joch der Nachfolge Christi leicht, denn es schenkt dem Demütigen das Heil: 2.559f. *sumite forte iugum, levis est mea sarcina iustis, / namque humili dulcem largitur corde salutem* (Matth.11.29f. *tollite iugum meum super vos et discite a me; quia mitis sum et humilis corde, et invenietis requiem animis vestris, iugum enim meum suave est et onus meum leve est*).

[53] 61 mal *iustus* (vgl. Flieger 118f. detailliert zum Gebrauch von *iustus* bei Juvencus; er weist darauf hin, daß *iustus* nach *talis, omnis, cunctus* das vierthäufigste Adjektiv bei Juvencus ist), 9 mal *iustitia*, 50 mal *lex*, 32 mal *iussa*, 11 mal *mandatum*, 23 mal *praeceptum*.- Das Evangelium selbst ist für Juvencus Gesetz (vgl. 4.804 *divinae legis*). In der westlichen Kirche betrachten bereits Tertullian und Cyprian nicht nur den Alten Bund, sondern auch die christliche Offenbarung als Gesetz: Tert.monog.8.1 (CCL 2.1239.1f.), Cypr.unit.6 (CCL 3.254.161).

[54] Vgl. 3.18 *expediens populis - mirabile dictu - iustitiae leges vitaeque salubria iussa* (Matth.13.54). 10 mal wird Jesus *magister* genannt, 4 mal *doctor* (3.27 *legis doctor*), 1 mal *praeceptor*.

sehen,[55] das darin besteht, daß der Mensch Gottes Geboten zu folgen hat und im Endgericht entsprechend belohnt oder bestraft werden wird.[56]

Daß sich das Verdienst des Menschen vor Gott aus dem Maß seiner Gerechtigkeit ergibt und daß sich Lohn und Strafe danach bemessen,[57] hebt Juvencus im Vergleich zu Matthäus stärker hervor:[58] 1.578f. *iustis meritis tum digna rependet/ occulti solus scrutator praemia cordis* (Matth. 6.4), 1.707 *praemia iustitiae tribuit scelerique gehennam* (Matth.7.19), 4.184 *Filius...hominis iustis sua praemia servans* (Matth.24.44) mit 4. 187ff. *sapiens nimiumque beatus,/ quem veniens Dominus servantem iussa videbit./ illum maiori famulum redimibit honore* (Matth.24.46) und 4.194f. *servum...incauta furentem/ praecipitem dignis poenarum cladibus abdet* (Matth.24.50), 4.269/71 *huc veniant sancti, iamdudum debita sumant/ dona Patris, mundi quae sunt aequaeva nitentis/ et iustis primo promissa parantur ab ortu* (Matth.25.34), 4.284ff. *at vos, iniusti, iustis succedite flammis/ et poenis semper mentem torrete malignam,/ quas Pater horrendis barathri per stagna profundis/ Daemonis horrendi sociis ipsique paravit* (Matth.25.41), 4.304f. *aeternum miseri poena fodientur iniqui,/ aeternumque salus iustis concessa manebit* (Matth.25.46 *et ibunt hi in ignem aeternum, iusti autem in vitam aeternam*), 4.810f. (ohne biblische Vorlage und auf Constantin bezogen) *iustis dignior actis/ aeternam capiat divina in sae-*

---

[55] A.Beck, Römisches Recht bei Tertullian und Cyprian, 1967², passim; A.Wlosok, HdA VIII.5, 389f., 390. Laut Wlosok spielt in der Gottesauffassung des Lactanz die römische Vorstellung des *pater familias* eine bedeutende Rolle, "der in einer Person je nach Erfordernis als *pater* oder als *dominus* in Aktion tritt und nicht nur die Fürsorgepflicht, sondern auch die Strafgewalt hat. In Analogie dazu begreift Lactanz das Verhalten Gottes zur Welt als Ausübung einer quasimagistratischen Doppelfunktion, der des Schöpfers und Erhalters und der des Richters. Entsprechend stellt sich ihm das Verhältnis des Menschen zu Gott primär als ein rechtlich fundiertes Abhängigkeitsverhältnis dar, das bestimmt ist durch die Faktoren: göttliche Forderung, menschlicher Gehorsam, gerechter Lohn." Bei Juvencus klingt der *pater familias*-Gedanke in den eschatologischen Gleichnissen an, die er aus Matthäus übernimmt, in den Gleichnissen von den bösen Winzern (Matth.21.33/46 [= 3.712/36]; cf. Marc.12.1/12, Luc.20.9/19), vom treuen und vom schlechten Knecht (Matth.24.45/51 [4.185/96]; Luc.12.42/6), von den anvertrauten Talenten (Matth.25.14/30 [= 4.227/58]; cf. Luc.19.11/27), darüber hinaus in den nur von Matthäus überlieferten eschatologischen Gleichnissen vom unbarmherzigen Gläubiger (Matth.18.23/35 [= 3.437/58]) und von den Arbeitern im Weinberg (Matth.20.1/16 [= 3.550/83]).- Zur Bedeutung der Gerechtigkeit bei Lactanz siehe Buchheit, Gerechtigkeit 356ff.

[56] Zur christlichen Verdienstlehre vgl. bereits Tert.apol.18.3 (CCL 1.118); zusammenfassend E.Wolf, Art. Gesetz, RGG³ 2.1521.

[57] Vgl. sap.5 (Cypr.Fort.12 [CCL 3.212]), Matth.25.31/46 (Cypr.zel.23 [CCL 3.69f.]), Cypr.patient.24 (CCL 3A 133.480ff.), Lact.inst.7.14.2 (CSEL 19.628.6f.) *solam esse iustitiam, quae vitam homini pareat aeternam.*

[58] Auch hier dient die Erwähnung der Bibelstellen nur der schnelleren Orientierung. Wenn der Gerechtigkeitsgedanke im Heiligen Text vorgegeben ist, wird er ausgeschrieben.

cula vitam. Auch diejenigen, die wegen ihrer Gerechtigkeit verfolgt werden, erhalten reichen Lohn bei Gott: 1.466/471 *felices nimium, quos insectatio frendens/ propter iustitiam premit; his mox regia caeli/ pandetur. gaudete, operum quos iusta tenentes/ urgebit praeceps stimulis iniuria saevis* (Matth.5.10/2 *beati, qui persecutionem patiuntur propter iustitiam, quoniam ipsorum est regnum caelorum./ beati eritis, cum exprobraverint vobis homines et persecuti fuerint et dixerint omne malum adversum vos propter iustitiam./ gaudete et exsultate, quoniam merces vestra copiosa est in caelo; sic enim persecuti sunt et prophetas, qui erant ante vos, patres eorum*).[59]- Juvencus betont die Ewigkeit von Strafe und Lohn: prooem.

---

[59] Auch sonst gibt sich Juvencus alle Mühe, die Beziehung von Lohn und Strafe in der postmortalen Existenz auf das Verhalten der Menschen im diesseitigen Leben herauszustellen: In dem Gleichnis von den zehn Jungfrauen (4.197/226 = Matth.25.1/13) wird die Dummheit der Jungfrauen hervorgehoben (199 *praestupido, stolidissima*, 204 *stultarum, non prudentia*, 212 *stolidae*, 217 *stultae*, 220 *brutae*). Doch geht es nicht um bloße Dummheit, 220 *segnes* scheint auf seelische Trägheit zu weisen, die in mangelnder Bereitschaft zur inneren Umkehr und zum Glauben an Christus besteht (vgl. Rollins 300, der vermutet, daß die Fackeln die Werke meinen, das Licht aber den Glauben. Die törichten Jungfrauen verrichten zwar gute Werke, aber sie glauben nicht wirklich, sind nicht vorbereitet, den Bräutigam zu empfangen). Auch in dem Gleichnis von den Talenten (4.227/58 = Matth.25.14/30), dessen eschatologischer Bezug gleich anfangs angedeutet wird, da es heißt, der Herr werde eine weite Reise machen (4.227f. *longas cui contigit ire.../ in terras;* cf. Matth.25.19 *post multum vero tempus venit dominus servorum illorum*), bemüht sich Juvencus, den Zusammenhang zwischen den Taten der Menschen und dem Gericht klarer erscheinen zu lassen. Während bei Matthäus Verwunderung aufkommen könnte ob der harschen Bestrafung für den Knecht, der das eine Talent in der Erde vergrub, läßt bei Juvencus schon zu Beginn des Gleichnisses der Begriff des *tractare* (4.228, 230), der als t.t. des Finanzwesens die Verwaltung von Geld bezeichnet (vgl. mit Arevalo Cic.div.in Caec.32, Verr.II 5.60), an mehr als bloße Verwahrung, nämlich an gewinnbringenden Einsatz denken. *credere* (228), *tractare* (228, 230) und *cura* (230) deuten darauf hin, daß der Herr den Knechten die Talente anvertraut, um damit gewissenhaft zu arbeiten (cf. Rollins 258f.). Allerdings weist auch Matth.25.15 *unicuique secundum propriam virtutem* schon in diese Richtung. Jedenfalls wird bei Juvencus noch klarer, warum der Knecht bestraft wird, der das Talent vergraben hat. Zur Hervorhebung der Beziehung zwischen dem Verhalten der Menschen und ihrer Belohnung bzw. Bestrafung vgl. noch etwa 1.456f. *his* (sc. *humilibus*) *similes mites, quos mansuetudo coronat,/ quorum debetur iuri pulcherrima tellus* (Matth.5.5). Auch im Gleichnis von den bösen Winzern (3.712/36 = Matth.21.33/46) wird das vom Herrn festgelegte bzw. eingeforderte Recht betont (3.716 *inpositam statuens mercedis solvere legem*, 724 *mercedis pacta reposcit*), das die Winzer unrechtmäßig (3.725 *audax iniuria*) mißachten mit der Folge, daß der Herr Sühnung verlangt (733f. *poenas...reposcit/ tantorum scelerum*). Wie die Winzer verhalten sich die Vornehmen der Juden. Daher wird ihnen das Himmelreich verweigert werden (3.734/6 = Matth.21.43, 45).- Das Gleichnis vom unbarmherzigen Gläubiger (3.435/58 = Matth.18.23/35) zeigt allerdings, daß die Gnade Gottes den reuigen Sünder retten kann: 3.446 *trans meritum concessit debita.*

17f. *nobis certa fides aeternae in saecula laudis/ inmortale decus tribuet*,
1.527 *perpetuis...animam...convolvere poenis* (Matth.5.29), 760 *perpetuis*
poenae cruciatibus (Matth.8.12), 2.629f. *inrevocatis/ suppliciis nunc et*
semper torrebitur ignis (vgl. Matth.12.32 *non remittetur ei neque in hoc*
saeculo neque in futuro), 3.14 *dentibus his stridor semper fletusque peren-*
nis (Matth.13.42), 4.196 *illum perpetuus fletus stridorque manebit* (Matth.
24.50), 4.258 *perpetuos fletus poenae stridore frequentet* (Matth.25.
30).[60]- Zur Angemessenheit von Strafe bzw. Lohn vgl. neben 1.578f., 4.
194f. (s.o.) noch 3.455 *dignis lueret (debita) per vincula poenis* (Matth.
18.34).

Die Guten, die Lohn erwartet, und die Schlechten, die Bestrafung zu
erleiden haben, werden im Gericht geschieden. Auch den Scheidungsge-
danken hebt Juvencus stärker hervor als Matthäus:[61] 1.344 *horrea...in-*
plebit secreti copia farris (Matth.3.12), 2.805 *triticeus...nitor selecta sorde*
resistet (Matth.13.28), 2.809f. *secretum lolium conexo fasce iubebo/ igni-*
bus exuri (Matth.13.30), 2.811 *purgata fruge*, 3.12ff. *colligere erroris la-*
queos labemque iubebit/ collectosque simul rapidis exurere flammis/ .../
(Matth.13.41/3), 3.15 *secretisque piis veniet lux aurea vitae*,[62] 3.491, 3.
532f. *Deus electis facilem praepandit in aethra/ possibilemque viam, virtus*
quam celsa capessat (Matth.19.26),[63] 3.582f. *nam multos homines digna-*
tio sancta vocavit,/ e quis perminimam dignum est secernere partem[64]
(Matth.20.16), 3.772f. *multis nam saepe vocatis/ paucorum felix hominum*
selectio fiet (Matth.22.14 *multi autem sunt vocati, pauci vero electi*),
4.137 *sed propter lectos veniet miseratio iustos* (Matth.24.22 *sed propter*

---

[60] Vgl. zur ewigen Strafe Tert.apol.45.7 (CCL 1.160.28), 49.2 (CCL 1.168.7), Lact.inst.7.
    26.6f. (CSEL 19.666f.).
[61] Nur in den ausgeschriebenen Bibelstellen ist der Scheidungsgedanke ausgedrückt.
[62] Die Scheidung wird nicht nur durch *secretis*, sondern auch durch die zweimalige Verwen-
    dung von *colligere* hervorgehoben: Die Sünder werden sorgfältigst eingesammelt und
    dem Feuer überlassen. Übrig bleiben die Frommen, denen das ewige Leben zuteil wird.
[63] Das ist zwar noch nicht die eschatologische Scheidung, doch könnte *electis* darauf vor-
    ausweisen.
[64] Sämtliche lateinischen Versionen fügen aus Matth.22.14 hinzu *multi sunt enim vocati,*
    pauci autem electi. Ein entsprechender Zusatz findet sich nur in einem Teil der griechi-
    schen Überlieferung. Vielleicht kannte Juvencus nur einen griechischen Text, der den Zu-
    satz nicht enthielt. Dann hätte er ihn mit Absicht aus der lateinischen Version übernom-
    men. Fest steht jedenfalls, daß er den Satz *sic erunt novissimi primi et primi novissimi*
    mit Absicht ausgelassen hat, da er durchgehend überliefert ist. Das ist aber aus dem Kon-
    text schwer zu erklären, da gerade dieser Satz das Resümee aus dem Gleichnis ist, nicht
    aber der Zusatz. Das eigentliche Anliegen des Dichters ist also offenbar weniger die Deu-
    tung des Gleichnisses als vielmehr, auf die eschatologische Scheidung der Guten von den
    Schlechten hinzuweisen.

electos breviantur dies illi), 4.138ff. *nomine fallentes Christi falsique pro-*
fetae/ exsurgent terris et monstra potentia fingent,/ quae forsan lectos ca-
pient miracula iustos (Matth.24.24),[65] 4.261ff. *tum gentes cunctae diver-*
sis partibus orbis/ convenient iustosque omnes de labe malorum/ secernet
(Matth.25.32/4).[66] Vgl. noch 2.660f. *iustorum...animas redivivo corpore*
necti,/ iudicioque gravi miseros exsurgere pravos (Ioh.5.29), 4.174ff. *uno*
quin etiam recubantes stramine lecti/ dispar iudicium diversa sorte subi-
bunt, unus enim socium quaeret per strata relictus (Luc.17.34).

In welchem Zusammenhang stehen nun die Einfügungen gewisser Abschnitte aus dem Johannesevangelium mit dem eschatologischen Interesse
des Juvencus und seiner engen Verknüpfung von Gerechtigkeits- und Gerichtsthematik? In Ioh.3 führt die Frage nach dem gerechten Weg, auf
dem man zum Reich Gottes gelangt (2.184f.), zum Thema von Taufe und
Wiedergeburt. Ohne den Glauben und die Wiedergeburt in der Taufe kann
der gerechte Weg nicht beschritten und das ewige Leben als Lohn der Gerechtigkeit nicht erlangt werden. Wer an Christus glaubt und wiedergeboren wird, über den wird nicht gerichtet. Wer aber nicht glaubt und in der
Folge nicht wiedergeboren wird, dessen Gewissen quält schon jetzt die
Verdammnis (2.230/42 = Ioh.3.18/20). In Ioh.4 steht das Wasser des Lebens im Mittelpunkt. Christus vergibt der Frau, die auf dem Weg zum
wahren Glauben ist, offenbar die Sünden und läßt ihr das lebendige Wasser zuteil werden.[67] Mit Christus kommt die Zeit des wahren und universalen Glaubens und des Lebens in Gerechtigkeit (vgl. 287f. *cum veri*
Sanctum Genitorem errore remoto/ cultores iustis armati legibus orent).

---

[65] *lectos...iustos* wird dadurch hervorgehoben, daß es in 137 und in 140 an denselben Versstellen steht.
[66] Die Auswirkung unseres Handelns auf Erden auf das eschatologische Geschehen, auf die
Scheidung durch den Richter, wird bei Juvencus noch klarer als bei Matth.25.32/4, da er
das Bild vom Hirten, der Schafe und Böcke voneinander trennt, in weiterem Umfang aus-
deutet. Christus spricht von den Gerechten auf der einen Seite (4.262 *iustos*, 269 *sancti*,
271 *iustis*) und den Sündern auf der anderen (4.262 *labe malorum*, 264 *pravos*). Auf die
Verachtung des Richters gegenüber den Sündern deutet 264 *despectos*, auf seinen Gefal-
len an den Gerechten 263 *(dextra...) libens in parte relinquet*. Die Gerechten erhalten das
Geschenk (270 *dona Patris*), das ihnen von Anbeginn der Welt bereitgehalten wurde.
Auch in dem Vergleichsbild von Hirt und Herde wird die Trennung von Juvencus verdeutlicht, und zwar anhand des unterschiedlichen Weidelandes für Schafe und Böcke. Die
wolletragenden Schafe dürfen auf weichem Gras weiden, die Böcke mit dem struppigen
Fell läßt er in dornigem Gestrüpp weiden. Die Art des Weidelandes deutet wohl auf
Lohn bzw. Strafe hin. Die Entsprechung des Weidelandes zum jeweiligen Fell weist wohl
darauf hin, daß Lohn und Strafe entsprechend der Art und dem Verhalten der Menschen
zugeteilt werden.
[67] Siehe Komm. zu 2.271f. und zu 293 *peccantum largus miserator*.

Christus verkündet das ewige Leben, und sein Lehren und Wirken ist Voraussetzung für die Erlangung des ewigen Lebens (vgl. 291f. *scimus, quod Christus nuntius orbi/ adventu proprio vitalia saecula pandet*). Gegen Ende des 2. Buchs fügt Juvencus in die Verteidigungsrede aus Matth.12 die Rede über die Vollmacht aus Ioh.5 ein, in der die Gerichtsthematik breiten Raum einnimmt (Ioh.5.19/46 = 2.637/691). Christus wird als Richter untersuchen, wer als Gerechter gelebt hat (vgl. 664 *iustitiam terris disquirere*), und die Gerechten belohnen, die Ungerechten aber bestrafen (646ff., 660f.). Die Auferweckung des Lazarus in Ioh.11 (= 4.306/402) ist nach der Auferstehung Christi eines der eindrucksvollsten Beispiele dafür, daß Auferstehung und ewiges Leben wahre Versprechungen sind,[68] und soll in den Gerechten den Glauben an Gott und an Jesus Christus hervorrufen (4.317/9 [Ioh.11.4] *non est, si creditis, inquit,/ ad letum ducens istaec violentia morbi,/ sed Deus ut digno iustis celebretur honore/ et Suboles hominis sancta virtute nitescat*). Den Gerechten und Gläubigen wird das ewige Leben zuteil werden: 4.349/53 (Ioh.11.25f.) *en ego sum clarae vobis reparatio vitae./ in me qui credit, mortem deponere sumptam/ et vitam poterit iugi conponere saeclo./ at quicumque fidem vivo sub pectore sumet,/ horrida non umquam continget limina mortis*. Die Tatsache, daß Juvencus Ioh.11 unmittelbar auf die Endzeitrede (Matth.24f.) folgen läßt, macht klar: Der Glaube der Gerechten daran, daß Christus der Retter dieser Welt ist, daß er die Toten auferstehen läßt, ebendieser Glaube wird sie am Tag des Gerichts retten, und sie werden mit dem ewigen Leben beschenkt werden.

Das alles zeigt, daß ein Großteil der Einfügungen aus Johannes (nicht aber das Weinwunder [2.127/52 = Ioh.2.1/11], kaum auch die Heilung des Sohns des königlichen Beamten [2.328/346 = Ioh.4.46/53]) sich mit dem Interesse des Dichters am eschatologischen Themenkreis und besonders an der Gerechtigkeits- und Gerichtsthematik gut erklären läßt.

---

[68] Die Auferweckung des Lazarus ist sogar eines der bedeutendsten Wunder überhaupt: Aug.tract.49.1 in Ioh. (CCL 36.419.1f.) *inter omnia miracula quae fecit Dominus noster Iesus Christus Lazari resurrectio praecipue praedicatur.*

II.2 Die Taufe als Voraussetzung des gerechten Lebens

Die Taufthematik spielt bei Juvencus eine wichtige Rolle innerhalb der Gerechtigkeitsthematik. Denn die Taufe ist unabdingbare Voraussetzung dafür, gerecht zu werden und zu leben, so daß man dem Gericht entgehen und das ewige Leben erlangen kann, wie schon die Tradition zeigt.[69]

Bei Juvencus ist zunächst bei Übertragung von Matth.3 von der - wie sich zeigen wird, christianisierten - Johannestaufe die Rede, dann ausführlich von der Taufe Jesu durch Johannes. Letztere ist bereits von Matthäus breiter ausgeführt als von Markus und Lukas. Sodann sind die von Juvencus übernommenen Johanneskapitel 3 und 4 von großer Bedeutung für die Taufthematik. Ioh.3 ist das entscheidende Kapitel, in dem die Wirkungen der Taufe, die Wiedergeburt und die Gerechtwerdung, beschrieben werden. Es folgt Ioh.4, wo das lebendige Wasser und die Sündenvergebung Assoziationen zur gerechtmachenden Taufe wecken.[70]

Gegen die Absicht des Dichters, dem Taufsakrament großen Raum zu geben, scheint auf den ersten Blick zu sprechen, daß die Fachterminologie *baptismus, baptizare* gänzlich fehlt. Nur einmal wird Johannes der Täufer *Baptista* genannt (2.541). Doch darf man diese Abneigung gegen die Wortgruppe *baptizare* nicht isoliert betrachten. Denn Juvencus hat aus dem Evangelium griechische Wörter in der Regel nicht übernommen. So werden *angelus, blasphemia, blasphemare, ecclesia, parabola* (schon aus metrischem Grund), *scandalum, scandalizare* u.a. ersetzt oder umschrieben. *evangelium, evangelizare* bleiben nahezu gänzlich unberücksichtigt (vgl. allein 1.435f. *sancta...praeconia*). Übernommen werden lediglich *profeta* und *daemon*. Diese Zurückhaltung ist zwar auch bei anderen christ-

---

[69] Tit.3.1/8, bes. 5/7 *salvos nos fecit (Deus) per lavacrum regenerationis et renovationis per Spiritum Sanctum, quem effudit in nos honeste per Iesum Christum Salvatorem nostrum, ut iustificati ipsius gratia haeredes efficiamur secundum spem vitae aeternae,* Lact. inst.7.5.22 (CSEL 19.600.20ff.) *quae ratio* (sc. *hominem non statim quam natus est rectum ingredi*) *docet mortalem nasci hominem, postea vero inmortalem fieri, cum coeperit ex Deo vivere id est iustitiam sequi, quae continetur in Dei cultu, cum excitaverit hominem Deus ad aspectum caeli ac sui. quod tum fit, cum homo caelesti lavacro purificatus exponit infantiam cum omni labe vitae prioris et incremento divini vigoris accepto fit homo perfectus ac plenus* (Lactanz vergleicht hier die geistige Entwicklung zum durch die Taufe gerecht gewordenen Menschen mit der körperlichen Entwicklung des Menschen, der erst schwach auf allen Vieren sich fortbewegt und sich später zum aufrechten Gang erhebt. Entsprechend ist auf geistiger Ebene erst der Getaufte mit göttlicher Kraft erfüllt, fähig zu Gott aufzublicken und unsterblich. Bei der Taufe kann jedoch nicht von einem allmählichen Prozeß gesprochen werden, sondern die Taufwirkung tritt sofort und in voller Konsequenz ein).

[70] Vgl. Komm. zu 2.270 *vitalis gratia fluctus*, 293 *peccantum largus miserator*.

lichen Dichtern zu beobachten, bei Juvencus zeigt sich darin allerdings eine geradezu puristische Tendenz.[71]

Wo in der Hl.Schrift *baptismus, baptizare* vorkommt, umschreibt Juvencus die Wirkung der Taufe. Er hebt die Reinigung und Befreiung von den Sünden hervor:[72] 1.309ff. *Zachariae suboles desertis vallibus omnes/ ad deponendas maculas clamore vocabat,/ fluminis ut liquidi caperent miranda lavacra,*[73]*/ quis animae virtus abluta sorde niteret* (Luc.3.3), 1. 321f. *ergo aderant populi passimque hinc inde ruentes/ conplebant ripas avidique lavacra petebant* (Matth.3.5), 1.337ff. *nunc ego praeteritas maculas in flumine puro/ abluere institui; veniet sed fortior alter,/ cuius vincla pedum non sum contingere dignus./ abluet ille hominis Sancto Spiramine mentem/ flammarumque globis purgabit noxia corda* (Matth.3.11), 1. 347 *cernit Iordanis veneranda lavacra petentem* (Matth.3.13), 1.349f. *tune meis manibus dignaris mergier undis,/ cum tua me melius possint mundare lavacra?* (Matth.3.14), 1.354ff. *vitreas penetrabat fluminis undas./ surgenti manifesta Dei praesentia claret./ scinditur auricolor caeli septemplicis aethra/ corporeamque gerens speciem discendit ab alto/ Spiritus aeriam simulans ex nube columbam/ et sancto flatu corpus perfudit Iesu./ tunc vox missa Dei longum per inane cucurrit/ ablutumque*[74] *undis Christum flatuque perunctum/ adloquitur* (Matth.3.16f.), 3.38f. *erroris labem puris...solveret undis/ iustus Iohannes* (Matth.14.3), 3.680ff. *Iohannes, puro qui gurgite lavit/ sordentis populi maculas* (Matth.21.25), 4.795 *pergite et ab-*

---

[71] Vgl. Flury, Zur Dichtersprache des Juvencus, passim.
[72] Die meisten Belege betreffen die Johannestaufe, die aber bei Juvencus christianisiert ist, wozu siehe das nachfolgende Kapitel.
[73] Fichtner (29) sagt zwar, daß Juvencus *lavacra* als Synonym für *baptisma* verwende, meint aber (29f. Anm.82), daß *lavacrum* und *lavare* in der lateinischen Bibel niemals Tauftermini seien. Wie auch immer die betreffenden Bibelstellen aus moderner Sicht zu werten sind (das griechische λουτρόν in Tit.3.5 ist etwa für Oepke, ThWNT IV 306, sehr wohl Taufterminologie), entscheidend für die Beurteilung des Sprachgebrauchs bei Juvencus ist die Frage, wie die Väter Stellen wie Tit.3.5 verstanden haben. Sie haben Tit.3.5 durchaus auf die Taufe bezogen (siehe Komm. zu 2.193f.). Und ein Blick auf die Thesaurusartikel von Beikircher zu *lavare* und *lavacrum* (Thes.VII 1033f., 1051) ergibt, daß diese Wörter schon vor Juvencus fester Bestandteil der Taufterminologie sind, etwa in Tert.bapt.2.2 (CCL 1.277.14), Cypr.ad Donat.3 (SC 291.80.44) *ut quis renasci denuo posset utque in novam vitam lavacro aquae salutaris animatus, quod prius fuerat, exponeret*, epist.69.12.3 (CCL 3C 489.283f.) *asparsionem quoque aquae instar salutaris lavacri optinere*, Firmil.Cypr.epist.75.15.1 (CCL 3C 595.307) *aquam vivam lavacri salutaris.*
[74] Eine Reinigung von den Sünden erfolgt hier natürlich nicht, da Jesus ohne Sünde war. Es wird aber symbolhaft deutlich, daß er die Sünden der Welt auf sich nimmt; vgl. etwa Orig.comm.in Matth.16.6 (GCS 40.485.19/23) Ἰησοῦς παραγίγνεται πρὸς τὸν Ἰωάννην τοῦ βαπτισθῆναι ὑπ' αὐτοῦ (cf. Matth.3.13) οἱονεὶ ἀπολουόμενος τὰ ἡμέτερα ἁμαρτήματα, ἵν' ἡμεῖς τῷ λουτρῷ αὐτοῦ καθαρισθῶμεν.

lutos homines purgantibus undis/ nomine sub sancto Patris Natique lavate,/ vivifici pariter currant spiramina Flatus./ ablutisque dehinc nostra insinuate docentes/ praecepta, ut vitam possint agitare perennem (Matth.28.19). Wie die Beispiele zeigen, ist für Juvencus die Reinigung eine wesentliche Wirkung der Taufe. Meistens bleibt er in der Darstellung auf der Ebene des Leiblichen. Die Reinigung des Geistes tritt deutlicher hervor etwa in 1.311f. *miranda lavacra,/ quis animae virtus abluta*[75] *sorde niteret*, 1. 340f. *abluet ille hominis Sancto Spiramine mentem/ flammarumque globis purgabit noxia corda*, 3.38f. *erroris labem puris quod solveret*[76] *undis/ iustus Iohannes.*[77] Die Unreinheit ist Ausdruck für die Sündhaftigkeit, man kann auch sagen für die Ungerechtigkeit. Denn Sündhaftigkeit und Ungerechtigkeit sind im Grunde ein und dasselbe. Wenn also im Zusammenhang mit der Taufe von Reinheit und Unreinheit die Rede ist, ist immer auch ein Bezug zur Gerechtigkeit bzw. Ungerechtigkeit gegeben.[78] Auch das Nikodemusgespräch zeigt, daß die Taufe, die dort als Taufwiedergeburt behandelt wird, in einer Reinigung besteht: 2.193/5 *liquido si quis de fonte renatus/ et Flatu Sancto rudibus consistere membris/ coeperit.*[79] Gemeint ist vor allem geistige Reinigung und Gerechtwerdung. Denn wenig später folgt 2.202f. *quisque igitur iustae repetit primordia vitae,/ hunc similem Sancti Flatus revirescere certum est*, was auf die Ausgangsfrage nach der Gerechtigkeit (2.184 *iteris iusti si culmina quaeris*) antwortet.

Die Taufe bzw. Wiedergeburt ist Besiegelung des Bekenntnisses zum wahren Gott. Das zeigen das Wirken des Täufers, das in der Bekehrungspredigt und im Taufen besteht, das Nikodemusgespräch, das Gespräch mit der Samaritanerin und schließlich der Taufbefehl mit der Taufformel (4. 795/7). Über das Täuferwirken wird unten noch zu sprechen sein. Bei dem Nikodemusgespräch verdeutlicht die Aufforderung 2.213 *accipite ergo, novis quae sit sententia rebus* die enge Verbindung zwischen dem Teil des Gesprächs, in dem von der Taufwiedergeburt die Rede ist, und dem

---

[75] *abluere* ist schon von frühester Zeit an quasi terminus technicus für die Taufe; vgl. Bannier, Thes.I 109.12ff.

[76] Vgl. 1.596f. *tua mox largitio solvat/ innumera indulgens erroris debita pravi;* Anklang an den t.t. *absolvere.*

[77] *iustus* steht in Kontrast zu *erroris labem.* Zu der von den Sünden reinigenden Wirkung der Johannestaufe siehe unten.

[78] Zur Heranziehung der Wortfelder um Reinheit und Unreinheit, wenn von Gerechtigkeit und Ungerechtigkeit die Rede ist, vgl. außerhalb der Taufe 1.713f. *talis cognita numquam/ vita mihi est hominum, gestis quae sordet iniquis*, 3.6 *homines puro pro semine iustos (accipite)*, 4.262f. *iustos...omnes de labe malorum/ secernet.*

[79] Siehe Komm. zu 2.193 *liquido...fonte.*

Teil, in dem vom wahren Glauben gesprochen wird. Die Bedeutung der
Taufwiedergeburt erschließt sich gänzlich erst im Zusammenhang mit der
Bekehrung und dem Bekenntnis zum wahren Gott. Auch daß Christus der
Samaritanerin offenbar die Sünden vergibt,[80] was zumal in Verbindung
mit der Rede vom lebendigen Wasser Assoziationen zur Taufe weckt, ist
nur verständlich, weil diese Frau auf dem Weg zum wahren Glauben
schon weit vorangeschritten ist.[81] Der Glaube selbst aber und die Gottesverehrung sind wesentlicher Bestandteil der Gerechtigkeit.[82] In zweifa-
cher Weise also ist die Taufe bzw. Wiedergeburt bei Juvencus mit dem
Gerechtigkeitsgedanken verbunden, nämlich zum einen durch ihre von den
Sünden reinigende Wirkung, zum anderen aber schon durch die vom Täuf-
ling zu erfüllende Voraussetzung, die Hinwendung zu dem einen und wahren Gott.

Der Taufgedanke erhält bei Juvencus auch dadurch besonderes Gewicht, daß er an herausragender Stelle sowohl zu Beginn als auch am Ende der Dichtung vorkommt. Die Erwähnung am Ende ergibt sich aus der
Vorlage des Matthäusevangeliums mit dem Missionsbefehl zum Abschluß
(Matth.28.19f.). Unabhängig von einer Vorlage wird im Prooem (25/7)
auf die Taufe angespielt. Denn nicht die Musen oder Apoll wie in der
klassischen Invocatio, sondern den Heiligen Geist ersucht der Dichter um
Beistand, wobei der Jordan als Quell des Geistes an die Stelle des heidnischen Musenquells tritt: *ergo age! Sanctificus adsit mihi carminis auctor/*
Spiritus, et puro mentem riget amne canentis/ dulcis Iordanis, ut Christo
digna loquamur.[83] Der Vorstellungskreis der christlichen Taufe ersetzt
den Gedankenkomplex des Musenquells und der klassischen Dichterwei-
he.[84] Natürlich ist der Dichter längst getauft, und wenn er darum bittet,

---

[80] Vgl. Komm. zu 2.293 *peccantum largus miserator.*

[81] Vgl. Komm. zu 271f.

[82] Vgl. Gal.3.24, Cypr.epist.63.4.2 (CCL 3C 393.56) *quisque Deo credit et fide vivit, ius-*
tus invenitur, Lact.inst.2.15.3 (SC 337.192) *iustos...id est cultores Dei* (cf. 5.1.6 [SC
204.128]), Iuvenc.1.406 *iustus caeli Dominum devotus adoret/ unius et famulans venere-*
tur nomen in aevum.

[83] Prooem.26f. *amne.../ dulcis Iordanis* antwortet auf 9 *Smyrnae de fonte* und 10 *Minciadae*
...dulcedo (...Maronis); vgl. van der Nat, Praefatio 253 "'die erhabenen Gesänge, die
aus Smyrnas Quelle fließen' und 'die Süße des Sohnes des Mincius' werden überboten
durch 'den reinen Fluß des süßen Jordan'"; Herzog, Bibelepik LI.- Wegen *riget* liegt
wohl Anklang an Prop.3.3.51f. *lymphatis...a fonte petitis/ ora Philetaea nostra rigavit*
aqua (Calliope) vor; vgl. van der Nat, Praefatio 252, Quadlbauer 197f.

[84] Vgl. Quadlbauer 207, der wegen der gleichzeitigen Erwähnung des Heiligen Geistes und
des Jordan zunächst an die Taufe Jesu durch Johannes denkt, diese aber im größeren Rahmen dem Vorstellungskreis der christlichen Taufe zuordnet. Die Unterschiede sind aber
doch gravierend: Bei seiner Taufe durch Johannes hat Jesus das Wasser des Jordan gerei-

mit Hilfe des Heiligen Geistes und reingewaschen vom Wasser des Jordan Christi Würdiges (*Christo digna*)[85] verkünden zu dürfen, wünscht er sich nicht eine zweite Taufe, sondern die Inspiration durch den Heiligen Geist,[86] in welcher sich die Gnade der Taufe bestätigt und erneuert. Und wenn Juvencus, ohne des Zusatzes von Lügen zu bedürfen, *Christi vitalia gesta* erzählt und damit die größten Dichter der Antike, Homer und Vergil, übertreffen und anders als jene wahren und ewigen Ruhm[87] erlangen will (vgl. prooem.17/8 gegenüber 12/4), welche Wirkung muß dann in

---

nigt und nicht umgekehrt (siehe Kap.II.3). Hier aber soll das Wasser des Jordan den Dichter reinigen. Nicht also auf die Reinigung des Jordan durch Jesus, sondern auf die Reinigung des Täuflings durch den Jordan, d.h. auf die christliche Taufe, muß angespielt sein. Und in der Tat wird der Jordan bereits früh mit der christlichen Taufe verknüpft. So gilt etwa der Durchzug durch den Jordan (Ios.3) seit Origenes als typologisch für die Taufe (comm.in Ioh.6.44.227ff. [SC 157.302ff.], hom.1.4 in Ios., 4.1 [GCS Orig.7.291f., 308f.]; vgl. F.J.Dölger, Antike und Christentum 2.1930.70ff., P.Lundberg, La typologie baptismale dans l'ancienne église (= Acta Seminarii Neotestamentici Upsaliensis, Vol.X), Leipzig/Uppsala 1942, 146/66; J.Danielou, Sacramentum Futuri. Études sur les origines de la typologie biblique, Paris 1950, 233/45; J.B.Bauer, Art. Jordan, RAC 18.704). Die Gleichung Jordan = Taufe wurde offenbar schon in der Zeit vor Origenes in der alexandrinischen Katechetenschule und in der Gnosis durchgeführt (vgl. Hippolyt. haer.5.7.41 [GCS 26.88f.]; Dölger, a.a.O. 74ff.). Für die lateinische Kirche läßt sie sich bereits bei Tert.Marc.4.13.4 (SC 456.170.35f.) *lapides, solidi fide, quos de lavacro Iordanis Iesus verus elegit* nachweisen, aus späterer Zeit vgl. etwa CE 1347.4 *Iordane ablutus*, Prud.cath.2.64 (vgl. van Assendelft, Komm.).- Smolak (Die Bibel als Dichtung 20, Bibelepik 11) sieht in prooem.25/7 das *munda cor*-Gebet zitiert (Smolak bezieht sich auf *munda cor meum..., ut sanctum evangelium digne...annuntiem* im Missale Romanum, das auf ältestes Gut zurückgeht. Rückschlüsse daraus auf die Meßfeier im südlichen Spanien des frühen 4. Jhdts. stehen dennoch auf unsicherem Boden) und gilt daher die Evangeliendichtung des Juvencus für einen liturgischen Text. Doch dieses Verständnis von prooem.25/7 erscheint nicht zwingend. Und Klopsch (1ff.) rechnet das Werk des Juvencus schon deswegen der nichtliturgischen Dichtung zu (vgl. Kirsch 56f.), weil die religiöse Poesie erst mit dem Ende des 4. Jhdts. in den Gottesdienst der westlichen Gemeinden eingedrungen sei. Nun läßt sich zwar liturgische Dichtung auch im Westen schon für frühere Zeiten nachweisen (vgl. Evenepoel 37/9, Herzog HdA VIII.4 p.626f.), allerdings ist sie noch nicht an den Formen der klassischen Dichtung orientiert. Erst Ambrosius ist es gelungen, mit seinen Hymnen eine klassisch geprägte Dichtung in die Liturgie einzuführen. Hilarius war damit noch gescheitert (Evenepoel 51).- In der Nachfolge von Iuvenc.prooem.25/7 steht Arator act.1.579/81 *tu nunc mihi largius ora,/ Spiritus alme,/ riga, sint ut tibi dogmata digna/ quae dederis;* vgl. Deproost, L'apôtre Pierre 254ff.

[85] Van der Nat (Praefatio 255, Minucius Felix und Lactanz 234) glaubt, daß hiermit auch oder sogar in erster Linie die sprachliche Form gemeint sei und sieht dies im Epilog bestätigt durch 4.803/5 *in tantum lucet mihi gratia Christi, versibus ut nostris divinae gloria legis/ ornamenta libens caperet terrestria linguae.*

[86] Der Heilige Geist ist schon aus der Bibel als Inspirator bekannt (act.1.16); vgl. Quadlbauer 194 Anm.18.

[87] Über den christlichen Ruhmesbegriff siehe Komm. zu 2.242 *gloria virtutis.*

seinen Augen im Gegensatz zu den Musen der Heilige Geist und die im
Text assoziierte christliche Taufe haben!

Der im Prooem mitschwingende Taufgedanke ist in Beziehung zum eschatologischen Geschehen gesetzt, dessen Bedeutung für Juvencus bereits
dargelegt wurde. Denn unmittelbar vor Geistanrufung und damit zusam-
menhängender Erwähnung des reinen Quells des Jordan spricht der Dichter die Hoffnung aus, daß sein Werk ihn vor den Flammen des Weltunter-
gangs errette. Mit seinem *divinum populis falsi sine crimine donum* (pro-
oem.20) möchte er sich ein Verdienst erwerben (prooem.18 *meritum*), das
den Lohn unvergänglichen Ruhms bei Gott und ewigen Lebens nach sich
zieht.

Schließlich wird der eschatologische Bezug der Taufe erhellt durch die
Predigt des Täufers zu den Täuflingen. Aus dieser geht hervor, daß nicht
nur das gerechte Leben, von dessen Bedeutung im Hinblick auf das Endgericht bei Juvencus immer wieder die Rede ist, sondern auch die Taufe
selbst, da sie den Menschen in den ursprünglichen Stand der Gerechtigkeit
zurückversetzt und überhaupt erst die Basis für das gerechte Leben ist,
grundlegende Voraussetzung für die Erlangung des eschatologischen Heils
ist. Und das gilt bei Juvencus bereits für die Johannestaufe.

II.3 Die Christianisierung der Johannestaufe

Juvencus verwendet gerne das Epitheton *iustus* in bezug auf den Täufer: 2.510 (Matth.11.1), 3.39 (Matth.14.3), 3.49 (Matth.13.5), 3.70
(Matth.14.13), 3.263 (Matth.16.14), 3.708 (Matth.21.32).[88] Johannes ist
ein Gerechter wegen seiner asketischen Lebensweise, aber auch wegen seiner Predigt der Umkehr, die das Volk Gottes zum wahren Glauben
führt.[89] Juvencus nennt ihn *iustus* aber wohl auch wegen seiner Taufe.
Denn die Johannestaufe hat in seinem Gedicht von den Sünden reinigende
Wirkung:[90] 1.310 *ad deponendas maculas*, 1.311f. *fluminis...liquidi...la-
vacra,/ quis animae virtus abluta sorde niteret* (Luc.3.3), 1.322 *lavacra*
(Matth.3.5), 1.337 *praeteritas maculas in flumine puro/ abluere* (Matth.3.
11), 1.347 *cernit Iordanis veneranda lavacra petentem* (Matth.3.13), 1.361
ablutum...undis Christum (Matth.3.16f.), 3.38f. *erroris labem puris...sol-*

---

[88] Die Nennung der Bibelstellen dient wieder nur der Orientierung (es sind keine inhaltlichen Vorgaben in der Bibel gemeint).

[89] Der Gebrauch des Epithetons *iustus* ist legitimiert durch Matth.21.32 *venit...ad vos Iohannes in via iustitiae*, Marc.6.20 *Herodes...timebat Iohannem, sciens illum virum iustum
et sanctum.*

[90] Die folgenden Stellen sind im vorangehenden Kapitel ausführlich zitiert.

veret undis/ iustus Iohannes (Matth.14.3), 3.680ff. *Iohannes, puro qui gurgite lavit/ sordentis populi maculas* (Matth.21.25). Reinigt aber die Johannestaufe auch der Tradition zufolge von den Sünden? Marc.1.4 (cf. Luc.3.3) ἐγένετο Ἰωάννης βαπτίζων ἐν τῇ ἐρήμῳ καὶ κηρύσσων βάπτισμα μετανοίας εἰς ἄφεσιν ἁμαρτιῶν *(fuit Iohannes in deserto baptizans et praedicans baptismum paenitentiae in remissionem peccatorum)* könnte man, wenn man εἰς ἄφεσιν ἁμαρτιῶν enger mit dem Taufbegriff, mit βάπτισμα, verbunden versteht, so auffassen, daß die Johannestaufe von den Sünden befreiende Wirkung habe.[91] Bezieht man εἰς ἄφεσιν ἁμαρτιῶν aber eher auf den Umkehrbegriff, auf μετανοίας, ist nicht an unmittelbare Sündenvergebung zu denken, sondern entweder an eine Vergebung durch den kommenden Richter[92] oder an eine Vorbereitung im Blick auf die Sündenvergebung in der nachfolgenden christlichen Taufe.[93] Letzteren Standpunkt vertraten im allgemeinen die Väter.[94] Indem sie die sündenvergebende Wirkung der Johannestaufe verneinten, leugneten sie auch einen sakramentalen Charakter dieser Taufe und zogen so eine scharfe Trennungslinie zwischen Johannestaufe und christlicher Taufe.[95] Die von den Sünden befreiende Wirkung der Johannestaufe bei Juvencus steht also außerhalb der Tradition.

Daß Johannes bereits andere getauft hat, bevor Jesus zu ihm kommt, um sich taufen zu lassen, zeigt sich deutlich bei Marcus (1.5 *et egrediebantur ad illum omnis Iudaea regio et Hierosolymitae universi et baptizabantur ab illo in Iordanen; 1.9 et factum est, in diebus illis venit Iesus a Nazareth Galilaeae et baptizatus est in Iordanen ab Iohanne)* und bei Matthäus (3.5f. *tunc exiebant ad eum ex Hierosolymis et omnis Iudaea et omnes qui morabantur circa Iordanen./ et baptizabantur ab illo in Iordanen*

---

[91] Unbestritten schreibt das apokryphe Hebräerevangelium der Johannestaufe von den Sünden befreiende Wirkung zu; vgl. das Zitat bei Hier.Pelag.3.2 (CCL 80.99.41ff.): *et ecce mater Domini et fratres eius dicebant ei: "Iohannes Baptista baptizat in remissionem peccatorum; eamus et baptizemur ab eo." dixit autem eis: "quid peccavi, ut vadam et baptizer ab eo? nisi forte hoc ipsum quod dixi, ignorantia est."*

[92] Vgl. Barth 26 mit Lit. Man halte sich die in der Johannespredigt ausgesprochene Naherwartung vor Augen.

[93] Vgl. Barth 26 mit Lit.

[94] Vgl. etwa Tert.bapt.10.5f. (CCL 1.285.32/7) *agebatur...baptismus paenitentiae quasi candidatae remissionis et sanctificationis in Christo subsecuturae./ nam quod legimus "praedicabat baptismum paenitentiae in remissionem peccatorum"* (Marc.1.4) *in futuram remissionem enuntiatum est, siquidem paenitentia antecedit, remissio sequitur*, Chrysost. hom.10.1 in Matth. (PG 57.185) οὐκ εἶχεν ἄφεσιν, ἀλλὰ τοῦτο τὸ δῶρον τοῦ μετὰ ταῦτα δοθέντος βαπτίσματος ἦν. Vgl. J.Ernst 334f. mit Anm.220; dens., Art. Johannes der Täufer, RAC 18.523f.

[95] Vgl. Barth 26.

confitentes peccata sua; 13 *tunc venit Iesús a Galilaea in Iordanen ad Io-*
hannem, ut baptizaretur ab eo). Auch bei Johannes kommt Jesus zum Täufer erst nach dem Beginn von dessen Tauftätigkeit (Ioh.1.25ff., 28 *haec*
facta sunt in Bethania trans Iordanen, ubi erat Iohannes baptizans, 29 *al-*
tera die videt Iohannes Iesum venientem ad se), wobei Johannes nachfolgend eigentlich keine Taufe Jesu erzählt, sondern man nur erfährt, daß
der Täufer sah, wie der Heilige Geist auf Jesus niederkam (Ioh.1.33f. *ipse*
mihi dixit: super quem videris Spiritum descendentem et manentem in eum,
ipse est, qui baptizat in Spiritu Sancto/ et ego vidi). Bei Lukas dagegen
scheinen die Taufe Jesu und die des Volks gleichzeitig stattzufinden (3.21
factum est autem, cum baptizatus esset [aur e *baptizaretur*] *omnis populus*
et Iesu baptizato [a aur c d f l q e *baptizante,* rˡ *et Iesus baptizatus esset*
ab eo] *et orante apertum est caelum;* gr. ἐγένετο δὲ ἐν τῷ βαπτισθῆναι
ἄπαντα τὸν λαὸν καὶ Ἰησοῦ βαπτισθέντος καὶ προσευχομένου ἀνεῳχθῆ-
ναι τὸν οὐρανὸν). Nun hat Fichtner (25f.) darauf aufmerksam gemacht,
daß Juvencus die Reihenfolge im Vergleich zu seiner Vorlage, dem Matthäusevangelium (das dieselbe Reihenfolge hat wie das Marcus- und das
Johannesevangelium), umkehrt. Jesus wird bei ihm also von Johannes
nicht vor dem Volk getauft, sondern erst nach dem Volk. Denn Matth.3.6
läßt er aus, und mit 1.346f. *haec ait et properis per silvam passibus ipsum*
(sc. *Iesum)/ cernit Iordanis veneranda lavacra petentem* verbindet er Johannespredigt und Taufe Jesu enger miteinander als es bei Matth.3.13 *tunc*
der Fall ist.[96] 1.310 *vocabat* und 1.322 *petebant* beschreiben Aufforderung und Wunsch, aber nicht die Taufe selbst. Und 1.338 *abluere institui*
meint nicht den Beginn der eigentlichen Taufhandlung, sondern die Absicht zu taufen. Die Taufe des Volks wird erst in 3.680 (Matth.21.25) erwähnt. Für die Umkehrung, daß das Volk erst nach Jesus getauft wird,
verweist Fichtner auf die Tradition der Exegese. Seit Ignatius von Antio-
chia wird von der Heiligung des Taufwassers durch die Taufe Jesu im Jordan gesprochen.[97] Das bedeutet aber nicht, daß die Exegeten das Evangelium umgestellt und gesagt hätten, Johannes habe das Volk erst nach Jesus
getauft. Die Heiligung des Taufwassers durch Jesus verstehen sie zwar als
eine Art Voraussetzung der christlichen Taufe, bringen das aber nicht zeit-
lich-kausal mit der Tauftätigkeit des Johannes in Verbindung. Juvencus
scheint aber genau das zu tun, freilich allein zum Zweck der Christianisie-

---

[96] *tunc (τότε)* kann nicht nur "dann" heißen, sondern auch "zu dieser Zeit".
[97] Ignat.Eph.18.2 (Fischer p.156.8f.) ὃς ἐγεννήθη καὶ ἐβαπτίσθη, ἵνα τῷ πάθει τὸ ὕδωρ κα-
     θαρίσῃ, Clem.Alex.ecl.proph.7.2 (GCS 17.138.28f.) ἐβαπτίσατο..., ἵνα τοῖς ἀναγεννω-
     μένοις τὸ πᾶν ὕδωρ ἁγιάζῃ, Tert.adv.Iud.8.14 (CCL 2.1362.106f.) *baptizato...Christo,*
     id est sanctificante aquas in suo baptismate.

rung der Johannestaufe. 1.354 *vitreas* ("rein" [Fichtner 55]; proleptisch) *penetrabat fluminis undas* (sc. *Iesus*) deutet auf die Heiligung des Taufwassers bei Juvencus. Wenn bei Juvencus Jesus der erste ist, den Johannes tauft, und das Taufwasser dabei reinigt und heiligt und das Sakrament einsetzt, dann empfängt in der Tat nachfolgend das ganze Volk von Johannes die sündenvergebende christliche Taufe, dann hat Johannes nach der Taufe Jesu immer nur die christliche Taufe gespendet.

Zur Reinigung von den Sünden bedarf es aber nicht nur der Waschung, sondern auch der Geistverleihung. Juvencus macht das im Rahmen der das Sakrament einsetzenden Taufe Jesu deutlich. In der Vorlage, dem Matthäusevangelium, findet die Geistverleihung statt, nachdem Jesus aus dem Wasser gestiegen ist (Matth.3.16 *et baptizato Iesu confestim ascendit de aqua: et ecce aperti sunt ei caeli et vidit Spiritum Dei descendentem de caelo sicut columbam, venientem in ipsum*). Bei Marcus sind Wassertaufe und Geistmitteilung enger aneinandergerückt, da letztere stattfindet noch während Jesus aus dem Wasser steigt (Marc.1.10 *ascendens autem de aqua vidit apertos caelos et Spiritum tamquam columbam descendentem super illum et manentem*). Das ist auch bei Juvencus der Fall: Jesus befindet sich beim Eintritt der Epiphanie noch im Fluß und taucht gerade erst wieder aus dem Wasser auf (1.355 *surgenti*).[98] Als er sich aufrichtet, umleuchtet ihn die Gegenwart Gottes, öffnet sich der Himmel, und es sinkt der Heilige Geist auf ihn nieder und salbt ihn (1.355/9). Wenn so Wassertaufe und Geistmitteilung bzw. Salbung gleichsam ineinander übergehen, zeigt das, daß sie für Juvencus eng zusammengehören. Auch der Chiasmus 1.361 *ablutum...undis, Flatu...perunctum* deutet darauf hin, daß Wassertaufe und Geistmitteilung bzw. Salbung durch den Hl.Geist nicht isoliert voneinander zu betrachten, sondern untrennbar miteinander verschränkt sind. Die Wassertaufe wird erst durch die Geistmitteilung vollendet, d.h. die Reinigung von den Sünden[99] erfordert beides in gleicher Weise. Schon Tertullian und Cyprian heben die unerläßliche Bedeutung des Hl.Geistes für die Reinigung von den Sünden hervor.[100]

---

[98] Vgl. Fichtner 58.

[99] Es wurde bereits gesagt, daß Jesus das Sakrament lediglich einsetzt, d.h. nicht er selbst wird von Sünden gereinigt (zumal er frei von Sünde ist), sondern nach dieser Taufe können andere christlich getauft und von ihren Sünden gereinigt werden.

[100] Tert.bapt.7.1f. (CCL 1.282.4/11) *unctio...facta spiritalis, quia Spiritu unctus est (Filius) a Deo Patre./ sic et in nobis carnaliter currit unctio sed spiritaliter proficit, quomodo et ipsius baptismi carnalis actus quod in aqua mergimur, spiritalis effectus quod delictis liberamur*, Cypr.epist.74.5 (CCL 3C 570.106/8) *peccata...purgare et hominem sanctificare aqua sola non potest, nisi habeat et Spiritum Sanctum;* vgl. Dassmann 84.

Wenn nun bei Juvencus in der christianisierten Johannestaufe bei der
Reinigung von den Sünden auch der Heilige Geist wirkt, wie ist dann zu
verstehen, daß er wie Matthäus den Johannes sagen läßt, daß er selbst die
Menschen nur mit Wasser reinige,[101] Jesus dagegen mit dem Geist und
mit Feuer (1.337ff.):[102] 1.337f. *nunc ego praeteritas maculas in flumine
puro/ abluere institui* (Matth.3.11); 1.340f. *abluet ille hominis Sancto Spiramine mentem/ flammarumque globis purgabit noxia corda* (Matth.3.11).
Man kann hierzu eine Erklärung finden, indem man den zeitlichen Ablauf
stärker gewichtet:[103] Johannes weiß zu diesem Zeitpunkt noch gar nicht,
daß Jesus im Jordan den Geist empfangen wird und daß durch den Geist-
empfang das christliche Taufsakrament geprägt werden wird, das er von
nun an den Menschen spenden wird. Die Worte des Johannes in 1.337/41
erweisen sich in dieser Hinsicht als vorläufig. Johannes erwähnt den Heiligen Geist im Zusammenhang mit der Reinigung von den Sünden bei Juvencus sonst zwar nicht mehr ausdrücklich.[104] Doch läßt der Dichter ihn
öfter *lavacrum* als Taufterminus verwenden, was zumindest den mit der
Bibel vertrauteren Leser an den vielzitierten Vers Tit.3.5 erinnern muß,
wo Taufbad *(lavacrum)* und Geistmitteilung untrennbar verbunden erscheinen. Auch sonst (d.h. wo schon in der Bibel von der christlichen Taufe
die Rede ist) wird deutlich, daß zur Reinigung das Wasser und der Heilige
Geist gehören, so an zentraler Stelle des Nikodemusgesprächs (2.193/5 [*liquido* = "reinmachend"]; Ioh.3.5) oder im Taufbefehl 4.795/7 (Matth.28.
19), wo Christus die Gegenwart des Heiligen Geistes bei der Reinigung
von den Sünden hervorhebt.

Da Johannes der Täufer bei Juvencus tatsächlich schon das Sakrament
der christlichen Taufe spendet, erhalten auch die Ankündigungen, daß er

---

[101] Statt Reinigung von den Sünden ist in der Bibel freilich nur von Taufe die Rede.

[102] Falls die Feuertaufe nicht als Symbol für das Fegefeuer zu verstehen ist, (z.B. Orig.
hom.2.3 in Ier. [SC 232.244ff.], hom.1.13 in Ezech. [p.352.86/8]) oder für das Feuer
des Endgerichts (Tert.bapt.10.6 [CCL 1.286.43/5]). Cypr.testim.1.12 (CCL 3.14.11),
Chrysost.hom.11.4 in Matth. (PG 57.197) dagegen etwa verstehen unter der Feuertaufe
die Christustaufe. Kievits z.St. wendet gegen den Bezug von *flammarum...globis* auf
das Fegefeuer ein, daß *cor* (cf. 1.341 *purgabit noxia corda*) nicht hinsichtlich der Seelen Verstorbener gebraucht werden könne und bezieht *flammarum...globis* folglich auf
die Christustaufe. Auch Flury (Das sechste Gedicht des Paulinus von Nola, 143 mit
Anm.38) bezieht 1.340f. auf die Christustaufe.

[103] Daß für Juvencus der zeitliche Ablauf nicht ohne Bedeutung ist, hat sich schon oben bei
der Auslassung von Matth.3.6 gezeigt, wo der Dichter den zeitlichen Ablauf für seine
Zwecke sogar abändert.

[104] Vielleicht wollte Juvencus den Widerspruch, den seine christianisierte Johannestaufe zum
traditionellen Verständnis der Johannestaufe hervorrief, in Rücksicht auf die Orthodoxie
nicht überbetonen.

das Volk Gottes auf den wahren Weg bringen und bekehren, daß er es aus der Finsternis des Irrtums zum Licht der Wahrheit führen wird, umso größeres Gewicht: 1.23ff. *istius hic populi partem pleramque docendo/ ad verum convertet iter, Dominumque Deumque/ continuo primus noscet plebemque novabit* (cf. Luc.1.16f.),[105] 1.125ff. *at tu, parve puer, sanctus dignusque profeta/ dicere et Dominum mox praegrediere viando/ illius et populum duces per lumen apertum:/ errorem per te spernent mortisque tenebras/ abrumpent omnes, tua qui praecepta sequentur* (cf. Luc.1.76/9). Mit diesen Worten wird die christianisierte Johannestaufe in der Tat als Erfüllung der Bekehrung zum wahren Glauben angekündigt.

Vor dem Hintergrund der Christianisierung erhält auch der Universalitätsanspruch, den Juvencus der Johannestaufe zukommen läßt, eine sinnvolle Rolle. Wenn nämlich der christliche Glaube der eine wahre und universale Glaube ist,[106] so gilt diese Universalität auch für die christliche Taufe. Johannes ruft bei Juvencus nicht nur das Volk Gottes bzw. die Menschen im Jordangebiet (Luc.3.2) zur Taufe auf, sondern alle Menschen (1.309ff. *omnes/ ad deponendas maculas clamore vocabat,/ fluminis ut liquidi caperent miranda lavacra,/ quis animae virtus abluta sorde niteret*). Und so strömen die Menschen zu ihm nicht nur aus Jerusalem, Judäa und dem Jordantal (Matth.3.5), sondern aus allen Richtungen und aus weit voneinander entfernten Orten (1.321 *hinc inde ruentes*, 1.326 *diversis sedibus ortos*).[107] "Dadurch gewinnt der Taufbericht auch für den entfernten Leser in Italien oder Spanien an Aktualität: Er ist universal zu verstehen und beschreibt nicht mehr nur eine religiöse Handlung innerhalb des Judentums" (Fichtner 24).

Indirekt wird die Bedeutung der christianisierten Johannestaufe auch durch die Johannes-Herodes-Episode herausgestellt. In einer bei Juvencus sonst kaum anzutreffenden dichterischen Freiheit erscheint dem Leser der Teufel als Gegenspieler des Täufers. Die Tötung des Johannes hat ihren Grund letztlich darin, daß dieser durch die Sündentilgung in der Taufe das Böse in der Welt zurückdrängt. Dagegen kämpft der Teufel an: 3.37ff. *nam quondam cernens liventi pectore Daemon,/ erroris labem puris quod solveret undis/ iustus Iohannes, damnis accensa malorum/ tunc petit Herodem pestis saevissima regem/ et facile iniusti penetrans habitacula cordis/*

---

[105] *novabit* könnte als Erneuerung in der Taufe (Taufwiedergeburt) verstanden werden; vgl. 2.184ff., 2.202ff.

[106] Vgl. Komm. zu 290 *terris*.

[107] Wenn Juvencus zuvor aus dem Mund des Täufers das Jesajazitat (Is.40.3ff.) nach Luc.3. 1/6 und nicht nach Matth.3.1/3 wiedergibt, läßt er damit die Universalität des Bekehrungs- und Heilsgedankens hervortreten: 1.319f. *corporeis...oculis lumen tractare serenum/ omnibus indulget Genitor Dominusque salutis*.

adcumulare feris subigit scelera impia gestis. Das Taufwirken des Johannes entfacht den Neid des Teufels. Man fühlt sich an die Versuchungsperikope erinnert. Denn auch Christus erregte den Neid des Teufels.[108] Die Versuchungsperikope folgt unmittelbar auf die Taufe Jesu durch Johannes. Es liegt also auf der Hand, daß der Neid des Teufels in einem engeren Sinn auch als Reaktion auf die Einsetzung des Taufsakraments zu verstehen ist, welches für die völlige Orientierung auf den wahren Gott hin und eine totale Absage an die Fürsten dieser Welt als Vertreter von Sünde und Ungerechtigkeit steht.

Da nun Juvencus mit der Christianisierung der Johannestaufe so deutlich von dem gängigen Urteil über die Bedeutung der Johannestaufe abweicht, muß man eine bewußte Änderung vermuten. Es ist wenig wahrscheinlich, daß er damit eine dogmatische Aussage über die Johannestaufe machen will. Vielmehr dürfte es ihm darum gehen, seinem wohl großenteils aus bekehrungsbereiten Heiden bestehenden Publikum[109] das Wesen der christlichen Taufe durch häufige Wiederholung des Reinigungsgedankens vor Augen zu halten und einzuprägen.[110] Das Matthäusevangelium, dem Juvencus verhältnismäßig streng folgt, bietet ihm sonst nämlich nicht allzu viele Anlässe, über die christliche Taufe zu sprechen. Dort sind nur der Vergleich, den der Täufer zwischen sich und Christus zieht (Matth.3. 11),[111] und der Missionsbefehl (Matth.28.19) erwähnenswert. Dagegen nimmt die Johannestaufe relativ breiten Raum ein. So lag es für Juvencus nahe, sie zur christlichen Taufe gleichsam umzufunktionieren, was durch minimale Änderungen bzw. Zusätze möglich war. Daneben kommen die aus Johannes übernommenen Gespräche mit Nikodemus und der Samaritanerin der Taufthematik zugute. Die Christianisierung der Johannestaufe zu

---

[108] Vgl. 1.366f. *livor Daemonis atram/ cum terrore rapit mentem*, 384 *vis livida Christum/ culmine marmoreo fecit consistere templi.*

[109] Zur Publikumsfrage vgl. Kap.VII.

[110] Die sog. Arkandisziplin (der Begriff wurde erst im 17. Jhdt. geprägt) war kein wirkliches Hindernis, zu Ungetauften über die Bedeutung der Sakramente zu sprechen (D. Powell, Art.Arkandisziplin, TRE 4.1ff.). So wird über das Wesen der Taufe gesprochen etwa in Act.Thom.157 (Bonnet p.266f.), Iustin I apol.61 (PG 6.420f.), Lact.inst.7.5.22 (CSEL 19.600.20ff.). Und Christus belehrte den Juden Nikodemus über die Taufwiedergeburt. Denn er sprach offen über die Sakramente: Tert.praescr.26.2ff. (CCL 1.207.4ff.) *Dominus palam edixit, sine ulla significatione alicuius taciti sacramenti; ipse praeceperat si quid in tenebris et in abscondito audissent, in luce et in tectis praedicarent* (cf. Matth. 10.27)./ *ipse per similitudinem praefiguraverat ne unam minam, id est unum verbum eius, sine fructu in abdito reservarent* (cf. Luc.19.20ff.)./ *ipse docebat lucernam non sub modium abstrudi solere sed in candelabrum constitui ut luceat "omnibus qui in domo sunt"* (cf. Matth.5.15; Marc.4.21f., Luc.8.16; 11.33).

[111] Zu dem Problem, das Matth.3.11 für die Christianisierung der Johannestaufe mit sich bringt, siehe oben.

dem Zweck, der christlichen Taufe mehr Raum zu geben, läßt sich umso leichter rechtfertigen, als die Johannestaufe als reine Bußtaufe in der christlichen Taufe, der die Buße vorangeht, gleichsam aufgegangen ist und damit aufgehört hat zu existieren.

In der Nachfolge des Juvencus schreiben unter anderem[112] Paulinus von Nola in einem Lobgedicht auf Johannes den Täufer und Prudentius in dem ersten Fastenlied, in dem unter anderem der Täufer als Vorbild für das Fasten gerühmt wird,[113] der Johannestaufe von den Sünden reinigende Wirkung zu, wahrscheinlich angeregt durch Juvencus, aber mit der Absicht, die Person des Täufers als des Spenders des Sakraments zu verherrlichen, während es Juvencus zunächst auf das Wesen der (christianisierten Johannes-) Taufe selbst ankommt.[114] Jedenfalls unterscheiden Paulinus und Prudentius ebensowenig wie Juvencus die Johannestaufe von der christlichen Taufe. Prudentius sagt sogar, daß der Hl.Geist in die von Johannes Getauften eindringe. Und Paulinus läßt bei der Wiedergabe des den Täufer betreffenden Bibelkapitels Matth.3 im Gegensatz zu Juvencus den Vers Matth.3.11 weg, wo die Christustaufe als Geisttaufe von der Johannestaufe als reiner Wassertaufe unterschieden wird.[115] Es wurde oben dargelegt, daß bei Juvencus ein Widerspruch offenbar nicht vorliegt, wenn man den rein zeitlichen Ablauf berücksichtigt.

---

[112] Für die Ansicht, daß auch die Johannestaufe sündenvergebende Wirkung gehabt habe, gibt es aus der Zeit nach Juvencus neben Paulinus und Prudentius noch weitere vereinzelte Beispiele: Cyrill.Hier.catech.3.7 (PG 33.437A), 20.6 (c.1081C) Ἰωάννου...βάπτισμα, μόνης ἀφέσεως ἁμαρτιῶν παρεκτικόν, Petr.Chrys.serm.137.4 (CCL 24B 829. 31ff.). Stellen wie Hil.in psalm.118 gimel 5 (SC 344.152) oder Ambr.in psalm.27.3 (CSEL 64.138.25f.), die A.Piédagnel (SC 126.115 Anm.1) zu Cyrill.Hier.catech.20.6 (= catech.mystagog.2.6) nennt, sind nicht ganz überzeugend. Petrus Chrysologus kann, obwohl er sündenvergebende Wirkung sowohl für die christliche Taufe als auch für die Johannestaufe konstatiert, dennoch einen wesenhaften Unterschied erkennen: In der Johannestaufe wird die Schuld durch Buße getilgt, doch es bleibt das schlechte Gewissen. Die Taufe Christi dagegen erneuert den Menschen vollkommen, so daß er die Sünde vergißt und göttliche Gnade erlangt. Ihm wird im Gegensatz zu dem von Johannes Getauften die göttliche Gnade zuteil.

[113] Paul.Nol.carm.6, Prud.cath.7.72/6.

[114] Dennoch wird der Täufer im 1. Buch und zu Beginn des 3. fast zu einer Art zweiter Hauptfigur neben Christus. Dazu führen neben der Christianisierung der Johannestaufe die aus dem Lukasevangelium übernommenen parallelen Geburtsgeschichten und das Verständnis der Johannes-Herodes-Episode als Kampf des Bösen gegen das Gute (vgl. Herzog, Bibelepik 87), bei der man auch von einer Passionsgeschichte im kleinen sprechen könnte (Vergleich des Leidens von Johannes und Christus schon bei Matth.17.12 = Iuvenc.3.349/52).

[115] Vgl. Flury, Das sechste Gedicht des Paulinus von Nola, 143.

III. Braun über die Einfügungen aus Johannes

In den vorangehenden Kapiteln wurde versucht, eine Antwort auf die Frage zu finden, unter welchen Gesichtspunkten Juvencus Abschnitte aus anderen Evangelien in sein Gedicht einfügt. Man hat sich mit dieser Frage bisher nur marginal befaßt. Einzig der Aufsatz von Braun und Engel stellt eine Ausnahme dar. Braun (132) nennt darin zumindest für die erste Partie der Einfügungen aus Johannes (2.99/346 = Ioh.1.43/4.53 mit Auslassungen, 5.19/47) einen übergreifenden Aspekt: Selbstaussagen Jesu. Er verweist auf 2.119/22 (Ioh.1.49f.) *"Progenies veneranda Dei, rex inclite gentis,/ tu populis manifesta salus vitaeque magister."/ Christus ad haec: "facilis suasit tibi credere virtus,/ arborea quod te vidi recubare sub umbra";* 2.161f. (Ioh.2.16) *procul haec auferte profani/, ut meus hic Genitor, non sordida lucra colantur;*[116] 2.224/6 (Ioh.3.16) *namque Deus mundum tanto dilexit amore,/ eius ut in terras discenderet unica Proles/ credentes Domino vitae iunctura perenni;* 2.293f. (Ioh.4.26) *et tum peccantum largus miserator Iesus/ se lumen terris Christum venisse fatetur.* Alle vier Stellen, so Braun (132), seien Mittel- oder Höhepunkt des ganzen Zusammenhangs. Dies sei umso bemerkenswerter, als im gesamten Matthäusevangelium derartige Sätze erst recht spät zu finden seien. Er nennt Matth.7.21 (= 1.705), 10.32 (= 2.495f.), 11.25/7 (= 2.548/55), 12.50 (= 2.730/2). Doch sei die erste dieser Selbstaussagen ganz unauffällig, und auch die anderen hätten eher etwas Beiläufiges. Erst das Bekenntnis des Petrus aus Matth.16.16 habe Gewicht. Die erste Partie aus Johannes hätte zwar bereits nach der Berufung der ersten vier Jünger (Matth.4.18/22 = 1.421/34) eingefügt werden können, es sei aber des Dichters Absicht gewesen, sie nach der Bergpredigt, die Lehren über das menschliche Leben enthält, einzufügen, um so eine Rangfolge vom grundlegenden Menschlichen zum anspruchsvollen Göttlichen zu erhalten (Braun 133).

---

[116] Man kann auch 2.166/9 *solvite pollutis manibus venerabile templum/ hoc, ego restituam, cum tertia lumina solis/ incipient rutilam terris infundere lucem* (Ioh.2.19 *solvite templum hoc et in tribus diebus suscitabo illud*) als indirekte Selbstaussage fassen. Im Anschluß an die verwunderte Frage der Pharisäer, 2.170/2 *hoc...vix sex et quadraginta per annos/ constructum veteris regni molimine templum/ tu poteris tribus in spatiis renovare dierum?* (Ioh.2.20 *quadraginta et sex annis aedificatum est templum hoc et tu in tribus diebus suscitabis illud?*), erhält der Leser die nötige Hintergrundinformation, nämlich 2.173/5 *hoc verbum quondam post tempora debita digni/ cognovere viri, proprio de corpore Christum/ delubrum dixisse Dei* (Ioh.2.21f. *ille autem dicebat de templo corporis sui*). Dann braucht vom Leser nur noch gefolgert zu werden: Wer den Tod überwinden kann, der muß göttlicher Abkunft sein.

Ist dieser Versuch, die erste Partie der Einschübe aus Johannes zu erklären, befriedigend? Zunächst ist wohl nicht zu bestreiten, daß Johannes die Göttlichkeit Christi stärker ins Blickfeld rückt als die Synoptiker. Diese Erkenntnis ist seit Clemens von Alexandria bezeugt.[117] Im Vorspann seines Johanneskommentars begründet Origenes den für dieses Evangelium charakteristischen Akzent auf der Göttlichkeit Christi mit den großartigeren und vollkommeneren Aussagen über Christus. Zum Nachweis zitiert er einige der für das Johannesevangelium typischen Selbstaussagen.[118] Wenn er aber sagt, die Göttlichkeit Christi sei von Johannes "unvermischt" (ἀκράτως) dargestellt im Gegensatz zu den Synoptikern, dann be-

---

[117] Aus den Hypotyposen des Clemens gibt Euseb.hist.eccl.6.14.5/7 (SC 41.107) folgende Theorie zur Reihenfolge der Evangelien wieder, in welcher die hohe Wertschätzung des Johannesevangeliums zu Tage tritt: αὖθις δ’ ἐν τοῖς αὐτοῖς ὁ Κλήμης βιβλίοις περὶ τῆς τάξεως τῶν εὐαγγελίων παράδοσιν τῶν ἀνέκαθεν πρεσβυτέρων τέθειται, τοῦτον ἔχουσαν τὸν τρόπον. προγεγράφθαι ἔλεγεν τῶν εὐαγγελίων τὰ περιέχοντα τὰς γενεαλογίας, τὸ δὲ κατὰ Μάρκον ταύτην ἐσχηκέναι τὴν οἰκονομίαν. τοῦ Πέτρου δημοσίᾳ ἐν Ῥώμῃ κηρύξαντος τὸν λόγον καὶ Πνεύματι τὸ εὐαγγέλιον ἐξειπόντος, τοὺς παρόντας, πολλοὺς ὄντας, παρακαλέσαι τὸν Μάρκον, ὡς ἂν ἀκολουθήσαντα αὐτῷ πόρρωθεν καὶ μεμνημένον τῶν λεχθέντων, ἀναγράψαι τὰ εἰρημένα· ποιήσαντα δέ, τὸ εὐαγγέλιον μεταδοῦναι τοῖς δεομένοις αὐτοῦ· ὅπερ ἐπιγνόντα τὸν Πέτρον προτρεπτικῶς μήτε κωλῦσαι μήτε προτρέψασθαι. τὸν μέντοι Ἰωάννην ἔσχατον, συνιδόντα ὅτι τὰ σωματικὰ ἐν τοῖς εὐαγγελίοις δεδήλωται, προτραπέντα ὑπὸ τῶν γνωρίμων, Πνεύματι θεοφορηθέντα πνευματικὸν ποιῆσαι εὐαγγέλιον. Daß es in den früheren Evangelien um die menschliche Natur des Erlösers (τὰ σωματικά) geht, wird durch die Nennung der Genealogien signalisiert, während das Fehlen einer Genealogie bei Johannes zeigt, daß er die göttliche Natur Christi (vgl. πνευματικόν...εὐαγγέλιον) darstellen will. Diese Zusammenhänge verdeutlicht Orig. hom.29 in Luc. (GCS 49.170.16/8 rechts) mit ἐπειδὴ γὰρ Ἰωάννης ἀπὸ Θεοῦ ἤρξατο, οὐκ ἐγενεαλόγησεν αὐτὸν ὡς Θεόν und unter Bezug auf die Synoptiker mit ὡς τὰ ἀνθρώπινα διηγούμενοι τοῦ σωτῆρος. Allerdings erfährt man aus den Ausführungen, die Clemens über das Marcusevangelium macht, nicht, warum auch dieses den Evangelien mit den Genealogien zuzuordnen ist; vgl. Merkel, Überlieferungen 577/82, bes. 579.

[118] comm.in Ioh.1.4.22 (SC 120.68/70) Ματθαῖος μὲν γὰρ τοῖς προσδοκῶσι τὸν ἐξ Ἀβραὰμ καὶ Δαβὶδ Ἑβραίοις γράφων· "βίβλος, φησί, γενέσεως Ἰησοῦ Χριστοῦ, υἱοῦ Δαβίδ, υἱοῦ Ἀβραάμ" (Matth.1.1), καὶ Μάρκος, εἰδὼς ὃ γράφει, "ἀρχὴν" διηγεῖται "τοῦ εὐαγγελίου" (Marc.1.1), τάχα εὑρισκόντων ἡμῶν τὸ τέλος αὐτοῦ παρὰ τῷ Ἰωάννῃ * * * * τὸν ἐν ἀρχῇ Λόγον, Θεὸν Λόγον. Ἀλλὰ καὶ Λουκᾶς * * * * ἀλλά γε τηρεῖ τῷ ἐπὶ τὸ στῆθος ἀναπεσόντι τοῦ Ἰησοῦ (Ioh.13.25) τοὺς μείζονας καὶ τελειοτέρους περὶ Ἰησοῦ λόγους· οὐδεὶς γὰρ ἐκείνων ἀκράτως ἐφανέρωσεν αὐτοῦ τὴν θεότητα ὡς Ἰωάννης, παραστήσας αὐτὸν λέγοντα· "ἐγώ εἰμι τὸ φῶς τοῦ κόσμου" (Ioh.8.12)· "ἐγώ εἰμι ἡ ὁδὸς καὶ ἡ ἀλήθεια καὶ ἡ ζωή" (Ioh.14.6)· "ἐγώ εἰμι ἡ ἀνάστασις" (Ioh.11.25)· "ἐγώ εἰμι ἡ θύρα" (Ioh.10.9)· "ἐγώ εἰμι ὁ ποιμὴν ὁ καλός" (Ioh.10.11)· καὶ ἐν τῇ Ἀποκαλύψει "ἐγώ εἰμι τὸ Α καὶ τὸ Ω, ἡ ἀρχὴ καὶ τὸ τέλος, ὁ πρῶτος καὶ ὁ ἔσχατος" (apoc.22. 13).- Auch Aug.cons.evang.1.4.7 (CSEL 43.6f.), 4.10.11ff. (CSEL 43.406ff.) meint, daß die Göttlichkeit Christi im Johannesevangelium am klarsten hervortritt und belegt das durch Anspielung auf den Prolog und vor allem wie Origenes durch Zitierung einiger der Selbstaussagen Christi (1.4.7; p.7).

deutet das auch, daß schon die Synoptiker sie erkannt und dargestellt haben, nur eben weniger klar als Johannes. Das wird bestätigt durch die nachfolgende Evangeliendefinition, die für alle kanonischen Evangelien die Gegenwart des Vaters im Sohn feststellt.[119]

Im Blick auf Brauns Rangfolgenhypothese ist also festzuhalten, daß das Matthäusevangelium in der Tat nach altkirchlicher Einschätzung mehr das Menschliche des Gottessohns ausdrückt, das Johannesevangelium dagegen, aus welchem Juvencus erst im 2. und 4. Buch Passagen einfügt, mehr das Göttliche. Diese Einschätzung könnte auch Juvencus bekannt gewesen sein. Ob man allerdings so, wie sich die Dinge in der Evangeliendichtung des Juvencus darstellen, infolge der Einfügungen aus Johannes ernsthaft von einer abgestuften Darstellung vom Menschlichen hin zum Göttlichen sprechen kann, wird zu prüfen sein. Auch stellt sich die Frage, welchen Sinn eine solche Darstellung hätte. Sie würde suggerieren, daß sich Christus allmählich vom Menschen zum Gott entwickelt - eine völlig unchristliche Vorstellung.

Wenn für Braun in erster Linie die Selbstaussagen nennenswerte Belege für Christi Göttlichkeit sind, fühlt man sich an Origenes erinnert, obwohl dieser die Selbstaussagen nicht im Sinn des Ausschließlichen, sondern eher als besonders markante Belege zitiert haben dürfte. Mit welcher Berechtigung also blickt Braun allein auf die Selbstaussagen, um die Rangfolge vom Menschlichen zum Göttlichen zu begründen? Eine so enge Beschränkung ist jedenfalls problematisch. Denn die Frage kann nur lauten, wie Christus ingesamt dargestellt wird, nicht nur aufgrund seiner Aussagen über sich selbst. Zumal für den noch nicht fest im Glauben stehenden Leser wird das Selbstzeugnis allein zunächst nicht ausreichen,[120] sondern von Aussagen anderer bestätigt werden müssen. Und Zeugnisse anderer Personen über die Göttlichkeit Christi sind, wie sich zeigen wird, vor den Johanneseinschüben in reichem Maß vorhanden. Aber selbst wenn - aus welchem Grund auch immer - allein die Selbstaussagen Jesu für Juvencus von größtem Gewicht sein sollten, warum legt er dann im weiteren Ver-

---

[119] comm. in Ioh. 5.28 (SC 120.74) ἕκαστον γὰρ εὐαγγέλιον, σύστημα ἀπαγγελλομένων ὠφελίμων τῷ πιστεύοντι καὶ μὴ παρεκδεξαμένῳ τυγχάνον ὠφέλειαν ἐμποιοῦν, κατὰ τὸ εὔλογον εὐφραίνει, διδάσκον τὴν δι᾽ ἀνθρώπους τοῦ πρωτοτόκου πάσης κτίσεως (cf. Col. 1. 15) Χριστοῦ Ἰησοῦ σωτήριον αὐτοῖς ἐπιδημίαν. ἀλλὰ καὶ ὅτι Λόγος ἐστὶν ἕκαστον εὐαγγέλιον διδάσκων τὴν τοῦ ἀγαθοῦ Πατρὸς ἐν Υἱῷ τοῖς βουλομένοις παραδέξασθαι ἐπιδημίαν, παντὶ τῷ πιστεύοντι σαφές.

[120] Natürlich hat das Selbstzeugnis Christi als des Gottessohns in Wirklichkeit höchsten Wert, aber nur für den, der ihn bereits als solchen erkennt. Diese Problematik berücksichtigt Christus in Ioh. 5.31 *si ego perhibeo testimonium de me, testimonium meum non est verum* = 2.665f. *namque ego si proprio testis pro nomine surgam, / falsa loquar.*

lauf seines Gedichts, Ioh.11.25 (= 4.349) ausgenommen, keinen Wert
darauf, wenigstens einige der markantesten von ihnen, nämlich die in der
ἐγώ εἰμι-Form gehaltenen,[121] wiederzugeben, um die Göttlichkeit Christi
erneut zu bestätigen? Es ist überhaupt unbefriedigend, die Einschübe aus
Johannes nur anhand weniger Einzelverse zu begründen.[122] Unabhängig
davon wird schon vor dem Beginn des ersten Johanneseinschubs, wie sich
zeigen wird, anhand einiger Selbstzeugnisse Jesu und zahlreicher Aussagen
anderer Personen über ihn deutlich: Eine gestufte Abfolge vom Menschlichen zum Göttlichen gibt es nicht. Auch Braun (133) stellt fest, daß die
Göttlichkeit Christi vor der Bergpredigt auch von anderen erkannt wird:
"Andere vermuten oder erkennen zwar bereits in ihm die Göttlichkeit, er
selbst spricht aber noch nicht darüber." Es ist nicht verständlich, warum
Braun dem Zeugnis anderer Personen, darunter der Erzengel, der gottin-
spirierte Simeon, ja Gottvater selbst, keinen Wert beimißt.

Die früheste Selbstaussage Jesu bei Juvencus läßt Braun unerwähnt.
Sie gehört zu einer Perikope, die der Dichter nicht aus dem Matthäus-,
sondern aus dem Lukasevangelium übernommen hat, nämlich derjenigen,
in der Jesus als zwölfjähriger Junge im Anschluß an einen Aufenthalt in
Jerusalem anläßlich des Passahfests sich von der Pilgergruppe seiner Eltern unbemerkt absetzt, im Tempel zurückbleibt und sich mit den Glau-
benslehrern unterhält (Luc.2.41/52 = 1.281/306).[123] Nachdem die Eltern
ihn gefunden haben, antwortet er auf den Vorwurf der Mutter, daß er mit
Recht im Haus seines Vaters wohne (Luc.2.49 = 1.299/301 *quid me tantum, quid quaeritis?...an nondum sentis, genetrix, quod iure*[124] *paternis/
sedibus et domibus Natum inhabitare necesse est?*). Diese Selbstoffenbarung der göttlichen Herkunft steht an betonter Stelle, denn auf sie läuft
die ganze Perikope zu und erhält durch sie erst ihren Sinn. Zugleich hat
man es hierin mit dem Endpunkt der ganzen Kindheitsgeschichte zu tun.

In der Geburtsgeschichte, und zwar vor allem in der Ausführlichkeit,
wie sie bei Juvencus erscheint, wird mehrfach die Göttlichkeit Christi
deutlich. Braun selbst (S.125) macht darauf aufmerksam, daß die Kombination der Geburtserzählungen aus Matthäus und Lukas die Verbindung
der Anbetung durch die Hirten (Lukas) mit der durch die Magier (Matthä-

---

[121] Vgl. oben das Zitat aus Orig.comm.in Ioh.1.4.22 (SC 120.70).

[122] Wenn Braun sagt, die Selbstaussagen der eingeschobenen Johannesabschnitte seien Mit-
tel- oder Höhepunkt des ganzen Zusammenhangs, könnte man natürlich fragen, ob nicht
auch etwa Ioh.3.5 (= 2.193/5), 4.10 (= 2.256/8), 4.14 (= 2.267/70) Höhepunkte des
ganzen Zusammenhangs sind.

[123] Allerdings nennt Braun die Lukasstelle etwas später (S.134) im Zusammenhang mit der
Tempelreinigung aus dem Johannesevangelium.

[124] *iure* unterstreicht den Anspruch, der Sohn Gottes zu sein, noch.

us) zur Folge hat: "Der Effekt ist jedenfalls der der mehrfachen Anerkennung und Verehrung des göttlichen Kindes".[125] Es kommt bei Juvencus also schon durch die Verbindung der Geburtsgeschichten zu einer Häufung von Bezeichnungen und Aussagen, die bereits zu Beginn des Gedichts auf die Göttlichkeit Christi hinweisen. Dabei hat Juvencus die Göttlichkeit Christi öfter zusätzlich hervorgehoben:[126] prooem.24 *iudex altithroni Genitoris gloria Christus*, (Erzengel Gabriel zu Maria:) 1.23/5 (Engel zu Zacharias über Johannes und sein Wirken:) *istius hic populi partem pleramque docendo/ ad verum convertet iter, Dominumque Deumque/ continuo primus noscet plebemque novabit* (Luc.1.16f. *et multos filiorum Istrahel convertet ad Dominum Deum ipsorum, et ipse praecedet ante illum in spiritu et virtute Heliae, ut convertat corda patrum in filios et incredibiles ad prudentiam iustorum parare Domino plebem perfectam*),[127] 1.58 *salve, progenie terras iutura salubri* (Luc.1.28), 1.60/2 *tua concipient caelesti viscera iussu/ natum, quem regnare Deus per saecula cuncta/ et propriam credi Subolem gaudetque iubetque* (Luc.1.31/3 *et ecce concipies in utero et paries filium et vocabis nomen eius Iesum./ hic erit magnus et Filius Altissimi vocabitur et dabit illi Dominus Deus thronum David patris eius*),[128] 1.68/72 *virtus celsa Dei circumvolitabit obumbrans/ Spiritus et veniet purus, lectissima virgo,/ ac tibi mox puerum casto sermone iubebit/ magnificum gigni populis, quem credere Sanctum/ supremique Dei Natum vocitare necesse est* (Luc.1.35), 1.88/90 (Elisabeth zu Maria:) *unde meam tanto voluit Deus aequus honore/ inlustrare domum, quam mater Numinis alti/ viseret?* (Luc.1.43 *et unde hoc mihi, ut veniat mater Domini mei* [ff² *Dei*] *ad me*),[129] (Stimme Gottes zu Joseph:) 1.138/40 *audivit...Dei super*

---

[125] Vgl. Thraede, Iuvencus 893.

[126] Es werden die Belege bis zum Beginn des eingeschobenen Johannespassus (2.99) genannt. Auch Stellen, aus denen die Göttlichkeit eher indirekt hervorgeht, werden erwähnt. Wo die Göttlichkeit bei Juvencus stärker hervortritt als im Evangelientext, ist letzterer zum Vergleich ausgeschrieben.

[127] *primus noscet* ergibt Sinn eigentlich nur in bezug auf den Sohn (als Objekt). Denn man wird kaum sagen dürfen, daß Johannes Gottvater als erster erkennt (bei aller Einschränkung, denen der Begriff des Erkennens hier unterliegen muß). Das haben nämlich vor ihm schon andere getan (AT). Dagegen ist Johannes der erste, der den Sohn in seiner Göttlichkeit erkennt. Mit *Dominumque Deumque* kann also bei Juvencus nur Christus gemeint sein, während Luc.1.16f. nicht so eindeutig ist.

[128] Bei Lukas wie bei Juvencus nennt der Erzengel Christus Sohn Gottes und sagt, er werde ewig herrschen. Aus der ewigen Herrschaft ergibt sich seine Transzendenz und Göttlichkeit. Doch zugleich nennt der Engel ihn Sohn Davids und beschränkt seine Herrschaft auf das Haus Jakobs. Bei Juvencus nennt er ihn nur noch Sohn Gottes (doch vgl. 1.166). Seine Herrschaft ist ewig und unbeschränkt.

[129] *numinis alti* weist eindeutiger auf die Göttlichkeit Christi als *Domini*.

horrida somnia vocem:/ "accipe coniugium nullo cum crimine pactae,/ Spiritus inplevit sancto cui viscera fetu" (Matth.1.20), (der Engel zu den Hirten:) 1.166f. *genitus puer est Davidis origine clara,/ qui populis lucem mox laetitiamque propaget* (Luc.2.11 *quia natus est vobis hodie Salvator, qui est Christus Dominus in civitate David*),[130] (Stimme Gottes zu Simeon:) 1.190/6 *senex Simeon dignus conprendere sensu/ caelestes voces, cui quondam praescia rerum/ virtus prodiderat, quod.../ ...,/ cum primum caeli laudem terraeque salutem,/ omnia quem vatum spondent oracula Christum,/ vidisset templo sollemnes ferre palumbas* (Luc.2.25f.),[131] (Simeon:) 1.204/7 *en splendida nostros/ lux oculos tua circumstat radiisque renidet* (Luc.2.30),[132] 1.209f. *hic puer ad casum populi datur, iste renasci/ concedet populos* (Luc.2.34), (die Hohenpriester:) 1.239f. *cui sacram ducere plebem/ Istrahelitarum sancta virtute necesse est* (Matth.2.6 *qui regat populum meum Istrahel*),[133] (die Magier:) 1.230/2 *sese stellae fulgentis ab ortu/ admonitos venisse viam, quo supplice dextra/ exortum terris venerabile numen adorent* (Matth.2.2 *vidimus enim stellam eius in oriente, et venimus adorare eum* [sc. *regem Iudaeorum*]),[134] 1.248ff. *deiecti prono straverunt corpore terram/ submissique simul quaesunt; tum munera trina/ tus, aurum, murram regique hominique Deoque/ dona dabant* (Matth.2.11 *et apertis thensauris suis optulerunt ei munera, aurum,*

---

[130] Durch 1.167, was das *Salvator* aus dem Evangelium expliziert, scheint das Kind über die Ebene des rein Irdischen gehoben (vgl. Kievits *"propaget* = 'in aeternum donabit'"). *populis* zeigt die Universalität des Heils an, das Christus bringt, während der Engel bei Lukas nur vom Herrn im Land Davids spricht.- Die Menschen, denen die Hirten berichten, loben Gott, weil, wie Juvencus sagt, sich alles als wahr erweise (1.177/80 *post inde frequentes/ dispergunt late celeris vaga semina famae./ mirantes laudant, laetantes constipuerunt,/ omnia nocturnis monitis quod vera recurrant;* Luc.2.17f. *et cognoverunt de verbo, quod dictum est illis de puero hoc./ et omnes, qui audierunt, mirati sunt de his, quae dicta sunt a pastoribus ad ipsos*), also auch die bei Juvencus besonders betonte Göttlichkeit des Knaben.

[131] Als *laus caeli* könnte Christus wohl nicht aufgrund seiner menschlichen Natur bezeichnet werden.

[132] Die Lichtmotivik dient dem Zweck, Simeon die Begegnung mit dem Jesuskind als Epiphanie erfahren zu lassen (Röttger 38).

[133] *sancta virtute* könnte sich zwar auch auf einen Menschen beziehen, zielt hier aber wohl auf die göttliche Macht in Christus.

[134] Schon das biblische *adorare* deutet auf die Gottheit Christi. Juvencus verstärkt den Hinweis durch *venerabile numen*. Vgl. noch Ambr.comm.in Luc.2.48 (SC 45.94) *et cognoverunt* (sc. *magi*) *hanc esse stellam, quae hominem Deumque significat. adoraverunt parvulum. utique non adorassent, si parvulum tantummodo credidissent.-* Herodes gibt freilich nur vor, den göttlichen Knaben anbeten zu wollen (1.241f. = Matth.2.8).

thus et murram),[135] (Erzähler zitiert bestätigend Os.11.1:) 1.275/7 *dixit et alterius quondam praenuntia vatis/ vox instincta Deo: veniet, veniet mea Proles/ Aegypto ex alta terris lumenque salusque* (Matth.2.15), 1.280 *gratiaque in vultu et verbis veneranda micabat* (Luc.2.40 *et gratia Dei erat cum illo*),[136] (der Täufer:) 1.337/41 *nunc ego praeteritas maculas in flumine puro/ abluere institui; veniet sed fortior alter,/ cuius vincla pedum non sum contingere dignus./ abluet ille hominis Sancto Spiramine mentem/ flammarumque globis purgabit noxia corda* (Matth.3.11), (Erzähler:) 1.365 *obsequium...illi Patris praebere ministri/ certabant rapidi* (Matth.4.11 *et ecce angeli accesserunt et ministrabant ei*).

Auch in der Versuchungsperikope erweist sich die Göttlichkeit Jesu. Nun könnte man mit Origenes sagen, daß Gott gar nicht versucht werden könne. Darum habe Johannes, der gegenüber den Synoptikern das Göttliche in Jesus darstelle, die Versuchungsgeschichte auch nicht berichtet.[137] Nun fällt aber in der Bearbeitung der Versuchungsperikope durch Juvencus die exorzistische Tendenz auf, wie Fichtner (152) zu Recht bemerkt. Der Teufel flieht, weil Jesus ihn aus sich ausgetrieben hat: 1.408 *talibus excussus fugit per devia Daemon* (Matth.4.11a *tunc reliquit eum Diabolus*).

---

[135] Hier bezeichnet also Juvencus aus der Erzählerperspektive Christus als Mensch und Gott zugleich. Beide Ebenen sind gleichzeitig zu beachten. Iren.adv.haer.3.9.2 (SC 211.106. 66/70) sagt, die Myrrhe komme ihm als sterblichem Menschen zu (weil mit der Myrrhe der Leichnam einbalsamiert wurde, vgl. Ioh.19.39f.), das Gold als König, der Weihrauch als Gott: *murra quidem, quod ipse erat, qui pro mortali humano genere moreretur et sepeliretur; aurum vero, quoniam rex "cuius regni finis non est"* (cf. Luc.1.33); *tus vero, quoniam Deus, qui et notus in Iudaea factus est et manifestus eis, qui non quaerebant eum.* Dem entspricht etwa Orig.Cels.1.60 (SC 132.240.31/5) φέροντες μὲν δῶρα, <ἅ>, ἵν᾽ οὕτως ὀνομάσω, συνθέτῳ τινὶ ἐκ Θεοῦ καὶ ἀνθρώπου θνητοῦ (das Zugleich von Mensch und Gott ist hier besonders hervorgehoben) προσήνεγκαν, σύμβολα μὲν ὡς βασιλεῖ τὸν χρυσὸν ὡς δὲ τεθνηξομένῳ τὴν σμύρναν, ὡς δὲ Θεῷ τὸν λιβανωτόν, Hil.comm.in Matth. 1.5 (SC 254.98.5/7) *denique oblatio munerum intelligentiam in eo totius qualitatis expressit, in auro regem, in thure Deum, in myrrha hominem confitendo*, Ambr.comm.in Luc.2.44 (SC 45.93) *aurum regi, tus Deo, murra defuncto; aliud enim regis insigne, aliud divinae sacrificium potestatis, aliud honor est sepulturae, quae non corrumpat corpus mortui, sed reservet*, Sedul.carm.pasch.2.95f. *aurea nascenti fuderunt munera regi,/ tura dedere Deo, myrram tribuere sepulchro.* Die Umstellung bei Juvencus hat natürlich rein metrische Gründe (vgl. Kievits 83). Die richtige Zuordnung wird wohl auch den Lesern gelungen sein, die noch keine Christen waren, zumindest im Hinblick auf *aurum* und *regi.*

[136] Bei Lukas wird Christus von der Gnade Gottes begleitet. Juvencus spricht von Christi eigener göttlicher (*veneranda*) Gnade, die in ihm leuchtet.

[137] Orig.hom.29 in Luc. (GCS 49.170f.), in Matth.ser.92 (GCS 38.210). Die Väter haben immer wieder betont, daß Jesus als Mensch versucht wurde; vgl. K.-P. Köppen, Die Auslegung der Versuchungsgeschichte unter besonderer Berücksichtigung der Alten Kirche (= Beiträge zur Geschichte der biblischen Exegese Bd.4), Tübingen 1961, 51ff.

Der Sieg wirkt noch großartiger als beim Evangelisten. "Jesus siegt hier nicht nur über die Versuchungen, sondern triumphiert vor allem über den Versucher selbst" (Fichtner 157).[138] In dieser Teufelsaustreibung ist Jesus nicht nur als Mensch, sondern auch als Gott dargestellt - mag ihn auch der Teufel als Mensch versuchen wollen. Denn er muß den Vater nicht um Hilfe bitten, sondern treibt den Teufel offenbar mit seiner eigenen göttlichen Macht aus, ebenso wie in den Dämonenaustreibungen. Der Leser muß schließen, daß Jesus tatsächlich selbst göttlicher Natur ist. Schon mit der anfänglichen Mitteilung, daß die Engel darum wetteiferten, Jesus zu dienen (1.365f., oben zitiert), geht Juvencus über die Matthäusvorlage hinaus und hebt den Rang des Gottessohns noch mehr hervor.[139]

Die Epiphaniebeschreibung 1.413/8 *terra Zabulonum et regionis Neptala nomen,/ et via trans pelagus longe Galilaea per arva/ trans et Iordanen gentes populique tenebris/ inclusi magnum lumen subitumque videbunt* (Matth.4.15f.) hebt Christus in den Bereich des Göttlichen, wobei allerdings die unmittelbar nachfolgenden Verse 1.419f. (Matth.4.17) sich auf die Rolle des Boten beschränken.

Christi Gottheit ergibt sich sodann aus der Aufzählung der Wunderheilungen und ihrer Wirkung auf die Menschenmengen, die sich ihm anschließen, was Juvencus unmittelbar vor der Bergpredigt gleichsam als Legitimation ihres göttlichen Anspruchs sehr ausführlich wiedergibt (1.435/51; Matth.4.23/5).

Die Lehren, die Christus in der Bergpredigt verkündet, lassen sich von dem dahinterstehenden göttlichen Anspruch nicht trennen, werden vielmehr durch ihn überhaupt erst legitimiert. Dieser Anspruch klingt in der Bergpredigt immer wieder an. Daß Christus als Gott seine eigenen Gebote verkündet, nicht nur Verkünder des Willens des Vaters ist, wird bei Juvencus noch klarer durch Verwendung von *praecipere* (in der 1. Person), *mea iussa, mea monita* statt *dicere, mea verba*: 1.496ff. *audistis veteris iussum moderamine legis:/ humano si quis macularit sanguine palmas,/ ille reus ferro persolvet vindice poenas./ ast ego praecipiam, ne quis consurgere in iras/ audeat atque odio fratris fervente moveri* (Matth.5.21f. *ego dicam*),

---

[138] Mit der Sieges- und Triumphterminologie geht Juvencus aber hier wie sonst eher sparsam um; vgl. Kap.I am Ende.

[139] Schon *ministrabant* im Evangelium bestätigt die Göttlichkeit Jesu ausreichend, vgl. Ambr.comm.in Luc.2.52 (SC 45.96) zur Parallelstelle Marc.1.13: *Dominus...*, *de quo sanctus Marcus ait, quia "cum bestiis erat et angeli ministrabant ei" ut in altero misericordiae insigne, in altero divinae indicium potestatis agnoscas. tuum est* (d.h. "es liegt in Deiner Natur, die er annahm"; vgl. Niederhuber, Bibliothek der Kirchenväter Bd.21 [= Ambrosius II], Kempten 1915², 82 Anm.7, Übersetzung von Tissot [SC 45.96] "c'est en votre nature"), *quod bestias patitur, suum, quod ab angelis praedicatur.*

1.536ff. *antiquae leges prohibent periuria linguis,/ sed nostris cedat iurandi audacia iussis* (Matth.5.34 *ego...dico*), 1.563 *quin ego praecipiam semper blando esse per omnes/ obsequio* (Matth.5.44 *ego...dico*), 1.715 *quisque meis monitis auresque et facta dicabit* (Matth.7.24 *verba mea*), 1.721 *qui vero auditu tantum mea iussa tenebit* (Matth.7.26 *verba mea*).[140]- Daß Christus der Herr ist, ergibt sich ebenso aus 1.701/3 *non ego palpantum verbis et honore movebor,/ nec, me quod Dominum praeblanda adolatio dicet,/ praemia caelestis capient spontanea sedis* (Matth.7.21). Wenn Christus sich hier auch auf die falschen Propheten bezieht, so meint er doch, daß ihm solche Anrede aus den Mündern der Gerechten in zutreffender Weise zuteil wird. Der Bezug zum Himmelreich zeigt, daß Christus kein irdischer Herrscher, sondern Gott ist. Im Anschluß wird Christi Rolle als endzeitlicher Richter sichtbar, was ihn gleichfalls unmißverständlich über die Ebene des Irdischen hebt. Auch hier wird Juvencus deutlicher als der Evangelist. Matth.7.21/3 ergibt sich die Richterrolle Christi indirekt aus dem Flehen der falschen Propheten und der abweisenden Antwort Christi. Dem entspricht Iuvenc.1.708/14. Bei Juvencus aber spricht Christus darüber hinaus in 1.706f. direkt vom Jüngsten Gericht, woraus sich eindeutig ergibt, daß er selbst der aus dem Jenseits kommende Weltenrichter ist, den die falschen Propheten um Gnade anflehen werden und als den ihn der Leser bereits aus dem Prooem kennt (prooem.23f. *cum flammivoma discendet nube coruscans/ iudex, altithroni Genitoris gloria, Christus*). Das anschließende Gleichnis vom Haus auf dem Felsen bezieht sich wie die vorangehenden Verse (1.706ff.) auf das Endgericht. Daß Christus der endzeitliche Richter ist, der die Macht hat, über ewiges Leben und Verdammnis zu entscheiden, ergibt sich bei Juvencus daraus, daß der unpersönliche Ausdruck des griechischen Bibeltextes wie in einigen Handschriften der altlateinischen Version durch eine Formulierung der 1. Person ersetzt ist (1.716 *aequabo* = Matth.7.24 f q k *similabo*, h *similem aestimabo;* 1.723 *similem faciam* = Matth.7.26 k *simulabo*). Und *simulare* bzw. *aequare* und *similem facere* bedeuten nicht nur "vergleichen", sondern auch "gleichmachen". Christus wird die Drohung selbst in die Tat umset-

---

[140] Daneben spricht Christus aber auch als Mensch, vgl. nur etwa 1.567f. (Matth.5.45) *nam Genitor noster communia lumina solis/ communesque dedit pluvias iustisque malisque*, 1.590ff. (Matth.6.9) *sidereo Genitor residens in vertice caeli,/ nominis, oramus, veneratio sanctificetur/ in nobis, Pater alte, tui* eqs., 1.646/8 *quod si pratorum fruticumque virentia laeta/ ipse Deus vestit nostris obnoxia flammis,/ cur vobis potior non est fiducia Patris?* (Matth.6.30).

zen.[141]- In 1.715 fällt der religiöse t.t. *dicare* auf, der Christus als Gott zukommt.[142]- Die zuhörende Menge merkt, daß die Macht Christi die Gelehrtheit der alten Propheten weit übersteigt: 1.728/30 *talia dicentem fixa admiratio plebis/ inmensum stupuit, quoniam transcenderet alte/ doctrinam veterum Christo concessa potestas* (Matth.7.28f.). Es stellt sich die Frage, ob eine solche Macht nicht göttlichen Ursprungs ist, worauf *concessa* zielt.- Bemerkenswert im Hinblick auf die Göttlichkeit Christi ist in der Bergpredigt noch die vierte Bitte im Vater Unser, 1.595f. *vitalisque hodie sancti substantia panis/ proveniat nobis* (Matth.6.11 *panem cottidianum da nobis hodie*). Bei Juvencus ist wegen *sancti* nicht an das fleischliche Brot gedacht, sondern an das Brot der Eucharistie. Denn Christus ist das spirituale Brot des Lebens.[143] Als solches ist er über das Menschliche hinaus zum Göttlichen erhoben.

Nach der Bergpredigt werden zahlreiche Wunder erzählt, die allesamt die Göttlichkeit Christi und seiner Macht (1.730 *Christo concessa potestas*) bestätigen: 1.731/40 (Matth.7.1/4), 1.741/66 (Matth.8.5/13) (1.766 heißt es von Christus *Dei...medentis*), 1.767/70 (Matth.8.14f.), 2.1/10 (Matth.8. 16), 2.25/42 (Matth.8.23/7), 2.43/74 (Marc.5.1/17), 2.75/98 (Matth.9. 1/9).- Die Erzählung von der Heilung des Gelähmten zeichnet sich bei Juvencus durch die Auslassung von Matth.9.8b *(Deum) qui tantam dedit hominibus potestatem* aus (fehlt auch in den Parallelberichten des Marcus und Lukas), womit offenbar die Sündenvergebung gemeint ist. Der Unterschied zwischen der Sündenvergebung, wie sie Christus gewährt, und der Sündenvergebung der Menschen untereinander erscheint durch Matth.9.8b geradezu aufgehoben.[144] Bei Juvencus dagegen bleibt die Vollmacht zur Sündenvergebung im Sinne wirklicher Absolution Christus vorbehalten, dem sie von Gott übertragen wurde.

---

[141] D.h. wer Christi Gebote beachtet, den wird er gleichsam zu einem Fels machen, der das Gericht unbeschadet überstehen wird. Wer aber seine Gebote nicht beachtet, den wird sein Gericht zu Fall bringen.

[142] Vgl. zum christlichen Gebrauch von *dicare* Cypr.Fort.11 (CCL 3.210.213) *si igitur et nos dicati ac devoti Deo vivimus*, domin.orat.13 (CCL 3A p.97.232) *qui se Deo et Christo dicat*, zel.6 (CCL 3A p.78.94) *dicata Deo pectora*, Lact.inst.5.1.7 (SC 204.128) *dicatas Deo mentes*.

[143] Tert.orat.6.2 (CCL 1.261.6) *spiritaliter potius intellegamus. Christus enim "panis noster" est, quia vita Christus et vita panis ("ego sum", inquit, "panis vitae", et paulo supra "panis est sermo Dei vivi, qui descendit de caelis"* [cf. Ioh.6.31ff.]).

[144] So versteht es Matthäus freilich nicht, verzichtet aber auf die notwendige Erklärung: Die Sündenvergebung der Menschen untereinander befreit nicht eigentlich von der Schuld, erteilt keine Absolution, aus ihr folgt aber der Verzicht auf Vergeltung und die Bereitschaft zur Versöhnung. Zur Befreiung von der Schuld dagegen hat letztlich nur Gott bzw. Christus die Macht.

Man kann nun zusammenfassen: In der Geburtsgeschichte sind die Zeugnisse für die Göttlichkeit Christi[145] schon bei Matthäus und Lukas zahlreich. Durch die Kombination des lukanischen und des matthäischen Berichts sind sie bei Juvencus noch zahlreicher. Und wegen der Auslassungen der Genealogie zeugt bei Juvencus schon der erste Satz, in dem über Christus gesprochen wird (1.60/2; Luc.1.31/3), von seiner göttlichen Herkunft. Der Rang des Sprechers (Engel) kann kaum höher sein, und der Inhalt, die Göttlichkeit Christi, kaum stärker hervorgehoben werden. Auch hat Juvencus schon vor dem ersten Johanneseinschub eine Reihe von Wundertaten berichtet, die seine Göttlichkeit bestätigen. Auch die Versuchungsperikope, wie sie sich bei Juvencus darstellt, und der Anspruch der Bergpredigt zusammen mit den von Juvencus gesetzten Akzenten bestätigen seine Gottheit.- Wenn dem Dichter die Darstellung einer abgestuften Folge vom Menschlichen zum Göttlichen so wichtig gewesen sein soll, warum bleibt dann Juvencus nicht vom 2. Buch an ganz im Johannesevangelium, das die göttliche Natur noch stärker herausstellt? Oder warum läßt er nicht wenigstens die Gethsemaneperikope aus, die besonders eindrücklich nicht den Gott, sondern den Menschen zeigt, der dem Leid entkommen will?[146]

Der Dichter hat schon vor dem ersten Johanneseinschub und von Anfang an alle Möglichkeiten ausgeschöpft, neben der menschlichen Natur

---

[145] Epiphan.panar.30.29 (GCS 25.372/4) in Widerlegung der ebionitischen Ansicht, daß Jesus lediglich Mensch sei, zeigt, daß im Evangelium neben seiner menschlichen Natur bereits in der Geburts- und Kindheitsgeschichte auch die göttliche Natur hervorgehoben werde. Dafür verweist er auf die Huldigung durch die Magier (Matth.2.11), die Lobpreisung Gottes durch die Engel, weil Christus der Herr geboren sei (Luc.2.10f.), das Erstaunen der Lehrer über das Wissen des Kindes (Luc.2.46), die Erwähnung des Tempels als Haus des Vaters (Luc.2.49), daß Joseph nur für den Vater Jesu gehalten werde (Luc. 3.23), es aber nicht sei (da Jesus ohne menschliche Zeugung der Sohn Gottes ist).

[146] Vgl. Orig.in Matth.ser.92 (GCS 38.210.22/7) *sic et hic tres quidem isti rettulerunt Iesum postulasse a Patre, ut transiret calix ab eo* (cf. Matth.26.39, Marc.14.36, Luc.22.42), *quoniam et proprium hominis erat (quantum ad infirmitatem pertinet carnis) velle evadere passionem, Iohannes autem propositum habens exponere Iesum Deum Verbum, sciens quia ipse "vita et resurrectio"* (cf. Ioh.11.25), *nescit Deum inpassibilem refugere passionem* (vgl. Merkel, Widersprüche 109f.), Iulian.adv.Christ. frg.7 Neumann (p.235) ἀλλὰ καὶ τοιαῦτα προσεύχεται ὁ Ἰησοῦς, οἷα ἄνθρωπος ἄθλιος συμφορὰν φέρειν εὐκόλως οὐ δυνάμενος, καὶ ὑπ' ἀγγέλου Θεὸς ὢν ἐνισχύεται (Julian nimmt also neben dem Gebetskampf, der eines Gottes unwürdig ist, auch Anstoß daran, daß Christus nach der lukanischen Variante, obwohl er Gott ist, sich von einem Engel stärken läßt; vgl. Merkel, Widersprüche 21).

auch die göttliche Herkunft Christi darzustellen.[147] Hätte er bis zu den ersten Einschüben aus Johannes nur das Menschliche dargestellt, würde er eine Entwicklung vom Menschlichen zum Göttlichen unterstellen, zumindest ließe es sich auf diese Weise mißverstehen.[148] Aber wenn auch Jesus als Mensch geboren wurde, ist er doch immer zugleich Gott. Das ist die Aussage der grundlegenden Zwei-Naturen-Lehre.[149]

IV. *Verschiedenes zu den Johanneseinschüben*

In diesem Kapitel werden verschiedene Einzelfragen zu den Johanneseinschüben besprochen. Der Leser mag daher verzeihen, daß die Übergänge zwischen den einzelnen Abschnitten nicht immer fließend sind.

Der Anschluß von Ioh.1.43ff. (= 2.99ff.) an Matth.9.9 ist gelungen, da die Berufung des Matthäus eine gute Gelegenheit bietet, die Berufung des Philipp und des Nathanael daran anzuschließen.[150] Herzog (Bibelepik 104f.) bemerkt, daß sowohl in Matth.9.9 als auch in Ioh.1.43 die Aufforderung *sequere me* stehe und spricht von einem Assoziationssignal (vgl. Iuvenc.2.99f. *simili sermone.../ ...hortatur*). Einen inhaltlichen Grund für die Einfügung der Johannesabschnitte sieht er nicht. Im Anschluß an die

---

[147] Der Welt blieb die Göttlichkeit Christi freilich zunächst verborgen: Christus kam unter ärmlichen Umständen in einer Krippe als Mensch zur Welt, und nicht die Großen und Mächtigen von Palästina huldigten ihm, sondern einfache Hirten. Hinzu kamen die Magier aus dem Morgenland.

[148] Überhaupt haben christliche Werke immer und kontinuierlich einen Bezug zum Großen und Göttlichen, da alles christliche Denken, Reden und Handeln auf das unerreichbare Vorbild des Menschensohns und auf die Herrlichkeit des Vaters ausgerichtet ist. So spricht Aug.doctr.christ.35ff. (CSEL 80.125ff.) in Antwort auf Cic.orat.100 (cf. 69ff.), der die Beredsamkeit danach beurteilt, ob der Redner erhabenen Stoff im erhabenen Stil behandelt, niedrigen Stoff im niedrigen Stil, von der Größe alles dessen, was der christliche Redner vorträgt (vgl. E.Auerbach, Literatursprache und Publikum in der lateinischen Spätantike und im lateinischen Mittelalter, Bern 1958, 30ff.). Entsprechend ist auch alles, was der christliche Dichter zum Gegenstand seines Dichtens macht, groß. Es gibt keine Abstufungen nach der Größe des Inhalts.

[149] Zur Zwei-Naturen-Lehre vgl. H.Vorgrimler, Art. Hypostatische Union, LThK² 5.579ff.

[150] Ein Problem, das sich aus der Zusammenschau von Ioh.1.42 und Matth.16.18 ergäbe, nämlich das der doppelten Namengebung, wird infolge des Einsetzens erst mit Ioh.1.43 vermieden. Unabhängig davon nimmt sich aber bei Juvencus die Versifizierung von Matth.16.18 nicht so aus, als ob hier an eine Namengebung gedacht wäre, vielmehr stellt Jesus infolge von Petri Glaubensbekenntnis (3.271f. = Matth.16.16) fest, daß dieser seinen Namen zu Recht trage: 3.278 *tu nomen Petri digna virtute tueris*.

assoziierte Perikope folge Juvencus "einfach dem nunmehr gewählten Text durch andere Materien".[151]

Herzog glaubt, es sei charakteristisch für die seiner Meinung nach rein assoziative Anknüpfung, daß Ioh.1.43ff. nicht an die erste Jüngerberufung aus Matth.4.18ff. angeschlossen würden.[152] Doch ist nicht einzusehen, warum die in Matth.4.18ff. erzählte erste Jüngerberufung nicht den Parallelbericht Ioh.1.35ff. hätte in Erinnerung rufen können. Natürlich hätte die inhaltliche Dopplung, daß sowohl in Matth.4.18ff. als auch in Ioh. 1.35/42 Andreas und Petrus berufen werden, vermieden werden und im Anschluß an Matth.4.18ff. mit Ioh.1.43ff. fortgefahren werden müssen, ferner die Aussage aus Ioh.1.43, daß Jesus nach Galiläa aufbreche, entfallen müssen, denn schon in Matth.4.12 geht er nach Galiläa. Nebenbei wäre hier auch die von Herzog geforderte äußerlich-literale Assoziation möglich gewesen, denn in Ioh.1.43 steht dieselbe Aufforderung wie in Matth. 4.19, nämlich *sequimini me*. Mit Matth.4.23ff. hätte dann später gut an Ioh.4.54 angeknüpft werden können. Das Weinwunder und die Heilung des Sohns des königlichen Beamten wären so auch bei Juvencus die beiden ersten Wunder, wie es bei Johannes der Fall ist (Ioh.2.11, 4.54).

Bleibt also die Frage, warum Juvencus Ioh.1.43ff. nicht an die erste Jüngerberufung aus Matth.4.18ff. angeschlossen hat. Die Erklärung von Braun (133), der Dichter habe verhindern wollen, daß das Johannesstück vor die Bergpredigt gerate, damit es eine Entwicklung Jesu vom Menschlichen zum Göttlichen gebe, muß aufgrund der Ausführungen des vorangehenden Kapitels als überholt gelten. Ein Grund für die von Juvencus gewählte Abfolge könnte darin liegen, daß es ein großer kompositorischer Vorteil ist, wenn vor dem Nikodemusgespräch bereits eine Reihe von Wundern ausführlich berichtet worden ist. Die Bewunderung und die Ehrfurcht des Nikodemus gegenüber Christus wirken so nämlich viel besser begründet als bei Johannes, der bis zum Zeitpunkt des Nikodemusgesprächs nur das Weinwunder berichtet und in 2.23 nur beiläufig von Wun-

---

[151] Vgl. ähnlich bereits de Wit 5f.- Übrigens kann nicht nur zu Beginn des Einschubs Ioh.1/4 von einer Assoziation gesprochen werden kann, sondern auch am Ende, da in Ioh.4.43/53 wie in Matth.9.2/8, also kurz vor der Stelle, wo Juvencus mit Ioh.1.43ff. einsetzt, eine Wunderheilung berichtet wird, so daß dort, wo Juvencus mit Matth.9.10ff. fortfährt, ein Anschluß so stattfinden kann, als gäbe es den Einschub Ioh.1/4 gar nicht.

[152] Man könnte zwischen der Möglichkeit unterscheiden, Ioh.1.43ff. an die Berufung der ersten beiden Jünger, also an Matth.4.18/20 anzuschließen, oder Ioh.1.43ff. auf die Berufung der ersten vier Jünger, also auf Matth.4.18/22 folgen zu lassen (Braun 133).

dern spricht, die Christus in Jerusalem tat.[153] Die Einfügung des ersten Johannesteils kann also gegen Herzog nicht nur als rein äußerlich motiviert und nicht weiter durchdacht bewertet werden - ganz abgesehen von dem hier unternommenen Versuch, eine übergeordnete inhaltliche Begründung für die Einfügungen von Teilen des Johannesevangeliums zu finden.[154]

Übrigens wäre das erste Buch bei der von Herzog offenbar als natürlicher empfundenen Reihenfolge, wenn man von der Geburtsgeschichte, Versuchungsperikope und Taufe Jesu in der zweiten Hälfte absieht, relativ handlungsarm geworden (praktisch keine Wundererzählungen, auch keine Erzählungen enthaltende Gleichnisse), da nach den Johanneseinschüben die ausgedehnte Bergpredigt wohl schon den Abschluß des Buches gebildet hätte. Den Erwartungen, die das Publikum an eine episierende Dichtung richtete, die nach klassischer Vorstellung Taten enthalten mußte (vgl. prooem.19 *vitalia gesta*), wäre dies wohl nicht ganz gerecht geworden.

Und schließlich hätte es der Dichter und zumindest der Teil der Leserschaft, der bereits gewisse Bibelkenntnisse hatte, wohl nicht als organisch empfunden, wenn ein Gedicht, das im großen und ganzen dem Matthäusevangelium folgt, im 1. Buch nur zu einem kleinen Teil auf dieser Hauptgrundlage fußte.

Origenes sagt in seinem Johanneskommentar,[155] der Zeitraum der Versuchungsperikope von vierzig Tagen sei bei Johannes nicht unterzubringen, weil Jesus dort schon am sechsten Tag nach seiner Taufe an der

---

[153] Allerdings wirkt die Skepsis des Nathanael in 2.107f. *genuit quicquam si Nazara, miror,/ quod dignum tantis umquam virtutibus esset* (= Ioh.1.46) bei Juvencus unbegründeter, wenn schon so viele Wundertaten berichtet worden sind. Bei Johannes dagegen wurde bis zu diesem Zeitpunkt noch kein einziges Wunder erwähnt.

[154] Gegen die Einfügung von Ioh.1/4 schon nach der ersten Jüngerberufung spricht auch, daß die Berufung des Matthäus dann um einige hundert Verse nach hinten verschoben worden wäre, von der ersten Jüngerberufung also entsprechend weiter entfernt wäre. Andererseits steht Matth.10.1/4, wo erstmals die Zwölfzahl der Apostel genannt wird (Matthäus hat einen Katalog der einzelnen Namen, der bei Juvencus fehlt), in beiden Fällen (ob nun Ioh.1/4, wie es Herzog bevorzugen würde, an Matth.4.18/22 anschließt, oder erst an Matth.9.9, wie es bei Juvencus der Fall ist) in gleich großem Abstand zur ersten Jüngerberufung, was umso störender wirkt, wenn erst hier von der Wahl (vgl. Luc.6.13) der Zwölf die Rede ist: 2.430ff. *haec fatus populo ex omni delecta seorsum/ fortia conglomerat bisseno pectora coetu./ hos ubi delegit, praeceptis talibus inplet.*

[155] comm.in Ioh.10.3.10 (SC 157.386).

Hochzeit von Kana teilnehme.[156] Auf zeitlich-historischer Ebene sieht er keine Möglichkeit, das Problem zu lösen.[157] Juvencus dagegen berichtet wie Matthäus und anders als Johannes nicht in einer strengen Chronologie. Ohne daß präzisere Zeitangaben vorangegangen wären, schließt er die Hochzeit zu Kana einfach mit 2.127 *interea* an. Der Leser empfindet keinen zeitlichen Widerspruch.

Die indirekte Aufforderung der Mutter in Ioh.2.3, ein Wunder zu tun (*vinum non habent*), die von Jesus auch als solche verstanden wird (Ioh. 2.4 *quid mihi et tibi est, mulier? nondum venit hora mea*),[158] wirkt auf den ersten Blick unwahrscheinlich, da er bis zu diesem Zeitpunkt noch keine Wunder vollbracht hat. Da dies bei Juvencus durch die Einfügung des Weinwunders nach einer Reihe von bei Matthäus berichteten Wundern anders ist, erscheint die Aufforderung einleuchtender. Daher kann Juven-

---

[156] Das erinnert an die Kritik der Aloger, daß bei Johannes am dritten Tag (von Jesu Aufenthalt in Galiläa) die Hochzeit zu Kana stattfinde, während die vierzig Tage in der Wüste fehlten, wie in Epiphan.panar.51.4.9f. (GCS 31.252.12ff.) zu lesen ist. Epiphanios versucht in panar.51 sehr scharfsinnig, eine einheitliche Chronologie der Evangelien zu finden (Merkel, Widersprüche 176/80).

[157] Die zahlreichen zeitlich-historischen Widersprüche zwischen dem Johannesevangelium und den übrigen Evangelien erklärt Origenes anders und veranschaulicht das mit folgendem Gleichnis (comm.in Ioh.10.4.15/7 [SC 157.390/2]): Vier Weise hätten Offenbarungen wiederzugeben, die Gott vier anderen Christen gleichzeitig an verschiedenen Orten habe zuteil werden lassen, wobei jeder Weise nur den Bericht eines der vier anderen erfahre. Vgl. F.-H. Kettler 36/41.

[158] Von einer Wunderbitte sprechen die Väter jedenfalls nahezu einhellig (Smitmans 92ff.). Zumindest aus der Zeit nach Juvencus sind überzeugende Erklärungsversuche überliefert. So führt Ephraem expl.evang.5.2 (SC 121.107) an, daß Maria, weil sie alle Dinge, die sich seit Jesu Geburt ereignet hatten, in ihrem Herzen bewahrte, ein Wunder erwarten konnte (Luc.2.51, von Juvencus ausgelassen). Chrysost.hom.21.2 in Ioh. (PG 59.130) sagt, daß Christus sich selbst zu offenbaren begann, daß er durch den Täufer (Ioh.1.26/34) und durch das seinen Jüngern Berichtete bekannt war und daß Maria durch die Empfängnis und alles, was sich nach der Geburt ereignete, die höchste Meinung in bezug auf ihr Kind hatte (Luc.2.51). Theod.Mops.comm.in Ioh. (CSCO 116.41f.) legt die Annahme einer Wunderbitte in Ioh.2.5 dadurch nahe, daß er erwähnt das Zeugnis des Täufers (Ioh.1.26/34), die Worte Simeons und Annas (Luc.2.28/38), die Verkündigung des Erzengels Gabriel (Luc.1.31f.), die Botschaft der Engel an die Hirten und deren Bericht (Luc.2.9/18), den Maria in ihrem Herzen erwog (Luc.2.19, was bei Juvencus fehlt), die Worte Elisabeths (Luc.1.42/5) und die Huldigung der Magier (Matth.2.1/12). Aus all dem mußte Theodor zufolge Maria die Größe ihres Sohnes bekannt gewesen sein (zur Größe Christi schon in seiner Kindheit siehe auch Kap.III).

cus zu der indirekten Aufforderung (2.132) die direkte hinzufügen (2.133 *adsint, Nate, bonis ex te data munera mensis*).[159]

Bei der Tempelreinigungsperikope (Ioh.2.13/23 = 2.153/76) hat Juvencus darauf geachtet, daß es später nicht zu einer Dopplung kommt. Denn bei Matthäus steht das Pendant in 21.12/7. Die eigentliche Parallele, die Tempelreinigung in 21.12f. (= Ioh.2.13/6), läßt Juvencus einfach aus.[160]

Origenes[161] macht auf den Widerspruch aufmerksam, daß Jesus bei Johannes schon vor der Verhaftung des Täufers in Galiläa auftritt und anschließend noch mit dem Täufer in Judäa tauft, während er sich bei den anderen Evangelisten erst nach der Gefangennahme des Täufers in Galiläa aufhält. Eine Lösung auf historischer Ebene kann er nicht bieten. Nach der Ergänzungshypothese des Eusebios (zumindest ist er der früheste Zeuge für diese Hypothese) geben die Synoptiker nur wieder, was sich innerhalb eines Jahres nach der Verhaftung des Täufers ereignet hat, während Johannes auch berichtet, was Christus zu Beginn seiner Lehrtätigkeit vor

---

[159] Andererseits erscheint bei Juvencus wegen der Zahl der hier bereits berichteten Wunder die Abwehr aus Ioh.2.4 (= 2.135) nicht überzeugend. Unabhängig davon hält sich Jesus schon bei Johannes nicht an seine Worte, denn er vollbringt das Weinwunder tatsächlich.

[160] Die unterschiedlichen Konsequenzen, die sich aus der Stellung der Tempelreinigungsperikope bei den Synoptikern und bei Johannes ergeben, nennt bereits Orig.comm.in Ioh.10. 20.119/22.130 (SC 157.455/65). Origenes vertritt auch hier den Standpunkt, daß die Widersprüche sich bei rein historischer Betrachtungsweise nicht in Einklang bringen lassen (10.22.130 [p.464]). Und so legt er in allegorisierender Exegese die unterschiedlichen Anliegen der Evangelisten dar (2.28.172/32.209 [p.488/508]); vgl. dazu Merkel, Widersprüche 117ff.; Kettler 42ff. Apoll.Laodic.frg.106 in Matth. (TU 61.36), nimmt nur eine Tempelreinigung an (unter Bevorzugung der johanneischen Chronologie), Theod.Mops. comm.in Ioh. zeigt sich zwar einerseits unschlüssig (CSCO 116.53.22/30), aus seiner Einzelexegese ergibt sich aber, daß er nur eine Tempelreinigung annimmt, die Johannes aber in erweiterter Form (cf. Ioh.2.18/22) berichtet habe (p.44.23/45.2). Chrysost.hom. 67.1 in Matth. (PG 58.631f.), hom.23.1 in Ioh. (PG 59.139) und Aug.cons.evang.2.67. 129 (CSEL 43.231f.), 4.10.12 (CSEL 43.407f.) dagegen betrachten die matthäische und die johanneische Tempelreinigung nicht als ein und dieselbe, sondern als zwei verschiedene. Nonn.Ioh.2.16 berichtet natürlich die johanneische Tempelreinigung, greift aber mit der Begründung εὐχῆς γὰρ τόδε δῶμα auf Matth.21.13 (= Luc.19.46; cf. Marc.11. 17) zurück (dieses additive Verfahren wendete ähnlich bereits Tatian an; vgl. Merkel, Widersprüche 88). Die johanneische Begründung (Ioh.2.17) macht er zum Gedanken der Jünger (καὶ ἐμνήσαντο μαθηταί,/ ὅττι θεοπνεύστῳ κεχαραγμένον ἔπλετο βίβλῳ·/ ζῆλος ἐμὲ ζαθέοιο τεοῦ καταδαίνυται οἴκου).

[161] comm.in Ioh.10.3.11/3 (SC 157.388/90).

der Verhaftung des Täufers getan hat.[162] So verweist Eusebios darauf,
daß Johannes in 2.11 das Weinwunder als das erste Wunder bezeichnet
und daß er in 3.24 sagt, Johannes der Täufer sei noch nicht ins Gefängnis
geworfen worden.[163]
Wie verhält sich nun die Darstellung bei Juvencus zur Ergänzungshypothese des Eusebios? Falls Juvencus diese Theorie überhaupt kannte,
hat er sich ihr jedenfalls nicht angeschlossen. Denn er berichtet das Wein-

---

[162] hist.eccl.3.24.7/13 (SC 31.131/3); vgl. dort etwa 7f. ἤδη δὲ Μάρκου καὶ Λουκᾶ τῶν κατ'
αὐτοὺς εὐαγγελίων τὴν ἔκδοσιν πεποιημένων, Ἰωάννην φασὶ τὸν πάντα χρόνον ἀγράφῳ
κεχρημένον κηρύγματι, τέλος καὶ ἐπὶ τὴν γραφὴν ἐλθεῖν τοιᾶσδε χάριν αἰτίας. τῶν προ-
αναγραφέντων τριῶν εἰς πάντας ἤδη καὶ εἰς αὐτὸν διαδεδομένων, ἀποδέξασθαι μέν φα-
σιν, ἀλήθειαν αὐτοῖς ἐπιμαρτυρήσαντα, μόνην δὲ ἄρα λείπεσθαι τῇ γραφῇ τὴν περὶ τῶν
ἐν πρώτοις καὶ κατ' ἀρχὴν τοῦ κηρύγματος ὑπὸ τοῦ Χριστοῦ πεπραγμένων διήγησιν./
καὶ ἀληθής γε ὁ λόγος. τοὺς τρεῖς γοῦν εὐαγγελιστὰς συνιδεῖν πάρεστιν μόνα τὰ μετὰ
τὴν ἐν τῷ δεσμωτηρίῳ Ἰωάννου τοῦ βαπτιστοῦ κάθειρξιν ἐφ' ἕνα ἐνιαυτὸν πεπραγμένα
τῷ σωτῆρι συγγεγραφότας αὐτό τε τοῦτ' ἐπισημηναμένους κατ' ἀρχὰς τῆς αὐτῶν ἱστο-
ρίας; vgl. Theod.Mops.comm.in Ioh. (CSCO 116.53.13/23), Hier.vir.ill.9 (PL 23.
655A). Wenn Eusebios sagt, daß Johannes die Ereignisse zu Beginn der Lehrtätigkeit
(κατ' ἀρχὴν τοῦ κηρύγματος) erzähle, umgeht er allerdings die Tatsache, daß die Synoptiker auch Ereignisse vor der Verhaftung des Täufers, die nicht die Lehrtätigkeit selbst
betreffen, berichten, so Matthäus und Lukas die Geburts- und Kindheitsgeschichte und
alle Synoptiker die Versuchungsgeschichte. Unabhängig davon wird die Lehrtätigkeit bereits in Luc.2.47, also schon lange vor der Verhaftung des Täufers, im Ansatz sichtbar.-
Die in dem oben (Kap.III) genannten Clemenszitat (Euseb.hist.eccl.6.14.5/7) wiedergegebene Ansicht, wonach Johannes im Gegensatz zu den Synoptikern mehr die göttliche Seite des Erlösers betont hat, kann man mit demselben Recht mit dem Begriff "Ergänzungshypothese" bezeichnen. Nur ist dort die Sichtweise nicht historisch wie bei Eusebios,
sondern theologisch. Windisch (S.5) unterscheidet verschiedene Orientierungen bzw. Fassungen "der" Ergänzungshypothese, eben mehr historische und mehr theologische. Merkel dagegen spricht in allen Fällen ohne terminologische Differenzierung von "der" Ergänzungshypothese (vgl. Widersprüche 66 zu Clemens u.a.; Frühchristliche Autoren 406
zu Eusebios u.a. Der Versuch des Epiphanios, in panar.51 eine einheitliche Chronologie
der Evangelien zu finden, ist für Merkel die gründlichste Durchführung der Ergänzungshypothese). Das mag seinen Grund darin haben, daß beide Sichtweisen ineinandergreifen.
So ergänzen etwa die ersten Johanneskapitel die synoptischen Evangelien historisch, doch
enthält der Prolog grundlegende Aussagen über die Göttlichkeit Christi, und auch die historischen Ergänzungen sagen viel über die Göttlichkeit des Heilands aus. Historische
und theologische Sichtweise sind bereits seit Euseb.hist.eccl.3.24.7/13 verschränkt anzutreffen. Denn in 3.24.13 tritt zur historischen die theologische Sichtweise hinzu: εἰκότως
δ' οὖν τὴν μὲν τῆς σαρκὸς τοῦ σωτῆρος ἡμῶν γενεαλογίαν ἅτε Ματθαίῳ καὶ Λουκᾷ προ-
γραφεῖσαν ἀποσιωπῆσαι τὸν Ἰωάννην, τῆς δὲ θεολογίας ἀπάρξασθαι ὡς ἂν αὐτῷ πρὸς
τοῦ θείου Πνεύματος οἷα κρείττονι παραπεφυλαγμένης.
[163] hist.eccl.3.24.11 (p.131f.).

wunder erst nach Jesu Wunderwirken in Galiläa.[164] Es wurde oben
schon dargelegt, daß die Erzählung mehrerer Wundertaten schon vor dem
Weinwunder von Juvencus sogar beabsichtigt sein dürfte. Einen Widerspruch vermeidet er, indem er das Weinwunder im Gegensatz zu Johannes
nicht als das erste Wunder bezeichnet. Und was die Verhaftung des Johannes angeht, die bereits 1.409f. (= Matth.4.12) berichtet wurde, läßt Juvencus zur Vermeidung eines Widerspruchs Ioh.3.22/36 einfach aus.

Es gibt noch einen weiteren Grund für die Auslassung zumindest von
Ioh.3.22, 3.26 und 4.1 durch Juvencus: In Matth.21.25 fragt Christus als
Entgegnung auf die Vollmachtsfrage der Ältesten und Hohenpriester: *baptismum Iohannis unde erat, de caelo an ex hominibus?* Christus kann die
Frage nur deshalb so stellen, weil er bei Matthäus (wie auch bei den anderen Synoptikern) nicht selbst taufte. Denn hätte er selbst getauft, würde
sich die Vollmachtsfrage auch in bezug auf die Taufe, die er selbst vorgenommen hat, stellen. Juvencus hätte also den Block Matth.21.23/7 (= 3.
674/91) nicht übernehmen können oder bis zur Entstellung umändern müssen, wenn man zuvor erfahren hätte, daß Christus auch selbst taufte.[165]-
Ioh.3.22f., welche Verse die Wassertaufe auch für die Tauftätigkeit Jesu
nahezulegen scheinen, sind vielleicht auch deswegen ausgelassen, weil Jesus der Ankündigung des Johannes in Matth.3.11 (= 1.337ff.) zufolge
nicht mit Wasser, sondern mit Geist und Feuer taufte.[166] Für den Wegfall von Ioh.3.22/30 bietet die Berücksichtigung von Matth.11.1ff. (= 2.
509ff.) einen gewissen Ersatz. Denn in beiden Fällen geht es um die
Rechtfertigung Christi als Messias. Zu einem weiteren Grund für die Auslassung von Ioh.3.22, 3.26 und 4.1 siehe unten zu Ioh.4.35.

Die Gegensätzlichkeit der Ansichten von Christus und seinen Jüngern
zu der Frage, ob schon jetzt oder erst in vier Monaten Erntezeit sei (Ioh.
4.35), läßt sich auf der Ebene historisch-literalen Schriftverständnisses
nicht erklären. Denn wie kann man in einer so einfachen Frage so unter-
schiedlicher Meinung sein? Die Antwort der Jünger ist jedenfalls gegen-

---

[164] Daß Juvencus grundsätzlich der Ansicht war, daß sich die Evangelien einander ergänzen,
ergibt sich freilich schon aus der Übernahme einiger Johannesabschnitte. Er teilt aber den
eusebianischen Lösungsansatz offenbar nicht.

[165] Wenn es auch in Ioh.4.2 korrigierend heißt, daß Christus nicht selber taufte, sondern seine Jünger, bleibt doch aus Ioh.4.1 der Eindruck, daß er im Zusammenhang mit der Johannestaufe zumindest eine gewichtige Rolle spielte.

[166] Daß auch Jesus mit Wasser taufte, ergibt sich aus Ioh.3.22f. Unabhängig davon wird in
Ioh.3 zwischen der Prozedur der Johannestaufe und derjenigen der Jesustaufe nicht unterschieden, so daß auch für die Jesustaufe die Verwendung von Wasser angenommen werden muß, nachdem dies für die Johannestaufe bereits aufgrund von Matth.3 feststeht.

über derjenigen Christi chronologisch haltlos. Wenn es noch vier Monate bis zur Ernte wären, müßte das Gespräch am Jakobsbrunnen im Winter stattfinden. Dann fragt es sich aber, wie es heißen kann, daß Christus erschöpft in glühender Hitze sitze (2.247 *sederat hic rapido Salvator anhelus in aestu;* Ioh.4.6 *hora erat quasi sexta* wird in Verbindung mit der Bitte um Wasser zwar oft als Hinweis auf sommerliche Mittagshitze verstanden, ist aber nicht so eindeutig). Ein weiterer Einwand ergibt sich daraus, daß gerade erst das Passah gefeiert worden ist (Ioh.2.13), was im Gegensatz zum Zeitpunkt des Winters steht, in dem man sich nach Ansicht der Jünger jetzt befindet. Vom Johannestext ausgehend ließe sich eine zeitliche Überbrückung noch aus den Versen 3.22, 3.26 und 4.1 ableiten: Christus könnte mehrere Monate lang im Jordan getauft haben. Diese Erklärung hält Origenes[167] für erwägenswert und läßt den möglichen Einwurf, daß die Galiläer Christus in Ioh.4.45 aufnehmen, als ob gerade erst das Passah stattgefunden hätte und sie gerade erst die Taten, die er an diesem Fest in Jerusalem vollbrachte, gesehen hätten, nicht recht gelten, sicherlich aufgrund der Bedeutung dieser Taten, die durchaus auch eine länger andauernde Erinnerung hätten bewirken können.[168] Doch Juvencus hat Ioh.3.22, 3.26 und 4.1 ausgelassen.[169] Unabhängig also davon, daß sich die in Ioh.4.35 genannten Auffassungen von Christus und seinen Jüngern wie im Johannesevangelium widersprechen, wird die Ansicht der Jünger zum Zeitpunkt der Ernte bei Juvencus im Gegensatz zur Evangelienvorlage ganz unerklärlich. Schon auf der historisch-literalen Ebene können bei Juvencus also mit Sicherheit nicht die Jünger, sondern es kann nur Christus recht haben, und man kann vielleicht sagen, daß dadurch auch

---

[167] comm.in Ioh.13.39.256f. (SC 222.168).

[168] Man versteht nur nicht, warum Origenes in 13.39.258 (SC 222.168) noch die Verwandlung von Wasser in Wein und die Heilung des Sohns des königlichen Beamten, die in Ioh.4.46 als Grund für die freundliche Aufnahme Christi durch die Galiläer erwähnt werden, als offenbar weiteres Argument für die zeitliche Nähe des zurückliegenden Passah nachschiebt, nachdem er doch eben erst eine solche Argumentation in bezug auf die Ereignisse in Jerusalem durch Verweis auf die möglicherweise länger andauernde Tauftätigkeit relativiert hat.- Auf die chronologischen Probleme, die Origenes (13.39.258f. [SC 222.168/70]) bei den in Ioh.5.1 und 7.2 erwähnten Festen hat, braucht hier nicht mehr eingegangen zu werden (zu diesem Fragenkomplex siehe Blanc, SC 222.170f., Anm.1), da Juvencus die damit zusammenhängenden Passagen nicht berücksichtigt hat (wohl hat er Ioh.5.19/46 bearbeitet).- Was die nachfolgende Chronologie bei Juvencus selbst angeht, so ist in 2.561 (= Matth.12.1) von erntereifem Getreide die Rede. Vermutlich handelt es sich für Juvencus um die Erntezeit desselben Jahres, denn Matth.9.35, wo es heißt, daß Christus durch alle Städte reise, entfällt bei Juvencus (ebenso wie Matth.11.1b, 11.20).

[169] Dies macht übrigens die zusätzliche Auslassung von Ioh.4.(43/)45 jedenfalls in chronologischer Hinsicht irrelevant.

sein übertragenes Verständnis von der geistigen Ernte der schon jetzt zum Glauben bereiten Samaritaner[170] indirekt unterstrichen und gestärkt wird.

Die Beibehaltung von Ioh.4.46/53 (= 2.328/46) ermöglicht es, Jesus wieder nach Galiläa zurückkehren zu lassen. Dort spielt sich auch Matth. 9.10ff. (= 2.347ff.) ab, was Juvencus auf Ioh.4.46/53 folgen läßt. Herzog (Bibelepik 105) hält diese Fortführung für übergangslos. Hierzu ist die Gegenfrage zu stellen, ob denn der Übergang von Matth.9.9 nach Matth.9.10 glatter ist als der von Ioh.4.43/53 nach Matth.9.10.

Eine gewisse Schwäche oder zumindest Nachlässigkeit in der gewählten Reihenfolge könnte man Juvencus in der Hinsicht vorwerfen, daß Christus, nachdem er die samaritanische Gemeinde Sichem so erfolgreich für den neuen Glauben gewinnen konnte (2.243/327 = Ioh.4.3/42), nur wenig später die Jünger vor den Samaritanern warnt: 2.433f. *devitate itiner, quod gentes perfidiosae/ et Samaritarum fraudis vestigia calcant* (= Matth.10.5 *in viam gentium ne abieritis et in civitatibus Samaritanorum ne intraveritis*). Man hätte hier zumindest die Ausnahme der Bewohner von Sichem erwartet. Der Widerspruch fiele vielleicht weniger stark ins Auge, wenn Juvencus die Kapitel Ioh.1/4 an die erste Jüngerberufung aus Matth.4 angeschlossen hätte, so daß der Abstand zwischen Ioh.4 und Matth.10 größer wäre.[171] Doch hat er den Widerspruch dadurch etwas in den Hintergrund gedrängt, daß er von Matth.10.5 nur *in viam gentium ne abieritis* berücksichtigte, nicht aber *in civitatibus Samaritanorum ne intraveritis*. Streng logisch betrachtet ist das freilich unbefriedigend, denn wer die Wege der Samaritaner meiden soll, soll auch nicht in ihre Städte gehen. Origenes,[172] der das Betreten einer samaritanischen Stadt zugleich übertragen als Übernahme heidnischer Glaubensinhalte versteht, behandelt die genannte Problematik anhand des Gegensatzes von Matth.10.5 und Ioh.4.40 *(ut ergo venerunt ad illum Samaritani, rogabant eum, ut ibi maneret, et mansit ibi biduo)*. Seine Erklärung ist ziemlich spitzfindig. Die Samaritaner hätten Jesus nicht gebeten, Samarien oder ihre Stadt zu betreten, sondern bei ihnen zu bleiben. Und es heiße nicht, Jesus sei in Samarien oder in der Stadt geblieben, sondern er sei <u>dort</u> geblieben. Die Samaritaner seien aus der Stadt zum Jakobsbrunnen gekommen, und dort ha-

---

[170] Siehe etwa Komm. zu 2.311/20.

[171] Ginge die Warnung vor den Samaritanern dem Gespräch mit der Frau von Sichem voran, könnte man vielleicht sagen, Christus habe seine Meinung über die Samaritaner nach der Begegnung mit der Frau und den übrigen Einwohnern von Sichem geändert. Doch würde man so der vorausschauenden Allwissenheit Christi nicht gerecht.

[172] comm.in Ioh.13.52.342ff. (SC 222.222ff.).

be Jesus sich zwei Tage bei ihnen aufgehalten, weil sie den Glauben angenommen hätten. Hilarius[173] meint, Christus verbiete den Jüngern lediglich, die Kirchen der Samaritaner zu betreten, Chrysostomos[174] erklärt,
Christus habe zwar den Jüngern verboten, in eine Stadt der Samaritaner
zu gehen, nicht aber verlangt, von sich aus herbeikommende Samaritaner
zurückzuweisen, denn das wäre seiner Menschenfreundlichkeit unwürdig
gewesen.[175] Daß für Juvencus derartige Erklärungen eine Rolle spielten,
läßt sich nicht nachweisen.[176]

Ist 2.330/46 (= Ioh.4.46/53) eine dem Dichter unbewußte Wiederholung von 1.741/766 (= Matth.8.5/13)? Die Heilung des Sohns des königlichen Beamten erinnert an die synoptische Heilung vom Knecht des Hauptmanns von Kafernaum (Matth.8.5/13; Luc.7.1/10). Braun (124) ist der
Meinung, daß es dem Dichter "einfach entgangen" sei, daß er die Geschichte des Hauptmanns von Kafernaum zweimal erzähle. Wenn man bedenkt, daß Juvencus sonst auch im kleinen gedankliche Dopplungen vermeidet,[177] fragt man sich, wie er eine ganze Erzählung in relativ kurzem
Abstand aus Versehen wiederholt haben sollte.

Braun setzt allerdings einfach voraus, daß es sich bei diesen Heilungs-
geschichten im Grunde um ein und dieselbe Erzählung handele. Tatsächlich sind solche Überlegungen nicht erst in der modernen Forschung ver-

---

[173] comm.in Matth.10.3 (SC 254.218.5f.).

[174] hom.31.4 in Ioh. (PG 59.181).

[175] Entsprechend hat es Chrysostomos zuvor gerechtfertigt, daß es zu dem Gespräch mit der
Samaritanerin kam: Christus sei nur deswegen an den Brunnen gekommen, um auszuru-
hen und sich zu erfrischen, nicht um sich mit einem Samaritaner zu unterhalten. Nachdem es aber einmal zu dem Gespräch gekommen sei, wäre es seiner Menschenfreundlichkeit unwürdig gewesen, sich der Wißbegierde der Frau gegenüber abweisend zu verhalten
(c.179). Im weiteren Zusammenhang will Chrysostomos damit zeigen, daß Christi Verhalten den Juden keinen Anlaß gab, ihn zu beschuldigen, er habe sein eigenes Gebot
übertreten (c.180).

[176] Ephraem der Syrer hat den Widerspruch zwischen der Aufforderung aus Matth.10.5 und
dem Gang nach Samaria in Ioh.4 ebenfalls gesehen, aber fruchtbringend genutzt zum Lob
Sichems: hymn.de virginit.17.9 [CSCO 95.57.22/6]) *Selig, Sichem! Denn in dir hat der
Wahrhafte/ sein eigenes Wort gebrochen, um dich zu retten./ 'Gehet nicht den Weg zu
den Heiden/ noch in eine Stadt Samarias!'/ Selig bist du! Denn du bist wie (die Stadt) Ni-
nive geworden, in der aufgehoben hat/ der Gerechte sein eignes Urteil, und die er gerettet hat* (anders spielt Ephraem auf Matth.10.5 an in hymn.de virginit.23.7 *Deine Stimme,
o Weib, kam sogar/ den Aposteln zuvor in der Verkündigung./ Den Aposteln war [damals]
verboten, ihn zu verkünden/ unter Heiden und Samaritanern*). In Tatians Diatessaron, das
für Ephraem verbindlich war, geht ja (im Gegensatz zu der Abfolge, die bei Juvencus
vorliegt) das 10. Matthäuskapitel dem 4. Johanneskapitel voran, so daß Ephraem den
Gang nach Sichem als "Wortbruch" bezeichnen kann.

[177] Vgl. Widmann 35f.

breitet,[178] sondern sie lassen sich bereits für frühere Zeiten nachweisen. So setzt Irenaeus[179] die beiden Perikopen offenbar miteinander gleich, ebenfalls Sedulius.[180] Und Chrysostomos[181] sagt, manche meinten, bei Matthäus und Johannes sei von derselben Person (und das bedeutet von derselben Heilung) die Rede. Doch gewöhnlich sprechen die Väter von zwei verschiedenen Wundern.[182] Zumal vor diesem Hintergrund wird man annehmen müssen, daß Juvencus zwischen zwei Wundern unterschied. Er gleicht die Erzählungen ja auch nicht einander an und vertauscht keine Motive.[183]

Warum ist Ioh.5.19/46 bei Juvencus nicht unmittelbar an Ioh.4 angeschlossen, sondern an den auf Ioh.4 folgenden Block Matth.9.10/38, 10.1/40, 11.1/30 (entspricht den ausgelassenen Versen Ioh.1.37, 3.31), 12.1/37? Der Grund liegt wohl darin, daß Matth.12.25/37 und Ioh.5.19/46 Rechtfertigungsreden Christi sind, bei denen es sich anbietet, sie in einer großen Rede zusammenzuschließen. In Matth.12 heilt Christus einen Besessenen (Matth.12.22). Die Pharisäer werfen ihm vor, er treibe den Teufel mit Hilfe von Beelzebub aus (Matth.12.24). In der anschließenden Rede (Matth.12.25/37) antwortet Christus auf diesen Vorwurf. In Ioh.5 ist die Situation nicht unähnlich: Christus heilt einen Gelähmten an einem Sabbat (Ioh.5.1/9), weswegen ihn die Juden verfolgen. Ihr Zorn wird noch größer, weil er Gott seinen Vater nennt und sich ihm damit gleichstellt (Ioh.5.16/8). Christus setzt sich in einer Rede über seine Vollmacht zur Wehr (Ioh.5.19/47). Bei Juvencus nun setzt die Berufung auf die Autorität

---

[178] Vgl. etwa Bultmann 151. Verwiesen wird besonders darauf, daß es sich hier wie dort um die Krankheit des Sohnes, beide Male um das fernheilende Wort Jesu handelt, und zwar nachdem der Vater Jesus aufgesucht hat, der die Bitte zunächst abwies, aber dann doch erfüllte.

[179] adv.haer.2.22.3 (SC 294.218.69/71).

[180] carm.pasch.3.12/22.- Irenaeus erwähnt das Gespräch mit der Samaritanerin in einem Atemzug mit der Heilung vom Knecht des Hauptmanns, und das in bezug auf die Heilung genannte Zitat *vade, filius tuus vivit* (SC 294.218.70f.) scheint er aus Ioh.4.50 genommen zu haben, denn Matth.8.13 liest man *vade, sicut credidisti, fiat tibi*. Bei Sedulius ist laut Mazzega (75) der Hinweis auf den raschen, vorbildhaften Glauben des Königsbeamten in 3.16f. eher auf den synoptischen Bericht zurückzuführen. Im abcdarischen Hymnus des Sedulius folgt die Rettung vom Knecht des Hauptmanns ebenso wie im Carmen Paschale auf das Weinwunder, und in den Versen 53/6 leidet der Knecht des Hauptmanns an Fieber wie der Sohn des königlichen Beamten bei Johannes.

[181] hom.35.2 in Ioh. (PG 57.335).

[182] Orig.comm.in Matth.13.3 (GCS 40.186.29f.), comm.in Ioh.13.63.444 (SC 222.274. 62/4), Chrysost.hom.26.3 in Matth. (PG 57.336), Ambr.comm.in Luc.5.84 (CCL 14. 162.887), Aug.tract.16.5 in Ioh. (CCL 36.168.10ff.).

[183] Vgl. jedoch Anm.23.

Gottvaters (2.637ff. = Ioh.5.19ff.)[184] den Gedankengang natürlich fort
nach der Ablehnung der Autorität Beelzebubs, des Fürsten der Dämonen
(2.611ff. = Matth.12.25ff.). Und die Hinweise auf die Verurteilung und
die Strafen (2.629f. [cf. Matth.12.32], 2.635 [cf. Matth.12.36f.]) derer,
die den Heiligen Geist schmähen,[185] bereiten auf die nachfolgenden Ausführungen über das Gericht vor (2.643ff. = Ioh.5.22ff.).

Christus hält die Rede bei Juvencus in Galiläa, was auch für die
Rede in Matth.12 gilt, während er sich Ioh.5 in Jerusalem befindet. Doch
enthält der Abschnitt Ioh.5.19/46 selbst keinen Hinweis auf Jerusalem, so
daß der Anschluß an Matth.12.25/37 problemlos ist.

Während Christus in Matth.12.25/37 (= 2.611/36) zu den Pharisäern spricht, in Ioh.5.19/46 (= 2.637/91) dagegen zu den Juden überhaupt,
richtet er sich bei Juvencus infolge der Zusammenlegung dieser Reden allein an die Pharisäer. Herzog (Bibelepik 105) behauptet, daß in der Rede
mit den Pharisäern jene gegen die Juden assoziiert werde. Aber was deutet darauf hin? Es scheint eher so, daß Juvencus durch die Zusammenlegung der Reden das Augenmerk des Lesers mehr auf die eigentlichen
Feinde, nämlich die Pharisäer, lenkt. Denn laut 2.606 und 2.692 sind diese angesprochen. Aber auch innerhalb der Pharisäer und Schriftgelehrten
weiß Juvencus sehr wohl zu unterscheiden. So ist Nikodemus nicht nur bei
Johannes, sondern auch bei Juvencus kein typischer Gegner Christi aus
der jüdischen Oberschicht.[186] Und die Samaritanerin, Angehörige jenes
Volkes, das die Jünger gemäß dem Gebot Christi meiden sollen, trägt
selbst viel zur Missionierung ihrer Landsleute bei.[187]

---

[184] Die Auslassung von Ioh.5.1/18 läßt sich schon damit erklären, daß die dort geschilderte
Heilung am Sabbat große Übereinstimmungen mit derjenigen in Matth.12.9/14 aufweist;
siehe van der Laan 154, Mazzega 125. Chrysost.hom.29.1 in Matth. (PG 57.357) sieht
die Gefahr einer Verwechslung der beiden Heilungen und hebt daher die Unterschiede
hervor.

[185] Das sind jene, die solche Vorwürfe wie die Pharisäer gegen den Herrn erheben, obwohl
der in ihrem Gewissen wirkende Heilige Geist sie eines Besseren belehrt.

[186] Siehe Komm. zu 2.177/9.

[187] Zur Stützung seiner Ansicht, daß Juvencus an der Differenzierung der Gegner Christi
nicht liege, verweist Herzog (Bibelepik 127 Anm.279) neben vorliegender Stelle noch auf
3.147. Aber auch das ist nicht nachvollziehbar. Denn in 3.133f. ist ausdrücklich von den
Pharisäern und Schriftgelehrten die Rede (cf. 3.152f.). Mit den *omnes* aus 147 sind also
diese gemeint. Einen weiteren Beleg erkennt Herzog noch in 4.1, wo *factio frendens* steht
statt Matth.22.15 *Pharisaei*. Aber gerade das Stichwort *factio* steht vorwiegend für die
Pharisäer und die jüdische Oberschicht; vgl. 2.580 (cf. 2.566), 2.606 *Pharisaeae...factio
gentis*, 3.689 (cf. 3.675 *proceres populi*, 3.684 *procerum*), 3.645, 4.675 *Pharisaei scribaeque et factio demens* (*et* scheint epexegetisch zu sein). Vgl. aber zum gemeinsamen
Vorgehen von Volk und Oberschicht 4.674 *haec vulgi proceres vaecordis dicta sequuntur*
(cf. Matth.27.41 *similiter* [d.h. ähnlich wie die Menschen aus dem Volk, die den Gekreu-

Im Rahmen seiner Selbstrechtfertigung kommt Christus auch auf die Zeugnisfrage zu sprechen. Über drei Zeugen spricht er, sich selbst, Gottvater und den Täufer. Sein Selbstzeugnis ist ungültig (Ioh.5.31).[188] Das Zeugnis des Vaters ist zwar gültig (Ioh.5.32), wird aber von den Menschen nicht angenommen, weil Gott unsichtbar ist und weil die Menschen auch Christus als seinem Gesandten nicht glauben (Ioh.5.38). Das Zeugnis des Johannes hat kein Gewicht, da er Mensch ist (Ioh.5.34). Bei Juvencus fehlen die Erwähnung des Täuferzeugnisses und die Auseinandersetzung damit (Ioh.5.33/6). Wie ist das zu erklären? Nicht ganz überzeugend wäre es, allein darauf zu verweisen, daß Jesus in Ioh.5.33 darauf anspiele, daß die Juden Priester und Leviten zum Täufer gesandt hatten, um Zeugnis zu erlangen (Ioh.1.19), dieser Rückbezug bei Juvencus aber nicht möglich sei, weil er erstens nicht wie im Johannesevangelium zu den Juden allgemein spreche, sondern nur zu den Pharisäern (cf. 2.606, 692), die aber, da überwiegend schriftgelehrt, wohl nicht gleichsam kompetentere Frager zu Johannes hätten aussenden müssen, sondern ihn selbst hätten fragen können, zweitens jenen Passus (der Ioh.1.19 enthält) gar nicht in seine Dichtung aufgenommen habe. Denn diesen Einwänden, die nicht allzu schwer wiegen, hätte Juvencus durch kleine Änderungen zuvorkommen können. Zum fehlenden Rückbezug auf Ioh.1.19 könnte man auch sagen, daß Johannes über seinen Nachfolger auch unabhängig von einer Entsendung von Boten von seiten der Juden Zeugnis für Christus ablegte (vgl. Matth.3.11 = 1.338ff.). Juvencus hätte also Ioh.5.33/6 übernehmen und nur den ersten Teil von Ioh.5.33, der sich auf die Aussendung der Boten bezieht, auslassen können. Vielleicht liegt die Antwort darauf, warum Jesus bei Juvencus nicht auf das Täuferzeugnis eingeht, darin, daß das Argument, daß er ihn deshalb nicht als Zeugen annehme, weil er Mensch sei, eigentlich weder auf tieferer noch auf höherer Ebene einsichtig ist. Auf tieferer nicht, weil, wenn Christus aus Sicht der Juden argumentierte wie in Ioh.5.31, der Mensch Johannes doch als Zeuge ernst genommen werden mußte. Wenn aber Christus den Johannes auf höherer Ebene als Sprachrohr Gottes verstand, konnte er sein Zeugnis nicht unter Verweis auf sein Menschsein ablehnen, denn sein Zeugnis kam von Gott. Daß Juvencus diese Problematik so gesehen hat und den Täufer deshalb an dieser

---

zigten verspotten, Matth.27.39f.] *et principes sacerdotum deludentes cum scribis et Pharisaeis dicebant*).

[188] Ungültig ist es freilich nur in den Augen der Menschen. In Wirklichkeit ist Jesu Selbstzeugnis gültig (Ioh.8.14). Denn er urteilt nicht allein über sich, sondern zugleich mit dem Vater (Ioh.8.16, 18).

Stelle unerwähnt ließ, kann aber nur vermutet werden.[189] Vielleicht kam es ihm auch nur darauf an, das Verhältnis des Sohns zum Vater möglichst klar darzustellen. Die Behandlung des Täuferzeugnisses wirkt wie eine Abschweifung von jenem eigentlichen Thema.

Nach den eingeschobenen Johannespassagen fährt Juvencus fort mit Matth.12.38ff. (= 2.602ff.). Herzog (Bibelepik 105) hält das für übergangslos. Aber das Gegenteil ist der Fall. Man kann sogar zeigen, daß der Übergang von Ioh.5.46 nach Matth.12.38 noch glatter ist als der von Matth.12.37 nach Matth.12.38. Das Stichwort in 2.690f. (Ioh.5.46) und 2.693f. (Matth.12.38) ist nämlich jeweils der Glaube. Durch 2.693 *vocibus indubitata fides comitabitur istis* wird ein unmittelbarer Bezug zum Vorhergehenden hergestellt. Die Pharisäer verlangen Zeichen, da sie den Worten allein nicht glauben.[190] Dagegen sind bei Matthäus die Verse 12. 38ff. eher locker an den vorangehenden Abschnitt angeschlossen.

Die ganze Lazarusepisode ist direkte Vorbereitung auf die Leidens- und Auferstehungsgeschichte, zum einen, weil Tod und Auferweckung des Lazarus auf Christi Tod und Auferstehung vorausweisen, zum anderen deswegen, weil mit ihr der Weg ins Verderben beginnt, wie die Tatsache zeigt, daß der Beschluß des Synhedriums, Christus zu töten, die Wiedererweckung des Lazarus wie bei Johannes als direkte Veranlassung hat.[191] Ein derart eindrucksvolles Wunder, die Wiedererweckung eines Toten zum Leben, drängte die Gegner Jesu zum Handeln. Bei Matthäus dagegen fehlt ein besonderes Ereignis als Auslöser des Tötungsbeschlusses. Es gehen zwar Auseinandersetzungen mit den Pharisäern und Schriftgelehrten voraus (Matth.21/3), doch die unmittelbar vor dem Beschluß stehende apokalyptische Rede (Matth.24f.) hält Jesus allein vor seinen Anhängern.

Die durch Ioh.11.8, wo die Jünger Jesus vor der drohenden Tötung warnen, hergestellte Verknüpfung mit der Leidensgeschichte fällt bei Juvencus zwar weg. Doch ist andererseits die Ausführlichkeit zu bedenken,

---

[189] Chrysost.hom.40.2 in Ioh. (PG 59.231) weist freilich auf Ioh.5.34b ἀλλὰ ταῦτα λέγω ἵνα ὑμεῖς σωθῆτε, was er damit erläutert, daß die Juden nun einmal dem Täufer mehr Glauben schenkten als ihm: ὃ δὲ λέγει, τοιοῦτόν ἐστιν· ἐγὼ μὲν οὐκ ἐδεόμην τῆς τούτου μαρτυρίας, Θεὸς ὤν, τῆς ἀνθρωπίνης· ἐπειδὴ δὲ μᾶλλον αὐτῷ προσείχετε, καὶ πάντων ἀξιοπιστότερον ἡγεῖσθε, καὶ ἐκείνῳ μὲν ὡς προφήτῃ προσεδράμετε (καὶ γὰρ ἡ πόλις ἐπὶ τὸν Ἰορδάνην ἐξεχύθη), ἐμοὶ δὲ οὐδὲ θαυματουργοῦντι ἐπιστεύσατε· διὰ τοῦτο ὑμᾶς ἀναμιμνήσκω τῆς μαρτυρίας ἐκείνης. Es bleibt aber doch störend, daß Christus die Tatsache, daß Gott durch Johannes sprach, völlig außer acht läßt.

[190] Vgl. Marold, Evangelienbuch 332.

[191] Schon in Matth.12.14 beschließen die Pharisäer, Christus zu töten. Bei Juvencus ist das abgeschwächt zu *conciliis trucibus conclamant decipiendum*. Umso stärker tritt bei Juvencus die Lazaruserweckung als Motiv für den Tötungsbeschluß hervor.

mit der die Antwort des Thomas (Ioh.11.16) von Juvencus wiedergegeben wird, wobei man 4.332 *totiens quod (letum) gens Iudaea minatur* als einen gewissen Ersatz für die in Ioh.11.8 gegebene Präzisierung ansehen könnte, daß das Unheil von den Juden drohe.

Braun (135) sieht in der Einfügung der Lazarusgeschichte auch einen Schwachpunkt. Er weist darauf hin, daß Jesus bei Juvencus seit 3.674 in Jerusalem sei und sich nicht wie bei Johannes vor der Lazaruserzählung am Jordan aufhalte. Damit entbehre die Aufforderung des Didymos an seine Mitjünger, mit Jesus nach Betanien, einem Nachbarort Jerusalems, zu ziehen, um dort zu sterben, ihrer Grundlage. Denn für Jesus und die Jünger könne, wenn sie sich in Jerusalem und nicht am Jordan befänden, die Gefahr in Betanien nicht größer, sondern allenfalls geringer sein.

Doch befindet sich Jesus bei Juvencus zu Beginn der Lazaruserzählung tatsächlich in Jerusalem? Braun übersieht, daß Jesus entsprechend Matth. 24.1ff. den Tempel verlassen hat (4.86) und auf den Ölberg gestiegen ist (4.91). Nun befindet sich der Ölberg zwar im näheren Umfeld Jerusalems, er liegt aber außerhalb des eigentlichen Stadtgebiets und ist auch durch seine Erhebung von der Stadt deutlich abgegrenzt. Außerdem ist zu bedenken, daß sich Jesus allein mit seinen Jüngern auf dem Ölberg befindet. Die Reden aus Matth.24 und 25 hält er allein vor den Jüngern, nicht mehr wie zuvor vor den Vornehmen und Schriftgelehrten im Tempel. Solange sich Jesus mit seinen Jüngern auf dem Ölberg aufhält, kann er die Bewohner der Stadt nicht provozieren. Diese Situation ändert sich, als er beschließt, zur Familie des Lazarus zu gehen. Der Leser kann nur annehmen, daß diese Familie in Jerusalem wohnt.[192] Denn von Betanien ist bei Juvencus keine Rede. Einen wirklichen Anstoß erregen somit die Worte des Thomas in 4.331f. nicht.

Störend ist allerdings die Erwähnung, daß Lazarus schon den vierten Tag begraben sei (4.333f.; Ioh.11.17). Man kann sich nicht erklären, wie Jesus mehrere Tage gebraucht haben könnte, um vom Ölberg aus zum Haus des Lazarus zu gelangen. Auf die Erwähnung dieses zeitlichen Umstands wollte Juvencus freilich nicht verzichten, da die göttliche Kraft Christi, die Lazarus auferweckt, vollends unbestreitbar ist, wenn die Verwesung bereits eingesetzt hat verbunden mit dem Verwesungsgeruch, der als sicheres Anzeichen dafür zu werten ist, daß der Tod tatsächlich eingetreten ist.[193] Deswegen läßt er auch Martha wortreich auf die seit dem Tod vergangene Zeit und den üblen Leichengeruch hinweisen (4.375ff.; Ioh.11.39). Bei Johannes ist der lange Zeitraum zwischen der Ankunft des

---

[192] Vgl. auch 4.363 *Solymorum turba*.
[193] Vgl. Chrysost.hom.62.1 in Ioh. (PG 59.343), 63.2 (c.351).

Boten und dem Eintreffen Jesu bei der Familie des Lazarus verständlich zunächst aufgrund der Entfernung. Denn Christus hält sich im Jordangebiet auf, als er von der Krankheit des Lazarus erfährt (Ioh.10.40ff.). Von dort ist Jerusalem mindestens einen Tagesmarsch entfernt. Außerdem verweilt er noch zwei Tage am Jordan, bevor er aufbricht (Ioh.11.6). Vielleicht hätte der Dichter Christus einfach noch einige Tage Reden auf dem Ölberg halten lassen können. Die Anknüpfung an 4.227/305 (Matth.25.14/ 46) durch 4.306 *talia dum loquitur* läßt aber nicht daran denken, daß ein Zeitraum von mehreren Tagen gemeint ist. Vielmehr bezieht man *talia dum loquitur* auf die vorangehende Rede. Zugunsten der Lebendigkeit der Erzählung hat Juvencus also eine zeitliche Unstimmigkeit in Kauf genommen.

Noch ein Wort zur Auslassung von Ioh.10.40/2 bzw. dem Einsetzen des Johannesevangeliums bei Juvencus erst mit Ioh.11.1. Hinsichtlich der nicht zu erklärenden zeitlichen Differenz zwischen dem Tod des Lazarus und dem Eintreffen Christi hätte es auf den ersten Blick nahegelegen, diese Verse beizubehalten. Denn wie Christus bei Johannes von Jerusalem aus zum Jordan geht, hätte Juvencus ihn auch vom Ölberg aus zum Jordan gehen lassen können. Doch ergibt sich im Johannesevangelium für Jesus die unmittelbare Motivierung, sich in das Jordangebiet zurückzuziehen, daraus, daß er im 10. Kapitel mit Steinen beworfen wird. Dieses Kapitel fehlt bei Juvencus, und nach Matth.24f. gibt es kein Motiv für einen Rückzug, wenn man von der allgemeinen Bedrohung absieht. Zudem hat der bei Juvencus im Gegensatz zum Johannesevangelium bereits vor der Lazarusgeschichte liegende Einzug in Jerusalem als König der Juden etwas so Endgültiges, läßt so sehr auf die endgültige Bereitschaft, in Jerusalem zu sterben, schließen, daß es nicht konsequent erschienen wäre, wenn Jesus Judäa noch einmal verlassen hätte.

V. Die Stellung der Magierperikope

Die Magierperikope hat zwar inhaltlich nichts mit den Einschüben aus Johannes zu tun, sondern steht innerhalb der Geburtsgeschichte. Doch wie bei den Johannesabschnitten stellt sich auch hier die Frage, wie geschickt der Dichter Material aus verschiedenen Evangelien, in diesem Fall aus Matthäus und Lukas, verwoben hat. Dabei wird noch einmal auf den oben schon ausführlicher behandelten Aufsatz von Braun und Engel einzugehen sein.

Beim Anschluß der Magiererzählung (1.224/54 = Matth.2.1/12) an die Tempelperikope (1.185/223 = Luc.2.22/39)[194] erkennt Engel (130 Anm. 21) einen eklatanten Fehler des Juvencus darin, daß Maria und Joseph nach der Beschneidung nach Nazareth zurückkehrten, die Magier aber anschließend die Heilige Familie nicht in Nazareth, sondern in Bethlehem aufsuchten.[195] Es heißt in 1.223 *ad patriam laeti repedant puerumque reportant* (= Luc.2.39). Engel meint, daß mit *patria* hier wie sonst auch Nazareth gemeint sei.[196] Zunächst gilt es weiter auszuholen: Bei Matthäus ist Bethlehem der Geburtsort Jesu, und man kann annehmen, daß dieser Ort von Matthäus auch für die Heimat von Joseph und Maria gehalten wird. Nach dem Tod des Herodes kehrt die Heilige Familie auf Gottes Geheiß aus dem ägyptischen Exil nach Israel zurück und läßt sich in Nazareth in Galiläa nieder (Matth.2.19/23). Erst zu diesem Zeitpunkt also wird bei Matthäus Nazareth zur Heimat der Heiligen Familie. Bei Lukas dagegen ist Nazareth von Anfang an die Heimat von Joseph und Maria (Luc.1.26f.). Deshalb kann er auch sagen, daß die Heilige Familie nach dem Tempelgang in Jerusalem wieder in ihre Stadt Nazareth zurückkehrt (Luc.2.39 *reversi sunt in Galilaeam in civitatem suam Nazareth*). Wie ist nun 1.(221/)223 (= Luc.2.39) innerhalb der von Juvencus kombinierten

---

[194] Am Rande sei bemerkt, daß in der Tempelperikope die Person Josephs von Juvencus völlig zurückgedrängt wird. Bei Lukas ist Joseph erwähnt, bei Juvencus nicht: Luc.2.22 *tulerunt* (1.187 *[lex] dedit offerre*), 2.24 *darent* (1.189 *per Mariam...feruntur*), 2.27 *inducerent* (1.199f. *parvum gremio genetricis Iesum/ ad templum...venisse*), 2.33 *et erat Ioseph et mater eius mirantes* (1.208 *quid tantum Mariae stupuerunt pectora matris?*), 2.34 *et benedixit illos Symeon* (fehlt bei Juvencus). Aufgrund von 1.221f. *inde ubi sollemnem pueri pro nomine legem/ conplevit genetrix et Ioseph omnia mirans*, was Luc.2.39 *et ut perfecerunt omnia secundum legem Domini* entspricht, muß Joseph zwar in irgendeiner Weise im Tempel sein, aber man hat den Eindruck, daß er am Geschehen selbst nicht beteiligt ist und abseits steht. Das hebt die Person Marias. Allein sie ist würdig, die Prophetie Simeons zu hören, so wie sie allein würdig war, die Prophezeiung des Erzengels zu vernehmen (Luc.1.26/38). Allerdings hat Juvencus aus Matth.1.20 die knappe Mitteilung des Engels an Joseph übernommen, daß das Kind seiner Frau vom Heiligen Geist empfangen sei (1.139f.).- Auch in 1.303 bei der Übertragung von Luc.2.50 läßt Juvencus die Person Josephs außer acht. Doch schon in 1.299 läßt er bei der Einleitung der Antwort Jesu *ad illos* aus Luc.2.49 weg. Denn die Frage in Luc.2.48 wurde nur aus dem Mund der Mutter gesprochen (vgl. 1.295).

[195] Diesen Vorwurf könnte man auch Tatian machen, dessen Diatessaron Juvencus aber nicht als Vorbild diente (siehe Kap.VI).

[196] Das ist der Fall bei 1.286 (Luc.2.43), 1.302 (Luc.1.51), 2.106 (Ioh.1.45). In 1.273 (Matth.2.20) meint *patria* aber ganz Israel als Heimatland der Heiligen Familie im weiteren Rahmen, nämlich in Gegenüberstellung zu Ägypten (1.272f. *urgetur...Mariam puerumque/ Aegypto ad patriam vectare* = Matth.2.20 *surge et accipe puerum et matrem eius et vade in terram Israel*), in 1.254 (Matth.2.12) bezeichnet es die Heimat der Magier.

Geburtsgeschichten zu verstehen? Juvencus hat bis dahin Luc.1.5/80, Matth.1.19/24 und Luc.2.1/38 wiedergegeben. Beim lukanischen Teil der Geburtsgeschichte hat er jedoch den Namen Nazareth gemieden. Er hat ihn aus Luc.1.26, 2.4 und 2.39 nicht übernommen und ebensowenig die jeweils beigefügte Nennung des Gebiets von Galiläa. Hätte sich vor 1.223 Nazareth als Heimat von Joseph und Maria erwiesen, würde man auch 1.223 *patriam* auf Nazareth beziehen, und der Vers würde folglich bedeuten, daß die Heilige Familie wieder nach Nazareth zieht. Da der Dichter aber vor Vers 1.223 den Namen Nazareths gemieden hat, gibt es keinen Grund, 1.223 *patriam* auf Nazareth zu beziehen. Überdies können die Verse 1.273f. (= Matth.2.23), wonach sich die Verheißung aus dem Alten Testament erfüllt, daß Jesus Nazoräer genannt werden wird, nur dann rechten Sinn haben, wenn weder er selbst noch seine Eltern aus Nazareth stammen oder dort gewohnt haben. Nun dürfte zwar aus der Mitteilung, daß Maria nach der Erscheinung des Erzengels zu einer Stadt in Judäa geht, in der Zacharias und Elisabeth leben (1.80f. *illa dehinc rapidis Iudaeam passibus urbem/ Zachariaeque domum penetrat* = Luc.1.39f.), zu schließen sein, daß die Heimat von Joseph und Maria eine Stadt außerhalb Judäas ist,[197] doch läßt sich daraus schwerlich ableiten, daß Joseph und Maria ausgerechnet Nazareth ihre Heimat nennen.[198] Nach dem bisher

---

[197] Matth.2.22 hat Juvencus ausgelassen. Denn Matthäus sagt, daß Joseph aus Ägypten nicht nach Judäa zurückkehrte, weil dort Archelaos, der Sohn des Kindermörders Herodes, regierte. Matth.2.22 setzt also aus der Sicht von Juvencus unpassend voraus, daß Joseph aus Judäa stammt. Engel (127) meint, Matth.2.20 und 2.22 widersprächen einander, weil zunächst der Engel sage, alle Gegner Jesu seien tot, sich dann aber herausstelle, daß Archelaos noch lebt. Dieser Widerspruch ergebe ein unbefriedigendes Gottesbild. Allerdings hat Juvencus schon aus Matth.2.20 die Mitteilung ausgelassen, daß alle Gegner Jesu tot seien.- Kievits (S.87 zu 1.270) vermutet, daß Juvencus wegen der unterschiedlichen Angaben von Matthäus zur Heimat von Joseph und Maria vor 1.273 einerseits nicht Nazareth als Heimat erwähnt und andererseits Matth.2.22 ausläßt. Soweit ich sehe, behauptet Kievits aber im Gegensatz zu Engel nirgends, daß Nazareth für Juvencus die Heimat von Joseph und Maria sei. Er legt sich in dieser Sache nicht fest.

[198] In den hier dargebrachten Ausführungen, die Nazareth als Heimat von Joseph und Maria für Juvencus ausschließen, wurde bewußt auf eine fragwürdige Argumentationsweise verzichtet, die aber am Rande noch kurz vorgestellt werden soll: Bei Matthäus und und in Anlehnung daran bei Juvencus erscheint dem Joseph vor dem Kindermord im Traum ein Engel, der ihn auffordert, nach Ägypten zu gehen (Matth.2.13f. = 1.255f.). Man könnte nun sagen, diese Aufforderung sei - bei Matthäus wie auch bei Juvencus - nur dann sinnvoll, wenn Joseph und Maria nicht aus Galiläa stammen. Denn sonst könnten sie, da das Massaker nur Bethlehem (und Umgebung) betrifft (Matth.2.16 = 1.260), einfach nach Galiläa zurückkehren und bräuchten nicht nach Ägypten zu reisen. Doch dieses Argument, das Engel (129) selbst als Stütze für die Ansicht nennt, daß für Matthäus Bethlehem die Heimat des Heiligen Paars ist, nicht aber gegen seine eigene Haltung hinsichtlich des Juvencustextes wendet, daß nämlich dort Nazareth die Heimat von Joseph und Maria

Gesagten bleibt als Widerspruch festzuhalten, daß Joseph und Maria nach dem Tempelgang mit ihrem Kind wieder nach Bethlehem gehen müssen, weil auch die anschließende Huldigung der Magier in Bethlehem stattfindet, daß aber in 1.223 steht, daß Joseph und Maria in ihre Heimat, *ad patriam*, zurückkehren, die nicht mit Bethlehem gleichgesetzt werden kann, weil sie den Versen 1.80f. zufolge anders als Bethlehem nicht in, sondern außerhalb Judäas liegt. Die Frage ist nun aber, ob 1.223 *patriam* sich unbedingt auf die Heimat der Eltern beziehen muß, oder ob es nicht auch Bethlehem als Geburtsort Jesu meinen kann. Engel selbst räumt ein, daß die Vokabel *patria* in einem engeren Sinn Bethlehem als Geburtsort Jesu bezeichnen kann, lehnt das aber für Juvencus mit der bereits als hinfällig erwiesenen Begründung ab, *patria* meine bei Juvencus immer Nazareth. Wenn 1.223 *patriam* Bethlehem als Geburtsort Jesu meint,[199] würde sich zusammen mit den anderen Hinweisen, die Juvencus liefert, ergeben, daß die Eltern Jesu zunächst in irgendeinem nicht näher bezeichneten Ort außerhalb Judäas wohnen, Jesus in Bethlehem geboren wird, die Eltern von Bethlehem aus mit Jesus zur Beschneidung nach Jerusalem gehen und von dort wieder nach Bethlehem zurückkehren, wo dann die Magierperikope stattfindet. Es ist auch zu bedenken, daß 1.223 *ad patriam laeti repedant puerumque reportant* eigentlich nur bedeuten kann, daß die Eltern den Knaben in eine Stadt zurückbringen, in der er sich schon einmal befunden hat, und das kann außer Jerusalem, von wo man aufbricht, nur Bethlehem sein.[200] In keiner anderen Stadt Palästinas ist Jesus bis zu diesem Zeitpunkt gewesen. Daß *patriam* die Geburtsstadt Jesu und nicht die Heimatstadt der Eltern bezeichnet, obwohl die Eltern Subjekt sind, ist dadurch gerechtfertigt, daß Jesus die eigentliche Hauptperson ist. Wenn aber auch *patriam* sinnvoll nur Bethlehem meinen kann, stellt sich gleichwohl die Frage, warum Maria und Joseph noch einmal nach Bethlehem gehen wol-

---

sei, führt nicht allzu weit. Denn man könnte auch sagen, daß die Heilige Familie grundsätzlich in jedem anderen Teil Israels außerhalb von Bethlehem sicher sei. Selbst wenn Joseph und Maria also aus Judäa stammen, besteht für sie keine zwingende Notwendigkeit, ausgerechnet nach Ägypten zu ziehen. Sie könnten nämlich in einen anderen Teil Israels gehen. Das Heilige Paar folgt einer göttlichen Weisung, die außerhalb menschlicher Ratio liegt. Das Kind wird aufgrund dieser Weisung jedenfalls gerettet.

[199] Die Bezeichnung von Bethlehem als *patria* / πατρίς Jesu findet sich auch etwa bei Tertullian und Origenes: Tert.adv.Iud.9.27 (CCL 2.1373.206f.) *(Christus) fuit...de patria Bethleem et de domo David* (vgl. Teßmer, Thes.X.1 c.765.9/42, dort 41f.), Orig.comm. 10.16 in Matth. (SC 162.212.31/4; zu Matth.13.54) ζητητέον οὖν καὶ κατὰ τὴν λέξιν, πότερον Νάζαρα λέγει "τὴν πατρίδα αὐτοῦ" ἢ Βηθλεέμ· Νάζαρα μὲν διὰ τὸ Ναζωραῖος κληθήσεται (Matth.2.23), Βηθλεὲμ δὲ ἐπεὶ ἐν αὐτῇ γεγένηται (Matth.2.1).

[200] Ein Beispiel für völlige Abschwächung des Praefixes *re-*, wie es etwa bei *reddere* vorkommt, ist mir jedenfalls für *reportare* nicht bekannt.

len, anstatt direkt zu dem Ort zurückzukehren, aus dem sie gekommen sind, nämlich zu ihrem angestammten Heimatort (über dessen Namen und Lage Juvencus nichts mitteilt mit Ausnahme des indirekten Hinweises, daß er außerhalb Judäas liegt). Der Grund wird nicht genannt, liegt aber eigentlich auf der Hand: Nach der Beschneidung und Weihung des Kindes kehrt man zu dem Stall[201] bei Bethlehem zurück, weil das erst wenige Tage alte Kind die Reise in die angestammte Heimat der Eltern besser überstehen wird, wenn es sich nach dem schweren Eingriff der Beschneidung ein wenig erholt hat. Während nämlich bei Lukas auf die Beschneidung noch die Reinigung der Mutter folgt, die nach dem Gesetz des Moses erst vierzig Tage nach der Geburt, also über dreißig Tage nach der Beschneidung abgeschlossen ist (Lev.12), und das Kind innerhalb dieser langen Zeit seine körperliche Schwächung überwinden kann, entfällt bei Juvencus die Reinigung der Mutter, so daß alles, was nach der Beschneidung in Jerusalem zu tun bleibt, nämlich allein die Weihung des Kindes im Tempel, nicht mehr als einen Tag beanspruchen dürfte. Nach dieser kurzen Zeit ist das Kind für die Reise noch nicht gestärkt. Es wäre freilich zu profan gewesen, die Notwendigkeit der physischen Erholung im Text selbst zu erwähnen.- Schon Arevalo[202] ist wie Engel davon ausgegangen, daß 1.223 *patriam* Nazareth meint. Den sich bei dieser Annahme ergebenden Widerspruch versucht er mit folgender Erklärung zu beseitigen: Die Heilige Familie sei zwar nach dem Besuch des Tempels (Luc. 2.1/39a) nach Galiläa zurückgekehrt (Luc.2.39b), aber nach einem Jahr wieder nach Bethlehem gekommen, was er mit Luc.2.41 *et ibant parentes eius per omnes annos in Ierusalem in die festo Paschae* belegen will. Engel weist diese Erklärung zurück mit dem Hinweis, daß Lukas nirgends erwähne, daß die Heilige Familie Bethlehem besucht habe, sondern nur, daß sie Jerusalem besucht habe. Arevalo bezieht sich bei seinem Lösungsversuch auf Epiphanios, doch auch hier ist weiter auszuholen: Eusebios in den Evangelienfragen[203] ist der Auffassung, daß Lukas die Vorgänge unmittelbar nach der Geburt erzähle, Matthäus aber erst mit der zwei Jahre später stattfindenden Huldigung der Magier einsetze. Den Zeitraum von zwei Jahren erschließt Eusebios daraus, daß Herodes alle Kinder bis zum Alter von zwei Jahren töten ließ (Matth.2.16). Herodes mußte demnach

---

[201] Die Einfügung 1.153f. zeigt, daß Jesus aus der Sicht von Juvencus nicht auf dem freien Feld zur Welt gekommen ist (Lukas erwähnt ja nur die Krippe selbst), sondern in einem kleinen, wegen der Krippe (1.157 *praesepe*) wohl stallartigen Gebäude *(angusti...praeparva habitacula ruris)*. Hierhin konnte man also nach Beschneidung und Tempelgang zunächst wieder zurückkehren.
[202] PL 19.89B/C.
[203] quaest.Steph.16 (PG 22.933/6).

von den Magiern erfahren haben, daß ihnen der Stern zwei Jahre zuvor erschienen war, so daß er folgern konnte, daß die Geburt Jesu bis zu zwei
Jahre zurücklag (vgl. Matth.2.16 in Verbindung mit Matth.2.7). Daß die
Heilige Familie zwei Jahre nach der Geburt wieder nach Bethlehem zurückkam, wo sie von den Magiern angetroffen wurde, erklärt Eusebios damit, daß sie sehr oft an diesen Ort zurückkam, um des Wunders zu gedenken. Das wird in der syrischen Übersetzung der Evangelienfragen[204]
weiter ausgeführt: Auch wir suchten immer wieder die heiligen Stätten
auf, von denen wir in der Schrift erfahren. Daß der Zeitpunkt der Geburt
nicht derselbe war wie der der Magierhuldigung, ergibt sich für Eusebios
auch daraus, daß Lukas sagt, Maria und Joseph hätten in Bethlehem in der
Herberge keinen Platz gefunden (Luc.2.7), während sie bei Matthäus in
einem Haus wohnen (Matth.2.11). Denn die Zeit der Geburt war auch die
Zeit des Zensus, zu welcher es ihnen wegen der nach Bethlehem gekom-
menen Menschenmassen nicht möglich war, in einem Haus zu übernach-
ten. Zwei Jahre später dagegen, als sie von den Magiern besucht wurden,
hatte sich leicht eine Unterkunft in einem Haus finden lassen.[205] Der
Harmonisierungsversuch des Eusebios ergibt also, daß die Heilige Familie
nach der Beschneidung gemäß Luc.2.39 nach Nazareth zurückkehrte und
von dort aus jährlich Jerusalem und Bethlehem besuchte. In Luc.2.41 sind
alljährliche Reisen nach Jerusalem zum Passah erwähnt, doch Eusebios
nimmt zusätzlich zu Jerusalem auch Bethlehem als Besuchsort an und als
Besuchsmotiv nicht mehr das Passah, sondern das Gedenken an das Wunder der Geburt (was eigentlich nur auf Bethlehem, nicht aber auf Jerusalem paßt). So hat Eusebios das chronologische Problem, daß die Magier
die Heilige Familie erst zwei Jahre nach der Geburt aufsuchen, gelöst und
verbunden damit auch das der Örtlichkeiten, nämlich daß die Heilige Familie nach der Beschneidung nach Nazareth zurückkehrt, die Magier dem
Jesuskind aber in Bethlehem huldigen. Der Harmonisierungsversuch des

---

[204] PG 22.977/80.

[205] Eusebios läßt aber unbeachtet, daß schon hinsichtlich des ursprünglichen Wohnorts von
Maria und Joseph die Situation bei Matthäus von der bei Lukas grundverschieden ist.
Das Haus in Bethlehem bei Matthäus ist wohl das Haus, in dem Joseph schon immer
wohnte, während er bei Lukas aus Nazareth stammt und demzufolge natürlich in Bethle-
hem gar kein Haus haben kann (doch vgl. G.Kroll, Auf den Spuren Jesu. Sein Leben -
Sein Wirken - Seine Zeit, Leipzig 2002[12], 37). Die unterschiedliche Art, wie die Heilige
Familie bei Matthäus und Lukas in Bethlehem untergebracht ist, läßt daher an sich keinerlei chronologische Rückschlüsse zu.

Eusebios wird von Epiphanios übernommen.[206] In derselben Tradition
steht auch ein Katenenfragment[207] und eine Stelle im Pseudomatthäus-
evangelium,[208] wie Merkel (Pluralität 77 Anm.1) mitteilt.- Augustinus[209] läßt auf die Geburt und die Beschneidung (Luc.2.1/21) die Magieranbetung (Matth.2.1/13a) und den Tempelgang (Luc.2.22/39a) folgen.
An die Tempelperikope fügt er nicht die Rückkehr nach Nazareth (Luc.2.
39b) an, sondern die Flucht nach Ägypten und den Kindermord (Matth.2.
13b/23). Daraus ergibt sich, daß die Magieranbetung in den ersten Tagen
nach der Geburt stattfindet, an denen sich die Heilige Familie noch in
Bethlehem befindet. Warum aber Herodes nicht nur die Neugeborenen,
sondern sämtliche Kinder bis zum Alter von zwei Jahren töten läßt, bleibt
dabei offen. Auch besteht weiter der Widerspruch zwischen der Auskunft
in Luc.2.7, daß man keinen Platz in der Herberge fand, und dem Hinweis
auf den Aufenthalt im Haus Josephs in Matth.2.11.- Wegen der zeitlichen
Nähe zu Eusebios ist zunächst nicht auszuschließen, daß Juvencus die
Evangelienfragen des Eusebios kannte.[210] Nun besteht zwar darin Übereinstimmung zwischen Eusebios und Juvencus, daß die Magierperikope im
Anschluß an die von Lukas berichtete Kindheitserzählung untergebracht
wird. Nichts aber deutet darauf hin, daß Juvencus dem Erklärungsansatz
des Eusebios gefolgt wäre. So hat er die Frage des Herodes nach dem
Zeitpunkt des Erscheinens des Sterns (Matth.2.7) ausgelassen, und auch
der Rückbezug auf diese Frage und die Antwort der Magier (cf. Matth.2.
16) fehlt. Die Wiedergabe von sowohl Luc.2 (1.153f. *hospitio amborum
Bethleem sub moenibus urbis/ angusti fuerant praeparva habitacula ruris*
sind vom Dichter hinzugefügt) als auch Matth.2 (in 1.245 liest man *[stel-
la] pueri lustrata habitacula lustrat; domus* aus Matth.2.11 findet sich bei
Juvencus nicht) führt bei Juvencus nicht zu einem Widerspruch hinsichtlich der Beschaffenheit des Aufenthaltsortes der Heiligen Familie in Bethlehem. Nichts also deutet bei Juvencus darauf hin, daß seit der Geburt be-

---

[206] panar.51.9 (GCS 31.259f.); vgl. 1.4f. (GCS 25.228.9ff.), wo die mit den regelmäßigen
Jerusalembesuchen (Luc.2.41) verbundenen Bethlehembesuche aber allein mit den famili-
ären Beziehungen begründet werden (Arevalo [vgl. Knappitsch zu 1.223] berief sich für
seinen Harmonisierungsversuch auf Epiphan.panar.30.29 [GCS 25.372]. Dort liest man
aber nur, daß die Magier zwei Jahre nach Aufgang des Sterns nach Bethlehem kommen.
Der Zeitpunkt der Geburt und die Harmonisierung von Matthäus und Lukas sind dort gar
nicht das Thema. Arevalo meinte wohl eher panar.1.4f. und 51.9).

[207] TU 61.138.

[208] 16.1 (C.von Tischendorf, Evangelia apocrypha, Leipzig 1876² [Nachdr. Hildesheim
1966] S.82).

[209] cons.evang.2.5.17ff. (CSEL 43.99ff.).

[210] Allerdings kannte er des Eusebios Ergänzungshypothese nicht oder ignorierte sie zumindest (vgl. Kap.IV).

reits zwei Jahre vergangen sein könnten. Wenn er das Kind an der näh-
renden Mutterbrust liegen läßt (1.247 *puerum...sub ubere matris*), dürfte
er eher den gerade geborenen Säugling im Auge haben als ein Kind von
zwei Jahren. Das alles zeigt, daß Juvencus sehr wohl gesehen hat, daß die
Wiedergabe von Matth.2.7 nicht in den Zeitrahmen gepaßt hätte, in den
er seine Geburtsgeschichte stellt. Darum hat er die genannten Änderungen
vorgenommen. Weiter ist zu vergleichen: Bei Matthäus läßt sich Herodes
von den Magiern sagen, wann ihnen der Stern erschienen ist (Matth.2.7),
und erteilt den sich aus der (nicht unmittelbar genannten) Antwort ergebenden präzisen Auftrag, alle Kinder bis zum Alter von zwei Jahren zu
töten (Matth.2.16). Bei Juvencus dagegen weiß er nicht, daß der Stern
schon vor zwei Jahren erschienen ist, und befiehlt, alle Kinder zu töten,
die offenbar noch von der Muttermilch genährt werden, d.h. nur die
Säuglinge, aber nicht etwa Zweijährige (1.261f. *horribilem iussit Bethleem
per compita caedem./ infantes cunctos teneramque sub ubere plebem/ avel-
lit ferro*). Er wird von einem blinden Furor ergriffen (1.267 *furor*, 267f.
saeva.../ ...feritas; vgl. 257 *ferus*), und in der Folge schießt er weit über
das ursprüngliche Vorhaben hinaus und läßt am Ende nicht nur die Säuglinge, sondern alle Kinder im Alter von bis zu zwei bzw. mehreren Jahren[211] töten (1.269f. *extinxisse putat cunctos, quos unus et alter/ annus
letiferi miseros obpresserat aevi*). Wenn Herodes also bei Juvencus nicht
nur die Neugeborenen, sondern auch die Kinder bis zum Alter von zwei
bzw. mehreren Jahren töten läßt, so ist das die Folge seiner unersättlichen
Blutgier und seines Furors, der nicht fragt, wann das ursprüngliche Ziel
erreicht ist, sondern so lange fortdauert, bis er erschöpft ist (vgl. 267 *ast
ubi sopitus furor est*). Am Ende erscheint die Komposition der Geburtsgeschichte bei Juvencus in sich stimmig. Den Harmonisierungsversuch des
Eusebios kannte er entweder nicht oder berücksichtigte ihn bewußt nicht.-
Im Carmen Paschale des Sedulius ist die Abfolge der Geburtsgeschichte
Luc.1.26/38, 2.1/20, Matth.2.1/18 (= 2.35/133). Sedulius beseitigt also
das Problem der Rückkehr in die Heimat vor der Magieranbetung dadurch, daß er Beschneidung und Tempelgang aus dem Lukasevangelium
einfach ausläßt. So kann er die Magieranbetung in die Zeit unmittelbar
nach der Geburt verlegen. Im Zusammenhang mit dem Kindermord vermeidet Sedulius es, das Alter der Kinder anzugeben. Der Gedanke, die Ma-

---

[211] Vielleicht wird im vorliegenden Kontext *unus et alter* besser mit "mehrere" als mit
"zwei" übersetzt; vgl. Hey, Thes.I c.1743.25/44, dort 26f. "coniunctim tam de duobus
quam de pluribus (i.e. aliquot)". Denn warum sollte Herodes bei Juvencus Kinder bis
zum Alter von genau zwei Jahren töten lassen, wenn er bei ihm nicht weiß, daß der Stern
vor zwei Jahren erschienen ist?

gier kämen erst zwei Jahre nach der Geburt nach Jerusalem und Bethlehem, liegt somit fern.

VI. *Juvencus und Tatian*

Wenn man die Einschübe aus anderen Evangelien behandelt, die in der Evangeliendichtung des Juvencus anzutreffen sind, darf ein Blick auf Tatians Diatessaron nicht ausbleiben. Die Abfolge der Geburtsgeschichte ist bei Juvencus Luc.1.5/80, Matth.1.19/24, Luc.2.1/39, Matth.2.1/23, Luc. 2.40/51, Luc.3.1/6 und im lateinischen Diatessaron (im Anschluß an die Anfangsverse Luc.1.1/4, Ioh.1.1/5:) Luc.1.5/80, Matth.1.1/25, Luc.2.1/ 39, Matth.2.1/23, Luc.2.40/3.3, Matth.3.2/3, Luc.3.5/6, Ioh.1.7/18, Matth.3.4/10, Luc.3.10/5, 20/5 usw.[212] Es fallen erhebliche Übereinstimmungen auf. So wird etwa jeweils an die Beschneidungsperikope (Luc. 2.1/39) die Magierperikope (Matth.2.1/23) angeschlossen. Als weitere auffällige Übereinstimmung zwischen Tatians Diatessaron und dem Bibelgedicht des Juvencus nennen Marold (Evangelienbuch 333f.) und Nestler (34f., vgl. 19f.) die Tatsache, daß Judas sich im Gegensatz zum Bericht des Matthäus erst nach dem Urteilsspruch des Pilatus das Leben nimmt (4. 631f. [Matth.27.5]) und nicht schon nach dem Tötungsbeschluß des Hohen Rats (4.565 [Matth.26.16]; der formale Tötungsbeschluß des Hohen Rats aus Matth.27.1 fehlt bei Juvencus). Nun meinen Marold und Nestler, Juvencus habe unabhängig von Tatian auf diese Reihenfolge kommen können. Sie machen zur Stützung dieser Ansicht auf eine Variante in der Italaüberlieferung von Matth.27.3 aufmerksam, nämlich *quia ad iudicium ductus est* (cod. f) anstelle von *damnatus est* für das griechische ὅτι κατεκρίθη. Hinter dieser Variante stehe Unzufriedenheit mit dem Zeitpunkt von Reue und Selbstmord des Judas. Eine andere Erklärung liegt aber viel näher: Die Variante erklärt sich aus der Unzufriedenheit mit der ungenauen Formulierung *damnatus est*. Im Grunde wird mit *quia ad iudicium ductus est* nur präzise das aufgenommen, was im vorangehenden Vers steht, nämlich: *vinctum adduxerunt eum et tradiderunt Pontio Pilato praesidi.* Die Formulierung *quia ad iudicium ductus est* ist also keine kritische Reaktion auf die überlieferte Reihenfolge, vielmehr zementiert sie diese. Sie stellt klar, daß die Gerichtsverhandlung vor dem Statthalter erst noch stattfinden wird, während *damnatus est* zumindest vorläufig suggerieren könnte, der Tötungsbeschluß des Hohen Rats sei schon die endgültige Verurteilung.

---

[212] Angaben nach: Tatian. Lateinisch und Deutsch mit ausführlichem Glossar, ed. E.Sievers, Paderborn 1892², Nachdruck 1960.

Die Macht über Leben und Tod liegt aber letztlich nicht beim Hohen Rat, sondern beim Statthalter (vgl. Ioh.18.31). Doch ist diese Unterscheidung gerade in bezug auf die Verurteilung Jesu mehr eine formale und daher pedantisch. Das psychologisch Wahrscheinliche ist der Selbstmord unmittelbar nach der Verurteilung durch den Hohen Rat. Judas konnte sich ausmalen, daß die vom Hohen Rat manipulierte Volksstimmung dem Statthalter das Todesurteil nahelegen werde. Unabhängig von diesen Überlegungen erwähnt der wichtigste westliche Zeuge von Tatians Diatessaron, der Codex Fuldensis, den Selbstmord erst nach der Verurteilung durch Pilatus. Wenn man am ehesten einen Einfluß der westlichen Überlieferung des Diatessaron auf Juvencus annehmen möchte, darf man die von Marold und Nestler herangezogene Übereinstimmung beim Judasmord nicht überbewerten.

Wenn man mit Nestler (35) bedenkt, daß Tatian das Johannesevangelium als Grundgerüst verwendete, aber eine wirkliche Evangelienharmonie geschrieben hat, indem er das synoptische Material weitgehend in das johanneische Gerüst integrierte, Juvencus dagegen das Matthäusevangelium für den überwiegenden Teil seines Gedichts als alleinige Basis nahm, und wenn man die zahlreichen Differenzen in Betracht zieht, die sich daraus ergeben, ja das völlige Auseinanderlaufen der beiden Harmonien im Anschluß an die Geburtsgeschichte, kann man die wenigen Berührungspunkte jedenfalls nicht als Beweis einer allgemeinen Abhängigkeit des Juvencus von Tatian ansehen.

Unabhängig davon ist anzunehmen, daß nach Tatians Abfall von der Kirche um das Jahr 172, der gut bezeugt ist,[213] sein Diatessaron nicht weiter tradiert wurde und somit nach und nach in Vergessenheit geriet. Und in der Tat fehlt abgesehen von Eusebios[214] bei den Vätern jeder Hinweis auf die Existenz bzw. Kenntnis eines Diatessaron. Nach Eusebios gibt es einen solchen Hinweis in der griechischen Kirche erst wieder bei Theodoret.[215] Im Westen erwähnt Hieronymus[216] zwar Tatian, nennt von seinen Werken aber nur ein Buch gegen die Heiden. Erst Victor von Capua findet im 6. Jhdt. eine Evangelienharmonie, die er in Vulgatatext umschreiben läßt (uns als der schon erwähnte Codex Fuldensis bekannt)

---

[213] Clem.Alex.strom.3.12.81f. (GCS 52.232/4), Iren.adv.haer.1.28.1 (SC 264.354/6), Tert. ieiun.15.1 (CCL 2.1273.12/7), Hippolyt.haer.10.18 (GCS 26.279.16/20), Orig.orat.24.5 (GCS 3.356.6/25).
[214] hist.eccl.4.29.6 (SC 31.214).
[215] haer.1.20 (PG 83.372).
[216] vir.ill.29 (PL 23.680B).

und als deren Verfasser er Tatian vermutet,[217] wofür er sich aber lediglich auf die genannte Mitteilung des Eusebios beruft.

Neuerdings versucht Boismard (151) aufgrund der Vermischung von
Matth.3.17 und psalm.2.7 *(ego hodie genui te)* in 1.362f. die Benutzung
einer Evangelienharmonie (nicht derjenigen Tatians) durch Juvencus nahezulegen, die auch Justin kannte.[218] Boismard (151, 155) meint zudem,
daß Juvencus ebenso wie Justin in seiner Vorlage gelesen habe, die Taube
sei auf Jesus herabgeflogen.[219] Doch steht bei Juvencus gar kein Wort,
das "fliegen" bedeutet.[220] So oder so ist Boismards Befund zu mager für
weitreichende Schlußfolgerungen in bezug auf Juvencus. Fichtner (85
Anm.316) will angesichts der eklektischen Arbeitsweise des Dichters zu
Recht allenfalls punktuelle Abhängigkeiten von einem Diatessaron nicht
ausschließen. Im übrigen darf hinsichtlich der von Boismard angesproche-
nen Vermischung von Matth.3.17 und psalm.2.7 in 1.362f. nicht unbeachtet bleiben, daß bei der Parallelstelle von Matth.3.17, nämlich Luc.3.22,
die meisten altlateinischen codd. ebenfalls von psalm.2.7 beeinflußt sind
(im Codex Bezae auch der griechische Text). Man fragt sich also, ob
nicht die Annahme Merkels (Widersprüche 203) und Fichtners (83ff.) näherliegt, daß Juvencus bei der Abfassung von 1.362f. eine altlateinische
Version von Luc.3.22, die den Einfluß von psalm.2.7 enthielt, herangezo-
gen hat (über die punktuellen Angleichungen an andere Evangelien siehe
Kap.I).

---

[217] Sievers, op.cit. 3f.

[218] Zu psalm.2.7 in Verbindung mit Matth.3.17 vgl. bei Justin dial.88 (PG 6.688B), 103
(c.717B).- Auf die mögliche Beeinflussung Justins durch eine Evangelienharmonie kann
in diesem Rahmen nicht eingegangen werden.

[219] Vgl. Iustin.dial.88 (PG 6.685B) ἀναδύντος αὐτοῦ ἀπὸ τοῦ ὕδατος ὡς περιστερὰν τὸ
Ἅγιον Πνεῦμα ἐπιπτῆναι ἐπ᾽ αὐτόν; (c.688B) τὸ Πνεῦμα οὖν τὸ Ἅγιον...ἐν εἴδει περι-
στερᾶς ἐπέπτη αὐτῷ.

[220] Boismard (151) liest aus 1.359 *et sancto flatu corpus perfudit Iesu* heraus, daß sich die
Taube auf Jesus niederließ und durch Schlagen ihrer Flügel den Geist auf ihn herab-
sandte. Juvencus habe also in seinem Evangelientext wie Justin gelesen, daß die Taube
auf Jesus herabflog. Doch Fichtner (75) entgegnet, wenn man Boismard folge, stelle sich
die Frage nach dem Verbleib der Taube. Er selbst meint, daß sich die Taube aufgelöst
habe, indem sie sich über Jesus ergoß.

VII. Das Publikum des Juvencus

Die Erweiterung der Taufthematik gibt Anlaß, auf die Publikumsfrage einzugehen. Constantin war von der Idee des weltumspannenden christlichen Glaubens beseelt,[221] und diese Idee tritt auch bei Juvencus immer wieder vor Augen.[222] Aus dieser Sicht muß die Missionierung der Heiden als vornehmliche Aufgabe betrachtet werden. Universalistischen Anspruch bekundet Juvencus schon im Prooem durch den Vergleich seiner Dichtung mit der Homers und Vergils, die in der alten Welt hochverehrt waren und die er gleichwohl noch übertreffen will. Die sprachliche Schönheit der Dichtungen Homers oder Vergils, die die gebildeten Heiden in der Heiligen Schrift vermissen,[223] können sie bei Juvencus wiederfinden, nun jedoch verbunden mit den rechten Inhalten (4.804f. *versibus ut nostris divinae gloria legis/ ornamenta libens caperet terrestria linguae*). Der neue Weltfriede (4.806 *haec mihi pax Christi tribuit, pax haec mihi saecli*) bietet in der Tat die beste Voraussetzung, eine Evangeliendichtung für zu bekehrende gebildete Heiden in aller Welt zu schreiben und sie auch offen und gefahrlos in Umlauf zu bringen. Eine heidnische Leserschaft wird von der Mehrzahl der Gelehrten angenommen.[224]

Apologetische Akzente, die sonst Indiz für eine pagane Leserschaft sind, trifft man allerdings kaum an, wenn auch prooem.1f. *inmortale nihil mundi conpage tenetur,/ non orbis, non regna hominum, non aurea Roma* als scharfer Angriff gegen Juppiters *imperium sine fine dedi* (Verg.Aen.1.

---

[221] Euseb.vita Const.64/72 (GCS Euseb.1.1 [1975], 74/9).

[222] Vgl. Komm. zu 290 *terris*.

[223] Über die abschreckende Wirkung, welche die Bibelsprache auf die gebildeten Heiden, aber auch Christen ausübte, vgl. Orig.Cels.1.62 (SC 132.244ff.; die Behauptung des Celsus, die Apostel bestünden aus Zöllnern und Schiffern [sic], versteht Origenes auch als Angriff auf die Sprache des Evangeliums und wehrt ihn ab), Arnob.nat.1.58f. (CSEL 4. 39/41), Lact.inst.5.1.15/7 (SC 204.130); E.Norden, Die antike Kunstprosa, Leipzig/Berlin 1919² (Nachdr. Darmstadt 1983), 2.516ff., 521ff.; van der Nat, Minucius Felix und Laktanz 200f. mit weiterer Literatur. Man schwelgte lieber in der Lektüre schöner heidnischer Gedichte. Lactanz ist sich des Problems bewußt und fordert bahnbrechend eine christliche Dichtung: inst.6.21.8 (CSEL 19.563.10f.) *itaque si voluptas est audire cantus et carmina, Dei laudes canere et audire iucundum sit.*

[224] Ein heidnisches Publikum vermuten A.R. Gebser (De Gaii Vettii Aquilini Iuvenci presbyteri Hispani vita et scriptis, Jena 1827, 29) mit Bezug auf Schroeck (Christliche Kirchengeschichte, 263; mir nicht zugänglich), Nestler (70), Kievits (3), Ch.Witke (Numen Litterarum. The old and the new in Latin poetry from Constantine to Gregory the Great, Leiden/Köln 1971, 203), Deproost (L'apôtre Pierre 54).- J.-L. Charlet, Neues Handbuch der Literaturwissenschaft, Bd.4.507, nimmt ein sowohl aus Heiden als auch Christen bestehendes Publikum an.

279) verstanden werden könnte[225] und sich hinter prooem.16 *quae (carmina) veterum gestis hominum mendacia nectunt* der Vorwurf gegen die antiken Dichter verbergen könnte, daß sie die Erzählungen über die Taten der Menschen, die in früheren Zeiten lebten, mit Ergänzungen der Art versehen, daß man sie für Götter halten muß.[226] Das insgesamt schwach ausgeprägte apologetische Moment, das außerhalb des Prooems auch nicht den Kult der römischen Götter, sondern die jüdische Religion betrifft,[227]

---

[225] Vgl. Fontaine, Naissance 74.

[226] Vgl. Herzog, Bibelepik XLV. Es fällt eine ähnliche Formulierung im 1. Buch der Göttlichen Unterweisungen des Lactanz auf, welche den Euhemerismus der heidnischen Dichter betrifft: 1.11.23 (SC 326.118.98ff.) *non...res ipsas gestas finxerunt poetae, quod si facerent, essent vanissimi, sed rebus gestis addiderunt quendam colorem. non enim obtrectantes illa dicebant, sed ornare cupientes.* Im einzelnen ist zu vergleichen: Lactanz *rebus gestis* - Juvencus *gestis*, L. *addiderunt* (vgl. 1.11.36 [p.124.168f.] *figuris versicoloribus venustatem ac leporem carminibus suis addant*, epit.12.1 [Heck/Wlosok p.13.7f.] *aliquid...numinis adderent iis, quos deos esse dicebant*) - J. *nectunt*, L. *quendam colorem* (gemeint ist das Erfundene und Erlogene) - J. *mendacia.*- Klopsch 10 nennt Lact.inst.1. 11.23 zusammen mit Iuvenc.prooem.16 als früheste Belege für die Auffassung der christlichen Autoren, daß die heidnischen Dichter Wahres mit Lügenhaftem vermischten. Es ist aber zu differenzieren. Lact.inst.1.11.23 klingt weniger wie ein Vorwurf gegen die Dichter als gegen deren Leser. Denn Lactanz fährt fort (1.11.24f. [p.118.102/9]): *hinc homines decipiuntur, maxime quod dum haec omnia ficta esse a poetis arbitrantur, colunt quod ignorant. nesciunt enim, qui sit poeticae licentiae modus, quousque progredi fingendo liceat, cum officium poetae in eo sit, ut ea quae vere gesta sunt in alias species obliquis figurationibus cum decore aliquo conversa traducat./ totum autem quod referas fingere, id est ineptum esse et mendacem potius quam poetam.* Demnach ist es Aufgabe der Dichter (vgl. *officium poetae*), die Tatsachen auszuschmücken *(ornare)*. Und zwar tun sie das, indem sie die Menschen der Vorzeit wie Götter auftreten lassen (1.11.17 [p.116. 71/4] *illi...de hominibus loquebantur, sed ut eos ornarent quorum memoriam laudibus celebrabant, deos eos esse dixerunt*). Nur kennen die Leser die Grenzen der dichterischen Freiheit *(poeticae licentiae modus)* nicht und halten alles für erfunden, wenn sie auch schließlich die von den Dichtern allegorisch als Götter dargestellten Menschen tatsächlich als Götter verehren (zu Lactanzens Beurteilung von Lüge und Wahrheit bei den antiken Dichtern vgl. van der Nat, Minucius Felix und Lactanz 215ff.; Kirsch 66f.). Juvencus dagegen scheint an den mit Lügen vermischten Erzählungen der paganen Dichter nichts abmildern oder entschuldigen zu wollen, denn sie erscheinen bei ihm notwendig als makelhaft, wenn er sie der reinen Wahrheit, die er selbst erzählt, gegenüberstellt (Klopsch 10 vermittelt bei Zitierung von Lact.inst.1.11.23 durch Auslassung des von *non enim* bis *ignorant* reichenden Abschnitts den Eindruck, als sei *poetae* als Subjekt von *nesciunt* zu verstehen, doch Subjekt sind die *homines* aus dem ausgelassenen Vorsatz, was bestätigt wird durch epit.12.3 [Heck/Wlosok p.13.16/8] *multa sic poetae colorant. quod qui nesciunt, tamquam mendaces eos arguunt, verbo dumtaxat. nam re quidem credunt* eqs.

[227] Die Bewertung des Judentums durch den Dichter wird von Poinsotte im ganzen wohl zu negativ dargestellt. Darauf kann hier im einzelnen nicht eingegangen werden, bemerkenswert ist aber zum Beispiel, daß *Iudaeus* eher selten in direktem Zusammenhang mit nega-

dürfte mit der neuen Situation zu erklären sein, welche durch die Beendigung der Christenverfolgungen und den Religionsfrieden entstanden war. Anfeindungen sah sich die Christenheit nicht mehr in demselben Ausmaß ausgesetzt wie noch wenige Jahre zuvor. Die Politik Constantins unterstützte die Christen, ohne aber das Heidentum allzu energisch zurückzudrängen,[228] verlangte also nicht nach ausgeprägt apologetischer Schriftstellerei. Wenn Juvencus am Schluß seines Gedichts gegenüber dem Kaiser Dankbarkeit für den Frieden erkennen läßt, dürfte darin auch Zustimmung zu dessen in alle Richtungen maßvoller Religionspolitik liegen. Stärkere apologetische Tendenzen hätten sich damit nicht vereinbaren lassen.[229]

Kirsch (116, 138) meint, daß Juvencus für ein ausschließlich christliches Publikum geschrieben habe.[230] Die Bibelepik könne nur von einem Publikum verstanden werden, dem die Vorlage in wesentlichen Zügen vertraut sei (138).[231] Doch zu Beginn des 4. Jhdts. hätten gebildete Christen allein nur ein sehr kleines Publikum bilden können.[232] Aber unabhängig davon: Wenn das Evangelium zur Missionierung der Heiden verkündet werden soll (vgl. Marc.16.15), warum kann es dann einem gebildeten heidnischen Publikum nicht in Hexametern verkündet werden? Denn die Verständnisprobleme beginnen nicht erst in der Dichtung, sondern schon im Heiligen Text selbst. Und auch bei letzterem wächst das Ver-

---

tiven Eigenschaften gebraucht wird. Die jüdische Oberschicht allerdings erscheint durchweg in schlechtem Licht (zur Differenzierung der Juden siehe Anm.187), mit der weitgehenden Ausnahme des Nikodemus (siehe Komm. zu 177/9).

[228] J.Vogt, Art. Constantinus der Große, RAC 3.334/6.

[229] Juvencus ist also Vertreter einer anderen Generation als Arnobius und auch noch Lactanz, welche die Zeit der Christenverfolgungen viel stärker geprägt hat.- Doch förderte die aggressive Politik der Constantinsöhne (so wurden etwa 341 heidnische Opfer generell unter Strafe gestellt [cod.Theod.16.10.2; Mommsen/Meyer p.897], während Constantin das Opfer nur heidnischen Beamten verboten hatte [vita Const.2.44; GCS Euseb. 1.1 (1975) p.66]) schon bald eine neue Apologetik, welche die heidnischen Kulte nicht tolerieren wollte und welche Firmicus Maternus repräsentiert.

[230] Kirsch nimmt S.116 auf Lact.inst.5.1.11 (SC 204.128/30) und 6.21.8f. (CSEL 19.563. 5/11) Bezug, wenn er von dem Nutzen spricht, den die Verse des Juvencus den Christen gestiftet hätten. Dabei zeigt der Gesamtkontext bei Lactanz, daß es jenem zunächst darum geht, die gebildeten Heiden, an die sich sein Werk richtet, für den christlichen Glauben zu gewinnen. Und Kirsch selbst zieht noch zuvor (S.65) aus inst.5.1.11 und anderen Stellen die Folgerung: "Damit sind die Anforderungen an eine christliche Literatur formuliert: Sie muß auch die Nichtchristen erreichen und für die heilige Wahrheit gewinnen."

[231] Nicht näher begründete Zweifel an der Verständlichkeit hat auch Thraede, Iuvencus 888f. Insgesamt bleibt er in der Publikumsfrage unentschieden.

[232] Vgl. Roberts 73f. Anm.47 "mostly pagan or at best only superficially Christian readership" mit Verweis auf die Tatsache, daß im 4. Jhdt. die Oberschicht noch weitgehend heidnisch dominiert war.

ständnis erst allmählich, ist nicht schon beim ersten Lesen vollständig gegeben. Kirschs Einwand ist zu pauschal und führt nicht weiter. Auch darf
man die christliche Vorbildung der gebildeten Schicht unter den Heiden
wohl nicht unterschätzen. So haben die schärfsten Gegner der Alten Kirche wie etwa Celsus und Porphyrios die Heiligen Schriften gründlich stu-
diert. Auch Augustinus bezeugt, daß sich die Gebildetsten unter den Heiden mit den Heiligen Schriften beschäftigen.[233]

   Die Ausweitung der Taufthematik spricht für ein überwiegend heidnisches Publikum, das für den Übertritt zum christlichen Glauben gewonnen
werden sollte, bzw. Katechumenen als Zielgruppe.[234] Das schließt aber
nicht aus, daß das Gedicht auch von Christen gelesen wurde. Zu Recht
vermutet daher Fontaine Vielschichtigkeit des Publikums. Er spricht von
einem Lesestoff für Katechumenen und Christen (Naissance 80), wobei er
unter Katechumenen offenbar nicht die Heiden versteht, die sich bereits
für die Kirche entschieden haben und dem Katechumenat unterziehen, sondern die Heiden, denen erst noch gezeigt werden muß, daß sie sich täuschen, und die für den christlichen Glauben gewonnen werden müssen
(S.69). Fontaines Ansicht klingt schon bei Poinsotte (33f.) an und wird
von Evenepoel (49) geteilt.

   Wenn sich das Publikum des Juvencus zum größten Teil aus Heiden
zusammensetzte, läßt sich darin ein weiteres Motiv für die Einfügung der
Johanneskapitel 3 und 4 erkennen: Sowohl Nikodemus als auch die Samaritanerin sind Nichtchristen, die Christus für den neuen Glauben zu gewinnen sucht. Das heidnisch dominierte Publikum des Juvencus konnte sich
in diesen Personen (mehr oder weniger) wiederfinden, freilich in durchaus
kritischem Licht, was aber Voraussetzung für echte Bekehrung sein muß.
Die bei Juvencus vergleichsweise positive Darstellung des gelehrten Juden
Nikodemus, der Christus in Ehrfurcht gegenübertritt,[235] könnte man als
Tribut des Dichters an diejenigen Teile der gebildeten nichtchristlichen
Oberschicht werten, die seinem Gedicht, das Werke und Lehre Christi
verkündet, ernsthaftes Interesse entgegenbrachten.[236]

---

[233] catech.rud.12 (CCL 46.133). Vgl. Mazzega 23.
[234] Zu der nur eingeschränkt bestehenden Arkandisziplin siehe Kap.II.3, Anm.110.
[235] Siehe Komm. zu 179 *submissa voce*.
[236] Der Aufsatz von J.McClure, The Biblical Epic and its Audience in Late Antiquity, Pa-
    pers of the Liverpool Latin Seminar 3, hrsg. von Francis Cairns (= Arca 7), Liverpool
    1981, 305/21, trägt zur Beantwortung der hier behandelten Frage, ob Juvencus für ein
    heidnisches oder für ein christliches Publikum schrieb, unmittelbar nichts bei.

B. Texte: Johannes 3/4 und Juvencus 2.177/327

Der Bibeltext entspricht der Recensiozeile bei Jülicher/Matzkow/Aland. Nur wenn der Dichtertext größere Nähe zu anderen Vetuslesarten aufweist (unterstrichene Stellen), werden diese angegeben:

3.1 *erat autem homo ex Pharisaeis nomine Nicodemus, princeps Iudaeorum.*	177 *nocte sub obscura celso sublatus honore*
	178 *primorum procerum Iudaei nominis unus*
3.2 *hic venit ad eum* (aur f e: *Iesum*) *nocte et dixit ei:* "*Rabbi, scimus, quia a Deo venisti magister,*	179 *venit et ad <u>Christum</u> submissa voce profatur:*
	180 "*haut dubium est, quod larga Dei te, Sancte, voluntas*
	181 *humanis lucem concessit surgere rebus;*
nemo enim (e: *et nemo*) *potest haec* (e: *talia*) *signa facere, quae tu facis, nisi fuerit Deus cum illo.*"	182 *<u>nec quisquam</u> tantis tribuet miracula signis*
	183 *ni comitata Dei iubeat splendescere virtus.*"
3.3 *respondit Iesus et dixit illi:* "*amen amen dico tibi, nisi quis natus fuerit denuo, non potest videre regnum Dei* (cf. Ioh.3.5 a b c f ff² l q: *introire in regnum Dei*, r¹: *intrare in r. D.*, j: *ingredi in r. D.*).*"	184 *Christus ad haec:* "*iteris iusti si culmina quaeris,*
	185 *nullus ad excelsum poterit <u>conscendere</u> regnum,*
	186 *reddita ni penetret nascendi exordia rursus*
	187 *atque novam capiat divino munere vitam.*"
3.4 *dicit* (c f r¹: *d. autem*) *ad eum Nicodemus:*	188 *ille <u>autem</u> tantis stupefactus corda loquellis:*
	189 "*hoc*", *inquit*, "*nostrae non est conprendere mentis.*
"*quomodo potest homo nasci, cum sit senex? numquid potest in utero matris suae denuo introire et renasci?*"	190 *quis poterit coeptae revocare exordia vitae?*
	191 *an rursus senior matris conreptet in alvum,*
	192 *ut novus in lucem veniat vitamque revolvat?*"

3.5   *respondit Iesus: "amen amen dico tibi: nisi quis renatus fuerit ex* (a q: *de*) *aqua et Spiritu* (a aur ff² r¹: *S. Sancto*),

non potest introire in regnum Dei (e: *regnum caelorum*).
3.6   *quod natum est de carne, caro est, quia de carne natum est; et quod natum est de Spiritu, spiritus est*

(a aur ff² j r¹ e: *s. e., quia* [r¹ e: *quoniam*] *Deus Spiritus est* [a j:] *et ex Deo natus est*). (3.7) *ne mireris, quia dixi tibi: oportet vos renasci denuo.*
3.8   *Spiritus ubi vult, spirat* (e: *flat*) *et vocem eius audis, sed nescis, unde veniat*

et quo vadat.

sic est omnis, qui natus est ex Spiritu (r¹: *S. Sancto*). "

3.9   *respondit Nicodemus et dixit ei: "quomodo possunt haec fieri?"*
3.10   *respondit Iesus et dixit ei: "tu es doctor* (aur b c f l e: *magister*) *Istrahel et haec ignoras? (3.11) amen amen dico tibi, quia quod scimus, loquimur, et quod vidimus, testificamur, et testimonium nostrum non accipitis.*

3.12   *si terrestria dixi vobis et non creditis, quomodo, si dixero vobis caelestia,*

credetis?

193   *ille sub haec: "liquido si quis de fonte renatus*
194   *et Flatu* <u>Sancto</u> *rudibus consistere membris*
195   *coeperit, aetheriam liber conscendet in aulam*
196   *terrenum corpus terreno corpore natum est,*
197   *Spiritus haud aliter similem generat sibi Flatum.*
198   <u>*Spiritus hic Deus est, cui parent omnia mundi.*</u>

199   *hic, ubi vult, quocumque volat vocemque per auras*
200   *iactat, sed nescis, quae sint exordia vocis*
201   *quamque petant eius currentia <u>flamina</u> partem*
202   *quisque igitur iustae repetit primordia vocis,*
203   *hunc similem <u>Sancti</u> Flatus revirescere certum est."*
204   *et Iudaeus ad haec: "nil horum cernere possum."*
205   *talia tum Christus: "Solymorum magne <u>magister</u>,*
206   *tune etiam mentem vitae de lumine raptam*
207   *demergis praeceps furvis, miserande, tenebris,*
208   *nec potes obtunso conprendere talia sensu?*
209   *ecce, fides nulla est. tantum terrestria dixi!*
210   *quid, si caelestes vires conscendere sermo*
211   *coeperit et superas rerum conprendere formas?*
212   *quis vestrum duram poterit mihi pandere mentem?*

(aur l: *dico enim vobis*)

3.13   *nemo ascendit in caelum,*

nisi qui de caelo descendit,

Filius hominis, qui est in caelo.

3.14   *et sicut Moyses exaltavit serpentem in deserto,*

sic exaltari oportet Filium hominis,

3.15   *ut omnis, qui credit*

in eum (ff²: *illum*)

non pereat,

sed habeat vitam aeternam.

3.16   *sic enim dilexit Deus mundum,*

ut Filium suum unigenitum (a b d j r¹ e: *unicum*) *daret,*
ut omnis, qui credit in eum, non pereat,
sed habeat vitam aeternam.
3.17   *non* (b j r¹: *nec*) *enim misit Deus Filium* (j: *hunc F.*) *suum in hunc mundum, ut iudicet mundum,*

sed ut salvetur mundus per ipsum.

213   *accipite ergo, novis quae sit sententia rebus:*
214   *sidereum nullus poterit conscendere caelum,*
215   *ni solus, caeli missus qui venit ab aula,*
216   *idem hominis Natus, caeli qui in sede moratur.*
217   *ut serpens olim regionibus in desertis*
218   *Moysei manibus summo sublatus honore est,*
219   *sic hominis Natum tolli in sublime necesse est,*
220   *ut, quicumque fidem mentis penetralibus altis*
221   *illius ad nomen statuit, sub turbine saecli*
222   *proculcet pedibus letum et trans sidera surgens*
223   *sublimis capiat donum inviolabile vitae.*
224   *namque Deus mundum tanto dilexit amore,*
225   *eius ut in terras descenderet unica Proles*
226   *credentes Domino vitae iunctura perenni.*
227   *nec Deus hunc Natum disquirere iure severo*
228   *iudiciove truci terras expendere misit,*
229   *mitia sed populis veniant ut munera vitae.*

3.18   (a: *ideo*, d: *propter hoc*) *qui credit in eum,*
non iudicatur,

qui vero non credit,

iam iudicatus est,

quia non credit in nomine unigeniti (a d
e: *unici*) *Fili Dei.*
3.19   *hoc est autem iudicium, quia lux
venit in hoc mundo.*
et dilexerunt homines potius (aur c d f l
e: *magis*) *tenebras quam lucem; erant
enim malae operae eorum.* 3.20   *omnis
enim, qui mala agit,*
odit lumen et non venit ad lumen, ut non
(j q r¹ e: *ne*) *arguantur operae* (q: *manifestentur operae*, e: *manifestetur opera*)
eius (d: *o. e. de luce*) (r¹ [als Zusatz]:
quoniam malae sunt; cf. 239 *sordida pollutae*). 3.21   *qui autem facit veritatem,*

venit ad lumen (a aur c d f ff² l q: *lucem*),
*ut manifestentur operae eius, quia in Deo
sunt operatae* (aur *c* f ff² *l* q: *opera eius,
quia in Deo sunt facta* [q: *perfecta*], a:
opus e., q. in D. est factum [cf. Ioh.3.19
d: *erant enim illorum mala facta*])."

230   *namque ubi certa fides fuerit conplexa salutem*
231   *non erit ulla illic anceps agitatio
iuris.*
232   *ast ubi dona procul fuerint exclusa
medellae,*
233   *iam propria ipsorum mentem damnatio torquet;*
234   *unica nam Domini fuit his incognita Proles.*
235   *adventum lucis miseri fugere superbi*
236   *et magis amplexi caecas tenuere
tenebras.*
237   *sic quicumque malis mentem maculaverit actis,*
238   *in tenebras pavidus refugit, ne
lumine claro*
239   *sordida pollutae pateant contagia
mentis.*

240   *at quicumque piae tenuit vestigia
vitae,*
241   *ad medium properat lucemque nitescere gaudet,*
242   *splendeat ut claris virtutis gloria
factis.*"

4.1 *ut ergo cognovit Iesus, quia audie-*
runt Pharisaei, quod Iesus plures disci-
pulos facit, et baptizabat quam Iohannes,
4.2 *quamquam Iesus ipse non*
baptizaret, sed discipuli eius,
4.3 *reliquit Iudaeam terram et abiit*
iterum in Galilaeam. 4.4 *oportebat*
autem eum transire per Samariam.
4.5 *venit igitur in civitatem Samariae,*
quae dicitur Sychar iuxta praedium, quod
dedit Iacob Ioseph filio suo.
4.6 *erat autem ibi fons Iacob.*

Iesus ergo fatigatus ab itinere sedebat
super fontem (aur f ff²: *fons... puteum*).
hora erat quasi sexta.
4.8 *discipuli enim eius abierant in civi-*
tatem, ut cibos (d q e: *escas*) *emerent.*

4.7 *et venit mulier a Samaria* (a ff² l:
mulier Samaritana [ff²: *Sammaritiana*])
haurire aquam.

dicit (a: *ait*) *ei* (a d e: *illi*) *Iesus: "da*
mihi bibere."
4.9 *dicit ergo ei mulier Samaritana: tu*
cum sis Iudaeus, quomodo a me bibere
petis, cum sim mulier Samaritana?

(aur c f ff² l q r¹: *non enim coutuntur Iu-*
daei Samaritanis)."
4.10 *respondit Iesus et dixit ei: "si*
scires donum (a: *munus*) *Dei*
et quis est, qui dicit tibi: 'da mihi bibe-
re',
tu magis petisses ab eo et dedisset tibi
aquam vivam."
4.11 *dicit* (e: *et d.*) *ei mulier: "domine,*
neque hauritorium habes et puteus altus
est;

unde (aur c f q: *u. ergo*) *habes aquam*
vivam (j l: *habes aquam vivam dare mi-*
hi)?

243 *inde Galilaeam repetit Servator*
Iesus.
244 *praeteriens sed forte venit*
Samaritida Sichen.
245 *illic fundus erat, Iacob de nomine*
pollens,
246 *et <u>puteus</u> gelido demersus in abdita*
<u>fonte</u>.
247 *sederat hic rapido Salvator*
anhelus in aestu,

248 *discipulique <u>escas</u> mercantes*
moenibus urbis
249 *passim dispersi solum liquere*
magistrum.
250 *moenibus egrediens <u>Samaritis</u>*
femina venit
251 *hauritura cavis putei penetralibus*
undas.
252 *<u>olli</u> Christus <u>ait</u>: "laticis da,*
femina, potum."
253 *respondens mulier "mirum mihi*
praecipis" inquit,
254 *"ut tibi Iudaeo mulier Samaritica*
potum
255 *<u>dispernens veterum Samaritum</u>*
<u>iussa</u> ministrem."
256 *tum Servator ait: "Domini si*
<u>munera</u> nosses,
257 *et quis te sitiens putealia pocula*
poscat,
258 *tu potius peteres, vivam tibi trade-*
ret undam."
259 *illa <u>sub haec</u>: "puteus gremium si-*
nuatur in altum
260 *urceus est nullus nec sunt tibi vin-*
cula funis:
261 *unde igitur poteris undam mihi*
<u>tradere</u> vivam?

4.12   *numquid tu maior es patre nostro Iacob,*
qui dedit nobis puteum hunc et ipse ex eo bibit et fili eius (r¹: *et f. e. cum eo*)
et pecora eius?"

4.13   *respondit Iesus et dixit ei:*

"omnis, qui bibit ex aqua hac (f q e: *ista*),
sitiet iterum; 4.14   *qui autem biberit de aqua, quam ego dabo ei,*
non sitiet in sempiternum (a aur c d f ff²
q e: *in aeternum*);
sed aqua, quam ego dabo ei,

fiet in eo fons aquae salientis in vitam aeternam."
4.15   *dicit ad eum mulier: "domine, da mihi hanc aquam, ut non sitiam neque veniam hic haurire."*
4.16   *dicit ei Iesus: "vade, voca virum tuum et veni huc."*
4.17   *respondit mulier et dixit ei: "non habeo virum."*
dicit ei Iesus:

"bene dixisti, quia virum non habes,

4.18   *quinque enim viros habuisti,*

et nunc quem habes, non est tuus vir, hoc verum dixisti."
4.19   *dicit illi mulier: "domine, video, quia propheta es.*
4.20   *patres nostri in monte hoc* (e: *is-to*) *adoraverunt*

et vos dicitis, quia Hierosolymis est lo-cus, ubi adorare oportet."

262   *num tu maior eris nostri virtute parentis?*
263   *hunc Iacob etenim puteum* <u>*cum*</u>
prole bibebat,
264   *et proprios huc saepe greges ad pocula duxit."*
265   *olli respondit mundi regnator Iesus:*
266   *"ex* <u>*ista*</u> *ad plenum nullus satiabitur unda,*
267   *nam rursus sitiet; sed nostri dona liquoris*
268   *ardorem excludent* <u>*aeterna in saecla*</u> *bibendi.*
269   *dulcia provenient nostri cui pocula fontis,*
270   *largior inde fluet vitalis gratia fluctus.*
271   *sed desiderium nostrae si te capit undae,*

272   *excitus veniat tecum mox urbe maritus."*
273   *coniugio sese mulier negat esse revinctam.*
274   *tum sic prosequitur mentis perspector Iesus:*
275   *"femina, veridicis loqueris de coniuge verbis.*
276   *nam tu conubiis nexa es iam quinque virorum,*
277   *nunc aliena super thalamorum vincula tollis."*
278   *tum mulier: "sanctum te certum est esse profetam.*
279   *sed nostri* <u>*istius*</u> *venerandum montis in arce*
280   *praeceptum nobis quondam liquere parentes,*
281   *at vos in Solymis orandum dicitis oris."*

4.21   *dicit illi Iesus:*
"mulier crede mihi, quia venit hora, cum
neque in monte hoc neque Hierosolymis
adorabitis Patrem. 4.22   vos adoratis,
quod nescitis, nos adoramus, quod
scimus, quoniam salus ex Iudaeis (b: *ex*
Iudaea) *est. 4.23   sed venit hora et*
nunc est,

cum veri adoratores adorabunt Patrem in
Spiritu et veritate. nam et Pater tales
quaerit, qui adorent eum in Spiritu.

4.24   *Spiritus est Deus, et eos, qui ado-*
rant eum, in Spiritu et veritate oportet
adorare.

4.25   *dicit ad eum mulier: "scio* (f: *sci-*
mus), *quia* (a: *quod*) *Messias venit, qui*
dicitur Christus; cum ergo venerit ille,
adnuntiabit nobis omnia."
4.26   *dicit ei Iesus:*

"ego sum, qui loquor tecum."

4.27   *et continuo venerunt discipuli eius*
et mirabantur,
quia (b: *eo, quod,* j: *quod*) *cum muliere*
loquebatur. nemo tamen dixit ei: "quid
quaeris vel quid cum ea loqueris?"
4.28   *reliquit ergo* (j e: *autem*) *mulier*
hydriam suam
et abiit in civitatem et dixit hominibus:
4.29   *"venite videte hominem,*
qui dixit mihi omnia, quaecumque feci;
numquid ipse est Christus?"

282   *talia dicenti mox talia reddit Iesus:*
283   *"en aderit tempus, montis cum*
vertice vestri
284   *omnibus et Solymis aberit vene-*
ratio longe.
285   *sed nunc certa salus Iudaeis surget*
ab oris,
286   *et nunc instantis cursus iam tem-*
poris urget,
287   *cum veri Sanctum Genitorem*
errore remoto
288   *cultores iustis armati legibus*
orent.
289   *Spiritus his et plena fides erit et*
Pater altus
290   *talia conquirit cultorum pectora*
terris."
291   *illa dehinc: "scimus, quod Christus*
nuntius orbi
292   *adventu proprio vitalia saecula*
pandet."
293   *et tum peccantum largus miserator*
Iesus
294   *se lumen terris Christum venisse*
fatetur.
295   *et iam discipuli reduces stupuere*
magistrum,
296   *quod secreta ullis potiretur femina*
verbis.

297   *at properans urnam mulier pro*
fonte reliquit
298   *et populum totis eduxit moenibus*
urbis.
299   *omnia nam memorat sibimet*
sermone profetae,
300   *gesserat ipsa prius quaecumque, ex*
ordine dicta.

4.30   *exierunt ergo de civitate et veniebant ad eum.*
4.31   *postmodum* (aur c l: *interea*) *autem rogabant eum discipuli dicentes:*
"Rabbi, manduca."
4.32   *ille autem dixit eis: "ego escam* (aur c f ff² q e: *cibum*) *habeo manducare, quam vos nescitis."* 4.33   *dicebant ergo* (a b q r¹: *autem*) *discipuli eius ad alterutrum* (q: *inter se*):

"numquid aliquis ei attulit manducare?"

4.34   *dicit illis Iesus* (aur b c d f ff² l r¹: *ille*):
"mea esca est,

ut faciam voluntatem eius, qui me misit, et perficiam opus eius.
4.35   *nonne vos dicitis, quod adhuc quattuor menses* (f: *m. supersunt*) *et messis venit?*

ecce dico vobis, levate oculos vestros et videte regiones, quia albae sunt ad messem iam.

4.36   *qui metit* (b: *...iam ad messem iam. qui metit;* ursprüngliche Interpunktion wohl nach *messem* [siehe Anhang]; a: *qui serit*), *mercedem accipit et congregat fructum in vitam aeternam, ut et qui seminat* (a: *serit*), *simul gaudeat, et qui metit.*

4.37   *in hoc est enim verbum veritatis, quia alius est, qui seminat et alius, qui metit.*
4.38   *ego misi vos metere,*

quod vos non laborastis;

alii laboraverunt, et vos in labore ipsorum introistis."

301   *tum propere Christum fusae petiere catervae.*
302   *discipuli* _interea_ *rogitabant, sumeret escas.*

303   *ille satis sibi pulchrorum superesse* _ciborum_
304   *respondit.* _sed tum_ *mirantum discipulorum*
305   _inter se_ *occultis currebat sermo loquellis.*
306   *"forte aliquis prior hic epulas dedit ante magistro,*
307   *nostras ut merito satiatus respuat escas."*
308   _ille_ *sed internae cernens molimina mentis:*
309   *"hae mihi sunt epulae, pectus satiabitur istud,*
310   *si faciam magni Genitoris iussa per orbem.*
311   *quattuor hinc menses laetae ad primordia* _messis_ (cf. Ioh.4.36 cod.b)
312   *frugiferae aestatis certe* _superesse_ *putatis.*
313   *erigite ergo oculos, albentes cernite campos,*
314   *cunctaque maturam* _iam_ *rura exposcere messem.*
315   _nunc_ *quicumque* _metet_, *pulchri mercede laboris*

316   *vitalique dehinc gaudebit fruge redundans*
317   *et* _sator_ *accipiet messorum gaudia laetus.*

318   *vos ego nunc misi gravidam succidere messem,*
319   *quae non est vestro sulcis inserta labore.*
320   *vos aliena bonae ditabunt munera frugis."*

4.39   *ex civitate autem illa multi crediderunt in eum Samaritanorum prop-ter verbum mulieris testimonium perhi-bentis: "quia dixit omnia, quae feci."*
4.40   *ut ergo venerunt ad illum Samari-tani* (e: *Samarites*), *rogabant eum* (e: *ve-nerunt ergo ad eum Samarites obsecran-tes*), *ut ibi maneret, et mansit ibi* (d e: *illic*) *biduo.* 4.41   *et multo plures* (q: *multi*) *crediderunt propter sermonem eius.* 4.42   *et mulieri dicebant, quia "iam non* (d: *non iam*) *propter tuum tes-timonium* (a aur c f ff²: *tuam loquellam* [ff²: *tua l-a*], q e: *tuum sermonem*) *cre-dimus. ipsi* (a d: *ipsum*) *enim audivimus et scimus,*
quia (a: *quod*) *hic est vere Salvator mun-di* (q: *seculi*, e: *saeculi*)."*

321   *talibus adloquiis comitum dum pectora conplet,*

322   *ecce Samaritum populi venere rogantes*
323   *exorantque illic geminos expendere soles.*
324   *iamque fides multos plebis fundaverat alta*
325   *nec iam femineis tantum concredere verbis,*

326   *ipsos sed coram virtus manifesta docebat,*
327   *venisset saecli quod iam Servator Iesus.*

C. Kommentar zu Juvencus 2.177/327

2.177/183 - Christus als gottgesandter Wundertäter und Heiland

177ff. Juvencus übergeht Ioh.2.24f. Dort heißt es, Christus habe sich jenen nicht anvertraut *(non credebat se)*, die nur aufgrund der Wunder glaubten und zu denen auch Nikodemus gehörte, wie aus Ioh.3.2 hervorgeht. *se credere* bedeutet vielleicht, die Menschen in die tieferen Geheimnisse des Glaubens einzuführen (vgl. Thomas von Aquin, comm.in Ioh. 420 *"non credebat se eis"*, idest, *secreta sua mysteria eis nondum revelabat*), wozu besonders die Wiedergeburt aus Wasser und Geist gehört. Man könnte nun einen Widerspruch darin erkennen, daß Christus versucht, Nikodemus in das Geheimnis der Wiedergeburt einzuführen, obwohl der jüdische Gelehrte einer von jenen nur oberflächlich Glaubenden ist, die er eigentlich nicht in die tieferen Geheimnisse des Glaubens einweihen will. Ob Juvencus diesen Widerspruch auch sah, läßt sich kaum sicher beantworten, doch mag darin sein Motiv für die Auslassung von Ioh.2.24f. gelegen haben.- Augustinus versteht das *se credere* in einem übergeordneten Sinn: tract.11.3 in Ioh. (CCL 36.111.19/30) *respondit Iesus et dixit ei: "amen, amen, dico tibi, nisi quis natus fuerit denuo, non potest videre regnum Dei." ipsis ergo se credit Iesus, qui nati fuerunt denuo. ecce illi crediderant in eum, et Iesus non credebat se eis. intendat et intellegat caritas vestra. si dixerimus catechumeno: "credis in Christum?" respondet: "credo", et signat se; iam crucem Christi portat in fronte, et non erubescit de cruce Domini sui. ecce credidit in nomine eius. interrogemus eum: "manducas carnem Filii hominis et bibis sanguinem Filii hominis?" nescit quid dicimus, quia Iesus non se credidit ei*, 12.3 (121.8/18). Erst den Wiedergeborenen vertraut sich Christus an, indem er ihnen die Lehre über den Empfang von Leib und Blut des Menschensohns mitteilt. Auf ein erstes Einführen in das Geheimnis der Wiedergeburt hat Augustinus das *se credere* also nicht bezogen. Aus diesem Blickwinkel erscheinen Ioh.2.24f. durchaus mit dem Nikodemusgespräch vereinbar, und davon ausgehend hätte der Dichter natürlich diese Verse auch übernehmen können.

177/9. nocte sub obscura celso sublatus honore/ primorum procerum Iudaei nominis unus/ venit et ad Christum submissa voce profatur. Poinsotte (212ff.) ist der Ansicht, daß Juvencus den Nikodemus des Johannes, der Christus aufsucht, seine Bewunderung für ihn ausspricht und

zumindest auf dem Weg zum wahren Glauben ist,[237] umformt zu einem
typischen Vertreter der Christus feindlich gesonnenen jüdischen Oberschicht, ja zu ihrem Prototyp (213 "non seulement un type, mais encore
le prototype, parfaitement en situation et aisément reconnu comme tel à la
lecture, des dignitaires qui s'apprêtent à donner la charge").[238] Die Hinweise, die Poinsotte zur Stützung seiner These im Text vorzufinden
glaubt, werden im Kommentar jeweils zu prüfen sein. In den Versen
177/9 sieht Poinsotte (216) in *nocte sub obscura* und *submissa voce* die
für die Pharisäer charakteristische bösartige Heimlichkeit angedeutet ("le
goût du secret, l'habitude de la clandestinité"). Gewiß hat Juvencus das
boshafte Gerede der Pharisäer hinter dem Rücken des Herrn bei anderer
Gelegenheit herausgestellt, etwa in 2.351f., 3.152f. (Poinsotte 177 Anm.
666). Aber die Situation ist hier eine ganz andere. Nicht vor Christus ver-
heimlicht Nikodemus irgend etwas, sondern vor den anderen Juden ver-
heimlicht er sein Zusammentreffen mit Christus. Aus diesem Grund sucht
er ihn auch nachts auf. Überdies bezeichnet Juvencus den Nikodemus
nicht mehr wie der Evangelist als *Pharisaeus*, eine Tatsache, die Poinsotte
nicht erwähnt. Ablehnende Haltung gegenüber Poinsottes These äußert
auch Röttger (83).- Der Dichter erzeugt dadurch, daß er das Gespräch in
finsterer Nacht stattfinden (Ioh.3.2 *nocte* ist durch *nocte sub obscura* verstärkt), daß er Nikodemus mit gesenkter Stimme sprechen läßt, daß er den
Namen dieses vornehmen Juden verschweigt,[239] schließlich durch die
Häufung dunkler Laute eine feierlich-geheimnisvolle Stimmung, die einen
passenden Rahmen abgibt für das folgende Gespräch über das Mysterium
der Wiedergeburt. Über weitere Deutungsmöglichkeiten von *nocte sub obscura* und *submissa voce* siehe zu 177 und 179.- Das weit nach hinten ge-

---

[237] Chrysostomos hebt den Glaubenseifer des jüdischen Gelehrten hervor (hom.29.3 in Ioh.
[PG 59.165]), wenn er auch Nikodemus nicht für wahrhaft gläubig, sondern noch von jü-
discher Schwäche befallen hält (hom.23.1 in Ioh. [PG 59.144]). Nonn.Ioh.3.1f. weist
Nikodemus die Eigenschaften ἔννομος, πιστός und πειθήνιος zu.

[238] Weiter vorne bezeichnet Poinsotte den Nikodemus als Symbol der Verblendung des ganzen jüdischen Volks (115 "Il faut que Nicodème soit bien considéré comme le symbole
de l'aveuglement de tout son peuple, *unus inter pares*. Il est *le* Juif, l'incarnation du ju-
daïsme").

[239] Metrische Gründe müssen hierbei gegen Flieger (16) keine besondere Rolle spielen, da
Juvencus mit der Prosodie von Eigennamen wie andere christliche Dichter sehr frei verfährt, vgl. zu 243 *Galilaeam*, Huemer Beiträge 93, Poinsotte 31 Anm.91, 216 Anm.828,
und Flieger selbst 25. In der Dichtung findet man den Eigennamen Nikodemus noch in
dem Gregor von Nazianz zugeschriebenen Christus patiens und bei Nonnos. Während die
erste Silbe bei Gregor immer lang gemessen wird, ist sie bei Nonnos immer kurz gemessen.

rückte Prädikat (179 *venit*) erzeugt einen Spannungsbogen, welcher die Aufmerksamkeit des Lesers erhöht.

177. nocte sub obscura. Der Umstand der nächtlichen Stunde, zu der Nikodemus den Christus aufsucht, was Juvencus wie gesagt durch die Formulierung *nocte sub obscura* gegenüber Ioh.3.1 noch unterstreicht, paßt nicht nur in den oben beschriebenen Stimmungsrahmen, sondern ermöglicht noch andere Interpretationsansätze. Orig.frg.34 in Ioh. (GCS 10.509. 23/5) προσελθόντος (sc. Νικοδήμου) ἐν τοιούτῳ καιρῷ, ἐν ᾧ λήσειν ἔμελλε τοὺς πολλοὺς Φαρισαίους ὧν εἰς ὑπῆρχε legt nahe, daß Nikodemus den nächtlichen Zeitpunkt wählt, da er um seine Führungsposition unter den Pharisäern fürchtet. Deutlicher ist Cyrill.Alex.comm.in Ioh.3.1 (PG 78. 241B) τῆς...τοῦ ἔθνους ἡγεμονίας οὐ φορητὴν ἡγούμενος τὴν ζημίαν. Die grundsätzliche Angst, aus der jüdischen Gemeinde ausgeschlossen zu werden, sieht Chrysost.hom.24.1 in Ioh. (PG 59.144). Er verweist auf Ioh. 12.42 (cf. hom.28.3 in Ioh. [PG 59.166]), wo es heißt, daß viele der führenden Männer sich nicht öffentlich zu Christus bekannten, da sie fürchteten, aus der jüdischen Gemeinschaft ausgestoßen zu werden. Was dort gesagt werde, sei hier durch die Erwähnung des nächtlichen Zeitpunkts angedeutet: ἐνταῦθα...τὸ πᾶν διὰ τῆς κατὰ τὴν νύκτα παρουσίας ᾐνίξατο. Die Angst des Nikodemus bietet auch einen Ansatzpunkt zur Interpretation des Juvencustextes. Simonetti Abbolito (Osservazioni 312) sieht neben der Wahl des nächtlichen Zeitpunktes (V.177) auch die gesenkte Stimme als Indiz der Angst an. Die Angst sei in Kontrast zum hohen Rang des Nikodemus gesetzt.- Die Wahl des nächtlichen Zeitpunkts kann auch spiritual gedeutet werden. So bemerkt Origenes gleich im Anschluß an das o.g. Zitat: μᾶλλον δ', ὅπερ ἐστὶν ἀναντίρρητον, διὰ τοῦτο νυκτὸς προσελήλυθεν, ἐπείπερ ἄγνοιαν ἔχων τὴν περὶ Θεοῦ ᾧ προσήρχετο οὔπω πεφώτιστο. οὐ γὰρ ἀνατετάλκει αὐτῷ ὁ τῆς δικαιοσύνης ἥλιος, ὁ ποιητικὸς τῆς νοητῆς ἡμέρας, ἧς καὶ ὁ Ἀβραὰμ ἔρωτα λαβὼν παρεσκεύαστο πρὸς τὸ ἰδεῖν αὐτήν, καὶ θεασάμενος ἐχάρη (vgl. Ioh.8.56). Christus als die Sonne der Gerechtigkeit ist Nikodemus noch nicht aufgegangen, vgl. ähnlich Chromat.serm.18.1 (SC 164.8.9ff.) *idcirco ad Dominum venit non in die sed in nocte, quia tenebatur adhuc in nocte ignorantiae, in infidelitate Iudaeorum. necdum enim cordi eius sol iustitiae Christus illuxerat, quia necdum lumen agnoverat veritatis.*[240] Für spirituales Verständnis des nächtlichen Zeitpunkts siehe sonst Aug.tract.11.4 in Ioh. (CCL 36.111f.) *nocte venit; et hoc forte ad rem pertinet. ad Dominum venit, et nocte venit; ad lucem*

---

[240] Im Gegensatz zu Origenes scheut sich Chromatius nicht, die spirituale Interpretation unvermittelt neben die nicht übertragene *(Iudaeos timebat offendere)* zu stellen.

venit et in tenebris venit. renati autem ex aqua et Spiritu, quid audiunt ab apostolo? *"fuistis aliquando tenebrae, nunc autem lux in Domino, sicut filii lucis ambulate"* (Eph.5.8); *et iterum "nos autem, qui diei sumus, sobrii simus"* (I Thess.5.8). *qui ergo renati sunt, noctis fuerunt, et diei sunt; tenebrae fuerunt, et lumen sunt,* 11.5 (p.112.2/5) *quamvis ad Iesum venerit, tamen quia nocte venit, adhuc de tenebris carnis suae loquitur. non intellegit, quod audit a Domino, non intellegit, quod audit a luce, "quae illuminat omnem hominem venientem in hunc mundum"* (Ioh.1.9), Ps.Hier.expos.in Ioh. (PL 30.579A) *Nicodemus nocte venit ad illum, per noctem ostendit litteram Legis, sive ignorantiam cordis, ut illustraretur a lumine scientiae Dei,* Nonn.Ioh.3.2 Χριστῷ νυκτὸς ἵκανε· .../ ἔννυχος εἰς δόμον ἦλθεν, ὅπη φάος. ἀνδρὶ δὲ πιστῷ/ Ἰησοῦς ἐνέπων βαπτίσματος ἔνθεον αἴγλην,/ νυκτιφανῆ Νικόδημον ἐῷ φαιδρύνατο μύθῳ, Beda hom.18 (CCL 122.312.25/32), Ioh.Scot.comm.in Ioh.3.1 (SC 180.198/200; anknüpfend an Aug.tract.11.4 in Ioh.), Evang.Aegid.177 (Beichner p.539). Auch Juvencus selbst könnte den Umstand des nächtlichen Zeitpunkts in diesem Sinn verstanden haben. Denn es fällt auf, daß er den Nikodemus in Vers 181 den Herrn als *lux* bezeichnen läßt (vgl. auch 183 *splendescere*). Freilich begreift Nikodemus bei aller ungeheuchelten Begeisterung für die Wundertaten Christi wohl kaum selbst den Gehalt des von ihm gewählten Begriffs *lux*. Vielmehr steht hinter der Wahl von *lux* der wissende Dichter.- *nocte sub obscura* (vgl. schon Enn.trag.257 Jocelyn *nocte in obscura*) steht in epischer Tradition: Verg.georg.1.478 *sub obscurum noctis*, Aen.2. 420 *obscura nocte*, 6.268 *obscuri sola sub nocte*, Germ.202 *obscura sub nocte*. Genaue Entsprechung liegt vor in Eleg.in Maecen.1.29 sowie später in Drac.laud.Dei 3.487. Zur Form *nocte sub* + Adjektiv am Hexameteranfang vgl. auch Lucan.5.734, Manil.5.698, Val.Fl.5.140 *n. s. extrema*, Stat.Theb.3.2, *n. s. ancipiti*, 12.282 *n. s. infesta*, silv.1.3.71 *n. s. arcana*, Val.Fl.4.105 *n. s. hiberna. sub* hat in diesen Fällen und an vorliegender Stelle modal-temporale Funktion, vgl. bei Juvencus 3.77 *sub extremo labentis lumine solis*, 227 *sub exortu solis*, ferner Huemer, Index 172 s.v. ("ubi abl. temp. exspectes").- Mit **celso...honore** ist wohl das (freilich nicht näher bestimmte) hohe Amt des Nikodemus gemeint; vgl. Paul.Nol. carm.27.202 *tibi celsus honor terrena recusat gaudia,* Inscr.Christ. Diehl 988.5 *qui gratus populis et celso dignus honore/ sumpsisti meritis pontificale decus,* Carm.in gen.1230 (PL 19.375) (unten zitiert); vgl. ferner (Symm.pater) Symm.epist.1.2 (vgl. Morel/Büchner/Blänsdorf p.399 III.5) *celsus honoribus.* Vielleicht zielt *celso...honore* aber auch allgemein auf das hohe Ansehen des jüdischen Gelehrten. In demselben Kasus und an denselben Versstellen kommt die Junktur noch vor in 3.541 *hominis, celso quem cinget honore/ maiestas* und später in Nachahmung in Alc.Avit.

carm.1.57 *nostram celso donatus honore/ induat...formam (homo)* und Carm.in gen.1230 (PL 19.375; vgl. gen.41.40f.) *vera renarrantem celso sublimat honore,/ praefectumque iubet totas se ferre per urbes.* Juvencus könnte bei *celso...honore* angeregt worden sein von Stellen wie Acc.carm. frg.15 Morel/Büchner/Blänsdorf (p.86) *magnificissimei excelsissimeique honore,* Sil.15.257 *ille nitet celsus* ("hochaufragend" oder übertragen "stolz", vgl. Spaltenstein, Komm.; vielleicht auch beides zugleich) *muralis honore* ("Ehrenzeichen") *coronae.* Vielleicht hat Juvencus auch schon direkt die Verbindung *celsus honor,* also mit *celsus* als Attribut zu *honor,* vorfinden können. Es ist auf Stat.silv.3.3.145 zu verweisen. Im maßgeblichen Codex Matritensis M 31 ist dort zu lesen *celso natorum aequavit honore* (sc. *eum*). Es fehlt offensichtlich ein Dativ zu *aequavit.* Courtney liest *celso...honori.-* **sublatus honore.** Vgl. 218, 4.59 *salutantum...tolluntur honore,* Hor.carm.1.1.8 *tergeminis tollere honoribus* (mit *t. h.* sind wohl die Ämter des Aedils, Praetors und Konsuls gemeint; dagegen denkt Porphyrio an die Bedeutung "Applaus", ebenso Nisbet/Hubbard in ihrem Kommentar), Ps.Sall.rep.2.3.3 *suos ad honorem* (sc. *magratuum*) *extollunt,* Tac.ann.1.2.1 *opibus et honoribus* (= *magratibus*) *extollerentur.-* Vgl. die ähnliche Versklausel *sublimis honore* in Sil.14.111, 16.600, AL I.1 Shackleton Bailey 99.5 *(multo s. h.),* AL I.2 Bücheler/Riese/Lommatzsch 807.5 *(tanto...s. h.),* Paul.Petr.Mart.2.554 *(claro...s. h.),* 4.392, Carm.cod.petav.9.7 (MGH AA 6.2 p.187) *(gemino...s. h.).*

178. primorum procerum Iudaei nominis unus gibt Ioh.3.1 *princeps Iudaeorum* wieder, die Apposition zu (dem von Juvencus übergangenen) *homo ex Pharisaeis nomine Nicodemo.* In Verbindung mit *celso sublatus honore* ist *primorum procerum* pleonastisch, was den vornehmen Rang unterstreicht. *primorum* seinerseits hebt Nikodemus aus der Masse der *proceres* heraus: Er gehört zur Führungsschicht innerhalb der *proceres.* Lautlich hervorgehoben ist *primorum procerum* durch gleichen An- und Auslaut. Letzterer fällt noch dazu jeweils in die Arsis. Gleicher Auslaut (Homoioteleuton) von zwei unmittelbar aufeinander folgenden Wörtern ist zwar gemeinhin unbeliebt (Norden 405 mit Anm.1), jedoch erlaubt, wenn das Attribut eine besonders gewichtige Eigenschaft des Substantivs anzeigt (Norden 407), was hier der Fall ist; vgl. etwa 2.809 *secretum lolium,* 3.684 *captantum procerum,* 3.734 *tantorum scelerum* u.ö.- **primorum procerum.** Acc.trag.325 *primores procerum,* Plaut.Amph.204 *viros primorum principes. primorum* ist hier wohl adjektivisch, da Juvencus ebenso wie die augusteischen Dichter (mit Ausnahme Properzens; vgl. HSz 66) Genitivhäufungen weitgehend meidet (vgl. Hatfield § 50, der für dieses Phänomen bei Juvencus nur 4.55 und 4.117 nennt; Poinsotte 217 Anm.832. Von *pri-*

morum procerum hängt ja bereits der genitivus qualitatis *Iudaei nominis* ab.- *proceres* nennt Juvencus gerne die jüdische Oberschicht (offenbar als erster lateinischer Autor, siehe Vestergaard, Thes.X.2 c.1516f.), im besonderen die Pharisäer (siehe im einzelnen Poinsotte 190). Der Ausdruck läßt sich biblisch in Vulg.num.16.2 *proceres synagogae* und Vulg. I par. 26.9 *proceres tribuum Israel* belegen. Sabatier nennt für die genannten Stellen keinen Vetus Latina-Zeugen, Vestergaard zitiert num.16.2 Lugd. (Robert p.273) *duces synagogae.* Im epischen Sprachgebrauch ist *proceres* geläufig (etwa Ov.met.3.530, Verg.Aen.6.489, 8.587).- **Iudaei nominis** (*nominis* metonymisch für *gentis, nationis,* vgl. OLD 1186 s.v. 19a) ist episch, vgl. etwa Verg.Aen.7.723 *Troiani n.,* Ov.met.12.612f. *Pelasgi/ nominis,* Iuvenc.4.478 *n. Hebraei* (vgl. Flieger 16).- Der schwerfällige Genitiv *Iudaeorum* aus Ioh.3.1 *(princeps Iudaeorum)* kommt bei Juvencus nirgends vor *(Iudaeae gentis* u.ä. anstelle von *Iudaeorum* bei Matthäus in 4.592 [Matth.27.11], 648 [Matth.27.29], 666 [Matth.27.37]).- Ähnlicher Hexameterschluß wie *nominis unus* liegt vor in Lucan.8.760 mit *nominis una.-* **procerum...unus.** Für indefinites *unus* mit partitivem Genitiv (HSz 57) vgl. im Epos 2.362, Verg.Aen.2.527, Sil.10.494. Daneben verwendet Juvencus die Konstruktion *ex* + Ablativ, offenbar beeinflußt vom biblischen Latein: 2.19 *e discipulis unus* (cf. Matth.8.21 g¹ *alius...ex* [aur ff¹ l *de*] *discipulis eius), e discipulis unus* 4.422 (cf. Matth.26.14 f ff¹ *unus ex* [cett. *de*] *duodecim*), 435 (cf. Matth.26.21 a d q *ex vobis unus,* cett. *unus vestrum*), 522 *e discipulis unus* (cf. Matth.26.51 *unus ex his, qui erant cum Iesu*). Die Formulierung *procerum...unus* erinnert an Ov.met.4. 790f. *unus / ex numero procerum.*

179. profatur. Das Wort begegnet bei Juvencus recht häufig, nämlich 10 mal, allerdings immer aus besonderem Anlaß: 2.806 in einem Gleichnis ist indirekt Gott Subjekt, 2.365, 399, 757, 4.52, 484 Christus, 1.67, 4.752 Engel und 1.201 Simeon als Preisender Gottes. Mit Blick auf den gewählten Gebrauch von *profatur* in diesen Stellen wird ein solcher auch für vorliegende Stelle anzunehmen sein. Die Verwendung des erhabenen Worts zeigt, daß Juvencus den Nikodemus nicht als beliebigen jüdischen Schriftgelehrten oder gar Pharisäer hinstellen will, dessen Lob Christi eher als heuchlerische Einleitung einer Falle ausgelegt werden müßte (vgl. 4.3f. [Matth.22.16]), sondern daß er ihn als ehrlich Preisenden ansieht.- **submissa voce.** Vgl. Ov.met.7.90, Pont.4.3.41f., Val.Max.3.8(ext).1, Stat. Ach.1.867, Mart.8.75.11, Ciris 355, Drac.Rom.8.327, Coripp.Ioh.8.575. Das Sprechen mit unterwürfig gesenkter Stimme dient ursprünglich einem rhetorischen Zweck: Quint.inst.11.3.63 *at in blandiendo, fatendo, satisfaciendo, rogando lenis et summissa* (sc. *vox*); vgl. Lyne, Komm. zu Ciris

355. Bei Juvencus dagegen hebt *submissa voce*, ebenso wie die Anrede *Sancte*, die Ehrfurcht des Nikodemus vor Christus hervor, wenn ihm auch nicht bewußt ist, daß ihm der Gottessohn selbst gegenübersteht. Der Begriff wird also inhaltlich überhöht (Herzog, Bibelepik 147 "Andacht suggerierende Gestik"); er meint nicht mehr bloß zweckmäßiges Verhalten, nicht mehr bloß rhetorisches Mittel, vgl. Sedul.carm.pasch.2.194f. *quem* (sc. *Deum*) *nullus cernit et omnis/ laudat in excelsis submissa voce potestas;* vgl. weiter Iuvenc.1.95 *illa trahens animum per gaudia mixta pudore/* (natürlich ist nicht nur jungfräuliche Scham gemeint, wie Knappitsch behauptet, sondern Elisabeths Ehrfurcht vor Gott) *subpressae vocis pavitantia dicta volutat,* Drac.laud.Dei 2.210 *thronus...incessans humili te* (sc. *Deum*) *voce precatur.* Wie Sedulius und Dracontius ist auch Juvencus an vorliegender Stelle bemüht, den hohen weltlichen Rang dessen herauszustellen, der ehrfürchtig zum Herrn spricht (177f. *celso sublatus honore/ primorum procerum Iudaei nominis unus*).- *submissa voce* kann, wie an früherer Stelle gesagt (zu 177/9), auch als Mittel verstanden werden, geheimnisvolle Stimmung zu erzeugen, oder wie die Wahl des nächtlichen Zeitpunkts als Indiz für die Angst des Nikodemus vor den anderen Juden (siehe zu 177).- Die Hexameterhälfte *submissa voce profatur* kehrt fast unverändert in Drac.Rom.8.327 wieder: *(ait) submissa voce profatus.*

180/3. haut dubium est, quod larga Dei te, Sancte, voluntas/ humanis lucem concessit surgere rebus;/ nec quisquam tantis tribuet miracula signis/ ni comitata Dei iubeat splendescere virtus. Ioh.3.2. sagt Nikodemus, daß Christus von Gott komme *(a Deo venisti)*, denn wenn jemand die Zeichen tue, die er tue, sei dies nur damit zu erklären, daß Gott mit ihm sei *(nisi fuerit Deus cum eo)*. Daß das Kommen Christi <u>von</u> Gott damit begründet werde, daß Gott <u>mit</u> ihm sei, enthält freilich keinen Gegensatz, ist aber auch nicht gerade leicht verständlich. Diese Schwierigkeit tritt bei Juvencus nicht offen zutage, denn das Kommen <u>von</u> Gott ist nicht direkt als solches erwähnt. Der Gedanke bei Juvencus ist folgender: Gott selbst läßt Christus unter den Menschen als Licht auftreten. Denn keiner könnte die Wunder tun, die er tut, wenn nicht die Kraft Gottes in ihm wäre. Bei Juvencus tritt Gott als treibende Kraft in den Vordergrund. Zwar handelt es sich um die Worte des Nikodemus, doch spricht hier wohl auch der Dichter. Denn das Wirken des Vaters durch den Sohn deutet er auch sonst oft an, auch in freier Hinzufügung zur Vorlage:[241] 2.8 *omnibus indulgens praebebat munera Patris* (Matth.8.16), 2.600f. *variis*

---

[241] Die Angabe der Bibelstellen dient der Orientierung. Der Wortlaut der Bibel wird nur wiedergegeben, wenn Gottvater dort erwähnt ist.

hominum languoribus aptat/ concessam in populos patria virtute medellam
(Matth.12.15), 2.637ff. (Ioh.5.19ff.), dort bes. 637/9 *quae Genitor faciet,*
sectabitur[242] *omnia Natus,/ namque idem Nato manifestat cuncta viden-*
da/ et potiora dehinc tribuet miracula rerum (Ioh.5.19f. *non potest Filius*
ab se facere quicquam, nisi quod viderit Patrem facientem. quaeque enim
ille facit, eadem et Filius facit similiter./ Pater enim diligit Filium et om-
nia demonstrat ei, quae ipse facit, et maiora horum opera demonstrabit ei,
ut vos miremini), 2.648/50 *sed cui nostra fidem sermonis gratia figet,/*
mox me mittentis Genitoris dona patescent/ aeternamque dabit praesens
constantia vitam (Ioh.5.24 *amen amen dico vobis, quoniam qui verbum*
meum audit et credit ei, qui me misit, habet eqs.), 3.462f. *nec minus in*
stratis aegros donare salute/ sublimisque Patris concedere munera praestat
(Matth.19.2), (in den Worten Christi:), 2.557f. *his poterit virtus mea mu-*
nere Patris/ antiquas vires hilari reparare quiete (Matth.11.28). Und wenn
es heißt 1.729f. *transcenderat alte/ doctrinam veterum Christo concessa*
potestas (Matth.7.29), dann meint *concessa potestas* natürlich die vom Vater zugestandene *potestas*. Überhaupt erhält der Sohn seine ewige Herrschaft vom Vater: 1.66f. *Natum, quem regnare Deus per saecula cuncta/*
et propriam credi Subolem gaudetque iubetque (Luc.1.32 *et dabit illi Do-*
minus Deus thronum David patris eius).[243]- Anstelle von *Deus* werden
bei Juvencus abstrakte Substantive, *voluntas* und *virtus*, von denen *Dei* abhängt, zu Subjekten. Sie werden hervorgehoben durch Stellung am Versende und Sperrung *(larga Dei...voluntas; comitata Dei...virtus)*, die im
letzteren Fall fast über den ganzen Vers reicht. *larga voluntas* unterstreicht Gottes schenkenden Willen und *virtus* Gottes Macht. *larga volun-*
tas, die Güte Gottes, ist Erklärung für *concessit*, und *virtus*, die Kraft
Gottes, die Christus begleitet *(comitata)*, erklärt dessen Fähigkeit, Wunder
zu vollbringen. Die Prädikate stehen jeweils an herausragender Stelle in

---

[242] Die Wortwahl *sectabitur* läßt den Sohn als Imitator des Vaters erscheinen, eine Auffassung, die Rufin.Orig.princ.1.2.12 (Görgemanns/Karpp 152f.) bekämpft: *quoniam ergo*
in nullo prorsus Filius a Patre virtute operum inmutatur ac differt, nec aliud est opus Fi-
lii quam Patris, sed unus atque idem, ut ita dicam, etiam motus in omnibus est: idcirco
"speculum" eum "immaculatum" (cf. sap.7.26) *nominavit, ut per hoc nulla omnino dissi-*
militudo Filii intellegatur ad Patrem. ea sane quae secundum similitudinem vel imitatio-
nem discipuli ad magistrum a quibusdam dicta sunt, vel quod in materia corporali ea a
Filio fiant, quae a Patre in substantiis spiritalibus prius fuerint deformata, convenire
quomodo possunt, cum in evangelio Filius dicatur non similia facere, sed eadem "simili-
ter" facere?

[243] Während der Erzengel bei Lukas nur über die ewige Herrschaft über das Haus Jakobs
spricht, fehlt bei Juvencus diese Einschränkung (vgl. Einleitung, Kap.III).

der Versmitte, *concessit* zwischen Penthemimeres und bukolischer Dihäre-
se und *iubeat* gerahmt von Pent- und Hephthemimeres.

180. haut dubium est, quod heißt es unpersönlich statt Ioh.3.2 *scimus
quia* (über *scire quia / quod* vgl. zu 291 *scimus, quod*), ähnlich 4.3 *certum est* + aci statt Matth.22.16 *scimus quia.* Der unpersönliche Ausdruck
läßt die Aussage als unumstößlich und objektiv erscheinen, in 4.3 dagegen
als scheinheilige und hinterlistige Verstellung der *factio frendens* der Pharisäer. Die Litotes und der Indikativ im *quod*-Satz unterstreichen die
Überzeugung von der Richtigkeit des Gesagten.- *dubium esse, quod* und
dubitare, quod (über *quod* statt *quin* vgl. HSz 582) sind vor Juvencus nur
vereinzelt anzutreffen. Bulhart (Thes.V.1 c.2088, 2115) gibt für *dubium
esse, quod* als frühesten Beleg Hyg.astr.4.14.5 an, für *dubitare, quod*
Proc.dig.8.2.13. In der Dichtung begegnet diese Konstruktion vor Juvencus offenbar nicht, Bulhart nennt erst Ven.Fort.carm.10.17.20 *(dubitare,
quod).*- **larga Dei...voluntas** kehrt ähnlich wieder in Carm.adv.Marcion.3.
175 *larga...Patris...voluntas.* Für *largus* von Gott vgl. etwa (genannt sind
vorzugsweise Verbindungen mit Abstrakta) Cypr.eleem.1 (CCL 3A.55.2)
Dei Patris et Christi larga et copiosa clementia, Carm.laud.Dom.43 (PL
19.382) *largus pietate paterna,* Paul.Nol.carm.22.82 *proflua lacte sacro
largus* (prädikativ) *dabit ubera Christus,* Sedul.carm.pasch.3.15 *larga potestas* (metonymisch), Carm.adv.Marc.1.147 *patientia larga,* Drac.laud.Dei
2.737 *ditas opibus bene largus egentes.* Als *largitor* wird Gott bezeichnet
etwa in Tert.adv.Prax.28.12 (CCL 2.1202.54) *charismatum spiritalium largitor,* Hil.coll.antiar. A V1.1 (CSEL 65.79.5) *salvatorem imperii tui et
largitorem salutis tuae,* Prud.cath.4.74 *largitor...omnium bonorum,* apoth.
701 *auctorem lucis largitoremque dierum* (cf. Mazzega 155). Juvencus hat
hier antike Ausdrucksweise christlich genutzt, denn *largus* ist auf heidnische Gottheiten bezogen in Sil.7.164 (Bacchus), Stat.silv.2.6.68 (Fortuna),
CE 249.7 (Ceres).- Für *Dei...voluntas* vgl. Marc.3.35, Rom.12.2, I Petr.
2.15; Vulg. I Petr.3.17 (gr. jeweils τὸ θέλημα τοῦ Θεοῦ). In den drei
erstgenannten Stellen ist das von Gott Gewollte gemeint. Im Epos wird *voluntas dei / deorum* vor Juvencus nicht verwendet (vgl. sonst Cic.dom.
107, Rosc.136, Hyg.astr.2.15.3).- **Dei...voluntas/ ...concessit.** Das Abs-
traktum *Dei...voluntas* ist grammatisches Subjekt; ähnlich 2.21 *spatium
tribuat tua nobis, Sancte, voluntas, ut...,* Vulg.Iob 37.12 *quocumque eas
(nubes) voluntas gubernantis duxerit* (keine wörtliche Entsprechung zum
Hebr.), Vulg.psalm.58.11 *Deus meus, voluntas eius* (anders hebr. 59.11
חסדו, Sept. 58.11 τὸ ἔλεος αὐτοῦ) *praeveniet me,* act.4.28 *quanta manus
tua et consilium* (gr. ἡ βουλή) *praefinivit fieri,* Vulg. I Petr.3.17 *velit voluntas* (gr. τὸ θέλημα) *Dei;* aus der römischen Literatur vgl. Hyg.astr.2.

15.3 *quam (Pandoram)...deorum voluntas omni munere donavit*, Phaedr.5.
6.5 *superum voluntas favit*, Sil.16.288 *ita caelitum nobis propensa volun-*
tas/ adnuit. Zur abstrakten Ausdrucksweise als Charakteristikum der
christlichen Dichtung siehe Fichtner 158ff., van der Laan 27f. Zu *volun-*
tas/ ...concessit vgl. Cic.inv.2.64.- **Sancte**. In Ioh.3.2 spricht Nikodemus
Jesus an mit *rabbi* (רבי = "mein Mächtiger"). Während die Anrede selbst
noch unklar lassen mag, ob sich der Gelehrte Jesus unterordnet oder ihn
auf diese Weise (immerhin) als Ebenbürtigen anspricht (letzteres meint Lagrange zu Ioh.3.2), zeigt die folgende Rede *(a Deo venisti* und *nemo...*
potest haec signa facere, quae tu facis, nisi fuerit Deus cum eo), daß Nikodemus Christus als einen Gottgesandten betrachtet, der über ihm steht.
Juvencus nun läßt mit der Anrede *Sancte* von vornherein keinen Zweifel
darüber aufkommen, daß Nikodemus sich Jesus unterordnet. Und bereits
mit 179 *submissa voce* deutet er dies an. Substantiviertes *Sancte* als Anrede Gottes oder Christi ist in der Bibel nicht belegt (wohl adjektivisches
Sancte: II Macc.14.36 *Sancte sanctorum omnium Domine* [Sept. Ἅγιε
παντὸς ἁγιασμοῦ Κύριε], Ioh.17.11 *Pater Sancte* [gr. Πάτερ Ἅγιε]).
Man kennt allerdings die Bezeichnung *Sanctus* von Gott (Vulg.apoc.16.5
[gr. ὁ Ὅσιος]), *Sanctus Dei* von Christus (Marc.1.24 [= Luc.4.34], Ioh.
6.69 d [gr. ὁ Ἅγιος τοῦ Θεοῦ], act.2.27 *Sanctum tuum* [gr. τὸν Ὅσιόν
σου; cf. 13.35] nach psalm.15.10 [hebr. 16.10 חסידך]); vgl. van der Laan
zu Sedul.carm.pasch.4.87. Doch kommt substantiviertes *Sancte* in der
christlichen Dichtung vor (2.21, Ambr.hymn.9.8 [PL 16.1475], Prud.cath.
2.69, 3.96, Alc.Avit.carm.3.399). Es erinnert dann an die Anrede heidnischer Gottheiten, etwa bei Verg.Aen.4.576 (hier die besondere Konstruktion mit partitivem Genitiv, *sancte deorum*, vgl. Enn.ann.53 Skutsch),
Tib.2.1.81, 3.10.9, 11.12, 12.7, Gratt.441, Petron.133.3, Priap.40.3, 82
(Tib.1).3, Mart.12.62.15.

181. humanis lucem...surgere rebus. In Ioh.3.2 sieht Nikodemus die
Rolle Christi darin, daß er als Lehrer komme. Bei Juvencus erwähnt Nikodemus diese Funktion gar nicht, obwohl die *magister*-Rolle sonst öfter
hervortritt (2.120, 249, 295, 306, 526 u.o.). Mit *humanis lucem surgere*
rebus (cf. 2.103 *en nostris...concessum est surgere saeclis,/ quem voces*
veterum et sancti cecinere profetae, 3.346 *in terras Christi...consurgere*
lucem) geht er aber weit darüber hinaus. Christus steigt auf als Licht, d.h.
als Retter, der Menschheit.[244] Auf diese Rolle als Heilsbringer schließt

---

[244] Mit *lux, lumen* wird Christus auch sonst als Heilsbringer bezeichnet: 1.277 (Röttger
44ff.), 2.356 *lumen salusque* (Röttger 46 zum Paar Licht/*salus* bei Juvencus; M.Lossau,
Retter - Licht [φόως, φάος] bei Homer und den Tragikern, Eranos 92.1994.85/92 zur ur-

Nikodemus aus der Wundertätigkeit Christi (vgl. 2.175f.). Zur vorliegenden Epiphaniebeschreibung vgl. in der Bibel psalm.111.4 *exortum est in tenebris lumen rectis corde: misericors et miserator et iustus Dominus* (Sept. ἐξανέτειλεν ἐν σκότει φῶς τοῖς εὐθέσιν ἐλεήμων καὶ οἰκτίρμων καὶ δίκαιος, hebr. 112.4 זרח בחשך אור לישרים חנון ורחום וצדיק), Vulg. Iob 25.3 *super quem non surgit lumen illius?* (hebr. מי לא יקום אורהו על), Is.60.1 *illuminare, illuminare, Ierusalem: venit...lumen tuum, et gloria Domini super te orta est* eqs. (Sept. φωτίζου, φωτίζου, Ιερουσαλημ, ἥκει γάρ σου τὸ φῶς, καὶ ἡ δόξα Κυρίου ἐπὶ σὲ ἀνατέταλκεν, hebr. זה קומי אורי כי בא אורך וכבוד יהוה עליך); (von Christus:) num.24.17 *orietur stella ex Iacob* (Sept. ἀνατελεῖ [hebr. דרך, also ohne direkte Vorstellung des Aufsteigens] ἄστρον ἐξ Ἰακώβ; cf. Iren.demonstr.2.58, Cypr.testim.2.10 [CCL 3.42.4]), Mal.4.2 *orietur vobis...sol iustitiae* (Sept. 3.20 ἀνατελεῖ ὑμῖν...ἥλιος δικαιοσύνης, hebr. 3.20 שמש צדקה... זרחה לכם; cf. Cypr.domin.orat.35 [CCL 3A p.112.670ff.], Cyrill.Alex. comm.in Ioh.4.4 [PL 73.620A]), Matth.4.16 *lux orta est illis*[245] (gr. φῶς ἀνέτειλεν αὐτοῖς; cf. Is.9.2, Tert.adv.Marc.4.7.3 [SC 456.94.32]), Luc.1.78 *visitabit nos oriens ex alto* (gr. ἐπισκέψεται ἡμᾶς ἀνατολὴ ἐξ ὕψους; cf. Ier.23.5, Zach.3.8, 6.12), II Petr.1.19 *lucifer oriatur in cordibus vestris* (gr. φωσφόρος ἀνατείλη ἐν ταῖς καρδίαις ὑμῶν); Tert.adv. Iud.9.28 (CCL 2.1373f.) *ardorem gentium...lucere...fecit ortu luminis sui,* adv.Val.3.1 (SC 280.84.7) *orientem, Christi figuram;* Löschhorn, Thes. IX.2 c.993.84/994.7, 1005.10/23, 55/60 s.v. *orior.* Die Symbolik wird behandelt von F.J.Dölger, Sonne der Gerechtigkeit 100/10; Sol salutis 149/56; M.Wallraff, Christus Verus Sol. Sonnenverehrung und Christentum in der Spätantike (= Jahrbuch für Antike und Christentum, Ergbd. 32), Münster 2001, 48ff. Das Bild der aufgehenden Sonne erinnert auch an Epiphaniebeschreibungen antiker Herrscher: Hor.epist.2.1.17 *nil oriturum alias, nil ortum tale;* Sen.clem.1.8.4 *tibi non magis quam soli latere contigit. multa circa te lux est, omnium in istam conversi oculi sunt. prodire te putes, oreris;* Stat.silv.4.1.2ff. *Caesaris insignem...aperit Germanicus annum/ atque oritur cum sole novo, cum grandibus astris/ clarius ipse*

---

alten Verknüpfung Licht-Retter), 2.75 (Röttger 77ff.), 733 *terrarum lumen.* Das ist in der Bibel vorgeprägt: Ioh.8.12 *ego sum lux mundi* (die Junktur *lux mundi,* obwohl auch episch [Belege bei Röttger 44], bei Juvencus nie, einmal *lumen mundi* von den Jüngern, vgl. Matth.5.14), 9.5, 12.46. (vgl. noch Scheible, Thes.VII.2 c.1917.12/35, 1822.63/ 1823.7).

[245] Bei Iuvenc.1.416 heißt es *magnum lumen subitumque videbunt.* Die Verwendung der 3. Person ergibt sich aus Matth.3.16, während das Futur auf den Wortlaut des Prophetentextes in der Septuaginta oder der Vetus Latina zurückzuführen ist (Is.9.2 φῶς λάμψει ἐφ᾽ ὑμᾶς; *lux orietur vobis*).

nitens et primo maior Eoo (cf. Löschhorn Thes.IX.2 c.993.73/84); Prei-
sigke, Sammelbuch griechischer Urkunden aus Ägypten, Nr. 4284, 8420
(= Kaibel, Epigrammata Graeca, Nr. 978; Gedicht des Katilios) Καίσαρι
...ἄστρῳ ἁπάσας/ Ἑλλάδος, ὃς ζωτὴρ Ζεὺς ἀνέτειλε μέγας; vgl. noch
J.Lehnen, Adventus principis: Untersuchungen zu Sinngehalt und Zeremo-
niell der Kaiserankunft in den Städten des Imperium Romanum, Berlin
1997, 73f. und Röttger 47.- Neben der Sonnensymbolik im Kaiserkult gab
es die Verehrung des Gottes Sol selbst. Nachdem der syrische König Ela-
gabal Anfang des 3. Jhdts. mit seinem Versuch gescheitert war, den Son-
nenkult zur Staatsreligion zu machen, führte Aurelian etwa 50 Jahre später
den Kult des Sol Invictus als des höchsten Gottes ein. Dazu im Gegensatz
stand die Verehrung Christi als Sonne der Gerechtigkeit. Nach der Kon-
stantinischen Wende ging zwar etwa die Darstellung Sols auf Münzen zurück, und mit dem Sieg von 324 fiel in der Kaisertitulatur das Epitheton
Invictus fort (R.Leeb, Konstantin und Christus. Die Verchristlichung der
imperialen Repräsentation unter Konstantin dem Großen als Spiegel seiner
Kirchenpolitik und seines Selbstverständnisses als christlicher Kaiser
[= Arbeiten zur Kirchengeschichte, Bd.58], Berlin/New York 1992, 9ff.).
Dennoch verzichtete Constantin nicht darauf, sich als Sol darstellen zu lassen (Leeb, op.cit. 12ff., 23ff.). Ebensowenig scheute er sich, die christliche Sonnensymbolik auf seine Person zu übertragen. Euseb.vita Const.1.
43.3 (GCS Eus.1/1 p.38.17/22) berichtet z.B. folgende wohl alltägliche
Zeremonie: ὥσπερ δ' ἀνίσχων ὑπὲρ γῆς ἥλιος ἀφθόνως τοῖς πᾶσι τῶν
τοῦ φωτὸς μεταδίδωσι μαρμαρυγῶν, κατὰ τὰ αὐτὰ δὴ καὶ Κωνσταντῖνος
ἅμα ἡλίῳ ἀνίσχοντι τῶν βασιλικῶν οἴκων προφαινόμενος, ὡσανεὶ συνανα-
τέλλων τῷ κατ' οὐρανὸν φωστῆρι, τοῖς εἰς πρόσωπον αὐτῷ παριοῦσιν
ἅπασι φωτὸς αὐγὰς τῆς οἰκείας ἐξέλαμπε καλοκαγαθίας (Leeb 25). Es
ist nicht immer leicht, die Trennlinie zur Vergöttlichung zu ziehen. Man
kann derlei freilich im positiven Sinn als Nachahmung bezeichnen (cf. vita
Const.4.22 [p.128.10/2]). Juvencus jedenfalls weist am Ende seines Gedichts (4.812) die Bezeichnung *Dominus lucis* nicht dem Kaiser, sondern
Christus zu (in der Bedeutung "Licht-Herr", "Lichtbringer" [wie sie wohl
auch in Mar.Victor.Aleth.prec.60 *lucis Domino vitaeque* vorliegt]; siehe
Röttger 130f. in Ablehnung der Bedeutung "Herr über das Licht", der
Fontaine, Dominus lucis 140, zuneigt). Wenn dies in einem Zusammen-
hang geschieht, der den Lobpreis Constantins zum Mittelpunkt hat, muß
man umso mehr folgern, daß der Titel *Dominus lucis* tatsächlich allein
Christus, keinesfalls dem Kaiser zukommt. Constantin selbst hat auf die
Anrede mit dem *sacrum nomen* verzichtet (4.809f.), womit der Ersatz des
offiziellen Titels *Invictus*, der ihn mit dem Sonnengott gleichsetzt, durch
das moderatere *Victor* (Fontaine, op.cit. 139f.) gemeint sein dürfte.- Die
Junktur **lucem...surgere** findet sich in Ov.fast.4.629, Sil.15.214 (Sonnen-

aufgang in Verbindung mit Ordinalzahl als Zeitangabe), 15.626, Prud. cath.2.75 (Sonnenaufgang), Arator act.2.32; vgl. *lucem consurgere* in Iuvenc.3.346 (Christus), *lumen surgere* in Vulg.Iob 25.3, Sedul.carm.pasch. 3.198.- **humanis...rebus** meint die ganze Menschheit und weist auf die universale Heilstätigkeit Christi; vgl. Nonn.Ioh.3.2 θεοῦ πομπῇσι διδάσκαλος ἵκεο κόσμου/ ἀνδρομέου βιότοιο βοηθόος. Ein gewisser Unterton in dieser Wendung zielt auf die Schwäche und Hilflosigkeit menschlicher Existenz (vgl. bereits Lucr.5.1233ff. *usque adeo res humanas vis abdita quaedam/ opterit et pulchros fascis saevasque secures/ proculcare ac ludibrio sibi habere videtur*, Verg.Aen.10.152; Ehlers, Thes.VI.3 c.3089. 55ff.). Der Dativ läßt sich ἀπὸ κοινοῦ sowohl auf *surgere* wie auf *concessit* beziehen. Zum Dativ bei Verben des Aufgehens vgl. 1.232, Val.Fl.4. 632, Sil.4.474f. *nulla tamen longo tanta exorietur in aevo/ lux tibi*, Is.9.2 *lux orietur vobis*, Matth.4.16 *lux orta est illis* (siehe auch Röttger 82).- Der Hexameterschluß ist aus Sil.2.492 *(fessis da) surgere rebus* formal übernommen.- **concessit** bildet als Schlüsselbegriff (vgl. 180 *larga*, 182 *tribuet;* vgl. auch 187 *divino munere*) das zweifach gerahmte Zentrum des Verses. Den äußeren Rahmen bildet *humanis...rebus* (zur Rahmung des Verses durch Attribut und Substantiv vgl. 214; Norden 391f.), den inneren *lucem...surgere*. Ein anderes Beispiel für völlige Verssymmetrie ist 1.361 *ablutumque undis Christum flatuque perunctum* (vgl. Fichtner 81). *concedere* meint hier einen Akt der schenkenden Gnade Gottes. Schon in der antiken Literatur ist das Schenken der Götter oft mit *concedere* ausgedrückt, etwa in Verg.georg.1.238, Aen.9.655, Gratt.250, Sil.15.72, Mart. 11.57.5. Juvencus gebraucht *concedere* von Gott bzw. Christus in der dargelegten Bedeutung in 1.210, 730, 2.103, 136, 394, 601, 670, 673, 760, 3.277, 463, 4.305, 456; 1.401 verwendet der Teufel das Wort anmaßend in bezug auf sich. Für *concedere* vom Gott der Christenheit vgl. auch Tert.spect.2.12 (SC 332.100.70), Cypr.laps.18 (CCL 3.231.370), Vulg. Ios.14.10, Sedul.carm.pasch.2.235 (Christus), 3.18 (Christus), Arator act. 1.172 (Christus).

182. nec quisquam tantis tribuet miracula signis. Wenn Nikodemus bei Johannes von den Wundern spricht, die Christus bewirke, so besteht eine gewisse Schwierigkeit darin, daß bis zu dieser Stelle außer dem Weinwunder keine anderen Wunder berichtet worden sind. Es spricht daher für die Kompositionskunst des Juvencus, wenn er das Gespräch mit Nikodemus an einer Stelle einfügt, bis zu der schon zahlreiche Wunder berichtet worden sind. Denn des Nikodemus Staunen über Christi Zeichen erscheint so besser motiviert (siehe Einleitung Kap.IV).- **nec quisquam** ersetzt Ioh.3.2 *nemo enim* (e *et nemo*). *nemo* begegnet bei Juvencus nur 1.625 und ist in

der Dichtung überhaupt selten (Axelson 76f.). Für *nec quisquam* in der
epischen Dichtung vgl. etwa Enn.ann.211 Skutsch, Lucr.3.966, Verg.Aen.
7.703, Sil.16.301. Bei Juvencus ist diese Form häufig: 2.48, 536, 553,
643, 1.475 (adj.), 3.219, 340, 407, 608 (adj.), 4.4, 125, 534. Direkt aus
der Bibel übernommen ist *nec quisquam* in 2.48 (Marc.5.4), 643 (Ioh.5.
22).- **tantis tribuet miracula signis.** Die Fülle des Ausdrucks unterstreicht die schenkende Gnade Gottes, die sich in der Größe der durch
Christus gewirkten Zeichen und Wunder erweist, zeugt aber auch von ihrer Bewunderung durch Nikodemus, der hier spricht. Auch *tribuere* gegenüber dem neutralen *facere* aus Ioh.3.2, das 180 *larga* und 181 *concessit*
aufnimmt, hebt Gottes Gnade hervor. Die Alliteration *tantis tribuet* und
der leoninische Reim *tantis...signis* verleihen dem Vers Nachdruck. Reicher Ausdruck liegt auch bei Nonn.Ioh.3.2 vor mit τάδε πάντα πολύτρο-
πα θαύματα.../ ὅσσα σὺ θεσπεσίῳ τελέεις παιήονι μύθῳ.- Ähnliche Form
wie *tantis...miracula signis* haben Iuvenc.3.116 *tantarum...miracula rerum*
(Ps.Prosp.carm.de prov.409; cf. Verg.georg.4.441 *miracula rerum* [Arator
act.1.24, Ven.Fort.carm.4.2.11]), 326, Ov.met.7.294 *tanti miracula mons-
tri*, Lact.Phoen.151 *tanti...miracula visus*, Claud.22.379 *tanti...miracula
voti*, Coripp.Iust.3.41, Arator act.1.488.- **tribuet miracula.** Diese Junktur
(auch in 2.639) begegnet vor Juvencus in Carm.laud.Dom.21 (PL 19.381),
und zwar an derselben Versstelle *(tribuit miracula)*, so daß anzunehmen
ist, daß sie von dort übernommen ist. Vergleichbar sind *miracula dare* (3.
675f.; Sedul.carm.pasch.1.176f., Ven.Fort.Mart.1.10, Drac.laud.Dei 2.
111, 510) und *signa dare* (3.233, 676, 4.153; Is.7.14, Matth.12.39, Co-
ripp.Iust.1.366, Arator act.2.98f.; vgl. Verg.georg.1.439, 1.471, Lucan.
2.2), im antiken Epos *miracula praebere* (Lucan.3.634, 4.425, Sil.6.54).-
Nach Hansson (31) ist überliefert *tribuet* C Al (Marold, Huemer, Knappitsch, de Wit), *tribuat* R V₁¹ V₂ Ph¹, *ageret* M S L C₂ C₃, *tribuit* cett.
(Arevalo). *ageret* dürfte vereinfachendes Interpolament sein (*miracula age-
re* auch in Sedul.carm.pasch.2.180, Greg.Tur.Andr.28 [MGH script.Me-
rov.I 828.24f.]). Für *tribuit, tribuat, tribuet* spricht zudem, daß so die
schenkende Zuwendung Gottes, die hier ein Leitgedanke ist, herausgestellt
wird. Von den Formen *tribuit, tribuat* und *tribuet* läßt sich keine mit letzter Sicherheit ausschließen. Die neueren Herausgeber entscheiden sich für
tribuet. Die Kombination von Konjunktiv Präsens in der Protasis und Indikativ Futur in der Apodosis ist bei Juvencus recht häufig, vgl. etwa 185ff.
*nullus ad excelsum poterit conscendere regnum,/ reddita ni penetret nas-
cendi exordia rursus* eqs., 2.336f. *signis nisi suadeat omnia virtus,/ non
erit ulla fides*, 615ff., 804f., 3.308f. Belegen läßt sich aber auch Konjunktiv Präsens - Indikativ Präsens (1.401f.), Konjunktiv Präsens - Konjunktiv Präsens (2.665f.). Zu diesen Variationsmöglichkeiten im potentia-

len Bedingungsgefüge vgl. KS II 393/5.- **miracula signis.** Ioh.3.2 *signa*
wird bei Juvencus wiedergegeben mit *miracula* und dem explikativen Ablativ *tantis signis.* Denn instrumental zu *tribuet* wird man *signis* kaum fassen
wollen. Zum explikativen Ablativ mit adnominalem Bezug auf das Objekt
vgl. M.Hillen, Studien zur Dichtersprache Senecas. Abundanz. Explikati-
ver Ablativ. Hypallage (= Untersuchungen zur antiken Literatur und Geschichte, Bd.32), Berlin/New York 1989, 82/91; vgl. bei Juvencus 4.286
horrendis barathri per stagna profundis (Knappitsch "*barathri per stagna*
abl. modi *profundis horrendis* accuratius explicatur"). In derselben gram-
matischen Konstruktion wie in vorliegender Stelle findet sich der Versschluß *miracula signis* wieder in Paul.Nol.carm.20.21 *egregiis...miracula
signis/ per pecudes ipsas nuper Deus edidit* und 23.44 *clara salutiferis
edens miracula signis.* Dagegen ist *signis* instrumental in Iuvenc.2.694 *si
virtus certis firmet miracula signis* (ebenso in Alc.Avit.carm.5.560 *nec de-
speranda putetis,/ quae tantis signis spondent caelestia munera*). Rein formal ist der Versschluß Alc.Avit.carm.2.296 *miracula signi* zu vergleichen.- Das Hendiadyoin (Knappitsch) *miracula signis* erinnert an den bereits im AT (meist im Zusammenhang mit der gottgewirkten Befreiung aus
Ägypten) gebrauchten Ausdruck σημεῖα καὶ τέρατα (als Wiedergabe von
אֹתוֹת וּמֹפְתִים, vgl. K.H.Rengstorf, Art. σημεῖον, ThWNT VII 214f.,
219f., 242f., 259f.), den die lateinischen Übersetzungen wiedergeben mit
signa et portenta (exod.7.3, Vulg.deut.4.34, Vulg.deut.7.19), *signa et os-
tenta* (Dan.3.99, Vulg.exod.7.3), *signa et monstra* (sap.8.8), *signa et prodigia* (deut.29.8, Ioh.4.48, act.4.30 u.ö.). Vgl. aber auch Sirach 36.6 *in-
nova signa* (Sept. 36.5 σημεῖα) *et inmuta mirabilia* (Sept. θαυμάσια), *signa et mirabilia* (Vulg.Dan.3.99 [aram. 3.32 אָתַיָּא וְתִמְהַיָּא]; Vulg.Dan.6.27
[aram. 6.28 אָתִין וְתִמְהִין]), *signa et prodigia et mirabilia* (Dan.6.27);
Tert.apol.21.31 (CCL 1.128.157) *signis et maraculis*, Orient.comm.477
(CSEL 16.1 p.222) *signa ac miracula.* Zu σημεῖα καὶ τέρατα führt Orig.
comm.in Ioh.13.64.450 (SC 222.278.8/12; zu Ioh.4.48) aus, τέρας *(miraculum)* meine das Außergewöhnliche und Unbegreifliche, σημεῖον *(signum)*
das Zeichenhafte und über das eigentliche Geschehen Hinausgehende: οἶ-
μαι δὲ τὰς μὲν παραδόξους καὶ τεραστίους δυνάμεις κατ' αὐτὸ τὸ παρά-
δοξον καὶ ἐκβεβηκὸς τὴν συνήθειαν θαυμάσιόν τε καὶ ὑπὲρ ἄνθρωπον γινόμενον "τέρατα" ὀνομάζεσθαι· τὰ δὲ δηλωτικά τινων ἑτέρων παρὰ τὰ
γινόμενα "σημεῖα" λέγεσθαι.[246] Das Zeichenhafte der Wunder weist auf

---

[246] Origenes sagt an zitierter Stelle noch, daß ein biblisches Wunder immer auch Zeichen
sei, ein Zeichen aber nicht gleichzeitig Wunder sein müsse.- In bezug auf Ioh.4.48 sagt
er (13.64.453), der königliche Beamte werde von Christus getadelt, weil er nicht glaube,
es sei denn, er sehe Wunder. Darum sage er nicht, "Wenn ihr nicht Zeichen seht, glaubt

das viel umfassendere in 180f. ausgesprochene Heil: *larga Dei te...volun-*
tas/ humanis lucem concessit surgere rebus.- miraculum kommt im NT
nicht vor (vgl. aber *mirabilia* in Matth.21.15, Luc.5.26), für das AT
nennt Bulhart (Thes.VIII 1056.6/9) nur Vulgatabelege (Vulg.exod.11.7,
Vulg.num.26.10, Vulg.Is.29.14), doch vgl. in der Vetus Latina Hiob 18.
20, wo es aber aktivische Bedeutung hat ("Erstaunen"; griech. θαῦμα;
hebr. שׁער "Schaudern", Vulg. *horror*). Im Epos ist die Pluralform *miracu-*
la geläufig (Verg.georg.4.441 [s.o.], Ov.met.2.193, Lucan.3.634, Sil.12.
112 u.ö.). *miraculorum* und *miraculis* sind unmetrisch. Formen mit Synko-
pe gibt es nicht (mit Ausnahme von Lucil.14 *miracla*). Daher wären Sin-
gularformen metrisch nur bei Elision des Endvokals bzw. des *-um* vor vokalisch anlautendem Wort, wobei sich an dieser Stelle eine kurze Silbe ergeben müßte. Doch ist Elision in der Senkung zumindest nach der 3. und
5. Hebung selten (Crusius, Römische Metrik 55).- *signum* / σημεῖον ist im
Johannesevangelium das geläufige Wort für eine Wundertat Jesu (verwendet auch in Ioh.3.2), bei den Synoptikern dagegen δύναμις / *virtus;* siehe
Bauer/Aland 1496 s.v. σημεῖον 2a, 418 s.v. δύναμις 4. Juvencus hat *sig-*
num öfter in der Bedeutung "Wundertat", *virtus* verwendet er aber nicht
so, wohl aber kann es bei ihm "wunderwirkende Kraft" bedeuten (siehe zu
183 *Dei...virtus*).- In C ist *rebus* im Text nach *signis* gesetzt, ein Interpolament, das Vereinfachung des Ausdrucks zum Ziel gehabt haben könnte
(vgl. 1.293 Mp *rerum* statt *legum;* siehe auch oben zu *tribuet* und zu 285
salus surget), vielleicht aber auch Annäherung an die Sprache Vergils in
georg.4.441 (Manil.1.103) *miracula rerum* und Aen.4.232 (4.272, Ov.
trist.2.1.237, Lucan.1.67, 10.108, Aetna 187, 341) *tantarum...rerum*, wobei letzteres aus metrischen Gründen durch *tantis...signis* ersetzt werden
mußte. Juvencus selbst hat *miracula rerum* in 2.639, 3.116, so daß der Interpolator auch darauf zurückgegriffen haben könnte. Die Koexistenz zahlreicher Doppelfassungen in C legt die Annahme nahe, daß man es, wenn
auch in trümmerhaftem Zustand, mit der Anlage einer spätantiken kritischen Ausgabe zu tun hat. Die Gestalt solcher Gelehrtenausgaben beruhte
auf einem konservativen Prinzip, d.h. das im Umlauf befindliche Textgut,

---

ihr nicht", denn Zeichen an sich würden nicht gegeben, damit jemand glaube, es sei
denn, sie seien zugleich Wunder. Darum heiße es "Wenn ihr nicht Zeichen und Wunder
seht, glaubt ihr nicht". Wenn nun aber Juvencus Ioh.4.48 wiedergibt mit *signis nisi sua-*
deat omnia virtus,/ non erit ulla fides (2.336f.), gebraucht er dort *signum* offenbar als
bloßes Synonym für *miraculum*. Doch das bedeutet nicht, daß in 2.182 die genannten Nuancen keine Rolle spielten. Jedenfalls zeigt Nikodemus mit 2.182f., daß er auch das Zeichenhafte an den Wundern wahrnimmt. Er hat zwar noch nicht den wahrhaft christlichen
Glauben, aber er steht doch über denen, die aufgrund der Wunder nur zu einem vorder-
gründigen Glauben gelangen und das Zeichenhafte der Wunder nicht wahrnehmen.

also auch verdächtiges, wurde gesammelt und in einer Textausgabe fortlaufend hintereinander geschrieben. Zeichen am Rand begleiteten den Text und gaben das kritische und ästhetische Urteil des Herausgebers an. Im Lauf der Überlieferung wurden diese Notationen aber ungenau weitergegeben oder entfielen ganz, so daß am Ende Echtes und Unechtes nicht mehr voneinander zu unterscheiden war (Jachmann 380/97, und darauf fußend Gnilka, Seesturm 113ff., 216f. zu Juvencus).

183. Das konditionale **ni**, das in der Umgangssprache verbreitet war, wofür etwa der häufige Gebrauch in der römischen Komödie oder in den Sermonen des Horaz Zeugnis ablegen (vgl. Kiessling/Heinze zu Hor.carm. 4.6.21), ist bei den Hexametrikern seit Lucrez beliebt (HSz 668). Enn. ann.549 (= 562 Skutsch) *ni metus ulla tenet, freti virtute quiescunt* als einziger frühepischer Beleg (Livius Andronicus, Naevius und Ennius zugrunde gelegt) ist gegen Norden (Komm. zu Aen.6.353) zweifelhaft. Denn höchstwahrscheinlich ist mit Mercier *nec* zu konjizieren (Skutsch, Komm.).- In der Aeneis kommt *ni* 19 mal vor, *nisi* dagegen nur 2 mal. Juvencus hat entsprechend 10 mal *ni* und 3 mal *nisi*. Umgekehrt findet sich etwa in den Metamorphosen Ovids 98 mal *nisi* und 7 mal *ni*, im Carmen Paschale des Sedulius 2 mal *ni* und 6 mal *nisi*.- **comitata** (prädikativ) **Dei...virtus** steht für Ioh.3.2 *(nisi) fuerit Deus cum eo.* Zu der Verbindung *virtus comitatur* und Verwandtem vgl. Cic.fin.2.111 *virtutum comitatu* (Sen.epist.67.10 *illic* [sc. *cum aliquis tormenta fortiter patitur*] *est individuus ille comitatus virtutum,* 90.3), Tusc.5.68 *tardis enim mentibus virtus non facile comitatur,* Stat.Theb.10.632f. *diva Iovis solio iuxta comes .../ ...Virtus,* Calp.decl.52 *o Virtus, in adversis comes;* Tert.apol.21.17 (CCL 1.125.90/3) *se esse Filium..., verbum Dei...virtute et ratione comitatum et Spiritu fultum* (21.11 [p.124.52/4] *cui...virtus praesit perficienti*), Lact.inst.4.8.11 (SC 377.78.53/6) *quanto magis Dei vocem [sc. Filium Dei] credendum est et manere in aeternum et sensu ac virtute comitari, quam de Deo Patre tamquam rivus de fonte traduxerit.* In den hier genannten Stellen aus heidnischen Autoren bedeutet *virtus* eher "Tugend", bei Tertullian und Lactanz "Kraft" wie bei Juvencus (wobei die Kraft Gottes natürlich Tugend immer mit einschließt).- Die Gegenwart der Kraft Gottes macht es Christus möglich, Wunder zu wirken. *comitari* in bezug auf Gottes bzw. Christi schützende und fördernde Gegenwart findet sich etwa exod.33.15 Lugd. (Robert p.189) und Wirc. (Ranke p.13.7/10) *si non tu simul comitaveris mecum, ne deduxeris me hinc,* 34.9 Lugd. (Robert p.190) und Wirc. (Ranke p.14.26/8) *comitetur Dominus meus nobiscum,* deut.31.8 (zu diesen alttestamentarischen Stellen vgl. O.Nussbaum, Art. Geleit, VI Völkergeleit im AT und Judentum, RAC 9.961f.), Hier.

epist.3.4.3 (CSEL 54.16.3), Prud.Symm.2.732, Sedul.carm.pasch.3.17; in bezug auf einen Engel Tob.5.22, 27. In diesem Sinn wird *comitari / comes* bereits von helfenden heidnischen Göttern gebraucht: Prop.4.3.16 *nupsi non comitante deo* (zur glückbringenden Anwesenheit von Göttern bei der Hochzeit vgl. Bömer, Komm. zu Ov.met.6.429), Val.Max.5.5.3 *sanctissimum Pietatis numen et di fautores eximiarum virtutum et fidissimus Romani imperi custos Iuppiter comitatus est (Tiberium)*, Calp.ecl.4.87 *facundo comitatus Apolline Caesar*, Claud.carm.24.215 (zu Victoria:) *hunc* (sc. *Stilichonem) bellis comitare favens.* Bei schadenden Gottheiten bekommt *comitare / comes* negative Färbung: Sen.Ag.84 (Erinys) *nimias semper comitata domos.* Einige der hier angeführten Stellen nennt Hey, Thes.III 1813.9ff. *comitari* ist gewählter als *esse cum.* Das paßt ganz zur Feierlichkeit der Verse 180/3 und zum Bezug auf die *virtus* Gottes.- Zur präsentischen Bedeutung von *comitata* (Knappitsch, de Wit, Röttger 82) vgl. 1.446, Verg.Aen.6.112, 10.194, Lucan.3.514, Stat.Theb.5.650, Sil.9. 290, Prud.psych.802; HSz 391. Nonn.Ioh.3.2 drückt Gottes fördernde Gegenwart noch konkreter als Juvencus aus: εἰ μὴ οἱ συνάεθλος ἀλεξίκακος (vgl. ἀλεξίκακος von Hermes in Aristoph.Pax 422, von Apollo in Paus.1. 3.4).- **Dei...virtus.** *virtus* bezeichnet hier die Kraft Gottes im Hinblick auf deren wunderwirkende Eigenschaft wie in Marc.5.30 (gr. τὴν...δύναμιν), Luc.5.17 (*virtus Domini*, gr. δύναμις Κυρίου), Iuvenc.2.121, 336, 411, 694 (aus dem Mund der Schriftgelehrten), 4.340, 385 (Christus selbst als *virtus* bezeichnet; vgl. Vulg. I Cor.1.24), 400, 410. Die Junktur *Dei virtus* kommt vor in Matth.22.29 (gr. τὴν δύναμιν τοῦ Θεοῦ), Luc.22.69 (gr. τῆς δυνάμεως τοῦ Θεοῦ) und findet sich bei Juvencus noch in 1.68 (Luc. 1.35 *virtus Altissimi*, δύναμις Ὑψίστου), 381, 2.83; vgl. ferner Prud.perist.5.473, Comm.apol.284, Ps.Aug.serm.93.2 (PL 39.1924). In der antiken Dichtung ist die Verbindung *virtus dei / deorum* offenbar nicht anzutreffen, in der Prosa nur vereinzelt (Caes.Gall.5.52.6, Cic.top.76, Fronto epist.2.2.4), was für Juvencus den Rückgriff auf biblischen Sprachgebrauch am wahrscheinlichsten macht.- **iubeat.** Durch das Prädikat *iubeat* erscheint das abstrakte Subjekt *Dei...virtus* personifiziert. Dergleichen findet sich in der Bibel in bezug auf die *virtus* Gottes nicht (jedenfalls nicht in der Vulgata); vgl. aber zu 180 *larga Dei...voluntas.* Selbst in einer Stelle wie Luc.1.35 *virtus Altissimi obumbrabit te* mit *virtus* als Subjekt herrscht wegen des Prädikats *obumbrabit* doch das Impersonale vor, während bei Iuvenc.1.68 *virtus celsa Dei circumvolitabit obumbrans* personales Verständnis der *virtus* vielleicht näherliegt. Weitere Beispiele für Personifizierung der *virtus* Gottes bei Juvencus sind 2.336 *signis nisi suadeat omnia virtus,/ non erit ulla fides,* 3.34 *mala cuncta illi virtus divina domaret,* 111 *tua nos dignatur visere virtus,* 193f. *virginis...mentem discusso dae-*

mone virtus/ conplexam inplevit donis fecunda salutis, 4.34f. *similes levibus Genitoris iusta ministris/ constituet regni virtus sublimis in aula;* vgl. ferner Comm.apol.284, Carm.adv.Marcion.2.220.- Der Dichter hatte Ioh. 3.2 *potest...facere* zuvor nur durch potentiales Futur *(tribuet)* wiedergegeben. Dabei ist *potest* nicht modal, sondern geht auf δύναται ("können, vermögen") in der griechischen Vorlage zurück. Dieses *potest / δύναται* ist nun aber durch *comitata Dei...virtus* in gewisser Weise nachträglich berücksichtigt.- Bei Nonn.Ioh.3.2 heißt es in auffälliger Übereinstimmung mit dem Juvencustext ἴδμεν ὀπωπαῖς/ ὅττι Θεοῦ πομπῆσι διδάσκαλος ἵκεο κόσμου,/ ἀνδρομέου βιότοιο βοηθόος. Die Formulierung *virtus iubet* ist wiederverwendet von Prud.perist.5.481.- **splendescere.** Gottes Gegenwart läßt glänzen, vgl. Bar.5.3 *Deus...ostendet splendorem suum in te* (sc. *Hierusalem*). *splendescere* nimmt 181 *lucem surgere* auf.

2.184/195 - Rechter Weg und Taufwiedergeburt

184/7. Christus ad haec: "iteris iusti si culmina quaeris,/ nullus ad excelsum poterit conscendere regnum,/ reddita ni penetret nascendi exordia rursus/ atque novam capiat divino munere vitam." Eine direkte Frage hat Nikodemus in Ioh.3.2 nicht gestellt. Auch bei Juvencus hat er das zuvor nicht getan. Doch nennt Christus hier zu Beginn seiner Rede die Frage, welche sich hinter dem Staunen des Nikodemus über die Wundertaten verbirgt *(iteris iusti si culmina quaeris),* und macht somit die Brücke zwischen der Rede des Nikodemus (Ioh.3.2 / Verse 180/3) und der Antwort Christi (Ioh.3.3 / Verse 185/8) sichtbar.- Nach *si...quaeris* wird in der Apodosis die Antwort nicht mit einem verbum dicendi oder sentiendi eingeleitet. Vollständig müßte der Gedanke lauten: "Wenn Du nach dem Gipfelpunkt des gerechten Wegs fragst, so antworte ich Dir: Niemand..." (vgl. Ov.met.9.532ff., 11.754ff., 13.211ff., 14.508f.). Brachylogie liegt strenggenommen auch überall dort vor, wo die Apodosis ohne einleitendes verbum dicendi einen Imperativ oder Jussiv enthält wie in 271f., 3.513ff. (vgl. Verg.Aen.8.400ff.). Verwandte Fälle besprechen HSz 826 d und werten sie als umgangssprachlich. Direkte Rede erhält so auch in hoher Dichtung wirklichkeitsnahe Lebendigkeit.

184f. iteris iusti si culmina quaeris,/ nullus ad excelsum poterit conscendere regnum,/... Vom nach oben führenden gerechten Weg, dem Tugendweg, ist die Rede. Die Wegmetaphorik hat bereits vor dem Christentum eine reiche Tradition (O.Becker, Das Bild des Weges und verwandte Vorstellungen im frühgriechischen Denken [= Hermes Einzelschriften, Bd.4], Berlin 1937; H.Hommel, Der Weg nach oben. Untersuchungen zu

lateinischem Spruchgut, in: ders., Symbola I = Collectanea V, Hildes-
heim/New York 1976, 274/89). Berühmtes Beispiel ist das Zwei-Wege-
Bild in der Prodikos-Fabel, in der Herakles vor die Wahl zwischen dem
Weg der ἀρετή und dem der κακία gestellt ist (Xen.mem.2.1.21/34). Im
christlichen Bereich ist natürlich besonders an das Zwei-Wege-Bild im
Herrenwort Matth.7.13f. zu erinnern. Als zum Himmelreich bzw. zu Gott
führend beschreiben den gerechten bzw. tugendhaften Weg etwa Clem.
Alex.paed.3.7.39.1 (GCS 12.259.11), Cypr.hab.virg.7 (CSEL 3.1, p.
192f.), Lact.inst.6.23.40 (CSEL 19.571.5f.) *de eo loquimur, cui calcatis
omnibus terrenis iter in caelum paratur*, (im Rahmen des Zwei-Wege-Bildes:) 6.3.1 (p.485.6) *quae* (sc. *via virtutum*) *in caelum ferat*, 7.1.20
(p.585.3ff.) *trames...per quem iustitia hominem deducit in caelum*, epit.
54.3 (Heck/Wlosok p.82.4f.) *illa dexterior, qua iusti gradiuntur, non in
Elysium fert, sed in caelum*, Iuvenc.1.679 *ite per angustam, iusti, super
aethera portam* eqs. (= Matth.7.13), Sedul.carm.pasch.2.287 *ire per angustam regna ad caelestia portam*.[247] Zur christlichen Wegmetaphorik
siehe Michaelis, Art. ὁδός, ThWNT V 70/101; Gnilka, Chrêsis II 19/61
"Die vielen Wege und der Eine" (dort weitere Literatur), zum Zwei-Wege-Bild bei Juvencus siehe Gnilka, op.cit. 35 Anm.60, Colombi 26/8.

184. iteris iusti si culmina quaeris. Es liegt nahe, daß einer, der mit
Gottes Hilfe Wunder vollbringt, die alle Menschen bewegende Frage, wie

---

[247] Schon im Zwei-Wege-Bild Hesiods ist der Weg, der zur ἀρετή führt, ein nach oben füh-
render (op.289/292 τῆς δ᾽ ἀρετῆς ἰδρῶτα θεοὶ προπάροιθεν ἔθηκαν/ ἀθάνατοι· μακρὸς
δὲ καὶ ὄρθιος οἶμος ἐς αὐτήν/ καὶ τρηχὺς τὸ πρῶτον· ἐπὴν δ᾽ εἰς ἄκρον ἵκηται,/ ῥηιδίη
δὴ ἔπειτα πέλει, χαλεπή περ ἐοῦσα), was den Vergleich mit Juvencus nahezulegen
scheint. Es fällt aber auf, daß ἀρετή dort nicht der Weg, sondern das Ziel ist. Überhaupt
ist der ἀρετή-Begriff bei Hesiod ein anderer als in der Prodikos-Fabel. Er bedeutet dort
wohl weniger "Tugend" als "Wohlstand, Ansehen" im Gegensatz zu κακότης, "Elend,
schlechtes Ansehen" (U. von Wilamowitz-Moellendorff, Der Glaube der Hellenen, I 340,
1955² [Nachdruck Darmstadt 1984] "Steil ist der Weg zur ἀρετή, Wohlstand und geachte-
ter Stellung in der Gesellschaft"; Verdenius, Komm. zu op.289; West, Komm. zu op.
287/92). In Tyrt.frg.12.43 (West, Iambi et Elegici Graeci vol. II, p.178), einem Rückbezug auf Hesiod, schwingt vielleicht noch etwas von dieser Bedeutung mit. Wenn es aber
Sen.dial.4.2.13.1f. heißt *nec ut quibusdam visum est, arduum in virtutes et asperum iter
est* (auch dies baut offensichtlich auf Hesiod): *plano adeuntur. non vanae vobis auctor rei
venio. facilis est ad beatam vitam via,* dann meint *virtutes* die Tugenden, wie der Plural
und die nachfolgende Gegenüberstellung der *vitia* nahelegen (Seneca mißbilligt es, den
Tugendweg rauh und steil zu nennen. Anschließend nennt er nicht mehr das Mittel, sondern das Ziel, indem er *vita beata* an die Stelle von *virtutes* setzt [zur *virtus* als Mittel
zur Erlangung der *vita beata* vgl. epist.85.17, 92.15]). In der christlichen Literatur ist
für ähnliche Umdeutung der ἀρετή aus Hes.op.289 auf Basil.hom.1.5 in psalm. (PG 29.
221/4) zu verweisen.

man zum Reich Gottes gelangt (V.185), beantworten kann. Auffallend ist
dabei, daß das Reich Gottes mit *iteris iusti...culmina* gleichgesetzt wird.
Durch das Attribut *iusti* zu *iteris* weist Christus schon auf die Antwort
voraus. Nur der gerechte Weg führt zu Gott. Die von den Sünden befreiende Wiedergeburt nun wird im folgenden als Grundvoraussetzung dieses
gerechten Wegs dargestellt. Die christliche Wiedergeburt leitet nicht eine
beliebige Wiederholung des bisherigen (ungerechten) Lebens ein, sondern
ist Voraussetzung eines neuen und gerechten Lebens; vgl. zu 185/7, 202f.-
Die Formel Ioh.3.3 *amen, amen, dico tibi* (bei den Synoptikern immer
amen, dico tibi / vobis) hat Juvencus ebensowenig wie bei Ioh.3.5 berücksichtigt. Poinsotte (78/83) behandelt das unter dem Gesichtspunkt "l'élimi-
nation des sémitismes", räumt aber selbst (80 Anm.265) ein, daß schon
metrische Gründe unveränderte Übernahme ausschließen. Er hätte noch
darauf hinweisen können, daß die Form *dico* von Juvencus grundsätzlich
nicht verwendet wird (bei insgesamt 61maligem Gebrauch des Verbs *dicere*), ja abgesehen von Lucrez in epischer Dichtung überhaupt nicht vorkommt. Daß Juvencus *amen, (amen,) dico tibi / vobis*, das er in den
Evangelien, soweit er sie seinem Gedicht zugrunde legte, 28 mal antraf
(Poinsotte 80 Anm.264), meist ausgelassen und nur 7 mal paraphrasiert
hat (siehe unten), erklärt Poinsotte (80f.) mit dem auf die Konversion des
heidnischen Lesers gerichteten Bestreben, möglichst auch nur Anklänge an
diese Formel und damit an die Tatsache zu vermeiden, daß Christus Jude
war. Das wäre dann als Rücksichtnahme auf den römischen Antijudaismus
zu werten. Man sollte aber bedenken, daß *amen, (amen,) dico tibi / vobis*
in der Heiligen Schrift allein Christus vorbehalten ist. Die Formel setzt
Christus also gerade von den anderen Juden ab, die sie nicht verwenden.
Das gilt auch für den Gebrauch von *amen*. Denn während *amen* traditio-
nell bestätigende Antwort auf ein Gotteswort ist, steht es in den Evangelien häufig Christi Worten voran und kennzeichnet diese so von vornherein als Gottes Wahrheit. Eine solche Redeform steht nur Christus als dem
Sohn des wahren Gottes zu (vgl. Wilckens, Komm. zu Ioh., 52f.). Es
zeigt sich hier beispielhaft, wie problematisch es sein kann, das Verständnis für die Dichtkunst des Juvencus in erster Linie mit dem Schlagwort
des Antijudaismus, der unter anderem zur Eliminierung von Semitismen
führe, fördern zu wollen.[248] Vielmehr geht es Juvencus, der sich im Pro-

---

[248] Das Vermeiden von Eigennamen kann im Einzelfall ganz andere Gründe als die Entjudaisierung haben. So zeigt Fichtner (24f.), daß Juvencus in bezug auf das Täuferwirken die
biblischen Ortsangaben wegläßt, um den Taufbericht zu universalisieren. Der Aufruf zu
Umkehr und Taufe gilt nicht mehr nur den Bewohnern des Jordantals, sondern allen
Menschen. Fichtner weist noch darauf hin, daß gleich im Anschluß an die Tauf- und Versuchungsgeschichte zahlreiche hebräische Eigennamen auftauchen, die für den Taufbe-

oem mit Homer und Vergil vergleicht und mit diesen wetteifert, zunächst um Latinisierung und Episierung des biblischen Stoffs.[249] Juvencus läßt *amen, (amen,) dico tibi / vobis* also hier und andernorts wohl deswegen aus, weil es wegen *amen* unlateinisch und wegen *amen* und *dico* unepisch ist. Seine gelegentlichen Paraphrasierungen der Formel sind folgende (vgl. Poinsotte 81f.): 1.486 (Matth.5.18) und 3.314 (Matth.16.28) *vera loquor* (die Junktur findet sich in Ov.met.10.20, Lucan.6.763, Val.Fl.5.4, Stat. Ach.1.3; die Form *vera loquor* selbst ist aber nicht episch;[250] Ov.epist. 16.60 ist *vera loquar* bezeugt), 1.754 (Matth.8.11) und 4.89 (Matth.24.2) *veris discite dictis*, 3.665 (Matth.21.21) *veris verbis iterumque iterumque monebo* (cf. *vera monere* bei Ov.met.13.775, Stat.Theb.8.333, aber nicht in der 1. Pers.), 3.704 (Matth.21.31) *vera advertite*, 4.453 (Matth.26.29) *veris credite dictis* (cf. *credere dictis* bei Ov.met.13.263, epist.2.49, aber nicht in der 1. Pers.). Mit *vera* ist *amen* berücksichtigt (Poinsotte 82 Anm.267). Übrigens ersetzt schon Lukas *amen, dico* manchmal durch *vere dico* u.Ä.: 4.25 *in veritate dico vobis* (f *verita[tem] dico vobis*, e *amen dico vobis*, gr. ἐπ᾽ ἀληθείας δὲ λέγω ὑμῖν), 9.27 *dico autem vobis: vere...* (e *veritatem autem dico vobis*, gr. λέγω δὲ ὑμῖν ἀληθῶς), 12.44 *vere* (c d *amen*) *dico vobis* (gr. ἀληθῶς λέγω ὑμῖν), 21.3 *vere dico vobis* (gr. ἀληθῶς λέγω ὑμῖν). Nonn.Ioh.3.5 ist die Formel wie bei Juvencus ausgelassen, sonst liest man bei Nonnos Ioh.3.11 μάρτυρον ἐμπεδόμυθον ἀμὴν ἀμὴν πάλιν ἔστω (cf. 1.52, 5.19, 5.24; 10.1, 13.20), 8.51 ἀμὴν δ᾽ ἀμὴν ἀγορεύω (16.20).- **Christus ad haec.** Elliptisches *ad haec* zur Einleitung eines Sprecherwechsels ist episch belegt in Verg.Aen.9.207, 11.507, 12. 631, Ov.met.12.542, Val.Fl.4.157 (ähnlich *ad quae* in Verg.Aen.6.509, Sil.7.428, 10.59, aber nicht bei Juvencus). Doch diesen 5 Fällen aus der gesamten früheren lateinischen Epik stehen bei Juvencus 10 Fälle gegenüber, und zwar 8 mal in der Form *Christus ad haec* (2.23, 121, 589 u.ö.). Juvencus hat *ad haec* also extensiv genutzt. *ad haec* mit Verb des Sagens findet sich in 1.378, 2.365, ähnlich wie in Lucan.8.171, Sil.2.327/ 30, Val.Fl.7.488/90 (cf. Verg.georg.4.450/2). Zum Gebrauch von *ad* bei

---

richt von Bedeutung wären. Um die Eliminierung dieser Namen zum Zweck der Entjudaisierung kann es hier auch deswegen nicht gehen.

[249] Bei der Episierung (vgl. Thraede, Anfangsverse 479 Anm.21) geht Juvencus aber nicht immer mit letzter Konsequenz vor; siehe etwa zu 253 *respondens inquit*.- Auch Poinsotte (79) nimmt trotz seiner vor allem auf den Antijudaismus (Thraede, loc.cit., stellt eine antijudaistische Haltung des Juvencus in Frage) gerichteten Betrachtungsweise die Episierung durchaus wahr. Ihren Zweck sieht er darin, die Heiligkeit der Worte Christi hervortreten und ihn selbst als würdevollen epischen Heroen erscheinen zu lassen.

[250] Vgl. aber Hom.Od.3.254 ἀληθέα πάντ᾽ ἀγορεύσω (16.61), 7.297, 11.507 πᾶσαν ἀληθείην μυθήσομαι, 16.226 ἀληθείην καταλέξω (17.108, 21.212, 22.420).

Antworten vgl. allgemein v.Mess, Thes.I 554.18/67 (52/60 zur Ellipse des Verbs des Sagens).- **iteris...culmina**. Hes.op.291 ἄκρον (οἴμου),[251] Lact. inst.6.3.2 (CSEL 19.485.12) *summum eius* (sc. *viae virtutum*), Chalc. comm.66 Waltzing p.113.19 *excelso itineris*, Dionys.Areopag.myst.1.3 (PG 3.1000D) τὴν ἀκρότητα τῶν θείων ἀναβάσεων.- **iteris iusti**. "Der gerechte Weg" oder "der Weg des Gerechten" ist feststehender Begriff in der christlichen Literatur und in der Heiligen Schrift vorgegeben: psalm. 1.6 *viam iustorum* (Gegensatz *iter impiorum*) (hebr. צְרִיקִם דֶרֶך, Sept. ὁδὸν δικαίων), 2.12 *via iusta* (ὁδοῦ δικαίας) (cf. Sedul.carm.pasch.5.149), 22.3 *semitas iustitiae* (Sept. τρίβους δικαιοσύνης, hebr. 23.3 צֶדֶק מַעְגְּלֵי), Sirach 17.20 *viam iustitiae* (cf. Matth.21.32 [ὁδῷ δικαιοσύνης], II Petr.2. 21 [τὴν ὁδὸν τῆς δικαιοσύνης]).- **iteris** ist altertümlicher Genitiv, vgl. Naev.trag.33, Pacuv.trag.428 (Neue/Wagener I 290; Teßmer, Thes.VII.2 c.538.45/8). Juvencus verwendet diese äußerst seltene Form, die sich auch bei den lateinischen Epikern nicht findet (doch vgl. den Ablativ *itere* in Lucr.5.653), oft (etwa in 1.243, 290), weil *itineris* unmetrisch ist und weil er ein Freund von Archaismen ist (Huemer, Beiträge 84f.; Hatfield § 1; Castro Jiménez / Melle 145; Komm. zu 252*).

185/203. Christus umschreibt die Wiedergeburt bzw. Taufe bei Juvencus auf verschiedene Weise, um dem Nikodemus das rechte Verständnis der Wiedergeburt nahezubringen und ihm die Fülle ihrer Segenswirkungen vor Augen zu halten. Er erwähnt, teilweise ineinander verwoben, folgende Gesichtspunkte: Rückkehr zum Anfang bzw. zum gerechten Urstand (186, 202), Wiedergeburt (193f.), Neuschöpfung (194), Verjüngung (203), Verähnlichung mit Gott (203).

185/7 enthalten die Antwort auf die vorausgesetzte Frage nach dem gerechten Weg (184). Es handelt sich um eine Umschreibung der in Ioh.3.3 erwähnten Wiedergeburt. Ioh.3.3 antwortet Christus, man müsse *natus* (a b ff² q *renatus*) *denuo* sein, um das Reich Gottes sehen zu können. Im griechischen Text heißt es γεννηθῇ ἄνωθεν, wobei ἄνωθεν sowohl ἐκ τῶν ἄνω, ὑψόθεν (*desuper*, "von oben") als auch αὖθις (*denuo*, "von neuem") bedeuten kann. So erklärt auch Orig.frg.35 in Ioh. (GCS 10.510.11/3; zu Ioh.3.3): τὸ ἄνωθεν ὁτὲ μὲν "ἐκ τῶν ἄνω" καὶ "ὑψόθεν", ὡς τὸ "ὁ ἄνωθεν ἐρχόμενος ἐπάνω πάντων ἐστίν" (Ioh.3.31), ὁτὲ δὲ τὸ "αὖθις", ὡς ἐν τῷ "οἷς ἄνωθεν δουλεύειν θέλετε" (Gal.4.9), τουτέστιν "αὖθις". Die Entscheidung fällt offenbar zugunsten von ἐκ τῶν ἄνω, ὑψόθεν aus, wenn anschlie-

---

[251] Tyrt.frg.12.43 West (Iambi et Elegici Graeci, Vol.II), der offensichtlich auf Hesiod anspielt, fügt jedoch ἀρετῆς zu ἄκρον hinzu.

ßend von der κατὰ Πνεῦμα καὶ ἄνωθεν γέννησιν die Rede ist (1.21).[252]
Rufin.Orig.comm.in Rom.5.8 (PG 14.1038) wird diese Wahl begründet:
*quod...nos Latini habemus "denuo", Graeci "ἄνωθεν" dicunt, qui sermo
utrumque significat et "denuo" et "superioribus". in hoc ergo loco, quia
qui baptizatur a Iesu, in Spiritu Sancto baptizatur, non ita "denuo" dicitur, ut "de superioribus" intellegi conveniat, nam "denuo" dicimus, cum
eadem, quae gesta sunt, repetuntur. hic autem non eadem nativitas repeti-
tur vel iteratur, sed terrena hac omissa de superioribus suscipitur nova nativitas. et ideo rectius legeremus in Evangelio: "si quis non fuerit renatus
de superioribus, non potest introire in regnum Dei".* Doch ist dort ja sehr
wohl von einer <u>nova</u> nativitas die Rede, und eine erneute Geburt wird lediglich im bloß irdischen Sinn ausgeschlossen. Lagrange nun stellt zu
Recht fest, daß die beiden Auffassungsmöglichkeiten von ἄνωθεν einander
gar nicht widersprechen, sondern sogar bedingen: Eine Geburt von oben
ist notwendig eine neue Geburt und umgekehrt.[253] Auch Juvencus hebt
beide Aspekte klar hervor: In den Versen 185f. findet Ioh.3.3 *nisi quis
natus fuerit denuo* (ἄνωθεν) neue Gestalt in *reddita...nascendi exordia rursus*, einen Neubeginn des Lebens meinend (ἄνωθεν = "von neuem"), sowie in *divino munere*, unterstreichend, daß der Mensch nicht aus eigener
Kraft wiedergeboren werden kann, sondern nur dank dem Gnadengeschenk
Gottes (ἄνωθεν = "von oben").[254] Von der in der Wiedergeburt zuteil
werdenden göttlichen Gnade spricht bereits das NT: Tit.3.5/7 *non ex operibus iustitiae, quae fecimus nos, sed secundum suam misericordiam salvos
nos fecit per lavacrum regenerationis et renovationis per Spiritum Sanctum,/ quem effudit in nos honeste per Iesum Christum Salvatorem nostrum,/ ut iustificati ipsius gratia haeredes efficiamur secundum spem vitae
aeternae*, I Petr.1.3f. *benedictus Deus et Pater Domini nostri Iesu Christi,
secundum multitudinem misericordiae suae, qui regeneravit nos in spem vitae aeternae per resurrectionem Iesu Christi,/ in haereditatem immortalem
et incontaminatam, florentem, servatam in caelis vobis* (Wiedergeburt er-

---

[252] Auch Cyrill.Alex.comm.in Ioh.3.7 (PG 78.244) macht auf diesen Doppelsinn von ἄνωθεν
aufmerksam. Nikodemos lege nicht die hier richtige Bedeutung (nämlich "von oben") zugrunde, die auf die Wiedergeburt als Neuformung zur Gottessohnschaft weise, sondern
die falsche εἰσαῦθις und denke nur an eine leibliche Wiedergeburt.

[253] Etwas anders formuliert Chrysost.hom.24.2 in Ioh. (PG 59.146) den Doppelsinn mit
"vom Himmel her" (ἐκ τοῦ οὐρανοῦ) und "vom Anfang her" (ἐξ ἀρχῆς). Auch das ist nebeneinander gültig.

[254] Bezüglich der dichterischen Neugestaltung ist anzumerken, daß *denuo* abgesehen von der
Komödie und Commodian unpoetisch ist (Gudemann, Thes.V.1 c.556.81f.) und im Hexameter wegen seiner kretischen Form auch unmetrisch wäre. Auf *desuper* dagegen trifft
das nicht zu. Allerdings wird das Wort von Juvencus auch sonst ganz gemieden.

möglicht durch Auferstehung Christi von den Toten). Aus den Kirchenvätern des Westens vor Juvencus vgl. *(munus = gratia)* Cypr.ad Donat.4
(SC 291.84.81ff.) *in proprias laudes odiosa iactatio est: quamvis non iac-
tatum possit esse, sed gratum, quicquid non virtuti hominis adscribitur,
sed de Dei munere praedicatur, ut iam non peccare esse coeperit fidei,
quod ante peccatum est, fuerit erroris humani. Dei est, inquam, Dei omne,
quod possumus. inde vivimus, inde pollemus* (vgl. act.17.28), 14 (p.110.
324f.), hab.virg.23 (CSEL 3.1 p.204.4f.) *ad divinum munus et patrium
baptismi sanctificatione perveniunt,* epist.69.12.2 (CCL 3C 487.260, 488.
267). Wie ad Donat.4 zeigt, ist *divino munere* wesentlicher Zusatz. Allein
durch menschliches Bemühen ist Wiedergeburt nicht möglich, das Wirken
der Gnade Gottes ist dazu unbedingt erforderlich. Vgl. dazu Buchheit,
Non homini sed Deo 224ff., mit Herausstellung des Gegensatzes zum Anspruch antiker Ethik.[255]- Die Betonung der Rückkehr zum Anfang der
Geburt *(nascendi exordia;* Auffassung als Abundanz hier möglich, aber
wohl nicht zwingend) zeigt, daß nicht nur an die Tilgung der vom Menschen im Lauf seines Lebens begangenen Sünden gedacht ist, sondern an
die Tilgung der von Adam ererbten Sündhaftigkeit. Der Beginn der Geburt
wird nämlich als der Punkt verstanden, an dem die von Adam verursachte
Befleckung bereits auf den Menschen übergeht: Cypr.epist.64.5 (CCL 3C
424.83/6) *infans, qui recens nihil peccavit, nisi quod secundum Adam carnaliter natus contagium mortis antiquae prima nativitate contraxit.* Nonn.
Ioh.3.7 heißt es μὴ θάμβος ἔχητε θεοφραδέος περὶ μύθον,/ ὑμέας εἴπερ
ἔειπον, ὅτι χρέος ἐστὶ νοῆσαι/ ὕδατι τικτομένης ἑτέρην βαλβῖδα γενέθλης. Vielleicht deutet auch βαλβῖδα γενέθλης auf den von der Sünde
freien Urstand.- Für die Vorstellung der Wiedergeburt infolge des Wir-
kens göttlicher Gnade *(munere divino)* ist außerhalb der christlichen Lehre
auf Corp.Herm.13.3; 8 zu verweisen, wo die Wiedergeburt als Geschenk
des Erbarmens (ἔλεος) Gottes herausgestellt wird (Th.Söding, Wiederge-

---

[255] Es ist überhaupt fundamentale Aussage christlicher Heilslehre, daß der Mensch am Ende
nicht aufgrund eigener Anstrengungen, sondern nur durch Gottes Eingreifen gerettet werden kann. Vgl. etwa Arnob.nat.2.33 (CSEL 4.74f.) in Entgegnung auf platonische Vorstellungen: *vos vestrarum animarum salutem in ipsis vobis reponitis fierique vos deos vestro fiditis intestinoque conatu; at vero nos nobis nihil de nostra infirmitate promittimus
naturam intuentes nostram virium esse nullarum et ab suis adfectibus in omni rerum con-
tentione superari. vos cum primum soluti membrorum abieritis e nodis, alas vobis adfutu-
ras putatis quibus ad caelum pergere atque ad sidera volare possitis; nos tantam reformi-
damus audaciam nec in nostra ducimus positum potestate res superas petere. cum et hoc
ipsum habeamus incertum, an vitam accipere mereamur et a lege mortalitatis abduci. vos
in aulam dominicam tamquam in propriam sedem remeaturos vos sponte nullo prohibente
praesumitis; at vero nos istud rerum sine Domino fieri neque speramus posse neque ulli
hominum tantum potestatis attribui licentiaeque censemus.*

burt aus Wasser und Geist. Anmerkungen zur Symbolsprache des Johannesevangeliums am Beispiel des Nikodemusgesprächs, in: Metaphorik und Mythos im Neuen Testament, hrsg. von K.Kertelge, Freiburg/Basel/Wien 1990, 190). Allerdings ist der Poimandres wohl christlich beeinflußt (vgl. etwa J.Büchli, Der Poimandres. Ein paganisiertes Evangelium. Sprachliche und begriffliche Untersuchungen zum 1. Traktat des Corpus Hermeticum [= Wissenschaftliche Untersuchungen zum Neuen Testament, 2.Reihe, Bd. 27], Tübingen 1987).

185. nullus ad excelsum poterit conscendere regnum. Weitgehend übereinstimmendes Wortmaterial und identisches Hexameterende findet man in einem Eugenius von Toledo zugeschriebenen Gedicht: carm.dub.10.5 (MGH AA 14 p.273) *ille poli poterit regnum conscendere celsum* (cf. p. 237 v.25). *poterit conscendere* steht an derselben Versstelle in carm.dub. 7.1 (p.272).- **nullus** steht für unpoetisches *nemo* (siehe zu 182 *nec quisquam*) wie in 214 (Ioh.3.13 *nemo*).- **ad excelsum...conscendere regnum.** Ioh.3.2 liest man *videre regnum Dei*. Dagegen paßt vorliegende Formulierung gut zum Gedanken des aufsteigenden Wegs aus Vers 184. *conscendere* ("ersteigen") macht deutlich, daß es darum geht, tatsächlich in das Reich Gottes zu gelangen. Im Evangelium heißt es wenig später (Ioh.3.5) *introire* (vgl. etwa Marc.9.47). Das tatsächliche Gelangen in das Reich Gottes betont Juvencus auch in 2.758/60 *vobis, qui firmo robustam pectore mentem/ ad* capienda *Dei penetralia constabilistis,/ concessum est aditis penitus* consistere *regni* gegenüber Matth.13.11 *vobis datum est* nosse *mysterium regni, illis autem non est datum.*[256] Bei Nonn.Ioh.3.3 weist αἰθέρος αὐλῆς/...ἔχειν αἰώνιον ἀρχήν auf das tatsächliche Eintreten in das Reich Gottes (vgl. aber Ioh.3.5 οὐ δύναται βροτὸς οὗτος ἐπεσσομένοιο νοῆσαι/ οὐρανίην αἰῶνος ἀτέρμονος ἥλικα τιμήν).- Der Gedanke des Aufstiegs zu Gott, den Juvencus nicht nur durch Ersatz von *videre* bei Johannes durch 185 *conscendere*, sondern auch durch 184 *(iteris) culmina* und 185 *excelsum (regnum)* hervorhebt, erinnert an Vorstellungen der paganen Philosophie, etwa die Himmelsreise der Seele im Platonismus seit Plat. Phaedr.247 a/c (P.Habermehl, Art. Jenseitsreise, RAC 17.504f.).- **ad... conscendere.** Diese Kombination begegnet bei Juvencus nur hier, davor nur in Cic.fam.12.25.5, Rhet.Her.4.25.34, Quint.decl.377.1; aus der Vul-

---

[256] Umgekehrt geht Juvencus vor in 3.524ff. *citius tenuis per acus transire foramen/ deformis poterunt inmania membra cameli,/ quam queat ut dives caelestia regna* videre gegenüber Matth.19.24 *facilius est camelum per foramen acus transire, quam divitem* intrare *in regnum caelorum.* Der Sinn bei Juvencus ist: Der Reiche kann das Reich Gottes nicht sehen, geschweige denn tatsächlich dorthin gelangen.

gata vgl. Ios.2.16, 8.20, 17.16, 18.12. Burger (Thes.IV 362.44/7) nennt
einige weitere späte Belege aus der Prosa, jedoch keinen aus der Dichtung. Prinzipiell werden derlei Konstruktionen aber auch in der Dichtung
verwendet, vgl. *(conscendere in:)* Lucr.5.1297, Ov.met.6.222, *(ascendere
ad:)* Manil.3.382, Ciris 204f., *(ascendere in:)* Verg.Aen.2.192, Ov.met.
11.518.- **excelsum...regnum** ist Neubildung ebenso wie *regnum sublime*
(1.455, 756, 2.795).- **(excelsum) conscendere regnum** scheint ebenfalls
vor Juvencus nicht belegt; vgl. später Prud.perist.8.7 *aeternum caeli conscendere regnum*, Hier.epist.108.31 (CSEL 55.349.24) *caelestia regna
conscendens.*

186. Zur Umschreibung der Wiedergeburt bzw. Taufe als Rückkehr zum
Beginn des Lebens vgl. Basil.hom.in bapt. (PG 31.433A) οὐκ ἐπιθυμεῖς
ἰδεῖν...πῶς ὁ παλαιούμενος καὶ φθειρόμενος κατὰ τὰς ἐπιθυμίας τῆς
ἀπάτης σφριγᾷ πάλιν καὶ ἀνηβᾷ (cf. 203 *revirescere*) καὶ εἰς τὸ ἀληθινὸν ἄνθος τῆς νεότητος ἐπανέρχεται; Greg.Nyss.bapt.Chr. (Gebhardt,
G.N. opera, vol.9.1 p.224.11/3) τὸν κατεστιγμένον ταῖς ἁμαρτίαις...χά-
ριτι βασιλικῇ ἐπανάγομεν εἰς τὸ τοῦ βρέφους ἀνεύθυνον, Didym.trin.
2.8.27 (PG 39.668) τὸ ἅγιον Πνεῦμα ἐν τῷ βαπτίσματι...ἀπὸ τοῦ ἀκαλ-
λοῦς εἰς τὸ πρεσβύτερον ἀνάγει (sc. ἡμᾶς) κάλλος, Ioh.Dam. Barl.et
Ioas. (Woodward/Mattingly p.100) ὁ Σωτὴρ ἐνετείλατο δι᾽ ὕδατος ἀνα-
γεννᾶσθαι καὶ Πνεύματος, καὶ εἰς τὸ ἀρχαῖον ἐπανάγεσθαι ἀξίωμα.-
reddita...rursus. Der Pleonasmus (*rursus* bei *re*-Komposita ist zu allen
Zeiten anzutreffen; HSz 798 α), auffällig durch die weite Sperrung verbunden mit der Alliteration (zur versrahmenden Alliteration vgl. 280, 290;
Widmann 83) hebt - neben *munere divino* - den Aspekt des Schenkens von
seiten Gottes hervor. Nicht glücklich vergleichen Omeis und de Wit für
pleonastisches *reddere rursus* Hor.serm.1.3.75. Denn *rursus* drückt dort
im Gegensatz zur vorliegenden Stelle reziprokes Verhältnis aus (OLD
1670 s.v. 4aβ).- **ni.** Vgl. zu 183.- **nascendi exordia.** Vgl. Theod.Mops.
comm.in Ioh. (CSCO 116.46.32f. [Übersetzung von Vosté]; zu Ioh.3.3)
principium...generationis novae, Nonn.Ioh.3.7 βαλβῖδα γενέθλης. Vorliegende Junktur findet sich wieder in Hier.epist.124.7 (CSEL 56.105.2);
vgl. sonst Cypr.laps.9 (CCL 3.225.174f.) *primo...nativitatis exordio*,
epist.64.6 (CCL 3C 425.95) *primo...nativitatis...ortu*, Arnob.nat.2.35
(CSEL 4.76.24) *ortus...et exordia nativitatis et vitae*, Macr.somn.1.9.3
originis natalisque principii exordia prima (Klepl-M., Thes.V.2 c.1564.81/
1565.8, stuft solche Fälle als abundant ein). Solche Ausdrucksweise ist
auch in der Bibel belegt: sap.6.24 *ab initio nativitatis* (Sept. ἀπ᾽ ἀρχῆς
γενέσεως), 7.5 (Cic.Balb.18 *nascendi initio*, Varro ling.5.15). Vgl. noch
Enn.trag.210 Jocelyn *inchoandi exordium* (cf. HSz 793).

187. novam capiat...vitam. Knappitsch und de Wit behaupten, *capiat* bedeute "incipiat" (zum Simplex anstelle eines Kompositums vgl. Huemer, Index 171 s.v. "simplex pro composito"; Leo zu Culex 391 *[capere = incipere]; HSz* 298d). Inhaltlich wäre eine solche Bedeutung nicht undenkbar, da *nova vita* mit einem Neuanfang verbunden ist. Doch sind sprachliche Einwände geltend zu machen. Zunächst fällt auf, daß Bannier (Thes. III 329.83ff.) für *capere = incipere* nur sehr wenige und teilweise unsichere Stellen nennt, nämlich Culex 391 *conformare locum capit impiger*, Iord.Rom.128 *intra XV dies captum (coeptum* Flor.epit.1.5.15 Malcovati) *peractumque bellum*, Serm.de conf.diab.107ᵛ (ALL 14.257) *(diabolus) capit promptus fieri*, Theod.Mops.in Eph.1.10 (vol.I p.129.14 Swete; Zitat von Hebr.1.14) *qui capiunt hereditare salutem* (Vulg. *qui hereditatem capient salutis*). De Wit sieht in Lact.inst.1.5.17 (SC 326.66.84f.) *animus* (sc. *Deus est)..., ex quo omnia quae nascuntur animalia vitam capiunt* eine Parallele, offenbar ohne Min.Fel.19.6 *animus..., ex quo...animalium omnium vita capiatur* und Cic.nat.deor.1.27 *animum..., ex quo nostri animi carperentur* zu kennen. Auf Cic.nat.deor.1.25/43 mit der Doxographie des Epikureers Velleius fußt Min.Fel.19.3/14, von Cicero und Minucius Felix wiederum hängt Lact.inst.1.5.15/28 ab (cf. ira 11.14 [SC 289.148. 66/9]; zum Rückgriff auf *De natura deorum* in der christlichen Literatur vgl. im Überblick I.Opelt, Ciceros Schrift *De natura deorum* bei den lateinischen Kirchenvätern, Antike und Abendland 12.1966.141/55). In diesen Stellen wird eine dem Pythagoras zugeschriebene Lehre wiedergegeben von einem die Welt durchdringenden Geist, aus dem die Seelen genommen sind bzw. alle Wesen ihr Leben erhalten.[257] De Wit folgend müßte man Lact.inst.1.5.17 wohl mit gedanklicher Ergänzung übersetzen mit "von dem (ausgehend) alle Lebewesen, die geboren werden, ihr Leben beginnen." Viel ungezwungener läßt sich aber "aus dem alle Lebewesen, die geboren werden, das Leben erlangen" übersetzen; vgl. Monat, SC 326.67 "de qui prennent vie tous les êtres vivants qui viennent au jour", was auch viel näher an der Ausgangsstelle bei Cicero liegt. Bei Juvencus nun liegt es angesichts des benachbarten Ausdrucks *divino munere* auf der Hand, *capiat* im Sinn von "nanciscatur" zu fassen.- Die Lactanzstelle ist

---

[257] Bei dieser Lehre (Stellensammlung bei Pease zu nat.deor.1.27), stellt sich die Frage, ob sie wirklich von Pythagoras stammt und später von den Stoikern adaptiert wurde (P.G. Walsh zu nat.deor.1.27), oder ob sie erst stoischen Ursprungs ist und von den Neupythagoreern übernommen wurde (A.Goethe zu nat.deor.1.27). Der pythagoreische Weltgeist wird in Lact.ira 11.14 (SC 289.148.67) als immateriell *(incorporalem)* bezeichnet. Der stoische Weltgeist dagegen ist alles umfassend, durchdringend und lenkend in einem körperlichen Sinn. Das paßt nicht zur christlichen Auffassung, daß der göttliche Geist der Vorsehung eine unkörperliche Macht ist (vgl. Orig.Cels.71 [SC 147.357f.]).

von Bannier (Thes.III 328.69) zu Recht angeführt unter der Rubrik "commoda nancisci, assequi" (328.30/329.2). *vitam capere* im Sinn von *vitam accipere* ist zuerst in Manil.5.396 belegt, später außer bei Minucius Felix und Lactanz etwa in Iuvenc.3.547, 4.811, Paul.Nol.carm.24.64 (besondere Bedeutung), Damas.epigr.77.9 Ihm, Iren.adv.haer.5.13.4 (SC 153.176. 94f.). Juvencus verwendet ähnliche Ausdrucksweise in Verbindung mit *vita* auch sonst, vgl. *vitam prendere* (3.529; cf. 3.514, 4.37), *v. conprendere* (3.502).- **novam...vitam** gehört zur Terminologie der Erneuerung in der Wiedergeburt bzw. Taufe, wie sie seit Paulus verbreitet ist (Harnack 101/3), vgl. etwa Rom.6.4 *consepulti enim sumus cum illo per baptismum in mortem, ut quomodo surrexit Christus a mortuis per gloriam Patris, ita et nos in novitate vitae* (gr. ἐν καινότητι ζωῆς) *ambulemus*. Paulus koppelt den Tauf- bzw. Wiedergeburtsgedanken allerdings mit dem Gedanken der Teilhabe an Christi Tod und Auferstehung, ein Aspekt, der bei Juvencus zumindest nicht direkt ausgesprochen wird (vgl. zu 203 *revirescere*). Der Begriff *nova vita* findet sich in bezug auf die Taufe auch in Cypr.ad Donat.3 (SC 291.80.44) *in salutem mihi divina indulgentia pollicebatur, ut quis renasci denuo posset utque in novam vitam lavacro aquae salutaris animatus, quod prius fuerat, exponeret et corporis licet manente conpage hominem animo ac mente mutaret;* ähnlich Cyrill.Alex.comm.in Ioh.3.5 (PG 78.244) εἰς καινότητα ζωῆς (wie Rom.6.4) ἀναπλαττόμενοι.- **divino munere.** Vgl. Cic.har.resp.6, leg.1.24, sodann Verg.georg.1.238 *munere ...divom*, Val.Fl.7.226 *munera divom* (cf. Sil.11.236, 15.88); bezogen auf den Gott der Christenheit neben den zu 185/7 genannten Cyprianstellen etwa Paul.Nol.carm.22.64, 25.143, Paul.Petr.Mart.2.537, Paul.Pell.euch. 112, Eugen.Toletan.carm.8.29 (MGH AA 14 p.239); siehe auch Schumann Bd.2.103f.- In M ist *numine* statt *munere* überliefert (*numere* K₁ m.1). Inhaltlich ist *divino numine* nicht auszuschließen. Doch paßt *divino munere* gut zum Schlüsselbegriff des Schenkens (180 *larga*, 181 *concessit*, 182 *tribuet*, 186 *reddita*). *divino numine* findet sich an derselben Versstelle in 1.264 und auch schon in Cic.carm.frg.30.8 Morel/Büchner/Blänsdorf (p. 166; cf. Hom.Od.12.190 θεῶν ἰότητι), Arat.305, Lucr.1.154, Manil.1. 484, AL I.1 Shackleton Bailey 1.IX.4. Die in M gebotene Variante ist wohl Ergebnis einer mechanischen Vertauschung; vgl. Verg.georg.4.520 *munere* (Bern.georg.4.520 *numine*), Stat.Theb.8.300 *munera* (v.l. *numina*) (cf. Lumpe, Thes.VIII 1663.18f.). Diese Vertauschung ist bei M besonders wahrscheinlich, da dort *m* und *n* überaus häufig verwechselt sind (Huemer, Proleg. XXVII).

188f. ille autem.../ ...inquit. Zu dieser Form vgl. 1.299, Val.Fl.6.273f.,
Ciris 257. Zu *ille autem* am Hexameteranfang vgl. 1.299, Verg.Aen.6.
347, 695, 9.219, 10.739, 878, Stat.Theb.11.568.

188. tantis stupefactus corda loquellis ist Zusatz des Juvencus, ähnlich
schreibt Nonnos καὶ κεράσας Νικόδημος ἀνήρυγε θαύματι φωνήν. Zu solchen Erweiterungen vgl. 2.801 *mirantes* (Matth.13.27); Nestler 53f., Golega 122 über Nonnos. Vielleicht kann man bei 188 *tantis stupefactus corda loquellis* aber auch von einer Art Ersatz für einen Teil des unberück-
sichtigten Verses Ioh.3.7 sprechen, nämlich des Prohibitivs *non mireris*
aus Christi Mund.- Zwar kann Nikodemus Christi Worte nicht verstehen,
aber er ist betroffen. Der Dichter drückt das im Gegensatz zum Evangelisten offen aus, und zwar kaum zum Nachteil des Bildes, das man anfangs
von dem Juden gewinnt. Poinsotte (212ff.) muß sich fragen lassen, ob tiefe Betroffenheit *(stupefactus corda* ist gewiß stärker als etwa *miratus)*,
verursacht durch Christi Reden oder Handeln, die Reaktion eines typischen
Pharisäers sein kann. Soweit ich sehe, ist das weder in der Bibel noch bei
Juvencus je der Fall.- **stupefactus corda.** *stupere* u.ä. begegnet auch in
der Bibel von der Betroffenheit der Menschen im Hinblick auf Christi
Worte und Taten und angesichts der Wirkungen, die von ihm ausgehen:
Marc.1.22, 9.14, Luc.4.32, 5.9, act.9.7. Mit Sicherheit hatte der Dichter
dies bei seiner Wortwahl im Auge. Hinzu kommt die Nutzung epischen
Stils, um den Ausdruck zu schmücken. Dabei greift Juvencus auf Verg.
Aen.5.643 *stupefacta...corda/ Iliadum* (sc. *sunt*) zurück. Und er konstruiert mit dem für den epischen Stil typischen accusativus Graecus, vgl. 2.
377 *percussus pectora* (Sil.5.587), 3.296 *percussus corda*, 364 *commotus
corda* (Sen.Oed.439 *c. pectora*), Lucr.1.13 *(volucres) perculsae corda*,
Verg.Aen.8.29 *turbatus pectora*. Zum accusativus Graecus bei Juvencus
siehe auch Huemer, Index 148.- R Mp¹ P bieten *corde*. Solche Abweichung findet sich auch in der Überlieferung von 3.105, 296, 364, 466, 4.
355. Die Tatsache, daß bei insgesamt 17 Stellen mit *corda* und davon 6
Fällen mit der Abweichung *corde* ebendiese in 3 Fällen mit accusativus
Graecus überliefert ist (nämlich neben vorliegendem Vers noch in 3.105
und 296; in den übrigen 3 Fällen mit der Abweichung *corde* liegt diese 2
mal nur in einem cod. vor.- Allerdings müssen hier die unvollständigen
Angaben Huemers zugrunde gelegt werden), führt zu der Schlußfolgerung,
daß in den Stellen mit accusativus Graecus - also auch in vorliegendem
Vers - *corde* mit hoher Wahrscheinlichkeit keine Verschreibung, sondern
bewußte Simplifikation eines Redaktors ist. Denn eine Einzelperson hat
nur 1 *cor*, weshalb der Singular naheliegt. Doch der Dichter wollte mit
dem Plural deutlich machen, daß Nikodemus nicht nur an der Oberfläche
seines Herzens, sondern bis in dessen letzten Winkel erschüttert ist.- Das

Versende **corda loquellis** begegnet wieder in Paul.Petric.Mart.2.639.- *loquel(l)a* findet sich vor Juvencus episch 3 mal bei Lucrez (1.39 [pl.], 5.71, 230) und 1 mal bei Vergil (Aen.5.842 [pl.]). In der Bibel ist *loquel(l)a* auch belegt, etwa in Ioh.4.42. Juvencus hat das Wort recht oft, nämlich 7 mal. Das Suffix *-ela* ist wenig produktiv. Entsprechende Bildungen gibt es zwar schon im Altlatein, die Klassiker meiden sie aber eher, im Spätlatein dagegen sind sie häufiger (HSz 744). *-ela* wurde orthographisch mit dem *-ella* der Deminutiva vermischt (Leumann 312). Der handschriftliche Befund spricht bei Juvencus meist klar für die Schreibweise *-ella*. Das gilt auch für *medel(l)a* und *querel(l)a*. Doch gibt Huemer bei 1.12 *loquel(l)as* die Schreibweise *-elas* immerhin für M R K$_1$ K$_2$ Mp T B an, bei 1.266 *querel(l)is* die Schreibweise *-elis* für R M^1 Mp B G H Hl, bei 1.48 *loquel(l)am* schließlich *-ellam* nur für C M K$_1$ K$_2$ (m.1) T^1. Dennoch setzt er immer die Formen mit *-ella* in den Text. Es soll nun nicht behauptet werden, daß man bei den Einzelfällen 1.12, 1.48, 1.266 von einer besseren Bezeugung von *-ela* sprechen und sich anders als Huemer entscheiden müßte, zumal C, der codex vetustissimus, immer *-ella* hat. Huemer hätte sich aber vermutlich auch dann, wenn in dem einen oder anderen Einzelfall eindeutig *-ela* bezeugt wäre, durchweg für *-ella* entschieden. Denn er strebt auch sonst einheitliche Orthographie an (siehe zu 189 *comprendere*).

189. hoc...nostrae non est conprendere mentis. "Mein Verstand reicht nicht aus, das zu begreifen./ Ich kann das nicht begreifen." Der Satz hat in der Bibel keine Entsprechung und ist von Juvencus den beiden aus Ioh. 3.4 übernommenen rhetorischen Fragen (190/2) vorangestellt. Das Eingeständnis des Nichtverstehens (vgl. 204 *nil horum cernere possum*) zeugt von Ehrlichkeit und ist für einen jüdischen Schriftgelehrten ungewöhnlich. Allerdings entbehren die nachfolgenden Fragen auch bei Juvencus nicht einer die neue Lehre ablehnenden Ironie.- **nostrae non est...mentis** stellt einen speziellen Typus von *esse* in Verbindung mit adverbalem Genitiv dar (KS I 452b, 453b, HSz 62 oben), für den Hatfield (§ 46) aber keine Parallele bei Juvencus nennt.- Bei *nostrae* (statt *meae*) handelt es sich um einen in der Dichtung häufigen Gebrauch des Plurals der Pronomina zur mehrheitlichen Bezeichnung von Einzelpersonen, vgl. etwa 267 *nostri dona liquoris*, 269 *nostri...pocula fontis*, Verg.Aen.1.676 *nostram nunc accipe mentem;* HSz 19f. Man kann die Funktion dieses Plurals nicht immer genau bestimmen (HSz 20). Doch im vorliegenden Vers spricht gegen Auffassung als pluralis maiestatis schon die Aussage selbst. Wegen der nachfolgenden ironischen Fragen möchte man aber auch nicht von einem pluralis modestiae sprechen. Poinsotte faßt *nostrae* als echten Plural auf, der

zeige, daß Nikodemus sich selbst zum Vertreter, ja Wortführer (S.215
"porteparole") der jüdischen *proceres* mache. Aber warum sucht er dann
Christus allein und nachts auf? Und würden die typisch jüdischen *proceres*
zugeben, etwas nicht begreifen zu können?- **conprendere.** Die Überlieferungslage ist nach Huemer *comprehindere* C, *comprendere* M, *conprehen-
dere* plerique. Die Langform verbietet sich aus metrischem Grund. Die
Kurzform ist "legitima forma versuum dactylorum" (Hey, Thes.III 2145.
7). Bleibt die Frage, ob mit Huemer *con-* (vor *p* schon früh inschriftlich
bezeugt, siehe O.Prinz, ALMA 23.1953.37) oder *com-* zu lesen ist. *con-*
ist in den Juvencushandschriften meist besser bezeugt als *com-*. Huemer
hat sich, auch bei anderen Komposita, grundsätzlich für *con-* entschieden.
Doch bei einem Autor, der sich bei (wenn auch nichtlateinischen) Eigennamen Abweichungen erlaubt, die sogar weit über bloß orthographische
Nuancen hinausreichen (siehe etwa zu 254 *Samaritica*) und die auch von
Huemer nicht durch emendatorische Maßnahmen in Frage gestellt werden,
kann man wohl nicht ausschließen, daß er allgemein orthographisch nicht
ganz einheitlich verfahren ist (vgl. Ch.Gnilka, Gnomon 58.1986.30; zu
Prudentius). Im vorliegenden Fall spricht immerhin das Zeugnis des ältesten Codex für *com-* (M wiegt in dieser Frage nicht allzu viel, da dort *m*
und *n* überaus häufig vertauscht sind, vgl. Huemer Proleg. XXVII), ebenso wie bei 1.281 und 3.613 und etwa bezüglich *complere* bei 1.22 und
1.317.

**190/2. quis poterit coeptae revocare exordia vitae?/ an rursus senior
matris correptet in alvum,/ ut novus in lucem veniat vitamque revolvat?** Nikodemus mißversteht die geistige Wiedergeburt als leibliche Wiedergeburt. Das ist in Ioh.3.4 vorgegeben. Hinzu kommt bei Juvencus, daß
Nikodemus den Gedanken des Gnadengeschenks (186 *reddita*, 187 *divino
munere*) offenbar überhört hat. Er unterstellt, daß die Wiedergeburt aus
eigener Kraft erfolge, was die zahlreichen aktivischen Verben unterstreichen (190 *revocare*, 191 *conreptet*, 192 *veniat, revolvat*), während bei Johannes nur *introire* den aktiven Aspekt hervorhebt. Wenn Nikodemus so
zwingend von einer ausschließlich aktiven Rolle des Menschen ausgeht,
muß ihm schon die Erneuerung des leiblichen Lebens ganz unmöglich erscheinen. Wie unmöglich müßte ihm erst die nicht nur den Leib, sondern
auch den Geist umfassende Erneuerung erscheinen, wenn er annähme, sie
könne ohne die Gnade Gottes erreicht werden!

190. quis poterit. Die rhetorische Frageform Ioh.3.4 *quomodo potest?*
(gr. πῶς δύναται; mit Erwartung negativer Antwort) ist rabbinisch (Bultmann). In den der Bibeldichtung des Juvencus zugrundeliegenden Evange-
lienteilen kommt sie noch vor (jeweils im Mund Christi) in Matth.12.29,

12.34, Ioh.3.9, 5.44. Juvencus dagegen hat *quomodo?* nie, obwohl es auch im Epos belegt ist (allerdings nur in Sperrung). Matth.12.29 *quomodo potest quisquam?* gibt Juvencus mit 2.616 *quis poterit?* wieder, Matth. 12.34 *quomodo potestis?* mit 2.631f. *quando (serpentis...propago/) ...poterit?*, Ioh.3.9 und 5.44 formt er in Aussagesätze um (2.204, 2.685f.). Für rhetorische Fragen der Form *quis potest / poterit?* vgl. im Epos Verg. Aen.4.296, Lucan.5.230, in der Dichtung sonst etwa Catull.107.8, Ov. rem.765 (*quis poterit?* auch dort am Versanfang), Comm.apol.1, 134 (*quis poterit?* am Versanfang), Iuvenc.2.212 (Ioh.3.12 *quomodo creditis?*). Die Form *quis poterit?* findet sich auch in der Hl.Schrift: sap.9.13, Matth.19. 25, apoc.6.17, 13.4.- **coeptae revocare exordia vitae.** *coeptae* unterstreicht die scheinbare Unmöglichkeit der Rückkehr zum Anfang: Wenn das Leben einmal begonnen hat, ist der Anfang für immer entrückt. Man kann nicht mehr dorthin gelangen. Die Verbindung *revocare exordia* fand Juvencus vor bei Verg.Aen.7.40 *primae revocabo exordia pugnae.* Dort hat sie allerdings die Bedeutung "ins Gedächtnis zurückrufen".- Zur Junktur **exordia vitae** vgl. Cic.Tim.26 (cf. Plat.Tim.36 e), fin.5.7.18 (Thes. V.2 c.1565.54f. "instinctus, impulsus vitae"); Hil.hymn.2.33 (CSEL 65. 214), Arnob.nat.2.35 (CSEL 4.76.24); am Versende findet sich *exordia vitae* wieder in Prud.apoth.169, Prosp.carm.de ingrat.481 (PL 51.120), Arator act.1.244.

191. an steht für Ioh.3.4 *numquid.* Letzteres hat Juvencus nur in Vers 4.444 (Matth.26.25) aus der Vorlage übernommen. Im antiken Epos begegnet *numquid* nur in Lucan.5.486 (P.Barrat, M.Lucani Belli Civilis Liber V, Amsterdam 1979, S.159 zu 486f.: "It seems to be drawn from colloquial speech and is found in the dramatists and in prose but rarely in poetry... See K.-Steg.II, p.514"). *num* hat Juvencus 4 mal, *an* 9 mal.- **senior** ist freier Komparativ (HSz 168f.; Huemer, Index 153 s.v. "comparativi usus liberior", Hatfield § 118) wie in 3.355, Verg.Aen.5.704 (cf. OLD 1735 s.v. 2 u. 3) und steht für Ioh.3.2 *cum senex sit.* Juvencus hat es in die zweite Frage gezogen, so daß *senior* und *matris conrepet in alvum* einander an der Penthemimeres gegenüberstehen und die Abwegigkeit des Gedankens und die Ironie der Frage (vgl. zu *conrepet*) auch in der Form sichtbar werden: Der alte Mensch ist vom Mutterschoß und vom Zeitpunkt der Geburt weit entfernt. Wie sollte er dorthin zurückkehren können? Mit der Verstärkung der Ironie wird freilich auch das rein zeitlich-leibliche Denken des Nikodemus hervorgehoben, das die neue Lehre nicht erfassen kann. Denn ihr Gegenstand, die Wiedergeburt, ist überzeitlich und geistig: Aug.tract.12.5 in Ioh. (CCL 36.123.5/9) *ex aqua et Spiritu oportet ut nascatur propter regnum Dei. si propter hereditatem patris* *hominis temporalem nascitur, nascatur ex visceribus matris carnalis; si propter hereditatem patris Dei sempiternam, nascatur ex visceribus ecclesiae* eqs. Zur Beschränktheit des Nikodemus vgl. Aug.tract.11.6 in Ioh. (CCL 36.113.7f.) *non noverat iste* (sc. *Nicodemus) nisi unam nativitatem ex Adamo et Eva* (Omeis), tract.12.6 in Ioh. (CCL 36.123.1/3), Cyrill. Alex.comm.in Ioh.3.4 (PG 73.244) ἐλέγχεται διὰ τούτων ψυχικὸς ὢν ἔτι ὁ Νικόδημος, διά τε τοῦτο δεχόμενος οὐδαμῶς τὰ τοῦ Πνεύματος τοῦ Θεοῦ· μωρίαν γὰρ εἶναι νομίζει τὸ σεπτὸν οὕτω καὶ περιφανὲς μυστήριον. γέννησιν δὲ ἀκούων τὴν ἄνωθεν καὶ πνευματικὴν σωματικὴν ἔτι γαστέρα φαντάζεται παλινδρομοῦσαν εἰς ὠδῖνα τῶν ἤδη γεγεννημένων (Omeis).- **matris...in alvum** entspricht Ioh.3.4 *in utero* (j *uterum,* ff² *ventre,* aur c l *ventrem;* gr. τὴν κοιλίαν) *matris.* Der Dichtertext weicht ohne den Zwang epischer Tradition vom Wortlaut der lateinischen Bibel ab, denn episch wäre sowohl *uterus* (Ov.met.3.344, 9.287, Sil.4.357; *uterus matris* bei Ov.fast.1.33) als auch *venter* (Ov.met.9.685, Stat.Theb.4.564; *venter matris* bei Mart.11.61.8). *uterus* verwendet Juvencus 4 mal, nämlich in 1.87 *uteri sinuamine* (Luc.1.42 *ventris*), 1.134 *uteri...pondera* (Matth.1. 19: -), 4.127 *uteri...pondere* (*uteris* C, *ventres* V₁ Hl; cf. Matth.24.19 d *in utero habentibus,* cett. *praegnantibus* [ff² *pelegrinantibus*]), wobei die Junktur *pondus / pondera uteri* auf Prop.4.1B.100 *uteri pondera* (Ov.met. 10.481 *uteri...onus*) zurückweist, *gremium uteri* und *sinuamen uteri* dagegen Neuschöpfungen sind. Aber auch *alvus matris* ist episch: Lucr.5.225, Ov.met.1.420; Manil.3.195 *(materna alvo).-* **in alvum** steht am Versende, wie es im klassischen Hexameter immer der Fall ist, etwa in Manil.2.877, Ov.met.14.209, Sil.15.87.- **conreptet** steht für Ioh.3.4 *introire* (j *ingredi) et renasci. conreptare* ist ἅπαξ λεγόμενον (weitere Beispiele bei Hatfield § 143). In 1.547 begegnet *obreptare,* welches vor Juvencus nur bei Plaut. Persa 79 und Plin.nat.35.109 belegt ist. Jedoch ist das Simplex *reptare* episch (Lucr.2.318, Stat.Theb.3.290 u.ö., Sil.7.272). Intensiva finden sich bereits im Altlatein oft bedeutungsgleich mit den Simplicia. Diesem Gebrauch folgen in der klassischen Zeit von den Dichtern besonders Properz und die epischen Dichter Lucrez und Vergil (nach dem Vorbild des Ennius). Seit Fronto verwenden die Archaisten, denen man auch Juvencus zurechnen darf (vgl. zu 184 *iteris*), gerne altlateinische und klassische Intensiva und bilden auch neue Formen (HSz 297). Zahlreiche Beispiele für Intensiva bei Juvencus nennt Hatfield § 128. An die Formulierung *conreptet in alvum* erinnert Plaut.Trin.424 *in ventrem filio conrepserit* (sc. *pater.* Der Sohn hat den Preis des Hauses für die Bedürfnisse seines Bauchs hergegeben, so daß der Vater es nur ebendort wiederfinden kann).- Nach Huemer ist die nichtassimilierte Form *conreptet* nur in R von erster Hand überliefert. Grundsätzlich überwiegen in den Juvencushandschriften die

nichtassimilierten Formen. Huemer hat daraus methodisch offenbar folgende Konsequenz gezogen: Wenn die nichtassimilierte Form in mindestens
einer Handschrift überliefert ist, setzt er diese Form auch in den Text. Im
Text ergibt sich bei den einzelnen Wörtern auf diese Weise fast immer
eine einheitliche Schreibweise. Ausnahme ist *ob-/ opprimere*. Denn während die Überlieferung in 1.136 und 4.279 gespalten ist, so daß die nichtassimilierte Form im Text steht, ist in 3.767 und 4.360 nur die kontrahierte Form überliefert, so daß Huemer diese dann auch in den Text gesetzt hat. In 1.270 ist allein die nichtassimilierte Form überliefert (freilich
muß man sich jeweils auf Huemers Angaben verlassen), die dementsprechend im Text steht. Wenn dieses Verfahren auch weniger radikal ist als
überhaupt nie assimilierte Formen in den Text zu nehmen, ist es methodisch doch insofern unbefriedigend, als hierbei alle Handschriften als
gleichwertig behandelt werden. Juvencus ist eine uneinheitliche Orthographie durchaus zuzutrauen (siehe zu 189 *conprendere*), und das Zeugnis
von R kann wohl nicht das aller anderen Handschriften aufwiegen.

192. novus nimmt 187 *novam (vitam)* auf, was Nikodemus im Gegensatz
zu Christus freilich rein zeitlich versteht (vgl. unten zu *vitam...revolvat*).-
Prädikativer Gebrauch von Adjektiven ist bei Juvencus häufiger als in der
klassischen Poesie (Hatfield § 119).- **in lucem veniat.** Dieser Ausdruck
findet sich von der Geburt auch in Manil.2.637, Cens.8.3, Paneg.6.3.2,
14.5 Mynors (cf. Ehlers, Thes.VII.2 c.1910.36f.).- **vitam...revolvat.** Nikodemus denkt tatsächlich an eine bloße Wiederholung des irdischen Lebens, nicht an eine Erneuerung durch den Heiligen Geist. *revolvere* vom
erneuten Durchleben, Durchleiden von etwas ist episch: Verg.Aen.10.61
iterum...revolvere casus/ da, pater, Iliacos Teucris, Sil.1.115 *Romanos
terra atque undis, ubi competet aetas,/ ferro ignique sequar Rhoeteaque
fata revolvam* (OLD 1649 s.v. 2d). Die Junktur *vitam revolvere* wurde von
Juvencus offenbar neu geprägt; vgl. mit Aspektverschiebung Aug.civ.12.
27 (Dombart/Kalb 1.554.24) *ad istam vitam denuo revolvuntur.* Nach
Hansson (88) ist überliefert *resolvat* C Al, *revolvat* M V₁ Mp P Ph C₃ Ca
Ca₂ (Marold, Huemer, Knappitsch, de Wit), *revolvet* C₂ E, *revolet* Av, *resumat* cett. (Reusch, Arevalo). Die Lesart *vitam...resumat* erinnert an
Hor.carm.3.5.37 *vitam sumeret*, Carm.laud.Dom.124 *assumere vitam*, Iu-
venc.4.36 *sumere mortem* (4.475). *vitam resumere* ist zwar nicht klassisch-
episch, doch vgl. *vires resumere* in Lucan.4.604, Ov.met.9.59, *virides...
resumere annos* in Stat.silv.3.1.161. *resumat* ist wahrscheinlich Simplifikation eines Redaktors für *revolvat* (vgl. zu 223 *inviolabile*).

193/5. ille sub haec: "liquido si quis de fonte renatus/ et Flatu Sancto rudibus consistere membris/ coeperit, aetheriam liber conscendet in aulam." In diesem Bild ist die Vorstellung enthalten, daß die Reinigung in der Taufwiedergeburt (vgl. zu *liquido...fonte*) Voraussetzung für den Aufstieg *(conscendere)* zu Gott ist, vgl. Clem.Alex.protr.10.99.3 (SC 2. 167) λάβετε...ὕδωρ λογικόν, λούσασθε οἱ μεμολυσμένοι, περιρράνατε αὐτοὺς ἀπὸ τῆς συνηθείας ταῖς ἀληθιναῖς σταγόσιν· καθαροὺς εἰς οὐρανοὺς ἀναβῆναι δεῖ, Greg.Nyss.bapt.Chr. (Gebhardt, G.N. opera vol.9.1 p.223.13/5) βαπτίζεται (sc. ὁ Χριστός) σήμερον παρὰ ᾽Ιωάννου, ἵνα τὸν ἐρρυπωμένον ἀποκαθάρῃ, Πνεῦμα δὲ ἄνωθεν ἀγάγῃ καὶ ἄνθρωπον εἰς οὐρανοὺς ἀνυψώσῃ, Alc.Avit.carm.5.648f. *baptismate lotus/ ad caelum liber* (siehe zu 195 *liber) culpis pereuntibus exis.* Der Gedanke des Aufstiegs durch Reinigung bzw. Reinheit begegnet auch sonst: psalm.23.3f. *quis ascendit in montem Domini aut quis stabit in loco sancto eius?/ innocens manibus et mundo corde, qui non accepit in vano animam suam nec iuravit in dolo proximo suo*, Matth.5.8 *beati mundo corde, quoniam ipsi Deum videbunt*, Clem.Alex.strom.7.56/8 (SC 428.182/90) (Aufstieg derer, die reinen Herzens sind, aufgrund von Reinigung durch Erkenntnis), Orig. Cels.6.44 (SC 147.288.16/20) (die Tugendhaften, die nichts Falsches in sich aufnehmen, sind des Aufstiegs würdig), 7.5 (SC 150.22.4/10) (Aufstieg der reinen und sündenfreien Seele), Greg.Nyss.de vita Mosis 152/ 161 (SC 1.202/10) (über den Aufstieg zur Gotteserkenntnis, ausgehend von exod.19; vgl. auch 315f.), daraus besonders 154f., 157, 161 (wer ungereinigt - weil seine Taten ungesühnt sind und er die falsche Lehre vertritt - den Aufstieg zu Gott wagt, tötet sich selbst), epist.3.2 (Pasquali, G.N. opera vol.8.2 p.20.16/9) (Aufstieg durch reines Leben), Greg.Naz. or.in bapt.24 (PG 36.408D) (Aufstieg im Herzen durch Reinigung auch im Anschluß an die Taufe notwendig), c.Iulian.or.4.71 (PG 35.593B) (Aufstieg und Vergöttlichung durch vorbildliche Lebensführung), Theodoret. comm.in Ezech. (PG 81.1097B) (Aufstieg im Herzen durch Reinheit der Seele). Auch in der mittel- und neuplatonischen Philosophie galt Reinigung der Seele (d.h. ihre Trennung vom Körperlichen) als Voraussetzung für deren Aufstieg, vgl. etwa Plot.6.7.36, 1.6.6 (Plotins Aufstiegslehre bezieht sich auf den Aufstieg zur Gotteserkenntnis infolge Reinigung der Seele durch Tugend. Daran erinnert Gregors Exodusexegese), Procl.in Tim. (Diehl Bd.1.212.2ff., 19f.) (Aufstieg und Vereinigung mit Gott infolge von Tugend). Wesentlich für die in der christlichen Wiedergeburt bzw. Taufe erfahrene Reinigung sowie für den damit untrennbar verbundenen Aufstieg zu Gott ist allerdings - und dies im Gegensatz zu paganen Vorstellungen von Wiedergeburt und Aufstieg -, daß sie nur als Gnadengeschenk Gottes zuteil werden können, der Mensch sie also nicht aus eigener Kraft und eigenem Willen erlangen kann (vgl. zu 185/7). Im Gegen-

satz zu Plotin kommt Jamblich allerdings in die Nähe einer Vorstellung
von göttlicher Gnade. Der von ihm beschriebene Aufstieg der Seele kann
nur durch den guten Willen der Götter und die von ihnen gewährte Erleuchtung gelingen (myst.2.2 τὸ μὲν ἀίδιον τῆς ὁμοίας ζωῆς καὶ ἐνεργεί-
ας παρ᾽ ἔλαττον ἐκείνων ἔχουσα [sc. ἡ ψυχή], διὰ δὲ τὴν τῶν θεῶν βού-
λησιν ἀγαθὴν καὶ τὴν ἀπ᾽ αὐτῶν ἐνδιδομένην φωτὸς ἔλλαμψιν πολλάκις
καὶ ἀνωτέρω χωροῦσα, ἐπὶ μείζονά τε τάξιν τὴν ἀγγελικὴν ἀναγομένη);
siehe dazu Zintzen, Bemerkungen zum Aufstiegsweg der Seele in Jam-
blichs De Mysteriis, in: Platonismus und Christentum. Festschrift für
Heinrich Dörrie, hrsg. von H.-D. Blume u. F.Mann (= Jahrbuch für Antike und Christentum, Ergbd.10) Münster 1983, 312/28, bes. 316ff., 327f.
Vgl. noch zu 185/7 über Corp.Herm.13.3; 8.- In Ioh.3.5 ist mit *nisi quis
..., non* die ausschließende Kraft der Bedingung betont, während Juvencus
durch *si* und positiven Nachsatz den Gedanken affirmativ ausdrückt (Widmann 56). Für schlichtes *natus...ex aqua et Spiritu* liest man bei Juvencus
in dichterischem Ausdruck *liquido...de fonte renatus et Flatu Sancto.* Man
beachte die geschliffene Komposition: Aufgrund der chiastischen Stellung
von *liquido...fonte* und *Flatu Sancto* zueinander wird der durch Endstellung betonte Kernbegriff *renatus* von den Substantiven *fonte* und *Flatu* eng
umrahmt, deren Zusammengehörigkeit neben dem genannten Chiasmus
auch durch das Enjambement 193/4 unterstrichen wird. Infolge eines unmittelbar folgenden zweiten Enjambements zieht sich der Bedingungssatz
bis in Vers 195 hinein, was die Spannung in Richtung auf den Hauptsatz
stärkt, dessen zentraler Begriff *aulam* erst am Versende erscheint. Eine
vergleichbar kunstvolle Komposition findet sich in der ebenfalls inhaltlich
zentralen Stelle 220/4.

193f. liquido de fonte renatus/ et Flatu Sancto. Verknüpfung des Wie-
dergeburts- mit dem Taufgedanken liegt im NT neben Ioh.3.5 *renatus ex
aqua et Spiritu* (von Juvencus im Prinzip beibehalten) auch in Tit.3.5 *lavacrum regenerationis* vor. In der patristischen Literatur wird die Verbindung zwischen Taufe und Wiedergeburt in Ioh.3.5 zuerst von Iustin.
I apol.61 (PG 6.420C) gesehen, später etwa von Orig.comm.in Matth.15.
23 (GCS 40.417), Cypr.epist.72.1 (CCL 3C 524), 73.21 (CCL 3C 554/6).
Auf Tit.3.5 *(lavacrum regenerationis)* nehmen im Zusammenhang mit der
Taufe Bezug etwa Orig.hom.16.5 in Ier. (SC 238.144.29f.), comm.in
Matth.15.23 (GCS 40.416f.), comm.in Ioh.6.169 (SC 157.256), Cypr.
epist.74.5f. (CCL 3C 570f.), 75.11 (CCL 3C 592f.), patient.6 (CCL 3A
p.121.113), Conc.Elib.can.10 (PL 84.302 B), Ambr.myst.7.35 (CSEL 73.
103.13), 7.37 (104.29f.). Sonst bezeugen z.B. Tert.bapt.13.3 (CCL 1.

289), Cypr.testim.eccl.3.25 (CCL 3.121) schon früh die Verknüpfung von
Tauf- und Wiedergeburtslehre.[258]

193. Zur Auslassung der Formel *amen amen dico tibi* vgl. zu 184. Auch
Nonnos läßt die Formel an entsprechender Stelle unberücksichtigt.- **ille
sub haec.** Vgl. 113, 259, 3.138 (mit Verb), Verg.Aen.5.394, Stat.Theb.3.
516, Sil.13.772; später Paul.Petric.Mart.1.219. Abgesehen vom epischen
Klang verleiht die Formel dem Sprecherwechsel mehr Lebendigkeit als
Ioh.3.5 *respondit Jesus.*- **liquido...fonte.** Diese Junktur ist schon bei antiken Autoren anzutreffen: Ov.met.10.122, Colum.12.25.2, im Plural Verg.
ecl.2.59, georg.2.200, 3.529, 4.18, 376, Calp.ecl.2.88. Spätere nicht-
christliche Stellen sind Repos.48, Claud.carm.min.12.1, 45.1 (*l. f.* meint
hier göttliches Wasser), Prob.et Olybr.cons.222. Ein Ansatzpunkt zur
christlichen Nutzung liegt vor in Verg.georg.4.376 *manibus liquidos dant
ordine fontis.* Die Nymphen reichen Aristaeus klares Wasser, damit er
sich vor dem Opfer reinigen kann. Es handelt sich demnach um eine rituelle Reinigung. Die Grundbedeutung von *fons* ist "Quell", gemeint ist also
ein fließendes Gewässer, und in der Tat haben die Nymphen das Wasser
den Strömen entnommen, welche in ihrem Reich entspringen. Die rituelle
Reinigung in der Antike erfordert gerade solches fließendes bzw. aus einem fließenden Gewässer stammendes Wasser, vgl. E.Rohde, Psyche.
Seelencult und Unsterblichkeitsglaube der Griechen, Freiburg/Leipzig/Tü-
bingen 1898[2] (Nachdruck Darmstadt 1961), Bd.1.405f.; Bömer, Komm. zu
Ov.fast.2.35 (S.83). Daneben soll mit der Wahl des Wortes *fons* möglicherweise auch ein Bezug zur Tradition des christlichen Taufverständnis-
ses hergestellt werden. Bereits Did.7.1 (Wengst p.77) schreibt Taufe in lebendigem, d.h. fließendem Wasser vor. Dazu bemerkt Th.Klauser (Taufet
in lebendigem Wasser. Zum religions- und kulturgeschichtlichen Verständnis von Didache 7,1/3, Jahrbuch für Antike und Christentum, Ergbd.3.
1974.177/83 [= Pisculi. Studien zur Religion und Kultur des Altertums
Franz Joseph Dölger dargeboten, Münster 1939, 157/64], dort 177 mit
Anm.2), daß schon im AT Vorschriften über Reinigungen mit lebendigem
Wasser (ὕδωρ ζῶν) zu finden sind (num.5.17, 19.17, Lev.14.5, 14.50ff.)
und daß später Johannes im Wasser des Jordan taufte (Marc.1.5, Luc.3.
3ff.). R.Pillinger (Die Taufe nach der Didache, Wiener Studien N.F. 8.

---

[258] Fichtner (29f. Anm.82) sagt, *lavacrum, lavare* seien im NT grundsätzlich keine Tauftermini. Doch gibt es dazu andere Auffassungen (vgl. etwa Oepke, ThWNT IV 305ff. zu
λούω, λουτρόν). Abgesehen davon kann für die patristische Forschung nur ausschlaggebend sein, wie die Väter deuteten. Sie bezogen nun einmal Tit.3.5 seit frühesten Zeiten
auf die Taufe. Deshalb ist es nicht richtig, mit Fichtner zu sagen, der Begriff *lavacrum*
sei erst durch Juvencus der christlichen Taufe zugeordnet worden.

1975.152/62, dort 153) stellt zu den AT-Stellen präzisierend fest, daß dort
"mit ὕδωρ ζῶν nicht die Quelle und der Fluß selbst, wohl aber Wasser
von einer Quelle und einem Fluß gemeint ist". In diesem Sinn versteht
Pillinger (153f.) dann auch ὕδωρ ζῶν in Did.7. E.Dinkler (Art. Taufe,
RGG³ 6.634) nennt als früheste Belege für den Gebrauch fließenden Wassers bei der christlichen Taufe act.8.36, Hebr.10.22, Barn.11.11 (so ist
wohl zu lesen statt 1.11) (Wengst p.172). Bei act.8.36 und Hebr.10.22
setzt er ein fließendes Gewässer offenbar einfach voraus, obwohl genauere
Angaben fehlen. Barn.11.11 kann am ehesten genannt werden, da der in
11.10 erwähnte Fluß auf das Taufwasser gedeutet wird. Ein Postulat der
Verwendung fließenden Wassers bei der Taufe verbirgt sich hinter der
Barnabasstelle aber wohl nicht. Als ältesten Beleg für *fons* zur Bezeichnung des Taufwassers nennen Vollmer (Thes.VI.1 c.1024.53/60) und
Klauser (op.cit. 180) Firm.err.28.1, Blaise/Chirat (358 s.v. 2) aber bereits
Cypr.epist.73.10.3 (CCL 3C 541.171, 173). Cyprian sagt in der letztgenannten Stelle, daß die Kirche aus den Quellen der vier Paradiesflüsse,
d.h. der vier Evangelien, die Taufe spende. Das Bild von der Kirche als
dem Garten Eden, der von den Strömen der Evangelien durchflossen wird
und aus ihnen reiche Frucht hervorbringt, findet sich schon in Hippolyt.
comm.in Dan.1.18 (GCS N.F.7 p.42/4).[259] Cyprian verflicht dieses Bild
mit dem Taufgedanken (weiterführende Literatur bei Clarke, Komm. zu
Cypr.epist.73.10), so daß die Kirche zum Taufquell wird. Dieser Gebrauch von *fons* liegt auch vor in epist.73.11.2 (CCL 3C 541.184), (mit
alttestamentlichem Bezug:) 69.2.1 (CCL 3C 472.40, 42, 44; cant.4.12),
75.15.1 (CCL 3C 595.303, 306; cant.4.12f.), 75.23.1 (CCL 3C 600.431;
prov.9.18). Der Quell der Kirche aber ist der Quell Christi, wie aus Hip-
polyt.comm.in Dan.1.18 (p.44.6f.) und Cypr.epist.73.11.1 (CCL 3C 541.
175f.) hervorgeht, jeweils mit Bezug auf Ioh.7.38. Bereits Barn.11.1f.
(Wengst p.168/70) setzt die Taufe in Beziehung zu Gott als dem messiani-
schen Quell des Lebens unter Anspielung auf Ier.2.12f. Bezug auf die Je-
remiastelle im Rahmen der Taufe nimmt auch Iustin.dial.14 (PG 6.504C),
allerdings ohne Erwähnung des Quells Gottes, sowie Cypr.epist.70.1.2

---

[259] Das Bild von der Kirche als dem voreschatologischen Paradies ist noch älter und tritt zuerst bei Iren.adv.haer.5.20.2 (SC 153.258.40f.) auf (A.Adam, Art. Kirche, RGG³ 3.
1305). Innerhalb dieses Bildes setzt Irenaeus die Bäume des Paradieses mit den Schriften
des Herrn gleich, von denen die Gläubigen sich ernähren (unter Rückgriff auf gen.2.16).
Unter Einbezug der Paradiesflüsse verändert und verfeinert Hippolytos das Bild ein wenig: Nicht mehr die Bäume, sondern die Flüsse sind die Evangelien (so heißt es jetzt statt
"Schriften des Herrn"), und die Frucht der Bäume ist die Frucht der Evangelien. Nur wenige Jahre später verwendet in Afrika Tert.adv.Marc.2.4.4 (SC 368.38.37) das Bild von
der Kirche als dem Paradies.

(CCL 3C 503.26ff.). Ferner wird das Taufwasser vor Juvencus *fons* genannt in Cypr.sent.episc.4 (CSEL 3.1 p.438.5) *ut haereticos et schismati-
cos ad ecclesiam venientes, qui pseudobaptizati videntur, debere eos in
fonte perenni baptizari*, Conc.Elib.can.10 (PL 84.303B) *si ea, quam cat-
echuminus relinquit, duxerit maritum, potest ad fontem lavacri admitti.*
Wer mit einigen Gelehrten (vgl. van der Weijden, Komm. zu Laudes Domini, S.53) *fons* auch in Carm.laud.Dom.53 *tu (Christus) renovare (iubes)
sacris benedictum fontibus aevum* auf die Taufe bezieht, dem ist mit
W.Brandes (Über das frühchristliche Gedicht "Laudes Domini", Programm Braunschweig 1887, S.15) entgegenzuhalten, daß vom Kontext her
nur natürliche Quellen gemeint sein können. Der Interpolator (Brandes
athetiert 42/55) hat dort unpassenderweise Taufterminologie verwandt (*renovare sacris...fontibus*, vgl. van der Weijden). Die Belege, in denen *fons*
vor Juvencus einfach nur das Taufwasser bezeichnet (ohne daß dies im
Rahmen der genannten Bilder von Gott oder der Kirche als Quell geschieht oder kunstvolle Anspielungen auf Bibelstellen gemacht werden),
sind also selten. Man kann daher den Gebrauch von *fons* als Taufterminus
vor Juvencus nicht als gewöhnlich bezeichnen. Juvencus, der das Wort
aqua, das in Ioh.3.5 steht und das eigentlich auch in der epischen Dichtung gängig ist, grundsätzlich meidet, könnte bei dem Ersatz *fons* an die
Grundbedeutung "Quell" gedacht haben, zumal er damit der traditionellen
Forderung nach fließendem Wasser als Taufwasser gerecht wurde. Zwar
sagt schon Tert.bapt.4.3 (CCL 1.280.15f.), daß es keinen Unterschied bedeute, ob man im Meer, einem Teich, einem Fluß, einer Quelle, einem
See oder einer Wanne getauft werde. Doch die Praxis, in fließendem Wasser zu taufen, wurde nicht aufgegeben. So sind Berichte von Taufen in natürlichen fließenden Gewässern zahlreich (Klauser, op.cit. 179), und Baptisterien wurden mit Vorrichtungen wie etwa wasserspeienden Hirschen
ausgestattet, die dem Taufwasser den Charakter fließenden Wassers be-
wahrten (J.Zettinger, Die ältesten Nachrichten über Baptisterien der Stadt
Rom. Römische Quartalschrift für christliche Altertumskunde und für Kirchengeschichte 16.1902.326/49, dort 327/9, 337f.; Klauser, op.cit. 181;
S.Ristow, Frühchristliche Baptisterien [= Jahrbuch für Antike und Christentum, Ergbd.27], Münster 1998, 83). Juvencus verwendet *fons* für das
Taufwasser nur hier, wenn man von der möglichen Anspielung in 2.269
absieht. Sonst hat er *unda(e)*, nämlich in 1.349, 354, 361, 3.38, was aber
auch auf das Fließen weisen könnte. Über spätere Verwendung von *fons
(liquidus)* für das Taufwasser vgl. Prud.perist.8.5 (von einem Baptiste-
rium:) *hic etiam liquido fluit indulgentia fonte/ ac veteres maculas diluit
amne novo*, Ennod.carm.2.149 (CSEL 6.607) *arida...liquidos effundit per-
gula fontes*, Arator act.1.1028 *liquido...fonte renasci;* siehe auch die von
Zettinger (op.cit.) zitierten Inschriften, Vollmer (Thes.VI.1 c.1024.53/60),

Fichtner (S.34) sowie unten zu *de fonte renatus*.- *liquido* ("rein", aber auch "rein machend") meint die auch mit 195 *liber* angedeutete von den Sünden reinigende Wirkung der Taufe (vgl. von der christianisierten Johannestaufe 1.311 [= Luc.3.3] *fluminis...liquidi...lavacra/ quis animae virtus abluta sorde niteret*). Dabei weist *liquido* auf den Bereich des Spiritualen (vgl. Aug.conf.5.11.21 [CCL 27.69.13f.] *in auram tuae veritatis liquidam et simplicem respirare non poteram*, cons.evang.1.4.7 [CSEL 43. 6.24], 4.10.20 [p.415.19], Prud.cath.4.10 *fons vitae liquida fluens ab arce*, apoth.694 *liquidus Spiritus*).- **de fonte renatus.** Die zu *renatus* gehörigen ablativi originis *fonte* und *Flatu Sanctu* sind durch die Präposition *de* (vgl. Ioh.3.5 a q [sonst *ex*]; Ioh.3.6) als solche bestimmt. *de* ist nachklassisch für *ex / ab* (HSz 262f.). Die Tendenz zu *de* setzt aber schon früh ein, und es lassen sich auch für *renasci de* ältere Belege finden (Lucr.1. 542, Ov.met.15.402). Die Verbindung *fonte renasci* begegnet ohne Präposition bereits in Lucan.3.262f. *rursus...renatum/ fonte novo flumen*.- Der Hexameterschluß *fonte renatus* kehrt nach Juvencus in Abwandlungen öfter wieder: Prosp.carm.de ingrat.820 (PL 51.137) *f. renatus*, Arator act.1.960 *f. renatis*, 1028 *liquido...f. renasci* (der Rückgriff auf den besprochenen Juvencusvers wird hier am deutlichsten), 2.250 *de f. renasci*, 600 *f. renasci*, Inscr.christ. Diehl 1513g *f. renati*, 1516.3 *f. renati*.- *renatus* hat eine herausragende Stellung am Versende und zwischen *liquido...fonte* und *Flatu Sancto*, den Begriffen, die untrennbar mit der Lehre von der Wiedergeburt verbunden sind.

194. Flatu Sancto ist Bezeichnung für den Hl.Geist (cf. 203, 714). Vor Juvencus kommt *flatus* in dieser Bedeutung nicht vor. Denn mit gen.2.7 *insufflavit in faciem eius* (sc. *hominis*) *flatum vitae* ist nicht gemeint, daß Gott dem Menschen göttlichen *flatus* einhauche, sondern *flatus* ist nur *imago Spiritus Dei* (cf. Tert.adv.Marc.2.9 [SC 368.62ff.]). Aus der paganen Dichtung ist für göttlichen *flatus* Manil.2.136 *divino flatu* zu nennen. *Flatu* ersetzt unmetrisches, weil kretisches *Spiritu* (Ioh.3.5).- **rudibus consistere membris** zielt auf die Neuschöpfung in der Wiedergeburt wie etwa II Cor.5.17, Barn.6.11 (Wengst p.154) ἐπεὶ οὖν ἀνακαινίσας ἡμᾶς...ἐποίησεν ἡμᾶς ἄλλον τύπον ὡς παιδίων ἔχειν τὴν ψυχὴν ὡς ἂν δὴ ἀναπλάσσοντος αὐτοῦ ἡμᾶς, 6.14 (Wengst p.154) ἴδε οὖν ἡμεῖς ἀναπεπλάσμεθα, Cypr.domin.orat.36 (CCL 3A 113.692f.) *per Dei indulgentiam recreati spiritaliter et renati*, Demetr.20 (CCL 3A 47.398f.) *qui exposita nativitate terrena Spiritu recreati et renati sumus*.- Wenn die dichterische Darstellung den Leib *(membris)* hervorhebt, so geschieht dies um der größeren Anschaulichkeit willen wie etwa in Inscr.Christ. Diehl 1517.2 *solvere qui potuit caelo terraque ligata/ crimina, fonte sacro renovat mortalia membra*

(Petrus). Allerdings ist die Neuschöpfung des Leibes nicht nur Bild für den spiritualen Vorgang, sondern selbst Bestandteil des Sakraments. Eine strikte Aufteilung des sakramentalen Vorgangs in ein ausschließlich den Leib und ein ausschließlich den Geist betreffendes Geschehen ist trotz 2. 196f. (= Ioh.3.6) nicht möglich. Das erhellt etwa aus Tert.bapt.4.5 (CCL 1.280.32/4) *medicatis quodammodo aquis per angeli interventum et spiritus in aquis corporaliter diluitur et caro in eisdem spiritaliter emundatur*, re-surr.8.3 (CCL 2.931.8f.) *caro abluitur, ut anima emaculetur; caro unguitur, ut anima consecretur.* Entsprechend verstehen lassen sich Iuvenc.1. 311f. *fluminis ut liquidi caperent miranda lavacra,/ quis animae virtus abluta sorde niteret*, 3.38f. *erroris labem puris quod solveret undis/ iustus Iohannes* (zur christianisierten Johannestaufe vgl. Einleitung Kap.II.3).[260] Wenn man den Leib als Wohnstatt Gottes versteht, wird das Unerläßliche seiner Heiligung besonders klar: Cypr.hab.virg.2 (CSEL 3.1 p.188.12/4) *templa Dei sint membra nostra ab omni faece contagionis antiquae lavacri vitalis sanctificatione purgata* (vgl. I Cor.3.16, 6.19f.).[261] Nachfolgend in 196/203 (= Ioh.3.6/8) wird der Akzent freilich auf die Erneuerung des Geistes gelegt unter Abwertung des Fleischlichen (über letzteres siehe zu 196f.).- **rudibus.** "jung, neu", aber ohne den Beigeschmack des Rohen, Unfertigen und Unreifen; vgl. 371, 375, Val.Fl.3.680 *tendite, dum...rude membris/ robur inest* (die Junktur *rudibus...membris* mag von dort angeregt sein), Prud.Psych.219 *rudibus...in ossibus (recentis alumni);* Rönsch 336f., Blaise/Chirat 727 s.v. 2, OLD 1665 s.v. 3. *rudibus* in dieser Bedeutung fügt sich in die vom Dichter bevorzugte Terminologie der Erneuerung bzw. Neuschöpfung in bezug auf die Wiedergeburt: 186 *penetret nascendi exordia rursus*, 190 *coeptae revocare exordia vitae* (Rede des Nikodemus), 192 *novus in lucem veniat* (Rede des Nikodemus), 193 *renatus*, 202 *iustae repetit primordia vitae*, 203 *revirescere.* Auf die christliche Wiedergeburt bezogen kehrt *rudis* wieder in Arator act.2.544 *lympha... matre renati/ conspicimur novitate rudes.* Auch hier bedeutet *rudis* einfach "neu", nicht "unreif, unfertig". Daher ist R.Hilliers Übersetzung (Arator on the Acts of the Apostles. A baptismal Commentary, Oxford 1993, 182) abzulehnen: "reborn...we are conspicuously undeveloped in our newness". Ganz verfehlt ist auch "reborn...we appear awkward in our newness" (R.J. Schrader [Editor and Translator], ARATOR's On the acts of the Apostles, Atlanta/Georgia, 1987, 74).- **consistere membris.** Der Ausdruck

---

[260] In diesen Stellen bei Tertullian und Juvencus ist nicht wie bei *rudibus consistere membris* speziell von der neuschöpfenden, sondern von der (damit aber natürlich zusammenhängenden) reinigenden Wirkung der Taufe die Rede.

[261] Auch hier wird die Reinigung anstelle der Neuschöpfung erwähnt.

findet sich wieder in Hil.trin.6.16 (CCL 62.214.17) *non...membris corporalibus consistens Deus.* Für *consistere membris* am Hexameterende ist (rein formal) Laus Pis.179 zu vergleichen, ferner Manil.3.159 *(insistere membris)*, Sil.10.394 *(sistere membris)*.

195. coepit deutet in Verbindung mit dem Hauptsatz *(aetheriam...conscendet in aulam)* an, daß, sobald der Mensch wiedergeboren ist und aus neuen Gliedern zu bestehen beginnt,[262] schon die Wirkung der Wiedergeburt eintritt; vgl. Clem.Alex.paed.6.25.1 (SC 70.156) ἀναγεννηθέντες... εὐθέως τὸ τέλειον ἀπειλήφαμεν, οὗ ἕνεκεν ἐσπεύδομεν. ἐφωτίσθημεν γάρ· τὸ δὲ ἔστιν ἐπιγνῶναι τὸν Θεόν...,[263] 6.27.1 (p.160) οἱ πρῶτον ἀρξάμενοι τῶν ὅρων τῆς ζωῆς ἤδη τέλειοι, ζῶμεν δὲ ἤδη οἱ θανάτου κεχωρισμένοι, 6.27.2 (p.160) ὁ μόνον ἀναγεννηθεὶς...φωτισθεὶς ἀπήλλακται μὲν παραχρῆμα τοῦ σκότους, Cypr.ad Donat.3 (SC 291.80.48ff.) *repente ac perniciter exuatur, quod vel genuinum situ materiae naturalis obduruit vel usurpatum diu senio vetustatis inolevit,* 4 (p.82.68ff.) *postquam undae genitalis auxilio superioris aevi labe detersa in expiatum pectus ac purum desuper se lumen infudit, postquam caelitus Spiritu hausto in novum me hominem nativitas secunda reparavit, mirum in modum protinus confirmare se dubia, patere clausa, lucere tenebrosa, facultatem dare quod prius difficile videbatur, geri posse, quod inpossibile putabatur, ut esset agnoscere terrenum fuisse, quod prius carnaliter natum delictis obnoxium viveret, Dei esse coepisse, quod iam Spiritus Sanctus animaret,* Lact.inst.3.26.10f. (CSEL 19.260), 7.5.22 (p.600.23/6) *quae ratio docet mortalem nasci hominem, postea vero inmortalem fieri, cum coeperit ex Deo vivere, id est iustitiam sequi, quae continetur in Dei cultu, cum excitaverit hominem Deus ad aspectum caeli ac sui. quod tum fit, cum homo caelesti lavacro purificatus exponit infantiam cum omni labe vitae prioris et incremento divini vigoris accepto fit homo perfectus ac plenus,* Chrysost.hom.26.1 in Ioh. (PG 59.153) τὸ μὲν ἐν τῇ μήτρᾳ διαπλαττόμενον, χρόνου δεῖται· ἐν τῷ ὕδατι δὲ οὐχ οὕτως, ἀλλ᾿ ἐν μιᾷ ῥοπῇ πάντα γίνεται. ἔνθα μὲν γὰρ ἐπίκηρος ἡ ζωὴ καὶ ἀπὸ σωματικῆς φθορᾶς ἔχει τὴν ἀρχήν, βραδύνει τὸ τικτόμενον (τοιαύτη γὰρ τῶν σωμάτων ἡ φύσις· χρόνῳ προσλαμβάνει τὸ

---

[262] Die beigebrachten Parallelen verbieten es wohl, *coepisse* hier lediglich als für das Spätlatein typische Umschreibung des Futurs (Schrijnen/Mohrmann II 21ff., HSz 313), hier des Futurs II, zu fassen.

[263] Bei Clemens von Alexandrien ist die Taufe als Erleuchtungsmysterium betont; vgl. auch die nachfolgend zitierte Cyprianstelle *(purum desuper se lumen infudit).* Durch die Wiedergeburt wird der Mensch aus Finsternis und Nichtwissen befreit und zu Erleuchtung und Erkenntnis geführt; vgl. F.J.Dölger, Die Sünde in Blindheit und Unwissenheit. Ein Beitrag zu Tertullian De baptismo 1, Antike und Christentum 2.1974².222f.

τέλειον)· ἐπὶ δὲ τῶν πνευματικῶν οὐχ οὕτω. τί δήποτε; ὅτι τέλεια ἐξ ἀρχῆς κατασκευάζεται τὰ γινόμενα. Vgl. Buchheit, Non homini sed Deo
223f. mit der Mehrzahl der hier zitierten Stellen.- **aetheriam...aulam**
steht für Ioh.3.5 e *regnum caelorum* (אַ· 0141 pc τὴν βασιλείαν τῶν οὐρανῶν). Das sonst überlieferte *regnum Dei* (τὴν βασιλείαν τοῦ Θεοῦ), das
bei Markus und Lukas häufig ist, nicht aber bei Matthäus und Johannes,
fand Juvencus in seinen Vorlagetexten neben Ioh.3.3 (= 2.185 *excelsum...*
regnum) und 3.5 nur noch in Matth.6.33 (= 1.651 *caelestia...regna*), 21.
31 (= 3.705 *caeli sedem*) und 21.43 (= 3.735 *fulgentis regni sedes*) vor
(Matth.12.28 entfällt bei Juvencus). Die Junktur *regnum Dei* verwendet
Juvencus nie. Der Hexameter würde allerdings auch nur gesperrte Stellung
erlauben. Es finden sich aber Formen wie 2.795 *regnum Tonantis* (Matth.
13.24 *regnum caelorum*), 4.553 *regna Tonantis* (cf. Germ.frg.4.143),
4.455 *regna Patris* (Matth.26.29 *regno Patris mei;* cf. Verg.Aen.12.22,
Ov.fast.4.47).- Den bei Matthäus häufigen Ausdruck *regnum caelorum*
übernimmt Juvencus nie mit dem Plural *caelorum*, wie er die Pluralformen
von *caelum* überhaupt ganz meidet (siehe zu 214 *caelum*); in der Form
regnum/regna caeli (nicht episch, doch cf. Ov.am.3.8.35) verwendet er
ihn aber öfter (cf. etwa 1.455, 756, 2.540).[264] Größere Ähnlichkeit mit
regnum caelorum hat auch die Form *regnum caeleste* (2.813) bzw. *regna*
caelestia (3.526, 4.197). Sonst wird *regnum caelorum* freier wiedergegeben, z.B. mit *regia caeli, aula caeli, celsa sedes caeli, caelestis sedes,*
regna aulae caelestis; über die dichterische Herkunft dieser Wendungen
vgl. zu 215 *caeli...aula*, 216 *caeli...sede*.- Die Verbindung *aetheria aula*
findet sich in Sen.Thyest.1077, Mart.13.4.1 zur Bezeichnung des Olymps
als Sitz der Götter. Bei Martial nimmt die Junktur (dort als Dativ) dieselben Versstellen ein wie bei Juvencus. Bei Juvencus bezeichnet *aula aethe-*
ria den Sitz des einen wahren Gottes, vgl. später Ambr.tituli 18.2 (PL
Suppl.1.588), Cypr.Gall.gen.961, Arator act.1.119, 1055, Aldh.virg.708
(cf. Ven.Fort.carm.3.30.3 *aetheris aulam*). Mit der christlichen Nutzung
von *aula aetheria* läßt sich vergleichen etwa diejenige von *aetheria domus*
(Damas.epigr.43.5 Ihm; cf. Sen.Med.570, Ps.Sen.Herc.O.92), *aetheria*
arx (Sedul.carm.pasch.1.31, Inscr.christ. Diehl 1784.6; cf. Ov.met.15.
858f., trist.5.3.19); vgl. noch die Übersicht bei Bietenhard, Art. Himmel,
RAC 15.1991.205/7; Komm. zu 215 *caeli...aula*. Nonnos ersetzt Ioh.3.3
τὴν βασιλείαν τοῦ Θεοῦ durch αἰθέρος αὐλῆς/...ἀρχήν.- **aulam.** Für *aula*

---

[264] Am Rande sei erwähnt, daß die Pluralform *regna* auch in Matth.19.12 ff[1] e (cf. Iuvenc.2.
489 *caeli regnis*), 19.24 e (cf. Iuvenc.3.526 *caelestia regna*), IV Esdr.2.37 vorkommt.
Für den Gebrauch des Plurals *regna* durch Juvencus dürfte aber sein Vorkommen in der
lateinischen Dichtung ausschlaggebend gewesen sein.

vom Sitz des Herrn im Himmel vgl. Tert.test.anim.6.5 (CCL 1.183.29 [pl.]), Arnob.nat.2.36 (CSEL 4.77.21), 2.37 (p.77.25), Carm.laud.Dom. 59 *aulam Domini...ditis* (cf. Iuvenc.3.437 *Domini praedivitis aulae*); Münscher, Thes.II 1458.71ff.- **liber.** Wiedergeboren aus dem reinen Quell und aus dem Hl.Geist ist der Mensch reingewaschen und frei von der Sünde. Zu dieser Begrifflichkeit (Freiheit von der Sünde) vgl. Rom.8.2 *lex...Spiritus vitae in Christo Iesu liberavit me a lege peccati et mortis*, II Cor.3. 17 *ubi...Spiritus Domini, ibi libertas*, (in bezug auf die Taufe) Rom.6.18 *liberati...a peccato servi facti estis iustitiae*. Anklang an vorliegende Juvencusstelle hat Alc.Avit.carm.4.648f. *baptismate lotus/ ad caelum liber culpis pereuntibus exis.*- **conscendet** tritt an die Stelle von Ioh.3.5 *introire* (r¹ *intrare*, j *ingredi; introire* ist unepisch, nicht jedoch *intrare* oder *ingredi*); vgl. 3.400 *celsam caeli conscendere sedem* gegenüber Matth.18.3 *intrabitis in regno caelorum*. Der Dichter will mit *conscendere* den Sitz Gottes im Himmelreich *(aetheriam...aulam)* vom irdischen Bereich deutlich absetzen und das Bild des Aufstiegs herausarbeiten (vgl. 184f. und zu 185). Dieselbe Absicht verfolgt Basil.hom.in bapt. (PG 31.428D) δι' ὕδατος καὶ Πνεύματος ἀναβαίνειν εἰς τὸν οὐρανόν.

2.196/203 - Geburt aus Fleisch und Geburt aus Geist

196f. terrenum corpus terreno corpore natum est,/ Spiritus haut aliter similem generat sibi Flatum. Bei Johannes heißt es, daß Fleisch nur Fleisch und Geist nur Geist hervorbringt, d.h. Fleisch bringt nie Geist und Geist nie Fleisch hervor (Ioh.3.6 *quod natum est de carne, caro est, quia de carne natum est; et quod natum est de Spiritu, spiritus est*). Dahinter steht der Gedanke, daß Geist und Fleisch gänzlich verschieden sind und in Verbindung damit, daß in der Geburt aus dem Geist, von der in Ioh.3.5 die Rede war, nicht Fleischliches hervorgebracht wird, sondern Geistiges - wenn auch die Erwähnung des Wassers das Fleischliche mit einbezieht (siehe zu 194 *rudibus consistere membris*). Juvencus nun hebt die Verschiedenheit von Fleisch und Geist durch indirekte Andeutung der Eigenschaften, der Schwere und Gebundenheit des Fleisches und der Leichtigkeit und Freiheit des Geistes, hervor. In Vers 196 entsprechen der Schwere des Fleisches die Spondeen (nur der fünfte Fuß enthält einen Daktylus; eingeleitet wird der Vers durch den schwerfälligen Molossus *terrenum*) und die dunklen Vokale. Die Leichtigkeit des Geistes wird umgekehrt in Vers 197 unterstrichen durch den leichten Fluß der Daktylen und das gegenüber Vers 196 deutlich vermehrte Vorkommen heller Vokale (3 mal *i-i*). Die Ausschöpfung dieser metrischen Mittel wird möglich durch die

Wahl des Ausdrucks *terrenum corpus* anstelle des biblischen *caro* (das Juvencus aber auch sonst nie gebraucht; Sedulius dagegen verwendet es im Carmen Paschale 12 mal; im allgemeinen ist *caro* in der Dichtung selten, vgl. Meister, Thes.III 481.15ff.; Axelson 52), was gleichzeitig den Vergleich auf den Gegensatz "irdisch - himmlisch" ausweitet. Zur Schwere des Irdischen im Gegensatz zur Leichtigkeit des Geistigen vgl. Lucr.1. 1085, Sen.dial.12.6.7 *non est ex terreno et gravi concreta corpore* (sc. *mens* = die Seele), *ex illo caelesti spiritu descendit* (stoisch); christlich Prud.cath.10.25/32, apoth.905. Weiter deutet Juvencus mit dem passivischen *natum est* die Abhängigkeit des geborenen Fleisches an, während das aktivische *generat* etwas über Unabhängigkeit und Freiheit des gebärenden Geistes aussagt.[265] Die biblische Vorlage dagegen enthält mit jeweiligem *natum est* zwei völlig parallel konstruierte Definitionen im Passiv: *quod natum est de carne, caro est,... quod natum est de Spiritu, spiritus est.* Auch Nonn.Ioh.3.6 betont das Aktive auf Seiten des Geistigen im Gegensatz zum Passiven beim Fleischlichen: καὶ γὰρ ὅπερ μερόπων χθονίη διεώσατο γαστήρ,/ σαρκὸς ἀπὸ βροτέης μορφούμενον, ἀνδρομέη σάρξ/ τοῦτο πέλει· τὸ δὲ θεῖον, ὅπερ καθαροῖο λοετροῦ/ Πνεύματος αὐτογόνοιο πέλει καθαροῖο λοετροῦ,[266]/ πνεῦμα πέλει ζωαρκές, ἀμαιεύτῳ τινὶ θεσμῷ/ αὐτόματον βλάστημα παλλιγγενέος τοκετοῖο. Der Geist gebiert ohne die Hilfe einer Hebamme, ἀμαιεύτῳ τινὶ θεσμῷ. Πνεύματος αὐτογόνοιο nimmt ἀμαιεύτῳ τινὶ θεσμῷ vorweg, meint aber vielleicht zugleich die Geschlechtslosigkeit geistiger Fortpflanzung, die der Befruchtung von außen nicht bedarf. αὐτόματον βλάστημα betont die Selbständigkeit[267] auch des geistig Geborenen, während διεώσατο eine gewaltsame und (vom Geborenen) ungewollte Trennung anzudeuten scheint, die nicht gerade impliziert, daß das irdisch Geborene aus eigener Kraft überlebensfähig sei. Ähnlich wie Juvencus den Gegensatz "irdisch - himmlisch"

---

[265] Zwar kann man sich hinzudenken, daß auch das Fleisch gebiert (aktivisch) und daß auch das aus dem Geist Hervorgehende geboren wird (passivisch). Aber das steht hier nicht im Vordergrund.

[266] Das zweite καθαροῖο λοετροῦ erscheint überflüssig, es ist wahrscheinlich vom vorangehenden Vers eingedrungen und hat das Ursprüngliche verdrängt. Scheindler übernimmt in seiner Ausgabe (Leipzig 1881) von Fritzsche vermutetes τετελεσμένον ἀτμῷ (wobei allerdings ἀτμῳ statt ἀτμῷ gedruckt ist). Das befriedigt eher als die Emendation von Marcellus, der gleich beide καθαροῖο λοετροῦ ändert: τὸ δὲ θεῖον ὅπερ καθαροῖο ῥεέθρου/ Πνεύματος αὐτογόνοιο πάλαι κάθηρε λοετρον. A.Ludwich, Beiträge zur Kritik des Nonnos von Panopolis (Programm des Königlichen Friedrichs-Collegiums), Königsberg 1873, 60 Anm.43, bemerkt, daß Versausgänge auf -ον bei Nonnos sehr selten sind. Zudem ist κάθηρε wegen des kurzen -α- metrisch falsch.

[267] Hier ist natürlich mehr eine Unabhängigkeit des Geistgeborenen von allem Irdischen gemeint, während es der Kraft und Hilfe des Hl.Geistes weiterhin bedarf.

durch *terrenum corpus* andeutet, tut Nonnos das durch χθονίη...γαστήρ.
Darüber hinaus finden sich bei Nonnos die Gegensatzpaare "menschlich
- göttlich" (ἀνδρομέη - τὸ...θεῖον), "sterblich - lebenerhaltend, lebenspendend" (μερόπων, βροτέης - ζωαρκές).- Die überflüssige Erläuterung *quia
de carne natum est*, die sich in a b ff² j l r¹ e an Ioh.3.6a *quod natum est
de carne, caro est* anschließt, fehlt bei Juvencus.

197. Spiritus haut aliter similem generat sibi flatum. Der Wortlaut Ioh.
3.6b *quod natum est de Spiritu, spiritus est* könnte leicht auf Identität des
aus dem Hl.Geist Geborenen mit dem Hl.Geist selbst schließen lassen.
Durchaus hat der aus dem Hl.Geist Geborene auch Anteil am Geist, indem
jener in ihm wirkt, aber auf Identität läuft das nicht hinaus: Chrysost.
hom.26.1 in Ioh. (PG 59.154) erläutert ὁ γεγεννημένος ἐκ τοῦ Πνεύματος
πνευματικός ἐστι· γέννησιν γὰρ ἐνταῦθα οὐ τὴν κατὰ οὐσίαν λέγει, ἀλλὰ τὴν κατὰ τιμὴν καὶ χάριν. *similem* bei Juvencus schließt Gleichsetzung
aus.- **haut aliter.** Vgl. 1.598, 2.440, 812, 3.287, 4.793. *haud aliter* ist
eine besonders bei Epikern beliebte Einführung in einen Vergleich nach
einem Hauptsatz: Lucan.6.220, Sil.1.372; Hey, Thes.I 1655 62/84. Der
Vergleichspunkt besteht bei Juvencus darin, daß jeweils Gleiches aus Glei-
chem hervorgeht. Die epische Verwendung von *haud aliter* hat Knappitsch
offenbar im vorliegenden Vers nicht als solche erkannt, wenn er anmerkt
"haut aliter similem - omissa coniunctione 'nisi' perhibetur" (also "haud
aliter nisi similem").- **sibi** gehört zu *similem. similis* und *consimilis* stehen
bei Juvencus meist mit Dativ, vgl. Hatfield § 60. In 2.795 und 3.438f. ist
wegen a-Deklination neben dem Dativ auch der Genitiv denkbar.[268] Im
Spätlatein geht die Tendenz zum Dativ (HSz 78).

198. Spiritus hic Deus est, cui parent omnia mundi. Der Vers basiert
auf dem Zusatz Ioh.3.6 *quia Deus Spiritus est (et ex Deo natus est)*, der
in den Vetus Latina-Handschriften, aber auch schon durch Tert.carn.18.5
(SC 216.286.32f.), adv.Prax.27.15 (CCL 2.1200.87) bezeugt ist. Ambr.
spir.3.10 (CSEL 79.174) hält den Zusatz für ursprünglich und beschuldigt
die Arianer, ihn entfernt zu haben, da er sich auf den Heiligen Geist beziehe: *quem locum ita expresse Ariani testificamini esse de Spiritu, ut eum
de vestris codicibus auferatis. atque utinam de vestris et non etiam de Ecclesiae codicibus tolleretis! eo enim tempore, quo...Auxentius Mediolanen-*

---

[268] Zu 3.438f. *nam caeli regnum domini praedivitis aulae/ consimile est* gibt Hatfield *domini
consimile est* an. In Wirklichkeit ist aber *aulae* von *consimile* abhängig. Hatfields Versehen erklärt sich aus der Vorlage Matth.18.23 *similis est habitus regni caelorum homini
regi.*

sem Ecclesiam armis...occupaverat, vel a Valente atque Ursatio nutantibus sacerdotibus suis incursabatur Ecclesia Sirmiensis, falsum hoc et sacrilegium vestrum in Ecclesiasticis codicibus deprehensum est. et fortasse hoc etiam in Oriente fecistis. et litteras quidem potuistis abolere, sed fidem non potuistis auferre. Doch zeigt der Vergleich mit dem griechischen Text, daß es dort für *quia Deus Spiritus est* keine Entsprechung gibt. Die Worte wurden also nachträglich hinzugefügt. Der Zusatz betont, daß der Heilige Geist nicht nur irgendeine göttliche Kraft, sondern allmächtiger Gott ist. Juvencus hebt das personale Moment durch *cui parent omnia mundi* noch hervor, denn obwohl *omnia mundi* nicht nur die Menschen, sondern auch die Natur mit einschließt, ist *parent* ein persönlicher Ausdruck, zu dem gut eine Person als Objekt paßt. Das personale Verständnis des Heiligen Geistes wird auch durch die persönlichen Formulierungen 199 *ubi vult* (aus Ioh.3.8 übernommen) und 199f. *vocemque.../ iactat* unterstrichen. Mit Ausnahme von 2.198 sieht Fichtner (32f.) den Heiligen Geist bei Juvencus nie als Person gefaßt. Auf ein Zurücktreten des Personalen schließt er aus der Verwendung von Ausdrücken wie *flatus, spiramen, spiracula, flamen.* Doch wenn man einmal davon absieht, daß auch *spiritus* selbst im wörtlichen Verständnis "Hauch, Wehen" heißt, auch hier also das Personale zunächst verdeckt bleibt, ist die Vielfalt der Formen bei Juvencus mit dem Streben nach Variatio, aber auch metrischen Zwängen zu erklären. Wenn der Dichter z.B. die syntaktische Struktur von Ioh. 3.5 beibehalten wollte, konnte er den kretischen Ablativ *Spiritu* nicht übernehmen (vgl. zu 194 *Flatu Sancto*). Doch auch unabhängig davon läßt sich eine grundsätzliche Verneinung des Personalen gegen Fichtner nicht bestätigen vor dem Hintergrund von Stellen wie prooem.26f. *Sanctificus adsit mihi carminis auctor/ Spiritus* (der Heilige Geist tritt an die Stelle der Muse),[269] 1.197f. *templum/ ...penetrat, monuit quod Spiritus auctor* (personales Verständnis liegt näher als bei Luc.2.27 *in Spiritu*), 2.466 *Spiritus in vobis pro vobis digna loquetur* (der Heilige Geist erscheint eher als eigenständige Person als in Matth.10.20 *non...vos estis qui loquimini, sed spiritus Patris vestri qui loquitur in vobis*), 2.624f. *ne Spiritus umquam/ vocibus insana laceretur mente profusis (lacerare* fördert personales Verständnis; Matth.12.31 *Spiritus...blasphemia non remittetur)*, 2.714f. *daemon,/ quem turbat Sanctus purgato corpore Flatus* (Matth.12.43 wird der Heilige Geist nicht erwähnt, vgl. de Wit zu 2.714). Nun meint Ficht-

---

[269] Allerdings beschreibt auch Lactanz seine Inspiration durch den Heiligen Geist mit Worten, die ein personales Verständnis nahezulegen scheinen (inst.6.1.1 [CSEL 19.479.1f.] *divino spiritu instruente ac suffragante*), obwohl er dem Geist sonst eigentlich keine Personalität zugesteht (Hier.epist.84.7.1 [CSEL 55.128.18ff.]).

ner (79) aber, daß die triadische Formel aus Matth.28.19, nämlich *bapti-
zantes...in nomine Patris et Fili et Spiritus Sancti*, mit 4.796f. *nomine sub
sancto Patris Natique lavate, vivifici pariter currant spiramina Flatus* "aufgelöst" werde. Er vermutet (79 Anm.288), daß der Dichter entweder an
den Ergebnissen des nizänischen Konzils kein Interesse hatte oder darüber
noch nicht informiert war. Nun war im Westen das Wissen über die Ergebnisse dieses Konzils in der Tat über lange Jahre nicht sehr ausgeprägt,
wobei mangelhaftes Wissen und Interesselosigkeit sich vielleicht gegenseitig bedingten, und erst Hilarius von Poitiers sorgte dafür, daß dem Westen
die wichtigsten Texte der arianischen Kontroverse bekannt wurden (vgl.
J.N.D. Kelly, Altchristliche Glaubensbekenntnisse. Geschichte und Theologie, Göttingen, 1993², 255f., der allerdings einräumt, daß es zumindest in
der päpstlichen Kanzlei, aber wahrscheinlich auch in den Archiven größerer Bistümer Abschriften mit lateinischer Übersetzung gab). Doch das
Symbolon von Nizäa macht, wenn ihm auch die triadische Formel aus
Matth.28.19 zugrunde liegt, keine theologischen Aussagen über den Heiligen Geist, sondern nur über den zentralen Streitpunkt, nämlich das Verhältnis von Vater und Sohn (über das Fehlen von Aussagen über den Heiligen Geist vgl. etwa A.von Harnack, Dogmengeschichte 2.288; M.A.
Schmidt, Art. Geist, RGG³ 2.1279). Unabhängig davon war die triadische
Formel auch in der westlichen Kirche fest mit der Tauflehre verbunden
(für die Zeit des Juvencus vgl. Conc.Arelat.can.9 [CCL 148.11]; für den
Osten vgl. bereits Did.7.1.3 [Wengst p.76], Iustin. I apol.61 [PG 6.
420C], erwähnt von E.Dinkler, Art. Taufe, RGG³ 6.635), so daß schon
deswegen ihre Beibehaltung durch Juvencus zu erwarten gewesen wäre.
Vielleicht sollte man aber, wenn der Dichter den Geist in 4.797 nicht als
Person, sondern als "Kraftstrom" (dieser Begriff bei Fichtner 33) darstellt,
darin die Absicht erkennen, das kraftvolle Wirken des Geistes im Taufgeschehen besonders hervorzuheben, wobei das Zurücktreten des Personalen
nur als Nebeneffekt dieser Darstellungsweise zu werten ist. Insgesamt muß
freilich eingeräumt werden, daß der Trinitätsbegriff bei Juvencus schwer
greifbar ist, zumal die Dreizahl als solche nirgends direkt erwähnt wird.
Hinweis auf den Trinitätsglauben ist aber, daß die drei Personen auf engstem Raum vereint erscheinen nicht nur beim Taufbefehl (die Untrennbar-
keit der Personen wird durch 4.797 *pariter* unterstrichen), sondern auch
bei der Taufe Christi durch Johannes (1.358/63)[270] und sogar im Prooem

---

[270] Noch klarer tritt der Trinitätsgedanke etwa in Hymn.91.25/32 Walpole hervor: *dicente
Patre quod "meus/ dilectus hic est Filius", sumensque Sanctus Spiritus/ formam columbae
caelitus,/ hoc mystico sub nomine/ micat salus ecclesiae;/ persona trina consonat,/ unus
Deus per omnia.*

(24/6), das der Dichter unabhängig von einer Vorgabe durch die Bibel geschrieben hat.- **cui parent omnia mundi.** *parere* bedeutet hier "untergeben sein, untergeordnet sein"; vgl. Cic.leg.3.3 *hic (mundus) Deo paret et huic oboediunt maria terraeque*, div.1.120 *Deo..., cuius numini parent omnia* (cf. 2.35), und in bezug auf den Gott der Christenheit Iuvenc.1.76 *parent sic omnia iussis (Dei)*, Paul.Nol.carm.22.57f. *cui (Verbo) subdita parent/ omnia*, Drac.laud.Dei 2.741f. *Dominus dominum qui non habet.../ vel cui cuncta parent*, Carm.de resurr.49 *(Deus) omnipotens solus, cui parent omnia rerum;* Breimeier, Thes.X.1 c.384.6/20.- **omnia mundi.** Die Junktur kommt offenbar vor Juvencus nicht vor. Sie kehrt wieder in Ps. Hil.gen.158 (CSEL 23.237); vgl. noch Comm.apol.760 *omnia saecli*, Avien.Arat.698 *omnia caeli,/ omnia terrarum*, 939, Paul.Nol.carm.14.45. Der partitive Genitiv bei *omnia* findet sich bei Juvencus noch in 1.235 *omnia legis*, 3.535 *omnia nostrorum* (von Oomes-Ehlers, Thes.IX.2 c.619.37/42, unter der Rubrik "voces eiusdem generis numerique atque *-ia*" als frühester Beleg genannt), 4.218 *omnia pompae*. Frühere Belege sind Verg.georg.2.284 (zweifelhaft, da *omnia* wohl mit *paribus numeris* zu verbinden ist), Val.Fl.3.212; vgl. entsprechend für *cuncta* Lucr.5.739f., Hor.carm. 2.1.23 *c. terrarum;* vgl. ferner Thes.IX 619.3ff. s.v. *omnis*, IV 1402. 46ff. s.v. *cunctus;* HSz 2.56ε; Shackleton Bailey, Propertiana, Cambridge 1956 (Nachdruck Amsterdam 1967), 158f.- P hat *omnia rerum* statt *omnia mundi;* vgl. Prop.3.9.7, (gleiches Hexameterende:) Avien.Arat.301, 1860, Paul.Nol.carm.20.48, 22.86, 31.401, Carm.de resurr.49 (s.o.; beachte überhaupt die große Ähnlichkeit mit vorliegendem Vers). Das seltenere Vorkommen der Junktur *omnia mundi* spricht gegen *omnia rerum*. Da *rerum* kaum Verschreibung aus *mundi* sein kann, ist wohl anzunehmen, daß ein Interpolator das geläufigere *omnia rerum* herstellen wollte.- Neben Ps. Hil.gen.158 ist zum Hexameterschluß *omnia mundi* noch rein formal zu vergleichen Stat.Theb.3.26 *o. m./ claustra*, AL I.2 Buecheler/Riese/Lommatzsch 494b.39 *o. m./ monstra*, daneben Comm.instr.1.26.23 *o. mundo*, Iuvenc.4.710 *o. mundum*, Paul.Nol.carm.32.194 *o. mundus*, App.Cypr. carm.1.6 *o. mundo* (CSEL 3.3 p.283).- Mit *mundi* wird der Kosmos bezeichnet wie in 1.97, 2.265; v.Kamptz, Thes.VIII 1636.5/74.

199/201 hic, ubi vult, quocumque volat vocemque per auras/ iactat, sed nescis, quae sint exordia vocis/ quamque petant eius currentia flamina partem. Ioh.3.8 *Spiritus ubi vult, spirat et vocem eius audis, sed nescis, unde veniat et quo vadat* wird durch kunstvolle Formulierungen wiedergegeben *(vocem...per auras/ iactat = vocem eius audis; quae sint exordia vocis = unde veniat; quamque petant eius currentia flamina partem = quo vadat)*, das prosaisch kurze *nescis* (aur c ff² *sed non scis*, e *et* *non scis*) jedoch beibehalten. Die Verneinung wirkt durch ihre Kürze und die Rahmung durch Trit- und Penthemimeres entschieden: Der Geist ist für den Menschen nicht faßbar. Die Auslassung von Ioh.3.7 *ne mireris...* (vgl. aber zu 188) führt dazu, daß die Gegenwärtigkeit des in Vers 198 übernommenen Vetus Latina-Zusatzes *quia Deus Spiritus est* im Anschluß an Ioh.3.6 in den Ioh.3.8f. wiedergebenden Versen besonders groß ist. 199/201 ist also unmißverständlich weiter von der Person des Hl.Geistes die Rede. Aber auch so strahlt der Zusatz *quia Deus Spiritus est* auf Ioh. 3.8 aus, und so dürfte schon Tertullian, der den Zusatz gelesen hat (siehe zu 198), Ioh.3.8 als direkte Aussage über die Person des Hl.Geistes verstanden haben. Auf Ioh.3.8 selbst nimmt Tertullian nirgends Bezug. Falls das pseudocyprianische Werk *De rebaptismate* in das 3. Jhdt. zu datieren ist, hat man hier ein Zitat von Ioh.3.8 in einem westlichen Text, der vor Juvencus geschrieben wurde (cap.15 [CSEL 3.3 p.88.32f.]). Der Autor bezieht Ioh.3.8 auf den Geist, jedoch in einem Kontext, in dem er weniger als Person denn als Geist Gottes hervortritt. Im Osten hatte bereits Ignat.Philad.7.1 (Fischer p.198.13f.) Ioh.3.8 auf den Geist Gottes bezogen: τὸ πνεῦμα οὐ πλανᾶται ἀπὸ τοῦ Θεοῦ ὄν. "οἶδεν γάρ, πόθεν ἔρχεται καὶ ποῦ ὑπάγει". Doch daß er den Hl.Geist als eigenständige Person verstehe, ist von der Formulierung ausgehend wohl auszuschließen. Grundsätzlich betrachtet Ignatios den Geist eher als mit Gott oder Christus verbundene Macht denn als Person (W.R. Schoedel, Die Briefe des Ignatius von Antiochien. Ein Kommentar, München 1990, S.55). Auch Clem.Alex. exc.Theodot.17.3 (SC 23.90) versteht den Geist in Ioh.3.8 nicht personal, sondern als Kraft Gottes: μή τι οὖν ἡ θεία δύναμις διήκουσα τὴν ψυχὴν ἁγιάζει αὐτὴν κατὰ τὴν τελευταίαν προκοπήν; ὁ γὰρ θεὸς πνεῦμα, ὅπου θέλει πνεῖ (Fichtner 33 spricht mit Bezug auf 4.797 *currant* [cf. 201 *currentia*] *spiramina* von einem Kraftstrom; vgl. zu 198). Dem Verständnis des Geistes als bloßer Kraft Gottes widerspricht Orig.frg.37 in Ioh. (GCS 10.513.12ff.) οὐ γὰρ, ὥς τινες οἴονται, ἐνέργειά ἐστι Θεοῦ, οὐκ ἔχον κατ᾽ αὐτοὺς ὑπάρξεως ἰδιότητα eqs. Als Person verstanden in bezug auf Ioh.3.8 ist der Geist offenbar auch in Rufin.Orig.princ.1.3.4 (Görgemanns/Karpp p.166.24f.). Ambrosiast.quaest.test.59 (CSEL 50.105) dagegen, der Ioh.3.12 *terrena* erklären will, sagt, daß in Ioh.3.8 vom Wind die Rede sei, weil das Geheimnis der Wiedergeburt an einem irdischen Beispiel *(exemplum)* erläutert werden solle. Diese Ansicht wird von Aug. tract.12.7 in Ioh. (CCL 36.124.13/5) bekämpft (Doignon 357; F.M. Berrouard, Bibliothèque augustinienne 71.926 Anm.83). Auch Theod.Mops. comm.in Ioh. (CSCO 116.48.35ff.) hat gegen eine Lehrmeinung anzutreten, nach der in Ioh.3.8 vom Wind die Rede ist. An die Erklärung des Ambrosiaster erinnern (ohne ausdrücklichen Bezug auf Ioh.3.12) Chrysost. hom.26.1 in Ioh. (PG 59.154; zu Ioh.3.7) und Cyrill.Alex.comm.in Ioh.

142

3.7f. (PG 73.245). Beide sprechen vom Wind, der aufgrund seiner fein-
körperlichen Beschaffenheit (Chrysostomos) bzw. als Kraft, die zur Luft
als der feinsten Materie hinzutrete (Kyrill), sich gut als erklärendes Beispiel (παράδειγμα) für das spirituale Ereignis der Wiedergeburt eigne.-
Auffallend ist der sechsfache *v*-Laut in *hic ubi v̲ult, qu̲ocumqu̲e v̲olat v̲o-
cemqu̲e per auras/ iactat*, womit das Wehen lautmalerisch wiedergegeben
wird.

199. hic, ubi vult, quocumque volat. Das biblische *ubi vult* wird durch
quocumque noch ausgeweitet. Der Hl.Geist breitet sich schnell aus (akze-
lerierender trochäischer Einschnitt nach *quocumque;* vgl. Norden 428),
weht, wo und wohin er will, d.h. er ist frei und mächtig, und nirgends
stellt sich ihm etwas entgegen. Seiner Freiheit und Macht sind keine Grenzen gesetzt. Chrysost.hom.26.2 in Ioh. (PG 59.154), der in Ioh.3.8 allerdings nur ein Bild erkennt (Komm. zu 199/201), führt das schrankenlose
Wehen des Windes so aus: εἰ δὲ λέγει "ὅπου θέλει πνεῖ", οὐχ ὡς προαί-
ρεσίν τινα τοῦ ἀνέμου ἔχοντος λέγει τοῦτο, ἀλλὰ τὴν ἀπὸ φύσεως φορὰν
τὴν ἀκώλυτον καὶ μετ' ἐξουσίας γινομένην δηλῶν... τὸ οὖν "ὅπου θέλει
πνεῖ" τὸ ἀκάθεκτόν ἐστι δηλοῦντος, καὶ ὅτι διαχεῖται πανταχοῦ, καὶ ὁ
κωλύων οὐδεὶς τῇδε κἀκεῖσε φέρεσθαι· ἀλλὰ μετὰ πολλῆς τῆς ἐξουσίας
σκεδάννυται, καὶ οὐδεὶς ὁ ἰσχύων παρατρέψαι τὴν ῥύμην αὐτοῦ.- Zu **quocumque** in der Bedeutung "in jede beliebige Richtung", vgl. Verg.Aen.3.
682, Vitr.8.2.2, Mart.6.43.7 (OLD 1565 s.v. c).

199f. vocemque per auras/ iactat. Die Junktur *vocem iactare* geht zurück
auf *voces iactare* in Verg.ecl.5.62, Aen.2.768, 10.322 (cf. Liv.1.46.1,
[voces iacere:] Lucr.5.1081, Cic.Catil.4.14, *[vocem iacere:]* Tac.ann.12.
64.2). Juvencus verwendet anstelle des Plurals *voces* wie in der Bibelvorlage den Singular *vocem*. Bei Vergil wie bei Juvencus deutet *iactare* auf
die Wucht und den weitreichenden Hall der Stimme. Die Intensivform unterstützt dies. Bei Juvencus versinnbildlicht überdies der (positionsbeding-
te) Spondeus *iactat* am Hexameteranfang die Wucht, mit welcher der Geist
seine Stimme aussendet (vgl. Lucr.4.991f. *vocisque repente/ mittunt* [von
Hunden]). Und während bei Vergil die beiden Bestandteile der Junktur *voces iactare* jeweils innerhalb eines Verses stehen, liegt bei Juvencus (wie
bei Lucr.4.991f.) mit *vocem.../ iactat* ein Enjambement vor, was in Verbindung mit der weiten Sperrung *quam...partem* einmal mehr zeigt, daß
der Stimme des Geistes in ihrem Vorwärtsstreben keine Schranken gesetzt

sind.[271] Durch dichterische Mittel wird also der Bedeutungsgehalt der Junktur gegenüber Vergil gesteigert, was seine volle Berechtigung darin erfährt, daß sie sich nun auf das Wort des Hl.Geistes selbst bezieht: Ein Musterbeispiel für Chrêsis.- Für *iactare per auras* vgl. formal Ov.met. 11.6 *leves iactato crine per auras*, Plin.nat.8.5 *per auras arma iacere*, Sil.9.630 *superas alte miserum iaculata per auras*.- **per auras** (siehe allgemein Hey, Thes.II 1476.70/1477.6) steht im klassischen Hexameter häufig am Versende (bei Juvencus vgl. 4.557), wobei wie hier oft *-que* unmittelbar vorangeht (Lucr.3.751, 4.32, 678, 6.115, Verg.Aen.1.59, 6.194, 12.253, Ov.met.4.517, Val.Fl.1.208, 3.196, Sil.2.91, 4.434, 6.147, 15. 20, 212, 16.64, 17.65, 449).- **200. nescis.** Die 2. Person Indikativ im Sinn eines "man"-Ausdrucks wirkt schroff (so HSz 419c). Die Negierung wird dadurch eindringlicher.

201. quamque petant eius currentia flamina partem. Der fast rein daktylische Vers gibt die große Schnelligkeit der Ausbreitung des Geistes wieder ebenso wie der Zusatz des Partizips *currentia* in prädikativer Verbindung mit *petant*.- **petant...partem.** Verg.Aen.7.69, 9.790, Liv.31.33.6, Frontin.strat.1.1.2; Thes.X.1 c.479.41/3. Das Praedicativum **currentia** erinnert an Ioh.3.8 *veniat...vadat (Spiritus).* Zur Verbindung von *currentia* und *flamina* vgl. 4.797 *vivifici pariter currant spiramina Flatus;* Val.Fl. 3.152 *(hiems)*, Sil.15.713 *(nubila)*, Stat.Theb.5.586 *(moti aura fulminis)* (cf. Thes.IV 1515.56/59), ferner Val.Fl.7.25 *(flamina descendunt).*- **flamina.** Die Korrektur *flumina* in T¹, die sich auch in 3.124 findet, mag auf einer Verwechslung von *a* und *u* in einem verglichenen cod. beruhen. In 1.85 hat C *flumine* statt *flamine* (vgl. *custis* statt *castis* in 1.584). Die Verwechslung könnte begünstigt worden sein durch die Tatsache, daß gelegentlich *flumina* in Verbindung mit *currere* u.ä. vorkommt, wofür Hofmann, Thes.IV 1514.16/28, Beispiele nennt.

202f. quisque igitur iustae repetit primordia vocis,/ hunc similem Sancti Flatus revirescere certum est. Der Wiedergeborene bzw. zum gerechten Anfang Zurückkehrende wird mit dem zuvor beschriebenen Hl. Geist verglichen (Ioh.3.8b *sic est omnis, qui natus est ex Spiritu*), wobei *similem* Echo aus 197 ist. *similem Sancti Flatus revirescere* (*similem* proleptisch und prädikativ zu *revirescere* zu fassen) tritt an die Stelle des pro-

---

[271] Cypr.ad Donat.5 (SC 291.86/8) wird die schrankenlose Ausbreitung des Hl.Geistes auf seine schenkende Güte bezogen: *non..., qui beneficiorum terrestrium mos est, in capessendo munere mensura ulla vel modus est. profluens largiter nullis finibus premitur nec coercentibus claustris infra metarum spatia frenatur.*

saischen *sic est omnis* aus Ioh.3.8. *similem* läßt sich der Terminologie der *similitudo Dei* zuordnen, die auf gen.1.26 *faciamus hominem ad imaginem et similitudinem nostram* zurückgeht. Durch das Satzgefüge von 202f. werden Urstand *(iustae...primordia vitae)* und Gottähnlichkeit *(similem Sancti Flatus)* einander gleichgesetzt (wie es durch gen.1.26 vorgegeben ist). Die verlorene Gottähnlichkeit (bzw. Gottebenbildlichkeit) wird durch die Wiedergeburt wiederhergestellt: Col.3.10, Barn.6.11f. (Wengst p.154), Tert. bapt.5.7 (CCL 1.282.46/50) *ita restituitur homo Deo ad similitudinem eius, qui retro ad imaginem Dei fuerat* (sc. *Adam*)*; imago in effigie, similitudo in aeternitate censetur. recipit enim illum Dei spiritum quem tunc de adflatu eius acceperat, sed post amiserat per delictum,*[272] Cypr.zel.15 (CCL 3A 85f.) *paradisum cogita, quo Cain non redit, qui zelo fratrem peremit.*[273] *...cogita quod filii Dei hi soli possint vocari, qui sint pacifici, qui nativitate et lege divina*[274] *ad similitudinem Dei Patris et Christi respondeant adunati.* An Gottähnlichkeit ist im vorliegenden Text besonders im Hinblick auf die Eigenschaft der Gerechtigkeit gedacht *(iustae... vitae)*. Damit kommt Christus also, wie schon gesagt, wieder auf die Ausgangsfrage nach dem gerechten Weg zurück. Locus classicus des Gedankens, daß der Mensch nach Verähnlichung mit Gott streben müsse, ist Plat.Theaet.176 a/b. Ein Vergleich bietet sich auch deshalb an, weil dort ebenfalls das Erlangen der Gerechtigkeit als wesentlich für die Verähnlichung mit Gott angesehen wird: οὔτ' ἀπολέσθαι τὰ κακὰ δυνατόν, ὦ Θεόδωρε - ὑπεναντίον γάρ τι τῷ ἀγαθῷ ἀεὶ εἶναι ἀνάγκη - οὔτ' ἐν θεοῖς αὐτὰ ἰδρῦσθαι, τὴν δὲ θνητὴν φύσιν καὶ τόνδε τὸν τόπον περιπολεῖ ἐξ ἀνάγκης. διὸ καὶ πειρᾶσθαι χρὴ ἐνθένδε ἐκεῖσε φεύγειν ὅτι τάχιστα. φυγὴ δὲ ὁμοίωσις θεῷ κατὰ τὸ δυνατόν· ὁμοίωσις δὲ δίκαιον καὶ ὅσιον μετὰ φρονήσεως γενέσθαι. Platon erwähnt neben der Gerechtigkeit noch die Erkenntnis als wesentlich für die Verähnlichung mit Gott. Im Unterschied zu Platon ist die Verähnlichung mit Gott im Christentum grundsätzlich nicht von Taufe und Wiedergeburt und der dabei wirkenden Gnade Gottes unab-

---

[272] In der Taufe werden wir also wie Adam, den Gott nach seinem Ebenbild erschaffen hat, der dann aber durch die Sünde abgefallen ist, d.h. in der Taufe werden auch wir gottebenbildlich.

[273] Der Brudermord aus Eifersucht steht hier offenbar stellvertretend für die Ursünde, weil er besser zur Thematik der Schrift paßt.

[274] *lege divina* zielt auf den Gehorsam gegenüber dem Gesetz Gottes und zeigt, daß die Wiedergeburt (hier *nativitas divina* genannt) nicht als isoliertes Ereignis zu betrachten ist, in dem die *similitudo Dei* ein für allemal wiederhergestellt wird, sondern daß die Getauften ihr ganzes Leben lang im Gehorsam gegen Gottes Gebot und durch gerechte Werke nach ihr streben müssen, weil sie der Versuchung ausgesetzt sind; vgl. Cypr.patient.5 (CCL 3A 120.94ff.), zel.14ff. (CCL 3A 82ff.), eleem.2 (CCL 3A 55f.).

hängig zu denken (vgl. zu 185/203). Zum Gottähnlichkeitsgedanken u.ä. im Heidentum bis Platon vgl. D.Roloff, Gottähnlichkeit, Vergöttlichung und Erhöhung zu seligem Leben (= Untersuchungen zur antiken Literatur und Geschichte, Bd.4), Berlin 1970; im Christentum H.Merki, 'ΟΜΟΙΩ-ΣΙΣ ΘΕΩ. Von der Angleichung an Gott zur Gottähnlichkeit bei Gregor von Nyssa, Freiburg/Schweiz 1952.- *similis* und *consimilis* stehen bei Juvencus im Gegensatz zur vorliegenden Stelle meist mit Dativ (vgl. zu 197 *sibi*).

202. quisque igitur iustae repetit primordia vitae. An diesen Vers erinnert sprachlich Coripp.Iust.3.77 *post...senium sese iuvenescere mundus/ gaudet, et antiquae repetit primordia formae.*- **quisque** hat hier wie oft bei Juvencus, etwa in 1.715, 2.619, 621, die Bedeutung von *quisquis / quicumque.* Diese Verwendung kannte zwar bereits das Altlatein (Plautus), sie findet sich danach aber erst im Spätlatein wieder seit Apuleius (HSz 201f. mit Literatur, OLD 1563 s.v. 9), wenn man von archaisierendem Gebrauch in einer Rechtsformel in Liv.1.24.3 absieht (HSz 202). Juvencus konnte *quisque = quisquis / quicumque* auch in der lateinischen Bibel vereinzelt vorfinden (z.B. Marc.8.35 [a n], 38, 9.37 [ff²], 10.11 [c ff²], Luc. 9.24 [a], 18.17 [a]) oder bei Minucius Felix, Tertullian und Cyprian. Dieser Archaismus findet sich abgesehen von den Prosaautoren auch bei anderen spätlateinischen Dichtern: Comm.apol.749, 803, Mar.Vict.Aleth.1. 198, Alc.Avit.carm.4.111, 5.674. Zu Juvencus als Archaist vgl. zu 184 *iteris*, 191 *conreptet*, 232 *ast*, 252 *olli*.- **iustae repetit primordia vitae.** Die Rückbezüge zum bisher Gesagten sind zahlreich. Zu nennen sind zunächst 186 *reddita...penetret nascendi exordia rursus* und 190 *coeptae revocare exordia vitae. iustae vitae* bildet einen Gegensatz zu 190 coeptae vitae (aus dem Mund des Nikodemus). Unterschieden wird zwischen dem falschen, rein zeitlichen Verständnis des Anfangs, über das Nikodemus nicht hinauskommt, und dem wahren, spiritualen Verständnis des Anfangs. *iustae...vitae* (an derselben Versstelle in Avien.Arat.886) greift außerdem 184 *iteris iusti* wieder auf. Somit tritt die anfangs aufgeworfene Frage nach dem gerechten Weg wieder in den Blick. Durch die Rückkehr zum Anfang wird der Mensch wieder gerecht. Dabei ist *iustae* nicht nur auf *vitae*, sondern in Enallage auch auf *primordia* zu beziehen. Die Junktur *primordia repetere* hat Juvencus vorgefunden in Sil.1.20 *magni repetam primordia motus* (beim Erzählen), 15.419 *repetens gentis primordia ductor* (Gedenken am Feiertag).- **repetit.** Das aktivische Verb läßt auf eine gewisse Bereitschaft und ein Bemühen des Menschen selbst, sich auf die Rückkehr zum gerechten Anfang vorzubereiten, schließen, bedeutet aber nicht, daß diese ohne die Gnadentat Gottes (siehe zu 185/7) möglich wäre.

203. revirescere. Nach Hansson (43) ist überliefert *revirescere* C$_2$ C$_3$^{2}, *reviscere* M, *revisuescere* V$_1$, *revivescere* C Mp$_1$ P P$_2$ Al Hl Ca$_2$, *reviviscere* rell. *revivescere* paßt wegen der Länge der zweiten Silbe nicht ins Metrum, weshalb Hadamarius *revigescere* konjizierte, was dann aber eine Neubildung des Juvencus wäre (denn Non.p.804.37 Lindsay liest in Cic. Tusc.1.16.38 zu Unrecht *reviguit* statt *sic viguit*). Reusch konjiziert *revirescere*, setzt aber noch ebenso wie nach ihm Arevalo *revigescere* in den Text. Daß *revirescere* tatsächlich auch durch die handschriftliche Überlieferung bezeugt wird, ist erst seit Marold bekannt. Seitdem lesen sämtliche Herausgeber und Kommentatoren *revirescere*, mit Ausnahme Hanssons, der für *reviviscere* eintritt.[275] Die handschriftliche Bezeugung von *revirescere* sucht Hansson durch die Annahme zu entwerten, daß aufgrund der vielen Ähnlichkeiten zwischen M und C$_2$ *revirescere* in der letzteren Handschrift Verbesserung eines falschen *reviscere* in der Vorlage sein könne, wobei er sich *reviscere* vermutlich durch Haplographie aus *reviviscere* entstanden denkt. Die prosodische Besonderheit von *reviviscere* relativiert er mit Hinweis auf vergleichbare Fälle bei Juvencus (vgl. Huemer, Index 163). Inhaltlich argumentiert er, daß im Zusammenhang mit der Wiedergeburt *reviviscere* der passende Begriff sei, während "*revirescere* in der Bedeutung 'renasci' in bezug auf etwas wirklich Totes...nicht belegt werden" könne. Doch wo ist im Evangelientext oder bei Juvencus von etwas "Totem" die Rede? Wahrscheinlich hatte Hansson die Tauftheologie des Paulus im Sinn, wonach in der Taufe der alte Mensch mit Christus stirbt und aufersteht (Rom.6.1/11). Dies ist aber nicht im engeren Sinn die Aussage von Christi Rede im Juvencustext. Auch sonst ist dieser Aspekt der paulinischen Tauftheologie bei Juvencus nirgends sicher nachweisbar, obwohl er natürlich auf die altkirchliche Theologie eingewirkt hat (z.B. Tert.pudic.17.4/7 [SC 394.240; Zitat von Rom.6.1/11], Cypr.zel.3.14 [CCL 3A 83.259/61; nach Zitat von Col.3.1/4] *qui ergo in baptismo secundum hominis antiqui peccata carnalia et mortui et sepulti sumus, qui regeneratione caelesti Christo consurreximus*, Demetr.26 [CCL 3A 51.518] *vivificando mortalem regeneratione caelesti*). Fichtner (60) erkennt immerhin in 1.355 *surgenti* (Taufe Jesu) eine Anspielung an Rom.6.3/5. Im Kontext des vorliegenden Verses wird die Wiedergeburt aber überwiegend als Rückkehr zum Anfang bezeichnet, vgl. 2.186 *penetret nascendi exordia rursus* und den unmittelbar vorangehenden Vers 2.202 *quisque...iustae re-*

---

[275] Zur Entscheidung zugunsten von *-iscere* statt *-escere* weist er (S.43 Anm.23) darauf hin, daß gewisse Handschriften, besonders C, der codex vetustissimus, bei anderen Verben öfter *-iscere* statt *-escere* führen. Insgesamt aber ist *-escere* weiter verbreitet. Huemer schreibt immer *-esc* mit Ausnahme von *tremisc-*. Warum er so entscheidet, bleibt unklar.

petit primordia vitae. Zwar schließt 2.194 *rudibus consistere membris*, was Neuschöpfung meint, Sterben und Wiederbelebung, also *reviviscere*, mit ein. Doch ausgesprochen wird der Wiederbelebungsgedanke nicht direkt. Der Akzent liegt also insgesamt mehr auf der Rückkehr zum Anfang. Hierzu paßt *revirescere* ("wieder jung werden") besser als *reviviscere* ("wieder lebendig werden"). *revirescere* ist also wohl die richtige Lesart. Im Gegensatz zu *reviviscere* ist sie auch prosodisch unbedenklich. Vertauschung von *revirescere* mit *reviviscere* bzw. *revivescere* liegt auch vor bei (man vergleiche im einzelnen die kritischen Apparate) Cic.Phil.7.1, Colum.2.1.4, Ov.met.7.305, Gell.20.8.7, Ezech.17.24 (Ps.Aug.spec.76 [CSEL 12.570.3]), Porph.Hor.carm.4.4.57f. (Petschenig konjiziert *revirescit*), Paul.Nol.carm.20.49 (CSEL 30.145) (Muratorius konjiziert *revirescere*), Ven.Fort.Mart.1.405 (MGH AA 4.1 p.309). Umgekehrter Fall ist Lact.inst.7.27.13 (CSEL 19.671.17). Vgl. ferner *vivificere* statt *virificere* in Mar.Vict.adv.Arium 3.7 (CSEL 83.1 p.202.14) und bei Iuvenc.2.815 *viventum* (M mit *r* über dem *v* laut Huemer) statt *virentum*. Bei Juvencus begegnet *revirescere* selbst nicht mehr, aber vgl. *virere* in 1.646, 2.815, 819 und *virescere* in 2.785. *revirescere* bedeutet wörtlich "(of plants) to become green again, show signs of new growth" (OLD 1647 s.v. a), übertragen "(of persons, their limbs, etc.) to become young and vigorous again" (OLD 1647 s.v. b). Vielleicht soll bei Juvencus die wörtliche Bedeutung mitklingen. Solche Metaphorik aus dem Pflanzenreich in bezug auf Wiedergeburt und Taufe liegt vor in Basil.bapt.Chr. (PG 31.433) τὴν ψυχήν σου ἀναθαλήσειν ἐπαγγελλεταί σοι τὸ βάπτισμα ...πῶς ὁ παλαιούμενος...εἰς τὸ ἀληθινὸν ἄνθος τῆς νεότητος ἐπανέρχεται; Cyrill.Alex. comm.in Ioh.4.10 (PG 78.297) ἡ ἀνθρωπότης...πολυτρόποις ἀγαθῶν ἰδέαις περιανθίζεται, καὶ εἰς ἕξιν ἀναβλαστῶσα τὴν φιλάρετον, εὐτραφεστάτους τῆς εἰς Θεὸν ἀγάπης ἀνίησι κλῶνας.- Die Formel **certum est** bzw. *est certum* + aci verwendet Juvencus 8 mal, und zwar in der Funktion der Tatsachenbezeugung (Elsperger, Thes.III 913.49/914.2[9]):[276] 2.203 (Ioh.3.8), 2.278 (Ioh.4.19 *video, quia*), 3.387 (Matth.17.25), 3.402 (Matth.18.7 *necesse est*), 4.3 (Matth.22.16 *scimus, quia*), 4.253 (Matth. 25.29), 4.283 (Matth.25.40), 4.342 (Ioh.11.22 *scio, quia*). Aus der epischen Dichtung vgl. für *certum est* + aci Avien.ora 191. In früherer Zeit dagegen ist diese Konstruktion im Epos nicht anzutreffen, dagegen findet sich vereinzelt *certum est* + inf. zum Ausdruck einer Absicht (Elsperger, Thes.III 911.12/33): Enn.ann.6.189 Skutsch (Versende), Verg.Aen.3.686, 9.153, Ov.met.5.533, 9.53, 10.38 (Versende), Lucan.8.141 (Versende).

---

[276] Die Angabe der Bibelstellen soll der Orientierung dienen. Eine Entsprechung zur Vorlage ist nur dort gegeben, wo aus ihr zitiert wird.

2.204/212 - Unglaube des Nikodemus und aller Juden

204/12. et Iudaeus ad haec: "nil horum cernere possum."/ talia tum Christus: "Solymorum magne magister,/ tune etiam mentem vitae de lumine raptam/ demergis praeceps furvis, miserande, tenebris,/ nec potes obtunso conprendere talia sensu?/ ecce, fides nulla est. tantum terrestria dixi!/ quid, si caelestes vires conscendere sermo/ coeperit et superas rerum conprendere formas?/ quis vestrum duram poterit mihi pandere mentem?" Über 9 Verse hin ist jetzt von der Ignoranz des Nikodemus bzw. der Juden im allgemeinen (212) die Rede. Wiedergegeben sind die Bibelverse Ioh.3.10/12. Juvencus hat also dem Umfang nach stark ausgeweitet. Zusätzlich hat der Dichter gegenüber der biblischen Textgrundlage die Ausdrucksweise verschärft. Zunächst fällt die Entgegnung des Nikodemus bei Juvencus gegenüber Ioh.3.9 *quomodo haec possunt fieri?* sehr scharf und endgültig aus (204 *nil horum cernere possum*). Damit läßt sich die extreme Befremdung und Anklage begründen, welche bei Juvencus in Christi Antwort liegt. Er wirft Nikodemus bzw. den Juden vor, ihre *mens* dem Licht des Wissens und des Lebens zu entreißen (206f. *mentem vitae de lumine raptam/ demergis...tenebris*), von spiritualer Stumpfheit zu sein (208 *obtunso...sensu*), nicht zu glauben (209 *fides nulla est*), ja sich im Zustand der Verstocktheit zu befinden (212 *duram...mentem*). Spirituales Unvermögen und Unglaube sind zudem, wie Poinsotte (218) feststellt, durch mehrfaches Auftreten von *posse* in Verbindung mit einer Negation oder einer rhetorischen Frage, auf die eine negative Antwort erwartet wird, herausgestellt (204 *nil...cernere possum*, 208 *nec potes...conprendere*, 212 *quis vestrum...poterit...pandere mentem?*). Christi Schelte gegen Nikodemus bzw. die Juden steht in scharfem Gegensatz zu dem doch recht positiven Bild des Gelehrten, das der Dichter anfangs gibt (siehe besonders zu 177ff., 177, 179 *submissa voce*, 179 *profatur*, 180 *Sancte*).- Chrysost.hom.26.3 in Ioh. (PG 59.156) interpretiert die Bibelstelle ganz anders als Beispiel für die Milde des Herrn; vgl. dort etwa τὸ δὲ "οὐδεὶς λαμβάνει" (so Chrysostomus statt οὐ λαμβάνετε) οὐ δυσχεραίνοντός ἐστι τὸ ῥῆμα νῦν, ἀλλὰ τὸ γινόμενον ἀπαγγέλλοντος. οὐ γὰρ εἶπε· τί δὲ ὑμῶν ἀναισθητότερον γένοιτ' ἄν, οἳ τὰ παρ' ἡμῶν οὕτως ἀκριβῶς ἀπαγγελθέντα οὐ προσίεσθε; ἀλλὰ καὶ διὰ τῶν ἔργων καὶ διὰ τῶν ῥημάτων πᾶσαν ἐπιείκειαν ἐνδεικνύμενος, τούτων μὲν οὐδὲν ἐφθέγξατο, πράως δὲ καὶ ἡμέρως τὸ συμβησόμενον προανεφώνησεν.

204. et Iudaeus ad haec. Dieselbe Struktur begegnet in 4.739 *et Pilatus ad haec*. Eine exakte Entsprechung für mit *et...ad haec* eingeleiteten Sprecherwechsel findet sich im klassischen Epos nicht, Einleitung mit *ad haec* ist aber belegbar (siehe zu 184 *Christus ad haec*).- **nil horum.** Plaut.Persa 161

ego nihil horunc scio, Lucr.3.239, 5.871. Der Ausdruck ist stark negierend
und steht in wirkungsvollem Kontrast zum hohen und eleganten Stil der vorhergehenden Verse, aber auch der nachfolgenden Anrede *Solymorum magne
magister*.- **cernere possum.** Dieser Hexameterschluß begegnet auch in AL
I.2 Buecheler/Riese/Lommatzsch 674.3. Lucrez hat öfter *cernere possis* am
Versende, etwa in 1.327, 2.827.

**205/205*. Solymorum magne magister,/ Israhelitarum sublimis gloria
gentis** ist Poinsottes (217) Ansicht zufolge ironische Anrede. Doch warum
sollte die Anrede nicht ernst gemeint sein? Die Verwunderung, die in der
Frage 206ff. *tune etiam ...?* liegt, erklärt sich daraus, daß Nikodemus trotz
seiner tatsächlich angesehenen Stellung als *Solymorum magnus magister*
nicht versteht und ungläubig ist. Siehe aber zu 205*.

205. talia tum Christus. Die Alliteration *talia tum* findet sich am Hexameteranfang (jeweils ohne Ellipse des Verbs) noch in 2.692, 728, 824, 4.459;
vgl. Enn.ann.35 Skutsch *talia tum memorat*, Ov.met.8.703 *talia tum...edidit
ore;* am Versende liest man in Verg.Aen.11.501 *tum talia fatur.* Zur Ellipse
des Verbs des Sagens vgl. zu 184 *Christus ad haec.-* **Solymorum magne
magister.** Poinsotte (115) nennt Jerusalem im Zusammenhang mit seiner Erwähnung in dieser Anrede "la ville aux murailles cruelles", nimmt also den
Nebenton der Stadt, in der Christus verfolgt und getötet wurde, wahr (cf.
3.291, 4.78). Doch weder ergibt sich eine solche Assoziation aus dem unmittelbaren Kontext, noch ist Jerusalem bis zu diesem Punkt bei Juvencus
überhaupt negativ erwähnt worden. Im Gegenteil klingt seine Erwähnung in
1.540 *Solymae...urbis venerabile nomen* sogar sehr positiv. Gegen Poinsotte
assoziiert die Anrede *Solymorum magne magister* an sich nichts Schlechtes,
sondern sie macht den geistigen Anspruch deutlich, den Christus an Nikodemus richtet. Jerusalem ist das Zentrum jüdischer Gelehrsamkeit und Nikodemus als einer ihrer bedeutenderen Vertreter angesprochen. Christus richtet daher an ihn die Erwartung, daß er seine Lehre von der Wiedergeburt
versteht. Die enttäuschte Erwartung[277] führt dann allerdings zur Schelte

---

[277] Für Aug.tract.12.6 in Ioh. (CCL 36.123f.) dagegen ist Ioh.3.10 *tu es doctor Istrahel et
haec ignoras?* weniger ein Zeugnis enttäuschter Erwartung als vielmehr eine Verhöh-
nung, mit der Christus den hochmütigen Gelehrten zur Demut führen und ihn so auf die
Wiedergeburt vorbereiten will: *o fratres, quid, putamus Dominum huic magistro Iudaeorum quasi insultare voluisse? noverat Dominus quid agebat, volebat illum nasci ex Spiritu. nemo ex Spiritu nascitur, nisi humilis fuerit, quia ipsa humilitas facit nos nasci de
Spiritu; quia prope est Dominus obtritis corde. ille magisterio inflatus erat, et alicuius
momenti sibi esse videbatur, quia doctor erat Iudaeorum; deponit ei superbiam, ut possit
nasci de Spiritu eqs.* Daß Juvencus den Nikodemus nicht in erster Linie als ein Beispiel

nicht nur des Nikodemus, sondern der Juden überhaupt (V.212).- Die Paronomasie **magne magister** (vgl. Stat.silv.4.4.55, Coripp.Ioh.2.193, 4.549, 7.461), steht auffällig am Hexameterschluß (zur Versschlußalliteration vgl. Sil.4.428 *magna magistro* und zu 214 *conscendere caelum*). Ob Statius oder Juvencus die Stammverwandtschaft von *magne* und *magister* als solche empfunden haben, ist ungewiß. Immerhin läßt sich verweisen auf Paul.Fest.126 *magisterare moderari. unde magistri non solum doctores artium, sed etiam pagorum, societatum, vicorum, collegiorum, equitum dicuntur, quia omnes hi magis ceteris possunt*, Paul.dig.50.16.57 *qui magis quam ceteri diligentiam et sollicitudinem rebus quibus praesunt, debent, hi magistri appellantur* (vgl. R.Maltby, A Lexicon of Ancient Latin Etymologies, Leeds 1991, 359). Daß *magis* und *magnus* als stammverwandt empfunden wurden, wird man somit annehmen dürfen.- **magister.** Ioh.3.10 a ff[2] j q führen *doctor* statt *magister. doctor* kommt in der antiken epischen Dichtung zwar kaum vor (Lucr.5.1311, Germ.422; vgl. Bulhart, Thes.V.1 c.1782 mit statistischer Übersicht zum Verhältnis *doctor, magister, praeceptor*), doch Juvencus verwendet das Wort immerhin 5 mal (15 mal *magister*, 1 mal *praeceptor*), und zwar unabhängig vom jeweiligen Bibeltext. Im Carmen Paschale des Sedulius findet sich 2 mal *doctor*, 6 mal *magister*, 2 mal *praeceptor*.- **Solymorum.** Den Namen *Israel*, der hier in der Bibel vorgegeben ist, hat Juvencus grundsätzlich gemieden, verwendet aber einige Male *Is(t)rahelitae.*

205* Israhelitarum sublimis gloria gentis. Der Vers, der erstmals in Marolds Edition vermerkt ist und an 1.207 *Istrahelitarum cumulatae gloria plebis* anklingt, fehlt in C₂ Al Ca und wurde von späterer Hand eingefügt in M V₁ K₂ T Bb Ph Hl (Hansson 85). Marold, Huemer, de Wit, Röttger (Athetese aus S.40 Anm.150 indirekt zu erschließen) und Castillo Bejarano athetieren den Vers, während Knappitsch und Poinsotte (217 Anm.833) ihn halten. Sprachlich ist gegen 205* nichts einzuwenden. Die Anrede 205 *Solymorum magne magister* wird durch *205 noch erweitert. Knappitsch weist darauf hin, daß zweifache rühmende Anrede nicht unüblich ist, wie etwa 2.119 *Progenies veneranda Dei, rex inclite gentis*, Enn.ann.445 Skutsch, Verg. Aen.2.281, Lucan.7.588f., 8.759f. *o maxime.../ ductor et Hesperii maiestas nominis una* (die zweite Anrede in Form eines Abstraktums wie in Iuvenc.2. 205*), 9.1014f., Stat.silv.4.2.14f. *regnator terrarum orbisque subacti/ mag-*

des Hochmuts betrachtet, ergibt sich aus der Betonung der Ehrfurcht, mit der jener auf Christus zugeht (siehe zu 179 *submissa voce*). Andererseits gilt dem Nikodemus auch bei Juvencus der Vorwurf des Unglaubens und der Verstocktheit (siehe zu 204/12), beides Ausdruck von Hybris.

ne parens,...,spes hominum,...,cura deorum (auch hier die nachfolgenden Anreden als Abstrakta) zeigen. Die Komposition von 205/205* zeichnet sich aus durch die Klimax, da *Solymorum magne magister* durch *Istrahelitarum sublimis gloria gentis* noch gesteigert wird (Klimax auch in Lucan.8.759f.), und durch das Prinzip der wachsenden Glieder, da der zweite Teil der Anrede länger ist (wie in Verg.Aen.2.281, Lucan.7.588f.). Die Klimax in der Anrede läßt das in *tune etiam?* liegende Erstaunen noch stärker hervortreten. Schließlich bildet nicht nur *magne magister*, sondern auch *sublimis gloria*, und zwar auch auf bildlicher Ebene, einen Gegensatz zu *praeceps demergis*: Auf der Höhe *(sublimis)* der *gloria* ist Nikodemus nur scheinbar und von außen gesehen, in Wahrheit stürzt er sich hinab in die Tiefe der Finsternis (207 *tenebris*) des Nichtwissens, ist ohne jede wahre *gloria*. Das knüpft an die Symbolik von 177 *nocte sub obscura celso sublatus honore* an. Diese Vorzüge werden aber dadurch zunichte gemacht, daß die Anrede *Israhelitarum sublimis gloria gentis* anders als *Solymorum magne magister* geschmacklos übertreibt. Nikodemus mag ein bedeutender Gelehrter in Jerusalem sein (205) und zu den Vornehmsten im ganzen Land gehören (177f.), doch er ist nicht die *gloria* Israels, weil so nur Christus selbst bezeichnet werden kann, wie es bei 1.207 *Istrahelitarum cumulatae gloria plebis* der Fall ist.[278] Interpolationsmotiv ist Übertreibungssucht (Jachmann 202 mit Anm.6; Gnilka, Prudentiana I, Reg.III 755 s.v. "Übertreibung, Übertreibungssucht der Interpolatoren". Dieses Motiv liegt auch vor bei 2.29* *trans sidera* gegenüber 29 *ad caelum*, siehe Gnilka, Seesturm 224). Der Interpolator hatte sicherlich 1.207 *Istrahelitarum cumulatae gloria plebis* vor Augen (zum Plagiieren des Vorhandenen siehe Jachmann 172 Anm.15 u.ö.). Daneben fallen Anklänge auf an Verg.Aen.6.767 *Troianae gloria gentis*, Ov.met.12.530 *Lapithae gloria gentis*, Stat.Theb.5.331 mit dem Hexameterschluß *gloria gentis* (weitere Belege hierzu bei Schumann Bd.2.439) und an Claud.rapt.Pros.1.285 *Stygii sublimis gloria Nycteus/ armenti* mit der Junktur *sublimis gloria*, die an derselben Versstelle steht (zur Klassikerimitation der Interpolatoren siehe zu 265*).- **Israhĕlitarum.** Juvencus verwendet in

---

[278] Röttger (38ff.) will den Gedanken so verstehen, daß die *gloria* der Kirche das Licht Christi zu den Völkern trägt. In der Vorlage Luc.2.32 ist aber Christus selbst die *gloria*. Zwar ist es richtig, daß Juvencus auch eigene Akzente setzt oder sogar inhaltliche Veränderungen vornimmt. Doch warum sollte er *gloria* wörtlich übernehmen, ja den ganzen Ausdruck *gloriam plebis tuae Israel* fast wörtlich übernehmen, gleichzeitig aber mit *gloria* etwas anderes meinen? Auch wenn man mit Röttger - durchaus zu Recht - in dem Zusatz *cumulatae* einen Hinweis auf das neue und wahre Israel, die christliche Kirche sieht, kann doch mit *gloria* Christus gemeint sein. Der Gebrauch von *gloria* erscheint in bezug auf Christus sogar besonders sinnvoll, da das neue Israel erst durch Christus möglich wird.

1.207 (Luc.2.32 b ff²: *Istrahel*, c d f e: *Isdrahel*, a aur β r¹: *Israhel*), 1.240 (Matth.2.6 a b: *Istrahel*, k: *Istrael*, f: *Sdrahel*, aur d ff¹: *Israhel*, c g¹: *Isrl*, q: *Isl*) und 2.474 (Matth.10.23 a b h: *civitates Istrahel*, f: *Sdrahel*, aur d ff¹: *Israhel*, e: *Isdrael*, g¹: *Irhl*, q: *Ils*, l: *Isl*, c: *Isrl*) jeweils *Istrahelitae* anstelle des biblischen *Is(t)ra(h)el*, und zwar in der hier vorliegenden Prosodie mit kurzer 2. und 3. Silbe (vgl. Hansson 164 Anm.36). Er tut das, obwohl *Is(t)ra(h)elitae* in den Evangelien nicht vorkommt; nur in Ioh.1.47 findet sich einmal die Singularform. Das viel häufigere *Is(t)ra(h)el* hat Juvencus nie. Umgekehrt ist es im Carmen Paschale des Sedulius, wo 2 mal *Israhel* vorkommt, in 3.58 und 3.161 (mit 2 langen Silben), aber nie *Israhelitae*. Wenn die Vermutung Souters (A Glossary of Later Latin to 600 A.D., Oxford 1949; zu *Istrahel*) zutrifft, daß *Istrahel* bzw. *Isdrahel* bis zum Ende des 4. Jhdts. die allgemeine Schreibung war und erst Hieronymus *Israhel* einführte, dann hat Huemer die Schreibung *Istrahelitae* zu Recht an allen 3 Stellen zugrunde gelegt, obwohl das eingeschobene *t* nur von C überliefert wird (soweit Huemers Angaben zutreffen), und dies auch nur in 1.207 und 1.240 (*t* später getilgt). Für 205* wäre eingeschobenes *t* nur zu erwägen, wenn man das Interpolament noch in das 4. Jhdt. datieren wollte.- **sublimis gloria.** Vgl. Cypr.hab.virg.3 (CSEL 3.1 p.189.11), Hier.comm.in Hab.1.2 (CCL 76A 610.568f.), Claud.rapt.Pros.1.285.

206f. tune etiam mentem vitae de lumine raptam/ demergis praeceps furvis, miserande, tenebris,/...? Den eher schlicht gehaltenen Wendungen Ioh.3.10 *et haec ignoras?* und Ioh.3.11 *testimonium nostrum non accipitis* steht bei Juvencus sehr bewegte Rede gegenüber. Die Weigerung, die Wahrheit anzunehmen, im Evangelium durch *non accipitis* zum Ausdruck gebracht (Bannier, Thes.I 319.49: "de voluntate capientis"), gibt Juvencus mit dem starken Bild des Menschen, der seinen Verstand dem Licht der Erkenntnis entreißt, wieder. Erkenntnis bedeutet Leben *(lumine vitae)*, Nichterkenntnis führt in den Tod: Sirach 4.12f. *sapientia filiis suis vitam inspiravit...et qui illam diligit, diligit vitam*, Ioh.17.3 *haec est...vita aeterna, ut cognoscant te solum verum Deum et, quem misisti, Iesum Christum*, Eph.4. 18 *obscurati intellectu, alienati a vita Dei per ignorantiam, quae est in illis propter caecitatem cordis ipsorum*, Clem.Alex.protr.10.99.2 (SC 2.167), Tert.resurr.37.9 (CCL 2.970.40) *ignorantiae morte*, Cypr.Demetr.16 (CCL 3A.44.300ff.) *quae...mentis ignavia est, immo quae desipientium caeca et stulta dementia ad lucem de tenebris non venire et mortis aeternae laqueis vinctos spem nolle immortalitatis excipere, non metuere Deum*, Arnob.nat. 2.2 (CSEL 4.47f.) *non in cunctos et lumen praetendit vitae et periculum ignorationis amovit* (sc. *Christus*)?, Rufin.epist.Clement.19.4 (GCS 42.21. 30f.) *ignorantiae tenebris obvoluti in interitum demergentur*, Cyrill.Alex.

comm.in Ioh.3.11 (PG 73.249A) οὐδαμόθεν δὲ ὅλως ἀνασώζεσθαι θέλοντας
ἐπιδεικνύει τοὺς 'Ιουδαίους, ἀχαλίνοις δὲ ἁπλῶς καὶ ἀπερισκέπτοις ὁρ-
μαῖς ἐπὶ τὸ βαθὺ τῆς ἀπωλείας φερομένους βάραθρον· εἰ γὰρ μήτε νοεῖν
ἰσχύουσιν ἐκ πολλῆς ἀμαθίας τὸ κηρυττόμενον, μήτε πίστει ποιοῦνται δε-
κτόν, τίς ἂν αὐτοῖς σωτηρίας ἕτερος ἐπινοηθείη τρόπος; καλῶς δὴ οὖν καὶ
μάλα δικαίως ἀναπολόγητον ἔσεσθαι τὴν 'Ιερουσαλὴμ ἔφασκεν ὁ Σωτὴρ
ὡς αὐτόκλητον ἐφ' ἑαυτὴν ἁρπάζουσαν ὄλεθρον (es folgt Zitat von Matth.
23.37f.); bei Juvencus vgl. 2.768/74 (= Matth.13.14/6) *en populi mentes
velantur ad omnia crassis/ obicibus, sensu ne tangant munera vitae* e.q.s.
Harnack (126/8) stellt die Gleichsetzung von Erkenntnis und Leben als eine
der Grundüberzeugungen der Christenheit heraus. Zur Lichtmotivik in bezug auf Wissen und Nichtwissen vgl. neben einigen der obengenannten Stellen noch etwa (bei den lateinischen Belegen sind solche mit vergleichbarem
Wortmaterial bevorzugt) Clem.Alex.paed.1.6.29.4f. (SC 70.164f.) ἡ
ἄγνοια...τὸ σκότος (cf. Philo Alex. ebr.161 ἄγνοιαν, τὸ μέγα καὶ βαθὺ
σκότος), καθ' ἣν περιπίπτομεν τοῖς ἁμαρτήμασιν, ἀμβλυωποῦντες περὶ
τὴν ἀλήθειαν. φωτισμὸς ἄρα ἡ γνῶσίς ἐστιν, ὁ ἐξαφανίζων τὴν ἄγνοιαν
καὶ τὸ διορατικὸν ἐντιθείς, Tert.apol.39.9 (CCL 1.151.42f.) *de uno utero
ignorantiae eiusdem ad unam lucem expaverunt veritatis*, adv.Marc.4.8.1
(SC 456.106.5f.) *luridati delinquentiae maculis et nigrati ignorantiae tenebris*, Min.Fel.1.4 *discussa caligine de tenebrarum profundo in lucem sapientiae et veritatis emergerem*, Cypr.Demetr.25 (CCL 3A p.50.496/8) *ad verae religionis candidam lucem de profundo tenebrosae superstitionis emergere*, idol.14 (CSEL 3.1 p.31.7f.) *ab errore tenebrarum ad viam lucis addu-
cere, caecos et ignaros ad agnitionem veritatis oculare*, Pont.vita Cypr.2
(CSEL 3.3 p.XCI.21.f.) *postquam et sacras litteras didicit et mundi nube
discussa in lucem sapientiae spiritalis emersit;* F.J.Dölger, Die Sünde in
Blindheit und Unwissenheit, Antike und Christentum 2.1974².222/9. Man
kennt solche Lichtmotivik von den antiken Philosophen her, vgl. W.Luther,
Wahrheit, Licht und Erkenntnis in der griechischen Philosophie bis Demo-
krit (= Archiv für Begriffsgeschichte, Bd.10), Bonn 1966, dort etwa 90ff.,
105ff., 114ff., 133f. Matth.15.16 *adhuc et vos sine intellectu estis* gibt Juvencus wieder mit 3.162f. *vos etiam duro discluditis omnia corde/ iussa nec
admittit mentis dubitatio lucem?*- Die Anwendung der Lichtmotivik in bezug
auf Leben und Tod ist ebenfalls zu allen Zeiten anzutreffen.- Über den
Wegfall der einleitenden Formel Ioh.3.11 *amen, amen, dico tibi* siehe zu
184.

206. tune etiam...? Ioh.3.10 *tu es doctor Istrahel et haec ignoras?* wandelt
Juvencus um in *Solymorum magne magister, tune etiam mentem.../ demergis?*, während Nonnos sich mit 'Ισραὴλ σὺ μέν ἐσσι διδάσκαλος, οὐ νοέεις

δέ enger an die Struktur der Vorlage hält. *tune etiam?* = "sogar du?" (Friedrich, Thes.V.2 c.950.29/59) bringt das Erstaunen darüber, daß es dem großen Lehrer Jerusalems an Erkenntnis mangelt, deutlich zum Ausdruck. Etwas schwächer wirkt *et / καί* = "und doch, und trotzdem" (KS II 42, HSz 481, Bauer/Aland 797 s.v. *καί* I 2g) bei Johannes. Zu *tune etiam* am Hexameteranfang vgl. formal Sil.15.37, Stat.Theb.10.910, Iuv.6.192.- Wenn man die Verbindung **mentem...raptam**, die eng mit *vitae de lumine* verknüpft ist, für sich betrachtet, ist zu vergleichen 1.366f. *mox livor Daemonis atram/ cum terrore rapit mentem* (r. hier = "den Sinn ergreifen, mitreißen", cf. Lucan.6.29f.), (in gewisser Verwandtschaft mit vorliegender Stelle:) Verg.Aen.2.735f. *hic mihi nescio quod trepido male numen amicum/ confusam eripuit mentem* ("den Verstand rauben", vgl. Sen.epist.94.36, Stat.Theb.9.40, Bell.Alex.18.2), Opt.Porf.carm.3.19 Polara *rapiunt ad gaudia mentem/ .../ Aonides*, Vulg.Iob 20.2 *cogitationes meae varie succedunt sibi, et mens in diversa rapitur*, Alc.Avit.carm.2.221 *rapiunt contraria mentem/ hinc amor, inde metus*.- **vitae de lumine raptam.** Stat.Theb.8. 101f. *nec alma/ sic merui de luce rapi*, CIL 12.218.5f. *rapta est mihi lux gratissima vitae* (hier *rapere* umgekehrt auf *lux* bezogen), CE 555.2 *rapta de luce serena* (sc. *vitae*), 556.2 *rapta <est d>e luce serena* (sc. *vitae*), 1828.3 *e <l>uce ereptus* (sc. *vitae*). In der Bibel ist diese Ausdrucksweise nicht belegt. Wohl begegnet *eripere* (im Sinn von "erretten") *de morte* u.ä. (Iona 2.13, psalm.32.19, 55.13, Col.1.13 *qui eripuit nos de potestate tenebrorum*).- **de...raptam** übersetzt Knappitsch fälschlich mit "entsprungen", wie de Wit zu Recht bemerkt. Es muß heißen "entrissen" (de Wit "abreptam", Castillo Bejarano "arrebatado").- *de...raptam* am Versende findet sich auch in Verg.Aen.10.342, Ov.met.5.137, 6.430, 15.840, Stat.silv.3. 5.6, Sil.9.197, 15.528. Zu *de* statt *ex* vgl. zu 193 *de fonte renatus*.- Der Hexameterschluß *lumine raptam* ähnelt Lucan.3.713 *lumine rapto*.- **vitae ...lumine.** Vgl. Lucr.3.1042, *(lumina v.:)* Cic.carm.frg.25.1 Morel/Büchner/Blänsdorf (p.164), Lucr.1.227, 3.849, 5.989, Verg.Aen.6.828, 7.771. Die antiken Dichter bezeichnen mit diesem Ausdruck das vergängliche Leben auf Erden, nicht mehr. Christus bei Juvencus meint das Licht des wahrhaften und in letzter Konsequenz ewigen Lebens, das nur durch wirkliches Wissen erlangt werden kann. Im Gegensatz dazu bedeutet *furvis tenebris* den ewigen Tod als Folge des Nichtwissens. Bei der Verwendung des Ausdrucks *lumen vitae* dürfte Juvencus auch biblischen Sprachgebrauch im Auge gehabt haben: psalm.55.13 *eripuisti animam meam a morte..., ut placeam coram Deo in lumine viventium* (Sept. 55.14 ἐν φωτὶ ζώντων, hebr. 56.14 באור החיים), Vulg.Iob 33.30 *revocet (Deus) animas eorum a corruptione et inluminet luce viventium* (hebr. לאור באור החיים, Sept. ἵνα ἡ ζωή μου ἐν φωτὶ αἰνῇ αὐτόν), Ioh.1.4 *in ipso* (sc. *Deo*) *vita erat, et vita erat lux homi-*

num (καὶ ἡ ζωὴ ἦν τὸ φῶς τῶν ἀνθρώπων), Ioh.8.12 *qui sequitur me, non ambulabit in tenebris, sed habebit lumen vitae* (ἕξει τὸ φῶς τῆς ζωῆς), Cypr.sent.episc.22 (CSEL 3.1 p.445.8/10) *censeo...flebiles et tabidos haereticos baptizandos esse, cum ad ecclesiam venire coeperint, et sacra et divina lavatione lotos et in lumine vitae inluminatos non hostes sed pacificos, non alienos sed fidei Domini domesticos, non adulteros sed Dei filios, non erroris sed salutis effectos in ecclesiam recipi, absque his qui de ecclesia fideles supplantati ad haeresis tenebras transierant, sed eos per manus inpositionem restituendos*, Arnob.nat.2.2 (CSEL 4.47f.) *et non in cunctos et lumen praetendit vitae et periculum ignorationis amovit (sc. Christus)?* Man sagt also zu wenig, wenn man mit Roberts (153) in bezug auf *lumen vitae* lediglich von der Übernahme einer Phrase aus paganer Dichtung spricht. Juvencus hat die Junktur *lumina vitae* noch öfter: 4.345, 442, 734, 756; vgl. auch *lux vitae* 2.641, 4.37. Der Singular *lumine* an unserer Stelle ist ebenso wie Lucr.3.1042 dem im Hexameter schwerfälligen Plural *luminibus* vorgezogen.

207. demergis praeceps furvis, miserande, tenebris. Die zahlreichen Längen haben etwas Schweres, Lastendes, passend zum Inhalt.- **demergis (mentem)...tenebris.** Sil.12.659 *mersus profundis/...tenebris* (Unterwelt), Iuvenc.1.758 *caecis demersa tenebris* (opp. 757 *vitali adcumbere mensae*), 3.48, 4.334 *mersas...atris de morte (fratris) tenebris/ germanas*, 450; *(in tenebris:)* Comm.instr.1.23.10, *(in tenebras:)* Sen.dial.12.1.2, 12.13.1, Sedul.carm.pasch.31.76. Zum Auftauchen aus der Dunkelheit vgl. *(tenebris emergere:)* Cic.Sest.20, Carm.laud.Dom.132 (PL 19.384) sowie die zu 206/8 zitierten Stellen (Min.Fel.1.4, Cypr.Demetr.25, Vita Cypr.2, Rufin. epist.Clement.19.4). In der Hl.Schrift kommt *demergere tenebris* nicht vor.- **demergis praeceps.** Verg.georg.4.29 *praeceps Neptuno immerserit Eurus (apes)*, Apul.met.2.14 *praeceps demersa est (navis)*, Sil.2.591 *praeceps immergitur undis* (Prud.c.Symm.2.900 *[devia] in subitam praeceps inmersa Charybdem*), Faust.Rei.grat.1.14 (CSEL 21.48.1) *in mortis praecipitia demerguntur*, Isid.epist.6.11 (PL 83.905A) *te in praecipitium mortis demergere*. Im vorliegenden Vers ist *praeceps* wie etwa in Prud.c.Symm.2.900 als Adverb zu fassen (Adkin, Thes.X.2 c.419f., "fere i.q. in praeceps"). Man spricht von einem erstarrten Nominativ (HSz 173; Löfstedt, Syntactica I 87f.), der erst ab Seneca sicher belegt ist (Verg.georg.4.29 läßt sich *praeceps* auch als Attribut zu *Eurus* erklären). Aus der epischen Dichtung vgl. Lucan.6.98.- **furvis...tenebris.** Der starke Ausdruck wird zusätzlich hervorgehoben durch den leoninischen Reim. Die Junktur wurde von Juvencus geprägt und kehrt in 4.688 wieder, später in Aldh.aen.8.4 (CCL 133.391). Verwandt sind 1.758 *caecis...tenebris* (Cic.leg.agr.2.44, Lucr.2.55f., 746,

798, Gratt.97, Stat.Theb.10.559, Alc.Avit.carm.3.68), 3.334 *atris...tene-*
bris (Tubero hist.9 [Peter vol.I p.311.6], Ov.phaen.frg.2.2 Morel/Büchner/
Blänsdorf [p.285], Sil.12.250). Zu der für Juvencus typischen Synonymenhäufung siehe zu 239 und 252.- Die Anrede **miserande** kann Ausdruck von
Mitleid sein wie in Ov.met.11.704, Verg.Aen.6.882 (adi.), Val.Fl.3.290,
Stat.Theb.4.614 (fem.). Im vorliegenden Vers dagegen scheint sie aufgrund
des Kontextes, in dem Nikodemus für sein Nichterkennen getadelt wird,
eher als Schmähwort gebraucht wie etwa in Tert.adv.Marc.2.26.4 (SC 368.
158.23f.) *miserandi vos quoque..., qui Christum non agnoscitis*, Claud.19.
40, 20.460 *hic, miserande, iaces* (Gesner, Komm., verweist auf das Vorbild
Verg.Aen.10.327 *miserande iaceres*. Allerdings ist *miserande* erst in der
Claudianstelle Schmähwort). Wieland (Thes.VIII 1135.8/17) nennt für *mise-*
rande als schmähende Anrede keinen Beleg vor Tertullian. Doch ist auf vergleichbare Verwendung des Vokativs *miser* zu verweisen, gerade auch im
Hinblick auf Unwissenheit, Nichterkennen, etwa in Cic.or.frg.9.8 Schoell
o miser, qui non sentias, Apul.apol.86 *miser, non intellegis* (Min.Fel.37.6
nec intellegitis, miseri), Verg.Aen.2.42 *o miseri, quae tanta insania, cives?/*
creditis avectos hostis aut ulla putatis/ dona carere dolis Danaum? sic notus
Ulixes? (diese Belege nennt Wieland, Thes.VIII 1105.18ff.). Die Anrede
miserande steht in Kontrast zu 205 *Solymorum magne magister*: Nikodemus
wird dem Anspruch, den man an ihn als großen Gelehrten richten muß,
nicht gerecht.

208. nec potes obtunso conprendere talia sensu nimmt 204 *nil horum cer-*
nere possum auf.- **nec potes** steht am Hexameteranfang auch in Ov.Pont.4.
10.27, Mart.4.5.5.- **obtunso...sensu**. Verg.Aen.1.567 *non obtunsa adeo*
gestamus pectora Poeni, Cels.5.26.14 *quorundam sensus optunduntur* (bei
Verletzungen des Gehirns), Sen.epist.124.4 *sensus, obtunsa res et hebes et*
in homine quam in aliis animalibus tardior (bei Celsus und Seneca sind die
körperlichen Sinne gemeint). Im christlichen Sprachgebrauch meint *obtunsio*
spirituale Stumpfheit: Luc.24.32 l *nonne cor erat...obtunsum* (cett. *cooper-*
tum, excecatum, exterminatum, ardens, gr. καιομένη oder κεκαλυμμένη) *in*
nobis?, Rom.11.25 (Hil.trin.11.34 [CCL 62A 563.9]) *obtunsio facta est in*
Istrahel (gr. πώρωσις, Vulg. *caecitas*), II Cor.3.14 *obtunsi sunt sensus eo-*
rum (gr. ἐπωρώθη τὰ νοήματα αὐτῶν), Tert.adv.Marc.1.2.2 (SC 365.108.
11) *obtusis sensibus*, 3.6.6 (SC 399.80.36f.) *obtunsionem salutarium sensu-*
um. Bei Juvencus vgl. 2.712 *obtunsae caecantur pectora plebis*. Mit *obtunso*
...sensu und *obtunsae...pectora (plebis)* wird Juvencus biblischem Sprachgebrauch gerecht (vgl. Poinsotte 159f.), ohne sich formal von epischer Tradition lösen zu müssen.- **conprendere...sensu** findet sich bei Juvencus auch

in 1.190f. (ähnlich 2.551). Hey (Thes.III 2151.1/9) nennt als frühesten Beleg Cic.de orat.3.21, aber keine Belege aus der Dichtung.

**209/12. ecce, fides nulla est. tantum terrestria dixi!/ quid, si caelestes
vires conscendere sermo/ coeperit et superas rerum conprendere formas?/ quis vestrum duram poterit mihi pandere mentem?** De Wit meint,
daß 209 *ecce fides nulla est* auf Ioh.3.11 *testimonium nostrum non accipitis*
zurückgehe. Doch die nähere Entsprechung liegt in Ioh.3.12 *non creditis*.
Wohl wurde aus Ioh.3.11 die Verweigerung, auf die *non accipitis* zielt,
schon in 206f. ausgemalt (in der 2. Pers. Sing.). Aber von Christi Zeugnis
ist bei Juvencus nicht die Rede. Womöglich sah der Dichter die Gefahr einer Antiklimax. Denn nach der emphatischen Rede in 206/8 wäre es sicher
schwierig gewesen, bei Erwähnung der Nichtannahme des Zeugnisses noch
eine Steigerung zu erzielen. Wie auch immer, die Erwähnung des Zeugnisses konnte ausgelassen werden, ohne daß die eigentliche Aussage darunter
leiden mußte. Anders wäre es bei Ioh.5.31ff. (= 2.665ff.) gewesen, wo
man es in *testimonium* mit dem Schlüsselbegriff eines ganzen Abschnitts zu
tun hat.- Auffallend ist die Umkehrung der Reihenfolge von Ioh.3.12 *si terrena dixi vobis, et non creditis.* So wirkt 209 *ecce fides nulla est* (Ioh.3.12b
non creditis) als Fortsetzung, ja geradezu als Schlußfolgerung zu 205/8
(Ioh.3.10): Das Nichterkennen des Nikodemus (204 *nil cernere possum*, 208
nec potes conprendere) deutet auf seinen Unglauben. Weil Nikodemus nicht
glaubt, kann er auch nicht erkennen. Erkenntnis göttlicher Wahrheit wird
möglich, wenn ihr der Glaube vorangeht (cf. Ioh.6.69, 8.31f., 10.38 [doch
siehe umgekehrt 16.30, 17.8]). Ferner wird durch die erwähnte Umkehrung
der Kontrast zwischen *terrena* und *caelestia*, den Juvencus mit 209 *tantum
terrestria* und 210f. *caelestes vires/ superas rerum formas* herausgearbeitet
hat, in der nun unmittelbaren Aufeinanderfolge des Verglichenen schärfer.

209. ecce, fides nulla est. Knappitsch übersetzt "Siehe, es braucht keinen
Glauben, nur Irdisches hat es bedeutet" (offenbar kausales Verhältnis gesehen); vgl. Castillo Bejarano "¡Mira, no es necesaria fe alguna, sólo he tra-
tado cuestiones relativas a la tierra!". Doch wird diese Übersetzung dem lateinischen Text nicht gerecht, denn *fides nulla est* heißt nicht "Es braucht
keinen Glauben", sondern "Es ist kein Glaube vorhanden". Der Gedankengang in 209ff. ist ja folgender: "Siehe, es ist (bei dir) kein Glaube vorhanden. Dabei habe ich nur von irdischen Dingen gesprochen. Wie wenig erst
ist dann (bei dir) mit Glauben zu rechnen, wenn ich von himmlischen Dingen spreche?"- Der unpersönliche Ausdruck *fides nulla est* wirkt schärfer
als Ioh.3.12 *non creditis;* vgl. 2.36 *quam nulla subest fiducia vobis*, 337
non erit ulla fides, 675 *credendi...substantia nulla est.*- **ecce** ist bei Juvencus häufiger als in der klassischen Epik. Da Juvencus *ecce* meist aus dem

Matthäustext übernimmt,[279] ist mit Flieger (84) zu schließen, daß Einfluß
des biblischen Lateins vorliegt. Flieger stellt aber gleichzeitig fest, daß Juvencus *ecce* nur dann verwendet, wenn es dem epischen Sprachgebrauch
entspricht. Doch zumindest bei 2.738 (= Matth.13.3), wo *ecce* wie in der
Vorlage eine ganze Geschichte einleitet (nicht nur einen neuen Teil innerhalb einer Geschichte, wofür siehe K.-M., Thes.V.2 c.29f.), kann traditio-
neller epischer Sprachgebrauch m.E. bestritten werden. Übrigens fällt bei
Juvencus die in epischer Dichtung neue, mit biblischem Einfluß nicht zu er-
klärende Anknüpfung *ecce sed* (9 mal) auf, während episches *ecce autem*
ganz gemieden ist.- **nulla est.** Für *nullum esse = non esse* vgl. aus der epischen Dichtung Verg.Aen.7.50f. (vgl. Fordyce, Komm.), 10.44, Ov.met.5.
515, Lucan.1.636 *fibris sit nulla fides*. Über *nullus = non* als ursprünglich
umgangssprachliches Phänomen siehe HSz 205β.

**209/11 tantum terrestria dixi./ quid, si caelestes vires conscendere ser-
mo/ coeperit et superas rerum conprendere formas?** *caelestes vires* und
superas rerum formas, die Herrlichkeit des Reichs Gottes und seine Beschaffenheit, vermag Nikodemus erst recht nicht zu begreifen, wenn er 209
terrestria, die Bedeutung der Wiedergeburt, nicht fassen kann. Die Wiedergeburt ist irdisch genannt in dem Sinn, daß sie die auf Erden erfüllbare
Voraussetzung für den Aufstieg zum Reich Gottes ist, nicht aber, weil sie
an sich ein irdischer Vorgang wäre. *caelestes vires* und *superas rerum formas* (Enallage für unmetrisches *superarum rerum formas*) treten bei Juvencus an die Stelle von schlichtem *caelestia* in Ioh.3.12 (grundsätzlich hätte
auch Übernahme des substantivischen *caelestia* aus Ioh.3.12 epischem
Sprachgebrauch entsprochen, denn vgl. Ov.met.9.500, Stat.Theb.3.104).
Die Kombination dieser Wortgruppen, die nach dem Prinzip der wachsenden
Glieder aufeinander folgen, nimmt gegenüber 209 *terrestria* schon der Länge nach ein deutliches Übergewicht ein (auch Nonn.Ioh.3.12 führt die ἐπου-
ράνια breiter aus als die ἐπίγεια: ἀπλανέων...ἐπιχθονίων...ἔργων steht
στρατιὴν πτερόεσσαν ἢ αἰθέρος ἔργα und οὐρανίης...ἀθήτου φύσιν αὐλῆς
gegenüber). Darüber hinaus klingen die Wendungen *caelestes vires* und *superas rerum formas* viel gewählter als *terrestria*, und dasselbe gilt für *conscendere sermo* im Vergleich zu *dixi*. Das alles unterstreicht die Gegenüberstellung von 209 und 210f.- Der inhaltlichen Einheit von 210f. entsprechen

---

[279] Gegen Flieger (84) wird jedoch in Iuvenc.2.566 *ecce* nicht direkt aus Matth.12.2 übernommen. Bei Matthäus eröffnet *ecce* die direkte Rede der Pharisäer: *Pharisaei autem videntes illos dixerunt ei: "ecce, discipuli tui faciunt, quod non licet eis facere sabbatis".*
Das *ecce* bei Juvencus dagegen ist Bestandteil der Erzählung und bereitet die indirekte
Rede vor: *ecce Pharisaei coram reprehendere Christum, quod....*

der Reim *conscendere - conprendere*, das Enjambement und die Apokoinu-
Stellung von *coeperit*.

210. quid, si...? ist elliptisch; vgl. i.D. "Was erst, wenn...?". Die Formel
quid, si...? leitet hier eine Steigerung ein wie in Verg.Aen.5.410 (verwandt, aber nicht genau entsprechend, sind die Fälle, die KS II 277, 499
für die Verwendung von *quid, quod...?* und *quid, si...?* nennen).- **caelestes
vires** bezeichnet die himmlischen Heerscharen (cf. Nonn.Ioh.3.12 στρατιὴν
πτερόεσσαν), gleichsam als Bild für die Herrlichkeit des Reichs Gottes. Der
Ausdruck klingt an biblischen Sprachgebrauch an: II par.18.18 *omnes virtutes caeli* (cod.91 nach v. Kamptz, Thes.X.2 c.319.72; Sept. πᾶσα δύναμις
τοῦ οὐρανοῦ) (die himmlischen Heerscharen, vgl. Vulg. *omnem exercitum
caeli*), Sirach 17.31 *virtutem altitudinis caeli* (Sept. δύναμιν ὕψους οὐρανοῦ)
(das Sternenheer), Vulg.Dan.4.32 *virtutibus caeli* (aram. שׁמﬡ ליﬣ [cf.
hebr. השׁמים צבﬡ; Belege bei Gesenius 1962[17], 671 s.v. צבﬡ 2], Theodot.ver-
sio Dan.4.35 τῇ δυνάμει τοῦ οὐρανοῦ) (die himmlischen Heerscharen),
Matth.24.29 *virtutes caelorum* (gr. αἱ δυνάμεις τῶν οὐρανῶν) (Iuvenc.4.152
hat *omnis...virtus caeli...superni;* Hier.comm.in Matth.24.29 [SC 259.200.
206f.] definiert *omnes...virtutes, quas angelorum multitudines intellegimus*);
vgl. Cypr.eleem.21 (CCL 3A 68.420) *caelorum virtutes* (die himmlischen
Heerscharen). Innerhalb der römischen Tradition ist die Junktur *caelestis vis*
bei Cic.div.2.93 (astrologisch vom Einfluß der Sterne auf Charakter und
Lebenslauf), nat.deor.2.14 *vim quandam...caelestem et divinam*, Tac.dial.
8.2 *numen et caelestis vis* (von der Beredsamkeit) belegt (jeweils Sing.);
vgl. noch Verg.Aen.7.301 *vires caelique marisque* (von einem Seesturm),
Sil.3.594 *virtus caelestis*. Der Schnittpunkt zwischen heidnischem und
christlichem Gebrauch von *caelestes vires* u.ä. ist der transzendentale Bezug.- Das an sich unbeliebte Homoioteleuton in zwei unmittelbar aufeinanderfolgenden Wörtern (siehe zu 178) ist hier gerechtfertigt, da *caelestes* wesentliche Ergänzung zu *vires* ist.- **conscendere sermo.** Cic.part.54 *verba...,
quae ascendunt gradatim ab humilioribus ad superiora* (vom Redeteil der
amplificatio), Hier.epist.64.20 (CSEL 54.610.9) *incipimus de terrenis ad alta conscendere;* Burger, Thes.IV 363.39ff. s.v. *conscendo* (Mart.Cap.2.100
hat dort aber nichts zu suchen). Vergleichbar ist der Gebrauch von *sermo
descendit* in Hil.comm.in Matth.5.7 (SC 254.156.3f.) *altius sermo descendit*
(cf. Gudeman, Thes.V.1 c.650.62/80, 74) *et in caelestis dicti intelligentiam
verbis subiecta ratio extenditur*. Zu einem anderen Bedeutungsbereich gehört *ascendent sermones* in Ezech.38.10 ("Gedanken überkommen dein
Herz").- Fichtners Behauptung, daß *sermo* unpoetisch sei (S.127, zu Iuvenc.
1.183), ist zu relativieren. Das Wort ist in der Dichtung seit Enn.ann.8.269
Skutsch belegt und findet sich etwa in Verg.Aen. 15 mal, Ov.met. 19 mal,

Stat.Theb./Achill. 12 mal, Val.Fl. 4 mal, Sil. 6 mal. Juvencus verwendet es sogar 28 mal.

211. coeperit et findet sich am Versanfang auch in Cic.Arat.202, Verg.ecl. 6.36, Laus Pis.261, Iuv.14.217.- **superas rerum...formas** meint, *caelestes vires* ergänzend, die überirdische Beschaffenheit des Himmelreichs (vgl. Nonn.Ioh.3.12 οὐρανίης...ἀθηήτου φύσιν αὐλῆς). Die Junktur *rerum formae* könnte wie *coeperit et* auf Verg.ecl.6.36 *coeperit et rerum paulatim sumere formas* (vgl. Lucr.5.1263 *quamlibet in formam et faciem decurrere rerum*, Ov.epist.1.10.17) zurückgehen, wobei das Versende *conprendere formas* in Aen.6.626 *omnis scelerum comprendere formas* vorgeprägt ist. Später findet sich *rerum formae* in der Dichtung wieder in Arator act.1.340 und (positionsgleich) 2.23 (jeweils vom Formenreichtum der von Gott erschaffenen Dinge). Das sprachliche Vorbild Vergils für diesen Vers ist unbestreitbar. Dennoch könnte Juvencus auch auf einen Gebrauch von *rerum formae* im philosophischen Schrifttum anspielen. Bei den lateinischen Autoren, die die platonische Lehre wiedergeben, bezeichnet *forma* die Idee: Cic.orat.10 *has rerum formas appellat* ἰδέας...*Plato*, 101 *illam Platonis...rei formam et speciem*, Sen.dial.6.184 *miremur in sublimi volitantes rerum omnium formas deumque inter illa versantem*, Apul.Plat.1.5.190, 1.6.193 (Kapp, Thes.VI.1 c.1086.56/78). Die platonische Vorstellung vom Reich der Ideen eignet sich zur christlichen Nutzung, um eine Vorstellung vom Himmelreich zu liefern. Denn wie die platonischen Ideen ist das Himmelreich transzendent, und seine Vollkommenheit strahlt auf den Bereich der irdischen Welt nur abgeschwächt aus wie die platonischen Urbilder.- **conprendere.** Die Verbindung *sermo comprehendit* begegnet in ganz anderer Bedeutung in num.11.23 (Lugd. [Robert p.265], Monac. [Ziegler p.51]; zitiert von Hey, Thes.III 2153.53) *comprehendet te sermo meus* (Sept. ἐπικαταλήμψεταί σε ὁ λόγος μου).- *conprendere* kam erst in 208 vor. Doch während es hier in Verbindung mit *sermo* soviel wie "erfassen, nennen" heißt (ähnlich wie in Verg. Aen.6.626), bedeutet es in 208 "erkennen, begreifen". Bei Juvencus sind Wortwiederholungen so häufig wie wohl bei keinem zweiten lateinischen Dichter, wie Gnilka (Seesturm 225f.) feststellt. Er zeigt, daß Juvencus sich auch nicht scheut, dasselbe Wort kurz hintereinander zum Ausdruck verschiedener Sachverhalte zu verwenden wie etwa in 1.105 *fundere partum* ("Kind"), 1.107 *partus* ("Geburt") *famam*; 2.71 *populos...ad litora cogunt* ("zusammenziehen"), 2.73 *credere cernentum populorum turba coacta est* ("sich gezwungen sehen") oder eben an vorliegender Stelle. Gnilka bemerkt zu Recht, daß dies nicht bedeutet, daß Juvencus kunstgemäßer Variation des Ausdrucks abgeneigt wäre; vgl. die verschiedenen Wörter für "Schiff" in 2.25ff., für "Meer" bzw. "Wasser" in 2.26ff., für "Wasser", "Trank" oder

"Flüssigkeit" in 2.246ff. Oft ist der wiederholte Begriff von Wichtigkeit. So ist "Kind" bzw. "Geburt" bei Elisabeth etwas Besonderes, in der Seesturmperikope ist "Wasser" natürlich ein Kernbegriff, "Anfang" (2.186 *nascendi exordia*, 2.190 *exordia vitae*, 200 *exordia vocis*, 202 *iustae...primordia vocis*) ist Schlüsselbegriff im Gespräch mit Nikodemus, und "Wasser" (siehe zu 265/72) hat eine solche Funktion im Gespräch mit der Samaritanerin.

212. quis vestrum duram poterit mihi pandere mentem? ist Erweiterung durch Juvencus. Bei Johannes beginnt der Gebrauch der 2. Pers. Pl., wodurch Christus den Nikodemus wohl als Vertreter der jüdischen Oberschicht anspricht, mit 3.11 *(non accipitis)*, was bei Juvencus in 206f. aber noch in der 2. Pers. Sing. ausgeführt ist. In den Plural wechselt der Christus des Juvencus erst in 212. Er verleiht also über sieben Verse hin (205/11) seiner Verwunderung Ausdruck, daß Nikodemus, der große Lehrer Jerusalems (205 *Solymorum magnus magister*), seine Lehre von der Wiedergeburt nicht erfaßt und nicht glaubt. Von ihm wäre es am ehesten zu erwarten gewesen. Das Versagen des großen Lehrers erscheint bei Juvencus besonders deutlich. Nonnos dagegen hat schon Ioh.3.7 eine Anrede im Plural (καὶ μὴ θάμβος ἔχητε θεοφραδέος περὶ μύθου).- **quis...poterit.** Vgl. zu 190.- **duram... mentem** meint die Verweigerung der Juden gegenüber dem christlichen Glauben. Die Junktur ist in verschiedenen Bedeutungen klassisch vorgeprägt. Wo *dura mens* Gefühlskälte, Zurückweisung, Verachtung, Widerspenstigkeit meint, nämlich in Catull.60.3, Prop.1.14.18 (eine gewisse positive Färbung legt der Vergleich mit V.17 *magnas heroum...vires* nahe), Ov. met.9.608f., Lucan.3.304 (*duram...mentem* mit derselben Stellung im Vers wie bei Juvencus; Poinsotte [158 Anm.582] vermutet Rückgriff des Juvencus hierauf), Sil.11.285, ist eine Brücke zum vorliegenden Gebrauch gegeben, wenn dieser auch ein wesentlich anderer ist. Daneben kann *dura mens* bei den römischen Autoren Mut oder Ausdauer und Durchhaltekraft bezeichnen wie in Val.Fl.4.175, Sil.1.558, Alc.Avit.carm.4.7. Zweifellos greift Juvencus mit *duram...mentem* (nach Arnob.nat.1.51 [CSEL 4.34.23] *o mentes incredulae, difficiles, durae*) die biblische Terminologie der *duritia cordis* auf (statt *mentem* könnte natürlich ebensogut *cor* stehen), die im allgemeinen die Verhärtung gegen Gott und seine Gebote bezeichnet. Sie hängt mit dem Septuagintaneologismus σκληροκαρδία und verwandten Ausdrücken wie σκληρύνειν τὴν καρδίαν zusammen und verschiedenen hebräischen Wendungen wie etwa קשׁה לב (Hiphil). Der Versuch M.Erbs (Porosis und Ate. Begriffsgeschichtliche Untersuchungen zur neutestamentlichen Verstokkungstheologie und ihren Beziehungen zur hellenischen Religiosität, Diss. Tübingen 1964, S.46), eine entsprechende Verwendung von σκληρός in Soph.Aias 1361 nachzuweisen, ist nicht akzeptabel. Odysseus nennt in diesem Vers Agamemnon hartherzig, weil er Aias nicht bestatten will (σκληῥᾶν ἐπαινεῖν οὐ φιλῶ ψυχὴν ἐγώ). Nun hat Odysseus zwar in 1343f. gesagt, Agamemnon mißachte das Recht der Götter, wenn er jenen nicht bestatte. Aber der Vorwurf der Hartherzigkeit in 1361 bezieht sich dem engeren Kontext zufolge auf den Haß, der selbst dem gefallenen Feind gegenüber, einem edlen Mann zumal, andauert und ihm die Bestattung verwehrt, ganz unabhängig von der Mißachtung göttlichen Rechts (1355ff. Od. ὅδ' ἐχθρὸς ἀνήρ, ἀλλὰ γενναῖός ποτ' ἦν./ Ag. τί ποτε ποήσεις; ἐχθρὸν ὧδ' αἰδῇ νέκυν;/ Od. νικᾷ γὰρ ἀρετή με τῆς ἔχθρας πολύ./ Ag. τοιοίδε μέντοι φῶτες ἔμπληκτοι βροτῶν./ Od. ἦ κάρτα πολλοὶ νῦν φίλοι καὖθις πικροί./ Ag. τοιούσδ' ἐπαινεῖς δῆτα σὺ κτᾶσθαι φίλους;/ Od. σκληρὰν ἐπαινεῖν οὐ φιλῶ ψυχὴν ἐγώ). Von der Fehleinschätzung der Sophoklesstelle abgesehen hat Erb eingeräumt, daß die Verwendung von σκληρός bei den Griechen über den Bereich des Psychologischen, worin er aber einen Ansatzpunkt für die Weiterentwicklung zur religiösen Verwendung in der Bibel sieht (S.46f.), nicht hinausgeht. Obwohl Erb ausdrücklich auch Plat.conv.195e in den Bereich des Psychologischen verwiesen hat (S.45f.), sieht K.Berger (Hartherzigkeit und Gottes Gesetz, Zeitschrift für die Neutestamentliche Wissenschaft und die Kunde der älteren Kirche 61.1970.1/47, dort 2; ebenso J.B. Bauer, Art. Herz, RAC 14.1988.1104) darin neben der Sophoklesstelle ein Vorbild für die biblische Terminologie der σκληροκαρδία.[280] Bei Platon wird Eros als der zarteste Gott beschrieben, der sich demzufolge auch nur in den zartesten Seelen niederlasse. Begegne er aber einer Seele mit harter Gesinnung, σκληρὸν ἦθος ἐχούσῃ sc. ψυχῇ, so entferne er sich von ihr. σκληρὸν ἦθος meint hier nicht im besonderen eine den Göttern feindliche Gesinnung, sondern eine grundsätzlich unfriedfertige Haltung und Unfähigkeit zur Liebe, gegen Götter wie Menschen. Es bleibt also festzuhalten, daß dem Septuagintaneologismus eine ganz spezifische Bedeutung anhaftet, für die sich im Sprachgebrauch hellenischer Religiosität keine Entsprechung findet. Bei den vermeintlichen Belegen aus Sophokles und Platon handelt es sich um metaphorische Verwendung im psychologischen Bereich, aus der sich keine nähere Verbindung zum biblischen Sprachgebrauch ergibt. Im vorliegenden Vers nun wird mit *quis vestrum duram poterit mihi pandere mentem?* diese biblische Terminologie aufgenommen, und zwar, wie 209 *ecce nulla fides est* nahelegt, mit dem Aspekt der Glaubensverweigerung (Berger 39f. Anm.84) wie etwa bei Marc.16.14 *exprobravit incredulitatem ipsorum et duritiam cordis illorum* (τὴν ἀπιστίαν αὐτῶν καὶ σκληροκαρδίαν), *quoniam his, qui viderant eum resurrexisse, non crediderunt,* act.19.9 *cum autem quidam indurarentur et non oboedirent* (ὡς δέ τινες ἐσκληρύνοντο καὶ

---

[280] Berger bezieht sich hierfür zwar nicht ausdrücklich auf Erb, erwähnt aber eingangs dessen Dissertation.

ἠπείθουν), Clem.strom.1.18 (GCS 15.57.8/10) ἡ παρουσία τοῦ Σωτῆρος οὐ μωροὺς ἐποίησεν καὶ σκληροκαρδίους καὶ ἀπίστους, ἀλλὰ συνετοὺς καὶ εὐπειθεῖς καὶ πρὸς ἔτι πιστούς, Tert.adv.Marc.2.18.1 (SC 368.112.6) *durissimo et infideli in Deum populo*, Arnob.nat.1.44 (CSEL 4.31.15) *homines duri atque increduli*, 1.46 *incredulis illis...et duris* (p.30.13f.), 1.51 (s.o.) (letztgenannte Belege bei Bannier, Thes.V.1 c.2310.8/30). Die Unempfänglichkeit für den Glauben, die aus der Verhärtung folgt (vgl. Berger S.2 Anm.3), wird in vorliegendem Vers auch durch *quis...poterit...pandere?* unterstrichen. Juvencus verwendet die Junktur *dura mens* noch in 4.30 *errori obnoxia pravo/ legibus et iussis Domini mens dura resistit.* Sie kehrt episch wieder in Alc.Avit.carm.5.115 *nec volet in paucis Pharius rex cedere signis/ longius ut duram vincant miracula mentem (duram...mentem* hat dieselbe Position im Vers wie bei Iuvenc.2.212); in der Prosa vgl. Vulg.prov. 28.14 *beatus homo, qui semper est pavidus; qui vero mentis est durae* (Sept. ὁ...σκληρὸς τὴν καρδίαν, hebr. לב מקשה), *corruet in malum*, Filastr.151.2 (CCL 9.315.7f.) *durissimis mentibus ac lapideis.* Daneben hat Juvencus 2.452 *auribus...duris* (cf. formal Ov.Pont.2.8.44, Lucan.10.104, Sil.6. 519), 3.162 *duro...corde* (vgl. abgesehen von den biblischen Ausdrücken formal Ov.epist.4.156). Siehe Poinsotte 157/9 über solche Wendungen bei Juvencus. Nonn.Ioh.3.11f. arbeitet den widerspenstigen Sinn ebenfalls heraus, wenn auch ohne den Begriff der Hartherzigkeit: Ioh.3.11 οὔατα δύσμαχα φωτῶν, 3.11 ἀδίδακτος ἀκηλήτων νόος ἀνδρῶν/ πιστὴν μαρτυρίην οὐ δέχνυται, 3.12 τόσον ὑμείων βαρυπειθέες εἰσὶν ἀκουαί, 3.12 ἀπειρήτοισι... μενοιναῖς.- **pandere mentem** begegnet bei Juvencus noch in 4.564. Dort bedeutet die Verbindung "seine Meinung kundtun" (siehe dazu Kruse, Thes. X.1 c.199.64/69), hier aber "das Herz öffnen, d.h. empfänglich machen", vgl. *(aperire m.:)* Ov.ars 1.241, Tac.hist.3.21.1, *(p. aures:)* Sil.9.57, Iuvenc.2.547, 812 *(aures cordis), (p. pectora:)* Avien.Arat.1445, *(p. corda:)* Aug.serm.234.3 (PL 38/9.1117); Kruse, Thes.X.1 c.197.78/82, 198.3/7.

2.213/223 - Erhöhung des Menschensohns und Glaube als Voraussetzung ewigen Lebens

213. accipite ergo, novis quae sit sententia rebus. Arevalo paraphrasiert "accipite, quae subsit sententia rebus novis hactenus dictis", entsprechend erklärt de Wit "est conclusio verborum difficilium, et nunc Iesus vult explicare sententiam illarum rerum, quae Nicodemo novae videntur". Nun war bisher von der Taufwiedergeburt die Rede. Im folgenden ist der Glaube Gegenstand der Betrachtung, und zwar ausgehend vom Tadel der Ungläubigkeit des Nikodemus. Taufwiedergeburt und Glaube hängen eng miteinander zusammen. Die Bedeutung der Taufwiedergeburt wird erst dann ganz klar, wenn man sieht, daß sie Besiegelung einer Umkehr ist, die in der Hinwendung zum Glauben an den Menschensohn besteht, der vom Himmel herabgestiegen ist, gelitten hat und wieder zum Vater aufgestiegen ist. Das wird in der folgenden Rede klar, darauf zielt *sententia*. Zum Zusammenhang von Glauben und Taufwiedergeburt vgl. etwa Marc.16.16 *qui crediderit et baptizatus fuerit, salvus erit*, act.8.12f., Tert.bapt.13.1ff. (CCL 1.288f.) *in omnibus posteriora concludunt et sequentia antecedentibus praevalent. / fuerat salus retro per fidem nudam ante Domini passionem et resurrectionem: at ubi fides aucta est credentibus in nativitatem passionem resurrectionemque eius, addita est ampliato sacramento obsignatio baptismi, vestimentum quodammodo fidei quae retro erat nuda, nec potest iam sine sua lege. / lex enim tingendi inposita est et forma praescripta: "ite", inquit, "docete nationes tinguentes eas in nomine Patris et Filii et Spiritus Sancti"* (Matth.28.19). *huic legi conlata definitio illa: "nisi quis renatus fuerit ex aqua et Spiritu Sancto, non introibit in regno caelorum" obstringit fidem ad baptismi necessitatem*, paenit.6.16 (SC 316.168.64f.) *lavacrum illud obsignatio est fidei*, Ambr.sacr.1.1.1 (CSEL 73.15), in Luc.10.96 (CCL 14.373) (vgl. J. Schmitz, Gottesdienst im altchristlichen Mailand [= Theophaneia, Bd.25], Bonn 1975, 64f.), Aug.pecc.mer.1.61f. (CSEL 60.61/3), serm.294.14 (PL 38.1343).- Ganz ähnlich wie 213 lautet, als Überleitung zur Erklärung des Gleichnisses vom Sämann, 2.775 *accipite ergo animis, qui sit de semine sensus* (Matth.13.18 *vos ergo audite parabolam seminantis*). Dort hält sich der Dichter noch stärker an das vergilische Vorbild Aen.3.250 (= 10.104) *accipite ergo animis*; gleichzeitig bedeutet *ergo* eine gewisse Nähe zum Bibeltext.[281] *accipite ergo* steht ebenfalls in 3.147 *accipite ergo omnes auresque advertite cordis* (Matth.15.10 *audite et intellegite*) am Versanfang. Wegen der Fortführung *-que advertite* erinnert dieser Vers neben Aen.3.250 auch an Aen.5.304 *accipite haec animis laetasque advertite mentes* (Apparat Huemer); die Reihung der Imperative weist aber auch Übereinstimmung mit dem Bibeltext auf.- Gegen die Lesart *accipe* V₂ L¹ spricht der Hiat (Arevalo; Huemer, Beiträge 105). Elision des *-e* würde zu einem unmetrischen Creticus führen. Abgesehen von diesem formalen Argument verlangt Arevalo und Huemer zufolge der Kontext (212 *quis vestrum*) die Pluralform. Arevalo und Huemer scheint die Tatsache nicht zu stören, daß in Wirklichkeit Nikodemus der einzige Gesprächspartner Jesu ist. Bei Ioh.3.11f. und Iuvenc.2.212 ist der Plural der 2. Person noch verständlich, wenn man bedenkt, daß Jesus zwar allein zu Nikodemus spricht, jedoch nunmehr als einem Vertreter der Juden. Doch bei 213 *accipite ergo, novis quae sit senten-*

---

[281] Man könnte dies auch von *ergo* in 2.213 behaupten, jedenfalls dann, wenn man aur l *dico enim vobis* im Anschluß an Ioh.3.12 vergleicht.

tia verbis, was doch ganz unmittelbar eine Mehrzahl von Personen dazu auf-
zufordern scheint, der folgenden Rede Gehör zu schenken, ist diese Erklärung nicht mehr ganz befriedigend. Die Korrektur *accipe* V₂ L¹ ist Ergebnis
dieser ungenügenden Erklärbarkeit von *accipite*. Dennoch dürfte der Leser
kaum irritiert sein, da die Frage 212 *quis vestrum*, die man noch als nur zu
einer einzigen tatsächlich anwesenden Person gesprochen verstehen könnte,
gleichzeitig gewissermaßen den Wechsel zu einer Mehrzahl von Hörern vorbereitet. Vielleicht wollte der Dichter durch die Implikation einer Mehrzahl
von Hörern die Bedeutung der nachfolgenden Rede hervorheben.- Die letzte
Silbe von **ergo** ist bei Juvencus immer kurz zu messen (Hansson 16 Anm.17
zur metrischen Behandlung des Endvokals -*o*). Das ist seit Seneca üblich
(Rehm, Thes.V.2 c.759.14ff.). Allerdings wird mit Ausnahme von 213 und
1.649 die letzte Silbe bei Juvencus immer elidiert. Aber auch in der Tendenz zur Elision folgt Juvencus der Tradition (vgl. Rehm, c.759.18/20).-
Die konklusive Bedeutung von *ergo* (KS II 143 "*Ergo* steht bei dem Imperative..., wenn der Befehl oder die Aufforderung aus dem Vorhergehenden
gefolgert wird"; Rehm, Thes.V.2 c.768.5f. "ponitur c. respectu omnium
antecedentium vel totius rerum status", l.25ff. mit Beispielen für Imperative) liegt darin, daß Jesus aufgrund der Tatsache, daß er bislang nicht verstanden wurde (209/13), einen neuen Anlauf nimmt, indem er nun den
Glauben an das Heilsgeschehen, der Voraussetzung für die Wiedergeburt
ist, erklärt.- **novis...rebus**. Die Junktur konnte Juvencus in der epischen
Dichtung vorfinden (Lucr.5.170, [Sing.:] 2.1024, 5.97, Ov.met.9.397).-
Die Wortgruppe **quae sit sententia** findet sich an derselben Versstelle in
Verg.Aen.3.59, Ov.met.3.322 (dort heißt *sententia* "Meinung", in Iuvenc.2.
213 dagegen "Sinn, Bedeutung").- Der Hexameterschluß **sententia rebus**
kehrt in 4.493 wieder. *sententia* bedeutet dort aber "Beschluß, Urteil".

**214/6. sidereum nullus poterit conscendere caelum,/ ni solus, caeli mis-
sus qui venit ab aula,/ idem hominis Natus, caeli qui in sede moratur.**
Die auffällige dreifache Wiederholung von *caelum* erfolgt in engem Anschluß an den biblischen Grundtext (Ioh.3.13 *nemo ascendit in caelum, nisi
qui de caelo descendit, Filius hominis, qui est in caelo*), allerdings dichterisch nach dem Prinzip der Variatio (214 *sidereum...caelum*, 215 *caeli...au-
la*, 216 *caeli sede*).

214. Die Junktur **sidereum...caelum** (οὐρανὸς ἀστερόεις bei Hom.Il.4.44,
5.769, 6.108 u.ö.) findet sich im römischen Epos nur in Ov.met.10.140
(vgl. aber etwa Lucan.8.172 *signifero...caelo*), und zwar mit gleicher Wortstellung, weshalb bewußter Rückgriff anzunehmen ist. Die Rahmung des
Verses durch Attribut am Anfang und Substantiv am Ende ist seit den Neo-
terikern verbreitet (Norden 391f.; [zu Juvencus:] Donnini, Espressività 55

Anm.3; [allgemein:] T.E.V.Pearce, Enclosing Word Order in the Latin Hexameter, Classical Quarterly 16.1966.140/71, 298/320). Hier hat die Vers-
rahmung vielleicht die Funktion, die unendliche Weite des Himmels zu versinnbildlichen. Freilich sind die eindrucksvollsten Fälle diejenigen, in denen
die Weite und das Weltumfassende des Himmels nicht nur wie hier durch
die Wortstellung (cf. 1.590, 3.283, Ov.met.10.140, Lucan.8.172), sondern
auch durch die Wahl des Ausdrucks deutlich wird wie in 3.224 *convexum...
caelum*, Manil.1.281 *sidereus...orbis*, Nonn.Ioh.3.13 οὐρανίων...κύκλων.-
sidereum meint die leuchtende Pracht des Himmelreichs. Die heidnische
Tradition, die den Himmel als Sitz der Götter oft lichterfüllt und sternen-
prangend darstellt (Hom.Il.6.108 οὐρανοῦ ἀστερόεντος, 15.371, Od.9.527,
Enn.trag.171 Jocelyn *o magna templa caelitum commixta stellis splendidis*,
Verg.Aen.4.268 *claro...Olympo*, 7.210 *aurea...stellantis regia caeli*, 8.319
aethereo...Olympo [10.621, 11.867], 10.3 *sideream...sedem*, Ov.met.15.
839, ars 2.39, Stat.silv.3.3.77, Val.Fl.5.622f. *summi stellantia patris/ tecta*, 7.158 *fulvo...Olympo*), wird von Juvencus im Rahmen der Lichtmotivik
christlich genutzt, wozu vgl. 1.590 *sidereo...in vertice caeli*, Cypr.Gall.
exod.559 *astrigera...aula*, num.5 *cum Deus astrigera fulgens de sede locutus*, Paul.Nol.carm.10.118 *superi stellantem regis...aulam*, Nonn.Ioh.3.13
ἀστερόεντι μελάθρῳ, Alc.Avit.carm.2.27 *sidereas...domos*, Arator act.1.33
astrigerum...axem, 1.41 *lucis...arce*.- **caelum.** Den in der Bibel weitver-
breiteten pluralischen Gebrauch von *caelum* als Sitz Gottes,[282] der von
den kirchlichen Prosaschriftstellern von Anfang an übernommen wird (Belege bei Neue/Wagener I 624), vermeidet Juvencus konsequent. Die ausschließlich singularische Verwendung ist aber nicht nur Fortführung epischer Tradition (Fichtner 70; Lucr.2.1094 *caelos* ist echter Plural), sondern
entspricht ganz normalem lateinischen Sprachgebrauch. Beispiele für den
Plural in christlicher Dichtung sind etwa Sedul.carm.pasch.2.212, 3.162, 5.
231, Alc.Avit.carm.3.44, Drac.laud.Dei 1.139, Arator act.1.610, Ven.Fort.
carm.3.3.12.- Zu **nullus** statt **nemo** siehe zu 185.- **poterit.** Das gnomische
Futur (KS I 143, HSz 310) ist bei *posse* häufig, weil dieses Hilfsverb sich
für allgemeingültige Aussagen besonders eignet (Schrijnen/Mohrmann II
28). Juvencus hat eine Vorliebe für solches *poterit* (z.B. 1.29, 628, 2.553,
4.351).- **conscendere caelum.** Vgl. schon etwa Hom.Od.11.315f. Ὄσσαν

---

[282] Der Plural οὐρανοί im NT läßt sich auf sein Vorkommen im AT zurückführen. Ob es
sich hierbei um einen Hebraismus handelt, der שמים nachahmt, ist nicht so sicher, wie es
im allgemeinen hingestellt wird. Der Plural οὐρανοί wird nur an 51 von 626 Stellen gebraucht, kommt aber in den Psalmen 26 mal vor. Er gehört also offenbar der feierlichen
und poetischen Sprache an und ist daher weniger aus semitischer Beeinflussung zu erklären, siehe F.Torm, Der Pluralis οὐρανοί, Zeitschrift für die Neutestamentliche Wissenschaft und die Kunde der älteren Kirche 33.1934.48/50.

ἐπ' Οὐλύμπῳ μέμασαν (die Aloiaden) θέμεν, αὐτὰρ ἐπ' ῏Οσσῃ/ Πήλιον εἰ-
νοσίφυλλον, ἵν' οὐρανὸς ἀμβατὸς εἴη, Pind.Pyth.10.27 ὁ χάλκεος οὐρανὸς
οὔ ποτ' ἀμβατὸς αὐτῷ·/ ὅσαις δὲ βροτὸν ἔθνος ἀγλαΐαις ἀ-/ πτόμεσθα,
περαίνει πρὸς ἔσχατον/ πλόον. Der Gedanke, zum Himmel aufzusteigen,
ist also sehr alt. Christlicher Gebrauch läutert und vertieft natürlich seinen
Gehalt. Es ist nicht mehr der Aufstieg zum Himmel als Sitz der heidnischen
Götter gemeint, sondern als Sitz des einen wahren Gottes.- Zur Versschlußalliteration vgl. 176 *Sanctumque secuti*, 205 *magne magister*, 222 *sidera
surgens*, 236 *tenuere tenebras*, 257 *pocula poscat*, 283 *vertice vestri*, 313
cernite campos; in 4.52/4 sogar in drei aufeinanderfolgenden Versen: *plebe
profatur/ ...sede superbos/ ...conprendere cordis;* Alc.Avit.carm.2.108 *conscendere caelos* (ähnlicher Versschluß; zur Pluralform von *caelum* siehe
oben zu *sidereum*). Hansson (82 Anm.84) erweckt den Anschein, als ginge
Juvencus mit diesem sprachlichen Mittel großzügiger um als die Klassiker.
Doch kann davon keine Rede sein. So ist die Frequenz dieses Phänomens
bei Juvencus sogar deutlich geringer als bei Vergil (Widmann 85). Eine
Sammlung von Versschlußalliterationen im klassischen Hexameter bietet
O.Keller, Zur lateinischen Sprachgeschichte. Zweiter Teil, Leipzig 1895,
32/42.

215. ni solus, caeli missus qui venit ab aula. Der Wortbestand ist überall
derselbe, doch die Wortfolge variiert. Wie Gnilka (Prudentiana I 520f.) aufzeigt, kann man die Fassungen in zwei Gruppen aufteilen (Angaben zur
Überlieferung nach Hansson 31, der sich laut 79 Anm.71 für keine Fassung
entscheiden kann):

a.1   *ni solus, caeli missus qui venit ab aula* (Mb Am H; Knappitsch [in-
terpungiert im Text nach *solus*, im Kommentar aber nach *missus*])
a.2   *ni solus, caeli qui missus venit ab aula* (cett.; Marold, de Wit)
a.3   *ni solus, qui missus caeli venit ab aula* (C; Huemer)

b.1   *ni solus, caeli venit qui missus ab aula* (S; Arevalo unter Berufung
auf "plerique" sc. "editores")
b.2   *ni solus, caeli qui venit missus ab aula* (Av L P P₂ C₂ B E P₃ Ca₂)
b.3   *ni solus, caeli qui venit ab aula missus* (M)

Ursache für die Änderungen war laut Gnilka die Absicht, die Inversion des
Relativpronomens zu mindern bzw. zu beseitigen. Normalisierung der Wort-

stellung gehört zu den Hauptmotiven der Diaskeuasten (Jachmann 499).[283]
Während *qui* in a.1 und b.1 die dritte Stelle einnimmt, findet es sich in den
anderen Fassungen in der zweiten, in a.3 sogar in der ersten Stelle. In a.2
und b.2 wird zwar die Marxsche Stellungsregel verletzt.[284] Doch sowohl
frühere Epiker verletzen sie als auch Juvencus selbst, etwa in 1.463, 3.258,
3.767, 4.216. Die Variante a.3 wirkt sehr klapprig, da Wort- und Fußende
fünfmal in Folge zusammenfallen. Eine derartige Häufung von gleichzeiti-
gem Wort- und Fußende wird in der römischen Dichtung in der Regel ge-
mieden (Crusius, Röm.Metrik 49f.). 4.470 *ille dehinc: nox | haec, quae |
lucida | sidera | terris |* dürfte wegen der Aufeinanderfolge von drei Mo-
nosyllaba kaum als wirkliche Parallele zu werten sein. Immerhin vierfaches
Zusammenfallen von Fuß- und Versende liegt etwa in 1.89, 105, 191, 239,
4.445 und 453 vor. Insgesamt betrachtet ist der von Huemer übernommenen
Variante a.3 jedenfalls mit Vorsicht zu begegnen. b.3 bietet einen seltenen
versus spondiacus, der aber im Gegensatz zu 217 kein Sinnbild abgibt. Man
könnte gegen die Wortfolge b.3 noch anführen, daß Formen von *aula* bei
Juvencus sonst immer am Versende stehen, einmal auch am Versanfang. Bei
der Suche nach der richtigen Lesart scheiden also a.3 und b.3 aus metrischen Gründen aus. Gegenüber a.2 und b.2 fallen a.1 und b.1 in die engere
Wahl, da sie wegen der stärkeren Inversion des Relativpronomens am ehesten die ursprüngliche Wortstellung bieten dürften, welche den Anlaß zu
den Änderungen gab. Für a.1 spricht die bessere handschriftliche Grundlage. Zudem ist a.1 in dem ältesten Codex C indirekt bezeugt. Schließlich
zeichnet sich diese Variante durch das Homoioteleuton *solus...missus* an den
Caesuren, fortgeführt durch *Natus* im nachfolgenden Vers, aus (Knappitsch). b.1 *ni solus, caeli venit qui missus ab aula* ist vielleicht mit Ab-
wandlung von a.1 in Angleichung an Verg.Aen.10.779 *qui missus ab Argis*
zu erklären.[285]- **missus** ist von Juvencus hinzugefügt. *mittere* von der Sendung Christi durch Gottvater findet sich auch in der Hl.Schrift, etwa in
Matth.10.40, Ioh.3.17 (cf. Vers 228), 5.36, 8.42.- **nullus** ist gebraucht wie

---

[283] Die Sperrung *caeli...aula* (*caeli* vor der Hauptzäsur, *aula* am Versende) gab offenbar
weniger Anlaß zu Änderungen. Dieser Stellungstypus ist sehr geläufig, vgl. nur etwa 178
procerum...unus, 182, 185, 188, 189, 190, 195 *aetheriam...aulam*, 202, 206, 211, 213,
538 *caeli...aula*.

[284] Versehentlich spricht Gnilka von Verletzung dieser Regel, nach der "ein einsilbiges lan-
ges Wort oder ein Wort mit zwei Kürzen hinter der Penthemimeres...nicht <u>vor</u> einem
spondeischen Wort, sondern <u>nach</u> dem spondeischen Wort steht" (Crusius, Römische Metrik, S.52), auch im Fall b.3.

[285] Bemerkenswert ist, daß die Wortstellung *ni solus, caeli missus qui venit ab aula* in Handschriften vorkommt, die nach Hanssons Stemma (30) zu ganz verschiedenen Familien gehören. Rückschlüsse können daraus aber nur im Rahmen einer weiterreichenden Untersuchung gezogen werden.

nemo; vgl. zu 185.- Dem Begriff **solus** ist *nullus...ni* in einer Art von Pleonasmus noch hinzugefügt zur Unterstreichung der Ausschließlichkeit, vgl. ähnlich 554, 4.164.- **caeli...aula.** Vgl. 538, Alc.Avit.2.325 und aus der antiken Literatur Stat.silv.1.1.106. Der Dichter wurde vielleicht auch von verwandten Junkturen angeregt wie *caelestis...aulae* in Ov.fast.1.139 (christlich genutzt z.B. in 3.496, Ambr.hymn.8.7 Fontaine, Prud.perist.14.62, Ennod.carm.2.13.7 [CSEL 6.562], Inscr.Hisp.Christ.86.5 Hübner [= CE 722.5], 130.5). Weitere Belege nennt Fontaine zur Ambrosiusstelle (Sedul. carm.pasch.3.320f. *aulae/ caelestis regni* erwähnt er aber zu Unrecht, da *caelestis regni* zusammengehört und von *aulae* abhängt). In 513, 539, 1. 467, 482 gebraucht Juvencus ähnlich *regia caeli* (cf. Damas.carm.10.11, 12.3 Ihm, Prud.c.Symm.2.126, Paul.Petric.Mart.4.320). Auch dieser Ausdruck ist in der antiken Dichtung anzutreffen, etwa in Verg.Aen.7.210, Ov. met.2.298. Siehe auch zu 195 *aetheriam...aulam.*

216. idem hominis Natus in Verbindung mit **caeli qui in sede moratur** unterstreicht, daß Christus mit der Bezeichnung "Menschensohn" nicht nur sein Menschsein meint, sondern auch sein Gottsein; vgl. Chrysost.hom.27.1 in Ioh. (PG 59.158) Υἱὸν δὲ ἀνθρώπου ἐνταῦθα οὐ τὴν σάρκα ἐκάλεσεν, ἀλλ' ἀπὸ τῆς ἐλάττονος οὐσίας ὅλον ἑαυτόν, ἵν' οὕτως εἴπω, ὠνόμασε νῦν. καὶ γὰρ τοῦτο ἔθος αὐτῷ, πολλάκις μὲν ἀπὸ τῆς θεότητος, πολλάκις δὲ ἀπὸ τῆς ἀνθρωπότητος τὸ πᾶν καλεῖν.- **hominis Natus** steht dichterisch für *Filius h.* in Ioh.3.13 (gr. ὁ υἱὸς τοῦ ἀνθρώπου; der Ausdruck geht zurück auf hebr. אדם בן in Ezech.2.1 u.ö., siehe Fohrer, Art. υἱός, ThWNT VIII 346) und ist oft anzutreffen (17, 126, 219, 626, 3.11, 352, 609, 4.156, 259). Weitere poetische Ausdrücke für *F. hominis* sind *Progenies h.* (2. 699), *Proles h.* (4.153, 558), *Suboles h.* (4.439). Zuweilen übernimmt Juvencus *Filius h.* unverändert, dann aber nur im Nominativ (3.5, 311, 587, 4.184), denn er behandelt *filius* metrisch wie die klassischen Epiker, so daß er die obliquen Formen meiden muß (so etwa in 227, 263; Orbán, Versifikation 233, stuft *filius* voreilig als vulgärlateinisch ein, ohne die metrischen Zwänge zur Kenntnis zu nehmen). Sedulius dagegen verfährt freier, wie carm.pasch.3.144 *Fili* (kontrahierte Form, die im klassischen Epos nicht vorkommt) und 2.52 *filiis* (mit kurzer erster Silbe) zeigen.- **caeli...sede.** Vgl. etwa 3.16 (*s.* im Pl.), 287, 345, 400, 705, Faust.Rei.epist.3 (CSEL 21.172.2), Inscr.Christ. Diehl 1731.6, (*s.* im Pl.), 3441.3 (*s.* im Pl.). Der Ausdruck ist vorgeprägt bei Verg.Catal.3.2 *caeli sedibus*, Sil.6.547 *caeli sedem* (vgl. *caelestis sedes* in Ov.met.4.447, Pont.3.5.53, später anzutreffen etwa in Iuvenc.1.492, 3.408, Prud.Symm.1.164, 271, Paul.Nol.carm. 19.654, Ps.Prosp.carm.de prov.696, Paul.Petric.Mart.1.297, 3.287, Cypr. Gall.lev.21, Drac.laud.Dei 1.141, Ven.Fort.Mart.3.52). Die christlich genutzte Junktur *caeli sedes* klingt würdevoller und feierlicher als Ioh.3.13 *in caelo* und ist daher angemessener Ausdruck für den Sitz des Herrn im Himmelreich. Gewählt ist auch Nonn.Ioh.3.13 ἀστερόεντι μελάθρῳ, πάτριον οὖδας und αἰθέρα.- **(in) sede moratur.** Auch mit dieser Wortwahl hebt der Dichter die Sprachebene, denn *moratur* entspricht schlichtem *est* (gr. ὤν) im Bibeltext. Inhaltlich deutet Juvencus mit *moratur* wie auch mit *sede* an, daß der Herr, der als sterblicher Mensch in die Welt hinabgestiegen ist, doch als ewiger Gott seine dauernde Wohnstatt im Himmel hat; vgl. Nonn.Ioh.3.13 αἰώνιος αἰθέρα ναίει.- Ähnlicher Hexameterschluß liegt vor in Ov.met.2. 846 *(sede morantur)*, 15.667, ars am.436, Sil.13.632, Merob.Christ.6 *(sede morari)*.

217/23. **ut serpens olim regionibus in desertis/ Moysei manibus summo sublatus honore est,/ sic hominis Natum tolli in sublime necesse est,/ ut, quicumque fidem mentis penetralibus altis/ illius ad nomen statuit, sub turbine saecli/ proculcet pedibus letum et trans sidera surgens/ sublimis capiat donum inviolabile vitae.** Wie Moses die eherne Schlange erhöhte, damit alle, die auf sie schauten, von den Schlangenbissen geheilt würden, so muß auch der Menschensohn erhöht werden, damit alle, die an ihn glauben, nicht sterben, sondern das ewige Leben erlangen. Der Bezug zum Typos num.21.9f. wird in Ioh.3.14f. *et sicut Moyses exaltavit serpentem in deserto, sic exaltari oportet Filium hominis,/ ut omnis, qui credit in eum, non pereat, sed habeat vitam aeternam* durch die Korrelation *sicut...exaltavit - sic exaltari* hervorgehoben. Juvencus hat das tertium comparationis beibehalten durch *ut...summo sublatus honore est - sic...tolli necesse est.* Der Erhöhungs- und Verherrlichungsgedanke wird von Juvencus aber nicht ausdrücklich mit der Kreuzessymbolik verbunden, welche die Erhöhung an das Kreuz als Überwindung des Todes und des Fürsten dieser Welt erklärt, führend zur Verherrlichung des Menschensohns, vgl. psalm.96.10 *regnavit a ligno* zusammen mit Iustin. I apol.41 (PG 6.392A), dial.73 (PG 6.645), Barn.8.5 (Wengst p.160), Tert.adv.Marc.3.19.1 (SC 399.164.6), adv.Iud. 10.1 (CCL 2.1378.83), Ambr.hymn.3 Fontaine, Ven.Fort.carm.6; ferner Lact.inst.4.26.33 (CSEL 19.382f.), epit.46.4f. (Wlosok/Heck 67f.), Theophylact.comm.in Ioh.3.14f. (PG 123.1209C; vgl. 1209D/1211A); E.Dinkler, Das Kreuz als Siegeszeichen, Zeitschrift für Theologie und Kirche 62. 1965.1/20 (= Signum Crucis, 1967.55/76, bes. 57/67; zu Kunstwerken), W.Hilgers, Triumphsymbolik in der altchristlichen Literatur, in: Bonner Festgabe Johannes Straub, Bonn 1977, 297/305, dort 301/3. Bei Juvencus selbst kommt das Triumphsymbol des Kreuzes auch sonst nicht vor, mit Ausnahme von 3.341f. *speciosa reportet/ in lucem referens mortis de sede* *tropaea,*[286] wozu vgl. Ambr.virg.3.14 (PL 16.283C) *non...ille sepulcrum mortis desiderabat, qui de morte tropaea referebat* (vgl. Deproost, L'apôtre Pierre 225, Anm.709), Euagr.alterc.6 (CCL 64.290.213f.) *trophaeam victricem reportans caelum conscenderet;* die Verbindung *tropaeum crucis* schon bei Tert.adv.Marc.4.20.5 (SC 456.254.37f.) *cum ultimo hoste, morte, proeliaturus per tropaeum crucis triumphavit;* zum Kreuz als *tropaeum* vgl. Mohrmann IV.330/44.- Wie versteht nun die frühe Exegese num.21.8f. und Ioh.3.14, und welche Rolle spielen dabei die Erhöhung und die von Juvencus gemiedene bzw. nicht unmittelbar sichtbar gemachte Kreuzessymbolik? Wie wird der Rückbezug von Ioh.3.14 auf num.21.8f. erklärt? Barnabas 12. 5/7 (Wengst p.172/4), für den die eherne, d.h. tote Schlange Typos des getöteten Menschensohns (τύπον τοῦ Ἰησοῦ) ist, der lebendig machen und verherrlicht werden wird, erwähnt die Kreuzestypologie zwar nicht direkt, doch reiht er das Aufrichten der ehernen Schlange am Holz ein in die Vorausoffenbarungen über das Kreuz, die er in 12.1ff. darstellt und bei denen er auch den Begriff vom Typos des Kreuzes verwendet (12.2). Justin spricht vom Typos des Kreuzes ausdrücklich auch in bezug auf num.21.8f. (I apol. 60 [PG 6.417A]). Er setzt den Stab, an dem Moses die Schlange befestigte (num.21.9 *signo,* gr. σημείου, hebr. נס), in Beziehung zum Gekreuzigten (dial.112 [PG 6.733B] οὐχὶ...ἀνοίσομεν ἐπὶ τὴν εἰκόνα τοῦ σταυρωθέντος Ἰησοῦ τὸ σημεῖον [sc. τῆς ὄφεως];). Durch das Zeichen der Schlange verkündete Gott, daß er die Schlange vernichte, die Adam zur Sünde verleitete, und daß er von den Schlangenbissen, d.h. von den Sünden, diejenigen erlöse, welche an Jesus glauben (dial.94 [PG 6.700B]). Irenaeus adv.haer.4.2.7 (SC 100.412) zufolge ist mit num.21.8f. gemeint, daß *non aliter servari homines ab antiqua serpentis plaga, nisi credant in eum qui, secundum similitudinem carnis peccati* (Rom.8.3) *in ligno martyrii exaltatus a terra* (Ioh.3. 14), *et omnia trahit ad se* (Ioh.12.32) *et vivificat mortuos.* Christus, den Gott in der Gestalt des sündigen Fleisches auf die Erde gesandt hat, ist an das Kreuz erhöht worden, um diejenigen, die an ihn glauben, von der Verwundung durch die Schlange, d.h. von der Sünde, zu heilen. Tertullian idol.5.4 (CCL 2.1105) vergleicht das Bild der erhöhten Schlange mit dem Christuskreuz insofern, als dieses in sich selbst den Teufel, d.h. die Schlange, aufhänge (zur Exegese von num.21.8f. durch Tertullian vgl. noch iud. 10.10 [CCL 2.1377f.], adv.Marc.3.18.7 [SC 399.164]; dort ebenfalls Gleichsetzung von Schlange und Teufel).- Wenn im Dichtertext *summo...honore* auf die Erhöhung der Schlange bezogen wird, ist die Anspielung an

---

[286] Anspielung auf die *descensus*-Lehre (Herzog, Bibelepik 118 Anm.247; Bauer, Komm. zu 3.341f.; zum *descensus ad inferos* siehe allgemein etwa Reicke, Art. Höllenfahrt Christi, RGG³ 3.408/11).

num.21.8f. wohl in Verbindung mit II reg.18.4 zu sehen, wonach die Israe-
liten die von Moses angefertigte eherne Schlange mit Rauchopfern verehr-
ten. Die ehrenvolle Erhöhung der Schlange weist typologisch voraus auf die
Erhöhung und Verherrlichung Christi. Die Erwähnung von *summo...honore*
im Hinblick auf die Erhöhung der Schlange erinnert an Barn.12.6 (Wengst
p.174) ποιεῖ οὖν Μωϋσῆς χαλκοῦν ὄφιν καὶ τίθησιν ἐνδόξως (Lampe 468
s.v. ἐνδόξως 2 gibt "conspicuously" an, doch schwingt 1 "gloriously, mag-
nificently" wohl mit).- Ioh.3.14f. gibt Juvencus durch eine sich über 7
Verse erstreckende Periode wieder, die das Normalmaß von 4 Hexametern
(Norden 376) weit überschreitet. Dabei hat er die im Bibeltext vorgegebene
Grundstruktur beibehalten: zunächst das obengenannte *ut - sic*-Gefüge, an-
schließend den konsekutiven *ut*-Satz mit dem eingeschobenen Relativsatz.
Auch der entscheidende Begriff *vitae* steht wie schon bei Johannes ganz am
Ende. Doch bei Juvencus erhöht die lange Periode in Verbindung mit eini-
gen Enjambements die Spannung, bis sie schließlich mit Erwähnung des
Empfangs des ewigen Lebens aufgelöst wird. Daneben fällt die Eleganz der
Dichtersprache gegenüber der Schlichtheit der Sprache des Evangeliums ins
Auge: *exaltavit* ist mit *manibus summo honore sublatus est* wiedergeben, *exaltari* mit *tolli in sublime*, für *credit in eum* liest man bei Juvencus *fidem
mentis penetralibus altis/ illius ad nomen statuit*, biblischem *non pereat* entspricht *proculcet pedibus letum*, und schließlich wird *habeat vitam aeternam*
durch *trans sidera surgens/ sublimis capiat donum inviolabile vitae* ersetzt.

217. ut serpens olim regionibus in desertis. Wie bei Vers 215 ist die
Wortstellung nicht einheitlich überliefert: *olim regionibus in desertis* C M
(edd.), *olim regionibus in deser^{iis}* (in m.2) R, *olim regionibus inque desertis*
K₁ K₂ T¹ Bb², *regionibus olim in desertis* L, *in desertis regionibus olim* B P
G H, *desertis in regionibus olim* Mp. Fichtner (50) glaubt, daß der Vers
verderbt ist, hält also offenbar auch den Wortlaut von C M für nicht ursprünglich. Doch gegen *olim regionibus in desertis* spricht nichts. Die anderen Varianten sind mit dem Versuch zu erklären, den versus spondiacus (cf.
4.233 [reinspondeisch], 426, 629 [reinspondeisch]) zu normalisieren (Knappitsch, de Wit). Dabei wurden zwei verschiedene Wege eingeschlagen,
nämlich die Einfügung von *-que* nach *in* (K₁ K₂ T¹ Bb²) und die Umstellung
von *in desertis* in die Versmitte (B P G H; Mp mit der Umstellung *desertis
in*), die am Versende die Wortfolge *regionibus olim* bedingt. Die Überlieferung von L hat mit diesen Änderungsversuchen nichts zu tun. Dort ist der
Spondeus am Versende beibehalten, doch scheidet L aus metrischem Grund
sicher aus. Neben C M L bestätigt auch R *in desertis* am Versende. Dort ist
nur *in* ausgefallen und von zweiter Hand ergänzt. Abundierendes *-que* (Löfstedt, Syntactica II 342) kommt zwar bei Juvencus vor (Huemer Index 169

s.v. nennt 2.342, 815), doch spricht für *in desertis*, daß die Spondeen die Weite und Öde der Wüste widerspiegeln (Knappitsch). Ähnlich malen die spondeischen Versenden Verg.Aen.12.863 *culminibus desertis* und Ciris 519 *litoribus desertis* Weite und Einsamkeit. Bei Juvencus liegt auch in 4.233 *certatim duplis auxerunt incrementis* ein malerisches Moment: "ipse versus spondiacus certum, sed lentum incrementum indicat" (Knappitsch); ähnlich Catull.64.274 *increbescunt*, Verg.ecl.4.49 *incrementum*. Zur versinnbildlichenden Funktion von spondiaci siehe Norden 441/6.- Von Redaktorenhand korrigierte spondiaci sind auch 4.426 *illi continuo argenti ter dena promittunt/ pondera* C Al (unmetrisch) und *i. c. statuunt ter dena minarum/ p.* Matr. statt *i. c. s. t. dena argenti/ p.* cett. (Angaben nach Hansson 92), 4.233 *certatim duplis auxerunt inque crementis* M R Av V₁ S Mp P Al K₁ V₂ Sg Bx und *munera donis* L P₂ B² Matr. C₃ Ca₂ (vgl. den Hexameterschluß Verg.Aen.5.282 [5.361] *munere donat*, Ov.ars 2.261 *munere dones*) statt *c. d. a. incrementis* (Angaben nach Hansson 92), 4.629 *proiecit templo tunc detestabile argentum* Matr. (unmetrisch) statt *p. t. t. detestans argentum* cett. (siehe Knappitsch, Komm.). Auffallend ist die Variante *inque crementis* von 4.233. Um den Spondeus im fünften Fuß zu beseitigen, ist man dort durch Anfügung von *-que* in gleicher Weise vorgegangen wie bei 2.217. Das Ergebnis ist freilich metrisch und sprachlich ebenso unbefriedigend wie bei 2.217. Wohl aus metrischem Grund nachträglich angehängtes *-que* findet sich auch in 1.335 *cunctorum ante oculos aciesque levata securis* Av² L P₂ C₃ Bx² Ca₂ (Angaben nach Hansson 31; unmetrisch, es sei denn, man liest nicht *lēvata*, sondern *lĕvata*), 1.354 *haec memoransque celer vitreas penitret fluminis undas* M (*celer* interpoliert wie in K₂ T; *-que* vermutlich erst nach *celer* aus metrischem Grund eingefügt; dennoch insgesamt unmetrisch; *h. m. v. penetrabat f. u.* cett. [edd.]), 2.109ᵃ *progrediensque vide nam oculis tueri* (*tuere* Bx) *licebit* Mp Ph Bx (Angaben nach Hansson 84; trotz *-que* bleibt der Vers unmetrisch), 4.111 *incumbere...gentes/ tormentis poenisque odiisque ferisque necesse est* R (*i....g./ t. p. o. feris n. e.* M [unmetrisch], *t. p. feris odiisque n. e.* cett. [edd.]; die Lesart von R erklärt sich so, daß nach Vertauschung von *odiisque* und *feris*, die auch in M vorliegt, aus metrischem Grund, aber sinnentstellend, *-que* an *feris* angefügt wurde), 4.768 *et fidas matres blandusque ᶠalvete iubebat* M (*et f. m. b. salvere* [*salvete* (m.1) K₁ T, *salvare* V₁ H] cett.).- **regionibus...desertis.** Neben dem Spondeus am Versende verstärkt schon die Länge des Ausdrucks *regionibus in desertis* die Vorstellung der Weite und Einsamkeit der Wüste. Die Wüste wird so hervorgehoben vor dem Hintergrund, daß sie Ort der Gnadenwirkung Gottes ist. So gilt Israels Wüstenzeit als seine Gnadenzeit aufgrund der Zeichen und Wunder, die Gott an Israel tat (act.7.36, 13.18, Ioh.3.14, 6.31, 49) und zu denen auch die Heilung aufgrund des Blicks auf die erhöhte eherne Schlange zählt sowie das typologische Verständnis der ehernen Schlange im Hinblick auf die Errettung eines jeden, der an den Erhöhten glaubt, und aufgrund der Worte, die Gott zu Israel sprach (act.7.38); siehe Kittel, Art. ἔρημος, ThWNT II 655f.- Die Junktur *deserta regio* haben bereits Cic.epist.6.18.5 *desertissima regione*, Verg.Aen.4.42 *deserta...regio* (Curt.7.10.1, 9.10.6 u.8, Mela 1.117); vgl. ferner biblisch Ioh.11.54 *regionem iuxta desertum*, Vulg.Hiob 1.19 *a regione deserti.*- Ioh.3.14 liest man *in deserto*. Die römischen Epiker haben das Substantiv *desertum* nur im Plural. Juvencus dagegen übernimmt in 2.528 den Singular aus Matth.11.7 und führt ihn damit in die epische Dichtung ein (vgl. nachfolgend Prud.apoth. 706, Alc.Avit.carm.5.553). Der traditionelle Plural steht in 4.142.

218. Moysei manibus bedeutet: Es war Moses selbst, der die Schlange erhöht hat. Die Betonung der Autorität des Moses - inhaltlich durch den Zusatz *manibus* (d.h. "mit seinen eigenen Händen"), formal durch den gewichtigen Molossus *Moysei* am Versanfang sowie die Alliteration - legitimiert den Vorgang und stellt die Bedeutung des Typos heraus. *manibus* ist somit nicht vergleichbar mit der in der Bibel geläufigen Wendung *manu / in manu / per manum alicuius*, die meist angibt, daß Gott eine Person für sich sprechen läßt oder etwa, daß etwas unter der Führung jemandes getan wird (Bulhart, Thes.VIII 358.40/53), und die einen Hebraismus darstellt (hebr. בְּיַד, gr. ἐν χειρὶ / διὰ χειρός). Da die Wendung aber sehr oft mit dem Namen Moses verbunden ist (etwa in Lev.10.11, num.9.23), könnte Juvencus sich zumindest formal bewußt an sie angelehnt haben.- **Moysei.** Die Überlieferungslage ist nach Huemer folgende: *Mosei* C, *Moysei* M L Mp K₂ (Marold, Huemer, Knappitsch, de Wit, Kievits zu 1.185), *Mosei* R P B H (Arevalo "in editis fere omnibus"), *Mosey* Bb, *moysi* G. Die Lesarten von V₁ und V₂ gibt Huemer nicht an, doch Arevalo liest dort *Mosei*. Für *oy* stehen demnach M L Mp K₂, für *ō* C R V₁ P B Bb V₂ H. Auf dieser Basis kann die Lesart *Mosei* nicht ausscheiden. Klarheit wird erst eine erneute und vollständige Kollation der Handschriften bringen sowie ein genaueres Stemma als das von Hansson (30) gebotene. Jedenfalls besteht kein Grund, sich generell entweder für *oy* oder für *ō* zu entscheiden, gibt es doch unabhängig davon bereits zwei Möglichkeiten des Genitivs, nämlich entweder *Mo(y)sei* wie hier oder *Moysi* (2.691, 3.324). Man vergleiche ferner etwa den Wechsel von 2.250 *Samaritis (femina)* zu 2.254 *(mulier) Samaritica*, ganz zu schweigen von den prosodischen Freiheiten bei Eigennamen (vgl. zu 177/9, 243 *Galilaeam*). An jeder Einzelstelle muß also der handschriftliche Befund entscheiden, in welcher Form der Eigenname in den Text zu setzen ist. Die Formen mit *ō* sind bei Juvencus meist eher schlecht bezeugt, soweit auf Huemers Angaben Verlaß ist: 3.473 *Moses* C, 3.324 *Mosei* R V₂ *Moisi* C *moysen* A *Moyse* K₁ K₂ T¹, 4.15 *Mosea* C R¹ B Bb H¹ (V₁ laut Arevalo). Zu *Moysei* vgl. Tert.adv.Marc.5.11 (CCL 1.696.18), Ven.Fort.carm.5.5.33 (cf. Iuvenc.2.691 cod. M), zu *Mōsei* Tert.bapt.9.2 (CCL 1.284.10), anim. 35.5 (CCL 2.838.64), 37.2 (839.9), 57.6 (866.42), Drac.laud.Dei 2.167, satisf.17. Zur Synizese von *oy* vgl. 2.689, 3.473 *Moyses;* 4.15 *Moysea*. Aber auch dort, wo das Metrum es nicht erzwingt, ist *oy* wohl eher in Synizese zu lesen (1.185 *Moyses;* 2.691, 3.324 *Moysi*). Jedenfalls scheint darin unter den Gelehrten Einigkeit zu bestehen (Kievits 72, van der Laan 114, Mazzega 195). *Moysei* und *Mosei* sind der Übersicht bei Neue/Wagener I 511 zufolge im Vergleich mit *Moysi* selten.- **summo sublatus honore est.** Der Form nach ähnlich ist 177 *celso sublatus honore* (mit anderer Bedeutung von *honor*), 4.59.- **sublatus...est.** Wie im folgenden Vers ersetzt Juvencus *exaltare* (für gr. ὑψοῦν; vgl. Ioh.3.16 ὕψωσεν, ὑψωθῆναι) durch *tollere*. Das erst im Kirchenlatein verbreitet vorkommende *exaltare* begegnet bei Juvencus überhaupt nicht. Für die spätere epische Dichtung vgl. etwa Alc.Avit.carm.5.683 *exaltatis...undis*, Coripp.Iust.2.321 *exaltata...Euris/ ...cacumina silvae*, 4.319 *plus exaltatus, plus iustificatus*.- Juvencus hat das aktivische Prädikat des *ut*-Satzes entsprechend dem des *sic*-Satzes ins Passiv gesetzt und damit den Vergleich durch die Parallelität der Konstruktion unterstützt. Das Passiv eignet sich auch gut, das Erhöhte in den Mittelpunkt zu stellen.- Die zweifache Alliteration *Moysei manibus summo sublatus* schmückt den Vers. Dasselbe gilt von der Paronomasie *serpens...desertis* im vorausgehenden Vers 217.

219. tolli in sublime. Vgl. Phaedr.2.6.4, Sen.nat.quaest.5.13.3, Plin.nat. hist.10.112.6, 25.107.4; Luc.12.29 cod. aur *nolite in sublime tolli*, Vulg. II Par.5.13 *vocem in sublime tollentibus;* spätepisch Alc.Avit.carm.4.116f. *in sublime.../ sustolli*. Aus der epischen Tradition vgl. Verg.Aen.10.144 *quem.../ ...sublimem gloria tollit*, Sil.14.329 *sustulerant sublime ratem*.- **sublime** ist substantivisch gebraucht wie der Plural *sublimia* in 4.115; siehe noch Huemer Index 148f. zu neutralen Adjektiven anstelle von Substantiven bei Juvencus. Die Wendung *in sublime* ist seit Cic.nat.deor.2.141 belegt (OLD 1843 s.v. *sublimis* 2a), findet sich aber im antiken Epos nur in Stat. Theb.10.745. Überhaupt kommt substantivisches *sublime / sublimia* in epischer Sprache innerhalb präpositionaler Wendungen kaum vor (Lucr.1.340 *per...sublimia...caeli*). Bei Juvencus ist dies der einzige Fall. Seinem Beispiel folgt Alc.Avit.carm.4.116f.- **necesse est** steht für Ioh.3.14 *oportet*, derselbe Fall liegt vor in 1.301 (Luc.2.49). Juvencus verwendet *oportet* nur 1 mal (1.395), *necesse est* dagegen 9 mal. In dieser Zurückhaltung beim Gebrauch von *oportet* folgt er den antiken Dichtern, bei denen es sich mit Ausnahme der Komödiendichter nur selten findet. Das Wort wird daher von

Axelson (13ff.) als unpoetisch eingestuft. Episch findet es sich nur in Lucr. 1.778, Ov.met.7.729 (siehe Bömer, Komm.), Ciris 262; weitere Angaben zum Gebrauch in der Dichtung bei Baer, Thes.IX.2 c.737.8/12. *necesse (est)* begegnet sehr oft bei Lucrez, nur einige Male in Vergils Aeneis und bei Lucan, nur 1 mal in der Thebais des Statius und bei Manilius, gar nicht dagegen in Ovids Metamorphosen (Ovid hat es jedoch sonst einige Male) und bei Silius und Valerius Flaccus. Wie *oportet* dürfte auch *necesse est* eher als prosaisch einzustufen sein, es ist aber in epischer Dichtung häufiger als *oportet*. Die Frequenz von *necesse est* bei Juvencus übersteigt die bei seinen epischen Vorgängern, abgesehen von Lucrez.- Ein Bedeutungsunterschied zwischen *oportet* und *necesse est* läßt sich kaum ausmachen. Nach Menge, Repetitorium der lateinischen Syntax und Stilistik, Darmstadt 1979[17], § 428 (vgl. Menge/Burkard/Schauer, Lehrbuch der lateinischen Syntax und Semantik, Darmstadt 2000, § 485 [1]) dient *necesse est* eher zum Ausdruck der Unabänderlichkeit einer Notwendigkeit als *oportet*.

220/3. ut, quicumque fidem mentis penetralibus altis/ illius ad nomen statuit, sub turbine saecli/ proculcet pedibus letum et trans sidera surgens/ sublimis capiat donum inviolabile vitae. Den kurzen Konsekutivsatz von Ioh.3.15 gibt Juvencus in vier Versen wieder. Dem Glauben und seinem Lohn, bestehend im Aufstieg zum Himmel verbunden mit der Erlangung des ewigen Lebens - das ist die Antwort auf die dem Nikodemus von Christus zugeschriebene Frage, wie man in das Reich Gottes gelangen kann (184) -, wird damit gebührender Raum zugestanden. Der Lohn des ewigen Lebens ist nicht zweimal wie bei Johannes (Ioh.3.15, 3.16 jeweils *vitam aeternam*), sondern sogar dreimal wortreich und in abwechslungsreicher Variation genannt (223 *donum inviolabile vitae*, 226 *vitae...perenni*, 229 *mitia... munera vitae*), wobei jeweils das betonte Versende genutzt wird. Zudem weisen 230 *salutem* und 242 *gloria* auf den Lohn des ewigen Lebens.

220. Die Konjunktion **ut** stellt der Dichter gerne an den Versanfang (Wacht, Konkordanz 332f.).- Verallgemeinerndes **quicumque** steht für Ioh.3.15 *omnis qui*.- **mentis penetralibus altis.** Die Wortwahl *penetralibus*, verstärkt durch *altis*, macht deutlich: Der Glaube muß tief im Inneren verwurzelt sein, wenn man das Geschenk des ewigen Lebens erlangen will. Die ganze Wendung kehrt in 3.539 wieder. Dort wird den fest Glaubenden Erhöhung und Teilhabe am Richteramt des Jüngsten Tages versprochen: *vos quicumque meum mentis penetralibus altis/ credentes servatis iter, cum sederit alte/ Progenies hominis, celso quem cinget honore/ maiestas, bis sex illic pulcherrima virtus/ constituet vobis sublimi in vertice sedes, / iudiciumque hominum pariter tractare licebit.* Bei der Wahl des Ausdrucks *penetralia* mag zudem eine Rolle gespielt haben, daß er auch Träger sakraler Bedeutung ist ("Tempel"). Das Innere, die Seele bzw. das Herz, ist Ort des Glaubens und der Gottesverehrung: 3.666 *fides si certa animi consistet in arce*, 3.709 *fidem... pectora certam/ hauserunt*, 4.352 *quicumque fidem vivo sub pectore sumet*. Das gehört in den Rahmen der *templum pectoris*-Thematik, die Paulus in die christliche Theologie eingeführt hat (Haussleiter, Art. Deus internus, RAC 3.794/842; Gnilka, Studien zur Psychomachie des Prudentius [= Klassisch-Philologische Studien, Heft 27], Wiesbaden 1963, 83ff.). Wenn bei Juvencus auch der Geist bzw. das Herz als Sitz von Glauben und Gottesverehrung hervortritt, ist doch nie unmittelbar der Gedanke ausgesprochen, daß Gott selbst im Herzen des Glaubenden wohnt (wie in Eph.3.17 *habitare Christum per fidem in cordibus vestris*). Wohl beklagt Jesus, daß das Wort Gottes in den Herzen der Pharisäer nicht wohne (2.674f. *nec sermo ipsius poterit per vestra sedere/ pectora;* vgl. bereits Ioh.5.38). Auch wird der Geist einmal Wohnstatt eines Dämons genannt (2.718 *tunc repetit suetae sitiens habitacula mentis;* vgl. bereits Matth.12.44) und einmal Wohnstatt des Teufels (3.41 *[pestis] iniusti penetrans habitacula cordis*).- Es fällt auf, daß die Wörter *mens* (78 mal), *pectus* (70 mal), *cor* (54 mal), *animus* (24 mal), *anima* (18 mal) bei Juvencus sehr häufig sind. Im Vergleich dazu geht Sedulius mit diesen Wörtern sparsamer um (5 mal *mens*, 10 *pectus*, 18 mal *cor*, 7 mal *animus*, 14 mal), wobei hinsichtlich der Frequenz zu berücksichtigen ist, daß sein Werk nur den halben Umfang hat. Wenn es auch im einzelnen zu untersuchen wäre, scheint der häufige Gebrauch dieser Begriffe durch Juvencus eine Tendenz zur Psychologisierung und Emotionalisierung anzudeuten, wobei im Hinblick auf den Glauben wie im vorliegenden Fall wohl eher von Verinnerlichung gesprochen werden sollte.- **mentis penetralibus** hat Juvencus geprägt (ähnlich bereits Stat.Theb.9.346 *animae...penetralia*, silv. 3.5.56 *animi penetralibus*) und verwendet die Verbindung noch in 1.505, 3. 539f. *(mentis penetralibus altis/ credentes)*, 4.43. Sie kehrt wieder etwa in Claud.rapt.Pros.1.215, carm.33.215, Paul.Nol.carm.6.237, Aug.epist.10.3 (CSEL 34.1 p.24.16), mag.2.2 (CCL 29.158.43f.), Ps.Prosp.carm.de prov. 419, Paul.Petr.Mart.1.210, Paul.Pell.euch.20, Aldh.virg.2653.[287] Bei Juvencus finden sich noch ähnliche (aber inhaltlich abweichende) Formulierungen: *p. cordis* (4.7; Gell.9.9.15 *penetrali cordis et animae;* Zeno 1.36. 21 [CCL 22.96.169], Prud.ham.542), *secreta mentis* (1.372; Cypr.eleem.13 [CCL 3A 63.252 *s. et abdita mentis*], Lact.ira 24.15 [SC 289.212.61], Aug. mag.2.2 [CCL 29.158.47] *in ipsis rationalis animae secretis*), *s. cordis* (1. 304, 2.488, 3.146, 169 [sg.]), *adita mentis* (4.77; Lucr.1.737 *adyto tamquam cordis*), *habitacula mentis* (2.718), *h. cordis* (3.41), *antra pectoris* (1.

---

[287] Avien.Arat.13 ist mit Buhle und Lemaire wohl *molis* statt *mentis* zu lesen; vgl. Soubiran, Aviénus. Les phénomènes d' Aratos, Paris 1981, Notes complémentaires (p.176).

588). Vgl. sonst etwa *penetralia mentis* (Conc.⁸ IV.2 p.65.10f. *fidem rectam inmaculatamque...usque ad finem in tui pectoris penetralibus serva*), *templum mentis* (Lucr.5.103 *humanum in pectus templaque mentis*, Aug.mag. 2.2 [CCL 29.159.55] *in templo mentis et in cubilibus cordis*).- **penetralibus altis** findet sich noch 2.698, Verg.Aen.7.59, Stat.Theb.10.104 (*p. a.* auch bei Vergil und Statius am Versende). Zum ganzen Ausdruck *mentis penetralibus altis* vgl. Stat.silv.3.5.56 *animi penetralibus imis*.- **statuit** bedeutet, daß der Glaube fest und unverrückbar sein muß, damit das ewige Leben erlangt werden kann; vgl. Nonn.Ioh.3.16 ὄφρα μιν ὃς δέξοιτο...,/ πίστιν ἐς ἀστυφέλικτον ἑκούσιον αὐχένα κάμπτων,/ ζωῆς οὐρανίης αἰώνιον εἰς χορὸν ἔλθῃ. *penetralibus altis* mag zwar den Deus internus-Gedanken enthalten, in Verbindung mit *statuit* ist aber auch folgendes gemeint: Nur was im Innersten gefestigt ist, ist wirklich beständig. Die Festigkeit des Glaubens ist ein gängiger Gedanke: 2.648 *cui nostra fidem sermonis gratia figet*, 3.534 *fidei munitus moenibus* (hier aktivisch vom Glauben, der den Menschen festigt), Cypr.Demetr.20 (CCL 3A 47.389f.) *fidei stabilitate fundatum*, patient.10 (CCL 3A 123.180f.) *Abraham...radicem ac fundamentum fidei primus instituens*, 20 (p.130.403f.) *ipsa est* [sc. *patientia*], *quae fidei nostrae fundamenta firmiter munit*. An die Verbindung *fidem...statuit* erinnern 3.666 *fides si certa animi consistet in arce* und die zitierten Cyprianstellen Demetr.20, patient.10. Mit der aktivischen Formulierung *fidem...statuit* zielt Christus auf die aktive und freiwillige Annahme des Glaubens durch den Menschen (vgl. bei Nonnos ἑκούσιον).

221. illius ad nomen. De Wit paraphrasiert "audiens nomen Eius", so daß *auditum* oder *dictum* gedanklich zu ergänzen wäre. Diese Bedeutung hat *ad nomen* auch in Liv.2.28.6, Ov.met.3.245, 4.145, Sen.dial.7.12.4, Stat. Theb.8.648, Carm.laud.Dom.137, Coripp.Ioh.5.45 (für kausal-temporales *ad* vgl. bei Juvencus 1.107 *ad partus famam*, 2.659 *vocis ad auditum;* allgemeine Übersicht bei v.Mess, Thes.I 552/4). Es fragt sich aber, wie das zu verstehen ist. Der Glaube tritt ja nicht ein, sobald man den Namen Jesu Christi hört. Das wäre Magie. Eine befriedigendere Lösung ist, *illius ad nomen* adnominal zu 220 *fidem* zu verstehen (anstelle eines genitivus obiectivus [KS 1.213ff.] wie in 3.43f., 4.42f.; vgl. noch Hebr.6.1 *fidei ad Deum*). Mit *(fidem) ad nomen (Christi)* befindet sich Juvencus in Übereinstimmung mit biblischer Gedankenwelt und Ausdrucksweise; vgl. Ioh.2.23, 3.18, act.3.16, I Ioh.3.23 (Kittel, Art. ὄνομα, ThWNT V 276, 278f.). Wer an Christi Namen glaubt, wird mit seiner Hilfe den Tod überwinden und das ewige Leben erlangen. Der Name steht hier für die *gloria* Christi, die in seiner angekündigten Erhöhung im Sieg über den Tod bestehen wird und aufgrund der Gewißheit darüber auch schon besteht. *honore* aus 218 (zunächst auf die Erhöhung der ehernen Schlange als Typos bezogen) strahlt aus nicht nur auf die Erhöhung Jesu, sondern auch derjenigen, die an seinen Namen glauben. Für die inhaltliche Überschneidung der Begriffe *gloria* und *nomen* vgl. Bietenhard, Art. ὄνομα, ThWNT V 271. Matth.16.27 *in maiestate* (aur f *in gloria*, d 1 m.1 *in gloriam*) *Patris* gibt Juvencus mit *sub nomine Patris* wieder in 3.311.- **sub turbine saecli.** Die christlichen Autoren verstehen unter dem Sturm der Welt die sündhaften Leidenschaften, überhaupt alle Anfeindungen des Fürsten dieser Welt, von denen die Menschheit in ihrem irdischen Dasein von innen und außen ständig bedrängt wird. Das Sturmbild begegnet in unterschiedlichen Ausprägungen. Eine ist, daß der Mensch über das sturmgepeitschte Meer der Welt mit dem Ziel des schutzbietenden Hafens Gottes fährt (H.Rahner, Symbole der Kirche, Salzburg 1964, 239ff., 272ff., 548ff.; W.Erdt, Christentum und heidnisch-antike Bildung bei Paulin von Nola, Meisenheim/Gl. 1976, 198ff.). Eine andere Ausprägung des Sturmbildes wird in dem Vergleich des nach Christi Gebot Handelnden mit dem auf Fels gebauten Haus, das Sturm und Fluten trotzt, sichtbar (Matth.7.24f. [= Iuvenc.1.715/20]; der Mensch als Fels in der Brandung ist ein auch von dem Stoiker Seneca verwendeter Vergleich: Sen. dial.2.3.5, 5.25.3, 7.27.3). In der bei Juvencus vorliegenden Variante des Sturmbildes ist der Sturm sozusagen Begleitbild des Kampfes mit dem Tod. Der (durch die Sünde bedingte ewige) Tod wird gleichsam in einem Zweikampf vom wahrhaft Gläubigen besiegt und in triumphaler Geste niedergetreten (vgl. zu 222). Wer über den Tod siegt, steigt zu Gott auf *(trans sidera surgens)* und erhält das ewige Leben *(donum inviolabile vitae)*. Der Bereich Gottes ist im Gegensatz zur stürmischen irdischen Welt als Ort der ewigen Ruhe, im Sinn des Freiseins vom Ansturm der Sünden, zu verstehen, auch wenn dies hier nicht explizit ausgesprochen wird, vgl. Cypr.mortal.3 (CCL 3A 18.51ff.) *tunc esse servis Dei pacem, tunc liberam, tunc tranquillam quietem, quando de istis mundi turbinibus extracti sedis et securitatis aeternae portum petimus, quando expuncta morte ad immortalitatem venimus. illa est enim nostra pax, illa fida tranquillitas, illa stabilis et firma et perpetua securitas.* Wie die am Kreuz erhöhte eherne Schlange alle heilte, die auf sie blickten, so wird der erhöhte Menschensohn den an ihn Glaubenden ewige Ruhe vor den Krankheiten der Welt, den Sünden, gewähren: Nonn.Ioh.3.14f. σκοπιῆς παρὰ πέζαν ἐρημάδος οἷά τε Μωσῆς/ δακνομένων ὕψωσεν ὄφιν δηλήμονα φωτῶν/ δουρατέης μεθέποντα τύπον ποιητὸν ἀκάνθης,/ οὕτω γυιοβόρων τελέων ἀλκτήρια νούσων/ καὶ Πάις ἀνθρώποιο βροτοῖς ὑψούμενος ἔσται,/ λυσιπόνου μίμημα δρακοντείοιο προσώπου,/ ὄφρα μιν ὃς δέξοιτο νόου πειθήμονι θεσμῷ,/ ζωῆς κυδιάνειραν ἐσαθρήσειε γαλήνην,/ εἰς ὅσον εὐρυγένειος ἐλίσσεται ἔμπεδος αἰών.- Zur Junktur *turbo saecli* vgl. Flor.epit.1.2.14 Malcovati *fax et turbo sequentis saeculi Antonius,* in der christlichen Literatur Cypr.ad Donat.14 (SC 291.110.323) *una...pla-*

cida et fida tranquillitas, una solida et firma securitas, si qui ab his inquie-
tantis saeculi turbinibus extractus salutaris portus statione fundetur, hab.
virg.3 (CSEL 3.1 p.188.11) *radicibus fortius fixis et domiciliis nostris super*
petram robusta mole solidatis inconcussi ad procellas et turbines saeculi ste-
mus (cf. Matth.7.24f.), unit.eccl.2 (CCL 3.249f.) *contra omnes tempestates*
et turbines saeculi inmobili et inconcussa firmitate solidatos (cf. Matth.
7.24f.), Iuvenc.2.368 (= Matth.9.15) *iam...dies aderit, cum sponsus turbi-*
ne saecli/ e medio comitum rapietur, Prud.c.Symm.1 pr.49 *adflictos...suos*
turbine saeculi/ vectarat rabidis fluctibus innatans (ratis Sapientiae), Hier.in
psalm.109 (CCL 72.232.16), Ruric.epist.1.1.13 (CCL 64.327.7); *(turbo*
mundi:) Cypr.Demetr.19 (CCL 3A 46.366f.), mortal.2 (CCL 3A 17.17), 3
(18.53), patient.21 (SC 291.234). De Wit hält es für möglich, daß Juvencus
mit *turbine saecli* auf die Christenverfolgungen anspielt. Die Verse 221/3
seien vom Dichter hinzugefügt. Letzteres trifft natürlich nicht zu, denn Ioh.
3.15 liegt diesen Versen zugrunde. Doch bei der inhaltlichen Ausgestaltung
ist der Dichter frei verfahren, und es ist möglich, daß er dabei auch an die
nicht weit zurückliegenden Verfolgungen dachte (wie vielleicht auch bei den
eindringlichen Versen 2.460ff., bes. 462f. *vos flagris vinclisque feris duris-*
que tyrannis/ frendens urgebit pro me violentia saecli [Matth.10.17f.]). In
diesem Zusammenhang wird nämlich das Sturmbild gerne gebraucht, etwa
in Cypr.patient.21 (SC 291.234.473ff.) *in istis fluctuantis mundi turbinibus*
et Iudaeorum sive gentilium et haereticorum quoque persecutionibus, Hil.in
psalm.55.11 (CSEL 22.167.4ff.), Prud.perist.4.81, c.Symm.1 pr.49 (s.o.).
Man darf aber nicht aus den Augen verlieren, daß in unserem Text vom
Christenleben und den Bedingungen für die Erlangung des ewigen Lebens
in einem umfassenden Sinn die Rede ist.- *sub* ist modal-temporal wie in 177
nocte sub obscura (siehe z.St.).- **saecli** ist hier pejorativ ("diesseitige, heidnische Welt"). Die Wurzeln der in der christlichen Literatur verbreiteten
pejorativen Bedeutung von *saeculum* reichen weit zurück (Löfstedt, Syntactica II 470/3; Á.P.Orbán, Les dénominations du monde chez les premiers
auteurs Chrétiens, Nimwegen 1970, 169/71 [zum pejorativen Gebrauch in
der christlichen Literatur 171/92]; van Assendelft, Komm. zu Prud.cath.5.
109f.). Bei Juvencus gibt es 32 Belege für *saeculum,* während es bei Matthäus, seiner weitgehenden Vorlage, nur 7 mal vorkommt, wobei es jedoch
nur in einem einzigen Fall unmittelbar aus dem matthäischen Grundtext
übernommen ist, nämlich in 4.801 *donec consumens dissolvat saecula finis*
(= Matth.28.20 *usque ad consummationem saeculi*). Für ausgeprägt pejorative Verwendung von *saeculum* sind bei Juvencus vor allem noch 2.368 *iam-*
que dies aderit, cum sponsus turbine saecli/ e medio comitum rapietur und
2.463 *frendens urgebit pro me violentia saecli* zu nennen. Daneben erweist
sich *saeculum* bei Juvencus als mehr oder weniger pejorativ, wenn die

Flüchtigkeit und Vergänglichkeit der irdischen Welt gemeint ist (2.543 *si vultis volucris penetralia noscere saecli*, 3.308 *quid proficient saecli mortalia lucra?* [Matth.16.26 *quid...prodest homini, si mundum universum lucretur?*]) oder ihre Bedürftigkeit gegenüber Gott (2.327). Eher neutraler Gebrauch ("Geschlecht, Generation, Zeit") liegt vor in 1.100, 1.108, 2.103, 3.232, 4.133, 4.159, ("Welt, Menschheit") 3.348; der festgelegte Lauf der Zeiten ist gemeint mit dem Begriff *ordo saecli/saeclorum* (1.489, 2.826, 4.638, 656), der Nutzung einer vergilischen Junktur (ecl.1.4.5; cf. Stat. silv.4.3.147). Einige Male ist auf biblischen Sprachgebrauch zurückgehendes *in saecla* u.ä. in der Bedeutung "in Ewigkeit" anzutreffen (prooem.17, 2.268, 4.811, 812); doch findet sich *in saecla* einmal auch in zeitlicher Bedeutung (4.46, vgl. Knappitsch "in tempus futurum", Castillo Bejarano "para los tiempos futuros"); "in Ewigkeit" bedeutet auch *per saecula (cuncta)* (1.61, 464). Die Junkturen 2.292 *vitalia saecula* und 4.351 *iugi...saeclo* bedeuten "Ewigkeit". Es zeigt sich somit, daß der pejorative Gebrauch von *saeculum* bei Juvencus nicht dominiert.

222. Der Vers zeichnet sich durch das kunstvolle Alliterationspaar *proculcet pedibus...sidera surgens* aus (Schema aabb; vgl. Widmann 83f.), wobei auch Vers 223 mit *s*- beginnt.- **proculcet pedibus letum.** Aus der schlichten Wendung *non perire* (Ioh.3.15) hat der Dichter dramatisierend ein Bild triumphalen Sieges über den Tod gemacht: Der Sieger tritt mit dem Fuß auf den am Boden liegenden Gegner ("triumphantium ritu" Arevalo). Diese typische Siegerpose - zugleich ein Gestus der Verachtung des Unterlegenen - findet man auch in der Bibel beschrieben (es werden bevorzugt Stellen genannt, die ähnlichen Ausdruck enthalten): Mal.4.3 *conculcabitis iniquos, et erunt cinis subter pedes vestros*, Vulg.Ios.10.24 *ite et ponite pedes super colla regum istorum* (cf. Iren.adv.haer.2.24.4 [SC 294.244.156] *capita eorum inculcare dedit populo*, Cypr.Gall.Ios.356 [CSEL 23.170] *impressu... genu conculcat colla gementum*), Is.28.3 *manibus et pedibus conculcabitur corona iniuriae, mercenarii Ephraim*, Vulg.Iob 18.14 *calcet super eum quasi rex interitus*. Sie ist dem heidnischen Publikum vertraut: Soph.El.455f., Lucr.1.78, Ov.am.3.11.5 *vicimus et domitum pedibus calcamus amorem*, met.5.88 (cf. Bömer, Komm.), Pont.4.7.47f., Corn.Sev.carm.frg.13.18f. *voltus* (des Cicero) *sacrasque manus...pedibus civis* (Antonius) *proiecta superbis/proculcavit ovans* (cf. Prud.psych.452, Claud.8.472); weitere Belege bei Luck, Komm. zu Ov.rem.530; in Stellen wie Hom.Il.13.618, Verg.Aen. 10.495 hat das Niedertreten zumindest auch den Zweck, den Besiegten am Boden festzuhalten, um ihm die Rüstung abziehen zu können; in Il.5.620, 6.65, 16.503, 863, Verg.Aen.10.736 dient der Tritt im engeren Sinn dazu, den Körper festzuhalten, um den Speer aus der Wunde zu ziehen. Das Niedertreten des unterlegenen Feindes als Triumph- und Unterwerfungssymbol behandelt zusammenfassend Kötting, Art. Fuß, RAC 8.1972.734/7 mit Hinweisen auch auf künstlerische Darstellungen.- Zum Niedertreten des besiegten Todes vgl. Lact.inst.6.17.26 (CSEL 19.546.6) *excelsa et insuperabili mente dolorem mortemque calcabimus*, Firm.err.24.2 *calcata morte* (24.4), Pacian.bapt.4 (PL 13.1092C) *calcatis mortis aculeis*, Prud.apoth.1064 *calcata...morte*, Paul.Nol.carm.16.254 *mortem calcarit et ambitionem;* diese und weitere Belege nennt Hey, Thes.III.138f. s.v. *calco*. Das Bild der Siegerpose setzt die Personifizierung des Todes voraus, wie der Gedanke, daß der Tod bekämpft und besiegt werden müsse, immer schon ein personales Verständnis desselben in sich birgt: *Christus, leti victor vitaeque repertor* (cf. 4.770), 3.342f. *hominis Suboles speciosa reportet/ in lucem referens mortis de sede tropaea*, I Cor.15.54 *absorpta est mors in victoria*, 55f. (cf. Hos.13.14) *ubi est, mors, stimulus tuus? ubi est, mors, victoria tua?*, II Tim.1.10 *destruxit...mortem (Iesus Christus)*, Cypr.Demetr.26 (CCL 3A 51. 516) *subigendo mortem trophaeo crucis*, unit.eccl.2 (CCL 3.249.25) *mors expugnatur et vincitur (Christi mandata servando).- proculcare pedibus* ist vor Juvencus neben Corn.Sev.carm.frg.13.18f. (s.o.) auch in Ov.met.12. 374 *(Centaurus) in hostem/ erigitur pedibusque virum proculcat*, Colum.12. 39.3 *(acina)*, 40.1 *(intritam)* belegt. Bei Cornelius Severus ist wie bei Juvencus das Niedertreten triumphierende Geste.- **trans sidera surgens** (ähnlich Alc.Avit.carm.4.117 *in sidera surgere*) wirkt wie ein Echo auf 219 *tolli in sublime*. Der Aufstieg des Gläubigen zu Gott wird möglich sein, weil Christus erhöht werden wird (219). Das Reich Gottes ist jenseits der Sterne gedacht wie in 3.408f. *caelesti in sede tuentur/ altithroni vultum Genitoris sidera supra*, vgl. ferner 1.679 *ite per angustam, iusti, super aethera portam*, Vulg.psalm.8.2 *quoniam elevata est magnificentia tua super caelos* (Sept. ὅτι ἐπήρθη ἡ μεγαλοπρέπειά σου ὑπεράνω τῶν οὐρανῶν, hebr. הורך על השמים [288]הנה אשר), psalm.56.6 *exaltare supra caelos deus* (56. 12, 107.6). Hebr.7.26 heißt es von Christus *excelsior caelis factus* (ὑψηλότερος τῶν οὐρανῶν γενόμενος; vgl. Eph.4.10). Er hat nach Hebr.4.14 die Himmel durchschritten und ist jetzt bei Gott (vgl. H.Bietenhard, Art. Himmel, RAC 15.198f.). *trans sidera surgens* sprengt wie die Ausdrucksweise in den genannten Bibelstellen den Rahmen des Bildlichen, weil es wie jene den Bereich sinnlicher Wahrnehmung verläßt. Jenseits der Sterne, im transzendentalen Reich Gottes, ist sinnlich nichts mehr wahrnehmbar (vgl. Gnilka, Seesturm 221/5, zu der mißglückten Verwendung von *trans sidera* in dem interpolierten Vers *2.29, wo es um die sich auftürmenden Wellenber-

---

[288] Der überlieferte Imperativ חנה ist in Verbindung mit אשר unverständlich. Übernommen wird daher die im Apparat von Kittel/Elliger/Rudolph vorgeschlagene Kalform.

ge in dem Seesturm aus Matth.8 geht, bei denen ein *tollere ad sidera montes* schon hyperbolisch genug wäre, *tollere trans sidera montes* aber völlig sinnlos und verfehlt).- Der Hexameterschluß *sidera surgens* ähnelt (rein formal) Germ.1.716 *sidere surgent*, Manil.2.827 *sidera surgunt*.

223. sublimis...donum inviolabile vitae, das ewige Leben als der Lohn des Kampfes, ist betont an das Ende der ganzen Periode gestellt (vgl. zu 217/ 23). *donum vitae* findet sich in der antiken Dichtung nicht (wohl aber *munera vitae*, vgl. zu 229), sonst ist Val.Max.5.1.1b und 7.7.5 zu erwähnen; christlich vgl. Rom.6.23 (Pacian.bapt.7 [PL 13.1094A]) *donum* (Vulg. *gratia*, gr. χάρισμα) *Dei, vita aeterna.-* Zu *donum inviolabile* vgl. Min.Fel. 38.1 *omne quod nascitur,...inviolabile Dei munus*, Consult.Zach.2.18 (Florilegium Patristicum 39.88.12) *inviolabile Sancti Spiritus munus*, Aug.civ. 13.22 (Dombart/Kalb p.587.3) *inviolabili munere inmortalitatis. inviolabilis* nimmt im vorliegenden Vers die prägnante Bedeutung "aeternus, immortalis" an, ebenso wie in Aug.civ.13.22; vgl. Lausberg, Thes.VII.1 c.1033, für entsprechenden Gebrauch von *incorruptibilis*. Bei Nonn.Ioh.3.16 klingt ἄφθιτον an *inviolabile* an: ζωῆς οὐρανίης αἰώνιον εἰς χόρον ἔλθῃ,/ ναίων ἄφθιτον οἶκον ἐν εὐδένδρῳ παραδείσῳ.- Der Codex M überliefert *irrevocabile*. Die Verbindung mit *donum* ist zwar gut belegt: 1.39 *promissis manet irrevocabile donum*, Paul.dig.39.5.34.1 *donatio irrevocabilis est*, Ambr. epist.39.8 (PL 16.1147C) *irrevocabilia eius* (sc. *Christi*) *esse dona*, Drac. laud.Dei 1.605 *(munus);* Ruhstaller, Thes.VII.2 c.412.51/4. Doch für *inviolabile* spricht, daß auf bildlicher Ebene die Besiegbarkeit des Todes und die Unverletzlichkeit, d.h. Unbesiegbarkeit dessen, der aufgrund seines Glaubens das ewige Leben erlangt, einander gegenüberstehen. Aus diesem Grund ist eher *inviolabile* in den Text zu nehmen.- **sublimis...vitae.** Donnini (Espressività 55 Anm.3), Simonetti Abbolito (Osservazioni 323) und Gnilka (Seesturm 224) ziehen *sublimis* attributiv zu *vitae*. Wohl zu Recht, denn die Wortstellung: Attribut am Versanfang und Substantiv am Versende ist typisch (siehe zu 214).- **capiat donum.** Cic.leg.3.11 *donum ne capiunto neve danto*, Verg.Aen.3.488 *cape dona extrema tuorum* (cf. Sen.Phaedr. 1273), Hor.carm.3.8.27 *dona praesentis cape laetus horae*, Sen.Ag.385f. *generis nostri, Iuppiter, auctor,/ cape dona libens*, Thy.983f. *capio fraternae dapis/ donum.*

2.224/229 - Mission des Menschensohns als Schenker ewigen Lebens

224/6. namque Deus mundum tanto dilexit amore,/ eius ut in terras descenderet unica Proles/ credentes Domino vitae iunctura perenni. Grund für die Entsendung Christi ist Gottes Liebe zur Menschheit. Bei Juvencus sagt Christus nach 215 (Ioh.3.13) noch einmal, daß er zu den Menschen hinabgestiegen ist, um sie zu erlösen. Für Ioh.3.16 *ut Filium...daret (Deus* als Subjekt und *mundo* als Dativobjekt zu ergänzen) schreibt Juvencus 225 *eius ut in terras descenderet...Proles;* für *ut...habeat* (sc. *qui credit) vitam aeternam* steht bei Juvencus 225f. *Proles/ credentes Domino vitae iunctura perenni.* Die Person des Gottessohnes und sein Wirken werden durch diese Änderungen stärker betont. Andererseits bleibt *Deus* Subjekt des übergeordneten Satzes, und durch die weite Sperrung 225 *eius...unica Proles* erhält nicht nur *Proles*, sondern auch *eius* Gewicht.

224. namque Deus. In V₂ ist als Versanfang *nam Dominus* (cf. 3.140) statt *namque Deus* (cf. 1.656) überliefert. Beides ist möglich. Aber *nam* ist wohl eine Art vereinfachender Interpolation und somit *namque* vorzuziehen. Das gilt ebenso für 2.646, 3.709, 4.272, wo M *nam* statt *namque* hat.- **mundum tanto dilexit amore.** *mundum...dilexit* von der Liebe Gottes zur Menschheit hat unser Dichter aus Ioh.3.16 übernommen, wobei durch *tanto amore* für *sic*[289] ein Pleonasmus entsteht *(dilexit amore)*, welcher der Grenzenlosigkeit von Gottes Liebe geziemenden Ausdruck verleiht. Es wäre zu wenig, den Pleonasmus nur als rhetorisches Mittel oder gar nur als anderen Ausdruck für *sic* zu bezeichnen. Die Sache selbst erfordert gerade diesen vollen Ausdruck. Zu *diligere* von Gottes Liebe vgl. auch 4.41 (von Christus, cf. Ioh.11.5), Ioh.3.35, 5.20, 10.17; Gudeman, Thes.V.1 c.1180.6/9. Juvencus bleibt hier der Sprache der Bibel treu, nutzt aber gleichzeitig die Sprachkunst der römischen Dichter, denn ähnlich steht *dilectus amore* am Hexameterende in Verg.Aen.1.344 *(magno...d. a.)* und Ov.Ibis 295. Wenn Christus Gottes Liebe, welche der Menschheit das ewige Heil schenkt, am betonten Versende nennt, so hat die herausgehobene Stellung gerade hier ihre volle Berechtigung.- Während *mundus* in Ioh.3.16/9 fünfmal begegnet, steht es in den entsprechenden Versen bei Juvencus nur einmal, nämlich in 224. In

---

[289] Für *sic* = "so sehr" bei Verben siehe OLD 1754 s.v. 12 mit Beispielen auch für nachfolgenden Konsekutivsatz (für diesen Fall werden nur Prosabelege genannt, doch vgl. Lucan.5.340f., 8.267f., Val.Fl.7.44f.). *sic - ut* bei Ioh.3.16 gibt griechisches οὕτως - ὥστε wieder. Für οὕτως = "so sehr" bei Verben siehe Bauer/Aland 1209 s.v. 3 am Ende (mit Nennung von I Ioh.4.11 οὕτως...ἠγάπησεν).

225 und 228 liest man *terras* und in 2.229 *populis*. Es ist die Rede von Gottes Liebe zu den Menschen und ihrer Universalität.

225. descenderet. Das Wort findet sich nicht in Ioh.3.16, wohl aber in 3. 13, von wo der Dichter es nicht übernommen hat, sondern *caeli...venit ab aula* (215) schreibt. *in terras descenderet* scheint in unserer Stelle besonders trefflich gewählt, weil *descenderet* auf die Hingabe, das sich Herablassen, das aus Gottes Liebe folgt, zielt: Das Entgegenkommen Gottes äußert sich in der Tatsache, daß er menschliche Gestalt angenommen hat, d.h. darin, daß der Menschensohn von den Höhen des Jenseits ins Diesseits hinabgestiegen ist. Demgegenüber gibt es auch ein anderes *descendere*, nämlich in der Funktion des Richters, vgl. prooem.23, 4.168, 178.- Huemer gibt im Apparat *discenderet* M, *ascenderet* K₁ (m.1), *descenderet* rell. an und entscheidet sich für *discenderet*. Die Formen von *descendere* und *discendere* sind auch sonst (prooem.23, 1.11, 160, 357, 4.178, 672, 746) nicht einheitlich überliefert. Huemer nimmt immer die *di*-Form in den Text mit Ausnahme von 4.168. Wäre 4.168 nicht, könnte man von prinzipieller Entscheidung für *di*- sprechen. So aber hält Huemer offenbar grundsätzlich beide Formen für möglich. Dann kann nur im Einzelfall entschieden werden, und zwar nur zugunsten der besser bezeugten Form (hier wäre zu prüfen, ob Huemer wirklich immer die richtige Entscheidung getroffen hat). Davon ausgehend ist beim vorliegenden Vers nicht einzusehen, weshalb die Überlieferung von *discenderet* allein in M (soweit Huemers Angaben richtig und vollständig sind) dafür sprechen sollte, dieses auch in den Text zu nehmen. Die meisten codd. überliefern *descenderet*, welches also anstelle von *discenderet* in den Text zu nehmen ist (andererseits würde der lautliche Gleichklang <u>dilexit</u> [224] - <u>discenderet</u> die inhaltliche Beziehung von 224 und 225f. zueinander unterstreichen).- **unica Proles** entspricht Ioh.3.16 *Filium suum unicum*. Zum Ersatz von *filius* durch andere Ausdrücke siehe zu 216 *hominis Natus*.- Der Versschluß *unica proles* findet sich bereits in Sil.4. 785, später in Mar.Victor.aleth.3.174, Verec.satisfac.94 (CCL 93.210).- *Proles* klingt altertümlich und feierlich (Norden zu Aen.6.784). Wenn es um den eingeborenen Sohn des allmächtigen Gottes geht, ist christliche Nutzung dieses feierlichen Ausdrucks wohlbegründet. Der Gebrauch von *proles* in bezug auf eine Einzelperson ist von Vergil an belegbar: Aen.6.25, 322 (OLD 1482 s.v. 1b, Thes.X.2 c.1820.52ff.).

226. credentes ist substantiviertes Partizip ("die Gläubigen") wie in 757, 3.670, Tert.adv.Prax.3 (CCL 2.1161.2), unit.eccl.8 (CCL 3.255.211). Zur Beliebtheit des Gebrauchs substantivierter Partizipien im kirchlichen Latein vgl. Koffmane 53 Anm. Der verbale Charakter tritt durch das Dativobjekt

Domino hier noch klar hervor. Die Konstruktion mit dem Dativ ist klassisch (weitere Belege aus der christlichen Literatur nennt Lambertz, Thes.IV 1149.76/1150.13). In 4.350 dagegen liegt die jüngere Konstruktion *credere in* + acc. vor. Die Übersetzer des AT bildeten die hebräische Konstruktion durch πιστεύειν ἐν / ἐπί (im NT auch εἰς) bzw. *credere in* + acc. oder abl. nach (Treloar, Credere in Deum, Prudentia 15.1983.49/52). Begünstigt wurde dies durch die Bevorzugung präpositionaler Konstruktionen in der Koine und im Spätlatein (C.Becker, Art. Fides, RAC 7.828 mit Literatur). Schrijnen/Mohrmann I 129 bemerken unter Bezugnahme auf Faust.Rei.spir. 1.1 (CSEL 21.103.11/8), daß die spezifisch christliche Bedeutung des Glaubens als Hingabe an Gott zunehmend auf *credere in* beschränkt wurde, während *credere* + dat. die allgemeine Bedeutung "vertrauen" hatte. Im vorliegenden Vers steht die christliche Bedeutung von *credere* + dat. außer Frage.- Religiöser Terminus ist *credere* erst seit christlicher Zeit - mögen sich in der antiken Literatur auch vereinzelt Stellen wie Sen.epist.95.50 *primus est deorum cultus deos credere* finden lassen. Dasselbe gilt für πίστις / πιστεύειν (D.Lührmann, Art. Glaube, RAC 11.53f.).- **vitae iunctura perenni.** In Ioh.3.16 ist Christi Heilswirken aus dem *ut*-Satz indirekt ersichtlich *(ut omnis, qui credit in eum, non pereat, sed habeat vitam aeternam).* Juvencus dagegen drückt durch *vitae iunctura perenni* die Aufgabe des Menschensohns direkt aus. *iunctura* unterstreicht, daß Christus das bindende Glied, der Mittler ist, der die Menschen zu Gott und zum ewigen Leben führt: Lact.inst.4.25.5 (SC 377.204.14/7) *fuit* (sc. *Christus)...et deus et homo, inter deum atque hominem medius constitutus, unde illum Graeci* μεσί-την *vocant, ut hominem perducere ad deum posset, id est ad inmortalitatem.* Von Kamptz (Thes.VII.2 c.660.8 s.v. *iungo)* nennt unter der Rubrik "possessorem" neben vorliegender Stelle (wo *credentes* das Akkusativobjekt ist) Mart.10.75.11 *sportula nos iunxit quadrantibus arida centum.-* **vitae...perenni.** Vgl. 3.309, 547, 4.799, Tert.paenit.6.5 (SC 316.166.27), Lact.inst. 7.11.1 (CSEL 19.616.15f.), Carm.laud.Dom.93, 123f.; nach Juvencus Ambr.hymn.14.20 Fontaine (vgl. Komm. Fontaine S.614: "L'adjectif *perennis* est ancien et poétique [Verg.Aen.9.79: 'fama perennis']: il héroïse ici à l'antique la notion biblique de *vita aeterna"*), Paul.Nol.carm.31.560, 32. 234, Mar.Victor.aleth.prec.90, 1.336, 434, Orient.comm.1.315, Ven.Fort. carm.6.5.356, Aldh.virg.2887, Bonif.carm.4.1. In der Vorlage zu unserem Vers, Ioh.3.16, heißt es *vitam aeternam.* Auch 3.547 schreibt Juvencus *v. p.* anstelle von *v. ae.* (Matth.19.29). *perennis* steht bei Juvencus immer am Versende.

227/9. nec Deus hunc Natum disquirere iure severo/ iudiciove truci terras expendere misit,/ mitia sed populis veniant ut munera vitae. Man beachte den wohlüberlegten Gebrauch der Adjektive in diesen Versen: Die gerichtliche Untersuchung wäre streng (*iure severo*), das Urteil hart (228 *iudicio truci* [cf. 661 *iudicio...gravi*]; chiastische Anordnung von *disquirere iure severo/ iudiciove truci...expendere*), das Geschenk des ewigen Lebens dagegen ist mild und voller Güte (229 *mitia munera vitae*). Deutlich hervorgehoben wird *mitia* durch die Voranstellung im Vers, verbunden mit der weiten Sperrung zu *munera vitae* am Versende.- In der Spätantike war große Härte in Gerichtswesen und Strafvollzug üblich, vgl. D.Grodzynski, Tortures mortelles et catégories sociales. Les *summa supplicia* dans le droit Romain aux III⁰ et IV⁰ siècles, in: Y.Thomas (ed.), Du châtiment dans la cité. Supplices corporels et peine de mort dans le monde antique (= Collection de l'école française de Rome, vol.79), Rom 1984, 361/403; D.Liebs, Unverhohlene Brutalität in den Gesetzen der ersten christlichen Kaiser, in: O.Behrends, M.Diesselhorst, W.E.Voss (edd.), Römisches Recht in der europäischen Tradition. Symposion aus Anlaß des 75. Geburtstages von Franz Wieacker, Ebelsbach 1985, 89/116; Aug.epist.134, bes. Kap.3 (CSEL 44. 86), Prud.praef.18 *ius civile bonis reddidimus, terruimus reos* (d.h. die schuldigen Angeklagten). Die Drohung muß dem Leser vor diesem historischen Hintergrund besonders eindringlich gewesen sein. Leo M. epist.15 praef. (PL 54.680A) heißt die harten Gesetze der christlichen Herrscher ausdrücklich gut: *(ecclesiastica lenitas) cruentas refugit ultiones, severis tamen Christianorum principum constitutionibus adiuvatur, dum ad spiritale nonnumquam recurrunt remedium, qui timent corporale supplicium* (in bezug auf die Irrlehrer gesagt).- Zur Frage des mildernden Einflusses christlicher Humanität auf die Gesetzgebung vgl. B.Raspels, Der Einfluß des Christentums auf die Gesetze zum Gefängniswesen und zum Strafvollzug von Konstantin d. Gr. bis Justinian, Zeitschrift für Kirchengeschichte 102.1991.289/ 306.

227. Natum ist Bezeichnung des Gottessohns wie in 553, 637f., 1.72, Sedul.carm.pasch.1.293 u.296, 2.171 u.173. Vgl. zu 216 *hominis Natus*.- **disquirere** bezeichnet die gerichtliche Untersuchung, vgl. Hor.serm.2.2.7 (Anspielung auf juristische Terminologie erhellt aus 8f.), (*disquisitio:*) Rhet. Her.2.26.41, Cic.Sull.79. De Wit nennt als Parallele bei Juvencus 2.664 *Genitoris...,/ qui me iustitiam terris disquirere iussit*. Doch gibt er selbst zu jener Stelle "conquirere" als Bedeutung von *disquirere* an (cf. 1.631, 2.686; cf. 3.627), so daß zu übersetzen wäre "der mir den Auftrag gab, für die Welt Gerechtigkeit zu erstreben (durch mein Urteil als Richter)". Knappitsch dagegen faßt *iustitiam disquirere* in der Bedeutung "quaerere, utrum res iustae sint necne", was dann tatsächlich 2.664 als Parallele zu 227 er-

scheinen ließe. Freilich erklärt Knappitsch anschließend ungenauer "iustitiam disquirere hoc loco idem atque iudicare est", übersetzt entsprechend
"der den Befehl mir erteilt, nach Recht zu richten auf Erden", womit nicht
nur die gerichtliche Untersuchung, sondern bereits der Urteilsspruch selbst
ausgedrückt wird. Neben 2.664 verweist de Wit auf die Parallele 4.606 *tum
iudex iterum procerum disquirere mentem/ temptat* (cf. 2.643f. *nec Genitor
quicquam vestri se iudice quaeret,/ sed dedit haec Nato quaerendi iura per
orbem*), sein Vergleich mit 1.631 *victus...disquirite* ist nicht angebracht
(*disquirere = conquirere;* s.o.). Während *disquirere* bei Juvencus 6 mal belegt ist, kommt es im antiken Epos nicht vor.- Die Junktur **iure severo**
(auch in 1.706 am Hexameterende) ist Neuschöpfung des Juvencus.

228. iudicio...truci. Diese Verbindung ist vor Juvencus ebensowenig wie
ius severum belegt.- **expendere.** Hiltbrunner (Thes.V.2 c.1639.60) gibt *expendere* an unserer Stelle unter Verweis auf Ioh.3.17 *iudicet* mit "iudicare"
wieder. Wörtlich bedeutet *expendere* "abwägen", d.h. "prüfen". Im vorliegenden Fall ist das Wort also prägnant gebraucht. Nicht jetzt, aber bei seiner Wiederkehr am Jüngsten Tag wird Christus ein zwar harter, aber sorg-
fältig untersuchender und abwägender Richter sein.- Zu *iudicio expendere*
vgl. formal Cic.Rab.Post.43 *vera laus...prudentium iudicio expenditur*,
Lucr.2.1042 *acri/ iudicio perpende* (sc. *rationem*), Plin.epist.22.3 *plerum-
que haesitat, dubitat diversitate rationum, quas acri magnoque iudicio ab
origine causisque primis repetit, discernit, expendit* (Sherwin-White: "the
very picture of a classical lawyer at work in a passage of the *Digest* weigh-
ing and dissecting his authorities").- (**disquirere ...ve expendere**) **misit.**
Für *mittere* mit Infinitiv vgl. 318, 535, 671 *(dimittere);* Thes.VIII 1189.
71/82. Der Infinitiv nach Verben der Bewegung ist in erster Linie altlatei-
nisch und nachklassisch (HSz 344). Klassisch und nachklassisch ist er als
Archaismus zu werten (Ausnahmen sind Nachahmungen des Griechischen
wie in der lateinischen Bibel), so auch in der Dichtung seit Lucrez (HSz
345). Das Vorkommen als Archaismus in der klassischen Dichtung dürfte
auch der Grund für den Gebrauch bei Juvencus sein (vgl. zu 184 *iteris*).

229. mitia sed populis veniant ut munera vitae. Ioh.3.17 liest man, daß
die Welt durch Christus gerettet werde *(salvetur)*. Bei Juvencus ist konkreti-
sierend wieder vom Geschenk des ewigen Lebens die Rede (cf. 226 = Ioh.
3.16). Die Rettung besteht im ewigen Leben.- **mitia...munera vitae.** Der

Plural *mitia...munera* deutet die Fülle des ewigen Lebens an.[290] Die Alliteration auf *m* untermalt die Milde der Gabe. Überhaupt wirkt der Vers lautlich sanfter als der vorhergehende, wenn man das weiche *mitia* mit dem harten *truci* vergleicht, die weiche Alliteration *mitia...munera* (vgl. auch *misit/ mitia*) mit der harten *truci terras* (vgl. auch die *r*-Laute in 228). Der inhaltliche Gegensatz wird so lautlich hervorgehoben.- Ähnlich sind 1.674 die *bona*, die Gott schenkt, *mitia* genannt. *mitia* sagt aber auch etwas über den Schenker aus (wie in Ov.Pont.4.5.32 *vitam.../ quam prius a miti Caesare munus habet*). In Diogn.7.4f. (Wengst p.324/6) heißt es zu Ioh.3.16f.

ἐν ἐπιεικείᾳ καὶ πραΰτητι ὡς βασιλεὺς πέμπων υἱὸν βασιλέα ἔπεμψεν, ὡς θεὸν ἔπεμψεν πρὸς ἀνθρώπους, ἔπεμψεν ὡς σῴζων, ἔπεμψεν ὡς πείθων, οὐ βιαζόμενος· βία γὰρ οὐ πρόσεστιν τῷ Θεῷ. ἔπεμψεν ὡς καλῶν, οὐ διώκων· ἔπεμψεν ὡς ἀγαπῶν, οὐ κρίνων. Vgl. noch *mitis* von Gott in 4.502, psalm.85.5 *...tu, Domine, suavis ac mitis* (Sept. ἐπιεικής, hebr. 86.5 סלח, Vulg. *propitiabilis*) *es*, Zach.9.9 (Cypr.testim.2.29 [CCL 3.68.2]) *ecce Rex tuus venit tibi iustus et salvans, mitis* (Sept. πραΰς); Thes.VIII 1155.51/65 (24/50 von heidnischen Gottheiten).[291]- **ut.** Für die sehr weite Inversion vgl. Lucr.1.772, Phaedr.2.epil.3; vgl. noch zu 269 *cui*.- **populis** heißt hier wohl eher "Menschen" als "Völker", vgl. mit de Wit (zu 2.71) etwa Ov.am. 3.13.29 sowie ähnlich gebrauchtes λαοί bei Homer, etwa in Od.2.13 (= 17. 64). F.Cramer (ALL 6.1889.372f.) verweist für *populi* = "Leute" (was von

---

[290] Wem diese Erklärung des Plurals nicht ausreicht, muß ihn damit erklären, daß der lateinische Epiker gezwungen ist, Daktylen zu schaffen, woraus seine Vorliebe für die Neutra plur. auf *-a* mit singularischem Sinn resultiert, die er oft in die fünfte Versstelle setzt (Norden 408f.). Es fällt immerhin auf, daß bei Juvencus bei insgesamt 41maligem Vorkommen von *munus* dieses Wort 36 mal in daktylischer Form gebraucht wird (27 mal *munera*, 8 mal *munere*, 1 mal *muneris*).- Dabei macht man die Beobachtung, daß die daktylischen Formen 35 mal im 5. Fuß stehen und nur 1 mal im 1. Fuß. Ähnlich verhält es sich im Carmen Paschale des Sedulius mit insgesamt 18 Fällen, davon 17 daktylisch, und zwar ausschließlich im 5. Fuß. Vergil und Ovid dagegen etwa setzen die daktylischen Formen auch öfter in den 1. Fuß, zuweilen auch in den 4. Fuß. Vergil hat in der Aeneis von insgesamt 50 Fällen 43 mal daktylische Formen, davon 20 mal im 1. Fuß, 19 mal im 5. Fuß und 4 mal im 4. Fuß. Ovid hat in den Metamorphosen bei insgesamt 84 Fällen 62 mal daktylische Formen, davon 18 mal im 1. Fuß, 40 mal im 5. Fuß und 4 mal im 4. Fuß. Die Form *muneribus* ist in der Aeneis 4 mal belegt, in den Metamorphosen 2 mal, bei Juvencus und im Carmen Paschale des Sedulius gar nicht.

[291] Tert.adv.Marc.2.29.3 (SC 368.174.22/4) *quia nec mirum erit diversitas temporalis, si postea Deus mitior pro rebus edomitis, qui retro austerior pro indomitis* ist in diesem Artikel unter den Fällen, die den Gott der Christenheit betreffen, erwähnt, doch darf nicht übersehen werden, daß die Auffassung einer *diversitas temporalis* montanistisch beeinflußt ist (vgl. Braun, SC 368.174 Anm.2).- Tert.adv.Marc.4.35.16 (SC 456.442.130) *Deus et lenis et mitis* wird dort ebenfalls dem christlichen Gott zugeordnet, bezieht sich aber eigentlich auf den markionitischen Gott (vgl. Moreschini, SC 456.442 Anm.4).

der Bedeutung "Menschen" kaum zu trennen ist) etwa auf Sen.Phoen.265,
Sil.1.233 sowie Iuvenc.3.73, 202, 260, 263.- **veniant ut** ist ebenso wie *expendere* von *misit* abhängig. Durch den Wechsel der Konstruktion gelingt es
dem Dichter, das tatsächliche Ziel der Mission vom verneinten Ziel (227f.)
scharf abzuheben. Zudem kann er auf diese Weise den entscheidenden Begriff *mitia...munera* nicht nur durch die weite Sperrung, sondern auch syn-
taktisch, nämlich in der Funktion des Subjekts, hervortreten lassen.- Nach
dem Nebentempus *misit* ist im *ut*-Satz das Präsens *veniant* anstelle des Imperfekts damit erklärbar, daß die Absicht fortbesteht (KS II 192f., HSz
550f.; Hatfield § 11 nennt für diesen Fall bei Juvencus keinen weiteren Beleg). Überdies eignet sich das Präsens immer zur Verlebendigung des Gedankens, die hier nur erwünscht sein kann.- Die Verbindung *venire munera*
begegnet auch in 1.49 *nec dilata diu venerunt munera prolis. venire* + dat.
bedeutet hier soviel wie "contingere" (de Wit), vgl. neben 1.49 noch 66 *unde...subolem mihimet sperabo venire?* 762 *tibi.../ ...veniet fructus* (vgl. die
Fortführung dieser Ausdrucksweise: 764 *citius...voce loquentis/ ad puerum
transcurrunt munera verbi*, 766 *praevenisse Dei...dona medentis*), 676 *quae
cupitis vobis hominum benefacta venire*, 3.190 *veniant tibi digna salutis/
praemia*, 4.342 *...quidquid poscis, certum est tibi posse venire* (möglich ist
hier auch Knappitschs Umschreibung mit "evenire, fieri". Dies gilt auch für
1.676, vgl. Huemer Index 171 s.v. "simplex pro composito"); OLD 2030
s.v. *venio* 13; ähnlich *provenire* in 1.427, 596, 2.269.- **munera vitae** als
Versklausel begegnet öfter: Sil.14.177, Mart.3.6.5, Avien.Arat.886 ("Opfergaben"), Maxim.eleg.1.231 ("Aufgaben, Pflichten"), AL I.1 Shackleton
Bailey 49.1, 385.15; (christliche Dichtung:) Carm.laud.Dom.24 ("Pflichten"; cf. 114 *munia vitae*), Iuvenc.2.769, 4.346, Paul.Nol.carm.32.227,
Mar.Victor.aleth.1.179 *(munere v.)*, 344, Drac.laud.Dei 3.467 *(aeternae...
m. v.)*, Rust.Help.benef.149, Arator act.1.591 *(aeternae...m. v.)*, 845 *(per-
petuae...m. v.);* siehe noch Schumann Bd.3.471f. Bereits bei Martial bezeichnet die Wendung das ewige Leben, aus christlicher Sicht natürlich zu
Unrecht, denn ewiges Leben vermag allein der Gott der Christenheit zu
schenken. Der Autor der Laudes Domini gebraucht den Ausdruck von den
Pflichten des Lebens, was auf Hor.epist.2.2.131 zurückgehen könnte (van
der Weijden, Komm. zu Carm.laud.Dom.144), wenn auch die Versklausel
an Silius bzw. Martial erinnert.- **vitae** ist genitivus inhaerentiae bzw. identi-
tatis (siehe allgemein HSz 63f.): Das Geschenk ist das Leben.- Der Vers
scheint auf Prud.cath.3.77 *mitia munera proveniant* (von Äpfeln) gewirkt zu
haben.

2.230/234 - Straffreiheit der Gläubigen und Verdammnis der Ungläubigen

**230/34. namque ubi certa fides fuerit conplexa salutem/ non erit ulla il-
lic anceps agitatio iuris./ ast ubi dona procul fuerint exclusa medellae,/
iam propria ipsorum mentem damnatio torquet;/ unica nam Domini fuit
his incognita Proles.** Wer glaubt, über den wird nicht gerichtet werden.
Wer aber nicht glaubt, den plagt schon jetzt das Gewissen. Der Parallelismus von Ioh.3.18 *(qui credit - qui non credit; non iudicatur - iam iudicatus
est)* ist von Juvencus hinsichtlich der Wortwahl nicht in dieser Strenge beibehalten. Wohl aber entspricht dem zweifachen relativischen Satzgefüge in
der Bibel (jeweils *qui*-Satz + Nachsatz) bei Juvencus das zweifache korrela-
tive Satzgefüge (jeweils *ubi*-Satz + Nachsatz mit *illic*, welches aber im
zweiten Fall gedanklich zu ergänzen ist). Auch stehen sich zwei Versgruppen gegenüber, wobei die Gläubigen und die Ungläubigen und ihr jeweiliges
Los jeweils in zwei Versen behandelt werden (230f., 232f.). Innerhalb dieser Versgruppen nehmen jeweils Haupt- und Nebensatz einen Vers ein. Allerdings ist der zweiten Versgruppe noch ein Vers nachgestellt: Vers 235
entspricht dem in der Bibel zum zweiten Satzgefüge gehörenden *quia non*-
Satz. Die beiden *ubi-illic*-Korrelationen 230f. und 232f. (dort *illic* gedanklich zu ergänzen) in Verbindung mit den abstrakten Subjekten (230 *fides*,
231 *agitatio iuris*, 232 *dona...medellae*, 233 *damnatio*) halten mit ihrer unpersönlichen Ausdrucksweise die Gegenüberstellung deutlich vor Augen:
Auf der einen Seite steht der Glaube, der belohnt wird, auf der anderen der
Unglaube, der bestraft wird.[292] Die bei Juvencus vorliegende sprachliche
Struktur wirkt sentenzenhaft und ist in der Tradition nachweisbar, auch in
Verbindung mit der hier vorliegenden unpersönlichen Ausdrucksweise: Pub-
lil.sent.1.59 *ibi semper est victoria, ubi concordia est*, 5.9 *ubi pudor est,
semper ibi sancta est fides*, Iacob.3.16 *ubi...zelus et contentio, inconstans
ibi et omne pravum negotium* (gr. ὅπου γὰρ ζῆλος καὶ ἐριθεία, ἐκεῖ ἀκατα-
στασία καὶ πᾶν φαῦλον πρᾶγμα), Vulg.prov.11.2 *ubi fuerit superbia, ibi*

---

[292] Denselben Effekt erzielt die unpersönliche Ausdrucksweise in 2.635f. *verborum meritis
veniet sub iudice poena,/ verborum meritis dabitur sub iudice vita* (Matth.12.37 *unusquisque enim ex verbis suis iustificabitur, et ex verbis suis condemnabitur*), wobei die Gegenüberstellung noch durch die ungewöhnlich strenge Isokolie (Widmann [14] und de Wit
[134] vergleichen episch Ov.met.1.325f. *et superesse virum de tot modo milibus unum/
et superesse videt de tot modo milibus unam*) und die jeweilige Stellung von *poena* und
vita am betonten Versende unterstützt wird.- Im Hinblick auf die unpersönliche Ausdrucksweise, deren Kennzeichen neben dem Gebrauch unpersönlicher Verben der Gebrauch von Abstrakta ist, ist zu bedenken, daß abstrakter Ausdruck ein allgemeines
Merkmal des Spätlateins ist (HSz 795, Fichtner 158/88 zu Juvencus und anderen spätlateinischen Dichtern, aber auch zur antiken Dichtung).

erit et contumelia; ubi autem humilitas, ibi et sapientia (Sept. οὗ ἐὰν εἰσέλ-θῃ ὕβρις, ἐκεῖ καὶ ἀτιμία· στόμα δὲ ταπεινῶν μελετᾷ σοφίαν, ohne Anzeige des relativischen Verhältnisses hebr. זדון ויבא קלון ואת צנועים חכמה (כ). Obwohl das Futur in 230/2 (cf. Ioh.3.18 b d l q r¹ *non iudicabitur*) den Gedanken des noch ausstehenden endzeitlichen Gerichts betont,[293] kommt mit 233 *iam propria ipsorum mentem damnatio torquet* eine gewisse Vorherbestrafung, und zwar als Selbstbestrafung (vgl. zu 233), schon zum jetzigen Zeitpunkt zum Ausdruck. Mit Ioh.3.18 *iam iudicatus est* ist das nur ansatzweise vorgegeben, da vorzeitige Bestrafung selbst nicht ausgesprochen wird, wenn auch die Erwähnung der bereits eingetretenen Verurteilung (bei Johannes nicht ausdrücklich als Selbstverurteilung) eine solche impliziert. Bereits jetzt eintretende Bestrafung wird auch ausgesprochen in 2.628ff. *Spiritus at Sanctus tantum cuicumque profana/ verborum rabie violabitur, inrevocatis/ suppliciis nunc et semper torrebitur ignis*, was wieder schärfer wirkt als der Bibeltext, Matth.12.32 *qui autem dixerit (verbum) contra Spiritum Sanctum, non remittetur ei neque in hoc saeculo neque in futuro.*- In Ioh.3.18 kommt das Verb *credere* dreimal vor. Juvencus bietet stattdessen verschiedene Ausdrücke, die auf Anschaulichkeit ausgerichtet sind (230 *fides fuerit conplexa*, 232 *dona procul fuerint exclusa medellae;* siehe jeweils Komm.).

230. namque ubi certa fides fuerit conplexa salutem. Die Erlangung des Heils durch den Glauben (*salutem* nimmt Ioh.3.17 *ut salvetur mundus per ipsum* auf) ist ein Grundthema der christlichen Religion: Rom.1.16 *virtus... Dei est in salutem omni credenti,* 10.9 *si confitearis in ore tuo Dominum Iesum et credideris in corde tuo, quod illum suscitavit ex mortuis* (sc. *Deus*), *salvus eris,* I Petr.1.9 *testamentum fidei, salutem animarum vestrarum,* Herm.vis.3.8(16).3 (GCS 48.14.22f.) διὰ ταύτης (sc. πίστεως) σῴζονται οἱ ἐκλεκτοὶ τοῦ Θεοῦ, Clem.Alex.strom.2.12(53.5) (GCS 52.142.12) πίστις ...ἰσχὺς εἰς σωτηρίαν καὶ δύναμις εἰς ζωὴν αἰώνιον (etwas später folgt das Zitat der genannten Hermasstelle). Es genügt auch ein Blick auf die Exegeten des betreffenden Passus der Hl.Schrift: Orig.in Ioh.frg.41 (GCS 10.516. 15 [zu Ioh.3.18f.]) ὁ...γὰρ διὰ πίστεως ἐπὶ τὴν τελείαν σωτηρίαν φθάσας οὐχ ὑπόκειται κρίσει; Chrysost.hom.28.2 in Ioh. (PG 59.164 [zu Ioh.3.17]) οὐ κρίνων οὐδὲ ἐξετάζων ἦλθεν, ἀλλὰ συγχωρῶν καὶ ἀφιεὶς τὰ πλημμεληθέντα, καὶ ἀπὸ πίστεως σωτηρίαν διδούς.- Der Glaube ist Voraussetzung

---

[293] Auch soweit das Präsens überliefert ist (codd. Graec. οὐ κρίνεται, a aur c f ff² j e *non iudicatur*), ist futurisches Verständnis durchaus möglich, vgl. T.Pope, The use of the present indicative to signal future time in New Testament Greek. With special reference to the Gospel of John, Journal of translation and textlinguistics 2.1988.27/38.

des Geschenks der Wiedergeburt und der Sündenvergebung (siehe zu 213), über welches Christus zunächst sprach, aber er ist auch dessen notwendiger Bewahrer. Wiedergeburt und Sündenvergebung in der Taufe bedürfen beständiger Erneuerung in der gläubigen Hinwendung zu Gott.- **namque.** Angedeutet wird der kausale Zusammenhang zwischen der Tatsache, daß Christus als Retter kommt (Ioh.3.17b), und der Tatsache, daß der Gläubige nicht gerichtet, sondern gerettet werden wird (Ioh.3.18a). Ioh.3.18 a *ideo* und b *propter hoc* zeigen an, daß das Vorangehende das Nachfolgende begründet. Bei *namque* ist es umgekehrt. Beides ergibt Sinn (wobei eine gewisse Ungenauigkeit darin liegt, daß sich 230f. im Gegensatz zu 229 eigentlich auf die Zeit der Wiederkehr Christi, nämlich auf das Endgericht beziehen).- **certa fides** meint den festen und unerschütterlichen christlichen Glauben wie in 3.666. *fides* bedeutet hier nicht "persuasio", wie de Wit annimmt. Die Junktur *certa fides* findet sich in unterschiedlichen Bedeutungen öfter, in der Dichtung begegnet sie in Ov.trist.4.3.14, Stat.Theb.10.202 (*c. f.* an derselben Versstelle), Val.Fl.4.744, Sil.6.566.- **fuerit conplexa salutem.** Das perfektische Tempus in 230 und 232 zeigt, daß bei der Beantwortung der Frage, ob eine Gerichtsverhandlung stattfinden soll, unverrückbare und nicht anfechtbare Tatbestände den Ausschlag geben. Für die metrisch bequeme Bildung des futurum exactum passivi mit *fuero* statt *ero* vgl. 2.495, 3.148; klassisch Ov.met.3.521, 7.660, 9.678, Manil.3.173.

231. non erit ulla illic anceps agitatio iuris ist stärker als Ioh.3.18 *non iudicatur*: Wer glaubt, wird nicht nur nicht verurteilt, sondern über ihn wird im Endgericht erst gar nicht verhandelt. Vgl. 2.651 *iudicium* ("Gerichtsverhandlung")...*illi non est* (= Ioh.5.24 *in iudicium non venit*).- **non...ulla** ist emphatische Zerlegung von *nulla* (vgl. 337, 486, 1.643, Lucr.1.905, 3.103, Verg.6.103; KS I 822f.).- **anceps** bezeichnet einen Rechtsfall zweideutiger Art: Cic.inv.1.20 *anceps* (sc. *genus causae est*), *in quo aut iudicatio dubia est aut causa et honestatis et turpitudinis particeps, ut et benivolentiam pariat et offensionem;* weitere Belege nennt Hey (Thes.II 24.75ff.). Episch läßt sich solcher Gebrauch von *anceps* vor Juvencus nicht belegen (wohl schon aus inhaltlichen Gründen), doch vgl. Alc.Avit.carm.3.350 *ius anceps* (Hor.sat.2.5.34). Die vorliegende Verneinung einer *anceps agitatio* bedeutet wohl indirekt, daß eine Gerichtsverhandlung nur dann stattfände, wenn die Sachlage zweideutig wäre; vgl. Hil.in psalm.1.22 (CSEL 22.34.22f.) *iudicium...ex ambiguis rebus existit, et ambiguitate adempta iudicii non desideratur examen.* Eindeutig wäre der Fall wohl nur, wenn fester Glaube vorhanden wäre. Die nachfolgenden Verse legen aber nahe, daß dieser feste Glaube von guten Werken begleitet sein müßte. Erst dann wären also die Bedingungen erfüllt, daß keine Gerichtsverhandlung stattfände. Umgekehrt wäre die Lage auch eindeutig, wenn kein Glaube vorhanden und keine guten Werke vorzuweisen wären. Auch dann nämlich wäre keine *anceps agitatio* nötig. Als *anceps* wäre die Lage dann anzusehen, wenn zwar ein fester Glaube, aber keine guten Taten vorzuweisen wären. Die entsprechende Kategorie von Menschen liegt zwischen den Frommen und den Frevlern. Zwar erwähnt Christus sie bei Juvencus ebensowenig wie beim Evangelisten. Aber der Gedanke einer *anceps agitatio*, die nach beiden Richtungen hin offen ist, fordert geradezu heraus, nach dieser mittleren Kategorie zu fragen. Mehr kann zu Juvencus wohl nicht gesagt werden. Jedenfalls werden die genannten drei Kategorien erst von Hilarius ausdrücklich unterschieden (in psalm.1.22 [CSEL 22.34f.]; vgl. dazu M.Durst, Die Eschatologie des Hilarius von Poitiers [= Hereditas 1], Bonn 1987, 274/8).- Zu **agitatio** in der Bedeutung "Untersuchung, Behandlung" vgl. Cic.Planc.37 *(rei causa) agitata tum, cum ista in senatu agebatur, et disputata...copiosissime a Q. Hortensio;* Hey, Thes.I 1337.21ff. s.v. *agito.* Im antiken Epos kommt *agitatio* nicht vor. Über die Vorliebe der spätantiken Autoren für Verbalabstrakta auf *-tio* siehe zu 233 *damnatio.-* Die Verbindung *anceps agitatio* findet sich in einer ganz anderen Bedeutung schon in Liv.1.25.5 *agitatio...anceps telorum armorumque.*

232. ast ubi dona...fuerint exclusa medellae klingt an Ioh.3.18 *qui autem non credit* an und bezeichnet den Fall, in dem das Geschenk des Glaubens zurückgewiesen wird. *dona medellae* (vgl. Paul.Petric.Mart.6.209 von einem Heilungswunder) läßt sich als Spezifizierung bzw. Vorstufe von 230 *salutem* fassen. Es meint die Heilung von den Sünden infolge des Glaubens, die Voraussetzung dafür ist, dem Gericht zu entgehen (231) und das ewige Leben zu erlangen (229).- Einige Exegeten der Alten Kirche haben, ausgehend vom Begriff des σῴζειν in Ioh.3.17, der sich auf Christus bezieht, das Bild von Christus als Arzt ins Spiel gebracht. Orig.frg.41 in Ioh. (GCS 10. 516.9ff.) wird mit Hilfe dieses Bildes versucht, die beiden einander zunächst augenscheinlich widersprechenden Gründe für Christi Kommen, nämlich das Heil der Menschen einerseits (Ioh.3.17) und das Gericht über sie andererseits (Ioh.9.39), zu harmonisieren: εἰς κρίμα...ἐλήλυθεν εἰς τὸν κόσμον ἵνα σώσῃ αὐτόν (οὐ γὰρ σῴζει ἵνα κρίνῃ). καὶ ὥσπερ ἰατρὸς πρὸς κάμνοντα ἔρχεται, ἵνα ὑγιάσῃ αὐτόν. τοῦτο γὰρ (sc. τὸ ὑγιάζειν) τέλος τῆς τοῦ ἰατροῦ ἀφίξεως, κἂν ἄλλα τινὰ γίνηται, οἷον τομὴ <ἢ> καῦσις. οὐ γὰρ προηγουμένως ἐπὶ τῷ τεμεῖν ** ἡ καῦσις, ἀλλ' ἐπὶ τῷ ὑγιάσαι.[294]

---

[294] Das Bild von Gott als Arzt, der durch Schneiden und Brennen heilt, findet sich bei Origenes auch sonst, so in princ.2.10.6 (Görgemanns/Karpp 432) *si...ad corporis sanitatem pro his vitiis, quae per escam potumque collegimus, necessariam habemus interdum aus-*

Christus kam zum Gericht in die Welt, um sie zu retten, wie der Arzt, bevor er heilt, dem Patienten durch Schneiden und Brennen Schmerzen zufügt. Christus ist Arzt und Richter zugleich. Daß er erst bei der zweiten Ankunft sein Richteramt ausüben wird, scheint hier ausgeblendet. Das Arztbild verwenden in bezug auf Ioh.3.17 auch Kyrill von Alexandria und Augustinus, jedoch ohne die Richterfunktion Christi einzubeziehen. Cyrill.Alex.comm.in Ioh.3.17 (PG 78.253D) sagt, Moses habe die Welt mit Hilfe des Gesetzes gerichtet, während Christus in die Welt gekommen sei, um das verurteilende Gesetz in die gerechtmachende Gnade umzuwandeln und von den Sünden zu heilen: οὐ γὰρ ἀπεστάλην, φησί, κατὰ τὸν ἱεροφάντην Μωσέα, νόμῳ κατακρίνων τὴν οἰκουμένην, οὐδὲ πρὸς ἔλεγχον τῆς ἁμαρτίας εἰσφέρω τὴν ἐντολὴν, οὐδὲ οἰκετικὴν ποιοῦμαι τὴν διακονίαν· ἀλλὰ Δεσπότῃ πρέπουσαν τὴν φιλανθρωπίαν εἰσφέρω, ἐλευθερῶ τὸ δοῦλον, ὡς Υἱὸς καὶ κληρονόμος τοῦ Πατρός, μετασκευάζω τὸν καταδικάζοντα νόμον εἰς δικαιοῦσαν χάριν, ἀνίημι τῆς ἁμαρτίας τὸν τῶν οἰκείων πλημμελημάτων κατεσφιγμένον σειραῖς, ἀνασώσων τὴν οἰκουμένην, οὐ κατακρίνων ἐλήλυθα. ἔδει γὰρ, ἔδει Μωσέα μὲν, φησίν, ὡς οἰκέτην νόμου τοῦ κατακρίνοντος γενέσθαι διά-

---

terioris ac mordacioris medicamenti curam, nonnumquam vero, si id vitii qualitas deposcerit, rigore ferri et sectionis asperitate indigemus, quodsi et haec supergressus fuerit morbi modus, ad ultimum conceptum vitium etiam ignis exurit: quanto magis intellegendum est medicum nostrum Deum volentem diluere vitia animarum nostrarum, quae ex peccatorum et scelerum diversitate collegerant, uti huiuscemodi poenalibus curis, insuper etiam ignis inferre supplicium his, qui sanitatem animae perdiderunt? Als Arzt wird Gott hier bezeichnet, weil die Feuerstrafe zur Gesundung der kranken, d.h. sündhaften Seele führen soll (vgl. Görgemanns/Karpp 427 mit Anm.13, wo unter anderem verwiesen wird auf G.Anrich, Clemens und Origenes als Begründer der Lehre vom Fegefeuer, in: Theologische Abhandlungen, Festgabe H.J.Holtzmann, Tübingen 1902, 95/120. Anrich zeigt u.a., daß die Vorstellung von einer heilenden Strafe platonischer Herkunft ist [S.100, Anm.7]: Plat.Gorg.478d, leg.728c), als ein Heilmittel, das die sündhafte Seele wieder in einen geordneten und gefestigten Zustand versetzt. So heißt es am Ende von 2.10.5 quae animae dissolutio atque divulsio cum adhibiti ignis ratione fuerit explorata ("wohl für gr. βασανίζειν, was sowohl 'prüfen' wie 'foltern' heißen kann" Görgemanns/Karpp 433 Anm.17), sine dubio ad firmiorem sui conpagem instaurationemque solidatur ("Die Vorstellung von der notwendigen inneren Ordnung und Harmonie der Seele ist platonisch; zuerst entwickelt im Gorgias [504 B]", Görgemanns/Karpp 431 Anm.16).- Orig.hom. 12.5 in Ier. (SC 238.26f.) erklärt Ier.13.14 οὐκ ἐπιποθήσω, λέγει Κύριος, καὶ οὐ φείσομαι καὶ οὐκ οἰκτιρήσω ἀπὸ διαφθορᾶς αὐτῶν so, daß ein Arzt den kranken Körper durch schonungsloses Schneiden und Brennen der von Krankheit befallenen Körperstellen heilt. Origenes scheint auch hier an die Wirkung des Fegefeuers zu denken.- Das Bild des Schneidens und Brennens durch den Richter greift Greg.Nyss.or.catech.8 (PG 45.36D/ 37A) auf.- Zu Gott als Arzt vgl. H.J.Vogt, Gott als Arzt und Erzieher. Das Gottesbild der Kirchenväter Origenes und Augustinus. In: Gottesbilder. Die Rede von Gott zwischen Tradition und Moderne (hrsg. von J.Hoeren/M.Kessler), Stuttgart 1988, 69/86 = H.J.Vogt, Origenes als Exeget, Paderborn 1999, 289/99.

κονον, ἐμὲ δὲ ὡς Υἱὸν καὶ Θεὸν τῆς τοῦ νόμου κατάρας ἀπολύειν τὴν οἰκουμένην, καὶ ταῖς εἰς φιλανθρωπίαν ὑπερβολαῖς θεραπεῦσαι τοῦ κόσμου τὴν
ἀσθένειαν. Aug.tract.12.12 in Ioh. (CCL 36.127.3f.) sagt von der Ankunft
des Sohnes *quantum in medico est, sanare venit (Filius) aegrotum*. Das Heilen wird nachfolgend (12.13 [p.128.11ff.]) als das Heilen von den Sünden
deutlich durch ...*omnes peccatores invenit, et omnes a peccato sanat, et serpens ille in quo figurata est mors Domini, eos sanat qui morsi fuerant*. Bei
Juvencus reicht das Bild der *medella* nicht sichtbar zurück bis zum Typos
der ehernen Schlange, da er den Typos in dieser Richtung nicht ausführt.
Der Gebrauch von *medella* könnte aber von einer Exegese beeinflußt sein,
die das Arztbild verwendete. Ob man nun an das Heilmittel des Glaubens
denkt oder an Christus als Arzt: Strikt trennen kann man hier natürlich
nicht, denn Christus selbst ist wesentlicher Inhalt des Glaubens.- **ast ubi**
tritt an die Stelle von Ioh.3.18 *qui vero*, obwohl sich bei Juvencus oft *vero*
findet. *ubi vero* ist aber als Versanfang metrisch ausgeschlossen. *ast ubi* findet sich bei Juvencus noch oft am Versanfang, etwa in 419 (*ubi* temporal),
743 (*ubi* lokal, aber mit konditionaler Einfärbung wie auch im vorliegenden
Vers); aus der Dichtung vgl. (*ubi* temporal) Verg.Aen.3.410, Germ.Arat.
4(3+4).119, Hor.serm.1.6.125, Lucan.6.538, Ov.met.6.685, 8.871 und
oft.- Den Archaismus *ast* (= *at*) haben die Augusteer aus metrischer Be-
quemlichkeit übernommen, so daß er dort fast nur vor Vokal steht (Norden
225, HSz 489). Das ist auch bei Juvencus der Fall.- **medellae.** Das Wort ist
erst seit Pseudo-Quintilian (Deklamationen), Fronto, Gellius, Apuleius belegt. Dichterisch findet es sich vor Juvencus nur bei Quintus Serenus (das
von Gundel Thes.VIII 517/9 s.v. gebotene Material zugrunde gelegt). Für
christlichen Gebrauch mit Bezug auf die Sündenvergebung vgl. etwa Sirach
28.3f. *homo homini servat iram, et a Deo quaerit medellam* (gr. καὶ παρὰ
Κυρίου ζητεῖ ἴασιν)./ *et in hominem similem sibi non habet misericordiam,
et de peccatis suis deprecatur*, Cypr.laps.28 (CCL 3.236.553), poetisch
Paul.Nol.carm.19.210, Drac.laud.Dei 2.729 *sibi quisque medelas/ arbitre-
tur homo culpae sub voce requiri*. Juvencus verwendet *medella* im Hinblick
auf die Sündenvergebung hier und in 2.356. Eine Dämonenaustreibung bezeichnet es in 3.372, Wunderheilungen in 1.437, 587, 601, 3.76.- **procul**
bei *excludere* ist auch in Mart.9.90.4, AL I.1 Shackleton Bailey 423.5.
belegt.- **fuerit exclusa** verhält sich antithetisch zu 230 *fuerit conplexa*, was
durch die Einnahme derselben Position im Vers scharf hervortritt. Vgl. weiter unten die Antithese von 236 *amplexi...tenuere* und 238 *refugit*.- Das Bild
des Ausschließens findet sich in ähnlicher Verwendung in Iuvenc.3.162
(Christus tadelt die Jünger wegen ihrer Unverständigkeit gegenüber seinem
Wort:) *vos etiam duro discluditis omnia corde/ iussa nec admittit mentis dubitatio lucem*, Prud.apoth.421/3 (von der Nichtannahme der Kunde über

Christi göttliche Abstammung und Allmacht:) *haec, Iudaea, tuas vox non pervenit ad aures?/ pervenit, mentem sed non penetravit egenam/ lucis, et a primis foribus disclusa refugit.*

233. iam propria ipsorum mentem damnatio torquet. Mit diesem Vers deutet der Dichter Ioh.3.18 *iam iudicatus est* im Sinn einer Selbstverurteilung und -verdammnis,[295] die schon jetzt stattfindet: Wer das Heilmittel des Glaubens, das zu Sündenvergebung und ewigem Leben führt, von sich stößt (232 *procul fuerint exclusa*), verurteilt und bestraft sich dadurch schon jetzt selbst. Castillo Bejarano übersetzt "Pero cuando se hayan rechazado los dones para la curación, ya la propia condena de sí mismos atormentará su espíritu". Es würde zu weit führen, den Gedanken der Selbstverurteilung in der patristischen Literatur grundlegend zu behandeln. Daher sollen hier nur Stellen behandelt werden, in denen unmittelbar auf Ioh.3.18 Bezug genommen wird. Die Erklärung von Ioh.3.18 *iam iudicatus est* als Selbstverurteilung erscheint bereits bei Iren.adv.haer.5.27 (SC 153.338ff.) zum Greifen nahe. Irenaeus legt dar, daß sich die Menschen aufgrund ihres freien Willens entweder für das Licht, die Vereinigung mit Gott, oder für die Finsternis, die Trennung von Gott, entscheiden.[296] Die Ungläubigen trennen sich nach ihrem freien Willen von Gott, und Gott wiederum führt sie in diese von ihnen selbst gewählte Trennung (5.27.2 [p.342] *quicumque...absistunt secundum sententiam suam ab eo, his eam quae electa est ab ipsis separationem inducit (Deus)* = frg.gr.20 ὅσα ἀφίστανται κατὰ τὴν γνώμην αὐτῶν τοῦ Θεοῦ, τούτοις τὸν ἀπ' αὐτοῦ χωρισμὸν ἐπάγει). Die bereits geschehene Verurteilung, von der in Ioh.3.18 die Rede ist, ergibt sich aus der selbstgewählten Trennung von Gott (5.27.2 [p.344/6] *"qui...non credit", ait, "iam iudicatus est, quoniam non credidit in nomine unigeniti Filii Dei", hoc est separavit semetipsum a Deo voluntaria sententia*). Von hier aus ist

---

[295] Tendenz zur (diesmal geforderten) Selbstbestrafung bzw. Selbstvernichtung läßt sich auch in 3.404/6 *qui vero e parvis istis deceperit ullum,/ si sapiat, nectat saxo sua colla molari/ praecipitemque maris sese iaculetur in undas* feststellen gegenüber Matth.18.6 *qui autem scandalizaverit unum de pusillis istis, qui in me credunt, expedit ei, ut suspendatur mola asinaria in collo eius et demergatur in profundum maris.* An Juvencus erinnert Lucif.Athan.2.17 (CCL 8.106.39/42) *quas erit merces repraesentaturus iste quem negas, qui tibi expedire dixerit, si molam asinariam suspenderes collo tuo et in profundum maris fuisses praecipitatus* (Nestler 42 Anm.93).

[296] Am Ende von 5.27.2 zitiert Irenaeus Ioh.3.18/21. Daß in Ioh.3.20f. mit Licht und Finsternis nicht nur Gottesnähe und Gottesferne gemeint sind, sondern im besonderen (was dem Vorhergehenden aber nicht widersprechen muß) der Ort, an dem die guten und bösen Taten offenbar werden (vgl. 237/42), und der Ort, an dem sie nicht als gut oder böse zu erkennen sind, darauf geht Irenaeus in diesem Zusammenhang nicht weiter ein, was auch nicht erforderlich ist.

es nur noch ein kleiner Schritt, unmittelbar zu sagen, die Ungläubigen verurteilten bzw. bestraften sich selbst.[297] Daraus wiederum ergibt sich die Frage, ob die Ungläubigen dann vielleicht gar nicht mehr im Endgericht gerichtet werden, eine Frage, die sich mindestens genauso dringlich in bezug auf die Gläubigen stellt (denn es heißt Ioh.3.18 auch *qui credit in me non iudicatur*, was Irenaeus mit *hoc est non separatur a Deo: adunitus est enim per fidem Deo* erklärt). Doch Irenaeus zweifelt nicht an einem endzeitlichen Gericht, dem alle Menschen unterzogen werden. So bezieht er sich wenig später (5.28.1 [p.348]) auf Matth.25.34, 41, woraus hervorgeht, daß über alle Menschen gerichtet werden wird. Das gilt ebenso für Juvencus (4. 272ff., 4.284ff. = Matth.25.34, 41). Auch Theod.Mops.comm.in Ioh. (CSCO 116.52.15/8) spricht nicht direkt von Selbstverurteilung, betont aber, daß die Ungläubigen selbst die Ursache für ihre Bestrafung sind: *qui autem non credunt, ipsi sibimet causa sunt damnationis suae; dum credentes ius habent in salutem. si quidam ergo non credunt, sibimetipsis auctores sunt punitionis; nam omnibus volentibus offertur gratia eius.* Ausdrücklich von Selbstverurteilung der Ungläubigen ist nun die Rede bei Orig.in Ioh. frg.41 [GCS 10.516] ὁ...μὴ πιστεύσας αὐτοκατάκριτος ὢν ἤδη κέκριται. Jedoch wird die Selbstverurteilung nicht näher erklärt. Cyrill.Alex.comm.in Ioh.3.18 (PG 73.256C) heißt es ἤδη...κεκρίσθαι τὸν ἀπιστοῦντά, φησιν, ὡς αὐτὸν ἤδη καθ' ἑαυτοῦ τὴν τοῦ κολάζεσθαι δεῖν ὁρίσαντα ψῆφον (vgl. comm.in Ioh.3.19 [c.256D] οἱ...τὸ ἐν σκότῳ κεῖσθαι τιμήσαντες πῶς οὐκ ἂν εἶεν αὐτοὶ καθ' ἑαυτῶν τῶν δεινῶν ὁρισταί, καὶ αὐτόμολοι πρὸς τὸ παθεῖν), δι' ὧν ἔγνω παραιτεῖσθαι τὸν τοῦ μὴ κρίνεσθαι χορηγόν. Der Ungläubige hat sich dadurch gerichtet, daß er seine Schuld selbst erkennt (δι' ὧν ἔγνω). Das eigene Erkennen der Schuld muß zu Gewissensqualen führen. Und so spricht Kyrill, wenn nicht hier, so doch zu Ioh.3.20 (PG 73.257B), von den πικροτέροις...τοῖς ἀπὸ τοῦ συνειδότος ἐλέγχοις, die dazu zwingen, das Licht zu meiden. Daß aber die Gewissensqualen das Endgericht und die ewige Strafe selbst ersetzten, ist dem Text nicht zu entnehmen. Mit 233 *mentem...torquet* scheint auch Juvencus die Gewissensqualen im Auge zu haben (Knappitsch übersetzt 232f. mit "Wo der Glaube ans Heil weitweg in die Fern' ist verwiesen,/ Dort ist bereits jenes Herz vom bösen Gewissen gequälet."). Selbstverdammnis meint dann nicht nur, daß das Verhalten des Ungläubigen das Urteil im Endgericht gleichsam vorherbestimmt, sondern

---

[297] Irenaeus sagt zwar von der Trennung, daß sie auch eine Strafe von seiten Gottes ist (5. 27.2 [p.342]) *quicumque autem absistunt secundum sententiam suam ab eo, his eam quae electa est ab ipsis separationem inducit* (frg.gr. ὅσα ἀφίστανται κατὰ τὴν γνώμην αὐτῶν τοῦ Θεοῦ, τούτοις τὸν ἀπ' αὐτοῦ χωρισμὸν ἐπάγει), aber er betont *Deo quidem principaliter non a semetipso eos puniente* (frg.gr.20 τοῦ Θεοῦ μὲν προηγητικῶς [Lampe 1148 s.v.: "initially, of one's initial purpose"] μὴ κολάζοντος).

daß sich der Ungläubige seiner Schuld und seiner zukünftigen Bestrafung schon jetzt bewußt wird. Die Gewissensqual als Vorstufe zur Hölle war auch dem heidnischen Leser eine vertraute Vorstellung, vgl. Lucr.3. 1011ff., bes. 1018f. *mens sibi conscia factis/ praemetuens adhibet stimulos torretque flagellis.* Lucrez selbst freilich hielt die Unterwelt und deren Qualen für nicht existent (3.25, 1013, 1018 und 978ff.).- **propria.** Ansätze zum Gebrauch von *proprius* statt *suus* gibt es bereits in klassischer Zeit. Im Spätlatein konkurrieren *suus* und *proprius* regelrecht miteinander (HSz 179c). Auch Juvencus verwendet *proprius* = *suus* sehr häufig. Dieser Gebrauch kommt auch in der lateinischen Bibel vor, etwa in Ioh.10.3 *proprias* (b c d ff² j l q r¹ e *suas*; in d e andere Wortstellung) *oviculas vocat nominatim* (gr. τὰ ἴδια[298] πρόβατα φωνεῖ κατ᾽ ὄνομα), 10.4 (f).- **ipsorum** steht ἀπὸ κοινοῦ. Einerseits verstärkt es das zu *damnatio* gehörende *propria* = *sua*, so daß Entsprechung zu der Form *suus ipsorum* vorliegt (zur Verstärkung der Possessivpronomina durch *ipsius, ipsarum, ipsorum* siehe KS I 245f.; Tietze, Thes.VII.2 c.327.15/30, der aus der epischen Dichtung Ov. met.15.214 *nostra...ipsorum...corpora* nennt), andererseits ist es von *mentem* abhängig und steht in dieser Funktion für *eorum* wie in 1.565, 2.583 (*eorum* M Mp B¹), 4.55 (*illorum* M¹). Die Form *ipsorum* verwendet Juvencus 5 mal, während sie in der epischen Tradition äußerst selten ist (Verg. Aen.11.196, Ov.met.15.214). Im Carmen des Sedulius kommt *ipsorum* nicht vor.- Es fällt der abrupte Wechsel von der unpersönlichen zur persönlichen Ausdrucksweise auf.- **mentem.** Das Wort tritt in kurzen Abständen gehäuft auf: 233, 237, 239. Wortwiederholungen sind ein typisches Merkmal der Dichtung des Juvencus, vgl. etwa die Wiederholung von *exordia* in 186, 190, 200, 202 *(primordia)*, von *conprendere* in 208 und 211 (siehe dort). In den Versen 237 und 239 ist mit *mens* von der durch die schlechten Taten befleckten Seele die Rede, in 233 vom Gewissen.- **damnatio** (vgl. 1. 165) findet sich in der Dichtung vor Juvencus in Iuv.8.94, später in Arator act.1.364. Während die Verbalabstrakta auf *-tio* von den Augusteern nur selten verwendet werden, sind sie in der spätantiken Dichtung (und Prosa, z.B. in der Vetus Latina, wo auch *damnatio* vorkommt, etwa in Luc.20.47, Rom.13.2) sehr häufig (HSz 743). Doch gibt es Unterschiede. So ergibt ein Vergleich zwischen den Bibeldichtungen des Juvencus und des Sedulius, daß bei Juvencus die Verbalabstrakta auf *-tio* relativ gesehen fast dreimal so oft

---

[298] Wie im Lateinischen bei *proprius*, so fand im Griechischen bei ἴδιος eine Entwicklung statt von der Grundbedeutung "eigen, zugehörig" hin zur Funktion als possessives Reflexivum. Wie also *proprius* nachklassisch für *suus* verwendet wird, so ἴδιος nachklassisch für ἑαυτοῦ. Für letzteres siehe Schwyzer/Debrunner 205 (9), Blass/Debrunner/Rehkopf 236.

vorkommen (92 mal in 3211 Versen; Verhältnis 1 : 34,9) wie bei Sedulius (17 mal in 1769 Versen; Verhältnis 1 : 104,1). Dabei scheut sich Juvencus nicht, auch ausgefallene Formen zu verwenden *(discussio, divulsio, glomeratio)* oder Neubildungen vorzunehmen *(defletio, reparatio)*.

234. fuit...incognita, das Ioh.3.18 *non credit* wiedergibt, bezeichnet nicht eigentliches, d.h. unverschuldetes Unwissen, sondern den totalen Unglauben als bewußte Verweigerung gegenüber dem sich offenbarenden Gott. Das ist auch das Unwissen, von dem Min.Fel.35.4 sagt, daß es zu Recht bestraft werde: *eos...merito torqueri, qui Deum nesciunt, ut impios, ut iniustos, nisi profanus nemo deliberat, cum Parentem omnium et omnium Dominum non minoris sceleris sit ignorare quam laedere.* Denn Gott zeigt sich in seinen Werken und in der Natur überall: 32.4 *in operibus...eius et in mundi omnibus motibus virtutem eius semper praesentem aspicimus, cum tonat fulgurat fulminat, cum serenat* eqs. An vorliegender Stelle ist aber nicht an die indirekte Offenbarung Gottes in der Natur gedacht, sondern an die leibhaftige Gegenwart des Menschensohns, den der Vater in die Welt ausgesandt hat (224f.). Die Schuldhaftigkeit des Unwissens in bezug auf Gott wird umso leichter verständlich. Tert.apol.17.3 (CCL 1.117.14/5) bezeichnet die Verweigerung gegenüber der göttlichen Offenbarung als das größte Vergehen: *et haec est summa delicti nolentium recognoscere, quem ignorare non possunt* (siehe Waltzing, Komm.), 40.10f.- Zur Bestrafung derer, die Gott nicht kennen wollen (bei Juvencus ist nur die Selbstbestrafung direkt ausgesprochen, aber die Drohung mit der Bestrafung im Gericht schwingt doch mit), vgl. Iob 18(.5, 21), 36.12 *impios vero non facit salvos, eo quod noluerint scire Dominum, et cum monerentur, inoboedientes erant*, Vulg.Is.5.13 *propterea captivus ductus est populus meus, quia non habuit scientiam* eqs.- Das Passiv ist emphatische Umschreibung von *non cognoverunt* (cf. Caes. Gall.4.20.3, 29.2).

2.235/242 - Suche der Sünder nach der Finsternis und der Frommen nach dem Licht

235/42. adventum lucis miseri fugere superbi/ et magis amplexi caecas tenuere tenebras./ sic quicumque malis mentem maculaverit actis,/ in tenebras pavidus refugit, ne lumine claro/ sordida pollutae pateant contagia mentis./ at quicumque piae tenuit vestigia vitae,/ ad medium properat lucemque nitescere gaudet,/ splendeat ut claris virtutis gloria factis. Bei der Exegese von Ioh.3.19/21 sind m.E. zwei Verständnisebenen zu berücksichtigen, die einander aber nicht ausschließen, sondern ergänzen. Ioh.3.19 *hoc est autem iudicium, quia lux venit in hoc mundo. et dilexerunt* *homines potius tenebras quam lucem* sagt zunächst, daß das Licht in diese Welt gekommen ist, die Menschen aber die Finsternis mehr liebten als das Licht. Man kann unter dem Licht in einem umfassenden Sinn Christus als den Erlöser verstehen und unter der Finsternis den Antichrist, den Widersacher des Erlösers. Die daran anschließende Erklärung *erant enim malae operae eorum* weist aber, zumal in Verbindung mit Ioh.3.20, in eine andere Richtung. Hieße es nur *erant enim mali* (sc. *homines*) o.ä., so würde der Vorzug der Finsternis einfach mit der Schlechtigkeit der Menschen erklärt, die nicht die Nähe zu Gott suchen, sondern sich seinem Widersacher verbunden fühlen. Vor dem Hintergrund von *erant enim malae* _operae_ *eorum* aber muß man das Licht Christi in erster Linie als das Licht der Wahrheit verstehen, das den Unglauben und die Schlechtigkeit der Werke (237) der Menschen sichtbar macht. Es geht also nicht mehr so sehr um die Aussage, daß die Menschen aufgrund ihrer Schlechtigkeit den Fürsten dieser Welt mehr lieben als Christus, sondern darum, daß sie, jedenfalls die Sünder unter ihnen (235 *superbi*), sich ihres Unglaubens und ihrer schlechten Werke bewußt sind und aus Angst vor dem Licht der Wahrheit in die Finsternis flüchten, damit ihre Schlechtigkeit nicht offenbar wird. Darauf zielt der in Ioh.3.20f. wiedergegebene Satz menschlicher Erfahrung, daß Gutes in der Öffentlichkeit getan wird, Schlechtes aber im Verborgenen. Während in Ioh.3.19 das Licht zunächst noch allgemein für Christus als Erlöser steht, ist bei Juvencus bereits durch 233, wo von der quälenden Selbstverurteilung die Rede ist (Ioh.3.18 *iam iudicatur* muß dagegen nicht bedeuten, daß dem Sünder seine Schuld und Verurteilung auch bewußt ist), der Gedanke vorbereitet, daß die Sünder aus Angst das Licht Christi als Licht der Wahrheit meiden. In 235f. ist also das Licht Christi vom ersten Wort an als das Licht der Wahrheit verstanden. Das gilt auch für 237/9. In 240/2 dagegen liegt bei der Erwähnung des Lichts der Akzent auf der *gloria* Christi, die auf die Tugendhaften überstrahlt (vgl. zu 240/2).- Auffallend ist die bildliche Ausdrucksweise. Juvencus hat *et dilexerunt...magis (tenebras quam lucem)* aufgespalten in *(adventum lucis) fugere* und *amplexi (caecas) tenuere (tenebras)*, wobei neben die Antithetik Licht-Dunkel eine Antithetik der Verbalbegriffe tritt. Aus Ioh.3.20 *non venit* wird 238 *refugit*. Ioh.3.21 *venit* ist amplifiziert zu 241 *properat*. Die Lichtmotivik wird ausgebaut und variiert. Während in Ioh.3.19/21 nur *lux* und *tenebrae* vorkommen, hat Juvencus 235 *adventum lucis* (aus Ioh.3.19 *lux venit* entwickelt), 236 *caecas...tenebras*, 238 *lumine claro* und Ausdrücke wie 241 *lucem...nitescere*, 242 *splendeat... gloria, claris...factis.*

235f. adventum lucis miseri fugere superbi/ et magis amplexi caecas tenuere tenebras. Den einleitenden Satz Ioh.3.19 *hoc est autem iudicium* hat Juvencus nicht berücksichtigt. Bei Juvencus ist ja in 235f. vom ersten Wort

an nicht von dem Verhalten die Rede, welches zur Verurteilung führt, also
dem Meiden des Lichts (das für Christus als den Erlöser im allgemeinen
Sinn, nicht im besonderen als das die Wahrheit offenbarende Licht steht)
dadurch, daß man sich zum Schlechten hingezogen fühlt. Vielmehr ist das
Verhalten der Sünder geschildert, das sich aus dem Bewußtsein ergibt,
schuldig zu sein und sich dadurch bereits selbst verurteilt zu haben, so daß
man das Licht der Wahrheit zu meiden sucht, obwohl man ihm gar nicht
entkommen kann und schon von ihm entdeckt ist.- In Ioh.3.19 klingt *dilexerunt homines magis tenebras quam lucem* sehr pauschal, als ob nicht schon
in Ioh.3.18 differenziert worden wäre und ebendies nicht auch in dem Er-
fahrungssatz von Ioh.3.20f. noch geschähe. Bei Juvencus dagegen sind zu
adventum lucis...fugere nur die *miseri...superbi* Subjekt.

235. adventum lucis (wie in Sall.Iug.91.3) gibt Ioh.3.19 *lux venit* wieder.
Als Terminus für die Epiphanie des Herrschers (Hey, Thes.I 837.61/78) ist
adventus sicherlich nicht zufällig für die Epiphanie Christi gewählt. Zu den
Parallelen zwischen heidnischer und christlicher Literatur im Hinblick auf
παρουσία und *adventus* siehe A.Deißmann, Licht vom Osten, Tübingen
1923, 314/20; zum Lichtglanz Pax, Art. Epiphanie, RAC 5.1962.832ff.
passim und Komm. zu 181 *humanis lucem...surgere rebus.- fugere* / φεύγειν
kommt in bezug auf Ioh.3.19 auch bei Orig.frg.124 in Ioh. (GCS 10.569.
19) vor: αὐτεξούσιοι...ὄντες οἱ ἄνθρωποι καὶ ὀφείλοντες τὸ φῶς ἀποδέχε-
σθαι καὶ τὸ σκότος φεύγειν, τοὐναντίον ποιοῦσι· τὸ μὲν σκότος ἀποδέχον-
ται, φεύγουσι δὲ τὸ φῶς. Dort ist aber im Gegensatz zum Juvencustext offenbar nicht die angstvolle Flucht vor dem Licht Gottes als dem die Sünde
aufdeckenden Licht gemeint, sondern das frevelhafte Meiden des Lichts
Gottes in einem sehr allgemeinen Sinn.- Die Junktur *adventum fugere* hat
schon Lucr.1.6f. *te (Venerem) fugiunt...nubila caeli/ adventumque tuum.-*
miseri...superbi. Arevalo (unter Verweis auf Drac.laud.Dei 1.11), Knappitsch, de Wit und Castillo Bejarano fassen *miseri* substantivisch, die erstgenannten in der Bedeutung "Sünder", letzterer übersetzt wörtlich mit "los
desdichados". Die Wortstellung legt es aber nahe, mit Wieland (Thes.VIII
1105.9), Hansson (44) und Röttger (92) *superbi* am betonten Versende substantivisch zu verstehen, *miseri* dagegen als dessen Attribut. Röttger (vgl.
Wieland 1105.10) verweist auf 2.660ff. *iustorumque animas redivivo corpore necti,/ iudicioque gravi miseros exsurgere pravos* und 4.304ff. *aeternum
miseri poena fodientur iniqui,/ aeternumque salus iustis concessa manebit,*
wo die Sünder als *pravi* und *iniqui* bezeichnet werden und *miseri* wegen der
Gegensatzpaare *iusti - pravi* und *iusti - iniqui* nur Attribut sein kann. Die

superbia besteht im Unglauben (234),[299] den schlechten Werken (237), aber auch im Meiden des Lichts (Röttger 92 nennt nur diesen Aspekt). *miseri* hat weniger beklagende als tadelnde Funktion; vgl. Wieland, Thes.VIII 1104.74/1105.15, "spectat magis ad vitium, peccatum [maxime per convicium] fere i.q. malae qualitatis, turpis, pravus sim.", der für epischen Gebrauch Verg.Aen.5.671 nennt (vgl. zu 207 *miserande*). Nonnos hat die *superbia* der Sünder stark herausgearbeitet (Bezug der ἀσέβεια auf das Meiden des Lichts selbst nicht hergestellt): Ioh.3.18b εἰ...τις ἀνὴρ/ .../ τολμήεις ἐπέτασσε θεημάχον ἀνθερεῶνα,/ ἀνὴρ κέκριται οὗτος, Ioh.3.19a δυσσεβέος.../ κόσμου σύγγονος ἤδε πέλει κρίσις, Ioh.3.20a πᾶς τις ἀνὴρ ἀθεμίστια ῥέζων,/ ἄξια νυκτὸς ἔχων, στυγέει φάος. Im Gegensatz dazu heißt es von den Guten Ioh.3.18a ὅς...μιν (sc. Υἱόν) ἀπλανέος κραδίης μειλίξατο θεσμῷ/ ῥίψας ἠερίοισιν ἀπειθέα λύσσαν ἀήταις, Ioh.3.21 ὅς...θεουδείησιν ἐτήτυμα πάντα φυλάσσει.

236. Korrektives **et magis** statt Ioh.3.19 *et...potius* ist spätlateinisch (Bulhart, Thes.VIII 68.23/8, HSz 498).- **amplexi...tenuere tenebras** zeigt wieder das Streben des Dichters nach Bildlichkeit (vgl. 230 *fuerit conplexa salutem*). Zu *amplexi tenuere* vgl. etwa 4.311f., Plaut.Rud.560, Cic.Sull.59, Catull.11.19 *(compl.)*, Verg.Aen.2.490, Ov.am.1.13.39 *(compl.)*, 3.11.11 *(compl.)*, Liv.3.52.6, Sil.6.132, Stat.Theb.12.337. Zu dem Gesamtausdruck *amplexum tenere tenebras* finde ich keine Parallele. Dagegen ist die umgekehrte Vorstellung, daß Finsternis jemanden oder etwas ergreift oder umgibt, ganz gängig: Cic.Verr.2.3.177 *caligine ac tenebris, quae totam rem publicam tum occuparant*, Verg.Aen.8.369 *nox...tellurem amplectitur alis*, Hor.carm.1.7.20f. *densa tenebit* (sc. *te*)/ *Tiburis umbra tui*, Sil.5.483f. *late ...tenebat/ frondosi nigra tellurem roboris umbra* (sc. *aesculus*), Stat.Theb. 1.498 *nox...terrarum caelique amplexa labores*, 11.761 *nox...profugos amplectitur umbra*, Iob 3.4 *excipiant eam tenebrae*, Ioh.12.35 *ut non tenebrae vos comprehendant*. Röttger (91) führt zum Vergleich mit *amplexi...tenuere tenebras* Stat.silv.2.2.46f. an, wo allerdings nicht die Finsternis, sondern

---

[299] Wenn Juvencus (bzw. sein Christus) den Unglauben zugleich als Nichterkennen des Gottessohnes (234 *unica nam Domini fuit his incognita Proles*) und als Hybris (235 *superbi*) charakterisiert, wird man an den Gedanken des Poseidonios erinnert, wonach Frömmigkeit vom Erkennen Gottes ausgeht, vgl. etwa Cic.nat.deor.2.153 *cognitio deorum, a qua oritur pietas*, Sen.epist.95.47 *deum colit, qui novit*, 95.50, Clem.Alex.strom.7.7.47.3 (SC 428.162.7f.) ὁ δὲ ἐγνωκὼς τὸν Θεὸν ὅσιος καὶ εὐσεβής. μόνος ἄρα ὁ γνωστικὸς εὐσεβὴς ἡμῖν εἶναι δέδεικται, Lact.inst.3.9.19 (CSEL 19.202.1f.) *quid iustitia nisi pietas? pietas autem nihil aliud quam Dei Parentis agnitio* mit E.Norden, Agnostos Theos, Untersuchungen zur Formengeschichte religiöser Rede, 1913 (Nachdruck Darmstadt 1956), 96; R.Bultmann, Art. ἄγνωστος, ThWNT I 122; A.S.Pease, Komm. zu Cic.nat.deor.2.153.

das Licht festgehalten wird: *illa* (sc. *domus*) *cadentem* (sc. *Phoebum*) / *detinet exactamque negat dimittere lucem.*- **tenebras** (wie bei Johannes) ist Lesart von C Mp, während die übrigen codd. *latebras* haben (nicht von Huemer angegeben, doch vgl. Marolds Apparat und Petschenig, Rez. Huemer 144). Beides ließe sich mit *caecas* verbinden, vgl. zu *caecas...tenebras* 1.758 (ähnlich pleonastisch 1.622 *obscurae...tenebrae*, 2.207 *furvis...tenebris*, 4. 334 *atris...tenebris* [Tubero Gell.7.4.2, Ov.frg.phaen.2, Sil.12.249f.]), Cic.leg.agr.2.44, Lucr.2.55, 746, 798, Stat.10.559, zu *caecas...latebras* Lucr.1.408, Verg.Aen.3.232, 424, Ov.met.1.388. Für *tenebras* spricht die für Juvencus typische Wortwiederholung in 238 (siehe zu 211 *conprendere*, 233 *mentem*) und die Alliteration *tenuere tenebras*. Auch die Antithese zu 235 *adventum lucis* wird durch *tenebras* klarer. Vertauschung von *latebrae* und *tenebrae* in der Überlieferung läßt sich auch sonst nachweisen, etwa bei Lucan.5.500, Stat.Theb.2.413, Arator act.1.543, Paul.Nol.carm.18.275 (*latebris, a tenebris* R). Die Vertauschung ist mit zumindest teilweiser Überlappung der Bedeutungsbereiche und einem gewissen Gleichklang der Wörter zu erklären, vgl. dazu auch das Wortspiel Plaut.Poen.835 *omnia genera (hominum) recipiuntur, itaque in totis aedibus tenebrae, latebrae* und Cic. Sest.9 *cum illa coniuratio ex latebris atque tenebris erupisset* (die Stellen sind als Wortspiele angeführt von Lumpe, Thes.VII.2 c.992.34f). *latebras* ("Schlupfwinkel") in vorliegender Stelle könnte durch *fugere* im vorhergehenden Vers veranlaßt worden sein.

237/42. sic quicumque malis mentem maculaverit actis,/ in tenebras pavidus refugit, ne lumine claro/ sordida pollutae pateant contagia mentis./ at quicumque piae tenuit vestigia vitae,/ ad medium properat lucemque nitescere gaudet,/ splendeat ut claris virtutis gloria factis. Ioh.3. 20f. enthalten eine aus der menschlichen Erfahrung genommene Analogie, welche die Ablehnung des die Wahrheit aufdeckenden Lichts Christi, von der in Ioh.3.19 (Iuvenc.2.235f.) die Rede war, erklärt: Wer schlechte Werke tut, meidet das Tageslicht, um nicht entdeckt zu werden (Tac.ann.14. 20.5 *quod perditissimus quisque per diem concupiverit, per tenebras audeat* [Omeis]; Stob.3.6.53 ἅπασα δὲ κακία ὁρᾶσθαι γυμνὴ φυλάττεται [Koenig]; Iob 24.13/7, Sirach 23.25f. *omnis homo, qui transgreditur lectum suum, contemnens in animam suam et dicens "quis me videt?/ tenebrae circumdant me et parietes cooperiunt me et nemo circumspicit me, quem vereor. delictorum meorum non memorabitur Altissimus"*). Wer dagegen gute Werke tut, tut dies im Tageslicht, damit seine Werke vor den anderen Menschen als gut offenbar werden (Stob.3.6.53 οὐδεὶς γὰρ τῶν καλῶν ἔργων σκότος προβάλλει τὸ φῶς αὐτοῖς μαρτυρεῖν αἰσχυνόμενος, ἀλλ' ὅλον ἅμα τὸν κόσμον ἥλιον γενέσθαι πρὸς ἃ κατορθοῖ βούλοιτ' ἄν [Koenig]). Bei Ju-

vencus nun steht bei den Unfrommen die durch die schlechten Werke be-
fleckte Seele im Vordergrund (237 *quicumque malis mentem maculaverit actis*, 239 *contagia mentis*). Das aufdeckende Licht kann hier nicht mehr nur
das Tageslicht sein, sondern es ist das Licht Christi, das die Schlechtigkeit
der Seele selbst sichtbar macht. Bei den Frommen sind zwar nur die Werke
selbst genannt, doch die Erwähnung des geistigen Bereichs in 237/9 wirkt
natürlich nach 240/2 hinein. Insgesamt sind Ioh.3.20f. im Dichtertext nicht
mehr bloße Analogie, sondern die geistige Ebene ist bereits unmittelbar mit
angesprochen.- Wenn Juvencus auch eigene inhaltliche Akzente setzt, hat er
doch die bei Johannes vorliegende chiastische Abfolge ABba (bei der zweimal nacheinander zunächst von den schlechten Menschen und danach von
den guten Menschen die Rede ist), im Prinzip beibehalten (A = Ioh.3.
18a[300] = 2.230f.; B = Ioh.3.18bα [bzw. 3.18bα/3.19b; den wegen der
nachfolgenden Erklärung nicht unbedingt notwendigen Zusatz Ioh.3.19c hat
Juvencus ausgelassen] = 232/3 (bzw. 232/6); b = Ioh.3.20 = 237/9; a =
Ioh.3.21 = 2.240/2). Er hat die Gegenüberstellung von b und a sogar noch
schärfer gestaltet als es bei Johannes der Fall ist, indem er 237/9 (b) und
240/2 (a) jeweils exakt 3 Verse zugewiesen hat. Während bei Johannes 3.20
(b) *non venit* und 3.21 (a) *venit* einander gegenüberstehen, zeigt sich bei Juvencus ein scharfer Kontrast zwischen den pointierten Verba 238 (b) *refugit*
und 241 (a) *properat*. Auch 237 (b) *malis...actis* und 242 (a) *claris...factis*
(Rahmung von 237/42 durch diese Ausdrücke) bilden einen Gegensatz, den
der Dichter durch entsprechende Stellung von *malis* und *claris* vor der Penthemimeres und von *actis* und *factis* am Versende sowie das gleichlautende
Homoioteleuton unterstrichen hat. Verschärfte Gegenüberstellung durch Zu-
weisung von jeweils 2 Versen kann man auch für die Abschnitte 230f. (A)
und 232f. (B) konstatieren (siehe im einzelnen zu 230/4). Allerdings sind
232f. (B) eigentlich noch 234/6 zuzurechnen.

237. sic. Die Analogie wird mit *sic* eingeleitet. Ioh.3.20 steht *enim* (gr.
γάρ).- **quicumque** steht für Ioh.3.20 *omnis,...qui;* vgl. zu 220.- **malis
mentem maculaverit actis.** Das Bild der beschmutzten Seele (cf. Sil.11.200
maculatas crimine mentes) wird mit 239 *sordida pollutae pateant contagia
mentis* wieder aufgegriffen. Auffällig ist die dreifache Alliteration *malis
mentem maculaverit* (cf. 1.448, 4.271, 458; weitere Belege bei Castro Jiménez / Melle 142).- **malis...actis** geht zurück auf Ioh.3.20 *mala agit*, aller-

---

[300] Ioh.3.18f. wird hier wie folgt gegliedert: 3.18a *qui credit in eum, non iudicatur,* 3.18bα
qui vero non credit, iam iudicatus est, 3.18bβ *quia non credit in nomine unigeniti Fili
Dei.*/ 3.19a *hoc est autem lux, quia lux venit in hoc mundo.* 3.19b *et dilexerunt homines
potius tenebras quam lucem;* 3.19c *erant enim malae operae eorum.*

dings dürfte *malis* adjektivisch sein, *actis* substantivisch. Vor Juvencus scheint die Junktur *mala acta* nicht belegt.- **maculaverit.** In *quicumque*-Sätzen ist der iterative Konjunktiv zwar seit Livius belegt und im Spätlatein häufig (HSz 562), doch findet sich bei Juvencus in den 26 übrigen *quicumque*-Sätzen keine Parallele (Vers 3.756 dürfte ein futurum exactum vorliegen), vielleicht ein Tribut an die klassische epische Sprache. Im kontrastierenden *quicumque*-Satz in 240 steht mit *tenuit* der Indikativ. Der Konjunktiv *tenuerit* hätte sich im Hexameter nicht unterbringen lassen, wohl aber wäre umgekehrt *maculavit* möglich gewesen.- Für *maculare* und Stammverwandtes im moralischen Bereich vgl. 1.310, 4.510, deut.32.5, II Petr.2.13, Tert. adv.Marc.4.9.6 (SC 456.120.52), Cypr.Demetr.12 (CCL 3A 42.233), Lact. inst.4.26.11 (SC 377.210.43, 212.1), 4.26.12 (p.379.8), ira 24.10 (SC 289. 212.40), Optat.5.4 (CSEL 26.128.11) *sordes et maculas mentis,* Prud.apoth. 914 *ingenitas animarum...maculas.*

238f. in tenebras pavidus refugit, ne lumine claro/ sordida pollutae pateant contagia mentis. Die Bloßlegung des sündigen Herzens durch das Licht Gottes erinnert an I Cor.4.5 *Dominus, qui et illuminabit abscondita tenebrarum et manifestabit consilia cordium.* Im Korintherbrief ist jedoch vom Jüngsten Gericht die Rede, während bei Juvencus die erste Ankunft Christi gemeint ist (vgl. die Vergangenheitsformen 235 *fugere,* 236 *tenuere* und Komm. zu 235/42). Doch ist die Aufdeckung der Sünden natürlich vor dem Hintergrund des drohenden Endgerichts zu sehen. Die Paulusstelle unterscheidet sich auch dadurch, daß es dort weniger um Sünden und schlechte Gesinnung geht, sondern vielmehr die Verdienste und die vorwiegend reinen Herzen der Apostel gemeint sind, die der Richter offenbaren und loben wird.

238. in tenebras pavidus refugit. Die Daktylen malen die Flucht; vgl. Mazzega 230f. zu Sedul.carm.pasch.3.271.- **pavidus** zeigt den Kontrast auf emotionaler Ebene an: Während die Ungläubigen das ihre Sünden aufdeckende Licht Christi fürchten müssen, freuen sich die Gläubigen und Guten über die Ankunft des Lichts (241 *gaudet*). Für *pavidus* als praedicativum zu *(re-)fugere* vgl. Ov.met.9.580, Liv.33.28.14, Sen.Herc.O.1719, Aetna 464.- **lumine claro** ist eine weitverbreitete Junktur (vgl. 1.477; Probst, Thes.III 1271.82/1272.2). Als Hexameterschluß findet sie sich in Catull.64.408 (gemeint sind dort "die klar sehenden Augen der Menschen", siehe Kroll, Komm.), Avien.Arat.1.484, AL I.2 Buecheler/Riese/Lommatzsch 551.1, 662.6. Juvencus nutzt den Ausdruck, um das strahlende Licht Christi, das die Wahrheit aufdeckt, zu bezeichnen. Vom Dichter wohlbedacht ist die hervorgehobene Stellung von *claro* am Versende in scharfem Gegensatz zu *sordida* direkt am Beginn des folgenden Verses.

239. sordida pollutae...contagia mentis kann in Gegenüberstellung zu 230 *salutem* und 232 *dona...medellae* gesehen werden (metaphorischer Gebrauch der Wortfelder "Gesundheit" und "Krankheit").- Auffallend ist die dreifache Synonymenhäufung wie ähnlich in 3.166ff. *quae...interno concepta e pectore promunt/ ora hominum, mentem possunt aspergine labis/ polluere inmundoque hominem maculare piaclo*, Greg.M.moral.10.15.29 (CCL 143.558. 79) *faciem anima ad Deum levare non sufficit, quia in se nimirum inquinata mente maculas pollutae cogitationis erubescit.* Damit einher geht ein weitgehender vokalischer Gleichklang von *sordida* und *contagia.* Zur Verbindung von Synonymenhäufung (für Juvencus siehe die zahlreichen Beispiele bei Huemer Index 173 s.v. "synonymorum coacervatio") und Reim siehe HSz 786 B mit archaischen Beispielen. Die kunstvolle Anordnung von Substantiven und Attributen in der Form abAB *(sordida pollutae...contagia mentis)* ist hellenistisch-neoterischer Herkunft (Norden 393ff.) und findet sich bei Juvencus (vgl. etwa 269, 314; gehäuft in 516, 519, 524) relativ gesehen genauso häufig wie in Vergils Bucolica, aber nur halb so oft wie in der Aeneis (Widmann 79).- **sordida contagia.** Val.Max.9.15.2 *(sordida contagione)*, Prud.apoth.1029, Ennod.dict.2 (CSEL 6.432.1); (von der Erbsünde:) Cypr. hab.virg.23 (CSEL 3.1 p.204.6ff.) *innovati Spiritu Sancto a sordibus contagionis antiquae iterata nativitate purgantur.- sordes* u.ä. von Sündhaftigkeit findet sich bereits im biblischen Sprachgebrauch: Is.4.4 *lavabit Dominus sordes filiorum et filiarum Sion*, apoc.22.11 *qui perseverant nocere, noceant. et, qui in sordibus est, sordescat adhuc. iustus autem iustiora faciat, similiter et sanctus sanctiora;* vgl. noch Min.Fel.37.10 *fulgere purpura, mente sordescere*, Lact.ira 24.14 (SC 289.212.57f.) *mundemus hoc templum (cordis), quod non fumo, non pulvere, sed malis cogitationibus sordidatur*, inst.5.19.34 (SC 204.238/4) *mentem..., quae malis cupiditatibus sordidatur.* In epischer Dichtung wurde *sordes, sordidus* etc. offenbar nicht in moralischem Sinn verwendet (mit Ausnahme von Manil.4.271), vgl. sonst etwa Cic.Flacc.7, p.red.in sen.10 *mentes angustae humiles pravae, oppletae tenebris ac sordibus*, Pis.27, Tac.hist.1.60.- Zu *contagium* u.ä. von Sündhaftigkeit vgl. schon Cic.Mur.78 *sceleris contagio*, Lucan.3.322 *scelerum contagia;* aus christlichen Autoren neben den obengenannten Stellen Cypr.patient. 4 (CCL 3A 120.65) *errorum et scelerum contagio*, 14 (126.279) *contagio fraudis*, Lact.inst.6.23.16 (CSEL 19.567.5) *mens...contagione inpudici corporis inquinata.- contagium* ist ein poetisches Wort (seit Lucrez), das bis zur Zeit von Gellius und Apuleius in der Prosa nur sehr selten vorkommt. In der Dichtung begegnet es nur in der Form *contagia*, und zwar meist

- wie hier (der einzige Beleg für *contagium* bei Juvencus) - vor dem 6.
Versfuß (Thes.IV 626.78/84).- Zu **pollutae...mentis** vgl. (Vergiftung:) Lu-
can.6.457 *mens hausti nulla sanie polluta veneni/ excantata perit*, (moralisch:) Sil.13.90f. *hac avidas mentes ac barbara corda rapina/ polluit atque
armat contemptu pectora divum*, Tac.ann.3.50.1 *quam nefaria voce Clutori-
us Priscus mentem suam et aures hominum polluerit*.- *polluere* ist im AT
häufig, besonders in den Reinheitsvorschriften des Leviticus. Zu christlich-
moralischem Gebrauch vgl. etwa Lact.epit.61.9 (Heck/Wlosok 99.17f.) *pol-
lui...mentem quamvis inani cupiditate manifestum est*, ira 24.10 (SC 289.
212.39) *conscientiam suam polluerunt*, Vulg.Ezech.20.43, Vulg.Ezech.23.
17, Prud.cath.6.49f. (siehe van Assendelft, Komm.), ham.830ff. *animam
.../... non posse vicissim/ pollutam vitiis rursum ad convexa reverti*, 923.-
contagia mentis. Vgl. (nicht moralisch, sondern von seelischer Mattigkeit:)
Ov.trist.3.8.25 (auch dort als Hexameterschluß), 5.13.3.- Das bildliche **pateant** (**contagia mentis**), paßt gut zur Lichtmotivik. Mit *pateant pollutae* ergibt sich zudem eine wirkungsvolle Alliteration auf *p*, welche vielleicht die
Schonungslosigkeit (vgl. *pateant* vor der Hephthemimeres) der Aufdeckung
versinnbildlichen soll. Zur Wendung *pateant contagia mentis* vgl. 1.700 *do-
lus patescit*, Cic.Mur.78 *patet...sceleris contagio*.

**240/2. at quicumque piae tenuit vestigia vitae,/ ad medium properat lu-
cemque nitescere gaudet,/ splendeat ut claris virtutis gloria factis.** Das
Eilen zum Licht in Verbindung mit dem Finalsatz, aber auch die Freude
über die Ankunft des Lichts, die bei Juvencus noch zusätzlich erwähnt
wird, legen das Verständnis nahe, daß erst das göttliche Licht die *gloria* der
Gläubigen und Rechtschaffenen erstrahlen lassen kann. Der Akzent beim
göttlichen Licht liegt jetzt nicht mehr so sehr auf dem Aufdecken der guten
und der schlechten Werke, wie es in den vorangehenden Versen der Fall
war, sondern mehr auf der göttlichen *gloria*, welche auf die Tugendhaften,
die gute Werke vollbracht haben, überstrahlt. Nur weil die göttliche *gloria*
strahlt, kann auch die *gloria* der frommen und rechtschaffenen Menschen
strahlen. Noch einen Schritt weiter freilich geht die Gnadenlehre des Augustinus. Nicht nur schenkt Gott *gloria* aufgrund tugendvoller Werke, sondern
er hat es den Menschen überhaupt erst ermöglicht, tugendhaft zu handeln:
pecc.mer.1.62 (CSEL 60.63.15/9) *in Deo...facta dicit opera eius, qui venit
ad lucem, quia intellegit iustificationem suam non ad sua merita, sed ad Dei
gratiam pertinere. "Deus est enim", inquit apostolus, "qui operatur in nobis
et velle et operari pro bona voluntate"* (Phil.2.13).- Zum Ausstrahlen der
gloria Gottes auf die Menschen vgl. in anderen Zusammenhängen Is.60.1ff.
illuminare, illuminare Ierusalem: venit enim lumen tuum, et gloria (hebr.
כבוד, Sept. δόξα) *Domini super te orta est./ ecce tenebrae operient terram,*

et caligo super gentes: super te autem apparebit Dominus, et gloria illius (hebr. כבוד) *in te videbitur,/ et ambulabunt gentes in lumine tuo et reges in splendore tuo*, Vulg. II Cor.3.18 *nos...omnes revelata facie gloriam* (gr. τὴν δόξαν) *Domini speculantes in eandem imaginem transformamur a claritate in claritatem* (VL *eandem imaginem reformamur de gloria in gloriam*, gr. ἀπὸ δόξης εἰς δόξαν) *tamquam a Domini Spiritu*. Vermutlich tragen das hebräische כבוד und das diesem in der Septuaginta gleichgestellte δόξα, welches in der lateinischen Bibel mit *gloria* übersetzt wird, die Bedeutung "Licht" schon in sich. Zum Begriff der christlichen *gloria* siehe grundlegend A.J.Vermeulen, The semantic development of Gloria in early Christian Latin, Nimwegen 1956; ders., Art. Gloria, RAC 11.1981.196/226 (dort 203f. zusammenfassend über die Diskussion zu כבוד / δόξα / *gloria* = Licht); Mohrmann I 277/86, IV 197/203.

240. at quicumque piae tenuit vestigia vitae steht für Ioh.3.21 *qui...facit veritatem*. Daß *pia vita*, und nicht etwa *vera vita*, an die Stelle von *veritatem facere* tritt (*veritas* ist kretisch, also unmetrisch), zeugt von einer gewissen Freiheit gegenüber der Vorlage.[301] Sie mag damit zu erklären sein, daß *piae (vitae)* einen erwünschten Kontrast zu 235 *superbi* ergibt. Außerdem bereitet die Erwähnung der *pietas* christlich verstandenes *gloria* in 242 vor: Christliche *gloria* erwächst aus einer Lebensweise, die auf Treue und Ehrfurcht gegenüber Gott ausgerichtet ist, nicht aber auf vergängliches weltliches Ansehen. Im übrigen sind *cognitio veritatis* und *pietas* nach

---

[301] Mit dem Vorgehen in 2.240 (vom Begriff der *veritas* zum Begriff der *pietas*) ist zu vergleichen 2.710 *ut Solomona pium.../ audiret*, was auf Matth.12.42 *audire sapientiam Salomonis* zurückgeht. Denn *sapientia* ist Erkenntnis der *veritas*: Clem.Alex.protrept.8. 80.3 (SC 2.146) ἀποπεσόντας...ἡμᾶς ἐπὶ τὰ εἴδωλα ἡ σοφία, ἥ ἐστιν ὁ λόγος αὐτοῦ (sc. τοῦ Κυρίου), ἀνορθοῖ ἐπὶ τὴν ἀλήθειαν, strom.2.9.45.2 (GCS Clem.2.136.28f.) ἡ σοφία δύναμις Θεοῦ ἡ διδάξασα τὴν ἀλήθειαν, 6.18.166.4 (SC 446.394.14/7), Min.Fel.1.4 *cum discussa caligine de tenebrarum profundo in lucem sapientiae et veritatis emergerem*, Lact.inst.4.16.1 (SC 377.142.6), Aug. de serm.Dom.1.3 (CCL 35.8.173f.) *sapientia id est contemplatio veritatis. veritas* und *pietas* aber liegen, wie gezeigt, nahe beieinander.- Man kann *sapientia* und *pietas* aber auch so unmittelbar miteinander in Verbindung bringen, wie es Lact.inst.4.3.2 (SC 377.42/4) tut: *philosophia, quia religionem, id est summam pietatem, non habet, non est vera sapientia* (der Titel des 4. Buchs lautet De vera sapientia et vera religione; zur Verschränkung von *sapientia* und *religio* vgl. etwa 4.3f. [SC 377.42/56] passim. *sapientia* meint für Lactanz die Erkenntnis Gottes, *religio* die daraus folgende Verehrung Gottes: inst.4.4.2f. [SC 377.52.8/14] *non potest...nec religio a sapientia separari nec sapientia a religione secerni, quia idem Deus est, qui et intelligi debet, quod est sapientiae, et honorari, quod est religionis./ sed sapientia praecedit, religio sequitur, quia prius est Deum scire, consequens colere. ita in duobus nominibus una vis est, quamvis diversa esse videantur: alterum enim positum est in sensu, alterum in actu*).

christlicher Lehre nicht voneinander zu trennen, sondern bedingen einander, wie hervorgeht aus I Tim.2.1/4 *obsecra igitur primum omnium fieri obsecrationes, orationes, postulationes, gratiarum actiones, pro omnibus hominibus, / pro regibus et omnibus, qui in sublimitate sunt, ut cum securitate et gravitate vitam transagamus cum pietate et castitate. / hoc enim bonum et acceptum coram salutari nostro Dei* (Aug.epist.149.17 [CSEL 44.364.1f.] *salvatore Deo nostro), / qui omnes homines vult salvos fieri et in agnitionem veritatis venire* (cf. Clem.Alex.prot.9.85.3 [SC 2.153] ὁ Κύριος πάντας ἀνθρώπους "εἰς ἐπίγνωσιν τῆς ἀληθείας" παρακαλεῖ... τίς οὖν ἡ ἐπίγνωσις; θεοσέβεια, paid.7.53.3 [SC 70.206] ἡ θεοσέβεια, μάθησις οὖσα Θεοῦ θεραπείας καὶ παίδευσις "εἰς ἐπίγνωσιν ἀληθείας"), Tit.1.1 *cognitionem veritatis, quae secundum pietatem est,* Iustin. I apol.2 (PG 6.329) τοὺς κατὰ ἀλήθειαν εὐσεβεῖς καὶ φιλοσόφους μόνον τἀληθὲς τιμᾶν καὶ στέργειν), Cypr.hab.virg.23 (CSEL 3.1 p.204.17ff.), Aug.conf.9.6 (CCL 27.141.25f.) *voces illae influebant auribus meis et eliquabatur veritas in cor meum et exaestuabat inde affectus pietatis,* gen.ad litt.10.14 (CSEL 28.1 p.313.8/12), tract.45.13 in Ioh. (CCL 36.396.34f.) *maneat pietas, et revelabitur veritas,* civ.20.3 (Dombart/Kalb 2.410.2/4), trin.8 prooem. (CCL 50.268.25/ 269.1), cat. II Cor.13.8 (Cramer, Catenae Graecorum Patrum in Novum Testamentum, V 442.16ff.) ἐάν τις ἀληθῶς βιοῖ, φησί, καὶ εὐσεβῶς· ἀλήθειαν γὰρ νῦν εὐσέβειαν καλεῖ, ὡς νόθου ὄντος τοῦ δυσσεβοῦς βίου... οὐ... κατὰ τῆς ἀληθείας οἷον εὐσεβείας τι ἰσχύομεν. Bei Nonn.Ioh.3.21 kommt beides zur Sprache: ὅς...θεουδείησιν ἐτήτυμα πάντα φυλάσσει, / ἵξεται αὐτοκέλευστος, ὅπῃ φάος.- **piae tenuit vestigia vitae.** Die Spuren des frommen Lebens sind von Christus vorgegeben, wenn es hier auch nicht unmittelbar gesagt wird: Orig.Cels.8.20 (SC 150.218.31ff.) ὅς (Ἰησοῦς Χριστός) ἐστι μόνος ὁδὸς εὐσεβείας ἀληθῶς λέγων τό "ἐγώ εἰμι ἡ ὁδὸς καὶ ἡ ἀλήθεια καὶ ἡ ζωή" (Ioh.14.6), Sedul.carm.pasch.1.120, 4.185. Über die Wegmetaphorik im christlichen Gebrauch siehe zu 184f., über die Nachfolge Christi im besonderen etwa Kittel, Art. ἀκολουθέω, ThWNT I 214f. (dort genannt etwa Matth.10.38 *qui non acceperit crucem suam et secutus fuerit me, non est me dignus,* Luc.14.27, Ioh.8.12 *ego sum lux mundi; qui sequitur me, non ambulabit in tenebris, sed habebit vitam aeternam*); H.Crouzel, L'imitation et la "suite" de Dieu et du Christ dans les premiers siècles chrétiens, ainsi que leurs sources gréco-romaines et hébraiques, Jahrbuch für Antike und Christentum 21.1978.7/41; S.Deléani, Christum sequi. Étude d'un thème dans l'oeuvre de saint Cyprien, Paris 1979; vgl. in der heidnischen Antike etwa Plat.Phaedr.248a ἡ μὲν ἄριστα (ψυχὴ) θεῷ ἑπομένη καὶ εἰκασμένη, 248c, Epict.diss.1.12.8, 1.20.15 τέλος ἐστὶ τὸ ἕπεσθαι θεοῖς (Kittel 210; Crouzel 8, 12; Deléani 28).- Die Junktur **tenere vestigia** begegnet schon bei Lucr.3.673, 4.993, Ov.met.5.198, Verg.Aen.5. 331f., Liv.29.32.6, Sen.benef.7.31.5, Lucan.1.194, allerdings in anderen

Bedeutungen. Am ehesten vergleichbar ist noch Liv.29.32.6 (OLD 1919 s.v. *teneo* 14 "to hold, continue on [a course"]) *tenuit...vestigia (Masinissae) Bucar, adeptusque eum...ita circumvenit, ut...omnes ad unum interfecerit*, meint aber feindliche Verfolgung. Dem Sprachgebrauch bei Juvencus näher kommen spätere Stellen wie Aug.quaest.Simpl.1.2.16 (CCL 44.41. 451f.) *nisi supernae iustitiae quaedam inpraessa vestigia teneremus*, Iulian. in Iob 4.3 (CCL 88.13.25) *tenes constantiae firma vestigia*, Cassiod.var.2. 28.2 (CCL 96.77.11) *fixum tenuisti militiae probatae vestigium*. Diese mehr übertragene Verwendung von *vestigia tenere* ("dem Weg einer bestimmten Handlungsweise oder Lebenshaltung konsequent folgen, an ihm festhalten") liegt auch bei Juvencus vor. Verwandte Ausdrücke sind *iter tenere* (Cypr. dom.orat.1 [CCL 3A 90.12] *iter vitae duce et rectore Domino teneremus*) und *viam tenere* (Ov.met.2.79, Iob 17.9 *et obtineat fidelis viam suam*).- Ähnlich lautenden Versschluß hat Cic.carm.frg.24.2 Morel/Büchner/Blänsdorf (p.163) mit *(hominum) vestigia vitans* (cf. Hom.Il.6.202 πάτον ἀνθρώπων ἀλεείνων).

241. ad medium properat unterstreicht den Wunsch der Frommen und Tugendhaften, sich voll und ganz in das Licht zu stellen, damit ihre *gloria* erstrahle.- Für *ad medium* als Richtungsangabe vgl. Cic.nat.deor.2.115, Aug. soliloq.2.19.33 (CSEL 89.92.13), (mit von *medium* abhängigem Genitiv:) Vell.2.107.1, Vulg. II reg.3.27 (hebr. אֶל חוֹן), Vulg.Is.30.28, Vulg.Ier. 41.7 (hebr. אֶל חוֹן). Siehe auch die Übersicht von Bulhart (Thes.VIII 587/9) über *medium* mit Präpositionen.- **lucem...nitescere.** Lucr.2.1032 *solis praeclara luce nitorem*, Manil.1.470 *nitent...lumina* (Sterne), Mart.8. 21.9 *nitidae...luci* (Sonne, Tageslicht), 9.71.8 *niteant celsi lucida signa poli*, Sen.Herc.f.669 *lucis...nitor* (Sonne, Tageslicht; cf. 813f.).- **gaudet** ist 238 *pavidus* gegenübergestellt. Die Freude der Tugendhaften über die Ankunft des Lichts, in dem ihre Werke und sie selbst erstrahlen werden, erinnert an Tert.cult.fem.2.13.3 (SC 173.162/4), wo es zu Matth.5.14/6 heißt: *quid est: "luceant opera vestra"? aut quid nos Dominus lumen terrae vocavit?...haec sunt quae nos luminaria mundi faciunt, bona scilicet nostra. bonum autem, dumtaxat verum et plenum, non amat tenebras, sed gaudet videri et ipsa denotatione sui exultat.* Bei Iuvenc.2.242 wird aber klarer, daß die Tugendhaften und ihre Werke nur leuchten können, weil sie vom göttlichen Licht erleuchtet werden. Darauf zielt *lucem* (sc. *Domini*)...*nitescere gaudet*.

242. splendeat ut...gloria hängt wohl von 241 *ad medium properat* ab, auch wenn *lucemque nitescere gaudet* dazwischentritt. Der Evangelientext legt dies nahe: Ioh.3.21 *venit ad lumen, ut manifestentur operae eius, quia in Deo sunt operatae*. Knappitsch dagegen ordnet den *ut*-Satz offenbar der

ganzen Wortgruppe *(lucem) nitescere gaudet* unter. Denn er kommentiert
"nitescere gaudet, ut splendeat i.e. cum gaudio cupit, ut splendeat".- Zur
Verbindung *splendeat gloria* vgl. 524 *fulgentis splendens adventus gloria
nostri*, Vulg.Ezech.10.4 *splendore gloriae Domini*, Hebr.1.3 *qui* (sc. *Filius*)
est splendor gloriae...eius.- **claris...factis** tritt an die Stelle von *operae* aus
Ioh.3.21, passend zur Lichtmotivik. *opera* in der Bedeutung "opus, factum"
("Tat, Werk"), die es in der biblischen Vorlage hat, wird erst im christlichen Latein üblich (Flury, Thes.IX.2 c.660.65ff.). Juvencus verwendet *opera* nur einmal, dann aber in anderer Bedeutung (3.629 "Dienst"). Die Verbindung *clara facta* ist bereits vor Juvencus belegt, auch in der Dichtung:
Cic.Att.14.11.1 (Superl.), Catull.64.348, Verg.Aen.7.474, Sen.Tro.237;
vgl. später Paul.Petr.Mart.4.489 *gloria virtutum, claris...edita factis* (große
Übereinstimmungen mit dem Wortmaterial von Iuvenc.2.242).- *claris...fac-
tis* läßt sich als deskriptiver Ablativ zu *virtutis gloria* verstehen (wie Verg.
Aen.7.474 *claris dextera factis;* vgl. zu 182 *tantis...miracula signis*), ebensogut mit Knappitsch und Castillo Bejarano aber auch instrumental zu *splendeat* (vgl. oben Paul.Petr.Mart.4.489), wobei jedoch gedanklich Gott als
letzte Ursache des Leuchtens nicht außer acht gelassen werden darf.- Die
Junktur **virtutis gloria** findet sich bereits in Cic.Catil.3.28, off.1.121, rep.
2.17, Sest.1.143, Tusc.1.100, Plin.epist.10.88.1 und ist auch im christlichen Schrifttum anzutreffen: psalm.88.18 (Gott als *gloria virtutis* jmds.;
Sept. τὸ καύχημα τῆς δυνάμεως, hebr. 89.18 עֻזָּמוֹ תִּפְאֶרֶת), II Thess.1.9
(gr. τῆς δόξης τῆς ἰσχύος αὐτοῦ), IV Esdr.16.12, 15.49, Lact.inst.6.13.4
(CSEL 19.533.5f.), Ambr.bon.mort.9.38 (CSEL 32.1 p.736.17), Zeno 2.
7.1 (CCL 22.171.4f.), Paul.Petr.Mart.4.489 (s.o.).- *gloria* bezeichnet im
christlichen Gebrauch nicht mehr *gloria* vor den Menschen, also weltlichen
Ruhm für große und tapfere Taten (über römische *gloria* siehe U.Knoche,
Der römische Ruhmesgedanke, Philologus 89.1934.102/24 = Römische
Wertbegriffe, hrsg. v. H.Oppermann, Wege der Forschung 34.1983³.420/
45), sondern vielmehr *gloria* vor Gott, welche der Lohn für christliche Tu-
gendhaftigkeit ist, wie sie bei Juvencus zuvor beschrieben wurde: bestehend
im frommen Leben (240), d.h. im Glauben (220ff., 230ff.) und in den guten
Werken (242). Diese *gloria* vor Gott ist allein erstrebenswert: Ioh.5.44 *quomodo potestis vos credere, qui honorem ab invicem accipitis et honorem
eius, qui est solus Deus, non quaeritis?*, Tert.virg.vel.2.4(3) (SC 424.134.
22f.) *a Deo, non ab hominibus captanda gloria est*, Chrysost.hom.28.3 in
Ioh. (PG 59.166) εἰ βουλόμεθα δόξης ἐπιτυγχάνειν, φεύγωμεν τὴν ἀνθρωπίνην δόξαν, καὶ τῆς παρὰ τοῦ Θεοῦ μόνης ἐπιθυμῶμεν. Irdische *gloria* bedeutet, daß man sich seiner selbst rühmt, himmlische *gloria* dagegen, daß
man sich des Herrn rühmt: Aug.civ.14.28 (Dombart/Kalb 2.56.26/30) *illa*
(sc. *terrena civitas) in se ipsa, haec* (sc. *caelestis civitas) in Domino gloria-*

tur (cf. II Cor.10.17). *illa enim quaerit ab hominibus gloriam; huic autem Deus conscientiae testis maxima est gloria. illa in gloria sua exaltat caput suum; haec dicit Deo suo: "gloria mea et exaltans caput meum"* (psalm. 3.4).- Der Hexameterschluß *gloria factis* kommt bereits vor in Val.Fl.2.564 *(quam parva tuis iam) gloria factis;* vgl. Verg.Aen.12.322 *(pressa est insignis) gloria facti,* Carm.laud.Dom.6 *(nobilis ingenti testatur) gloria facto.*

2.243/249 - Ankunft Christi am Jakobsbrunnen

243/9 inde Galilaeam repetit Servator Iesus./ praeteriens sed forte venit Samaritida Sichen./ illic fundus erat, Iacob de nomine pollens,/ et puteus gelido demersus in abdita fonte./ sederat hic rapido Salvator anhelus in aestu,/ discipulique escas mercantes moenibus urbis/ passim dispersi solum liquere magistrum. Juvencus beginnt die Erzählung sehr geordnet. Zu Anfang bringt er mit jedem Vers ein neues Faktum. Ioh.4.4 und 5a faßt er in einem Vers und Satz zusammen (244) und vermeidet die umständliche Aufeinanderfolge von *oportebat...eum venire per Samariam* und *venit igitur in civitatem Samariae* mit der Dopplung von *Samaria*, die Nonnos beibehält (wenn auch mit Variation des Ausdrucks: Σαμαρείης und Σαμαρείτιδος...γαίης). Dem Brunnen gesteht er einen eigenen Vers zu (246), was seiner Bedeutung als Ausgangspunkt des Gesprächs entspricht. Mit 243 *inde,* 244 *sed forte,* 245 *illic,* und 247 *hic* leitet er die Aufmerksamkeit des Lesers. Dabei vermeidet er die seltsame Angabe, daß sich die Stadt neben dem Grundstück Jakobs befinde (Ioh.4.5 *iuxta praedium...*).[302] 245 *illic* sagt allerdings noch nicht genau, wo das Grundstück liegt, indirekt erfährt man aus 250 *moenibus egrediens,* daß es vor der Stadt liegt. Daß die Jünger in die Stadt gegangen sind, schiebt Juvencus nicht wie der Evangelist (Ioh. 4.8) nach Einführung der Samaritanerin (Ioh.4.7) nach, sondern teilt es an seinem Platz vorher mit (248f.; über die Vertauschung von Ioh.4.7 und 4.8 siehe ausführlich zu 248/51). Die nebensächliche Information aus Ioh.4.5, daß Jakob das Grundstück seinem Sohn Joseph vererbt habe, teilt der Dichter nicht mit, gibt aber das Wesentliche mit 245 *fundus...Iacob de nomine pollens* wieder.- Beim Wegfall von Ioh.4.4 *oportebat* ist zu beachten, daß *oportere* in der Dichtung, auch von Juvencus, weitgehend gemieden wird

---

[302] Näherliegend wäre es, umgekehrt zu sagen, daß sich das Grundstück in der Nähe der Stadt befinde. Schenke (166f.) schließt aus *iuxta praedium,* daß das Grundstück Jakobs wichtiger war als Sychar (so heißt es ja bei Johannes statt Sichem), was er als Ausgangspunkt für seine Hypothese nimmt, daß es sich zu Jesu Lebzeiten um einen heiligen Bezirk gehandelt habe (doch siehe zu 244 *Sichem*).

(vgl. zu 219 *necesse est*). Die im Bibeltext gebrauchte Imperfektform *oportebat* kommt im klassischen Hexameter nicht vor, die Perfektform *oportuit* in Ov.met.7.729 (vgl. Bömer, Komm.), epist.6.141. Natürlich hätte der Dichter die Notwendigkeit, Samaria zu durchqueren (nämlich um nach Galilaea zu gelangen), anders ausdrücken können (wobei 244 *Samaritida Sichen* ja schon auf Samarien hinweist). Wenn er es dennoch nicht getan hat, wird er darin jedenfalls auch keine übertragene Bedeutung vermutet haben wie Cyrill.Alex.comm.in Ioh.4.4 (PG 78.292), der die Notwendigkeit der Durchquerung Samariens darin erkennt, daß das Werk der Weisheit vollendet werden müsse, indem Christus sogar den Samaritanern seine Macht offenbare. Und auch weil Israel zunehmend nach seinem Leben trachte, lasse der Herr seinen Segen mehr und mehr anderen zukommen. Daß er aber Judäa ganz verlasse, sei eine Drohung, falls man von der Raserei gegen ihn nicht ablasse.

243. inde gebraucht Juvencus wie auch antike Dichter (viele Belege bei Rehm, Thes.VII.1 c.1111f.) oft als Temporalkonjunktion zur Fortsetzung der Erzählung.- **Galilaeam** ist mit langem *i* gemessen wie in 4.466, mit kurzem *i* dagegen in 3.459. De Wit verweist zu Recht auf die prosodischen Freiheiten, die sich die spätlateinischen Dichter bei Eigennamen erlauben; vgl. zu 177/9 Anm.239.- **repetit.** V_1 Hl haben *petiit*. Schon die Überlieferungslage spricht für *repetit*. Außerdem sind bei Juvencus sonst keine Perfektformen nach dem Muster *petiit* anzutreffen, obwohl das epischem Sprachgebrauch nicht widerspräche; vgl. etwa Verg.Aen.4.220, 8.218, 10.67, 343, Ov.met.2.567, 3.128. Die Verbreitung dieser Kurzformen des Perfekts der 3. und 4. Konjugation (Leumann 600f., Neue/Wagener III 431/78, 445) im Epos ist schon mit den metrischen Erleichterungen erklärbar. Umso mehr erstaunt das völlige Fehlen bei Juvencus.- **Servator.** Nach Hansson (88) ist überliefert *servator* C R Av V_1^2 Mp P_2^2 C_2 Al K_1 T Ph^2 Sg Mb C_3 Ca (Marold, Knappitsch, Huemer), *salvator* cett. (Arevalo). Vertauschung von *servator* und *salvator* ist in den Juvencuscodd. auch sonst anzutreffen. Hansson (96f.) will überall, wo beide Varianten überliefert sind, *servator* in den Text nehmen, also gegen Huemer neben 1.769 auch in 2.247, wo die besten und ältesten codd. *salvator* bieten. Er begründet dies damit, daß wegen der Seltenheit von *servator* bei den Kirchenvätern "schwerlich *servator*, wohl aber *salvator* als Normalisierung angesehen werden" könne. Diese Argumentation ist zutreffend und findet die Zustimmung Mohrmanns (Vigiliae Christianae 6.1952.125). Zu Recht wendet sich Hansson aber dagegen, den Gebrauch der Form *salvator* grundsätzlich völlig auszuschließen. So liest er in 3.192, wo sämtliche codd. *salvator* führen, *salvator* und faßt 3.195 *servator* einige Verse später als variatio sermonis. *servator* wie *salvator* sind

Äquivalente des griechischen σωτήρ. Während *servator* aus der Juppiterprä-
dikation bekannt war (Andresen, Art. Erlösung, RAC 6.61), ist *salvator*
christlicher Neologismus (Dornseiff, Art. σωτήρ, RE III A.1 c.1220; Mohrmann I 387f., III 137/9; de Labriolle, Salvator, ALMA 14.1939.23/36;
Dölger, Der Heiland, Antike und Christentum 6.1950.269/72; Andresen,
loc.cit.; Wellstein 178f. gegen Braun, Deus Christianorum 493f., der mar-
kionitische Herkunft annimmt). *servator* als Christus- bzw. Gottesepitheton
in dem Sinn, daß Christus bzw. Gott das eschatologische Heil, das ewige
Leben bringt, ist außer bei Juvencus (vgl. außer 2.243 noch 2.256, 327,
382, 3.17, 195) nur ganz vereinzelt anzutreffen. Blaise/Chirat 756 s.v. 4
nennen Aug.serm.18.4 (CCL 41.248.104), Novell.Iust.144.1 (Corpus iuris
civilis III 709), Leo M. serm.9.1 (CCL 138.32.6; hier ist allerdings durchgehend *salvator* überliefert, und man muß sich mit Chavasse dagegen entscheiden, Quesnels Konjektur *servator* in den Text zu nehmen). Für *conser-
vator* in dieser Bedeutung ist zu erwähnen Luc.2.11, wo es allerdings nur
die - relativ - späten codd. des 7. Jhdts. β und r¹ überliefern (Vulg. *salvator*), II Petr.2.20 (Vulg. *salvatoris*), Arnob.nat.2.63 (CSEL 4.99.4), 64 (l.
11), Zeno 2.14.4 (CCL 22.55.136) (Gott). Die meisten dieser Stellen nennt
Braun 496ff. Salonius (177)[303] und Mohrmann (IV 204f.; anders noch
I 24) erklären die Seltenheit von *servator* als Gottesepitheton mit dem Skru-
pel der ersten christlichen Gemeinden, ein Wort, welches mit den heidnischen Kulten verbunden war, zu übernehmen. Als störend mag auch empfunden worden sein, daß *servator* sich im antiken Sprachgebrauch nur auf
den physischen Schutz durch eine Gottheit oder den Kaiser bezieht, während
es christlich gebraucht das von dem einen und wahren Gott geschenkte
ewige Heil des ganzen Menschen umfassen mußte (vgl. de Labriolle op.cit.
30, Matzkow 19, Braun 497). Diese beiden Argumente werden aber dadurch
geschwächt, daß *servator* auch in früherer Zeit im allgemeinen nicht sehr
verbreitet war (Dreyling zu Lucan.2.390 mit Frequenzangaben). Von größe-
rem Gewicht ist vielleicht eine Überlegung Brauns (497), die die Wortfami-
lien um *servare* und *salvus, salus* in ihrer Gesamtheit betrifft. Danach waren
die Übersetzer des Neuen Testamentes bestrebt, der Wortfamilie um σῴζειν
im Lateinischen etwas entsprechend Einheitliches gegenüberzustellen. Hierfür verweist Braun auf Matzkows Untersuchungen zur Sprache von Itala und
Vulgata, in welchen dieser für das NT zeigt, daß der Gebrauch von *servare*
auf die Fälle beschränkt ist, in denen die Verben (δια-)φυλάσσειν und τη-

[303] Der von Salonius angeführte Beleg hist.Iosephi cap.31 (Tischendorf, Evangelia Apocrypha [nicht "Evang.Apoll.", wie Salonius schreibt], Leipzig 1876² [Nachdruck Hildesheim
1966], 138) ist natürlich zu streichen, da es sich um die Übersetzung eines arabischen
Textes handelt, die erst im 18. Jhdt. entstand (Tischendorf, Prol. XXXIV).

ρεῖν ("bewachen"; "[in einem Zustand] erhalten"; "[Gesetze u.ä.] einhalten") wiedergegeben werden, während *salvare* neugeschaffen wurde, um das in spezifisch christlicher Bedeutung verwendete σῴζειν ("retten [mit der Folge, daß dem Geretteten ewiges Leben zuteil wird]") wiederzugeben.[304] Vielleicht hat das tatsächlich mit dazu beigetragen, daß die ganze Wortfamilie um *servare* in der Regel nicht auf das christliche Verständnis von Heil, bestehend im Geschenk des ewigen Lebens, bezogen wurde. Vor diesem Hintergrund ist es umso beachtlicher, daß Juvencus im Gegensatz zu anderen christlichen Autoren öfter *servator* in christlicher Umdeutung nutzt. Doch gehört *servator* immerhin zum epischen Sprachgut, vgl. (bei verschiedenartiger Verwendung des Worts) Lucr.4.683, Germ.410 (Titel Juppiters), Ov.met.4.737, Stat.Theb.1.694, 3.352, 10.684, Ach.1.702.- Inhaltliche Begründung für die Verwendung des Beiwortes *servator* an dieser Stelle mögen die von Christus im vorhergehenden Passus geäußerten Gedanken sein, im besonderen die Verse 220/32 (Ioh.3.15/8a), 240/42 (Ioh.3.21). Andererseits könnte *servator* auch vorausdeutend gebraucht sein, da Christus nun als Schenker des lebendigen, also heilbringenden Wassers offenbar wird. Für Bezug auf das Folgende spricht auch die Wiederaufnahme durch *salvator* in 247 und durch *servator* in 256 (327). So wird *servator / salvator* geradezu zu einem Schlüsselbegriff der Perikope. Für kontextbedingte Motivierung des Epithetongebrauchs vgl. etwa 274, 405, 568, 3.503; Herzog, Bibelepik 141 (Epitheton als "Handlungsinterpretament"); Fichtner 118 Anm.438 mit vielen Belegen ("Insgesamt darf man - gegen eine rein mechanische Poetisierung - auf überlegten Epithetongebrauch bei Juvencus schließen"). Kontextbezogenheit hält Fichtner bei 2.243 für schwerer zu erkennen, wohl deswegen, weil der Bezug zumindest nicht die unmittelbare Umgebung des Verses betrifft. Das bei Juvencus relativ häufige Christusepitheton *servator / salvator* könnte auf Nähe zum Gottesbild Constantins schließen lassen (vgl. zu 327 *saecli...Servator*). Eine Übersicht über Christusepitheta bei Juvencus gibt Hatfield § 144a.- **Iesus** ist höchstwahrscheinlich dreisilbig zu messen, da sonst hier und in vielen anderen Fällen ein spondiacus vorläge (Fichtner 47ff.). Nach Juvencus findet sich nur zweisilbige Messung von *Iesus*, im Frühmittelalter taucht wieder ambivalente Messung auf (Fichtner 47 mit Anm.157). Juvencus ist der erste lateinische Hexameterdichter, der den Namen *Iesus* gebraucht (Fichtner 49 Anm.162).

---

[304] *salvare* wird allerdings wie σῴζειν auch dort verwendet, wo ohne Bezug auf das ewige Leben von der Rettung vor dem Tod (z.B. Matth.14.30 c q, 27.40 f, Marc.3.4 q e, Luc. 23.39 b q, Ioh.12.27 d f l) oder der Heilung von Krankheiten die Rede ist (z.B. Marc.5. 28 e, 10.52 q; Matzkow 21).

244. praeteriens geht offenbar auf Ioh.4.4 *oportebat autem eum transire per Samariam* zurück. Van der Laan (zu Sedul.carm.pasch.4.222) gibt für *praeteriens* an vorliegender Stelle drei Übersetzungsmöglichkeiten an, nämlich "hindurchgehen", "vorbeigehen" und "weitergehen", ohne sich für eine zu entscheiden. "Weitergehen" (cf. Matth.9.27 e *et cum praeteriret inde*)[305] paßt nicht recht zu 243 *repetit*. Bei "hindurchgehen" (cf. 2. 562)[306] müßte man aus dem folgenden *venit Samaritida Sichen* ergänzen, daß Jesus Samarien durchquerte: "Er kehrte nach Galilaea zurück. Als er (dabei) Samarien durchquerte, kam er nach Sichem in Samarien". Das wirkt etwas umständlich, doch ist auch in Ioh.4.4f. Samarien zweimal erwähnt. Bei "vorbeigehen" aber müßte man nichts ergänzen, sondern könnte auf den absoluten Gebrauch von *praeteriens* etwa in Lucil.898 Marx *h < u > c, alio cum iter haberet, praeteriens venit*, Ioh.9.1 *praeteriens vidit hominem caecum a nativitate*, Rom.15.24 verweisen und *praeteriens* mit "unterwegs" übersetzen: "Er kehrte nach Galilaea zurück. Unterwegs aber kam er nach Sichem in Samarien." Die einfachere und elegantere gedankliche Linienführung spricht für diese Bedeutung von *praeteriens*. In ähnlicher Weise setzt Juvencus in 1.421 *praeteriens... videt ponti per litora fratres/ ...Simonem.../ Andreamque* absolutes *praeteriens* für Matth.4.18 d *transiens autem secus mare Galilaeae*, wobei er *secus mare Galilaeae* mit der Formulierung *(videt) per litora (fratres)* berücksichtigt.[307] Episch ist *praeteriens* als participium coniunctum vor Juvencus nur in Manil.2.361 *cum praeteriens formatur singula limes/ sidera* belegt, jedoch in ganz spezieller Verwendung. Man kann bei Juvencus also kaum von epischem Sprachgebrauch sprechen, sondern es liegt eher Einfluß biblischen Sprachgebrauchs vor. Sedul.carm. pasch.4.222 *praeteriens...viae...loca Samaritanae/ ...sitim collegerat* geht vielleicht auf den besprochenen Juvencusvers zurück, allerdings ist *praeteriens* dort in Verbindung mit *viae...loca Samaritanae* im Sinn von "durchquerend" zu verstehen. In der Bibeldichtung findet man *praeteriens* als participium coniunctum noch in Alc.Avit.carm.4.70, dort aber von einem Strom.- Als Creticus wäre *transiens* (cf. Ioh.4.4 *transire*) unmetrisch, doch verweist van der Laan auf die Möglichkeit von *transgressus* (Iuvenc.3.139, Sedul. carm.pasch.4.99), *transgrediens* (Sedul.carm.pasch.190) oder *dum transiret* (Sedul.carm.pasch.32).- **sed forte**, bei Juvencus noch in 1.144, 4.333, 4.

---

[305] Diese Bedeutung kann auch *transire* haben (cf. Matth.9.9 d *transiens* = Iuvenc.2.95 *progrediens*, 12.9, 15.29).

[306] Die ursprünglichen Bedeutungen von *praeterire* und *transire* ("vorbeigehen" und "hindurchgehen") verwischen sich im Bibellatein in Parallele zur κοινή; vgl. van der Laan loc.cit. über das Phänomen bei παραπορεύεσθαι, παρέρχεσθαι und διαπορεύεσθαι, διέρχεσθαι.

[307] Die Wortstellung erlaubt es kaum, *per litora* zu *praeteriens* zu ziehen.

599, ist nicht episch.- **Samaritida Sichem** (über Versschlußalliterationen
bei Juvencus siehe zu 214) ersetzt den Relativsatz Ioh.4.5 *in civitatem Sa-*
mariae, quae dicitur Sychar (*civitas* ist ohnehin unmetrisch). Juvencus neigt
auch sonst dazu, Relativsätze aufzulösen; vgl. zu 267 *nostri dona liquoris,*
317 *sator;* Widmann 39.- Attribute bei Städtenamen, die nicht Bestandteil
des Namens sind (wie hier *Samaritida*), kommen nur in der Dichtung vor.
Unter den von KS I 479f. genannten Beispielen sind mit vorliegendem Vers
(Adjektiv zur Angabe der Lage einer Stadt) besonders zu vergleichen Lucr.
6.585 *in Syria Sidone*, Ov.met.13.905 *in Euboica...Anthedone.*- In der Hl.
Schrift ist in Ioh.4.5 Συχάρ oder Σιχάρ bzw. lat. *Sychar* zu lesen, mit Ausnahme der syrischen codd. sy^s und sy^c (4./5. u. 5. Jhdt.), in welchen von
Sichem die Rede ist. Wichtige Angaben zur Tradition der Ortsbestimmung
finden sich etwa bei Kopp 203ff.; sie sind hinsichtlich der Väterliteratur der
ersten Jahrhunderte aber zu ergänzen. Eusebios zufolge lag Sichem bzw. Si-
kima (griech. für hebr. םכש; vgl. unten Hier.quaest.hebr.in gen.48.22) oder
Salem, die nunmehr verlassene Stadt Jakobs, in der Nähe von Neapolis: onom.
p.150.1/3 (GCS 11.1) Συχὲμ ἡ καὶ Σίκιμα ἢ καὶ Σαλήμ (cf. p.152.4 Σαλήμ. πόλις Σικίμων, ἥτις ἐστὶ Συχέμ, ὥς φησιν ἡ γραφή). πόλις 'Ιακὼβ
νῦν ἔρημος. δείκνυται δὲ ὁ τόπος ἐν παραστείοις Νέας πόλεως, ἔνθα καὶ
ὁ τάφος δείκνυται τοῦ 'Ιωσήφ, καὶ παράκειται. Sychar nennt er den Ort in
der Nähe von Neapolis, an dem Jesus mit der Samaritanerin an der Quelle
gesprochen hat: onom. p.164.1/3 Συχάρ. πρὸ τῆς Νέας πόλεως πλησίον
τοῦ χωρίου, οὗ ἔδωκεν 'Ιακὼβ 'Ιωσὴφ τῷ υἱῷ αὐτοῦ. ἐν ᾗ ὁ Χριστὸς κατὰ
τὸν 'Ιωάννην τῇ Σαμαρείτιδι παρὰ τῇ πηγῇ διαλέγεται. Diese Angaben
hat Hieronymus in seiner Übersetzung des Onomastikon übernommen. Nach
der Beschreibung des Pilgers von Bordeaux liegt bei Neapolis der Garizim,
in dessen Nähe wiederum Sichem, von wo die Samaritanerin nach Sychar
zum Jakobsbrunnen gegangen ist, wo Christus mit ihr sprach: Itin.Burdig.
p.587/8 (CCL 175.13f.) *civitas Neapoli... ibi est mons Agazaren... inde ad*
pedem montis ipsius locus est, cui nomen est Sechim. ibi est monumentum,
ubi positus est Ioseph in villa, quam dedit ei Iacob pater eius... inde passus
mille locus est, cui nomen Sechar (meint wohl Sychar), *unde descendit mu-*
lier Samaritana ad eundem locum, ubi Iacob puteum fodit, ut de eo aquam
impleret, et Dominus noster Iesus Christus cum ea locutus est. Dagegen las
Ephraem übereinstimmend mit den genannten (und laut Nestle/Aland etwas
jüngeren) syrischen Bibelcodices in Ioh.4.5 "Sichem", wie aus hymn.de vir-
ginit.23.10f. (CSCO 224.74f.) hervorgeht. Auch Hilarius sah in dem alttestamentarischen Sichem den Ort, an dem sich Jesus mit der Samaritanerin
unterhielt: in psalm.59.6 (CSEL 22.197f.; zu psalm.59.8). *exultabit in Sici-*
ma partienda. Sicima Samaria est, quae eadem et Sichem est, quam Iacob
Ioseph filio suo sub benedictione Spiritus deputavit... sed eodem primum
Dominus accedens etiam credente Samaritana et aquae vivae potum precante

fidem intulit. partita ergo Sicima est, cum fideles ab infidelibus separantur.
Ob das jedoch wirklich als Beleg dafür zu werten ist, daß Hilarius in Ioh.
4.5 *Sichem* las, ist fraglich. Denn er könnte sich im Gegensatz zu Ephraem,
dessen ganzer Hymnus Ioh.4 zur Grundlage hat, an der zitierten Stelle aus
den Psalmentraktaten allein auf sein Gedächtnis verlassen haben, das leicht
Sichem in Verbindung mit Jakob gebracht haben kann, entsprechend den
Vorgaben des AT (gen.33.18/20, 35.4, 48.22, Ios.24.32). Hieronymus jedenfalls las in Ioh.4.5 *Sichar / Sychar,* konjizierte aber *Sichem / Sychem:*
nom.hebr.66 (CCL 72.142.20ff.) *Sichar conclusio sive ramus. conrupte au-*
tem pro Sichem (quae transfertur in umeros) ut Sichar legeretur, usus opti-
nuit, quaest.hebr.in gen.48.22 (CCL 72.52.6ff.) *Sicima iuxta Graecam et*
Latinam consuetudinem declinata est, alioquin Hebraice Sychem dicitur, ut
Iohannes quoque evangelista testatur, licet vitiose ut Sychar legatur, error
inolevit: et est nunc Neapolis urbs Samaritanorum, epist.108.13 (CSEL 55.
322.15ff.) *transivit Sychem - non, ut plerique errantes legunt, Sichar -,*
quae nunc Neapolis appellatur. Diese Angaben dürften ebenso wie bei Hilarius auf die Lokalisierung des Grundstücks Jakobs im AT zurückzuführen
sein (Balz, Art. Σύχαρ, Exegetisches Wörterbuch zum Neuen Testament,
Stuttgart 1983, 3.753), mit dem Unterschied jedoch, daß Hieronymus die
Änderung bewußt vornahm, vielleicht mit dem Vorsatz der Harmonisierung.
Er setzte sich dabei aber über die Ortsangabe, die er in seiner Übersetzung
des Onomastikon des Eusebios unverändert übernommen hatte, nämlich daß
das Gespräch in Sychar stattfand, hinweg. Im Gegensatz zu Eusebios setzte
er zudem Sichem mit dem Neapolis (heute Nablus) seiner Zeit gleich
(quaest.hebr.in gen.48.22 [CCL 72.52.9f.] *Sychem...et est nunc Neapolis*
urbs Samaritanorum, in Os.2.6.8/9 [CCL 76.68.210f.] *Sichem, quae hodie*
Neapolis appellatur, epist.108.13 [CSEL 55.322.15f.] *Sychem,...quae nunc*
Neapolis appellatur) wie Epiphanios von Salamis (haer.78.6 [GCS 37.473.
22] ἐν Σικίμοις, τουτέστιν ἐν τῇ νυνὶ Νεαπόλει, 80.6 [p.485.19s.] Σικίμοις
...τῇ νυνὶ καλουμένῃ Νεαπόλει), und zwar zum Teil in auffallend ähnlicher
Ausdrucksweise, so daß er auf Epiphanios zurückgegriffen haben könnte
oder eine gemeinsame Quelle anzunehmen ist. Die Unstimmigkeit, daß Sichem seit seiner Zerstörung i.J. 128 v.Chr. durch Johannes Hyrkanus I.
verlassen war, Neapolis aber erst 72 n.Chr. von Vespasian gegründet wurde, so daß das Gespräch weder im alten Sichem noch in Neapolis - betrachtet man die beiden Orte nun als identisch oder nicht[308] - stattgefunden ha-

---

[308] Die Gleichsetzung der Orte, die durch Epiphanios und Hieronymus bezeugt ist, wird sicherlich ihren Grund in der räumlichen Nähe der zerstörten und der neugegründeten
Stadt zueinander haben und war vielleicht ursprünglich auch nicht ganz wörtlich zu verstehen.

ben konnte, scheint Hieronymus nicht zu kümmern (Kopp 205).[309] Über
die geographische Nähe der beiden Orte Sichem (bzw. Neapolis, wie H.
meint) und Sychar zueinander erfährt man bei Hieronymus nichts, wenn
man von der Übersetzung des Onomastikon des Eusebios absieht, der beide
Orte in der Nähe von Neapolis lokalisiert (onom. p.150.2; p.164.1). Dagegen war neben Eusebios auch dem Verfasser des Itinerarium Burdigalense
(CCL 175.13f.) die geringe Distanz zwischen den beiden Orten bekannt,
ebenso Epiphan.gemm. (PG 43.353A). Die Annahme liegt nahe, daß Hieronymus die Existenz eines Ortes Sychar in Frage stellte bzw. verneinte oder
ihn an ganz anderer Stelle vermutete, denn sonst hätte er wohl zumindest
dort, wo er die Lesart *Sychar* in Ioh.4.5 bekämpft, die unmittelbare Nachbarschaft und daher leichte Verwechselbarkeit der Orte erwähnt. Der Evangelist könnte Συχάρ geschrieben haben, weil dies zu seiner bzw. Christi
Zeit der dem zerstörten Sichem nächstgelegene Ort war (Kopp 198; K.Elli-
ger, Art. Sichem, Biblisch-Historisches Handwörterbuch, Göttingen 1966,
c.1782: "In Jesu Zeit scheint Sychar in die Nachfolge Sichems eingetreten
zu sein, bis Vespasian 72 nChr...die Kolonie Flavia Neapolis...gründete").
Doch bleibt unklar, warum die Frau aus Sychar zum Jakobsbrunnen gegangen ist, wo Sychar doch selbst eine starke Quelle hatte. Eine Erklärung
könnte in ihrer problematischen sozialen Stellung liegen (R.Riesner, Art.
Sychar / Jakobsbrunnen, in: Das grosse Bibellexikon, Wuppertal/Zürich
1987 [engl. Ausgabe 1962, 1980], 2335[310]).- Der Juvencustext ist laut
Huemer wie folgt überliefert: *Sichen* C, *Sichae* R M Mp V₁ (Marold liest in
V² *sicaem* [mit einem *h* über dem *a*]), *sychem* K₂ (nach Korn 14 auch H), *sichem* L V₂ (nach Marold auch B Matr), *sychen* K₁ P T Bb. Huemer nimmt
das im ältesten cod. C überlieferte *Sichen* in den Text nach dem Vorgang
von Arevalo, Marold und Knappitsch. De Wit vermutet, daß ursprüngliches
Sichar (bzw. *Sychar*) infolge der genannten Ansicht des Hieronymus zu *Sichem / Sichen* geändert worden ist. Die Änderung muß aber nicht unbedingt
auf Hieronymus zurückgeführt werden, da zumindest auch Hilarius meint,

---

[309] Euseb.onom. p.150.2 νῦν ἔρημος / Hier. p.151.2 *nunc deserta* bezieht sich eigentlich nur
auf die Gegenwart des Eusebios, sagt also nichts darüber aus, seit wann der Ort verlassen
war.

[310] Als alternative Erklärung wird hier noch angefügt, daß es sich auch um einen Gang zu
einem heiligen Bezirk handeln könnte. Hierzu wird auf Schenke 166/9 verwiesen. Schen-
ke vermutet, daß der Jakobsbrunnen ein Brunnen mit religiöser Funktion ist wie der
Brunnen von Mamre. Nach Sozomen.hist.eccl.2.4.5 (SC 306.246/8) wurden in den Brun-
nen von Mamre während der religiösen Feste Opfergaben geworfen, aber es wurde kein
Wasser geschöpft. Nun geht aber die Frau nach Ioh.4.7 ausdrücklich zum Zweck des
Wasserschöpfens zum Jakobsbrunnen. Nichts also weist bei Johannes auf eine religiöse
Funktion des Brunnens hin.

das Gespräch habe in Sichem stattgefunden. Diese Meinung dürfte weiter verbreitet gewesen sein, da sich sonst, wie gezeigt, eine Diskrepanz zu den Ortsangaben im AT ergibt. Opelt (193 Anm.8) hält ebenfalls *Sychar* für das Ursprüngliche und vermutet, die Handschriftengruppe R M Mp V_1 könne mit *Sichae* (vgl. V^2 *sicaem* laut Marold) "das Richtige in verderbter Form bewahrt haben". Doch warum sollte Juvencus nicht selbst an die Jakobser-zählung im AT gedacht und *Sichem* geschrieben haben? *Sichem* könnte zu *Sichae* verschrieben worden sein, indem *e* mit *ae* vertauscht wurde (vgl. Huemer Proleg. XXVI und etwa 558 *quietae* R statt *quiete*, 634 *laetifero* C statt *letifero*, 3.151 *miserae* M statt *misere*) und *m* am Wortende wegfiel (vgl. Huemer Proleg. XXVI und etwa 314 *messe* Mp statt *messem*, 404 *puella* Mp statt *puellam*, 464 *cura* C statt *curam*, 3.95 *queque* R P V_2 H statt *quemque*, 444 *summa* P statt *summam*, 4.37 *luce* A statt *lucem*). Die in C überlieferte Form *Sichen* scheint außerhalb von Juvencus nicht belegt. Es ist Vertauschung von *m* mit *n* anzunehmen. *Sichem* gehört in den Text.- Poinsotte (42 Anm.115) erklärt *Siche* (sic!) statt *Sichar* mit dem "plan général de la romanisation". Vielleicht zielt er darauf, daß *-em* wie eine lateinische Akkusativendung klingt (*-en* würde immerhin noch wie eine griechische klingen).

245f. illic fundus erat, Iacob de nomine pollens,/ et puteus gelido demersus in abdita fonte. Die Häufung der dunklen Vokale (jeweils 5 "o" bzw. "u"-Laute) erzeugt eine geheimnisvolle Stimmung (vgl. zu 177/9) und unterstreicht schon eingangs die Bedeutung des Schlüsselbegriffs des Wassers und das Mysterium, welches Christus mit dessen Hilfe offenbaren wird. Auch der Hinweis auf die unergründliche Tiefe *(in abdita)* trägt zur geheimnisvollen Stimmung bei. Im Bibeltext wird erst in Ioh.4.11, und dort aus anderem Grund, von der Samaritanerin (= Vers 259) auf die Tiefe des Brunnens hingewiesen. Bei Nonn.Ioh.4.6 heißt es πηγὴ ὅπη βαθύκολπος, ὅθεν ποτὲ θεῖος ᾽Ιακὼβ/ πήξας ὑγρὰ θέμεθλα πεδοσκαφέων κενεώνων/ φρείατος ἰλυόεντος ἀνήγαγε νέρτερον ὕδωρ. Auch hier ist also bereits in der Einleitung die Tiefe des Brunnens erwähnt. Daß dahinter eine bestimmte Absicht des Dichters liegt, wird man aber für weniger wahrscheinlich halten als bei Juvencus.

245. fundus. In Ioh.4.5 steht für gr. χωρίον in den meisten altlateinischen codd. *praedium*, sonst *agrum* (a d j l q). *praedium* kam für Juvencus zur Übernahme schon deswegen nicht in Betracht, weil Elision daktylischer Wörter auf *-m* in guter Verstechnik verpönt ist (Axelson 20). Unabhängig davon kommt *praedium* in der hohen Dichtung nicht vor. Anders verhält es sich bei *ager* und *fundus*, wobei der erstrebte dunkle Vokalismus (siehe zu

245f.) für die Wahl von *fundus* ausschlaggebend gewesen sein dürfte. De Wit dagegen behauptet, der Gebrauch von *fundus* spreche für Orientierung am griechischen Text und cod. a (d.h. auch d j l q). Nachvollziehbar ist das nicht, denn ebenso wie *ager* kann auch *praedium* "Land, Grund" bedeuten.- **Iacob de nomine pollens.** Huemers Apparat liefert folgende Angaben: *Iacobi* R M K₁ (*i* in ras.) V₂ Bb, *de nomine* C L Mp P B, *nomine* M K₂ Tˡ Bb, *cognomine* R. *Iacobi de cognomine* (R) ist unmetrisch. Vielleicht geht diese Lesart auf eine Vermengung von *Iacobi nomine* (M Bb) und *Iacob cognomine* zurück. Ebenso wie *Iacob de nomine* sind *Iacobi nomine* und *Iacob cognomine* grundsätzlich denkbar. Da Ersatz des endungslosen Genitivs *Iacob* durch die flektierte und daher eindeutige Form *Iacobi* wahrscheinlicher sein dürfte als der umgekehrte Vorgang, bleibt die Wahl zwischen *Iacob de nomine* und *Iacob cognomine*. Die Überlieferungslage spricht eher für *Iacob de nomine*. Bei Verg.Aen.7.671 *fratris Tiburti dictam cognomine gentem* liegt Vertauschung in wahrscheinlich umgekehrter Richtung vor, da *cognomine* in der Überlieferung gegenüber *de nomine* die breitere Basis hat.- **Iacob.** Im Rahmen eines Nachweises, daß Juvencus die hebräischen Eigennamen eher meidet, was seine These von der antijudaistischen Haltung des Dichters stützen soll, kommt Poinsotte (49) auch auf die drei Erzväter Abraham, Isaak und Jakob zu sprechen. Für deren Erwähnung in Matth.8.11 heiße es bei Juvencus nur noch *patribus nostris*, Matth.22.32 gar entfalle ganz. Die Namen Abrahams und Isaaks fehlten auch sonst. Die Tatsache, daß Jakob nur noch zweimal in Verbindung mit dem Jakobsbrunnen erwähnt werde, lasse seinen Ruhm lächerlich erscheinen ("gloire dérisoire!"). Poinsotte läßt unerwähnt, daß bei Matthäus, der Hauptvorlage des Juvencus, der Name Abrahams neben den zwei Triadenerwähnungen zwar noch 5 mal vorkommt, davon aber 2 mal in der Genealogie (Matth.1.2, 1.17), die Juvencus aber wohl vornehmlich aus anderen Gründen ausgelassen hat, nämlich weil er sein Gedicht mit der Vorgeschichte aus Lukas beginnt und vielleicht auch wegen der Langatmigkeit der Genealogie, und 2 mal in einem Kontext, den man ohnehin nicht besonders judenfreundlich nennen kann (Matth.3.9). Die Namen Isaaks und Jakobs sind jeweils noch 2 mal (Matth.1.2)[311] in der von Juvencus ausgelassenen Genealogie anzutreffen. Die Nennung von Jakobs Namen in Luc.1.33, wo der Erzengel Jesus als zukünftigen Herrscher über das Haus Jakob ankündigt, übernimmt Juvencus auch nicht. So erwähnt er den Namen Jakobs in der Tat nur 2 mal bei Wiedergabe von Ioh.4 in bezug auf den Jakobsbrunnen. Insgesamt läßt sich wohl nicht leugnen, daß bei Juvencus die Bedeutung der Erzväter verblaßt. Doch wenn er das Grundstück mit dem Brunnen *Iacob de nomine pollens* nennt, warum faßt

---

[311] In Matth.1.15f. ist vom Großvater Jesu die Rede.

Poinsotte das als lächerlich, also wohl als Ironie? Liegt es nicht vielmehr
nahe, daß der Dichter den Ort, berühmt durch Jakob, als des nachfolgenden
Gesprächs würdig bezeichnen will?[312] Wenn schon die *virtus* dieses Ahn-
herrn (den natürlich die Juden für sich genauso in Anspruch nehmen wie die
Samaritaner) so herausgestellt wird (cf. 262 aus Sicht der Samaritanerin:
num tu maior eris nostri virtute parentis?), um wieviel größer muß dann
Christus, der das lebendige Wasser schenkt, dem Leser erscheinen! So heben die Hinweise auf die Größe Jakobs indirekt die Bedeutung Christi.
Denn der Erzvater konnte nur gewöhnliches Wasser schöpfen, Christus aber
schenkt das Wasser des ewigen Lebens. Bei Nonnos wird Jakob sogar θεῖος
’Ιακώβ (Ioh.4.6) und (aus dem Mund der Samaritanerin) ζάθεος τοκεύς
(Ioh.4.12) genannt (L.Bieler, ΘΕΙΟΣ ΑΝΗΡ. Das Bild des "göttlichen Menschen" in Spätantike und Christentum, Wien 1935/6 [Nachdruck Darmstadt
1967], S.73).- Zur Formulierung **de nomine pollens** vgl. 3.258 *clara, Phi-
lippaeo quae pollent nomine, rura*, Acc.trag.521 *nomine celebri claroque
potens pectore/.../ Laertiade*, (*pollere* vom Namen selbst:) Hist.Aug.17.2.4
Hohl (Bd.1.224.16) *quamvis sanctum illud Antoninorum nomen polluerit.-*
de nomine nimmt (in unterschiedlichen Bedeutungen) oft die vorliegende
Position im Vers ein, z.B. in Lucr.6.908, Verg.Aen.3.166, 6.70, Sil.1.600,
17.393.- *de* hat hier kausale Bedeutung wie etwa in Lucr.1.384, Verg.ge-
org.4.81, Ov.met.10.49 (Gudeman, Thes.V.1 c.65.45/67.20; OLD 486 s.v.
14; KS I 499f.; HSz 126). Bei Juvencus selbst gibt es offenbar keinen weiteren Beleg für kausales *de.*- **pollens.** Neben der genannten Funktion von
(Iacob de nomine) pollens, den Leser auf das gehaltvolle Gespräch einzu-
stimmen, bereitet *pollens* auf das energische Auftreten der Samaritanerin
gegenüber Christus vor. Die Autorität der *veterum Samaritum iussa* (255)
ist natürlich besonders gegenwärtig an diesem Ort, der mit Jakob, den die
Frau offenbar nur als Ahn der Samaritaner, nicht aber der Juden betrachtet
(262), verbunden und daher *pollens* ist.

246. et puteus gelido demersus in abdita fonte. Kirsch (114) wertet den
Vers als Indiz für die von Herzog und Poinsotte festgestellte allgemeine
Tendenz zur Entjudaisierung bei Juvencus (die er selbst aber nicht für konsequent durchgeführt hält). Aus dem *fons Iacob* in Ioh.4.6 werde ein *puteus
gelido demersus in abdita fonte*. Kirsch übersieht aber, daß es noch im vorhergehenden Vers in Anlehnung an Ioh.4.5 *fundus...Iacob de nomine pol-*

[312] Einem heidnischen Leser muß die Bedeutung Jakobs, der hier ja direkt nur als Ahnherr
der Samaritaner herausgestellt wird, auch für die Juden nicht unbekannt gewesen sein.
Daß mit erheblicher Vorbildung gerechnet werden konnte, zeigt Aug.catech.rud.12 (CCL
46.133); vgl. Einleitung Kap.VII.

lens hieß. Damit kann beim Leser kein Zweifel darüber aufkommen, daß es sich auch um den *puteus Iacob* handelt. Vgl. noch zu 245 *Iacob*.- **puteus** ist in der epischen Dichtung belegt: Lucr.6.840, Verg.georg.1.485, 2.231, Lucan.4.295, Ov.met.7.568.- **gelido...fonte** ist deskriptiver Ablativ zu *puteus*, vgl. zu 182 *tantis...signis*. Zur Junktur vgl. Verg.ecl.10.42 (pl.), Ov.met.4. 90, 14.786; Geissler, Thes.VI.2 c.1727.79/84. Der Dichter erwähnt die erfrischende Kühle des Wassers in Antithese zur Hitze des Tages, die er mit *rapido...(in) aestu* beschreibt, welches dieselben Stellen im folgenden Vers einnimmt.- **abdita.** Für das substantivierte Partizip *abditum* nennt Hey (Thes.I 58.81) als frühesten Beleg Lucr.6.809 (dort mit Genitiv). Absolut gebraucht wird der Singular schon bei Cic.orat.79. Als frühesten Beleg für den absolut gebrauchten Plural gibt Hey Firm.Mat.err.15.4 an. Die Juvencusstelle ist älter.

247. sederat hic rapido Salvator anhelus in aestu. Man liest Ioh.4.6 ἐκαθ-έζετο οὕτως, c d f q *sederat sic. οὕτω / sic* bedeutet hier "einfach so". In einem dem Ammonios von Alexandrien zugeschriebenen Katenenfragment (Cramer, Catenae Graecorum Patrum in Novum Testamentum II 216.21; nicht bei Reuss, TU 89) heißt es zu Ioh.4.6 τὸ δὲ "οὕτως" ἀντὶ τοῦ "ὡς ἁπλῶς" καὶ "ὡς ἔτυχε", καὶ ὅτι οὐκ ἐπὶ θρόνου, ἀλλ᾽ ἐπ᾽ ἐδάφους ἐκάθη-το, Little/Scott/Jones 1277 s.v. οὕτως IV, Bauer/Aland 1209 s.v. οὕτως 4, Hor.carm.2.11.14 *hac/ pinu sic temere iacentes* (siehe Nisbet/Hubbard, Komm.). Solches οὕτω / *sic* muß wohl als umgangssprachlich eingestuft werden (P.T.Stevens, Colloquial expressions in Euripides [= Hermes Einzelschriften, Heft 38], Wiesbaden 1976, 56). Die Handbücher nennen keinen Beleg aus dem römischen Epos. Wenn Juvencus also in seinem Text *sic* gelesen haben sollte, dürfte es ihm unepisch erschienen sein. Doch im griechischen Epos ist vergleichbarer Gebrauch von οὕτω und αὕτως möglich (Il. 2.120, Od.4.665). Und so behält Nonnos solches οὕτω aus Ioh.8.59 παρῆ-γεν οὕτως bei: οὕτω μιν παράμειβε.- Die in Ioh.4.6 zu *sedebat* gegebene Ergänzung *super fontem* entfällt bei Juvencus, vielleicht deswegen, weil sie die Erniedrigung des Herrn eher abmildert als hervortreten läßt. Der Bezug von *sederat* auf 246 *fonte* ist mit *hic* hergestellt. Das Plusquamperfekt *sederat* (von *sidere*) am Versanfang (wie Ov.met.10.575) anstelle des Imperfekts *sedebat* ist zunächst damit zu erklären, daß letzteres am Hexameteranfang unmetrisch wäre (übrigens steht *sedebat* mit Ausnahme von Sil.13.423 immer am Versende). Sodann erfüllt das Plusquamperfekt eine expositorische Funktion (vgl. 2.347 *forte dies epulis multos sociaverat unis*, 3.1 *fuderat in terras roseum iubar ignicomus sol*, 4.428; Mazzega zu Sedul.carm.pasch.3.

103f.).[313]- **rapido...in aestu** weist im Gegensatz zu der bloßen Zeitangabe Ioh.4.6 *hora erat quasi sexta* direkt auf die Erschöpfung Jesu hin, unterstrichen durch die Antithese *gelido...fonte / rapido...aestu* (vgl. zu 246). Das begründet auch die nachfolgende Bitte um Wasser. Ioh.4.6 *ex itinere* als weitere Begründung für *anhelus* (cf. Ioh.4.6 *fatigatus*) und die Bitte um Wasser hat Juvencus jedoch nicht verwertet.- Die Junktur *rapidus aestus* ist dichterisch und in der Bedeutung "große Hitze" auch sonst belegt (Verg.ecl. 2.10, Germ.frg.4.11 [pl.], Manil.1.869, Cypr.Gall.deut.158), kann aber auch "heftiger Sturm" heißen (Lucr.5.519) oder "reißende Flut" (Val.Fl.1. 291, Avien.ora 398, Prud.cath.5.85 [pl.; v.l. *rab.*, vielleicht richtig, siehe van Assendelft, Komm.], Claud.carm.min.26.61). Für M K₁ (m.2) gibt Huemer *rabido...aestu* an. Auch *rabidus aestus* kann "große Hitze" bedeuten (Auson.epist.24.89 Green; pl.). Bei Juvencus sprechen jedoch die Überlieferungslage (soweit nach Huemer bekannt) und das offensichtliche Vorbild ecl.2.10 *rapido fessis messoribus aestu*, wo *fessis* an *anhelus* erinnert und *rapido...aestu* dieselben Stellen im Hexameter einnimmt, für *rapido... aestu. rapidus* und *rabidus* werden oft vertauscht (etwa in Verg.georg. 2.151, Aen.6.102, 7.451, Val.Fl.4.510, Prud.cath.5.85, Iuvenc.1.366, 2. 48, 2.99, 3.13, 172, 237, 4.586).- **Salvator.** Dadurch, daß *Salvator* und *anhelus* unmittelbar nebeneinander stehen, wird angedeutet, daß der göttliche Heiland tatsächlich als Mensch (und mit allen Schwächen der menschlichen Existenz) auf die Erde hinabgestiegen ist. Eine so wirkungsvolle räumlich gedrängte Antithetik (darüber Norden 175 zu Verg.Aen.6.136, Mazzega 231 zu Sedul.carm.pasch.3.272, Arweiler 356 unter "Juxtaposition/Antithese") findet sich in dichterischer Bearbeitung von Ioh.4.6 auch bei Ephraem hymn.de virginit.17.7 (CSCO 224.57) *In dir (Sichem) fand...der müde Ruhige Ruhe.- Er, der nicht ermüdet, war müde und gab dir Ruhe*, 22.2 (p.68) *Die Quelle dürstete; doch tat sie sich dir auf und tränkte dich.- Sie war arm und bat dich, um dich reich zu machen*, 22.21 (p.72) *O kluger (Erlöser), der (zuerst) als Dürstender erschien*, Sedul.carm.pasch.4.222/5 *Dominus.../ humanam flagrante sitim collegerat aestu/ fonsque perennis aquae modicam desiderat undam,/ ut biberet qua corpus erat*, Nonn.Ioh.4.7 καί μιν (τὴν γυναῖκα Σαμαρίτιδα) ἄναξ ὑδάτων ἀπὸ κάλπιδος ἥτεεν ὕδωρ· δεῦρο, γύναι Σαμαρεῖτι, τεῆς ἐπιβήτορι πάτρης/ δός μοι δίψαν ἔχοντι πιεῖν ξεινήιον ὕδωρ, Roman.Melod.19.4.1/4 (SC 110.332) Χριστός ...ὁ πηγάζων/ π[ηγ]ὴν ζωῆς τοῖς ἀνθρώποις, ἀπὸ τῆς ὁδοιπορίας/ κοπ[ιάσας] ἐπεκάθητο πηγῇ τῆς Σαμαρείας,/ καὶ καύσωνος ἦν ὥρα, 19.4.7/11

---

[313] Das Perfekt *liquere* in 249 (mit -*que* an *sederat* angeschlossen) ist mit metrischem Zwang zu erklären (*liquerant* ist kretisch). Die Verse 243f. mit präsentischem Tempus haben überleitende Funktion.

(p.332/4) πηγὴ πηγὴν κατέλαβεν, ἀποπλύνων, οὐ πίν[ων·]/ κρουνὸς ἀθα-
νασίας τῷ ῥείθρῳ τῆς ἀθλίας ὡς ἐνδ[εὴς] ἐπέστη·/ κάμνει βαδίζων ὁ ἐν
θαλάσσῃ/ πεζεύσας ἀκ[αμά]τως, ὁ παρέχων/ ἀγαλλίασιν καὶ ἀπολύτρω-
σιν, 19.16.2/6 (p.344), Arator act.1.887ff. Auch sonst wird die in Ioh.4.6f.
dargestellte menschliche Schwachheit Jesu zum Anlaß genommen, diese seiner davon gleichzeitig unberührten Göttlichkeit gegenüberzustellen: Tert.
Prax.27.11 (CCL 2.1199f.) *videmus duplicem statum, non confusum, sed
coniunctum in una persona, Deum et hominem Iesum - de Christo autem dif-
fero - et adeo salva est utriusque proprietas substantiae, ut et spiritus res
suas egerit in illo, id est virtutes et opera et signa, et caro passiones suas
functa sit, esuriens sub Diabolo, sitiens sub Samaritide, flens Lazarum, anxia usque ad mortem, denique et mortua;* Acta Thom.47 (Lipsius/Bonnet 2.
164.4ff.) Ἰησοῦ ἄνθρωπε πεφονευμένε νεκρὲ τεθαμμένε· Ἰησοῦ Θεὲ ἐκ
Θεοῦ, Σωτὴρ ὁ τοὺς νεκροὺς ζωοποιῶν καὶ τοὺς νοσοῦντας ἰώμενος· Ἰησοῦ
ὁ ἐπιδεόμενος ὥσπερ καὶ σῴζων ὡς ἀνενδεής...Ἰησοῦ ὁ ἐπαναπαυόμενος
ἀπὸ τῆς ὁδοιπορίας τοῦ καμάτου ὡς ἄνθρωπος καὶ ἐπὶ τοῖς κύμασι περιπατῶν ὡς θεός eqs.; Hippolyt.hom.in Ioh. (GCS 2.1 p.220.25/8) *Dies ist
aber noch verwunderlicher, daß er zu trinken verlangte, der doch die ganze
Welt tränkte. Denn er sprach zu dem samaritischen Weibe: "Gib mir zu
trinken", und seine Stimme erhebend fuhr er fort: "Wen es dürstet, der komme und trinke bei mir."* (Ioh.7.37); Cyrill.Alex.comm.in Ioh.4.6 (PG 73.
293B) ἐν ἰδίᾳ φύσει τὸ πάντα δύνασθαι κεκτημένος καὶ αὐτὸς ὑπάρχων ἡ
πάντων ἰσχὺς κεκοπιακέναι λέγεται (μὴ γάρ μοι διέλῃς εἰς υἱῶν δυάδα τὸν
ἕνα Χριστόν) καὶ τὰ τῆς ἀνθρωπότητος εἰς ἑαυτὸν οἰκειοῦται πάθη καίτοι
μένων ἀπαθὴς ἐπείπερ ἄνθρωπος γέγονεν ὁ κοπιᾶν μὴ πεφυκώς; Ammon.
Alex.frg.115 in Ioh. (TU 89.226) εἰς ὢν ὁ Χριστὸς μετὰ τῆς ἰδίας σαρκὸς
οἰκειοποιεῖται τὰ τῆς ἀνθρωπότητος πάθη καίπερ μείνας ὡς θεὸς ἀπαθής.
Ambrosius und Augustinus deuten die menschliche Schwäche gleichsam in
göttliche Stärke um: Ambr.fid.5.4.54 (CSEL 78.237) *in ipsa naturae adfec-
tione maiestatem licet spectare divinam. fatigatur ex itinere Iesus, ut reficiat
fatigatos, petit bibere daturus, esurit cibum salutis esurientibus traditu-
rus,*[314] *moritur vivificaturus, sepelitur resurrecturus* etc., Aug.tract.15.6
in Ioh. (CCL 36.152.3ff.) *non...frustra fatigatur Iesus; non...frustra fatigatur virtus Dei; non...frustra fatigatur, per quem fatigati recreantur; non...
frustra fatigatur, quo deserente fatigamur, quo praesente firmamur.* Augustinus erklärt im folgenden: Es gibt einen starken Jesus, welcher der Logos
bei Gott ist, und einen schwachen, welcher der fleischgewordene Logos ist

---

[314] Nach Orig.hom.10.3 in gen. (SC 7.262) drückt dieser Gegensatz sogar aus: "Gott ist
auf uns angewiesen, wenn seine Offenbarung ihr Ziel erreichen soll" (Th.Heither,
Schöpfen aus dem Brunnen. Ein Zugang zum Alten Testament, Paderborn 1994, 28).

(Z.12ff.). Die Stärke Christi ist Grundlage menschlicher Existenz und seine Schwäche Grundlage ihres Fortbestehens: *fortitudo Christi te creavit, infirmitas Christi te recreavit. fortitudo Christi fecit, ut quod non erat esset, infirmitas Christi fecit, ut quod erat, non periret. condidit nos fortitudine sua, quaesivit nos infirmitate sua* (Z.19ff.).- **anhelus**, das hier für Ioh.4.6 *fatigatus* steht, ist im antiken Epos öfter belegt und wird von Juvencus auch sonst verwendet, ebenso wie verschiedene Formen von *fatigare* (1.191 *fatigans*, 1.582 *fatigant*, 4.753 *fatiget*), nicht aber das part.perf. Vor Juvencus findet sich im Epos nur die Form *fatigat* (fast ausschließlich am Versende), in Ov. met.8.260 jedoch das part.perf. Vgl. zu letzterem im Hexameter sonst Ov. rem.1.205, epist.13.98, 18.83, Iuv.3.25, im Pentameter Ov.am.3.11A.2.

248/52. discipulique escas mercantes moenibus urbis/ passim dispersi solum liquere magistrum./ moenibus egrediens Samaritis femina venit/ hauritura cavis putei penetralibus undas./ olli Christus ait: "laticis, da, femina, potum." Juvencus hat Ioh.4.7 und 4.8 vertauscht, ebenso später Otfrid von Weißenburg in seinem Evangelienbuch (2.14). Ioh.4.8 enthält den Grund dafür, daß Christus die Frau um Wasser bittet: Die Jünger sind mit allen Gefäßen in die Stadt gegangen, so daß er kein Wasser schöpfen kann (vgl. die Johanneskommentare von Bauer und Lagrange). Laut de Wit und Campagnuolo (65f.) zielte die Absicht des Autors bei der Umstellung darauf, daß dieser Grund dem Leser sofort, d.h. schon während des Aussprechens der Bitte, klar sei. Man könnte auch sagen, daß Juvencus von Anfang an Ordnung und Übersichtlichkeit in den Gang der Erzählung bringen wollte: Zuerst lassen die Jünger Christus allein am Brunnen zurück, anschließend kommt die Samaritanerin dorthin, und dann bittet Christus sie um Wasser. Diese Ordnung resultiert aus der Vertauschung von Ioh.4.7 und Ioh.4.8. Zur Umstellung einzelner Bibelverse durch Juvencus, welche der Erzielung einer besseren Ordnung des Gedankengangs dienen, vgl. Marold, Evangelienbuch 332f.; Widmann 47/9; Nestler 58.- In der stark gestrafften Bearbeitung des Gesprächs am Jakobsbrunnen im Carmen Paschale des Sedulius kommen die Jünger gar nicht vor. Nonnos behält die im Evangelium vorgegebene Abfolge bei, nimmt aber 4.6 ἑζόμενος παρὰ πέζαν, ὅπη... vor 4.8 mit ἕζετο γὰρ τότε μοῦνος wieder auf und glättet so den Übergang von 4.7 nach 4.8.

248. discipuli ist direkt aus der lateinischen Bibelübersetzung übernommen (gr. οἱ μαθηταί) und bei Juvencus wie in der Bibel die häufigste Bezeichnung für die Jünger (vgl. allgemein R.Kany, Art. Jünger, RAC 19.299f.). Im Epos kommt *discipulus* nicht vor, ist aber nicht unpoetisch (Ov.ars 2. 498, fast.3.830, Pont.3.3.46 und 48; siehe Flieger 21). Einmal findet sich *amici* von den Jüngern (2.100), was ebenfalls an biblischen Sprachgebrauch erinnert, vgl. Matth.26.50 (*amice*, gr. ἑταῖρε; oft bei Nonnos, z.B. Ioh.4.8, 6.10, 6.13, 20.10), Luc.12.4 *amicis meis* (τοῖς φίλοις μου; cf. Ioh.15.14). In Abweichung vom biblischen Sprachgebrauch werden die Jünger auch *comites* (z.B. 321, 3.527, 584), *ministri* (4.481; siehe Flieger loc.cit.), *socii* (3.238), *plebs sectantum* (3.494) genannt. Im Epos ist *socius* etwa in der Bedeutung "Kamerad, Gefährte" belegt (Verg.Aen.3.71, 5.101, 10.258; OLD 1779 s.v. 1), ähnlich *comes*, vielleicht mit stärkerer Betonung der Unterordnung (Aen.6.166; OLD 359 s.v. 3a). Auch *amicus* gehört zum epischen Vokabular (Aen.5.869, Lucan.8.535; OLD 118 s.v. 1).- **escas.** Über den Gebrauch von *esca* bei Juvencus vgl. zu 302.- **mercantes.** Ioh.4.8 heißt es *(ut) emerent. emere* kommt auch im antiken Epos vor. Doch verwendet Juvencus das Wort grundsätzlich nicht. *mercantes* steht anstelle des schwerfälligen *mercaturi.*- **moenibus urbis** ist sehr häufiger Hexameterschluß, vgl. nur 298, 1.153, 383, Verg.Aen.12.116, Ov.met.7.553, 11.526, Lucan. 7.369, Sil.16.622; weitere Belege bei Schumann Bd.3.403f. *civitas* aus Ioh. 4.8 ist für den Hexameter ungeeignet.

249. (moenibus urbis) passim dispersi. Vgl. Sil.7.53f. *(per devia) passim/ dispersi.*- **solum.** Vgl. Nonn.Ioh.4.8 ἕζετο γὰρ τότε μοῦνος, ἐπεί.../ .../ ... εἰς πόλιν ἀντικέλευθον ἀνήιεν ἑσμὸς ἑταίρων.- Die spondeische erste Vershälfte malt die Verlassenheit, vgl. zu 217. Der Zustand der Bedürftigkeit wird durch die Tatsache, daß Jesus allein ist, noch unterstrichen.- **liquere.** Der metrische Zwang verbietet den Gebrauch des Plusquamperfekts, welches hier sonst eher zu erwarten gewesen wäre (vgl. zu 247 *sederat*). Auch die 3. Pers. Pl. Plusquamperf. des Kompositums *relinquere* ist für den Hexameter nicht geeignet, die 3. Pers. Pl. Perf. nur in der Langform *reliquerunt* (innerhalb der antiken Poesie nur in Ov.met.13.734, Mart.7.20.17 belegt). Übernahme von *abierant* aus Ioh.4.8 wäre metrisch unmöglich gewesen, wohl aber hätte *abiere / abierunt* geschrieben werden können (ersteres ist in der antiken Poesie etwa in Ov.met.2.674, Lucan.2.626, Sil.12.505, letzteres nur in Ov.trist.1.8.35 anzutreffen).

2.250/255 - Bitte Christi um Wasser und Zurückweisung durch die Samaritanerin

250. moenibus egrediens. Vgl. Sil.12.688 *progressum moenibus (agmen)* und rein formal den ähnlichen Hexameteranfang Stat.Theb.12.351 *vix nacta petitos/ moenibus egressus.*- **Samaritis femina.** Die altlateinischen Bibelhandschriften haben neben *mulier Samaritana* (a 1) / *Sammaritiana* (ff²) meist *mulier a Samaria*, was dem griechischen γυνὴ ἐκ τῆς Σαμαρείας nachgebildet ist. *a Samaria* ist ablativus originis, und im allgemeinen tritt dieser Ablativ in Verbindung mit Partizipien wie *natus, genitus, ortus* etc. auf (KS I 375, HSz 104f.). Hier ist der Ablativ adnominal gesetzt.[315] Diese Konstruktion (HSz 105) ist seltener, bei Juvencus findet sie sich in 1.186 *primos prisco de sanguine vatum;* vgl. aus der hohen Dichtung Verg.georg. 3.2 *pastor ab Amphryso* [*A.* ist Personenname], Aen.10.183, Dict.1.17 *Agamemnon ex Mycenis*, Drac.Romul.2.104 *pastor ab Ida.*

251. hauritura...undas steht für Ioh.4.7 *haurire aquam.* Juvencus hat den gewählteren Ausdruck. Überhaupt kommt *aqua* bei Juvencus nie vor. *haurire undas* ist vorgeprägt in Ov.met.4.740 (sg.), 13.535, Sen.Med.745. Der Plural ist poetisch.- Während im Bibeltext in Anlehnung an das griechische Original zu *venit* der Infinitiv *(haurire)* tritt, schließt Juvencus das Partizip Futur an. Demgegenüber konstruiert er in 498 (Matth.10.34) und 1.483 (Matth.5.17) *venire* in Übereinstimmung mit dem Bibeltext mit dem Infinitiv. Unabhängig von der Anlehnung an den Bibeltext handelt es sich bei dieser Konstruktion um einen alten Sprachgebrauch, welcher in der Dichtung seit Lucrez ein weitverbreiteter Archaismus ist (HSz 345).- Zur futurischen Partizipialform **hauriturus** (im antiken Epos sonst *hausurus*: Verg.Aen.4. 383, Sil.7.584, 16.11, Stat.Achill.1.667; *exhaustura* in Sil.13.835) nennen die Handbücher (z.B. Neue/Wagener III 587) nur noch Drac.Romul.2.124 *fontem...petebat/ hauriturus aquas.* Huemer (Beiträge 84) wertet die Form aus unersichtlichem Grund als Archaismus.- **cavis putei penetralibus.** Vgl. zu *cavis* Nonn.Ioh.4.6 ὑγρὰ θέμεθλα πεδοσκαφέων κενεώνων/ φρείατος, 4.13 χθονίων λαγόνων...ὕδωρ/ πίδακος, 4.15 ἐκ βυθίων λαγόνων ἀρύειν βεβιημένον ὕδωρ. Vgl. auch zu 259 *gremium sinuatur in altum.*

252. olli Christus ait: "laticis da, femina, potum." Augustinus deutet Jesu Durst und seine Bitte um Wasser als Verlangen nach dem Glauben der Frau: tract.15.11 in Ioh. (CCL 36.154.9f.) *ille autem qui bibere quaerebat, fidem ipsius mulieris sitiebat* (vgl. Hier.epist.108.13 [CSEL 55.322.17f.] *sitiensque et esuriens Samaritane fide satiatus est*). Er versteht dabei die Frau ty-

---

[315] Man könnte einwenden, daß *a Samaria* nicht nur adnominal zu *mulier*, sondern auch adverbial zu *venit* gehören könnte und Entsprechendes für griech. ἐκ Σαμαρείας behaupten. Doch Σαμαρεία / *Samaria* ist im NT immer die Landschaft, nie die Stadt (Bultmann 130 Anm.3). Wenn aber die Landschaft gemeint ist, ist nur adnominales Verständnis möglich (für das Adjektiv *Samaritana* gilt das ohnehin), denn das Gespräch findet in ebendieser Landschaft statt. Unabhängig von Bultmanns Feststellung würde die Annahme, daß Σαμαρεία / *Samaria* die Stadt bezeichnet, sowohl bei adnominalem als auch bei adverbialem Verständnis das Problem mit sich bringen, daß Samaria viel zu weit entfernt wäre, um von dort aus zum Wasserschöpfen zum Jakobsbrunnen bei Sychar bzw. Sichem zu gehen.

pologisch als die Kirche aus den Heiden (15.10; p.154.1ff.):[316] *"et venit
mulier"* (Ioh.4.7). *forma ecclesiae, non iam iustificatae, sed iustificandae,
nam hoc agit sermo;* (p.154.14ff.) *pertinet ad imaginem rei, quod ab aliege-
nis venit ista mulier, quae typum gerebat ecclesiae; ventura enim erat ecclesia de gentibus, aliena a genere Iudaeorum.*[317] Die typologisch-ekklesiolo-
gische Deutung der Frau scheint von Augustinus eingeführt worden zu sein
(Link 21/3).[318] Max.Taur.tract.22a.2 (CCL 23.87.22) erwähnt den Typos
auch, sodann Roman.Melod.19.5 (SC 110.334), 19.12 (p.340). Schon
Ephraem der Syrer hat, wenn nicht die Samaritanerin selbst, so doch Sichem Anfang und Gleichnis für die aus den Heidenvölkern entstehende Kirche genannt (hymn.de virginit.17.2 [CSCO 224.56.13f.]; vgl. 18.6 [p.59]).
Sichem und Christus sind bei ihm ein Brautpaar (19.2 [p.60f.]). Das Verständnis des Augustinus und des Romanos ist also bei Ephraem in gewisser
Weise vorbereitet. Neu bei Augustinus und Romanos ist, daß die Frau selbst
für die Kirche steht, wobei sie aber nur von Romanos ausdrücklich Braut
Christi genannt wird. Einmal ist sie zwar auch schon bei Ephraem Braut
Christi, erscheint dabei aber nicht als Typos der Kirche (hymn.de virginit.
22.12 [CSCO 224.71.2f.]).[319]- Bei Juvencus nun sind keinerlei Hinweise
auf typologisch-ekklesiologisches Verständnis der Frau zu erkennen. Wenn
er überdies in noch stärkerem Maß als der Evangelist (Ioh.4.42) hervorhebt, daß die Samaritaner nicht mehr aufgrund der Worte der Frau, sondern

---

[316] Die mit Christus verlobte oder vermählte Kirche wird immer als die Kirche aus den Heiden verstanden; vgl. etwa Iren.adv.haer.4.20.12 (SC 100.668/74), Tert.adv.Marc.4.11.8
(SC 456.148.64/8) mit J.Schmid, Art. Brautschaft, heilige, RAC 2.550f.

[317] Dagegen weist Augustinus nachfolgend in 15.21 (CCL 36.158) die von Ambr.in Luc.7.
199 (CCL 14.283.2215f.), 9.38 (p.344.370f.) entwickelte allegorische Deutung, die in
den fünf Ehemännern den Pentateuch, die Bibel der Samaritaner sieht, zurück, wobei er
als Begründung angibt, daß Ioh.4.18b *et nunc quem habes, non est vir tuus* zum ambro-
sianischen Ansatz nicht passe. Doch nimmt er die origenistische Deutung, wonach in den
fünf Ehemännern die fünf Sinne zu erkennen sind, im sechsten die in die Irre geleitete
Vernunft, wieder auf (CCL 36.159); vgl. zu 276f.

[318] In quaest.div.64 (CCL 44A 137/46), einer älteren Interpretation von Ioh.4, hat Augustinus die Frau noch nicht als Typos der Kirche erklärt, wenn er auch einmal, von Ioh.
7.38f. ausgehend, das lebendige Wasser als das Geschenk des Hl.Geistes bezeichnet,
das Jesus nach seiner Verherrlichung der Kirche geschenkt habe (p.141). Daß Jesus
nach dem Glauben der Frau dürstet, sagt Augustinus aber auch schon in den Quaestiones (p.139.53/5): *sed scilicet sitiebat Dominus mulieris illius fidem, quoniam Samaritana erat, et solet Samaria idololatriae imaginem sustinere.*

[319] Vor Ephraem nennt bereits Origenes den Logos, der von den Toten auferstehen werde,
also Christus, als den sechsten Mann, den die Frau sucht (comm.in Ioh.13.9.48 [SC 222.
56/8]). Und Augustinus spricht noch in den Quaestiones (64.7 [CCL 44A 144]), nicht
mehr aber im 15. Johannestraktat, von der Vermählung der Samaritanerin mit dem Logos, ohne aber in diesem Zusammenhang ausdrücklich darauf hinzuweisen, daß der Logos Christus sei.

aufgrund der Gegenwart des Heilands glauben (siehe zu 2.325/7), fördert dies ein typologisch-ekklesiologisches Verständnis der Frau nicht nur nicht, sondern steht ihm sogar entgegen.- **olli Christus ait.** Die Formen *olli* und *ollis*, die zunächst vor allem in den Annalen des Ennius begegnen, kehren in der klassischen Zeit und auch im Spätlatein als Archaismen wieder (Neue/Wagener II 424f.; Lebek, Thes.IX.2 c.569/71). Altertümliche Wörter bewirken Würde des Stils. Quint.inst.8.3.24f. sagt: *"olli"...et...adspergunt illam, quae etiam in picturis est gravissima, vetustatis inimitabilem arti auctoritatem.* Die Nutzung solcher würdevollen Ausdrucksweise hat bei Ankündigung einer Rede des Herrn ihre besondere Berechtigung.- Die Verbindung *olli ait* (oder umgekehrt) ist in der antiken Dichtung offenbar nicht belegt. Für *illi ait* kann man zumindest auf Ov.met.2.691, 4.639 verweisen (dort ist allerdings zwischen die beiden Bestandteile der Formel indirekte Rede eingeschoben). Doch *illi Christus ait* mit viermaligem *-i-* wäre unschön. *olli(s) Christus ait* hat Juvencus noch 6 mal, wobei jeweils mindestens in einem Codex der Vorlage *ait illi(s) (Iesus)* überliefert ist: 2.14 (Matth.8.20 c h *ait illi Iesus*), 410 (Matth.9.28 a f h *ait illis Iesus*), 3.659 (Matth.21.19), 677 (Matth.21.24 aur *Iesus ait illis*), 4.29 (Matth.22.29 a aur b c f ff¹ ff² g¹ q *respondens* [a aur c f ff¹ g¹ q: *r. autem*] *Iesus ait illis* [q: -]), 525 (Matth.26.52 aur b c f ff¹ ff² g¹ h l n q: *ait illi Iesus*). Beim vorliegenden Vers ist auf Ioh.4.7 a *ait illi Iesus* zu verweisen.- **laticis...potum.** Für *potus* mit genitivus materiae vgl. Plin.nat.8.209 *mulsi*, 28.226 *lactis*, Vulg. II reg.23.15 *aquae;* Kruse, Thes.X.2 c.369.33/6, 370.82/371.7. Der genitivus materiae ist im vorliegenden Fall zugleich genitivus inhaerentiae wie in 517 *lumine lucis*, 521 *leti funera*, 3.350 *rabies furoris* (Hansson 73 Anm.46, HSz 63). Das ist ein Sonderfall der Synonymenhäufung, eines für Juvencus typischen Stilmittels (siehe zu 239).- Das Substantiv *potus* ist in epischer Dichtung vor Juvencus gar nicht belegt, wenn man von Nemes. cyn.215 sowie dem Rezeptbuch des Serenus mit 26 Belegen absieht. Für sonstigen poetischen Gebrauch nennt Kruse (Thes.X.2 c.366.62) nur noch Sen.Thy.914. Juvencus hat das Substantiv *potus* öfter, insgesamt 8 mal, z.B. in 1.649 (Matth.6.31 *bibemus*), 2.254 (Ioh.4.9 *bibere*). Ungefähr zeitgleich mit Juvencus begegnet es in Optat.Porf.carm.3.24. Auch später ist es in der Dichtung verbreitet, vgl. Prud.cath.5.92, 7.169, Paul.Nol.carm.6. 223, Sedul.carm.pasch.1.71, 157, 5.36, Alc.Avit.carm.5.466, Drac.laud. Dei 1.720, Ven.Fort.Mart.3.219, Arator act.2.1002.- **laticis da...potum** ersetzt Ioh.4.10 *da...bibere*, welches dem δὸς...πεῖν im griechischen Text (διδόναι mit finalem Infinitiv wie bereits im klassischen Griechisch: Blass/Debrunner/Rehkopf 316, Schwyzer/Debrunner 363; der Ausdruck wird von Nonnos übernommen: δός μοι...πιεῖν) nachgebildet ist. Zwar läßt sich *dare* mit den Infinitiven *bibere / edere, manducare* im Lateinischen seit Plautus

belegen (wahrscheinlich aus dem Griechischen ererbt, vgl. Schwyzer/De-
brunner 362), nicht aber in der hohen Dichtung (HSz 345), was ein Grund
für die Änderung sein dürfte. Die Formel *potum dare* ist epischem Sprachstil eher gemäß, doch zugleich biblisch (etwa Matth.25.37). Juvencus wird
den Ausdruck in Anlehnung an biblischen Sprachgebrauch verwendet haben.
Nachfolgend haben ihn etwa Prud.cath.5.92 (siehe van Assendelft, Komm.)
und Sedul.carm.pasch.5.36 *(cibum potumque dedit)*. Der Zusatz des archaischen (seit Acc.trag.666) und hochpoetischen *laticis* wertet die Wendung
stilistisch auf.- **femina**. Juvencus verwendet *mulier* 14 mal, *femina* 9 mal.
Dagegen war von augusteischer Zeit an *femina* das übliche Dichterwort für
"Frau" (Axelson 56). Sedulius in seinem Carmen paschale ist von der Tradition der antiken Dichtersprache noch viel weiter entfernt, denn er hat *mulier* 7 mal, *femina* nur 1 mal (van der Laan, Komm. zu carm.pasch.4.66).
Darin spiegelt sich der biblische Sprachgebrauch. Denn *mulier* ist in Vetus
Latina wie Vulgata das übliche Wort für "Frau", *femina* dagegen ist viel
seltener. So hat etwa in den Evangelien die Vulgata *mulier* 67 mal, *femina*
dagegen nur 2 mal. Vergleicht man für diese Fälle den Vetus Latina-Text,
erhält man dasselbe Ergebnis.- Der bloße Vokativ *femina*, der hier verwendet wird, hat in der hohen Dichtung verächtlich-beschimpfende Funktion, da
er die Angesprochene als Angehörige der geringer geachteten Geschlechts-
gattung bezeichnet (Ov.met.8.433 [siehe Bömer, Komm.]; Verg.catal.13.
17). Dasselbe gilt für die Anrede mit bloßem *mulier* (Prop.3.24.1, Hor.
epod.12.1). Nicht abwertend dagegen ist *o femina* in pathetischen Anreden
(Ov.met.1.351 *o soror, o coniunx, o femina sola superstes*, fast.6.810 *o decus, o sacra femina digna domo;* vgl. Iuvenc.1.86 *felix o femina*). In der
Vulgata kommt die Anrede *femina* überhaupt nicht vor, *mulier* (gr. γύναι)
ist dort die gewöhnliche (neutrale) Anrede (vgl. etwa Luc.13.12, Ioh.2.4,
8.10).[320] Der Sprachgebrauch der Vetus Latina stimmt damit offenbar
überein, denn wo die Vulgata die Anrede *mulier* hat, findet sie sich auch in
der Vetus Latina. Auch Juvencus hat den Vokativ *mulier* einmal als normale
Anrede (4.344), wohl in Anlehnung an biblischen Sprachgebrauch. Der bloße Vokativ *femina* in Iuvenc.2.252 und 275 jedoch ist weder biblisch, noch
steht er in der Tradition der hohen Dichtung. Denn als verächtliche Anrede
wird man *femina* in 2.252 und 275 wohl kaum fassen wollen.- Zum Gebrauch von *femina* und *mulier* in der Prosa vgl. F.Santoro L'Hoir, The Rhe-
toric of Gender Terms. "Man", "Woman", and the Portrayal of Character
in latin Prose, Leiden/New York/Köln 1992. In der Prosa (die Sprache der
Bibel untersucht Santoro L'Hoir nicht) werden *femina / vir* von Angehöri-

---

[320] Angesichts des allgemein häufigen Gebrauchs von *mulier* und des seltenen von *femina* in
der Bibel ist für den Vokativ freilich auch nichts anderes zu erwarten.

gen höherer Schichten bzw. aufwertend und *mulier / homo* von Angehörigen
niederer Schichten bzw. abwertend gebraucht (vgl. etwa S.197ff.).

252* illam deposcit potum sibi tradere Christus stellt eine inhaltsgleiche
Variante zu 252 dar. Der Vers ist laut Hansson (63, 72) in allen von ihm
untersuchten codd. in textu überliefert (gegen Huemer auch in T), 252 dagegen nur in C V₁ S K₂² V₂¹ Ph E C₃² Hl Bx. Poelmann, Arevalo, Marold,
Knappitsch, de Wit und Castillo Bejarano halten 252 für echt und 252* für
unecht, Reusch und Korn (22) sind entgegengesetzter Auffassung. Huemer
(Proleg. XXXVII), Petschenig (Rez. Huemer 138) und Hansson (73) neigen
der Annahme von Autorenvarianten zu, wobei Petschenig sich zu der Frage,
welches die spätere und endgültige Fassung ist, nicht äußert, Huemer 252
als Endfassung in den Text setzt, Hansson dagegen 252*.- Es spricht für die
Echtheit von 252, daß die Form *laticis...potum* wegen des gesuchten *laticis*
anspruchsvoller ist als bloßes *potum*. Man darf nicht mit Roberts (150) den
Genitiv *laticis* lediglich als ein notwendiges Merkmal der Paraphrase werten. Daß ein Teil des Ausdrucks *laticis...potum*, der den Schlüsselbegriff
des Wassers (vgl. zu 265/72) variiert und der schon durch seine Länge hervorgehoben ist, am Versende steht, ist ein Hinweis auf die Hand des Dichters, der den Gebrauch eines Stilmittels einem bestimmten Zweck unterordnet. In 252* dagegen bleibt die Stellung von *potum* eher unauffällig. Mit
dem dichterischen Ausdruck *laticis...potum* ist ein Interpolationsmotiv gegeben, nämlich Vereinfachung (Gnilka, Prudentiana, Reg.III 754 s.v. "Simplifikation") bzw. Normalisierung. Knappitsch vermutet, daß *laticis* erklärt
werden sollte ("censuerim u. 252* ab aliquo interprete, qui vocabulum 'la-
tex' explicare voluerat, compositum esse"). Abgesehen davon, daß *laticis*
natürlich nicht "erklärt" wurde (vgl. dafür Aen.6.218 *calidos latices* mit
Gloss.IV 29.20 *aquas calidas*), sondern schlicht ausgelassen und damit der
ganze Ausdruck vereinfacht wurde, ist die Neudichtung eines ganzen Verses
natürlich keine Glosse, sondern eine Ersatzfassung.- Die Beseitigung des
Archaismus *olli* kann vom Interpolator durchaus mit angestrebt worden sein.
So fällt in dem als Ersatz für 2.265 gedachten Vers 265* *olli* ganz weg.
252* und 265* haben gemeinsam, daß die Beseitigung des Archaismus nur
ein nachrangiges Interpolationsmotiv war. Denn wäre es nur darauf ange-
kommen, den Archaismus zu beseitigen, hätte einfach *olli* durch *illi* ersetzt
werden können. Letzteres kommt oft genug vor und ist wohl meist bewußte
Änderung. So steht in K₂ im Vers 252 (der dort nach 279 von zweiter Hand
eingefügt ist) *illi. illi(s)* statt *olli(s)* findet sich in einem Teil der hand-
schriftlichen Überlieferung auch bei 1.428, 2.412, 3.677, Afran.com.67
(Ribbeck II 204), Verg.Aen.12.300 (Conington/Nettleship nehmen eine bewußte Änderung an: "The archaic form is more likely to have been tam-

pered with...").[321] Weitere Beispiele für die Beseitigung von Archaismen in der Juvencusüberlieferung sind die Ersetzung von 1.67 *profatur* durch *fatetur*, von 4.166 *munia* durch *munera* (zur Beseitigung von Archaismen als Interpolationsmotiv vgl. P.Fehl, Die interpolierte Rezension des Terenztextes, Diss. Köln 1938 [= Neue Deutsche Forschungen, Bd.9], 124/30).- Neben dem gehobenen Stil spricht auch die direkte Rede für die Echtheit von 252, weil Juvencus die Worte Christi als der Hauptperson üblicherweise in der direkten Rede wiedergibt (Herzog, Bibelepik 128 mit Anm.2). Umso ungewöhnlicher wäre indirekte Wiedergabe von Christi Worten an dieser Stelle, als auch die Antwort der Frau gleich anschließend in direkter Rede wiedergegeben ist. Indirekte Rede würde die Person Christi dann nämlich geradezu abwerten. Soweit ich sehe, hat es bei Juvencus immer einen besonderen Grund, wenn Christi Rede nicht direkt wiedergegeben ist, während gleichzeitig die einer anderen Person direkt wiedergegeben ist. So ist die in indirekter Rede wiedergegebene Antwort in 2.293f. nur Bestätigung der Worte der Samaritanerin in 2.291f.; auf indirekt wiedergegebene Rede Christi in 3.269f. folgt zwar direkt wiedergegebene Rede Petri, doch lenkt letztere durch ein Lob das Augenmerk auf die Person Christi; zu 3.593f. ist zu bedenken, daß schon ebenfalls die Bitte der Gattin in 591f. und die Antwort der Söhne des Zebedaeus in 593 in indirekter Rede zu lesen sind. Außerdem ist Christi Person durch die direkte Rede in 586/9, 596/9, 602/21 bereits stark betont. Selbst wenn es neben 252* eine weitere nicht erklärbare Ausnahme von der Regel gäbe, daß Christi Rede direkt wiedergegeben wird, wird man doch der Abweichung vom Regelfall bei der Beurteilung der Echtheit von 252*, der indirekte Rede hat, stärkeres Gewicht beimessen dürfen.- Bei dem interpolierten Vers 252* fällt die sprachliche Übereinstimmung mit 257, 334, 428 auf. So kommt *deposcere* auch in 2.334, 2.428, 4.718 vor und *poscere* in 2.257. Der Akkusativ der Person, an die sich die Bitte richtet, wird wie im vorliegenden Vers auch in 2.257 verwendet. *potum...tradere* erinnert an 258 *traderet undam*. Und in 261 steht *mihi tradere* an derselben Versstelle wie hier *sibi tradere*. Interpolatoren greifen oftmals auf vorhandenes Sprachmaterial zurück (Jachmann 179; Gnilka, Prudentiana I, Reg.III 752 s.v. "Originaltext (meist der Umgebung), ausgebeutet zugunsten der I."; Zwierlein, Zur Kritik und Exegese des Plautus II, Reg. 247 s.v. "Bearbeiter, D. Charakteristika, Ausbeutung des echten Plautus / Centotechnik"). Reusch und Petschenig (Rez. Huemer 138) haben die sprachlichen Übereinstimmungen mit originalen Versen zu Unrecht als Indiz für

---

[321] Allerdings gewöhnten sich die Schreiber an die altertümliche Form so sehr, daß auch umgekehrt diese die moderne Form oder anderes verdrängen konnte. So trat 2.109 (unmetrisches) *olli* (M T¹ Bb) an die Stelle von *inde* (Huemer, Beiträge 85).

Echtheit gewertet.- Für sich gesehen könnte man mit Korn (22) die im Vergleich zu 252* viel größere sprachliche Nähe von 252 zu Ioh.4.7 als Indiz gegen die Echtheit von 252 anführen (*ait - dicit*, *Christus - Iesus*, *da - da;* direkte Rede in beiden Fällen). Denn Interpolatoren neigen dazu, den Dichtertext an dessen Vorlage anzupassen (vgl. Gnilka, Prudentiana I, Reg.III 746 s.v. "Bibel, Anschluß an den Bibeltext gesucht"; Komm. zu 263). Doch in der Gesamtsicht des Für und Wider verliert Korns Einwand an Gewicht. Das gilt auch für seinen Hinweis auf die schlechtere Bezeugung von 252, zumal ein unechter Ersatzvers den echten mehr oder weniger verdrängt haben kann.- Verfechter der Autorenvariantentheorie mögen einwenden, daß beide Fassungen stilistisch zu gut sind, um eine von ihnen als unecht auszuscheiden. Doch gute stilistische Qualität allein ist kein sicheres Indiz für Echtheit (Gnilka, Prudentiana I, Reg.III 749 s.v. "Interpolation, relativ qualitätvoll"). Im übrigen kann die Theorie der Autorenvarianten als überholt gelten. Was Juvencus angeht, so seien hier Marolds (Rez. Huemer 845) Worte zitiert: "meiner Meinung nach ist auch nicht eine der Doppellesarten und auch nicht einer der Plusverse auf den Dichter zurückzuführen. Das Gedicht trägt einen in sich so vollständig abgerundeten Charakter, daß man nur annehmen kann, er hat es nicht eher aus der Hand gelassen, als bis er wirklich die letzte Feile darangelegt." Jachmanns überzeugende Theorie konservativer Gelehrtenausgaben, die alle greifbaren Varianten vereinten, von Gnilka erstmalig auf Juvencus angewendet (siehe zu 282 *miracula signis*), erübrigt die Annahme von Autorenvarianten. Zur Ablehnung der Theorie der Autorenvarianten siehe in bezug auf andere Dichter noch etwa Jachmann 503/7; R.Palla, Prudentio, Hamartigenia. Introduzione, traduzione e commento, Pisa 1981, 24/9; Gnilka, Prudentiana I, Reg.III, 746 s.v. "Autorvariante".- **deposcit.** Das Wort findet sich bei Juvencus noch in 2.334, 2.428, 4.718. Die vorliegende Konstruktion *deposcere aliquem facere aliquid* kommt der in 2.428 nahe *(deposcere aliquem, ut faciat aliquid)*. Eine genaue Entsprechung ist Hymn.64.4 Walpole *nobis...adesse te deposcimus* und beim Simplex *poscere* Mart.7.60.4, Ambr.epist.7.34 (CSEL 82.1 p.60. 349), Paul.Nol.carm.26.246. Diese Belege werden neben anderen von Scheible-Flury (Thes.X.2 c.81.74/83) angeführt. Für Juvencus selbst erwähnt Hansson (72 Anm.42) die parallele Konstruktion von *exorare* in 2. 324 *exorant illic geminos expendere* (sc. *Christum*).- **potum...tradere.** Vgl. *undam tradere* (258, 261), *panem tradere* (4.447), *potionem tradere* (Apul. met.10.26.1, Tac.ann.13.16.2).

253/5. respondens mulier "mirum mihi praecipis" inquit,/ "ut tibi Iudaeo mulier Samaritica potum/ dispernens veterum Samaritum iussa ministrem." Die verwunderte Frage aus Ioh.4.9 hat Juvencus in einen Aussagesatz umgewandelt. Roberts (141) weist im Rahmen seiner Behandlung der "modal variation" als Technik der Bibelparaphrase u.a. auf die Ersetzung von Fragen durch Aussagesätze hin, was bei Juvencus die häufigste Art der Variation sei. Als Spezialfall nennt er unter anderem die Umwandlung einer Frage in den "'admirative' mode" in 2.107/8 (Ioh.1.46) und in 2.253/5. Die Umwandlung "produces a more forceful expression", sagt Roberts. Juvencus ist die Verstärkung des Gemeinten in diesen beiden Fällen durchaus gelungen. Das Entscheidende geschieht dabei aber nicht durch die Umwandlung von der Frage- in die Aussageform - denn es gibt gerade auch wirkungsvolle umgekehrte Fälle, wie Roberts selbst sieht (vgl. etwa die Umwandlung eines Aussagesatzes in eine rhetorische Frage in 1.478f. [Matth. 5.14]) -, sondern durch die Gesamtheit der im jeweiligen Fall angewandten sprachlichen und stilistischen Mittel und natürlich durch die inhaltlichen Akzente, die gesetzt werden (wie im vorliegenden Fall durch *mirum mihi praecipis* oder *dispernens veterum Samaritum iussa*).- Die beiden *cum*-Sätze aus Ioh.4.9 entfallen bei Juvencus. Sie sind jeweils gedanklich aus den Substantiven zu entwickeln *(Iudaeo = cum sis Iudaeus; mulier Samaritica = cum sim mulier Samaritica)*. In der Knappheit des Ausdrucks liegt eine gewisse Nähe zur griechischen Vorlage, wo allerdings participia coniuncta von εἶναι vorliegen (σὺ ᾿Ιουδαῖος ὤν; ἐμοῦ...γυναικὸς Σαμαρίτιδος οὔσης), während im Lateinischen keine Partizipien von *esse* gebildet werden können. Juvencus hat *tibi Iudaeo* und *mulier Samaritica* an der Penthemimeres einander gegenübergestellt. So tritt das Paradoxe der Situation aus der Sicht der Frau - die Samaritanerin, die der Bitte eines Juden Folge leisten soll - auf engstem Raum scharf hervor.- Zur gedanklichen Struktur von *mirum mihi praecipis, ut tibi...potum/ ...ministrem* vgl. Plaut.Mil.1224 *permirum ecastor praedicas te adiisse atque exorasse*. Hammond/Mack/Moskalew merken zu der Plautusstelle an: "permirum = 'a wonderful (thing, namely) that'; it is object of *praedicas*, with the inf. clause of indirect discourse in apposition; this is preferable to making it an adverbial acc."[322] Entsprechend ist bei Juvencus der Akkusativ des neutralen Adjektivs **mirum** als Objekt zu *praecipis* zu verstehen und der *ut*-Satz als Apposition. Knappitschs Übersetzung scheint dieses grammatische Verständnis zugrunde zu liegen, wenn auch die Formulierung freier ist: "Wahrlich, gar sonderbar ist es,/ Daß ein samaritanisches Weib einen Juden soll tränken/...". Dagegen faßt Castillo Bejarano *mirum* als adverbialen Akkusativ und läßt den *ut*-Satz von *praecipis* abhängen: "Me pides sorprendentemente que yo...te dé de beber a ti, un

---

[322] Adverbiale Akkusative von neutralen Adjektiven finden sich bei Plautus nur bei den Quantitätsbezeichnungen *multum, nimium* (Pseud.889), *magnum* (Mil.823), *maxumum* (Most. 488) sowie bei *hibernum* (Rud.69; von HSz als Gräzismus gewertet, vgl. Löfstedt, Syntactica II 419 Anm.1).

judío". Für *mirum* als adverbialen Akkusativ nennt Bulhart (Thes.VIII 1076. 83ff.) als früheste Belege Cic.de orat.2.184 und Stat.Theb.7.447. Hatfield (§ 124) erwähnt unter der Überschrift "Neuter of an Adjective in place of an Adverb" die vorliegende Stelle nicht, scheint also der hier vertretenen Ansicht nahezustehen.

253. respondens...inquit. Diese Form findet sich so und ähnlich häufig in der Hl.Schrift, etwa in Ioh.4.10 *respondit...et dixit* (ἀπεκρίθη...καὶ εἶπεν), 4.13 *respondit...et dixit* (a *respondens...dixit;* ἀπεκρίθη...καὶ εἶπεν), 5.19 *respondit...et dixit* (e *respondens...dixit;* ἀπεκρίνατο καὶ ἔλεγεν), Vulg. I Sam.1.15 *respondens...inquit* (1.17 ἀπεκρίθη...καὶ εἶπεν), Is.21.9 *respondens ait* (ἀποκριθεὶς εἶπεν; אמר ו עי ו), Matth.3.15 *respondens...dixit* (ἀποκριθεὶς...εἶπεν), 15.28 *respondens ait* (ἀποκριθεὶς...εἶπεν), 25.26 *respondens...dixit* (ἀποκριθεὶς...εἶπεν; Iuvenc.4.245 *respondens...infit*), 25. 40 *respondens...dicet* (ἀποκριθεὶς...ἐρεῖ; Iuvenc.4.281 *respondens...dicet*). Es handelt sich um einen Septuagintismus bzw. eigentlich Hebraismus (Blass/Debrunner/Rehkopf § 420.2; P.Joüon, "Respondit et dixit", Biblica 13.1932.309/14). In 4.281 hat Juvencus den Hebraismus direkt übernommen, im vorliegenden Fall dürfte er durch Ioh.4.10 und 13 angeregt sein, in 4.245 liegt ein gewisser Anklang an die Vorlage vor. Im römischen Epos ist eine vergleichbare sprachliche Form nicht anzutreffen. Bei Homer dagegen läßt sich auf ἀμειβόμενος προσέειπε u.ä. verweisen (Il.3.437, 20.86, Od.2.84, 4.234 u.ö.; 15.434).

254. mulier Samaritica ist Variation von 250 *Samaritis femina.* Die Unbefangenheit des Dichters beim Gebrauch von Eigennamen zeigt sich nicht nur im Prosodischen (vgl. 324 *Samāritum;* zu 177/9 Anm. und 243), sondern auch in der Formenbildung (vgl. zu 218). Zur Bildung *Samariticus* siehe Lampe 1222 s.v. Σαμαρειτικός.- **potum/...ministrem.** Vgl. 4.450, Verg. Aen.8.181 *Bacchum...ministrent,* Curt.8.9.30 *vinum ministratur,* Tert.adv. Marc.3.5.4 (SC 399.74.41/2) *potui subministrando,* Drac.laud.Dei 2.698f. *pocula larga...ministrat* (sc. *dextra Dei*).

255. dispernens veterum Samaritum iussa. Mit Ausnahme von a b d j e ist am Ende von Ioh.4.9 noch *non enim coutuntur Iudaei Samaritanis* überliefert. Entsprechend führen die griechischen Handschriften mit Ausnahme von א· D οὐ γὰρ συγχρῶνται ᾿Ιουδαῖοι Σαμαρίταις. Juvencus hat die Begründung in 255 berücksichtigt. Die Frau begründet damit ihren Widerwillen, dem Juden Wasser reichen zu sollen. Das würde gegen altes samaritanisches Gesetz verstoßen. Während die Begründung bei Juvencus zweifellos von der Frau vorgebracht wird (254f. *ut tibi...potum/ ...ministrem*), könnte

238 Kommentar

sie im Evangelium auch Erzählerzusatz sein. Letztere Zuordnung wird vorgenommen von Orig.comm.in Ioh.13.9.53 (SC 222.60.18f.), Theod.Mops.
comm.in Ioh.4.9 (CSCO 116.62), Chrysost.hom.31.4 in Ioh. (PG 59.180),
Ps.Chrysost.Samarit. (PG 59.541). Bei Nonn.Ioh.4.9 (PG 43.773) ist die
Vermeidung des gegenseitigen Umgangs zunächst von der Frau angedeutet,
um dann nochmals vom Erzähler konstatiert zu werden.- Juvencus hat offenbar *non enim coutuntur Iudaeis Samaritani* und nicht *non enim coutuntur
Iudaei Samaritanis* gelesen. Vor Juvencus ist diese Lesart offenbar nicht belegt. Chrysost.hom.31.4 in Ioh. (PG 59.180) aber sagt εἰ...ἐχρῆν φυλάξα-
σθαι, τὸν Ἰησοῦν ἐχρῆν, οὐκ ἐκείνην. οὐ γὰρ εἶπεν, ὅτι Σαμαρεῖται τοῖς
Ἰουδαίοις οὐ συγχρῶνται, ἀλλ᾽, Ἰουδαῖοι Σαμαρείτας οὐ προσίενται.
Amphiloch.Icon.c.haer. (GCS 3.200f.) teilt mit, die Samaritaner seien Simon Magus darin gefolgt, alles Jüdische für unrein zu halten und von Juden
bereits gebrauchte Gegenstände nicht zu berühren, wofür er auf die ablehnende Haltung der Samaritanerin in Ioh.4.9 verweist. Wenn Amphilochios
die Weigerung der Frau mit ὁρᾷς, ὅτι οὐκ ἠθέλησεν αὐτῷ δοῦναι, ἵνα μὴ
μιάνῃ αὐ<τῆς> τὴν ὑδρείαν, ὡς ἐκείνη ἐνόμισε begründet, kann er nur οὐ
γὰρ συγχρῶνται Σαμαρεῖται Ἰουδαίοις gelesen haben. Hier.epist.121.5
(CSEL 56.1 p.19.14f.) zitiert Ioh.4.9 mit *non enim coutuntur Samaritani Iudaeis*. Ps.Chrysost.Samarit.3 (PG 59.541) ist einmal οὐ γὰρ συγχρῶνται
Ἰουδαίοις Σαμαρεῖται wiedergegeben. Zuvor heißt es aber zweimal οὐ γὰρ
συγχρῶνται Ἰουδαῖοι Σαμαρείταις (c.537). Der dazu gegebene Kommentar allerdings lautet derart, als sei die Frau allein wegen einer Verletzung
samaritanischen Gesetzes besorgt: ἀκριβὴς ἡ γυνή· ἐν τούτοις ἡ πόρνη φι-
λοτιμεῖται· ἐν τούτοις ἡ πόρνη τὴν φυλακὴν τοῦ νόμου δείκνυσι. Τοιοῦτον
τυγχάνει τὸ τῶν Σαμαρειτῶν γένος· ἐν πορνείαις μιαίνεται, καὶ ἐν βαπτί-
σμασι καθαρίζεσθαι νομίζουσιν. Bei Nonnos sind beide Möglichkeiten vereint. Juden und Samaritaner meiden sich gegenseitig. Auf jeder Seite scheint
es ein entsprechendes Gesetz zu geben: πῶς παρὰ θηλυτέρης Σαμαρείτιδος
ἴδμονι φωνῇ/ ἐκ παλάμης ἀφύλακτος (wohl aktivisch ["unvorsichtig"],
deutet somit auf jüdisches Gesetz) ἀήθεος ἤτεες ὕδωρ/ πάτριον Ἑβραίων
πεφυλαγμένον αἷμα κομίζων;/ ποῖον ξυνὸν ἔην Σαμαρείτιδι καὶ σέο φύτλη
(Umgang in beide Richtungen ausgeschlossen),/ ὄφρα πίῃς παρ᾽ ἐμεῖο; καὶ
οὐ σέο θεσμὸς ἐρύκει,/ αἰδομένοις στομάτεσσιν Ἰουδαῖόν σε καλέσσω·/ οὐ
γὰρ Ἰουδαῖοι μιγάδες ξυνήονι θεσμῷ (Gesetz auf beiden Seiten)/ εἰς βίον
ἀλλήλοισιν ὁμίλεον ἢ Σαμαρῖται. Chrysostomos, Pseudo-Chrysostomos und
Nonnos denken bei οὐ...συγχρῶνται / *non...coutuntur* an samaritanisches
Gesetz. Das tut auch Juvencus, wenn er die Frau von *iussa* sprechen läßt.
Damit läßt sich der Widerwille, dem jüdischen Fremden Wasser zu reichen,
noch klarer begründen. Wegen der anderen Lesart sprechen von jüdischem
Gesetz Orig.in Ioh.frg.53 (GCS 10.527.1), Cyrill.Alex.comm.in Ioh.4.7f.
(PG 78.296A), Ammon.Alex.frg.118 in Ioh. (TU 89.227). Origenes und

Ammonios nennen Ies.52.11 ἀκαθάρτου μὴ ἄψεσθε als das Gesetz, auf das sich der Zusatz in Ioh.4.9 über die Vermeidung des Umgangs mit den Samaritanern beziehe. Nach Kyrill schreibt das Gesetz vor τὸ...μηδαμόθεν χρῆναι καταμολύνεσθαι, im einzelnen παντὸς ἀναχωρεῖν ἀκαθάρτου... πράγματος, καὶ μήτε ἀλλογενέσιν ἢ ἀπεριτμήτοις ἀναμίσγεσθαι. Die Samaritaner mußten den Juden als unrein gelten, da ihre Religion aus heidnischen Elementen bestand (vgl. IV reg.17.24/41). Für die Juden galten spezielle Gesetze, die den Umgang mit den Samaritanern regelten (vgl. Strack/ Billerbeck I 538/60).- Chrysost.hom.31.4 in Ioh. (PG 59.180) betrachtet Ioh.4.9 im Sinn seiner von Anfang an positiven Wertung der Frau und versteht die Mahnung als uneigennützigen Versuch, den Fremden vor Verletzung seines eigenen Rechts zu bewahren: ἡ γυνὴ καίτοι κατηγορίας ἀπηλλαγμένη, ἐπειδὴ ἐνόμισεν ἕτερον αὐτῇ (sc. κατηγορίᾳ) ἀντιπίπτειν, οὐδὲ οὕτως ἐσίγησεν, ἀλλ' ὡς οἴεται διορθοῦται τὸ μὴ κατὰ νόμον γινόμενον.[323] In dieselbe Richtung zielt das Urteil des Theodor von Mopsuestia, wie Chrysostomos Antiochener, über die Antwort der Samaritanerin, ja es schießt in seiner Überschwenglichkeit noch über dasjenige des Chrysostomos hinaus (CSCO 116.61f.). Auch nach Ansicht von Roman.Melod.19.6.5 (SC 110.334) reagiert die Frau nicht unfreundlich-ablehnend, sondern erinnert den Fremden an das religiöse Gesetz (δόγμα) der Juden, das ihn bindet. Von einem solchen Verständnis ist bei Juvencus nichts zu spüren. Ephraem hymn.de virginit.22 und 23 (CSCO 224.68/75) hat Ioh.4.9 nicht berücksichtigt, vielleicht um eine mögliche negative Wirkung zu vermeiden. Denn seine positive Wertung der Samaritanerin ist noch viel radikaler als die der antiochenischen Exegese. Bei ihm ist die Frau nämlich keine Ehebrecherin, sondern völlig sündenfrei (siehe zu 276f.). Auch davon findet sich bei Juvencus nichts wieder.- **veterum Samaritum.** *veterum* deutet darauf hin, daß das Verbot von höchster Autorität ist, weil es von altersher besteht und beachtet wird (vgl. zu 280 *quondam*).- **Samaritum.** Hier und in 2.322 lautet die Genitivendung *-um* statt *-arum* (2.434). Huemer (Beiträge 84) wertet das als Archaismus; vgl. Horsfall, Komm. zu Aen.7.305 *Lapithum*. Ein echter Archaismus liegt bei den Substantiva der o-Deklination vor, wenn an die Stelle der jüngeren Genitivendung *-orum* (Analogiebildung zu *-arum;* vgl. Leumann 428) die alte *-um* tritt. Vielleicht verstehen Huemer und Horsfall das *-um* in Fällen wie *Lapithum* und *Samaritum* als Analogiebildung zu dem echten Archaismus bei den Substantiva der o-Deklination. Zumindest wäre dann aber der Begriff "Archaismus" in bezug auf die Ana-

---

[323] Chrysostomos sieht sich zudem genötigt, Christus für seine Gleichgültigkeit gegenüber dem jüdischen Gesetz zu rechtfertigen. Eine solche Notwendigkeit besteht natürlich nicht mehr, wenn er nicht das jüdische, sondern das samaritanische Gesetz übertritt.

logie etwas ungenau.[324] Fordyce (Komm. zu Aen.7.189) und Görler (En-
ciclopedia Vergiliana II 263) sprechen auch von einer analogen Bildung zu
der archaischen Form, vermeiden aber den Begriff "Archaismus" in bezug
auf die Analogie. Der Fall ist aber wohl viel einfacher: Bei *Lapithum* und
Samaritum ist griechisches -ῶν in lat. *-um* umgesetzt, wie es bei den Patronymika und Ethnika auf -ίδαι, -άδαι -ῖται u.ä. oft geschieht (Neue/Wagener
I 35, Leumann 421).[325]- **dispernens...iussa.** Vgl. Tac.ann.14.3.2 *(iussa*
spernere), Sil.4.62 *(iussa aspernari)*, IV Esdr.3.8 *(spernere praecepta)*,
Ambr.serm.18.1 (PL 17.659A) *(praecepta despernere)*. Bei Juvencus ist zu
vergleichen 1.38 *(mandata temnere)*.- Das Kompositum *de / dispernere* ist
vor Juvencus lediglich in Colum.10.298 (immerhin auch Dichtung) nachzuweisen und auch später nur vereinzelt belegt. Das Wort ist in sich pleonastisch (Betonung der vermeintlichen Verfehlung), da bereits bloßes *spernere*
separative Bedeutung hat. Dieselbe Erscheinung liegt bei dem viel häufige-
ren *aspernari* vor.

2.256/264 - Zweifel der Samaritanerin am lebendigen Wasser

256/64. tum Servator ait: "Domini si munera nosses,/ et quis te sitiens
putealia pocula poscat,/ tu potius peteres, vivam tibi traderet undam."/
illa sub haec: "puteus gremium sinuatur in altum,/ urceus est nullus nec

---

[324] Horsfall unterläuft ein weiterer Fehler, wenn er *Lapithum* als kontrahierte Form bezeichnet und hierfür auf Neue/Wagener I 181 verweist. Denn einerseits ist die archaische Genitivendung *-um* der o-Deklination nicht kontrahiert (Kontraktion nahm als erster Cic.
orat.155 an), und schon gar nicht kann es eine dazu analoge Bildung sein - wenn man
denn *Lapithum* als solche verstehen möchte. Andererseits ist *Lapithum* zwar Umsetzung
von Λαπιθῶν mit kontrahierter Endung, *-um* aber gerade deswegen nicht echte Kontraktion.

[325] Wenn Fordyce (Komm. zu Aen.7.189) die Genitivendung *-um* als Analogiebildung zu
dem archaischen Genitiv der o-Deklination begreift, faßt er darunter sowohl Fälle wie
Aeneadum als auch Fälle wie *caelicolum* zusammen. In bezug auf letztere ist seine Erklärung der Analogiebildung zutreffend (vgl. Leumann 421). Doch dagegen, diese Erklärung auf *Aeneadum* auszuweiten, spricht nicht nur, daß dort die Umsetzung von gr. -ῶν
in *-um* die näherliegende Erklärung ist, sondern auch, daß Fälle wie *caelicolum* einerseits und Fälle wie *Aeneadum* andererseits zu unterschiedlichen Zeitpunkten erstmals auftreten. Während nämlich der Genitiv *-um* bei den Viersilblern generis masculini der a-
Deklination schon bei Ennius nachzuweisen ist (Enn.ann.491 Skutsch), ist er bei den aus
dem Griechischen übertragenen oder nach griechischem Muster gebildeten Patronymika
und Ethnika (das Material bei Neue/Wagener I 34f. zugrundegelegt) erst seit Lucrez belegt (Lucr.1.1). Jede Form verlangt ihre eigene Erklärung, *caelicolum* die der Analogie
zum archaischen Genitiv der o-Deklination, *Aeneadum* die der Umsetzung des griechischen -ῶν.

sunt tibi vincula funis:/ unde igitur poteris undam mihi tradere vivam?/ num tu maior eris nostri virtute parentis?/ hunc Iacob etenim puteum cum prole bibebat,/ et proprios huc saepe greges ad pocula duxit." Im Text des Evangeliums werden neben den Begriffen des Wassers und des lebendigen Wassers noch zwei weitere verwendet, die für das Verständnis entscheidend sind, "Quelle" (πηγή, *fons*) und "Brunnen" (φρέαρ, *puteus*). Nur die Samaritanerin benützt den Begriff "Brunnen" (Ioh.4.11), und zwar vom Jakobsbrunnen. Der Evangelist als Erzähler und Christus verwenden den Begriff "Quelle" (Ioh.4.6), wobei ersterer den Jakobsbrunnen meint (Bauer/Aland 1320 s.v. πηγή 1), Christus aber von einer anderen Quelle spricht. Wenn Christus in seiner Antwort auf den Einwand der Frau gegen sein Angebot, lebendiges Wasser zu schenken, von "diesem Wasser" spricht (Ioh.4.13 *aqua hac*), das wieder dürsten macht, sollte man meinen, er ziele auf das Wasser aus dem Brunnen. Origenes aber erklärt anders (vgl. Poffet 121f.). Christus sage nicht, daß das Wasser aus einem Brunnen sei, sondern lediglich: "Jeden, der von diesem Wasser trinkt, dürstet wieder." Denn Christus setze sich zu Beginn an die Quelle (comm.in Ioh.13.23f. [SC 222. 44/6]). Origenes versteht πηγή in Ioh.4.6 also wörtlich. Er unterscheidet demnach zwei Quellen: die Quelle, aus der Jakob trank (Ioh.4.6), und die Quelle, die in dem entsteht, der vom Wasser des lebendigen Wassers, das Christus schenkt, trinkt (Ioh.4.14). Die Quelle Jakobs steht für die ganze Hl.Schrift (comm.in Ioh.13.5.31 [SC 222.48]). Von dieser Einführung durch die Schrift ausgehend steigt man zu Christus empor, der das lebendige Wasser schenkt, das für das vom Hl.Geist Gelehrte steht und in dem Beschenkten zur Quelle, die ins ewige Leben sprudelt, wird (comm.in Ioh.13. 6.36f. [SC 222.50] τὰ...διδακτὰ τοῦ Πνεύματος τάχα ἐστὶν ἡ πηγὴ τοῦ ἀλλομένου ὕδατος εἰς ζωὴν αἰώνιον./ εἰσαγωγαὶ οὖν εἰσιν αἱ γραφαί, ἀφ' ὧν ἀκριβῶς νενοημένων νῦν ὀνομαζομένων πηγῆς τοῦ Ἰακὼβ ἀνελθετέον πρὸς τὸν Ἰησοῦν, ἵν' ἡμῖν χαρίσηται πηγὴν τοῦ ἀλλομένου ὕδατος εἰς ζωὴν αἰώνιον). Das Wasser Christi geht über die Schrift hinaus (comm.in Ioh.13.5.31 [SC 222.48/52] 5.31 ὅρα..., εἰ δύναται ἡ μὲν πηγὴ τοῦ Ἰακὼβ ...ἡ πᾶσα εἶναι γραφή, ...τὸ δὲ τοῦ Ἰησοῦ ὕδωρ τὸ "ὑπὲρ ἃ γέγραπται" [cf. I Cor.4.6]). Die Frau hält die Jakobsquelle zwar für einen tiefen Brunnen, aus dem sie höhere Erkenntnis zu erlangen hofft.[326] Doch sie steht

---

[326] Allegorische Brunnendeutung spielt auch in den späteren Schriften des Origenes, besonders in den Homilien zu Genesis und Numeri (zu gen.21, 24/26, num.21), eine große Rolle. Der Kern seiner Brunnentheologie ist, daß die höheren Lehren und die wahre Gotteserkenntnis wie das Wasser eines tiefen Brunnens geschöpft und an die Oberfläche gefördert werden müssen. Zwischen den Begriffen φρέαρ und πηγή wird dabei nicht in bezug auf die Substanz des zu Schöpfenden bzw. zu Erkennenden unterschieden. Eher sagen diese Begriffe für Origenes etwas über die unterschiedliche Art des Schöpfens bzw.

für die Heterodoxen, die nicht in der Lage sind, ihren Durst nach Erkenntnis zu stillen (13.3.6f. [SC 222.42]). Origenes unterscheidet nämlich drei verschiedene Kategorien jener, die aus der Jakobsquelle schöpfen bzw. drei verschiedene Arten des Schöpfens: οἱ κατὰ τὰς γραφὰς σοφοί, die wie Jakob und seine Söhne ἐπιστημόνως aus der Quelle trinken, οἱ ἁπλούστεροι καὶ ἀκεραιότεροι, die wie Jakobs Vieh ἁπλούστερον καὶ κτηνωδέστερον trinken, und οἱ παρεκδεχόμενοι τὰς γραφὰς καὶ δύσφημά τινα συνιστάντες προφάσει τοῦ νενοηκέναι, die Heterodoxen, die aus der Quelle trinken wie die Samaritanerin, bevor sie bekehrt war (comm.in Ioh.13.6.38f. [SC 222. 50], 13.9.56 [p.60/2]). Das Schöpfen aus der Quelle Jakobs ist daher für Origenes, wenn es auf die richtige Weise geschieht, an sich nichts Negatives, sondern, wie anhand von comm.in Ioh.13.6.36f. gezeigt, Vorstufe zur Erkenntnis der Wahrheit. So ist es auch zu verstehen, daß Christus sich an dieser Quelle niederläßt und dort der Samaritanerin verspricht, sein lebendiges Wasser darzureichen. Und deswegen muß der Ehemann auch zu dieser Quelle kommen, wie Christus in Ioh.4.16 sagt (comm.in Ioh.13.4.24f. [SC

Erkennens aus. hom.18.4 in Ier. (SC 238.186) heißt es ἕκαστος κατὰ δύναμιν νοεῖ τὰ γεγραμμένα, ὁ μὲν ἐπιπολαιότερον οἷον ὡς ἐξ ἐπιπέδου πηγῆς λαμβάνων τὸν νοῦν ἀπ᾽ αὐτῶν, ὁ δὲ βαθύτερον ὡς ἀπὸ φρέατος ἀνιμῶν. καὶ δύνανται ἀμφότεροι ὠφελεῖσθαι, ἐπεὶ τὸ αὐτὸ τῷ μέν ἐστι πηγή, τῷ δὲ φρέαρ. μαρτυρεῖ τὸ εὐαγγέλιον, ἡνίκα διηγεῖται τὰ περὶ τῆς Σαμαρίτιδος· ἐκεῖ γὰρ ὀνομάζεται τὸ αὐτὸ πηγὴ καὶ φρέαρ, καὶ ἀνὰ μέρος ποτὲ λέγεται πηγὴ καὶ ποτὲ φρέαρ. κατανοείτω δὲ ὁ δυνάμενος, ἵνα εἰδῇ ὅτι τὸ αὐτὸ τῇ ὑποστάσει τῷ μὲν ἐπιπολαίῳ πηγή ἐστι, τῷ δὲ βαθυτέρῳ φρέαρ ἐστί. Die Tiefe des Brunnens steht demnach für tieferes Schöpfen / Erkennen, die Quelle für Schöpfen / Erkennen an der Oberfläche. φρέαρ ist hier mithin positiv verstanden gegenüber πηγή. Denkt man aber bei πηγή an die Mühelosigkeit des Schöpfens an der Oberfläche, bei φρέαρ an erschwertes Schöpfen in der Tiefe, erhält umgekehrt πηγή den positiven Klang: Orig.expos.in prov.5 (PG 17.173C/D) ἡ γνῶσις καὶ φρέαρ ἐστὶ καὶ πηγή· τοῖς μὲν γὰρ προσελθοῦσι ταῖς ἀρεταῖς, βαθὺ φρέαρ εἶναι δοκεῖ· τοῖς δὲ ἀπαθέσι καὶ καθαροῖς πηγή· οὕτω καὶ ὁ Σωτὴρ ἐκαθέζετο ἐπὶ τῇ πηγῇ, ὥρα ἦν ὡσεὶ ἕκτη· πηγὴν δὲ νόει τὴν θείαν γνῶσιν, καὶ οὐ τὸ φρέαρ τοῦ ὕδατος· ὥσπερ δὲ ἡ πηγὴ πρόκειται ἀκόπως, τουτέστι τὸ τρέχον ὕδωρ τοῖς διψῶσιν, οὕτω τὸ φρέαρ ἐν κόπῳ τοῖς θέλουσιν ἀντλεῖν· καὶ ὥσπερ ἡ πηγὴ ἄπαυστός ἐστι τοῦ ῥεῖν, οὕτως ἡ αἰσθητικὴ γραφὴ ἀέννααν ἔχει τὸν δρόμον, καὶ εὔκολον τοῖς διψῶσι τὸν Θεὸν γεραίρειν· καὶ ὥσπερ τὸ φρέαρ κόπον παρέχει τοῖς ἀντλοῦσιν, οὕτω καὶ ἡ θεωρητικὴ γνῶσις τοῖς θέλουσι δι᾽ αὐτῆς τὰς ἀρετὰς κατορθῶσαι, ψυχῆς τε καὶ σώματος, τά τε θεῖα ἐννοεῖν, καὶ τῆς βασιλείας τῶν οὐρανῶν ἀντιποιηθῆναι. Eigentlich würde letztere Erklärung besser zu Ioh.4 passen als die in der Jeremiashomilie. Denn Christus spricht in bezug auf das lebendige Wasser nicht von einem φρέαρ, sondern von einer πηγή.- Zur Brunnentheologie des Origenes vgl. Poffet 136/45; Th.Heither, Schöpfen aus dem Brunnen. Ein Zugang zum Alten Testament, Trier 1994. Zur Brunnentheologie in einem weiteren zeitlichen Rahmen vgl. H.-J. Spitz, Die Metaphorik des geistigen Schriftsinns. Ein Beitrag zur allegorischen Bibelauslegung des ersten christlichen Jahrtausends, München 1972, 109/21.

222.46]).[327]- Gegenüber der Exegese des Origenes zeigt im Juvencustext schon die Tatsache, daß der Jakobsbrunnen aus der Erzählerperspektive als tiefer Brunnen bezeichnet wird (247 *puteus...demersus in abdita*), wenn auch mit gleichzeitiger Erwähnung einer Quelle (*gelido...fonte*), und daß auch Christus den Jakobsbrunnen durch die Wortwahl *putealia pocula* als Brunnen versteht, daß der Dichter sich von den Überlegungen, die Origenes in seinem Johanneskommentar anstellte, nicht hat anregen lassen. Der Gegensatz besteht zwischen 257 *putealia pocula* und 258 *vivam undam* / 269 *dulcia...nostri...pocula fontis*, zwischen dem natürlichen Wasser aus dem Brunnen Jakobs (denn nichts deutet bei Juvencus auf ein allegorisches Verständnis dieses Wassers) und dem lebendigen Wasser, das Christus schenkt. Grundsätzlich ähnlich unterscheiden etwa Chrysost.hom.32.2 in Ioh. (PG 59.184), Cyrill.comm.in Ioh.4.13f. (PG 78.299) und Aug.tract.15.12ff. in Ioh. (CCL 36.154ff.). Die Gegenüberstellung der Begriffe *putealia pocula* und *viva unda* wird durch verschiedene dichterische Mittel verdeutlicht. So folgen *putealia* und *vivam* jeweils auf die Penthemimeres. *putealia pocula* als das irdische Wasser enthält mehrere harte Konsonanten (z.B. *p*-Alliteration), *viva unda* aber als das in besonderer Weise für göttliche Gnade und Milde stehende Wasser weiche Konsonanten. Auch innerhalb von Vers 258 ist *vivam...undam* lautlich auffällig, denn alle anderen Wörter beginnen mit harten Konsonanten (Häufung von *p*- und *t*-Lauten).- Wenngleich Christus bei Juvencus schon an dieser Stelle (257f. = Ioh.4.10) das irdische Wasser und das lebendige Wasser als Gegensatz darstellt, ist doch die Unterscheidung noch nicht ganz einsichtig. Denn als lebendig, d.h. fließend, kann nicht nur das Wasser bezeichnet werden, das in Ewigkeit fließt, sondern auch irdisches Flußwasser, ja sogar Brunnenwasser (vgl. gen.21.19, 26.19 und auch 247 *puteus gelido fonte*), was auch das Mißverständnis der Frau erklärt, denn der Brunnen wird von unterirdischen Wasserströmen gespeist und bei jedem Schöpfen fließt neues Wasser nach, vgl. Aug.tract.15.12 in Ioh. (p.155.12) *illa aqua viva dicitur, quae manans excipitur. talis aqua*

---

[327] In einem dem Origenes zugeschriebenen Fragment zum Johannesevangelium wird der Jakobsbrunnen allegorisch als der Pentateuch verstanden, der den Samaritanern allein als heilige Schrift gilt: Orig.frg.55 in Ioh. (GCS 10.528) φρέαρ τοῦ ᾿Ιακὼβ εἶναι πρὸς ἀλληγορίαν τὴν Μωσέως γραφὴν ῥητέον. Die Quelle des lebendigen Wassers, das Christus reicht, bedeutet demgegenüber das Evangelium, wie es in frg.56 (p.529) heißt. Im 13. Buch des Johanneskommentars dagegen spricht Origenes nur in bezug auf die Meinung der Frau von einem Brunnen. Auch steht nicht die Quelle des Jakob für das AT oder gar nur den Pentateuch (die Frau ist in der allegorischen Schriftauslegung nicht im engeren Sinn Samaritanerin, sondern Bild für die Heterodoxie) und das Wasser Christi für das NT, sondern die Quelle Jakobs steht für die ganze Schrift (comm.in Ioh.13.5.31 [SC 222.48]), die aber von den Heterodoxen nicht richtig verstanden wird, das Wasser Christi dagegen für die höhere Erkenntnis. Die Fragmente stammen wohl nicht von Origenes.

erat in illo fonte. Der Brunnen ist als eingefaßte Quelle zu verstehen (Michaelis, Art. πηγή, ThWNT VI 116 Anm.20). Das Wasser aus einer Zisterne dagegen könnte nicht lebendig genannt werden, sondern müßte tot genannt werden (vgl. Synes.epist.114 mit Bauer/Aland 682 s.v. ζῶ 4a), weil es stehendes Wasser ist und beim Schöpfen kein Wasser nachströmt. Eine genauere Erklärung zu seinem lebendigen Wasser, das in dem Beschenkten in Ewigkeit fließt, läßt Christus erst später folgen (269f. = Ioh.4.14). Denn er führt die Frau behutsam und schrittweise an die Wahrheit heran, was freilich auch im Evangelium schon der Fall ist. Das wurde immer wieder betont: Ephraem expl.evang.12.17 (SC 121.224) *il voulut ôter peu à peu le voile qui était sur son cœur* (zu Ioh.4.7/10), Chrysost.hom.32.1 in Ioh. (PG 79.183) σὺ δέ μοι σκόπει τοῦ Χριστοῦ τὴν σοφίαν, πῶς ἠρέμα ἀνάγει τὸ γύναιον (zu Ioh.4.7/10), Aug.tract.15.12 in Ioh. (CCL 124.155.7f.; zu Ioh.4. 10) *adhuc mulieri tecte loquitur, et paulatim intrat in cor.*[328] Dieses allmähliche Heranführen an die Wahrheit geht bei Nonnos weitgehend verloren. Denn schon Nonn.Ioh.4.10 liest man εἰ μάθες ὑψίστοιο θεοῦ χάριν, εἰ δόσιν ἔγνως,/ καὶ τίς ἔην, ὃς ἔειπεν· "ἐπιχθονίης ἀπὸ πηγῆς/ δός μοι δίψαν ἔχοντι πιεῖν μινυώριον ὕδωρ·/ αὐτὴ προφρονέως <u>αἰώνιον</u> ἤτεες αὐτὸν/ ζωὸν ὕδωρ", καὶ τοῦτο <u>σοφὸν</u> ποτὸν εἶχεν ὁπάσσαι.

256/8. tum Servator ait: "Domini si munera nosses,/ et quis te sitiens putealia pocula poscat,/ tu potius peteres, vivam tibi traderet undam."
nosses im Vorsatz und *peteres* im Nachsatz bezeichnen den Irrealis der Gegenwart. In der Bibel dagegen stehen im Nachsatz Plusquamperfekte, welche die Vergangenheit angeben: Ioh.4.10 *si scires..., tu magis petisses* (a d *peteres*) *ab eo et dedisset tibi aquam.* Der Irrealis der Gegenwart bei Juvencus unterstreicht, daß die Möglichkeit, um das Wasser des Lebens zu bitten, immer gegeben ist.

256. Servator. Vgl. zu 243.- **Domini...munera.** Vgl. Mart.2.92.4 *domini ...munus* (vom *ius trium liberorum*), 7.34.8f. *tot domini deique nostri/...muneribus* (Prachtbauten). Da in den Martialstellen mit *dominus* der Kaiser gemeint ist, liegt die Annahme christlicher Nutzung im vorliegenden Vers recht nahe. Der ganze Ausdruck erscheint bei Juvencus geläutert. Denn das

---

[328] Das schrittweise Heranführen an die Wahrheit geschieht auch in bezug auf die Person Christi: Ephraem hymn.de virginit.22.21 (CSCO 224.72.26/32) *O kluger (Erlöser), der (zuerst) als Dürstender erschien!- Bald darauf wurde er Prophet genannt.- Zuletzt nannte sie ihn Messias. Ein Beispiel dafür, wie er uns Menschen- Stufe für Stufe erzog,* expl. evang.12.18 (SC 121.225).

ewig fließende Wasser des Herrn ist das kostbarste Geschenk, das Menschen zuteil werden kann.- **nosses** steht für Ioh.4.10 *scires*.

257. putealia pocula poscat. Zur Junktur *pocula poscat* vgl. Cic.Verr.2.3. 62, Hor.sat.2.8.82, Sil.15.431 (*p. poscit* als Versklausel ähnlich wie hier), Carm.in gen.1350 (PL 19.377) (*p. poscens* als Versklausel); viele Belege zu derartigen Verbindungen bietet Scheible-Flury, Thes.X.2 c.71.39/60.- **putealia.** Dieses Adjektiv ist selten, kommt aber in der Dichtung vor: Lucr.6. 1178 *nymphis putealibus*, Ov.Ibis 389 *putealibus undis. putealia* steht anstelle des Genitivs *putei*, vgl. Huemer Index 149 s.v. "adiectivum pro genitivo substantivi", Kievits zu 1.293.- In Ioh.4.10 *quis est, qui dicit tibi: da mihi bibere* (gr. τίς ἐστιν ὁ λέγων σοι· δός μοι πεῖν) verleihen der Indikativ in der indirekten Frage *(dicit)* und die direkte Rede *(da mihi bibere)* den Worten große Lebendigkeit. Freilich muß das nicht beabsichtigt sein, da in der Koine ohnehin selten indirekte Rede vorkommt, und wenn doch, das Verb oft im Indikativ steht. Entsprechendes gilt für die lateinische Übersetzung. Den Indikativ in der indirekten Frage konnte der Dichter nicht nachahmen, ohne sich zu weit vom Sprachgebrauch der hohen Dichtung zu entfernen. Immerhin aber hebt das Präsens *poscat* statt *posceret* den Bezug auf die Gegenwart hervor und macht die indirekte Frage ebenfalls lebendig. Zwar gelten laut KS II 192a, wenn ein konjunktivischer Nebensatz einem Hauptsatz mit irrealem Konjunktiv untergeordnet ist, gewöhnlich die Regeln der consecutio temporis.[329] Doch ist auch präsentische consecutio möglich: KS II 193b "alsdann wird die präsentische Bedeutung berücksichtigt, die in dem irrealen Imperfekt liegt", vgl. Plaut.Pseud.3 *si ex te tacente fieri possem certior,/ ere, quae miseriae te tam misere macerent,/ duorum labori ego hominum parsissem.* Ein Beispiel aus der hohen Dichtung wird jedoch nicht gegeben.- Ioh.4.10 *da mihi bibere* ohne nominales Objekt ist dem Griechischen nachgebildet (δός μοι πεῖν). Man kann zwar Parallelen finden, auch außerhalb der Bibel, z.B. Plaut.Persa 821 *bibere da* (vgl. HSz 345), doch, soweit ich sehe, nicht im klassischen Epos. Iuvenc.1.187 *observare dedit* ist kein schlagender Beleg dafür, daß *da mihi bibere* auch bei Juvencus möglich wäre, da das (pro-)nominale Objekt leicht aus 186 *inter quae (moderamina)* gezogen werden kann (für *dare* + nominales Objekt + inf. vgl. Verg.Aen.1.319 *dederat...comam diffundere ventis*, Iuvenc.1.274 *dedit addere nomen;* Rubenbauer, Thes.V.1 c.1688.59ff.).

---

[329] Der von KS verwendete Ausdruck "Hauptsatz" ist irreführend insofern, als die Regel natürlich auch gilt, wenn ein konjunktivischer Nebensatz dem Vorsatz eines irrealen Bedingungsgefüges untergeordnet ist - wie im vorliegenden Fall.

258. tu potius peteres, vivam tibi traderet undam. Aus Christi Antwort
in Ioh.4.10 hat Juvencus den Zusatz *et dedisset tibi aquam vivam* nicht
übernommen. Somit entfällt der unmittelbare Anklang an psalm.2.7f.,
Matth.7.7f. *petite et dabitur vobis... omnis enim, qui petit, accipit* (= Iu-
venc.1.668 *poscenti dabitur, quaerens inventa tenebit*), Luc.11.9f., auf welchen Orig.comm.in Ioh.13.1.5 (SC 222.36) aufmerksam macht. In Ioh.4.10
ist der Zusatz *et dedisset tibi aquam vivam* aber entbehrlich, denn die Worte
*si scires donum Dei et quis est, qui dicit tibi "da mihi bibere", tu magis pe-
tisses ab eo* implizieren bereits, daß Christus einer solchen Bitte auch entsprechen könnte. Durch den Wegfall des Zusatzes bei Juvencus tritt das
Überraschende der Antwort Christi in seinem Kern ganz in den Mittelpunkt:
Derjenige, der bittet, ist eigentlich derjenige, der gebeten werden muß. Und
diejenige, die gebeten wird, ist eigentlich diejenige, die bitten muß.- **tu potius peteres.** *tu potius* am Hexameteranfang wie in Ov.am.3.6.19, Stat.
Theb.10.902, Ach.2.46, Val.Fl.2.253. In Stat.Ach.2.46/8 gehört *potius*
zum Prädikat wie in vorliegender Stelle, in den übrigen Fällen zu *tu.*- *petere* mit bloßem Konjunktiv (ohne *ut*) ist bei Juvencus noch in 4.736 *hoc petimus, custos miles nova funera servet* zu finden (Hatfield § 92). HSz 530⁴ bemerken, daß *peto* in dieser Konstruktion seit Cicero belegt und im Spätlatein in der Vetus Latina häufig ist (vgl. etwa Hebr.13.19 *hoc peto faciatis*)
sowie bei den Vätern. Aus der Dichtung vgl. Ov.met.11.281 *petit, urbe vel
agro/ se iuvet*, Phaedr.3 prol.63 *sincerum mihi/ candore noto reddas iudicium peto* (angeführt in OLD 1370 s.v. 8c).- Die Alliteration *potius peteres*
begegnet auch in Cic.Verr.II 2.148, Sen.Thy.522, ähnlich ist Iuvenc.4.612
petis potius.- Abweichend von **traderet** ist überliefert *tradier* R, *tradere* K₂
V₁ V₂ T² Bb. Bei *tradere* wäre ein aci mit Ellipse des Subjektsakkusativs anzunehmen, was aber wenig wahrscheinlich ist. Bei *tradier* (cf. Plaut.Most.
17, Ter.Ad.199) läge ein passivischer aci vor. Die archaische Infinitivform
-ier, die auch im klassischen Hexameter vorkommt (Neue/Wagener III
230f., Leumann 581), verwendet Juvencus in 1.349 *mergier* (über Juvencus
als Archaist siehe zu 184 *iteris*). Das unpersönliche *tradier* ist aber nicht geeignet, das (scheinbare) Paradoxon herauszustellen, daß die Person des Bit-
tenden mit der des Gebenden identisch ist, wie es durch die Gegenüberstellung der beiden auf dieselbe Person bezogenen Aktiva *(pocula) poscat* und
traderet (undam) geschieht. Der Gedanke ist ja: "Der dich um irdisches
Wasser bittet, kann dir doch gleichzeitig das lebendige Wasser darreichen".
traderet ist daher von den Herausgebern und Kommentatoren zu Recht in
den Text genommen. Vielleicht war Ter.Ad.199 *postulat sibi tradier* in einem Vorgänger von R wegen der verwandten Formulierung (Iuvenc.2.258
peteres, ...tibi traderet) Randnotiz.- Die Alliteration *tibi traderet* an derselben Versstelle in Ov.epist.7.15, 11.95, Val.Fl.8.66.- **vivam...undam** steht

für *aquam vivam* in Ioh.4.10. Über die lautlich wirkungsvolle Gegenüberstellung von *putealia pocula* und *vivam undam* siehe oben zu 256/64. Der Dichter fand die Junktur in Sil.12.750 *corpora nunc viva sparguntur gurgitis unda* vor. Christliche Nutzung bot sich an, weil ein festlich-sakraler Rahmen gegeben ist, in dem Hannibals Rückzug von Rom gefeiert wird und in dem *viva unda* selbst sakraler Begriff ist. In 743 war vom Bekränzen der Tempel die Rede. Und 750 beschreibt die Reinigung im Fluß als Vorbereitung zum Opfer, das in 751 angedeutet ist. Doch die Bedeutung von *viva unda* bei Silius erweist sich trotz sakralem Bezug als ganz verschieden von der bei Juvencus. Hier nämlich zielt *vivam...undam* nicht auf in der Natur anzutreffendes fließendes Wasser, welches der kultischen Reinigung dient, sondern auf das wahrhaft ewig fließende lebendige Wasser, das von Gott kommt und dessen Empfang notwendig ist, um das ewige Leben erlangen zu können.

259/64. illa sub haec: "puteus gremium sinuatur in altum,/ urceus est nullus nec sunt tibi vincula funis:/ unde igitur poteris undam mihi tradere vivam?/ num tu maior eris nostri virtute parentis?/ hunc Iacob etenim puteum cum prole bibebat,/ et proprios huc saepe greges ad pocula duxit." In Ioh.4.11 nimmt die Frau den Begriff *aqua viva* aus der Rede Christi in Ioh.4.10 auf. Sie verweist auf die Unmöglichkeit für den Fremden, lebendiges Wasser aus dem Jakobsbrunnen zu schöpfen, da er tief ist und der Fremde kein Schöpfgerät hat. Der Begriff *aqua viva* wird von ihr demnach auf das Wasser im Jakobsbrunnen bezogen. Die Frage, woher er also das lebendige Wasser habe, ist natürlich rhetorisch. Denn schon Jakob hat allein aus diesem Brunnen geschöpft. Aug.tract.15.14 in Ioh. (CCL 36. 155.5f.) formt die Frage um in die ironische Form *forte alium fontem promittis?* Juvencus nun hat durch zahlreiche dichterische Mittel herausgearbeitet, daß Jesus nicht in der Lage ist, Wasser aus dem Brunnen zu schöpfen. So sagt die Frau bei ihm wortreich *puteus gremium sinuatur in altum* statt Ioh.4.11 *puteus altus est*, wobei *altum* betont am Versende steht. Die Tiefe des Brunnens spiegelt sich lautlich in der extremen Häufung der dunklen *u*-Laute in den Versen 259 und 260. Die asyndetische Fortführung der Einwände in 260 wirkt hart im Sinn schonungsloser Widerrede. *urceus est nullus* ist starke Negation (statt *non est urceus*); zusätzlich folgt noch *nec sunt tibi vincula funis*, was nicht auf den Bibeltext zurückgeht; vgl. Cyrill.Alex. comm.in Ioh.4.12 (PG 78.297D) σχοινίον οὐκ ἔχων τὸ ὕδωρ ἐπαγγέλλεται, Nonn.Ioh.4.12 οὐ σχοῖνον ἀείρεις. 261 *poteris* ist nicht phraseologisch, sondern stellt auch nur die bloße Möglichkeit des Schöpfens in Frage. Jeder Vers schließt mit einem Satzende. Es ist ein "Schlag auf Schlag" der Einwände. Schon in der Bibel (Ioh.4.9/12) trägt die Frau mehrere Einwände

vor, und es ist daher erstaunlich, wenn Chrysost.hom.31.4 in Ioh. (PG 59.
181) ihre Reaktion mit προσηνῶς, μετὰ πολλῆς τῆς ἐπιεικείας, μετὰ μα-
κροθυμίας πολλῆς beschreibt. Auf diese Beschreibung scheint sich das positive Bild auszuwirken, welches Chrysostomos aufgrund von Ioh.4.15ff. von
der Frau gewinnt und welches seine ganze Interpretation von Ioh.4 bestimmt
(vgl. zu 255, 259, 271f.).

259. illa sub haec: puteus gremium sinuatur in altum. In Ioh.4.11 spricht
die Frau Christus höflich mit κύριε an (Svennung 337; Zilliacus, RAC-Art.
Anredeformen, in: Jahrbuch für Antike und Christentum 7.1964.180; E.
Dickey, Greek Forms of Address, Oxford 1996, 100f.), lat. *domine* (cf.
Knapp, Thes.V.1 c.1925.52/1926.26), ohne freilich zu ahnen, wem sie
wirklich gegenübersteht, so daß *domine* nicht als spezifische Anrede Christi
zu verstehen ist. Bei Juvencus fehlt diese Anrede ersatzlos. Man könnte das
als Zeichen von Unhöflichkeit betrachten. Allerdings hat der Dichter *Domi-*
ne bei der Übertragung von Matth.15.27 (= 3.188) und 17.4 (= 3.325),
wo es jeweils bewußte Anrede des Herrn ist, ersatzlos ausgelassen, ohne
daß dies eine Bedeutung hätte. Chrysost.hom.31.4 in Ioh. (PG 59.181) freilich, der durchweg ein sehr positives Bild von der Samaritanerin zeichnet,
ist der Ansicht, daß die Frau jetzt (in Ioh.4.10) schon merke, daß sie keinen
gewöhnlichen Menschen vor sich habe. Entsprechend gewichtet er bei κύριε
das Moment der Ehrfurcht: οὐ...ἁπλῶς ἐνταῦθα καλεῖ κύριον, ἀλλὰ πολ-
λὴν ἀπονέμουσα τὴν τιμήν. In Ioh.4.15 kommt nochmals die Anrede *domi-*
ne vor, diesmal als Einleitung zu der Bitte um das lebendige Wasser (bei Juvencus kommt Christus dieser Bitte zuvor, siehe zu 271f.). Spätestens dort
schwingt in stärkerem Maß Ehrfurcht mit.- Wie geht Juvencus sonst bei
biblischem *dominus* vor? Wie verwendet er *dominus* überhaupt? Zunächst
fällt das sehr häufige Vorkommen (76 mal, darunter 42 mal von Gott) gegenüber dem antiken Epos auf, was sicherlich auch kontextbedingt ist. Doch
den Vokativ *domine* hat Juvencus kein einziges Mal, was umso bemerkenswerter ist, als dieser ihm in seinen biblischen Vorlagen rund 50 mal gegenübertritt. Allerdings ist *domine* im Hexameter nur mit Elision des Endvokals
möglich, und in der antiken Dichtung kommt diese Form offenbar nicht vor.
Nach Juvencus gibt es vereinzelte Belege, etwa Prud.cath.3.11, Paul.Nol.
carm.31.435, Sedul.carm.pasch.3.28 (wie in Matth.8.2 = Luc.5.12), 3.299
(wie in Matth.17.15). Wie verfährt Juvencus nun jeweils mit dem biblischen
Vokativ *domine*, wenn er sich auf den Herrn bezieht?[330] Er ersetzt *Domi-*

---

[330] Wenn *domine* im Gleichnis vorkommt, läßt Juvencus es aus (Matth.13.27 [*dominus* im
Mund des Erzählers: 2.801 *domino famuli mirantes*], 21.30, 25.11, 25.20, 25.24 [*domi-*
nus im Mund des Erzählers: 4.240 *et domino reddit tali cum voce talentum*]).

ne durch *Sancte* (2.21 [Matth.8.21]), *Christe* (3.121 [Matth.14.30], 3.297 [Matth.16.22]),[331] *Davidis suboles, hominum lumenque salusque* (3. 355),[332] oder er unterstreicht die Ehrfurcht auf andere Weise (1.202 *Dominus* [Luc.2.29], 1.735 *procubuit venerans iuvenis* [Matth.8.2 *adorabat*], 1.741f. *supplex se...offert/ centurio et precibus proiectus talibus orat* [Matth.8.5], 1.448f. *Genitor, cui gloria servit/ fulgentis caeli et terrarum frugiferentum* [Christus zu Gottvater; Matth.11.25 *Pater, Domine caeli et terrae*], 2.278 *sanctum te certum est esse profetam* [Ioh.4.19 *Domine, video quia propheta es*], 3.179 *volvitur* [Matth.15.22 mit dem Zusatz *fili David*], 4.309 *Christus* [indirekte Rede; Ioh.11.3]), 4.340 *virtus tua* [Ioh.11.21]; 4. 355ff. *haec una fides mea corda tenebit,/ sublimis veneranda Dei quod venerit in te/ caelestis Suboles celso sub nomine Christi* [Ioh.11.27 *utique, Domine, ego credidi, quia tu es Christus, Filius Dei*]), meist aber läßt er *Domine* ersatzlos aus (1.709ff. [Matth.7.22], 1.746 [Matth.8.8], 2.34 [indirekte Rede; Matth.8.25], 2.412 [Matth.9.28], 3.111 [Matth.14.28], 3.185 [Matth.15.25], 3.188 [Matth.15.27], 3.325 [Matth.17.4], 3.433 [Matth.18. 21], 4.278 [Matth.4.37], 4.295 [Matth.25.44, 4.436 [Matth.26.22], 4.323 [Ioh.4.12], 4.367 [Ioh.11.32], 4.376 [Ioh.11.39]).- **illa sub haec** ist episch-formelhaft, vgl. 193 und den Kommentar.- **gremium sinuatur in altum.** Zu *gremium* in bezug auf einen Brunnen bzw. ein Gewässer vgl. 2.141 *haec* (sc. *vascula*) *iubet e fontis gremio conplere ministros*, Verg.Aen.8.713 *(Nilum) tota veste vocantem/ caeruleum in gremium...victos (gremium* ergibt sich hier aus *veste)*, Sil.8.190 *harenoso...Numicius illam/ succepit gremio.*- Zu der Wendung *gremium sinuatur in altum* vgl. Ov.met.3.42 *ille (serpens)*

---

[331] Die Anrede *Christe* begegnet innerhalb der kanonischen Evangelien nur in Matth.26.68, dort aber spöttisch aus dem Mund der Widersacher, was Juvencus in 4.569 übernimmt. Sonst findet sich *Christe* bei Juvencus noch dreimal als Anrede durch Petrus, und zwar neben den genannten Stellen 3.121 und 3.297 noch in 3.537 (= Matth.19.27). In allen diesen drei Fällen soll die Anrede *Christe* wohl in auffälligem Kontrast zum schwachen Glauben des Petrus stehen (3.123 *dubitata fides* [cf. Matth.14.31]; 3.300/2 *procul hinc... procul effuge daemon./ non divina tibi mentem prudentia tangit,/ sed terrena sapis molli-que timore tremiscis* [cf. Matth.16.23]; 3.534 *Petrus fidei munitus moenibus* klingt wie eine Ironie im Hinblick auf die kommende Verleugnung Christi durch Petrus). Im Carmen Paschale des Sedulius findet sich *Christe* einmal aus dem Mund des Autors gesprochen (1.351) sowie einmal aus dem Mund eines Dämons (4.86; nicht in Marc.1.24). In der Evangeliendichtung des Nonnos fehlt die Anrede Χριστέ ganz. Für *Christe* in der Dichtung vgl. sonst etwa Clem.Alex.paed.hymn.42 (Χριστὲ Ἰησοῦ; SC 158.198), Carm. laud.Dom.34 *(tu Christe Deus)*, Greg.Naz.carm.1.1.32 (PG 37.511), 1.2.15 (PG 37.774; Χριστὲ ἄναξ), 1.2.28 (PG 37.872), 2.1.25 (PG 37.1285), Prud.cath.1.97, 7.3, psych.1, 4, perist.2.413, 5.128, Paul.Nol.carm.6.2, 27.291, 298, 31.431, 441, 446.

[332] Vgl. das biblische *filius David* (Matth.1.1, 9.27, 12.23, 15.22, 20.30f., 21.9, 21.15), das Juvencus aber nie so oder ähnlich übernimmt.

...inmensos saltu sinuatur in arcus, 14.51 *gurges curvos sinuatus in arcus*.
An *gremium (altum)* und *sinuare* erinnern bei Nonnos folgende Bezeichnungen des Brunnens: πηγὴ βαθύκολπος und χθόνιος κόλπος (4.6), ὑποβρύχιοι
κόλποι (4.11). Vgl. auch zu 251 *cavis putei penetralibus*.

260. urceus est nullus nec sunt tibi vincula funis. In Ioh.4.11 *neque hauritorium habes et puteus altus est* fällt die Gliederung *neque - et* auf (im
Griechischen οὔτε - καί, siehe dazu Bauer/Aland 1206 s.v. οὔτε, Blass/De-
brunner/Rehkopf 375 mit Anm.4). Aus der epischen Dichtung nennt Hofmann (Thes.V.2 c.888f.) für *neque - et* (über diese polysyndetische Verbindung siehe ferner KS II 48, HSz 517) nur Ov.met.11.704f. *(neque - neque
- et)*, was aber um Verg.Aen.2.71f. *(neque - et super)* und Stat.Theb.9.92
(neque - et) zu ergänzen ist. Die Übernahme von *neque - et* wäre also durch
epische Vorbilder zwar gerechtfertigt gewesen, doch hat Juvencus die doppelte Negierung kunstvoll unterstrichen, indem er die beiden Sätze chiastisch anordnete: Die Subjekte stehen sich an den Versenden gegenüber, die
Prädikate in der Versmitte. Darüber hinaus weisen auch die Prädikate selbst
untereinander chiastische Anordnung auf *(est nullus - nec sunt)*.- **urceus**
steht anstelle des metrisch kaum verwendbaren *hauritorium* aus Ioh.4.11
(gr. ἄντλημα, aur f ff² a c *in quo [unde a] haurias [c haurire]*). Der einzige
Beleg für *urceus* in der hohen Dichtung scheint Hor.ars 22 zu sein, sonst
wird *urna* verwendet (vgl. 297). Allerdings ist *urceus* überhaupt sehr viel
seltener als *urna*.- Über **nullus** = *non* vgl. HSz 205.- **nec sunt** findet sich
an derselben Versstelle etwa in Lucan.9.493, Ov.met.13.360, Pont.3.4.39
(nec sunt mihi).- **vincula funis** (genitivus definiens) heißt es, weil das Tau
um den Griff des Kruges gewickelt wird. Vgl. ähnlich Ov.met.14.735 *la-
quei...vincula* (Ibis 614), Lucan.9.777 *vincula nervorum*.

**261f. unde igitur poteris undam mihi tradere vivam?/ num tu maior eris
nostri virtute parentis?** Die Futura 260 *poteris* und 261 *eris* haben potenti-
ale Färbung und bedeuten in Verbindung mit *num?* soviel wie "Wirst du
etwa sagen wollen, daß...?", vgl. etwa Varro rust.3.2.9 *Axius aspicit Meru-
lam et, "quid...", inquit, "est ista villa, si nec urbana habet ornamenta neque rustica membra? quo<i> ille, "num mi<n>us villa tua e<r>it ad
angulum Velini, quam neque pictor neque tector vidit umquam,...?*, Cic.nat.
deor.2.109 *num eadem...ista* (sc. *innumerabilitas atomorum) faciet, ut sint
omnia sempiterna?*, Sulla 77, Verr.2.145 *num cui dubium esse poterit, quin
...?*, Ov.Pont.2.9.23 *numquid erit, quare solito dignemur honore/ numina,
si demas velle iurare deos?*

261. unde igitur (vgl. zu diesem Versanfang formal Drac.laud.Dei 3.476) steht für Ioh.4.11 *unde ergo* (aur c f q, sonst *unde*), gr. πόθεν οὖν (teilweise nur πόθεν überliefert). Entsprechend ersetzt Juvencus *unde ergo* in 803 (Matth.13.27), 3.27 (Matth.13.56). Die Übernahme von *unde ergo* in den Hexameter wäre zwar möglich, doch eher außergewöhnlich gewesen. Bei der Stellung am Versanfang und der daraus folgenden Iktierung *únde ergo* hätte es abgesehen davon, daß der Auslaut von *ergo* ungekürzt bleibt, was bei Juvencus aber nie der Fall ist (Rehm, Thes.V.2 c.759.14/8, nennt für die Zeit nach Seneca nur wenige Belege), nur die Möglichkeit der Elision des Auslauts von *ergo* vor vokalisch anlautendem folgenden Wort gegeben. Letzteres läßt sich aber, soweit ich sehe, mit der Ausnahme von Manil.3. 676 nur für den Fall belegen, daß *ergo* ein konsonantisch endendes Wort vorausgeht - eine Bedingung, die *unde* nicht erfüllt. Da Juvencus sich sonst streng an antike metrische Gesetzmäßigkeiten hält, ist es unwahrscheinlich, daß er von der genannten Regel hier abgewichen wäre. Was eine Iktierung *unde érgo* angeht, so hätte sie eine andere Stellung in Vers und Satz erfordert. Doch scheint kaum denkbar, daß *unde ergo* nicht die erste Stelle im Satz einnimmt. Unabhängig davon findet sich, das dichterische Sprachmaterial aus der Zeit vor Juvencus zugrunde gelegt, nirgends ein Beleg für *unde ergo*. Vor diesem Hintergrund erscheint *unde igitur* als naheliegende Abänderung. Doch epischer Sprachgebrauch ist das nicht. Denn vor Juvencus steht *unde igitur* im Hexameter nur in Iuv.7.188.- **undam...vivam** ergibt mit 258 *vivam...undam* einen Chiasmus.

262. num tu maior eris nostri virtute parentis? Man könnte hier von einer comparatio compendiaria sprechen, da für *virtus tua* nur *tu* steht. Allerdings mag gerade ein Ausdruck wie *virtus parentis* (in Analogie zu homerisch σθένος, βίη mit gen. personae; siehe unten) dem mit epischer Sprache vertrauten Leser wie besondere eine Form der Personenbezeichnung erschienen sein, so daß er *virtute patris* wie *magno patre* oder ähnlich aufnahm. Bei Juvencus kann man vergleichen 501 *si quis amore meo genitorem pluris habebit*, 536f. *genuit nec femina quemquam,/ maior Iohannis nostri qui viribus esset*, 711 *potior nunc est Salomone potestas;* vgl. sonst etwa Nep.12.3.4 *dissimilis* (sc. *erat*) *Chares horum et factis et moribus*, Zeno 1. 53.1 (CCL 22.127.3f.) *Hebraei tres pueri senum constantia maiores, iuvenum virtute fortiores*, Auson.12.9.1 Green *maior virtute paterna;* KS II 566f., HSz 826. Der verkürzte Vergleich hat, wenn er noch als solcher wahrgenommen wird, zur Folge, daß die Ironie der Frage *num tu maior eris ...?* hervorsticht durch die Gegenüberstellung von bloßem *tu* (Christus) und *nostri virtus parentis*, welcher Ausdruck gewichtig die ganze zweite Vershälfte einnimmt. Von *virtus* kann nach Ansicht der Frau nur bei Jakob die

Rede sein. Arevalo umschreibt *nostri virtute parentis* mit den Worten "nostro parente Jacob, cujus virtus tantopere celebratur".- Chrysost.hom.31.4 in Ioh. (PG 59.181) bemerkt zu Ioh.4.12 folgendes: ὁρᾷς, πῶς εἰσωθεῖ ἑαυτὴν εἰς τὴν εὐγένειαν τὴν Ἰουδαϊκήν; Aufgrund der Änderung von Ioh.4.9, wodurch die Frau Christi Verstoß nicht gegen jüdische, sondern alte samaritanische Gesetze beklagt, also die samaritanische Tradition hervorhebt, ist es schwer vorstellbar, daß sie sich nun auf einmal in jüdische Tradition hineindrängt. Vielmehr betrachtet sie bei Juvencus Jakob als den Stammvater der Samaritaner.- **num** steht für Ioh.4.12 *numquid;* vgl. zu 191 *an.*- **virtute parentis.** Bei Homer stehen βίη, σθένος, ἴς mit gen. personae (wie hier) bzw. funktionsgleichem Attribut häufig zur Bezeichnung einer Person, vgl. etwa Il.2.658 βίη Ἡρακληείη (vgl. Kirk, Komm. zu Il.2.658/60), 3.105 Πριάμοιο βίην, 9.351 σθένος Ἕκτορος ἀνδροφόνοιο, 23.720 κρατερὴ...ἴς Ὀδυσῆος, Od.2.409 ἱερὴ ἴς Τηλεμάχοιο, Hes.theog.951 ἴς Ἡρακλῆος. Zuweilen findet sich in der lateinischen Dichtung *virtus, vis* in entsprechender Verwendung, etwa in Verg.Aen.7.432 *caelestum vis magna,* Hor.sat. 2.1.72 *virtus Scipiadae,* carm.3.21.11f. *prisci Catonis/ ...virtus* (vgl. Lucan.9.371, wo Cato Uticensis gemeint ist), Ov.met.12.332f. *Pirithoi virtute* (siehe Bömer, Komm.), 14.581 *Aeneïa virtus;* vgl. bei Juvencus etwa 1.68 *virtus celsa Dei,* 1.396 *vires Domini,* 2.101 *Christi vires(que viamque),* 2.183 *Dei...virtus* (vgl. Komm.). Heubeck/West/Hainsworth (Komm. zu Hom.Od.2.409) meinen, daß diese Ausdrücke bei Homer bereits ihre ursprüngliche Kraft verloren hätten, weil sie nicht dort verwendet würden, wo Heiligkeit oder Stärke von besonderer Relevanz seien. Das gilt nicht unbedingt für das wohl seltenere Vorkommen in der lateinischen Dichtung bzw. das wieder häufigere bei Juvencus.- Ähnliches Hexameterende findet sich bei Sil.10.277, Stat.silv.4.4.75, Stat.Ach.1.468 *(virtute paternam),* Auson. 12.9.1 Green *(virtute paterna).*

263f. hunc Iacob etenim puteum cum prole bibebat,/ et proprios huc saepe greges ad pocula duxit. Die Erklärung wird vom Dichter, um ihr Gewicht aufzuzeigen, nicht wie in Ioh.4.12 *qui dedit nobis puteum hunc et ipse ex eo bibit et fili eius et pecora eius* in einem angehängten Relativsatz, sondern unter Auslassung des ersten Bestandteils *qui dedit nobis puteum hunc,* dessen Aussage sich aus dem Kontext von selbst ergibt, in zwei Hauptsätzen ausgeführt. Jakob ist in jedem der beiden Hauptsätze alleiniges Subjekt und seine Person dadurch hervorgehoben: Jakob trank aus dem Brunnen zusammen mit seinen Nachkommen, er führte sein Vieh (auch das reflexive Possessivpronomen *proprios* weist indirekt auf Jakob) dorthin, um es zu tränken. Der Brunnen ist herausgestellt durch die Demonstrativa *hunc* (betonte Anfangsstellung) und *huc,* die Gewohnheit, zu diesem Brunnen zu gehen, durch das iterative Imperfekt *bibebat* und *saepe* (vgl. zu 264). *et-enim* bekräftigt die Aussage beider Sätze. Wichtig ist für die Samaritanerin die Tatsache, daß Jakob selbst diesen Brunnen benützt hat. Schon Jakob schöpfte aus diesem Brunnen und hatte keinen anderen. Woher also will der Fremde dann Wasser nehmen, zumal ohne Schöpfgerät?

263. hunc...puteum. Im allgemeinen ist der Akkusativ überliefert, während M *hoc...puteo* hat. Den Ablativ erklärt Korn (21) mit dem Bestreben der Redaktoren, den Wortlaut der Dichtung an den der Bibel anzugleichen. Denn in Ioh.4.12 liest man *ex eo bibit*. Für solche Angleichungen (die nicht nur sprachlicher, sondern auch inhaltlicher Natur sein können wie bei 1. 23f.) vgl. 1.23f. *reverti/ ...suadebit* V₁ Mp Matr statt *docendo/ ...conver-tet*,[333] 1.351 *dicit* N statt *reddit* (Matth.3.15 *dixit*), 1.385 *fecit (consistere)* V₁ Bb² V₂¹ Matr Ph² statt *suasit (consistere)* (Matth.4.5 *statuit;* vgl. Fichtner 131f.), 1.670 *quis vestrum* K₂ m.1 T statt *vos* (Matth.7.9 *quis ex vobis ho-mo*), 2.783 *tribulacio* (*-tio* V₁) *cordis* V₁ Ma Ph Hl Bx statt *strictura coercens* (Matth.13.19 *corde*, 13.21 *tribulatione*), 2.819 *considat* statt *conludat* C Vp M¹ Av V₁ S Mp Al T Ph P₃ Am² Hl Ca Bx (Matth.13.32 *veniant*), 4. 248 *igitur* statt *etiam* C Al Sg Ca (Matth.25.27 *ergo*); vgl. auch zu 285 *surget*. Es ist aber auch denkbar, daß die Änderung in den Ablativ unabhängig vom Bibeltext zum Zweck der Normalisierung vorgenommen wurde. *puteus* steht nämlich metonymisch (Knappitsch), denn nicht der Brunnen, sondern das aus dem Brunnen geschöpfte Wasser wurde getrunken. Ein vergleichbarer Fall ist Hor.epist.1.15.15 *utrum...,/ collectosne bibant imbris puteosne perennis/ iugis aquae*. Allerdings ist *puteos perennis* mit *iugis aquae* verbunden.- Im antiken Epos ist *puteus* sehr selten (Lucan.4.295, Ov.met.7. 568).- **etenim** wurde von den klassischen Dichtern mit Ausnahme Lucrezens offenbar als sehr prosaisch empfunden (Axelson 123 Anm.15). Juvencus dagegen verwendet es immerhin 8 mal.- **cum prole.** In Ioh.4.12 liest man *fili* bzw. *filii* (a c f j q l [ex *filius* corr.]). Die unkontrahierte Form ist metrisch ausgeschlossen, die kontrahierte im antiken Epos unbelegt (vgl. zu 216). Es bestand also der Zwang, einen anderen Ausdruck zu wählen. Bei *prole* ergibt sich der Chiasmus 263 *(hunc...) puteum...prole*, 264 *proprios (...greges)...pocula*, der lautlich durch die Alliteration auf *p-* auffällt (vgl. auch die zumindest ungefähren Gleichklänge von *pŭ - pō* und *prō - prŏ*).

---

[333] Die Rückbesinnung auf die Väter, in Luc.1.17 durch *ut convertat corda patrum in filios* (cf. Mal.3.23f.) zum Ausdruck gebracht, ist bei Juvencus in den Worten *docendo/ ad verum convertet iter* nicht angedeutet, *reverti/ ...suadebit* nennt immerhin das Stichwort der Rückbesinnung.

264. et proprios huc saepe greges ad pocula duxit. Für **proprios** = *suos* vgl. zu 233.- **saepe...duxit.** Wenn das konstatierende Perfekt einen wiederholten Vorgang bezeichnet, kann beispielsweise *saepe* hinzutreten (KS I 130). Es liegt im Grunde Variation zum vorangehenden Imperfekt (263 *bibebat*) vor, wobei *saepe* stärker wirkt.- **ad pocula duxit.** In Verbindung mit *ducere* meint *pocula* auch den Ort des Tränkens, vgl. mit Arevalo und de Wit Verg.ecl.8.28 *timidi venient ad pocula dammae*, wo *ad pocula* dieselbe Versstelle einnimmt wie hier, ferner Plin.nat.8.169 *ut sicco tramite ad potum eant (asinae)*, 9.46 *elephantos ad potus venientes*, Luc.13.15 (Tert.adv. Marc.4.30 [SC 456.382.3/4]) *bovem...ducit ad potum* (gr. ποτίζει; 1 r *ad aquam*). Die Belege mit *potus* nennt Kruse, Thes.X.2 c.370.63/7.

2.265/72 - Ewige Sättigung als Wirkung des lebendigen Wassers

265/72. olli respondit mundi regnator Iesus:/ "ex ista ad plenum nullus satiabitur unda,/ nam rursus sitiet; sed nostri dona liquoris/ ardorem excludent aeterna in saecla bibendi./ dulcia provenient nostri cui pocula fontis,/ largior inde fluet vitalis gratia fluctus./ sed desiderium nostrae si te capit undae,/ excitus veniat tecum mox urbe maritus." Das lebendige Wasser Christi ist dem gewöhnlichen Wasser der Frau gegenüber, welches in Vers 266 geradezu verächtlich (siehe zu 266 *ista*) *ista...unda* genannt wird, herausgestellt durch dreimalige Verwendung des Pronomens *noster* (267, 269, 271) und durch die variationsreichen Ausdrücke 267 *nostri dona liquoris*, 269 *dulcia...nostri...pocula fontis*, 270 *largior* (prädikativ)... *vitalis gratia fluctus*, 271 *nostrae...undae*, während in Ioh.4.13f. nur die Begriffe *aqua* und *fons* vorkommen. Das lebendige Wasser ist also breit ausgemalt im Gegensatz (267 *sed*) zum schlichten irdischen Brunnenwasser.- Der eigentliche Schlüsselbegriff des Wassers steht jeweils am betonten Versende (266 *unda*, 267 *liquoris*, 269 *fontis*, 270 *fluctus*, 271 *undae*). Die Endstellung ist auch vorher meist anzutreffen (246 *fonte*, 251 *undas*, 252 *laticis...potum*, 254 *potum*, 258 *vivam...undam*, 261 *undam...vivam*). Bei Nonnos ist dieselbe Beobachtung zu machen (Ioh.4.6 νέρτερον ὕδωρ, πηγή, 4.7 γείτονα πήγην, ὕδωρ, ξεινήϊον ὕδωρ, 4.9 ὕδωρ, 4.10 ἐπιχθονίης...πηγῆς, μινυώριον ὕδωρ, 4.11 φυσίζοον ὕδωρ, μετανάστιον ὕδωρ, ζείδωρον... ξένον ὕδωρ, 4.12 ὅρκιον ὕδωρ, 4.13 χθονίων λαγόνων μινυώριον ὕδωρ/ πίδακος, γλυκὺ νᾶμα χαμαιγένεος ποταμοῖο, 4.14 αἰώνιον ὕδωρ, πηγῆς ἐνδομύχοιο παλιμφυὲς ἔμπεδον ὕδωρ/ ζωῆς ἀενάοιο, καὶ οὐ χθονίου ποταμοῖο, 4.15 τοῦτο...βιοτήσιον ὕδωρ,/ πίδακος οὐδαίης ἀλλότριον, ἐκ βυθίων λαγόνων...βεβιημένον ὕδωρ).

265. olli respondit mundi regnator Iesus. Die ruhigen Spondeen malen die *gravitas* des Herrschers der ganzen Welt, zugleich stimmen sie wie die archaische Formel *olli* (vgl. zu 252) *respondit* (Enn.ann.1.31 Skutsch, 2.133, Verg.Aen.12.18) den Leser auf die Feierlichkeit der folgenden bedeutsamen Rede ein (vgl. für letzteres Norden 420 zu *olli respondit* bei Ennius und die Nachahmung bei Vergil).- **mundi regnator** ist nicht nur schmückendes Epitheton, sondern (an den Leser gerichtete) Antwort des Dichters auf die rhetorische Frage 260 *num tu maior eris nostri virtute parentis?* Christus ist nicht nur größer als Jakob, sondern er ist der allmächtige Herrscher der Welt (*mundi* meint hier sicherlich nicht nur die irdische Welt, sondern den ganzen Kosmos), der allen, die an ihn glauben, das Wasser des ewigen Lebens schenkt. Zu Christi Königtum vgl. bei Juvencus 1.61 (Luc.1.32f.) *Natum, quem regnare Deus per saecula cuncta/ ...gaudetque iubetque*, 3.540ff. (Matth.19.28) *Progenies hominis, celso quem cingit honore/ maiestas*, 4.155f. (Matth.24.30) *veniet cum nubibus ignicoloris/ maiestate potens hominis per sidera Natus*, 300 *rerum...Dominus*, 812 *Dominum lucis Christum, qui in saecula regnat;*[334] sonst etwa die Bezeichnungen Barn.5.5 (Wengst p.148) παντὸς τοῦ κόσμου Κύριος, Cypr.epist.58.6 (CCL 3C 328. 152) *mundi factor et Dominus*, Euseb.hist.eccl.10.4.16 (SC 55.86) Χριστὸν ...τοῦ Θεοῦ Παῖδα παμβασιλέα τῶν ὅλων; vgl. J.Kollwitz, Art. Christus II (Basileus), RAC 2.1257/62. Die Junktur *regnator mundi* (Prud.Symm.2.758 von Honorius) ist vor Juvencus nicht belegt (*regnator* wird vor Juvencus fast ausschließlich in der Dichtung verwendet, und zwar oft auf Gottheiten bezogen, etwa in Aen.2.779 *superi regnator Olympi;* vgl. OLD 1600 s.v. b), doch vgl. *rex mundi* in Ov.trist.4.3.65, Manil.1.366 (Juppiter), Mart.12.62.1 (italischer Saturn), *rector mundi* bei Apul.mund.24 (philosophisch betrachteter Gott), Mart.7.7.5 (Domitian; vgl. Vioque, Komm. S. 82f.). Der Gott der Christenheit wird II Macc.7.9 *rex mundi* (Sept. ὁ τοῦ κόσμου βασιλεύς), Ps.Hil.Macc.249 (CSEL 23.249) *arbiter orbis/ ...et mundi rector*, Cypr.Demetr.5 (CCL 3A 37.90) *mundi Dominus et rector* (Lact.opif.16.4 [SC 213.194.19]) genannt. Übereinstimmungen mit heidnischen Götterprädikationen werden von den christlichen Autoren nicht nur nicht gescheut, sondern in christlicher Nutzung bewußt gewählt. Das gilt auch für verwandte Ausdrücke: So wird Ps.Sen.Herc.O.1275 *(summe...) rector poli* (Juppiter) auf den Gott der Christenheit bezogen in Ambr.hymn. 4.2 Fontaine, Comm.instr.1.28.10; Sen.Thy.1077 *(summe) caeli rector* (Juppiter) (frg.26 Haase *rector...orbis terrarum caelique* [höchster

---

[334] *qui in saecula regnat* meint die ewige Herrschaft über Himmel und Erde als Pendant zu der zeitlich und irdisch begrenzten Constantins, der in 4.807 als *terrae regnator* bezeichnet wird (Röttger 131).

Gott],[335] CIL VIII 18219 *gubernatori omnium rerum caeli terrarumque rectori* [Juppiter]) in Gaudent.tract.10.8 (CSEL 68.95.1; Comm.instr.1.23. 11 [hier von dem, der sich anstelle Gottes zum *r.c.* macht]); Ov.met.1.668 *superum rector* (Lucan.5.626, Sil.12.675; jeweils Juppiter) in Opt.Porf. carm.9.35; CIL VIII 18219 *gubernatori (omnium) rerum (caeli)* (Juppiter) in Aug.civ.5.23 (Dombart/Kalb 1.236.17), Sedul.op.pasch.4.2 (CSEL 10. 256.9f.; Christus), Cassiod.in psalm.146.5 (CCL 98.1306.116).- In der Passionskrypta der Praetextat-Katakombe in Rom ist Christus im Gespräch mit der Samaritanerin im Purpurmantel als Symbol der Königswürde dargestellt; siehe J.Wilpert, Die Malereien der Katakomben Roms, Freiburg 1903, Taf.19. Wilpert (S.225) datiert die Malerei in die 1. Hälfte des 2. Jhdts.- **Iesus** wird im Hexameter zuerst von Juvencus gebraucht. Zu dem Eigennamen setzt Juvencus, wenn er ihn nicht ausläßt oder durch *Christus* ersetzt (was sehr oft geschieht), wie im vorliegenden Vers öfter Epitheta (christliche Nutzung einer epischen Form), etwa in 75, 274, 293, 327, 3. 503; vgl. dazu Simonetti Abbolito, Termini 67f., wo man allerdings den Hinweis vermißt, daß der Name *Iesus* oft auch ohne Apposition begegnet, etwa in 282, 1.351, 359, 3.185, 4.546, 613, 720. Die Ersetzung des Eigennamens durch *Christus* bzw. die Epitheta entspringt nicht nur einem Streben nach variatio, sondern ist auch mit der Absicht zu erklären, Aussagen über den Gott der Christen zu machen und ihn vor anderen Trägern des Namens Jesus auszuzeichnen (Fichtner 48).- *Iesus* steht bei Juvencus immer am Versende. Es ist eher drei- als zweisilbig zu messen. Würde man *Iesus* grundsätzlich zweisilbig messen, wären neben 265 noch 327, 1.359, 403, 4. 270 rein spondeisch, was eher unwahrscheinlich ist (Fichtner 50). Andererseits geht der Dichter mit der Prosodie von Eigennamen sehr frei um (vgl. zu 177/9). Es ist daher nicht auszuschließen, daß *Iesus* in ein oder zwei Fällen tatsächlich zweisilbig zu messen ist. Sicheres kann nicht gesagt werden.

265* ad haec Servator talia dicta detulit steht in C zusammen mit 2.109, 2.264 und 2.109* vor Buch 2. In M ist der Vers im Text überliefert, während 265 am unteren Rand steht. In Al steht 265* im Text vor Vers 265, welcher dort *mundi regnator Iesus ille respondit* lautet (Angaben nach Hansson 83). 265* stellt eine Dublette zu 265 dar. Arevalo war der Vers unbekannt, Marold, Knappitsch, de Wit und Castillo Bejarano halten ihn für unecht. Der Wortlaut *ad haec Servator talia dicta detulit* paßt nicht ins metrische Schema. Hansson schlägt folgende Ergänzung vor: *detulit < orbis > ad*

---

[335] Lact.inst.1.5.26 (SC 326.70.124/7) ist der Meinung, daß Seneca hier *summum deum merita laude prosequitur*. Damit rechtfertigt er indirekt die christliche Nutzung derartiger Ausdrucksweise.

haec Servator talia dicta (zu *ad haec* an dieser Versstelle vgl. bei Juvencus 2.204, 4.739, zu *talia dicta* am Versende 2.425, 511, 583). Hanssen sagt nicht, ob er den Vers für eine Autorenvariante hält. Sein Wiederherstellungsversuch wäre freilich nur bei einem echten Vers angebracht. Denn nach welchen Maßstäben sollte man Unechtes wiederherstellen? Bemerkenswert ist der hohe Anteil an epischem Sprachgut. So läßt sich *dicta deferre* in Verg.Aen.4.226 *Dardanium...ducem.../ .../ adloquere et celeris defer mea dicta per auras* belegen. *talia dicta* kommt vor etwa in 425, 511, Aen. 5.852, 9.431, Ov.met.8.616, Val.Fl.4.222, Sil.11.74. *ad haec* mit Verb des Sagens zur Ankündigung einer Antwort ist überall gebräuchlich, auch im Epos, vgl. 365, 1.378, Verg.Aen.4.450, Lucan.8.171, Ov.met.8.577, Val.Fl.7.488, Sil.2.327. Verg.Aen.4.226 ist mit hoher Wahrscheinlichkeit direktes Vorbild, da die Junktur *dicta deferre* nur dort vorkommt. Offenbar verwendet der Verfasser von 265* *dicta deferre* zur Einleitung eines Sprecherwechsels. Doch *dicta deferre* in Aen.4.226 bezeichnet das Überbringen einer Nachricht durch einen Boten, eine Bedeutung, die übrigens auch *dicta ferre* haben kann wie in Verg.Aen.4.378 *fert horrida dicta per auras* (Thes. V.1 c.994.77ff.) oder bloßes *deferre* etwa in Aen.4.299f. *eadem inpia Fama furenti/ detulit armari classem cursumque parari* (OLD 499 s.v. 8b), Iuvenc.1.53f. *tunc maiora dehinc mandata minister/ detulit ad Mariam dimissus virginis aures.* Außerdem kommt *dicta ferre* in Val.Fl.4.330 und Stat. silv.3.1.165 vor (beide Belege sind in Thes.V.1 c.994.19f. erwähnt). Aber auch dort wird kein Sprecherwechsel eingeleitet. Man wird also wohl 265* als interpoliert betrachten müssen. Interpolatoren versuchen oft, den Sprachgebrauch der Klassiker zu imitieren (Jachmann 372; Gnilka, Prudentiana I, Reg.III 755 s.v. "Vergil"). Im vorliegenden Fall ist die Imitation jedenfalls gründlich mißglückt. Auffallend ist der Ersatz der Verbindung *mundi regnator* durch *Servator.* War das Motiv für die Abfassung des unechten Zusatzes, den Ausdruck *mundi regnator* zu ersetzen? Faßte der Interpolator *mundi regnator* als würdige Bezeichnung allein Gottvaters selbst und hielt es für unangebracht, dem Sohn Allmacht beizumessen? Stand er vielleicht unter arianischem Einfluß? Als weiteres Interpolationsmotiv kann wie bei 252* die Beseitigung des Archaismus *olli* gelten. Wenn Al den Vers 265 in der (metrisch unhaltbaren) Form *mundi regnator Iesus ille respondit* führt, fällt auch dort der Wegfall des Archaismus auf. Man kann das wieder als Indiz für Interpolatorentätigkeit ansehen. An der Formulierung *mundi regnator* wurde in diesem Fall aber offensichtlich kein Anstoß genommen. Sowohl 265* als auch die Form von 265 in Al sind von schlechtester Qualität und dürften (falls sie nicht entstellt wurden) kaum von der derselben Hand stammen wie etwa 205*, 252* oder 289*.

266. ex ista ad plenum nullus satiabitur unda. Der Vers ist um die Negation *nullus* herum aufgebaut, wodurch diese eine zentrale und betonte Stellung erhält. Den engeren Rahmen bildet *plene...satiabitur*, den äußeren *ex ista...unda*. Die Negierung wirkt eindringlich durch die spondeische erste Vershälfte: *ex ista plene nullus* (vgl. 439, 716, 1.262, 3.485, 4.39, 545).- **ex** unterstützt den zu *satiabitur* instrumentalen Ablativ *unda* (HSz 125g sprechen von Ersatz). *satiare* bzw. *saturare* mit *ex* oder *ab* scheint vor Juvencus nicht belegt.- **ista** anstelle von *hac* im Bibeltext könnte geringschätzende Bedeutung haben, vgl. dazu Norden 120, KS I 621 Anm.5, Ehlers, Thes.VII.2 c.500/4. Denn der Brunnen des Jakob enthält nur irdisches Wasser.- **ad plenum.** Überliefert ist *planae* M, *plane* V¹, *ad plenum* Matr., *plene* cett. Letzteres setzen die Editoren in den Text. Die Bedeutungen der Ausdrücke, die adverbial mit *satiabitur* zu verbinden sind, liegen nahe beieinander ("gänzlich, völlig"). *plene* kommt im Epos nicht vor. *plane* ist prosaisch (Axelson 95), begegnet aber immerhin 5 mal bei Lucrez. *ad plenum* wurde zuerst von Verg.georg.2.244 verwendet (Richter, Komm., vermutet Analogie zu *adfatim*) und findet sich wieder etwa in Hor.carm.1.17. 15, Sen.epist.71.18. Im Spätlatein ist der Ausdruck häufiger (Kießling/ Heinze, Komm. zu Hor.carm.1.17.15; HSz 219f.). Wegen Verg.georg.2. 244 ist man geneigt, trotz der singulären Überlieferung *ad plenum* zu lesen. Eine ähnliche adverbiale Wendung (Präposition + substantiviertes Adjektiv) liegt vor in 3.363 *nulla in solidum mihi dona dederunt*.³³⁶- Zu **nullus** = *nemo* siehe zu 185.- **satiabitur.** In M ist *saturabitur* überliefert. Diese Lesart muß wegen ihrer Singularität ausgeschlossen werden. Die Editoren setzen daher zu Recht *satiabitur* in den Text. Zur Vertauschung von *satiare* mit *saturare* vgl. die Überlieferung von Vulg.deut.8.12, Vulg.Iudith 7.11, Vulg.Agg.1.6, Matth.15.37, Vulg.Phil.4.12, Hier.psalt.sec.Hebr.16.14, Paul.Nol.carm.31.444. 1.460 übernehmen die Editoren seit Marold das allein in C bezeugte *satiandos* anstelle des sonst überlieferten *saturandos* (Mp *saturando*, vgl. Hansson 87). Grund dürfte die von Knappitsch z.St. erwähnte Autorität von C sein. Doch darf man diese auch nicht überbewerten (Hansson 24).

267. rursus ist lautlich viel eindringlicher als das im lateinischen Bibeltext stehende, gleichfalls episch gebräuchliche *iterum*. So wird betont, daß das irdische Wasser ungeeignet ist, den Durst endgültig zu stillen, wodurch es sich wesentlich vom Wasser des Lebens unterscheidet.- **nostri dona liquo-**

---

³³⁶ In 1.460 *illos plena manet satiandos copia mensae* führt M¹ *plane* und Bb *plene* statt *plena*. Dabei scheint es sich um bewußte Änderungen zu handeln. *plane* bzw. *plene* sollte adverbial zu *satiandos* gefaßt werden.

ris. Ähnlich 2.146 *dona saporis* für das zu Wein gewordene Wasser bei der
Hochzeit zu Kana. *dona* ist Umsetzung von Ioh.4.14 *quam...dabo* und
meint, daß nur Gottes Gnade das Wasser des Lebens zuteil werden lassen
kann. Auch das Possessivpronomen *nostri* geht auf Ioh.4.14a *(de aqua,)*
quam...dabo zurück und bezeichnet die besondere Herkunft des Wassers des
Lebens (vgl. *nostri* erneut in 269, denn auch in Ioh.4.14b steht noch einmal
[aqua,] quam dabo). Unabhängig davon neigt Juvencus dazu, Relativsätze
der Vorlage aufzulösen (vgl. zu 244 *Samaritida Sichen).* Der pluralis maiestatis entspricht der göttlichen Würde des Sprechers und steigert die Feierlichkeit der Aussage.- Für *donum* mit epexegetischem Genitiv vgl. Verg.ge-
org.4.1 *aerii mellis caelestia dona;* Rubenbauer, Thes.V.1 c.2021.53/61
s.v. Der Hexameterschluß *dona liquoris* ist nachgeahmt von Arator act.1.
1040.

268. ardorem excludent aeterna in saecla bibendi. Außer dem obligatori-
schen Daktylus im 5. Versfuß enthält der Vers nur Spondeen, welche die
Ewigkeit versinnbildlichen, vgl. 1.529f. *erroris causam praestat decidere*
ferro/ quam totum aeternis corpus concedere flammis, 3.14 *dentibus his stri-*
dor semper fletusque perennis (Daktylus auch im 1. Versfuß), 3.280 *semper*
mansuras aeternis moenibus aedes, 4.284f. *at vos, iniusti, iustis succedite*
flammis/ et poenis semper mentem torrete malignam; Lucr.4.924 *iaceret/*
aeterno corpus perfusum frigore leti, Verg.Aen.6.401 *ianitor antro/ aeter-*
num latrans exsanguis terreat umbras (Norden z.St. "mit malerischen Spondeen"), Ov.met.1.663, Sil.2.613. Dieses dichterische Mittel kommt erst im
christlichen Gebrauch in bezug auf die göttliche Ewigkeit zur vollsten Gel-
tung.- **ardorem...bibendi.** Knappitsch ändert *bibendi* mit Verweis auf 266
nullus in *bibenti.* Aber de Wit bezeichnet diese Konjektur zu Recht als unbegründet und sogar unverständlich ("non facile possumus intellegere vim
vocis *ardorem").* Man vergleiche zum überlieferten Wortlaut Lucr.4.869
amorem...edendi (Verg.8.184, Zeno 1.25.11 [CCL 22.75.365] *a. luxuriandi*
atque bibendi), Ov.met.8.828 *ardor edendi.-* **excludent** in bezug auf *ardo-*
rem bibendi veranschaulicht das biblische *non sitiet.* Ähnlicher Ausdruck
liegt vor in Drac.laud.Dei 3.666 *pelle famem, disclude* (Vollmer; *exclude*
C) *sitim.* Dort ist durch *pelle famem* der bildliche Rahmen noch ausgeweitet. Vgl. weiter Isid.Goth.29 (MGH AA 11.279.13) *excludat...famem.* In
Stat.silv.1.4.26 liest man *vatis/ excludat Piplea sitim* (die Musenquelle verweigert sich dem dürstenden Dichter).- **aeterna in saecla.** Ioh.4.14 *in ae-*
ternum (b rᶦ *in sempiternum*), gr. εἰς τὸν αἰῶνα, "bis in Ewigkeit". *in aeter-*
num ist in der Bibel oft belegt und auch im Epos bei Sil.3.136 (cf. 13.873)
in dieser Bedeutung nachweisbar, wäre somit durch dichterisches Vorbild

legitimiert gewesen.[337] Doch der von Juvencus gewählte Ausdruck malt durch die Spondeen die Ewigkeit und wirkt durch seine Länge auch feierlicher.- Für die Junktur **aeterna saecula** nennt der Thesaurus keinen Beleg aus der Zeit vor Juvencus. Bei Juvencus selbst ist prooem.17 *aeternae*[338] *in saecula laudis* zu vergleichen, später etwa Zeno 1.13.13 (CCL 22.55. 136), Vulg.Is.26.4 *in saeculis aeternis* (VL *in aeternum*), Vulg.Dan.6.26 *aeternus in saecula* (VL *permanens in saecula*), Comm.apol.804, Alc.Avit. carm.2.101. Aus der antiken Dichtung vgl. Verg.Aen.6.235 *aeternum...tenet per saecula nomen*, Lucan.6.697 *longa in saecula*.

269f. dulcia provenient nostri cui pocula fontis,/ largior inde fluet vitalis gratia fluctus. Gedanklich ist mit Knappitsch *ei* zu ergänzen, so daß sich die Korrelation *cui - ei* ergibt. Er übersetzt: "Wer da erhält einen Becher von meiner lieblichen Quelle,/ Dem fließt reichlicher dann der Quell des ewigen Lebens"; vgl. Castillo Bejarano: "A quien le lleguen los dulces vasos de mi fuente, le fluirá luego más abundante la gracia del agua de la vida". Eine Korrelation *cui - inde* ("von dort"; zu separativem *inde* in bezug auf Personen vgl. Rehm, Thes.VII.1 c.1119.9/46) ist wohl nicht anzunehmen, da es hier allein auf die Aussage ankommt, daß derjenige, der aus der Quelle Christi trinkt, für immer Überfluß am lebendigen Wasser hat. Gleichwohl ergäbe die Korrelation *cui - inde* für sich gesehen theologisch Sinn: Wer vom lebendigen Wasser erhält, von dem strömt es auf andere über. So hat Herakleon, mit Blick allerdings auf ἁλλομένου, Ioh.4.14 gedeutet, was die Billigung des Origenes fand (comm.in Ioh.13.10.62 [SC 222.64.27/30]): οὐκ ἀπιθάνως δὲ τὸ "ἁλλομένου" διηγήσατο καὶ τοὺς μεταλαμβάνοντας τοῦ ἄνωθεν ἐπιχορηγουμένου πλουσίως καὶ αὐτοὺς ἐκβλύσαι εἰς τὴν ἑτέρων αἰώνιον ζωὴν τὰ ἐπικεχορηγημένα αὐτοῖς. Das lebendige Wasser ist das vom Geist Gelehrte (comm.in Ioh.13.6.36 [SC 222.50.22/2] τὰ δὲ διδακτὰ τοῦ Πνεύματος τάχα ἐστὶν ἡ πηγὴ τοῦ ἁλλομένου ὕδατος εἰς ζωὴν αἰώνιον; Komm. zu 256/64), das im Glaubenden bis zum ewigen Le-

---

[337] Eine etwas andere Bedeutung haben Stellen wie Lucr.2.570, Lucan.10.87, wo *in aeternum* nicht bedeutet, daß ein Vorgang bis in Ewigkeit andauert, sondern daß seine Wirkung immerwährend ist.

[338] R¹ Hl haben *aeterna*, das Palla (279f.) für ursprünglich hält und sich dafür auch auf das Zitat des Verses in einer vielleicht dem Iren Cruindmelus zuzuschreibenden Metrik stützt (Cruindmeli sive Fulcharii Ars Metrica, ed. J.Huemer; dort p.35.4), das zwei Codices aus dem 9. Jhdt. mit *aeterna* wiedergeben. Doch überliefert ein weiterer Codex aus dem 9. Jhdt. *aeternae*, das Huemer in den Text setzt. Zudem ist der Juvencusvers schon in der Metrik des Beda (CCL 123A p.117.15), an welche sich die Metrik des Cruindmelus anzulehnen scheint, mit *aeterna* zitiert. Damit verliert die Variante *aeterna* bei Cruindmelus weiter an Autorität.

ben hin aufsprudelt und auf die anderen Menschen überfließt. Entsprechend
sagt Cyrill.Alex.comm.in Ioh.4.14 (PG 78.299C) ἰστέον δὲ πάλιν, ὡς ὕδωρ
ἐν τούτοις τὴν τοῦ Ἁγίου Πνεύματος χάριν ὁ Σωτὴρ ἀποκαλεῖ, ἧς εἴπερ
τις γένοιτο μέτοχος, ἀναπηγάζουσαν ἕξει λοιπὸν ἐν ἑαυτῷ τῶν θείων μα-
θημάτων τὴν χορηγίαν, ὡς μηκέτι μὲν αὐτῷ τῆς παρ' ἑτέρων νουθεσίας ἐν-
δεῖν, ἐξαρκεῖν δὲ μᾶλλον εἰς τὸ δύνασθαι ῥᾳδίως παρακαλεῖν τούς, οἷσπερ
ἂν γένοιτο διψῆν τὸν θεῖόν τε καὶ οὐράνιον Λόγον, ὁποῖοί τινες ἦσαν κατὰ
τὸν παρόντα βίον καὶ ἐπὶ γῆς ἔτι πολιτευόμενοι ἅγιοί τε προφῆται καὶ
ἀπόστολοι καὶ οἱ τῆς ἐκείνων κληρονόμοι λειτουργίας, περὶ ὧν γέγραπται
"καὶ ἀντλήσατε ὕδωρ μετ' εὐφροσύνης ἐκ τῶν πηγῶν τοῦ Σωτηρίου" (Is.
12.3). Wer allerdings bei Juvencus die Korrelation *cui - inde* erkennt, muß
sich fragen lassen, warum das Bild des Überquellens zu den anderen Menschen hin nicht weiter ausgearbeitet ist (nur Andeutung durch *inde*).[339]-
Der Pleonasmus *fluet... (gratia) fluctus* (cf. Ioh.7.38 *flumina de ventre eius
fluent aquae vivae;* Enn.ann.5.163 Skutsch *leni fluit agmine flumen*, Lucr.4.
1036) betont, daß das Gnadengeschenk des lebendigen Wassers nicht durch
mühsames Schöpfen erlangt werden muß. Das häufige Vorkommen des

---

[339] Der Gedanke, daß das lebendige Wasser von dem, der es empfangen hat, zu anderen
strömt, findet sich in der Bibel bei Ioh.7.37f., wenn man mit Origenes interpungiert ἐάν
τις διψᾷ, ἐρχέσθω πρός με καὶ πινέτω. ὁ πιστεύων εἰς ἐμέ, καθὼς εἶπεν ἡ γραφή, ποταμοὶ ἐκ τῆς κοιλίας αὐτοῦ ῥεύσουσιν ὕδατος ζῶντος (es handelt sich um ein unbekanntes
Schriftzitat. Origenes erwähnt im Zusammenhang mit Ioh.7.38 oft prov.5.15f.). Zur Exegese des Origenes und ihrer Verbreitung (im Westen führte sie Ambrosius ein) vgl.
H.Rahner, Flumina de ventre Christi. Die patristische Auslegung von Joh 7,37.38, Symbole der Kirche, Salzburg 1964.178/235 (= Biblica 22.1941.269/302, 367/403). Eine andere Interpunktion als Origenes setzt Hippolytos, der früheste westliche Exeget von Ioh.
7.37f., voraus, nämlich ἐάν τις διψᾷ, ἐρχέσθω πρός με καὶ πινέτω ὁ πιστεύων εἰς ἐμέ.
καθὼς εἶπεν ἡ γραφή, ποταμοὶ ἐκ τῆς κοιλίας αὐτοῦ ῥεύσουσιν ὕδατος ζῶντος. Denn bei
Hippolyt.comm.in Dan.1.17 (GCS 1.1 p.29.17/20) heißt es ἐν τούτῳ τῷ ['Εδὲμ] ποτα-
μὸς ἀεννάω[ν ὑδάτ]ων [ἀ]π[ορ]ρέει καὶ τέσσαρε[ς ποτα]μοὶ ἐξ[ερχ]όμ[ε]ν[οι ἐ]ξ [αὐτοῦ]
ποτίζουσιν π[ᾶσαν τὴν] τῶν [ἀ]ν[θρώπων] γῆν, [ὡς] καὶ ἐν τῇ ἐκκλησίᾳ δείκνυται· πο-
ταμὸς γ[ὰρ ὁ Χριστός· διὰ τὸ τε]τραμερὲς σωτ[ήρι]ον εὐαγγέλιον <πάντα> ἐκφυ-
λάτ[τει] καὶ εἰς [πάν]τα πρόσεστιν. ἄρ[δει] δὲ καὶ ποτίζει πάντας τοὺς [πι]στεύοντας
εἰς αὐτόν, ὡ[ς ὁ] προφήτης λέγει· ποταμοὶ ἐκ τῆς κοιλίας αὐτοῦ ῥεύσουσιν. Die von
Hippolytos vorausgesetzte Interpunktion ist auch zugrunde zu legen bei *De montibus et
Sion* 9 (CSEL 3.3 p.115.14f. Hartels Interpunktion ist allerdings die origeneische und im
vorliegenden Kontext falsch) sowie Cypr.epist.63.8 (CCL 3C 399.124f., wo Diercks
richtig interpungiert gegenüber Hartel, CSEL 3.2 706f.); auch aus 73.11.1 (CCL 3C
541.176) ergibt sie sich (Rahner 219/21). Rahner 211ff. zeigt, daß die "westliche" Interpunktion auf die Auffassung des Irenaeus zurückgeht, daß Christus der Spender des lebendigen Wassers ist (adv.haer.5.18.2 [SC 153.240.39f.]). Der aber hat sie aus Kleinasi-
en. Der Barnabasbrief und Justin zitieren Ioh.7.37f. zwar ebensowenig wie Irenaeus,
doch lassen sich Spuren eines entsprechenden Verständnisses dort auffinden (Barn.11.2
[Wengst p.170], Iustin.dial.69 [PG 6.637C]; vgl. Rahner 214ff.).

262 Kommentar

Konsonanten "l" versinnbildlicht das Fließen: *dulcia provenient nostri cui pocula fontis,/ largior inde fluet vitalis gratia fluctus* (vgl. HSz 713 mit Verweis auf Hor.epist.1.2.42f., *dum defluat amnis; at ille/ labitur et labetur in omne volubilis aevum*). Der weitgehend daktylische Rhythmus mit akzelerierendem trochäischen Einschnitt im 2. Fuß malt den schnellen und kraftvollen Strom (vgl. zu 199). Die unendliche Gnade Gottes wird überdies herausgestellt durch den personifizierenden Gebrauch von *gratia* (cf. 267 *dona*) und den Komparativ *largior*. Auch die Häufungen des warmen Vokals "a" an der Stelle des Versakzentes betonen die Gnade Gottes: *lárgior...vitális grátia*, vgl. 1.280 *grátia...venerànda micábat (Christi)*, 292 mit Komm.

269. dulcia provenient nostri cui pocula fontis. Die kunstvolle Anordnung von Substantiven und Attributen nach dem Schema abAB (vgl. zu 2.239) schmückt den inhaltlichen Höhepunkt.- **dulcia...pocula.** Vgl. Mart.11.104. 19f. *dulcia Dardanio nondum miscente ministro* (Ganymed)/*pocula*, Nemes. cyn.5, Symph.praef.3 (CCL 133A = AL I.1 Shackleton Bailey 281 praef. 5), Prud.perist.10.736ff. *hic, hic bibendus, nate, nunc tibi est calix,/ mille in Bethleem quem biberunt parvuli:/ oblita lactis et papillarum inmemor/ aetas amaris, mox deinde dulcibus/ refecta poclis mella sumpsit sanguinis*, Sedul.carm.pasch.3.7 *mensasque per omnes/ dulcia non nato rubuerunt pocula musto*, Mar.Vict.Aleth.3.72, Coripp.Iust.3.128. Bei Martial ist der Nektar gemeint, der den Göttern ihre vermeintliche Unsterblichkeit erhält. Bei Juvencus bezeichnet *dulcia pocula fontis* die süße göttliche Quelle, die von Christus zu den Menschen strömt und ihnen wahre Unsterblichkeit verleiht. Zur Süßigkeit göttlicher Speise im christlichen Bereich vgl. etwa Firm.err. 18.5 *ait...per David Spiritus Sanctus: "gustate et videte, quoniam dulcis est Dominus"* (psalm.33.9), *dulce est caeleste pabulum, dulcis Dei cibus, nec habet in se miserae famis triste tormentum, et de medullis hominum praecedentis veneni virus excludit*, Prud.cath.3.11ff., 23ff., Roman.Melod.34.23. 1/3 (SC 128.138) "συγχώρησον, δέσποτα" τῷ πλάστῃ βοήσατε, ὑμεῖς οἱ νεόλεκτοι,/ ἐπειδὴ τῆς κολυμβήθρας ἀπογεύεσθε γλυκείας πηγῆς καὶ ἀγαθῆς·/ φωτίζεσθε μᾶλλον καὶ μὴ μόνον βαπτίζεσθε. Offensichtliche Anspielung auf Ioh.4 liegt vor in act.Thom.25 (Lipsius/Bonnet 2.140.13f.) πότισον ...αὐτοὺς ἀπὸ τῆς ἀμβροσιώδους σου πηγῆς τῆς μὴ τεθολωμένης μήτε ληγούσης (Thomas bittet den Herrn für König Gundafor und seinen Bruder), 39 (2.157.5f.) ἡ βρύσις ἡ γλυκεῖα καὶ ἄληκτος (Anrufung Christi), Paul. Nol.carm.31.431f. *qui te, Christe, bibent, dulci torrente refecti/ non sitient*

ultra;[340] vgl. ferner Ps.Chrysost.nat.Chr. (PG 61.737) ἡ τὴν γλυκεῖαν πόσιν τῆς ἀεννάου πηγῆς τοὺς διψῶντας ἐμπλήσασα (über Maria). Auch *dulcia pocula* im Romanushymnus des Prudentius bezeichnet spirituale Nahrung, und zwar den Märtyrerkelch, der nicht nur Teilhabe am Sterben Christi, sondern auch an seiner Unsterblichkeit verleiht. Ihn haben auch die er-
mordeten Kinder Bethlehems getrunken, deren Leben durch den zuerst bitte-
ren, dann süßen Trank des Blutes Christi, das zu Honig wurde, erneuert
wurde. Unmittelbar zuvor wurde Christus, offenbar in Anspielung an Ioh.4,
der lebendige Quell genannt, der den Märtyrern, die ihn trinken, ewiges
Leben schenkt: 726ff. *aquam bibendam postulas, cum sit tibi/ fons ille vivus
praesto, qui semper fluit/ et cuncta solus inrigat viventia,/ intus forisque
spiritum et corpus simul/ aeternitatem largiens potantibus./ venies mox ad
illud fluentum, si modo/ animo ac medullis solus ardor aestuet/ videre
Christum, quod semel potum adfatim/ sic sedat omnem pectoris flagrantiam/
vita ut beata iam sitire nesciat.* Das alles strahlt natürlich auf 736ff. aus, so
daß bei *dulcia pocula* der Trank Christi aus Ioh.4, der schon bei Juvencus
so genannt ist, assoziiert wird.[341] Prudentius hatte die Juvencusstelle sicherlich vor Augen und entlehnte ihr die Junktur. Bei Sedulius bezeichnet
dulcia pocula den Wein, in welchen Christus das Wasser bei der Hochzeit
zu Kana verwandelt hat, als einen kostbaren Wein, um die Allmacht Christi
noch mehr hervorzuheben als es die Wandlung von Wasser in Wein an sich
schon tut. *dulcia pocula* ist dort allerdings nicht göttliche Speise, denn der
Wein ist seiner Natur nach nur irdischer Wein (obgleich *non nato...musto*).-
Nonn.Ioh.4.13 unterteilt das irdische Wasser in Quell- und Flußwasser und
nennt letzteres süß (χθονίων λαγόνων μινυώριον ὕδωρ/ πίδακος, ἢ γλυκὺ

---

[340] Doch nun folgt ein Paradoxon mit 432 *sed tamen et sitient.* Die nachfolgenden Verse klä-
ren, was Paulinus damit meint: *nam quos divini satiarit copia verbi,/ hos dulcedo magis
pota sitire facit/ te, Domine, ergo, Deus, panem fontemque salutis/ semper et esuriant et
sitiant animae./ non ieiuna fames, sed nec sitis arida vitam/ consumet, si te mens edat atque bibat./ iugifluus semper biberis turbamque sitimque/ potantum exhaustus largior exu-
peras* (cf. Iuvenc.2.270 *largior inde fluet vitalis gratia fluctus*)./ *totus enim dulcedo,
Deus, dilectio, Christe, es,/ inde replere magis quam satiare potes./ et desideriis semper
sitiendus amaris/ influis exciperis, nec saturatur amor,/ atque ita perficitur pietas, sine
fine ut ameris,/ Christe, tuis vitam qui sine fine dabis.*
[341] Das lebendige Wasser ist bereits bei Ignat.Rom.7.2f. (Fischer p.190) in Beziehung zur
spiritualen Speise des Märtyrers gesetzt, wenn nicht sogar ihr gleichgestellt: ζῶν...γρά-
φω ὑμῖν, ἐρῶν τοῦ ἀποθανεῖν. ὁ ἐμὸς ἔρως ἐσταύρωται, καὶ οὐκ ἔστιν ἐν ἐμοὶ πῦρ φιλόϋ-
λον· ὕδωρ δὲ ζῶν καὶ λαλοῦν ἐν ἐμοί, ἔσωθέν μοι λέγον· δεῦρο πρὸς τὸν Πατέρα./ οὐχ
ἥδομαι τροφῇ φθορᾶς οὐδὲ ἡδοναῖς τοῦ βίου τούτου. ἄρτον Θεοῦ θέλω, ὅ ἐστιν σὰρξ Ἰησοῦ Χριστοῦ, τοῦ ἐκ σπέρματος Δαυίδ, καὶ πόμα θέλω τὸ αἷμα αὐτοῦ, ὅ ἐστιν ἀγάπη
ἄφθαρτος. Der Begriff des lebendigen Wassers muß hier nicht unbedingt aus Ioh.4 genommen sein. Bei Prudentius ist der Bezug zu Ioh.4 insgesamt enger, weil das endgültige
Löschen des Durstes ebenso stark betont ist.

νᾶμα χαμαιγενέος ποταμοῖο). Das Adjektiv γλυκύς kann so nicht mehr
dem Wasser Christi zugeordnet werden, dem es im Gegensatz zu allem irdischen Wasser in Wahrheit zukommt. Nonn.Ioh.4.6 dagegen wird das irdische Wasser des Jakobsbrunnens sinnvoll φρείατος ἰλυόεντος...νέρτερον
ὕδωρ genannt.- Juvencus gebraucht nie das von Axelson (35/7) als eher vul-
gär eingestufte *suavis*, welches zwar in der antiken Hexameterdichtung vorkommt, im Epos aber nur bei Ennius (ann.2.113, 8.280 Skutsch).- Bei Ne-
mes.cyn.5 meint *pocula fontis* den göttlichen Quell der Inspiration. Daher
war auch dort ein gewisser Ansatz zur christlichen Nutzung gegeben (Bezug
zum Göttlichen), wenn auch ein nicht so vorzüglicher wie bei Martial.- **provenient.** In Verbindung mit dem Dativ bedeutet *provenire* soviel wie "zuteil
werden" ("contingere" de Wit): 1.596 *vitalis...sancti substantia panis/ proveniat nobis*, 637 *proveniat...his satias potusque cibique*. Vielleicht
schwingt an vorliegender Stelle in Verbindung mit *pocula fontis* bildliches
Verständnis im Sinn eines Hervorkommens, Hervorquellens mit, was vielleicht auch bei Optat.5.9 (CSEL 26.139.19f.) *illi homini* (dem Naaman) *in
eo flumine* (im Jordan) *primitivam gratiam provenisse* (IV reg.5) der Fall
ist.- **cui.** Das Relativpronomen ist weit nach hinten gerückt (Inversion), damit die Hauptbegriffe hervortreten können; vgl. Verg.Aen.6.792f. (Norden
324), georg.3.388, Lucan.10.162, Manil.1.390, Iuvenc.2.489, 1.140, 142.-
nostri. Vgl. zu 267.

270. largior...fluet. Vgl. Plin.nat.5.56, Tac.ann.15.43.4, Plin.paneg.1.
31.6; episch Sil.8.646 *lacrimae...large fluxere* (cf. Hom.Il.6.496 θαλερὸν
κατὰ δάκρυ χέουσα, 22.447).- **vitalis gratia fluctus.** Ganz ähnliche Wortwahl begegnet bei Cyprian in bezug auf das Gnadengeschenk der Taufe:
laps.24 (CCL 3.234.468) *lavacri vitalis gratiam*, unit.eccl.11 (p.257.273f.)
vitalis et salutaris aquae gratiam, epist.73.3.1 (CCL 3C 532.53) *lavacri vitalis et salutaris baptismi gratiam;* vgl. 267 *nostri dona liquoris*. Die verwandte Ausdrucksweise legt für Juvencus baptismales Verständnis von Ioh.4
nahe.[342] Ein spezifischer Taufterminus fehlt hier zwar, doch für den Bezug auf das Taufgeschehen, besonders die Sündenvergebung in der Taufe,
spricht die Verwendung des Christusepithetons *peccantum largus miserator*
in Vers 293. Bezug von Ioh.4 auf die Taufe ist schon vor Juvencus erkannt

---

[342] Doch darf hier nichts verwechselt werden. Das Taufwasser ist nicht mit dem lebendigen
Wasser, das Christus schenkt, gleichzusetzen. Das Taufwasser ist vielmehr natürliches
Wasser, allerdings als notwendiger symbolhafter Bestandteil des Sakramentes der Taufe.
Die Gabe des lebendigen Wassers als eines geistigen Wassers ist nur mit dem Taufsakrament als Ganzem vergleichbar. Dennoch kann man sagen, daß der Begriff des Wassers
auf einer rein bildlichen Ebene Zusammenhang und Einheit der geistigen Vorgänge erhellt.

worden (Mees, Gespräch 375/80; Dassmann 290/8). Für Iustin.dial.14 (PG 6.504C) ist das Wasser des Lebens (τὸ ὕδωρ τῆς ζωῆς) Bezeichnung der Taufe. Allerdings könnte Justin sich auch auf eine andere Bibelstelle beziehen (etwa auf Ioh.7.38). Die Schwurformel der Sekte des gnostischen Irrlehrers Justinos geht zweifellos auf Ioh.4.10 und 14 zurück (Hippolyt.refut. haer.5.27.2 [GCS 26.133.6f.]). Iren.adv.haer.3.17.2 (SC 211.331ff.) erkennt in dem lebendigen Wasser ein Bild für den Gnadenregen (psalm.67. 10), der die Menschen in Christus eint. Die Leiber empfangen durch das Bad die Einheit, die zur Unvergänglichkeit führt, die Seelen durch den Geist. Beispiel ist die ehebrecherische Samaritanerin, deren sich der Herr erbarmte und der er seinen Trank zukommen ließ. Für Tert.bapt.9.4 (CCL 1.284.23) ist das Wasser immer zunächst Symbol für die Taufe, auch ausdrücklich in Ioh.4. Auch adv.Iud.13.15 (CCL 2.1387) spricht er von Christus als Quell des lebendigen Wassers (Zitat Ier.2.13) in einem Rahmen, der mit der Taufe zu tun hat (cf. 13.12). Cypr.epist.63.8.3f. (CCL 3C 399f.) sagt ähnlich allgemein wie Tert.bapt.9.4, daß überall, wo die Schrift vom Dürsten und Trinken spreche, die Taufe gemeint sei und zitiert beispielhaft Ioh.4.13f. Taufauslegung von Ioh.4 findet sich später etwa bei Gaudent. tract.19.11 (CSEL 68.166.77ff.), Filastr.20.3 (CCL 38.224), Max.Taur. serm.22 (CCL 23.83/5), 22a (p.87/9), (dub.)170.4 (p.698), Ps.Aug.serm. 93 (PL 39.1925). Die baptismale Deutung von Ioh.4 ist also weit verbreitet bei den Exegeten des Westens, wobei sich jedoch die Frage stellt, ob Justin und Irenaeus sie vielleicht aus östlichen Quellen kannten. Orig.comm.in Ioh.13.6.36 (SC 222.50)[343] nennt das lebendige Wasser das vom Hl.Geist Gelehrte (Komm. zu 256/64), einen Bezug zur Taufe dagegen stellt er nicht her. Auch Apoll.Laodic.frg.17 in Ioh. (TU 89.10.3ff.), Chrysost.hom.32.1 in Ioh. (PG 59.183), Theod.Mops.comm.in Ioh. (CSCO 116.63.18/20), Cyrill.Alex.comm.in Ioh.4.13f. (PG 78.300C), Aug.tract.15.17 in Ioh. (CCL 156.1f.; vgl. div.quaest.64.4, CCL 44A 140.82) bringen das lebendige Wasser mit dem Hl.Geist in Verbindung, ohne einen Taufbezug zu nennen. Dagegen stellt Ephraem hymn.de virginit.17.10 (CSCO 224.57f.), hymn.de epiphan.7.20f. (CSCO 187.154), expl.evang.12.17 (SC 121.224) den Taufbezug heraus, ebenso Roman.Melod.19.7.8f. (SC 110.336), 19.12.10 (p. 340), 19.14.2 (p.342), 19.16.8f. (p.346).- In der Sakramentskapelle A3 der Calixtus-Katakomben in Rom stehen das Quellwunder des Mose (num.20. 11), der Fischer (vgl. Luc.5.1/11), die Taufe Jesu (Matth.3.13/7, Marc.1. 9/11, Luc.3.21f., Ioh.1.29/34), der Gichtbrüchige (Matth.9.1/8, Marc.2.1/ 12, Luc.5.17/26) und die Samaritanerin am Jakobsbrunnen, allesamt Bilder,

---

[343] Dassmann (297) spricht hier zumindest noch von einem schwachen Anklang der Taufauslegung, nennt aber keinen Beleg.

die der Taufthematik zuzuordnen sind,[344] in einem kompositorischen Zusammenhang (Dassmann 356/9, 363f., 367; dort weitere Literaturangaben,
auch zu abweichenden Auffassungen). J.Wilpert (Die Malereien der Katakomben Roms, Freiburg 1903, 152) datiert diese Malereien in die 2. Hälfte
des 2. Jhdts., F.Gehrke (Die christlichen Sarkophage der vorkonstantini-
schen Zeit [= Studien zur spätantiken Kunstgeschichte, Bd.11], Berlin
1940, 143) in die Jahre 220 bis 230. Die Szene am Jakobsbrunnen aus der
Sakramentskapelle A3 der Calixtus-Katakombe ist abgebildet bei Wilpert
(op.cit., Tafel 29.2). Eine neuere Abhandlung ist A.Baruffa, Die Katakomben San Callisto, 2.dt.Aufl. Vatikanstadt 1996 (3.ital.Aufl. 1992). Die
Taufthematik in A3 behandelt Baruffa knapp auf S.81.- **vitalis...fluctus**
steht für Ioh.4.14 *fons aquae salientis in vitam aeternam*. Das Adjektiv *vita-*
lis ist episch (öfter bei Lucrez und Lucan), für die Hl.Schrift kann sap.15.
11 *(spiritum vitalem)* angeführt werden. Juvencus verwendet *vitalis* öfter.

271f. sed desiderium nostrae si te capit undae,/ excitus veniat tecum
mox urbe maritus. Die Bitte der Frau im Heiligen Text, Ioh.4.15 *domine,*
da mihi hanc aquam, ut non sitiam neque veniam hic haurire, zeigt, daß sie
aus den vorhergehenden Worten Christi nichts gelernt hat. Denn sie stellt
sich vor, daß ihr ein immerwährend sprudelnder Quell irdischen Wassers
zuteil werde, wodurch sie nicht mehr genötigt sein werde, täglich zum
Brunnen zu gehen und Wasser zu schöpfen *(neque veniam hic haurire)*. Allein vom körperlichen Durst und den Mühen, die mit dem Schöpfen irdischen Wassers verbunden sind, möchte sie befreit sein: Aug.tract.15.15 in
Ioh. (CCL 36.155.18/20): *adhuc illa mulier carnem sapit; delectata est non*
sitire, et putabat hoc secundum carnem promissum esse a Domino. Die spirituale Dimension erfaßt sie nicht; vgl. Cyrill.Alex.comm.in Ioh.4.15 (PG
78.300D).- An die Bitte der Frau schließt sich in Ioh.4.16 Christi Aufforderung an, den Ehemann zu holen. Warum die Frau den Ehemann holen soll,
wird nicht gesagt. Aug.divers.quaest.64.7 (CCL 44A 144f.), tract.15.18ff.
in Ioh. (CCL 36.157ff.) deutet den Ehemann allegorisch als den Intellekt,
welcher notwendig ist, um das von Christus Gesagte zu verstehen[345] und

---

[344] Den baptismalen Bezug des Quellwunders behandelt Dassmann literarisch 196/208, ikonographisch 356/69, bes. 356/62, den baptismalen Bezug des Fischfangs behandelt er
ikonographisch 353/6, den baptismalen Bezug der Heilung des Gichtbrüchigen zeigt er
literarisch auf 301/4, ikonographisch 356/69, bes. 363/7.

[345] Dagegen bleiben Apoll.Laodic.frg.17 in Ioh. (TU 89.10.12/4), Cyrill.Alex.comm.in Ioh.
4.16 (PG 78.301A) näher am literalen Schriftsinn: Demnach versteht der Mann besser
und soll der Frau helfen. Freilich liegt auch der allegorischen Sichtweise die Gering-
schätzung des weiblichen Intellekts zugrunde (zu der auch in das christliche Denken ein-
gedrungenen Auffassung von der gundsätzlichen Inferiorität des Weiblichen vgl. Thrae-

faßt somit doch wohl dessen Gegenwart als Voraussetzung für den Empfang des lebendigen Wassers (über die allegorischen Deutungen der fünf Männer in der Exegesegeschichte siehe ausführlich zu 276f.). Dieser allegorische Ansatz ist bei Juvencus nicht erkennbar, ebensowenig wie im weitergefaßten Rahmen das allegorische Verständnis der Frau als Kirche (zu letzterem siehe zu 252).- Juvencus hat die Bitte aus Ioh.4.15 weggelassen bzw. in den Konditionalsatz[346] in der Rede Christi umgewandelt und dadurch folgendes erreicht: Es deutet nichts mehr auf ein Fortbestehen des Unverständnisses der Frau in bezug auf die wahre Natur des lebendigen Wassers hin wie noch in der Begründung Ioh.4.15 *ut non sitiam neque veniam hic haurire*. Es besteht bei Juvencus also zumindest die Möglichkeit, daß die Frau verstanden hat und wirklich nach dem Wasser Christi dürstet, das ewiges Leben verleiht.[347] Doch nachfolgend ist das lebendige Wasser nicht mehr Gesprächsthema, so daß über einen möglichen Erkenntnisgewinn der Frau in dieser Hinsicht nicht mehr direkt etwas zu erfahren ist. Wohl sieht sich die Frau, nachdem Christus sein Wissen über ihr Leben geoffenbart hat, veranlaßt, ihn einen Propheten zu nennen (Ioh.4.19 = 2.278), wenn sie ihn auch nicht als den Messias erkennt. Wenn aber die Frau wenig später die in bezug auf das lebendige Wasser verwendete Begrifflichkeit (258 *vivam...undam*, 268 *aeterna in saecla*) wiederaufgreift (292 *vitalia saecula;* ohne Vorbild in Ioh.4.25), wenn Christus sich ihr zu erkennen gibt (293f. = Ioh.4. 26), wenn er ihr offenbar sogar die Sünden vergibt (darauf deutet die Verwendung des Epithetons 293 *peccantum largus miserator;* ohne Vorbild in Ioh.4.26), was dann wohl die Gabe des lebendigen Wassers einschließt (über die Tradition des baptismalen Verständnisses des lebendigen Wassers siehe zu 270), wird man dies ungern damit erklären wollen, daß sie in Christus nur einen Propheten erkannt hat, sondern damit, daß sie der Erkenntnis des lebendigen Wassers und dem wahren Glauben näher gekommen ist.- Es wurde oben gesagt, daß die Begründung Ioh.4.15 *ut non sitiam neque veniam hic haurire* fleischlich ist und daß Juvencus durch die Auslassung der Bitte erreicht, daß nicht mehr auszuschließen ist, daß die Frau einem spiri-

---

de, Art. Frau, RAC 8.227/66 passim, bes. 242f.).

[346] Der Valentinianer Herakleon (bei Orig.comm.in Ioh.13.11.67 [SC 222.66]) gibt die Rede Christi wieder mit εἰ θέλεις λαβεῖν τοῦτο τὸ ὕδωρ, ὕπαγε, φώνησον τὸν ἄνδρα σου, was wegen des εἰ-Satzes an den Juvencustext erinnert (s.u.). Herakleon faßt unter dem Ehemann das Pleroma, mit welchem die Frau zu Christus kommen muß, um mit seiner Hilfe die Vereinigung mit dem Pleroma erlangen zu können (vgl. dazu Poffet 30/2).

[347] Der Satz wird somit gleichsam zu einem weiteren (denn vgl. zu 274 *mentis perspector*) Hinweis auf die Allwissenheit des Herrn, welcher ohne äußerlich erkennbare Anzeichen wahrnimmt, daß die Frau nun dem wahren Verständnis des lebendigen Wassers näher kommt.

tualen Verständnis des lebendigen Wassers näher gekommen ist und wirklich nach diesem Wasser dürstet. Diese Erklärung setzt allerdings voraus, daß Juvencus mit der Begründung in Ioh.4.15 Probleme hatte. Aus der Zeit vor Juvencus gibt es jedoch keinen Beleg dafür, daß man die Begründung tatsächlich fleischlich verstanden hätte (bei freilich insgesamt bescheidener Quellenlage). Im Gegenteil. Origenes zufolge konnte die Frau in Ioh.4.13f. noch nicht zwischen dem irdischen Wasser und dem lebendigen Wasser Christi unterscheiden, ist aber nach der zweiten Antwort Christi dazu in der Lage und verlangt dementsprechend nach dem lebendigen Wasser: comm.in Ioh.13.1.4 (SC 222.36.20/4) καὶ ἐπὶ μὲν τῷ προτέρῳ οὐκ εἶπεν, ἀλλὰ ἐπαπορεῖ περὶ τῆς συγκρίσεως τῶν ὑδάτων ἡ Σαμαρεῖτις (vgl. 13.1.6f. [SC 222.38])· μετὰ δὲ τὴν δευτέραν ἀπόκρισιν τοῦ Κυρίου παραδεξαμένη τὰ εἰρημένα φησί· δός μοι τοῦτο τὸ ὕδωρ. Origenes unterstellt, daß die Begründung *ut non sitiam neque veniam hic haurire* nicht fleischlich gemeint ist und deutet sie entsprechend um: comm.in Ioh.13.7.41 (SC 222.52/4) καὶ εἴπερ ἀληθὲς τὸ "σὺ ἂν ἤτησας αὐτὸν καὶ ἔδωκεν ἄν σοι ὕδωρ ζῶν", δῆλον ὅτι εἰποῦσα "δός μοι τοῦτο τὸ ὕδωρ" ἔλαβεν τὸ ζῶν ὕδωρ, ἵνα μηκέτι ἀπορῇ διψῶσα μηδὲ διέρχηται ἐπὶ τὴν πηγὴν τοῦ Ἰακὼβ διὰ τὸ ἀντλεῖν, ἀλλὰ χωρὶς τοῦ ὕδατος τοῦ Ἰακὼβ θεωρῆσαι τὴν ἀλήθειαν ἀγγελικῶς καὶ ὑπὲρ ἄνθρωπον δυνηθῇ (vgl. 20.41.386 [SC 290.345]). Poffet 128 sagt zu Recht "Le fait que sa demande soit encore entachée d'incompréhension dans le texte johannique ne joue aucun rôle chez Origène." Auch Irenaeus stört sich offenbar nicht an der fleischlichen Ebene der Begründung *ut non sitiam neque veniam hic haurire* und übernimmt sie wie selbstverständlich, jedoch so, als ob sie aus dem Mund Christi gesprochen wäre: adv.haer.3.17.2 (SC 294.332/4) *ostendente ei et pollicente* (sc. *Domino) aquam vivam, ut ulterius non sitiret neque occuparetur ad humectationem aquae laboriosae.* Ephraem hymn.de virginit.17.10 (CSCO 224.57/8) *Siehe (ich) taufe mit dem lebendigen Wasser- um das dein Mund dort gebeten hat, 22.3 Selig bist du! Denn er gab dir lebendiges Wasser zu trinken,- und du hattest nicht wieder Durst, nach deinen eignen Worten* scheint wie Origenes Verstehen der Frau in Ioh.4.15 (eigentlich bezieht Ephraem die Bitte aber auf Sichem) vorauszusetzen, übernimmt aber die fleischliche Begründung nicht direkt (*nach deinen eignen Worten* ist vage). Auch Roman.Melod.19.10.4/11 (SC 110. 338) setzt das Verstehen der Frau voraus, führt aber die fleischliche Begründung übertragen fort: "τὸ ὕδωρ τοῦτο", φησί, "δός μοι, κύριε,/ ἵνα μηκέτι τούτῳ τῷ φρέατι προστρέχω,/ ὃ Ἰακὼβ παρέσχε μοι./ ἀργείτω τὰ γηράσαντα καὶ ἀνθείτω τὰ νέα·/ παρέλθῃ τὰ πρὸς ὥραν· καὶ γὰρ ἦλθεν ἡ ὥρα τοῦ ὕδατος οὗ ἔχεις·/ τοῦτο βρυέτω καὶ ἀρδευέτω/ ἐμοὶ καὶ τοῖς ἐν πίστει ἐκζητοῦσιν/ ἀγαλλίασιν καὶ < ἀπο > λύτρωσιν". Einen eingeschränkten Erkenntnisfortschritt der Frau bemerkt Chrysost.hom.32.2 in Ioh. (PG 59. 183/5) in der Erklärung zu Ioh.4.15. Aus ihr geht hervor, daß die Frau zwar noch nicht klar sehe, das Wasser Jesu aber immerhin für höher halte als natürliches Wasser. Durch ihre Bitte stelle sie Jesus über Jakob. Bei Sedul.carm.pasch.4.228ff. dagegen verlangt die Frau nach dem lebendigen Wasser in eindeutig spiritualem Sinn. Durch die Vertauschung von Ioh.4.15 und 4.17f. bewirkt Sedulius, daß die Frau ihre Bitte um das lebendige Wasser in Konsequenz der Erkenntnis ihrer Sündhaftigkeit ausspricht. Dann aber muß sie dem lebendigen Wasser zwangsläufig eine andere Wirkung als das Löschen fleischlichen Durstes zusprechen: *agnoscens propriam numeroso coniuge vitam* (Ioh.4.17f.)/ *orat inexhausti tribui sibi dona fluenti* (Ioh.4. 15)/ *aeternam positura sitim, qua nemo carere/ dignus erit, Domini nisi mersus gurgite Christi/ percipiat placidas animae, non corporis undas.* Auf das Schuldbewußtsein deutet *agnoscens*, wie van der Laan in seinem Kommentar unter Verweis auf OLD 87 s.v. *agnosco* 5b "to acknowledge the validity of (an accusation)" zu Recht bemerkt. Die Formulierung 231 *Domini ...mersus gurgite Christi* (vgl. van der Laan z.St.) deutet auf das Sakrament der Taufe. Zu der Seduliusstelle vgl. noch Roberts 145.- Eine rein formale Erklärung für die Umwandlung von Ioh.4.15f. in das Bedingungsgefüge bietet Flury, Das sechste Gedicht des Paulinus von Nola, 132. Juvencus verwende die Technik, "kurze Antworten oder Fragen des Gesprächspartners in eine grössere Rede einzubauen und so den Dialog zu vereinfachen". Ziel dieses Mittels sei, "das bisweilen lebhafte Hin und Her biblischer Dialoge dem epischen Stil anzupassen". Als Beispiel erwähnt Flury neben vorliegender Stelle noch 3.733 (Matth.21.41), 4.11 (Matth.22.21). Da in diesen Fällen jeweils Christi Rede bestehenbleibt und erweitert wird, dürfte das Bestreben mitschwingen, die Nebenpersonen hinter Christus zurücktreten zu lassen (vgl. Herzog, Bibelepik 129). Für die inhaltliche Konsequenz aus dem Bedingungsgefüge ergibt sich daraus freilich nichts.

271. sed desiderium nostrae si te capit undae. Die weite Sperrung *desiderium...undae*, der spondeische Rhythmus und die Agens-Vertauschung (siehe zu *desiderium...te capit*) unterstreichen das unerfüllte Verlangen; vgl. Ov.rem.463 *fortius e multis mater desiderat unum.*- **sed...si** läßt sich in so weiter Sperrung im Epos nicht belegen (vgl. sonst Plaut.Curc.404, Hor. epist.1.17.50, Stat.silv.5.2.160, Mart.1.66.10).- **desiderium...undae.** Vgl. Cels.2.8.5 *potionis desiderium*, Liv.21.4.6 *cibi potionisque desiderio naturali*, Curt.7.5.2 *desiderio bibendi.*- **desiderium...te capit.** Vgl. Ter.Hec.88 *edepol te desiderium Athenarum arbitror,/ Philotium, cepisse saepe,* (pass.:) Firm.err.12.2, Aug.civ.3.21 (Dombart/Kalb 1.132.18), Pallad.hist.mon.1.9 (PL 74.280C). Aus der hohen Dichtung vgl. etwa Enn.ann.1.105 Skutsch *pectora...tenet desiderium*, Ov.met.4.169 *hunc quoque...cepit amor Solem*, aus dem Bibellatein psalm.72.6 *obtinuit eos superbia eorum* (Sept. ἐκράτησεν αὐτοὺς ἡ ὑπερηφανία, hebr. 73.6 ה גאו עב קחמו לכן), 118.53 *defectio animi tenuit me* (Sept. ἀθυμία κατέσχεν με, hebr.119.53 י אחזתנ זלעפה), Vulg.Iob 4.14 *pavor tenuit me et tremor et omnia ossa mea perterrita sunt* (VL *horror mihi accidit et tremor et valide ossa mea commovit*, Sept. φρίκη δέ μοι συνήντησεν καὶ τρόμος καὶ μεγάλως μου τὰ ὀστᾶ συνέσεισεν, hebr. פחר קראני ורערה ורב עצמותי הפחיר), 18.20 *proceres tenuit miraculum* (Sept. πρώτους δὲ ἔσχεν θαῦμα, hebr. ו קרמנים אחזו שער), Bar.6.4 (Tert. scorp.8 [CCL 2.1083.15/7]) *ne...timore capiamini* (Vulg. *ne...metus vos capiat*). Vgl. allgemein Bannier (Thes.III 341.4/32) mit der Definition "affectus, cupiditates corripiunt homines (animum)". Die Macht der Affekte und Begierden wird durch solche Ausdrucksweise betont, wobei im vorliegenden Fall natürlich ein hehres Verlangen gemeint ist. Man hat es hier mit einer Art Subjekt-Vertauschung zu tun, vgl. HSz 160, Maurach 196; bei Juvencus 1.7 *ambos adnexos legis praecepta tenebant*, 1.159 *custodia pecudum pastores tenuit*, 3.411f. *unam (balantem) cum forte seorsum/ nescius error habet*.

272. **excitus veniat.** Vgl. Sil.7.634f. *venerat.../ excitus (prece)*. In Ioh.4.16 *vade, voca virum tuum et veni huc* liegt enumerative Redeweise vor. Die Version ist dem griechischen Wortlaut angepaßt (ὕπαγε φώνησον τὸν ἄνδρα σου καὶ ἐλθὲ ἐνθάδε). Unabhängig davon ist enumerative Redeweise natürlich auch der lateinischen Sprache nicht fremd. Ursprünglich umgangssprachlich (HSz 783f.) kommt sie auch in der hohen Dichtung vor, z.B. Verg.Aen.3.462, 4.223 *vade age, nate, voca Zephyros et labere pennis,/* ...[348] Demnach hätte sie von Juvencus auch übernommen werden können. Stattdessen läßt Juvencus das überflüssige *vade* ganz aus, und an die Stelle von *voca* tritt das participium coniunctum *excitus*, welches dem auf den Mann bezogenen *veniat* (anstelle von auf die Frau bezogenem *veni*) untergeordnet ist. Juvencus behält die enumerative Redeweise hin und wieder aber auch bei: Matth.8.4 *vade ostende te sacerdoti, et offer munus, quod praecepit Moyses* - 1.739 *celaris gaudia, .../ et legi parens offers tua munera templo*, Matth.9.6 *surge, tolle lectum et vade in domum tuam* - 2.90 *surge vigens, stratumque tuum sub tecta referto*,[349] Matth.17.27 *vade ad mare et*

---

[348] Freilich dürfte bei Vergil weniger direkter Einfluß der lateinischen Umgangssprache vorliegen als Einfluß homerischen Sprachgebrauchs (Il.12.343 ἔρχεο, δῖε Θοῶτα, θέων Αἴαντα κάλεσσον, 15.54, Od.17.529, 544), der aber seinerseits von der Umgangssprache beeinflußt sein mag.

[349] exod.32.1 *surge et fac nobis deos, qui nos praecedant* wird von Aug.loc.hept.2.129 (CCL 33.419.555/7) jedoch als unlateinisch empfunden: *sedenti loquebatur? an potius locutio est notanda, propter quod dicitur saepe: "exurge, Domine"* (psalm.3.7, 7.7 u.ö.), *aut: "surge, Deus, iudica terram"* (psalm.81.8); vgl. hierzu Süss 109f.

mitte hamum eqs. - 3.390/2 *en maris undisoni rupes.../ scandatur tibi summa, Simon, hamusque.../ ...praecipitetur*, Matth.18.15 *vade, corripe eum inter te et ipsum solum* - 3.420 *secretum mox dictis corripe solus*, Matth.19. 21 *vade, vende, quae habes, et da pauperibus* - 3.515f. *omnia, quae proprio retines solus dominatu,/ distrahe et ad miseros confer securus egentes*, Matth.20.14 *tolle, quod tuum est, et vade* - 3.578f. *inlibata tibi mercedis portio salvae/ redditur et pacti servantur iura fidelis*, Matth.21.28 *vade hodie operare in vinea mea* - 3.694 *perge et robore forti/ nunc scrobibus nunc falce premens vineta retunde.*- Nonnos lehnt sich enger an die in der Bibel vorgegebene Struktur an als Juvencus: ἔρχεο καὶ κίκλησκε τεὸν πόσιν· ἐκ πόλιος δὲ/ σπεῦδε ποσὶν ταχινοῖσι τὸ δεύτερον ἐνθάδε βαίνειν.- Für **mox** = *statim* vgl. 1.552, Sedul.carm.pasch.3.317 (Mazzega 254), 4.36 (van der Laan 29).- **maritus** steht am Versende, wie es im Hexameter fast immer der Fall ist. In Ioh.4.16 ist *vir* verwendet. In der Vulgata ist *maritus* oft belegt, allerdings nur im AT. In der Vetus Latina ist *maritus*, soweit ich sehe, nur bei den in die Vulgata aufgenommenen Schriften belegt: I Macc.1.28, IV Esdr.9.43.

2.273/278 - Die Männer der Samaritanerin

273. coniugio sese...negat esse revinctam ist poetisch statt des recht prosaischen Ioh.4.17 *non habeo virum*. Vgl. Ter.Andr.560 *consuetudine et/ coniugio liberali devinctum*, Tib.2.2.18 *flava...coniugio vincula portet Amor*. Vgl. auch 277 *thalamorum vincula.*- *negat esse* begegnet an derselben Versstelle in Hor.serm.6.90, Ov.ars 1.307, Pont.1.5.31, Mart.11.71.3; im antiken Epos findet es sich nur einmal und an anderer Versstelle, nämlich in Stat.Theb.8.285.- **revinctam.** *re*-Komposita sind am Hexameterende beliebt (vgl. Wacht, Konkordanz s.v. *relinquere, remittere, rependere, requirere, reservare, respondere, revellere, revincire;* Norden 380 Anm.1).

274. tunc sic prosequitur. Für *tunc sic* + Verb des Sagens (bzw. Ersatz wie hier *prosequitur*) zur Anzeige folgender direkter Rede vgl. 1.403, 4.790, Ov.met.4.320, fast.5.79, Sil.7.435, 8.104. In K₁ K₂ L Mp T rec. ist *tum* überliefert, was sich in Verbindung mit *sic* auch gut belegen ließe (vgl. bei Juvencus 1.386 und 3.521, wo *tum* besser bezeugt ist als *tunc*). Doch sollte man wegen des lautlichen Gleichklangs der älteren Überlieferung *tunc* den Vorzug geben: *tunc sic prosequitur...perspector*, vgl. Knappitsch.- **prosequitur** zeigt fortgesetzte Rede an (OLD 1500 s.v. 7b) wie in 3.435, 704,

4.48, Verg.Aen.2.107, Phaedr.3.5.4 (Perfekt).- **mentis perspector** ist ein Epitheton, welches in enger Verbindung zum Kontext steht (vgl. zu 243 *Servator Iesus*). Die folgende Rede zeigt nämlich, daß Christus die Frau durchschaut. In bezug auf dieselbe Bibelstelle heißt es Gaudent.tract.19.11 (CSEL 68.166.79) *humanarum mentium perscrutator* und Ps.Chrysost. hom.2 in Samaritanam (PG 59.539) ὁ Χριστὸς γινώσκων τὰ κρύφια τῆς καρδίας καὶ εἰδὼς τὰ πάντα πρὶν γενέσεως αὐτῶν. Die Allwissenheit Gottes wird von Juvencus auch sonst herausgestellt: 2.84 *Christus...pectora talia cernens* (Matth.9.4 *cum vidisset Iesus cogitationes eorum*), 308 *internae cernens molimina mentis*, 353 *inspiciens, quid pectora clausa tenerent*, 393 *causas morbi et credentia pectora cernens* (Matth.9.22 *videns eam*), 599 *perspiciens procerum molimina* (Matth.12.15 *sciens*), 1.579 *occulti...scrutator...cordis* (Matth.6.4 *Pater tuus, qui videt in abscondito;* sap.1.6 *cordis eius scrutator est verus* [Sept. τῆς καρδίας αὐτοῦ ἐπίσκοπος ἀληθής]), 1. 586/8 *scit Pater ipse, tui quae sit trepidatio cordis./ nil absente Deo loquimur, nil abdita clausum/ pectoris antra tegunt, praesens Deus omnia cernit* (die Allwissenheit ist in drei Hauptsätzen ausgesprochen und gegenüber Matth.6.8 *scit...Pater vester, quibus opus sit vobis, antequam petatis eum* noch hervorgehoben), 1.609f. *solus Genitor devoti pectoris altum/ servitium cernens* (Matth.6.18 *Patri tuo, qui videt in abscondito*), 3.223 *cernens fallacia pectora*, 4.7 *inspiciens saevi penetralia cordis* (Matth.22.18 *cognita... nequitia eorum*); vgl. sonst O.Semmelroth, Art. Allwissenheit Gottes, LThK² 1.356ff.- **perspector** ist eine Neubildung des Juvencus. Das christliche Latein hat eine Neigung zu Neubildungen auf *-tor* (Rönsch 555ff. mit zahlreichen Beispielen, Mohrmann I 34; vgl. bei Juvencus 2.568 *legum conpletor*). *perspector* findet sich wieder in Conc.ˢ I.2 p.46.11 *sanctos apostolos et evangelistas, qui et perspectores et ministri verbi facti sunt* (cf. Luc. 1.2 e *contemplatores et ministri*), Corp.Gloss.Lat.423.44 (vgl. ALL 8.1893. 382) πανεπισκορος (= πανεπίσκοπος ?) *omnium perspectrix* (cod.Vatic. 6925 saec.X). Juvencus konnte ganz ähnliche Bildungen in der Hl.Schrift selbst vorfinden, etwa I Sam.16.7 (Tert.cult.fem.2.13 [SC 173.162.3]) *Deus conspector est cordis*, act.15.8 (Iren.3.12.14 [SC 211.240.20f.]) *cordis inspector Deus* (gr. καρδιογνώστης wie auch in act.1.24; vgl. Behm, ThWNT III 616). *conspector* ist ebenso wie *perspector* sehr selten, häufig dagegen findet sich *inspector* (Furnée-Ehlers, Thes.VII.1 c.1947.13/36; Ch.Mohrmann, Die altchristliche Sondersprache in den Sermones des hl.Augustin, Amsterdam 1965², 234f.). Ähnlich der Verbindung *mentis perspector* ist Euagr.vita Anton.39 *secretae mentis...inspector*. Bereits in der paganen Literatur findet sich *mentem perspicere / inspicere* in bezug auf die Götter, die die menschliche Gesinnung durchschauen, etwa in Cic.Manil.70 *testor...deos et eos maxime, qui huic loco temploque praesident, qui omnium mentis*

eorum, qui ad rem publicam adeunt, perspiciunt, Mart.9.28.8 *interius mentes inspicit ille deus*. Bei Juvencus sind *perspicere* und *inspicere* von Christus gebraucht in 353, 599, 4.7. Poinsotte (178 Anm.667) nennt noch verwandten Gebrauch von *cernere* in 3.223 und *aperire pectora* in 2.610.

275. femina. In der Vorlage steht *mulier*, aber nicht als Vokativ wie hier.
Über den Gebrauch von *femina* und *mulier* siehe zu 252.- **veridicis loqueris
de coniuge verbis** steht in poetischer Ausdrucksweise der Antwort voran.
In Ioh.4.18 ist nüchternes *hoc verum dixisti* ans Ende gestellt. Zusätzlich ist
allerdings der ganzen Antwort Ioh.4.17f. *bene dixisti* vorangestellt, was bei
Juvencus entfällt. Unverändert hätte es ohnehin kaum übernommen werden
können, da es im antiken Epos als zustimmende Antwort (vgl. Sinko, Thes.
II 2108.61/83 s.v. *bonus (bene)*, "in approbatione dictorum alicuius") nicht
vorkommt, dem hohen Stil also offenbar nicht eignet (völlig anders zu werten ist etwa Lucr.5.52f. *bene.../...dare dicta*). Auch die zustimmende Formel *verum/vere dicis/dixisti* (Ioh.4.18) findet sich nicht im antiken Epos,
wohl aber einmal beteuerndes *vera loquor* (Ov.met.10.20, vgl. Iuvenc.1.
486, 3.314).- **veridicis...verbis.** Vgl. 610, Lucr.6.24 *veridicis...dictis;*
Lindner 203 s.v. Knappitsch macht auf das Homoioteleuton *veridicis loqueris* (kurzes -*is*, wenn auch positionslang)...*verbis* aufmerksam. Übersichten
zu den Homoioteleuta bei Juvencus bietet D.R.Shackleton Bailey, Homoeo-
teleuton in Latin dactylic verse (= Beiträge zur Altertumskunde, Bd.31),
Stuttgart 1994, 141/5.- **veridicus** ist gewählt (cf. Lucr.6.6, 24, Catull.64.
306, 326, Sen.Ag.255, Mart.5.1.3, 10.37.2). Juvencus verwendet gerne zu-
sammengesetzte Adjektive und scheut dabei auch vor Neologismen nicht zurück. Eine Übersicht gibt Donnini, Espressività 63 Anm.22.

**276f. nam tu conubiis nexa es iam quinque virorum,/ nunc aliena super
thalamorum vincula tollis.** In Ioh.4.18 stimmt Christus der Frau zu mit
den Worten *bene dixisti, quia virum non habes*. Dann folgt die Begründung:
quinque enim...viros habuisti, et nunc quem habes (sc. *virum*), *non est tuus
vir*. Abschließend sagt er nochmals bestätigend: *hoc verum dixisti*. Die Ironie der Bestätigung wird dadurch hervorgehoben, daß der Ausdruck *virum
habere*, den die Frau verwendet (Ioh.4.17 *non habeo virum*), von Christus
übernommen wird (Ioh.4.18 *quia virum non habes*) und daß die Bestätigung
zweifach erfolgt und die Antwort rahmt (Ioh.4.17f. *bene dixisti.../ ... hoc
verum dixisti*). Die Ambivalenz von *vir* in der Antwort Christi ermöglicht
das Paradoxon *nunc quem* (sc. *virum* = "Bettgenosse"; vgl. Omeis [unter
Berufung auf "plerique interpretes"] "scortator", Arevalo "concubinarius")
habes, non est tuus vir (= "Ehemann"), das auf die innere Widersprüchlich-
keit der Antwort der Frau hindeutet. Von dieser Ausgefeiltheit der Antwort

Christi findet sich bei Juvencus vieles nicht wieder. Die bissige Ironie wird gemildert, weil die Wörter, die die Frau verwendet, nicht mehr völlig gleichlautend aufgegriffen werden und die Wiederholung der Bestätigungen entfällt. Somit fehlt auch das Paradoxon. Die beschriebenen rhetorischen Mittel im Heiligen Text bringen es mit sich und kommen nur dadurch zur Wirkung, daß Christus die Unsittlichkeit der Beziehungen der Samaritanerin nicht beim Namen nennt. Bei Juvencus nun beginnt Christi Antwort mit 276 *nam tu conubiis nexa es iam quinque virorum*. Daß der Herr die Fünfzahl der Ehen in Verbindung mit der Wortwahl *nexa es* erwähnt (vgl. 273 *coniugio...revinctam*, 277 *vincula tollis*), zeigt auf: Die Ehe bindet und darf niemals gebrochen werden, doch die Frau hat gegen dieses Gebot in der Vergangenheit sogar fünfmal verstoßen. Christus fährt fort mit 277 *nunc aliena super thalamorum vincula tollis*. Dabei zeigt sich folgender Unterschied zum Evangelium: Bei Johannes ist nur von einem anderen Mann die Rede. Es bleibt offen, ob er bereits mit einer anderen Frau verheiratet ist oder nicht. Bei Juvencus dagegen erscheint nur die erste dieser beiden Möglichkeiten (vgl. Reusch "sensus est: toros alienos clam, velut concubina, invadis, et causa es, ut maritus, qui nunc se pro tuo gerit, uxorem legitime ductam dimiserit, ac divortium cum ea facit", Arevalo). Das Vergehen ist jetzt also ein doppeltes, indem die Frau nicht nur ihre eigene, nunmehr fünfte Ehe bricht (freilich ist auch diese bereits unrechtmäßig wie die zweite, dritte und vierte), sondern zudem eine fremde Ehe zerstört. Man kann das gewissermaßen als eine Klimax verstehen (verdeutlicht durch 276 *iam*, 277 *nunc... super*), welche die gewachsene Sündhaftigkeit der Frau darstellt. Umso größer muß dem Leser die Gnade des Herrn erscheinen, daß er dennoch mit ihr über ein so bedeutendes Thema wie das lebendige Wasser spricht und sie vielleicht sogar an dieser Gabe teilhaben läßt (zu letzterem siehe zu 271f.). Tertullian und Irenaeus haben das ehebrecherische Leben der Frau wie folgt zum Ausdruck gebracht: Iren.adv.haer.3.17.2 (SC 211.332.43f.) *Samaritanae illae praevaricatrici, quae in uno viro non mansit, sed fornicata est in multis nuptiis*, Tert.pudic.11 (SC 394.200/2) *Samaritanae sexto iam matrimonio non moechae, sed prostitutae* (vgl. monogam.8.9 [SC 343.168.52/4] *Samaritanae maritum negat, ut adulterum ostendat numerosum maritum*);[350] vgl. Basil.epist.188.4 (R.J.Deferrari vol.III 24/6). Der jüngste Ehebruch ist bei diesen Autoren im Gegensatz zu Juvencus nicht als Steigerung dargestellt. Letzteres ist offenbar eine Neuerung des Dichters. Das

---

[350] C.Micaelli (SC 395.382) zu Tert.pud.11.1 nennt für die Ansicht, daß häufige Wiederheirat Hurerei bedeute, einen heidnischen Beleg: Mart.6.7.4/6 *et nubit decimo iam Telesilla viro./ quae nubit totiens, non nubit: adultera lege est./ offendor moecha simpliciore minus*.

Gebot der Unauflöslichkeit der Ehe und die Ächtung des Ehebruchs sind in
der christlichen Lehre tief verankert (exod.20.14, deut.5.18, Matth.5.27f.
[Iuvenc.1.519/22], 5.32 [Iuvenc.1.533/5], 19.6/9 [Iuvenc.3.471/8], I Cor.
7.10f., Herm.mand.29.4/6 [Körtner/Leutzsch 196/8], Tert.pud.4/6 (SC
394.160/74), Lact.inst.6.33 [CSEL 19.569f.; cf. epit.61.8, Heck/Wlosok
p.99], Conc.Elib.can.7 [PG 84.303], 64 (c.308), 69 (c.309); G.Delling,
Art. Ehebruch, RAC 4.675/7). Ächtung des Ehebruchs war bereits in der
heidnischen Antike üblich, sowohl in Kultsatzungen (F.J.Dölger, Ne quis
adulter! Christliche und heidnische Ächtung des Ehebruchs in der Kultsat-
zung. Zum Verständnis der scharfen Kritik Tertullians an dem Bußedikt des
christlichen "Pontifex Maximus", Antike und Christentum 3.1932.132/48,
dort 132/40) als auch in der staatlichen Gesetzgebung (Dölger, a.a.O.
142ff., Delling a.a.O. 672ff.). Unter Septimius Severus verschärfte sich die
Gesetzgebung und spätestens seit Alexander Severus stand auf Ehebruch of-
fiziell die Todesstrafe (Cod.Iust.9.9.9 [Krüger p.374]). Nach der Wende hat
Constantin die Stellung der Ehe weiter gestärkt. So erneuerte er die Todesstrafe bei Ehebruch (Cod.Iust.9.29.4 [Krüger p.376]), Cod.Theod.11.36.4
[Mommsen/Meyer p.648]). Andererseits ließ er zwar Ehebruch der Frau als
Scheidungsgrund für den Mann zu, nicht aber umgekehrt (Cod.Theod.3.
16.1 [Mommsen/Meyer p.155f.]; Delling, Art. Ehescheidung, RAC 4.
717f.). Ein Verdienst Constantins war es auch, den die Ehe konterkarieren-
den Concubinat zu schwächen, indem er ihn für verheiratete Männer ganz
verbot (Cod.Iust.5.26.1 [Krüger p.216]; vgl. dazu die von Lact.inst.6.23.
23/5 [CSEL 19.568.5/12] geäußerte Kritik an den bis dahin bestehenden
Verhältnissen) und unverheirateten Männern erlaubte, die aus jener Verbindung hervorgegangenen Kinder durch nachträgliche Heirat zu legitimieren
(Cod.Iust.5.27.5 [Krüger p.217]).- Ephraem der Syrer, der die Frau in
hymn.de virginit.22 und 23 (CSCO 224.68/75) als sündlos und heilig hinstellen will, legt dar, daß die fünf früheren Ehemänner alle verstorben sind
(22.4 [p.69]). Den jetzigen Mann hat die Frau bestochen und lebt mit ihm
in einer Scheinehe, um so dem zu Unrecht auf ihr lastenden Ruf entgegen-
zuwirken, daß eine Ehe mit ihr in den Tod führe. Diese Scheinehe ist ent-
haltsam (22.4 [p.69]).[351] Beim Tod des Ehegatten ist zwar in der Tat Wiederheirat erlaubt (Rom.7.2f., I Cor.7.39f. [nach I Cor.7.40 nicht er-

---

[351] Die Ansicht, daß die Samaritanerin sündlos sei, wird auch in dem Ephraem zugeschriebenen syrischen Diatessaronkommentar vertreten (nicht aber in dessen armenischer Version, die allerdings eine der ephraemischen Beweisstellen beibehält, die dann aber natürlich ihren Sinn verliert, vgl. Beck 10, 18f., 24). Trotz dieser Übereinstimmung bezweifelt
Beck die Autorschaft Ephraems für den Diatessaronkommentar, da in ihm der Tod der
Männer als entscheidende Begründung für die Legalität der nachfolgenden Ehen nicht erwähnt wird (17, 24).

wünscht, aber nach I Tim.5.14 bei jüngeren Witwen sogar gefordert]; vgl.
B.Kötting, Art. Digamus, RAC 3.1020f.). Doch gegen Ephraems Erklärung, daß die fünf Ehemänner der Reihe nach verstorben sind, spricht bei
dieser hohen Zahl die Wahrscheinlichkeit. Zwischen Ephraem und Juvencus
sind hinsichtlich der Deutung von Ioh.4.17f. keinerlei Bezüge erkennbar.-
Origenes und andere haben die fünf Ehemänner allegorisch gedeutet. Orig.
comm.in Ioh.13.9.51 (SC 222.58/60) versteht unter ihnen die fünf Sinne (αἱ
αἰσθήσεις), die einem sinnenhaften und körperlichen, d.h. wörtlichen,
Schriftverständnis dienen. An deren Stelle ist nun das Gesetz der Häretiker
getreten, das kein rechtmäßiger Mann ist und zu einem falschen Schriftverständnis führt. Von diesem Mann muß die Frau sich lossagen und sich dem
Logos (λόγος), d.h. Christus, als ihrem rechtmäßigen Mann zuwenden
(13.9.48 [p.48/50]). Aus dem Kommentar des Origenes hat Augustinus für
seine Exegese von Ioh.4 Anregung erhalten (über den Einfluß des Origenes
auf Augustinus nennt eine Reihe von anderen Beispielen [etwa die Lehre
von den fünf geistlichen Sinnen] B.Altaner, Kleine Patristische Schriften
[= TU 83], Berlin 1967, 224/52). So stehen auch nach seiner Auffassung
(tract.15.21 in Ioh. [CCL 36.159]) die fünf Männer für die fünf körperlichen Sinne *(sensus corporis/carnis)*. Sie leiten nur zu den zeitlichen Dingen
an *(non ad aeternitatem nos regunt, sed ad ista temporalia vel appetenda vel
fugienda)*. Auf diese soll als sechster, gesetzmäßiger Mann die Vernunft
(sapientia) folgen, welche zur Ewigkeit unterweist *(ad aeternitatem regat...,
excolat..., instruat)*. Jetzt aber läßt sich die Frau (die nach Augustinus für
die Kirche steht; siehe zu 252) auf den Irrtum *(error)* ein. Er ist kein gesetzmäßiger Ehemann, sondern ein Buhler *(adulter)*. Diese origenistische
Exegese ist bei Augustinus im Prinzip bereits in quaest.div.64 (CCL 44A
137/46) anzutreffen. Der rechtmäßige sechste Mann wird dort aber nicht
nur Verstand *(ratio, spiritus rationalis)*, sondern auch Wort Gottes genannt
(verbum divinum, verbum Dei). sapientia/ratio und verbum sind zwei verschiedene Verständnismöglichkeiten für den von Origenes verwendeten Begriff λόγος. Das Wort Gottes ist in den Quaestiones neben dem Verstand
auch als Gatte der Frau bezeichnet wie der λόγος bei Origenes, nur daß Augustinus im Gegensatz zu Origenes (13.9.48 [p.48/50]) in seiner Exegese
nicht anklingen läßt, daß der Logos Christus sei. Nach einer anderen allegorischen Deutung sind unter den fünf Männern die fünf Bücher des Pentateuch zu verstehen, welche die Samaritaner von den Büchern der Heiligen
Schrift als allein gültig betrachten: Orig.in Ioh.frg.57 (GCS 10.530f.),
Ambr.in Luc.7.199 (CCL 14.283.2215f.), 9.38 (p.344.370f.), Hier.epist.
108.13 (CSEL 55.322.18ff.). Auf den sechsten Mann geht Ambrosius nicht
ein. Für Hieronymus handelt es sich bei dem sechsten Mann um den Irrlehrer Dositheus, an dessen Stelle nun aber der wahre Messias und Heiland
tritt. In dem Origenes zugeschriebenen Fragment ist der sechste Mann das

den Samaritanern fehlende Wort der Propheten, das die Frau annehmen
muß, um den geistigen Sinn der Schrift zu erfassen. Parallel dazu werden
die fünf früheren Männer hier aber auch als das sinnenhafte Verständnis der
Schrift gedeutet. Aufgrund des Sinnenhaften stimmt die Frau dem geistigen
Sinn zwar zu, doch noch ungenau. Sie bedarf also Christi, des geistigen
Sinns, als ihres Ehemannes. Das Fragment stammt wohl nicht von Origenes.
Die Erklärung der fünf Ehemänner mit dem sinnenhaften Verstehen geht auf
den Johanneskommentar des Origenes (oder eine davon beeinflußte Schrift)
zurück, die Gleichsetzung mit dem Pentateuch auf Ambrosius (bzw. eine
Schrift, die in dieser exegetischen Tradition steht). Aug.div.quaest.64.6
(CCL 64A 142) lehnt die Projektion der fünf Männer auf den Pentateuch
ab. Denn Ioh.4.18 *quinque viros habuisti* deute auf eine Trennung von den
fünf Männern. Der Pentateuch aber gelte weiter, wie aus Ioh.5.46 *si crederetis Moysi, crederetis forsitan et mihi; ille enim de me scripsit* hervorgehe.
Der Pentateuch sei also nicht zu verlassen, sondern geistig zu verstehen.
Zurückhaltender *(non quidem absurde, nec usquequaque)* fällt des Augustinus Kritik an der Pentateuchprojektion in tract.15.21 in Ioh. (CCL 36.158)
aus. Schließlich ist noch das übertragene Verständnis der fünf Ehemänner
bei Roman.Melod.19.12 (SC 110.340) zu erwähnen. Für Romanos wie bereits für Augustinus weist die Frau auf die Kirche aus den Heiden voraus.
Wie sie mit ihren vielen Männern den einen Mann (Christus) ablehnte, so
lehnte die Kirche viele Götter als Männer ab, heiratete aber dann aus dem
Wasser (d.h. durch die Taufe) den einen Mann (Christus).[352] Nach 19.13
(SC 110.342) deutet die Fünfzahl auch auf den Götzendienst mit seinen fünf
Aspekten, von dem sich die Frau lossagen will. Bei Juvencus ist eine ir-
gendwie geartete übertragene Deutung der fünf Ehemänner nicht erkennbar.

276. conubiis nexa es. *nexa es* gehört zu derselben bildlichen Ebene wie
273 *(coniugio) revinctam* und 277 *(thalamorum) vincula.* Zu *nexa es* selbst
vgl. 3.737 *nato thalamorum vincula nectens.*- **conubiis** nimmt 273 *coniugio*
auf. Juvencus läßt Christus einen Begriff verwenden, der als juristischer t.t.
für die rechtmäßige Ehe geläufig ist (Wulff, Thes.IV 814f.). Damit billigt
Christus die vielen Ehen aber nicht etwa. Vielmehr stellt er mit der Wahl
dieses Begriffs einen hohen Anspruch in den Raum, der die Neuverheiratun-

---

[352] Der Vergleich ist nicht ganz einsichtig. Er wäre klarer, wenn zu dem Verhalten der Frau
das gesagt würde, was in der 14. Strophe (p.342/4) gesagt wird: Das "Ich habe nicht"
bedeutet "Wenn ich auch früher diese Männer hatte, will ich sie doch jetzt nicht mehr
haben." Denn dann sähe der Vergleich so aus: "Wie die Frau die fünf Männer nicht
mehr haben wollte, sondern nur Christus, so wollte auch die Kirche ihre vielen Götter
(zu den Formen des Götzendienstes vgl. die 13. Strophe, p.342) nicht mehr haben, sondern heiratete Christus."

gen umso schändlicher erscheinen läßt (allerdings steht *conubium* bei Dichtern und späten Prosaikern häufig für *concubitus*, vgl. Heinze, Komm. zu Lucr.3.776/83, S.154).- Wenn man davon ausgeht, daß *-u-* in *conubiis* (vgl. 3.47, 4.28) vom Grundsatz her kurz zu messen ist (J.Wackernagel, Festschrift Kretschmer 1926, 289ff. = Kleine Schriften 1969², Bd.2.1280ff.), läßt sich die metrisch notwendige Langmessung bei *conubia* in 1.531 und 2. 127 (so schon seit Catull.62.27, 64.141, 158) mit dem Einfluß des langen *-u-* beim zugehörigen Verbum *nubere* (Wackernagel 296 bzw. 1287) oder nach dem griechischen Muster der Vierkürzendehnung (Leumann 115) erklären.- **quinque virorum.** Der silbenreiche Genitiv malt die Vielzahl der Ehen und tritt am betonten Versende hervor (derselbe Hexameterschluß in Sedul.carm.pasch.3.213).

277. super bedeutet hier nach Reusch und Arevalo "insuper, praeterea" (vgl. 3.47, OLD s.v. *super²* 3). Über die Klimax siehe zu 276f.- **thalamorum vincula.** Vgl. Verg.Aen.4.16 *vinculo...iugali*, in der christlichen Literatur Iuvenc.3.737 *thalamorum vincula,*[353] 4.21 *vincula nuptae*, Vulg. Ruth 1.12 *vinculo coniugali*. Das Band bzw. die Fessel der Ehe bzw. der Liebe ist ein altes Bild mit vielen Facetten. Das früheste Vorkommen in der Frauenschelte Semonid.frg.7.116 West ist negativ gefärbt und stellt in Form der Fußfessel die Knechtschaft des Mannes dar (A.Knecht, Gregor von Nazianz: Gegen die Putzsucht der Frauen. Verbesserter griechischer Text mit Übersetzung, motivgeschichtlichem Überblick und Kommentar, Heidelberg 1972; zu 313f.); vgl. Tib.2.4.3f. Hor.carm.1.33.14, 4.11.24 empfindet diese Fußfessel freilich als angenehm. Erst recht läßt sich das Ehe- bzw. Liebesband als erwünscht darstellen, wenn der Knechtschaftsgedanke in den Hintergrund gedrängt wird oder ganz entfällt: Ov.met.9.550, Tib.2.2.18, Prop.2.15.25. Der mehr spielerische Umgang mit der Ehebandmetaphorik des Heidentums ist im Christentum, dem die Ehe als gottgespendetes Sakrament gilt (gen.2.24, Marc.10.9), nicht mehr möglich. Die Ehebandmetapho-

---

[353] Schon angesichts dieser exakten Parallele sollte man die Übersetzung ablehnen, die Castillo Bejarano für Vers 277 bietet: "ahora además mantienes unas relaciones exentas de enlaces matrimoniales". Denn Castillo Bejarano macht *thalamorum* offenbar von *aliena* abhängig (für *alienus* mit Genitiv siehe Hey, Thes.I 1581.18ff., "i. q. exsors, expers"). Nachdem der Christus des Juvencus im Hinblick auf die Ehe so sehr das Verbundensein betont hat (273 *revinctam*, 276 *nexa es*), ist zudem fraglich, ob er das auch bei der Ablehnung nichtehelichen Umgangs tun würde (dies täte er bei Verständnis von 277 *aliena... thalamorum vincula* im Sinne von "ein uneheliches Band"). Der Gedanke des Verbundenseins ist in 273ff. also offenbar für die Ehe reserviert (sogar Castillo Bejarano, obwohl er *thalamorum* von *aliena* abhängig macht, verwendet den Begriff "enlaces" nur im Hinblick auf die Ehe). Wenn der jetzige Mann bereits mit einer anderen Frau verheiratet ist, erscheint auch die durch *super* angedeutete Klimax wirkungsvoller.

rik wurde im christlichen Bereich wesentlich durch Paulus befördert, der
die Gebundenheit der Frau an den Mann herausstellte (Rom.7.2, I Cor.7.
39), aber auch umgekehrt die des Mannes an die Frau (I Cor.7.27); vgl.
Min.Fel.31.5 *unius matrimonii vinculo libenter inhaeremus*, Lact.epit.61.8
(Heck/Wlosok p.99.9/15) *sicut femina castitatis vinculis obligata est, ne
aliud concupiscat, ita et vir eadem lege teneatur, quoniam Deus virum et
uxorem unius corporis compage solidavit. praecipit (Deus) non dimitti uxorem nisi crimine adulterii revictam, ut nusquam coniugalis foederis vinculum
nisi quod perfidia ruperit resolvatur*, Ambr.exhort.virg.4.21 (PL 16.357D)
*ipsum coniugium vinculum est, quo alligatur nupta viro et in subiectionem
astringitur viro*, 4.22 (c.358B), Fulg.Rusp.epist.2.12.26 (CCL 91.205.
336f.) *adhaereant viris, quae coniugali vinculo tenentur astrictae*.- Für das
hochpoetische *thalami* finden sich bei Juvencus 13 Belege, für *coniugium*
dagegen nur 2 (einer in 273).- **tollis.** Arevalo paraphrasiert Vers 279 mit
"nunc super te tollis, seu fers aliena vincula thalamorum" (vgl. Knappitsch,
de Wit *tollis* = "fers"). Möglicherweise ergänzt er *super* (sc. *te*) zu *tollis*
nicht gedanklich, sondern sieht das vorangehende *super* in einer Doppelfunktion, nämlich erstens in der obengenannten Bedeutung "insuper", zweitens als Ergänzung des Prädikats *tollis*. Für *tollere super se* = "auf sich
nehmen, tragen" vgl. Sirach 13.2 *pondus super se tollit, qui honestiori com-
municat* (Sept. βάρος ὑπὲρ σὲ μὴ ἄρῃς), Matth.11.29 *tollite iugum meum
super vos* (gr. ἄρατε τὸν ζυγόν μου ἐφ᾽ ὑμᾶς), III Esdr.1.4 *non erit vobis
tollere super umeros eam* (sc. *arcam*) (Sept. I Esdr.1.4 οὐκ ἔσται ὑμῖν ἆραι
ἐπ᾽ ὤμων [sc. τὴν ἁγίαν κιβωτόν]).

278. tum mulier: sanctum te certum est esse profetam. Orig.comm.in
Ioh.13.12.75f. (SC 222.70) stellt zu Ioh.4.19 κύριε, θεωρῶ ὅτι προφήτης εἶ
σύ an der Erkenntnis der Frau (als Bild für die Ungläubigen) nicht das Positive, sondern deren Unvollkommenheit heraus: οὐδέπω οἴεται αὐτὸν εἶναι
τῶν προφητῶν κρείττονα οὐδὲ τὸν προφητευθέντα, ἀλλά τινα προφήτην./
καὶ ἡ ἑτερόδοξος δὲ γνώμη…τὸν ἐλέγξαντα Λόγον οὐ δυναμένη ἀρχῆθεν ὅ
ἐστιν ἰδεῖν, προφήτην εἶναί φησιν, οἱονεὶ θεῖόν τινα καὶ ἔχοντά τι τοῦ ἀν-
θρωπίνου κρείττον, οὐ μὴν τοσοῦτον ὅσον ἦν. διόπερ φησὶν οἱονεὶ ἀναβλέ-
ψασά πως καὶ ἐν θεωρίᾳ νομίσασα γεγονέναι· θεωρῶ ὅτι προφήτης εἶ σύ.
Die Ironie des letzten Satzes ist unübersehbar. Origenes spielt bei θεωρῶ auf
die Bedeutung des geistigen Sehens an (vgl. Ioh.14.17; Bauer/Aland 731
s.v. 2b) bzw. die des platonischen Sehens (vgl. Plat.symp.210d, Phaedr.
247c/d). Der Spott, den Origenes hier zeigt, steht in eigentümlichem Gegensatz zu der Selbstverständlichkeit, mit der er aus der Bitte der Frau in
Ioh.4.15 mit ihrer fleischlichen Begründung auf geistliches Verständnis des
lebendigen Wassers schließt (vgl. Poffet 168). Juvencus hat derlei Exegese
bei der Übertragung von Ioh.4.19 offensichtlich nicht genutzt, sonst hätte

er statt des unpersönlichen *certum est* wohl die 1. Person *cerno / video* verwendet. Damit wäre aber ironisches Verständnis (aus der Sicht des Autors)
noch nicht ohne weiteres zutage getreten. Gegen hintergründige Ironie (von
seiten des Autors) spricht überhaupt die Aufwertung von *profetam* durch
sanctum, wobei der Ausdruck den Satz rahmt und beherrscht.- **sanctum...**
profetam. Die Verbindung findet sich bereits in der Hl.Schrift (sap.11.1,
Sirach 48.23, act.3.21, Eph.3.5, Vulg. II Petr.3.2) und begegnet innerhalb
der christlichen Dichtung zuerst in Carm.laud.Dom.36 *sancti cecinere prophetae*, was Juvencus in 2.104 wörtlich übernimmt (vgl. sonst 2.125 [Chri-
stus], 773). In der paganen Literatur ist für *sanctus propheta* auf Caes.
Strab.trag.2 (TRF Ribbeck p.263, vgl. aber auch den Apparat) zu verweisen. Das griechische *propheta*, das im römischen Epos nicht vorkommt, da
an seiner Stelle *vates* verwendet wird, ist bei Juvencus häufig. Der Dichter
übernimmt es entweder direkt aus der Vorlage oder gebraucht es anstelle eines stammverwandten Wortes. Nur einige Male tritt *vates* an seine Stelle
(Flury, Zur Dichtersprache des Juvencus 43f.).- Zu **certum est** mit abhängigem Satz oder aci (wie hier) zur Feststellung einer Tatsache nennt Elsperger (Thes.III 913f.) aus der hohen Dichtung vor Juvencus nur Ov.trist.5.2.
47 (*certum est* dort an derselben Versstelle wie hier). Juvencus gebraucht
certum est in dieser Funktion oft, vgl. noch 203, 3.387, 402 (Matth.18.7
necesse est), 4.3, 253, 283, 342. Mehrere Belege in der antiken hohen
Dichtung gibt es aber für *certum est* mit Infinitivkonstruktion, wenn damit
ein Entschluß ausgedrückt wird (Thes.III 911). Bei Juvencus findet sich
kein Beleg dafür.

2.279/290 - *Gottesverehrung von Samaritanern und Juden und wahre Gottesverehrung*

**279/81. sed nostri istius venerandum montis in arce/ praeceptum nobis
quondam liquere parentes,/ at vos in Solymis orandum dicitis oris.** Die
Samaritanerin stellt die religiösen Sitten von Juden und Samaritanern am
Beispiel des jeweiligen Ortes der Gottesverehrung einander gegenüber, wobei sie bei Juvencus die alte (und das bedeutet natürlich gegenüber der jüdischen ältere) Tradition des samaritanischen Kultes und seine Legitimation
durch das *praeceptum* der Väter, daß Gott auf dem Berg (Garizim) anzubeten ist, hervorhebt. In Ioh.4.20 dagegen spricht sie nicht von einem *praeceptum* der Väter, sondern nennt nur deren kultische Tradition, daß sie Gott
auf dem Berg anbeteten, als solche (vgl. 255 [Ioh.4.9], wo auch erst in der
Dichtung von *iussa* die Rede ist). Daß die Frau dem samaritanischen Kult
vor dem jüdischen den Vorzug gibt, hat bei Juvencus kompositorisch eine

Entsprechung darin, daß sie letzterem nur einen Vers widmet, ersterem aber zwei (Nonnos hingegen behält das im Bibeltext gegebene Verhältnis bei). Im einzelnen ist zu beobachten, daß *nostri*.../ ...*parentes* und *nobis* mehr Raum einnehmen als *vos* (vgl. schon Ioh.4.20 *nostri patres* gegenüber *vos*), *venerandum* mehr Silben hat als *orandum*, *istius*...*montis in arce* länger ist als *in Solymis*...*oris* und *praeceptum*...*liquere* länger als *dicitis*. Die Antithetik wird unterstrichen durch mehrfachen Parallelismus. So stehen die Subjekte *nostri (*...*parentes)* und *vos* jeweils am Versanfang und die Infinitive *venerandum (esse)* und *orandum (esse)* in der Versmitte, wobei sie von den Ortsangaben *istius*...*montis in arce* und *in Solymis*...*oris* gerahmt werden. Hinsichtlich der Bedeutung der samaritanischen Väter und ihres *praeceptum* ist noch zu erwähnen die auffällig weite, über die beiden Verse 279f. reichende Sperrung *nostri*.../ ...*parentes*, die betonte Stellung von *parentes* am Versende (eine andere Position nimmt es bei Juvencus und im klassischen Epos allerdings nie ein), die versrahmende Alliteration *praeceptum*...*parentes* und die eindringliche Häufung der Spondeen in Vers 280.- **nostri**.../ ...**parentes**. Für solche weiten Sperrungen, die Emphase und Pathos bewirken (HSz 690C), vgl. bei Juvencus 1.88f. *unde* meam *tanto voluit Deus aequus honore/ inlustrare* domum, 3.284f., 539f. *vos quicumque* meum *mentis penetralibus altis/ credentes servatis* iter, 4.556f. (doppelte versüberschreitende Sperrung); 1.591f., 2.641f., in den beiden letztgenannten Stellen ist sogar ein Nebensatz zwischengeschaltet, vgl. Hansson 37.

279. sed kennzeichnet den Vers als adversativ zum vorhergehenden. Christus ist aus der Sicht der Frau zwar Prophet, aber deswegen nicht ein Repräsentant der Gottesverehrung ihrer Ahnen. Es gibt also keinen Grund, *sed* mit Hansson (58), der *et* in Ioh.4.20 vergleicht, hier als rein anknüpfend zu betrachten. Auch Hanssons Verweis auf *at* in 281 ändert daran nichts.- **istius**. Die Genitivformen der Pronomina *hic, ille, iste* wurden von den antiken Dichtern in der Regel als besonders prosaisch empfunden (Axelson 73f.). Juvencus dagegen gebraucht *huius* und *illius* nicht selten und das in der antiken Poesie noch viel mehr gemiedene *istius* geradezu mit Vorliebe, wie aus dem 8maligen Vorkommen bei insgesamt 32 Belegen für Formen von *iste* zu schließen ist (vgl. Schicho 55). In der antiken Poesie gibt es folgende Belege: Catull.67.12 (dub.), Prop.4.5.58, Verg.Aen.12.648, Lydia 56, Ov.Pont.4.6.38, Mart.14.171.2 (vgl. Ehlers, Thes.VII.2 c.496.16/30). Sogar den Plural *istorum* findet man 1 mal bei Juvencus (3.254), während er in der antiken Poesie extrem selten ist: Ciris 63 (doch vgl. Lyne, Komm. 128f.), Phaedr.app.18.4, epigr.et pop.vers.in Augustum 1.1 Morel/Büchner/Blänsdorf (p.265). Ansonsten übt Juvencus bei den Formen von *iste* ähnliche Zurückhaltung, wie sie auch in der antiken Poesie vorherrscht

(Schicho 55 Anm.92).- **venerandum** wird von Hatfield (§ 86) und offenbar auch Fichtner (28) als attributives Gerundiv zu *praeceptum*, also adjektivisch aufgefaßt (wobei zu sagen ist, daß *venerandus* schon seit Vergil wie ein Adjektiv empfunden wurde, siehe OLD 2027 s.v.), vgl. Cassiod.in psalm.118.4 (CCL 98.1062.137) *iussionis Dominicae veneranda praeceptio.* Der Leser erwartet aber eine Auskunft über den Inhalt des *praeceptum*. Daher ist es sinnvoller, *venerandum (sc. esse)* als adnominalen Infinitiv zu *praeceptum* zu verstehen, vgl. Colum.1.4.1 *Caesonianum praeceptum... agrum esse revisendum saepius,* (aci:) Plin.nat.hist.29.21 *praecepti squamam in oculis emovendam potius quam extrahendam;* Baumgartner, Thes. X.2 c.459.43/7. Auch ist *praeceptum* gegen Fichtner (28) nicht als *praeceptum Dei*, sondern als *praeceptum patrium* zu verstehen, wenn auch die *patres* der Samaritaner es ihrerseits als *praeceptum Dei* begriffen haben mögen. Richtig übersetzt Knappitsch "Einstmals erging der Befehl von Seite unserer Eltern,/ Hier auf dem Berge allein den Herrn gebührend zu ehren" und Castillo Bejarano "Pero nuestros antepasados nos dejaron en otro tiempo el precepto de que la veneración debe ser en la cima de ese monte".[354]- *venerari* ist schon in der heidnischen Antike Terminus für die Verehrung der Götter, etwa in Verg.georg.1.338 *in primis venerare deos,* Aen.3.697 *iussi numina magna loci veneramur,* Ov.met.15.680; OLD 2028 s.v. 1a. Zum christlichen Gebrauch vgl. 1.407 *unius (sc. Dei)...veneretur nomen in aevum,* 585 *paucis...Deum venerabere verbis,* Ambr.epist.32.4 (CSEL 82.1 p.227.39f.) *Patrem Deum et Filium eius unigenitum et Spiritum Sanctum veneremur,* 72.1 (CSEL 82.3 p.11.9f.) *ipse...solus verus est Deus, qui intima mente veneretur.* In der Vulgata findet sich das Verb *venerari* zweimal bezüglich heidnischer Gottheiten: Vulg. II reg.16.12 und Vulg. Dan.11.38. Das Substantiv *veneratio* bezeichnet in Vulg. I par.29.18 *semper in venerationem tui (sc. Dei) mens ista permaneat* die Verehrung des wahren Gottes.- **montis in arce.** Zur Junktur *montis arx* vgl. 3.196, 320, 4.501, Flor.epit. 1.7(13).13, Oros.hist.6.11.21. Ähnlicher Versschluß liegt vor in 4.501 *montis in arcem.* Verg.Aen.6.774 hat den Versschluß *montibus arces.- arx* als Bezeichnung einer Bergspitze u.ä. ist seit Vergil belegt: Aen.1.56, 9.85, Ov.met.1.467; Diehl, Thes.II 741.52/742.9.

280. quondam. Das *praeceptum* stammt aus alter Zeit. Umso größere Autorität ist ihm beizumessen.- **praeceptum...liquere.** Vgl. Cic.inv.2.7 *permulta nobis praecepta dicendi reliquerunt* (sc. *ab Aristotele qui profecti sunt).* Die Junktur *praecepta (de-)relinquere* findet sich auch in der Bibel, und

---

[354] Falsch hat Hatfield (§ 86) auch 3.728 eingeordnet.

zwar in Vulg. II reg.17.16, Vulg. II par.7.19, I Macc.10.14. Dort heißt
(de-)relinquere allerdings "übertreten, abfallen von".

281. at vos in Solymis orandum dicitis oris. Die etwas umständliche Formulierung Ioh.4.21 *Hierosolymis est locus, ubi adorare oportet* hat Juvencus
vermieden. Auffällig ist die dichterische Ausgestaltung des Verses durch
das dreifache Homoioteleuton *Solymis...dicitis oris* (wobei das *-is* von *dicitis* kurz gemessen ist), welches mit der Alliteration *orandum...oris* verschränkt ist.- **at vos** anstelle des eher neutralen *et vos* im Bibeltext macht
den Gegensatz deutlich.- **in Solymis...oris** ist poetische Ausdrucksweise,
vgl. nur etwa 285, 3.195, Prop.1.8.25, Ov.met.15.9, Sil.7.29. Das Adjektiv *Solymus* (cf. 1.449, 540, 3.291) ist innerhalb der Dichtung in Val.Fl.
1.13, Stat.silv.5.2.138, Iuv.6.544 belegt. In der Hl.Schrift kommt es nicht
vor.- **orandum.** Das Simplex *orare* tritt für *adorare* (Ioh.4.20) ein wie in
288 (Ioh.4.23).- **dicitis** ist aus Ioh.4.20 direkt übernommen. Juvencus hat
diese Form 4 mal. Im klassischen Epos ist sie nicht anzutreffen.

282. talia dicenti mox talia reddit mit der Anapher *talia...talia* erinnert an
Verg.Aen.10.448 *talibus et dictis it contra dicta tyranni*, Iuvenc.1.394 *reddidit his Christus dictis contraria dicta*. Vergleichbar ist ferner Verg.Aen.6.
372 *talia fatus erat, coepit cum talia vates*, 10.584, Prop.4.9.51 *talibus
Alcides; at talibus alma sacerdos*. Conington/Nettleship (zu Aen.6.372) halten das Zitat von Aen.6.372 bei Priscian (Keil III 320.1), nämlich *vix ea fatus erat, coepit cum talia virgo*, falls es Autorität besitze, für vorziehbar gegenüber der Wiederholung von *talia*, die "awkward" erscheine. An derlei
Ausdrucksweise aber gilt es keinen Anstoß zu nehmen, solange sie nur vereinzelt auftritt. Sie dient der Gegenüberstellung von Rede und Antwort. Mä-
ßigend äußert sich Austin zu der Vergilstelle: "not awkward...simply
blunt". Weitere Beispiele für Anapher bei Juvencus bei Huemer Index 151
s.v. "anaphora".- Zum Versanfang **talia dicenti** vgl. 1.170, Ov.met.2.596,
665, 5.223, 8.81, fast.3.625, Stat.Theb.1.88.- **talia reddit** ist anders als
hier Hexameterschluß in Verg.Aen.2.323, 10.530, Stat.Theb.4.625, Claud.
15.379; vgl. sonst Val.Fl.8.59. Bei Juvencus findet sich *talia reddit Iesus*
an derselben Versstelle noch in 1.351, 3.29, 503. In allen diesen Fällen ist
immer auch *reddidit* überliefert (im antiken Epos kommt sowohl *reddit* als
auch *reddidit* öfter vor), und zwar regelmäßig in cod. M. Fichtner (47) vermutet, daß die Änderungen zu *reddidit* vorgenommen wurden, um eine eindeutig zweisilbige Messung des Namens *Iesus* zu erreichen (über die Frage,
ob *i* dann vokalisch oder konsonantisch ist, siehe unten). Dabei ist freilich
nicht ersichtlich, warum solcher Zwang zu eindeutig zweisilbiger Messung
hätte empfunden werden sollen, wenn doch gegen dreisilbige Messung (mit

vokalischem *i*) nichts einzuwenden ist und sie sogar einen spondiacus aus-
schließt.[355] Zudem übersieht Fichtner, daß die Korrektur zu *reddidit* in M
auch in den Versen 3.497 und 4.240 vorgenommen wurde, ohne daß dort
die Formel *talia reddit Iesus* am Versende vorläge oder sonst irgendein metrischer oder sonstiger Anlaß zu der Änderung erkennbar wäre. Ebenfalls
ohne erkennbaren Grund wurde in 4.447 M L *tradit* zu *tradidit* geändert.
Man darf 1.351, 2.282, 3.29, 503 (endend auf *talia reddit Iesus*) wohl nicht
losgelöst von 3.497, 4.240, 4.447 betrachten. Aus welchem Grund auch immer die Präsensformen durch die Perfektformen ersetzt wurden, es war offensichtlich kein metrischer. Unabhängig davon werden 3.497, 4.420 und
4.447 durch die Perfektform sogar völlig unmetrisch. Und auch bei 1.351,
2.282, 3.29, 503 macht die Perfektform, wenn das *i* von *Iesus*, wie anzunehmen, konsonantisch ist, den Vers durch Positionslänge der zweiten Silbe
von *reddit* unmetrisch. Zu vermuten, die Synizese *ie* laute nicht konsonantisch, sondern vokalisch an, ist wohl ein eher theoretischer Ausweg. In den
3 Fällen mit *addit*, nämlich 1.31, 206, 2.794, überliefert übrigens auch M
addit (soweit auf Huemers Apparat Verlaß ist). Mp hat in 2.794 *addidit*.

**283/90. en aderit tempus, montis cum vertice vestri/ omnibus et Solymis
aberit veneratio longe./ sed nunc certa salus Iudaeis surget ab oris,/ et
nunc instantis cursus iam temporis urget,/ cum veri Sanctum Genitorem
errore remoto/ cultores iustis armati legibus orent./ Spiritus his et plena
fides erit et Pater altus/ talia conquirit cultorum pectora terris.** Christus
kündigt in Ioh.4.21/4 die Zeiten des universalen neuen und wahren Glaubens an. Unter diesem Glauben wird das *nos / vos* - Denken im Sinn des alten Gegensatzes Judentum - Samaritanertum, das die Rede der Frau (Ioh.4.
20 = 2.279/81) noch ganz beherrscht, überwunden werden. In diesem Zusammenhang wirft es Probleme auf, wenn Christus in Ioh.4.22 das alte
nos / vos - Schema aufgreift. Zudem erscheint auch die Aussage selbst, die
Samaritaner beteten an, was sie nicht kennen, die Juden aber, was sie kennen, im Kontext nicht ohne weiteres verständlich. Denn wenn die Juden
wirklich wüßten, was sie anbeten, dann bedürfte es auch keiner neuen Got-

---

[355] Wenn in den 39 Versen, die auf *Iesus / Iesum* enden (es gibt bei Juvencus keine andere
Stellung dieses Eigennamens), *Iesus / Iesum* immer zweisilbig gemessen würde, erhielte
man 37 spondiaci, wobei 5 davon sogar rein spondeisch wären. Da spondiaci aber eher
gemieden werden, ist die Wahrscheinlichkeit sehr hoch, daß Juvencus *Iesus / Iesum* immer dreisilbig gemessen hat. Wie Juvencus mit *Iesus / Iesum* ist wohl schon Vergil mit
Iulus / Iuli / Iulo / Iulum verfahren. Denn wenn *Iulus / Iuli / Iulo / Iulum*, wo es am
Versende steht, was bei 34 von 35 Versen der Fall ist, immer zweisilbig gemessen würde, wären alle diese Verse spondiaci und 3 davon sogar rein spondeisch. Fichtner (49)
spricht bei Juvencus zu Recht von prosodischer Vergilimitation.

tesanbetung. In Wirklichkeit wirft Christus den Juden sonst ihren unvollkommenen Glauben, ja Unglauben, und ihre Ablehnung seines Zeugnisses
vor (z.B. in Ioh.3.10ff. = Iuvenc.2.205ff., 5.36ff. = Iuvenc.2.668ff.).[356]
So gesehen ergibt es keinen Sinn, wenn er die Sache in Ioh.4.22 umgekehrt
darstellt, ja sogar sich selbst mit den Juden in ihrem unvollkommenen Glauben identifiziert. Orig.comm.in Ioh.13.17.101 (SC 222.84.1/8) allerdings
hat aus diesem Dilemma einen Ausweg in der allegorischen Deutung gefunden: τὸ "ὑμεῖς", ὅσον ἐπὶ τῇ λέξει, οἱ Σαμαρεῖς· ὅσον δὲ ἐπὶ τῇ ἀναγωγῇ,
οἱ περὶ τὰς γραφὰς ἐτερόδοξοι· τὸ δὲ "ἡμεῖς", ὅσον ἐπὶ τῷ ῥητῷ, οἱ Ἰου-
δαῖοι· ὅσον δὲ ἐπὶ τῇ ἀλληγορίᾳ, ἐγὼ ὁ Λόγος καὶ οἱ κατ' ἐμὲ μεμορφωμέ-
νοι, τὴν σωτηρίαν ἔχοντες ἀπὸ τῶν Ἰουδαϊκῶν λόγων· τὸ γὰρ φανερωθὲν
νῦν μυστήριον πεφανέρωται διά τε γραφῶν προφητικῶν καὶ τῆς ἐπιφανείας
τοῦ Κυρίου ἡμῶν Ἰησοῦ Χριστοῦ (vgl. bereits 13.13.81 [p.82.7/9]). Unter
ἡμεῖς / nos, den Juden, versteht Christus demnach übertragen die nach ihm
Geformten, unter ὑμεῖς / vos dagegen, den Samaritanern, alle Andersgläu-
bigen. Bei dieser Sichtweise kann er sich hier in der Tat den Juden zuordnen. Wenn auch Origenes von den Juden nur im übertragenen Sinn als den
wahren Gottesanbetern sprach, mußte es ihm schwierig werden, in Konsequenz dazu auch deren Kultstätte Jerusalem bildhaft auf die "Stätte" des
wahren Kultes zu projizieren, denn dieser ist nicht an einen Ort gebunden,
sondern geistlich. Origenes (13.13.83/5 [SC 222.74/6]) hat deshalb weiter
ausgeholt und erklärt, daß in Jerusalem Gott nur solange anzubeten ist, bis
die Zeit der neuen Gottesanbetung kommt. Das wahre Jerusalem der geistlichen Anbetung aber wird die Kirche sein, erbaut aus lebendigen Steinen:
13.13.84 τίς δ' ἂν εἴη ἡ πόλις τοῦ μεγάλου βασιλέως (cf. Matth.5.35), τὰ
ἀληθινὰ Ἰεροσόλυμα, ἢ ἡ ἐκκλησία ἐκ λίθων ᾠκοδομημένη ζώντων, ἔνθα
ἱεράτευμα ἅγιον, πνευματικαὶ θυσίαι προσφέρονται τῷ Θεῷ ὑπὸ τῶν πνευματικῶν καὶ τὸν πνευματικὸν νενοηκότων νόμον;- Den allegorischen Lösungsansatz des Origenes in bezug auf das Problem, daß Christus in Ioh.
4.22 die Gottesanbetung der Juden zu verteidigen scheint, greift Juvencus
nicht auf. Vielmehr berücksichtigt er von Ioh.4.22 nur *quoniam salus ex Iudaeis est* und läßt Christus dem ortsgebundenen Kult sowohl der Samaritaner als auch der Juden direkt den neuen universalen Kult entgegenstellen.
Gott wird nicht mehr in Jerusalem oder auf dem Berg Garizim, d.h. er wird
nicht an einem bestimmten Ort angebetet werden, sondern überall in der
Welt (290 *terris*), in Gerechtigkeit (288 *iustis armati legibus*) und im Hl.
Geist (289 *Spiritus his...erit*).

---

[356] Bei Johannes sind in 5.36ff. die Juden angesprochen, bei Juvencus in 2.668ff. nur die
Gruppe der Pharisäer; siehe Einleitung Kap.IV.

283. en aderit tempus, cum... entspricht Ioh.4.21 *venit hora, cum....* Vgl.
zu der Einleitung der prophetischen Formel mit *en* (mehr zum prophetischen
Stil unten zu 292 *pandet*) 4.434 *en urget tempus, Christum cum prodere
morti/ e vobis unus scelerato corde volutat;* Liv.8.4.6 *en hoc tempus adest.*[357] Deiktisches *en*, das ursprünglich umgangssprachlich ist (entsprechend griech. ἦν / ἦν ἰδού / ἠνίδε; vgl. P.T.Stevens, Colloquial expressions
in Euripides [= Hermes Einzelschriften, Bd.38], Wiesbaden 1976, 35; Hofmann LU 35) verwendet Juvencus öfter, wie schon die antiken Dichter (ἦν
etc. noch nicht bei Homer, sondern erst seit der Alten Komödie). In der Vetus Latina kommt *en* nicht vor,[358] ebensowenig in der Vulgata, soweit es
sich um die von Hieronymus nur revidierten Bücher handelt. In den neuübersetzten Büchern läßt es sich aber belegen und geht dann in der Regel auf
hebr. הנה zurück, das in der Septuaginta mit (καὶ) ἰδού wiedergegeben ist,
wofür die altlateinischen Übersetzer *ecce* schrieben. Hieronymus hat an entsprechender Stelle oft gleichfalls *ecce* verwendet, doch eben gelegentlich
auch *en.- en* ist vielleicht als eine gewisse Entsprechung zu Ioh.4.21 *crede
mihi* gedacht, wie de Wit anzudeuten scheint, denn auch letzteres lenkt zumindest indirekt die Aufmerksamkeit auf den Inhalt der Prophetie. *crede
mihi* ist zunächst wörtliche Übersetzung des griechischen πίστευέ μοι. Es ist
aber auch (im Gegensatz zu πίστευέ μοι) umgangssprachliche Überredungs-
formel (Hofmann LU 126), die in der Bibel jedoch sonst nicht vorkommt
(Überblick zu *crede, crede mihi, credite, credite mihi* bei Lambertz, Thes.
IV 1137.65/1138.34), aber Eingang in die antike Poesie gefunden hat (Ov.
met.14.31, 244, fast.1.496 [in einer Prophetie], Stat.Theb.3.356, Sil.2.
338). Vielleicht hat Juvencus den Ausdruck gemieden, um durch die entstehende Distanz den Sprecher über die Angeredete zu heben und damit die Autorität und Unantastbarkeit seines Wortes zu stützen. Auch der Wegfall des
vos-Satzes aus Ioh.4.22 (den *nos*-Satz hat Juvencus ebenfalls ausgelassen)
fördert diese Distanz.- Ohne einleitendes *en* ist für die Wendung *aderit tempus, cum* zu vergleichen so oder ähnlich Verg.Aen.10.503, Ov.met.1.256f.,
fast.1.529, Sil.16.272, II Tim.4.3, Or.Sib.7.29, 13.116; *(advenire, venire:)*
Verg.Aen.10.11, georg.1.493, Iuvenc.2.653, 700, Alc.Avit.carm.3.20. Juvencus hätte sich auch mit der Übernahme des Ausdrucks Ioh.4.21 *venit hora, cum* kaum weit von der antiken Dichtersprache entfernt, wie etwa Sil.9.

---

[357] De Wit vergleicht weniger passend den Fragesatz Verg.ecl.8.7 *en erit umquam/ ille dies,
mihi cum liceat tua dicere facta?* (vgl. Sil.16.91/3, KS II 515.6 Anm., OLD 606 s.v. 1).
[358] Das Vorkommen von *en* in der Vetus Latina wurde so geprüft, daß für sämtliche Stellen,
an denen der Vulgatatext *en* bietet, der bei Sabatier abgedruckte Text verglichen wurde.
Mit dem Ergebnis, daß die Vetus Latina an den entsprechenden Stellen nie *en* hat. Bestätigt wird dieses Ergebnis durch den Thesaurusartikel von Burckhardt (Thes.V.2 c.545/9),
der ebenfalls keinen Beleg für *en* in der Vetus Latina nennt.

549 *venit hora diesque, qua* zeigt. Doch läßt *tempus* die Dimension eines neuen Zeitalters wohl stärker hervortreten als *hora*.- **cum.** Bei Ioh.4.21 führen aur c f ff² l e *quando* statt *cum* (vgl. Ioh.4.23). Juvencus hat *quando* einmal als Fragewort (2.631) und einmal als Indefinitpronomen (2.713), nie aber als Temporalkonjunktion, obwohl in der Überlieferung der Bibel öfter *quando* neben temporalem *cum* vorkommt, was mit dem volkstümlichen Charakter von *quando* zusammenhängen dürfte. HSz (607) sagen, daß temporales *quando* auch von Dichtern verwendet werde. Von den epischen Dichtern nennen sie Lucrez, Vergil und Valerius Flaccus. Doch scheint Vergil rein temporales *quando* nicht zu haben, jedenfalls nicht ohne kausalen Nebenton, und aus Valerius Flaccus läßt sich nur 4.122 nennen.- **montis vertice.** Vgl. 3.204. Diese Junktur ist sowohl in der Hl.Schrift als auch in der Dichtung häufiger zu finden, etwa in exod.24.17, num.14.40, Vulg.iud. 9.7 *(vertice montis Garizim);* Cic.progn.frg.3.5 Soubiran, Catull.68.57, Aen.11.526, Ov.met.11.503, Sil.2.581.

284. omnibus et Solymis aberit veneratio longe. Durch die Negierung eines Verbalsubstantivs *(veneratio)* klingt die Verneinung noch schärfer und grundsätzlicher als in Ioh.4.21: Nicht nur nicht die Samaritaner (oder Juden), sondern überhaupt niemand wird in der neuen Zeit auf dem Berg Garizim oder in Jerusalem Gott verehren. Es wird keine Unterscheidung zwischen samaritanischen und jüdischen Gottesverehrern geben, sondern man wird nur noch von den wahren Gottesverehrern (287f. *veri...cultores;* Ioh.4. 23 *veri adoratores*) sprechen können und denen, die sich Gott verweigern.- **omnibus** gehört adjektivisch zu *Solymis*, und zwar in der Funktion, die Negierung *Solymis aberit...longe* zu stärken ("nirgends in Jerusalem"). Es besteht jedenfalls keine Notwendigkeit, mit de Wit unter Verweis auf Löfstedt (Komm. zu Peregr.Aeth.1.2, S.49) *omnibus* substantivisch und isoliert von *Solymis* gebraucht zu betrachten mit Blick auf Fälle wie Paul.Nol.epist. 12.6 (CSEL 29.78.23) *omnibus* ("durchaus") *Deus veritas* (vgl. Oomes-Ehlers, Thes.IX 624.4ff.).- **aberit** ist offenbar in bewußtem Anklang an 283 *aderit* gewählt. Knappitsch nennt dies zu Recht Parechesis; vgl. Plaut. Pseud.502 *illud malum aderat, istuc aberat longius*, Cic.Phil.10.8 *corpus aberat liberatoris, libertatis memoria aderat*, Ov.trist.4.6.46/8 *urbis abest facies, absunt, mea cura, sodales,/ et, qua nulla mihi carior, uxor abest./ vulgus adest Scythicum bracataque turba Getarum.*- **veneratio** (seit Varro) kommt in der antiken Dichtung nicht vor (nach Juvencus in Ven.Fort.carm. 5.21.1), wohl aber in der lateinischen Bibel: Vulg.exod.39.29, Vulg. I par. 29.18, II Macc.3.12.- **longe** verstärkt *aberit* und steht betont am Versende; ähnlich Lucr.1.46 *(omnis divum natura) semota ab nostris rebus seiunctaque longe.*

285/90. sed nunc certa salus Iudaeis surget ab oris,/ et nunc instantis cursus iam temporis urget,/ cum veri Sanctum Genitorem errore remoto/ cultores iustis armati legibus orent./ Spiritus his et plena fides erit et Pater altus/ talia conquirit cultorum pectora terris. Die Ankunft des Heilands (285 geht auf den erklärenden Einschub Ioh.4.22 *quoniam salus ex Iudaeis est* zurück) und die wahre Gottesverehrung (286ff.) sind miteinander verknüpft: Wahre Gottesverehrung wird möglich, wenn Christus das Heil durch sein Wirken und Leiden auf Erden geoffenbart hat. Die intensive Nutzung sprachlicher Mittel unterstreicht die Bedeutung der Prophetie. So kann man bei 285 *sed nunc...surget*, 286 *et nunc...urget* von einer Art Dopplung als Merkmal prophetischer Diktion sprechen (vgl. Coleman, Komm. zu Stat.silv.4.3.124; Röttger 46f.). Hinzu kommt der Pleonasmus 286 *et nunc instantis cursus iam temporis urget* (vgl. 4.659 *instans urgebat*, wo *urgere* aber nicht "bevorstehen", sondern "drängen, etw. zu tun" bedeutet). Die Versenden 285 *surget ab oris* und 286 *temporis urget* stehen in lautlichem Chiasmus zueinander. Am Versanfang zeigt sich lautlicher Gleichklang in 287 *cum* und 288 *cultores*, und am Versende sind *errore remoto* und *orent* einander lautlich ähnlich. Jeder der ersten 4 Verse hat mit mindestens 5 *o*- bzw. *u*-Lauten eine hohe Frequenz dunkler Vokale, wodurch eine gewisse mysterienhafte Feierlichkeit entsteht (vgl. zu 177/9). Die inhaltlich zentrale Stelle ist durch mehrere bildhafte Wendungen ausgeschmückt: 285 *salus... surget*, 286 *cursus...urget*, 287 *errore remoto*, 288 *armati legibus*.- Von der neuen Zeit ist in der Bibel nicht nur als etwas Zukünftigem die Rede (Ioh.4. 21 *venit* [gr. ἔρχεται] *hora, cum neque in monte hoc neque Hierosolymis adorabitis Patrem*, Ioh.4.23 *venit hora..., cum...adorabunt*), sondern auch als etwas Gegenwärtigem (Ioh.4.23 *et nunc est* [*hora*]), was formal-logisch gesehen contradictio in adiecto zum Vorsatz ist.[359] Orig.comm.in Ioh.13. 18.112f. (SC 222.90/2) löst den logischen Widerspruch auf zweifache Weise kunstvoll auf, jeweils unter Rückgriff auf Paulus: τηρητέον δὲ ὅτι οἱ ἀληθινοὶ προσκυνηταὶ οὐ μόνον ἐν μελλούσῃ ὥρᾳ, ἀλλὰ καὶ ἐνεστηκυίᾳ προσκυνοῦσι τῷ Πατρὶ ἐν Πνεύματι καὶ ἀληθείᾳ. ἀλλ᾽ ἐν Πνεύματι οἱ προσκυνοῦντες, ὡς εἰλήφασι προσκυνοῦντες, ἐν ἀραβῶνι Πνεύματος (cf. II Cor. 5.5) ἐπὶ τοῦ παρόντος προσκυνοῦσιν, ἐν < παντὶ δὲ τῷ > Πνεύματι, ὅτε πᾶν χωρήσουσι τὸ Πνεῦμα, προσκυνήσουσι τῷ Πατρί./ εἰ δὲ ὁ βλέπων διὰ κατόπτρου τὸ ἀληθὲς οὐ βλέπει, ὡς δείκνυται τοῦτο τοῖς κατοπτρικοῖς ὑπὸ τῶν περὶ ταῦτα δεινῶν, βλέπει δὲ Παῦλος καὶ οἱ παραπλήσιοι αὐτῷ διὰ

---

[359] Die contradictio in adiecto *et nunc est* nach *venit hora* hat Juvencus auch bei der Übertragung von Ioh.5.25 *amen dico vobis, quia venit hora et nunc est, quando mortui audient vocem Fili Dei; et qui audierint, vivent* gemieden, wie 2.653f. *adveniet tempus, cum mortua corpora vocem/ accipient nostram et vitam cum voce tenebunt* zeigen.

κατόπτρου νῦν, δῆλον ὅτι ὡς βλέπει οὕτω καὶ προσκυνεῖ τῷ Θεῷ, καὶ διὰ
κατόπτρου προσκυνεῖ τῷ Θεῷ· ὅταν δὲ ἔλθῃ ἡ ὥρα ἡ μετὰ τὴν ἐνεστηκυῖαν
ἐνστησομένη, τότε ἔσται ἡ προσκύνησις ἐν ἀληθείᾳ τῇ πρόσωπον πρὸς
πρόσωπον καὶ οὐκέτι διὰ κατόπτρου θεωρουμένη (cf. I Cor.13.12). Diese
Exegese gesteht den Juden zu, daß ihr Kult bereits einen richtigen Ansatz
hat (was auch Ioh.4.22 impliziert). Er muß aber vollendet werden. Juvencus
dagegen gibt das Präsens Ioh.4.23 et nunc est nicht wieder,[360] sondern hat
in der ganzen Prophetie nur futurische Ausdrucksweise. So kann sich die
ganze Aufmerksamkeit auf die Zeit richten, in welcher die wahre Gottesverehrung unter allen Völkern verbreitet sein wird. Sie liegt aber nicht in ferner Zukunft, sondern ist sehr nahe, drängt unmittelbar heran. Das Heran-
drängen hebt Juvencus durch Wahl der Ausdrücke *urgere* und *instare* hervor, mit *cursus* macht er es sogar zum Subjekt des Satzes. Der schwere
spondeische Rhythmus (nur im 5. Fuß ein Daktylus) gibt dem Nahen der
neuen Zeit etwas Unaufhaltbares (vgl. negativ: 4.434 *en urget tempus,*
Christum cum prodere morti/ e nobis unus...volutat). Bei Chrysost.hom.
33.2 in Ioh. (PG 59.189) "καὶ νῦν ἐστι." μὴ νομίσῃς, φησί, ταύτην τοιαύ-
την εἶναι τὴν προφητείαν, ὡς μετὰ πολὺν γενήσεσθαι χρόνον. τὰ γὰρ
πράγματα ἐφέστηκεν ἤδη, καὶ ἐπὶ θύραις ἐστὶν und Nonn.Ioh.4.23 καὶ νῦν
ἄγχι βέβηκεν meinen ἐπὶ θύραις und ἄγχι ebenfalls die unmittelbar bevorstehende Zukunft. Chrysostomos und Nonnos haben also einen Weg gefunden, καὶ νῦν ἐστι stehen zu lassen (sie verwenden sogar das Perfekt) und
doch den christlichen Glauben allein der Zukunft zuzuweisen.

285. sed nunc certa salus Iudaeis surget ab oris. Den begründenden Zusatz Ioh.4.22 *quoniam salus ex Iudaeis est* (vgl. Rom.9.5 *[Israelitae] ex qui-*
bus Christus secundum carnem) erklärt Orig.comm.in Ioh.13.19.115f. (SC
222.92) wie folgt: τὸ "ὅτι ἡ σωτηρία ἐκ τῶν Ἰουδαίων ἐστὶν" <εἰρῆσθαι>
ἐπεὶ ἐν τῇ Ἰουδαίᾳ, φησίν, ἐγενήθη, ἀλλ' οὐκ ἐν αὐτοῖς - οὐ γὰρ εἰς
πάντας αὐτοὺς εὐδόκησεν.[361] Indem Christus bei Juvencus *Iudaeis...ab*
oris anstelle von *ex Iudaeis* sagt, was an die Lesart cod. b *scimus, quoniam*
salus ex Iudaea est erinnert, scheint sich bei ihm der Akzent noch weiter

---

[360] Tert.orat.28.2 (CCL 1.273.6) und Cypr.domin.orat.2 (CCL 3A 90.19) zitieren Ioh.4.23
ohne *et nunc est.* Doch stellen sie den zu ihrer Zeit bereits vollendeten wahren Glauben
der Ankündigung Christi gegenüber. Die Auslassung ist also situations- und kontextge-
bunden.
[361] Die anschließende Begründung ὅτι ἐξ ἐκείνου τοῦ ἔθνους ἐξῆλθεν ἡ σωτηρία καὶ ὁ Λόγος
εἰς τὴν οἰκουμένην hat aber den entgegengesetzten Sinn (Poffet 50).

von den Juden weg hin zum Land der Juden zu verlagern.[362] Poinsotte
(195) erkennt darin ein Indiz für den Antijudaismus des Dichters.- Der Juvencusvers erinnert an Hebr.7.14 πρόδηλον..., ὅτι ἐξ 'Ιούδα (cf. *Iudaeis
ab oris*) ἀνατέταλκεν (cf. *surget*) ὁ Κύριος ἡμῶν und die Wiedergabe dieses
Bibelverses bei Orig.in Ier.5.16 (SC 232.322.2f.) πρόδηλον..., ὅτι ἐξ 'Ιούδα ἀνατέταλκεν ὁ Σωτήρ (cf. *salus*) ἡμῶν, Euseb.in psalm.107.9f. (PG 23.
1329), demonstr.evang.8.1.57 (GCS 23.362.21f.).- Die Alliteration *salus...
surget* ist verschränkt mit dem leoninischen Reim *Iudaeis...oris*.- **certa salus.** Die Junktur wurde von Verg.georg.4.294 geprägt und findet sich
episch auch in Stat.Theb.10.202 mit identischer erster Hexameterhälfte: *sed
nunc certa fides.* Bei Juvencus vgl. 2.380.- Da *certa salus* natürlich auf die
Person Christi zielt, also abstractum pro concreto ist, wird man erinnert an
Sen.Herc.f.622 *certa et sera Thebarum salus* (Hercules), Mart.2.91.1 *rerum
certa salus, terrarum gloria, Caesar* (Kaiser Domitian; die Junktur an derselben Versstelle wie hier) oder das Akrostichon von Carmen 12 des Porfyrius (Zählung nach Polara, Porfyrii Carmina, Turin 1973) mit *certa salus
rerum* (Kaiser Constantin), was wahrscheinlich Martialreminiszenz ist.
Christliche Nutzung einer dieser Stellen (das Gedicht des Porfyrius datiert
Polara, vol.II p.81, auf Ende 322 / Anfang 323) lag nahe wegen des Bezugs
von *certa salus* auf einen Halbgott bzw. einen vergöttlichten Kaiser. Im vorliegenden Vers ist *salus* allerdings strenggenommen nicht für sich stehende
Metonymie wie bei Seneca, Martial und Porfyrius, sondern Bestandteil des
Ausdrucks *salutem surgere*, welcher an das Bild *lucem surgere* anklingt.-
Auch in Tert.scorp.6 (CCL 2.1081.21) und adv.Val.29 (SC 280.138.11)
wird die Junktur mit christlicher Bedeutung besetzt.- **salus...surget.** Vgl. zu
181 *lucem...surgere.*- Nach Hansson (88) ist überliefert *surget* C M S P₂¹ C₂
Mb Ca₂, *venit* V₁ Mp Ph H l und *surgit* cett. Während Arevalo, Petschenig
(Rez. Huemer 140), Knappitsch und de Wit *surgit* lesen, haben Marold und
Huemer *surget* im Text. *surget / surgit* ist als lectio difficilior gegenüber *venit* zu bevorzugen, das vielleicht ursprünglich eine Glosse war, die später
in den Text eingedrungen ist (es ist freilich nicht unpoetisch; vgl. 2.380
certam...venire salutem). Entsprechend dürfte auch die Alternative *venire*
in 1.419 zu verstehen sein (*venire instare* Mp). Es ist aber auch denkbar,
daß *venit* unmittelbar aus Ioh.4.23 übernommen wurde, um den Dichtertext
an den biblischen Wortlaut anzugleichen, wie es etwa bei 1.662 *trabem* R
m.1 V₁ V₂ (= Matth.7.3 *trabem*) statt *lignum*, 4.610 *perderent* M (= Matth.
27.20; unmetrisch) statt *necarent* (v.l. *negarent;* von Marold, Huemer,

---

[362] Wenn auch im Griechischen und Lateinischen anstelle des Ländernamens der Völkername
     stehen kann (HSz 753), muß der Leser der Bibel aus dem Völkernamen (bei der Lesart
     ex Iudaeis) natürlich nicht zwingend auf das Land geschlossen haben.

Knappitsch und Castillo Bejarano [seiner Übersetzung zufolge] übernommen) der Fall ist (vgl. noch zu 263 *hunc...puteum*). Es bleibt die Wahl zwischen *surget* und *surgit*. Für *surget* spricht der lautliche Gleichklang zwischen 285 und 286 *(surget, urget)*. Petschenigs und de Wits Argument, daß Ioh.4.22 *quoniam salus ex Iudaeis est* für das Präsens spreche, hat wohl geringeres Gewicht.- **Iudaeis...ab oris**. Vgl. zu 281 *in Solymis...oris.-* **oris** am Versende findet sich sehr oft im antiken Hexameter. Folgende Verse haben in der zweiten Hälfte dieselbe Struktur wie unser Vers: Verg.Aen.2.91, 7.270 *externis adfore ab oris*, 10.164 *Tuscis comitetur ab oris*, Stat.Ach.2. 81, Ser.med.435. Der Hexameterschluß *surget ab oris* scheint als Vorbild für den nahezu gleichlautenden Prud.psych.228 *surgit ab oris* gedient zu haben. Eine ähnliche Versklausel begegnet bei Juvencus noch in 2.707 mit *surget in oras*.

286. nunc...iam. "jetzt schon" wie in Verg.georg.2.171 (an denselben Versstellen wie in unserem Vers), Aen.6.816, Manil.5.291; Vulg. I Ioh.4.3 (gr. *νῦν...ἤδη*). Eine Übersicht zu *nunc iam* bietet J.B.Hofmann, Thes. VII.1 c.114.42/65.- **instantis cursus...temporis**. Die Verbindung *tempus instat* kommt sowohl in der Bibel vor (Vulg. II Tim.3.1, II Tim.4.6, Vulg. Hebr.9.9) als auch in der Dichtung (Ov.met.9.769f., Pont.3.3.85).- **cursus ...temporis**. Cic.fam.6.5.2 *ea natura rerum est et is temporum cursus*, Sen. epist.70.2 *in hoc cursu rapidissimi temporis;* Hofmann, Thes.IV 1537.11/30 (80).- **urget** in Verbindung mit *cursus (temporis)* statt *tempus* ist dichterisch. Man kennt *urgere* in bezug auf ein zukünftiges Ereignis oder Schicksal in der Bedeutung "drohend herannahen, drohen; gefährlich nah sein" wie etwa in Cic.Tusc.1.103 *cum...iam moriendi tempus urgeret*, Iuvenc.4.434 *en urget tempus, Christum cum prodere morti/ e vobis unus scelerato corde volutat;* vgl. OLD 2107 s.v. *urgeo* 7. An vorliegender Stelle aber fragt sich, warum das Herannahen der neuen Zeit der wahren Gottesverehrung bedrohlich sein sollte. Vielleicht verbirgt sich hinter *urget* eine nicht weiter ausgesprochene Drohung gegen diejenigen, die dem Unglauben weiterhin verhaftet sein wollen.

287/90. cum veri Sanctum Genitorem errore remoto/ cultores iustis armati legibus orent./ Spiritus his et plena fides erit et Pater altus/ talia conquirit cultorum pectora terris. Ioh.4.23 und 24 ist von Anbetung *in Spiritu et veritate* die Rede. Man könnte dazu fragen, ob *in spiritu* ("geistig", d.h. "in animo"; vgl. Hil.trin.2.31 [CCL 62.65ff.]) oder *in Spiritu* ("im Heiligen Geist" bzw. "im Geist [Gottes]") zu verstehen ist. Doch eigentlich stellt sich die Frage nicht, denn geistige Gottesanbetung in der Wahrheit ist immer auch Anbetung im Hl.Geist, und Gottesanbetung im Hl.

Geist ist immer auch geistige Anbetung in der Wahrheit. Orig.comm.in Ioh.
13.18.110f. (SC 222.88/90) betont beides, wenn er einerseits geistige und
fleischliche Anbetung gegenüberstellt, andererseits die Aufnahme des leben-
digmachenden Hl.Geistes (cf. II Cor.3.6) als Voraussetzung für die Anbetung im Geist betrachtet; vgl. anschließend 13.18.112, wo Juden und Samaritanern bereits das Angeld des Hl.Geistes (cf. II Cor.5.5) zugestanden wird
und den wahren Anbetern Gottes das gänzliche Erfülltsein mit dem Hl.
Geist. Daß Juvencus zunächst an Verehrung im Hl.Geist denkt, darauf deutet wohl die Formulierung 289 *Spiritus his ac plena fides*. Denn in der Hl.
Schrift sind *Spiritus* in der Bedeutung "Hl.Geist" und *fides* oft zusammen
erwähnt: act.6.5 *Stephanum, virum plenum fidei* (Vulg. *fide*) *et Spiritu
Sancto* (hier erinnert zudem *plenum fidei* an *plena fides* bei Juvencus), 11.
24, II Thess.2.13, ferner I Cor.12.9, Gal.3.14, 5.5, Phil.1.27.- Wenn Arevalo (der sich zum Verständnis von *in Spiritu* bzw. *in spiritu* nicht näher
äußert) schematisch zum einen *errore remoto* auf *in veritate* (was noch gut
nachvollziehbar ist), zum anderen *iustis armati legibus* auf *in Spiritu* bzw.
in spiritu zurückführt, scheint dies nicht überzeugend. *errore remoto* und
iustis armati legibus sind wohl insgesamt als Merkmale der einzig wahren
Gottesverehrung im Hl.Geist zu verstehen. Übrigens ist *veritas* als Wort mit
kretischem Rhythmus für den Hexameter von vornherein ungeeignet, ebenso
wie der Ablativ *Spiritu* (vgl. zu 194 *Flatu Sancto*).[363] Schon dies macht
Umformungen notwendig.- Über die Vertreibung des *error* durch die Gottesverehrung gemäß den *iustae leges* vgl. Lact.epit.55.1 (Heck/Wlosok
p.84f.) *in hoc statu cum essent humanae res* (d.h. weil die Gesetze, die sich
die Menschen selbst gegeben hatten, das Gewissen nicht festigen konnten
und daher eingeschränkt oder mißachtet wurden), *misertus nostri Deus reve-
labit se nobis et ostendit, ut in ipso religionem fidem castitatem misericordiam disceremus, ut errore vitae prioris abiecto simul cum ipso Deo nosmet
ipsos, quos impietas dissociaverat, nosceremus legemque divinam, quae hu-*

---

[363] Die Präposition *in* zur Kennzeichnung des instrumentalen Ablativs hätte Juvencus an sich
wohl übernehmen können. Solches *in* / ἐν ist in der Bibel und bei den Kirchenvätern sehr
häufig. Man kann von einem Hebraismus bzw. Christianismus sprechen (zum Einfluß
von ב auf das Griechische vgl. Blass/Debrunner/Rehkopf 178). Doch ist im Griechischen
instrumentales ἐν schon seit Homer belegt (KG I 464f.) und seine von der Bibel unabhän-
gige Wirkung auf das Lateinische nicht zu unterschätzen (Löfstedt, Syntactica II 452ff.;
HSz 126; zu instrumentalem *in* vgl. Bulhart, Thes.VII.1 c.792). Der hebräische Einfluß
auf die Übersetzer des AT und Schriftsteller des NT ist freilich nicht von der Hand zu
weisen (Löfstedt, Syntactica II 456). Für instrumentales *in* bei Juvencus nennt Huemer
(Index s.v. 160) 1.214 *in Simone* (lokale Färbung möglich), 1.337 *maculas in flumine
abluere* (lokales Verständnis ist möglich, doch vgl. Luc.3.16 *aqua* [d q: *in aqua*, e: *in
aquam*] *baptizo vos* und Kievits zu 1.337 *in flumine*), 3.242 *fallunt in nomine panis*. Insgesamt ist Juvencus bei diesem Gebrauch von *in* aber zurückhaltend.

mana cum caelestibus copulat, tradente ipso Domino sumeremus, qua lege
universi quibus inretiti fuimus errores cum vanis et impiis superstitionibus
tollerentur.[364]- Wahre Gottesverehrung und die Beachtung der Gesetze
Gottes gehören untrennbar zusammen, wenn Gerechtigkeit und Heil erlangt
werden sollen: epit.51.1 (Heck/Wlosok p.75.15/8) *quid...tam iustum ad ae-*
quitatem, tam pium ad honorem, tam necessarium ad salutem quam Deum
agnoscere ut Parentem, venerari ut Dominum eiusque legi et praeceptis ob-
temperare? In bezug auf Ioh.4.23f. ist von der Gottesverehrung nach dem
(gerechten) Gesetz Gottes auch die Rede in Orig.comm.in Ioh.13.13.84 (SC
222.74f.) τίς...ἂν εἴη ἡ πόλις τοῦ μεγάλου βασιλέως, τὰ ἀληθινὰ Ἱεροσόλυμα, ᾗ ἡ ἐκκλησία ἐκ λίθων ᾠκοδομημένη ζώντων, ἔνθα ἱεράτευμα ἅγιον,
πνευματικαὶ θυσίαι προσφέρονται τῷ Θεῷ ὑπὸ τῶν πνευματικῶν καὶ τὸν
πνευματικὸν νενοηκότων νόμον (das wahre Jerusalem ist demnach nicht ört-
lich, sondern geistlich zu verstehen), 13.18.110 (SC 222.88) ὁ γράμματι...
τῷ ἀποκτιννύντι δεδουλωμένος, Πνεύματος δὲ τοῦ ζωοποιοῦντος μὴ μετει-
ληφὼς μηδὲ τοῖς πνευματικοῖς ἀκολουθῶν τοῦ νόμου, οὗτος ἂν εἴη ὁ μὴ
ἀληθινὸς προσκυνητὴς καὶ Πνεύματι μὴ προσκυνῶν τῷ Πατρί, Cyrill.Alex.
comm.in Ioh.4.23f. (PG 78.313B/C) μετασκευασθήσεσθαι...φησὶν...τὴν τοῦ
νόμου σκιὰν εἰς λατρείαν πνευματικήν. ... πνεῦμα...ὁ Θεός...· διά τοι
τοῦτο δικαίως τὸν πνευματικὸν ἀποδέχεται προσκυνητὴν...τοῖς μὲν ἐξ ἀρετῆς κατορθώμασιν εὐαγγελικῶς διαλάμποντα, τῇ δὲ τῶν θείων δογμάτων
ὀρθότητι τὴν ὄντως ἀληθῆ πληροῦντα προσκύνησιν.

287f. cum veri Sanctum Genitorem errore remoto/ cultores iustis armati
legibus orent. Der lautliche Gleichklang *cum veri Sanctum Genitorem*
erro̲re̲ remoto/ cul̲to̲res iustis armati legibus or̲en̲t schmückt das Verspaar
und hält es zusammen. Auch die weite Sperrung *veri/...cultores* eint die beiden Verse. Zu beachten ist auch die Rahmung von *Sanctum Genitorem*
durch *veri/...cultores*, durch die das innige Verhältnis zwischen Gott und
seinen Anbetern widergespiegelt wird. Man kann in *veri...errore remoto* eine zweite Rahmung von *Sanctum Genitorem* erkennen, die unterstreicht, daß
dies der wahre Gott ist.- **(instantis...temporis...,/) cum.../ ...orent.** HSz
624 heißt es, daß das explikative *cum* bei Zeitbegriffen mit dem Konjunktiv
steht, "wenn nicht die objektive Beschaffenheit der Zeit, sondern die sich
daraus ergebende Wirkung bezeichnet werden soll" (HSz 624). Zudem war

---

[364] Die Vertreibung des *error* und die *vera religio* in Verbindung mit *iustitia* müssen ineinandergreifen, wenn es Hoffnung auf das (ewige) Leben geben soll: Lact.inst.4.28.1 (SC
377.230/2) *apparet nullam aliam spem vitae homini esse propositam, nisi abiectis vanita-*
tibus et errore miserabili Deum cognoscat et Deo serviat, nisi huic renuntiet vitae ac se
rudimentis iustitiae ad cultum verae religionis instituat.

orent metrisch bequemer als das schwerfällige Futur *orabunt* und besser geeignet zur Erzielung des beschriebenen lautlichen Gleichklangs.- **veri...**/ **cultores** gibt Ioh.4.23 *veri adoratores* wieder. Das Substantiv *adorator* ist christliche Neuschöpfung. Bei Juvencus kommt das Wort nicht vor (öfter dagegen das Verb *adorare*); der Plural ist für den Hexameter metrisch ohnehin wenig geeignet. *cultor* dagegen wird schon von den Verehrern der antiken Gottheiten gebraucht, auch im Epos: Cic.Tusc.1.69, Hor.epod.1.34.1, Verg.Aen.11.788, Ov.met.1.327. Für *cultor* von den Verehrern des wahren Gottes vgl. Tert.apol.18.3 (CCL 1.118.14), Iob 1.8 (Cypr.testim.1.8 [CCL 3.105.9], mortal.10 [CCL 3A 21.151]), Ioh.9.31, Cypr.patient.3 (CCL 3A 119.39), epist.74.8 (CCL 3C 574.158); vgl. van Assendelft zu Prud.cath. 6.125.- **(Sanctum) Genitorem** steht poetisch (vgl. Axelson 14) für Ioh.4.23 *Patrem*, wozu vgl. Carm.laud.Dei 38 und allgemein Hey, Thes.VI.2 c. 1819.46/78.- Bei Juvencus findet sich noch der Vokativ *Sancte Genitor* in 4.387 (Christus zu Gottvater); vgl. episch Sil.7.737 (Minucius zu Fabius). Der Vokativ *sancte pater* begegnet in Val.Fl.1.11 (zu Phoebus); vgl. sonst Mart.10.28.7 (zu Janus), CE 1504 A.12 (zu Priapus; in diesem Gedicht häufiger). Er ist christlich genutzt etwa in Hil.trin.12.52 (CCL 62A 622.2).- Zu der Wortverbindung **errore remoto** vgl. 4.326 *errorem quorum tali sermone removit*, ferner Cic.Cato 85 *mihi...hunc errorem...extorqueri*, Ov.fast.5.362 *errores abstulit*, Sen.dial.7.4.5 *expulsis...erroribus*, Lact.inst. 4.28.1 (siehe zu 287/90 Anm.), 7.27.1 (CSEL 19.667.19) *abiectis erroribus*. Ähnlicher Hexameterschluß liegt vor in Sil.10.640 *maerore remoto*.

288. iustis armati legibus. Die Samaritanerin hat in 279f. die kultische Tradition der Samaritaner verteidigt, die auf das willkürliche und nicht gottgegebene *praeceptum* ihrer Väter zurückgeht, das die Anbetung Gottes auf dem Berg (Garizim) verlangt. Diesem *praeceptum* fühlt sie sich verpflichtet, nicht dem jüdischen Brauch, Gott in Jerusalem anzubeten. Demgegenüber lenkt Christus die Aufmerksamkeit auf die neue Zeit und die gottgegebenen *iustae leges*, die gerechten Gesetze der Rechtgläubigen, die nicht mehr verlangen, daß Gott an einem bestimmten Ort, sondern geistig angebetet wird. *(iustis) legibus (Dei)* antwortet auf 280 *praeceptum* (sc. *parentum*). Der feierliche spondeische Rhythmus in 288 unterstreicht die Bedeutung der neuen und wahren Gottesverehrung.- **armati legibus.** Vgl. Cic.Sest.79 *legibus sacratis esse armatum*, Alc.Avit.carm.3.349 *legibus armatas furere in certamina lites*, Theodoret.hist.eccl.21.5 (GCS 19.318.6) ὅπλῳ τῷ νόμῳ χρησάμενος; das Gesetz selbst ist bewaffnet in Prud.c.Symm.2.179 *lex armata sedet, sed nescit crimen opertum*. Die Christenheit ist mit den gottgegebenen gerechten Gesetzen bewaffnet; vgl. Cypr.Fort.praef.1 (CCL 3.183.10f.) *arma ac munimenta quaedam pugnaturis fratribus de praeceptis dominicis pro-*

merentur, 4 (p.184.55f.) *praecepta...divina velut arma pugnantibus sugge-*
renda sunt. illa sint militaris tubae hortamenta, illa pugnantibus classica.
inde aures inrigantur, inde instruantur mentes, inde et animi et corporis vi-
res ad omnem passionis tolerantiam roborentur. Verehrung des wahren Gottes und Leben gemäß seinen gerechten Gesetzen werden überall in der Welt
den Irrglauben besiegen und vertreiben. Die Metaphorik der Militia Christi
(A.von Harnack, Militia Christi. Die christliche Religion in den ersten drei
Jahrhunderten, Tübingen 1905; Mohrmann II 337ff.), welche die Väter gerne und oft verwenden, geht auf die Bibel zurück: sap.5.19 *induet pro torace*
iustitiam (sc. *Deus*), Is.59.17 *indutus est iustitiam quasi loricam,* Rom.6.13
membra vestra arma iustitiae, II Cor.6.7, Eph.6.14(10/7). Juvencus hat sie
in 2.619f. *quisque meis aberit discretus miles ab armis,/ hostis in adversa*
consistet fronte duelli (dieses Bild nicht in Matth.12.30), 4.328f. *vestram...*
fidem mihi fortius armant/ cernitis absentem longe quod cuncta videre (for-
tius armant nicht vorgegeben in Ioh.11.15).

289. Spiritus his ac plena fides erit. Ioh.4.24 heißt es *spiritus est Deus,*
"Gott ist Geistwesen" (zu πνεῦμα / *spiritus* als Bezeichnung für die göttliche Natur vgl. Orig.Cels.6.71 [SC 147.357f.] mit H.Crouzel, Art. Geist,
RAC 9.527/9). Juvencus übernimmt nicht diesen Ausspruch, sondern *Spiri-*
tus his...erit dürfte auf Ioh.4.23 und 24 *in Spiritu...adorare* zurückgehen
(siehe zu 287/90).- **plena fides.** Veranlaßt durch die unterschiedlichen tem-
poralen Angaben in Ioh.4.21 ἔρχεται ὥρα und Ioh.4.23 ἔρχεται ὥρα καὶ
νῦν ἐστιν unterscheidet Origenes zwei Arten der neuen, vollkommenen Gottesanbetung. In der Fülle der Zeit, wenn niemand mehr im Fleisch, sondern
jeder im Geist lebt, wenn niemand mehr figürlich, sondern jeder ganz in
Wahrheit lebt, dann findet die wahre Anbetung statt. Jetzt aber, in diesem
Leben und in unserer fleischlichen Existenz, meint vollkommene Gottesanbetung, daß wir Gott so vollkommen anbeten, wie es uns angesichts unserer
menschlichen Natur nur irgend möglich ist: comm.in Ioh.13.13.85/7 (SC
222.76) ἐπὰν...ἐνστῇ τὸ πλήρωμα τοῦ χρόνου, τότε οὐχ ἡγητέον τὴν ἀλη-
θινὴν προσκύνησιν καὶ τελείαν θεοσέβειαν τελεῖσθαι ἐν Ἱεροσολύμοις ἔτι,
ὅταν τις γένηται μηδαμῶς ἐν σαρκὶ ἀλλ᾽ ἐν Πνεύματι, καὶ μηδαμῶς ἔτι ἐν
τύπῳ ἀλλὰ πᾶς ἐν ἀληθείᾳ, τοιοῦτος κατεσκευασμένος ὥστε ἐξομοιοῦσθαι
αὐτὸν οἷς ζητεῖ προσκυνηταῖς ὁ θεός./ δὶς δὲ τὸ "ἔρχεται ὥρα" γέγραπται,
καὶ κατὰ μὲν τὸ πρῶτον οὐ πρόσκειται "καὶ νῦν ἐστιν", κατὰ δὲ τὸ δεύτερόν
φησιν ὁ εὐαγγελιστής· "ἀλλ᾽ ἔρχεται ὥρα καὶ νῦν ἐστιν"./ οἶμαί γε τὸ μὲν
πρότερον δηλοῦν τὴν ἔξω σωμάτων προσκύνησιν ἐνστησομένην κατὰ τὴν τε-
λειότητα· τὸ δὲ δεύτερον τὴν τῶν ἐν βίῳ τούτῳ ὡς ἐνδέχεται κατὰ ἀνθρωπίνην φύσιν προκόπτειν τελειουμένων. Die Differenzierung von ἔρχεται
ὥρα (venit hora) und ἔρχεται ὥρα καὶ νῦν ἐστίν (venit hora et nunc est) ist
freilich bei Juvencus nicht durchgeführt. Juvencus bzw. sein Christus ver-

stehen unter *plena fides* nicht eine eschatologische und vollkommene Gottesanbetung, sondern wie im zweiten von Origenes besprochenen Fall eine
(zwar noch nicht wie von Origenes als bereits eingetreten betrachtete, wohl
aber unmittelbar bevorstehende [vgl. 286 *et nunc instantis cursus iam temporis urget*]) Gottesverehrung in diesem Leben und in dieser Welt. Denn es
heißt in 290 *talia conquirit cultorum pectora terris*. Da Gott Geist ist und da
seine Anbetung nicht an einen Ort gebunden ist, sondern überall in dieser
Welt stattfindet, kann sie aber bereits geistig genannt werden und liegt somit der Vollkommenheit näher als die Gottesanbetung der Samaritaner und
der Juden.- Zum Begriff der vollkommenen Gottesanbetung in bezug auf
Ioh.4.21ff. vgl. noch das freie Zitat bei Hippolyt.refut.haer.5.9 (GCS 26.
98.9ff.) "πνεῦμα γάρ", φησίν, "ἐστὶν ὁ Θεός· διό", φησίν, "ἐστὶ τῶν τελεί-
ων ἡ προσκύνησις, οὐ σαρκική". Allerdings gibt Hippolytos die Bibelstelle
mit den Worten der häretischen Phryger wieder.- Für die Junktur *plena fides* vgl. etwa Cypr.eleem.24 (CCL 3A 71.497), 26 (p.72.540), mortal.3
(p.18.42), Hier.adv.Iovin.1.3 (PL 23.224B), epist.108.6 (CSEL 55.311.
20), Aug.vera relig.16.32 (CCL 32.297.52), epist.21.4 (CSEL 34.1 p.
52.4), Drac.laud.Dei 2.684, 3.215, Carm.cod.Petav.7.4 (MGH 6.2 p.185).
Aus paganen Autoren vgl. (mit *fides* in der Bedeutung "Glaubwürdigkeit")[365] Stat.Theb.10.640 *fit provida Manto, / responsis ut plena* (v.l. *plana*, cf. 2.393) *fides*, Apul.Plat.1.6 *quae de ea* (sc. *intelligendi substantia*)
disputantur, ratione stabili et fide plena sunt. In der Statiusstelle nimmt *plena fides* dieselbe Position im Vers ein wie bei Juvencus.- **erit.** Prädikat im
Singular bei kopulativer Verknüpfung mehrerer Subjekte ist häufig (HSz
433D). Hatfield (§ 7.2) nennt für Juvencus noch 1.222 (siehe Kievits,
Komm.), 3.499, 4.396 (Sonderfall: zwei verschiedene Objekte).- **Pater altus.** Die Junktur findet sich bereits in Stat.Theb.7.84 und 11.119, dort auf
Juppiter bezogen. Chrêsishaft auf den Gott der Christenheit bezogen begegnet sie noch in 1.592, Prud.cath.9.104. *altus* ist als Götterepitheton seit
Verg.Aen.10.875 *pater ille deum,...altus Apollo*, 12.140 *rex aetheris altus
...Iuppiter* belegt und in dieser Funktion vorwiegend poetisch gebraucht
(v.Mess, Thes.I 1777.39/48; Braun, Deus Christianorum 87 Anm.1). Neben
altus verwendet Juvencus in vergleichbarer Bedeutung die ebenfalls aus der
Antike bekannten Götterepitheta *summus* und *supremus*, und zwar in den

---

[365] *fides* ist in der Antike kein religiöser t.t. für den Glauben an die Götter. "Die Gleichsetzung von *fides* mit dem christlich umgeprägten Wort πίστις wird dadurch erleichtert oder
vielmehr erst ermöglicht, daß der Aspekt des 'Glaubens' (freilich nicht in religiösem Sinne, sondern in der Bedeutung: 'für wahr, für richtig halten') an ihm allmählich, seit den
Schriften zu Beginn des 1. Jhdts. v. Chr. u. dann bes. in der Dichtersprache, bes. von
Verg.Aen.4.12 an, immer stärker in den Vordergrund getreten war" (C.Becker, Art. Fides, RAC 7.827).

Verbindungen *supremus pater* (1.173; vgl. Pacuv.praetext.1, Stat.Theb.3. 304f.), *summus genitor* (2.682, 1.390, 4.382; vgl. später Prud.ham.378; gegen Fichtner 139 keine neue Junktur, da schon in Octavia 245, Apul.apol.64 belegt), *summus tonans* (4.553; vgl. Lucan.2.34, Val.Fl.2.560, Mart.6.13. 7, 6.83.5, Sil.8.219), *supremus genitor* (2.507), *supremus deus* (1.38, 72; vgl. Cic.leg.1.22). Die in der lateinischen Bibel verbreitete Superlativform *altissimus*, welche als Wiedergabe der Gottesbezeichnung ὕψιστος in der Septuaginta gewählt wurde, weil sie nicht durch Bezug auf pagane Gottheiten vorbelastet war (als frühesten Beleg nennt v.Mess a.a.O. Paneg.11.28; der Gebrauch in Ov.met.11.353 ist etwas anderes, da konkret; vgl. Braun 87 Anm.1),[366] ganz im Gegensatz zu *summus / supremus* (Braun 83ff.; doch vgl. für *summus* biblisch Tob.3.24, 4.13, Marc.5.7, Vulg.Hebr.7.1), ist bei Juvencus überhaupt nicht anzutreffen, wäre allerdings metrisch auch nur im Nominativ und Vokativ möglich (was Orbán, Versifikation 232, zu 1.68 *virtus celsa Dei* [= Luc.1.35 *virtus Altissimi*] außer acht läßt). Insgesamt zeigt sich jedenfalls, daß Juvencus hier eher paganem als biblischem Sprachgebrauch gefolgt ist.- *Pater altus* mit dem metrischen Schema ⌣ ⌣ – ⏑ (vgl. 2.197, 2.271) ist altertümlicher Versschluß (vgl. Norden 440, 446/8) und verleiht der Rede Feierlichkeit.

289*. Spiritus atque fides aderit simul et Pater altus/ ... Der Vers, erstmals in der Edition von Marold vermerkt, ist in C im Anschluß an 289 überliefert, ohne 289 in Mp (mit überschriebenem *his ac plena*) und Ma (Angaben nach Hansson 74). Die übrigen Handschriften haben nur 289. Daß einer der beiden Verse als Dublette getilgt werden muß, steht wegen der weitgehenden inhaltlichen Übereinstimmung außer Frage. Marold, Knappitsch, de Wit und Castillo Bejarano athetieren den Vers; Huemer (Proleg. XXXVII) und Hansson (74) halten ihn für eine Autorenvariante, letzterer für die bessere und endgültige, ersterer für die schlechtere und vorläufige. Stilistisch stellt Hansson keine Qualitätsunterschiede fest, entdeckt aber in

---

[366] Orbán (Versifikation 232) wertet den Superlativ *altissimus* als einen auf das hebräische עליון zurückgehenden Semitismus (vgl. für עליון etwa gen.14.18 אל עליון, num.24.16 עליון; Gesenius 1962¹⁷, 592 s.v. עליון 2 "der höchste"; Bertram, Art. ὕψιστος, ThWNT VIII 614f. Zur Superlativfunktion der Suffixform עליון siehe Gesenius/Kautzsch 451.3 mit Anm.3), weswegen Juvencus diese Form gemieden habe. Doch ist ὕψιστος in der Septuaginta kein strikter Semitismus, da es verbreitetes Zeusepitheton war (M.Hengel, Judentum und Hellenismus [= Wissenschaftliche Untersuchungen zum Neuen Testament, Bd.10], Tübingen 1969, 544ff.). Und bei der Vetus Latina wiederum, die den Septuagintatext übersetzt, liegt mit *altissimus* nur eine Angleichung an den griechischen Ausdruck vor. Auch *altissimus* in der Vulgata schließlich dürfte kaum als eigentlicher Semitismus zu werten sein, sondern von der Vetus Latina beeinflußt sein (auch wenn die Vulgata des AT grundsätzlich Übersetzung des hebräischen Textes ist).

289 eine metrische Besonderheit. Von den Versen mit weiblicher Hauptzäsur habe nur Vers 289 zwei Monosyllaba im 2. Fuß mit Ausnahme von
1.506 *quid tibi sit* | *cum fratre* ‖ *domi suscepta simultas*, wo aber Proklise
(*cum* ist offenbar gemeint) vorliege. Hansson hält 289* für eine metrisch
verbesserte Fassung des Dichters selbst. Doch wenn Verse mit weiblicher
Hauptzäsur nicht sehr häufig sind (Hansson spricht von 75 bei Juvencus
bzw. 150, wenn man die Verse mit *-que* dazurechnet), dann nimmt es nicht
wunder, daß es innerhalb dieser Fälle wiederum nur 2 gibt, in denen im 2.
Versfuß 2 Monosyllaba stehen. Daraus sollte man keine voreiligen Wertun-
gen zur metrischen Qualität herleiten, zumal sich Parallelen bei den antiken
Epikern finden lassen: Verg.Aen.3.318 *excipit aut* | *quae digna* ‖ *satis* |
fortuna revisit, 12.677 *quo deus et* | *quo dura* ‖ *vocat* | *Fortuna sequamur*,
Ov.met.11.701 *et sine me* | *te pontus* ‖ *habet!* | *crudelior...*, Lucan.2.109
sed satis est | *iam posse* ‖ *mori*, 9.1032 *quod scelus hoc* | *non ipse* ‖ *fa-
cis*. Damit wird Hanssons Behauptung, daß man es in 289* mit einer Autorenvariante um metrischer Verbesserung willen zu tun habe, zweifelhaft.
Hansson muß sich übrigens auch fragen lassen, warum ein Dichter wie Juvencus selbst in erster Fassung metrisch schlecht gedichtet haben sollte.
Doch es gibt noch eine weitere metrische Regel, gegen die Vers 289 verstößt und auf die Verfechter der Ansicht, daß es sich bei 289* um eine zweite und metrisch verbesserte Autorenvariante handle, zurückgreifen könnten.
Meyer (Über die weibliche Caesur des klassischen lateinischen Hexameters
und über lateinische Caesuren überhaupt, in: Sitzungsberichte der Münche-
ner Akademie, 1889 II, 228ff., bes. 230) behauptet, bei Versen mit weiblicher Hauptzäsur, der ein daktylisches oder spondeisches Wort vorausgehe,
sei es nicht beliebt, vor die männliche Nebenzäsur in der 2. Hebung ein
Monosyllabon zu setzen, es sei denn, diesem einsilbigen Wort gehe ein aus
1 Länge oder 2 Kürzen bestehendes Wort voraus. Bei einem Proklitikon in
der 2. Hebung liege an dieser Stelle keine männliche Nebenzäsur vor, wor-
über sich aber wohl streiten ließe. Meyer selbst räumt ein, daß es Abweichungen von seiner Regel gibt (230f.). Norden (431 Anm.1) setzt Meyers
Regel eine Reihe von Vergilstellen entgegen. Für Juvencus läßt sich auf
1.61 *natum, quem* | *regnare* ‖ *Deus per* ‖ *saecula cuncta (gaudetque iubet-
que)* verweisen. In Iuvenc.1.297 *anxia cum* | *genitore* ‖ *gemens* würde
Meyer wegen des Proklitikons *cum* nach der 2. Hebung keine Zäsur erkennen. Gegen Meyers Regel und Hanssons Regel zugleich verstößt Lucan.1.
349 *omnia dat* | *qui iusta* ‖ *negat*.- In Wirklichkeit weist nicht 289 Mängel
auf, sondern 289*. Während in 289 mit *his* der Bezug zu 288 *cultores* hergestellt wird, fehlt in 289* das anknüpfende Personalpronomen, so daß der
Vers sehr unverbunden wirkt. Aufgrund dieses schwerwiegenden Mangels
kann man 289* nur als interpolierte Ersatzfassung erklären. Der inhaltliche
Unterschied zu 289 besteht in dem Wegfall von *plena*. Vermutlich hat der

Interpolator *plena* in einem zu absoluten Sinn auf den praktizierten Glauben bezogen und auf diese Weise mißverstanden. *plena* wird der neue Glaube aber nicht genannt, weil jeder Gläubige schon die höchste Stufe des Glaubens erreicht hätte, sondern weil er sich nach Kräften darum bemüht (vgl. Orig.comm.in Ioh.13.13.87 [SC 222.76.6f.] τὴν τῶν ἐν βίῳ τούτῳ ὡς ἐνδέχεται κατὰ ἀνθρωπίνην φύσιν προκόπτειν τελειουμένων [προσκύνησιν]; siehe aber zu 289 über die zwei Arten der vollkommenen Gottesanbetung, die Origenes unterscheidet) und weil der neue Glaube überhaupt erst die Möglichkeit zur Vollkommenheit eröffnet gegenüber dem unvollendeten Glauben der Juden und der Samaritaner.- Um den Vers nach Weglassung von *plena* auszufüllen, wurde *ac* durch das silbenreiche *atque...simul* ersetzt (vgl. Plaut.Truc.47, Verg.Aen.12.326, Stat.Theb.2.713, Sil.12.455f.). Knappitsch nun übersetzt 289* wie folgt: "Geist und Glaube erscheinen wie auch der himmlische Vater". Demnach faßt Knappitsch *simul et* als zusammengehörig und in der Funktion, *Pater* mit *Spiritus atque fides* zu verknüpfen. Zwar dient *simul et* häufig als Verbindung der Bestandteile einer Aufzählung (etwa in Enn.ann.3.138 Skutsch, Catull.64.78, Verg.Aen.8.182). Doch OLD 1766 s.v. *simul* 8b ("referring to two or more co-ordinate terms") wird nur zwischen den beiden Fällen, in denen *simul* dem ersten Glied voran- oder nachgestellt ist, unterschieden. Aber selbst wenn *simul* beim dritten und letzten Glied einer Aufzählung stehen könnte, würde, wenn man Knappitsch folgte, der Anschluß von 290 sehr holprig wirken, da man irgendeinen Hinweis darauf erwartet, daß von den drei Subjekten des vorigen Satzes in bezug auf *conquirit* nur noch *Pater* in Frage kommt. Knappitschs hier in Frage gestellte Auffassung lenkt aber vor allem auf folgendes: Schon die Unsicherheit des syntaktischen Einschnitts an sich ist Merkmal einer Interpolation (Gnilka, Prudentiana I, Reg. III 749 s.v. "Interpolation verursacht Unsicherheit der Interpunktion"). *simul et*, das man normalerweise zusammen liest, löst ein syntaktisches Mißverständnis aus. Wahrscheinlich interpungierte der Interpolator nach *simul*. Denn der Grund für die Interpolation war das unverstandene *plena*, nicht die Absicht, *erit / aderit* auch *Pater* als Subjekt zuzuordnen.

290. talia conquirit cultorum pectora terris ist durch die Alliterationen auf *t* und *c* geschmückt (Schema abba, vgl. Widmann 84. Zu kombinierten Alliterationen siehe allgemein HSz 702d), wobei die erstere den ganzen Vers rahmt (vgl. 186, 280).- **conquirit**. Das biblische *quaerit* (gr. ζητεῖ) bedeutet "verlangen, fordern" (Bauer/Aland 686 s.v. ζητέω 2c ad 1.; Greeven, Art. ζητέω, ThWNT II 894). In diesem Sinn übersetzen Knappitsch ("verlangt") und Castillo Bejarano ("exige") auch *conquirit* bei Juvencus, und schon Schoettgen meint wohl dasselbe, wenn er *conquirit* mit "requirit" paraphrasiert.[367] Doch ist die Bedeutung "verlangen, fordern" für *conquirere* in den Lexika nicht bezeugt. Möglicherweise nimmt *conquirit* als t.t. militiae ("ausheben", vgl. Jacobsohn, Thes.IV 355.35/8) das in 288 durch *iustis armati legibus* angedeutete Bild der militia Christiana wieder auf, wobei der Dichter den Ausdruck so gewählt hat, daß zumindest äußerlich noch eine gewisse Anlehnung an das biblische *quaerit* bestehen bleibt (vgl. aber immerhin OLD 1533 s.v. *quaero* 4b "to try to obtain, strive for, seek [a person to serve in a particular capacity]"). Von der Aushebung Gläubiger als Aspekt der militia Christiana ist die Rede auch in Acta Phil.15 (Lipsius/Bonnet p.8.19) ἐστράτευσεν (sc. ᾿Ιησοῦς)...πλήθη πολλά, Iustin. I apol.39 (PG 6.388C) γελοῖον ἤδη πρᾶγμα, ὑμῖν μὲν τοὺς συντιθεμένους καὶ καταλεγομένους στρατιώτας καὶ πρὸ τῆς ἑαυτῶν ζωῆς καὶ γονέων καὶ πατρίδος καὶ πάντων τῶν οἰκείων τὴν ὑμετέραν ἀσπάζεσθαι ὁμολογίαν, μηδὲν ἄφθαρτον δυναμένων ὑμῶν αὐτοῖς παρασχεῖν, ἡμᾶς δέ (sc. συντιθεμένους καὶ καταλεγομένους), ἀφθαρσίας ἐρῶντας, μὴ πάνθ᾽ ὑπομεῖναι ὑπὲρ τοῦ τὰ ποθούμενα παρὰ τοῦ δυναμένου δοῦναι λαβεῖν. Nur ein scheinbares Problem bei dieser Bedeutung von *conquirere* ist, daß es neben der präsentischen Aussage *talia conquirit cultorum pectora* gleichzeitig futurisch heißt *Spiritus his et plena fides erit*. Es ist nämlich nicht gemeint, daß alle Kämpfer des Glaubens nun auf einmal ausgehoben werden, sondern vielmehr, daß die Aushebung gerade begonnen hat.- **terris.** Der neue und wahre Glaube ist universal. Die künftige Gottesverehrung ist nicht an einen bestimmten Ort gebunden. Denn der wahre Gott ist der Gott der ganzen Welt. Gott sucht seine Verehrer in aller Welt. Das legt nahe, daß er auch überall angebetet werden kann. Mit 291 *orbi* wird *terris* wieder aufgenommen. Der Anspruch des christlichen Glaubens auf Universalität wird im NT am deutlichsten im Missionsbefehl Marc.16.15, Matth.28.18f. *data est mihi omnis potestas in caelo et in terra./ euntes nunc docete omnes gentes* (= Iuvenc.4.793ff.). Daneben sind etwa Matth.24.14, Marc.13.10 zu erwähnen. Der Gedanke der Universalität der christlichen Kirche wirkt im nachbiblischen Schrifttum weiter (V.Buchheit, Würzburger Jahrbücher 11.1985.217 Anm.200 mit zahlreichen Belegen; ders., RAC Ergbd.28.1998.37/8). Für die westliche Kirche vgl. etwa Tert.apol.37.4 (CCL 1.148), Arnob.nat.2.5 (CSEL 4.50. 19ff.; vgl. dazu V.Buchheit, Würzburger Jahrbücher 9.1983.190f.), Lact. inst.4.26.36 (SC 377.220). Bei Juvencus spielt der Universalitätsanspruch auch sonst eine Rolle; vgl. 1.194/6 *caeli laudem terraeque salutem/ omnia quem spondent oracula Christum*, 2.75 (733) *terrarum lumen Iesus*, 4.117/9

---

[367] Diese Paraphrase wird von Arevalo, Knappitsch (Komm.) und de Wit wiederholt, letzterer vergleicht aber unpassend 3.270 *conquirit, quae sit sententia discipulorum*, wo *conquirere* "fragen" bedeutet.

regnorum caeli celebratio pervolitabit/ in cunctas terrae metas (cf. Matth.
24.14). In engem Zusammenhang damit steht die Auffassung von Gott /
Christus als Herrscher über das All (vgl. zu 265 *mundi regnator*).

2.291/301 - Die Samaritanerin als Helferin bei der Missionierung

**291f. illa dehinc: "scimus, quod Christus nuntius orbi/ adventu proprio
vitalia saecula pandet."** Schon aus Ioh.4.19 und 4.25 läßt sich schließen,
daß die Frau, wenn sie auch den Messias selbst nicht erkennt, doch bereit
zur Annahme des christlichen Glaubens ist; vgl. Cyrill.Alex.comm.in Ioh.4.
26 (PG 78.313/6) ἐπειδὴ...καὶ προφήτην ὡμολόγει εἶναι (Ioh.4.19)..., φάρ-
μακον εἰς σωτηρίαν λαβοῦσα τὸν ἔλεγχον... "οἴδαμεν, φησὶν, ὅτι Μεσσίας
ἔρχεται ὁ λεγόμενος Χριστός. ὅταν ἔλθῃ ἐκεῖνος, ἀναγγελεῖ ἡμῖν πάντα"
(Ioh.4.25). ὁρᾷς ὅπως ἤδη τὸ γύναιον εὐτρεπὲς εἰς τὸ πιστεύειν ἐγίγνετο,
καὶ ὥσπερ τινὰ βαθμῶν ἀναβαίνουσα θέσιν ἐκ μικρῶν ἐρωτημάτων εἰς ὑψη-
λοτέραν ἕξιν ἀναπηδᾷ. Die Frau spricht zumal bei Juvencus nicht mehr wie
eine Gegnerin Christi, sondern wie eine Bekehrte. Das gilt besonders für
291f., da dort im Hinblick auf Christus der Ewigkeitsgedanke hervortritt.
Roberts (152 Anm.118) sieht darin aber nur eine "inconsistency", scheint
also einen Erkenntnisfortschritt der Frau nicht in Erwägung zu ziehen. Kyrill sagt weiter, daß die Frau es verdiene, daß ihr das Ersehnte nun offenbart werde: ἔδει τοίνυν αὐτῇ τρανωτέραις μὲν ἤδη φωναῖς ἀπογυμνοῦν τὸ
ποθούμενον, τὸ δὲ ἐν ἐλπίσι σωζόμενον ἀγαθαῖς παρατιθέναι λοιπὸν ἐν
ὄψει λέγοντα· "ἐγώ εἰμι ὁ λέγων σοι" (Ioh.4.26).

291. illa dehinc. Von Juvencus öfter verwendete Form zur Ankündigung eines Sprecherwechsels, etwa in 36, 4.355. Vor Juvencus ist diese Form im
Epos weder mit einem Verb des Sagens noch elliptisch anzutreffen. Dasselbe
be gilt den Angaben Schumanns (Bd.3.20) zufolge auch für die Zeit nach
Juvencus mit Ausnahme erst des Waltharilieds. Zu V.36 verweist de Wit
auf Verg.Aen.1.131 *dehinc talia fatur*, doch ist dort wie auch in Aen.1.256
die Situation nicht ganz vergleichbar, da kein Sprecherwechsel vorliegt. Zur
Ellipse des Verbs des Sagens siehe zu 184 *Christus ad haec.- scimus, quod.*
Die Konstruktion *scire, quod* (Ioh.4.25 *quia*, cod. a *quod*), die auch in 3.
247 *(meminisse et scire)* vorkommt, ist ursprünglich wohl umgangssprachlich. Sie findet sich in der Antike nur vereinzelt (HSz 576, OLD 1705 s.v.
scio 2b), im Epos, soweit ich sehe, gar nicht. In der Spätantike ist sie
häufiger, wobei oft *quia* statt *quod* steht (HSz 577α), was auch für die lateinische Bibel gilt, besonders für die Vetus Latina, wobei Anpassung an die
griechische Vorlage mit Konstruktionen wie εἰδέναι, ὅτι u.ä. eine Rolle
spielt.- Die Formel οἴδαμεν, ὅτι bzw. *scimus, quod / quia* (cf. Matth.22.16,

Ioh.3.2, Rom.8.22) dient dazu, eine Tatsache als allgemein bekannt und zu-
gegeben zu bezeichnen (Bauer/Aland 1127 s.v. οἶδα 1e). Somit läßt *scimus,
quod* bei Juvencus die wichtige Aussage objektiver und gesicherter erscheinen als *scio, quia* in der Vorlage Ioh.4.25.- **Christus**. In der Hl.Schrift
spricht die Samaritanerin von der Erwartung des Messias. Anstelle der
Übernahme von *Messias* und der (wohl vom Evangelisten eingeschobenen)
Erläuterung *qui dicitur Christus* liest man bei Juvencus nur *Christus*. Das ist
vielleicht mit dem Streben nach gedanklicher Glättung zu erklären. Allerdings kommt *Messias* bei Juvencus auch sonst nicht vor und ist auch bei anderen Kirchenvätern selten. Es wird fast nur im Zusammenhang von Ioh.1.
41 und 4.25 verwendet, den einzigen Belegen für sein Vorkommen in der
griechischen und lateinischen Bibel, und zwar jeweils mit beigefügter Übersetzung. Für poetischen Gebrauch von *Messias* nennt Quicherat nur Prud.
perist.10.17; aus der griechischen Dichtung vgl. Nonn.Ioh.1.42, 4.25, Ro-
man.Melod.19.4.5 (Ioh.4), 19.18.3 (Ioh.4).- **nuntius** geht auf Ioh.4.25 *adnuntiabit* zurück und läßt sich entweder attributiv fassen ("Christus, der Bote"; vgl. Hatfield § 27[368]) oder prädikativ ("in seiner Eigenschaft als Bote, in Ausführung seines Amtes als Bote"; vgl. Knappitsch "zur Erde entsendet", Castillo Bejarano "como mensajero"). Für Christus als Bote vgl.
J.Barbel, Christos Angelos. Die Bezeichnung von Christus als Bote und Engel in der gelehrten und volkstümlichen Literatur des christlichen Altertums, Bonn 1941; J.Michl, Art. Engel, RAC 5.148f. Das NT kennt die Bezeichnung von Christus als ἄγγελος / *nuntius* nicht (Kittel, ThWNT I 84f.).
Nachfolgend jedoch verbreitete sich unter Ketzern die Anschauung, daß
Christus Engelsnatur angenommen habe, wofür man sich bevorzugt auf Is.
9.5 berief. Tert.carn.14 (SC 216.270.21) äußert sich dazu scharf ablehnend:
*dictus est quidem "angelus magni cogitatus", id est nuntius, officii, non na-
turae vocabulo* (cf. Barbel 70f.). Christus kann nur aufgrund seines Amtes,
nicht aufgrund seiner Natur Engel genannt werden. Daran lehnen sich an
Hil.trin.5.11 (SC 448.114/6; vgl. Barbel 148) und Aug.serm.7.3 (CCL 41.

---

[368] Für attributiven Gebrauch eines Substantivs bei Juvencus nennt Hatfield neben vorliegendem Vers u.a. 2.342 *nuntia fama*. Doch aufgrund der Wortstellung ist *nuntia* dort wohl
eher adjektivisch zu fassen (vgl. Wacht, Konkordanz 200), ebenso wie schon bei dem
Vorbild Verg.Aen.9.474 (cf. OLD 1207 s.v. *nuntius*² 1). Die von Hatfield sonst genannten Fälle sind zum Teil zweifelhaft, denn in 3.478 *populo teste*, 3.609 *hominis Natus minister*, 3.718 *actores famulos mittit*, 3.751 *rex ultor*, 4.736 *custos miles* liegt eher prädikativer Gebrauch vor. Zu Recht nimmt Hatfield attributiven Gebrauch an bei 1.287 *comitis matris*, 2.117 *Spiritus auctor*, 4.187 *vir pater ipse domus*, 4.526 *confidet vindice ferro*, 4.590 *Dominus Iesus*.

72; cf. Barbel 166).[369] Es ist zu vermuten, daß auch Juvencus *nuntius* nur in diesem formalen Sinn auf Christus bezieht bzw. der Samaritanerin in den Mund legt, denn zu deutlich tritt bei ihm die weit untergeordnete Stellung der Engel auch gegenüber dem Sohn hervor: 1.365f. *obsequiumque illi Patris praebere ministri/ certabant* (Steigerung gegenüber Matth.4.11 *et ecce angeli accesserunt et ministrabant ei*, denn die Engel wetteifern darum, Jesus zu dienen), 3.311ff. *Filius huc hominis veniet sub nomine Patris/ caelestesque illum fremitu comitante ministri/ stipabunt* (Steigerung gegenüber Matth.16.27 *nam Filius hominis venturus est in maiestate Patris sui cum angelis suis*: Die Machtstellung des Sohns wird bei Juvencus dadurch unterstrichen, daß er von der jubelnden Engelschar umgeben ist), 4.259f. *en hominis Natus veniet Patrisque ministris/ stipatus celsa iudex in sede sedebit* (Matth.25.31 *cum autem venerit Filius hominis in maiestate sua et omnes angeli cum eo, tunc sedebit super sedem maiestatis suae*). Doch wird das Verhältnis des Sohns zu den Engeln von Juvencus nie so ausgedrückt, daß er, wie zuweilen Matthäus, von "seinen" Engeln spricht, eher sind es bei ihm die Engel "des Vaters". So ist in Matth.4.11 von den Engeln *(angeli)* die Rede, die Jesus gehorchen, in 1.365 werden sie die Engel des Vaters *(Patris...ministri)* genannt. Während Matth.13.41 zufolge der Sohn am Ende der Zeiten seine Engel *(angelos suos)* schickt, sind es in Iuvenc.3.10 die Engel des Vaters *(patrii...ministri)*, die als Schnitter kommen werden, wenn auch dem Sohn zugestanden wird, ihnen Befehle zu erteilen (3.11f.). Matth. 16.27 heißt es, daß der Menschensohn mit seinen Engeln *(cum angelis suis)* kommen werde, Iuvenc.3.312 dagegen ist von den himmlischen Dienern *(caelestes...ministri)* die Rede, womit auch die Diener des Vaters gemeint sein könnten. Matth.24.31 schickt der Sohn seine Engel *(angelos suos)*, Iuvenc.4.157f. dagegen werden die Engel nicht erwähnt. Dreimal also vermeidet es Juvencus, von den Engeln des Sohns zu sprechen entgegen der Vorgabe des Evangeliums, zweimal spricht er im Zusammenhang mit Christus ausdrücklich von den Engeln des Vaters, obwohl im Evangelium nur allgemein von den Engeln die Rede ist. Das kann kein Zufall sein. Offenbar sind nach des Juvencus Auffassung die Engel zunächst dem Vater untergeordnet. Doch ist der Sohn auch bei ihm mit der Vollmacht ausgestattet, ihnen Befehle zu erteilen. Daraus ergibt sich freilich wiederum die Unterordnung der Engel unter den Sohn (zur Herrschaft des Sohns über die Engel siehe Michl, RAC 5.145f.). Der Dichter hat die Allmacht des Sohns nicht

---

[369] Die Auffassung, daß die Engel von ihrer Tätigkeit her den Namen haben, findet sich auch bei Orig.Cels.5.4 (SC 147.20), orat.11.1 (GCS 3.321); vgl. Michl, RAC 5.115. Die Verbindung zur Frage, ob Christus Engel genannt werden könne, ist dort aber nicht gegeben.

geleugnet, aber auch nicht immer in aller Klarheit herausgestellt (siehe zu
310).- Das Lehnwort *angelus* verwendet Juvencus grundsätzlich nicht, auch
nicht in Bezug auf Engel (anders als etwa Sedulius, Avitus), wo er stattdessen *nuntius* (1.12 [Luc.1.11], 19 [Luc.1.13] u.ö.), *minister* (1.36 [Luc.1.
19], 52 [Luc.1.26] u.ö.) oder *custos* setzt (3.408 [Matth.18.10]), vagere
Andeutungen macht (1.138 [Matth.1.20], 1.255 [Matth.2.13]), oder auch
den biblischen Ausdruck eliminiert (4.157f. [Matth.24.31], 4.528f. [Matth.
26.53]). Die Engel des Teufels nennt er *Daemonis socii* (4.287 [Matth.25.
41]). Vgl. noch Fichtner 99, 100 Anm.360 *(nuntius, minister)*, Hérnandez/
González 269/72 *(nuntius, minister, socius*, Elimination*)*. Doch ist das Metrische zu beachten: *angelus* und *nuntius* eignen sich für den Hexameter nur
im Nominativ Singular. Sedulius und Avitus haben auch das Adjektiv *ange-
licus*, das zur Umschreibung des Plurals von *angelus* dienen kann.- **orbi** ist
vielleicht ἀπὸ κοινοῦ zu verstehen, einerseits adnominal zu *nuntius* (Knappitsch scheint dies durch seine Übersetzung "Christus zur Erde entsendet"
ausdrücken zu wollen), andererseits abhängig von *pandet*. Es zeigt wie 290
terris indirekt, daß es nur einen wahren Gott aller Menschen gibt. Die Samaritanerin löst sich von dem auf Konfrontation mit den Juden ausgerichte-
ten Denken. Ihre scharfe Trennung zwischen dem Kult der Samaritaner und
dem Kult der Juden zuvor (279/81 = Ioh.4.20) beruhte auf dem *praeceptum*
ihrer Vorfahren, das im Gegensatz zu der im Pentateuch ausgesprochenen
Verheißung steht, welche die Ankunft eines Königs der, d.h. aller Völker
vorhersagt (gen.49.10 עמים יקהת ולו, Sept. καὶ αὐτὸς προσδοκία ἐθνῶν,
VL [Cypr.testim.1.21; CCL 3.22.27] *et ipse est spes gentium*, Vulg. *et ipse
erit expectatio gentium*)[370] und welche auf Christus zu beziehen ist (die
Kapitelüberschrift bei Cyprian lautet *Quod gentes magis in Christum credi-
turae essent*), der als göttlicher König aller Völker vereint mit Gottvater
nicht an einem bestimmten Ort, sondern überall auf Erden angebetet werden
muß.

292. (orbi) adventu proprio vitalia saecula pandet ist Übertragung von
Ioh.4.25 *cum ergo venerit ille, adnuntiabit nobis omnia. vitalia saecula pandet* wird von Knappitsch erklärt mit "annuntiabit et docebit omnia (für *pandere* = "enthüllen, verkünden" vgl. unten zu *saecula pandet*), quae ad vi-

---

[370] Für den Bezug von Ioh.4.25 auf gen.49.10 vgl. Orig.comm.in Ioh.13.26.154 (SC 222.
116.10), Chrysost.hom.33.2 in Ioh. (PG 78.190). Origenes erwähnt gleichzeitig num.
24.7 (Sept. καὶ κυριεύσει ἐθνῶν πολλῶν, VL [Cypr.testim.2.10; CCL 2.42.5f.] *et domi-
nabitur multarum gentium* [hier aber mit Betonung des Menschseins des erwarteten Königs: ἐξελεύσεται ἄνθρωπος, *procedet homo*]; anders hebr. מאגג מלכו וחנשא מלכתו
ורים, Vulg. *tolletur propter Agag rex eius et auferetur regnum illius*).

tam aeternam consequendam necessaria sint" (de Wit "omnia docebit ad vitam aeternam necessaria"). Dagegen ordnet Kruse (Thes.X.1 c.198.16 s.v. *pando*) die vorliegende Stelle ein unter der Rubrik "panduntur tempora, initia sim." Er scheint *saecula* = "Zeitalter" zu verstehen. Immerhin war eben vom neuen Zeitalter des rechten Glaubens die Rede, welches, da es den Menschen den Zugang zum ewigen Leben näherbringt, auch *vitalia* genannt werden kann. Dieses Zeitalter "eröffnet" Christus gleichsam durch sein Lehren und Wirken in dieser Welt. Vielleicht schwingt die von Kruse bevorzugte Bedeutung von *pandet* also im Hintergrund mit. Doch gerät damit der Wortlaut des Evangeliums (Ioh.4.25 *adnuntiabit*) etwas aus den Augen, denn *nuntius* ist so nur noch attributiv als schmückendes Beiwort zu verstehen. Daher sei bei den nachfolgenden Erläuterungen das Verständnis von Knappitsch und de Wit zugrunde gelegt.- Das dreimalige Zusammentreffen des warmen Vokals "a" mit dem Versakzent unterstreicht die Ankunft bzw. Gegenwart des Sohns als Gnade Gottes.- **adventu proprio** steht für Ioh.4.25 *cum ergo venerit ille*.- Für *proprio* = *suo* vgl. zu 233.- **vitalia saecula.** Ob Johannes mit *omnia* oder Juvencus mit *vitalia saecula* an eine bestimmte Stelle im Pentateuch als dem theologischen Horizont der Samaritaner denkt, läßt sich nicht erkennen (vgl. aber zu 291 *orbi*). Jedenfalls hebt Juvencus mit *vitalia saecula* aus *omnia* (Ioh.4.25) das Besondere heraus.- Die Junktur *vitalia saecula* fand Juvencus vor in Lucr.1.202 *cur homines tantos natura parare/ non potuit,...qui...possent/.../multa...vivendo vitalia vincere saecla,/ si non, materies quia rebus reddita certast/ gignundis, e qua constat quid possit oriri?* Lucrez konstatiert die Unmöglichkeit für die Natur, Menschen zu erschaffen, die über viele Lebensalter leben können. Das ewige Leben dagegen, von dem Christus bei Juvencus spricht, läßt sich auch mit einer Addition noch so vieler irdischer Lebensspannen nicht erfassen, sondern entzieht sich solchen Maßstäben. Die Bedeutung von *vitalia saecula* wird durch christliche Nutzung (Chrêsis) fundamental verändert.- **saecula pandet.** Die Junktur findet sich bereits in Val.Fl.4.559 *ipse etiam, qui me* (sc. *Phinea*) *prohibet sua pandere terris/ saecula, te propter fandi mihi Iuppiter auctor* (für *pandere* = "enthüllen, verkünden" bei *saecula* u.ä. vgl. noch etwa Sil.3.11 *venientia...saecula*, 3.630 *seriem venturi...aevi*, Stat.Theb.3.626f., 4.620f.; Kruse, Thes.X.1 c.199.35ff. "respiciuntur vaticinia et mysteria religiosa", 44ff.). Der Unterschied zum Gebrauch bei Valerius Flaccus ist folgender: Die *vitalia saecula* verkündet kein heidnischer Gott oder weissagender heidnischer König, sondern Christus, dem dies allein zusteht. Es sind bei Juvencus mit *vitalia saecula* auch nicht kommende Zeiten auf Erden gemeint, sondern das ewige Leben, das jeden Rahmen zeitlicher Vorstellung sprengt. *pandere* klingt feierlich und gewählt und wird zugleich dem Streben des Dichters nach Bildlichkeit gerecht. Schon in

Vers 283 hatte er sich mit *en aderit tempus* um Anklang an dichterisch-prophetischen Sprachstil bemüht. Es gibt dafür auch sonst Beispiele. So nutzt Juvencus den Ausdruck *vates* christlich für *propheta* in 1.122, 141, 313 und öfter. In diesen Stellen ist zudem eine Form von *canere* Prädikat, welches wiederum dichterisch im Sinn von *prophetare* steht wie etwa in Tib.2.5.16, Verg.Aen.3.183, 444 (Orbán, Versifikation 238).

293f. et tum peccantum largus miserator Iesus/ se lumen terris Christum venisse fatetur. Der weitgehend spondeische Rhythmus verleiht der Bestätigung Feierlichkeit (vgl. Norden 421). Zu beachten ist auch der Chiasmus *peccantum...miserator.../ ...lumen terris.-* **293. et tum.** Vgl. 3.768, Enn.ann.535 Skutsch, Catull.84.3; Hofmann, Thes.V.2 c.904.53/9. *et tum* weist als Konjunktionenhäufung stark auf das Folgende hin. Hier mit gutem Grund: Christus gibt sich als der Gottgesandte zu erkennen.- **peccantum largus miserator** ist wohl kontextbezogenes Epitheton (vgl. allgemein Herzog Bibelepik 141 und Komm. zu 243), das vom konkreten Fall der sündigen Samaritanerin ausgeht, und weist auf baptismales Verständnis des lebendigen Wassers. Überall, wo Ioh.4 auf die Taufe bezogen wird (siehe zu 270 *vitalis gratia fluctus*), ist natürlich auch die Sündenvergebung gemeint. Ausdrücklich wird sie erwähnt in Iren.adv.haer.3.17.2 (SC 211.332f.), Tert.pudic.11.1 (SC 394.202),[371] Gaudent.serm.19.11 (CSEL 68.166. 77ff.), Max.Taur.serm.22 (CCL 23.83/5), 22a (p.87/9).- **peccantum.** Überliefert ist nach Hansson (88) *peccantis* C Bx (Huemer, Knappitsch, Herzog Bibelepik 132, Castillo Bejarano), *pecatum* Matr., *peccatum* Av, *praecantum* M (nach Huemer ist am Rand *peccantum* hinzugefügt) C₃, *peccantum* cett. (Arevalo, Marold, de Wit). *peccatum / pecatum* (= *peccatorum?*) *miserator* wäre nicht unmöglich, wie Sirach 5.6 *multitudinis peccatorum meorum miserebitur* zeigt, kann aber auch leicht aus *peccantum* verschrieben sein. Keudel (Thes.X.1 c.892.71f.) erwähnt die umgekehrte Vertauschung von *peccati* mit *peccanti* bei Cypr.patient.4 (CCL 3A 120.80). *praecantum* (= *precantum)* paßt metrisch nicht und wurde vielleicht interpoliert, um sprachliche Nähe zu Verg.Aen.10.598 *miserere precantis* zu erzeugen oder um irgendwie auf die Bitte von Ioh.4.15 (die Juvencus freilich gar nicht übernimmt) anzuspielen. Auch der Singular *peccantis* könnte interpoliert sein, nämlich um der Tatsache Rechnung zu tragen, daß Christus nur

---

[371] Sündenvergebung äußert sich hiernach in der Selbstoffenbarung des Herrn. Baptismaler Bezug ist nicht klar erkennbar, aber sonst von Tertullian in bezug auf Ioh.4 ausgesprochen (siehe zu 270 *vitalis gratia fluctus*).

mit einer Frau spricht.[372] Im Rahmen der universalistischen Tendenzen, die bei Juvencus deutlich werden (290 *terris*, 291 *orbi* und vor allem 294 *terris*) erscheint der Plural *peccantum*, der neben der Samaritanerin überhaupt alle Sünder meint, als das Richtige. Auch der zu 293f. genannte Chiasmus mit dem Entsprechungspaar *peccantum - terris* spricht für den Plural.- Für den substantivischen Gebrauch des Partizips *peccans* vgl. 2.360, Sirach 11.9, Vulg.Rom.5.16; Keudel, Thes.X.1 c.892.21/32. Über die Beliebtheit substantivierter Partizipien im kirchlichen Latein vgl. zu 226 *credentes*.- **(peccantum) largus miserator.** Vgl. 1.462 *Domini miseratio larga.* Die Fülle der Barmherzigkeit Gottes ist stehender Begriff, vor allem im AT. Wie in vorliegendem Vers steht der Aspekt der Sündenvergebung im Mittelpunkt in exod.34.6 *(Deus) multae misericordiae*, psalm.85.5 *copiosus misericordia* (sc. *es*), Sirach 5.6 *miseratio Dei magna est*, Iona 4.2 *multae miserationis*, Eph.2.4 *dives...in misericordia. multae misericordiae* und Ähnliches geht zurück auf den Septuagintaausdruck πολυέλεος, der seinerseits hebräische Wendungen wie רחום ו חנון (exod.34.6), רב חסד (Iona 4.2, num.14.18, psalm.86.5) wiedergibt. *miseratio multa* findet sich bei Juvencus wörtlich wieder in 3.205.- **miserator** ist christliche Neubildung (vgl. zu 274 *perspector mentis*).

294. lumen. Christus nennt sich Licht, d.h. Leben (für *lumen = vita* siehe zu 206f.), weil er den Menschen durch sein Lehren und Wirken die Voraussetzung zur Erlangung des ewigen Lebens eröffnet.- **terris...venisse.** Vgl. 4.121, 132. *terris* ist dativus commodi: Jesus ist in die Welt gekommen als ihr Licht, als ihr Christus.- **Christum.** Cod. C überliefert den Nominativ *Christus*, der dann zu *Iesus* zu ziehen wäre. Doch *Iesus Christus* kommt bei Juvencus sonst nicht vor. Daher ist *Christum* zu lesen, wozu *lumen terris* Apposition ist.- **fatetur** statt Ioh.4.26 *dicit* unterstreicht: Christus offenbart nun seine Person. An die Stelle von biblischem *dicere* tritt *fateri* bei Juvencus auch in 412 (Matth.9.28); vgl. ferner 4.713 (Matth.27.54). Zur Form *fatetur* am Hexameterende mit unmittelbar vorausgehendem Infinitiv vgl. etwa Prop.2.25.19, Verg.Aen.7.433, Ov.trist.3.1.51.

295f. et iam discipuli reduces stupere magistrum,/ quod secreta ullis potiretur femina verbis. Das Erstaunen der Jünger darüber, daß Christus mit einer Frau spricht (Ioh.4.27 *mirabantur, quia cum muliere loquebatur*), erklärt Orig.comm.in Ioh.13.28.165/72 (SC 222.124/8) bezugnehmend auf

---

[372] Herzog (Bibelepik 132) liest zwar *peccantis*, versteht das aber anscheinend als kollektiven Singular (cf. Sen.dial.3.16.1) und vermißt deswegen Kontextbezogenheit des Epithetons. Doch der kollektive Begriff würde die Frau mit einschließen.

Matth.11.29 damit, daß die Jünger die Demut und Güte bewundern, welche
Christus gegenüber der Samaritanerin zeigt, obwohl sie arm, weiblich und
daher leicht zu täuschen ist, und darüber hinaus noch einem fremden Glauben anhängt. Ähnlich äußert sich Chrysost.hom.33.3 in Ioh. (PG 59.191).
Bei Juvencus erhält das Erstaunen der Jünger eine andere Ausrichtung, indem die Anmaßung der Frau (in den Augen der Jünger) herausgestellt wird.
Dies geschieht dadurch, daß nicht Christus, sondern *mulier* zum Subjekt des
abhängigen Satzes wird.[373] Dabei insinuiert *potiretur*, daß die Frau sich
etwas nimmt, das ihr nicht zusteht. Auch *secreta* deutet in diesem Kontext
wohl an, daß es (nach Meinung der Jünger) einer Frau nicht zukommt, allein (ohne Beisein ihres Ehemanns) mit Männern zu sprechen, was dann
umso mehr für ein Gespräch mit Christus, der nicht irgendein beliebiger
Mann ist, gelten muß. Bei Juvencus kommt verstärkt zum Ausdruck, daß
die Jünger noch einem Denken verhaftet sind, das die Frauen geringachtet.
Es dominierte besonders in der jüdischen Umwelt Palästinas; vgl. Oepke,
Art. γυνή, ThWNT I 781/4; Thraede, Art. Frau, RAC 8.224/7. Rabbini-
sche Stellen über ungern gesehene Gespräche von Männern mit Frauen zitieren Strack/Billerbeck 438.- Nach Blaise/Chirat 778 s.v. *stupeo* ad 1. liegt
die Konstruktion *stupuere, quod* vor. Es tritt aber auch *magistrum* neben
stupuere. Da *magistrum* nicht im Subjektsnominativ des *quod*-Satzes wieder-
aufgenommen wird, kann man diesen Fall nicht zu jenen rechnen, bei denen
ein Akkusativ das Subjekt des Nebensatzes antizipiert (vgl. HSz 471f.). Irgendwie sind hier in dichterischer Freiheit zwei Blickwinkel einer Sache
miteinander verschmolzen, nämlich a) "Die Jünger wunderten sich über ihren Meister, daß er mit einer Frau sprach" (hier entspräche proleptisches
magistrum den von Hofmann/Szantyr besprochenen Fällen) und b) "Die Jünger wunderten sich, daß eine Frau in das Gespräch mit ihrem Meister trat".

295. iam...reduces steht für Ioh.4.27 *continuo venerunt*. Juvencus gebraucht *continuo* zwar sonst einige Male (es kommt auch im klassischen
Epos vor), doch nur einmal übernimmt er es aus der Vorlage, nämlich in
2.784 (= Matth.13.21).- **stupuere...reduces.** Der sonstige Gebrauch von
redux ("zurückkehrend") bezieht sich oft auf Heimkehr aus Krieg oder Ver-
bannung (OLD 1593 s.v. 2a; vgl. christlich die Rückkehr aus dem Tod zum
Leben: Drac.laud.Dei 2.555 *discipuli reducem laeti videre magistrum*), aber
nicht immer (Plin.nat.8.13). Bei Juvencus findet sich das Wort nur hier.

---

[373] Der Subjektswechsel bei Juvencus bewirkt auch, daß Christus von jeder auch nur gedachten Kritik von vornherein unberührt bleibt.

296. ullis. Die Überlieferung wird von Hansson (31) wie folgt angegeben: *illi* C Ph¹ Hl, *illi[u]s* M R Av K₁ V₂, *illius* Al Bb Ma Am C₃, *ullis* P, *eius* C₂, *illis* cett. Reusch verteidigt die Lesart *illius* mit dem pauschalen Verweis auf die metrischen Freiheiten der Dichter, setzt aber dennoch seine Konjektur *eius* (er kennt die Überlieferung von *eius* in C₂ nicht), in den Text, "ne ...aliquem offendat crasis". *eius* ist aber paläographisch unwahrscheinlich. Arevalo und de Wit halten *illius* für das Richtige. Für die dann anzunehmende Synizese verweist de Wit auf 2.140 *ilia*, obwohl in daktylischem Versmaß zweisilbiges *illius*, das von Luchs gesammelte Material bei Neue/ Wagener II 426f. zugrunde gelegt, offenbar gar nicht vorkommt. Huemer (Beiträge 107) bemerkt zudem, daß Synizese kurzes *i* voraussetze, Juvencus aber nur im 1. Versfuß *illĭus* messe (1.127, 342, 2.708, 4.748), sonst hingegen (d.h. im 2. Versfuß) *illīus* (2.778, 3.477).³⁷⁴ Marold, Huemer und Knappitsch setzen die metrisch unproblematische Form *illis* in den Text. Den Ersatz von *illis* durch *illius* könnte man damit erklären, daß ein Interpolator die Tatsache, daß Christus nach *stupuere magistrum* wider Erwarten in dem nachfolgenden *quod*-Satz nicht Subjekt ist (vgl. zu 295f.), dadurch abmildern wollte, daß er ihn wenigstens in einem Satzteil erwähnt sein ließ. Diese Änderung ist nicht so unbegründet, wie Huemers Mitteilung, daß *illius...verbis* in *illis verbis* sinngemäß mitenthalten sei, nahelegen will. Mit wohl noch größerer Berechtigung als für *illis* kann man aber für *ullis* eintreten. Die Lesart *ullis* läßt die Verwunderung der Jünger noch größer erscheinen, denn es besteht die Frage, warum Christus mit der Frau überhaupt irgendein Wort, *ullum verbum* wechselt. Und während *illis...verbis* in störender Weise insinuieren würde, daß die Jünger wesentliche Teile des Gesprächs mitgehört hätten, entfällt dieses Problem bei *ullis...verbis*. Für *ullus* nach Ausdrücken der Verwunderung vgl. Ov.trist.3.14.31f. *in...tot adversis carmen mirabitur ullum/ ducere me tristi sustinuisse manu*, Lucan.4. 572f. *ducibus mirantibus ulli/ esse ducem tanti*, Plin.nat.16.144 *(hedera) inimica arboribus satisque omnibus, sepulchra, muros rumpens, serpentium frigori gratissima, ut mirum sit ullum honorem habitum ei* (vgl. allgemein KS I 638f. über unbestimmte Pronomina nach Ausdrücken der Verwunderung, des Tadels oder der Ablehnung, wo jedoch kein Beispiel für *ullus* nach einem Ausdruck der Verwunderung genannt wird). In einem frühen Stadium der Überlieferungsgeschichte könnte *illis* mit *ullis* mechanisch vertauscht worden sein. Aus einer Handschrift, die den Fehler noch nicht hatte, könnte -u- oberhalb von *illis* nachgetragen worden sein und dann an falscher Stelle, nämlich am Wortende statt am Wortanfang, eingesetzt worden sein,

---

³⁷⁴ Eine Übersicht über die Stellung der beiden Formen in Hexameter und Pentameter liefert Bulhart, Thes.VII.1 c.341.25/31.

so daß ein Teil der Handschriften *illius* überliefert. Daß in P *ullis* zu lesen ist, muß nicht unbedingt bedeuten, daß dort das ursprüngliche *ullis* erhalten ist. Denn in einer Handschrift (vielleicht erst in P selbst), könnte das falsche *illis* wieder zum richtigen *ullis* hin verschrieben worden sein.- **ullis poteretur...verbis.** Gatti (Thes.X.2 c.334.7ff.) vergleicht zu Iuvenc.2.296 unter der Rubrik "cognoscenda, consideranda, intuenda" Vitae patr.Iurens.152 (SC 142.402.11) *ut...apostolos Petrum ac Paulum...et conloquio fuerit potitus et visu*, wo jedoch *apostolos Petrum ac Paulum* von *fuerit potitus* abhängig ist, während *conloquio...et visu* als modale Ablative zu fassen sind. Rein formal ist noch Ven.Fort.carm.3.4.7 (MGH AA 4.1 p.53.5/7) *hoc etiam quod sanctitas vestra conqueritur, me invento Turonis parva prolixitate potitam se fuisse conloquiis* zu vergleichen, was Gatti aber zu Recht unter der Rubrik "perficienda, implenda" einordnet (c.333.67).- **poteretur.** Gemeinhin ist *potiretur* überliefert mit Ausnahme von L² K₂¹ *poteretur*. Arevalo setzte nach dem Vorgang früherer Editoren *poteretur* in den Text, den nach der 3. Konjugation gebildeten Konjunktiv Imperfekt.[375] Dagegen übernehmen Marold, Hatfield (§ 133), Huemer (Edition; gegen Beiträge 88), Knappitsch und de Wit *potiretur*. Hatfield und de Wit verweisen auf die der 3. Konjugation zuzuordnende Form des Indikativs Präsens, *potĭtur*, die in Verg.Aen.3.56, 4.217, Ov.met.7.156 vorliegt. Offenbar hat man seit Marold übersehen, daß *potĭretur* unter die 3. Konjugation *(potĕretur)* ebensowenig fallen kann wie unter die 4. Konjugation *(potīretur)*. Juvencus kann daher nur *poteretur* geschrieben haben. Diese Form wurde im Lauf der Überlieferung mit *potiretur* vertauscht, um schließlich wieder zu *poteretur* korrigiert zu werden (L² K₂¹). Wo sonst *potiretur, potiremur* usw. überliefert ist, das Metrum aber eine kurze 2. Silbe erfordert wie in Acc.trag. 590 Ribbeck, Catull.64.402, Val.Fl.7.54, Ov.met.13.130 *(potiremur)*, 14. 641 *(potirentur)*, liegt simple Vertauschung vor, so daß die Herausgeber zu Recht die Form der 3. Konjugation in den Text setzen.

297. at (Ioh.4.28 *ergo*) hält Hansson (51 Anm.43) für "rein anknüpfendes *at*". Hansson nennt noch weitere Stellen (1.125, 161, 295 etc.). Doch so schwach wie *et* ist *at* bei Juvencus wohl nie. Dies würde auch nicht zu seinem am klassischen Epos orientierten Stil passen; vgl. Ihm, Thes.II 1004.26 s.v. *at* "apud bonos scriptores nusquam particula vim adversativam exuit, quamquam saepe minore vi fit contrapositio". *at* zeigt hier, daß die Frau die Kritik der Jünger kommen sieht und ihr durch schnelle Entfernung entgeht. Unabhängig davon hat sie natürlich die Absicht, den Bewohnern der Stadt

---

[375] In *potiri* sind offenbar zwei Verba zusammengeflossen, von denen ursprünglich das eine der 3., das andere der 4. Konjugation angehörte (Wackernagel I 69).

das Geschehene mitzuteilen.- **properans** ist aus Ioh.4.20 *reliquit...hydriam suam* erschlossener Zusatz des Dichters, der die Handlung belebt; vgl. Nonn.Ioh.4.28 ὠκυτέρῳ...διαστείχουσα πεδίλῳ, Roman.Melod.19.20.1 (SC 110.350) τρέχει. Derartige Ergänzungen finden sich sogar in der Überlieferung der Evangelien: Matth.8.15 g¹ h *confestim*, 9.30 g¹ h *confestim*, a *statim*, 14.10 ff¹ *statim*, Luc.9.43 r¹ *confestim hoc viso*, Ioh.11.44 aur *statim*, d p r¹ *confestim* (Iuvenc.4.394 *nec mora...repente*).- Zu prädikativem *properans* in absolutem Gebrauch (wie hier *p....urnam pro fonte reliquit* sowie 1.508 *ad pacem properans transcurre petendam*, 524 *auctorem miserae properans convellito labis*) vgl. antik-episch Lucr.3.1067 *p. urbem petit atque revisit*, Sil.7.231 *p. signum auspiciumque dedisset*, mit infinitivischer Ergänzung Lucan.3.393, Sil.2.201, 3.131, 5.498, 13.236, mit präpositionaler Ergänzung Sil.8.120, 13.452.- **urnam** steht für Ioh.4.28 *hydriam* (gr. ὑδρίαν, q *vasculum*, e *[demisso] urceo*). Das Fremdwort *hydria* ist in der lateinischen Literatur zwar seit Cic.Verr.2.47 belegt, aber nur sehr selten und in der Dichtung nie (*urna* findet man dort öfter). Für späteren poetischen Gebrauch nennt Rehm (Thes.VI.3 c.3133f. s.v.) nur Belege, in denen das Wort aus der Bibel übernommen ist, etwa Ambr.hymn.7.13 Fontaine (Ioh. 2.7), Comm.apol.659 (Ioh.2.7), Cypr.Gall.iud.346 (iud.7.16).

298. et populum totis eduxit moenibus urbis. Es gelingt der Frau, die Einwohner der ganzen Stadt in Bewegung zu setzen; vgl. Chrysost.hom. 32.1 in Ioh. (PG 59.184) αὕτη δὲ ἀποστολικὰ ἐπιδείκνυται πράγματα, πάντας εὐαγγελιζομένη καὶ καλοῦσα πρὸς τὸν Ἰησοῦν, καὶ πόλιν ὁλόκληρον ἕλκουσα ἔξω πρὸς αὐτόν, Nonn.Ioh.4.28 καὶ ἔννεπε πᾶσι πολίταις. In ihrem missionarischen Wirken übertrifft sie sogar die Apostel: Chrysost. hom.33.1 in Ioh. (PG 59.193) εὐαγγελιστῶν ἔργον ποιεῖ ὑπὸ τῆς χαρᾶς ἀναπτερωθεῖσα. καὶ οὐχ ἕνα καλεῖ καὶ δεύτερον, καθάπερ Ἀνδρέας καὶ Φίλιππος, ἀλλὰ πόλιν ὁλόκληρον ἀναστήσασα καὶ δῆμον τοσοῦτον οὕτω πρὸς αὐτὸν ἤγαγε.- **totis...moenibus urbis** = *et tota urbe* (de Wit; Lumpe, Thes.VIII 1328.18 s.v. *moenia*). Die Annahme einer Hypallage (statt *totum populum moenibus eduxit*) ist gegen Reusch, Arevalo und Knappitsch nicht erforderlich.- Über die Versklausel *moenibus urbis* siehe zu 248.

299f. omnia nam memorat sibimet sermone profetae,/ gesserat ipsa prius quaecumque, ex ordine dicta. Juvencus hat die Aufforderung zu kommen aus Ioh.4.29 nicht übernommen. Die Wiedergabe des Gesprächs reicht aus, die Neugier der Samaritaner zu wecken; vgl. die Zitate zu 301 *propere*.- Auch die überlegende Frage *numquid ipse est Christus?* (μήτι οὗτός ἐστιν ὁ Χριστός; von Blass/Debrunner/Rehkopf 356 Anm.2 wiedergegeben mit "das muß am Ende doch der Messias sein", "vielleicht ist das der M.";

vgl. Bauer/Aland 1053 s.v. μήτι "denn vielleicht", "etwa") fehlt im Dichtertext. Allerdings erinnert *profetae* entfernt an die Frage im Bibeltext, wobei aber auffällt, daß die Frau nicht *Christi* statt *profetae* sagt, obwohl sie von Christus selbst erfahren hat, wer er ist (293f. = Ioh.4.26), und obwohl die angedeutete Vergebung ihrer Sünden (293) zeigt, daß sie nun tatsächlich an Christus glaubt (vgl. auch ihre christliche Redeweise in 291f.). Im Text selbst wird diese scheinbare Unstimmigkeit nicht aufgelöst. Es sind aber folgende Erklärungen denkbar: 1) Ist es schon fast unglaubwürdig zu sagen, man habe jemanden getroffen, der alles über das Leben seines Gegenübers weiß, obwohl er ein Fremder ist, so macht man sich noch unglaubwürdiger, wenn man behauptet, dieser Mann sei Christus. Zudem schwächt die sündhafte Lebensweise die Glaubwürdigkeit der Frau, und es stellt sich die Frage, warum Christus ausgerechnet einem solchen Menschen sein Vertrauen schenken sollte. 2) Die Frau will zwar die Neugier der Samaritaner wecken, aber nur indirekt und abgeschwächt auf die wahre Person Christi hindeuten (eben durch Wiedergabe des Dialogs, der seine Allwissenheit aufzeigt), weil sie hinter ihn zurücktreten und es ihm selbst überlassen will, sich als den Heiland zu offenbaren. Gleichwohl erwacht schon jetzt eine tiefere Ahnung und die Bereitschaft zu glauben in den Samaritanern (siehe zu 311/20).- Poelmann, Reusch, Arevalo, Petschenig (Rez. Huemer 140), Knappitsch und de Wit trennen *gesserat ipsa prius quaecumque* (Ioh.4.29 *quaecumque feci*) durch Kommata ab. Dagegen setzen Marold und Huemer das erste Komma bereits nach *memorat*, was unverständlich ist, denn *sibimet sermone profetae/ gesserat ipsa prius quaecumque* ergibt keine Sinneinheit, geschweige denn eine grammatische. Zu übersetzen ist: "Denn sie erzählt, daß ihr durch die Rede des Propheten der Reihe nach alles, was auch immer sie früher getan hat, gesagt worden sei."- **omnia...** / **...quaecumque** entspricht Ioh.4.29 (gr. πάντα, ὅσα). Die pleonastische Form **omnis, quicumque** (gr. πᾶς, ὅστις; Blass/Debrunner/Rehkopf 241), die sich, auch wegen ihrer Länge, gut zur Hervorhebung der Vollständigkeit eignet, findet man oft in der Bibel (z.B. in num.30.13, Luc.12.8, act.2.21), während sie in der epischen Dichtung, abgesehen von häufigerem Gebrauch bei Lucrez, nur vereinzelt vorkommt (Verg.Aen.2.77 [mit *cuncta*], 12.143 [mit *cunctis*], Lucan.8.363). Juvencus verwendet sie noch in 3.59f. (mit *cuncta;* indirekte Rede), 756, insgesamt also eher selten; vgl. später Sedul.carm.pasch.4.52.- **nam.** Für Inversion von *nam* vgl. etwa (jeweils wie hier *omnia nam* am Versanfang:) 1.485, Verg.georg.4.16, Ciris 458, Stat.silv.5.1.92 und zu 308.

300. ex ordine dicta. Knappitsch übersetzt "Denn sie erzählte der Ordnung gemäß die Red' des Propheten./ Wie er ihr habe gesagt, was immer sie früher gesündigt." Zutreffender ist Castillo Bejaranos Wiedergabe "Pues les cuenta que todas las cosas que ella misma había realizado con anterioridad, le fueron dichas una tras otra en la conversación que había mantenido con el profeta", denn *ex ordine* ist natürlich nicht auf *memorat* zu beziehen, sondern auf *dicta (esse)*. Die Frau ist überwältigt, weil Christus über ihr Leben alles der Reihe nach so gesagt hat, wie es sich zugetragen hat. Die Richtigkeit und Vollständigkeit von Christi Rede betont sie durch *sibimet* (die Richtigkeit des über sie Gesagten kann sie selbst am besten bezeugen) *ex ordine* und *omnia..., .../ quaecumque.- ex ordine dicere* u.ä. findet sich episch in 4.162, Verg.georg.4.537 (ähnlicher Hexameterschluß: *ordine dicam*); vgl. *ex ordine ponere* in Lucr.5.418, *ex ordine reddere* in Manil.4.123, *referre ex ordine* in Ov.met.14.473. Das erinnert an ταῦτα πάντα (vgl. hier *omnia*) κατὰ μοῖραν εἰπεῖν bei Homer, das jedoch (anders als *ex ordine dicere* hier) nur in bestätigenden Antworten verwendet wird, z.B. Il.1.286, 10.169, Od. 4.266. Nicht in einer Antwort findet sich πάντα κατὰ μοῖραν καταλέξαι in Od.10.16, 12.35. Hierher gehört auch (πάντα) ἀτρεκέως ("unverworren") καταλέξαι / ἀγορεύειν in Il.2.10, 10.384, 15.53 und oft.- *ex ordine* für sich gesehen ist feste Formel seit Plaut.Rud.1155 (HSz 266) und auch episch weit verbreitet, z.B. Lucr.1.605, Aen.1.456, Ov.met.7.650, Stat. Theb.3.309, Val.Fl.4.449, Sil.6.541.

301. propere ist vom Dichter zur Verlebendigung hinzugefügt wie schon 297 *properans*. Vgl. Cyrill.Alex.comm.in Ioh.4.40f. (PG 78.329B) Σαμα- ρεῖται δὲ γε μιᾶς γυναικὸς ἀναπεπεισμένοι λόγοις δρομαίους...ὅτι χρὴ πρὸς αὐτὸν ἀφικνεῖσθαι λογίζονται, Nonn.Ioh.4.30 ἀγγελίην δ᾽ ἀίοντες ὁμοζυγέες Σαμαρεῖται/ συμφερτὴν ταχύγουνον ἐπεσσεύοντο πορείην.- Für die Alliteration **propere...petiere** vgl. Tac.hist.3.32.3, Apul.met.9.20.4. Über das Alliterationsschema abab *(propere Christum...petiere catervae)* siehe Widmann 83.- **fusae** = *(moenibus urbis) effusae* (Stat.Theb.3.115 *moenibus effusi*); siehe Robbert, Thes.VI.1 c.1570.23ff. *fusae* unterstreicht das Ausströmen großer Menschenmassen.

2.302/310 - Die Speise Christi

302/10. discipuli interea rogitabant, sumeret escas./ ille satis sibi pulchrorum superesse ciborum/ respondit. sed tum mirantum discipulorum/ inter se occultis currebat sermo loquellis./ "forte aliquis prior hic epulas dedit ante magistro,/ nostras ut merito satiatus respuat escas."/ ille sed internae cernens molimina mentis:/ "hae mihi sunt epulae, pectus satiabitur istud,/ si faciam magni Genitoris iussa per orbem./..." Orig.comm.in Ioh.13.35.195 (SC 222.138) bezieht in seine allegorische Ausdeutung der Perikope die Tatsache ein, daß die Jünger mit Speise aus der Stadt kommen. Ihre Speise nennt Origenes ἐπιτηδείους τροφὰς παρὰ τοῖς ἑτεροδόξοις, λόγους τινας ἁρμόζοντας, die freilich nur scheinbar stimmigen Lehren der Häretiker, in welchen die Klarheit des Evangeliums nur schwach schimmert. Eigentlich sollte man sie gar nicht Speise nennen, da sie nur dafür gehalten werden (τρόφιμα ἤτοι ὄντα ἢ νομιζόμενα). Origenes erklärt unter Bezugnahme auf apoc.2.30, daß die Jünger das Wort mit dem nähren wollten, was sie fanden, um es zu stärken, während das Wort seinerseits die Jünger nährte (13.197f. [p.140]). Poffet (222) erkennt darin die Manifestation dessen, was sich gewöhnlich zwischen den Gläubigen und dem Wort abspiele. Die ersteren seien immer auf der Suche nach dem, was dem Wort gebühre, das Wort aber nähre und forme sie. Aug.tract.15.31 in Ioh. (CCL 36.162f.), der den Durst Christi als Dürsten nach dem Glauben der Frau als der zukünftigen Kirche deutet (siehe zu 252), setzt die Speise von Ioh.4.34 damit in Verbindung. Diese Speise stillt Christi Durst. Chrysost.hom.34.2 in Ioh. (PG 59.194) versteht unter der Speise das Heil der Samaritaner, die zum Glauben an Christus kommen. Bei Juvencus ist keine der genannten speziellen Ausdeutungen der Speise Christi erkennbar. Man wird aber an die *vitalia gesta*, die lebenspendenden Taten Christi denken dürfen, die der Dichter im Prooem als Thema seines Gedichts nennt und zu denen auch die im vorliegenden Kontext thematisierte Gabe des lebendigen Wassers gehört. Durch *per orbem* hebt der Christus des Juvencus die Universalität seiner Aufgabe hervor.- Der Schlüsselbegriff der Speise steht betont am Versende in 302 *(escas)*, 303 *(ciborum)*, 307 *(escas)*.

302. interea. In Ioh.4.31 haben aur c l *interea*, d f ff² q e *inter haec* und b r¹ *postmodum. interea* ("unterdessen") ist typische epische Überleitungspartikel zur Verknüpfung zweier Handlungsebenen (Heinze, Virgils epische Technik, Leipzig/Berlin 1915³, 383; Thraede, Iuvencus 891), die Juvencus also auch dann hätte wählen können, wenn sie nicht in der Bibel vorgegeben gewesen wäre. *inter haec* ist zwar in dieser Form unmetrisch, nicht aber in Inversion, vgl. 3.24, 4.114 (cf. Sil.1.488, 10.202, 276, 16.78). *postmodum* ist für den daktylischen Vers metrisch ungeeignet. *postmodo* findet sich zwar öfter bei den Elegikern, in epischer Dichtung aber nur in Ov.met.12.5 und Germ.444; vgl. Axelson 95f.- **rogitabant, sumeret escas.** Für den bloßen Konjunktiv vgl. KS II 229. *rogitare* ist altertümliches Intensivum (so bezeichnet von Schicho 42; zur Vorliebe des Juvencus für archaische Formen vgl. zu 191 *conreptet*), welches man in der antiken Poesie nur selten antrifft (nur in Prop.1.8A.23, Verg.Aen.1.750, 10.839, Sil.6.568, Val.Fl. 5.467, 582), bei Juvencus aber 5 mal (vgl. neben 2.302 noch 3.2, 371, 4.38, 212).- **sumeret escas.** In Ioh.4.31/3 ist *manducare* verwendet, ein ursprünglich volkstümlicher Kraftausdruck (W.Goldberger, Glotta 20.1931. 121; Cavallin, Thes.VIII 273.3ff. s.v.). Doch in der hohen Dichtung wird

das im Vers ohnehin seltene Verb ganz gemieden, wenn man von Labeo Ho-
mer.frg.schol.Pers.1.4 Morel/Büchner/Blänsdorf (p.315) *crudum manduces
Priamum Priamique pisinnos* (cf. Hom.Il.4.35 ὠμὸν βεβρώθοις Πρίαμον
Πριάμοιό τε παῖδας) absieht, wo die Grausamkeit des Bildes den starken
Ausdruck rechtfertigt. Im Spätlatein wird *manducare* oft wie *edere* gebraucht (für die Dichtung vgl. Arator act.1.911).- **escas.** In der epischen
Dichtung bezeichnet *esca* zwar vereinzelt auch Nahrung von Menschen
(Liv.Andr.frg.31 Morel/Büchner/Blänsdorf [p.32], Manil.4.112 [pl.], Mo-
ret.54 [pl.]) und Speise von Göttern (Culex 241 [pl.]), öfter aber Nahrung
von Tieren (Verg.georg.4.17, Aen.12.475 [pl.], [Ov.]hal.119 [pl.], Nemes.
cyn.176, Culex 238, [Köder (vgl. Friedrich, Thes.V.2 c.855.18/35):] Sil.7.
501, [Ov.]hal.11, 38, Auson.Mos.249 [pl.]). Der eher seltene Gebrauch
von *esca* im Epos (und auch in anderen Dichtungsgattungen) verbunden mit
der relativ häufigen Beziehung auf die Nahrung von Tieren läßt darauf
schließen, daß das Wort eher nicht als poetisch empfunden wurde. Wenn Juvencus *esca* 7 mal (sing.: 2.604, pl.: 1.632, 2.248, 302, 307, 3.137, 242),
und davon 6 mal in bezug auf die Nahrung von Menschen verwendet (über-
tragener Gebrauch in 2.604), ist das im Vergleich mit der epischen Tradition auffällig. In 1.632 hat der Dichter das Wort aus Matth.6.25 übernommen.

303. ille satis sibi pulchrorum superesse ciborum/ respondit. Die Antwort Ioh.4.32 *ego escam habeo manducare, quam vos nescitis* muß die Jünger neugierig stimmen. Denn sie verstehen *ciborum* offenbar wörtlich (vgl.
2.306f. = Ioh.4.33). Das Erstaunen der Jünger ist bei Juvencus umso besser veranlaßt, als Jesus seine Speise, d.h. seine Aufgabe, aufgrund ihrer
Vorzüglichkeit *(pulchrorum...ciborum)* und ihrer Reichhaltigkeit *(satis superesse)* preist. Die Fülle unterstreicht Juvencus durch den Plural und die
Länge der Formulierung *satis sibi pulchrorum superesse ciborum*, welche
zudem durch die dreifache Alliteration *satis sibi...superesse* und das Homoioteleuton *pulchrorum...ciborum* auffällig ist. Andererseits verzichtet Juvencus auf *quam vos nescitis*, obwohl diese Worte gleichfalls die Neugier
der Jünger provozieren.- Die Konstruktion Ioh.4.32 *ego escam habeo manducare* (angelehnt an gr. ἐγὼ βρῶσιν ἔχω φαγεῖν) nach dem Schema *habere
aliquid* + inf. ist unlateinisch, so daß Juvencus sie nicht übernehmen konnte. Selbst Ersatz des final-konsekutiven Infinitivs durch *ad* + gerund. wäre
zumindest unter Beibehaltung von *habere* nicht möglich gewesen, denn *habere aliquid* + *ad* + Gerundium ist erst seit Augustinus zu belegen (Nor-
berg 216).- **satis...superesse.** Vgl. Curt.6.8.9, Liv.31.42.7, 44.42.9.- **pulchrorum...ciborum.** Zu *pulcher* bei Speisen vgl. 2.149f. *pulchra...vina*
(Plaut.frg.inc.24 Leo, Apul.met.10.21), Hor.sat.1.5.89 *panis longe pul-*

cherrimus, epist.1.15.41 *nil volva pulchrius ampla;* Arevalo zu Iuvenc.2. 149f.; P.Monteil, Beau et Laid en Latin. Étude de vocabulaire, Paris 1964, 87. Bei Juvencus erhält *pulcher* ebenso wie *cibus* eine neue Qualität. Hier ist nicht von fleischlicher Speise die Rede, sondern von einer geistlichen Aufgabe. *pulchrorum* deutet auf die geistliche Schönheit der Aufgabe.- *ciborum* steht im Hexameter immer am Versende: 370, 3.81, 207, 250, Lucan. 4.375, Ov.met.15.138, Sil.14.600.

304/7. sed tum mirantum discipulorum/ inter se occultis currebat sermo loquellis./ "forte aliquis prior hic epulas dedit ante magistro,/ nostras ut merito satiatus respuat escas." Erstaunen und Mutmaßen der Jünger sind von Juvencus recht breit ausgemalt. Der Vermutung 306 *forte aliquis prior hic epulas dedit ante magistro* steht in der Bibel eher ratloses Ioh.4.33 *numquid* (gr. μή;) *aliquis ei attulit manducare?* gegenüber (Blass/Debrunner/ Rehkopf 356 Anm.2 übersetzen "es kann ihm doch niemand...gebracht haben? [es scheint aber doch so zu sein]"). Die von Juvencus gebrauchte Form des (allerdings wegen *forte* potential gefärbten) Aussagesatzes, zumal in Verbindung mit dem von ihm hinzugefügten Konsekutivsatz 307 *nostras ut merito satiatus respuat escas*, läßt die von den Jüngern gefundene Erklärung als plausibel (vgl. auch *merito*) erscheinen. Umso wirkungsvoller setzt sich davon dann die ganz andere Erklärung aus dem Mund Christi ab.- Der spondeische Rhythmus der Verse 304f. versinnbildlicht das Erstaunen der Jünger. Für solche malende Wirkung von Spondeen vgl. (mit freilich jeweils unterschiedlichen Nuancen des Erstaunens) 1.179 *mirantes laudant, laetantes constipuerunt;* Hom.Od.2.155 (versus spondiacus), Verg.Aen.1. 421f. *miratur molem Aeneas.../ miratur portas*, 709, Prop.3.10.1, Sil.11. 534, 17.595; siehe noch Norden 444f. mit Verweis auf Hom.Il.23.728, Catull.64.15. Demgegenüber fallen die zahlreichen Daktylen in 306f. auf. Sie spiegeln sozusagen die Auflösung des Erstaunens in das (scheinbare) Begreifen der Situation wider.- Auffällig ist das dreifache Homoioteleuton *tum mirantum discipulorum*.

304f. mirantum discipulorum/ inter se occultis currebat sermo loquellis erweitert Ioh.4.33 *dicebant ergo discipuli eius ad alterutrum*. Der Wortlaut bei Juvencus erinnert an die in der Bibel geradezu stereotype Verbindung von *mirari* und *dicere* (Matth.8.27, 9.33, 13.54, 19.25, 21.20 u.ö.).

305. inter se (Thes.VII.1 c.2141.12/43 "de actu utcumque communi") befindet sich in Apokoinustellung und kann auf *mirantur* (cf. Sil.8.196 *dum inter se...mirantur*) wie auf *currebat sermo* bezogen werden, wenn auch der unpersönliche Ausdruck grammatisch strenggenommen nicht das Reflexivum verlangt. Zum Ausdruck des reziproken Verhältnisses steht in der Vorlage Ioh.4.33 b l r¹ *ad alterutrum*, a aur c d f *ad invicem*, e *ad ininvicem*, ff² *intra semetipsum*, q *inter se* (gr.: πρὸς ἀλλήλους, D ἐν ἑαυτοῖς). Die meisten Varianten wären für eine Übernahme kaum in Frage gekommen. *alteruter* kommt vor Juvencus episch außer in Lucr.1.974, 5.588, 5.685, 1.1012 nur in Lucan.6.8 vor, für die Spätantike nennt Hey (Thes.I 1758ff.) nur Drac. laud.Dei 3.158. *in alterutrum* ist zwar seit Vetus Latina und Tertullian in Gebrauch (Hey, Thes.I 1761.12ff.). Einen epischen Beleg für *in alterutrum* nennt Hey jedoch nicht. Außerdem ist fraglich, ob Juvencus die Wendung auch zum Ausdruck der wechselseitigen Beziehung von mehr als zwei Personen (wie in Ioh.4.33 der Fall) verwendet hätte. *invicem* ist in dieser Form in epischer Dichtung metrisch unmöglich und kommt dort nur in der Sperrung *inque vicem* vor (Frei, Thes.VII.2 c.173.22f.), auch in reziproker Funktion (z.B. Manil.2.468, Lucan.7.177), nicht jedoch bei Juvencus (4.646 *inque vicem sceptri* ist ein ganz anderer Fall). *ad invicem* (Frei, Thes. VII.2 c.182.49ff.) und *in invicem* (183.47ff.) sind episch wohl völlig undenkbar, da gesperrte Stellung ausgeschlossen ist. *intra semetipsum* ist unmetrisch, zudem erfordert der Sinn den Plural, der aber gleichfalls unmetrisch ist.- **occultis...loquellis.** Die heimlichen Mutmaßungen der Jünger können Christus nicht verborgen bleiben, wie aus 308 *internae cernens molimina mentis* hervorgeht.- Über *loquella* siehe zu 188.- **currebat sermo.** Vgl. für die Verbindung psalm.147.15, II Thess.3.1 (gr. ὁ λόγος Κυρίου τρέχῃ), dort aber jeweils vom Wort Gottes.

306. forte. "vielleicht", vgl. Hey, Thes.VI.1 c.1131f.- **epulas dedit** ist ziemlich gewöhnlich, aber auch im Epos belegt (Lucan.9.802). Ioh.4.33 *ei attulit manducare* lehnt sich an ἤνεγκεν αὐτῷ φαγεῖν im griechischen Text an (vgl. zu 252 *da...potum*). φαγεῖν ist final-konsekutiver Infinitiv wie bei Xen.Cyr.7.1.1 τῷ Κύρῳ προσήνεγκαν οἱ θεράποντες ἐμπιεῖν καὶ φαγεῖν (Schwyzer/Debrunner 363), Nonn.Ioh.4.33 καὶ ἔννεπεν ἄλλος ἐπ᾽ ἄλλῳ·/ ἦ ῥά οἱ ἄλλος ὄπασσε φαγεῖν ἐπιδήμιος ἀνήρ; Im lateinischen Epos konnte Juvencus keine sprachliche Parallele antreffen. Für unpoetisches *manducare* siehe zu 302.- **prior...ante** ist pleonastisch wie Plaut.Trin.1141 *neque eum ante usquam conspexi prius*, Verg.Aen.4.24/7, Ov.met.10.66f.; Hey, Thes. II 136.39/46, 159.1/11 s.v. *ante;* Breimeier, Thes.X.2 c.1342.57/62 s.v. *prius.* Pleonasmus bei einer Zeitangabe liegt bei Juvencus noch vor in 2.472 *mox inde*, 3.620 *dehinc mox.*

307. respuat escas antwortet auf 302 *sumeret escas.* Zu *respuat* (OLD 1636 s.v. 2b "to refuse to take [something proffered]") bemerkt Reusch "durior vox, quam castigiores veterum aures vix ferrent". So aber wird Jesu Ablehnung betont. *respuere* kommt (in verschiedenen Bedeutungen) schon in der antiken epischen Dichtung vor, vgl. etwa Lucr.2.197, Lucan.3.484, Val.Fl. 5.322, Stat.Theb.8.543. Der Versschluß findet sich leicht abgewandelt wieder bei Arator act.1.915 *respuit escas*.

308. ille sed internae cernens molimina mentis. Die Redeeinleitung Ioh.4. 34 *dicit illis* ist unepisch (und in dieser Stellung auch unmetrisch) und konnte daher nicht übernommen werden.- **ille sed.** Einen guten Überblick über das Phänomen der Partikelinversion in der römischen Dichtung bietet Norden 402/4. Bei Juvencus vgl. zu *ille sed* nur etwa 353, 757.- **internae...molimina mentis** findet sich ebenso in 1.521. *molimina mentis* ist Versschlußalliteration (vgl. zu 214). In *molimina* (Knappitsch, de Wit: "cogitationes") sieht Poinsotte (233 Anm.906) den grundsätzlichen Hinweis auf "les machinations perverses des seuls 'Juifs'". Wenn auch *molimina* in 1.521, 2.18 negativ gefärbt ist, kann davon im vorliegenden Vers nicht gesprochen werden. Es bezeichnet hier arglose, wenn auch unzutreffende Mutmaßungen der Jünger. Geradezu absurd ist eine derartige Deutung bei Vers 2.171 *constructum veteris regni molimine templum*, zumal es die Worte der Juden selbst sind.- *molimen* (seit Lucr.4.902) ist selten und hochpoetisch und wurde in klassischer Zeit fast nur im abl.sing. gebraucht. Ausnahmen sind Ov. met.15.578, Pont.1.2.73 *(rerum molimina)*.- **internus** begegnet im antiken Hexameter nur in Ov.epist.7.113, Sil.8.21. Juvencus hat das Wort immerhin 5 mal.- **cernens.** Über die Allwissenheit Gottes siehe zu 274 *mentis perspector*.

309. hae mihi sunt epulae, pectus satiabitur istud. Die beiden kurzen Sätze sagen im Grunde dasselbe aus, nur aus unterschiedlichen Blickwinkeln. *hae mihi sunt epulae* lehnt sich stärker an die Vorlage Ioh.4.34 *mea esca est* an, während *pectus satiabitur istud* freier, aber auch poetischer *(pectus)* und emphatischer *(istud)* gehalten ist. Die Hinzufügung eines zweiten Satzes erhöht natürlich auch die Spannung, die mit *hae* einsetzt und auf die Erklärung im nachfolgenden *si*-Satz gerichtet ist. Der Vers ist chiastisch gebaut. Die Demonstrativa *hae* und *istud* stehen sich an den Versenden, die Subjekte *epulae* und *pectus* in der Versmitte gegenüber, und die Mitte der jeweiligen Vershälften nehmen schließlich die Prädikate *mihi sunt* und *satiabitur* ein.- **pectus satiabitur istud.** Für *pectus satiare* vgl. Ov.met.6.281 *satia...meo tua pectora luctu*, trist.3.11.35 *pendimus en profugi - satia tua pectora - poenas*, Sil.12.573 *spectata ductor* (sc. *Hannibal) satiatus pectora Roma*, 618f. *bella movent, quantis animos et pectora possint/ irati satiare Iovis*, Stat.Ach.1.616 *patrio satiavit pectora luxu*. Bei den heidnischen Dichtern handelt es sich eigentlich nur um eine Wendung, welche die Schaffung eines Zustandes der Befriedigung oder Genugtuung, oder mit Hilfe eines entsprechenden Zusatzes (Ov.met.6.281 *luctu*, Stat.Ach.1.616 *luxu*) eine Sättigung anderer Art bezeichnet. Durch die christliche Nutzung wird der Ausdruck in einen ganz neuen Rahmen gestellt. *satiabitur* bedeutet die Sättigung Christi durch das Heil der Menschheit infolge seiner lebensspendenden Taten.- **(pectus) istud.** Das Demonstrativum anstelle des Possessivums wirkt emphatisch. Für *istud* = *meum* vgl. Sen.Herc.O.269 (Ehlers, Thes.VII.2 c.509.57; 508.58 "pertinet ad primam personam"), Iuvenc.1.98 *spiritus iste* (Luc.1.47 *spiritus meus*). Vgl. entsprechend griech. ὅδε (KG 1.643).

310. si faciam magni Genitoris iussa per orbem. Juvencus hat aus Ioh.4. 34 *ut faciam voluntatem eius*, nicht aber *et perficiam opus eius* berücksichtigt. Orig.comm.in Ioh.13.37.236ff. (SC 222.158/62) geht einem potentiellen Einwand nach, der sich aus dem auf Christus als Subjekt bezogenen *perficere* (τελειοῦν) ergibt. Dieser lautet im Kern: "Wenn das Werk Gottes von Christus vollendet wird, war es unvollendet. Wie aber kann Gott etwas Unvollendetes geschaffen haben, und wie kann dann Christus, der sich doch als geringer als den Vater darstellt (Ioh.14.28), es vollenden?" Origenes antwortet, daß die Schöpfung in Wirklichkeit bereits von Gott vollendet gewesen sei, daß aber der Mensch selbst durch die Sünde sich wieder in einen unvollkommenen Zustand versetzt habe. Aufgabe Christi sei es, den Menschen von der Sünde wieder zu befreien. Es fällt auf, daß Juvencus *perficere* auch nicht aus Ioh.5.36 übernimmt. Man kann fragen, ob sich darin, daß dem Sohn der Begriff des Vollendens nicht zugeordnet wird, eine subordinatianische Tendenz äußert.[376] Dazu würde passen, daß Juvencus zuweilen das Wirken des Vaters durch den Sohn besonders herausstellt (siehe zu 180/3) und daß er im Gegensatz zu Matthäus nie von den Engeln des Sohnes spricht (siehe zu 291 *nuntius*). Andererseits betont er doch auch die Allmacht des Sohnes (siehe zu 265 *Regnator mundi*). Die Haltung des Dichters in dieser Frage erscheint zumindest indifferent.- **faciam...iussa** (vgl. Verg. Aen.1.302, Ov.met.2.798, 3.154, fast.1.379, Stat.Theb.4.549, Coripp.Iust. 4.329) gibt Ioh.4.34 *faciam voluntatem* wieder, was an hebräische Wendungen wie עשה רצון (psalm.40.9, 103.21), עשה חפץ (Is.48.14, 58.13), חפץ שלם (Is.44.28) erinnert; vgl. aber auch Sall.frg.4.42 *volentia plebi facturus*. Auf die gleiche Weise wie in 2.310 ersetzt Juvencus den biblischen Ausdruck in 1.705 (= Matth.7.21). In 2.730 (= Matth.12.50) wählt er stattdessen *voluntatem inplere* (cf. Vulg.num.32.12, Hier.psalt.sec.Hebr.19.5, II Thess.1.11, laud.Dom.125 *completa [esse]...iussa*) und in 3.702 (= Matth.

---

[376] Der Subordinatianer Origenes stört sich an dem Begriff des Vollendens allerdings nicht.

21.31) *iussa sequi* (dichterisch, vgl. Verg.Aen.4.538, Lucan.1.372, Stat. silv.5.2.112). Der Akkusativ *voluntatem* kommt im antiken Epos nicht vor (doch vgl. Lucr.4.781).- **Genitoris iussa** findet sich an derselben Versstelle in Carm.laud.Dom.125, und Juvencus könnte es von dort übernommen haben.- **magni Genitoris** tritt an die Stelle der Formel Ioh.4.34 *eius, qui me misit* (gr. τοῦ πέμψαντός με) ähnlich wie in 507 *Genitore supremo* (Matth. 10.40), Nonn.Ioh.8.29 ὑψιμέδων Γενέτης. Nonn.Ioh.4.34 heißt es φιλοπά-τωρ δ' ἀγόρευεν ἄναξ ἑτερόφρονι μύθῳ·/ εἶδαρ ἐμὸν πέλε μῦθος, ἐμὸν πο-τὸν ἔργα Τοκῆος·/ εἶδαρ ἐμὸν πέλε μοῦνον, ὅπως ἄτρεπτον ἐέλδωρ/ Πα-τρὸς ἐμοῦ τελέοιμι καὶ ἔνθεον ἔργον ἀνύσσω. Das Partizip der griechischen Fassung (πέμψαντος) wird von Juvencus nachgeahmt in 649 (= Ioh.5.24) *me mittentis Genitoris* (vgl. πέμψας Τοκεύς in Nonn.Ioh.7.33, 13.20, 15.21 u.ö.). Beibehalten (und zugleich erweitert) ist der Relativsatz der lateinischen Version in 663f. *Genitoris.../ qui me iustitiam terris disquirere iussit* (Ioh.5.30), wobei *Genitoris* an die Stelle des Demonstrativums tritt (vgl. *Pater, qui misit me* u.ä. in Ioh.5.37, 6.44, 8.16, 8.18 usw.). Im Gegensatz zur geheimnisvollen Unbestimmtheit der Formel *eius, qui me misit* wird bei Juvencus - ob das relativische Satzgefüge nun beibehalten ist oder nicht - immer direkt die Person des Vaters erwähnt (zur Betonung des Vaters siehe oben). Hier spielen aber auch sprachliche Zwänge mit. Denn die Form *is, qui* ist epischem Stil kaum angemessen. Andererseits läßt sich der im Epos sehr seltene Genitiv *eius* (Ioh.4.34) bei Juvencus immerhin 5 mal belegen.- Für *magnus Genitor* vgl. Verg.Aen.2.788 *magna deum genetrix* (Cybele), Phaedr.4.19.22 *genitor...deorum maximus* (Juppiter), Sen.Tro.237 *magni... genitoris* (Achill als Vater des Pyrrhus), Sil.13.632f. *magna.../ Alcidae ge-netrix* (Alcumena als Mutter von Hercules), Homer.537 *magni genitoris* (Juppiter als Vater von Mars). Ansatzmöglichkeiten zur Chrêsis liegen besonders dort vor, wo bei den heidnischen Autoren *(magnus) genitor* auf eine Gottheit bezogen ist.- **Genitor** für Gottvater (Hey, Thes.VI.2 c.1819.56ff.) findet sich vor Juvencus in Lact.inst.4.25.3 (SC 377.204.12), Carm.laud. Dom.38, 125 (vgl. van der Wejden, Komm.).- **per orbem** steht bei Juvencus (vgl. noch 644, 1.399) wie im antiken Hexameter immer am Versende.

2.311/320 - Erntebild

311/20. quattuor hinc menses laetae ad primordia messis/ frugiferae aes-tatis certe superesse putatis./ erigite ergo oculos, albentes cernite cam-pos,/ cunctaque maturam iam rura exposcere messem./ nunc quicumque metet, pulchri mercede laboris/ vitalique dehinc gaudebit fruge redun-dans/ et sator accipiet messorum gaudia laetus./ vos ego nunc misi gra-

vidam succidere messem,/ quae non est vestro sulcis inserta labore./ vos aliena bonae ditabunt munera frugis. Iren.adv.haer.4.22.2 (SC 100.2 p.690.), 4.25.3 (p.708/10) versteht unter der Ernte die Erfüllung der alttestamentarischen Verheißung von Christi Ankunft, in der sich die Kontinuität von AT und NT manifestiert. Orig.comm.in Ioh.13.46.305ff. (SC 222. 198ff.) erklärt die Ernte als die gereiften Felder der Schrift, welche diejenigen ernten, die die Herrlichkeit Christi sehen.[377] Nach Aug.tract.15.32 in Ioh. (CCL 36.163.18f., 26f.) sind die Menschen, die bis jetzt schon in Judäa (d.h. in Palästina) an Christus glauben, einschließlich der samaritanischen Frau, die Ernte.[378] Eine Reihe von Exegeten hält in einem engeren Sinn die infolge des Berichts der Frau glaubensbereiten Samaritaner für die Ernte: Ephraem hymn.de virginit.23.10 (CSCO 224.75) *Selig deine (sc. der Samaritanerin) Felder, die symbolisch weiß wurden- und zur Ernte des Segens kamen!- Nicht Ähren gediehen, Seelen wurden vollkommen, eiferten, wurden weiss und dir ähnlich*, expl.evang.11.26 (SC 121.211) *à propos des champs, il (sc. Notre-Seigneur) parla de la moisson des hommes en Samarie*, Chrysost.hom.34.2 in Ioh. (PG 59.194) καὶ ἡ χώρα δὲ καὶ ὁ θερισμὸς τὸ αὐτὸ δηλοῖ, τὸ πλῆθος τῶν ψυχῶν τῶν ἑτοίμων πρὸς τὴν ὑποδοχὴν τοῦ κηρύγματος. ὀφθαλμοὺς δὲ ἐνταῦθα λέγει καὶ τοὺς τῆς διανοίας καὶ τοὺς τοῦ σώματος· καὶ γὰρ ἑώρων λοιπὸν τὸ πλῆθος ἐρχόμενον τῶν Σαμαρειτῶν· τὴν δὲ τῆς προαιρέσεως αὐτῶν ἑτοιμότητα, τὰς χώρας τὰς λευκαινομένας φησίν. ὥσπερ γὰρ οἱ ἀστάχυες ἐπειδὰν λευκανθῶσι, πρὸς ἄμητόν εἰσιν ἕτοιμοι· οὕτω καὶ οὗτοι νῦν, φησί, πρὸς σωτηρίαν εἰσὶν παρεσκευασμένοι καὶ εὐτρεπεῖς, (PG 59.196) μεταξὺ οὖν λέγοντος αὐτοῦ ταῦτα, ἐξῄεσαν οἱ Σαμαρεῖται, καὶ συνήγετο ἀθρόος ὁ καρπός. διὰ τοῦτο εἶπεν· "ἄρατε ...", Theod.Mops.comm.in Ioh. (CSCO 116.66.37f.) *"nonne vos dicitis... sed ego ostendam vobis messem meliorem atque instantem." alludebat nempe ad Samaritanorum adventum et conversionem*, Hier.comm.in Is.13.49.14/21 (CCL 73A 544.86/8) *diciturque ad eam (sc. Sion), ut elevet oculos suos in circuitu, et videat filios, qui ei fuerant congregati* (cf. Is.49.18). *de quibus*

---

[377] Am Rande sei erwähnt, daß das Ernteverständnis der *Jünger*, die nicht schon jetzt, sondern erst in vier Monaten die Zeit der Ernte gekommen sehen, von Orig.comm.in Ioh.13. 40.262/7 (SC 222.172/4) wie folgt gedeutet wird: Die Ernte besteht in der Vollendung der vereinten Werke der Wahrheit, und zwar durch Überwindung der vier Elemente und ihrer Sphären, für welche die vier Monate stehen, und im Aufstieg zum reineren Sein. Origenes lehnt diese Sichtweise ab. Im Text des Juvencus weist nichts auf solches übertragenes Ernteverständnis der Jünger hin.

[378] Augustinus gibt sodann einen Ausblick auf die eschatologische Ernte, die noch folgen wird: Von dieser Ernte seien einige Körner ausgestreut worden, die den Erdkreis besät hätten. Diese andere Ernte werde am Ende der Welt gemäht. Dann würden die Engel die Schnitter sein.

et Dominus loquebatur "levate oculos..." (17.60.4 [p.695.1/17]), Nonn.Ioh.
4.35 ἠνίδε, πάντες/ εἰς πόλιν ἀντικέλευθον ἀείρατε κύκλον ὀπωπῆς,/ πῶς
πόλιες λευκῇσι περιφρίσσουσιν ἀλωαῖς.[379] In Entsprechung zur Auffassung bei Ephraem, Chrysostomos, Theodor und Hieronymus treffen auch
bei Juvencus die Samaritaner ein und versammeln sich um Christus, noch
während dieser spricht: 321/3 *talibus adloquiis comitum dum pectora conplet,/ ecce Samaritum populi venere rogantes/ exorantque illic geminos expendere soles.* Diese Betonung der Gleichzeitigkeit von Christi Rede und
Ankunft der Samaritaner[380] legt nahe, daß Christus auch bei Juvencus das
Erntebild auf die Samaritaner bezieht. Denn die Scharen der während des
Gesprächs eintreffenden Samaritaner müssen für Christus geradezu den Anlaß für die Verwendung des Bildes der erntereifen Felder abgeben. Ein Be-
zugspunkt zwischen diesem Bild und den vielen Samaritanern, die sich um
Christus versammeln, ergibt sich zudem aus der jeweiligen Hervorhebung
der Fülle bzw. Menge: 298 *populum totis eduxit moenibus urbis,* 301 *Christum fusae petiere catervae;* 311 *laetae messis,* 312 *frugiferae aestatis,* 314
cuncta rura, 316 *vitali...fruge redundans,* 318 *gravidam messem,* 320 *(vos
aliena bonae) ditabunt munera frugis.*- In Hom.Il.2.147/9 wird das Volk
von Argos, aufgewühlt von den Worten Agamemnons, mit vom Sturm ge-
neigten Ähren verglichen: ὡς δ' ὅτε κινήσῃ Ζέφυρος βαθὺ λήϊον ἐλθὼν/ λά-
βρος ἐπαιγίζων, ἐπί τ' ἠμύει ἀσταχύεσσιν,/ ὣς τῶν πᾶσ' ἀγορὴ κινήθη
(voran geht in 144/6 ein Vergleich mit sturmgepeitschten Wogen). Und offenbar nach diesem homerischen Vorbild (G.N.Knauer, Die Aeneis und Homer. Studien zur poetischen Technik Vergils mit Listen der Homerzitate in
der Aeneis [= Hypomnemata 7], Göttingen 1964, 436 mit Verweis auf
Eichhoff) wird in Verg.Aen.7.720f. das große Heer des Clausus (nach dem
Vergleich mit einem Sturm) mit Ährenfeldern verglichen: *vel cum sole novo
densae* (vgl. Ladewig/Schaper/Deuticke "Der Begriff der Menge wird durch
densae in den Satz gebracht") *torrentur aristae/ aut Hermi campo aut Lyciae
flaventibus arvis.* Schließlich werden in Sil.9.358/61 die beiden feindlichen
Heere, die noch in gleicher Stärke miteinander kämpfen, mit einem Saatfeld
verglichen, in das noch kein kräftiger Wind gefahren ist: *mitia ceu viridis
agitant cum flamina culmos,/ necdum maturas impellit ventus aristas,/ huc
atque huc it summa seges nutansque vicissim/ alterno lente motu incurvata
nitescit.* Aus diesen epischen Vergleichen (Saatfeld - Menschenmassen) mag

---

[379] Wenn bei Nonnos die Felder in den Städten selbst sind, kann das nur Allegorie für die
Ernte der glaubensbereiten Samaritaner sein.
[380] Aus Ioh.4.40 *ut ergo venerunt ad illum Samaritani, rogabant eum, ut ibi maneret* ist die
Gleichzeitigkeit nicht zwingend ersichtlich. Danach könnten die Samaritaner auch erst im
Anschluß an das Gespräch ankommen.

Juvencus neben entsprechenden Exegesen zum Erntebild im 4. Johanneskapitel Anregung erhalten haben.

311/4. quattuor hinc menses laetae ad primordia messis/ frugiferae aestatis certe superesse putatis./ erigite ergo oculos, albentes cernite campos,/ cunctaque maturam iam rura exposcere messem. Wenn auch die Korrespondenz Ioh.4.35 *(nonne) vos dicitis - dico vobis* bei Juvencus in dieser Form entfällt, so tritt sie doch in anderer Weise vor Augen: Dem *putatis* am Ende von 312 (statt *dicitis*) steht der Imperativ *erigite* direkt am Anfang von 313 gegenüber: Kaum ist die Ansicht der Jünger ausgesprochen, tritt ihr Jesus auch schon durch den energischen Imperativ *erigite ergo* entgegen.

311f. quattuor hinc menses laetae ad primordia messis/ frugiferae aestatis certe superesse putatis. Die rhetorische *nonne*-Frage von Ioh.4.35 hat Juvencus in einen Aussagesatz umgewandelt wie in 490f. (Matth.10.29), 590f. (Matth.12.11), 3.412/4 (Matth.18.12), 578f. (Matth.20.13), 4.380/3 (Ioh.11.40). Für weitere Beispiele der Umwandlung von Satzarten bei Juvencus vgl. Roberts 141 und Komm. zu 253/5. Die Fragepartikel *nonne* (Ioh.4.35) wird von den antiken Dichtern weitgehend gemieden (vgl. Axelson 89f.), Juvencus aber verwendet sie immerhin 6 mal, wobei er *nonne* mit Ausnahme von 4.678 (Matth.27.42), wo er an die Stelle eines Fragesatzes einen Aussagesatz treten läßt, immer direkt aus der Bibel übernimmt: 802 (Matth.13.27), 1.632 (Matth.6.25), 638 (Matth.6.26), 709 (Matth.7.22), 3.25 (Matth.13.55f.; der 2. *nonne*-Satz ist durch *non*-Fragen wiedergegeben). Bei Sedulius kommt *nonne* gar nicht vor. Daß Juvencus hier die Frage in einen Aussagesatz umformt, dient dem Zweck scharfer Gegenüberstellung der Ansicht der Jünger (311f.), die als feststehende Tatsache genannt wird, und des auf die Widerlegung dieser Ansicht gerichteten Imperativs (313f.).- Ioh.4.35 *adhuc quattuor menses, et messis venit* ist wohl hebraisierend wie exod.17.4 *adhuc pauxillum, et lapidabunt me* (hebr. מעט ר סקלנ׳ עו ר), Ier.51.33. Durch *et* werden hier die abzuwartende Zeitspanne und was nach ihr geschieht, nebeneinander gestellt. Zu vergleichen mit Ioh.4.35 sind im NT etwa Ioh.7.33, act.5.7. Dieser Gebrauch von *et* ist auch in epischer Dichtung nachzuweisen, wie Verg.georg.2.80 *nec longum tempus, et ingens exiit arbos* zeigt (Hofmann, Thes.V.2 c.895.28f. s.v. *et:* "post temporales notiones pro 'cum inverso'"). Die Übernahme der Satzstruktur von Ioh.4.35 wäre für Juvencus also wohl denkbar gewesen. Doch der Dichter faßt die Aussage in einen Satz zusammen. Nonnos dagegen ahmt den Aufbau von Ioh.4.34 nach: ὑμεῖς οὐ τόδε πάντες ἐνὶ ξυνώσατε μύθῳ/ ἴδμονες ὡράων, ὅτι λείπεται εἰσέτι μούνη/ μηνῶν τετραέλικτος ἀελλήεσσα πορείη,/ καὶ θέρος ἀγλαόκαρπον ἐλεύσεται; ebenso verfährt Nonnos bei Ioh.7.33.- Bei Bauer/Aland 796 s.v. καί I 2c werden Belege dafür zitiert, daß durch καί die Zeit und was in ihr geschieht, nebeneinander gestellt werden. Darunter werden auch Ioh.4.35, Luc.19.43, 23.44 eingeordnet, die aber, wenn man differenzieren will, eher zu den oben behandelten Fällen gehören. Als epischer Beleg wird zu Unrecht Hom.Od.5.362 erwähnt, denn die Struktur ist dort durch ὄφρα...τόφρα vorgegeben, und im τόφρα-Satz werden μενέω und τλήσομαι durch καί verbunden; vgl. aber etwa aus der lateinischen epischen Dichtung Verg.Aen.3.8f. *vix prima inceperat aestas,/ et pater...iubebat* (Hofmann Z.31f.), Iuvenc.4.716/8 *iam decedenti vesper succedere soli/ coeperat, et procerum solus tum* (v.l. *cum,* von Huemer in den Text gesetzt) *iustior audet/ corpus ad extremum munus deposcere Christi* (Hofmann Z. 26f.; diese Struktur ist nicht vorgegeben durch Matth.27.57 *cum sero autem factum esset, venit quidam homo dives ab Arimathia* eqs.).- **quattuor hinc menses laetae ad primordia messis/ ...superesse.** Ganz ähnlicher Ausdruck in Vulg.Am.4.7 *cum adhuc tres menses superessent usque ad messem.*

311. ad. Für temporales *ad* im Sinn von *usque ad* vgl. aus der Dichtung Verg.georg.1.435, Stat.Theb.3.3; allgemein v.Mess, Thes.I 554/6. **laetae... messis.** Plin.nat.17.14 *hiberno...pulvere laetiores fieri messes.* In christlichem Gebrauch findet sich die Junktur auch in Zeno 1.38.3 (CCL 22.105. 23).

312. frugiferae aestatis. In C Av T Matr Sg Am Ca Ca₂ ist nach Hansson (31) *aestati* überliefert, in R *aestati[i]s*, sonst *aestatis*. Reusch, Arevalo und Marold (letzterer erwähnt die Überlieferung des Dativs nicht) ziehen den Genitiv vor, Knappitsch, Huemer, de Wit und Castillo Bejarano dagegen den Dativ. Der Dativ wird von Reusch und Arevalo (die freilich den Genitiv setzen) mit "usque ad aestatem" erklärt, Castillo Bejarano übersetzt entsprechend mit "para el frutífero verano". Doch eine solche Funktion des Dativs erscheint fraglich, da der Dativ der Richtung wohl nur in lokaler Bedeutung möglich ist. Auch würde man ein Verb der Bewegung erwarten (vgl. HSz 100f.). Eine andere Möglichkeit, nämlich *aestati* mit *superesse* zu verbinden ("daß der Sommer noch vier Monate andauert"), würde voraussetzen, daß zum gegenwärtigen Zeitpunkt bereits Sommer wäre und daß es noch vier Monate bis zur Ernte wären. Doch das ist nicht möglich. Denn die Getreideernte (auf Getreide lassen 313 *albentes...campos* und Ioh.4.35 *et videte regiones, quia albae sunt ad messem iam* schließen) beginnt in Israel schon im Monat Nisan, also Ende April (Orig.comm.in Ioh.13.39.251 [SC 222. 166.8f.]), und ein Zeitpunkt vier Monate vor der Ernte liegt mitten im Winter. Im Winter aber kann man nicht sagen, der Sommer dauere von nun an noch vier Monate, bis die Ernte beginnt. Aus demselben Grund ist es auch nicht möglich, bei Entscheidung für den Genitiv *aestatis* diesen mit Korn (21) von *quattuor menses* abhängig zu machen ("daß es noch vier Monate des früchtetragenden Sommers bis zum Beginn der Ernte dauert"). Arevalo hatte gleichzeitige Abhängigkeit beider Genitive von *primordia* mit Verweis auf 1.158 *sollicitae pecorum custodia noctis* (Huemer Index 158 erwähnt diesen Vers jedoch s.v. "gen. temporis graeco more") erwogen ("daß es noch vier Monate sind bis zum Beginn des früchtetragenden Sommers und der Ernte"). Das ist sachlich zwar einwandfrei, doch sprachlich läge solches Verständnis näher, wenn *messis* so wie *custodia* in 158 Apokoinustellung einnähme. Die beste Lösung lieferte bereits Reusch, der *aestatis* von *messis* abhängig machte ("daß es noch vier Monate sind bis zum Beginn der Ernte im früchtetragenden Sommer"). Zwar werden zwei voneinander abhängige Genitive von Juvencus sonst gemieden (siehe zu 178 *primorum procerum*). Doch wäre durch die Verteilung auf zwei Verse eine gewisse Auflockerung gegeben. Die Verbindung *messis aestatis* findet sich auch in Zeno 2.13.1 (CCL 22.187.8). Auslassung von Endkonsonanten (hier des Genitiv-*s*) ist in den Juvencuscodd. ganz häufig, freilich umgekehrt auch die Hinzufügung von solchen, vgl. Huemer Proleg. XXVII.- Das Kompositum *frugifer* ist analog zu καρποφόρος (seit Pind.Pyth.4.6, Nem.6.9) gebildet und im Lateinischen episch seit Enn.ann.510 Skutsch. Bei Juvencus wird die Jahreszeit selbst als früchtereich bezeichnet wie in Aisch.Prometh.455f. καρπίμου/ θέρους, Germ.500 *ver fecundum*, Avien.Arat.1807 *frugifer autumnus;* vgl. noch act.14.17 *tempora fructifera* (gr. καιροὺς καρποφόρους), "(von Gott gegebene) fruchtbare Zeiten". Nonn.Ioh.4.35 hat θέρος ἀγλαόκαρπον. Bildungen mit *-fer* sind bei Juvencus auch *astrifer* (3.225), *letifer* (1.270, 2. 634), *lucifer* (3.101, nominal vom Morgenstern), *salutifer* (4.365), *venenifer* (2.631). In 2.549 ist Bildung mit *-ferens* anzutreffen (*terrarum frugiferentum;* vgl. Lucr.1.3). Vgl. Lindner 78 s.v. *frugifer* und *frugiferens.*

313f. erigite ergo oculos, albentes cernite campos,/ cunctaque maturam iam rura exposcere messem. Abgesehen von dem Wegfall des *amen, dico vobis* (siehe unten) ist die abundante Zweiteilung der Aufforderung in Ioh.4. 35 von Juvencus beibehalten worden mit 313f. *erigite ergo oculos, albentes cernite campos,/ cunctaque maturam iam rura exposcere messem*, wobei der zweite Teil *(albentes.../ ...messem)* wiederum in zwei Teile aufgefächert wird, so daß *cuncta...maturam iam rura exposcere messem (cernite)* als Epexegese, ja Steigerung von *albentes cernite campos* fungiert: Während *albentes* die Reife der Frucht eher indirekt andeutet, ist die Dringlichkeit der Ernte mit *maturam iam...exposcere messem* so klar wie möglich herausgearbeitet. An die Stelle von *campos* tritt verstärkend *cuncta...rura*. Die Imperative *erigite* und *cernite* folgen im Gegensatz zum Bibeltext asyndetisch aufeinander, was die Aufforderung energischer erscheinen läßt. Lautlich eindringlich wird die Aufforderung durch die den Vers rahmenden Alliterationen *erigite ergo* und *cernite campos*. Vergleichbare Zerlegung des Verbalbegriffs findet sich im AT öfter. Besondere Ähnlichkeit mit Ioh.4.35 haben gen.13.14 *respice oculis tuis, et vide* (Sept. ἀναβλέψας τοῖς ὀφθαλμοῖς σου ἰδέ, hebr. שא נא עיניך וראה), 31.12 *aspice oculis tuis, et vide* (Sept. ἀνάβλεψον τοῖς ὀφθαλμοῖς σου καὶ ἰδέ, hebr. שא נא עיניך וראה), Zach. 5.5 *suspice oculis tuis, et vide* (Sept. ἀνάβλεψον τοῖς ὀφθαλμοῖς σου καὶ ἰδέ, hebr. שא נא עיניך וראה). Diese Struktur (vgl. im NT Ioh.6.5) wirkt im Lateinischen aber nicht wie ein Fremdkörper. Denn enumerative Redeweise kennt man auch sonst aus der lateinischen Literatur, auch aus der hohen Dichtung, vgl. HSz 783f.

313. Die Aufforderung wird in Ioh.4.35 eingeleitet mit *ecce dico vobis* (ein Hebraismus, vgl. Sept. I reg.5.19 καὶ ἰδοὺ ἐγὼ λέγω οἰκοδομῆσαι οἶκον τῷ ὀνόματι Κυρίου Θεοῦ μου [hebr. והנני אמר לבנות בית לשם יהוה אלהי], I Cor.15.51, Gal.5.2) eingeleitet. Nonnos berücksichtigt *ecce* / ἰδού durch ἠνίδε, dagegen läßt er *dico vobis* / λέγω ὑμῖν außer acht: ἠνίδε πάντες εἰς πόλιν ἀντικέλευθον ἀείρατε κύκλον ὀπωπῆς. Bei Juvencus aber fehlt jede Einleitung der Aufforderung. Juvencus übernimmt die Formel nicht. *dico* ist unepisch (siehe zu 184).- **erigite...oculos.** Die Junktur *oculos levare* aus Ioh.4.35 ist zwar in der antiken Dichtung nicht belegt (vgl. aber später Prud.c.Symm.1.212 *oculos animumque*), doch auch für *erigere oculos* läßt sich nur Ov.met.4.145f. anführen, allerdings mit besonderem Gebrauch (Gestus eines Sterbenden wie bei Cic.Sest.68 [bildlich], Sen.contr.2.4.3; vgl. Bömer, Komm. zur Ovidstelle); vgl. für *erigere oculos* sonst Cypr.Demetr.16 (CCL 3A 44.311), epist.11.7 (CCL 3B 65.136f.), Vulg.prov.23.5. Im Gegensatz zu *levate* eignet sich *erigite* für den Versanfang. Zudem ergibt *erigite ergo* eine wirkungsvolle Assonanz.- **ergo.** Man könnte meinen, die Erklärung von KS II 143, daß *ergo* bei Aufforderungen folgernde Bedeutung habe (vgl. zu 213 *ergo*), treffe im vorliegenden Fall nicht zu, weil die Aufforderung einen Widerspruch einleitet zu der zuvor genannten Ansicht der Jünger, es seien noch vier Monate bis zur Ernte (siehe Einleitung Kap.IV). Vielleicht ist aber mit gedanklicher Ergänzung wie folgt zu verstehen: "Wenn ihr meint, es seien noch vier Monate bis zur Ernte: Nun, so tut die Augen auf, und ihr werdet merken, daß es sich ganz anders verhält. Denn seht: Die Felder sind weiß, und das ganze Land verlangt nach baldiger Ernte." Wem diese Paraphrase zu gezwungen erscheint, wird die Funktion von *ergo* wohl allein darin sehen können, die Aufforderung zu verstärken; vgl. P.Langen, Beiträge zur Kritik und Erklärung des Plautus, Leipzig 1880 (Nachdruck Hildesheim/New York 1973), 237f. ("die Dringlichkeit... des Befehls hervorzuheben"); Rehm, Thes.V.2 c.768.26 s.v. ("hic illic exprimere videtur impatientiam"); Woytek, Komm. zu Plaut.Persa 835 ("zur Verstärkung des Imperativs").- **albentes...campos.** Für *albentes...campos* vgl. (in ganz anderem Zusammenhang) Verg.Aen.12.36 *campi...ossibus al-bent* (Amm.31.7.16, Coripp.Ioh.3.295f.). Bei Juvencus sind die Felder wie in der Bibel weiß genannt, weil das reife Getreide bleich ist, vgl. Ov.fast.5. 357 *maturis albescit messis aristis*, Calp.ecl.4.116.- **cernite campos.** Der Imperativ *videte*, der in Ioh.4.35 verwendet wird *(videte regiones)*, ist im klassischen Hexameter gar nicht belegt, kam schon daher zur Übernahme kaum in Frage. Und vom Plural *regiones* kommt im antiken Hexameter nur die Form *regionibus* vor. Für *cernere campos* vgl. Verg.Aen.10.581f., Sil. 1.50f., 125f. Versschlußalliteration ist bei Juvencus häufig, vgl. nur 205, 214, 222, 234, 257; Hansson 82 Anm.84.

314. cunctaque maturam iam rura exposcere messem. Über die kunstvolle Anordnung von Substantiven und Attributen nach dem Schema abAB siehe zu 2.239.- **maturam...messem.** Knappitsch und de Wit meinen, daß *maturam* in Enallage stehe und sinngemäß zu *rura* gehöre: Das ganze Land ist reif und verlangt nach der Ernte. Doch ebensogut kann man, zumal bereits *albentes...campos* die Reife der Felder bezeichnet, *maturam* im Sinn von "baldig" (OLD 1085 s.v. 8) auf *messem* selbst (gemeint ist der Vorgang des Erntens) beziehen.- **exposcere.** Die persönliche Konstruktion von *rura* mit *exposcere* führt die Dringlichkeit der Ernte lebendig vor Augen. Vielleicht wurde Juvencus von Stellen wie Verg.georg.2.324 *terrae...genitalia semina poscunt* (cf. Colum.10.95), Lucan.1.29 *desunt...manus poscentibus arvis* angeregt (weitere Belege dieser Art liefert Scheible-Flury, Thes.X.2 c.80. 66/77 s.v. *posco*). Die persönliche Konstruktion soll vielleicht auch einen Hinweis zum Verständnis des Bildes geben: Mit den erntereifen Feldern sind die inzwischen herbeigeströmten Samaritaner gemeint, die um Aufnahme in die Gemeinschaft der Gläubigen bitten.

315/20. nunc quicumque metet, pulchri mercede laboris/ vitalique dehinc gaudebit fruge redundans/ et sator accipiet messorum gaudia laetus./ vos ego nunc misi gravidam succidere messem,/ quae non est vestro sulcis inserta labore./ vos aliena bonae ditabunt munera frugis. Die verallgemeinernden Relativsätze Ioh.4.36 *qui seminat* und *qui metit* sagen über die Anzahl der Sämänner und der Schnitter nichts aus. In Ioh.4.38b *alii laboraverunt* ist aber eindeutig von mehreren Sämännern die Rede. Nach Iren.adv.haer.4.23.1 (SC 100.2 p.690.10ff.), 4.25.3 (p.710.49ff.) sind die anderen, die gesät haben, die Patriarchen und die Propheten, die den christlichen Glauben vorgebildet und das Wort über Christus ausgesät

haben.[381] Erntende der Frucht sind die späteren Generationen (4.23.1)
bzw. die Kirche (4.25.3). Ähnlich versteht Orig.comm.in Ioh.13.46.305ff.
(SC 222.198ff.) unter den Sämännern Moses und die Propheten, die das
Wort über Christus und seine Ankunft säten, und nennt als Schnitter die
Apostel, welche die vom wahren Licht des Herrn beleuchteten reifen Felder
der alttestamentarischen Schriften ernten. Für Aug.tract.15.32 in Ioh. (CCL
36.163f.) sind die Sämänner Moses, die übrigen Patriarchen und alle Propheten, die Schnitter die Apostel. Chrysost.hom.34.2 in Ioh. (PG 59.195)
erkennt in den Sämännern die Propheten und in den Schnittern die Apostel.
Doch besteht die Ernte für Irenaeus und Origenes eher in der Vollendung
des in den Schriften des Alten Testamentes bereits angelegten christlichen
Glaubens, während Augustinus und Chrysostomos unter der Ernte die Neubekehrten verstehen, und zwar Augustinus alle bis zu diesem Zeitpunkt in
Judäa Neubekehrten (einschließlich der Samaritanerin), Chrysostomos dagegen wie Ephraem, Theodor von Mopsuestia und Hieronymus die Gemeinde
der Samaritaner, die sich während des Gesprächs mit der Frau um Christus
versammelt (vgl. zu 311/20). Bei Juvencus nun fällt auf, daß sein Text von
der biblischen Vorlage abweicht. Er erwähnt nur einen Sämann, dem eine
Mehrzahl von Schnittern gegenübersteht, wie 317 *sator* und *messorum* zeigen. Bei der unbestimmten Angabe 319 *non...vestro...labore* bleibt dem Leser nur, wieder an den in 317 erwähnten einen *sator* zurückzudenken. Da
für Juvencus wie für andere Exegeten die sich um Christus versammelnden
glaubensbereiten Samaritaner die Ernte sind, versteht sein Christus wohl
sich selbst als den Sämann, der den Samen des Glaubens mittels der Frau in
die Samaritaner gelegt hat.[382] Der eine *sator* erinnert erneut an die Exegese des Theodor von Mopsuestia (comm.in Ioh. [CSCO 116.67]), dem zufolge zwar die Propheten die Sämänner sind, doch gleichzeitig auch Christus
selbst, weil er der Befehlshaber der Propheten ist, die den Samen des Glau-

---

[381] Schon bei Phil.leg.all.1.43 begegnet in allegorischer Ausdeutung von gen.2.8 der Gedanke vom Pflanzen der göttlichen Weisheit, die ja mit dem Logos identisch ist. Die Wurzeln dieser Sprachtradition reichen freilich zurück bis in die hellenistische Philosophie,
vgl. etwa den Begriff des λόγος σπερματικός (siehe Schulz, Art. σπέρμα, ThWNT VII
543).

[382] Bei Ephraem ist das im Grunde auch erkennbar, wenn auch Christus nicht unmittelbar
Sämann genannt wird: hymn.de virginit.23.5 (CSCO 224.74) *Auch du, Weib, nach Wasser dürstend, hast den Sohn aus deinem Gehör empfangen.- Selig deine Ohren, die (von)
seinem Quell tranken,- der die Welt getränkt hat! - Maria säte ihn in die Krippe,- du in
die Ohren deiner Hörer*, 23.7 (p.74) *Selig dein Mund, den er öffnete! Und seine Wahrheit,- die Scheune des Lebens, nahm und gab er dir, daß du sie aussäest.- 22.1 (p.68)* dagegen spricht Ephraem von der Saat des Mose, die Christus mit seinem Trank benetzt
und reifen läßt.

bens schon zu früheren Zeiten ausgesät haben.[383] Wenn Juvencus den Plural *alii (laboraverunt)* aus Ioh.4.38 nicht übernimmt, also nicht auf die Patriarchen und Propheten anspielen kann, würde das gut zu dem passen, was Poinsotte "l'effacement du monde Juif" nennt (über die Zurückdrängung des AT siehe 84ff., 94f. zu den Propheten), es sei denn, man wollte unter dem *sator* Moses allein verstehen (vgl. Ephraem hymn.de virginit.22.1 [CSCO 224.68]).

315f. nunc quicumque metet, pulchri mercede laboris/ vitalique dehinc gaudebit fruge redundans. Die glaubensbereiten Samaritaner sind offenbar nicht nur die Ernte bzw. Frucht (siehe zu 311/20), sondern auch der Lohn der Schnitter. Denn 315 *mercede* und 316 *fruge* sind durch *que-* eng verbunden, geradezu gleichgesetzt. Für *vitali*, das auf Ioh.4.36 *(qui metit, ...congregat fructum) in vitam aeternam* zurückgeht, ergeben sich zwei Interpretationsmöglichkeiten. Zum einen deutet es darauf, daß der neue Glaube für die Bekehrten zum ewigen Leben führen wird, zum anderen, daß den Schnittern selbst, den Aposteln, die eingeholte Ernte zum Lohn des ewigen Lebens gereichen wird.

315. nunc bezieht das Erntebild wie 313 *erigite ergo oculos*, 318 *vos ego nunc misi* auf die konkrete Situation (Missionierung der Samaritaner).- **pulchri...laboris.** Die Junktur begegnet in bezug auf Verdienste im Krieg bei Sil.15.267, Iuv.16.57. *pulcher* bedeutet dort "ehrenhaft, ruhmreich" (OLD 1517 s.v. 3a). Diese Bedeutung von *pulcher* mag auch in vorliegender Stelle zugrunde liegen, aber mit dem Unterschied, daß dieser *labor* nicht zur Ehre bei den Menschen, sondern bei Gott führt.- Das Versende **mercede laboris** ist aus Lucan.5.331 übernommen, vgl. noch Lucan.9.1101 *mercede laborum* (Ven.Fort.carm.5.3.43, Coripp.Ioh.4/5.1056, Iust.1.87), Mar.Vict.aleth. 3.473 *mercesque laborum*, Iuvenc.3.554 *mercede laborem* (Paul.Petr.Mart. 6.16); diese Belege findet man bei Schumann Bd.3.346. Die Junktur *merces laboris* ist vor Juvencus im Hexameter in Manil.5.403, Lucan.5.331 (1.340 *merces...laborum*, 9.1101) und Iuv.14.164 *(merces...sanguinis et laboris)* belegt.

316. gaudebit...redundans. Für *gaudere* mit Partizip (bei Juvencus 2.98 *imperio Christi paret gaudetque secutus*) siehe Hey, Thes.VI.2 c.1709.63ff.

---

[383] Der Gedanke, daß Gott der eigentliche Sämann ist, ist aber schon vorgeprägt durch Iren.adv.haer.4.25.3 (SC 100.2 p.710.44f.) *unus autem Deus praestans utrisque quae sunt apta, semen quidem seminanti* (vgl. Is.55.10f.), Orig.comm.13.47.308 in Ioh. (SC 222.202.12f.) τοῦ Κυρίου τῶν χωρῶν καὶ χορηγοῦ τῶν σπερμάτων (vgl. II Cor.9.10).

Es fällt auf, daß die von Hey genannten frühesten Belege teilweise auf Homer zurückzuführen sind: Verg.Aen.5.575 *excipiunt plausu pavidos gau-
dentque tuentes/ Dardanidae*, 12.82 (vgl. Hom.Il.7.214 τὸν δὲ καὶ ʼΑργεῖοι
μὲν ἐγήθεον εἰσορόωντες, 4.255 u.ö.), 10.500 *quo...Turnus ovat spolio gaudetque potitus* (vgl. Hom.Il.17.472f. τεύχεα δʼ ῞Εκτωρ/ αὐτὸς ἔχων ὤμοι-
σιν ἀγάλλεται Αἰακίδαο, 18.131). Wahrscheinlich ist die Konstruktion von
gaudere mit Partizip also ein Gräzismus.- **fruge redundans**. Vgl. Liv.22.
9.3 *in agrum Picenum...non copia solum omnis generis frugum abundantem,
sed refertum praeda*, Mela 3.58 *Talge...sine cultu fertilis, omni fruge ac
fructibus abundans*, Hier.epist.129.2.6 (CSEL 56.1 p.166.9f.) *arbores...no-
vis frugibus abundantes* (diese Stellen nennt Lommatzsch, Thes.I 234.9/59);
ferner Lucr.5.920f. *quae de terris nunc quoque abundant/ herbarum genera
ac fruges arbustaque laeta*, Phil.4.17 *fructum, qui abundat in verbo vestro*
(τὸν καρπὸν τὸν πλεονάζοντα εἰς λόγον ὑμῶν), Ven.Fort.carm.6.2.43 *frugis abundat* (derselbe Versschluß wie hier, doch mit *frugis* als Nominativ
[v.l. -*es*]); Vulg.gen.41.48 *frugum abundantia in singulis urbibus condita
est*, Vulg.Lev.25.37 *frugum abundantiam non exiges* (es geht in Lev.25.
35ff. um Zins und Wucher).- *redundans* nimmt das biblische *congregat* auf
(Ioh.4.36). *congregare* ist dichterisch sehr selten (Stat.Theb.6.601, silv.2.7.
113, Ach.1.447, Mart.10.100.3). Dem steht häufiger Gebrauch in der Bibel
gegenüber, besonders auch bei Matthäus (20 mal), dem allgemeinen Grundtext des Juvencus. Anlehnung an den poetischen Sprachgebrauch hätte also
zumindest vereinzelte Übernahme von *congregare* erlaubt. Juvencus gebraucht das Wort aber nie. Unabhängig davon hat das Partizip *congregans*
kretische Silbenfolge und wäre somit im Hexameter unmetrisch. Als Ersatz
von *congregare / congregari* (medial) begegnet sonst etwa *inplere* (1.344
[Matth.3.12]), *replere* (2.811 [Matth.13.30]), *glomerare* (4.158 [Matth.24.
31]), *vocari...graviorem numerum* (4.403f. [Matth.26.3]).- Mp führt *potitus*
statt *redundans*. Vielleicht handelt es sich um eine auf Anpassung an Verg.
Aen.10.500 *gaudet...potitus* (Juvencus hat *gaudebit...redundans*) zielende
Interpolation (über Klassikerimitation als Interpolationsmotiv siehe zu 265ʼ).
potitus steht in Aen.10.500 wie hier am Versende, was im klassischen Hexameter auch sonst öfter der Fall ist (etwa in Ov.met.11.242, 13.251, 13.
335, 15.406, Lucan.5.165, Sil.12.16, 14.665, 15.331, Stat.Theb.2.557,
3.185, 8.593). Dagegen kommt die Form *redundans* im klassischen Hexameter nicht vor (für andere Formen von *redundare* am Versende vgl. Lucr.
6.712, Sil.2.685 *redundat* [cf. Iuvenc.2.800, 4.623 *redundet*], Lucan.9.812
redundant), anders als *abundans*, das auch oft am Versende steht (Lucr.2.
1089, 4.1199, 5.817, Prop.3.22.25, Verg.ecl.2.20, georg.1.115, Aen.11.
147, Manil.1.858, Sil.13.759), während Juvencus *abundare* nur 1 mal in finiter Form hat (4.254). *redundare* hat Juvencus 4 mal und davon 1 mal am

Versende (2.762). Dagegen hat er *potiri* nur 1 mal in finiter Form (2.296). *redundare* kommt auch im Bibellatein vor (prov.3.10, Sirach 47.29, Ioel 2. 24).

317. et sator accipiet messorum gaudia laetus. Aus Ioh.4.36 *ut et qui seminat, simul gaudeat, et qui metit* geht zwar hervor, daß sich sowohl Sämann als auch Schnitter freuen, aber nicht eindeutig, ob sich der Sämann auch über die Freude der Schnitter freut. An letzteres scheint etwa Theod. Mops.comm.in Ioh. (CSCO 116.67.11f.) nicht gedacht zu haben, wenn er paraphrasiert (lateinische Übersetzung von J.-M.Vosté) *vos...gaudetis collegentes fructus; atque iure ego etiam (gaudeo), videndo semen crescere*, Juvencus dagegen sehr wohl, und Castillo Bejarano übersetzt richtig "el sembrador acogerá con gozo las alegrías de los segadores". De Wits Vergleich mit Ov.met.7.513 *adveniens...gaudia cepi* ("ich wurde mit Freude erfüllt", weitere Belege bei Hey, Thes.VI.2/3 c.1714.29/32) ist nicht ganz treffend, da bei Juvencus die Aufnahme der Freude anderer und die Teilnahme an ihr gemeint ist.- Für den Hexameterschluß *gaudia laetus* vgl. Mar.Vict.aleth.2. 324 *gaudia laeti*.- **sator** löst den Relativsatz Ioh.4.36 *qui metit* auf (vgl. zu 244 *Samaritida Sichen*, 267 *nostri dona liquoris*).

318. vos ego nunc misi gravidam succidere messem. Christus sagt, er habe die Jünger jetzt *(nunc)* ausgesandt, um zu ernten. Das bei Juvencus hinzugefügte Temporaladverb kann nur als ziemlich klare Bezugnahme auf die unmittelbar vorangehende Rede gewertet werden. Der Bezug zum Vorangehenden wird so klarer als in Ioh.4.38. Die Aufforderung, auf die Felder, d.h. die sich um Christus versammelnden Samaritaner, zu sehen, und der Hinweis auf ihre Reife kommt einer Aufforderung zur Ernte ebendieser Menschen gleich, die zur Aufnahme in die Gemeinde der Christen bereit sind. Freilich vertieft Christus die Bekehrung der Samaritaner in den folgenden beiden Tagen noch. Jedenfalls geht es hier zunächst um die Ernte der Samaritaner, weniger um die Missionierung Israels, geschweige denn um einen allgemeinen Missionsbefehl. Die Aufforderung zur Missionierung Israels (cf. Matth.10.23 = Iuvenc.2.473f.) folgt in Matth.9.36ff., 10.1ff. (= Iuvenc.2.421ff.) und der allgemeine Missionsbefehl in Matth.28.19 (= Iuvenc.4.793ff.).- Das Sprichwort aus Ioh.4.37, wonach Sämann und Schnitter nicht (immer) identisch sind, was wohl meint, daß die Früchte einer Arbeit nicht unbedingt demjenigen zufallen, der gearbeitet hat, fehlt bei Juvencus. Aber auch aus 318/20 (= Ioh.4.38) allein geht klar hervor, daß die Jünger nicht das ernten, was sie selbst gesät haben.- **vos ego** findet sich am Hexameteranfang auch in Tib.3.6.43 *(vos ego nunc)*, Ov.Pont.2.8.69, Val.Fl.3.452.- **misi.** Für *mittere* mit Infinitivkonstruktion vgl. zu 228.- Die Verbindung **succidere messem** ist vor Juvencus offenbar nicht belegt (vgl.

aber Nux 135 *caedite messes; succidere* vom Ernten etwa in Verg.georg.1.
297). Später kommt sie vor in Ennod.opusc.2.82 (CSEL 6.313.5), dict.15.5
(p.470.11).- **gravidam...messem.** Vgl. 561 *messis...gravatae* und bereits
Ov.met.8.781 *gravidis oneratos messibus agros.*

319. quae non est vestro sulcis inserta labore. Der fast rein spondeische
Rhythmus versinnbildlicht die Mühe, welche die Aussaat erfordert. Zu ihr
gehört auch das Pflügen, auf das *sulcis* indirekt verweist. Norden 422 nennt
als Beispiele für spondeischen Rhythmus bei der Beschreibung des Pflügens
Catull.64.40, Verg.georg.2.513 *agricola incurvo terram dimovit aratro,*
Hor.serm.1.1.28. Die Leichtigkeit des Erntens demgegenüber malt im vorhergehenden Vers der daktylische Rhythmus.- Für *sulcis inserere* vgl. im
Epos Verg.Aen.6.844 *sulco...serentem* (*sulco* ist Ablativ, *sulcis* bei Juvencus Dativ), sonst etwa Cato agr.45.3 *si in scrobibus aut in sulcis seres.*

320. munera frugis. Für diese Junktur vgl. Ov.met.5.475 und 15.122 *fru-*
gum munere, daneben in besonderer Bedeutung Vulg.Lev.2.14 ("Erstlings-
opfer").- **bonae...frugis.** Vgl. Catull.34.19f. *bonis/ ...frugibus,* aber auch
Matth.7.17 *bonos fructus.*- Für den kollektiven Singular vgl. etwa Ov.met.
8.789, Hor.epist.1.18.109.- **ditabunt.** Im Epos kommt *ditare* erst in der sil-
bernen Latinität vor, dort aber nur einige Male bei Statius und einmal bei
Valerius Flaccus. Bei Juvencus begegnet das Wort nur noch in 1.102.

2.321/327 - Christus der Heiland

321/7. talibus adloquiis comitum dum pectora conplet,/ ecce Samaritum
populi venere rogantes/ exorantque illic geminos expendere soles./ iam-
que fides multos plebis fundaverat alta/ nec iam femineis tantum con-
credere verbis,/ ipsos sed coram virtus manifesta docebat,/ venisset sae-
cli quod iam Servator Iesus. Durch die Auslassung von Ioh.4.39 vermeidet
Juvencus eine gedankliche Dopplung. Denn in Ioh.4.42 wird der durch die
Rede der Frau geweckte Glaube von den Samaritanern nochmals erwähnt,
dort allerdings in Gegenüberstellung zur Unterweisung durch Christus
selbst, welche dann als eigentlicher Grund für die Annahme des Glaubens
genannt wird. Juvencus (326f.) stellt das aus der Erzählerperspektive dar.
Von den beiden Bibelversen (Ioh.4.39 und 4.42) wird der Dichter bewußt
denjenigen übernommen haben, der das Wort des Herrn über das Zeugnis
der Frau stellt (Ioh.4.42).

321f. talibus adloquiis comitum dum pectora conplet,/ ecce... Der Anschluß in 321 erfolgt in epischer Manier *(dum..., ecce)* wie in Ov.met.2.

111f., 3.171f., 6.324f., Ov.met.10.209f. *talia dum vero memorantur Apollinis ore,/ ecce...*, 14.404f., 15.138f., Sil.10.503f., 12.636f. *infrendens dum talia fatur, ecce...*. Vivona 14f. ist der Ansicht, daß die Überleitung eine unpassende Amplifikation enthalte. Doch der in der Tat füllige Ausdruck *talibus adloquiis comitum dum pectora conplet* ist als Rückblick auf den langen und bedeutungsvollen Monolog Christi durchaus angebracht.

321. adloquiis...pectora conplet. Vgl. 1.381 *sermone Dei conplet pia pectora virtus*, 215 *femineam sancto conplet spiramine mentem*. Die Junktur *pectora complere* findet sich in anderer Verwendung bei Cic.de orat.3.121 *onerandum complendumque pectus maximarum rerum et plurimarum suavitate, copia, varietate*, Lucr.6.645 *pavida complebant pectora cura*, 1151 *per fauces pectus complerat*, Ps.Quint.decl.19.7 *humana pectora seriis gravibusque complentur adfectibus*.- *talibus adloquiis* steht am Hexameteranfang auch in Drac.Orest.616. *adloquium / -ia* (sonst nicht mehr bei Juvencus) kommt schon im antiken Epos vor (Plural in Lucan.10.174, Stat.Theb.6.47, Val.Fl.1.251, 5.406).- **comitum.** Für die Bezeichnungen der Apostel bei Juvencus siehe zu 248 *discipuli*.

322f. ecce Samaritum populi venere rogantes/ exorantque illic geminos expendere soles. Ioh.4.40 bitten die Samaritaner Jesus, bei ihnen zu bleiben, ohne daß sie eine bestimmte Dauer nennen (*rogabant eum, ut ibi maneret*).[384] Jesus bleibt dann zwei Tage (*et mansit ibi biduo*). Orig.comm.in Ioh.13.52.348 (SC 222.224/6) zufolge hält er sich nicht länger auf, weil die Samaritaner nicht in der Lage sind, seinen dritten Tag zu verstehen, d.h. die Wunder, die er am dritten Tag wirken würde. Origenes sagt dies mit Blick auf Ioh.2.1, wo es heißt, die Hochzeit zu Kana, wo Jesus das Weinwunder wirkte, habe am dritten Tag seines Aufenthaltes in Galiläa stattgefunden. Bei Juvencus dagegen ist bis zum Weinwunder schon eine längere Zeit vergangen, da der Johannespassus erst nach Matth.9.9 einsetzt. Juvencus konnte also nicht im Sinne der origeneischen Exegese eine Verbindungslinie zur Zeitangabe in Ioh.2.1 ziehen. Das wäre aber kein Hinderungsgrund gewesen, Ioh.4.40 abzuändern. Juvencus tut es dennoch und läßt die Samaritaner um einen 2tägigen Aufenthalt bitten. Bei Juvencus sind die 2 Tage also schon in der Bitte enthalten. Inhaltliche Gründe für die Änderung sind nicht ersichtlich. Vielleicht ist *exorant...illic geminos expendere soles* aber auch so zu verstehen: "Die Samaritaner baten ihn inständig zu bleiben und

---

[384] Chrysost.hom.35.1 in Ioh. (PG 59.198) glaubt, daß die Bewohner der Stadt Jesus für immer bei sich aufnehmen wollen: αὐτοὶ...ἐβούλοντο διηνεκῶς αὐτὸν κατέχειν (τοῦτο γὰρ ἐδήλωσεν ὁ εὐαγγελιστὴς εἰπών, ὅτι ἠρώτων αὐτὸν μεῖναι παρ' αὐτοῖς).

konnten (bei dem mit einer Zusage Zögernden) schließlich erreichen, daß er immerhin noch zwei Tage blieb." Das würde bedeuten, daß Juvencus die Aussagen von Ioh.4.40 nicht ändern, sondern (mit der sich ergebenden Ungenauigkeit) nur zusammenfassen wollte.- Die Synonymenhäufung (*rogantes exorantque*) unterstreicht das Bitten und Drängen der Volksmenge; vgl. 333f. *precibus...profusis/orabat, ...deposcens*. Cyrill.Alex.comm.in Ioh.4. 40f. (PG 78.329B) hebt das Bitten durch die Formulierung ἐκλιπαροῦν ἐσπούδαζον hervor, besonders stark ist Nonn.Ioh.4.40 Χριστὸν ἐγουνάζοντο φιλοστόργῳ τινὶ μύθῳ αὖθι μένειν. *rogantes/ exorant...geminos expendere soles* mit dem viermaligen o-Laut, zweimal in der Arsis, einmal zusammen mit spondeischem Versanfang, verleiht der Bitte ein geradezu gebetshaft-feierliches Gepräge (zu spondeischen Rhythmen im Gebet siehe Norden 421 mit Anm.2). Zum Tempuswechsel *venere...exorantque* vgl. die zahlreichen Beispiele bei Huemer, Index 174.

322. populi = "Menschen, Leute"; siehe zu 229 *populis*. Legt man die hier auch mögliche Bedeutung "Bewohner" zugrunde, ist 1.486 *Iudaea frequens populis*, Lucan.8.253, Sil.1.294 zu vergleichen; vgl. Cramer, ALL 6.1889. 370.- **Samaritum**. Die zweite Silbe ist lang gemessen, in 255 dagegen kurz. Über prosodische Freiheiten bei Eigennamen siehe Huemer, Beiträge 93.- **exorant...expendere**. Beutler-M. (Thes.V.2 c.1589.4ff.) nennt für *exorare* mit Infinitivkonstruktion diesen Juvencusvers als frühesten Beleg, wobei von den übrigen Beispielen nur Prud.c.Symm.2.769 *sic adfata pios Roma exoravit alumnos/ spernere legatum non admittenda petentem* als analoge Konstruktion gelten kann (vgl. Hansson 73 Anm.42). Infinitivkonstruktion liegt auch in Ioh.4.40 ἠρώτων αὐτὸν μεῖναι παρ᾽ αὐτοῖς (lat. *rogabant eum, ut ibi maneret*) vor. Doch bedeutet *exorare* in 322 wohl "orando impetrare" (Arevalo), also mehr als ἐρωτᾶν ("orare"), und daher kann der griechische Text für die Infinitivkonstruktion eigentlich nicht verglichen werden. Obwohl die Bedeutungen von *exorare*, wie es in 322 gebraucht ist, und *orare* sich nicht genau gleichen, sei erwähnt, daß auch das Simplex bei Juvencus dreimal mit Infinitiv konstruiert ist. In diesen Fällen ist aber das Subjekt des übergeordneten Verbs mit dem des Infinitivs identisch: 727 *miscere... sermonem...orat* (Matth.12.46 *quaerentes loqui cum eo*, gr. ζητοῦντες αὐτῷ λαλῆσαι), 774 *orarunt cernere dona* (Matth.13.17 *cupierunt videre*, gr. ἐπεθύμησαν ἰδεῖν), 1.228. Für abweichendes Subjekt des Infinitivs bei *orare* vgl. Bell.Hisp.13.5, Stat.Theb.12.784f. (*Thesea*) *orabant succedere muris/ dignarique domos*, Tac.ann.6.2.3, 13.13.3 (bei Statius und in letztgenannter Stelle Ellipse des Subjektsakkusativs wie bei Juvencus). *exorare* und *rogare* sind im Epos belegt. Letzteres stammt unmittelbar aus der Vorlage Ioh.4.40 (außer cod. e).

323. illic kommt im Juvencustext 18 mal vor, *ibi* dagegen nie (1 mal *ibidem*). In den Evangelien überwiegt *ibi*. Auffällig ist aber, daß die Afra fast durchgehend *illic* hat. Doch ist die Vorlage des Dichters im ganzen nicht spezifisch afrikanisch gewesen (siehe Teil D I.). Seine Vorliebe für *illic* und seine Abneigung gegen *ibi* werden sich kaum rational begründen lassen, dasselbe gilt für die Präferenzen anderer Dichter: Silius etwa hat *ibi* 1 mal und *illic* 5 mal. Umgekehrt findet sich bei Lucrez nur 1 mal *illic*, aber 25 mal *ibi*.- **geminos expendere soles.** Ioh.4.40 *biduo* konnte schon deshalb nicht beibehalten werden, da das Wort für daktylisches Versmaß ungeeignet ist. *duos...soles* wäre möglich gewesen, mit entsprechender Umformung des Verses. Zu *geminus* bei Zeitangaben vgl. Ov.fast.3.100 *geminis mensibus*, Lucan.1.283 *geminis...lustris;* Hey, Thes.VI.2 c.1747.7ff.- **expendere** hat hier die Bedeutung "insumere, impendere", vgl. Symm.epist.1.31.1 *(otium),* 1.53.1 *(tempora);* Hiltbrunner, Thes.V.2 c.1642.23(27)/39. Für den Gebrauch bei Angabe eines Zeitraums wird der vorliegende Vers als frühester Beleg genannt.- Hansson (88) gibt an, daß in R V₁ L² P₂ Al K₂ T Bb V₂ Ma Ph Sg Hl Ca *inpendere* überliefert ist, was Arevalo und Marold in den Text setzen. Für den hier geforderten Gebrauch von *impendere* vgl. Cavallin, Thes.VII.1 c.546.31/47 (Sen.contr.2.1.15 als frühester Beleg). Aufgrund der Tatsache, daß die besseren codd. *expendere* haben, entscheiden sich Knappitsch, Huemer und de Wit zu Recht für diese Lesart.- **soles** steht poetisch für *dies*, vgl. 1.369, Lucr.6.1219, Verg.Aen.3.203; OLD 1780 s.v. 2c.

324. iamque fides multos plebis fundaverat alta. Über diesen Gebrauch von *fundare* vgl. Robbert, Thes.VI.1 c.1562.30/59, "de animo mente (de imprimis apud Eccl. de fide sim.)". Neben vorliegender Stelle führt Robbert an etwa Cypr.epist.27.1.1 (CCL 3B 127.8f.) *bene minus Dominica lectione fundatus*, Hil.c.Const.23 (SC 334.212.16) *intra Nicaeam scripta a patribus fide fundatus manensque.* Hier hätte auch Col.1.23 *permanetis in fide fundati* erwähnt werden müssen, worauf Hilarius sicher zurückgreift. Diese Bibelstelle könnte auch Juvencus vor Augen gehabt haben (passivischer Gebrauch der Verbindung in Lucr.1.423, Liv.2.7.10, wo freilich auch *fides* ganz andere Bedeutung hat). Bei Nonn.Ioh.4.39 liest man πολλοὶ μὲν ναέται ταχυπειθέα λαὸν ἀλήτην/ πίστιος ἀρραγέεσσιν ἐπυργώσαντο θεμέθλοις,/ μαρτυρίην ἀίοντες ἐγερσινόοιο γυναικὸς/ φθεγγομένης, ὅτι... Für den Gedanken der Festigung durch den Glauben vgl. bei Juvencus selbst 340 *pulchra fides animum laetanti in pectore firmat*, 3.534 *Petrus fidei munitus moenibus.*- **fides...alta.** Vgl. Zeno 1.15.1 (CCL 22.60.23f.) *Iob alta fidei radice robustus.*- **multos plebis.** Die Konstruktion (gen.part. bei Quantitätsadverb) mag in diesem Fall auf Ioh.4.39 *(ex civitate...illa) multi...Sa-*

maritorum zurückgehen, was seinerseits dem griechischen (ἐκ τῆς πόλεως ἐκείνης) πολλοί...τῶν Σαμαριτῶν nachgebildet ist. Doch wird die Konstruktion von HSz (54) im allgemeinen als echt lateinisch angesehen. Vgl. bei Juvencus 1.145 *plurima terrae* (metrisch erforderlich, da *plurimae* kretischen Rhythmus hat), 4.109 *multi vestrum*, aus älterer Dichtung Catull.66.9 *multis dearum*, Verg.Aen.2.398 *multos Danaum* (möglicherweise zur Vermeidung des similiter cadens *multos Danaos*, siehe Norden 407); Thes.VIII 1610.68/74.

325/7. nec iam femineis tantum concredere verbis,/ ipsos sed coram virtus manifesta docebat,/ venisset saecli quod iam Servator Iesus. Die Tatsache, daß die Samaritaner nicht mehr nur aufgrund der Worte der Frau glauben, sondern weil nun Christus selbst bei ihnen ist, unterstreicht Juvencus durch *tantum, coram, manifesta*. Ja es scheint sogar, daß nicht erst seine Worte ihn als den Retter der Welt erweisen, sondern die bloße Gegenwart seiner *virtus*. Schließlich erhält die Aussage mehr Autorität durch die Mitteilung aus der Erzählerperspektive gegenüber der Wiedergabe als Rede der Samaritaner in Ioh.4.42. Am Ende der Perikope wird so die Frau noch stärker in den Hintergrund gedrängt als es schon bei Johannes der Fall ist. *coram* und *manifesta* erinnern an den Kommentar des Origenes, wo es heißt, daß die Samaritaner durch die unmittelbare Begegnung mit Christus (comm. in Ioh.13.53.352 [SC 222.228.4] αὐτόπτην γενέσθαι τοῦ Λόγου) zu tieferem Glauben kommen als zuvor durch die Vermittlung der Frau. Für Origenes gilt (p.228.13) κρεῖττόν γε διὰ εἴδους (hier = "Schauen"; vgl. Bauer/Aland 446 s.v. 3) περιπατεῖν ἢ διὰ πίστεως (vgl. II Cor.5.7 mit der Kommentierung 13.53.352/62). Origenes meint freilich nicht, daß das physische Sehen mehr ist als der Glaube, sondern daß die unmittelbare Begegnung das geistige Sehen befördert, welches wiederum den Glauben vollendet. Einen wirklichen Widerspruch zu Ioh.20.29 μακάριοι οἱ μὴ ἰδόντες καὶ πιστεύσαντες sieht er nicht, zumal dort allein das fleischliche Sehen gemeint ist; vgl. comm.in Ioh.10.43.301/4 (SC 157.568) mit Poffet 271.- Gegenüber Origenes und Juvencus spricht Ephraem hymn.de virginit.23.2 (CSCO 224.73) sogar von weiteren Wundern, die Christus den Bewohnern von Sichem offenbar noch zuteil werden ließ: *Selig bist du, o Weib! Denn du hast einen Jäger - nicht ermüdet wie die Tochter Sion.- Schon mit einem kleinen Wunderzeichen (konnte) er dich belehren, fangen.- Und dann hinwieder zeigte er seinen großen Reichtum,- so daß man nicht auf dein Wunder hin an ihn glaubte.- Weil er größere Wunder sehen ließ,- wurde unbedeutend ihr gepriesenes Zeichen,- angesichts der staunenswerten (neuen).* Auf den ganzen elfstrophigen Hymnus gesehen kann jedoch von einer Abwertung der Frau nicht gesprochen werden. Sie wird als diejenige gefeiert, die die Wahrheit Christi unter den Bewohnern Sichems aussäte.- Poelmann, Reusch, Arevalo,

Marold und Huemer interpungieren nach 326 *ipsos*, Aldus (laut Arevalo),
Petschenig (Rez. Huemer 140), Knappitsch und de Wit dagegen nach 325
verbis. Der Einschnitt nach *ipsos* wurde von niemandem begründet. Dachte
man *concredere...ipsos* als von *virtus...docebat* abhängig? Aber Sinn ergibt
nur das Gegenteil, *concredere...ipsos* gerade nicht von *virtus...docebat* abhängig zu machen, weil nämlich die Einwohner der Stadt zunächst allein
den Worten der Frau glaubten, ohne daß schon die *virtus* Christi in ihnen
wirkte. Man wird daher besser *concredere* als infinitivus historicus fassen
und *ipsos* zum Folgenden ziehen: "Nicht mehr nämlich nur den Worten der
Frau glaubten sie, sondern seine Kraft, die gegenwärtig und sichtbar war,
lehrte sie selbst (d.h. unmittelbar), daß...". *ipsos* stellt so den inhaltlichen
Gegensatz klar heraus. Darauf zielt wohl auch Petschenigs Vergleich mit
der Vorlage Ioh.4.42: *iam non propter tuum testimonium credimus. ipsi* (gr.
αὐτοί) *enim audivimus et scimus, quia eqs.*[385]

325. nec iam am Versanfang ist im klassischen Epos häufig; besonders zu
vergleichen ist Sil.16.505 *nec iam...tantum* (wie hier).- **femineis...concre-
dere verbis.** *femineus* ist poetisch (Axelson 14). Die Adjektive *femineus* und
muliebris umschreiben im Hexameter die obliquen Kasus der Substantive *femina* und *mulier*, da diese nur im Nominativ und Vokativ Singular in das
metrische Schema passen (Axelson 20).- Vgl. zur Junktur *femineis...verbis*
Ov.met.3.536 *femineae voces* (4.29, 14.341, Sen.Herc.O.1672), ferner
Verg.Aen.11.878 *femineum clamorem*.- **concredere** kommt im antiken Epos
zweimal vor (Verg.Aen.10.286, Sil.5.523), und zwar in der gängigen Bedeutung "jem. eine Sache anvertrauen" (vgl. bei Juvencus 4.232, 237, 243).
An vorliegender Stelle ist das Schema "alicui concredere verba" (cf. Hor.
serm.2.6.43) umgekehrt in "se concredere alicuius verbis", also "sich den
Worten jmds. hingeben, den Worten jmds. glauben". Blaise/Chirat 189 s.v.
1 dagegen verstehen *concredere* = *credere* ("croire à, accorder du crédit
à").- Der infinitivus historicus findet sich bei Juvencus auch in 351, 566, 1.
55, 56 (Huemer Index s.v. "infinitivus historicus" nennt irrtümlich 1.365),
3.213, 4.446, 614 (diese Belege nennt Hansson 76 Anm.61). Aus der antiken Epik vgl. Verg.Aen.2.98f., 4.422.

**326f. ipsos sed coram virtus manifesta docebat,/ venisset saecli quod
iam Servator Iesus.** Die Verse enthalten viele Spondeen, wodurch lautmalerisch Feierlichkeit zum Ausdruck kommt. Vgl. zu 293f.- Für *docere aliquem, quod* ("praevalente notione probandi") mit abstraktem Subjekt nennt

---

[385] Doch erinnert 2.326 *sed coram virtus manifesta docebat* ebenso an Ioh.4.42 a d *ipsum* (D
αὐτοῦ) *enim audivimus*.

Bulhart (Thes.V.1 c.1718.8, 24) nur zwei Belege, die zudem beide auf Konjektur beruhen, nämlich Tert.nat.2.9.6 (CCL 1.55.21f.) und Coripp.Ioh. praef.18. Ein sicherer Beleg aus Coripp ist aber Ioh.4.367 *Armenii...tui docuit mihi reddita merces,/ frangere quod, nisus nostra virtute, tyrannum/ Guntarith hic potuit.* Im klassischen Latein läßt sich die Konstruktion *docere, quod* auch für andere Bedeutungen von *docere* nicht nachweisen. Nach den Verba dicendi und sentiendi steht ein *quod*-Satz, von Sonderfällen abgesehen, grundsätzlich erst in späterer Zeit (HSz 576).- Für den Wechsel von infinitivus historicus (325 *concredere*) und verbum finitum *(docebat)* vgl. 3. 212/4, 4.446f., 614f.; HSz 815.

326. ipsos sed coram virtus manifesta docebat. Das Offenbarsein der *virtus* ist dreifach durch *coram, manifesta* und das am Versende exponierte *docebat* deutlich gemacht.- **ipsos sed.** Zu dieser Anastrophe vgl. *(ipse sed:)* 3. 58, 556, 4.482, Verg.ecl.4.43, Ov.Pont.1.7.43, Mart.epigr.21.7 Heraeus/ Borovskij, *(ipsa sed:)* Verg.Aen.1.353, *(ipsam sed:)* Val.Fl.2.280.- **virtus manifesta.** II Macc.3.28 *manifesta Dei cognita virtute,* 9.8 *manifestam Dei virtutem in semet ipso contestans. manifestus* bezeichnet die wahrnehmbare Gegenwart Gottes und ist bei Juvencus öfter in diesem Sinn verwendet: 120 *tu populis manifesta salus vitaeque magister,* 1.355 *manifesta Dei praesentia* (bei der Taufe Jesu, vgl. dazu ausführlich Fichtner 60/2), 3.332 *vox (sc. Dei) e medio lucis manifesta cucurrit.* In diesem Sinn findet sich *manifestus* auch von antiken Göttern, vgl. Verg.Aen.4.358 *ipse deum manifesto in lumine vidi intrantem muros,* Ov.ars 2.493 *subito manifestus Apollo movit...fila lyrae.*- **virtus manifesta docebat.** Die Wendung *aliquid manifestum docet* begegnet öfter bei Lucrez, z.B. in 1.893 *manifesta docet res.*

327. saecli...Servator (Alliteration) entspricht Ioh.4.42 *Salvator mundi.* Hansson (88) gibt an, daß in S² B Hl *salvator* überliefert ist, in den übrigen codd. *servator.* Für die Entscheidung zugunsten von *servator* siehe zu 243. Das Christusepitheton *Servator / Salvator* (vgl. zu 243) verwendet Juvencus immerhin 12 mal, obwohl es in seiner Hauptvorlage, dem Matthäusevangelium, nicht vorkommt und auch im Johannesevangelium nur in 4.42 begegnet. Doch ist Christus als Heiland wesentlicher Glaubensinhalt. Zudem war Kaiser Constantins Gottesbild in erster Linie das des Retters (S.G.Hall, Art. Konstantin I., TRE 19.496).

D. Zur lateinischen Evangelienvorlage des Juvencus

I. Einführung und Auswertung des Materials

Wenn man den Dichtertext mit dem Wortlaut der lateinischen Bibel vergleichen will, stellt sich die Frage, was für eine Evangelienversion Juvencus benutzte. Da diese natürlich nicht erhalten ist, kann man die Frage nur annähernd und tendenziell beantworten, indem man die Berührungspunkte des Dichtertextes mit den altlateinischen Bibelcodices[386] und der indirekten Vetus Latina-Überlieferung (Kirchenväterzitate) sammelt. Solange das umfangreiche Material der indirekten Überlieferung des altlateinischen Evangelientextes aber nicht im Rahmen der Beuroner Ausgabe geordnet zugänglich geworden ist, können sich Untersuchungen, wenn sie nicht jeden Rahmen sprengen sollen, nur auf die direkte Überlieferung beschränken. Als erster hat dies Marold in seinem Aufsatz "Über das Evangelienbuch des Juvencus in seinem Verhältnis zum Bibeltext" im Jahr 1890 getan, jedoch anhand sehr begrenzten Materials. Er kommt zu dem Ergebnis, daß die Vorlage des Juvencus den altlateinischen Codices a ffi und h am nächsten gestanden habe. Zwanzig Jahre später hat Nestler in seiner Dissertation "Studien über die Messiade des Juvencus" den Juvencustext vor dem Hintergrund dieser Fragestellung durchgehend mit dem altlateinischen Matthäustext verglichen. Ausgewertet hat Nestler seine Ergebnisse statistisch, was wohl die einzige Methode ist, die zu einem annähernd sicheren Ergebnis führen kann. Für die wichtigeren, rein lateinischen Stellen[387] ermittelt er (S.28) hinsichtlich der Übereinstimmungen mit Juvencus folgende Zahlen: a 23, h 19, b 18, g¹ 13, c 10, d 10, f 10, ff² 8, q 8, e 7, ffi 5, k 4. Unter zusätzlicher Berücksichtigung der Lücken, die in einzelnen codd. bei Matthäus vorkommen,[388] präzisiert er sein Ergebnis

---

[386] Revisionstätigkeit des Hieronymus und Entstehung der Vulgata fallen in spätere Zeit.

[387] Was Nestler unter den "rein lateinischen Stellen" versteht, ist nicht ganz klar. Vermutlich sind neben 1.207 und 3.612 (vgl. S.28 Anm.41) die auf S.12 bis 20 gesammelten Fälle gemeint (unter der Überschrift "2. Juvencus in seinem Verhältnis zu bestimmten altlateinischen Texten"), obwohl auch die auf S.8 bis 12 genannten Fälle (unter der Überschrift "1. Herübernahme von Wörtern und Redewendungen aus der gewöhnlichen lateinischen Übersetzung") als "rein lateinisch" bezeichnet werden könnten.

[388] Welche Lücken er auf welche Weise berücksichtigt (Gewichtung nach Umfang?), erklärt Nestler nicht.

wie folgt: h 19, a 16, b 14, g^1 14, c 10, f 7, ff^2 7, d 6, ff^1 6, q 4. Die
codd. a b g^1 h seien an den beweiskräftigsten Stellen[389] fast durchweg
vertreten, während mit den afrikanischen Texten keine ausgeprägtere Übereinstimmung zutage trete (S.29). Obwohl sich die Übereinstimmungen bei
ff^1 und ff^2 gemäß seinem eigenen Untersuchungsergebnis in relativ engen
Grenzen halten, mißt Nestler auch diesen beiden codd. besonderes Gewicht zu, weil sie abweichend von der gesamten übrigen altlateinischen
Bibelüberlieferung, aber übereinstimmend mit Juvencus, Matth.24.41 auslassen.[390] Diese eine Auslassung erscheint aber merkwürdig übergewich-
tet. Da allerdings in der folgenden Untersuchung ff^1 durch Übereinstimmungen mit Juvencus hervorsticht, ist natürlich auch die mit diesem Codex zusammenfallende Auslassung von Matth.24.41 nicht unterzubewerten.
Nachdem dann über 80 Jahre lang keine Abhandlung mehr zur Frage der
altlateinischen Bibelvorlage erschienen war, legte Orbán vor einigen Jahren eine Untersuchung vor, die den Titel trägt "Juvencus als Bibelexeget
und als Zeuge der 'Afrikanischen' Vetus-Latina-Tradition. Untersuchungen
der Bergpredigt (Mt.5,1-48) in der Vetus Latina und in der Versifikation
des Juvencus (I 452-572)", in welcher er im Gegensatz zu Nestler zu dem
Ergebnis kommt, daß Juvencus eine afrikanische Version verwendet habe.
Die unterschiedlichen Ergebnisse dieser beiden Untersuchungen erklären
sich wie folgt: Nestler läßt außer acht, daß der von ihm zunächst für e
ermittelte Wert nicht weit unter denen von c d f liegt und nahe bei denen
von ff^2 und q, ja sogar über dem von ff^1. In der die Lücken berücksichti-
genden Aufstellung bleiben dann die afrikanischen codd. ganz unerwähnt,
auch in der Endwertung (S.29). Die Weglassung der Zahlen für die afrikanische Überlieferung hängt wohl mit der vorweggeschickten Behauptung
zusammen, daß die Zahlen für die afrikanische Überlieferung auch bei einer der Größe der Lücken entsprechenden Erhöhung nicht an die Zahlen

---

[389] Unter den "beweiskräftigsten" Stellen versteht Nestler die auf S.15 bis S.19 seiner Abhandlung erwähnten, wo der Juvencustext mit einer bestimmten altlateinischen Version
übereinstimmt, die den griechischen Text nicht genau wiedergibt oder einen im griechischen Text nicht enthaltenen Zusatz hat (vgl. die von ihm auf S.29 genannten Beispiele).
Denn in diesen Fällen ist der Rückgriff auf den griechischen Text sicher auszuschließen.

[390] Das war bereits Marold (Evangelienbuch 340) aufgefallen, der das Beispiel aber nur als
Beleg dafür nennt, daß Juvencus überhaupt einen altlateinischen Bibeltext verwendet hat.-
Ausgehend von der Vetus Latina und der Zählung bei Jülicher/Matzkow/Aland müßte
man sagen, daß Juvencus Matth.24.41a ausgelassen hat, denn in einigen codd. (auch in
ff^1 ff^2) wird Matth.24.41b = Luc.17.34 (= Iuvenc.4.174/6) angefügt. Betrachtet man sowohl die Auslassung als auch die Hinzufügung, entspricht der Dichtertext allein ff^1 und
ff^2.

der europäischen codd. heranreichten (S.28).[391] Im übrigen ist das Untersuchungsmaterial Nestlers sehr lückenhaft, auch wenn er (S.13 Anm.15) behauptet, zu jeder einzelnen Stelle sämtliche in Betracht kommenden Texte verglichen zu haben. Die Ermittlung der Zahlenverhältnisse allein sagt auch nicht alles. Wenn, wie die nachfolgende Untersuchung zeigen wird, es zahlreiche Belege für Berührungspunkte zwischen Juvencus und spezifisch afrikanischer Bibelüberlieferung gibt,[392] kann doch eine gewisse afrikanische Substanz innerhalb des Grundtextes nicht mehr grundsätzlich geleugnet werden. Doch Orbáns Untersuchung (die sich auf die Versifikation von Matth.5.1/48 bei Juvencus bezieht) verzerrt die wirklichen Verhältnisse in demselben Ausmaß wie diejenige Nestlers, nur in der entgegengesetzten Richtung. Die rein afrikanischen Fälle, die in seiner Aufstellung vorkommen, sind nämlich lediglich folgende: 1.452 *hos populos*, 1.551 *palma percusserit*, 1.553 *auferet*, 1.558 *poscet*, 1.571 (Auslassung von Matth.5.47 wie in cod. k). Darüber hinaus scheint Orbán sämtliche Fälle, in denen der Juvencustext einem Bibeltext nahesteht, der nicht allein in afrikanischer, sondern auch in europäischer Überlieferung bezeugt ist, als Beleg für afrikanische Dominanz zu werten. Die spezifisch europäischen Texte dagegen hat er nur sehr mangelhaft erfaßt. Denn er nennt nur drei Fälle, in denen der Juvencustext von spezifisch europäischer Überlieferung abhängt: 1.462 *Domini* (S.337), 1.490 *enim* (S.338), 1.533 *adultera* (S.338). Es gibt aber zahlreiche weitere: 1.452 *cernens*, 1.453 *discipulis*, 1.456/8 *mansuetudo - lugentes*, 1.456 *mansuetudo*, 1.458 *lugentes,* 1.459 *qui,* 1.463 *qui,* 1.467 *propter,* 1.473 *amissa,* 1.475 *post haec,* 1.475 *vani,* 1.478 *inpostam,* 1.481 *gloria,* 1.486 *donec,* 1.492 *hic,* 1.493 *quicumque,* 1.525 *nam,* 1.525 *iaculare,* 1.526 *quam,* 1.526 *dedere,* 1.528 *manus,* 1.530 *quam,* 1.530 *concedere,* 1.531 *si quis,* 1.531 *conubia,* 1.532 *scribere,* 1.536 *antiquae,* 1.538 *per,* 1.539 *sedes,* 1.550 *malum,* 1.551 *si quis,* 1.551 *percusserit,* 1.553 *vi...instans,* 1.554 *pallia,* 1.555 *si...aliquis,* 1.560 *tribue,* 1.565 *exscindere,* 1.566 *odiis,* 1.572 *estote.*

---

[391] Grundsätzlich ist die Tatsache zu bedenken, daß es ein Übergewicht an europäischen Codices gibt, aber nur zwei afrikanische. Die Wahrscheinlichkeit, daß spezifisch afrikanische Lesarten untergegangen sind, ist daher wohl deutlich höher als die Wahrscheinlichkeit dafür, daß spezifisch europäische Lesarten untergegangen sind. Deswegen ist wohl auch mit einer höheren Zahl im Juvencustext versteckter afrikanischer Lesarten als versteckter europäischer zu rechnen.

[392] Als "spezifisch / rein afrikanisch" werden hier diejenigen Fälle bezeichnet, in denen der Wortlaut bei Juvencus von den altlateinischen Handschriften allein k oder e oder k und e zugleich nahesteht. Entsprechend meint "spezifisch / rein europäisch", daß der Wortlaut bei Juvencus nur mit einem oder mehreren europäischen Codices übereinstimmt, nicht aber mit k oder e oder k und e zugleich.

Nestler und Orbán scheinen in der Vorstellung befangen, Juvencus könne nur entweder eine rein europäische oder eine rein afrikanische Bibelübersetzung benutzt haben.[393] Dementsprechend mißdeuten sie ihre eigenen Ergebnisse (besonders Nestler) bzw. sind schon bei der Zusammenstellung des Materials auf einem Auge blind (besonders Orbán).

Nun zur nachfolgenden Materialzusammenstellung und zur statistischen Untersuchung: Auch hier wird nur die direkte Überlieferung untersucht, zumal die Beuroner Edition der Evangelien noch nicht vorliegt. Da aber die Basis der afrikanischen Überlieferung sehr schmal ist, werden in der Regel auch die Bibelzitate bei Cyprian erwähnt, soweit sie vorhanden sind.[394] Da nun die Frage im Mittelpunkt steht, welchen altlateinischen Bibelübersetzungen der Juvencustext am nächsten steht, werden die Fälle gesammelt und ausgewertet, in denen Juvencus einer altlateinischen Version zu folgen scheint, die nur in einem Teil der altlateinischen codd. überliefert ist.[395] Nicht berücksichtigt dagegen werden mit einem Teil der altlateinischen Bibelüberlieferung übereinstimmende Auslassungen von Bibelversen oder einzelnen Wörtern,[396] da Juvencus bei Auslassungen grundsätzlich recht frei verfährt und auch oft Wörter, Satzteile oder Sätze ausläßt, die sämtliche Bibeltexte überliefern. Auch offensichtliche Verschreibungen in den Vetus Latina-codd., die inhaltlich sinnlos sind, werden in der Regel nicht berücksichtigt, ebenso wie Übereinstimmungen bzw. Abweichungen bei den Tempora.[397] Schreibungen der 2. Hand (m.2) werden nie angegeben. Die Wertung ist immer entweder positiv, d.h. "mit Juvencus übereinstimmend" (links von | |) oder negativ (rechts von | |). Das bedeutet natürlich auch, daß eine differenziertere Unterscheidung nicht durchgeführt wird, und daß stärker abweichende ebenso wie

---

[393] Fischer (Beiträge 172f.) führt aus, daß ein zeitlicher Übergangsprozeß stattgefunden hat, in dem der ältere afrikanische Text nach und nach europäische Lesarten aufgenommen hat. Freilich sind umgekehrt auch in europäische Übersetzungen afrikanische Elemente aufgenommen worden, wovon etwa d ff¹ zeugen; vgl. unten die Listen zum afrikanischen Einfluß bei Juvencus.

[394] Es werden hierfür gewöhnlich die Angaben im Apparat des Afratextes bei von Soden zugrunde gelegt. Bei von Cyprian uneinheitlich zitierten Bibelstellen wird auf die Angabe verzichtet.

[395] Die Fälle, bei denen der Juvencustext mit einer einheitlichen altlateinischen Überlieferung übereinstimmt, können nur für die Beantwortung der Frage von Bedeutung sein, wo der Dichter dem lateinischen Text den Vorzug vor dem griechischen Text gegeben hat.

[396] Der Wegfall von Praefixen ist jedoch berücksichtigt; vgl. etwa 2.700.

[397] Die Wahl der Tempora ist sehr stark metrischen Zwängen unterworfen.

weniger stark abweichende Fälle auf der Negativseite verbucht werden.[398] Im Prinzip ist auf der Positivseite möglichst nur der dem Juvencustext nächstliegende Fall genannt, es sei denn, eine Entscheidung zugunsten eines von zwei näherliegenden Fällen ist nicht möglich. Dann sind
beide Fälle auf der Positivseite genannt.- Wenn Juvencus ein Wort oder
einen Passus berücksichtigt, der in einem Teil der altlateinischen Überlieferung ausgelassen ist,[399] besteht das Problem der Wertung. Denn die
ausgelassenen Textteile haben unterschiedliche Länge. Und die Auslassung
eines Verses oder gar mehrerer wiegt schwerer als die eines einzelnen
Wortes. Dennoch wurden keine abweichenden Wertigkeiten angegeben, da
ein Ausgleich in der Regel dadurch gegeben ist, daß innerhalb längerer
ausgelassener Partien andere Abweichungen innerhalb der altlateinischen
Bibelüberlieferung vorkommen, die gesondert erwähnt werden, wobei dann
immer auch der cod. mit der Auslassung auf der Negativseite erscheint.-
Wenn der Juvencustext auf einen bestimmten altlateinischen Text zurückgeht, der eine eher ungewöhnliche oder fernerliegende Übersetzung des
griechischen Wortlauts darstellt (z.B. 2.38 *imperat*) oder nur mit D (und
jüngeren codd.) übereinstimmt, keine Vorgabe im griechischen Wortlaut
hat (z.B. 2.16 *quietem*) oder nur in D (und jüngeren codd.),[400] ist die
Verszahl unterstrichen. Bei wörtlicher bzw. relativ stärkerer wörtlicher
Übereinstimmung (Wurzel- bzw. Stammverwandtschaft) geht der Verszahl
!! voraus. Je nach der Spannweite der Abweichungen kann es dabei vorkommen, daß etwa in dem einen Fall ein stammgleiches Kompositum mit
abweichendem Praefix als mit der betreffenden Juvencusstelle wörtlich
übereinstimmend eingestuft ist, weil keine andere Handschrift einen Text
mit größerer Übereinstimmung aufweist,[401] in einem anderen Fall aber
ein solches auf der Negativseite verbucht ist, weil in einem anderen Codex
Übereinstimmung nicht nur hinsichtlich des Stamms, sondern auch hinsichtlich des Praefixes besteht.[402]- Es gibt auch Fälle zugleich wörtlicher

---

[398] So liegt bei !! 2.819 *habitare* (Matth.13.32 a aur b c d f ff¹ ff² g¹ l q: *habitent* | | h k: *in-
habitent*, e: *maneant*, π: *requiescant*) *inhabitent* zwar näher an *habitent* als *maneant* oder
requiescant, wird aber genauso gewertet.

[399] Gemeint ist hier natürlich nicht der durch Beschädigung von Handschriften bedingte Aus-
fall, der bei Jülicher/Matzkow/Aland mit "lac." bezeichnet wird.

[400] Zur Wertung letztgenannter Fälle siehe unten Näheres.

[401] Vgl. 2.659 *vocis ad auditum propriis* exsurgere *bustis* (cf. 661) (Ioh.5.29 aur b: *resur-
gent* | | l q r¹: *prodient...in resurrectionem vitae*, a c d f ff: *procident* [a d f: *procedent*,
ff²: *procedunt*] *in r. v.*, e: *exiant in resurrectione v.*; ἐκπορεύσονται...εἰς ἀνάστασιν ζωῆς).

[402] Im folgenden Fall besteht die Übereinstimmung bei aur b c f ff¹ g¹ l q neben dem Stamm
in dem gemeinsamen Wegfall des Praefixes: !! 2.700 *adveniet tempus, cum* surget *reddita
vitae/ gens hominum* (Matth.12.41 aur b c f g¹ l q: *viri Ninevitae surgent*, ff¹: *v. N. sur-*

Übereinstimmung zwischen dem Juvencustext und altlateinischen Bibelversionen, die eine fernerliegende Übersetzung des griechischen Textes darstellen. Hierzu werden auch jene Fälle gezählt, bei denen auf der Negativseite nur codd. mit Auslassung der betreffenden Stelle genannt werden.

Oft wird versucht, nicht nur Dichterwort gegen Bibelwort zu stellen, sondern auch den Kontext wiederzugeben, da die punktuelle Gegenüberstellung oft unbefriedigend ist, nämlich dort, wo die syntaktischen oder die gedanklichen Strukturen voneinander abweichen. Im Dichtertext ist dann zur Erleichterung des Lesers zuweilen das eigentlich Verglichene unterstrichen. Bei der entsprechenden Bibelstelle kann in einem solchen Fall das aus der altlateinischen Überlieferung Verglichene ebenfalls unterstrichen sein, dann aber nur in der erstgenannten Variante. In bezug auf das eigentlich Verglichene werden immer sämtliche Abweichungen genannt. Wo jedoch - wie zumeist - ein Teil des Kontextes mitzitiert wird, können nicht immer auch alle anderen Abweichungen genannt werden. Um dennoch ein gewisses Maß an Genauigkeit zu halten, sind dann die Sigla derjenigen altlateinischen codd., die weitere Abweichungen enthalten, in Kursive geschrieben. Auf die Zitierung des Kontextes wird besonders dann verzichtet, wenn in der Bibel und bei Juvencus im Wesentlichen dieselbe syntaktische Grundstruktur vorliegt oder wenn es Textüberschneidungen mit dem vorangehend oder nachfolgend erwähnten Fall gibt. Haben Handschriften an der unmittelbar verglichenen Stelle eine Lücke bzw. sind dort unleserlich, werden sie nicht erwähnt. Befindet sich eine Lücke oder eine unleserliche Stelle innerhalb des zitierten Kontextes (oft in a und r¹), aber nicht an der unmittelbar verglichenen Stelle, wird dazu der Einfachheit halber keine Angabe gemacht, sondern Übereinstimmung mit den übrigen Handschriften unterstellt.[403] Soweit aber die altlateinischen Bibelhandschriften heutzutage Lücken oder unleserliche Stellen enthalten, bei denen aber die Ausgabe von Jülicher/Matzkow/Aland vermerkt, was frühere Herausgeber dort noch lesen konnten, wird das in der Materialsammlung ohne weitere Kennzeichnung als sicher angegeben.- Es werden auch Fälle aufgenommen, bei denen die Negativseite unmetrische oder von Juvencus nicht verwendete Wörter enthält. Auch diese Fälle können relevant sein, da statt eines bestimmten unmetrischen ein metrisches Wort mit derselben

---

gunt || a ff² h: *v. N. resurgent*, d k: *v. N. resurgunt*; ἄνδρες Νινευῖται ἀναστήσονται).
[403] Vgl. etwa 3.430 *namque in concilium semper praesentia nostra/ adveniet* (Matth.18.20; cf. 18.16 ff¹: *ut praesentibus duobus vel tribus testibus stet omne verbum* || a aur b c d f ff² g¹ h l n q r¹ e: *ut in ore duorum vel trium testium stet omne verbum*. In Wirklichkeit ist in r¹ nur *ut in ore du...et omne verbum* überliefert.

Wurzel hätte verwendet werden können. Und auch wenn die Negativseite ein von Juvencus nicht gebrauchtes Wort enthält, ist doch die Positivseite immer noch aufgrund der Nähe des Wortlauts der Dichtung zu ihr erwähnenswert, insbesondere bei wörtlicher Übereinstimmung.

In den statistischen Tabellen sind die drei verschiedenen Kategorien erfaßt, zunächst sämtliche Fälle (p / n),[404] dann die wörtlichen Fälle (wp / wn) und die Fälle, bei denen die p-Seite dem griechischen Wortlaut relativ ferner steht als die n-Seite (ap / an). Schließlich ist noch eine Kategorie angeschlossen, bei der aus der dritten Kategorie (ap / an) die Fälle herausgenommen sind, bei denen die p-Seite mit dem Juvencustext wörtlich übereinstimmt (awp / awn).

In der Materialsammlung wird immer auch der griechische Text zum Vergleich zitiert, wobei [var.] voransteht, wenn der zitierte Passus nicht einheitlich überliefert ist und die Varianten nicht einzeln angegeben werden. Wenn aber verschiedene der zitierten lateinischen Varianten im Griechischen vorgegeben sind, werden diese griechischen Vorbilder meist auch einzeln zitiert.[405] Enthält eine solche Variante Untervarianten, die nicht zitiert werden, ist auch sie mit dem Vermerk [var.] versehen. Mit Ausnahme des bilingualen Codex Bezae werden die Sigla nicht angegeben. Beim Codex Bezae wird der griechische Wortlaut zitiert, wenn er von den übrigen griechischen Varianten abweicht und einer altlateinischen Version nahesteht. In der Materialzusammenstellung und in ap / an, awp / awn wird vorausgesetzt, daß der griechische Text im Codex Bezae in diesen Fällen nach dem Lateinischen korrigiert ist. Daher wird eine altlateinische Übersetzung in der Statistik und in den genannten Kategorien auch dann als ungewöhnlich oder ungenau gewertet, wenn sie eine Entsprechung im griechischen Text des Codex Bezae oder dort sowie zusätzlich in einer oder mehreren jüngeren Handschriften hat. Sollte aber in diesen Fällen umgekehrt der lateinische Text des Codex Bezae nach dem Griechischen korrigiert sein, wird zumindest für das Matthäusevangelium zuletzt noch separat ausgewertet. Dann wird davon ausgegangen, daß in den Fällen, in denen der Juvencustext einem Teil der altlateinischen Bibelüberlieferung nahesteht und dieser Teil innerhalb der griechischen Überlieferung allein mit dem griechischen Text des Codex Bezae (bzw. des Codex Bezae und jüngerer Handschriften) übereinstimmt, der griechische Text des Codex

---

[404] p = positiv (d.h. übereinstimmend), n = negativ (d.h. nicht übereinstimmend).
[405] Die indirekte Überlieferung bleibt aber unberücksichtigt, selbst wenn bei Nestle/Aland hierzu Angaben gemacht werden.

Bezae oder eines Vorgängers oder ein diesem verwandter griechischer Text diesen Teil der lateinischen Überlieferung (d) beeinflußt hat und nicht umgekehrt der griechische Text des Codex Bezae vom Lateinischen her korrigiert ist (AP / AN, AWP / AWN). Die Zahlen für AP / AN und AWP / AWN erhält man durch Abzug der entsprechenden Positiv- und Negativzahlen (der Fälle, bei denen aus der griechischen Überlieferung D allein mit einem Teil der lateinischen Überlieferung übereinstimmt) von ap / an und awp / awn. Die abzuziehenden Zahlen ergeben sich aus den nachstehenden separaten Tabellen C und D. Es zeigt sich, daß die durchschnittlichen prozentualen Werte für ap / an, awp / awn etwas näher an den Werten für p / n, wp / wn liegen als die Werte für AP / AN, AWP / AWN,[406] so daß vermutlich dann, wenn D und jüngere griechische Handschriften abweichend von der übrigen griechischen Überlieferung mit einem Teil der lateinischen Überlieferung übereinstimmen, eher D vom Lateinischen her korrigiert ist als umgekehrt.[407] Die signifikant niedrigen ap- und awp-Werte für d zeigen aber, daß diese Version trotz der späteren Korrekturen, die vom Lateinischen her vorgenommen wurden, vom Grundcharakter her immer noch stark an den griechischen Text angelehnt ist.

Nestler berücksichtigte bei der Auswertung seines Materials im nachhinein die Lücken, welche die Handschriften aufweisen (d.h. die mechanischen Ausfälle). Bei der hier vorliegenden Vorgehensweise ist eine spätere Einberechnung der Lücken nicht nötig. Denn während Nestler nur die Zahlen der Positivfälle ermittelte, nicht aber die der Negativfälle, so daß bei einem Codex mit zahlreichen Lücken die Positivzahl relativ zu niedrig war und entsprechend der Zahl und Größe der Lücken nachträglich nach oben korrigiert werden mußte, sind bei der hier vorgelegten statistischen Auswertung jeweils sämtliche Positiv- und sämtliche Negativfälle eines Codex einander gegenübergestellt. Daraus kann dann das prozentuale Verhältnis der Positiv- und Negativfälle ermittelt werden für genau den Bereich, in dem dieser Codex vertreten ist. Anhand dieser jeweiligen Verhältniszahlen, die die Nähe zum Dichtertext anzeigen, können die Codices dann auch untereinander verglichen werden.

Bei den Stellen, wo Juvencus einem lateinischen Bibeltext folgt, der dem griechischen Text nicht fernsteht - und das gilt für die meisten in der

---

[406] Die durchschnittlichen prozentualen Werte lauten p 54,7 %, wp 53,4 %, ap 39,3 %, awp 38,8 %, AP 38,3 %, AWP 36,9 %.

[407] Über die Einflüsse des lateinischen Textes von Cod. Bezae auf seinen griechischen Text vgl. Rendel Harris 62ff.

Materialsammlung enthaltenen Fälle -, wäre es natürlich grundsätzlich möglich, daß der griechische Text selbst die Vorlage war, so daß man in diesen Fällen theoretisch kein mit letzter Sicherheit relevantes Material hat für die Beantwortung der Frage, welchem der erhaltenen altlateinisches Bibelcodices der Juvencustext am nächsten steht. Hält man sich aber vor Augen, daß Juvencus sich als lateinischer Dichter naheliegenderweise in erster Linie auf eine lateinische Vorlage gestützt haben dürfte[408] und daß die Zahl der Fälle, in denen er eindeutig nur dem griechischen Text gefolgt sein kann, offenbar eher begrenzt ist,[409] muß man allen Fällen, die in der Materialsammlung erwähnt sind, eine gewisse Bedeutung beimessen. Besonders dürfte das für die Fälle der wörtlichen Kategorie (wp / wn) gelten. Die Ergebnisse der allgemeinen und der wörtlichen Kategorie (p / n und wp / wn) liegen sehr nah beieinander, so daß man sagen kann, daß die Ergebnisse innerhalb der wörtlichen Kategorie (wp / wn) diejenigen innerhalb der allgemeinen geradezu bestätigen und umgekehrt.

Auf den Positivseiten der Kategorien ap / an, awp / awn kommt es zu regelmäßigen Abweichungen nach unten im Verhältnis zu den Positivseiten der Kategorien p / n und wp / wn.[410] Das ist wohl so zu erklären: Die Lesarten der Positivseite, die das Griechische eher ungenau wiedergeben (ap, awp), haben sich nicht so leicht verbreitet wie andere Lesarten, denn der Vergleich mit dem griechischen Text wirkte als Korrektiv. Wenn der Dichtertext also einmal mit einer das Griechische eher ungenau wiedergebenden Lesart der altlateinischen Bibel übereinstimmt, dann ist diese innerhalb der ganzen altlateinischen Überlieferung tendenziell eher schlechter vertreten als in anderen Fällen. Bei dem von Orbán untersuchten Teil der Bergpredigt ist dieser Trend nicht erkennbar.[411] Bei den Versionen der Bergpredigt, aus der als zentralem Text des Matthäusevangeliums relativ häufig zitiert wurde, waren Manipulationen offenbar in stärkerem Maß verbreitet als es bei den Matthäusversionen im Durchschnitt der Fall war. Dagegen zeigt sich bei den Lukas- und Johanneskapiteln der Trend der nie-

---

[408] Noch niemand hat, soweit ich sehe, etwas anderes behauptet. Für eine lateinische Vorlage bringt Widmann 6/11 viele Belege.

[409] Eine umfassende Untersuchung hierzu steht noch aus. Vgl. jedoch einige Hinweise bei Widmann 2/6, Nestler 20/2, Röttger Reg. 158 s.v. "Griechischer Bibeltext".

[410] Die durchschnittlichen Werte (sie wurden durch Addition der Einzelwerte mit anschließender Division durch die Anzahl der Codices ermittelt) betragen bei Matthäus: p 54,7 %, wp 53,4 %, ap 39,3 %, awp 38,8 %, bei Lukas: p 50,7 %, wp 48,8 %, ap 29,7 %, awp 22,5 % und bei Johannes: p 47,5 %, wp 46,5 %, ap 31,0 %, awp 30,8 %.

[411] Die durchschnittlichen Werte lauten hier: p 57,5 %, wp 56,6 %, ap 54,6 % und awp 61,2 %.

drigen ap- und awp-Werte noch stärker als bei Matthäus, was damit zusammenhängen könnte, daß diese Evangelien weniger häufig als das Matthäusevangelium gelesen und zitiert wurden,[412] Manipulationen sich also weniger gut in der Breite der Überlieferung durchsetzen konnten.- Daneben ist noch auf eine Auffälligkeit bei den sog. Mischcodices, d.h. den Vetuscodices mit starken Vulgataeinflüssen, nämlich aur f l, hinzuweisen: Der spätere Vulgataeinfluß hat dort zu einer weiteren Angleichung an die griechische Vorlage geführt, denn erklärtes Ziel der Revision des Hieronymus war die Herstellung eines Textes gewesen, der dem Griechischen möglichst nahesteht.[413] Infolge des Vulgataeinflusses ist nun die beschriebene Erscheinung (gegenüber p und wp starke Abweichung nach unten bei ap und awp) bei den Mischcodices noch stärker ausgeprägt. Für den von Orbán untersuchten Teil der Bergpredigt läßt sich diese Tendenz allerdings nur teilweise und für die Johanneskapitel gar nicht bestätigen.

Gelegentlich gibt es punktuelle Übereinstimmungen mit verschiedenen lateinischen Bibelversionen: 1.123f. *haec est illa salus / eripit* (Luc.1.71 d f e: *salutem*, aur b β c ff² l q r¹: *liberavit*), 1.456 *mites / mansuetudo* (Matth.5.5 a aur b c d ff¹ l k: *mites*, f g¹ h q: *mansueti*), 1.664 *ne...dederitis / neve velitis* (Matth.7.6 k Cypr.: *ne dederitis*, a aur b c f ff¹ g¹ h l: *nolite dare*), 1.731 *populorum / turba* (Matth.8.1 k: *populi*, a aur b c f ff¹ g¹ l q: *turbae*, h: *turba*), 3.445 *commovit / miseratio* (Matth.18.27 e: *commotus...dominus*, c: *misericordia...motus d.*, a aur b d f ff¹ ff² g¹ h l q r¹: *misertus...d.*), 3.552 *primo / cum lumine* (Matth.20.1 a aur b c ff¹ ff² g¹ h n q r¹ e: *primo mane*, f l: *prima mane*, d: *deluculo*), 4.21 *vincula nuptae / sumpsit* (Matth.22.25 d: *nubens*, ff¹ h r¹: *uxorem duxit*, a aur b f ff² g¹ l q: *uxore ducta*, e: *accepta uxore*). Daraus folgt aber nicht zwingend, daß Juvencus mehrere altlateinische Versionen benutzt hat. Ihm könnte auch eine uns unbekannte kontaminierte Version vorgelegen haben.[414]

Bei Matthäus steht in allen Kategorien h an der Spitze. Beispielsweise ergibt sich in der Kategorie sämtlicher wörtlicher Übereinstimmungen (wp / wn) folgende Rangfolge (in Klammern die Prozentzahlen für wp): h (61,7) r¹ (60,1) ff¹ (58,6) π (58,3) c (57,6) b (57,3) f (56,8) g¹ (55,7)

[412] Über die stärkere Verbreitung des Matthäusevangeliums siehe Einleitung Kap. II.1.
[413] Vgl. praef.evang. (Vulgata, ed. Weber, p.1515) *novum opus facere me cogis ex veteri, ut post exemplaria Scripturarum toto orbe dispersa quasi quidam arbiter sedeam et, quia inter se variant, quae sint illa, quae cum Graeca consentiant veritate, decernam,* vir.ill. 135 (PL 23.758B) *Novum Testamentum Graecae fidei reddidi,* epist.71.5 (CSEL 55. 6.10f.) *Novum Testamentum Graecae reddidi auctoritati.*
[414] Vgl. Materialsammlung zum Lukasevangelium, Vers 1.124.

q (54,9) a (54,6) ff² (54,6) aur (54,5) n (53,7) l (52,2) d (48,3) e (48,0) k (42,2). Hinsichtlich Vorrangstellung von h werden Marold und Nestler zwar bestätigt, gleichfalls Marold in bezug auf die Vorrangstellung von ff¹ und Nestler in bezug auf die nachrangige Stellung der afrikanischen Handschriften, doch gibt es auch viele Abweichungen in der Gewichtung der Handschriften. Auch liegen die Werte der einzelnen Handschriften, die hier ermittelt werden, näher beieinander als bei Nestler.- h und r¹ gehören nach Fischer (Beiträge 203) mit p und ρ der gallisch-irischen Gruppe an, ebenso wie β und die altlateinische Schicht in g¹. Die gallisch-irische Gruppe wiederum schließt sich an die europäische Kerngruppe um b ff² i an, die nach Fischer den fortschrittlichen italienischen Text um 350 darstellt. Nahe am Kerntext liegen auch q und die von der Vulgata stark beeinflußte Handschrift l. Etwas stärker vom Kerntext abgesetzt ist a (Fischer, Beiträge 204), an das sich n anlehnt (Gryson 39). Mehr für sich stehen auch aur c d f (bei f starker Vulgataeinfluß; Fischer, Beiträge 205) und ff¹.[415] Letzteres, das von Fischer (Beiträge 206) wie g¹ nach Frankreich lokalisiert wird, steht neben den gallisch-irischen Handschriften h und r¹ dem Dichtertext am nächsten. Auffällig ist also die Nähe des Juvencustextes zur gallischen bzw. gallisch-irischen Überlieferung der altlateinischen Bibel, was nicht verwundert aufgrund der Nachbarschaft Galliens zu Spanien, der Heimat des Juvencus. Entweder hat Juvencus also eine gallisch(-irisch) geprägte Bibelversion vorgelegen oder eine Version aus dem hispanischen Raum, die Verbindungslinien zu den gallisch(-irischen) Übersetzungstraditionen aufwies, was geographisch gesehen nicht unwahrscheinlich ist.- Als Nebenergebnis bereits der Nestlerschen Untersuchung,[416] bestätigt durch die hier angestellte, ist festzuhalten, daß eine gewisse Eigenständigkeit der gallisch-irischen Überlieferung bzw. von der gallisch-irischen Überlieferung nahestehenden Gruppen gegenüber der europäischen Kerngruppe schon für die Zeit um 330 indirekt nachweisbar ist.

In den letzten Tabellen sind noch die Verhältnisse in bezug auf die Passagen, die Juvencus dem Lukas- und dem Johannesevangelium entlehnt hat, dargestellt, während bei dem auf Marcus basierenden Einschub aufgrund des spärlichen Materials auf eine Auswertung verzichtet wurde. Die

---

[415] Fischer (Beträge 204 Anm.115) konstatiert afrikanische Reste in a β c d ff¹. Die nachfolgende Aufstellung bestätigt das insbesondere für d und ff¹.

[416] Nestler bezog allerdings r¹ nicht in seine Untersuchung ein und hatte auch, wie eingangs dargestellt, eine auf dem Stand der Forschung seiner Zeit beruhende andere Vorstellung von der Einteilung der Überlieferung des europäischen Textes. Er kannte noch keine "gallisch-irische" Gruppe.

Kategorien AP, AN sowie AWP, AWN wurden bei Lukas und Johannes nicht mehr erfaßt. Auch bei Lukas und Johannes stehen Vertreter der gallisch-irischen Handschriftengruppe, für die in bezug auf das Matthäusevangelium die relativ größte Nähe zum Juvencustext nachgewiesen wurde, mit an der Spitze, und zwar β und r¹ bei Lukas und p und r¹ bei Johannes. Auffällig ist bei Johannes noch, daß die Handschrift e in sämtlichen Kategorien weit vorne steht.[417] Doch hat, wie Gryson mir mitteilt, in cod. e der Johannestext weitaus weniger afrikanische Substanz als die Texte der übrigen Evangelien, so daß man die Johannesversion von e eigentlich nicht mehr afrikanisch nennen kann, sondern europäisch nennen muß.[418]

Was nun Orbáns Untersuchung angeht, ist abschließend folgendes zu sagen: Orbán kommt aufgrund einer Analyse von einem Teil der Bergpredigt zu dem Ergebnis, daß der Dichter einen afrikanischen Bibeltext benutzte. Er scheint dabei von der Bergpredigt auf das gesamte Epos zu schließen. Doch kann weder bei dem von Orbán untersuchten Teil der Bergpredigt noch im Hinblick auf das gesamte Gedicht eine afrikanische Dominanz bestätigt werden.[419] Trotz einer gewissen afrikanischen Substanz hat Juvencus eine im ganzen als europäisch zu bezeichnende Bibelversion benutzt.

Daß die rein afrikanische Überlieferung gegen Nestler sehr wohl eine Rolle spielt, zeigt sich an den zahlreichen Fällen, in denen der Juvencustext mit einer nur in k oder e oder k und e überlieferten Variante überein-

---

[417] Die Spitzenstellung des aus Italien stammenden Fragments π (Gryson 41) in der Kategorie p / n darf aufgrund der dünnen Materialbasis nicht überbewertet werden. Dasselbe gilt für p bezüglich ap / an und awp / awn, wobei aber die Spitzenstellung dieses in der gallisch-irischen Tradition stehenden Fragments nicht überrascht.

[418] Vgl. Burton 17. Beim Johannesevangelium unterscheidet Burton 62/74 aufgrund statistischer Auswertung der Übersetzungsweisen einzelner griechischer Wörter zwei europäische Versionen, von denen die ältere durch a d j p q r¹ ρ e repräsentiert werde und die jüngere durch aur c f ff² l n π Vulg. Legt man Burtons Einteilung zugrunde, scheint Juvencus einen Johannestext benutzt zu haben, welcher der älteren europäischen Version zuzuordnen ist. Besonders deutlich wird das in der Kategorie wp / wn, deren Ergebnisse wohl mindestens so zuverlässig sind wie die der Kategorie p / n. Bei den Prozentzahlen für wp ergibt sich folgende Rangfolge: a (50,9) e (50,9) q (49,3) r¹ (48,3) p (47,6) j (47,5) b (47,3) d (47,3) π (46,7) f (45,5) aur (45,4) c (42,8) ff² (40,4) l (40,4).

[419] Zu diesem Ergebnis kommt man auch bei Auswertung des statistischen Materials für jedes einzelne Juvencusbuch. Auf den Abdruck der entsprechenden statistischen Tabellen wird hier verzichtet. Wohl finden sich unten im Anschluß an die Tabellen für den gesamten von Juvencus verwendeten Matthäustext (A, B und C) die Tabellen für den von Orbán untersuchten Teil der Bergpredigt (E und F).

stimmt bzw. ihr am nächsten kommt. In diesen Fällen war in der Vorlage des Juvencus wahrscheinlich noch afrikanische Substanz enthalten:[420] 1.235 *accitos* (k), 1.239 *progigni* (k), 1.246 *gaudia magna...gaudent* (k), 1.259 *discessu* (k), 1.272 *monitis* (k), 1.326f. *ubi.../ ...cernit* (k), 1.385 *culmine* (k), 1.399 *fulgentia* (k), 1.416 *inclusi* (k), 1.421 *praeteriens* (k), 1.433 *relinquunt* (k), 1.452 *populos* (k), 1.507 *illic* (k Cypr.), 1.551 *palma* (k), 1.553 *auferet* (k), 1.558 *poscet* (k Cypr.), 1.601 *remittet* (k), 1. 611 *defossis* (k Cypr.; vgl. aber die Note in der Materialsammlung), 1. 614 *condite* (k Cypr.), 1.664 *ne...dederitis* (k Cypr.), 1.675 *poscentibus* (k Cypr.), 1.679 *ite* (k), 1.709 *magnae* (k Cypr.), 1.723 *similem faciam* (k Cypr.), 1.732 *populorum* (k), 1.735 *procubuit venerans* (k), 1.745 *poena* (k), 2.11 *mare* (k), 2.36 *quam* (k), 2.40 *tanta* (k), 2.88 *cernent* (k), 2. 367 *tristia* (k), 2.433 *gentes perfidiosae/ ...Samaritarum fraudis* (k), 2.559 *sarcina* (k), 2.576 *profanent* (k), 2.592 *igitur* (k), 2.614 *pellitur* (k), 2. 618 *vinciat* (k), 2.725 *dum* (k), 2.783 *premat* (k), 2.810 *ignibus* (e), 2.815 *minus* (k e), 2.824 *populo* (e), 3.3 *quibus* (e), 3.26 *non* (k), 3.48 *vinclis* (k e), 3.60 *spondet* (k), 3.60 *petisset* (k), 3.80 *ille* (k e), 3.116 *ubi* (e), 3.120 *iam* (e), 3.158 *pariter* (e Cypr.), 3.284 *quae* (e), 3.308 *proficient* (e), 3.309 *damnum* (e), 3.385 *dependere* (e), 3.386 *tributa* (e), 3.394 *pandantur* (e), 3.428 *contempserit* (e Cypr.), 3.429 *gentis* (e), 3.445 *conmovit* (e), 3.469 *constituit* (e), 3.478 *adulterii* (e), 3.493 *cum precibus laetis* (e), 3.510 *istaec* (e), 3.511 *observata* (e Cypr.), 3.516 *egentes* (e), 3.523 *regna* (e), 3.526 *regna* (e), 3.547 *dehinc* (e), 3.635 *praemitis* (e), 3.676 *virtus* (e), 3.771 *illic* (e), 4.4 *nec* (e), 4.21 *sumpsit* (e), 4.41 *istaec* (e), 4.43 *iustae* (e), 4.126 *quicquam* (e Cypr.), 4.132 *pondera* (e Cypr.), 4.759 *iaceant* (e), 4.799 *praecepta* (e Cypr.). Im folgenden seien noch Fälle genannt, bei denen von den erhaltenen europäischen altlateinischen Codices nur einer mit der betreffenden Afralesart übereinstimmt, so daß auch dort mit einigem Recht von einer afrikanischen Färbung der Vorlage des Juvencustextes gesprochen werden kann: 1.235 *quaerere* (f k), 1.243 *praecurrere* (d k), 1.416 *lumen* (d k), 1.419 *ergo* (d k), 1.437 *invalidis* (h k), 1.477 *lumen* (d k), 1.479 *lumen* (d k), 1.483 *dissolvere* (d k), 1.542 *in* (d k), 1.565 *qui* (g[1] k Cypr.), 1.567 *nam* (d k), 1.599 *tetri saeva procul temptatio Daemonis absit* (c k Cypr.), 1.605 *faciem* (g[1] k), 1.612 *edaces*

---

[420] Es wird nur der Wortlaut bei Juvencus wiedergegeben und anschließend in Klammern kurz das afrikanische Vorbild genannt. Besonderheiten und Weitergehendes sind in der Materialsammlung unter der jeweiligen Verszahl zu finden. So ist hier zwar etwa 1.433 genannt, weil *relinquunt* wie *remiserunt* in Matth.4.22 k Hauptverb ist. Doch stimmt die Wortwahl mit dem Rest der altlateinischen Bibelüberlieferung überein, wie die Materialsammlung zeigt.

(q k), 1.617 *illic* (f k Cypr.), 1.621 *vero* (h k), 1.676 *venire* (h k), 1.695 *e* (c k), 2.4 *languore* (a k), 2.19 *e* (g¹ k Cypr.), 2.515 *sperare* (c k), 2. 558 *quiete* (f k Cypr.), 2.578 *caperent* (ff¹ k), 2.599 *perspiciens* (ff¹ k), 2.637 *Genitor* (j e), 2.695 *ille* (ff¹ k), 2.708 *damnabitur* (ff¹ k), 2.716 *nulla...unda* (d k), 2.757 *ille* (f k), 2.773 *nam* (d k), 2.829 *reliquit* (h e), 3. 83f. Hauptsatz (ff¹ e), 3.93 *navem* (d e), 3.115 *et* (ff¹ e), 3.138 *ille* (ff¹ e), 3.220 *navi* (d e), 3.231 *discernere* (ff¹ e), 3.251 *et* (ff¹ e), 3.324 *vident* (ff¹ e), 3.359 *daemonis* (ff¹ e), 3.387 *respondit* (ff¹ e), 3.389 *ne* (ff¹ e), 3.404 *e* (f e), 3.420 *solus* (ff¹ e), 3.453 *dicta* (d e), 3.489 *regnis* (ff¹ e), 3.527 *stupidi* (d e), 3.530 *respicit* (d e), 3.569 *vespere...orto* (d e), 4. 118 *terrae* (b e), 4.126 *vestem* (e f Cypr.).[421]

Bei den aus Lukas übernommenen Passagen weist die Vorlage des Juvencustextes wahrscheinlich in folgenden Fällen afrikanische Substanz auf: 1.36 *ante suos vultus* (e), 1.86 *clamans* (e), 1.100 *saeclis* (e), 1.103 *tunc* (e), 1.108 *propinquorum* (e), 1.155 *illic* (e), 1.157 *involvunt* (e), 1.177 *cernunt* (e), 1.178 *dispergunt* (e), 1.284 *de more* (e), 1.290 *propinquos* (e), 1.291 *tertia* (e), 1.294 *admiratio* (e). Mit nur einem europäischen Codex stimmt e überein in: 1.7 *praecepta* (f e), 1.11 *visus* (d e), 1.31 *nuntius* (a e), 1.43 *populus* (a e), 1.50 *celabat* (c e), 1.123 *haec est illa salus* (d e), 1.188 *inplumes...columbas* (q e), 1.283 *puerum perducere* (d e), 1.291 *quaerebat* (a e), 1.299 *quid me tantum, quid quaeritis?* (β e), 1.299 *tantum* (β e).

Trotz dem hohen Europäisierungsgrad von e bei Johannes sind die Fälle, bei denen der Juvencustext allein e nahesteht, möglicherweise ebenfalls mit afrikanischer Substanz in der Vorlage zu erklären: 2.99 *ingrediens* (e), 2.107 *Nazara* (e), 2.110 *ubi...respexit* (e), 2.134 *respondit* (e), 2.137 *vocat* (e), 2.139 *illic* (e), 2.145 *tradant* (e), 2.158 *Christus* (e), 2.174 *de corpore* (e), 2.182 *nec quisquam* (e), 2.182 *tantis* (e), 2.195 *aetheriam*

---

[421] Hin und wieder zeigen sich auch Verwandtschaften allein mit Bibelzitaten bei Cyprian: 1.461 _felix_, qui miseri doluit de pectore sortem (Matth.5.7 Cypr.: _felices misericordes_ | a aur b c d f ff¹ g¹ h l q k: _beati_ [k baeati] misericordes; μακάριοι οἱ ἐλεήμονες), 1.463 _felices_, puro qui caelum corde tuentur (Matth.5.8 Cypr.: _felices mundi corde_ | a aur b c d f ff¹ g¹ h l q k: beati [k baeti] m. c.; μακάριοι οἱ καθαροὶ τῇ καρδίᾳ), 3.487f. plerosque hominum _vis_ ferrea sexu/ exuit; Matth.19.12: Cypr.: et sunt spadones, qui _coacti_ sunt ab hominibus | a aur b c d f ff¹ g¹ l q r¹ e: et s. s., q. facti s. ab h., ff² h: et s. s., q. castrati s. ab h.; εἰσὶν γὰρ εὐνοῦχοι οἵτινες εὐνουχίσθησαν ὑπὸ τῶν ἀνθρώπων). Die Zahl dieser Stellen ließe sich wohl erweitern. Natürlich würden sich auch mehr Vergleichsmöglichkeiten zur europäischen Überlieferung ergeben, berücksichtigte man die indirekte Überlieferung bei den Vätern.

(e), 2.201 *flamina* (e), 2.259 *sub haec* (e), 2.279 *istius* (e), 2.322 *Samaritum* (e), 2.322f. *ecce Samaritum populi venere rogantes/ exorantque* (e), 2.648 *sermonis* (e), 2.666 *testis* (e), 2.667 *pro* (e), 2.674 *nec* (e), 4.365 *postquam* (e), 4.384 *revulsis* (e), 4.398 *factum* (e). Mit nur einem europäischen Codex hat e Übereinstimmung in: 2.109 *ait* (b e), 2.239 *pateant* (q e), 2.245 *illic* (q e), 2.297 *at* (j e), 2.327 *saecli* (q e), 2.334 *salutis* (c e), 2.637 *Genitor* (j e), 2.682 *namque* (q e).

Daß die Textbasis, die uns die heute erhaltenen altlateinischen Bibelcodices liefern, sich nur zu einem Teil mit der bzw. den lateinischen Vorlagen des Juvencus deckt, läßt sich daraus erahnen, daß in vielen Fällen eine Entsprechung zu Juvencus nur in einem Codex gegeben ist und daß außer den beiden afrikanischen auch einige europäische Codices eine besonders hohe Anzahl singulärer Entsprechungen aufweisen, besonders d und ff¹. Wären andere Codices erhalten, die mit d und ff¹ in näherer Beziehung stehen, könnten wohl weitere Entsprechungen zur altlateinischen Bibelüberlieferung im Juvencustext aufgefunden werden. Die singulären Positivfälle treten bei Matthäus in folgender Häufigkeit auf: ff¹ (53 von 710) d (48 von 519) h (25 von 619) f (11 von 681) a (7 von 625) g¹ (7 von 670) q (10 von 594) b (6 von 680) c (5 von 695) r¹ (5 von 279) aur (2 von 657) ff² (3 von 451) l (3 von 616); vgl. k (35 von 227), e (29 von 272).

II. Tabellen

Abkürzungen

p: positiv gesamt
n: negativ gesamt
wp: positiv wörtlich
wn: negativ wörtlich
ap: abweichend (vom Griechischen) positiv
an: abweichend (vom Griechischen) negativ
awp: abweichend (vom Griechischen) positiv wörtlich
awn: abweichend (vom Griechischen) negativ wörtlich
AP: abweichend (vom Griechischen) positiv bei Nichtberücksichtigung von D und jüngeren Handschriften
AN: abweichend (vom Griechischen) negativ bei Nichtberücksichtigung von D und jüngeren Handschriften
AWP: abweichend (vom Griechischen) wörtlich positiv bei Nichtberücksichtigung von D und jüngeren Handschriften
AWN: abweichend (vom Griechischen) wörtlich negativ bei Nichtberücksichtigung von D und jüngeren Handschriften

A. Matthäusevangelium - absolute Zahlen

	p	n	wp	wn	ap	an	awp	awn	AP	AN	AWP	AWN
a	697	579	439	375	150	167	87	85	130	160	71	82
aur	732	610	464	397	108	221	63	118	100	202	57	105
b	758	566	481	372	159	165	91	89	138	159	74	87
c	773	568	489	372	150	178	85	95	133	168	71	90
d	580	620	354	413	68	224	43	115	47	220	27	113
f	751	571	471	374	112	210	59	116	106	189	55	101
ff^1	784	554	495	349	160	168	90	75	150	151	82	64
ff^2	507	421	327	286	86	129	48	75	74	125	38	72
g^1	745	593	472	386	143	185	80	100	130	171	69	92
h	689	428	445	278	148	122	90	58	131	117	78	55
l	689	632	442	406	98	224	58	119	94	201	55	103
n	109	94	67	65	21	33	13	20	16	31	9	19
π	21	15	12	11	2	4	0	2	2	3	0	2
q	670	551	423	363	92	200	53	106	84	186	47	97
r^1	312	207	196	132	57	66	33	35	48	64	25	35
k	239	328	152	206	44	91	19	48	39	87	15	47
e	296	321	181	217	52	96	29	54	48	91	26	50

B. Matthäusevangelium - Prozentzahlen

	p	n	wp	wn	ap	an	awp	awn	AP	AN	AWP	AWN
a	54,6	45,4	53,9	46,1	47,3	52,7	50,6	49,4	44,8	55,2	46,4	53,6
aur	54,5	45,5	53,9	46,1	32,8	67,2	34,8	65,2	33,1	66,9	45,2	64,8
b	57,3	42,7	56,4	43,6	49,1	50,9	50,6	49,4	46,5	53,5	46,0	54,0
c	57,6	42,4	56,8	43,2	45,7	54,3	47,2	52,8	44,2	55,8	44,1	55,9
d	48,3	51,7	46,2	53,8	23,3	76,7	27,2	72,8	17,6	82,4	19,3	80,7
f	56,8	43,2	55,7	44,3	34,8	65,2	33,7	66,3	35,9	64,1	35,3	64,7
ff¹	58,6	41,4	58,6	41,4	48,8	51,2	54,5	45,5	49,8	50,2	56,2	43,8
ff²	54,6	45,4	53,3	46,7	40,0	60,0	39,0	61,0	37,2	62,8	34,5	65,5
g¹	55,7	44,3	55,0	44,0	43,6	56,4	44,4	55,6	43,2	56,8	42,9	57,1
h	61,7	38,3	61,5	38,5	54,8	45,2	60,8	39,2	52,8	47,2	58,6	41,4
l	52,2	47,8	52,1	47,9	30,4	69,6	32,8	67,2	31,9	68,1	34,8	65,2
n	53,7	46,3	50,8	49,2	38,9	61,1	39,4	60,6	34,0	66,0	32,1	67,9
π	58,3	41,7	52,2	47,8	33,3	66,7	0,0	100	40,0	60,0	0,0	100
q	54,9	45,1	53,8	46,2	31,5	68,5	33,3	66,7	31,1	68,9	32,6	67,4
r¹	60,1	39,9	59,8	40,2	46,3	53,7	48,5	51,5	42,9	57,1	41,7	58,3
k	42,2	57,8	42,5	57,5	32,6	67,4	28,4	71,6	31,0	69,0	24,2	75,8
e	48,0	52,0	45,5	54,5	35,1	64,9	34,9	65,1	34,5	65,5	34,2	65,8

C: Matthäusevangelium - Fälle, in denen Juvencus einer lateinischen Version folgt, die innerhalb der griechischen Überlieferung nur in D bzw. D und jüngeren Handschriften eine Entsprechung hat

	a	aur	b	c	d	f	ff¹	ff²	g¹	h	l	n	π	q	r¹	k	e
1.264 *numine*	n	p	n	n	p	n	n			n		n		n			n
1.357 *ab alto*	p	n	p	p	p	n	n		p	p	p						
1.362 *adloquitur*	wp	wp	wp	wn	wp	wn	wn			wp	wp	wn					
1.362 *te*	wp	wn	wn	wn	wp	wn	wn			wn	wn	wn					
1.421 *praeteriens*	wn	wn	wn	wn	wn	wn	wn			wn	wn	wn				wp	
1.456/8 *mans. - lug.*	n	n	p	n	n	p	n			n	n	n		p			n
1.468 *operum…iusta*	wp	wn	wp	wp	wp	wn	wn			wp	wn	wn		wn			wp
1.557 *aliud*	wp	wp	wp	wp	wp	wn	wp			wp	wp	wp					wp
1.587 *clausum*	n	n	n	n		n	n		n	p	n		n	n			n
2.374 *disperdere vinum*	p	n	n	n	p	n	n			n	n	n		n			p
2.461 *statuentur*	wp	wn	wp	wp	wp	wn	wp			wp	wp	wn		wp			wp
3.200 *omnibus*	wn	wn	wp	wp	wp	wn	wn	wp	wp		wn			wp	wp	wn	wn
3.321 *Christus*	wp	wn	wp	wp	wp	wn	wp	wp	wp		wn	wp		wn	wp		wp
3.322 *nivis*	wp	wp	wp	wp	wp	wp	wp	wp	wp		wn	wp		wp	wp		wp
3.260 *se*	wp	wp	wp	wn	wp	wp	wp	wp	wp		wp			wp			wp
3.479 *virorum*	wp	wp	wp	wp	wp	wn	wn	wp	wp	wp	wn			wp	wp		wn
3.557 *invenit*	wp	wn	wp	wp	wp	wn	wp	wp	wn	wp	wn	wp		wn	wp		wn
3.612 *at*	p	p	p	p	p	n	p	p	p	p	n	p		n	p		n
4.174/6	p	n	p	p	p	p	p	p	n	p	n			p	n		p
4.286 *Pater*	wp	wn	wp	wp	wp	wn	wp	wp	wp	wp	wn			wn	wp		
4.287 *paravit*	wp	wn	wp	wp	wn	wn	wp	wn	wp	wp	wn			wn	wp		
4.565 *omnes*	wn	wn	wp	wp		wn	wn	wn	wn	wp	wn	wn		wn			
4.644f. *tunicam*	wp	wn	wp	wp	wp	wp	wn	wp	wn	wp	wn			wn			
4.644 *purpuream*	wp	wn	wp	wp	wp	wp	wn	wp	wn	wp	wn			wn			
4.700 *liberet*	wp	wn	wp	wp	wp	wn	wn	wp	wn	wp	wp			wp	wp		
4.772/5	n	n	n	n	n	n	n	n	n	n	p	n		n	n		n
4.793 *nunc*	wp	wp	wp	wn	wp	wn	wn	wn	wn	wp	wn	wp		wn			wn

D: Auswertung von C

	a	aur	b	c	d	f	ff¹	ff²	g¹	h	l	n	π	q	r¹	k	e
p	20	8	21	17	21	6	10	12	13	17	4	5	-	8	9	5	4
n	7	19	6	10	4	21	17	4	14	5	23	2	1	14	2	4	5
wp	16	6	17	14	16	4	8	10	11	12	3	4	-	6	8	4	3
wn	3	13	2	5	2	15	11	3	8	3	16	1	-	9	-	1	4

E: Matth.5.1/48 - absolute Zahlen

	p	n	wp	wn	ap	an	awp	awn
a	42	32	29	23	16	8	12	4
aur	48	28	32	22	14	10	9	7
b	43	32	30	24	15	8	11	5
c	46	30	33	21	15	9	11	5
d	36	40	28	24	7	17	6	8
f	48	28	29	24	14	10	8	7
ff¹	48	27	32	22	14	10	9	7
g¹	43	33	32	22	15	9	11	5
h	50	26	37	15	15	9	12	2
l	48	28	33	21	15	9	10	6
q	17	18	10	12	4	6	3	2
k	33	43	22	30	7	17	5	9

F: Matth.5.1/48 - Prozentzahlen

	p	n	wp	wn	ap	an	awp	awn
a	56,8	43,2	55,8	44,2	66,7	33,3	75,0	25,0
aur	63,2	36,8	59,3	40,7	58,3	41,7	56,3	43,7
b	57,3	42,7	55,6	44,4	65,2	34,8	68,8	31,2
c	60,5	39,5	61,1	38,9	62,5	37,5	68,8	31,2
d	47,4	52,6	53,8	46,2	29,2	70,8	42,9	57,1
f	63,2	36,8	54,7	45,3	58,3	41,7	53,3	46,7
ff¹	64,0	36,0	59,3	40,7	58,3	41,7	56,3	43,7
g¹	56,6	43,4	59,3	40,7	62,5	37,5	68,8	31,2
h	65,8	34,2	71,2	28,8	62,5	37,5	85,7	14,3
l	63,2	36,8	61,1	38,9	62,5	37,5	62,5	37,5
q	48,6	51,4	45,4	54,6	40,0	60,0	60,0	40,0
k	43,2	56,8	42,3	57,7	29,2	70,8	35,7	64,3

G: Lukasevangelium - absolute Zahlen

	p	n	wp	wn	ap	an	awp	awn
a	65	68	39	43	9	24	4	13
aur	80	78	51	50	9	30	2	19
b	73	85	47	53	10	29	3	18
β	50	38	29	32	9	13	4	8
c	86	72	54	47	11	28	5	16
d	74	84	43	57	12	27	7	14
f	87	71	54	46	10	29	4	17
ff²	79	80	50	51	11	28	4	17
l	83	74	55	44	11	26	4	15
q	80	76	49	50	7	30	2	17
r¹	76	75	48	49	16	21	8	11
e	71	85	38	60	13	24	4	15

H: Lukasevangelium - Prozentzahlen

	p	n	wp	wn	ap	an	awp	awn
a	48,9	51,1	47,6	52,4	27,3	72,7	23,5	76,5
aur	50,6	49,4	50,5	49,5	23,1	76,9	9,5	90,5
b	46,2	53,8	47,0	53,0	25,6	74,4	14,3	85,7
β	56,8	43,2	47,5	52,5	40,9	59,1	33,3	66,7
c	54,4	45,6	53,5	46,5	28,2	71,8	23,8	76,2
d	46,8	53,2	43,0	57,0	30,8	69,2	33,3	66,7
f	55,1	44,9	54,0	46,0	25,6	74,4	19,0	81,0
ff²	49,7	50,3	49,5	50,5	28,2	71,8	19,0	81,0
l	52,9	47,1	55,6	44,4	29,7	70,3	21,1	78,9
q	51,3	48,7	49,5	50,5	18,9	81,1	10,5	89,5
r¹	50,3	49,7	49,5	50,5	43,2	56,8	42,1	57,9
e	44,9	55,1	38,8	61,2	35,1	64,9	21,1	78,9

I: Johannesevangelium - absolute Zahlen

	p	n	wp	wn	ap	an	awp	awn
a	118	128	83	80	22	52	15	24
aur	115	136	74	89	23	51	13	25
b	122	130	78	87	20	54	9	29
c	110	142	71	95	14	62	10	30
d	83	89	52	58	10	34	4	15
f	117	135	75	90	18	58	12	28
ff²	112	140	67	99	20	56	12	28
j	74	77	48	53	14	35	9	19
l	105	141	65	96	23	52	13	26
p	16	22	10	11	6	7	2	2
π	15	11	7	8	3	4	0	2
q	95	106	68	70	17	42	12	20
r¹	111	114	70	75	23	44	15	20
e	132	120	84	81	33	43	18	22

J: Johannesevangelium - Prozentzahlen

	p	n	wp	wn	ap	an	awp	awn
a	48,0	52,0	50,9	49,1	29,7	70,3	38,5	61,5
aur	45,8	54,2	45,4	54,6	31,1	68,9	34,2	65,8
b	48,4	51,6	47,3	52,7	27,0	73,0	23,7	76,3
c	43,7	56,3	42,8	57,2	18,4	81,6	25,0	75,0
d	48,3	51,7	47,3	52,7	22,7	77,3	21,1	78,9
f	46,2	53,8	45,5	54,5	23,7	76,3	24,0	76,0
ff²	44,4	55,6	40,4	59,6	26,3	73,7	24,0	76,0
j	49,0	51,0	47,5	52,5	28,6	71,4	32,1	67,9
l	42,7	57,3	40,4	59,6	30,7	69,3	33,3	66,7
p	42,1	57,9	47,6	52,4	46,2	53,8	50,0	50,0
π	57,7	42,3	46,7	53,3	42,9	57,1	0,0	100
q	47,3	52,7	49,3	50,7	28,8	71,2	37,5	62,5
r¹	49,3	50,7	48,3	51,7	34,3	65,7	42,9	57,1
e	52,4	47,6	50,9	49,1	43,2	56,8	45,0	55,0

III.   Materialsammlung zum Matthäusevangelium

!! 1.230/2 *sese stellae fulgentis* ab ortu/ *admonitos venisse viam,* quo supplice dextra/ exortum terris venerabile numen adorent (Matth.2.2 a *aur* b c d f ff¹ g¹ q *Cypr.: vidimus enim stellam eius in orientem, et venimus adorare eum* || k: v. e. *stellam;* εἴδομεν γὰρ αὐτοῦ τὸν ἀστέρα ἐν τῇ ἀνατολῇ καὶ ἤλθομεν προσκυνῆσαι αὐτῷ), 1.233/5 *Solymorum* culmina *vatum/ .../ imperio accitos* (Matth.2.4 a *aur* b c d f *ff¹* g¹ q: *congregavit omnes* principes *sacerdotum* || k: *convocatis omnibus sacerdotibus;* συναγαγὼν πάντας τοὺς ἀρχιερεῖς), !! 1.234 *profetarum veterum praedicta* (Matth. 2.4; cf. 2.5 b c *q: sic enim est dictum per prophetam,* a: *s. e. scriptum e. p. p. dicentem* || aur *d* f ff¹ g¹ *k: s. e. e. scriptum p. p.;* οὕτως γὰρ γέγραπται διὰ τοῦ προφήτου), 1.235 *accitos* (part.pass.) (Matth.2.4 k: *convocatis* || aur d ff¹: *congregans,* a b c f g¹: *congregavit;* συναγαγὼν), 1.234/6 *quique profetarum veterum praedicta recensent/ imperio accitos iubet omnia* quaerere *legis,/ quis pateat, quae sint genitalia moenia Christo* (Matth.2.4 *f* k: *et convocatis omnibus sacerdotibus scribit plebis quaesit* [f: *requisivit*] *ab eis, ubi Christus nascitur* || a b c d *ff¹* g¹ q: *et congregavit omnes principes sacerdotum et scribas populi et interrogavit* [d: -*bat*] *ab e.,*[422] *u. C. n.,* aur: *et congregans o. p. s. et s. p. sciscitabatur ab e., u. C. n.;* [var.] καὶ συναγαγὼν πάντας τοὺς ἀρχιερεῖς καὶ γραμματεῖς τοῦ λαοῦ ἐπυνθάνετο παρ᾽ αὐτῶν; bei Matthäus fragt der König die Magier, bei Juvencus läßt er sie in der Schrift nachforschen), !! 1.238 *Bethleem* (Matth.2.5 aur b c d f q k: *Bethleem* || a ff¹ g¹: *Bethlem;* Βηθλέεμ), *Bethleem...*moenibus (Matth.2.5 b: *in Bethleem* civitatem *Iudaea* || a aur c d f *ff¹* g¹ q k: *in Bethleem Iudaeae;* ἐν Βηθλέεμ τῆς Ἰουδαίας), !! 1.238/40 *Bethleem quod moenibus illum/ progigni maneat, cui sacram* ducere *plebem/ Istrahelitarum sancta virtute necesse est* (Matth.2.6 *aur* c d *ff¹* k: *ex te enim exiet dux* [k: *ducator*]*, qui regat populum meum Israhel* || b f g¹ q: *ex te e. e. princeps* [g¹: *principes*]*, q. r. p. m. Istrahel,* a: *ex te e. v. rex, q. r. p. m. I.;* ἐκ σοῦ γὰρ ἐξελεύσεται ἡγούμενος, ὅστις ποιμανεῖ τὸν λαόν μου τὸν Ἰσραήλ), !! 1.239 progigni (Matth.2.6 k: *prodibit* || a aur b c d f g¹ q: *exiet,* ff¹: *exiit;* ἐξελεύσεται), !! 1.240 *Istrahelitarum* (Matth.2.6 a b: *Istrahel,* k: *Istrael* || f: *Sdrahel,* aur d ff¹: *Israhel,* c g¹: *Isrl,* q: *Isl;* Ἰσραήλ), !! 1.240 *Istra*helitarum (Matth.2.6 a b: *Istrahel,* aur d ff¹: *Israhel,* f: *Sdrahel* || k: *Istrael* [c g¹: *Isrl,* q: *Isl*]; Ἰσραήλ), !! 1.243 praecurrere (Matth.2.9 d: *praecedebat,* k: *praeibat* || a aur b c f ff¹ g¹ q: *antecedebat;* προῆγεν), 1.246 *gaudia magna...gaudent*

---

[422] Bei Abkürzungen ist immer die in der unmittelbar zuvor zitierten Variante zu lesende Form gemeint.

(Matth.2.10 k: *gavisi sunt gaudium magnum nimis* || a aur b c d f ff¹ g¹ q: *g. s. gaudio magno;* ἐχάρησαν χαρὰν μεγάλην), !! 1.247 *et postquam* <u>puerum</u> *videre sub ubere matris* (Matth.2.11 *a* aur b c *d f* ff¹ g¹ q: *invenerunt puerum* || k: *viderent infantem;* [var.] εὗρον τὸ παιδίον), !! 1.247 *videre* (Matth.2.11 a d f q: *viderunt,* k: *viderent* || aur b c ff¹ g¹: *invenerunt;* εἶδον / εὗρον),⁴²³ !! <u>1.250</u> *murram* (Matth.2.11 b f ff¹ g¹ q k: *murram,* a: *murra* || aur: *myrram,* c: *mirram,* d: *smyrnam;* σμύρναν), <u>1.251</u> *somnia* (Plural) (Matth.2.12 a aur c ff¹ g¹ q k: *in somnis* || d: *per somnum,* f: *p. somnium;* κατ' ὄναρ), 1.254 *rediere* (Matth.2.12b; cf. Matth. 2.12a a aur b c f ff¹ g¹ q: *redirent* || d k: *reverti;* ἀνακάμψαι), !! 1.255 *ipsum etiam* <u>monitis</u> *caelestibus actus/ Aegyptum cum matre simul transportat Ioseph* (Matth.2.13; cf. 2.12 d: *et moniti per somnum,* k: *et responso moniti in somnis,* a b c f g¹ q: *et admoniti in somnis* || aur ff¹: *responso accepto;* καὶ χρηματισθέντες κατ' ὄναρ; in Matth.2.13 ist vom Traum Josephs die Rede, während es in Matth.2.12 um den Traum der Könige geht; doch der Ausdruck *monere* könnte von dort genommen sein), !! <u>1.256</u> *Ioseph* (Matth.2.14 a b c g¹ q: *Ioseph* || f k: *ille,* aur d ff¹: *qui;* ὁ δέ), !! 1.260 *caedem* (Matth.2.16 a aur b c f ff¹ g¹ l q: *occidit* || d k: *interfecit;* ἀνεῖλεν), !! <u>1.259</u> <u>quorum</u> *discessu* (relativischer Anschluß) (Matth.2.13 a aur b c ff¹ g¹ q: *qui cum recessissent* || f: *recedentibus autem illis,* d: *isdem autem recedentibus,* k: *et cum illi discessissent;* ἀναχωρησάντων δὲ αὐτῶν), !! 1.259 *discessu* (Matth.2.16; cf. Matth.2.13 k: *cum...discessissent* || a aur b c ff¹ g¹ q: *cum recessissent,* d f: *recedentibus;* ἀναχωρησάντων), !! 1.261 <u>infantes</u> *cunctos teneramque sub ubere*

---

⁴²³ Am Rande soll hier 1.248 (Matth.2.11) *deiecti prono texerunt corpore terram* behandelt werden. Nach Hansson 86 haben C P, Ca Ca₂ *straverunt,* M *tex[u]erunt,* cett. [die Angabe "cett." wurde von Hansson vergessen] *texerunt.* Für *straverunt* entscheiden sich Huemer und Knappitsch, für *texerunt* Marold und Kievits (Arevalo kennt nur die Lesart *texere*). Für *straverunt* ließe sich auf Matth.2.11 k *prostrati* (*prosterni* hat die Afra stets in Verbindung mit anbeten, vgl. etwa Matth.4.9 und von Soden 120f.) verweisen gegenüber b c ff¹ q *procidentes,* a aur g¹ *procedentes,* d *cadentes* (griech. πεσόντες). Für *terram sternere* vgl. Lucr.5.1333 *concidere atque gravi terram consternere casu,* Verg.Aen.4. 444 *consternunt terram (frondes),* Aen.8.719 <u>terram</u> *caesi* <u>stravere</u> *iuvenci* (wie hier; erwähnt schon in Huemers Apparat), 11.87 *sternitur et toto proiectus corpore terrae* (= *in terram* [vgl. Enn.trag.276 Jocelyn und die nachfolgenden Beispiele aus Juvencus]; vgl. Conington/Nettleship, Komm. z.St.), Iuvenc.1.161 *at subitus terror tremefacta pavore/ prostravit viridi pastorum corpora terrae,* 4.495 *somnus anhelos/ prostratis terrae membris dissolverat omnes;* ferner Lucan.4.647 *sterni...terrā* (v.l. *terrae*), Stat.Theb.7.755. Demgegenüber ist *terram tegere* in der Dichtung vor Juvencus offenbar nur in Lucr.6. 852 *nox...terras caligine texit* belegt. *terram tegere* ist also die in der Dichtung seltenere Formulierung und daher *texerunt* als lectio difficilior zu werten. Für die Echtheit von *texere* spricht auch die Alliteration *terram...texere.* Vermutlich wurde *straverunt* interpoliert nach dem Vorbild von Verg.Aen.8.719.

plebem/ avellit ferro (Matth.2.16 l: *occidit infantes omnes* || a aur b c *d*
f ff¹ g¹ q *k: o. omnes pueros;* ἀνεῖλεν πάντας τοὺς παῖδας), 1.264 *(cae-
des) quam bonus Hieremias divino numine iussus/ conplorat* (Matth.2.17
aur d: *a Domino* || a b c f ff¹ g¹ l q k: -; D: ὑπὸ Κυρίου / -), 1.266 *hor-
rendis graviter...querellis* (Matth.2.18 a aur b c d f g¹ l q: *ululatus
multus* || ff¹: *ululatus,* k: *fletus;* ὀδυρμὸς πολύς), 1.265f. *subolis misero
pro funere matres/ horrendis graviter caelum pulsare querellis* (Matth.2.18
d: *planctus et ululatus multus; Rachel plangens filios suos* || *a* aur b c f
ff¹ g¹ l q *k: ploratus et u. m.; R. plorans f. s.;* [var.] κλαυθμὸς καὶ ὀδυρ-
μός [von Soden: H²⁶ βρυγμός] πολύς· Ῥαχὴλ κλαίουσα τὰ τέκνα αὐτῆς; vielleicht hat Juvencus die Grundbedeutung von *plangere* zu der Formulierung *pulsare querellis* angeregt), !! 1.272 *urgetur monitis Mariam
puerumque Ioseph/ Aegypto ad patriam vectare* (cf. Matth.2.22 k: *moni-
tus* || a aur b c f ff¹ g¹ l q: *admonitus;* χρηματισθείς), 1.273 *vectare*
(Matth.2.20 a aur b c f ff¹ g¹ l q k: *vade* || d: *abi;* πορεύου), !! 1.324 *et
zonae pellis medium cinxere profetam* (Matth.3.4 a b *g¹* q: *et zona pellicia
circa lumbos eius,* aur c f ff¹ l: *et [habebat] zonam pelliciam c. l. e.* ||
k: *et [h.] zonam loream c. spinam suam;* καὶ [εἶχεν] ζώνην δερματίνην
περὶ τὴν ὀσφὺν αὐτοῦ), 1.324 *medium cinxere profetam* (Matth.3.4 a aur
b c f ff¹ l k: *circa lumbos* || g¹ q: *super l.;* περὶ τὴν ὀσφὺν αὐτοῦ), 1.
326f. *isque ubi tot populos diversis sedibus ortos/ inruere ad fluvium cer-
nit* (Matth.3.7 k: *cum videret* || a aur b c f ff¹ g¹ l q: *videns;* ἰδών),
1.327 *inruere ad fluvium* (Matth.3.7; cf. Matth.3.6 q: *baptizabantur...in
Iordanne fluvio* || *a aur b c f ff¹ g¹ l k: b....in Iordane;* ἐβαπτίζοντο ἐν
τῷ Ἰορδάνῃ ποταμῷ / ἐ. ἐν τῷ Ἰορδάνῃ), !! 1.329 *supplicia urgentes-
que iras evadere monstrat* (Matth.3.7 a aur b c f ff¹ l: *demonstravit* || g¹
q k: *ostendit;* ὑπέδειξεν), 1.329 *urgentes...iras evadere* (Matth.3.7 a c f:
fugere ab ira ventura || aur b d *ff¹* g¹ l q *k: fugere ab ira futura;* φυγεῖν
ἀπὸ τῆς μελλούσης ὀργῆς; zum bildlichen *urgere* führt wohl eher *venire*
als *esse*), 1.331 *nec generis vestri tollat fiducia mentes* (Matth.3.9 b f *g¹*
q: *nolite praeferre vos dicentes intra vos: patrem habemus Abraham,* c: *n.
proferre vos d.: p. h. A.* || aur ff¹ l: *ne velitis dicere intra vos: p. h. A.,*
a: *nolite existimare inter v.: p. h. A.,* d: *ne putetes dicere intra v.: p. h.
Abraam,* k: *et non putaveritis i. v. d.: p. h. Abraham;* μὴ δόξητε λέγειν
ἐν ἑαυτοῖς· πατέρα ἔχομεν τὸν Ἀβραάμ; *generis vestri...fiducia,* der
Stolz der Juden auf das eigene Geschlecht ist in *praeferre vos / proferre
vos* unmittelbar ausgedrückt), !! 1.332 *e saxis* (Matth.3.9 a b c f ff¹ l q:
ex || aur d g¹ k Cypr.: *de;* ἐκ), 1.334 *radicibus* (Matth.3.10 a b c d f g¹
q: *radices* || aur ff¹ l k: *radicem;* τὴν ῥίζαν), !! 1.339 *cuius vincla pe-
dum non sum contingere dignus* (Matth.3.11 a aur b c f ff¹ g¹ l q: *cuius
non sum dignus calciamenta portare* || d Cypr.: *c. n. s. idoneus c. p.;* οὗ

οὐκ εἰμὶ ἱκανὸς τὰ ὑποδήματα βαστάσαι), !! 1.343 *et propria ipsius pur-gabitur area frugum* (Matth.3.12 d f: *et purgabit aream suam* [cf. Luc. 3.17] || aur c ff¹ q: *et permundabit a. s.*, b g¹ l: *et permundavit a. s.*, a: *et mundavit a. s.; καὶ διακαθαριεῖ τὴν ἅλωνα αὐτοῦ*), 1.348 kein relativi-scher Anschluß (Matth.3.14 a aur b c f ff¹ g¹ l q: kein relativischer An-schluß || d: relativischer Anschluß; ὁ δέ; d scheint auf ὁ δέ zurückzuge-hen), 1.348 *sed* (Matth.3.14 aur d f ff¹ l: *autem* || a b c g¹ q: *et*; δέ / -), !! 1.352 *nam decet hoc, si sancta per omnia nobis/ iustitiae consectandus conplebitur ordo* (Matth.3.15 a aur c ff¹ g¹ l q: *sic enim decet nos implere omnem iustitiam* || d: *s. e. decens est nobis i. o. i.*, b f h: *s. e. oportet nos i. o. i.; οὕτως γὰρ πρέπον ἐστὶν ἡμῖν πληρῶσαι πᾶσαν δικαιοσύνην*), 1.355 *surgenti manifesta Dei praesentia claret* (vor Matth.3.16: a: *lumen ingens circumfulsit de aqua*, g¹: *lumen magnum fulgebat de a.* || aur b c d f ff¹ h l: -; codd. Graec.: -; schon Justin erwähnt das Licht, so daß An-regung aus griechischen Quellen für a g¹ [eventuell auch für Juvencus, falls er den Zusatz nicht auch im Lateinischen vorfand] anzunehmen ist. Abhängigkeit des Juvencus von dem Zusatz vermuten schon Marold, Evangelienbuch 338, Nestler 25; zu Unrecht zurückhaltend ist Kievits 102, verweisend auf das Fehlen der Fortführung *ita ut timerent omnes qui ad-venerant* bei Juvencus, der aber auch sonst oft kürzt), 1.357 *corporeamque gerens speciem discendit ab alto/ Spiritus* (Matth.3.16 a b c d g¹ h l: *Spi-ritum Dei descendentem de caelo* || aur f ff¹: *S. D. d.;* D: Πνεῦμα Θεοῦ καταβαίνοντα ἐκ τοῦ οὐρανοῦ ὡς περιστεράν / Π. Θ. καταβαῖνον ὡσεὶ π.), !! 1.361f. *Christum.../ ...adloquitur* (Matth.3.17 a b d *g¹* h: *dicens ad eum* || aur c f ff¹: *dicens*, l: -; D: λέγουσα πρὸς αὐτόν / λέγουσα), !! 1.362 *te* (Matth.3.17 a d: *tu* || aur b c f ff¹ g¹ h l: *hic;* D: σύ / οὗ-τος), !! 1.363 *placet haec mihi gloria prolis* (Matth.3.17 d g¹: *in quo bene placui* || a aur b c f *ff¹* h l: *in q. b. complacui; ἐν ᾧ εὐδόκησα*), !! 1.363 *placet...mihi* (Matth.3.17 ff¹ l: *mihi complacui* || a aur b c d f g¹ h l: *be-ne placui; εὐδόκησα*; freilich sind *mihi placet* und *mihi complaceo* ver-schiedene Ausdrücke), !! 1.374 *horrendi interea sceleris fallacia temptans* (Matth.4.3 a *aur* b f *ff¹* g¹ l: *et accessit ad eum temptator*, c: *et a. ad e. temptator Diabolus*, d: *et a. ad e. qui temptabat*, k: *et a. ad illum ille, qui temptat* || h: *et a. ad e. Diabolus;* [var.] καὶ προσελθὼν ὁ πειράζων), 1.378 *Christus ad haec fatur* (Matth.4.4 b c d f g¹ h: *Iesus* || a k: *ille*, aur ff¹ l: *qui;* ὁ δέ), !! 1.379 *nam memini scriptum, quoniam non sola te-nebit/ vitam credentis facilis substantia panis* (Matth.4.4 *a* aur d f ff¹ h l k: *non in pane solo vivet homo* || b c g¹: *n. in p. tantum v. h.;* οὐκ ἐπ᾿ ἄρτῳ μόνῳ ζήσεται ὁ ἄνθρωπος), 1.381 *sed sermone Dei conplet pia pec-tora virtus* (Matth.4.4 aur b c d f *ff¹* g¹ h l: *in omni verbo Dei* || k: -; [var.] ἐπὶ παντὶ ῥήματι), 1.384f. *vis livida Christum/ culmine marmoreo suasit consistere templi* (Matth.4.5 k: *statuit illum super fastigium templi* || a b c d f ff¹ g¹ h: *s. eum supra pinnam t.*, aur l: *s. e. s. pinnaculum t.;* [var.] ἔστησεν αὐτὸν ἐπὶ τὸ πτερύγιον τοῦ ἱεροῦ), !! 1.391 *ut* (Matth.4.6 a b c f ff¹ g¹ h k: *ut* || aur d l: *et; ὅτι*), 1.391 *ut lapsum studeant casu defendere corpus* (Matth.4.6 a: *ut custodiant te* || aur b c d f ff¹ g¹ h l k: -; codd. Graec.: -), 1.393 *ne lapidis laedat summas offensio plantas* (Matth.4.6 a aur b c d f ff¹ g¹ h l: *ne forte offendas ad lapidem pedem tuum* || k: *ne forte offendat ad lapidem tuum;* μήποτε προσκόψῃς πρὸς λίθον τὸν πόδα σου), 1.394 *reddidit his Christus dictis contraria dicta* (Matth.4.7 a aur c d f ff¹ g¹ h l k: *Iesus* || b: -; ὁ 'Ιησοῦς), !! 1.397 *in abrupti montis consistere celsis* (Matth.4.8 a aur b c f ff¹ g¹ l: *iterum adsumpsit eum Diabolus in montem excelsum* || d h k: *i. a. e. d. in m. altum;* πάλιν παραλαμβάνει αὐτὸν ὁ Διάβολος εἰς ὄρος ὑψηλὸν λίαν), 1.399 *ostendens illi fulgentia regna per orbem* (Matth.4.8 k: *claritatem* || b c g¹: *honorem*, a aur d f ff¹ h l: *gloriam* [l: *gloria*]; τὴν δόξαν), !! 1.400 *cernis, ait, quae sit tantarum gloria rerum?* (Matth.4.8 a aur d f ff¹ h l: *et ostendit ei omnia regna mundi et gloriam* [l: *gloria*] *eorum* || b c g¹: *et o. ei o. r. m. et honorem e.*, k: *et o. ei o. r. m. et claritatem illorum;* καὶ δείκνυσιν αὐτῷ πάσας τὰς βασιλείας τοῦ κόσμου καὶ τὴν δόξαν αὐτῶν), 1.408 *fugit* (Matth.4.11 h: *recessit*, g¹ k: *discessit* || a aur b c f l: *reliquit*, ff¹: *relinquit*, d: *dimisit;* ἀφίησιν), 1.408 *talibus excussus fugit per devia Daemon* (Matth.4.11 a b c d f ff¹ g¹ h l k: *Diabolus* || aur: -; Διάβολος), 1.409 *ille ubi Iohannem cognovit carceris umbris/ inmersum* (Matth.4.12 a aur b c *ff¹* g¹ h *l* k: *cum audisset* || d f: *audiens;* ἀκούσας), !! 1.411 *finibus et statuit Zabulonum ponere sedes* (Matth.4.13 h: *et habitavit in Cafarnaum, quae est in maritimam posita in finibus Zabulon et Nepthalim* || a aur b c d f ff¹ g¹ l *k: et h. in Capharnaum maritimam in f. Z. et Neptalim;* [var.] καὶ καταλιπὼν τὴν Ναζαρὰ ἐλθὼν κατῴκησεν εἰς Καφαρναοὺμ τὴν παραθαλασσίαν ἐν ὁρίοις Ζαβουλὼν καὶ Νεφθαλίμ; der Gebrauch von *ponere* in cod. h und bei Juvencus ist ein völlig verschiedener), 1.414 *et via trans pelagus* (Matth.4.15 a aur b c f ff¹ k: *via maris* || d g¹ h l: *viam maris;* ὁδὸν θαλάσσης), !! 1.415 *populique tenebris/ inclusi* (Matth.4.16 c: *populi* || a aur b d f ff¹ g¹ h l: *populus*, k: *pleps;* ὁ λαός), 1.415f. (Partizip) *tenebris/ inclusi* (Matth.4.16 k: *sedens in tenebris* || a aur b c d f ff¹ g¹ h l: *qui sedebat in tenebris;* [var.] καθήμενος ἐν σκότει), !! 1.416 *magnum lumen subitumque videbunt* (Matth.4. 16 d k: *lumen* || a aur b c f ff¹ g¹ h l: *lucem;* φῶς), 1.417 *-que* (Matth. 4.16 a aur f ff¹ l: *et* || b c d g¹ h k: -; codd. Graec.: -), !! 1.417 *illis* (Matth.4.16 a b c f g¹ h: *illis* || aur d ff¹ l k: *eis; αὐτοῖς*; allerdings hat Juvencus die Form *eis* nie und laut Buchwald, Thes.VII.2 c.455.16f. und 459.25, findet sich in der Poesie *eis* [als abl. zu *eae*] nur einmal bei Ma-

nil.2.744; vgl. auch Axelson 70), 1.417 *in mortisque illis* <u>*umbra*</u> *residenti-*
bus (Matth.4.16 d f *ff¹* 1: *in regione et umbra mortis*, a c k: *in umbra*
m. || aur b *g¹ h: in r. umbrae m.; ἐν χώρᾳ καὶ σκιᾷ θανάτου*), 1.417 *in*
mortis...illis umbra <u>*residentibus*</u> (Partizip) (Matth.4.16 aur ff¹ 1: *sedenti-*
bus || a b c d f *g¹* h k: *qui sedebant; τοῖς καθημένοις*), !! 1.418 *luce*
(Matth.4.16 a aur b c f ff¹ g¹ h 1: *lucem* || d k: *lumen; φῶς*), 1.419 *ergo*
(Matth.4.17 d k: *enim* || a aur b c f ff¹ g¹ h 1: -; *γάρ*), !! 1.421 <u>*praeter-*</u>
<u>*iensque*</u> *videt ponti per litora fratres* (Matth.4.18 k: *cum praeteriret* || a
b c f *g¹* h: *cum transiret*, d: *transiens*, aur ff¹ 1: *ambulans;* D: *παράγων* /
περιπατῶν; Nestler 13), 1.421 *praeteriens* (part.coni.) (Matth.4.18 d:
transiens, aur ff¹ 1: *ambulans* || a b c f g¹ h: *cum transiret;* D: *παρά-*
γων / *περιπατῶν*), !! 1.429 (Passiv) *retibus abiectis* (Matth.4.20 *a* aur *b*
c f ff¹ *g¹* h 1 k: *relictis retibus* || d: *relinquentes retiam; ἀφέντες τὰ δί-*
κτυα), !! 1.429 <u>*retibus*</u> *abiectis pariter praecepta sequuntur* (Matth.4.20
aur c f ff¹ h 1 k: *retibus* || a b g¹: *retiis*, d: *retiam; τὰ δίκτυα*), 1.431 *in-*
sidias gregibus maculoso <u>*innectere*</u> *textu* (Matth.4.21 f k: *componentes re-*
tia sua, d: *concinnantes retias suas* || *a* aur b c ff¹ *g¹* h 1: *reficientes re-*
tia sua; καταρτίζοντας τὰ δίκτυα αὐτῶν / -), !! 1.433 <u>*illi*</u> *Zebedeum geni-*
torem in puppe relinquunt (Matth.4.22 a aur b c f ff¹ *g¹* h 1 k: *illi* || d:
qui; οἱ / -), 1.433 *Zebedeum* <u>*genitorem*</u> *in puppe relinquunt* (Matth.4.22 *a*
b c d f *ff¹* *g¹* h l k: *relictis retibus suis et patre suo* || aur: *relictis reti-*
bus; ἀφέντες τὸ πλοῖον καὶ τὸν πατέρα αὐτῶν / -), 1.433 *illi Zebedeum*
genitorem in <u>*puppe*</u> *relinquunt* (cf. Matth.4.22 a f: *relicta nave* [f: *navicu-*
la], d: *relinquentes navem*, k: *remiserunt navem* || aur *b* c f ff¹ *g¹* h 1:
relictis retibus; ἀφέντες τὸ πλοῖον / -), !! 1.433 *relinquunt* (Matth.4.22
aur b c ff¹ g¹ h 1: *relictis*, a f: *relicta*, d: *relinquentes* || k: *remiserunt;*
ἀφέντες / -), 1.433 *relinquunt* (Hauptverb) (Matth.4.22 k: *remiserunt* ||
aur b c ff¹ g¹ h 1: *relictis*, a f: *relicta*, d: *relinquentes; ἀφέντες* / -),
1.434 <u>*ilico*</u> *sectantes pulcherrima iussa salutis* (Matth.4.22 c f ff¹ 1: *statim*,
aur: *continuo*, d: *mox* || a b g¹ h k: -; *εὐθέως* / -), !! 1.436 *insinuans po-*
pulis regni praeconia (Matth.4.23a; cf. Matth.4.23b aur c *d* f ff¹ *g¹* 1 *k:*
sanans omnem languorem...in populo || a b *h* q: *s. o. l....in plebe; θερα-*
πεύων πᾶσαν μαλακίαν ἐν τῷ λαῷ), 1.436 *Christus* (Matth.4.23 a aur b
c d f ff¹ g¹ h 1: *Iesus* || k: -; *Ἰησοῦς* / -), !! 1.437 *donabatque citam* <u>*in-*</u>
<u>*validis*</u> *aegrisque medellam* (Matth.4.23 h *k: sanans omnem valitudinem* [k:
valetudinem] || *a* aur b c *d* f ff¹ *g¹* 1: *sanans omnem languorem; θεραπεύ-*
ων πᾶσαν νόσον καὶ πᾶσαν μαλακίαν), !! 1.438 *et mox crebra procul Sy-*
riam iam <u>*fama*</u> *tenebat* (Matth.4.24 g¹ q: *fama* || a aur b c d f ff¹ h 1 k:
opinio; ἀκοή; opinio ist unepisch), !! 1.440 <u>*languoris*</u> *tabe peresos* (Matth.
4.24 a aur b c f ff¹ g¹ h 1 q k: *male habentes variis languoribus* || d: *m.*
h. v. infirmitatibus; τοὺς κακῶς ἔχοντας ποικίλαις νόσοις), 1.442 *ab-*

sumpsit populans membrorum <u>robora</u> *tabes* (cf. Matth.4.24 d: *male haben-*
tes variis <u>infirmitatibus</u> || a aur b c f ff¹ g¹ h l q k: *m. h. v. languoribus;*
τοὺς κακῶς ἔχοντας ποικίλαις νόσοις), <u>1.443f.</u> *facili sed munere* <u>cunctos/</u>
reddebat propere miranda ad gaudia sanos (Matth.4.24 a b c d g¹ h: *om-*
nes || aur f ff¹ l q: *eos,* k: -; αὐτούς), 1.443f. *cunctos/* <u>reddebat</u> *propere*
miranda ad gaudia <u>sanos</u> (cf. 1.447 [445 *animae...morbi* eqs.] *discessere*)
(Matth.4.24 a *aur* b c d *f ff¹* g¹ h *l q: et omnes curavit* || k: -; ἐθεράπευ-
σεν), !! 1.444 *sanos* (Matth.4.24 *curavit;* doch cf. 4.23 aur b c f ff¹ h l
q: *sanans* || a d g¹ k: *curans;* ἐθεράπευσεν), !! 1.445/7 *iamque animae*
ipsius morbi saevique furores/ et <u>lunae</u> *cursum comitata insania mentis/*
discessere gravi sermonis pondere iussa (Matth.4.24 *a aur b c d f ff¹ g¹ h*
l q: optulerunt ei omnes male habentes variis infirmitatibus et tormentis
correptos...et lunaticos || k: *o. ei o. m. h. v. languoribus et cruciatibus;*
προσήνεγκαν αὐτῷ πάντας τοὺς κακῶς ἔχοντας ποικίλαις νόσοις...καὶ
σεληνιαζομένους), !! 1.449 *mixtae sectantur* <u>turbae</u> *Solymique Syrique*
(Matth.4.25 a *aur* b c *d f ff¹* g¹ h *l* q: *et sequebantur eum turbae mul-*
tae || k: *et secuti sunt populu* [*-i* corr.] *multi;* καὶ ἠκολούθησαν αὐτῷ
ὄχλοι πολλοί), !! 1.452 *hos* <u>populos</u> *cernens* (Matth.5.1 k: *populum* ||
aur c d f ff¹ g¹ l q: *turbas,* a b h: *turbam;* ὄχλους; Orbán, Bibelexeget
336), 1.452 *cernens* (Matth.5.1 a aur b c d f ff¹ g¹ h l q: *videns* || k:
cum vidisset; ἰδών), !! 1.453 <u>discipulis</u> *gremium cingentibus* (Matth.5.1 aur
b c d f ff¹ g¹ h l q: *accesserunt ad eum discipuli eius* || k: *a. ad eum dis-*
centes e.; [var.] προσῆλθαν αὐτῷ οἱ μαθηταὶ αὐτοῦ), <u>1.456/8</u> *mansuetu-*
do - lugentes (Matth.5.4f. b f q: *mites / mansueti - qui lugunt / q. lu-*
gent || a aur c d ff¹ g¹ h l k Cypr.: *q. lugunt / q. lugent / plagentis*
(-es) - mites / mansueti; D: πραεῖς - πενθοῦντες / πενθοῦντες - πραεῖς;
die Reihenfolge von Matth.5.4f. ist bei Juvencus wie in b f q umgekehrt),
!! 1.456 *his similes* <u>mites,</u> *quos mansuetudo coronat* (Matth.5.5 a aur b c
d ff¹ l *k: beati mites* || f g¹ h q: *b. mansueti;* μακάριοι οἱ πραεῖς), !!
1.456 *mansuetudo* (Matth.5.5 f g¹ h q: *mansueti* || a aur b c d ff¹ l k:
mites; οἱ πραεῖς; Orbán, Bibelexeget 336, betont bei Vers 1.456 die Nähe
zu *mansueti* unverständlicherweise stärker als die zum ebenfalls überlieferten *mites;* unabhängig davon liest er in cod. k falsch *mansueti,* weshalb er
meint, *mansuetudo* setze die Afra-Tradition voraus), 1.457 *quorum* <u>debetur</u>
<u>iuri</u> *pulcherrima tellus* (Matth.5.5 d f k Cypr.: *hereditabunt terram,* a: *he-*
reditate possidebunt t. || aur b c ff¹ g¹ h l q: *possidebunt t.;* [var.] αὐτοὶ
κληρονομήσουσιν τὴν γῆν; die Formulierung *quorum iuri debetur* steht
dem Gedanken der Erbschaft nahe, der bereits im griechischen Ausdruck
steckt; Orbán, Bibelexeget 336f.), !! 1.458 *hoc modo* <u>lugentes</u> *solacia*
magna sequentur (Matth.5.4 *aur* d f h q: *beati, qui lugunt, quoniam ipsi*
consolabuntur, a b c ff¹ g¹ l: *b., q. lugent, q. i. c.* || k Cypr.: *beati*

plangentis [Cypr. *-es*], *quia i. c.;* [var.] μακάριοι οἱ πενθοῦντες, ὅτι αὐτοὶ παρακληθήσονται), !! 1.459 *pabula iustitiae* <u>*qui*</u> *nunc potusque requirunt* (Matth.5.6 a aur b c f ff¹ g¹ h l q: *qui esuriunt et sitiunt iustitiam* || d: *qui esurientes et sitientes i.*, k Cypr.: *sitientes et esurientes i.; μακάριοι* οἱ πεινῶντες καὶ διψῶντες τὴν δικαιοσύνην), 1.462 *illum...*<u>*Domini*</u> *miseratio larga manebit* (Matth.5.7 a b c g¹ h: *ipsis miserebitur Deus* || d q: *ipsi miserabuntur,* aur f *ff¹* l k Cypr.: *ipsi misericordiam consequentur;* μακάριοι οἱ ἐλεήμονες, ὅτι αὐτοὶ ἐλεηθήσονται; Orbán, Bibelexeget 337), 1.462 *illum nam Domini miseratio larga* <u>*manebit*</u> (Matth.5.7 aur f ff¹ l Cypr.: *quoniam ipsi misericordiam* <u>*consequentur*</u> [ff¹: *consequuntur*], k: *quia ipsi misericordiam insequitur* || d *q: q. ipsi miserabuntur,* a b c *g¹* h: *q. ipsis miserebitur Deus;* ὅτι αὐτοὶ ἐλεηθήσονται), !! 1.463 *felices, puro* <u>*qui*</u> *caelum corde tuentur* (Matth.5.8 d h: *beati, qui mundo sunt corde* || a aur b g¹ l q: *beati mundo corde,* c f ff¹ k Cypr.: *beati mundi corde;* μακάριοι οἱ καθαροὶ τῇ καρδίᾳ), !! 1.466f. *felices nimium, quos insectatio frendens/* <u>*propter*</u> *iustitiam premit* (Matth.5.10 a aur b c d f ff¹ g¹ h l q: *propter iustitiam* [d: *iustitia*] || k: *causa iustitiae;* [var.] ἕνεκεν δικαιοσύνης), !! 1.468 *operum iusta tenentes* (Matth.5.11 a b c d g¹ k: *propter iustitiam* || aur f ff¹ h l q: *propter me;* D: ἕνεκεν δικαιοσύνης / ἕ. ἐμοῦ), 1.473 *hic sapor* <u>*amissa*</u> *si iam virtute senescit* (Matth.5.13 a aur c ff¹ g¹ l: *quod si sal evanuerit* || d h k Cypr.: *q. si s. infatuatum fuerit,* q: *si autem s. fatuatum fuerit,* f: *si s. a. s. fatuum fuerit;* ἐὰν δὲ τὸ ἅλας μωρανθῇ; von der Grundbedeutung her liegen *infatuari* u.ä. und μωραίνεσθαι näher beieinander als *evanescere* und μωραίνεσθαι), 1.475 *nec quisquam vani* <u>*post haec*</u> *superest salis usus* (Matth.5.13 aur c f ff¹ l: *ad nihilum valet ultra* || a b d g¹ h q k Cypr.: *ad n. v.;* εἰς οὐδὲν ἰσχύει ἔτι / ἐ. ο. ἰ.), !! 1.475 *nec quisquam* <u>*vani*</u> *post haec superest salis usus* (Matth.5. 13b; cf. 5.13a a aur b c ff¹ g¹ l: *quod si sal evanuerit* [g¹: *aevanierit*] || d h k: *si autem s. infatuatum fuerit,* q: *si a. s. fatuatum f.,* f: *si a. s. fatuum f.;* ἐὰν δὲ τὸ ἅλας μωρανθῇ), !! 1.476 *ni longe* <u>*abiectum*</u> *cuncta ut vestigia calcent* (Matth.5.13 d *h: nisi ut proiciatur foras et conculcetur ab hominibus,* k Cypr.: *n. proici f. et conculcari ab h.* || a aur *b* c f ff¹ g¹ l q: *n. ut mittatur f. et c. ab h.;* εἰ μὴ βληθὲν ἔξω καταπατεῖσθαι ὑπὸ τῶν ἀνθρώπων / εἰ μὴ βληθῆναι ἔ. καὶ κ. ὑ. τ. ἀ.; die syntaktische Struktur bei Juvencus ähnelt derjenigen in der erstgenannten griechischen Variante; Orbán, Bibelexeget 337), !! 1.477 *vos estis mundi clarum (ne abscondite)* <u>*lumen*</u> (Matth.5.14 d k: *lumen* || a aur b c f ff¹ g¹ h l q: *lux;* τὸ φῶς), !! 1.478 *nam quis praecelsis* <u>*inpostam*</u> *rupibus urbem/ occultare queat?* (Matth.5.14 aur *b* c *d* ff¹ g¹ h l q: *non potest civitas abscondi supra montem posita* || a: *n. p. c. a. s. m. sita,* f k: *n. p. c. a. s. m. constituta;* οὐ δύναται πόλις κρυβῆναι ἐπάνω ὅρους κειμένη), !! 1.479 *ves-*

trum sic lumen ad omnes/ perveniat (vgl. aber die Fortsetzung *rerumque decus sub luce serena/ ponatur*) (Matth.5.16 d q k Cypr.: *sic luceat lumen vestrum coram hominibus* || a aur b c f ff¹ g¹ h l: *s. l. lux vestra c. h.;* οὕτως λαμψάτω τὸ φῶς ὑμῶν ἔμπροσθεν τῶν ἀνθρώπων), !! 1.481 *cunctis Genitoris gloria vestri/ laudetur* (cf. Matth.5.16 aur c d f ff¹ l: *ut...glorificent Patrem vestrum* || a b g¹ h q: *ut...magnificent P. v.*, k Cypr.: *ut... clarificent P. vestrem;* ὅπως...δοξάζωσιν τὸν Πατέρα ὑμῶν), !! 1.483 *non ego nunc priscas leges dissolvere veni* (Matth.5.17 d k: *dissolvere* || a aur b c f ff¹ g¹ h l q: *solvere;* καταλῦσαι; Orbán, Bibelexeget 337f.), !! 1.486 *donec* (Matth.5.18 a aur b c d f ff¹ g¹ h l q: *donec* || k: *quoadusque;* ἕως), !! 1.488 *aut* (Matth.5.18 aur d ff¹ g¹ l k: *aut* || a b c f h q: *vel;* ἤ), !! 1.490 *si quis enim...*, (Matth.5.19a a b c f g¹ l q: *qui enim*, d: *quicumque enim* || aur ff¹ k: *qui ergo*, h: *quicumque ergo;* ὃς ἐάν; Orbán, Bibelexeget 338), 1.491 *pariter* (Matth.5.19a a aur b c f ff¹ g¹ h l q k Cypr.: *sic* || d: -; οὕτως), 1.492 *hic minimi nomen caelesti in sede tenebit* (Matth.5.19a; cf. Matth.5.19b aur b c f ff¹ h l q: *hic* || a d g¹ k Cypr.: -; οὗτος / -), !! 1.493 *at quicumque operis proprii moderamina servans/ inviolata simul tradet praecepta priorum* (Matth.5.19b h: *quicumque* || a aur b c d f ff¹ g¹ l q k Cypr.: *qui;* ὅς / -), 1.494 *inviolata simul tradet praecepta priorum* (Matth.5.19b a aur b f ff¹ g¹ h l q k Cypr.: *docuerit* || c d: -; διδάξῃ / -), 1.496 *audistis veteris iussum moderamine legis* (Matth.5.21 a aur b c d f ff¹ h l q k Cypr.: *audistis, quia dictum est antiquis* || g¹: *a., q. d. e.;* ἠκούσατε, ὅτι ἐρρέθη τοῖς ἀρχαίοις), !! 1.507 *illic* (Matth.5.24 k Cypr.: *illic* || a aur b c d f ff¹ g¹ h l q: *ibi;* ἐκεῖ; Orbán, Bibelexeget 338), !! 1.507 *munera cuncta illic aditis admota relinque* (Matth.5.24 a aur b c f ff¹ g¹ h l q k Cypr.: *relinque ibi munus tuum ante altare* || d: *dimitte m. t. a. a.;* ἄφες ἐκεῖ τὸ δῶρόν σου ἔμπροσθεν τοῦ θυσιαστηρίου), 1.512 *est tibi praeterea semper contraria virtus/ corporis; hoc casti celeri curetur amore* (Matth.5.25 a aur b c d f ff¹ g¹ h q k Cypr.: *esto consentiens adversario tuo cito* || l: *e. c. a. t.;* ἴσθι εὐνοῶν τῷ ἀντιδίκῳ σου ταχύ), !! 1.513 *dum rapidae tecum graditur per compita vitae* (Matth.5.25 a aur c f ff¹ g¹ l k Cypr.: *dum* || b h q: *cum*, d: *quandiu;* ἕως ὅτου), !! 1.517 *nec prius e tenebris solveris carceris atri* (Matth. 5.26; cf. 5.25 a aur b c f ff¹ g¹ h l q k Cypr.: *in carcerem* [k: *carcarem*, b h l: *carcere*] *mittaris* || d: *in custodia mitteris;* εἰς φυλακὴν βληθήσῃ), !! 1.525 *nam* (Matth.5.29 a aur b c d f ff¹ g¹ h l: *enim* || k: -; γάρ), !! 1.524f. *auctorem miserae properans convellito labis/ et iaculare procul* (sc. *oculum*) (Matth.5.29 a aur b c f ff¹ g¹ h l: *erue eum et proice abs te* (sc. *oculum*), d: *e. e. et mitte abs te* || k Cypr.: *exime illum et abrode aps te;* ἔξελε αὐτὸν καὶ βάλε ἀπὸ σοῦ), !! 1.525f. *refert/ exiguum..., quam* (Matth.5.29 a aur b c f ff¹ g¹ h l: *expedit...quam* || d k: *expedit...,*

et non; συμφέρει..., καὶ μή), <u>1.526</u> *flammis...totum* <u>dedere</u> *corpus* (Matth.
5.29 aur f ff¹ l: *mittatur in gehennam* || a b c d g¹ *h* Cypr.: *eat in g.*, k:
in gehenna; βληθῇ εἰς γέενναν / D: ἀπέλθῃ ε. γ.), 1.528/30 (Matth.5.30
a aur b c f ff¹ g¹ h l k: vorhanden || d: -; codd. Graec.: vorhanden /
D: nicht vorhanden), !! 1.528 *et si dextra* <u>manus</u> *mentem per devia ducit*
(Matth.5.30 *a* aur b c f ff¹ g¹ h *l: et si dextera manus tua scandalizat
te* || k: *et si d. t. scandaliziat te,* d: -; [var.] καὶ εἰ ἡ δεξιά σου χεὶρ
σκανδαλίζει σε), !! <u>1.529f.</u> *praestat....* / <u>quam</u> (Matth.5.30 a aur b c f ff¹
g¹ h l: *expedit...quam* || k: *expedit.... et non,* d: -; συμφέρει.... καὶ μή),
1.530 *quam totum aeternis corpus* <u>concedere</u> *flammis* (Matth.5.30 f: *quam
totum corpus tuum mittatur in gehennam* || a aur b c ff¹ g¹ h l: *q. t. c.
t. eat in g.*, k: *non meum c. t. in gehenna,* d: -; βληθῇ εἰς γέενναν / D:
ἀπέλθῃ ε. γ.), !! 1.531 *si quis* (Matth.5.31; cf. 5.32b h: *si quis* || aur
c f ff¹ g¹ l: *qui,* a b d k: -; ὃς ἐὰν / D: ὃς ἂν / ὁ part. / -), !! 1.531 *si
quis* <u>conubia</u> *rumpit* (Matth.5.31; cf. 5.32b h: *si quis dimissam nupserit* ||
aur c f *ff* g¹ l: *qui d. duxerit,* a b d k: -; [var.] καὶ ὃς ἐὰν ἀπολελυμένην
γαμήσῃ / -; der Fall, daß ein Mann eine geschiedene Frau heiratet, findet
sich bei Juvencus aber nicht wieder), <u>1.532</u> <u>scribere</u> *discidium, iuris fera-
lia verba* (Matth.5.31 aur c *f* ff¹ l: *det illi libellum repudii* || a b d g¹ h
k: *d. i. repudium;* δότω αὐτῇ ἀποστάσιον), !! 1.533 *sola viri recte disce-
det* <u>adultera</u> *tectis,/ ast aliae maneant, nam casti iura pudoris/ auctore
amittet mulier deserta marito* (cf. Matth.5.32a d h: *quicumque dimiserit
uxorem suam excepta causa adulterii, facit eam moechari* || a aur b c f
ff¹ g¹ *l k: q. d. u. s. excepta fornicationis causa, f. e. m.;* D: ὃς ἂν ἀπο-
λύσῃ τὴν γυναῖκα αὐτοῦ παρεκτὸς λόγου πορνείας, ποιεῖ αὐτὴν μοιχευθῆ-
ναι / πᾶς ὁ ἀπολύων τ. γ. α. π. λ. π. π. α. μ.; das unmetrische *forni-
catio* ist die afrikanische Übersetzung von πορνεία [von Soden 73f.];
Nestler 13; Orbán, Bibelexeget 338), 1.534f. *casti iura pudoris/ auctore
amittet mulier...marito* (Matth.5.32 a aur *b* c f ff¹ g¹ h l *k: facit eam moe-
chari* || d: -; ποιεῖ αὐτὴν μοιχηθῆναι), !! 1.536 <u>antiquae</u> *leges prohibent
periuria linguis* (Matth.5.33 *a* aur b c *d* f ff¹ *g¹* h l: *iterum audistis, quia
dictum est antiquis: non periurabis* || k: *i. a., quoniam hictum est: n. p.;*
πάλιν ἠκούσατε, ὅτι ἐρρέθη τοῖς ἀρχαίοις / D: π. ἠ., ὅ. ἐ.), !! 1.536
periuria (Matth.5.33 aur b f ff¹ h l k: *periurabis,* c: *periuraveris,* d: *peiu-
rabis* || g¹: *iurabis;* ἐπιορκήσεις), !! <u>1.538</u> *nec fas est homini caelum iu-
rare* <u>per</u> *altum* (Matth.5.34 a aur b c f ff¹ g¹ h l: *per* || d k: *in;* ἐν), !!
<u>1.538f.</u> *nec fas est homini caelum iurare per altum,/ quod* <u>sedes</u> *Domini*
(Matth.5.35; cf. 5.34 d h: *ego autem dico vobis non iurare omnino: neque
in caelum, quia sedis est Dei* || a aur b c *f* ff¹ g¹ l *k: e. a. d. v. n. i. o.:
n. per c., q. thronus D. e.;* ἐγὼ δὲ λέγω ὑμῖν μὴ ὁμόσαι ὅλως· μήτε ἐν
τῷ οὐρανῷ, ὅτι θρόνος ἐστὶν τοῦ Θεοῦ; Orbán, Bibelexeget 339), !! 1.542

nec caput in proprium cuiquam iurare licebit (Matth.5.36 d k: *in* || a aur
b c f ff¹ g¹ h l: *per; ἐν*; Orbán, Bibelexeget 339), !! 1.545 *est est* (Matth.
5.37 a aur b c f ff¹ g¹ h l k Cypr.: *est est* || d: *etiam etiam;* [var.] *ναὶ
ναί*), !! 1.550 *sed tranquilla malum melius patientia vincet* (Matth.5.39 a
aur b c d f ff¹ g¹ h l: *ego autem dico vobis non resistere malo* || k: *e. a.
d. v. n. r. adversus nequam nequam; ἐγὼ δὲ λέγω ὑμῖν μὴ ἀντιστῆναι τῷ
πονηρῷ*), !! 1.551 *si quis* (Matth.5.39 a aur b c f ff¹ g¹ h l: *si quis* || d
k: *qui; ὅστις*), 1.551 *ac si quis partem palma percusserit oris* (Matth.5.39
k: *set qui te expalmaverit in maxillam tuam* || a aur b c d f ff¹ g¹ h l: *s.
si quis te percusserit in dexteram m. t.;* [var.] *ἀλλ' ὅστις ῥαπίζει εἰς τὴν
δεξιὰν σιαγόνα*; Orbán, Bibelexeget 339), !! 1.551 *percusserit* (Matth.5.
39 a aur b c d f ff¹ g¹ h l: *percusserit* || k: *expalmaverit; ῥαπίζει*), !!
1.552 *mox aliam vultus partem praebere memento* (Matth.5.39 aur c d f
ff¹ h l k Cypr.: *praebe illi et alteram* [k: *aterram*] || a b g¹: *p. i. et si-
nistram; στρέψον αὐτῷ καὶ τὴν ἄλλην*), !! 1.552 *praebere* (Matth.5.39 a
aur b c f ff¹ g¹ h l Cypr.:⁴²⁴ *praebe* || d k: *converte; στρέψον*), !!
1.553 *auferet aut tunicam si quis vi iudicis instans* (Matth.5.40 k: *qui vult
...tunicam tuam auferre* || a aur b c f ff¹ g¹ h l: *q. v....t. t. tollere,* d: *q.
voluerit...t. t. accipere;* [var.] *τῷ θέλοντι...τὸν χιτῶνά σου λαβεῖν*; Orbán, Bibelexeget 339f.), 1.553 *vi iudicis instans* (Matth.5.40 a aur b c f
ff¹ g¹ h l: *iudicio contendere,* d: *i. congredi* || k: *iudicium experiri; σοὶ
κριθῆναι; contendere* und *congredi* sind bildlicher als *experiri* und stehen
daher *vi...instans* näher), !! 1.554 *cede libens pariterque ferat tua pallia
tecum* (Matth.5.40 a aur b c f ff¹ g¹ h l: *dimitte ei et pallium* || d k: *di-
mitte illi et v.; τὸ ἱμάτιον; vestimentum* ist unmetrisch, aber *vestis* nicht),
!! 1.555 *si te forte aliquis passus per mille iubebit/ ire viam* (Matth.5.41
h: *si quis te angariaverit mille passus* || a aur b c d f ff¹ g¹ l k: *et qui-
cumque* [a d k: *qui*] *te a. m. p.; καὶ ὅστις σε ἐὰν ἀγγαρεύσῃ μίλιον ἕν /
κ. ὅ. σε ἀγγαρεύσει μ. ἕν*), !! 1.555 *passus...mille* (Matth.5.41 a aur b c
f ff¹ g¹ h l k: *mille passus* || d: *milium unum; μίλιον ἕν*), !! 1.557 *mox
perges aliudque iteris comitabere duplum* (Matth.5.41 a aur b c d ff¹ g¹ h
l k: *vade cum illo adhuc alia duo* || f: *v. c. i. duo;* D: *ὕπαγε μετ' αὐ-
τοῦ ἔτι ἄλλα δύο / ὔ. μ. ἀ. ἔτι δύο*), !! 1.558 *si quis egens poscet vel si
simulabit egentem,/ ex animo miserans largire* (Matth.5.42 k Cypr.: *pos-
centi te da* || a b f h: *petenti te da ei,* aur c d ff¹ g¹ l: *qui petit te, da
ei;* [var.] *τῷ αἰτοῦντί σε δός*; Orbán, Bibelexeget 340), 1.558 *vel si simu-
labit egentem* (Matth.5.42 a b f g¹ h k Cypr.: *omni* || aur c d ff¹ l: -;
codd. Graec.: -; *vel si simulabit egentem* ist zwar keine Übersetzung von

---

⁴²⁴ Zitiert ist eigentlich in der indirekten Rede *ut...praebeas.*

omni, aber vielleicht eine Erweiterung, vgl. Nestler 18), !! 1.559f. *mutua*
si quis/ orabit, tribue (Matth.5.42b; cf. 5.42a a h: *omni petenti te tri-*
bue || *aur* b c d f *ff'* g¹ *l* k Cypr.: *o. p. te da;* [var.] τῷ αἰτοῦντί σε δός;
Marold, Evangelienbuch 339, Nestler 15), 1.565f. *qui vos exscindere gau-*
dent/ adversisque truces animis odiisque sequuntur (Matth.5.44 g¹ *k Cypr.:*
qui vos persecuntur et calumniantur vobis || a *aur* b c d f *ff'* h *l: calum-*
niantibus et persequentibus vos; [var.] τῶν ἐπηρεαζόντων ὑμᾶς καὶ διωκόντων ὑμᾶς), 1.563/5 *quin ego praecipiam...* / *obsequio precibusque*
Deum mollire benignis/ pro vita ipsorum, qui vos exscindere gaudent
(Matth.5.44 a b c d *f* h: *orate pro calumniantibus et persequentibus vos,*
aur ff' *l: o. p. persequentibus et calumniantibus vobis,* g¹: *o. p. eis, qui*
vos persecuntur et calumniantur vobis || k Cypr.: *o. p. eis, qui vos per-*
secuntur; [var.] προσεύχεσθε ὑπὲρ τῶν ἐπηρεαζόντων ὑμᾶς καὶ διωκόντων
ὑμᾶς), !! 1.566 *adversisque truces animis odiisque sequuntur* (Matth.5.44
a b c f h: *qui odiunt, aur* ff' g¹ *l: qui oderunt,* d: *odientibus* || k Cypr.:
-; τοῖς μισοῦσι), 1.567 *nam* (Matth.5.45 d: *quia,* k: *quoniam* || a *aur* b
c f ff' g¹ h *l* Cypr.: *qui;* Orbán, Bibelexeget 340), 1.567 *nam Genitor*
noster communia lumina solis/ communesque dedit pluvias iustisque malis-
que (Matth.5.45 *aur* d f *ff'* h *l* k Cypr.: *[Patris] qui solem suum oriri facit*
super bonos et malos et pluit super iustos et iniustos || a b c g¹: *q. s. s.*
oriri iubet s. b. et m. et p. s. i. et i.; [var.] ὅστις τὸν ἥλιον αὐτοῦ ἀνα-
τέλλει ἐπὶ πονηροὺς καὶ ἀγαθοὺς καὶ βρέχει ἐπὶ δικαίους καὶ ἀδίκους;
die Verwirklichung ist durch *facit* stärker betont als durch *iubet*), !! 1.572
sed vos perfecto similes estote parenti (Matth.5.48 a *aur* b c d f ff' g¹ h
l: estote || k Cypr.: *eritis;* ἔσεσθε), !! 1.573 *sicubi iustitiae pandetur pul-*
chra facultas,/ devitate oculos hominum (Matth.6.1 a *aur* b c d *ff'* g¹ h *l:*
attendite, ne iustitiam vestram faciatis coram hominibus, ut videamini ab
eis || f k: *a., ne aelemosynam* [k: *elemosinam*] *v. f. c. h., ut v. ab eis;*
προσέχετε τὴν δικαιοσύνην ὑμῶν μὴ ποιεῖν ἔμπροσθεν τῶν ἀνθρώπων πρὸς
τὸ θεαθῆναι αὐτοῖς / π. τ. ἐλεημοσύνην ὑ. μὴ π. ἔ. τ. ἀ. π. τὸ θ. α. / π.
τ. δόσιν ὑ. μὴ π. ἔ. τ. ἀ. π. τὸ θ. α.), !! 1.577 *sed quod dextra facit, fa-*
ciat, nescire sinistram/ conveniet (Matth.6.3 a *aur* b c d f ff' g¹ h *l* π
Cypr.: *te autem facientem elemosynam, nesciat sinistra tua, quod facit*
dextra tua || k: *te a. f. elemosinam, n. s. t.;* σοῦ δὲ ποιοῦντος ἐλεημοσύ-
νην μὴ γνώτω ἡ ἀριστερά σου τί ποιεῖ ἡ δεξιά σου), !! 1.578f. *iustis me-*
ritis tum digna rependet/ occulti solus scrutator praemia cordis (Matth.6.4
d h: *in occulto* || a *aur* b f ff' g¹ *l: in absconso* [l: *abscondo*], c q k
Cypr.: *in abscondito;* ἐν τῷ κρυπτῷ; *absconsus* ist afrikanisch, *occultus*
europäisch [von Soden 326]; Nestler 13f.), 1.585 *paucis...Deum venerabe-*
re verbis (Matth.6.7a a *aur* b c f ff' g¹ h *l* π q: *orantes autem nolite mul-*
tum loqui, k: *cum adoratis autem, nolite multiloqui esse* || d: *orantes au-*

tem non vana loquimini [doch cf. 6.7b d: *putant enim, quia in multiloquio suo exaudientur*]; προσευχόμενοι δὲ μὴ βατταλογήσητε [doch cf. 6.7b δο-κοῦσιν γὰρ, ὅτι ἐν τῇ πολυλογίᾳ αὐτῶν εἰσακουσθήσονται]), 1.585 *vene-rabere* (Matth.6.6 a aur b c d f ff¹ h l q: *ora*, π: *oram* [vgl. aber den Plural *orantes...nolite* in sämtlichen europäischen codd. in 6.7] || k: *ado-rate;* πρόσευξαι), 1.587 *scit Pater ipse, tui quae sit trepidatio cordis./ nil absente Deo loquimur, nil abdita clausum/ pectoris antra tegunt* (Matth. 6.8 h: *scit enim Pater vester, quid vobis opus sit, priusquam os aperia-tis* || a aur b c f ff¹ g¹ l π q k: *s. e. P. v., q. v. o. s., antequam petatis ab eo;* D: οἶδεν γὰρ ὁ Πατὴρ ὑμῶν, ὧν χρείαν ἔχετε πρὸ τοῦ ὑμᾶς ἀνοῖ-ξαι τὸ στόμα / ο. γ. ὁ Π. ὑ., ὧν χ. ἔ. π. τ. ὑ. αἰτῆσαι αὐτόν; zwar ist bei Juvencus vom verschlossenen Herzen die Rede, in cod. h dagegen vom Öffnen des Mundes, aber die Bilder sind verwandt), 1.589 *igitur* (Matth.6.9 aur b c f ff¹ g¹ h l q: *ergo*, k: *itaque* || a: *autem;* οὖν), !! 1. 592f. *tranquillaque mundo/ adveniat regnumque tuum lux alma reclaudat* (Matth.6.10 a aur b c f h π q Cypr.: *adveniat* || ff¹ g¹ l: *veniat*, k: *veni-ad;* ἐλθέτω), !! 1.594 *sic caelo ut terris fiat tua clara voluntas* (Matth.6. 10 aur *f* ff¹ g¹ h l π q: *fiat voluntas tua sicut in caelo et in terra* || a b c k Cypr.: *f. v. t. in caelo et in terra;* [var.] γενηθήτω τὸ θέλημά σου ὡς ἐν οὐρανῷ καὶ ἐπὶ γῆς / D: γ. τὸ θ. σ. ἐν οὐρανῷ καὶ ἐπὶ τῆς γῆς), 1. 599 *tetri saeva procul temptatio Daemonis absit* (Matth.6.13 c k: *et ne passus nos fueris induci in temptationem,* Cypr.: *et ne patiaris i. n. in t.* || a *aur* b f *ff¹ g¹ h l q: et ne nos inducas in t.;* καὶ μὴ εἰσενέγκῃς ἡμᾶς εἰς πειρασμόν), !! 1.601 *sic etenim Genitor populis delicta remittet* (Matth.6.14 k: *remittet* || a aur b c f ff¹ g¹ l q: *dimittet*, h: *demittet;* ἀφ-ήσει), !! 1.602f. *si vestra alterni vobis peccata velitis/ cedere* (Matth.6.14 a aur b c f ff¹ g¹ l q: *si enim dimiseritis hominibus peccata eorum* || h *k: si e. remiseritis h. delicta e.;* [var.] ἐὰν γὰρ ἀφῆτε τοῖς ἀνθρώποις τὰ παραπτώματα αὐτῶν), !! 1.605 *sed propriam multi faciem foedare labo-rant* (Matth.6.16 g¹: *fatiem*, k: *faciem* || a aur b c f ff¹ h l q: *facies;* τὰ πρόσωπα), !! 1.607ff. *tu.../ ...ablue* (Matth.6.17 aur f ff¹ l q: *tu..., un-gue caput tuum et faciem tuam lava* || a b c g¹ h *k: vos..., unguite c. vestrum et f. vestram lavate;* σὺ...ἄλειψαί σου τὴν κεφαλὴν καὶ τὸ πρόσω-πόν σου νίψαι; Juvencus hat *tu* und den Imperativ Singular aus aur f ff¹ l q, oder er lehnt sich direkt an den griechischen Text an), 1.611 *vanum est defossis terra invigilare talentis* (Matth.6.19 k Cypr.: *nolite vobis con-dere thesauros super terram* || a aur b *c f ff¹ g¹ h l q: n. v. thensaurizare thensauros in terra;* μὴ θησαυρίζετε ὑμῖν θησαυροὺς ἐπὶ τῆς γῆς; zwar steht *defossis* dem afrikanischen *condere* näher als *thesaurizare*, doch viel-leicht geht es eher auf das nachfolgend gemeinhin überlieferte *[ubi fures] effodiunt* zurück), 1.611 *terra* (Matth.6.19 a aur b c ff¹ g¹ l q: *in terra* [g¹: *in terram*] | | f h k Cypr.: *super terram;* ἐπὶ τῆς γῆς), !! <u>1.612</u> *illic* <u>aerugo</u> *et tineae dominantur edaces* (Matth.6.19 a *aur* b c f ff¹ g¹ h l: *in terra, ubi erugo et tinea exterminat,* q: *in t., u. e. et t. et comestura e.* | | k *Cypr.: super terram, u. tinia et c. exterminant;* ἐπὶ τῆς γῆς, ὅπου σὴς καὶ βρῶσις ἀφανίζει; vgl. 1.615 und Matth.6.20; Nestler 10), !! 1.612 *tineae...<u>edaces</u>* (Matth.6.19 q k Cypr.: *tinea et comestura* | | a aur b c f ff¹ g¹ h l: *tinea;* σὴς καὶ βρῶσις), !! 1.614 <u>condite</u> *thesauros vobis in vertice caeli* (Matth.6.20; cf. 6.19 k Cypr.: *condere* | | a b f ff¹ h l q: *thensaurizare,* aur c g¹: *thesaurizare;* θησαυρίζετε), 1.614 *in vertice <u>caeli</u>* (Singular) (Matth.6.20 aur b c f ff¹ g¹ h l q k Cypr.: *in caelo* | | a: *in caelis;* ἐν οὐρανῷ; doch vermeidet Juvencus die Pluralformen von *caelum* grundsätzlich, siehe Komm. zu 2.214 *caelum*), !! <u>1.615</u> *non <u>aerugo</u> illos tineaeve aut horrida furum/ factio diripiet* (Matth.6.20 a *aur* b c f ff¹ g¹ h l q: *ubi neque erugo neque tinea exterminat* | | k *Cypr.: ubi neque tinia neque comestura e.;* ὅπου οὔτε σὴς οὔτε βρῶσις ἀφανίζει), !! 1.616 <u>vobis</u> *ubi condita res est* (Matth.6.21 f: *ubi enim fuerit thensaurus vester* | | aur b c *ff¹* g¹ h l q k *Cypr.: u. e. f. thensaurus tuus,* a: *u. e. est thensaurum tuum;* ὅπου γάρ ἐστιν ὁ θησαυρὸς ὑμῶν / ὅ. γ. ἐ. ὁ θησαυρός σου), !! 1.617 *illic corda etiam simili dicione tenentur* (Matth.6.21 f k Cypr.: *illic* | | a aur c ff¹ g¹ h l q: *ibi,* b: *ibi ibi;* ἐκεῖ), !! 1.621 *sin <u>vero</u> nequam fuerit* (Matth.6.23 h k: *vero* | | a aur b c f ff¹ g¹ l q: *autem;* δέ), !! 1.623 *in nigras <u>lumen</u> sed si convertitur umbras* (Matth.6.23 aur b c f ff¹ g¹ h l q k: *si ergo lumen, quod in te est, tenebrae sunt* | | a: -; εἰ οὖν τὸ φῶς τὸ ἐν σοὶ σκότος ἐστίν), !! <u>1.624</u> <u>ipsis</u> *horror erit quantus sine luce tenebris!* (Matth.6.23 a *aur* b f *ff¹* g¹ h l q: *ipsae tenebrae quantae erunt!* | | c k: *t. q. sunt!;* τὸ σκότος πόσον), !! 1.626 *unius aut odiis cedet vel cedet <u>amori</u>* (Matth.6.24 a b h q: *aut enim unum odiet et alterum amabit* [b: -vit] | | aur c f *ff¹* g¹ l k: *a. e. u. o. et a. diliget* [aur ff¹ l: -it]; ἢ γὰρ τὸν ἕνα μισήσει καὶ τὸν ἕτερον ἀγαπήσει), !! <u>1.627</u> *nec pariter dominum servus <u>patietur</u> utrumque* (Matth.6.24 a c g¹ h q: *unum patietur,* b: *u. pati erum* | | aur ff¹ l k: *unum sustinebit,* f: *uno obaediet;* ἑνὸς ἀνθέξεται; Widmann 7, Nestler 15), !! 1.628 *haut umquam poterit quis divitiisque* <u>Deoque</u>/ *inservire simul* (Matth.6.24 a aur b c f ff¹ g¹ h l q: *Deo* | | k: *Domino;* Θεῷ), !! 1.630 <u>sollicitet</u> *proprio ne vos pro corpore vestis* (Matth.6.25 aur ff¹ l k: *ne solliciti sitis* | | a b c f g¹ q: *ne cogitetis,* h: *nolite cogitare;* μὴ μεριμνᾶτε),⁴²⁵ !! 1.633 *aut dubitat corpus quisquam*

---

⁴²⁵ Die wörtliche Übereinstimmung des Juvencustextes mit aur ff¹ l k sticht ins Auge. Nestler (22) behauptet, *ne cogitetis* gebe μὴ μεριμνᾶτε ungenauer wieder als *ne solliciti estis.* Von den Grundbedeutungen her gesehen liegt *sollicitum esse* allerdings näher bei μεριμνᾶν als *cogitare.* Doch ist *cogitare* im Bibellatein öfter zur Wiedergabe von μεριμνᾶν

praeponere vesti (Matth.6.25 *a aur* b c *f ff¹ h* 1: *et corpus plus est quam vestimentum?*, q: *et c. p. q. vestimenta* || k: *et c. indumento*, g¹: *et c. plus est quam indumentum; καὶ τὸ σῶμα τοῦ ἐνδύματος*), !! 1.634 *aerias* spectemus *aves* (Matth.6.26 a aur b c f ff¹ g¹ h l q: *respicite volatilia caeli*, Cypr.: *aspicite v. c.* || k: *intuemini v. c.; ἐμβλέψατε εἰς τὰ πετεινὰ τοῦ οὐρανοῦ*), 1.637 *proveniet* tamen *his satias potusque cibique* (Matth.6. 26 ff¹: *sed Pater vester caelestis pascit illa* || a aur b c f g¹ h l q k: *et P. v. c. p. i.; καὶ ὁ Πατὴρ ὑμῶν ὁ οὐράνιος τρέφει αὐτά*), !! 1.638 *nonne Deo* magis *est hominum curatio cordi?* (Matth.6.26 q: *nonne magis vos pluris illis*, a aur b f ff¹ g¹ l: *n. v. magis plures* [wohl aus *pluris* verschrieben] *i.?*, h: *n. v. magis plus estis illis?* || c Cypr.: *nonne vos pluris* [Cypr.: *plures*] *estis illis?*, k: *non ergo vos plurimum discatis* (von Soden konjiziert *distatis*) *ab eis; οὐχ ὑμεῖς μᾶλλον διαφέρετε αὐτῶν*), !! 1.639 *nec dignum fuerat* vestis *suspendere curam/ pectoribus nostris* (Matth.6.28 a *aur* b c *f ff¹ g¹ h l*: *et de vestimento* [f ff¹: *vestimentum*] *solliciti estis?*, k: *de vestitu s. e.?* || q: *et de indu... s. e.?; καὶ περὶ ἐνδύματος τί μεριμνᾶτε;*), 1.640f. *si cubitalia possent/ incrementa suis homines imponere* membris (Matth.6.27 *a aur* b c *f ff¹ g¹ h l q*: *quis autem potest vestrum adicere ad staturam suam* [h: *staturae suae*] *cubitum unum?* || k: *q. a. v. p. a. ad aetatem s. c. u.?; τίς δὲ ἐξ ὑμῶν μεριμνῶν δύναται προσθεῖναι ἐπὶ τὴν ἡλικίαν αὐτοῦ πῆχυν ἕνα*; der griechische Ausdruck kann sowohl "Lebensalter" als auch "Körpergröße" bedeuten, weshalb der Dichtertext neben *staturam* auch auf *τὴν ἡλικίαν* zurückgehen könnte), 1.644 *Solomona* (*Solomona* C, *Salomona* rell.) (Matth.6.29 g¹ h: *Solomon* || a aur b c f ff¹ l k: *Salomon; Σολομών*), 1.645 talis *contexit gratia vestis* (Matth.6.29 b: ita *coopertus est* sicut, a c f ff¹ g¹ l q: *coopertus est* sicut, h: *vestitus est, quomodo*, k: *ita amictus est, quomo* || aur: *coopertus est ut; περιεβάλετο ὡς*), 1.644f. *nec Solomona illum, cum regni divitis aula/ afflueret,* talis contexit *gratia vestis* (Matth.6.29 aur b c f ff¹ g¹ l: *dico autem vobis, quoniam nec Solomon in omni gloria sua coopertus est sicut unum ex istis* || a h: *d. a. v., q. n. S. in o. g. s. vestitus est* [a: *vestiebatur*] *s. u. ex i.*, k: *d. a. v., quia nte Salomon in o. claritate sua ita amictus e. quomo u. ex. his; λέγω δὲ ὑμῖν ὅτι οὐδὲ Σολομὼν ἐν πάσῃ τῇ δόξῃ αὐτοῦ περιεβάλετο ὡς ἓν τούτων*), !! 1.645 *vestis* (Matth.6.29 h: *vestitus est*, a: *vestiebatur* || aur b c f ff¹ g¹ l k: *coopertus est; περιεβάλετο*), !! 1.646 quod si *pratorum fruticumque virentia laeta/ ipse Deus vestit* (Matth.6.30 a h: *quod si* || b c g¹: *si enim*, aur f ff¹ l: *si autem*, k: *si ergo; εἰ δέ*), !!

---

verwendet und scheint auch sonst dessen Bedeutung angenommen zu haben (Rönsch 352; Elsperger, Thes.III 1474.25/56), was innerhalb der Dichtung etwa Prud.psych.617 bestätigt: *nonne vides, ut nulla avium cras cogitet...?*

1.646f. *quod si pratorum fruticumque virentia laeta/ ipse Deus* <u>*vestit*</u> *nostris obnoxia flammis* (Matth.6.30 a aur b c f *ff*[1] *g*[1] h *l: si enim faenum agri, quod hodie est et cras in ignem mittitur, Deus sic vestit* || k: *si ergo fenum agri, q. e. h. et crastino clibanum mittitur, D. s. circumtegit;* εἰ δὲ τὸν χόρτον τοῦ ἀγροῦ σήμερον ὄντα καὶ αὔριον εἰς κλίβανον βαλλόμενον ὁ Θεὸς οὕτως ἀμφιέννυσιν), 1.647 *flammis* (Matth.6.30 b g[1]: *ignem* || a aur c f ff[1] h l k: *clibanum;* κλίβανον), !! 1.649 *ergo* (Matth.6.31 a aur b c f ff[1] g[1] h l: *ergo* || k: *itaque;* οὖν), !! 1.649 *ergo cibum potum* <u>*vestemque et inania cuncta/ gentibus infidis terrenam linquite curam*</u> (Matth. 6.32; cf. 6.31 aur c h k Cypr.: *quid vestiemur?* || a b f ff[1] g[1] l: *quid operiemur?;* τί περιβαλώμεθα;), 1.649 ...*inania* <u>*cuncta*</u>*/ gentibus infidis terrenam linquite curam* (Matth.6.32 aur c f ff[1] *g*[1] *h l: haec enim omnia gentes inquirunt* || a b k *Cypr.: haec enim g. i.;* [var.] πάντα γὰρ ταῦτα τὰ ἔθνη ἐπιζητοῦσιν), !! 1.650 *gentibus* (Matth.6.32 a aur b c f ff[1] g[1] h l: *gentes* || k Cypr.: *nationes;* ἔθνη), 1.651 *potius* (Matth.6.33 a aur c f ff[1] g[1] h l: *primum,* k: *primo* || b: -; πρῶτον), !! 1.651 *vos potius digne* <u>*caelestia*</u> *quaerite regna* (Matth.6.33; cf. 6.32 f h: *scit enim Pater vester caelestis* || a aur *b c* ff[1] *g*[1] l k *Cypr.: s. e. P. v.;* οἶδεν γὰρ ὁ Πατὴρ ὑμῶν ὁ οὐράνιος), !! 1.651f. *vos potius digne caelestia quaerite regna/ iustitiamque* <u>*Dei*</u> (Matth.6.33 a *aur b c f ff*[1] g[1] h *k Cypr.: quaerite ergo primum regnum Dei et iustitiam eius* || l: *q. autem p. regnum et iustitiam eius;* [var.] ζητεῖτε δὲ πρῶτον τὴν βασιλείαν τοῦ Θεοῦ καὶ τὴν δικαιοσύνην αὐτοῦ), 1.653 *crastina nec vobis* <u>*curetur*</u> *copia rerum* (Matth.6.34 a aur b c ff[1] l: *nolite...solliciti esse* [aur: *e. s.*] || f h: *nolite...cogitare,* k: *n. igtaque* [g exp.] *c.,* Cypr.: *n. c.,* g[1]: *ne...cogitaveritis;* μὴ...μεριμνήσητε); über *cogitare* und *sollicitum esse* vgl. zu 1.630 mit Anm.), !! 1.656 *nam* (Matth.7.2 a aur b c f ff[1] g[1] h k: *enim* || l: *autem;* γάρ), 1.657 !! <u>*quae*</u> *vos in terris statuetis tempore capti* (Matth.7.2 a aur b c f g[1] h *l: in quo enim iudicio iudicaveritis* || ff[1]: *in quocumque e. i. i.,* k: *quicumque e. i. i.;* ἐν ᾧ γὰρ κρίματι κρίνετε), !! 1.659 *cernis adhaerentem* <u>*fistucam*</u> *in lumine fratris* (Matth.7.3 *a* aur b c f ff[1] g[1] h l: *quid autem vides festucam in oculo fratris tui* || k: *q. a. v. stipulam in oculos f. t.;* τί δὲ βλέπεις τὸ κάρφος τὸ ἐν τῷ ὀφθαλμῷ τοῦ ἀδελφοῦ σου; Nestler 8), 1.663 *tunc minimam alterius curabis* <u>*demere*</u> *aristam* (Matth.7.5 a aur c f ff[1] g[1] h l *k: et tunc videbis eicere festucam de oculo fratris tui* || b: *et t. videbis festucam de o. f. t.;* καὶ τότε διαβλέψεις ἐκβαλεῖν τὸ κάρφος ἐκ τοῦ ὀφθαλμοῦ τοῦ ἀδελφοῦ σου), !! 1.664 <u>*ne*</u> *canibus sanctum* <u>*dederitis*</u> (Matth.7.6 k Cypr.: *ne dederitis* || a aur b c f ff[1] g[1] h l: *nolite dare;* μὴ δῶτε), !! 1.664 <u>*neve velitis*</u>*/ turpiter inmundis iactare monilia porcis* (cf. Matth.7.6 a aur b c f ff[1] g[1] h l: *nolite* || k Cypr.: *ne;* μή; in der Bibel ist das erste Verbot mit *nolite* eingeleitet, bei Juvencus mit *neve velitis* das

zweite), !! 1.667 *conversique sues vasto vos vulnere* <u>*rumpent*</u> (Matth.7.6
a aur b c f ff¹ h l: *disrumpant,* g¹: *corrumpant* || k Cypr.: *elidant; ῥήξω-
σιν*), 1.668 *poscenti* (Partizip) (Matth.7.8 h: *petenti* || a aur b c f ff¹ g¹
l q k: *qui petit; ὁ αἰτῶν*), !! <u>1.668</u> *poscenti dabitur, quaerens inventa te-
nebit* (Matth.7.8 h: *omni enim petenti dabitur* || a b c f l q k: *omnis
enim, qui petit, accipit,* aur ff¹ g¹: *o. e., q. p., accepit; πᾶς γὰρ ὁ αἰτῶν
λαμβάνει*), !! 1.671 *non lapidem* <u>*dabitis*</u> *piscemve petentibus anguem*
(Matth.7.10 q: *numquid serpentem dabit ei?* || a b f ff¹ h l: *n. s. porrigit
ei?,* aur c g¹: *n. s. porriget ei?,* k Cypr.: *n. s. illi porrigat?; μὴ ὄφιν ἐπι-
δώσει αὐτῷ;*), !! 1.672 *vos* (Matth.7.11 a aur b c f ff¹ g¹ h q k Cypr.:
vos || l: -; ὑμεῖς), !! 1.674f. *indulgens hominum Genitor.../ quam...magis*
(Matth.7.11 a aur b c f ff¹ g¹ h l q Cypr.: *quanto magis Pater vester* ||
k: -; πόσῳ μᾶλλον ὁ Πατὴρ ὑμῶν), !! 1.675 *quam praestare magis gaudet*
<u>*poscentibus*</u> *aequis* (Matth.7.11 k Cypr.: *poscentibus* || a aur b c f ff¹ g¹
h l q: *petentibus; τοῖς αἰτοῦσιν*), !! <u>1.676f.</u> *quae cupitis vobis hominum*
<u>*benefacta venire,*</u>/ *haec eadem vestro cunctis praestate favore* (Matth.7.12
a aur b c k Cypr.: *omnia ergo, quaecumque vultis, ut faciant vobis homines bona, ita et vos facite illis,* g¹ h: *o. e., q. v. bona, ut f. v. h., i. et
v. f. i.* [cf. aber Matth.7.11, wo alle codd. *bona* haben] || f ff¹ l q: *o.
e., q. v., ut f. v. h., i. et v. f. i.;* [var.] πάντα οὖν ὅσα ἐὰν θέλητε ἵνα
ποιῶσιν ὑμῖν οἱ ἄνθρωποι, οὕτως καὶ ὑμεῖς ποιεῖτε αὐτοῖς; Nestler 18),
<u>1.676</u> *vobis hominum benefacta* <u>*venire*</u> (Matth.7.12 h: *bona vobis fieri ab
hominibus,* k: *ut fiant vobis homines bona* || a aur b c f ff¹ g¹ l q Cypr.:
ut faciant vobis homines bona; ἵνα ποιῶσιν ὑμῖν οἱ ἄνθρωποι; venire steht
der passivischen Ausdrucksweise *fieri* näher), 1.677 *haec eadem* (Matth.7.
12 a aur b g¹ q k Cypr.: *ita,* f: *sic,* h: *similiter* || c ff¹ l: -; οὕτως) !!
1.679 <u>*ite*</u> *per angustam, iusti, super aethera portam* (Matth.7.13 k: *introi-
te* || a aur b c f ff¹ g¹ h l q: *intrate; εἰσέλθατε*), !! 1.680 <u>*quam*</u> *lata et
spatiosa via est* (Matth.7.13 a b h l q: *quam lata* || Cypr.: *quid lata,* aur
c f ff¹ g¹: *quia lata,* k: *oquia [o eras.] data; τί πλατεῖα / καὶ τί π. / ὅτι
π.;* Marold, Evangelienbuch 339; Nestler 15), !! 1.690 <u>*falso*</u> *qui nomine
vobis*/ *insidias faciunt appellanturque prophetae* (Matth.7.15 a aur b c f ff¹
g¹ l q: *a falsis prophetis* || h: *pseudoprophetis,* k: *ab seculo profetis; ἀπὸ
τῶν ψευδοπροφητῶν*), !! 1.695 *fructibus* <u>*e*</u> *propriis noscuntur talia monstra*
(Matth.7.16 c k: *ex* || a aur b f ff¹ g¹ h l q: *a; ἀπό*), (Plural) <u>1.701</u> *non
ego palpant<u>um</u> verbis et honore movebor* (Matth.7.21 ff¹: *non omnes, qui
dicent mihi: ...* || a aur b c f g¹ h l q k Cypr.: *non omnis, qui dicit m.:
...; οὐ πᾶς ὁ λέγων μοι*), <u>1.704</u> <u>*illi*</u> (Plural) *sed merito gaudebunt munere
regni* (Matth.7.21 *ff¹* g¹: *ipsi intrabunt in regnum caelorum* || a aur b c
l q k Cypr.: *ipse intrabit in r. c.,* f h: -; [var.] αὐτὸς εἰσελεύσεται εἰς
τὴν βασιλείαν τῶν οὐρανῶν / -), <u>1.704</u> *gaudebun<u>t</u>* (Matth.7.21 g¹: *intra-*

bunt || aur b c ff¹ q: *intrabit*, a l: *intravit*, k: *introivit*, Cypr.: *introibit*,
f h: -; εἰσελεύσεται / -), !! 1.705 *qui facient nostri Genitoris iussa volentes* (Matth.7.21 g¹: *qui fatiunt* || a aur b c f ff¹ h l q k Cypr.: *qui facit;*
ὁ ποιῶν), !! 1.709f. *nonne tuo quondam magnae sub nomine nobis/ virtutes sanctis domuerunt omnia iussis?* (Matth.7.22 aur b c f ff¹ g¹ h l q k:
et in tuo nomine virtutes multas fecimus || a: -; καὶ τῷ σῷ ὀνόματι δυνά-
μεις πολλὰς ἐποιήσαμεν), !! 1.709 *magnae* (Matth.7.22 k Cypr.: *mag-
nas* || aur b c f ff¹ g¹ h l q: *multas*, a: -; πολλάς), !! 1.712 *servivitque
tuo nobis sub nomine daemon* (Matth.7.22 a *aur* b c f ff¹ h l q k Cypr.:
et in nomine tuo daemonia eiecimus || g¹: -; [var.] καὶ τῷ σῷ ὀνόματι
δαιμόνια ἐξεβάλομεν), !! 1.713 *tunc iurabo illis, quod talis cognita num-
quam/ vita mihi est hominum* (Matth.7.23 b q: *iurabo* || a c g¹ h k
Cypr.: *dicam*, aur f ff¹ l: *confitebor;* ὁμολογήσω), 1.713 *quod* (Matth.7.23
a aur b c f ff¹ g¹ h l q: *quia* || k Cypr.: Hauptsatz; ὅτι), !! 1.713 *quod
talis cognita numquam/ vita mihi est hominum* (Matth.7.23 aur ff¹ l k
Cypr.: *numquam* || a b c f g¹ h q: *non;* οὐδέποτε), 1.716 *hunc aequabo*
(Aktiv) *viro solidis fundamina saxis/ ponenti* (Matth.7.24 f q k Cypr.: *si-
milabo* [k: *simulabo*], h: *similem aestimabo* || ff¹ l: *adsimilabitur*, a aur
b c g¹: *similis est;* ὁμοιώσω αὐτόν / ὁμοιωθήσεται), !! 1.718/25 *domus...
auditu...similem* (Matth.7.25b/27a a aur b c f ff¹ g¹ h q k Cypr.: vorhan-
den *[domum...audit...similis est]* || l: -; codd. Graec.: vorhanden), 1.718
illa domus pluviis ventisque inlaesa manebit (cf. Matth.7.25 a b g¹ h: *of-
fenderunt* || c f q: *impegerunt*, k Cypr.: *inpegerunt*, aur ff¹ l: *irruerunt;*
προσέπεσαν / προσέκρουσαν / προσέρρηξαν / προσέκοψαν; die Unterbe-
deutung "beschädigen" steckt am ehesten in *offendere*), !! 1.723 *hunc similem faciam* (Aktiv), *volucri qui fulcit harena/ fundamenta domus* (Matth.
7.26 k: *simulabo*, Cypr.: *similabo* || f: *similabitur*, a b c g¹ h q: *similis
est*, aur ff¹: *similis erit*, l: -; ὁμοιωθήσεται), !! 1.728 *talia dicentem fixa
admiratio plebis/ inmensum stupuit* (Matth.7.28 *aur* b c f ff¹ g¹ h l q k:
admirabantur turbae super doctrinam eius || a: *mirabantur t. s. d. e.;*
[var.] ἐξεπλήσσοντο οἱ ὄχλοι ἐπὶ τῇ διδαχῇ αὐτοῦ, !! 1.731f. *linquentem
.../ stipabat...populorum turba sequentum* (Matth.8.1 k: *populi multi* ||
a aur b c f ff¹ g¹ l q: *turbae multae*, h: *turba multa;* ὄχλοι πολλοί), !!
1.732 *turba* (Matth.8.1 h: *turba multa* || a aur b c f ff¹ g¹ l q: *turbae
multae*, k: *populi multi;* ὄχλοι πολλοί), 1.735 *procubuit venerans* (Matth.
8.2 k: *introivit adorans* || ff¹ g¹: *veniens adoravit*, a aur b c f h l q: *v.
adorabat;* [var.] προσελθὼν προσεκύνει), 1.737 *tum dextera Christi/ adtac-
tu solo purgavit lurida membra* (Matth.8.3 a c *f*: *et extendens manum Iesus tetigit eum dicens*, g¹: *et e. I. m. t. e. d.*, aur b ff¹ h l q: *et e. m. t.
e. I. d.* || k: *et extendit manum et t. e. d.;* καὶ ἐκτείνας τὴν χεῖρα ἥψατο
αὐτοῦ ὁ Ἰησοῦς / κ. ἐ. τ. χ. ἥ. α.), 1.740 *et legi parens offers tua mu-*

382   Zur lateinischen Evangelienvorlage des Juvencus

nera templo (Matth.8.4 a b h: *offers* || c: *offeres*, g¹: *offeris*, aur f ff¹ l
q k Cypr.: *offer;* προσένεγκον; Nestler 16f.), !! 1.740 *tua* (Matth.8.4 c:
tuum || a aur b f ff¹ g¹ h l q k: -; codd. Graec.: -), !! 1.740 *munera*
(Matth.8.4 a aur b c f ff¹ g¹ h l q: *munus* || k: *donum;* τὸ δῶρον), 1.741
inde (Matth.8.5 a b c f g¹ h q k: *post haec* || aur ff¹ l: -; codd. Graec.:
-), 1.741 *inde recedenti supplex se protinus offert* (Matth.8.5 a *aur b c f*
ff¹ g¹ *h* l *q: cum introisset Capharnaum* || k: -; [var.] εἰσελθόντι...αὐτῷ
εἰς Καφαρναούμ), !! 1.742 *centurio et precibus proiectus talibus orat*
(Matth.8.5 h: *accessit ad eum quidam centurio depraecans eum* || a aur
b c f ff¹ g¹ l q: a. ad e. q. c. rogans e., k: a. ad e. q. c. obsecrans e.;
προσῆλθεν αὐτῷ ἑκατόνταρχος παρακαλῶν αὐτόν), !! 1.745 *vitam...tenet
iam poena superstes* (Matth.8.6 k: *graviter poenas dans* || a aur b c f ff¹
g¹ h l q: *male torquetur;* δεινῶς βασανιζόμενος; Nestler 14; allerdings
fügt Juvencus in ähnlichen Fällen auch ohne Vorgabe im Bibeltext *poena*
hinzu: 2.603 [Matth.12.22], 2.724 [Matth.12.45]), !! 1.746 *subire* (Matth.
8.8 a aur b c f ff¹ g¹ *h* l q: *ut intres sub tectum meum* || k: *ut t. m. in-
troeas;* ἵνα μου ὑπὸ τὴν στέγην εἰσέλθῃς), 1.749f. *subiectos mihi saepe
viros sic nostra potestas/ officiis verbo iussis parere coegit* (Matth.8.9 f:
nam et ego homo sum habens sub potestatem meam milites || a aur b c
ff¹ g¹ h *l* q k: *nam et ego sum sub potestate constitutus, habens sub me
milites;* καὶ γὰρ ἐγὼ ἄνθρωπός εἰμι ὑπὸ ἐξουσίαν, ἔχων ὑπ᾿ ἐμαυτὸν
στρατιώτας[426] / κ. γ. ἐ. ἄ. ε. ὑπὸ ἐξουσίαν τασσόμενος [cf. Luc.7.8],
ἔχων ὑπ᾿ ἐ. σ.), !! 1.755 *sed veris discite dictis,/ quod* (Matth.8.11 a aur
b c ff¹ g¹ h l: *dico autem vobis, quod* || f: *d. a. v., quia,* q k: *d. a. v.,
quoniam;* λέγω δὲ ὑμῖν, ὅτι), !! 1.759 *fletum...frequentans* (Matth.8.12 a
aur b c f ff¹ g¹ h l q: *ibi erit fletus* || k: *illic erit oratio,* Cypr.: *illic e.
ploratio;* ἐκεῖ ἔσται ὁ κλαυθμός), 1.760 *(progenies) perpetuis poenae cruciatibus acta subibit* (cf. Matth.8.12 f: *expellentur in tenebras exteriores,*
aur ff¹ l: *eicientur in t. e.* || a b c g¹ h q: *ibunt in t. e.,* k: *exient in t.
e.;* ἐκβληθήσονται εἰς τὸ σκότος τὸ ἐξώτερον / ἐξελεύσονται εἰς τὸ σ. τὸ
ἐ.), !! 1.760 *subibit* (cf. Matth.8.12 a b c g¹ h q: *ibunt in t. e.,* k: *exient
in t. e.* || f: *expellentur in tenebras exteriores,* aur ff¹ l: *eicientur in t.
e.;* ἐξελεύσονται εἰς τὸ σ. τὸ ἐ. / ἐκβληθήσονται εἰς τὸ σκότος τὸ ἐξώτερον), 1.765f. *ingressusque domum miles properante recursu/ praevenisse
Dei laetatur dona medentis* (nach Matth.8.13: g¹: *et conversus centurio in
domum suam eadem hora invenit puerum sanum* || a aur b c f ff¹ h l q
k: -; καὶ ὑποστρέψας ὁ ἑκατόνταρχος εἰς τὸν οἶκον αὐτοῦ ἐν τῇ αὐτῇ
ὥρᾳ εὗρεν τὸν παῖδα ὑγιαίνοντα [entwickelt wohl aus Luc.7.10, wo an-

---

[426] Die Lesart von f erklärt sich daraus, daß ὑπὸ ἐξουσίαν nicht mit ἄνθρωπός εἰμι, sondern
mit ἔχων...στρατιώτας verbunden wird, wobei ὑπ᾿ ἐμαυτόν unübersetzt bleibt.

stelle des Hauptmanns die Männer, die er zu Jesus geschickt hat, die Heilung feststellen] / -), !! 2.4 *cum multos homines mentis languore ruentes/ devinctosque animam furibunda daemonis arte/ ...populi...ferebant* (Matth. 8.16 a aur b c h l: *multos daemonia habentes*, q k: *daemoniacos multos* || ff¹: *omnes male habentes*, g¹: *daemonia habentes;* δαιμονιζομένους πολλούς), !! 2.4 *homines mentis languore ruentes* (cf. 2.7 *tanto languore remoto*) (cf. Matth.8.17 a *k: et languores nostros portavit* || b g¹ q: *et aegrimonia n. p.*, aur c *ff¹* l: *et aegrotationes n. p.*, h: *et valitudines n. p.*; αὐτὸς τὰς ἀσθενείας ἡμῶν ἔλαβεν), !! 2.5 *devinctos...animam furibunda daemonis arte* (Matth.8.16 a aur b c g¹ h l: *daemonia habentes*, q k: *demoniacos* [k: *daemoniacos*] || ff¹: *male habentes;* δαιμονιζομένους), !! 2.11 *in mare velivolum celsam deducere iussit/ discipulis puppim* (Matth.8.18 k: *ire trans mare* || a aur b c ff¹ g¹ h l q: *ire trans fretum;* ἀπελθεῖν εἰς τὸ πέραν), !! 2.11 *iussit* (Matth.8.18 a aur b c ff¹ g¹ l q: *iussit*, k: *uisse* (wohl aus *iussit*) || h: *praecepit;* ἐκέλευσεν), 2.11 *deducere* (Inf.) *iussit/ ...puppim* (Matth.8.18 a aur b c ff¹ l q k: *iussit...ire* || g¹ h: *iussit...ut irent;* ἐκέλευσεν ἀπελθεῖν), !! 2.12 *iussit/ discipulis* (Matth. 8.18 g¹ l: *iussit discipulis*, h: *praecepit discipulis* || a aur b c q: *iussit discipulos*, ff¹ k: *iussit;* ἐκέλευσεν), !! 2.12 *precibus tum scriba profusis/ navigio Sancti pariter poscebat abire* (Matth.8.19 a b c g¹ h q: *quidam scriba*, aur ff¹ l: *unus scriba* || k: *unus ex turbas;* εἷς γραμματεύς), !! 2.14 *olli Christus ait* (Matth.8.20 c g¹ h k: *illi* || a aur b ff¹ l q: *ei;* αὐτῷ), !! 2.16 *et aeriis avibus dat silva quietem* (Matth.8.20 a b c ff¹ g¹ h q: *volucres caeli nidos* [sc. *habent*], *ubi requiescant* [g¹: *requiescunt*] || aur l: *v. c. tabernacula* [sc. *h.*], k Cypr.: *volatilia c. devorsoria* [Cypr. *deversoria*]; τὰ πετεινὰ τοῦ οὐρανοῦ κατασκηνώσεις [sc. ἔχουσιν]), !! 2.19 *tunc e discipulis unus sic ore rogabat* (Matth.8.21 g¹: *ex discipulis*, k: *ex isgentibus*, Cypr.: *ex discentibus* || b c h q: *discipulus*, aur ff¹ l: *de discipulis*, a: *discipulorum;* τῶν μαθητῶν), !! 2.19 *discipulis* (Matth.8.21 aur ff¹ g¹ l: *discipulis*, a: *discipulorum*, b c h q: *discipulus* || k: *isgentibus*, Cypr.: *discentibus;* τῶν μαθητῶν), !! 2.24 *sine defunctis defunctos condere terrae* (Matth.8.22 q: *sine mortuos sepelire mortuos suos* || a: *remitte mortuos. s. mortui sepeliant m. s.*, Cypr.: *s. mortui m. s. sepeliant*, b c k: *remitte mortuos sepelire m. s.*, aur ff¹ g¹ h l: *dimitte* [aur ff¹ h: *demitte*] *mortuos s. m. s.;* ἄφες τοὺς νεκροὺς θάψαι τοὺς ἑαυτῶν νεκρούς; *sine* ist weniger wörtliche Übersetzung von ἄφες als die Komposita von *mittere* [Nestler 16], doch haben *sinere* und *dimittere / remittere* dieselbe Bedeutung [Rönsch 359f.]), !! 2.33 *interea in puppi somnum carpebat Iesus* (Matth.8.24 h: *Iesus* || a aur b c ff¹ g¹ l q k: *ipse;* αὐτός), !! 2.34 *illum discipuli pariter nautaeque paventes/ evigilare rogant* (Matth.8.25 b g¹ h: *discipuli* || a aur c ff¹ l q k: -; οἱ μαθηταί / -), !! 2.36 *quam nulla*

subest fiducia vobis (Matth.8.26 k: *quam timidi estis, pusille fidai* || a
aur b c ff¹ g¹ h l q: *quid timidi estis, modicae fidei;* τί δειλοί ἐστε, ὀλιγό-
πιστοι), 2.37 *procellis* (Matth.8.26 aur c ff¹: *ventis*, a b g¹ h l q: *vento* ||
k: -; τοῖς ἀνέμοις), 2.37 *procellis* (Plural) (Matth.8.26 aur c ff¹: *ventis* ||
a b g¹ h l q: *vento*, k: -; τοῖς ἀνέμοις), !! 2.37f. *inde procellis/ imperat
et placidam sternit super aequora pacem* (Matth.8.26 aur c ff¹: *imperavit
ventis*, a b g¹ h l q: *imperavit vento* || k: *corripuit;* ἐπετίμησεν τοῖς ἀνέ-
μοις; *imperare* ist ungenauere Übersetzung von ἐπιτιμᾶν ["schelten"] als
corripere; Nestler 16), !! 2.39f. *illi inter sese timidis miracula miscent/
conloquiis, quae tanta sibi et permissa potestas* (Matth.8.27 a b c f g¹ h
q: *illi...homines*, ff¹ l: *homines...illi* || aur k: *homines;* οἱ...ἄνθρωποι),
2.40 *tanta...potestas* (Matth.8.27 k: *quantus hic est* || a aur b c d f ff¹ h
l q: *qualis est hic*, g¹: *quis e. h.;* [var.] ποταπός ἐστιν οὗτος), 2.75 *do-
mum repedat* (Matth.9.1 aur c d f ff¹ h l q k: *venit in civitatem suam* ||
a g¹: *v. in civitatem Iudeae*, b: *v. in civitatem;* ἦλθεν εἰς τὴν ἰδίαν πόλιν),
!! 2.76 *ecce* (Matth.9.2 aur b c d f ff¹ g¹ h l k: *ecce* || a q: -; ἰδού), !!
2.80 *adsit certa tuae, iuvenis, constantia menti* (Matth.9.2 a b f g¹ h q:
constans esto || aur c d ff¹ l: *confide*, k Cypr.: *bono animo esto;* θάρσει),
!! 2.83f. *quod verba Dei virtute ferenda/ protulerat* (scheint entwickelt aus
einem Zusatz nach Matth.9.3, nämlich *a h l: quis potest dimittere peccata
nisi solus Deus?* [cf. Marc.2.5, Luc.5.21] || aur b c d f ff¹ g¹ q k
Cypr.: -; codd. Graec.: -; Nestler 19), 2.84 *Christus sed pectora talia
cernens* (Matth.9.4 a d f h q: *videns* || aur b c ff¹ g¹ l k: *cum vidisset;*
ἰδών / εἰδώς), !! 2.88 *et mihi concessum peccata remittere cernent* (Matth.
9.6 a q: *potestatem habet in terra remittere* [q: *remittendi*] *peccata* || aur
b c d f ff¹ g¹ l k: *h. p. in t. dimittendi* [aur g¹: *demittendi*, d: *dimittere*,
k: *dimitte*] *p.;* ἐξουσίαν ἔχει...ἐπὶ τῆς γῆς ἀφιέναι ἁμαρτίας), 2.88 *et
mihi concessum peccata remittere cernent* (Matth.9.6 k: *videatis autem,
quoniam potestatem habet Filius hominis in terra, dimitte peccata* || a aur
b c d f ff¹ g¹ h l q: *ut sciatis a., q. F. h. h. p. in t. dimittendi peccata;*
ἵνα...εἰδῆτε, ὅτι ἐξουσίαν ἔχει ὁ Υἱὸς τοῦ ἀνθρώπου ἐπὶ τῆς γῆς ἀφιέναι
ἁμαρτίας), 2.90 *surge vigens stratumque tuum sub tecta referto* (Matth.
9.6 a aur b c d f ff¹ g¹ h l k: *surge et tolle lectum tuum et vade in domum
tuam* || q: *surgens t. l. et v. in d. t.;* ἔγειρε ἆρόν σου τὴν κλίνην καὶ ὕπ-
αγε εἰς τὸν οἶκόν σου / ἐγερθείς ἆ. σ. τ. κ. κ. ὕ. ε. τ. ο. σ.), 2.90 *-que*
(Matth.9.6 a d ff¹ g¹ h k: *et* || aur b c f l q: -; codd. Graec.: -), !! 2.91
surrexit lectumque umeris iam fortibus aptat (Matth.9.7 aur b c ff¹ l k:
surrexit et |.| a d f g¹ h q: *surgens;* ἐγερθείς), !! 2.92 *per mediumque vi-
gens populi mirantis abibat* (Matth.9.7; cf. 9.8 f [cf. Marc.2.12]: *admi-
rantes* || a aur b c d ff¹ g¹ h l q k: -; ἐθαύμασαν / ἐφοβήθησαν), 2.92
-que...abibat (Matth.9.7 b c ff¹ l k: *et abiit* || a aur d f g¹ h q: *abiit;*

ἀπῆλθεν; allerdings geht in Anlehnung an den griechischen Text in a d f g¹ h q das participium coniunctum *surgens* voraus, wodurch eine Konjunktion von vornherein ausscheidet), !! 2.93 *Domini* (Matth.9.8 a g¹: *Dominum* || aur b c d f ff¹ h l q k: *Deum;* τὸν Θεόν), 2.95 *progredie̲n̲s̲ tunc inde ad vectigalia vidit/ consessu in medio Matthaeum* (Matth.9.9 d: *transiens* || a aur b c f ff¹ g¹ h q: *cum transiret,* l k: *cum transisset;* παρ-άγων), !! 2.95 *ad vectigalia* (Matth.9.9 c g¹: *ad teloneum* || a aur b f ff¹ l q k: *in teloneo,* h: *in teloneum,* d: *super teloneum;* ἐπὶ τὸ τελώνιον), !! 2.350 *hos cum discipulis s̲i̲m̲u̲l̲ accipiebat Iesus* (Matth.9.10 d: *et simul discumbebant* || a *aur* b c *f ff¹* g¹ h *l* q k: *et recumbebant;* συνανέκειντο), 2.351f. *ecce Pharisaei occulto reprehendere risu,/ quod legis d̲o̲c̲t̲o̲r̲ convivia talia iniret* (Matth.9.11 aur b c *d f ff¹* g¹ h l q: *quare magister vester cum publicanis et peccatoribus manducat?* || a k: *quare cum publicanis et p. m.?;* [var.] διὰ τί μετὰ τῶν τελωνῶν καὶ ἀμαρτωλῶν ἐσθίει ὁ διδά-σκαλος ὑμῶν;), 2.353 *sed* (Matth.9.12 aur b c ff¹ l q: *at,* d f g¹ k: *autem* || a: *et,* h: -; δέ), !! 2.354 *n̲o̲n̲, inquit, medicis o̲p̲u̲s̲ e̲s̲t̲, ubi fortia membra/ intemerata salus vegetat* (Matth.9.12 a *aur* b c *ff¹* g¹ l q k Cypr.: *non est opus sanis medicus, sed male habentibus* || f: *non opus habent sani medicum, s. m. habentes,* d: *n. necesse h. fortes medico, s. m. h.,* h: *n. aegent sani medicum, s. m. h.;* οὐ χρείαν ἔχουσιν οἱ ἰσχύοντες ἰατροῦ ἀλλ᾽ οἱ κακῶς ἔχοντες), !! 2.354 *fortia* (Matth.9.12 d: *fortes* || a b c g¹ q Cypr.: *sanis,* f h k: *sani,* aur ff¹ l: *valentibus;* οἱ ἰσχύοντες), 2.358 *non ego sacra m̲a̲g̲i̲s̲ q̲u̲a̲m̲ mitia pectora quaero* (Matth.9.13 g¹: *misericordiam volo quam sacrificium* [zu *velle quam* cf. 12.7] || a aur b c d f ff¹ h l q k: *misericordiam volo et non sacrificium;* ἔλεος θέλω καὶ οὐ θυσίαν), 2.360 *sed (veni) r̲e̲v̲o̲c̲a̲r̲e̲ malos peccantum a limite gressus* (Matth.9.13 c: *in paenitentiam,* g¹: *ad p.* || a aur b d f ff¹ h l q k: -; εἰς μετάνοιαν / -; der Umkehrgedanke kommt bei Juvencus zum Ausdruck durch r̲e̲v̲o̲c̲a̲r̲e̲ ...*peccantum a limite*), 2.363 *cur ipsi legis ieiunia c̲r̲e̲b̲r̲a̲ tenerent* (Matth. 9.14 a aur b c f ff¹ g¹ h l q: *quare nos et Pharisaei ieiunamus frequenter* || d k: *q. n. et Ph. i. multa* [k: *multum*]; διὰ τί ἡμεῖς καὶ οἱ Φαρισαῖοι νηστεύομεν πυκνά / δ. τί ἡ. κ. οἱ Φ. ν. πολλά / δ. τί ἡ. κ. οἱ Φ. ν.), 2.364 *nulla̲q̲u̲e̲ sub Christo plebes ieiunia ferret* (Matth.9.14 h: *et discipuli* || a aur b c d f f ff¹ g¹ l q k: *discipuli autem;* οἱ δὲ μαθηταί), 2.367 *non praesente illo ieiunia t̲r̲i̲s̲t̲i̲a̲ portant* (cf. 369f. *tristibus...lacrimis*) (Matth. 9.15 k: *numquit possunt possunt fili sponsi lugere* || a *aur* b c d *f ff¹* g¹ h *l* q: *numquid p. f. s. ieiunare* [b d: *iaiunare*]; μὴ δύνανται οἱ υἱοὶ τοῦ νυμφῶνος πενθεῖν / [var.] μὴ δ. οἱ υ. τ. ν. νηστεύειν), !! 2.368 *cum* (Matth.9.15 a aur b c d ff¹ g¹ h l q: *cum* || f k: *quando;* ὅταν), !! 2.371 *quam stultum est, r̲u̲d̲i̲b̲u̲s̲ veteres subtexere pannos/ vestibus* (Matth.9.16 a *aur* b c *f ff¹* g¹ h *l* q k: *nemo autem committit commissuram panni rudis*

in vestimentum vetus || d: *n. e. inmittit c. p. nobi vestimento veteri;* οὐδ-
εὶς δὲ ἐπιβάλλει ἐπίβλημα ῥάκους ἀγνάφου ἐπὶ ἱματίῳ παλαιῷ), 2.373f.
aut (quam stultum est) utribus calidum tritis conmittere mustum,/ quis rup-
tis (Passiv) *totum sequitur disperdere vinum* (Matth.9.17 *a* aur b c *f* ff¹ h
l q: *neque mittunt vinum novum in utres veteres; alioquin rumpentur* [a aur
l: *rumpuntur*] *utres et vinum effundetur et utres peribunt* || d g¹ μ *k: n.*
m. v. n. in u. v.; a. rumpit [μ: *rumpet*] *vinum utres et v. e. et u. p.;*
[var.] οὐδὲ βάλλουσιν οἶνον νέον εἰς ἀσκοὺς παλαιούς· εἰ δὲ μή γε, ῥή-
γνυνται οἱ ἀσκοὶ καὶ ὁ οἶνος ἐκχεῖται καὶ οἱ ἀσκοὶ ἀπόλλυνται / D: ο. β.
ο. ν. ε. ἀ. π.· εἰ δὲ μή γε, ῥήσσει ὁ οἶνος ὁ νέος τοὺς ἀσκοὺς κ. ὁ ο.
ἀπόλλυται κ. οἱ ἀ.), 2.374 *disperdere vinum* (Matth.9.17 d k: *et vinum*
perit et utres, a: *et v. peribit* || aur b c *f* ff¹ g¹ h *l* μ q: *et v. effundetur*
et utres peribunt; D: καὶ ὁ οἶνος ἀπόλλυται καὶ οἱ ἀσκοί / κ. ὁ ο. ἐκχεῖται κ. οἱ ἀ. ἀπόλλυνται), !! 2.375 *sed* (Matth.9.17 a aur b c f ff¹ g¹ h l
q: *sed* || d μ k: *autem;* ἀλλά), !! 2.376 *sic vinum conservant fortia* vasa
(Matth.9.17; cf. 9.16 b c g¹ h q: *tollit enim fortitudinem eius a vestimento*
[sc. *commissura panni rudis*] || *a* aur d f ff¹ l k: *t. e. plenitudinem* [d:
plenitudo] *e. a v.;* αἴρει γὰρ τὸ πλήρωμα αὐτοῦ ἀπὸ τοῦ ἱματίου), !!
2.376 *conservant* (Matth.9.17 aur f ff¹: *conservantur,* g¹ l: *conservabun-*
tur || b: *servabuntur,* a d h q k: *servantur,* c: *reservantur;* συντηροῦνται),
!! 2.379 *et* (Matth.9.18 a aur b c ff¹ g¹ l q: *et* || d f h k: -; codd.
Graec.: -), !! 2.379 *et sibi defunctam - funus miserabile - natam/ inplorat*
lacrimans (Matth.9.18 a aur b c *f ff¹* g¹ h l *q: dicens: filia mea modo de-*
functa est || d k: *d.: f. m. m. mortua est;* [var.] λέγων, ὅτι ἡ θυγάτηρ
μου ἄρτι ἐτελεύτησεν; Nestler 9), 2.382 *consurgens graditur servator Iesus*
(Matth.9.19 a aur b c d f ff¹ g¹ l q: *surgens,* h: *exsurgens* || k: *surrexit*
et; ἐγερθείς), 2.384/6 *languore gravi.../ ...macerans.../ viribus absumptis*
et toto corpore fessam (Matth.9.20 aur f *ff¹* l: *fluxum sanguinis patiebatur,*
h: *profluvio sanguinis vexabatur* || a b c g¹ q: *s. fluxum habebat,* d k: *s.*
f. habens; αἱμορροοῦσα...ἔχουσα ἐν τῇ ἀσθενείᾳ / αἱμορροοῦσα), 2.384f.
quam.../ carpebat fluxus (Relativsatz) (Matth.9.20 *a* aur *b* c f *ff¹* g¹ h l *q:*
quae sanguinis fluxum patiebatur || d k: *s. f. habens;* αἱμορροοῦσα),
2.385 *carpebat fluxus* (Matth.9.20 a b *c* g¹ q: *fluxum habebat,* d k: *fluxum*
habens || aur f *ff¹* l: *f. patiebatur,* h: *profluvio...vexabatur;* ἔχουσα⁴²⁷
ἐν τῇ ἀσθενείᾳ / -), !! 2.385 *carpebat fluxus macerans sine fine cruoris*
(Matth.9.20 aur b *d* ff¹ g¹ l q k: *sanguinis fluxum* [ff¹: *fluxu*] *habebat* ||

---

⁴²⁷ Vermutlich führte *habebat / habens* zu dem nur spät und schwach überlieferten ἔχουσα
(Latinisierung), welches nachfolgend wohl mit δώδεκα ἔτη verbunden wurde; vgl. Rendel
Harris 95. Daher wird ἔχουσα ἐν τῇ ἀσθενείᾳ nicht als Lesart gefaßt, die schon zu Zeiten
des Juvencus innerhalb der griechischen Überlieferung anzutreffen gewesen wäre.

a: *s. praefluvium h.*, c: *s. profluvium h.*, h: *profluvio s. vexabatur;* αἱμορροοῦσα), 2.390 <u>extremam</u> *Christi posset si tangere vestem* (Matth.9.21; cf.
9.20 aur d f ff¹ h l q: *tetigit fimbriam vestimenti eius* || a b c g¹ k: *t.
vestimentum e.;* κρασπέδου), !! 2.392 *protinus* <u>ille</u>/ *et causas morbi et cre-
dentia pectora cernens* (Matth.9.22 a b c q k: *ille* || d: *qui,* aur f ff¹ g¹
h l: *Iesus;* Ἰησοῦς / -), 2.393 *cernens* (Matth.9.22 a aur b d f ff¹ g¹ h l
q: *videns* || c: *vidit,* k: *cum vidisset;* ἰδών), !! 2.395 *accipe, quod meruit
fidei* <u>constantia,</u> *munus* (Matth.9.22 a b c f g¹ h q: *constans esto* || aur
d ff¹ l: *confide,* k: *fide;* θάρσει; *fidei* muß nicht auf *fide* zurückgehen,
sondern könnte auch aus dem folgenden Satz *fides tua te salvam fecit* genommen sein), 2.398 *populi* (Singular) (Matth.9.23 a aur b c f ff¹ g¹ h l
q: *turbam,* d: *multitudinem* || k: *turbas;* τὸν ὄχλον), !! 2.397/9 *postquam
perventum est, ubi funera virginis, ingens/ plangentis populi fremitus clan-
gorque* <u>tubarum</u>/ *ultima supremae celebrabant munera pompae* (Matth.9.23
a *aur* b c *f* h q: *et cum venisset Iesus in domum principis videns tubicines,*
ff¹ l: *et c. v. I. in d. p.,* vidisset tibicines, g¹: *et c. v. I. in d. p.,* v. tybi-
cines || d k: *et c. v. I. in d. p.,* v. symphoniachos; καὶ ἐλθὼν ὁ Ἰησοῦς
εἰς τὴν οἰκίαν τοῦ ἄρχοντος καὶ ἰδὼν τοὺς αὐλητάς; Marold, Evangelienbuch 339, vermutet wohl zu Recht, daß *tubicines* ursprünglich eine Verschreibung aus *tibicines* war, so daß Juvencus als indirekter Zeuge für
diese [falsche] Lesart zu seiner Zeit gelten dürfte; Nestler 16), !! 2.401
namque (Matth.9.24 a b c d f ff¹ g¹ h l q k: *enim* || aur: -; γάρ), !!
<u>2.407 surgere</u> *mox* <u>iussit</u> *miranda ad gaudia patris* (Matth.9.25 h: *et dixit:
puella exsurge* [cf. Marc.5.41, Luc.8.54] || a aur b c d f ff¹ g¹ l q k: -;
codd. Graec.: -), <u>2.407 surgere</u> <u>mox</u> *iussit* (Matth.9.25 h: *et surrexit con-
festim* [cf. Marc.5.41, Luc.8.54] || a aur b c d f ff¹ g¹ l q k: *et surrexit;*
καὶ ἠγέρθη; *mox* bezieht sich bei Juvencus wohl ἀπὸ κοινοῦ auf *surgere*
und *iussit,* in cod. h aber allein auf *surrexit*), 2.410 *quid credunt pectora*
<u>vestra</u>? (cf. Matth.9.28 a *aur* c *f* ff¹ g¹ h l: *creditis, quod possum hoc fa-
cere* <u>vobis</u>? || b d q k: *c., q. p. h. f.?;* πιστεύετε ὅτι δύναμαι τοῦτο ποι-
ῆσαι ὑμῖν; / [var.] π. ὅ. δ. τ. π;), <u>2.413</u> *Christus* (Matth.9.29 f: *Iesus* ||
a aur b c d ff¹ g¹ h l q k: -; codd. Graec.: -), !! 2.416 *ardor inexpletus*
<u>famam</u> *per cuncta serebat* (Matth.9.31 *a aur* b c f ff¹ *g¹* h l μ q k: *illi au-
tem exeuntes diffamaverunt eum in tota terra illa* || d: *qui a. e. divulga-
bant eum in t. t. i.;* [var.] οἱ δὲ...διεφήμισαν αὐτὸν ἐν ὅλῃ τῇ γῇ ἐκείνῃ), 2.419 *ast ubi* <u>propulsus</u> *fugit de pectore Daemon* (Matth.9.33 a *aur*
b c d *f* ff¹ *g¹* h l μ q: *eiecto daemonio* || k: *cum exclusum esset daemo-
nium;* ἐκβληθέντος τοῦ δαιμονίου), !! 2.421 *mirantis populi* (Matth.9.33 a
aur b c d f ff¹ g¹ h l μ q: *et miratae* [ff¹: *mirati*] *sunt turbae* || k: *et ad-
miratae s. t.;* καὶ ἐθαύμασαν οἱ ὄχλοι), <u>2.421f.</u> *talia mirantis populi* <u>sti-
pante</u> *tumultu/* <u>vallatur</u> (Matth.9.35 a b c g¹ h: *et multi* <u>secuti sunt eum</u> ||

aur d f ff¹ l q k: -; codd. Graec.: -; *stipante [tumultu]/ vallatur* entspricht
secuti sunt zwar nicht exakt, dürfte aber daraus entwickelt sein), !! 2.425
tunc ad discipulos depromit talia dicta (Matth.9.37 aur b d ff¹ g¹ l q: *tunc
dicit discipulis suis*, a c f k: *t. dixit d. s.* || h μ: *t. ait d. s.; τότε λέγει
τοῖς μαθηταῖς αὐτοῦ*), 2.433f. *devitate itiner, quod gentes perfidiosae/ et
Samaritarum fraudis vestigia calcant* (Matth.10.5 k: *in viam nationum nec
ieritis item aut factiones* || Cypr.: *in v. n. ne ieritis*, a aur b c d f ff¹ g¹
h l q: *in viam gentium ne abieritis; εἰς ὁδὸν ἐθνῶν μὴ ἀπέλθητε*), !! 2.433
gentes (Matth.10.5 a aur b c d f ff¹ g¹ h l q: *gentium* || k Cypr.: *natio-
num; ἐθνῶν*; *natio* ist unepisch, der Plural zudem unmetrisch), !! 2.438
sancta fides curam...piam languoribus aptet (Matth.10.8 a aur b d f ff¹ g¹
h l μ q k: *infirmos curate* || c: *i. visitate; ἀσθενοῦντας θεραπεύετε*), !!
2.447 *ingressique dehinc pacem sub tecta vocate* (Matth.10.12 a aur b c
d f ff¹ g¹ h q: *intrantes autem in domum salutate eam dicentes: pax huic
domui* || l k: *i. a. in d. s. e.; εἰσερχόμενοι δὲ εἰς τὴν οἰκίαν ἀσπάσασθε
αὐτὴν λέγοντες· εἰρήνη τῷ οἴκῳ τούτῳ / ε. δὲ ε. τ. ο. ἀ.*), !! 2.449 *sin
erit indignis habitantum moribus horrens* (Matth.10.13 a aur b c f ff¹ g¹ h
l q k: *si autem non fuerit digna* || d: *alioquin; ἐὰν δὲ μὴ ᾖ ἀξία / εἰ δὲ
μὴ ἀ. / D: εἰ δὲ μή γε*), !! 2.453 *excutite egressi domibus vestigia vestra*
(Matth.10.14 a aur b c f g¹ h l q: *exeuntes foras de domo*, ff¹: *e. f. extra
domum*, k: *proficisci extra domum* || d: *e. f.; ἐξερχόμενοι ἔξω τῆς οἰκί-
ας / D: ἐ. ἔ.*), 2.455 *Sodomorum* (Matth.10.15 a aur b c f g¹ h l q: *Sodo-
morum* || d: *Sodomum*, ff¹: *Sodomae*, k: *Sodocie; Σοδόμων*), !! 2.461
conciliisque hominum statuentur corpora vestra (Matth.10.17 a aur b c f
ff¹ g¹ h l q: *tradent enim vos in conciliis* || k: *t. e. v. in consilia*, d: *t.
e. v. in conventiculis*; [var.] παραδώσουσιν γὰρ ὑμᾶς εἰς συνέδρια καὶ ἐν
ταῖς συναγωγαῖς αὐτῶν μαστιγώσουσιν ὑμᾶς), !! 2.461 *conciliis...homi-
num statuentur* (Matth.10.17; cf. 10.18 a b c d ff¹ g¹ h q k: *et apud reges
et praesides stabitis* || aur f l: *et ad r. et p. ducemini* [f l: *ducimini*]; D:
καὶ ἐπὶ ἡγεμόνων σταθήσεσθε / κ. ἐ. ἡγεμόνας δὲ καὶ βασιλεῖς ἀχθήσε-
σθε*), !! 2.463 *frendens urgebit pro me violentia saecli* (Matth.10.18 a aur
b c d f ff¹ h l q: *propter me* || g¹: *propter nomen meum*, k: *mea causa;
ἕνεκεν ἐμοῦ*), 2.464 *cum vos prodiderint, verborum linquite curam* (Matth.
10.19 ff¹: *nolite solliciti esse* || a aur b c d f g¹ h l q k Cypr.: *n. cogita-
re; μὴ μεριμνήσητε*; der Grundbedeutung nach liegt *cura* näher bei *sollicitum esse* als bei *cogitare;* doch dient *cogitare* in der Bibel öfter zur Wiedergabe von μεριμνᾶν, vgl. Anm. zu 1.630), !! 2.465 *sponte fluens dabitur sermonis gratia vobis* (Matth.10.19b a aur b c f ff¹ h l q Cypr.: *dabi-
tur enim vobis in illa hora, quid loquamini* || d g¹ k: -; δοθήσεται γὰρ
ὑμῖν ἐν ἐκείνῃ τῇ ὥρᾳ τί λαλήσητε / -*), !! 2.467 *enim* (Matth.10.21 aur
ff¹ l: *enim* || a b c d f g¹ h q k: *autem; δέ*), 2.472 *mox inde aliam con-

quirite sedem (Matth.10.23 *a* b *d ff¹* g¹ *h q k: quodsi in aliam persequen-*
tur vos, fugite in aliam [civitatem] | | aur c f l: -; [var.] κἂν ἐν τῇ ἄλλῃ
διώκωσιν ὑμᾶς, φεύγετε εἰς τὴν ἄλλην [πόλιν] / κ. ἐκ ταύτης δ. ὐ., φ. ἐ.
τ. ἑτέραν; vgl. Nestler 25), 2.474 *urbes...*/ *Istrahelitarum quae dent sub*
nomine plebem (Matth.10.23 a *aur* b *c d f ff¹* g¹ h *l q: civitates Istrahel* | |
k: *civitatem...Isdrael;* [var.] τὰς πόλεις τοῦ Ἰσραήλ), 2.474 !! *Istraheli-*
tarum (Matth.10.23 a b h: *Istrahel* | | f: *Sdrahel,* aur d ff¹: *Israhel,* k:
Isdrael, g¹: *Irhl,* q: *Ils,* l: *Isl,* c: *Isrl;* Ἰσραήλ), !! 2.476 *nec dominum*
temptet praecellere servus (Matth.10.24b *a* aur *b* c d f *ff¹* g¹ *h* l *q: nec*
servus super dominum suum | | k: -; οὐδὲ δοῦλος ὑπὲρ τὸν κύριον αὐτοῦ),
!! 2.477 *discipulo satis est vires aequare magistri* (Matth.10.25 a b c g¹ *h:*
satis est discipulo, ut sit sicut magister eius | | aur *d* f ff¹ l q *k: sufficit*
d., ut s. s. m. e.; ἀρκετὸν τῷ μαθητῇ ἵνα γένηται ὡς ὁ διδάσκαλος αὐτοῦ), 2.477 *satis est* (Indikativ) (Matth.10.25 a b c g¹ h: *satis est,* aur d
f ff¹ l q: *sufficit* | | k: *sufficiat;* ἀρκετόν), !! 2.479 *pectoribus vestris sem-*
per timor omnis aberret (Matth.10.26 a *aur* b c d f ff¹ g¹ h l q: *ne...timu-*
eritis | | k: *nolite...metuere;* μὴ...φοβηθῆτε), !! 2.488 *sed* (Matth.10.28 a
aur b c f g¹ h l q: *sed* | | d k: *autem,* ff¹: *ergo;* δέ), !! 2.488 *illum sed*
potius cordis secreta pavescant (Matth.10.28 a aur b c f g¹ h l q: *sed po-*
tius eum timete, qui | | d *ff¹* k Cypr.: *timete autem magis eum, qui;* [var.]
φοβεῖσθε δὲ μᾶλλον τὸν...), 2.491f. *non est tamen unum credere dignum/*
iniussu Domini laqueos incurrere nostros (Matth.10.29 a *aur* b c f *ff¹* g¹ h
q Cypr.: *et unus ex illis non cadet super terram sine voluntate Patris ves-*
tri | | d l k: *et u. ex i. n. c. s. t. sine Patre vestro;* καὶ ἓν ἐξ αὐτῶν οὐ
πεσεῖται ἐπὶ τὴν γῆν ἄνευ τοῦ Πατρὸς ὑμῶν), !! 2.493 *quis dubitet sa-*
piens, Domini sub pectore multis/ cedere pinnatis hominem pro milibus
unum? (Matth.10.31 aur f ff¹ l: *nolite ergo timere; multis passeribus me-*
liores estis vos, d: *ne ergo timueritis; multorum passerum superponite vos,*
k: *nolite e. metuere; multis passaribus pluris estis vos* | | a b c g¹ h q: *no-*
lite ergo timere; multo vos meliores estis passeribus; [var.] μὴ οὖν φοβεῖ-
σθε· πολλῶν στρουθίων διαφέρετε ὑμεῖς), !! 2.495 *qui me confessus fuerit*
sub iudice terrae (Matth.10.32 aur b c f *ff¹* g¹ h l q: *omnis..., qui me con-*
fessus fuerit | | d k: *o...., q. c. f. in me;* πᾶς..., ὅστις ὁμολογήσει ἐν
ἐμοί), !! 2.501 *si quis amore meo genitorem pluris habebit* (Matth.10.37
aur *ff¹* h l k: *qui amat patrem aut matrem plus quam me* | | a b c d f g¹
q: *q. diligit p. a. m. p. q. me;* ὁ φιλῶν πατέρα ἢ μητέρα ὑπὲρ ἐμέ), !!
2.501 *pluris habebit* (Matth.10.37 a aur b c d f g¹ l q: *diligit...plus quam*
me | | ff¹ h k: *amat...super me;* φιλῶν...ὑπὲρ ἐμέ), 2.502f. *vel (si quis)*
matri subolive meum postponet amorem,/ sentiet horribilem nostra de sede
repulsam (Matth.10.37b a aur b c f ff¹ g¹ h l q k Cypr.: vorhanden | | d:
-; codd. Graec.: vorhanden / nicht vorhanden), !! 2.506 *qui vos suscipiet*

(Matth.10.40 ff¹: *suscepit* || a aur b c d f g¹ h l q: *recipit*, k: *receperit;*
ὁ δεχόμενος), 2.507f. *me pro Genitore supremo/ suscepisse sibi gaudebit*
perpete vita (cf. Matth.10.39 h: *inveniet eam* [sc. *animam*] *in vitam aeter-*
nam || a aur b c *d* f *ff¹* g¹ l q *k: inveniet eam;* εὑρήσει αὐτήν; der Gedan-
ke bei Juvencus ist freilich etwas anders als der biblische), 2.509 *talia*
discipulis bis sex cum *iussa* *dedisset* (Matth.11.1 a *aur b* c d f ff¹ g¹ h l
q: *cum consummasset Iesus praecipiens* [h: *praecepens*] || k: *cum perfe-*
cisset I.; ὅτε ἐτέλεσεν ὁ Ἰησοῦς διατάσσων), !! 2.510 *iustus Iohannes*
caeci de *carceris* *umbris (ad Christum portare iubet)* (cf. Matth.11.2 a b
c d f *ff¹* g¹ h q k: *cum audisset in* [k: *se*] *carcere* [c d ff¹ g¹: *carcerem*] ||
aur l: *c. a. in vinculis;* ἀκούσας ἐν δεσμωτηρίῳ), 2.511f. *sectantum e nu-*
mero delectos talia dicta/ *ad Christum portare iubet* *verumque* *referre*
(Matth.11.2 g¹: *mittens duo ex discipulis suis* *mandavit ad Iesum* *dicens*,
d q: *mittens* *per* *discipulos suos ait illi* || *a* b c *f h k: mittens discipulos*
suos [h: *d. s. ad eum*] *ait illis*, ff¹: *misit duos ex discipulis suis ad Iesum*
dicens, aur: *mittens duos de discipulis suis ait illis*, l: *m. discipulos suos*
ait illi; πέμψας διὰ τῶν μαθητῶν αὐτοῦ εἶπεν αὐτῷ / πέμψας δύο τῶν
μαθητῶν αὐτοῦ ε. α.; 2.512 geht wohl am ehesten auf *mandavit ad Iesum*
oder *per* bzw. διά... zurück, da dort die Jünger wie bei *ad Christum por-*
tare iubet stärker als Übermittler der Frage hervortreten), 2.512 *Christum*
(Matth.11.2 ff¹ g¹: *Iesum* || h k: *eum*, a aur b c f ff¹ l q: -; αὐτῷ), !!
2.515 *an* (Matth.11.3 aur b c f ff¹ g¹ h l q: *an* || d k: *aut;* ἤ), !! 2.515
an aliam superest post haec *sperare* *salutem* (Matth.11.3 c k: *an alium*
speramus [k: *speperamus*]? || a aur b *d* f ff¹ g¹ h l q: *an a. exspecta-*
mus?; ἢ ἕτερον προσδοκῶμεν;), 2.518 -que (Matth.11.5 a b q k: *et* || aur
c d f ff¹ h l: -; καί), !! 2.523f. *pauperibusque...patescit/ ...adventus glo-*
ria nostri (Matth.11.5 a aur b c d *f ff¹* g¹ h *l* q: *et pauperes evangelizan-*
tur || k: -; πτωχοὶ εὐαγγελίζονται), 2.523 -que (Matth.11.5 a aur b d g¹
h q: *et* || c f ff¹ l k: -; καί), !! 2.525 *ille* *beatus* *erit, quem non deceperit*
error (Matth.11.6 a aur b c d f ff¹ g¹ h l q: *beatus* || k: *felix;* μακάριος),
!! 2.525 *quem* (Matth.11.6 a aur b c f ff¹ g¹ h l q k: *qui* || d: *quicum-*
que; ὃς ἐὰν / ὅς), !! 2.528 *cur in* *deserto* *voluistis visere nuper/ stramen*
(Matth.11.7 a aur b c d f ff¹ g¹ h l q: *quid existis in deserto* [b c d f ff¹
h q: -*tum*] *videre?* || k: *q. ixistis in eremum v.?;* τί ἐξήλθατε εἰς τὴν
ἔρημον θεάσασθαι; *eremus* ist unepisch), 2.528 *cur in deserto voluistis vi-*
sere nuper/ stramen (Matth.11.7 a aur g¹ l: *quid existis in deserto vide-*
re? || b c d f ff¹ h q *k: q. e. in desertum* [k: *eremum*] *videre?;* τί ἐξῆλ-
θατε εἰς τὴν ἔρημον θεάσασθαι), 2.529 *vento* (ohne Präposition) (Matth.
11.7 a: *ventis*, b c d f g¹ h q k: *vento* || aur ff¹ l: *a vento;* ὑπὸ ἀνέμου),
!! 2.529 *vento* (Matth.11.7) (Matth.11.7 aur b c d f *ff¹* g¹ h *l* q k: *ven-*
to || a: *ventis;* ὑπὸ ἀνέμου), !! 2.528f. *cur in deserto voluistis visere nu-*

per/ stramen harundineum vento vibrante <u>moveri</u>? (Matth.11.7 b d f g¹ h: *quid existis in deserto videre? harundinem a vento moveri?* || a c q k: *q. e. in d. v.? h. a v. agitari?*, aur *ff¹* l: *q. e. in d. v.? h. v. agitatam?;* τί ἐξήλθατε εἰς τὴν ἔρημον θεάσασθαι; κάλαμον ὑπὸ ἀνέμου σαλευόμενον; das griechische Wort bedeutet eine wiederholte, heftige Bewegung und wird mit *moveri* ungenauer wiedergegeben als mit *agitare*, wie Nestler 16 sagt), !! 2.530 *cur etiam molli <u>vestitum veste</u> videre?* (Matth.11.8 a aur c ff¹ g¹ q: *mollibus vestimentis vestitum* || b f h l: *m. v. indutum*, d: *mollibus indutum*, k: *mellibus vestitum;* ἐν μαλακοῖς ἱματίοις ἠμφιεσμένον / ἐν μ. ἠ.), !! 2.534 *etenim* (Matth.11.10 a aur c f ff¹ h q l: *enim* || b d g¹ k: -; γάρ / -), !! 2.535 *<u>meum</u>...ministrum* (Matth.11.10 a aur b c d f ff¹ g¹ h l q: *angelum meum* || k: *a.;* τὸν ἄγγελόν μου), !! 2.539 *huius ab exortu <u>vim</u> caeli regia <u>sentit</u>* (Matth.11.12 aur f ff¹ g¹ l π q k: *regnum caelorum vim patitur* || a b c d h: *r. c. cogitur;* ἡ βασιλεία τῶν οὐρανῶν βιάζεται; weshalb Widmann 7 *cogitur* für eine wörtlichere Übersetzung von βιάζεται hält als *vim patitur*, ist nicht ersichtlich), !! 2.540 *et caeli regnum <u>violentia</u> diripit atrox* (Matth.11.12 aur f ff¹ g¹ π: *et violenti diripiunt illud* || l: *et vim facientes d. i.*, a b c: *et cogentes d. i.*, d: *et qui cogunt, d. il.*, h q k: *et qui vim faciunt, d. i.;* καὶ βιασταὶ ἁρπάζουσιν αὐτήν), !! 2.540 *diripit* (Matth.11.12 aur b c d g¹ h l k: *diripiunt*, a: *deripiunt* || f ff¹ π q: *rapiunt;* ἁρπάζουσιν; Widmann 10), <u>2.543</u> *si vultis volucris penetralia <u>noscere</u> saecli* (Matth.11.14 a b g¹ h l: *et si vultis scire* || c: *et si v. audire*, f π q: *et si v. percipere*, aur ff¹: *et si v. recipere*, d: *et si v. accipere*, k: *et si v. percipere;* καὶ εἰ θέλετε δέξασθαι; Marold, Evangelienbuch 340), !! 2.553 *nec quisquam Domini poterit <u>cognoscere</u> Natum* (Matth.11.27 d ff¹: *et nemo cognoscit Filium* || a aur b c f ff² g¹ l q: *et n. novit F.*, h k: *et n. agnoscit F.;* καὶ οὐδεὶς ἐπιγινώσκει τὸν Υἱόν), !! 2.557f. *his poterit virtus mea munere Patris/ antiquas vires hilari reparare <u>quiete</u>* (Matth.11.28 k: *vos requiescere*, f: *v. requiescere faciam* || a c ff¹ ff² h q: *v. reficiam*, aur b d g¹ l: *r. v.;* ἀναπαύσω ὑμᾶς), !! 2.559 *sumite forte iugum, levis est mea <u>sarcina</u> iustis* (Matth.11.30 k: *sarcinas*, Cypr.: *sarcina* || a d f ff² g¹ h l q: *onus*, aur b c ff¹: *honus;* τὸ φορτίον; da *sarcina* episch nur in Ov.met.6.224 belegt ist, ist die Übereinstimmung mit k Cypr. bemerkenswert; in Luc.11.46 führen a und anschließend aur c f i l r¹ *sarcinas*), !! 2.559 *est* (Matth.11.30 a *aur b c d f ff² g¹ h l q k Cypr.: onus meum leve est* || ff¹: *honus meum leve;* τὸ φορτίον μου ἐλαφρόν ἐστιν), 2.560 *<u>dulcem</u> largitur (mea sarcina)...salutem* (Matth.11.30 a aur b c d f ff¹ *ff²* g¹ h l q: *iugum enim meum suave est* || k Cypr.: *i. e. m. bonum e.;* ὁ γὰρ ζυγός μου χρηστός; χρηστός bedeutet "angenehm", aber auch "gut, rechtschaffen"), 2.561f. *haec ubi dicta dedit, messis per culta gravatae/ <u>praeterit</u>* (Matth.12.1 h: *transiebat*

Iesus sabbatis per segetes || *a aur b c d f ff' ff² g' l q k: abiit* [q: *abit*]
I. per segetes sabbatis; [var.] ἐπορεύθη ὁ 'Ιησοῦς τοῖς σάββασιν διὰ τῶν
σπορίμων; *praeterit* liegt näher bei *transiebat* als bei *abiit*), !! 2.572/4
sed illos/ inlicitum cuiquam fuerat contingere panes,/ sumere quos solus
poterat de lege sacerdos (Matth.12.4 *aur b c d f ff' ff² g' h l q: panes...,*
quos non licebat ei manducare neque his, qui cum illo erant, nisi solis sa-
cerdotibus || *k: panem..., quod non licuit illi m. n. eis, q. c. et, nisi tan-*
tum facere s., a: *panes..., quos non licebat [...] m., [...] his cum illo, ni-*
si s.; [var.] ἄρτους..., ὃ οὐκ ἐξὸν ἦν αὐτῷ φαγεῖν οὐδὲ τοῖς μετ' αὐτοῦ
εἰ μὴ τοῖς ἱερεῦσιν μόνοις), !! 2.576 *sabbata profanent templo sine crimine*
vates (Matth.12.5 k: *profanant* || *a aur b c d f ff' ff² g' h l q: violant;*
βεβηλοῦσιν), !! 2.576 *sine crimine* (Matth.12.5 *aur b c f ff' ff² g' h l q:*
sine crimine sunt || d: *s. culpa s.,* k: *rei non s.;* ἀναίτιοί εἰσιν), 2.577f.
nec minor est istic vestrae glomeratio turbae/ quam templi virtus (Matth.
12.6 *ff'* q: *dico enim vobis, quia hic maius est quam templum* || *a aur b*
c d f ff² g' h l k: d. autem v., q. templo maior est hic; λέγω δὲ ὑμῖν, ὅτι
τοῦ ἱεροῦ μεῖζόν ἐστιν ὧδε / λ. δὲ ὑ., ὅ. τ. ἱ. μείζων ἐ. ὡ.; wenn Juvencus
μείζων oder *maior* gelesen hätte, hätte er das nur auf Jesus beziehen können. Der Bezug auf die Pharisäer setzt μεῖζον bzw. *maius* voraus[428]), !!
2.578 *templi* (Matth.12.6 *a aur c f l k: templo,* d: *a templo, ff'* q: *quam*
templum || *b ff² g' h: sabbato;* τοῦ ἱεροῦ), 2.578 *caperent si pectora ves-*
tra (Matth.12.7 *ff':* *si enim intellegeretis,* k: *si e. intellexissetis* || *a aur*
b c d f ff² g' h l q: si e. sciretis; εἰ δὲ ἐγνώκειτε), 2.580 *non iam saepe*
viros damnasset factio sacros (Matth.12.7 *a aur b c f ff' ff² g' h l q: num-*
quam condemnassetis || *d k: non c.;* οὐκ ἂν κατεδικάσατε), !! 2.583 *tunc*
conventicula ipsorum post talia dicta/ ingreditur (Matth.12.9 *ff':* *ipso-*
rum || *aur b c d f ff² g' h l q k: eorum;* αὐτῶν), 2.584 *mox hic iuvenem*
pro limine cernit (Matth.12.10 *a aur d f ff² g' h q: homo erat ibi, ff':* *erat*
ibi quidam, k: *illic homo* || *b c l: homo erat;* ἄνθρωπος ἦν ἐκεῖ / ἄνθρω-
πος ἦν / ἄνθρωπος), 2.589 *Christus ad haec* (Matth.12.11 *ff':* *Iesus* || a
aur b c f g' h l q: ipse, k: *ille,* d: *qui;* ὁ δέ), !! 2.589 *foveam si forte pe-*
cuscula vestra/ inciderint (Matth.12.11 *aur b c f ff' h l q k: foveam* || d:

---

[428] Dies ist die Argumentation von Arevalo, allerdings mit dem Unterschied, daß dieser μεῖζον / *maius* auf die Jünger bezieht. Doch Jesus antwortet hier den Pharisäern. So kann
auch *vestrae glomeratio turbae* nur die Pharisäer meinen. Nun könnte man einwenden,
daß es hier doch auf die Rechtfertigung des Handelns der Jünger ankomme, so daß deutlich gemacht werden müßte, daß die Jünger als wahrer Tempel des Herrn eben mehr vermögen als der bloß äußere Tempel, als das bloß äußere Gesetz, das für die Pharisäer allein zählt. Der Bezug auf die Pharisäer dreht den Spieß jedoch um zum Gegenangriff:
"Wenn ihr Pharisäer wahrer Tempel Gottes wäret wie meine Jünger, dann würdet auch
ihr mehr vermögen als der bloße Buchstabe des Gesetzes."

gurgitem, a ff²: -; βόθυννον), !! 2.589 *si* (Matth.12.11 a aur c f ff¹ g¹ h l
q k: *si* || b d ff²: -; ἐάν / εἰ / D: -), 2.591 *et pecus abrupto tolletis vile
profundo* (Matth.12.11 a aur b c f ff² g¹ l: *levabit*, d: *levat*, h: *levavit*, ff¹
q: *elevabit* || k: *excitet;* [var.] ἐγερεῖ), 2.591 *abrupto tolletis...profundo*
(Matth.12.11 f: *de fovea* || a aur b c d ff¹ ff² g¹ h l q k: -; codd. Graec.:
-), !! 2.592 *igitur* (Matth.12.12b k: *igitur* || a aur b c d f ff¹ ff² g¹ h l q:
itaque; ὥστε), !! 2.594 *ergo age tu, iuvenis, redivivam tendito dextram*
(Matth.12.13 a b c ff² g¹ h: *tunc ait homini: extende manum tuam. et ex-
tendit manum suam et restituta est*, aur l: *t. a. h.: e. m. t.. et e. et restituta est...sanitati*, d q: *t. ait h.: e. m. t.. et e. et restituta est sana* [d:
salba] || f ff¹ k: *t. ait h.: e. m. t.. et e. et facta est sana* [k: *fana*]; τότε
λέγει τῷ ἀνθρώπῳ· ἔκτεινόν σου τὴν χεῖρα. καὶ ἐξέκτεινεν καὶ ἀπεκατε-
στάθη ὑγιής), !! 2.595 *cum dicto palmas sanus porrexit utrasque* (Matth.
12.13 d f q k: *et restituta est sana* [d: *salba*, k: *fana*], aur l: *et r. e. sani-
tati* || a b c h: *et restituta est ei*, ff¹ ff² g¹: *et r. e.;* καὶ ἀπεκατεστάθη
ὑγιής), 2.595 *palmas...porrexit utrasque* (Matth.12.13b a b c ff² g¹ h: *et
extendit manum suam* || aur d f ff¹ l q k: *et extendit;* καὶ ἐξέτεινεν), !!
2.595 *porrexit* (Matth.12.13 *extendit;* doch cf. zuvor ff¹: *exporrige* || a
aur b c d f ff² g¹ h l q k: *extende;* ἐξέτεινεν), 2.599 *talia perspiciens procerum molimina Christus/ discedit* (Matth.12.15 ff¹: *quo cognito*, k: *cum
cognovisset* || a aur b c d f g¹ h l q: *sciens*, ff²: -; γνούς), 2.600f. *variis
hominum languoribus aptat/ concessam in populos patria virtute medellam*
(cf. Matth.12.15 d f h q: *et sequebantur eum turbae multae* [q: *sequebatur
...turba multa*] || a aur b c ff¹ ff² g¹ l k: *et s. eum multi;* καὶ ἠκολούθη-
σαν αὐτῷ ὄχλοι πολλοί / κ. ἠ. α. πολλοί / κ. ἠ. α. ὄχλοι), !! 2.605/7
*hunc ubi curatum visuque et voce vigentem/ caeca Pharisaeae cognovit
factio gentis* (Matth.12.22 a aur b c d f ff² g¹ h l q k: *et curavit eum ita,
ut loqueretur et videret* || ff¹: *et sanavit illum, ut surdus audiret et videret
et loqueretur;* [var.] καὶ ἐθεράπευσεν αὐτόν, ὥστε τὸν κωφὸν λαλεῖν καὶ
βλέπειν), !! 2.612 *et scissa adversum sese divulsio pugnet* (Matth.12.25
ff¹: *omne regnum divisum adversum se non stabit, sed distituetur*, f: *o. r.
d. adversum se ipsum desolabitur*, k: *omnis civitas vel divisitum adversum
se deferitur* || a aur b c ff² g¹ h l: *omne regnum d. contra se desolabitur*,
q: *o. r. d. intra se non stabit*, d: *o. r. d. in se desolatur;* πᾶσα βασιλεία
μερισθεῖσα καθ᾽ ἑαυτῆς ἐρημοῦται), !! 2.614 *et...si* (Matth.12.26 aur f l:
et si, k: *si et* || b ff² g¹ q: *si enim*, a: *si*, c ff¹ h: *si ergo*, d: *si autem;*
καὶ εἰ), !! 2.614 *horridus et daemon si daemone pellitur atro* (Matth.12.26
k: *si et satanas satanan expellit* || a aur b c d f ff¹ ff² g¹ h l q: *si enim
s. s. eicit;* καὶ εἰ ὁ σατανᾶς τὸν σατανᾶν ἐκβάλλει), !! 2.615 *adversa sibimet scissus virtute repugnat* (Matth.12.25 f ff¹ h k: *domus divisa adver-
sum* [f k: *adversus*] *se non stabit* || a aur b c d ff² g¹ l q: *d. d. contra se*

n. s., d: *d. d. in se n. s.; μερισθεῖσα καθ᾽ ἑαυτῆς οὐ σταθήσεται*), !!
2.616 *quis poterit praedam tectis auferre virorum* (Matth.12.29 h: *quis
potest* || a b c f ff² g¹ q k: *quomodo potest quis*, ff¹: *q. p. aliquis*, aur l:
q. p. quisquam, d: *q. quis...poterit; πῶς δύναταί τις*), !! 2.617 *prius*
(Matth.12.29 a aur b c f ff¹ ff² g¹ h l q k: *prius* || d: *primum; πρῶτον*),
!! 2.617f. *ni prius adgressor custodum brachia nodis/ vinciat* (Matth.12.29
k: *nisi prius vincat* [wohl aus *vinciat*] *fortem* || a aur b c d f ff¹ ff² g¹ h
l q: *n. p. alligaverit f.; ἐὰν μὴ πρῶτον δήσῃ τὸν ἰσχυρόν*), !! 2.620 *hostis
in adversa consistet fronte duelli* (Matth.12.30 d: *adversum me est*, ff¹ k:
adversus me est || a aur b c f ff² g¹ h l q: *contra me est; κατ᾽ ἐμοῦ
ἐστιν*), !! 2.621 *quisque meis gregibus cogendis liber aberrat* (Matth.12.30
a aur b f ff¹ ff² g¹ h l q: *qui non congregat mecum* || c d k: *qui non col-
ligit* [d: *golligit*] *mecum; ὁ μὴ συνάγων μετ᾽ ἐμοῦ*), !! 2.623f. *sed quicumque hominum fuerit super omnibus error,/ dimitti poterit* (Matth.12.31
d: *dimittetur* || a aur b c f ff² g¹ l q: *remittetur*, h k: *remittentur*, ff¹: *re-
mittuntur; ἀφεθήσεται*), !! 2.624f. *tantum ne Spiritus umquam/ vocibus insana laceretur mente profusis* (Matth.12.31 aur b c d f ff¹ ff² h q k: *Spiri-
tus autem blasphemia non remittetur hominibus* || a g¹ l: -; *ἡ δὲ τοῦ
Πνεύματος βλασφημία οὐκ ἀφεθήσεται*), !! 2.628 *Spiritus at Sanctus tantum cuicumque profana/ verborum rabie violabitur* (Matth.12.32 d: *qui-
cumque dixerit adversum Spiritum S.* || a aur b c f ff¹ ff² g¹ h l q k
Cypr.: *qui autem d. contra Sp. S.; ὃς δ᾽ ἂν εἴπῃ κατὰ τοῦ Πνεύματος
τοῦ Ἁγίου*), !! 2.633 *nam* (Matth.12.35 b: *enim* || a aur c d f ff¹ ff² g¹
h l q k Cypr.: -; codd. Graec.: -), !! 2.634 *et mala letifero procedunt ore
venena* (Matth.12.35 a aur b c d f ff¹ ff² g¹ h l q: *et malus homo de malo
thensauro profert mala* || k Cypr.: *et nequam homo de nequa th. emittit
nequam;* [var.] *καὶ ὁ πονηρὸς ἄνθρωπος ἐκ τοῦ πονηροῦ θησαυροῦ ἐκβάλλει πονηρά*), 2.635f. *verborum meritis veniet sub iudice poena,/ verborum
meritis dabitur sub iudice vita* (Matth.12.37 a aur b c d f ff¹ g¹ h l q k:
*unusquisque enim ex verbis suis iustificabitur, et ex verbis suis condemna-
bitur* || ff²: *unusquisque enim ex verbis suis condemnabitur; ἐκ γὰρ τῶν
λόγων σου δικαιωθήσῃ, καὶ ἐκ τῶν λόγων σου καταδικασθήσῃ*), !! 2.635f.
verborum.../ verborum (Matth.12.37 aur b c d f ff¹ g¹ h l q: *verbis...ver-
bis*, a ff²: *verbis* || k Cypr.: *sermonibus...sermonibus; λόγων...λόγων*),
2.694 *certis...signis* (Matth.12.38 b: *aliquid...signum*, h: *aliquod s.* || a
aur c d f ff¹ ff² g¹ h l q k: *signum;* codd. Graec.: -; *certis* ist vielleicht
aus *aliquid* oder *aliquod* entwickelt), !! 2.695 *ille dehinc* (Matth.12.39 ff¹
k: *ille* || d l: *qui*, aur b c f ff² g¹ h q: *Iesus; ὁ δέ*), !! 2.695 *polluta malis
generatio quaerit/ signa sibi* (Matth.12.39 a aur b c d f ff¹ ff² g¹ h q: *ge-
neratio mala* || l: *g. viperarum*, k Cypr.: *progenies nequam; γενεὰ πονη-
ρά*), !! 2.695 *generatio* (Matth.12.39 a aur b c d f ff¹ ff² g¹ h l q: *genera-*

tio || k Cypr.: *progenies;* γενεά), !! 2.700 *adveniet tempus, cum* surget
reddita vitae/ gens hominum (Matth.12.41 aur b c f g¹ l q: *viri Ninevitae*
surgent, ff¹: *v. N. surgunt* || a ff² h: *v. N. resurgent,* d *k: v. N. resur-*
gunt; ἄνδρες Νινευῖται ἀναστήσονται), !! 2.701 gens *hominum* (Matth.12.
41 a aur b c d f *ff'* ff² g¹ h l q: *cum generatione ista* || k: *cum ista natio-*
ne; μετὰ τῆς γενεᾶς ταύτης), !! 2.707 *et regina Noti vitales* surget *in*
oras (Matth.12.42 aur c f g¹ h l q: *surget* || a b ff²: *resurget,* k: *returget,*
d ff¹: *exsurget;* ἐγερθήσεται), !! 2.708 *illius ad specimen* damnabitur *effe-*
ra plebes (Matth.12.42 ff¹ k: *damnavit* || a aur b c d f ff² g¹ h l q: *con-*
demnabit; κατακρινεῖ), !! 2.710 *ut* Solomona (Solomona C Mp, *Salomona*
rell.) *pium.../ audiret* (Matth.12.42 a d ff¹ ff² g¹ h q: *audire sapientiam*
Solomonis || b c f l: *a. s. Salomonis,* aur: *a. s. Salominis,* k: *a. Salamo-*
nis s.; ἀκοῦσαι τὴν σοφίαν Σολομῶνος), !! 2.711 *potior nunc est* Solomo-
ne potestas (Matth.12.42 a ff² h q: *plus hic quam Solomon,* d: *p. Solomo-*
ne hic, g¹: *p. quam Solomono hic* || aur ff¹ l: *p. quam Salomon hic,* b c:
plus hic quam Salomon, f *k: p. Salomone h.;* πλεῖον Σολομῶνος ὧδε),
2.711 *Solomone* (ablativus comparationis) (Matth.12.42 d f k: *Salomo-*
ne || a aur b c *ff'* ff² g¹ h l q: *quam Solomon;* Σολομῶνος), 2.716 *(con-*
lustrat oras) qua nulla *excurrit fontani gurgitis* unda (Matth.12.43 d: *cir-*
cuit per inaquosa loca, k: *pertransit per inaquosa* || a aur c f ff² g¹ h l
q: *ambulat per l. arida,* b ff¹: *a. p. l. a. et deserta;* διέρχεται δι᾽ ἀν-
ύδρων τόπων; Widmann 6, Nestler 22), 2.717 *nec requiem placidae sedis*
sibi repperit ardens (Matth.12.43 ff¹: *desiderans requiem* || a aur b c d
f ff² g¹ h l q k: *quaerens r.;* ζητοῦν ἀνάπαυσιν; *ardens* steht dem stärkeren *desiderans* näher), !! 2.719 *at* si *forte suis obnoxia corda venenis/ or-*
natuque levi ridentia limina cernit (Matth.12.44 b *ff'* h: *et veniens si inve-*
nerit vacantem et scopis mundatam et ornatam || *a* aur c d f *ff²* g¹ l q k:
et veniens invenit v. et s. m. et o.; [var.] καὶ ἐλθὸν εὑρίσκει σχολάζοντα
σεσαρωμένον καὶ κεκοσμημένον), !! 2.720 ornatuque *levi ridentia limina*
cernit (Matth.12.44 a aur b c d f ff² g¹ h l q: *ornatam* || k: *compositam,*
ff¹: -; κεκοσμημένον), !! 2.723 *sic* (Matth.12.45 a aur b c f ff¹ ff² g¹ h l
q: *sic* || d k: *ita;* οὕτως), 2.725 *atque* ea *dum populis vitalia dicta fre-*
quentat (Matth.12.46 a aur b ff² g¹ h: *haec eo loquente,* k: *haec cum lo-*
queretur || c f l *q: adhuc eo loquente,* d ff¹: *loquente autem eo ad t.;* ἔτι
αὐτοῦ λαλοῦντος), 2.725 dum (Konjunktion)...*dicta frequentat* (Matth.12.
46 k: *cum loqueretur* || a aur b c d f *ff' ff²* g¹ h l q: *adhuc eo loquente;*
[var.] ἔτι αὐτοῦ λαλοῦντος), 2.727 *et miscere foris sermonem comminus*
orat *(mater)* (Matth.12.46 a aur b c d f ff² g¹ h l q k: *mater eius et fratres*
stabant foris quaerentes loqui cum eo || ff¹: *m. illius et f. s. f. desideran-*
tes loqui cum eo; [var.] ἡ μητὴρ καὶ οἱ ἀδελφοὶ αὐτοῦ εἱστήκεισαν ἔξω
ζητοῦντες αὐτῷ λαλῆσαι; *desiderare* ist im Gegensatz zu *quaerere* deut-

lich stärker als *orare*), !! 2.733 <u>*progreditur*</u> *templo terrarum lumen Iesus*
(Matth.13.1 ff¹ h e: *egressus est* || a b d g¹: *exiit*, ff²: *exit*, k: *exivit*, aur
c f l q: *exiens;* ἐξελθών), 2.733 *templo* (Matth.13.1 aur c f h l q: *de do-*
mo || a b d ff¹ ff² g¹ k e: -; ἀπὸ τῆς οἰκίας / ἐκ τῆς ο. / τῆς ο.), !! 2.
734 *et* (zwei finite Verben verbindend) (Matth.13.1 a b d ff¹ ff² g¹ h k e:
et || aur c f l q: -; codd. Graec.: -), !! 2.738 *ecce* (Matth.13.3 a aur b
c d f ff² g¹ h l q k e: *ecce* || ff¹: -; ἰδού), <u>2.738</u> *ecce* <u>*sator*</u> *proprio con-*
mendat semina ruri (Matth.13.3 b ff¹ h q: *seminator* || a aur f ff² g¹ l:
qui seminat, c d k: *seminans*, e: ...*nass;* ὁ σπείρων; die Form auf -*tor*
steht dem griechischen ὁ σπείρων nicht so nahe wie das partizipiale *semi-*
nans), 2.742 <u>*aeriis*</u> *avibus dant nudam semina praedam* (Matth.13.4 b ff¹
h: *et venerunt volucres caeli et comederunt ea* || a aur c d f ff² g¹ l q *e:*
et v. volucres et c. ea, k: *et v. volatilia et consumpserunt ea;* [var.] καὶ
ἐλθόντα τὰ πετεινὰ τοῦ οὐρανοῦ κατέφαγεν αὐτά / [var.] κ. ἐ. τὰ π. κ.
α.; Nestler 24), !! 2.744 *farra quidem viridem depromunt germinis* <u>*ortum*</u>
(Matth.13.5 aur b c d f ff² g¹ h l q: *et continuo exorta sunt* || ff¹ *e: et*
confestim nata sunt, k: *et continuo fructicaverunt;* καὶ εὐθέως ἐξανέτειλεν), 2.749 *sentibus hic spinisque feris velocius* <u>*exit*</u>/ *roboris augmentum*
(Matth.13.7 d f ff¹ *k: et ascenderunt spineae* || a aur b c ff² g¹ h l π q e:
et creverunt spinae; καὶ ἀνέβησαν αἱ ἄκανθαι), !! 2.757 <u>*ille*</u> *sed amota*
credentum plebe profatur (Matth.13.11 f: *at ille respondens ait illis*, k: *il-*
le autem respondit et dixit || a b c *d* ff² g¹ π q: *at ipse r. a. i.*, aur *d* l:
qui r. a. i., ff¹ *h: quibus r. dixit*, e: *et r. d. illis;* ὁ δὲ ἀποκριθείς), 2.757
sed (Matth.13.11 a b c f ff² g¹ π q: *at*, d k: *autem* || aur ff¹ h l e: -; δέ),
!! <u>2.758f.</u> *mentem*/ *ad capienda* <u>*Dei*</u> *penetralia constabilistis* (Matth.13.11
ff¹: *quoniam vobis datum est scire arcana Dei* || *a* aur b c *d* f *ff²* g¹ h l
π q *k e: quia v. d. e. nosse mysterium regni caelorum;* ὅτι ὑμῖν δέδοται
γνῶναι τὰ μυστήρια τῆς βασιλείας τῶν οὐρανῶν; zu *arcana*/*mysterium*
Dei vgl. Marc.4.11 sowie Luc.8.10 ff² *mysterium Dei* [sonst *m. regni*
D.]), !! 2.764 *amittent* <u>*etiam*</u>, *proprium quodcumque retentant* (Matth.13.
12 h: *etiam quod habet, auferetur ab eo* || b c *d* f ff¹ ff² g¹ l π q k *e: et*
q. h., a. ab eo, *a* aur: *q. h., a. ab eo;* καὶ ὁ ἔχει ἀρθήσεται ἀπ᾿ αὐτοῦ),
2.764 *proprium quodcumque retentant* (Matth.13.12 aur b c d f *ff¹ ff²* g¹ h
l π q k e: *etiam quod habet* || a: -; καὶ ὁ ἔχει), !! 2.765 *idcirco* (Matth.
13.13 g¹: *idcirco* || f k: *propterea*, ff¹: *propter hoc*, a aur b c d ff² h l π
q e: *ideo;* διὰ τοῦτο), 2.765f. <u>*illum*</u>/ *perstringit populum sermonis gratia*
nostri (Matth.13.13 a b ff¹ g¹ h π q: *loquor illis* || aur d f ff² l: *eis*, c:
-; [var.] αὐτοῖς λαλῶ; über *eis* siehe zu 1.417), !! <u>2.767</u> <u>*ut*</u> *dictum Esaiae*
merita de plebe recurrat (Matth.13.14 l: *ut* || a aur b c d f ff¹ ff² g¹ h π
q k e: *et;* καί), 2.767 *recurrat* (Matth.13.14 a aur c d f ff¹ ff² g¹ h l π q
k e: *implebitur* u.ä. || b: -; [var.] ἀναπληροῦται), 2.768f. *en populi*

mentes velantur ad omnia crassis/ obicibus (Matth.13.15 d f ff¹ ff² l: *oculos suos cluserunt,* aur c: *o. s. clauserunt,* h π: *o. s. concluserunt* || b q: *o. s. gravaverunt,* a: *o. eorum grava,* k: *oculis e. gravia,* e: *oculos e. ingrava,* g¹: -; τοὺς ὀφθαλμοὺς αὐτῶν ἐκάμμυσαν), 2.768f. *en populi mentes velantur ad omnia crassis/ obicibus* (cf. nach Matth.13.15 b: *aures eorum obstrue* || a aur c d f ff¹ ff² g¹ h l q k e: -; codd. Graec.: -), !! 2.771 *ne conversa bono sanetur noxia plebes* (Matth.13.15 a aur b c d f ff¹ ff² g¹ h π [bricht nach *cover* ab] k: *ne...covertantur,* e: *ne...convertant se* || l: -; μήποτε...ἐπιστρέψωσιν), !! 2.771 *sanetur* (Matth.13.15 *a aur b c f ff¹ ff² g¹ l q e: sanem illos,* d: *sanabo illos* || k: -; ἰάσομαι αὐτούς), !! 2.773 *nam* (Matth.13.17 d k: *enim* || q: *autem,* a aur b c f ff¹ ff² g¹ h l e: -; γάρ / -), !! 2.783 *nam si dura premat mentem strictura coercens* (Matth.13.21 k: *facta autem pressura* || e: *f. a. angustia,* a aur b c d ff¹ ff² g¹ h l q: *f. a. tribulatione,* f: *cum autem facta fuerit tribulatio;* γενομένης δὲ θλίψεως), !! 2.786 *at* (Matth.13.22 q: *at* || a aur b c d f ff¹ ff² g¹ h l k e: *autem;* δέ), 2.788 *nostri sermonis* (Matth.13.22 q: *verbum meum* || a aur b c d f ff¹ ff² g¹ h l k e: *v.; τὸν λόγον), !! 2.793 centiplicemque ferunt virtutis robore frugem* (Matth.13.23 *a aur b c f ff¹ ff² g¹ h l q k: fructum adfert* || d: *fructificat,* e: -; καρποφορεῖ), !! 2.793 *frugem* (Matth.13.23 a aur b c f ff¹ ff² g¹ l k: *fructum* || d: *fructificat,* q e: -; καρποφορεῖ), !! 2.799 *sed* (Matth.13.26 a b c ff² g¹ h: *sed* || aur d f ff¹ l q k: *autem;* δέ), !! 2.802 *nonne bonum terrae semen per terga dedisti?* (Matth.13.27 a aur b c d f ff¹ ff² g¹ h l q e: *nonne* || k: *non;* οὐχί), 2.804 *sed iam, si iubeas, messem purgabimus omnem* (Matth.13.28 a aur b c d f ff¹ ff² g¹ l q k e: *vis, imus et colligimus ea?* || h: *euntes colligamus?;* θέλεις οὖν ἀπελθόντες συλλέξωμεν αὐτά;), !! 2.807 *sed* (Matth.13. 30 a aur b c ff² g¹ h e: *sed* || d f ff¹ l q k: -; codd. Graec.: -), 2.807f. *sed farra sinamus/ crescere cum lolio* (Matth.13.30 d: *sinite utraque simul crescere usque ad messem* || a aur b c f ff¹ ff² g¹ h l q k e: *sed s. utraque crescere u. ad m.;* ἄφετε συναυξάνεσθαι ἀμφότερα ἕως τοῦ θερισμοῦ / ἄ. σ. ἄ. ἄχρι τ. θ.; das Nebeneinander und Zugleich kommt durch *cum* und *simul* wohl noch deutlicher zum Ausdruck als durch *utraque*), 2.809 *secretum lolium conexo fasce iubebo/ ignibus exuri* (Matth.13.30 *a aur b c d f ff¹ ff² g¹ h l q k: alligate ea fasciculos* || e: *facite manipulos;* δήσατε αὐτὰ εἰς δέσμας), !! 2.809 *fasce* (Matth.13.30 a b c f ff¹ ff² g¹ h l q k: *fasciculos,* aur: *fasciculis* || d e: *manipulos;* δέσμας), !! 2.809f. *secretum lolium conexo fasce iubebo/ ignibus exuri* (Matth.13.30 e: *et igni crementur* || k: *ad exurendum,* a aur b c d f ff¹ ff² g¹ h l q: *ad comburendum;* πρὸς τὸ κατακαῦσαι αὐτά), !! 2.810 *exuri* (Matth.13.30 k: *ad exurendum,* a aur b c d f ff¹ ff² g¹ h l q: *ad comburendum* || e: *igni crementur,* πρὸς τὸ κατακαῦσαι αὐτά), !! 2.815 *seminibusque illud minus omnibus esse vi-*

rentum (Matth.13.32 k e: *minus* [e: *minor*] *omnibus seminibus* || a aur b
c d f ff¹ ff² g¹ h l π q: *minimum* [l: *minimus*]...*o. s.* [d f π q: *omnium se-
minum*]; μικρότερον...πάντων τῶν σπερμάτων; der Komparativ muß wohl
nicht auf die Afra zurückgehen, sondern ist eher Normalisierung gegenüber dem sehr ungewöhnlichen Superlativ in Verbindung mit dem abl.
comp., zu welchem siehe Kuhlmann, Thes.X.1 c.570.31/6 s.v. *parvus*),
!! 2.816f. *at iusti mox incrementa viroris/ sumpserit, erecto transcendit
vertice cunctas* (Matth.13.32 a aur b c d f ff¹ ff² g¹ h l π q: *cum autem
creverit*, e: *seminibus crescens* || k: *c. a. adoluerit;* [var.] ὅταν δὲ αὐξη-
θῇ), 2.817f. *erecto transcendit vertice cunctas/ agrorum fruges* (Matth.13.
32 a aur b c *f ff*¹ ff² g¹ h l π q: *maius fit omnibus holeribus* || d k e:
maius holeribus est; μεῖζον τῶν λαχάνων ἐστίν), 2.818 *cunctas/ ...fruges*
(Matth.13.32 a aur b c f ff¹ ff² g¹ h l π q e: *omnibus holeribus* || d: *ho-
leribus*, k: *omnibus;* τῶν λαχάνων), !! 2.818 *ramis ut plumea turba/ conludat possitque umbras habitare virentes* (Matth.13.32 a aur b c d f ff¹ ff²
g¹ *h* l π q e: *habitent in ramis eius* || k: *inhabitent in ramulos;* κατασκη-
νοῦν ἐν τοῖς κλάδοις αὐτοῦ), !! 2.819 *habitare* (Matth.13.32 a aur b c d
f ff¹ ff² g¹ l q: *habitent* || h k: *inhabitent*, e: *maneant*, π: *requiescant;*
κατασκηνοῦν), !! 2.824 *talia tum populo perplexis condita verbis/ prome-
bat* (Matth.13.34 e: *haec igitur omnia locutus est Iesus in parabolis popu-
lo* || aur b c d f ff¹ ff² g¹ h l π *q k: h. o. l. e. I. in p. ad turbas* [h: *tur-
bam*, d: *turbis*], a: *h. o. l. e. I.;* ταῦτα πάντα ἐλάλησεν ὁ Ἰησοῦς ἐν
παραβολαῖς τοῖς ὄχλοις), !! 2.827 *condita mundi/ convolvet ructans varii
sermonis imago* (Matth.13.35 a *aur b c d f ff* ff² *g*¹ *h l π q k: eructuabo
abscondita* [a b d f ff¹ ff² g¹ h: *absconsa*, k: *absponsa*] *ante constitutionem
mundi* || e: *eructuabor occulta ab origine;* [var.] ἐρεύξομαι κεκρυμμένα
ἀπὸ καταβολῆς κόσμου), !! 2.827 *mundi* (Matth.13.35 *a aur b c f ff* ff²
*g*¹ l π q: *abscondita ante constitutionem mundi* || d h: *absconsa ab initio
saeculi*, k e: *absponsa ab origine;* κεκρυμμένα ἀπὸ καταβολῆς κόσμου /
κεκρυμμένα ἀπὸ καταβολῆς), !! 2.829 *inde domum repetit serus turbasque
reliquit* (Matth.13.36 e: *relinquens populum*, h: *relictis turbis* || a aur b
c f ff¹ g¹ l π q k: *dimissis* [a g¹: *dismissis*] *turbis*, ff²: *dimisit turbas*, d:
dimittens t.; ἀφεὶς τοὺς ὄχλους), 2.829 *reliquit* (Aktiv) (Matth.13.36 d ff²
e: Aktiv || a aur b c f ff¹ g¹ l π q k: Passiv; codd. Graec.: Aktiv), !!
2.829 *turbas* (Matth.13.36 a aur b c f ff¹ g¹ h l π q k: *turbis*, d ff²: *tur-
bas* || e: *populum;* τοὺς ὄχλους), !! 3.3 *clarus quibus haec depromit Ie-
sus* (Matth.13.37 e: *quibus* || a aur b c d f ff¹ ff² g¹ h l π q k: Hauptsatz;
codd. Graec.: Hauptsatz), !! 3.3 *Iesus* (Matth.13.37 a b c ff² g¹ q: *Iesus*,
π: *Dominus Iesus* || aur k: *ille*, f: *ipse*, d ff¹: *qui*, e: -; ὁ δέ), !! 3.5f.
mundum sub nomine ruris/ accipite (Matth.13.38 a *aur b c f ff* ff² g¹ h *l*
q *k* e: *ager autem est hic mundus* || d: *ager a. est saeculum;* ὁ δὲ ἀγρός

ἐστιν ὁ κόσμος), <u>3.6</u> *homines puro pro semine <u>iustos</u>* (sc. *accipite*) (cf. Matth.13.38 b: *zizania autem filii sunt <u>iniqui</u>* || a c ff² *g¹: z. a. filii s. nequitiae,* aur ff¹ l: *z. a. filii sunt nequam,* d f h *q e: z. a. sunt fili maligni,* k: *z. a. sunt fili mali;* τὰ δὲ ζιζάνιά εἰσιν οἱ υἱοὶ τοῦ πονηροῦ), !! 3.12 <u>colligere</u> *erroris laqueos labemque iubebit* (Matth.13.41 a aur b c f ff¹ ff² g¹ l k e: *colligent* [k e: *colligunt*] *de regno eius omnia scandala et eos, qui faciunt iniquitatem* || d h: *congregabunt de r. e. o. s. et e., q. f. i.;* συλλέξουσιν ἐκ τῆς βασιλείας αὐτοῦ πάντα τὰ σκάνδαλα καὶ τοὺς ποιοῦντας τὴν ἀνομίαν), !! 3.14 *dentibus his stridor semper <u>fletus</u>que perennis* (Matth.13.42 a aur b c d f ff¹ ff² g¹ h l q e: *fletus* || k: *ploratio;* κλαυθμός), !! 3.15f. *secretis*que piis veniet <u>lux</u> aurea vitae, sedibus ut caeli vibrantur <u>lumina</u> solis (Matth.13.43 d: *tunc iusti lucebunt* || a aur b c f ff¹ *ff²* g¹ h l q k e: *t. i. fulgebunt;* τότε οἱ δίκαιοι ἐκλάμψουσιν), !! 3.18 <u>mirabile</u> *dictu* (Matth.13.54 aur b c d f ff¹ ff² g¹ h l q: *ita ut mirarentur* || k: *ita ut stuperem,* e: *i. ut stuperent;* ὥστε ἐκπλήσσεσθαι αὐτούς), 3.20 *virtutes* (Plural) *patrias simul insinuando docebat* (Matth.13.54 aur b c d f *ff¹ ff²* g¹ h l q k e: *unde huic sapientia ista et virtutes?* || a: *u. h. sapientiam et virtutem;* [var.] πόθεν τούτῳ ἡ σοφία αὕτη καὶ αἱ δυνάμεις;), !! <u>3.21f.</u> *plebes.../ praesentis...simul doni <u>miracula</u> volvens* (Matth.13.57; cf. 13.54 aur b c d f ff¹ ff² g¹ h l q: *docebat eos in synagogis eorum, ita ut mirarentur* || k e: *d. eos in s. ipsorum, ita ut stuperent* [k: *stuperem*]; ἐδίδασκεν αὐτοὺς ἐν τῇ συναγωγῇ αὐτῶν ὥστε ἐκπλήσσεσθαι αὐτούς), !! <u>3.25</u> *nonne* (Matth.13.55 a aur b c d f ff¹ ff² g¹ h l q e: *nonne* || k: *non;* οὐχ), !! 3.26 *non* (Matth.13.55 k: *non* || a aur b d f ff¹ ff² g¹ h l q: *nonne,* c: *et,* e: *et non;* οὐχ / οὐχί), !! 3.31 *et <u>sine honore</u> manent patria sub sede profetae* (Matth.13.57 aur b c d f *ff¹ ff²* g¹ h l q: *non est propheta sine honore nisi in patria sua* || k: *n. e. profeta ignobilis n. in p.;* [var.] οὐκ ἔστιν προφήτης ἄτιμος εἰ μὴ ἐν τῇ πατρίδι), !! 3.31 <u>patria</u> *sub sede* (Matth.13.57 a d k: *in patria,* aur b c f ff² h l q e: *in patria sua,* g¹: *in patriam suam* || ff¹: *in sua civitate;* [var.] ἐν τῇ πατρίδι; *civitate* ist unmetrisch), <u>3.32</u> *talibus indignans <u>pressit</u> sua munera Christus* (Matth.13.58 ff¹: *non fecit ibi virtutes amplius* || a aur b c d f ff² g¹ h l q k e: *et ideo non f. i. v. multas;* καὶ οὐκ ἐποίησεν ἐκεῖ δυνάμεις πολλάς), <u>3.32</u> <u>talibus</u> *indignans* (Matth.13.58 b c f ff² g¹ h q: *et ideo,* a: *ideo* || aur d ff¹ l: -, k e: *et;* καί), !! 3.33 *interea ad regem volitabat <u>fama</u> superbum* (Matth.14.1 a *aur* b c *f* ff² *g¹ h l q: in illo tempore audiit Herodes tetrarcha famam* [g¹ q: *fama*] *Iesu* || d k: *in i. autem t. audivit Herodis tetrarchis opinionem Iesu,* ff¹: *in i. t. a. Herodes tetrarcha de opinionem I.;* [var.] ἐν ἐκείνῳ τῷ καιρῷ ἤκουσεν Ἡρῴδης ὁ τετραάρχης τὴν ἀκοὴν Ἰησοῦ; *opinio* ist unepisch), !! 3.48 *carceris inmersum tenebris <u>vinclis</u>que gravavit* (Matth.14.3 k: *vinxit eum,* e: *vincxit e.* || a aur b c d f *ff'* ff² g¹ *h* 1 *q: alligavit* [d h: *ligavit*] *e.;* ἔδησεν), 3.49/51 *sanguine nam iusti primo conpressa timore/ abstinuit sitiens feritas, quia magna profetam/ plebis* (Singular) *Iohannem veneratio suscipiebat* (Matth.14.5 a aur b c f *ff' ff²* g¹ *h* 1 *q: et volens illum occidere timuit populum, quia sicut prophetam eum habebant* || d *k: et v. eum o t. turbas, q. s. p. e. h.;* καὶ θέλων αὐτὸν ἀποκτεῖναι ἐφοβήθη τὸν ὄχλον; *plebs* selbst ist allerdings nur im Singular möglich), !! 3.52 *sed* (Matth.14.6 ff¹: *sed* || a aur b c d f ff² g¹ h 1 q k: *autem;* δέ), !! 3.52 *natali sed forte die* (Matth.14.6 a aur b c f ff² g¹ *h l* q: *die autem natalis Herodis,* ff¹: *sed cum advenisset dies natalis Herodis* || d: *natale autem facto Herodis,* k: *cum esset autem natalis Herodis;* [var.] γενεσίοις δὲ γενομένοις τοῦ Ἡρῴδου), !! 3.53 *Herodes celsis strueret convivia mensis* (Matth.14.6 ff¹: *saltavit Herodiadis filia in medio convivio* || a b c f ff² g¹ h *q* e: *s. f. H. in medio triclinio,* k: *s. f. H. in m.;* aur d l: *s. f. H.;* [var.] ὠρχήσατο ἡ θυγάτηρ τῆς Ἡρῳδιάδος ἐν τῷ μέσῳ; eigentlich beziehen sich die zitierten Bibelstellen nicht auf die Vorbereitungen des Festes, sondern auf den Tanz der Tochter während des Festes. ff¹ *convivio* dürfte sich aber auf die Wortwahl des Dichters ausgewirkt haben), !! 3.59f. *tunc praemia cuncta patere/ iuratus spondet, quaecumque puella petisset* (Matth.14.7 k: *spopondit* || a aur b c f ff² g¹ h 1 q: *pollicitus est,* d ff¹: *promisit;* ὡμολόγησεν), !! 3.60 *spondet, quaecumque puella petisset* (Matth.14.7 k: *petisset* || d: *petierit,* a aur b c f ff¹ ff² g¹ h 1 q: *postulasset;* αἰτήσηται), !! 3.61 *illa sed horrendae servans scelera impia matris* (Matth.14.8 a aur b c f ff² g¹ h 1 q k: *illa* || d: *quae,* ff¹: *puella;* ἡ δέ), 3.63 *et lance inferri praesentia munera poscens* (Matth.14.8 b c f ff² g¹ h: *in disco,* aur l q: *hic in disco,* ff¹: *in discum,* a: *in hoc disco,* k: *hoc in catino* || d: *hic;* ὧδε ἐπὶ πίνακι / D: ὧδε), !! 3.65 *iurandique memor iuris tamen imperat aegre* (Matth.14.9 aur c d ff¹ k: *propter iusiurandum...iussit* || a b f ff² g¹ h 1 q: *p. iuramentum...i.;* [var.] διὰ τοὺς ὅρκους...ἐκέλευσεν δοθῆναι), 3.65 *tamen* (Matth.14.9 c: *sed,* k: *set,* aur f 1 q: *autem* || a b ff¹ ff² g¹ h: -; codd. Graec.: -), !! 3.67 *illa - nefas - matri scelerata ad gaudia portat* (Matth. 14.11 ff¹: *illa* || b c f ff² g¹ h e: *puella,* aur d 1 q k: -; codd. Graec.: -), !! 3.68 *corporis at lacerum flentes sine nomine truncum/ discipuli condunt terrae* (Matth.14.12 a aur b *c d f ff'* ff² g¹ *h l* q: *tulerunt corpus et sepelierunt* || k e: *abstulerunt cataver* [e: *cadaber*] *et sepellierunt;* [var.] ἦραν τὸ πτῶμα καὶ ἔθαψαν αὐτὸ / [var.] ἦ. τὸ σῶμα κ. ἔ. α.), 3.70 *ille ubi cognovit iusti miserabile letum* (Matth.14.13 aur 1: *quod cum audisset,* k e: *cum audisset autem* || a b c ff¹ ff² g¹ h: *quo audito,* q: *q. auditu,* d f: *audiens autem;* ἀκούσας δέ / καὶ ἀκούσας), 3.74f. *ubi.../ ...videt* (Matth. 14.14 a b ff²: *ut vidit* || aur c d f ff¹ g¹ h 1 q: *vidit,* k e: *et vidit;* εἶδεν), !! 3.75f. *morborum tabe repulsa/ corpora subiecit miseratus multa medel-*

lae (Matth.14.14 *a* aur b c f *ff*¹ ff² g¹ h *l q: misertus est illis et curavit languidos eorum* || k e: *commotus e. super eos et c. infirmos;* ἐσπλαγχνίσθη), !! 3.78 *discipuli Christo suadent* <u>*dimittere*</u> *turbas* (Matth.14.15 a aur b c d ff¹ ff² g¹ h l q: *dimitte,* f k: *demitte* || e: *remittamus turbas;* [var.] ἀπόλυσον τοὺς ὄχλους), !! 3.78 *turbas* (Matth.14.15 aur b c d f ff² g¹ h l q k e: *turbas* || a: *turbam,* ff¹: *t. istam;* τοὺς ὄχλους), !! 3.79 <u>*ut sibi quisque paret quaerens per compita victum*</u> (Matth.14.15 aur b c d f ff¹ ff² g¹ l q k: *ut...emant* || a h e: *et...emant;* ἵνα...ἀγοράσωσιν), !! 3.80 <u>*ille iubet cunctis ibidem convivia poni*</u> (Matth.14.16 k e: *ille* || a aur b c f ff¹ ff² g¹ h l q: *Iesus,* d: *qui;* ὁ δέ / ὁ δὲ 'Ιησοῦς), 3.83f. *tum mox discumbere plebem/ gramineis*<u>*que*</u> *toris* <u>*iussit*</u> *componere membra* (Matth. 14.19 ff¹ e: *et iussit* [Hauptsatz] || a aur b c d f ff² g¹ h l q: *et cum iussisset;* καὶ ἐκέλευσεν / κ. κελεύσας / κ. κελεύσατε), !! 3.89 <u>*reliquiasque*</u> *dehinc mensis legere ministri* (Matth.14.20 *a* aur b c d *f* ff² g¹ h *l q: reliquias colligerunt fragmentorum* || *ff*¹ e: *tulerunt id, quod superfuit;* ἦραν τὸ περισσεῦον), !! <u>3.89</u> *legere* (Matth.14.20 a b q: *collegerunt,* ff² g¹ h: *colligerunt* || aur c d l e: *tulerunt,* f: *sustulerunt,* ff¹: *sustullerunt;* ἦραν; Widmann 7), !! 3.90 *bissenosque sinus cophinorum* <u>*fragminis*</u> *inplent* (Matth.14.20 aur b d *f* ff² e: *et reliquias colligerunt fragmentorum duodecim cophinos plenos,* c l: *et tulerunt r. f. d. c. fragmentorum p.,* h: *et reliquias colligerunt XII cofinos p. f.* || a ff¹ g¹ q: *et reliquias colligerunt duodecim cophinos plenos;* καὶ ἦραν τὸ περισσεῦον τῶν κλασμάτων δώδεκα κοφίνους πλήρεις), (Genitiv) <u>3.91</u> *cenantum numerus tum milia quinque virorum* (Matth.14.21 a aur *b* c ff² g¹ h l q e: *manducantium autem fuit numerus quinque milia virorum* || d f *ff*¹: *qui autem manducaverunt erant viri quasi quinque milia virorum;* [var.] οἱ δὲ ἐσθίοντες ἦσαν ἄνδρες ὡσεὶ πεντακισχίλιοι; Widmann 9), !! <u>3.91</u> <u>*numerus...milia quinque virorum*</u> (Matth.14.21 a aur *b* c ff² g¹ h l q: *fuit numerus quinque milia virorum* || d f e: *erant viri quasi quinque milia,* ff¹: *erant...hominum V milia;* [var.] ἦσαν ἄνδρες ὡσεὶ πεντακισχίλιοι), !! 3.91 *virorum* (Matth.14.21 a aur b c ff² g¹ h l q: *virorum* || d f: *viri,* ff¹ e: *hominum;* ἄνδρες), !! 3.92 *praeterea populus matrum fuit et* <u>*puerorum*</u> (Matth.14.21 a b c ff¹ ff² g¹ h q e: *exceptis pueris et mulieribus* || d: *e. infantibus et m.,* aur f l: *e. m. et parvulis;* [var.] χωρὶς γυναικῶν καὶ παιδίων), !! 3.93 <u>*discipulis*</u> *tunc inde iubet conscendere navem/ et transire fretum* (Matth.14.22 *a* ff¹ h: *et statim iussit discipulis suis ascendere in naviculam* || aur b c d *f* ff² g¹ l q e: *et s. Iesus i. discipulos suos a. in n.;* [var.] καὶ εὐθέως ἠνάγκασεν τοὺς μαθητὰς ἐμβῆναι εἰς τὸ πλοῖον), !! <u>3.93</u> *tunc* (Matth.14.22 ff¹: *tunc* || a aur b c f ff² g¹ h l q: *statim,* d e: *continuo;* εὐθέως / -), !! <u>3.93</u> *iubet* (Matth.14.22 a aur b c f ff¹ ff² g¹ h l q: *iussit* || d: *coegit,* e: *cogit;* ἠνάγκασεν), !! 3.93 *navem* (Matth.14.22 d e: *navem* || b f ff¹ ff² l q: *na-*

viculam, a aur c g¹ h: *navicula;* τὸ πλοῖον), !! 3.94 *(iubet) transire fretum*
(Matth.14.22 ff¹: *iussit...ire trans fretum* | | a *aur* b c d f ff² g¹ h l q e:
i....praecedere trans fretum; [var.] ἠνάγκασεν...προάγειν εἰς τὸ πέραν),
!! 3.94 *(iubet) transire fretum, donec dimitteret omnes* (Matth.14.22 a *aur*
b c f ff¹ ff² g¹ h l q: *praecedere trans fretum* | | e: *praecederent t. mare,*
d: *praecedere trans;* [var.] προάγειν αὐτὸν εἰς τὸ πέραν), 3.95f. *montis
celsa petivit/ ...-que...adorat* (Matth.14.23 ff¹: *ascendit in montem et ora-
bat* | | a aur b c d f ff² g¹ h l q e: *a. in m....orare;* ἀνέβη εἰς τὸ ὄρος
προσεύξασθαι), !! 3.99 *iactata adverso surgentis flamine venti* (Matth.14.
24 a *aur* b *c f ff¹* ff² g¹ h q: *iactabatur a fluctibus,* l: *iactabantur f.* | | d:
vexabatur a f., e: *magnis f. laborabat;* βασανιζόμενον ὑπὸ τῶν κυμάτων),
!! 3.99 *adverso surgentis flamine venti* (Matth.14.24 *a* aur *b c d f ff¹* ff²
h l q e: *erat enim illis ventus contrarius* | | g¹: -; ἦν γὰρ ἐναντίος ὁ ἄνε-
μος), !! 3.99 *adverso* (Matth.14.24 b: *adversarius* | | a aur c d f ff¹ ff² h
l q e: *contrarius,* g¹: -; ἐναντίος), 3.104 *sed* (Matth.14.26 a aur b d f ff¹
ff² g¹ h q e: *autem* | | c l: -; δέ), 3.104/6 *sed nescia nautae/ attoniti tre-
mulo vibrabant corda pavore/ clamoremque simul confusa mente dederunt*
(Matth.14.26 a aur b c d ff¹ ff² g¹ h l q e: *turbati sunt dicentes* | | f: *ex-
paverunt dicentes;* ἐταράχθησαν λέγοντες), !! 3.105 *pavore* (Matth.14.26
f: *expaverunt* | | a aur b c d ff¹ ff² g¹ h l q e: *turbati sunt;* ἐταράχθησαν),
3.107 *tum pavidis Christus loquitur* (Matth.14.27 b q e: *illis,* a aur c d f
ff² g¹ h l: *eis* | | ff¹: *ad eos;* αὐτοῖς), 3.107 *Christus* (Matth.14.27 a aur
b c ff² g¹ h l e: *Iesus* | | d f ff¹ q: -; ὁ Ἰησοῦς), !! 3.107 *tum pavidis
Christus loquitur: timor omnis abesto* (Matth.14.27 a aur b c d f ff¹ ff² g¹
h l q: *nolite timere* | | e: *nolite metuere;* μὴ φοβεῖσθε), !! 3.108 *creden-
tumque regat vegetans constantia mentem* (Matth.14.27 a b ff¹ ff² g¹ h q
e: *constantes estote* [g¹: *stote*] | | aur c f l: *habete fiduciam,* d: *fidete;*
θαρσεῖτε), !! 3.114 *navem mox linquere Petrus/ audet* (Matth.14.29 d f ff¹
e: *descendens Petrus de navi* | | a aur b c ff² g¹ h: *descendens Petrus de
navicula;* καταβὰς ἀπὸ τοῦ πλοίου), !! 3.116 *verum ubi* (Matth.14.30 a
aur b c ff² h l q: *vero,* g¹: *avero* | | d f ff¹ e: *autem;* δέ), 3.115 !! *et*
(zwei Hauptverben verbindend) (Matth.14.29 ff¹ e: *et* | | a aur b c f ff² g¹
h l q: -; codd. Graec.: -), 3.116f. *ubi.../ ...cernit* (Matth.14.30 e: *cum
videret* | | a aur b c d f ff¹ ff² g¹ h l q: *videns;* βλέπων), !! 3.120 *iamque
Simon medio submersus corpore clamat* (Matth.14.30 e: *cum iam mergere-
tur* | | a aur b c *f ff¹* ff² g¹ h l q: *cum coepisset mergi,* d: *incipiens de-
mergi;* ἀρξάμενος καταποντίζεσθαι), !! 3.120 *clamat* (Matth.14.30 a aur
b c d ff² g¹ h l q: *clamavit* | | f ff¹ e: *exclamavit;* ἔκραξεν), !! 3.122 *con-
festim* (Matth.14.31 ff¹: *confestim* | | a aur b c d f ff² g¹ h l q e: *continuo;*
εὐθέως), !! 3.124 *ascensaeque rati contraria flamina cedunt* (Matth.14.32
a aur b c f ff¹ ff² g¹ h l q: *cessavit ventus* | | d: *quievit v.,* e: *caecidit v.;*

ἐκόπασεν ὁ ἄνεμος), !! 3.127 _transierat tandem sulcans freta fervida pup-_
pis (Matth.14.34 a b c d f ff¹ ff² g¹ l q e: _et cum transfretassent_ [e: _trans-_
fretrassent, ff²: _transfretasset_] || aur: _fretassesent;_ διαπεράσαντες), 3.129
rapido...cursu (Matth.14.35 a b ff¹: _confestim_ || aur c d f ff² g¹ l q e: -;
codd. Graec.: -; zwar bezieht sich _confestim_ auf die anwesenden Menschen, die Boten ausschicken, _rapido...cursu_ dagegen auf die herbeieilen-
den Menschen, doch liegt der Einfluß von _confestim_ auch so auf der
Hand), 3.133f. _ecce Pharisaei scribaeque hinc inde dolosi/ captantes_
Christum promunt fallacia dicta (Matth.15.1 f q: _ad Iesum...dicentes_ ||
a aur b c d ff¹ ff² g¹ l e: _ad eum...d.;_ τῷ 'Ιησοῦ...λέγοντες), !! 3.138 _ille_
sub haec fatur (Matth.15.3 ff¹ e: _ille_ || a aur b c f g¹ l q: _ipse_, ff²: _Iesus_,
d: _qui;_ ὁ δέ), !! 3.139 _transgressi praecepta Dei quod proditis omnes_
(Matth.15.3 a aur b c d f ff¹ ff² g¹ l: _quare et vos transgredimini manda-_
tum Dei...? || e: _q. et v. egredimini m. Dei...?_, q: _quare vos sine intel-_
lectu estis in mandatum Dei...?; διὰ τί καὶ ὑμεῖς παραβαίνετε τὴν ἐντολὴν τοῦ Θεοῦ...;), !! 3.139 _praecepta_ (Matth.15.3 _mandatum;_ doch cf.
15.4 f: _praecepit dicens_ || a aur b c d ff¹ ff² g¹ l q e: _dixit;_ ἐνετείλατο
λέγων / εἶπεν), 3.142 _si genitor cuiquam verbo laedatur amaro/ vel gene-_
trix nati dictis pulsetur acerbis (Matth.15.4 aur b _c d_ f _ff¹_ ff² _g¹_ l q e: _qui_
maledixerit patri vel matri || a: _quicumque maledicit p.;_ ὁ κακολογῶν
πατέρα ἢ μητέρα), !! 3.142 _vel_ (Matth.15.4 aur b f ff¹ ff² l q: _vel_ || c
d g¹ e: _aut_, a: -; ἤ), !! 3.143 _inrita vos istaec facitis perversa docendo_
(Matth.15.6 a aur b c d _f_ ff¹ ff² _g¹ l_ q: _irritum fecistis_ [b ff²: _facitis_] _ver-_
bum Dei propter traditionem vestram || e: _evacuastis v. D. p. t. v.;_ [var.]
ἠκυρώσατε τὸν λόγον Θεοῦ διὰ τὴν παράδοσιν ὑμῶν; _irritum facere_ ist unepisch. Umso wahrscheinlicher ist die Übernahme des Ausdrucks aus einer
entsprechenden altlateinischen Bibelversion; Nestler 11), !! 3.145 _me po-_
pulus summis labiis sublimat honore (Matth.15.8 aur _d f_ g¹ l e: _populus_
hic labiis me honorat || a _b_ c _ff¹_ _ff²_ q: _plebs haec labiis me honorat;_ ὁ
λαὸς οὗτος τοῖς χείλεσίν με τιμᾷ), !! 3.145 _honore_ (Matth.15.8 a aur c
f ff² g¹ l q: _honorat_ || b d ff¹ e: _diligit;_ τιμᾷ), 3.146 _sed_ (Matth.15.8 a
aur b c d f ff² g¹ l q e: _autem_ || ff¹: _nam;_ δέ), 3.148f. _pudendis/ sordibus_
aspergent (Matth.15.11a a b: _inquinat hominem_, aur c f ff¹ ff² g¹ l q e:
coinquinat h. || d: _communicat h.;_ κοινοῖ τὸν ἄνθρωπον / D: κοινωνεῖ τ.
ἄ.; cf. 15.11b), 3.150f. _erumpunt hominum sed quae penetralibus oris,/_
internam misere maculabunt edita mentem (Matth.15.11 _a_ aur b _c d_ f _ff¹_
ff² g¹ q e: _sed quod procedit de ore, hoc inquinat hominem_ || l: -; [var.]
ἀλλὰ τὸ ἐκπορευόμενον ἐκ τοῦ στόματος τοῦτο κοινοῖ τὸν ἄνθρωπον), !!
3.150 _erumpunt hominum sed quae penetralibus oris_ (Matth.15.11 _a b c d_
f ff¹ ff² g¹ h q e: _sed quae procedit de ore_ || aur: _sed quod procedit_, l: -;
ἀλλὰ τὸ ἐκπορευόμενον ἐκ τοῦ στόματος), 3.151 _maculabunt_ (Matth.15.

11b a b: *inquinat*, aur f ff¹ ff² g¹ q e: *coinquinat* || c d: *communicat*, l: -; κοινοῖ / D: κοινωνεῖ), !! 3.152 *Christo memorant, quod* (Matth.15.12 a b c ff² q: *scis, quod* || aur f ff¹ g¹ l: *s., quia*, d e: *s., quoniam;* οἶδας ὅτι), !! 3.154 *ille dehinc* (Matth.15.13 aur f l q e: *ille* || a c ff¹ ff² g¹: *Iesus*, d: *qui;*[429] ὁ δέ), 3.154 *Genitor...noster* (Matth.15.13 a aur b c d f ff² g¹ l q: *Pater meus* || ff¹: *P.;* ὁ Πατήρ μου), 3.157 *caecum forte ducem caecus si nactus oberret* (Matth.15.14 ff²: *caecus autem si caeco ducatum dederit*, a *aur c f g¹ l* q: *c. a. si c. ducatum praestet* [g¹: *praebeat*, q: *prestat*] || d *e: c. a. c. si ducat*, Cypr.: *c. a. c. si deducat / c. a. c. ducens*, ff¹: *c. a. si c. viam demonstret;* τυφλὸς δὲ τυφλὸν ἐὰν ὁδηγῇ / τ. δὲ τ. ἐὰν ὁδηγῶν σφαλήσεται καί; *nactus* ist die passivische Entsprechung zu *dederit* bzw. *praestet*), !! 3.157 *ducem* (Matth.15.14 a aur c f ff² g¹ l q: *ducatum*, d e: *ducat*, Cypr.: *deducat / ducens* || ff¹: -; ὁδηγῇ / ὁδηγῶν), !! 3.158 *decidet in foveam pariter dimersus uterque* (Matth.15.14 ff¹: *uterque in fovea c.*, d: *utrisque incidunt in foveam* || a *aur c f ff² g¹ l* q: *ambo in foveam cadent*, e Cypr.: *simul in f. cadunt;* [var.] ἀμφότεροι εἰς βόθυνον πεσοῦνται), 3.158 *pariter* (Matth.15.14 e Cypr.: *simul* || a aur c f ff² g¹ l q: *ambo*, ff¹: *uterque*, d: *utrisque;* ἀμφότεροι), !! 3.165 *in ventrem cedunt animoque incognita currunt* (Matth.15.17 d: *in ventrem cedit et in secessum mittitur* || a aur c f *ff¹* ff² g¹ l q r¹ e: *in v. vadit et in s. emittitur;* εἰς τὴν κοιλίαν χωρεῖ καὶ εἰς ἀφεδρῶνα ἐκβάλλεται), !! 3.166 *quae vero interno concepta e pectore promunt/ ora hominum* (Matth. 15.18 ff¹: *quae autem exiunt de ore, de corde procedunt* || a aur c f ff² g¹ l q r¹: *quae autem procedunt de ore, de corde exeunt*, d: *qui a. exeunt de o., de c. e.*, e: *quae a. egrediuntur ex o., de c. e.;* [var.] τὰ δὲ ἐκπορευόμενα ἐκ τοῦ στόματος ἐκ τῆς καρδίας ἐξέρχεται), 3.167f. *mentem possunt aspergine labis/ polluere inmundoque hominem maculare piaclo* (Matth.15.18 a *aur c d f ff¹ ff² g¹ l* q e: *et ea coinquinant hominem* || r¹: -; κἀκεῖνα κοινοῖ τὸν ἄνθρωπον / -), !! 3.169f. *secreto cordis promuntur .../ ...furta tororum* (Matth.15.19 aur c d f ff¹ ff² g¹ l q r¹: *de corde enim exeunt...adulteria, ..., furta* || a: *de c. e. e....furta;* e: *de c. e. e....adulteria;* [var.] ἐκ γὰρ τῆς καρδίας ἐξέρχονται...μοιχεῖαι, ..., κλοπαί; in *furta tororum* hat Juvencus offenbar *adulteria* und *furta* zusammengefaßt), 3.174 *inlotis autem manibus non polluit umquam/ corporis arbitrio terrenum sumere victum* (Matth.15.20 a aur c d f *ff¹* g¹ l q r¹ k e: *non lotis autem manibus manducare, non coinquinat hominem* || ff²: -; τὸ δὲ ἀνίπτοις χερσὶν φαγεῖν οὐ κοινοῖ τὸν ἄνθρωπον), 3.179f. *Christum/ orare* (Matth. 15.22 c d f *ff¹* ff² g¹ k: *clamavit dicens ei* [d: *post illym*, f ff¹: *ad eum*, k:

---

[429] Die Lesart von cod. a entnehme ich der Ausgabe von Gasquet, da Jülicher/Matzkow/ Aland hierzu keine Angabe machen.

ad illum] || a aur l *q e: clamavit dicens;* [var.] ἔκραζεν αὐτῷ λέγουσα / [var.] ἔ. λ. / D: ἔ. ὀπίσω αὐτοῦ), !! 3.179/81 *non desinit anxia Christum/ orare, ut mentem vexatam daemone saevo/ redderet* (Matth.15.22 a: *sevissime a daemonio vexatur* || aur c *d* f *ff'* ff² g¹ l q *k e: male a d. v.;* κακῶς δαιμονίζεται), !! 3.183f. *respondit proprias Genitoris malle bidentes/ cogere, quas vanus late disperserat error* (Matth.15.24 ff¹ *q: ipse autem respondens ait: non sum missus nisi ad oves perditas domus Israhel* || a aur b c d f ff² g¹ l k e: *i. a. r. a.: n. s. m. n. ad o., quae perierunt* [a: *perierant*] *Istrahel;* [var.] ὁ δὲ ἀποκριθεὶς εἶπεν· οὐκ ἀπεστάλην εἰ μὴ εἰς τὰ πρόβατα τὰ ἀπολωλότα οἴκου Ἰσραήλ; freilich ist *perire* das Passiv zu *perdere*), 3.187 *canibus iaciet (panem)* (Matth.15.26 aur c d f ff¹ ff² g¹ l q r¹ k e: *mittere canibus* || a b: *dare c.;* βαλεῖν τοῖς κυναρίοις; möglicherweise geht *iaciet* direkt auf βαλεῖν zurück), !! 3.188f. *micarum saltem canibus sua portio mensae/ decidit* (Matth.15.27 a *aur b c d f ff'* ff² g¹ l q r¹ e: *nam et canes edunt de micis, quae cadunt de mensa dominorum suorum* || k: *n. et c. e. de bucellis, q. c. de m. d. s.;* [var.] καὶ γὰρ τὰ κυνάρια ἐσθίει ἀπὸ τῶν ψιχίων τῶν πιπτόντων ἀπὸ τῆς τραπέζης τῶν κυρίων αὐτῶν), !! 3.188 *canibus* (Matth.15.27 a ff² k e: *canes*, d: *canis* || aur b c f g¹ l q r¹: *catelli*, ff¹: *catuli;* τὰ κυνάρια), !! 3.189 *decidit* (Matth.15.27 a aur b c d f ff² g¹ l q r¹ k e: *quae cadunt* [d r¹ k: *cadent*] *de mensa* || ff¹: -; τῶν πιπτόντων ἀπὸ τῆς τραπέζης τῶν κυρίων αὐτῶν), !! 3.195 *inde Galilaeas repedat Servator in oras* (Matth.15.29 ff¹: *et cum recessisset inde, venit secus mare Galilaeae* || a aur b c *f ff²* g¹ l q k e: *et c. transisset* [a: *transiret*] *i. Iesus, v. i. s. m. G.*, d: *et transiens i. I. v. s. m. G.;* καὶ μεταβὰς ἐκεῖθεν ὁ Ἰησοῦς ἦλθεν παρὰ τὴν θάλασσαν τῆς Γαλιλαίας; Nestler 19, der die Überlieferung von ff¹ nicht kennt, sieht in *repedat* das *iterum* aus a b c f ff² g¹ r¹ berücksichtigt: *et cum transisset inde, venit iterum secus mare Galilaeae et...*), 3.195 *Servator* (Matth.15.29 a aur c d f ff¹ l q k e: *Iesus* || b ff² g¹ r¹: -; ὁ Ἰησοῦς), !! 3.197f. *secumque trahebant/ ...debile vulgus* (Matth.15.30 a aur b c f ff¹ ff² g¹ l q r¹: *habentes secum...debiles* [aur ff¹: *debeles*] || k e: *h. s.;* ἔχοντες μεθ' ἑαυτῶν...κυλλούς), 3.197/9 *secumque trahebant/ .../ elingues* (Matth.15.30 a *aur b c ff'* ff² g¹ l q r¹: *habentes secum...mutos*, f e: *h. s. surdos...mutos* || k: *h. saecum surdos*, d: *h. secum;* ἔχοντες μεθ' ἑαυτῶν...κωφούς), 3.200f. *omnibus ille tamen languores dempsit amaros,/ viribus et validis venerando munere donat* (Matth.15.30 a *aur b c d f ff'* ff² g¹ q r¹ *k e: et curavit eos omnes* || l: -; [var.] καὶ ἐθεράπευσεν αὐτοὺς πάντας), !! 3.200 *omnibus* (Matth.15.30 b c d ff² g¹ r¹: *omnes* || a aur f ff¹ l q k e: -; D: πάντας / -), 3.202 *tum populi pariter miracula tanta frequentant* (Matth.15.31 a aur b c f ff¹ ff² g¹ l q k e: *turbae* || d: *turba;* τὸν ὄχλον / τοὺς ὄχλους), 3.204 *discipulos Christus cogens* (Aktiv) *in*

vertice montis/ secreto adloquitur (Matth.15.32 d: *convocans discipulos su-
os d.* || *a* aur b c f ff¹ ff² g¹ l q k *e: convocatis discipulis suis dixit;*
[var.] προσκαλεσάμενος τοὺς μαθητὰς αὐτοῦ εἶπεν), !! 3.205 *(discipulos)
secreto adloquitur: plebis* miseratio *multa est* (Matth.15.32 *a* aur b c d f
ff¹ *ff²* g¹ l q: *misereor huic turbae* || k e: *contristatus sum super turbas;*
σπλαγχνίζομαι), !! 3.206 *tertia nam terris remeant* iam *lumina solis*
(Matth.15.32 *a* aur b c *ff¹* ff² g¹ q k *e: quia triduum est iam, d* f: *q. iam
tres dies sunt* || l: *q. triduo;* [var.] ὅτι ἤδη ἡμέραι τρεῖς προσμένουσίν
μοι), !! 3.208 *ieiunam* nolim *tantam dimittere plebem* (Matth.15.32 a aur
b c d f ff¹ ff² g¹ l q: *dimittere...nolo* || k e: *non remittam;* ἀπολῦσαι...οὐ
θέλω), !! 3.208 *dimittere* (Matth.15.32 a aur b c d f ff¹ ff² g¹ l q: *dimitte-
re* || k e: *remittam;* ἀπολῦσαι), !! 3.209 *ne labor adficiat populos per
longa* viantes (Matth.15.32 a aur b c f ff¹ ff² g¹ l q *k* e: *ne deficiant in
via* || d: *ne dissolbantur in itinere;* μήποτε ἐκλυθῶσιν ἐν τῇ ὁδῷ / D: -),
!! 3.210f. *septem sibi panes/ esse et* pisciculos *alimenta ad proxima pau-
cos* (Matth.15.34 a aur b d f ff² g¹ l q k e: *pisciculos* || c ff¹: *pisces;*
ἰχθύδια), !! 3.210f. *septem sibi panes/ esse et pisciculos alimenta ad pro-
xima* paucos (Matth.15.34 a aur b c d f ff² g¹ l q k e: *paucos* || ff¹:
duos; ὀλίγα), 3.212 *tum* populum *iussit terrae per terga cubare* (Matth.15.
35 aur b c ff¹ ff² g¹ l q: *turbae* [Sg.] || a f k e: *turbis,* d: *turbas;* τῷ
ὄχλῳ / τοῖς ὄχλοις / τοὺς ὄχλους), !! 3.212 *tum populum* iussit *terrae per
terga cubare* (Matth.15.35 d: *cum iussisset turbas discumbere supra ter-
ram* || *a* aur b c f *ff¹ ff²* g¹ l q k e: *et praecepit turbae recumbere in t.;*
[var.] παραγγείλας τῷ ὄχλῳ ἀναπεσεῖν ἐπὶ τὴν γῆν), 3.212 *tum populum
iussit terrae per terga cubare* (Matth.15.35 a aur b c f ff¹ ff² g¹ l q k e:
Hauptsatz || d: *cum*-Satz; codd. Graec.: part.coni.), 3.214 *et cunctae cu-
rat mensatim dedere* plebi (Singular) (Matth.15.36 a aur b c ff² g¹ l q:
populo, d: *turbae* || f ff¹ e: *turbis;* τῷ ὄχλῳ / τοῖς ὄχλοις), !! 3.216 *re-
legunt mox* fragmina *panis* (Matth.15.37 aur *d f g¹* l q: *quod superfuit de
fragmentis* || a b c ff² e: *q. abundavit de panibus,* ff¹: *q. superavit,* vgl.
nachfolgend: *[tulerunt septem sportas] panibus [plenas];* τὸ περισσεῦον τῶν
κλασμάτων), !! 3.216 *panis* (Matth.15.37 a b c ff¹ [am Versende] ff² e:
panibus || aur g¹ l: *fragmentis,* d f q: *fragmentorum;* τῶν κλασμάτων), !!
3.218f. *quattuor ex omni fuerant tum milia plebe/ nec numero quisquam
matres* puerosque *notavit* (Matth.15.38 a b c ff² q e: *erant...quattuor milia
hominum extra pueros et mulieres,* ff¹: *erant fere h. IIII m. exceptis pueris
et mulieribus* || aur g¹ l: *e....q. m. h. e. parvulos et m.,* f: *e....q. m. vi-
rorum exceptis parvolis et m.,* d: *e....q. m. viri e. infantibus et m.;* [var.]
οἱ δὲ ἐσθίοντες ἦσαν τετρακισχίλιοι ἄνδρες χωρὶς γυναικῶν καὶ παιδίων),
!! 3.220 *inde Magedarum* navi *transcurrit in oras* (Matth.15.39 d *e: as-
cendit navem et venit in finibus Magadan* || aur b *ff²* g¹: *a. in navicula et*

v. in f. M., a c f ff[1] *l q: a. in naviculam et v. in f. M.;* [var.] ἐνέβη εἰς
τὸ πλοῖον καὶ ἦλθεν εἰς τὰ ὅρια Μαγαδάν), 3.223 *sed* <u>Christus</u> *cernens
fallacia pectora fatur* (Matth.16.2 ff[1] ff[2]: *Iesus* || aur b c f g[1] l q e: *ille,*
a: *ipse,* d: *qui;* ὁ δέ), 3.226 *dicitis: adveniet* <u>ventura luce</u> *serenum* (Matth.
16.2 ff[1]: <u>cras</u> *serenum erit* || a aur b c d f ff[2] g[1] l q *e:*¨*serenum erit;* εὐ-
δία / -), !! 3.227 *iamque sub exortu solis ubi* <u>tristia</u> *rubro/ nubila miscentur confusa luce colori* (Matth.16.3 b c ff[1] ff[2] g[1] q e: *rubicundum est enim
cum tristitia* [e: *tristitiam*] *caelum,* aur *d* f l: *rutilat enim triste c.* || a:
quia rubicundum est caelum; [var.] πυρράζει γὰρ στυγνάζων ὁ οὐρανός /
-), 3.227 *rubro* (Matth.16.3 a b c ff[1] ff[2] g[1] l q e: *rubicundum,* d: *rubet* ||
aur f l: *rutilat;* πυρράζει), !! 3.228 <u>nubila</u> *miscentur confusa luce colori*
(Matth.16.3; cf. 16.2 a b c ff[2] *g[1]: rubicundum est enim cum nubibus* [b:
nubus] *caelum* || aur d f *ff* l q e: *r. e. e. caelum;* [var.] πυρράζει γὰρ
ὁ οὐρανός / -), !! 3.229 <u>dicitis</u>, *agricolis nautisque venire fragosam/ ven-
torum rabiem* (Matth.16.3 b ff[2]: *dicitis* || a aur c d f ff[1] g[1] l q e: -; codd.
Graec.: -; freilich könnte *dicitis* auch aus 16.2 genommen sein), !! 3.229f.
dicitis agricolis nautisque venire fragosam/ ventorum rabiem <u>tempestatum-
que furores</u> (Matth.16.3 *a* aur b c f *ff* ff[2] *g[1] l q e: dicitis: hodie tempes-
tas* || d: *h. pluvia;* σήμερον χειμών / -), 3.231 *fallaces* (Matth.16.3 b f
ff[1] g[1]: *hypocritae,* e: *hypocrite,* ff[2]: *hyprocyte* || a aur c d l q: -; codd.
Graec.: -; der Zusatz stammt aus Luc.12.56, vgl. Nestler 24), !! 3.231
fallaces, <u>nostis</u> *faciem discernere caeli* (Matth.16.3 *a* aur b c f *ff* g[1] l q
e: *faciem caeli nostis aestimare* || d ff[1]: *f. quidem c. scitis discernere;* τὸ
μὲν πρόσωπον τοῦ οὐρανοῦ γινώσκετε διακρίνειν / -), !! 3.231 *discernere*
(Matth.16.3 ff[1] e: *discernere* || f l: *diiudicare,* aur d: *iudicare,* a b c ff[2]
g[1] q: *aestimare;* διακρίνειν), 3.232f. *saeclorum vero nescitis tempora sig-
nis/* <u>explorare</u> *suis?* (Matth.16.3 b ff[2] l: *signa autem temporum non potes-
tis cognoscere* || a: *s. a. t. n. p. nosse,* aur c ff[1] e: *s. a. n. p. scire,* d
f g[1] q: *s. a. t. n. p.;* τὰ δὲ σημεῖα τῶν καιρῶν οὐ δύνασθε δοκιμάζειν /
τὰ δὲ σ. τ. κ. οὐ δοκιμάζετε / τὰ δὲ σ. τ. κ. οὐ δύνασθε γνῶναι / τὰ δὲ
σ. τ. κ. οὐ συνίετε / -), 3.237f. *trans freta contendit rapido conprendere
cursu/ arva Philipporum* (Matth.16.4f. ff[1]: *abiit/ in regionem quae trans
erat et,* a b c ff[2] g[1]: *abiit./ et cum venisset trans fretum* || aur *d* f l q *e:
abiit./ et cum venissent* [d: *et venientes*] *discipuli eius trans fretum;* [var.]
ἀπῆλθεν./ καὶ ἐλθόντες οἱ μαθηταὶ εἰς τὸ πέραν), !! 3.237 *freta* (Matth.
16.5 a aur b c f ff[2] g[1] l q: *fretum* || e: *mare,* d ff[1]: -; εἰς τὸ πέραν), 3.
237f. *conprendere cursu/* <u>arva</u> *Philipporum* (Matth.16.5 ff[1]: *abiit in regio-
nem, quae trans erat* || a aur b c d f ff[2] g[1] l q: *venisset trans fretum,* e:
venissent trans mare; [var.] ἐλθόντες οἱ μαθηταὶ εἰς τὸ πέραν), !! 3.246
farris...<u>cavendas</u>*/ insidias iubeam* (Matth.16.8; cf. 16.6 aur *f* ff[1] g[1] l e:
cavete a fermento || a b c d ff[2] q: *attendite vobis a f.;* προσέχετε ἀπὸ

τῆς ζύμης), !! 3.247 _meminisse et scire putabam_ (Matth.16.9 a b c d _ff²_
g¹ q: _nondum intellegitis neque meministis_ | | e: _n. intellegites n._
estis, aur f 1: _n. intellegitis n. recordamini,_ ff¹: _n. i. n. in mente habetis;_
οὔπω νοεῖτε, οὐδὲ μνημονεύετε), 3.248 _plebis_ (Matth.16.9 a aur b c f ff¹
ff² g¹ 1 q: _hominum_ | | d e: -; codd. Graec.: -), !! 3.251 _et_ (Matth.16.10
ff¹ e: _et_ | | a aur b c f ff² g¹ 1 q: _neque...?,_ d: _nec...?;_ οὐδέ), !! 3.252
sportasque referri/ vidistis rursus conpletas reliquiarum (Matth.16.10 ff¹:
et quot sportas tuleritis? | | a aur b c f ff² g¹ 1 q: _et q. s. sumpsistis,_ d:
et q. s. accepistis, e: _et q. s. acceperites;_ καὶ πόσας σπυρίδας ἐλάβετε;
bei Juvencus heißt es, daß die Jünger sehen, wie die Körbe von der ver-
sammelten Menge voll wieder zurückgebracht werden, in der Bibel tragen
die Jünger selbst die Körbe wieder zurück. Dennoch kann _referri_ wohl auf
tuleritis zurückgehen), !! 3.254 _sed moneo istorum semper fermenta cavere_
(Matth.16.11 aur f ff¹ _g¹_ 1 e: _cavete a fermento Pharisaeorum et Sadducae-_
orum | | a b c _d_ ff² q: _attendite a f. Ph. et S.;_ [var.] προσέχετε δὲ ἀπὸ
τῆς ζύμης τῶν Φαρισαίων καὶ Σαδδουκαίων), 3.257 _inde ubi perventum li-_
quidi per terga profundi (Matth.16.13 f ff¹ e: _cum venisset_ | | d q: _veni-_
ens, a aur b c ff² g¹ 1: _venit;_ ἐλθών), 3.260 _se_ (Matth.16.13 a aur b d f
ff¹ ff² g¹ 1 q e: _me_ | | c: -; D: με / -), !! 3.261 _respondent multas plebis_
tunc esse loquellas (Matth.16.14 ff¹: _responderunt dicentes_ | | a aur b c d
f ff² g¹ 1 q r¹ e: _dixerunt;_ εἶπαν), 3.269 _tunc Christus cunctis arridens_
pectore blando/ conquirit (Matth.16.15 aur b c f ff² g¹ 1 q r¹: _Iesus_ | | ff¹:
illi, a d e: -; ὁ Ἰησοῦς / -), 3.271 _sed_ (Matth.16.16 d f q: _autem_ | | a
aur b c ff¹ ff² g¹ 1 r¹ e: -; δέ), 3.273 _tum Dominus forti respondit Petro_
(Matth.16.17 a aur b c d f ff¹ ff² g¹ 1 q r¹: _Iesus_ | | e: -; ὁ Ἰησοῦς),
3.273 _forti...Petro_ (Matth.16.17 aur b c f ff² g¹ 1 q: _ei,_ a r¹ e: _illi,_ ff¹: _ad_
eum | | d: -; αὐτῷ), !! 3.274 _nam_ (Matth.16.17 ff¹: _enim_ | | a aur b c d
f ff² g¹ 1 q: _quia,_ e: _quoniam;_ ὅτι), !! 3.279 _hac in mole mihi saxique in_
robore ponam/ semper mansuras aeternis moenibus aedes (Matth.16.18 a
aur b c d f ff² g¹ 1 q r¹: _et super hanc petram aedificabo ecclesiam me-_
_am_ | | ff¹ e Cypr.: _et super istam petram ae. e. m.;_ καὶ ἐπὶ ταύτῃ τῇ πέ-
τρᾳ οἰκοδομήσω μου τὴν ἐκκλησίαν), !! 3.281 _infernis...portis_ (Matth.16.
18 a aur f ff² 1: _portae inferni,_ r¹: _p. .nfe..._ | | b g¹: _p. inferi,_ c d ff¹ q
e Cypr.: _p. inferorum;_ πύλαι Ἅιδου), 3.281 _infernis domus haec non ex-_
superabile portis/ claustrum perpetuo munitum robore habebit (cf. 3.279
saxi...robore) (Matth.16.18 _aur b c d f ff² g¹ 1 q r¹: et portae inferi non_
praevalebunt eius | | _a_ ff¹ e Cypr.: _et p. inferorum non vincent eam;_ καὶ
πύλαι Ἅιδου οὐ κατισχύσουσιν αὐτῆς; _exsuperabile_ geht wohl eher auf
praevalebunt bzw. κατισχύσουσιν zurück als auf _vincent_), 3.283 _caeles-_
tisque tibi claves permittere regni/ est animus (Matth.16.19 a aur b c f ff²
g¹ 1 q r¹ e: _et_ | | d ff¹: -; καί / -), !! 3.283 _claves_ (Matth.16.19 a aur c d

f ff¹ ff² g¹ l q e Cypr.: *claves* || b: *clavem;* τὰς κλεῖδας / τὰς κλεῖς), !!
3.284 *terrisque tuo quae nexa relinques/ arbitrio* (Matth.16.19 e: *quae* ||
b c f ff¹ ff² g¹ q r¹: *quaecumque,* a aur d l: *quodcumque;* ὅσα ἂν / ὃ ἐάν),
3.285 *caelo pariter nodata manebunt* (Matth.16.19b aur b c f ff² g¹ e
Cypr.: *et* || a d ff¹ l q: -; codd. Graec.: -), 3.287 *haut aliter* (Matth.16.
19c aur b c f ff² g¹ l Cypr.: *et* || a d ff¹ q e: -; codd. Graec.: -), 3.292
(rabies) eximios vatum saturabit sanguine nostro (Matth.16.21 *aur* b c d
f *ff¹* ff² g¹ l q: *oportet eum...multa pati a...principibus sacerdotum* || e:
o. illum...m. p....a sacerdotibus, a: *o. eum...m. p.;* δεῖ αὐτὸν...πολλὰ
παθεῖν ἀπὸ...τῶν ἀρχιερέων), !! 3.297 *absint, Christe, tuis, inquit, tam
tristia sanctis/ monstra procul membris* (Matth.16.22 aur b c *ff¹* ff² g¹ l r¹:
absit a te || a d f q e: -; ἵλεώς σοι), 3.297 *tuis* (Matth.16.22 aur b c ff²
g¹ l r¹: *a te* || a d f ff¹ e: -; σοι), !! 3.299 *nec tibi tam durus poterit con-
tingere casus* (Matth.16.22 aur c f g¹ l q: *non erit tibi hoc,* d: *non erunt
haec tibi* || a b ff² e: *non erit istud,* ff¹: *non erit;* οὐ μὴ ἔσται σοι τοῦτο),
3.300 *Christus ad haec* (Matth.16.23 ff¹: *Iesus* || a b c ff² g¹ q r¹: *ipse,*
f e: *ille,* aur d l: *qui;* ὁ δέ), 3.301ff. *non divina tibi mentem prudentia
tangit* (Matth.16.23 *a* aur *b c d f ff¹ l* q: *quia non sapis, quae Dei sunt,
sed quae hominum* || e: *quia non intellegis, quae sint Dei,* ff² g¹ r¹: -; ὅτι
οὐ φρονεῖς τὰ τοῦ Θεοῦ), 3.302 *sed terrena sapis mollique timore tremis-
cis* (Matth.16.23 a aur *b c d f ff¹ l q: sed quae hominum* || ff² g¹ r¹ e: -;
[var.] ἀλλὰ τὰ τῶν ἀνθρώπων), !! 3.302 *sapis* (Matth.16.23 a aur b c d
f ff¹ l q: *sapis* || e: *intellegis,* ff² g¹ r¹: -; φρονεῖς; in der Bibel steht *sa-
pis / intellegis / φρονεῖς* im ersten Teil des *quia*-Satzes und ist im zweiten
(sed...) zu ergänzen, bei Juvencus steht es in der Entsprechung zum zweiten Teil), !! 3.304 *abneget ipse sibi* (Matth.16.24 a aur b c d f ff¹ ff² l q
r¹: *abneget,* g¹: *abnegit* || e: *deneget;* ἀπαρνησάσθω ἑαυτόν), !! 3.304 *si-
bi* (Matth.16.24 b c ff² g¹ q e: *sibi* || aur d f ff¹ l: -; codd. Graec.: -),
3.305 *atque crucem propriam comitatibus addere nostris/ gaudeat* (Matth.
16.24 a aur b c d f ff¹ g¹ l q r¹ e: *et tollat crucem suam et sequetur me* ||
ff²: *et t. c. meam et s. me;* καὶ ἀράτω τὸν σταυρὸν αὐτοῦ καὶ ἀκολουθεί-
τω μοι), 3.307 *nam servata perit terris possessio lucis* (Matth.16.25 a aur
b d f *ff¹ ff²* g¹ l q r¹ e: *qui enim voluerit animam suam salvam facere, per-
det eam* || c: -; ὃς γὰρ ἐὰν θέλῃ τὴν ψυχὴν αὐτοῦ σῶσαι, ἀπολέσει αὐ-
τήν), 3.308 *sed* (Matth.16.26 d ff¹: *autem* || a aur b c f ff² g¹ l q r¹ e:
enim; γάρ), !! 3.308 *sed quid proficient saecli mortalia lucra?* (Matth.16.
26 e: *quid enim proficiet homo, si mundum lucratus fuerit* || a aur b c d
f ff¹ *ff²* g¹ l q: *quid enim prodest* [f q: *proderit*] *homini, si hunc mundum
lucretur?;* [var.] τί γὰρ ὠφεληθήσεται ἄνθρωπος, ἐὰν τὸν κόσμον ὅλον
κερδήσῃ; in e ist *homo* Subjekt zu *proficere,* bei Juvencus *lucra*), !! 3.309
si damnum subeant lucis vitaeque perennis (Matth.16.26 e: *si...animam...*

damnum fecerit || a aur b c d f *ff¹* ff² g¹ l *q* r¹: *si…animae…suae detrimentum patiatur;* ἐάν…τὴν…ψυχὴν αὐτοῦ ζημιωθῇ; *detrimentum* ist unepisch), 3.310 *vel* (Matth.16.26 a aur b c d f ff¹ g¹ l e: *aut* || q: *at,* ff²: -; ἤ), 3.310 *vel quae digna queunt animae commercia poni?* (Matth.16.26 a *aur* b c d f *ff¹ g¹ l q: aut quam dabit homo commutationem animae suae?* || ff²: *a. q. d. h. communicationem a. s.?,* e: *a. quid d. homo redemptionem animanimae suae?;* ἢ τί δώσει ἄνθρωπος ἀντάλλαγμα τῆς ψυχῆς αὐτοῦ;), !! 3.310 *quae…commercia* (Matth.16.26 a aur b c f *ff¹ ff² g¹ l q: aut quam dabit homo commutationem animae suae?* || d e: *a. quid dabit homo commutationem a. s.?;* ἢ τί δώσει ἄνθρωπος ἀντάλλαγμα τῆς ψυχῆς αὐτοῦ;), !! 3.313 *reddetque hominum sua debita vitae* (Matth.16.27 a aur b c *d* f *ff¹* ff² g¹ *l* q: *et tunc reddet unicuique secundum opera eius* || e: *et t. retribuet u. s. factum e.;* [var.] καὶ τότε ἀποδώσει ἑκάστῳ κατὰ τὴν πρᾶξιν αὐτοῦ), !! 3.315 *caeli fulgens cum regna capessam* (Matth.16.28 aur b *c* d f ff¹ *ff² g¹* q e: *donec videant Filium hominis venientem in regno suo* [ff¹: *in regnum Patris sui*] || a: *d. v. F. h. v. in maiestate sua;* ἕως ἂν ἴδωσιν τὸν Υἱὸν τοῦ ἀνθρώπου ἐρχόμενον ἐν τῇ βασιλείᾳ αὐτοῦ), !! 3.320 *inde ubi perventum secreti montis in arcem* (Matth.17.1 ff¹: *et ducit illos in altum montem secreto* || *a* aur b *c* f ff² g¹ *l n q: et d. i. in m. excelsum seorsum,* e: *et inposuit i. in m. altum separatim,* d: *et levavit i. in m. excelsum nimis;* [var.] καὶ ἀναφέρει αὐτοὺς εἰς ὄρος ὑψηλὸν κατ᾽ ἰδίαν / D: κ. ἀνάγει α. ε. ὄ. ὑ. λίαν), 3.321 *Christus* (Matth.17.2 a b c d ff¹ ff² g¹ n r¹ e: *Iesus* || aur f l q: -; D: ὁ Ἰησοῦς / -), !! 3.320f. *continuo Christus faciem fulgore corusco/ mutatur* (Matth.17.2 a aur b c f *ff¹* ff² g¹ l n q: *et resplenduit facies* || d e: *et effulsit vultus;* [var.] καὶ ἔλαμψεν τὸ πρόσωπον αὐτοῦ), !! 3.321 *fulgore* (Matth.17.2 d ff¹: *effulsit,* e: *fulgebat* || a aur b c f ff² g¹ l n: *resplenduit;* ἔλαμψεν), 3.321f. *continuo Christus faciem fulgore corusco/ mutatur* (Matth.17.2 aur b c ff¹ ff² g¹ l n q r¹: *et transfiguratus est,* a: *et transfiguratum est,* f: *et transfiguravit se,* d: *et transfiguratus* || e: *et confortatus;* καὶ μετεμορφώθη / D: κ. μεταμορφωθείς), 3.322 *vestemque nivis candore nitescit* (Matth.17.2 ff¹: *et* || a aur b c d f ff² g¹ l n q r¹ e: -; δέ), !! 3.322 *vestemque nivis candore nitescit* (Matth.17.2 *a* aur b c *d f ff¹* ff² g¹ n q r¹ e: *vestimenta autem eius facta sunt candida sicut nix* (cf. Matth. 28.3) || l: *v. a. e. f. s. alba s. lumen;* D: τὰ δὲ ἱμάτια αὐτοῦ ἐγένετο λευκὰ ὡς χιών / τ. δὲ ἱ. α. ἐ. λ. ὡς τὸ φῶς; cf. Matth.28.3, Iuvenc.4. 759), !! 3.322 *candore* (Matth.17.2 b ff¹ ff²: *candida* || a aur c f g¹ l n q r¹ e: *alba;* λευκά), !! 3.323f. *respiciunt comites mediumque adsistere sanctis/ Heliae Moysique vident* (Matth.17.3; cf. 17.2 f: *in conspectu eorum* || a aur b c ff² g¹ l n q r¹: *ante eos,* d ff¹: *coram illis,* e: *coram ipsis;* ἔμπροσθεν αὐτῶν), !! 3.323f. *mediumque adsistere sanctis/ Heliae*

Moysique vident (Matth.17.3 ff¹: *et visi sunt cum eo Moyses et Helias*, e: *et visus illis M. et E.* || *a* aur b c d ff² *gʲ* 1 n: *et e. apparuit* [d: *paruit*] *i. M. et E.*, *f q: et ecce apparuerunt i. M. et E.; καὶ ἰδοὺ ὤφθησαν αὐτοῖς Μωϋσῆς καὶ Ἡλίας / κ. ἰ. ὤφθη α. Μ. κ. Ἡ.*), 3.328 *si iubeas* (Matth.17.4 a aur b d f ff¹ ff² g¹ 1 n q r¹: *si vis*, e: *si volueris* || c: -; *εἰ θέλεις / θέλεις*), !! 3.327f. *trino tamen hic tentoria vobis,/ si iubeas, frondis faciam diversa paratu* (Matth.17.4 b ff¹ ff²: *faciam* || a aur c d f g¹ 1 n q e: *faciamus; ποιήσω / ποιήσωμεν / ποιήσομεν*; Nestler 23), !! 3. 330f. *talia dum loquitur, caelo praefulgida nubes/ circumiecta oculis vestibat lumine montem* (Matth.17.5 f ff¹ e: *nubes* || a b c d ff² g¹ 1 n: *nubs*, aur q: *nubis; νεφέλη*), !! 3.331 *lumine* (Matth.17.5 a aur b c d f *ff² g¹ l n q* e: *nubes lucida* || ff¹ r¹: *n. candida; νεφέλη φωτεινή*), !! 3.339 *surgite* (Matth.17.7 a aur b c d f ff¹ ff² g¹ 1 q: *surgite* || e: *exsurgite; ἐγέρθητε*), !! 3.339 *surgite et abiectum fortes calcate timorem* (Matth.17.7 a aur b c d f ff¹ ff² g¹ q: *nolite timere* || e: *n. metuere; μὴ φοβεῖσθε*), !! 3.340 *nec cuiquam praesens pandatur visio verbis* (Matth.17.9 aur *f* l: *nemini dixeritis visionem* || a b c d ff² g¹ q: *n. d. visum*, ff¹: *videte, ne cui d.; μηδενὶ εἴπητε τὸ ὅραμα*), 3.347 *Christus* (Matth.17.11 f q: *Iesus* || a b c ff² g¹: *ipse*, aur l e: *ille*, d: *qui*, ff¹: -; Ἰησοῦς / -), 3.347f. *veniet.../ Helias reddens mox omnia debita saeclo* (Matth.17.11 b c *d* ff² g¹: *Helias quidem venturus est restituere omnia*, aur *f* l q: *H. q. v. e. et restituet o.*, ff¹: *H. q. veniet, ut o. restituat* || a n: *H. q. venturus est conponere o.*, e: *H. q. veniet et disponet o.;* [var.] Ἡλίας μὲν ἔρχεται καὶ ἀποκαταστήσει πάντα), !! 3.349 *sed si quis credit, iam venerat ante renascens* (Matth.17.12 ff¹: *sed ego dico vobis, quoniam Helias iam venit* || a aur b c d *f* ff² g¹ *l* q r¹ e: *d. autem v., quod H. i. v.; λέγω δὲ ὑμῖν, ὅτι Ἡλίας ἤδη ἦλθεν*), 3.354 *ecce* (Matth.17.14 ff¹: *ecce* || a aur b c d f ff² g¹ 1 n q r¹ e: -; codd. Graec.: -), !! 3.355 *vir senior precibus Christus veneratus adorat* (Matth.17.14 ff¹: *depraecans* || b: *rogans eum*, a aur c d f ff² g¹ 1 n q r¹ e: -; γουνοπετῶν), !! 3.359 *nam cursus lunae natum mihi daemonis arte/ torquet* (Matth.17.15 e: *vexatur daemonio*, ff¹: *cadet a daemonio* || a aur b c d f ff² g¹ 1 n q r¹: *lunaticus est; σεληνιάζεται*), !! 3.359 *nam cursus lunae natum mihi daemonis arte/ torquet* (Matth.17.15 a aur b c d f ff¹ ff² g¹ 1 n q r¹: *lunaticus est* || e: *vexatur daemonio; σεληνιάζεται*), !! 3.360 *torquet* (Matth.17.15 b r¹: *torquetur* || ff¹: *vexatur*, a aur c d f ff² g¹ 1 n q e: *patitur; κακῶς ἔχει / κακῶς πάσχει*), !! 3.364 *tum* (Matth.17.17 aur: *tunc* || a n: *et*, b c d f ff¹ ff² g¹ 1 q e: -; τότε / -), !! 3.365 *o* (Matth.17.17 a aur b c d f ff¹ ff² g¹ 1 n q r¹: *o* || e: -; ὧ), !! 3.365 *o gens nullius fidei, gens effera semper* (Matth.17.17 a aur b c d f ff² g¹ 1 n q r¹ e: *generatio* || ff¹: *natio; γενεά*), !! 3.366 *en etiam patiar vobiscum me fore terris?* (Matth.17.17 a b c ff² g¹ n: *quousque patiar vos,*

quousque ero vobiscum?, *aur* f l q: *q. e. v., usque quo p. v.?*, d: *q. v.
e., usque quo p. v.?*, ff[1]: *q. vobiscum sum, quamdiu v. p.?* || e: *usquo-
quo ero apud vos, usquequo vos sustinebo?;* [var.] ἕως πότε μεθ᾿ ὑμῶν
ἔσομαι; ἕως πότε ἀνέξομαι ὑμῶν;), !! 3.367 *sic ait et puerum mandat per-
ferre parenti* (Matth.17.17 aur b c d f *ff*[1] ff[2] g[1] l q e: *adferte huc illum ad
me* || a n: *adducite hoc i. ad me;* φέρετέ μοι αὐτὸν ὧδε), 3.368f. *vocis
pondere multo/ incubuit* (Matth.17.18 a aur b c d ff[2] g[1] l n q: *increpa-
vit* || f: *comminatus est*, ff[1]: *imperavit*, e: *corripuit;* ἐπετίμησεν), 3.369
simul (cf. Matth.17.18 f ff[1]: *continuo* || a aur b c d ff[2] g[1] l n q r[1] e: -;
codd. Graec.: -), 3.373 *respondit Dominus* (Matth.17.20 b c f q r[1] e: *Ie-
sus* || d: *qui*, a aur ff[1] ff[2] g[1] l n: -; ὁ δὲ Ἰησοῦς / ὁ δέ), !! 3.377 *hinc*
(Matth.17.20 a aur b c f ff[1] ff[2] g[1] l n q r[1]: *hinc*, d: *hic* || e: -; ἔνθεν /
ἐντεῦθεν), 3.379f. *nam genus hoc morbi precibus sine fine fidesque/ multa-
que robusti ieiunia pectoris arcent* (Matth.17.21 a aur b c d f g[1] h l n q
r[1]: vorhanden || ff[1] e: -; codd. Graec.: vorhanden / -), 3.379 *genus morbi*
(Matth.17.21 b n: *genus daemonium*, a c: *g. daemonii* || aur d f ff[2] g[1] l
q r[1] e: -; codd. Graec.: -), 3.380 *arcent* (Matth.17.21 *a* aur *b c f* ff[2] g[1] l
n *q* r[1]: *hoc autem genus non eicitur nisi per orationem et ieiunium* || d:
h. a. g. n. exit n. in oratione et iaiunio, ff[1] e: -; τοῦτο δὲ τὸ γένος οὐκ
ἐκβάλλεται εἰ μὴ ἐν προσευχῇ καὶ νηστείᾳ / τ. δὲ τὸ γ. ο. ἐξέρχεται εἰ
μὴ ἐν π. κ. ν. / τ. δὲ τὸ γ. ο. ἐκπορεύεται εἰ μὴ ἐν π. κ. ν. / -); *arcent,
eicitur* und ἐκβάλλεται drücken das Vertreiben der Dämonen aus, *exit,*
ἐξέρχεται und ἐκπορεύεται bezeichnen unter anderem Blickwinkel deren
Fliehen), !! 3.382 *convenere Petrum* (Matth.17.24 a n: *accesserunt ad Pe-
trum*, aur b c f ff[2] g[1] l q r[1] e: *accesserunt...ad Petrum* || d: *accesserunt*,
ff[1]: *a. hii;* προσῆλθον...τῷ Πέτρῳ), !! 3.382 *quibus instat cura tributi*
(Matth.17.24 a d f *ff* n e: *qui tributum exigebant* || aur b c ff[2] l: *q. di-
dragma e.*, r[1]: *q. dragma e.*, g[1]: *q. didragmam e.*, q: *q. didragmas e.;* οἱ
τὰ δίδραχμα λαμβάνοντες; *tributi* hat Juvencus aus *qui tributum exigebant* genommen), !! 3.383 *solvere poscentes solitum pro nomine Christi*
(Matth.17.24 *a b c f* ff[2] n: *magister vester non solvit didragma?*, aur *ff*[1] g[1]
l: *m. v. n. solvet d.?* || d: *m. v. n. praestat tributum?*, e: *m. v. n. pen-
det t.?;* [var.] ὁ διδάσκαλος ὑμῶν οὐ τελεῖ δίδραχμα; *solvere poscentes
solitum* entspricht eigentlich biblischem *qui didragma exigebant*, wobei
aber Juvencus *solvere* dem nachfolgenden Satz *magister vester non solvit
didragma* entnommen hat, auf den sonst *pro nomine Christi* zurückgeht),
3.383 *solvere poscentes solitum pro nomine Christi* (Matth.17.24 *a b c f*
ff[2] g[1] n q r[1]: *qui didragma exigebant*, ff[1]: *q. tributum exigent* || d e: *q.
t. accipiunt*, aur l: *q. didragma accipiebant;* οἱ τὰ δίδραχμα λαμβάνοντες), !! 3.385f. *dic, inquit, reges, quorum dependere natos/ externos propriosne sibi iussere tributa?* (Matth.17.25; cf. 17.24 e: *magister vester*

non pendet tributum? || a *aur* b c f ff¹ *ff² g¹ l* n: *m. v. n. solvet* [a b c f
ff² l n: *solvit] t.?,* d: *m. v. n. praestat t.?;* [var.] ὁ διδάσκαλος ὑμῶν οὐ
τελεῖ δίδραχμα;), 3.385 *natos* (Matth.17.25 a aur b c d f ff² g¹ l n q e:
a filiis suis [sc. *accipiunt tributum]* || ff¹: *a suis;* ἀπὸ τῶν υἱῶν αὐτῶν),
!! 3.385f. *reges, quorum dependent natos/ externos propriosne sibi iussere
tributa* (Matth.17.25 ff¹: *ab extraneis* [sc. *accipiunt]* || a aur b c d f ff²
g¹ l n q e: *ab alienis;* ἀπὸ τῶν ἀλλοτρίων), !! 3.386 *(natos) externos propriosne sibi iussere tributa* (sc. *dependent)* (Matth.17.25 e: *tributa aut
censum* || a aur b c f ff¹ ff² g¹ l n q: *tributum vel censum,* d: *vectigal aut
censum;* τέλη ἢ κῆνσον), !! 3.387 *respondit Petrus* (Matth.17.25 ff¹: *re-
spondens ait,* e: *respondit* || a aur b c f ff² g¹ l n: *dixit,* d q: *dicit;* εἰπόν-
τος / ἔφη / λέγει), !! 3.388 *ait* (Matth.17.26 d f e: *ait* || a aur b c ff¹ ff²
l n: *dixit,* g¹ q: *dicit;* ἔφη), 3.388 *Christus* (Matth.17.26 a aur c d f ff¹ ff²
g¹ l n q e: *Iesus* || b: -; ὁ Ἰησοῦς), !! 3.389 *ne* (Matth.17.27 ff¹ e:
ne || a aur b c d f ff² g¹ l n q: *ut...non;* ἵνα...μή), !! 3.393 *haeserit et
curvo qui primus acumine piscis* (Matth.17.27 a aur *b c d f* ff¹ ff² g¹ l n
q r¹: *piscem, qui primus ascenderit* || e: *ascendentem primum piscem;* τὸν
ἀναβάντα πρῶτον ἰχθύν), 3.394 *huius pandantur* (Aufforderung) *scissi pe-
netralia ventris* (Matth.17.27 e: *aperi os* || aur b c f ff¹ ff² g¹ l n r¹:
aperto ore, a: *aperto,* d q: *aperiens os;* ἀνοίξας τὸ στόμα αὐτοῦ), 3.394
pandantur (Passiv) (Matth.17.27 aur b c f ff¹ ff² g¹ l n r¹: *aperto ore,* a:
aperto || d q: *aperiens os,* e: *aperi os;* ἀνοίξας τὸ στόμα αὐτοῦ), !! 3.
396 *quis* (Matth.18.1 a aur b d f ff¹ ff² g¹ l n q r¹: *quis* || c e: *quisnam;*
τίς), !! 3.398 *tum Christus medio puerum consistere coetu/ praecipit*
(Matth.18.2 a b c d ff² n q: *puerum* || aur f g¹ l: *parvulum,* ff¹ e: *infan-
tem;* παιδίον), !! 3.401 *quisque cupit celsam caeli conscendere sedem,/ istius en pueri similem se moribus aptet* (Matth.18.3 c r¹: *nisi conversi fu-
eritis et efficiamini sicut puer iste,* e: *quoadusque convertamini et f. s. in-
fans iste* || ff¹: *n. conversi fueritis facti tales sicut infans hic est,* a b *d*
ff² n q: *n. c. f. et efficiamini s. pueri,* aur f g¹ *l: n. c. f. et e. s. parvuli;*
ἐὰν μὴ στραφῆτε καὶ γένησθε ὡς τὰ παιδία), !! 3.404 *qui vero e parvis
istis deceperit ullum* (Matth.18.6 a aur b c d f ff² g¹ l n q r¹ e: *qui* || ff¹:
quicumque; ὃς δ'), !! 3.404 *e* (Matth.18.6 f e: *ex* || a aur b c d ff¹ ff²
g¹ l n q r¹: *de;* codd. Graec.: Genitiv), !! 3.404 *istis* (Matth.18.6 aur b c
d f ff¹ ff² g¹ l q r¹: *istis* || a n: -; τούτων), !! 3.406 *praecipitemque maris
sese iaculetur in undas* (Matth.18.6 c ff¹ e: *et praecipitetur in profundum
maris* || a *aur* b f ff² g¹ l n q: *et demergatur in p. m.,* d: *et demergi in
pelago m.;* καταποντισθῇ ἐν τῷ πελάγει τῆς θαλάσσης), !! 3.407 *nec
quisquam fastu parvos contempserit istos* (Matth.18.10 a aur b c d f *f ff* g¹
l n q r¹: *ne contemnatis unum ex his pusillis* || e: *ne expernatis u. ex. p.
istis;* ὁρᾶτε μὴ καταφρονήσητε ἑνὸς τῶν μικρῶν τούτων), !! 3.407 *istos*

(Matth.18.10 f q r¹ e: *istis* || a aur b c ff¹ ff² l n: *his*, d: *horum*, g¹: -; τούτων), !! 3.413 *et* (Matth.18.12 a aur b c d f ff¹ ff² g¹ l n r¹ e: *et* || q: -; καί / -), !! 3.414 <u>*illam si magno possit reperire labore*</u> (cf. Matth.18.12 ff¹: *quaerere illam, quae erravit* || a aur b c *d* f ff² g¹ h l n e: *quaerere eam, q. e.*, q: *querit errantem;* [var.] ζητεῖ τὸ πλανώμενον), !! 3.415 *laetitia inventae <u>maior</u> tum nascitur agnae* (Matth.18.13 a aur b c *d* f ff² g¹ h l n q *e: gaudebit...magis* || ff¹: *plus gaudebit;* χαίρει...μᾶλλον), !! <u>3.417</u> *ex* (Matth.18.14 b c ff² g¹ h q e: *ex* || a aur d f ff¹ l n: *de;* codd. Graec.: Genitiv), !! 3.417 *istis* (Matth.18.14 a aur b c f ff¹ ff² g¹ h l n q e: *istis* || d: *his;* τούτων), !! 3.417 *ex istis parvis Genitor <u>sic</u> perdere quemquam/ non patitur* (Matth.18.14 a aur b c d f ff¹ ff² g¹ h l n q: *sic* || e: *ita;* οὕτως), !! 3.420 *secretum* (sc. *fratrem*) *mox dictis <u>corripe</u> solus* (Matth.18.15 a aur b c f ff¹ ff² g¹ h l n q e: *corripe* || d: *argue;* ἔλεγξον; Nestler 9), !! <u>3.420</u> *solus* (Matth.18.15 ff¹: *solus cum solo*, e: *inter te et ipsum solus* || a aur b c d f ff² g¹ h l n q r¹: *i. te et i. solus;* μεταξὺ σοῦ καὶ αὐτοῦ μόνου), 3.426ff. *tunc ad concilium referantur crimina plenum, .../ sin et multorum contempserit efferus ora* (Matth.18.17 a aur b c *d* f *ff'* g¹ h l n q r¹ e: *dic ecclesiae. si autem ecclesiam non audierit* || ff²: -; εἰπὲ τῇ ἐκκλησίᾳ· ἐὰν δὲ καὶ τῆς ἐκκλησίας παρακούσῃ), !! <u>3.426</u> *referantur* (Matth.18.17 h: *referes* || a aur b c d f ff¹ g¹ l n q r¹: *dic*, e: *dicis*, ff²: -; εἰπέ), !! 3.428 *sin <u>et</u> multorum contempserit efferus ora* (Matth. 18.17 d ff¹ h l: *si autem et ecclesiam non audierit* || a aur b c f ff² g¹ n q *e: si autem ecclesiam n. a.;* ἐὰν δὲ καὶ τῆς ἐκκλησίας παρακούσῃ), !! <u>3.428</u> *sin et multorum <u>contempserit</u> efferus ora* (Matth.18.17 e *Cypr.: si ecclesiam contempserit* || a aur b c d f *ff'* g¹ h l n q r¹: *si autem e. non audierit*, ff²: -; ἐὰν δὲ καὶ τῆς ἐκκλησίας παρακούσῃ), !! <u>3.429</u> *sit tibi diversae multatus nomine <u>gentis</u>* (Matth.18.17 e: *sit tibi quasi gens aut publicanus* || a aur b c *d* f *ff'* ff² g¹ h l n q r¹ *Cypr.: s. t. sicut ethnicus et p.;* [var.] ἔστω σοι ὥσπερ ὁ ἐθνικὸς καὶ ὁ τελώνης; *ethnicus* in der Dichtung erst nach Juvencus), !! 3.430 *namque* (Matth.18.20 a aur b c d f ff¹ ff² g¹ h l n q r¹: *enim* || e: *et;* γάρ), !! <u>3.430</u> *namque in concilium semper <u>praesentia</u> nostra/ adveniet* (Matth.18.20; cf. 18.16 ff¹: *ut praesentibus duobus vel tribus testibus stabit omne verbum* || *a aur b c d f* ff² g¹ h l n q r¹ *e: ut in ore duorum vel trium testium stet o. v.;* [var.] ἐπὶ στόματος δύο μαρτύρων ἢ τριῶν; bei Juvencus ist betont, daß das Zeugnis der Versammelten durch die Anwesenheit Christi besonderes Gewicht erhält. Denn durch die Auslassung von Matth.18.18f. rücken 18.16f. und 18.20 zusammen), !! 3.430f. *namque in concilium semper praesentia nostra/ adveniet <u>mediumque</u> duum me stare necesse est* (Matth.18.20 a *aur* b c *d f ff'* ff² g¹ h l q: *ubi enim..., ibi et ego sum in medio eorum* || e *Cypr.: et ubicumque...., et e. cum eis s.;* [var.] οὗ γὰρ..., ἐκεῖ εἰμι ἐν μέσῳ αὐτῶν), !! 3.433 tum Petrus quaerit, _quot_ fratri errata remittat (Matth.18.21 a b c f ff' ff² g¹ h e: quotiens remittam ei || aur d l q: et [sc. quotiens] remittam ei (vgl. aber zuvor aur d l q: quotiens peccaverit); καὶ [ποσάκις] ἀφήσω αὐτῷ), !! 3.433 remittat (Matth.18.21 a b ff¹ ff² g¹ q e: remittam || aur c d f h l: dimittam; ἀφήσω), 3.435 Christus prosequitur (Matth.18.22 a aur b c d f ff² g¹ h l q e: Iesus || ff¹: -; ὁ Ἰησοῦς), !! 3.438 nummi rationem qui sibi _poni/_ iusserit (Matth.18.23 a aur b c ff¹ ff² g¹ l q: qui voluit rationem ponere cum servis suis || h: q. v. r. discutere c. s. s., f: q. venit r. facere c. s. s., d: q. voluit tollere r. c. s. s., e: q. venit r. deducere c. s .c.; ὃς ἐθέλησεν συνᾶραι λόγον μετὰ τῶν δούλων αὐτοῦ; Widmann 8), !! 3.439 debentem multa _talenta_ (Matth.18.24 a aur b c f ff' ff² g¹ h l r¹: unus, qui decem debebat milia talenta, q: u., q. debebat ei dece milia talentorum, e: debitor decem milium thalentorum || d: unus debitor dece milium denariorum; [var.] ὀφειλέτης μυρίων ταλάντων), !! 3.442 _pro_strato corpore (Matth.18.26 a b c f ff² g¹ h q r¹: procidens, aur ff¹ l: procedens || d: cadens, e: caecidit...et; πεσών), !! 3.442 tum servus dominum prostrato corpore _adorat_ (Matth.18.26 d q: adorabat || a aur b ff² g¹ h l r¹: orabat, c f ff¹: rogabat, e: obsecravit; προσεκύνει; Marold, Evangelienbuch 340), !! 3.443f. et spondet.../ _omnem_ nummorum domino dissolvere summam (Matth.18.26 a aur b c d f ff' ff² g¹ h l q r¹: et omnia reddam tibi || e: et reddam; [var.] καὶ πάντα ἀποδώσω σοι), 3.443 domino (Matth.18.26 a aur c g¹ h l: tibi || b d f ff¹ ff² q: -; σοι), !! 3.445 _conmovit_ dominum famuli miseratio flentis (Matth.18.27 e: commotus autem dominus || c: misericordia a. motus d., a aur b d f ff¹ ff² g¹ h l q r¹: misertus a. d.; σπλαγχνισθεὶς δὲ ὁ κύριος), !! 3.445 miseratio (Matth.18.27 a aur b f ff¹ ff² g¹ l q: misertus, d h r¹: m. est, c: misericordia...motus || e: commotus; σπλαγχνισθείς), 3.446 _cunctaque_ trans meritum concessit debita servo (Matth.18.27 ff¹: et universum debitum donavit illi || a _aur_ b c f ff² g¹ h l q r¹ e: et debitum remisit ei, d: et faenus dimisit ei; καὶ τὸ δάνειον ἀφῆκεν αὐτῷ), 3.446 concessit (Matth.18.27 ff¹: donavit || a b c ff² h: remisit, aur d f g¹ l q r¹: dimisit, e: demisit; ἀφῆκεν), !! 3.446 debita (Matth.18.27 a aur b c f ff¹ ff² g¹ h l q r¹ e: debitum || d: faenus; τὸ δάνειον), !! 3.447 egrediens (Matth.18.28 a aur b d f ff¹ ff² g¹ h l q: egressus || c: regressus, e: cum exisset; ἐξελθών), 3.448 tum _debita_ fortior urget/ persolvi (Matth.18.28 d: quae debes || a aur b c f ff¹ ff² g¹ h l r¹: quod debes, q: si quid debes; εἴ τι ὀφείλεις), !! 3. 452f. adducto ingessit iustissima servo/ _dicta_ dolens (Matth.18.32 d: dicit, e: dixit ei || a aur b c f ff¹ ff² g¹ h l q: ait illi; [var.] λέγει αὐτῷ), 3. 454f. in tormenta ferum detrusit _cuncta_ revolvens/ debita (Matth.18.34 a aur b c f ff¹ ff² g¹ h l q r¹: tradidit eum tortoribus, quoadusque redderet universum debitum, e: t. e. t., q. r. omne d. || d: t. e. t., donec r. d.;

[var.] παρέδωκεν αὐτὸν τοῖς βασανισταῖς ἕως οὗ ἀποδῷ πᾶν τὸ ὀφειλόμε-
νον / D: π. α. τ. β. ἔ. οὗ ἀ. τὸ ὀ.), !! 3.456 sic vobis faciet Genitor
(Matth.18.35 a aur b c f ff¹ ff² g¹ h l q: sic || d e: ita; οὕτως), !! 3.456f.
qui culmina caeli/ possidet (Matth.18.35 a b c ff¹ ff² g¹ h: qui in caelis
est || aur d f l q e: caelestis; ὁ οὐράνιος / ὁ ἐπουράνιος), !! 3.457 inmi-
tes saevo si pectore fratrum/ peccata orantum dure punire voletis (Matth.
18.35 a aur b c d f ff¹ ff² g¹ h l r¹ e: si non remiseritis unusquisque fratri
suo || q: si n. r. hominibus unusquisque; ἐὰν μὴ ἀφῆτε ἕκαστος τῷ
ἀδελφῷ αὐτοῦ), !! 3.457f. si...fratrum/ peccata orantum dure punire voletis (Matth.18.35 f: si non dimiseritis unusquisque fratri suo...peccata eo-
rum || h: s. n. remiseritis u. f. s....delecta e., a aur b c d ff¹ ff² g¹ l q
r¹ e: s. n. remiserit u. f. s.; ἐὰν μὴ ἀφῆτε ἕκαστος τῷ ἀδελφῷ αὐτοῦ ἀπὸ
τῶν καρδιῶν ὑμῶν τὰ παραπτώματα αὐτῶν / ε. μὴ α. ε. τῷ ἀ. α. ἀ. τ.
κ. ὑ.), !! 3.461 Iordanes (Matth.19.1 a aur b c d f ff¹ ff² h e: Iordanen,
g¹ r¹: Iordanem || l: Iordanne, q: Iordannem; 'Ιορδάνου), 3.467 Christus
(Matth.19.4 a b c d f ff² g¹ h: Iesus || aur l: qui, q e: ille, ff¹: -; ὁ δέ),
3.468f. principio Deus in terris par dispare sexu/ constituit (Matth.19.4 a
aur c d f g¹ h l q: qui constituit ab initio, masculum et feminam fecit eos,
b: q. c. m. e. f. ab initio fecit eos || ff² ff² e: q. fecit, m. et f. e.; [var.]
ὁ κτίσας ἀπ' ἀρχῆς ἄρσεν καὶ θῆλυ ἐποίησεν αὐτούς), !! 3.469 constituit
(Matth.19.4 e: constituit || a aur b c d f ff¹ ff² g¹ h l q: fecit; ὁ κτίσας /
ὁ ποιήσας), !! 3.469f. iussitque uno de corpore necti/ amborumque animas
iunctisque inolescere membris (Matth.19.5 d: homo...coniungetur mulieri
suae, q e: h....adiungetur uxori s. || a aur b c f ff¹ ff² g¹ h l r¹: adhaere-
bit [a: herebit] u. s.; προσκολληθήσεται τῇ γυναικὶ αὐτοῦ, καὶ ἔσονται οἱ
δύο εἰς σάρκα μίαν / κολληθήσεται τῇ γ. α., κ. ἔ. οἱ δ. ε. σ. μ.; vgl.
aber auch die durchgehende Überlieferung von [con-]iunxit in Matth.19.6),
!! 3.472 inlicitum est hominum foedo secernere luxu (Matth.19.6 a: non li-
cet separari || aur b c d f ff² g¹ h l q e: homo non separet, ff¹ r¹: h. non
disiungat; ἄνθρωπος μὴ χωρίζετο), !! 3.472 inlicitum est hominum foedo
secernere luxu (Matth.19.6 aur b c d f ff² g¹ h l q e: homo non separet,
a: non licet separari || ff¹ r¹: homo non disiungat; ἄνθρωπος μὴ χωριζέ-
τω), !! 3.473/5 Moyses praecepit, quod pectora dura videret,/ scribere dis-
cidium (Matth.19.7 d e: praecepit, ff¹: praecipit || a aur b c f ff² g¹ h l
q r¹: mandavit; ἐνετείλατο), !! 3.473 quod pectora dura videret (Matth.
19.8 d: ad durum cor vestrum || a aur b c f ff¹ ff² g¹ h l q r¹ e: ad duri-
tiam cordis vestri; πρὸς τὴν σκληροκαρδίαν), !! 3.477 alteraque illius tha-
lamis sociabitur uxor (Matth.19.9 a aur b c d f ff² g¹ h l q r¹ e: aliam du-
xerit || ff¹: -; γαμήσῃ ἄλλην / -), !! 3.478 crimen adulterii populo sub
teste subibit (Matth.19.9 e: adulter est || a aur b c d f g¹ h l q r¹: moe-
chatur, ff¹: facit eam moechari, ff²: fornicatur [vgl. aber zuvor d ff¹: ex-

cepta causa adulterii]; μοιχᾶται / ποιεῖ αὐτὴν μοιχευθῆναι), !! 3.479f. *urget lex ista* <u>*virorum*</u>/ *servitiique premit non aequore partem,* / *ut* (Matth.19. 10 *a* aur b c *d* ff² g¹ h q r¹: *si ita est causa viri cum uxore* || *f* l *e: si i. e. c. hominis* [l: *homini*] *cum uxore,* ff¹: *si i. c. c. u.;* D: εἰ οὕτως ἐστὶν ἡ αἰτία τοῦ ἀνδρὸς μετὰ τῆς γυναικός / εἰ ο. ἐ. ἡ α. τ. ἀνθρώπου μ. τ. γ.), 3.482 *respondit* <u>*Dominus*</u> (Matth.19.11 a b c ff¹: *Iesus* || f q e: *ille*, aur d l: *qui*, ff² g¹ h: -; ὁ δέ), !! 3.488f. *atque alios ipsos sibi demere constat/ pro caeli* <u>*regnis*</u> *pronum de pectore amorem* (Matth.19.12 ff¹ e: *propter regna caelorum* || a aur b c d f ff² g¹ h l q Cypr.: *p. regnum c.;* διὰ τὴν βασιλείαν τῶν οὐρανῶν; laut von Soden 162 ist *regna* die alte afrikanische Übersetzung), 3.490 *capessat* (Matth.19.12 a aur b c d f ff¹ ff² g¹ h q e Cypr.: *capiat* || l: *capiant;* χωρεῖτο), !! 3.492 <u>*pueros, quos*</u> *gaudens cura parentum/ ...ferebat* (Matth.19.13 b d ff² q: *tunc oblati sunt ei pueri* || a c *ff* g¹ h r¹ e: *t. o. s. e. infantes,* aur f l: *t. o. s. e. parvuli;* [var.] τότε προσηνέχθησαν αὐτῷ παιδία), 3.492ff. *pueros, quos gaudens cura parentum/* <u>*cum precibus laetis*</u> *certatim hinc inde ferebat,* / *suscipit* (Matth.19.13 e: *tunc oblati sunt illi infantes, ut manus illis inponeret et* <u>*adorarent*</u> || *aur* b c *d* f *ff'* ff² g¹ h q r¹: *t. o. s. i. pueri, ut m. eis i. et oraret* [r¹: *...ret*], a: *t. o. s. i. infantes, ut m. e. i. et curaret,* l: *t. o. s. i. parvuli, ut m. eis i.;* [var.] τότε προσηνέχθησαν αὐτῷ παιδία ἵνα τὰς χεῖρας ἐπιθῇ αὐτοῖς καὶ προσεύξηται; e *adorarent* kann wohl nur die Bitten der Eltern meinen, wenn auch der Subjektswechsel stört. Vielleicht geht der Juvencustext darauf zurück. Andererseits kann *cum precibus laetis* auch leicht aus dem *ut* gezogen sein), !! 3.494 *et plebem sectantum, quod* <u>*prohiberet*</u> (Matth.19.13 *a* aur b c *f ff'* ff² h q: *discipuli autem prohibebant eos* || g¹ l: *d. a. increpabant eos*, d: *d. a. conminati sunt eis*, e: *d. a. corripiebant eos;* οἱ δὲ μαθηταὶ ἐπετίμησαν αὐτοῖς; in 19.14 wird *prohibere* jedoch in allen altlateinischen codd. verwendet), !! 3.495 *increpat ac* <u>*tales*</u> *adfirmat regna mereri/ aulae caelestis* (Matth.19.14 a aur b c d f ff¹ *ff'* g¹ h l q *r'*: *talium est enim regnum caelorum* || e: *ipsorum e. e. r. c.;* τοιούτων ἐστὶν ἡ βασιλεία τῶν οὐρανῶν), 3.496 *sanctas his ordine* <u>*palmas*</u> (Plural) / *inponit* (Matth.19.15 b *d* ff¹ ff²: *et inpositis illis manibus,* aur c *f g¹* l q r¹ e: *et cum inposuisset manus* || a h: *et illis inposita manu* [h: *manum*]; καὶ ἐπιθεὶς τὰς χεῖρας αὐτοῖς), !! 3.497 *inponit* (Aktiv) (Matth.19.15 aur c g¹ l e: *imposuisset*, f: *inponens* || b d ff¹ ff² q: *inpositis*, a h: *inposita;* ἐπιθεὶς), 3.500 *accedit Christumque palam submissus adorat* (Matth.19.16 a b c f ff¹ ff² h q r¹ e: *accessit...et* || aur d g¹ l: *accedens;* προσελθών), !! 3.501 *o* <u>*bone*</u> *praeceptor, dic nunc, quae facta sequamur* (Matth.19.16 aur b c f ff² g¹ h l q r¹: *magister bone* || a d ff¹ e: *m.;* διδάσκαλε ἀγαθέ / δ.), !! 3.503 <u>*Iesus*</u> (Matth.19.17 a b c ff¹ ff² h r¹: *Iesus* || aur d f g¹ l: *qui*, q e: *ille*; ὁ δέ), 3.504 *nunc demum* <u>*quaeris*</u>, *veteri quae lege tenentur?* (Matth.19.17 a aur b c d ff¹ ff² g¹ h 1 r¹ e: *quid me interrogas de bono?* || f q: *q. m. dicis bonum?;* τί με ἐρωτᾷς περὶ τοῦ ἀγαθοῦ; / τί με λέγεις ἀγαθόν;), !! 3.510 *istaec* (Matth.19.20 e: *ista* || a aur b c d f ff¹ ff² g¹ h 1 n q: *haec;* ταῦτα), 3.510 *istaec semper mihi perpete cura/ observata reor* (Matth.19.20 a b c d f ff² n h q e: *custodivi a iuventute mea* || aur ff¹ g¹ 1 Cypr.: *c.;* [var.] πάντα ταῦτα ἐφύλαξα ἐκ νεότητός μου / [var.] π. τ. ἐ.), !! 3.511 *observata* (Matth.19.20 e Cypr.: *observavi* || a aur b c d f ff¹ ff² g¹ h 1 n q: *custodivi;* ἐφύλαξα), !! 3.511 *sed ne quid forte relictum/ desit* (Matth.19.20 h: *quid adhuc mihi restat?* || a aur b c d f ff¹ ff² g¹ 1 n q e Cypr.: *q. a. m. deest?;* τί ἔτι ὑστερῶ;), !! 3.512 *sed ne quid forte relictum/ desit* (Matth.19.20 a aur b c d f ff¹ ff² g¹ 1 n q: *quid adhuc mihi deest?* || h: *q. a. m. restat?;* τί ἔτι ὑστερῶ;), !! 3.515 *omnia, quae proprio retines solus dominatu* (Matth.19. 21 f ff¹: *omnia, quae possides* || ff²: *omnia bona tua,* b c q e: *omnia tua,* aur g¹ 1: *quae habes,* a h n: *bona tua,* d: *substantiam tuam;* σου τὰ ὑπάρχοντα, 3.515 *quae proprio retines solus dominatu* (Matth.19.21 f ff¹: *quae possides* || aur g¹ 1: *quae habes,* a *ff²* h n: *bona tua,* b c q e: *omnia tua,* d: *substantiam tuam;* σου τὰ ὑπάρχοντα; *retines...dominatu* kommt dem starken Ausdruck *possides* am nächsten), !! 3.516 *distrahe et ad miseros confer securus egentes* (Matth.19.21 e: *da egenis* || a aur b c d f ff¹ ff² g¹ h 1 n q: *da pauperibus;* [var.] δὸς τοῖς πτωχοῖς), !! 3.517 *tum thensaurus erit caeli tibi conditus arce* (Matth.19.21 a aur b c f ff¹ ff² h 1 n q: *et habebis thensaurum in caelo* || d *g¹* e: *et h. t. in caelis;* καὶ ἕξεις θησαυρὸν ἐν οὐρανῷ / κ. ἕ. θ. ἐν οὐρανοῖς; allerdings vermeidet Juvencus den Plural von *caelum* grundsätzlich), 3.518 *virtutisque tenax vestigia nostra sequeris* (Matth.19.21 a aur b c d f ff¹ ff² h 1 n q e: *sequere me* || g¹: *sequere;* ἀκολούθει μοι), 3.519 *ubi* (Matth.19.22 a aur b c ff¹ ff² g¹ 1 n q e: *cum audisset* || f h: *hoc audito,* d: *audiens;* ἀκούσας), !! 3.519 *haec adolescentis veniunt ubi dicta per aures* (Matth.19.22 f h: *hoc audito,* a b c *ff* n: *cum audisset...hoc verbum,* e: *cum hoc audisset* || aur d ff² g¹ 1 q: *c. a. verbum;* ἀκούσας δὲ ὁ νεανίσκος τὸν λόγον τοῦτον / ἀ. δὲ ὁ ν. τὸν λόγον), !! 3.519 *adolescentis* (Matth.19.22 a aur b c f ff¹ ff² g¹ 1 n q r¹: *adulescens* || d h: *iuvenis,* e: -; ὁ νεανίσκος), 3.519 *haec adolescentis veniunt ubi dicta per aures* (Matth.19.22 a *b* c *ff* n: *cum audisset autem adulescens hoc verbum,* aur d ff² g¹ 1 q: *c. a. a. a. verbum* || e: *et c. hoc audisset,* f h: *hoc audito iuvenis;* [var.] ἀκούσας δὲ ὁ νεανίσκος τὸν λόγον τοῦτον), 3.520 *deiecit vultum tristisque in tecta refugit* (Matth.19.22 a aur b c *d* f ff¹ ff² g¹ h 1 n q: *abiit tristis* || e: *contristatus est;* ἀπῆλθεν λυπούμενος), !! 3.520 *tristis* (Matth.19.22 a aur b c d f ff¹ ff² g¹ h 1 n q r¹: *tristis* || e: *contristatus est;* λυπούμενος), 3.522f. *difficile est terris adfixos divite gaza/ avelli caelique leves in regna venire* (Matth.19.23 *a*

aur b c d f *ff¹ ff²* g¹ h n q r¹ e: *quod dives difficile intrabit in regnum cae-*
lorum || 1: -; ὅτι πλούσιος δυσκόλως εἰσελεύσεται εἰς τὴν βασιλείαν τῶν
οὐρανῶν), !! 3.523 *caelique leves in regna venire* (Matth.19.23 e: *poterit*
introire in regna caelorum || *a* aur b c d f *ff¹* ff² g¹ h n q r¹: *intrabit in*
regnum [a b ff² n: *regno*] c., 1: -; εἰσελεύσεται εἰς τὴν βασιλείαν τῶν οὐρανῶν), !! 3.524 *nam citius tenuis per acus transire foramen/ deformis*
poterunt inmania membra cameli (Matth.19.24 a aur b c d f *ff¹* ff² g¹ h l
n q r¹: *facilius est camelum per foramen acus transire* || e: *f. e. camello*
p. caverna a. pertransire, τρυπήματος [τρήματος / τρυμαλιᾶς] ῥαφίδος;
Widmann 8), !! 3.526 *caelestia regna videre* (Matth.19.24 *a* aur b c f *ff¹*
ff² g¹ h l n q r¹ e: *introire in regna caelorum* || d: *i. in regnum Dei;* εἰσ-
ελθεῖν εἰς τὴν βασιλείαν τῶν οὐρανῶν / ε. ε. τ. β. τοῦ Θεοῦ), !! 3.526
regna (Plural) (Matth.19.24 e: *regna* || aur b c d f g¹ h l q r¹: *regnum,*
a ff¹ ff² n: *regno;* τὴν βασιλείαν), 3.527 *talibus* (Plural) (Matth.19.25 a
aur c f g¹ l n q r¹: *his*, b: *haec* || ff¹: *quo*, d h e: -; codd. Graec.: -), !!
3.527 *talibus attoniti comites stupidique silebant* (Matth.19.25 d e: *audien-*
tes autem discipuli stupebant || g¹: *auditis a. his d. mirati sunt,* a aur b
c f *ff¹ ff²* h l n q r¹: *a. a. h. d. mirabantur;* [var.] ἀκούσαντες δὲ οἱ μαθηταὶ ἐξεπλήσσοντο σφόδρα), !! 3.530 *respicit aeternae iustorum gloria vi-*
tae (Matth.19.26 d e: *respiciens* || a aur b c f ff² g¹ h l n q: *aspiciens,*
ff¹: *conspiciens;* ἐμβλέψας), !! 3.532 *Deus* (Matth.19.26 a aur b c d f ff¹
ff² g¹ h l n q r¹: *Deum* || e: *Dominum;* Θεῷ), !! 3.535 *omnia nostrorum*
proiecta reliquimus olim (Matth.19.27 a b c f ff¹ ff² h n q r¹: *reliquimus*
omnia [ff¹: *o. r.*], aur g¹: *relinquimus o.* || 1: *derelinquimus o.*, d e: *dimi-*
simus o.; ἀφήκαμεν πάντα), !! 3.538 *talibus ad Petrum verbis respondit*
Iesus (Matth.19.28 a aur b c d f ff¹ ff² g¹ h l n q: *Iesus* || e: *ille;* ὁ δὲ
Ἰησοῦς), !! 3.541f. *celso quem cinget honore/ maiestas* (Matth.19.28 a
aur b c f ff² g¹ h l n q: *cum sederit Filius hominis in sede maiestatis su-*
ae || d ff¹: *c. s. F. h. in throno gloriae s.*, e: *c. s. F. h. in t. claritatis;*
ὅταν καθίσῃ ὁ Υἱὸς τοῦ ἀνθρώπου ἐπὶ θρόνου δόξης αὐτοῦ), !! 3.542f. *bis*
sex illic pulcherrima virtus/ constituet vobis sublimi in vertice sedes
(Matth.19.28 *a* aur b c d f *ff¹* ff² g¹ *h* l n: *sedebitis et vos super sedes*
duodecim || q e: *sedetis et v. s. d. thronos;* [var.] καθήσεσθε καὶ ὑμεῖς
ἐπὶ δώδεκα θρόνους), !! 3.545f. *hic quicumque sui linquet generisque do-*
musque/ gazas (Matth.19.29 c d ff¹ h: *et omnis, quicumque reliquerit,* e:
et o., quicumque dimiserint || a aur b f ff² g¹ l n q r¹: *et omnis, qui reli-*
querit; [var.] καὶ πᾶς ὅστις ἀφῆκεν οἰκίας) !! 3.545 *linquet* (Matth.19.29
f: *relinquet,* a aur b c ff¹ ff² h n q r¹: *reliquerit,* d l: *reliquit* || g¹: *dere-*
linquerit, e: *dimiserint;* ἀφῆκεν), 3.545f. *domus* (Singular) .../ *gazas*
(Matth.19.29 a aur b c d f ff¹ ff² g¹ h l n r¹: *domum* || q e: *domos;* οἰ-
κίας), 3.547 *centiplicata dehinc capiet vitamque perennem* (Matth.19.29

e: *in futuro* || a aur b c d f ff¹ ff² g¹ h l n q r¹: -; codd. Graec.: -), !!
3.552 *primo cum lumine solis* (Matth.20.1 a aur b c ff¹ ff² g¹ h n q r¹ e:
primo mane, f l: *prima mane* || d: *deluculo; ἅμα πρωΐ*), !! 3.552 *cum lu-
mine* (Matth.20.1 d: *deluculo* || a aur b c ff¹ ff² g¹ h n q r¹ e: *primo ma-
ne*, f l: *prima mane; ἅμα πρωΐ*), 3.555 *et sua tum iussit cultu vineta poli-
re* (Matth.20.2 c h: *misit eos operari in vineam suam* || a aur b d f ff¹ ff²
g¹ l n q r¹ e: *misit eos in vineam s.; ἀπέστειλεν αὐτοὺς εἰς τὸν ἀμπελῶνα
αὐτοῦ*), !! 3.556 *ipse sed egrediens* (Matth.20.3 a aur b c d f ff¹ g¹ h l n
q: *et egressus*, ff²: *egressus autem* || e: *et exivit; καὶ ἐξελθών*), !! 3.557
invenit ecce alios operique adcrescere iussit (Matth.20.3 a b c d ff¹ ff² h
n r¹: *invenit alios stantes in foro otiosos* || aur f g¹ l q *e: vidit a. in foro
o.;* D: *εὗρεν ἄλλους ἑστῶτας ἐν τῇ ἀγορᾷ / εἶδεν ἄ. ἐ. ἐν τῇ ἀ.*), 3.558
pro meritis operis promittens praemia digna (Matth.20.4 a aur b c d f ff¹
ff² g¹ h l n q r¹: *et quod iustum fuerit, dabo vobis* || e: *et q. f. mercedes
nomine, d. v.; καὶ ὃ ἐὰν ᾖ δίκαιον, δώσω ὑμῖν*), !! 3.559 *illi non aliter
laeti praecepta sequuntur* (Matth.20.5 a aur b c f ff¹ ff² g¹ h l n q r¹ e: *il-
li* || d: *qui; οἱ δέ*), !! 3.560 *sexta...hora* (und 562 *hora...nona*) (Matth.
20.5 a aur b c d f ff¹ *ff²* g¹ h l n q r¹: *circa sextam et nonam horam* || e:
circa sextam et nonam; [var.] *περὶ ἕκτην καὶ ἐνάτην ὥραν*), 3.561 *haut
secus hinc alios iuvenes conducere pergit* (und 563 *pariter*) (Matth.20.5 d:
exiens...fecit identidem, ff¹: *exivit...idem fecit* || a aur b c f *ff²* g¹ h l n
q r¹ e: *exivit...et fecit similiter;* [var.] *ἐξελθὼν περὶ ἕκτην καὶ ἐνάτην
ὥραν ἐποίησεν ὡσαύτως; haut secus* und *pariter* stehen dem stärkeren
identidem / idem / ὡσαύτως näher als dem schwächeren *similiter*), 3.565
egressus (part.coni.) *cernit* (Matth.20.6 f q: *exiens...invenit* || a aur b c
d ff¹ ff² g¹ h l n r¹: *exiit* [ff¹: *exivit*] *et invenit*, e: *cum exisset,...i.; ἐξελθὼν εὗρεν*), 3.568 *Dominus mox hos insistere ruri/ tunc etiam iussit*
(Matth.20.7 f *ff¹* h e: *ite et vos operamini in vineam meam* || a aur b c
d ff² g¹ l n q: *ite et vos in v. m.;* [var.] *ὑπάγετε καὶ ὑμεῖς εἰς τὴν ἀμπε-
λῶνα*), 3.569 *vespere...orto* (Matth.20.8 d e: *sero autem facto* || a aur b
c f ff¹ ff² g¹ h l n q: *cum sero autem factum esset; ὀψίας δὲ γενομένης*),
!! 3.571 *aequalique omnes portarent praemia nummo* (Matth.20.8; cf. 20.
12 d ff¹ h q e: *aequales illos nobis fecisti* || a aur b c f *ff²* g¹ l n r¹: *pa-
res i. n. f.;* [var.] *καὶ ἴσους ἡμῖν αὐτοὺς ἐποίησας*), 3.572f. (Matth.20.10
a aur b d f ff¹ ff² g¹ h l n q r¹ e: vorhanden || c: fehlt; codd. Graec.:
vorhanden), 3.576 *ultima quos operis sero coniunxerat hora* (Matth.20.12
ff¹: *hii novissimi una hora laboraverunt* || a aur b c d f ff² g¹ h l n q r¹
e: *hi n. u. h. fecerunt; οὗτοι οἱ ἔσχατοι μίαν ὥραν ἐποίησαν; operis* liegt
aufgrund des Nebentons der Mühe wohl näher bei *laboraverunt* als bei *fecerunt* bzw. *ἐποίησαν*), !! 3.579 *pacti servantur iura fidelis* (Matth.20.13
aur *b c f* ff¹ ff² g¹ *h* l n q r¹ e: *amice, non facio tibi iniuriam* || d: *a., n.*

te nocui; ἐταῖρε, οὐκ ἀδικῶ σε), 3.580 *istis de nostro liceat concedere tantum* (Matth.20.14f.; cf. 20.15 f: *aut non licet mihi facere de meum quod volo?*, c r¹: *a. n. l. m. quod volo f. de rebus meis?*, ff¹ e: *a. n. l. m. quod volo f. de re mea* [ff¹: *de rem mea*]?, a d h n q: *a. n. l. m. f. quod volo in meis?* || *aur* b ff² g¹ l: *a. n. l. m. f. quod volo?;* [var.] ἦ οὐκ ἔξεστίν μοι ὃ θέλω ποιῆσαι ἐν τοῖς ἐμοῖς;), !! 3.580f. *istis de nostro liceat concedere tantum,/ extima quos operis glomeraverit portio ruri* (Matth.20. 14 ff¹: *volo autem et huic novissimo tantum dare quantum et tibi* || a aur b c d f ff² g¹ h l n q r¹ e: *v. a. et h. n. dare sicut et tibi;* [var.] θέλω δὲ τούτῳ τῷ ἐσχάτῳ δοῦναι ὡς καὶ σοί), 3.584f. *haec ait et Solymos repetit comitesque seorsum/ adloquitur solisque iteris regionibus infit* (Matth.20. 17 a aur b c f ff¹ ff² g¹ h l n q e: *et ascendens Iesus Hierosolyma adsumpsit duodecim discipulos in via seorsum et ait illis* || d: *et a. I. H. suscepit duodecim seorsum in via et dixit eis;* [var.] καὶ ἀναβαίνων ὁ Ἰησοῦς εἰς Ἱεροσόλυμα παρέλαβεν τοὺς δώδεκα μαθητὰς κατ᾿ ἰδίαν καὶ ἐν τῇ ὁδῷ εἶπεν αὐτοῖς / [var.] κ. ἀ. ὁ Ἰ. ε. Ἰ. π. τοὺς δώδεκα κ. ι. κ. ἐν τῇ ὁ. ἐ. ἀ.), 3.582 *nam* (Matth.20.16 ff¹ h: *ergo* || aur b c d f ff² g¹ l n q e: -; codd. Graec.: -), !! 3.584f. *seorsum/ adloquitur* (Matth.20.17 a c d f h n q: *adsumpsit...seorsum* || e: *a....separatim,* aur g¹ l: *a....secreto,* b ff¹ ff²: *a.; παρέλαβεν...κατ᾿ ἰδίαν*), !! 3.585 *iteris regionibus* (Matth.20. 17 q: *in itinere* || a c d f h n: *in via,* e: *in viam,* aur b ff¹ ff² g¹ l: -; ἐν τῇ ὁδῷ / -), !! 3.590 *Zebedei* (Matth.20.20 aur c d f ff² g¹ h q r¹ e: *Zebedei* || a b ff¹ l n: *Zebedaei;* Ζεβεδαίου), !! 3.592 *felices nati dextra laevaque sederent* (Matth.20.21 a aur b c f ff¹ ff² g¹ h l n q r¹ e: *ad dextram* [a aur c f ff¹ g¹ h l: *dexteram*] *tuam...ad sinistram tuam* || d: *ad dextris tuis...a sinistris;* [var.] εἰς ἐκ δεξιῶν σου καὶ εἰς ἐξ εὐωνύμων σου), 3.593 *tum quaerit* (verbum finitum) *Christus* (Matth.20.22 aur b c d f ff¹ g¹ h l n q r¹ e: *respondens...dixit* || ff²: *respondens;* ἀποκριθείς...εἶπεν), 3.593 *Christus* (Matth.20.22 aur b c d f ff¹ ff² g¹ h l q r¹ e: *Iesus* || n: -; ὁ Ἰησοῦς), 3.595 *tum talia Christus* (Matth.20.23 a b c d ff¹ ff² h n r¹ e: *Iesus* || aur f g¹ l q: -; ὁ Ἰησοῦς / -), !! *non hoc nostra dabit cuiquam pro munere virtus* (Matth.20.23 q: *hoc* || a aur b c d f ff¹ ff² g¹ h l n r¹ e: -; τοῦτο / -), 3.599 *haec certis Genitor sublimia dona reservat* (Matth. 20.23 aur b c f ff¹ ff² g¹ h l n q r¹ e: *[dare] quibus paratum est a Patre meo,* d: *q. praeparatum est a P. m.* || a: *q. datum e. a P. m.;* [var.] [δοῦναι] οἷς ἡτοίμασται ὑπὸ τοῦ Πατρός μου; der Gedanke des Bereithaltens läßt sich aus *parare, praeparare* ziehen, nicht aber aus *dare*), 3.601 *conmotos tali sermonis mulcet honore* (Matth.20.24 aur c d f g¹ l: *indignati sunt* || a b ff¹ ff² h n q e: *contristati sunt;* ἠγανάκτησαν), !! 3.602/4 *gentibus infidis celsa dicione potestas/ inponit quoscumque, super dominantur eorum/ exercentque trucem subiectis urbibus iram* (cf. Matth.20.25

a aur b *c f ff¹ ff² g¹ h l n q* r¹ e: *scitis, quod principes gentium dominantur eorum et qui maiores sunt potestatem exercent in eos* || d: *scitis, quod re gentium dominantur eorum et magni principantur eorum;* οἴδατε, ὅτι οἱ ἄρχοντες τῶν ἐθνῶν κατακυριεύουσιν αὐτῶν καὶ οἱ μεγάλοι κατεξουσιάζουσιν αὐτῶν; *potestas* ist in der Bibel und bei Juvencus in unterschiedlichen Gedanken gebraucht, dennoch kann Juvencus den Ausdruck selbst aus der Bibel übernommen haben), !! 3.603 *super dominantur eorum* (Matth. 20.25 a b c d f ff¹ ff² g¹ h l n q e: *dominantur eorum* || aur: *d. in eos;* κατεξουσιάζουσιν αὐτῶν), !! 3.604 *exercentque trucem subiectis urbibus iram* (Matth.20.25 *a* aur b *c f ff¹ g¹ h l n q* r¹: *potestatem exercent* [ff¹: *e. p.*] *in eos*, e: *p. exurgent* [wohl Verschreibung aus *exercent*] *in eis* || ff²: *p. habent in e.*, d: *principantur eorum;* κατεξουσιάζουσιν αὐτῶν; *exercere* ist zwar bei Juvencus mit *iram*, in der Vetus Latina dagegen mit *potestatem* verbunden, dennoch kann Juvencus von der altlateinischen Version zum Gebrauch des Wortes angeregt worden sein), !! 3.605 *vos inter* (Matth.20.26 a aur b c f ff¹ ff² g¹ h l n q r¹ e: *inter vos* || d: *in vobis;* ἐν ὑμῖν / ὑμῶν), !! 3.607 *magnus et obsequiis crescit super alta minister* (Matth.20.26 d: *qui voluerit in vobis magnus fieri, erit vester minister* || a *aur* b *c f ff¹* ff² *g¹ h l n q* r¹ e: *quicumque v. inter vos maior f., e. v. m.;* [var.] ὃς ἐὰν θέλῃ ἐν ὑμῖν μέγας γενέσθαι ἔσται ὑμῶν δοῦλος), 3.607 *crescit* (Matth.20.26 a b c d ff¹ ff² h l n q e: *erit* || aur f g¹ l: *sit;* ἔσται / ἔστω), 3.612/21 (Matth.20.28 a aur b c d ff¹ ff² *g¹* h n r¹ e: vorhanden || f l q: ausgelassen ab *vos autem quaeritis de pusillo crescere;* codd. Graec.: vorhanden / ausgelassen ab ὑμεῖς δὲ ζητεῖτε ἐκ μικροῦ αὐξῆσαι), 3.612 *at* (Matth.20.28 a aur b c d ff¹ ff² g¹ h n r¹: *autem* || e: *enim*, f l q: -; D: δέ / -), !! 3.612 *at vos e minimis opibus transcendere vultis* (Matth.20.28 d: *vos autem quaeritis de minimo crescere* || a aur b c *ff¹* ff² g¹ h n r¹ *e: v. a. q. de pusillo c.*, f l q: -; ὑμεῖς δὲ ζητεῖτε ἐκ μικροῦ αὐξῆσαι / -), 3.614/21 *si vos quisque vocat...* (Matth.20.28 a aur b c *d ff¹* ff² h n r¹ *e: intrantes autem et vocati ad cenam...* || g¹ f l q: -; codd. Graec.: εἰσερχόμενοι δὲ καὶ παρακληθέντες δειπνῆσαι... / -), !! 3.614 *si vos quisque vocat cenae convivia ponens* (cf. Matth.20.28 a *aur* b c *ff²* h n *e: qui ad cenam vocavit te* || *ff¹* r¹: *qui te invitavit ad c.*, d: *cenae invitator*, f g¹ l q: -; ὁ δειπνοκλήτωρ / -), 3.615f. *cornibus in summis devitet ponere membra/ quisque sapit* (Matth.20.28 a aur b c ff¹ *ff²* h n r¹ e: *in locis eminentioribus* || d: *in eminentibus l.*, f g¹ l q: -; εἰς τοὺς ἐξέχοντας τόπους / -; der Komparativ liegt näher am Superlativ als der Positiv), !! 3.620 *inferiorque dehinc si mox conviva subibit* (Matth.20.28 aur: *inferior* || a b c ff¹ ff² h n r¹ e: *humilior*, d: *minor*, f g¹ l q: -; ἥττων / -), 3.622 *proxima tum Solymis conscendit culmina montis* (Matth. 21.1 q: *et venit...in monte oliveti*, ff² e: *et venisset...in montem o.* || aur b f ff¹ g¹ h l n r¹: *venissent...in m. o.* [doch cf. zuvor b *adpropinquasset*], c d: *venerunt...in m. o.;* ἦλθεν / ἦλθον), 3.622 *Solymis* (Matth.21.1 a aur b c d f ff¹ ff² g¹ h l n q e: *Hierosolymis* u.ä. || r¹: -; Ἱεροσόλυμα), 3. 626f. *inde asinam pariter fetu comitante repertam/ ducere* (Matth.21.2 d: *mox* || ff² q r¹: *confestim,* aur f g¹ l: *statim,* e: *continuo,* a b c ff¹ h n: -; εὐθέως / -), !! 3.626 *asinam* (Matth.21.2 a aur b c d ff¹ ff² g¹ h l n q r¹: *asinam,* e: *asina* || f: *asinum;* ὄνον), 3.627f. *vel si quis causam disquire-re vellet,/ cur sua tam subito quoquam iumenta trahantur* (Matth.21.3 d: *et si quis vobis dixerit, quid facitis* || a aur b c f ff¹ ff² g¹ h l n q r¹ e: *e. s. q. v. aliquid d.;* καὶ ἐάν τις ὑμῖν εἴπῃ τι), !! 3.628 *cur sua tam subito quoquam iumenta trahantur* (Matth.21.3; cf. 21.5 q: *asinam et pul-lum filium iumenti* || c ff² h: *a. et p. novellum subiugalem,* b: *p. asinae n. s.,* d g¹: *asinam et pullum subiugalem,* aur f l: *a. et p. filium subiuga-lis,* e: *a. et p. eius subiugale,* ff¹: *p. asinae;* ὄνον καὶ...πῶλον υἱὸν ὑποζυ-γίου / ὄ. κ....π. ὑποζυγίου), !! 3.629 *operam Dominum sibi sumere velle* (Matth.21.3 b ff¹ ff² h q: *Dominus operam eorum desiderat* || a c g¹ n: *D. opera e. d.,* r¹ e: *Domino opus sunt,* aur f l: *Domino his opus habet,* d: *Dominus eorum opus habet;* [var.] ὁ Κύριος αὐτῶν χρείαν ἔχει), 3. 631f. *adducunt mollique super velamine vestis/ insternunt pullum placidum praebentque sedendum* (Matth.21.7 a b d f ff¹ ff² h q e: *et inposuerunt super eum vestimenta* || c g¹: *et i. s. eos v.,* aur l: *et i. s. eis v.;* καὶ ἐπ-έθηκαν ἐπ᾽ αὐτῷ τὰ ἱμάτια / κ. ἐπ᾽ αὐτόν τὰ ἱ. / κ. ἐ. ἐπ᾽ αὐτῶν τὰ ἱ.), 3.632 *praebentque sedendum* (Matth.21.7 aur g¹ l: *et eum desuper se-dere fecerunt* || a b c d f ff¹ ff² h q e: *et sedebat super eum;* καὶ ἐπεκάθι-σεν ἐπάνω αὐτῶν), 3.634 *ecce venit placidus tibi rex* (Matth.21.5 e: *ecce rex tuus venit tibi mites,* aur b c d f ff¹ ff² g¹ h l q: *e. r. t. v. mansue-tus* || a: *e. r. t. venturus est ad te;* ἰδοὺ ὁ βασιλεύς σου ἔρχεταί σοι πρα-ΰς), !! 3.634f. *quem terga sedentem/ praemitis gestant asinae pullique se-quentis* (cf. Matth.21.5 e: *[rex] mites* || aur b c d f ff¹ ff² g¹ h l q: *mansuetus,* a: -; πραΰς; Juvencus überträgt die Eigenschaft des Reiters auf das Lasttier), 3.636 *tunc populi stratas praetexunt vestibus omnes* (Matth.21.8 a aur b c d f ff¹ ff² g¹ l q e: *plurima autem turba* || h: *maior autem pars turbae;* ὁ δὲ πλεῖστος ὄχλος), 3.637 *quaque iter est Christo, subnexa fronde coronant* (Matth.21.8 a aur b c d f ff¹ ff² g¹ h q e: *alii au-tem caedebant ramos de arboribus et sternebant in via* || l: -; [var.] ἄλ-λοι δὲ ἔκοπτον κλάδους ἀπὸ τῶν δένδρων καὶ ἐστρώννυον ἐν τῇ ὁδῷ), !! 3.640 *osanna excelsis sit gloria laeta tropaeis* (Matth.21.9 aur c d f g¹ h: *in excelsis* || b ff¹ ff² l q e: *in altissimis;* ἐν τοῖς ὑψίστοις; der Positiv *ex-celsus* gibt ὕψιστος ungenauer wieder als der Superlativ *altissimus;* Nestler 16), !! 3.641 *sic adeo ingreditur Solymorum moenia Christus* (Matth.21.10 d: *ingresso eo* || a aur b c ff² g¹ h q e: *cum intrasset,* f ff¹ l: *c. introis-*

424 Zur lateinischen Evangelienvorlage des Juvencus

set; εἰσελθόντος αὐτοῦ), 3.642 *Christus* (Matth.21.10 c h: *Iesus* || a aur b d f ff¹ ff² g¹ l q e: -; αὐτοῦ), !! 3.642 *ingresso occurrit primo sub limine* templi/ *...debile vulgus* (Matth.21.14 *aur* b c d f ff¹ ff² g¹ h l q: *et accesserunt ad eum caeci et clodi in templo* [h: *-um*] || e: *et acceserunt ad e. c. et c.;* [var.] καὶ προσῆλθον αὐτῷ τυφλοὶ καὶ χωλοὶ ἐν τῷ ἱερῷ), !! 3.647 *osanna* (doch vgl. *ossanna* C T) (Matth.21.15 aur c f ff² g¹ h l q: *osanna* || a b ff¹: *ossanna,* d e: *ossana;* ὡσαννά), !! 3.653 *ingratam* linquens (Aktiv) *cum civibus urbem* (Matth.21.17 d: *relinquens eos exiit foras extra civitate* || *a* aur b c f ff¹ ff² g¹ *h l* q e: *et relictis illis abiit f. e. civitatem;* καὶ καταλιπὼν αὐτοὺς ἐξῆλθεν ἔξω τῆς πόλεως), !! 3.654 *Bethaniam* (Matth.21.17 a b c d f ff¹ ff² h q: *Bethaniam,* aur g¹ l: *Bethania* || e: *Bethniam;* Βηθανίαν), !! 3.659 *olli Christus* ait (Matth.21.19 aur b c f ff¹ ff² g¹ h l q e: *ait* || d: *dicit,* a: *dixit;* λέγει), !! 3.659 non *sit tibi fructibus* umquam/ *copia promendis* (Matth.21.19 a aur b c f ff¹ ff² g¹ h l q e: *numquam* || d: *iam non;* μηκέτι / οὐ μ.), !! 3.660 *tum protinus* aruit *arbor* (Matth.21.19 d h: *aruit* || a aur b c f ff¹ g¹ l q e: *arefacta est,* ff²: *arida facta est;* ἐξηράνθη), 3.660 *arbor* (Matth.21.19 a aur b c f ff¹ ff² g¹ h l q: *ficulnea,* d: *ficus* || e: -; ἡ συκῇ), !! 3.672 *et* (Matth.21.22 a aur b c d f ff² g¹ h l q r¹ e: *et* || ff¹: -; καί), 3.661 *discipuli celerem mirantur* in arbore *mortem* (Matth.21.20 f h q: *ficulnea,* d: *ficus* || aur b c ff¹ ff² g¹ l e: -; ἡ συκῇ), !! 3.675f. *confestim proceres* populi *miracula rerum/ collecti inquirunt* (Matth.21.23 a *aur* b c *f* ff¹ ff² *g¹* h l *q* r¹ e: *accesserunt ad eum principes sacerdotum et seniores populi dicentes* || d: *a. ad e. docentem p. s. et s. plebis d.;* προσῆλθον αὐτῷ διδάσκοντι οἱ ἀρχιερεῖς καὶ οἱ πρεσβύτεροι τοῦ λαοῦ λέγοντες), !! 3.676 *(miracula)* virtus *quae tanta dedisset* (Matth.21.23 e: *et quis tibi dedit hanc virtutem?* || a *aur* b c d f *ff¹* ff² g¹ h *l* q r¹: *et q. t. d. h. potestatem?;* καὶ τίς σοι ἔδωκεν τὴν ἐξουσίαν ταύτην; die Frage ist bei Juvencus eine etwas andere als in der Bibel, aber dennoch könnte *virtus* durch den zitierten Bibeltext angeregt sein), !! 3.677 ollis *Christus ait* (Matth.21.24 a b c f ff² g¹ h l q r¹ e: *illis* || ff¹: *ad illos,* aur d: *eis;* αὐτοῖς), !! 3.682 an *hominis potius vobis fallacia visa est (Iohannes)?* (Matth.21.25 a aur b c f ff¹ ff² g¹ h l q r¹ e: *an ex hominibus [baptismum Iohannis erat]?* || d: *aut ex h.?;* ἢ ἐξ ἀνθρώπων;), !! 3.685 plebis *Iohannem veneratio suscipiebat* (Matth.21.26 r¹: *timemus plebem* || a aur b c d ff¹ ff² g¹ h l q e: *t. turbam,* f: *t. turbas;* φοβούμεθα τὸν ὄχλον), 3.690 *tum* Christus (Matth.21.27 a c ff¹ ff² h e: *ait illis Iesus* || aur b d f g¹ q: *a. i. et ipse,* l: *ait illis;* ἔφη αὐτοῖς ὁ Ἰησοῦς / ἔ. α. καὶ αὐτός), 3.692 *nam* geminae *prolis genitor* (Matth.21.28 a *aur* b c f *ff* ff² g¹ h l q r¹ e: *homo quidam habebat duos filios* || d: *h. h. f.;* [var.] ἄνθρωπος εἶχεν τέκνα δύο), !! 3.696f. *tum iuvenis sese tam sordida dicta laboris/* nolle *pati memorat* (Matth.21.

29 *aur* b c d f *ff¹ ff²* g¹ 1 q r¹ *e: ille autem respondens ait: nolo* || a: *i. a. r. a.: non,* h: *i. a. r. a.: non eo;* οὐ θέλω / ἐγώ / ὑπάγω), !! 3.699 *post alium* simili *sermone iubebat/ ad vineta sui dependere iussa laboris* (Matth.21.30 a aur b *c f ff¹* ff² g¹ h 1 q r¹ e: *dixit similiter* || d: *d. identidem;* εἶπεν ὡσαύτως), 3.703 *olli conlaudant responsum* posterioris (Matth. 21.31 a aur b d ff¹ ff² g¹ 1 r¹ e: *novissimus* || c f q: *primus;* ὁ ὕστερος / D: ὁ ἔσχατος / ὁ πρῶτος; allerdings steht der Komparativ *posterioris* dem griechischen ὁ ὕστερος noch näher als der Italalesart *novissimus;* Nestler 20f.), !! 3.705 *iam magis hinc* caeli *sedem conprendere possunt* (Matth. 21.31 d ff¹: *praecedunt vos in regno caelorum* || a aur b c f ff² g¹ h 1 q r¹ e: *p. v. in r. Dei;* προάγουσιν ὑμᾶς εἰς τὴν βασιλείαν Θεοῦ), 3.714 *in medio turrem* prelumque *et dolia fecit* (Matth.21.33 a aur b c d f *ff²* g¹ 1 q r¹: *et fodit in eam torcular,* e: *et torcularem* || *ff¹* h: *et f. in e. lacum;* καὶ ὤρυξεν ἐν αὐτῷ ληνόν), 3.711 *nil* (Matth.21.32 a aur b f ff² g¹ h 1 q: *nec,* c: *haec* [wohl aus *nec* verschrieben] || d ff¹ e: -; οὐδέ / οὐ / D: -), 3.711 *at vos tantorum scelerum* nil *paenitet* umquam (Matth.21.32 a b c f ff² g¹ h 1 q: *nec* [c: *haec,* ff²: *pos*]...*postea* || d ff¹ e: *postea,* aur: -; οὐδὲ...ὕστερον / οὐ ὔ. / D: ὔ.), !! 3.712 quidam *dives* (Matth.21.33 f h e: *homo quidam* || a aur b c d ff¹ ff² g¹ 1 q r¹: *homo;* ἄνθρωπος), 3.714 *dolia* (Matth.21.33 ff¹ h: *lacum* || a aur b c d f ff² g¹ 1 q: *torcular,* e: *torcularem;* ληνόν), !! 3.715 cultoresque *dedit fructusque locavit habendos* (cf. Matth.21.33 d: *et locavit eam* [sc. *turrem*] *cultoribus* || aur f g¹ 1: *et l. e. agricolis,* a b c ff¹ ff² h q e: *et l. e. colonis;* καὶ ἐξέδετο αὐτὸν γεωργοῖς; *cultor* liegt weniger nah bei γεωργοί als *agricola*), 3.717 *sed* (Matth.21.34 a aur b c d f ff² g¹ h 1 q e: *autem* || ff¹: -; δέ), !! 3.720 *ecce* colonorum *rabies hos verbere saevo/ ...proterrent* (Matth.21.35 a b d *ff¹ ff²* h q r¹ e: *et coloni adprehensis servis unum ceciderunt* || aur f g¹ 1: *et agricolae adpraehensis s. eius u. ceciderunt,* c: *et adprehensis s. e. u. c.;* καὶ λαβόντες οἱ γεωργοὶ τοὺς δούλους αὐτοῦ ὃν μὲν ἔδειραν), !! 3.720f. *ecce colonorum rabies* hos *verbere saevo,/ ast* alios *lapidum proterrent undique telis* (Matth.21.35 ff¹: *alios...alios* || g¹ 1: *alium...alium,* aur b c f ff² h q r¹ e: *unum...alium,* a: Lücke *...alium,* d: *quem quidem... quem;* ὃν μέν...ὃν δέ), 3.721 *ast* (Matth.21.35 aur ff²: *vero,* b c d g¹ h e: *autem* || f ff¹ 1 q r¹: -; δέ), !! 3.723 *servos* (Matth.21.36 a aur b c d f ff¹ ff² g¹ h 1 r¹ e: *servos* || q: -; δούλους), !! 3.723f. *tum dominus ruris plures incedere servos/ praecipit et* rursum *mercedis pacta reposcit* (Matth.21. 36 ff¹: *rursus alios misit servos plures* || a aur b c d f ff² g¹ h 1 q r¹ e: *iterum alios misit servos plures;* πάλιν ἀπέστειλεν ἄλλους δούλους πλείονας τῶν πρώτων / D: πάλιν οὖν ἀ. ἄ. δ. π. τ. π. / καὶ πάλιν ἀ. ἄ. δ. π. τ. π.; *rursus reposcere* ist zwar nicht dasselbe wie *rursus mittere,* der Ausdruck kann aber von dort angeregt sein), 3.725 *at* (Matth.21.35 aur

ff²: *vero*, a b c d g¹ h e: *autem* || f ff¹ l q r¹: -; δέ), 3.727f. *quod subo-
lem partemque sui vis digna pudoris/ cultorum cordi venerandam posceret
esse* (Matth.21.37 ff¹: *verebuntur utique filium meum* || *a aur* b c d f ff²
g¹ h l q r¹ e: forsitan v. f. m.; ἐντραπήσονται τὸν υἱόν μου; *partemque sui*
ist vielleicht aus dem Akzent entwickelt, den *utique* auf *filium* legt), !!
3.729 *illorum...mens* (Matth.21.38 ff¹: *illi* || a b c d ff² h q r¹ e: *coloni*,
aur f g¹ l: *agricolae;* οἱ...γεωργοί), !! 3.734 *sed vobis tradita quondam/
fulgentis sedes translata feretur* (Matth.21.43; cf. 21.41 ff¹: *et vineam tra-
dit aliis colonis* || c *ff² g¹: et v. locabit a. c.,* a *aur* b d *f h* l q e: *et v.
locavit a. c.;* καὶ τὸν ἀμπελῶνα ἐκδώσεται ἄλλοις γεωργοῖς), 3.737 *nato
thalamorum vincula nectens* (Matth.22.2 a aur b c d f ff² g¹ h l q r¹ e: *qui
fecit nuptias filio suo* || ff¹: *q. f. n. filii sui;* [var.] ὅστις ἐποίησεν γά-
μους τῷ υἱῷ αὐτοῦ), !! 3.744 *illi neglectis opibus diversa petebant* (Matth.
22.5 a aur b c f ff¹ ff² g¹ h l q r¹ e: *illi* || d: *qui;* οἱ δέ), 3.744 *neglectis
opibus* (Partizipialkonstruktion) (Matth.22.5 d: *neglentes* || a aur b c f ff¹
ff² g¹ h l q r¹: *neglexerunt;* ἀμελήσαντες), 3.744 *illi neglectis opibus di-
versa petebant* (Matth.22.5 a aur c d f ff¹ g¹ h q r¹ e: *abierunt* || ff² l: -;
ἀπῆλθον), 3.745 *hic aedes proprias, hic ruris tecta propinqui/ ast alius
merces potius ac lucra revisit* (Matth.22.5 aur b c *ff² ff² g¹ l q e: abierunt;
alii in villam suam,* h r¹: *a.; a. in villas suas,* a: *a.; ... in ...villa...* ||
d *f: quidam in suum agrum;* ἀπῆλθον, ὃς μὲν εἰς τὸν ἴδιον ἀγρόν), !!
3.746 *ast alius merces potius ac lucra revisit* (Matth.22.5 aur f ff¹ g¹ l q:
alius || b c ff² h e: *alii,* d: *quidam;* ὃς δέ), 3.748 *insontes famulos rapi-
unt* (cf. Matth.22.6b d: *iniuriaverunt* || a aur b c f *ff²* ff² g¹ h l q r¹ e:
contumelia [aur f h: *-iis*] *adfectos;* ὕβρισαν; *iniuraverunt* könnte *insontes*
angeregt haben),⁴³⁰ 3.748 *famulos rapiunt* (Matth.22.6a ff¹: *adpraehende-
runt servos,* h: *adpraehensos s.* || a aur b c f ff² g¹ l q r¹ e: *tenuerunt s.*,
d: *tenentes s.;* κρατήσαντες τοὺς δούλους αὐτοῦ), 3.748f. *et corpora fer-
ro/ in mortem cruciant* (Matth.22.6 ff¹: *et contumelia illos adflixerunt et
occiderunt* || a *aur* b c *f* ff² g¹ *h* l q r¹ e: *et c. i. adfectos o.*, d:
iniuriaverunt a. et occiderunt; ὕβρισαν καὶ ἀπέκτειναν; der Aspekt des
körperlichen Quälens kommt in *adflixerunt* stärker zum Ausdruck als in
contumelia allein), 3.749 *ubi conperit* (Matth.22.7 a aur b c ff¹ ff² g¹ h *l
r¹ e: cum audisset* || d *f q: audiens;* ἀκούσας / -), 3.756 *et quoscumque
illic casus glomeraverit* (Matth.22.9; cf. 22.10 *a aur b c f ff¹ ff² g¹ h l q*

---

⁴³⁰ Hil.comm.in Matth.22.5 (SC 258.148) *ceteri autem missos servos...affectos iniuriis occiderunt* geht trotz der größeren Übereinstimmung mit cod. d vielleicht auf Juvencus zurück, denn Hilarius hat in seinem Matthäuskommentar öfter aus der Bibeldichtung des
Juvencus geschöpft, vgl. Marold, Evangelienbuch 340 und bes. Orbán, Bibelexeget
340ff.

r¹ e: congregaverunt omnes, quoscumque invenerunt || d: *collegerunt o., quos i.;* [var.] συνήγαγον πάντας ὅσους εὗρον; bei Juvencus versammelt der Zufall, in der Bibel versammeln die Jünger; *glomerare* und *congregare* [cf. *glomus, grex*] sind zwar weitgehend synonym mit *colligere*, liegen aber in bezug auf die Wortbildung näher beieinander als jedes von ihnen bei *colligere* bzw. συνάγειν), !! 3.756 *quoscumque* (Matth.22.10 ff¹ h: *quoscumque* || aur d f g¹ l: *quos,* a b c ff² q r¹ e: *quodquod;* ὅσους / οὕς), !! 3.757 *huc laetis nati thalamis adhibete <u>vocantes</u>* (Matth.22.9 a aur b c d f ff² g¹ h l q r¹ e: *vocate ad nuptias* || ff¹: *invitate ad n.;* καλέσατε εἰς τοὺς γάμους), !! 3.758 <u>*progressi*</u> *famuli per compita cuncta viarum* (Matth.22.10 *a aur b c f* ff¹ *ff*² *g*¹ *h l q r*¹ *e: et egressi servi eius in vias* || d: *et exeuntes s. illius in v.;* καὶ ἐξελθόντες οἱ δοῦλοι ἐκεῖνοι εἰς τὰς ὁδούς), !! 3.758 *per compita...<u>viarum</u>* (Matth.22.10 ff¹: *per vias,* a aur b c d f g¹ h l q r¹ e: *in vias* || ff²: -; εἰς τὰς ὁδούς), !! 3.762 *at rex* <u>*ingressus*</u> *convivia laeta revisit* (Matth.22.11 d ff¹: *ingressus autem rex, ut videret discumbentes* || a aur b c f ff² g¹ h l q r¹ e: *intravit a. r., ut v. d.;* εἰσελθὼν δὲ ὁ βασιλεὺς θεάσασθαι τοὺς ἀνακειμένους), !! 3.763 *hic videt <u>indutum</u> pollutae vestis amictu* (Matth.22.11 d: *indutum vestem nuptialem* || b f g¹ h r¹: *vestitum vestem nuptialem,* a e: *vestitum vestimentum nuptialem,* aur l q: *vestitum veste nuptiali,* c: *vestitum vestimento nuptiali,* ff²: *vestem nuptialem,* ff¹: -; ἐνδεδυμένον ἔνδυμα γάμου), !! 3.763 *indutum pollutae <u>vestis</u> amictu* (Matth.22.11 b d f ff¹ g¹ h r¹: *vestitum vestem nuptialem,* aur l q: *v. veste nuptiali,* ff²: *vestem nuptialem* || a e: *v. vestimentum nuptialem,* c: *v. vestimento nuptiali;* ἐνδεδυμένον ἔνδυμα γάμου), 3.768 *et tum conversus famulis rex <u>praecipit</u>* (Matth.22.13 ff¹: *iussit* || a aur b f ff² g¹ h l q r¹ e: *dixit,* c d: *ait;* εἶπεν), 3.768 *illum* (Matth.22.13 a: *...um,* aur c d ff¹ ff² g¹ h l q r¹ e: *eum* || b f: -; αὐτόν), 3.768f. *praecipit illum/ <u>conexis</u> manibus.../ in tenebras...praecipitare* (Matth.22.13 aur ff¹ g¹ l: *alligatis* [g¹ l: *ligatis,* ff¹ in marg.: *legatis*] *pedibus eius et manibus mittite in tenebras,* f: *alligate ei pedes et manus et tollite eum et m. in t.* || a b c d *ff*² *h* q r¹ e: *tollite illum pedibus et manibus et m. in t.;* δήσαντες αὐτοῦ πόδας καὶ χεῖρας ἐκβάλετε αὐτὸν εἰς τὸ σκότος / [var.] δ. α. π. κ. χ. ἄρατε αὐτὸν καὶ ἐ. ε. τὸ σ. / D: ἄρατε αὐτὸν ποδῶν καὶ χειρῶν κ. βάλετε α. ε. τὸ σ.), !! 3.771 <u>*illic*</u> *stridor erit vasti sine fine doloris* (Matth.22.13 e: *illic* || a aur b c d f ff¹ ff² g¹ h l q r¹: *ibi;* ἐκεῖ), !! 3.772 *nam* (Matth.22.14 d f ff¹ ff² q e: *enim* || a aur b c g¹ h l: *autem;* γάρ), !! 4.1f. *talia dicentem confestim factio frendens/ temptare adgreditur <u>verbis</u> cum fraude malignis* (Matth.22.15 d f *ff*² h: *Pharisaei...consilium fecerunt, ut caperent eum in verbo* || a aur b c *ff*² g¹ l q e: *Ph....c. acceperunt, ut c. e. in sermone* [g¹ l e: *in sermonem*]; οἱ Φαρισαῖοι συμβούλιον ἔλαβον ὅπως αὐτὸν παγιδεύσωσιν ἐν λόγῳ), !! 4.4 *nec* (Matth.22.16

e: *nec* || a aur b c d f *ff²* g¹ h l q r¹: *non*, ff¹: - *[de nullo]*; καὶ οὐ), 4.4
nec quemquam metuens *Domini vestigia servas* (Matth.22.16 a aur b c f *ff¹*
ff² g¹ h l q r¹ *e: et non est tibi cura de aliquo* || d: *et non pertinet ad te
de nullo*; καὶ οὐ μέλει σοι περὶ οὐδενός), !! 4.4 *Domini* (Matth.22.16 h:
Domini || a aur b c d f ff¹ ff² g¹ l q e: *Dei*; τοῦ Θεοῦ), !! 4.5 dic ergo,
an... (Matth.22.17 aur c f g¹ h *l: dic ergo nobis: quid tibi videtur?* || a
b d ff¹ ff² q r¹ e: *q. t. v.?;* εἰπὲ οὖν ἡμῖν· τί σοι δοκεῖ; / D: τί σ. δ.; / -),
!! 4.5f. *an liceat nostrae dissolvere genti/ Caesaris urgentis semper sub
lege* tributum (Matth.22.17 a ff¹: *licet tributum dari Caesari aut non?* ||
aur b c d f ff² g¹ h l q r¹ e: l. censum d. C. a. n.?; ἔξεστιν δοῦναι κῆνσον
Καίσαρι ἢ οὔ;), 4.7 *inspiciens* (part.coni.) (Matth.22.18 d: *sciens* || a aur
b c ff² g¹ h l q r¹: *cognita*, f ff¹: *cognovit...et*, e: *cum cognovisset;*
γνούς), 4.7 *ille sed inspiciens* saevi *penetralia cordis* (Matth.22.18 a aur
b c g¹ h q *r¹: cognita autem Iesus nequitia eorum*, f ff¹: *cognovit a. I. ne-
quitiam illorum et*, e: *cum cognovisset n. eorum*, d: *sciens a. I. malitiam
e.* || l: *cognovit a. I. cogitationes e. et;* γνοὺς δὲ ὁ Ἰησοῦς τὴν πονη-
ρίαν αὐτῶν), !! 4.8 *ait* (Matth.22.18 a aur b c f ff¹ ff² g¹ l q e: *ait* || d
h r¹: *dixit;* εἶπεν), 4.9 *fallaces* (Matth.22.18 a aur b c d f ff¹ g¹ h l q r¹
e: *hypocritae* || ff²: -; ὑποκριταί), !! 4.10 *inspicite in nummum sculptique*
nomismatis *aera* (Matth.22.19 a b aur c ff¹ ff² g¹ h l q r¹: *ostendite mihi
nomisma* [b: *misma*] *census* || d f *e: o. m. denarium c.;* ἐπιδείξατέ μοι
τὸ νόμισμα τοῦ κήνσου), !! 4.15 *Moysea* (doch vgl. *Mosea* C R¹ B Bb H¹)
(Matth.22.24 a aur b c d f ff¹ ff² h l q e: *Moyses* || g¹: *Moses;* Μωϋσῆς),
4.17 *pignoribus mediis nondum de* germine *cretis* (cf. 22.24 a aur b *c d*
f ff¹ ff² g¹ h *l q: et suscitet semen fratri suo* || e: -; καὶ ἀναστήσει σπέρ-
μα τῷ ἀδελφῷ αὐτοῦ), 4.17 pignoribus (Plural) *mediis nondum de germine
cretis* (Matth.22.24 d f ff¹ ff² h: *non habens filios* || aur b c g¹ l q r¹ e:
n. h. filium; μὴ ἔχων τέκνα; Nestler 23), 4.19 *generis pereat ne portio
lapsi* (Matth.22.24 a aur b c *d* f ff¹ ff² g¹ *h* l q r¹: *et suscitet semen fratri
suo* || e: -; καὶ ἀναστήσει σπέρμα τῷ ἀδελφῷ αὐτοῦ), !! 4.21 *vincula*
nuptae/ *sumpsit* (Matth.22.25 d: *nubens* || ff¹ h r¹: *uxorem duxit*, a aur b
c f ff² g¹ l q: *uxore ducta*, e: *accepta uxore;* γήμας / γαμήσας), 4.21 vin-
cula sumpsit (cf. Matth.22.25 e: *accepta uxore* || ff¹ [doch cf. 22.24 ff¹:
uxorem...accipiat] h r¹: *uxorem duxit*, a aur b c f ff² g¹ l q: *uxore ducta*,
d: *nubens;* γήμας / γαμήσας), !! 4.22 *praeceleri cecidit sub acumine*
mortis (Matth.22.25 d h: *mortuus est* || a aur b c f ff¹ ff² g¹ l q e: *de-
functus est;* ἐτελεύτησεν), !! 4.26 *ipsam rapuit gelidae inclementia* mortis
(Matth.22.27 d: *mortua est* || a aur b c f ff¹ ff² g¹ h l q r¹ e: *defuncta
est;* ἀπέθανεν), 4.27 *igitur* (Matth.22.28 aur d f ff¹ ff² g¹ h l q e: *ergo* ||
b c: *autem;* οὖν), 4.27 *si venient igitur* cuncti *sub limina vitae,/ cuius conubiis mulier reddenda resurget?* (Matth.22.28 *aur c d f ff¹ ff² g¹ h l q r¹*

e: in resurrectione autem cuius erit de septem uxor? omnes enim habue-
runt eam || b: *in r. a. c. e. u.? septem e. eam habuerunt;* [var.] ἐν τῇ
ἀναστάσει οὖν τίνος τῶν ἑπτὰ ἔσται γυνή; πάντες γὰρ ἔσχον αὐτήν), !!
4.29 *ollis Christus ait* (Matth.22.29 aur b c f ff¹ ff² g¹ h l e: *illis* || d:
eis, q: -; αὐτοῖς), !! 4.29 *ait* (Matth.22.29 aur b c f ff¹ ff² g¹ q: *ait* || d
h l r¹ e: *dixit;* εἶπεν), !! 4.31 *namque* (Matth.22.30 a aur c d f ff² g¹ h l
q r¹ e: *enim* || b ff¹: *autem;* γάρ), 4.33 *sed similes levibus* Genitoris *iux-*
ta ministris/ constituet regni virtus sublimis in aula (Matth.22.30 aur ff¹
g¹ l: *sed sunt sicut angeli* Dei *in caelo* || a b c d f ff² h q r¹ e: *s. s. sicut*
angeli in caelo; [var.] ἀλλ᾽ ὡς ἄγγελοι Θεοῦ ἐν τῷ οὐρανῷ εἰσιν / [var.]
ἀ. ὡς ἄγγελοι ἐν τῷ ο. ε.), 4.38 *ecce alii rogitant, quae sint firmissima*
legis (Matth.22.36 h: *et interrogavit...: magister, quod mandatum maxi-*
mum est in lege? || aur b c f ff¹ ff² g¹ l q e: *et i....: q. e. mandatum*
magnum in l.?, d: *et i....: m, q. mandatum in lege maius?;* διδάσκαλε,
ποία ἐντολὴ μεγάλη ἐν τῷ νόμῳ;), !! 4.41 *istaec* (Matth.22.38 e: *istut* ||
a aur b c d f ff¹ ff² g¹ h l q: *hoc;* αὕτη), 4.41 *est istuc virtus firmissima*
legis (Matth.22.38 a aur b c *f* ff¹ ff² g¹ q: *hoc est maximum et primum*
mandatum || d h r¹ e: *h. e. primum et magnum m.;* αὕτη ἐστὶν ἡ μεγάλη
καὶ πρώτη ἐντολή), !! 4.42f. *magno teneantur amore/ ad ius fraternum*
iustae *penetralia mentis* (Matth.22.39; cf. 22.37 e: *diliges Dominum Deum*
tuum...in omni iustitia et in tota cogitatione tua || c: *d. D. D. t....in o.*
virtute tua, aur b d *f* ff¹ *ff²* h l *q: d. D. D. t....in tota mente tua,* g¹: *d.*
D. D.; ἀγαπήσεις Κύριον τὸν Θεόν σου...ἐν ὅλῃ ἰσχύϊ σου καὶ ἐν ὅλῃ τῇ
διανοίᾳ σου / ἀ. Κ. τ. Θ. σ....ἐν ὅ. τῇ διανοίᾳ σ.; obwohl es in 22.39
um die Liebe zum Nächsten, in 22.37 aber um die Liebe zu Gott geht,
stellt sich zumindest die Frage des Einflusses der Formulierung von cod.
e in 22.37 auf die Dichterstelle), 4.48 *prosequitur* Christus (Matth.22.43
f ff¹ r¹: *Iesus* || a aur b c d ff² g¹ h l q e: -; ὁ Ἰησοῦς / -), 4.52 *ille sed*
accita credentum plebe profatur (Matth.23.1 a aur b c *d* f ff¹ ff² g¹ h l q
r¹: *tunc Iesus locutus est ad turbas* || e: -; τότε ὁ Ἰησοῦς ἐλάλησεν τοῖς
ὄχλοις), !! 4.54 *hi* quaecumque *docent* (Matth.23.3 aur b c f ff¹ ff² g¹ h
l q e: *omnia...quaecumque* || d: *o....quae;* πάντα...ὅσα ἐάν), 4.54 *do-*
cent (Plural) (Matth.23.3 aur b c d f ff¹ g¹ h l q e: *dixerint,* r¹: *...unt* ||
ff²: *dixerit;* εἴπωσιν), !! 4.55 *maculas* ipsorum *temnite vitae* (cf. Matth.
23.3 b c ff²: *et ipsi non faciunt* || a aur d f ff¹ g¹ h l r¹ e: *n. f.;* καὶ οὐ
ποιοῦσιν), !! 4.56 *nam* (Matth.23.4 aur d f h e: *enim* || a b c ff¹ ff² g¹ l
q: *autem;* δέ), !! 4.56 *abrupta* inponunt *umeris nam pondera vestris*
(Matth.23.4 a c d f ff¹ ff² g¹ l q e: *inponunt,* aur h: *imponent* || b:
ponunt; ἐπιτιθέασιν), !! 4.58 *adcubito primo* cenae *fastuque superbo/ ...*
tolluntur (Matth.23.6 aur c d f ff¹ g¹ l e: *amant...primos recubitus in cae-*
nis [e: *cenis*] || a b *ff²* h q r¹: *a....primum recubitum in conviviis;* [var.]

φιλοῦσιν δὲ τὴν πρωτοκλισίαν ἐν τοῖς δείπνοις), !! 4.58 *adcubito* (Matth. 23.6 l: *accubitos* || b q: *recubitum*, aur ff¹ g¹: *recubitus* [aur g¹: -*tos*], e Cypr.: *recumbendi*, ff²: *discubitum*, a c d f h r¹: *discubitus* [h r¹: -*tos*]; [var.] [πρωτο]κλισίαν), !! 4.59 *atque salutantum vano tolluntur honore* (Matth.23.6f. a aur b c d f ff¹ ff² h l q r¹ e Cypr.: *amant.../ et salutationes in foro* || g¹: *a..../ in foro;* φιλοῦσιν.../ καὶ τοὺς ἀσπασμοὺς ἐν ταῖς ἀγοραῖς), !! 4.60 *et nomen sublime volunt gestare magistri* (Matth.23.6f. d: *diligunt/...vocari ab hominibus magister, magister* || a aur b c f ff¹ ff² g¹ h l q r¹ e: *d./...v. ab h. rabbi;* [var.] φιλοῦσιν/...καλεῖσθαι ὑπὸ τῶν ἀνθρώπων ῥαββί), !! 4.74 *vos similes dicam* (Matth.23.27 a aur c f ff¹ ff² g¹ h l r¹: *similes estis,* e: *similis e.* || d: *similatis,* q: -; παρομοιάζετε / ὁμοιάζετε), !! 4.74 *vos similes dicam tectis splendore sepulchris* (Matth. 23.27 a aur c f *ff¹* ff² g¹ l: *quia similes estis sepulcris dealbatis* || d h r¹ e: *q. s. e. monumentis d.,* q: -; [var.] ὅτι παρομοιάζετε τάφοις κεκονια-μένοις), 4.75 *quis facies nitida est* (Matth.23.27 a aur c d f ff¹ ff² g¹ h l e: *dealbatis* || q r¹: -; κεκονιαμένοις), !! 4.76 *sic* (Matth.23.28 a aur b c f ff¹ ff² g¹ h l: *sic* || d e: *ita,* q: -; οὕτως), !! 4.78f. *o Solymi, Solymi, ferro qui saepe profetas/ ad vestram missos vitam sine fine necastis* (Matth.23.37 d h: *missos* || a aur b c f ff¹ ff² g¹ l q r¹ e: *qui...missi sunt;* τοὺς ἀπεσταλμένους), !! 4.81 *uti* (Matth.23.37 a d h r¹: *sicut* || b c f ff¹ ff² g¹ l q: *quemadmodum,* aur e: *quomodo;* ὃν τρόπον), !! 4.81 *pullos* (Matth.23.37 a aur b c d f ff¹ g¹ h l q r¹ e: *pullos suos* || ff²: *pullum suos;* τὰ τέκνα σου), !! 4.84 *deseritur iam nunc domus haec vastanda ruinis* (Matth.23.38 b: *relinquitur vobis domus vestra deserta,* a aur c d f ff¹ g¹ h l q r¹ e: *relinquetur v. d. v. d.* || ff²: *r. v. d. v.;* ἀφίεται ὑμῖν ὁ οἶκος ὑμῶν ἔρημος / ἀ. ὑ. ὁ ο. ὑ.), 4.85 *nec nostrum vobis fas ultra est cernere vultum* (Matth.23.39 a *aur* b c d f *ff¹* ff² g¹ l q: *dico autem vobis, quia non me videbitis amodo* || r¹ e: *d. a. v.,* q. *non me videbitis;* λέγω γὰρ ὑμῖν, οὐ μή με ἴδητε ἀπ᾿ ἄρτι), !! 4.86 *egreditur templo* (Matth.24.1 a aur b c f ff¹ ff² g¹ h l q r¹: *et egressus Iesus de templo ibat* || d: *et exiens I. de t. abiebat,* e: *cum exisset I. de t.;* [var.] καὶ ἐξελθὼν ὁ Ἰησοῦς ἀπὸ τοῦ ἱεροῦ ἐπορεύετο), !! 4.99 *discurrent cunctis bellorum incendia terris* (Matth.24.6 *b* d e Cypr.: *incipietis autem audire bella et opiniones bellorum* || a aur c f *ff¹* ff² g¹ l q: *audientes a. proelia et o. proeliorum,* h r¹: *audietis enim pugnas et o. p.;* μελλήσετε δὲ ἀκούειν πολέμους καὶ ἀκοὰς πολέμων), !! 4.100 *sed* (Matth.24.6 h r¹: *sed videte* || a aur b c d f ff² g¹ l q e Cypr.: *videte,* ff¹: *vidite;* ὁρᾶτε), !! 4.101 *ne mens accepto iaceat turbata tumultu* (Matth.24.6 a b c *ff¹* ff² g¹ h l q r¹: *videte, ne turbemini,* d: *v., nolite turbari* || e: *v., n. conturbari,* Cypr.: *v., n. tumultuari,* aur: *v., ne timeatis,* f: *v., ne terreamini;* ὁρᾶτε μὴ θροεῖσθε), !! 4.105 *(nec) pestes prosternere corpora parcent* (Matth.24.7 h q: *et erunt fames et pestes* || aur c f g¹ l: *et e. pestilentiae et fames* [g¹: *famis*], ff¹: *et erunt pestilentia et fames*, a b d ff² r¹ e: *et erunt fames* [ff²: *famis*]; [var.] καὶ ἔσονται λιμοὶ καὶ λοιμοί), 4.107f. *tellus/ per* <u>diversa</u> *loci motu quassante tremiscet* (Matth.24.7 c h e Cypr.: *et erunt...terrae motus per* <u>singula</u> *loca* [h: *l. s.*] || a aur b d f ff¹ ff² g¹ l q r¹: *e....t. m. per loca;* [var.] καὶ ἔσονται λιμοὶ καὶ σεισμοὶ κατὰ τόπους; auch wenn man *per loca* und *per singula loca* als bedeutungsgleich fassen kann, hebt *singula* wie *diversa* doch das "überall" noch hervor), !! 4.112 *livor erit terris, erroribus omnia* <u>plena</u> (cf. Matth.24.12 d: *et quia repleta est iniquitas, refrigescet caritas multorum* || a aur b c f ff¹ ff² g¹ h *l* q r¹ e Cypr.: *et quoniam abundabit* [c ff¹ ff² g¹ l q e: *abundavit*, a: *abundat*, Cypr.: *abundet*] *i., r. c. m.;* καὶ διὰ τὸ πληθυνθῆναι τὴν ἀνομίαν ψυγήσεται ἡ ἀγάπη τῶν πολλῶν), !! 4.113 *et* (Matth.24.11 a aur b c d f ff¹ ff² g¹ h l r¹ e Cypr.: *et* || q: -; καί), !! 4.113 *et falsi* <u>surgent</u> *populorum labe profetae* (Matth.24.11 aur ff¹ g¹ l: *surgent* || b c f ff² h: *insurgent*, a d q r¹ Cypr.: *exsurgent*, e: *exurgent;* ἐγερθήσονται), !! 4.115 <u>ad</u> *finem* (Matth.24.13 c ff² e Cypr.: *usque ad* || a b d q: *in*, aur f ff¹ g¹ h l r¹: *usque in;* εἰς τέλος), !! 4.117 <u>regnorum</u> *caeli celebratio pervolitabit/ in cunctas terrae metas* (Matth.24. 14 *a aur b c d f ff¹ ff² h l q e* Cypr.: *et praedicabitur hoc evangelium regni in universo orbe terrarum* || g¹ r¹: *et p. hoc evangelium in u. o.;* καὶ κηρυχθήσεται τοῦτο τὸ εὐαγγέλιον τῆς βασιλείας ἐν ὅλῃ τῇ οἰκουμένῃ / κ. κ. τοῦτο τὸ εὐαγγέλιον ἐν ὅ. τῇ ο.), !! 4.118 *in cunctas* <u>terrae</u> *metas* (Matth.24.14 b: *in universo orbe terrarum*, e: *per totum orbem terrarum*, Cypr.: *p. t. o. terrae* || a aur c d f ff¹ ff² g¹ h l q r¹: *in universo orbe;* ἐν ὅλῃ τῇ οἰκουμένῃ), !! 4.120 *et tunc* <u>finis</u> *erit currentia saecula solvens* (Matth.24.14 d f h q e Cypr.: *et tunc veniet finis* || a aur b c ff¹ ff² g¹ l: *e. t. v. consummatio*, καὶ τότε ἥξει τὸ τέλος), !! <u>4.122</u> <u>quae</u> *Danihelis habet iussam verissima vocem* (Matth.24.15 aur *c* ff¹ g¹ *l* e Cypr.: *quae dicta est a Danihelo propheta* || a b d *f ff²* h q r¹: *quod dictum est a Daniel p.;*⁴³¹ τὸ ῥηθὲν διὰ Δανιὴλ τοῦ προφήτου), !! 4.122 *Danih̲elis* (Matth.24. 15 aur ff¹ g¹: *Danihelo*, e: *Danihel*, Cypr.: *Danihelum* || a b ff² q: *Daniel*, f l: *Danielo*, c: *Daniele*, d h: *Danielum;* Δανιήλ), 4.124 *Iudae̲i longe* <u>fugie̲nt</u> *montesque* <u>capesse̲nt</u> (Matth.24.16 a aur b c *f ff¹* ff² *g¹* h *l* q e Cypr.: *tunc, qui in Iudaea sunt, fugiant in montibus* || d: *tunc, q. in Iudaea, fugiat in m.* [unklar ist r¹: *...ut*]; [var.] τότε οἱ ἐν τῇ Ἰουδαίᾳ φευγέτωσαν εἰς τὰ ὄρη), !! 4.125f. *sustollere secum,/ quae fuga consociet* <u>vestemve</u> *aut mobile quicquam* (Matth.24.18 e Cypr.: *tollere vestimentum suum*, f: *t. vestimenta sua* || a aur b c d ff¹ ff² g¹ h l q r¹: *t. tunicam su-*

---

⁴³¹ In r¹ ist *quod* wegen einer Lücke nicht unmittelbar nachzuweisen, aber aus vorangehendem *...tum e...* zu erschließen.

am; ἆραι τὸ ἱμάτιον αὐτοῦ / ἄ. τὰ ἱμάτια α.), 4.126 *vestem* (Singular)
(Matth.24.18 e Cypr.: *vestimentum,* a aur b c d ff¹ ff² g¹ h l q r¹: *tuni-
cam* || f: *vestimenta;* τὸ ἱμάτιον / τὰ ἱμάτια), !! 4.126 *quicquam* (cf.
Matth.24.17 e Cypr.: *quicquam* || a aur b c d f ff¹ ff² g¹ h l q r¹: *ali-
quid;* τί / -), !! 4.127 *deflendae iam sunt* uteri *cum pondere matres*
(Matth.24.19 d: *vae autem in utero habentibus* || a aur b c f ff¹ ff² g¹ h
l q r¹ e Cypr.: *v. a. praegnantibus* [ff²: *pelegrinantibus*]; οὐαὶ δὲ ταῖς ἐν
γαστρὶ ἐχούσαις), !! 4.128 *miseros fetus dulci quae* lacte *rigabunt* (Matth.
24.19 a d: *vae autem...lactantibus* || b: *v. a....ubera dantibus,* aur c f ff¹
ff² g¹ h l q r¹ Cypr.: *v. a....nutrientibus,*[432] e: *v. a....nutricantibus;* οὐαὶ
δὲ...ταῖς θηλαζούσαις / D: ο. δὲ...τ. θηλαζομέναις), !! 4.129 *ne* (Matth.
24.20 c r¹ e Cypr.: *ne* || a aur b d f ff¹ ff² g¹ h l q: *ut non;* ἵνα μή), 4.
130 *neu* (Matth.24.20 d: *nec* || a aur b c f ff¹ ff² g¹ h l q r¹: *vel,* e: *aut;*
μηδέ), 4.132 *nam* (Matth.24.21 a aur b d f ff¹ ff² g¹ l q r¹ e Cypr.:
enim || c h: *autem;* γάρ), 4.132 *nam cunctis venient saevissima* pondera
terris (Matth.24.21 e Cypr.: *erit enim tunc praessura magna* || a aur b
c d f ff¹ *ff² g¹ h l q r¹: erit enim tribulatio m.;* ἔσται γὰρ τότε θλῖψις μεγάλη; *tribulatio* ist unmetrisch), !! 4.133 *tale malum non* saecla *prius nec
postera norunt* (Matth.24.21 *a b c d ff¹ ff² h q r¹: erit enim tribulatio mag-
na, qualis non fuit ab initio saeculi usque modo neque fiet* || *aur f g¹ e*
Cypr.: *e. e. t. m., q. non fuit ab i. mundi u. m. n. f.,* l: *e. e. t. m., q.
n. f. ab i. nec f.;* [var.] ἔσται γὰρ τότε θλῖψις μεγάλη οἴα οὐ γέγονεν
ἀπ᾽ ἀρχῆς κόσμου ἔως τοῦ νῦν οὐδ᾽ οὐ μὴ γένηται), 4.133 *nec postera
norunt* (Matth.24.21 a *aur* b c d f ff² g¹ h l q r¹ e Cypr.: *neque fiet* ||
ff¹: -; [var.] οὐδ᾽ οὐ μὴ γένηται), !! 4.133 *nec* (Matth.24.21 d l: *nec,* a
b c f ff² g¹ h l q r¹ e: *neque* || aur: *non,* ff¹: -; [var.] οὐδ᾽ οὐ μή), !! 4.
134f. Genitor.../ ...*numerum vellet* breviare *dierum* (Matth.24.22 q: *Domi-
nus breviasset dies illos* || a aur b c d f ff¹ ff² g¹ h l *r¹* e Cypr.: *breviati*
[e: *brebiati*] *fuissent* [ff¹: *fuerint,* a d e Cypr.: *essent*] *dies illi;* ἐκολοβώ-
θησαν αἱ ἡμέραι ἐκεῖναι), !! 4.137 *sed* (Matth.24.22 a aur b c f ff¹ ff² g¹
h l q r¹: *sed* || d e Cypr.: *autem;* δέ), 4.138f. nomine fallentes Christi
falsique profetae/ exsurgent terris (Matth.24.24 a *b c d f ff¹ g¹ h l q r¹ e*
Cypr.: *exsurgent enim pseudochristi et pseudoprofetae* || aur: *surgent
enim christi et pseudoprophetae,* ff²: *pseudoprofetae;* ἐγερθήσονται γὰρ
ψευδόχριστοι καὶ ψευδοπροφῆται), 4.138 *falsi...profetae* (Matth.24.24 a f
ff² q r¹ e: *pseudoprofetae,* aur b c d f ff¹ g¹ l Cypr.: *pseudoprophetae* ||
h: -; ψευδοπροφῆται), !! 4.139 *exsurgent* (Matth.24.24 a c d f ff¹ h r¹: *ex-
surgent* || aur b g¹ l q e Cypr.: *surgent,* ff²: -; ἐγερθήσονται; Widmann

---

[432] *lactare* ist die afrikanische, d.h. ursprüngliche Übersetzung von θηλάζειν, das dezentere
und jüngere *nutrire* verwendet aber bereits Cyprian, vgl. von Soden 149f.

10), 4.139 *monstra* (Plural) (Matth.24.24 a aur b c d f ff¹ ff² h l q r¹ e
Cypr.: *signa* || g¹: *signum;* σημεῖα...καὶ τέρατα), 4.139 *et monstra po-*
tentia fingent (Matth.24.24 a aur b c d f *g¹* h l q e Cypr.: *et dabunt signa*
magna || ff¹ r¹: *et d. signa;* [var.] καὶ δώσουσιν σημεῖα μεγάλα καὶ τέ-
ρατα), 4.140 *quae forsan lectos capient miracula iustos* (Matth.24.24 aur
b c f ff¹ ff² g¹ h l q r¹ e Cypr.: *si fieri potest* [h: *possit*], d: *si possibile*
est || a: -; εἰ δυνατόν), !! 4.142 *desertis si quis Christum peragrare lo-*
quetur (Matth.24.26 a aur b c d f ff¹ ff² g¹ h l e: *in deserto* || q Cypr.:
in solitudine; ἐν τῇ ἐρήμῳ), 4.143 *-ve* (Matth.24.26 b ff¹: *vel,* ff²: *aut* ||
a aur c d f g¹ h l q r¹: -; codd. Graec.: -), !! 4.143 *occultisve procul pe-*
netralibus esse repostum (Matth.24.26 a aur b f ff² g¹ h l: *ecce in penetra-*
libus [aur f l: *penetrabilibus*] || q: *e. in domibus,* c d Cypr.: *e. in cubi-*
culis [d: *cubiculo*], ff¹: *e. in hospitiis,* e: *e. in promtuariis;* ἰδοὺ ἐν τοῖς
ταμείοις; *promptuarium* ist unmetrisch; Nestler 15), !! 4.145 *sicut enim*
fulgur (*fulgor* R M A Mp V₁ V₂) *caelum transcurrit apertum* (Matth.24.27
a aur b c f ff² l: *fulgur,* ff¹ g¹ h q: *fulgor* || d e Cypr.: *coruscatio,* d:
scoriscatio; ἡ ἀστραπή; *coruscatio* ist unmetrisch), !! 4.147f. *et cerni fa-*
cile est cunctis orientis ab oris/ usque sub occiduum caeli vergentis in or-
bem (Matth.24.27 *a* aur b c *ff¹* g¹ *h q r¹* e Cypr.: *usque occidentem,* f l:
u. in occidente || ff²: *u. in nocente,* d: *u. in orientem;* ἕως δυσμῶν), !!
4.148 *sic* (Matth.24.27 ff¹: *sic* || a aur b c d f ff² g¹ h l q r¹ e Cypr.:
ita; οὕτως), !! 4.152 *omnis item virtus caeli conmota superni/ signa dabit*
(Matth.24.29 a aur b f ff¹ g¹ h l q r¹: *et virtutes caelorum commovebun-*
tur || c d ff² e Cypr.: *et v. c. movebuntur;* καὶ αἱ δυνάμεις τῶν οὐρανῶν
σαλευθήσονται), !! 4.152 *caeli* (Matth.24.29 d: *caeli* || a aur b c f ff¹ ff²
g¹ h l q r¹ e: *caelorum;* τῶν οὐρανῶν; doch begegnen Pluralformen von
caelum bei Juvencus nie) !! 4.154/6 *clareat.../ .../ maiestate potens*
(Matth.24.30 *a* aur b c ff² g¹ h l r¹: *videbunt Filium hominis venientem...*
cum...maiestate || d f *ff* q: *v. F. h. v....cum...gloria,* e Cypr.: *v. F. h.*
v....cum...claritate; καὶ ὄψονται τὸν Υἱὸν τοῦ ἀνθρώπου...μετὰ δυνάμεως
καὶ δόξης πολλῆς), !! 4.155f. *omnigenasque tribus defletio iugis/ urgebit,*
veniet cum.../ hominis...Natus (Matth.24.30 aur b c d f *ff¹* ff² *g¹* h l q r¹
e Cypr.: *tunc plangent se omnes tribus terrae et videbunt Filium hominis*
venientem || a: *t. p. se tunc o. t. t. et v. F. h. advenientem;* [var.] τότε
κόψονται πᾶσαι αἱ φυλαὶ τῆς γῆς καὶ ὄψονται τὸν Υἱὸν τοῦ ἀνθρώπου
ἐρχόμενον), !! 4.157f. *tum tuba terrifico stridens clangore vocatos/ iustos*
quadrifido mundi glomerabit ab axe (Matth.24.31 a aur *b* c d f ff¹ ff² *g¹*
h l q r¹: *et mittet angelos suos cum tuba et voce magna* || e: *et m. a. s.*
cum turba, Cypr.: *et m. an. s. c. tuba magna;* [var.] καὶ ἀποστελεῖ τοὺς
ἀγγέλους αὐτοῦ μετὰ σάλπιγγος φωνῆς μεγάλης), 4.158 *iustos quadrifi-*
do mundi glomerabit ab axe (Matth.24.31 b r¹: *et congregabunt electos*

eius a quattuor _angulos_ caeli [r¹: *angulis ventorum*] | | a aur c *d* f *ff'* ff²
g¹ h l q *e Cypr.: et c. e. e. a quattuor ventis;* καὶ ἐπισυνάξουσιν τοὺς ἐκ-
λεκτοὺς αὐτοῦ ἐκ τῶν τεσσάρων ἀνέμων; der Gedanke der Aufteilung des
Himmels in Zonen, der in *quadrifido* steckt, könnte wohl noch eher von
angulos (wohl aus *angulis* verschrieben) *caeli* als von *a quattuor ventis* angeregt worden sein), 4.158 *quadrifido mundi...ab _axe_* (Matth.24.31 b: *a
quattuor angulos _caeli_* | | a aur c d f *ff'* ff² *g¹* h l q *r'* e Cypr.: *a quattuor
ventis* [cf. aber anschließend a aur b c d f ff² *g¹* h l q *r'* e Cypr.: *a summis caelorum*]; ἐκ τῶν τεσσάρων ἀνέμων [vgl. aber anschließend (var.)
ἀπ' ἄκρων οὐρανῶν]), !! 4.159 *praeteriet neque enim praesens generatio
saecli* (Matth.24.34 a aur b c d f *g¹* h l q *r'*: *praeteribit,* ff¹ ff²: *praeteri-
vit* | | e: *transivit;* παρέλθῃ), 4.162 *sed* (Matth.24.35 b l q: *vero,* a aur
c d f ff² *g¹* h *r'*: *autem* | | ff¹: *nam;* δέ), !! 4.162 *_mea_ dicta* (Matth.24.35
a aur b c d f *g¹* h l q *r'*: *verba...mea, ff'* e: *sermones...mei* | | ff²: *verbum
...hoc;* μου), 4.162 *dicta* (Matth.24.35 a aur b c d f *g¹* l q: *verba,* ff¹:
sermonis, e: *sermones* | | ff²: *verbum;* οἱ...λόγοι), !! 4.165 *ut* (Matth.24.
37 a aur b c d f ff¹ ff² *g¹* h l q *r'*: *sicut* | | e: *quomodo;* ὥσπερ), !! 4.163
quis fuat _ille_ dies (Matth.24.36 d h e: *de die...illo* | | a aur b c f ff¹ ff²
l q *r'*: *de die illa,* *g¹*: *de die;* περὶ δὲ τῆς ἡμέρας ἐκείνης), !! 4.166f. *et
diversa sibi tractantes munia cunctos/ _diluvii_ rapuit subito violentia tractu*
(Matth.24.38 *a aur* b c *d f ff'* ff² *g¹* h l q *r'*: *sicut erant in diebus illis an-
te diluvium manducantes et bibentes* | | e: *quomodo enim fuerunt in diebus
illis cataclysmi m. et b.;* [var.] ὡς γὰρ ἦσαν ἐν ταῖς ἡμέραις ἐκείναις
ταῖς πρὸ τοῦ κατακλυσμοῦ τρώγοντες καὶ πίνοντες), !! 4.168 *_sic_ subitus
flammas volvens descendet ab aethra/ adventus noster* (Matth.24.37 ff¹:
sic | | a aur b c d f ff² *g¹* h l q *r'* e: *ita;* οὕτως), !! 4.173 *ignarusque
alius vasto linquetur in agro* (Matth.24.40 ff²: *alius* | | ff¹ h *r'*: *alter,* a
aur b c d f *g¹* l q e: *unus;* εἷς), !! 4.173 *ignarusque alius vasto linquetur
in _agro_* (Matth.24.40b; cf. 24.40a a *aur* b c d f *ff' ff²* *g¹* h l q *r'*: *tunc duo
erunt in agro* | | e: *t. d. e. in villa;* [var.] τότε δύο ἔσονται ἐν ἀγρῷ),
4.174/6 *uno quin etiam recubantes stramine lecti/ dispar iudicium diversa
sorte subibunt./ unus enim socium quaeret per strata relictus* (Matth.24.
41b *a* b c d *f ff'* ff² h q e [in e nach 24.40]: *duo in lecto uno, unus adsu-
metur et unus relinquetur* | | aur *g¹* l *r'*: -; D: δύο ἐπὶ κλίνης μίας· εἷς
παραλαμβάνεται καὶ εἷς ἀφιεῖται / -), !! 4.177f. *quia nescius illis/ adventus Domini subita descendet in _hora_* (Matth.24.42 a aur b c ff¹ *g¹* h l
q: *quia nescitis, qua hora Dominus vester venturus est,* r¹: *q. n., qua die
vel hora D. v. v. e.,* e: *q. n., qua hora aut qua die D. v. v.* | | d f *ff*: *q.
n., qua* [d: *quo*] *die Dominus vester venturus est;* ὅτι οὐκ οἴδατε ποίᾳ ὥρᾳ
ὁ Κύριος ὑμῶν ἔρχεται / ὅ. ο. ο. π. ἡμέρᾳ ὁ Κ. ὑ. ἔ.), 4.182/4 *sed vos
intentis animis adsistite semper,/ namque repentinus vobis subitusque re-*

curret/ Filius huc hominis iustis sua praemia servans (Matth.24.44 a *aur*
c d f ff¹ *ff²* g¹ h l q r¹ e: *ideo et vos estote parati, quia nescitis, qua hora
Filius hominis venturus est* || b: *ideo et vos nescitis, q. h. F. h. v. e.;*
διὰ τοῦτο καὶ ὑμεῖς γίνεσθε ἕτοιμοι, ὅτι ᾗ οὐ δοκεῖτε ὥρᾳ ὁ Υἱὸς τοῦ ἀνθρώπου ἔρχεται), 4.187 *vir pater ipse domus* (Matth.24.46; cf. 24.45 q:
servus..., quem constituit dominus suus supra domum suam || a *aur b c
d f ff¹ ff² g¹ h l r¹: s...., q. c. d. supra familiam suam,* e: *s., q. c. d. super curam suorum;* [var.] δοῦλος..., ὃν κατέστησεν ὁ κύριος ἐπὶ τῆς οἰκε-
τείας αὐτοῦ), !! 4.188 *quem veniens dominus servantem iussa videbit*
(Matth.24.46 b c d ff¹ ff² h q r¹: *veniens* || aur f g¹ l: *cum venerit,* e: -;
ἐλθών), !! 4.191 *tardantem contemnet herum* (Matth.24.48 d ff¹ e: *tardat
dominus meus venire* || aur b c f ff² g¹ h l q r¹: *moram facit* [ff²: *fecit*] *d.
m. v.;* [var.] χρονίζει μου ὁ κύριος), !! 4.198 *pars est quarum sapientior
una* (Matth.25.2 d r¹: *quinque* [sc. *erant*] *sapientes* || aur b c *ff¹* ff² g¹ h
l q: *q. prudentes,* f: *q. fatuae;* πέντε [sc. ἦσαν] φρόνιμοι), !! 4.199 *altera
praestupido pars est stolidissima corde* (Matth.25.2 d: *quinque...erant...
stultae* || aur b c f *ff¹* ff² g¹ h l q r¹: *q....e. fatuae* [Vertauschung von *fa-
tuae* und *prudentes* in f]; πέντε...ἦσαν μωραί), !! 4.202 *sed sapiens pars
illa* (Matth.25.4 d r¹: *sapientes autem* || aur b c f ff¹ ff² *g¹* h l q: *pruden-
tes vero;* αἱ δὲ φρόνιμοι), !! 4.202f. *sibi quo lumina flammae/ susciperet*
(cf. Matth.25.4 ff¹: *tulerunt oleum secum* || b c d: *acceperunt oleum in
vasis suis cum lampadibus suis,* h q r¹: *a. o. in v. cum l. suis,* f ff² *g¹* l:
a. o. in v. suis cum l., aur: *a. o. in v. cum l.;* [var.] ἔλαβον ἔλαιον ἐν
τοῖς ἀγγείοις αὐτῶν μετὰ τῶν λαμπάδων ἑαυτῶν), 4.203f. *sapiens pars
.../ ...portare simul curabat olivum* (Matth.25.4 ff¹: *tulerunt* || aur b c d
f ff² h l q r¹: *acceperunt,* g¹: *sumpserunt;* ἔλαβον), !! 4.204 *stultarum vero
non est prudentia talis* (Matth.25.3 d *ff¹: stultae autem...non sumpserunt
oleum secum* || aur b c f *ff²* g¹ h l q: *sed quinque fatuae...n. s. o. s.;*
[var.] αἱ γὰρ μωραὶ λαβοῦσαι τὰς λαμπάδας αὐτῶν), !! 4.205 *cumque
moraretur sponsus* (Matth.25.5 aur b c f ff² g¹ h l q r¹: *moram* [b f ff² g¹
h l q: *mora*] *autem sponso faciente* [ff²: *f-m,* aur f g¹ l r¹: *f.* (f: *f-m)
s.*] || d ff¹: *tardante autem sponso;* χρονίζοντος δὲ τοῦ νυμφίου), 4.208f.
laetoque dehinc occurrere voto/ admonuit (Matth.25.6 ff¹: *ite in obviam
ei,* aur d f g¹ h l q r¹: *exite o.* [q: *in o.*] *e.* || c ff²: *surgite o. e.,* b: *ser-
vite o. e.;* [var.] ἐξέρχεσθε εἰς ἀπάντησιν αὐτοῦ / [var.] ἐγείρεσθε ε. ἀ.
α.), !! 4.210 *surgere virginibus properatum* (Matth.25.7 aur b c *d* f ff¹ ff²
g¹ h q r¹: *tunc surrexerunt illae virgines* || l: *t. s. illae;* τότε ἠγέρθησαν
πᾶσαι αἱ παρθένοι ἐκεῖναι), !! 4.210f. *lumina taedis/ instruere et flammas
pingui componere olivo* (Matth.25.7 ff¹ q: *et composuerunt lampadas su-
as* || b c h r¹: *et acceperunt lampades s.,* aur f ff² *g¹* l: *et ornaverunt l.
s.,* d: *et aptaverunt lampadas s.;* [var.] καὶ ἐκόσμησαν τὰς λαμπάδας

ἑαυτῶν), !! 4.212 *tum stolidae rogitant olei sibi cedere partem* (Matth.
25.8 d ff¹: *stultae autem* || aur b c f ff² g¹ h l q r¹: *fatuae a.; αἱ δὲ μω-
ραί*), !! 4.213 *prudentes secum quod tunc gestare videbant* (cf. Matth.25.8
ff¹: *dixerunt prudentibus* || aur b c d f ff² g¹ h l q r¹: *sapientibus d.; ταῖς
φρονίμοις εἶπαν*), !! 4.214 *sed quoniam sapiens pavitat chorus* (cf. Matth.
25.9 d: *responderunt autem sapientes* || aur b c f ff¹ ff² g¹ h l q r¹: *r.
prudentes; ἀπεκρίθησαν δὲ αἱ φρόνιμοι*), 4.217 *tum pergunt stultae, ut li-
quidum mercentur olivum* (Matth.25.10; cf. 25.9 r¹: *emite vobis oleum* ||
aur b c d f ff¹ ff² g¹ h l q: *emite vobis; ἀγοράσατε ἑαυταῖς*), !! 4.220 *ad-
veniunt brutae sero post tempore segnes* (Matth.25.11 f h: *postea veniunt
reliquae virgines* || b *ff² l: novissimae v. r. v.*, aur *c d ff* g¹ q: *novissime
v. r. v.; ὕστερον δὲ ἔρχονται καὶ αἱ λοιπαὶ παρθένοι*), !! 4.224f. *illas non
comitum sponsi cognoscere quisquam/ non ipse sponsus voluit* (Matth.25.
12 f: *amen dico vobis, quia non novi vos* || aur b c d *ff* *ff* g¹ h l q: *a.
d. v., quod nescio vos; ἀμὴν λέγω ὑμῖν, οὐκ οἶδα ὑμᾶς*), !! 4.225 *vigilate*
(Matth.25.13 aur b c d f ff¹ ff² g¹ h l q: *vigilate* || a: *evigilate; γρηγορεῖ-
τε*), !! 4.226 *quia* (Matth.25.13 a aur b c ff¹ ff² g¹ h l q: *quia* || d f:
quoniam; ὅτι), !! 4.227 *sicut* (Matth.25.14 a aur b c d f ff¹ ff² g¹ h q r¹:
sicut || l: *sic; ὥσπερ*), !! 4.227 *enim* (Matth.25.14 aur b c f ff¹ ff² g¹ h
l q r¹: *enim* || d: -; *γάρ*), !! 4.227f. *longas cui contigit ire profecto/ in
terras* (Matth.25.14 d ff¹ *ff²: homo peregre profectus*, aur f *g¹ l: h. p. pro-
ficiscens*, c: *h. p. profecturus* || b h: *h. p. afuturus*, q: *h. p. futurus; ἄν-
θρωπος ἀποδημῶν*), 4.227f. *longas.../ in terras* (Matth.25.14 aur c d f ff¹
h q r¹: *peregre*, b ff²: *pelegre* || g¹ l: -; *ἀποδημῶν*), !! 4.229 *uni quinque
dedit* (Matth.25.15 aur b c f ff¹ ff² g¹ h l q r¹: *uni* || d: *cuidam; ᾧ μέν*),
!! 4.229 *duo cepit et alter habenda* (Matth.25.15 aur b c f ff² g¹ h l q r¹:
alii autem duo, ff¹: *alio a. d.* || d: *cuidam duo; ᾧ δὲ δύο*), 4.232 *sed*
(Matth.25.16 c f ff² h q r¹: *autem* || aur b d ff¹ g¹ l: -; *δέ / -*; die An-
knüpfung ist bei Juvencus insgesamt etwas anders als in der Bibel), !!
4.234 *ille sed, unius cui credita cura talenti* (Matth.25.18 *a* b c *f ff* ff² h:
qui autem unum talentum [a: *talantum*] accepit* || aur d g¹ l q r¹: *q. a.
unum accepit; ὁ δὲ τὸ ἓν λαβών*), 4.235 *telluri infodiens* (Matth.25.18 a
aur b c *f ff* g¹ h l q: *fodit in terram*, d r¹: *f. in terra* || ff²: *f; ὤρυξεν ἐν
τῇ γῇ / ὤ. τὴν γῆν / ὤ. γῆν*), !! 4.235 *infodiens* (Matth.25.18 a aur b c
d ff² g¹ q: *fodit in*, f l: *fodiit in*, r¹: *fod... in* || h: *effodit in*, ff¹: *fodiit;
ὤρυξεν ἐν / ὤρυξεν*), 4.238f. *potioraque credere tantae/ promittit fidei*
(Matth.25.21 ff¹: *supra maiora te constituam* [cf. 25.23] || a aur b c d f
ff² g¹ h l q: *super multa te constituam* [cf. 25.23]; ἐπὶ πολλῶν σε κατα-
στήσω*), 4.241ff. *quod scirem...extimui* (Matth.25.25 r¹: *timui ergo*, ff¹ h:
timens ergo || a b c d f ff² l q: *et timens*, aur g¹: *timens; καὶ φοβηθείς /
φοβηθείς*), !! 4.243 *extimui argentumque tuum concredere terrae/ malui

(Matth.25.25 r¹: *timui ergo et abii et abscondi talentum tuum in terra* ||
a *aur* b c d *f ff¹ ff²* g¹ h l q: *et timens abii et a. t. t. in t.;* [var.] καὶ φο-
βηθεὶς ἀπελθὼν ἔκρυψα τὸ τάλαντόν σου ἐν τῇ γῇ), !! 4.241 *quod* scirem
domino memet servire severo (Matth.25.24 aur b c f ff² g¹ l q r¹: *scio,* a
ff¹ h: *sciebam* || d: *cognovi;* ἔγνων), !! 4.247 nequitiae *tantae veniam*
concedere possem (Matth.25.26 d ff¹ h: *serve nequa,* a aur ff² r¹: *s. ne-*
quam, c: *nequam s. male* || b f g¹ l *q: s. m.;* πονηρὲ δοῦλε), !! 4.249
(praestare) ut fructum nobis tractata pecunia *ferret* (Matth.25.27 a aur b
c f *ff¹ ff²* g¹ h l q *r¹: oportuit ergo te committere pecuniam meam nummul-*
ariis || d: *oportebat e. te mittere argentum meum n.;* [var.] ἔδει σε οὖν
βαλεῖν τὸ ἀργύριόν μου τοῖς τραπεζίταις / [var.] ἔ. σε ο. β. τὰ ἀργύριά
μου τ. τ.), 4.249 *ut* fructum *nobis tractata pecunia ferret* (Matth.25.27 *a*
b f *ff¹* g¹ h q: *veniens ego cum* usuris *recepissem, quod meum est,* aur d
*l: v. e. r.*⁴³³ *utique, q. m. e., cum usura* || c *ff² r¹: v. e. r., q. m. e.;*
ἐκομισάμην ἂν τὸ ἐμὸν σὺν τόκῳ), 4.250 *quapropter* (Matth.25.28 a aur
b c f ff² g¹ h l q r¹: *itaque,* d: *ergo* || ff¹: -; οὖν), 4.250 *quapropter segni*
tollatur portio nostri (Matth.25.28 r¹: *tollite itaque talentum* meum || a
aur b c d f *ff¹* ff² g¹ h l q: *t. i. ab eo t.;* ἄρατε οὖν ἀπ᾽ αὐτοῦ τὸ τάλαν-
τον), !! 4.254 *quis res uberior cumulatae sortis* abundat (cf. Matth.25.29
aur b c d f ff² g¹ h l q r¹: *et abundabit* || a ff¹: -; καὶ περισσευθήσεται;
bei Juvencus wird *abundare* zwar im Gegensatz zu Matthäus im Vorsatz
verwendet, doch kann es aus dem Nachsatz bei Matthäus genommen sein),
4.255 *at* (Matth.25.29 a aur b c d f ff¹ ff² g¹ h l q: *autem* || r¹: -; δέ), !!
4.256 *id minimum penitus iuste* tolletur *ab illo* (Matth.25.29 d: *tolletur* ||
g¹: *offeretur,* a aur b c f ff¹ ff² h l q r¹: *auferetur;* ἀρθήσεται), !! 4.257
nequam *servus tenebras dimersus ad imas* (Matth.25.30 a b c *ff¹* ff² h q r¹:
nequam servum proicite foras in tenebras exteriores || aur d f g¹ l: *inuti-*
lem s. eicite f. in t. e.; τὸν ἀχρεῖον δοῦλον ἐκβάλετε εἰς τὸ σκότος τὸ
ἐξώτερον), !! 4.268 *sed* rex *ad dextros conversus talia dicet* (Matth.25.34
a aur b c d f ff² g¹ h l q r¹ Cypr.: *rex* || ff¹: -; ὁ βασιλεύς), 4.269f. *iam-*
dudum debita *sumant/* dona *Patris* (Matth.25.34 d: *hereditate possidete*
praeparatum vobis regnum || a aur b c *f* ff¹ *ff²* g¹ l q r¹ Cypr.: *p. paratum*
v. r.; κληρονομήσατε τὴν ἡτοιμασμένην ὑμῖν βασιλείαν), !! 4.270f. *dona*
Patris, mundi quae sunt aequaeva nitentis/ et iustis primo promissa paran-
tur ab ortu (Matth.25.34 c d ff¹ Cypr.: *possidete paratum vobis regnum ab*
origine mundi || a aur b *f ff¹* g¹ h l q *r¹: p. p. v. r. ab constitutione m.;*
κληρονομήσατε τὴν ἡτοιμασμένην ὑμῖν βασιλείαν ἀπὸ καταβολῆς κόσμου;
καταβολή und *constitutio* klingen stärker passivisch als *ortus* und *origo*),

---

⁴³³ Scrivener liest in seiner Ausgabe des Codex Bezae *accepissem.*

!! 4.271 *parantur* (Matth.25.34 aur b f ff¹ g¹ h q: *paratum*, Cypr.: *quod...*
p. est || a ff² l r¹: *praeparatum*, c: *quod...p. est*, d: *p. est;* ἠτοιμασμέ-
νην), !! 4.273 *haec plebes <u>potu</u>...sitim mihi saepe removit* (Matth.25.35 b:
sitivi et dedistis mihi potum, d f Cypr.: *s. et potastis me* || a aur c ff¹ *ff*²
g¹ h l q r¹: *s. et dedistis mihi bibere* [cf. aber 25.37]; ἐδίψησα καὶ ἐποτί-
σατέ με), !! 4.274 *<u>hospitiumque</u> domus patuit mihi saepe vocato* (Matth.
25.35 a *aur* b c *f ff¹ ff²* g¹ *h l q r¹* Cypr.: *hospes eram et collexistis me* ||
d: *peregrinus e. et c. me;* ξένος ἤμην καὶ συνηγάγετέ με), !! <u>4.275</u> *et nu-*
dus <u>vestis</u> blandissima tegmina sumpsi (Matth.25.36 c: *nudus* [sc. *eram*] *et*
vestistis me || a aur b d g¹ l r¹: *n. et operuistis me*, q: *n. et operuisti me*,
f h: *n. et cooperuistis me*, ff¹ Cypr.: *n. et texistis me*, ff²: -; γυμνὸς καὶ
περιεβάλετέ με), !! 4.275 *<u>tegmina</u>* (Matth.25.36 ff¹ Cypr.: *texistis* || a
aur b d g¹ l r¹: *operuistis*, q: *operuisti*, f h: *cooperuistis*, c: *vestistis*,
ff²: -; περιεβάλετέ με), !! 4.280 *aut* (Matth.25.39 a aur b c d f g¹ q r¹:
aut || ff¹ ff² h l Cypr.: *et;* ἤ), 4.280 *carceris aut poenis meminit (quis-*
quam) vidisse revinctum (Matth.25.39 a aur c d f ff¹ ff² g¹ h l *q* r¹ Cypr.:
quando te vidimus || b: *quando;* πότε δέ σε εἴδομεν), !! 4.282 *<u>fratribus</u>*
ista meis humiles miserando labores/ qui fecit (Matth.25.40 *a b c d* q:
quamdiu fecistis uni horum fratrum meorum minimorum, aur f *g¹* h l r¹
Cypr.: *q. f. uni h. ex fratribus meis minimis* || ff¹: *q. f. uni h. ex mini-*
mis istis, ff²: *q. f. uni h.;* ἐφ' ὅσον ἐποιήσατε ἐνὶ τούτων τῶν ἀδελφῶν
μου τῶν ἐλαχίστων / ἐφ' ὅ. ἐ. ἐ. τ. τῶν ἐλαχίστων), !! 4.284 *at vos, in-*
iusti, iustis <u>succedite</u> flammis (Matth.25.41 a aur b c f ff¹ ff² g¹ h l q r¹
Cypr.: *discedite* || d: *ite;* πορεύεσθε), !! <u>4.286</u> *(poenas,) quas <u>Pater</u>.../ *
...paravit (Matth.25.41 *a b c d* ff¹ *ff²* g¹ h r¹ Cypr.: *ignem aeternum,*
quem paravit Pater meus Diabolo || l *q: i. ae., quem paravit Diabolo,*
aur f: *i. ae., qui paratus est D.;* D: τὸ πῦρ τὸ αἰώνιον, ὃ ἠτοίμασεν ὁ
Πατήρ μου τῷ Διαβόλῳ / [var.] τὸ π. τὸ α. τὸ ἠτοιμασμένον τῷ Δ.), 4.
286f. *(poenas) quas Pater.../ Daemonis horrendi <u>sociis</u> ipsique paravit*
(Matth.25.41 a aur b c d f ff¹ g¹ h l q r¹ Cypr.: *Diabolo et angelis*
eius || ff²: -; τῷ Διαβόλῳ καὶ τοῖς ἀγγέλοις αὐτοῦ), !! 4.287 *paravit*
(Matth.25.41 a b c ff¹ g¹ h r¹: *paravit* || d ff²: *praeparavit*, l q: *praepara-*
tus est, aur f: *paratus est;* D: ὁ ἠτοίμασεν ὁ Πατήρ μου / τὸ ἠτοιμασμέ-
νον), 4.287 *paravit* (Aktiv) (Matth.25.41 a b c d ff¹ ff² g¹ h r¹: Aktiv ||
aur f l q: Passiv; codd. Graec.: Aktiv / Passiv), 4.289 *nec famis in poena*
parui miseramina panis (dabantur) (Matth.25.42 a b *c d f ff¹* ff² g¹ h l q
r¹ Cypr.: *esurii enim et non dedistis mihi manducare* || aur: *esurivi e.;*
ἐπείνασα γὰρ καὶ οὐκ ἐδώκατέ μοι φαγεῖν), !! 4.290f. *aut <u>peregrina</u> mihi*
tecti vestisue parumper/ tegmina...dabantur (Matth.25.43 d ff¹: *peregrinus*
eram et non collegistis me; nudus et non operuistis me || a aur b c *f ff²*
g¹ *h l q r¹* Cypr.: *hospes e. et n. collexistis me; n. et n. o. me;* [var.] ξέ-

νος ἤμην καὶ οὐ συνηγάγετέ με, γυμνὸς καὶ οὐ περιεβάλετέ με), !! 4.290
vestis (Matth.25.43 ff¹ Cypr.: *vestistis* || a aur *b* d ff² g¹ l: *operuistis*, c
f h q r¹: *cooperuistis; περιεβάλετε*), !! 4.293 *(nec...aut) umquam* visendi
solacia vestra fuerunt (Matth.25.43 a aur b c d f g¹ h l r¹ Cypr.: *non visi-
tastis me* || ff¹ *ff²* q: *n. venistis ad me; καὶ οὐκ ἐπεσκέψασθέ με*), !! 4.295
te (Matth.25.43 a b c d f ff¹ ff² g¹ h l q r¹: *te* || aur: -; *σε*), 4.295 *visere*
(cf. Matth.25.43 a aur b c d f g¹ h l r¹ Cypr.: *et non visitastis me* || ff¹
q: *et non venistis ad me*, ff²: *et non venimus ad te; καὶ οὐκ ἐπεσκέψασθέ
με*), !! 4.297 *haut umquam nostrum meminit te visere quisquam/ .../ hos-
pita...fessis errare per oppida rebus* (Matth.25.44 *a* aur b c d f ff² g¹ h l
q r¹ Cypr.: *quando te visimus...hospitem* || ff¹: *q. te v....peregrinum;
πότε σε εἴδομεν...ξένον*), !! 4.300 *his rerum* dicet *Dominus* (Matth.25.45
a aur b c d f ff² g¹ *h* l q *r¹: tunc respondit illis dicens* || ff¹ Cypr.: *t. re-
spondit illis; τότε ἀποκριθήσεται αὐτοῖς λέγων*), !! 4.300/2 *cum vestra su-
perbo/ angustis rebus feritas sub corde tumebat/ calcavitque humiles* mini-
mos, *me sprevit in illis* (Matth.25.45 a *aur c d ff¹ ff² h r¹ Cypr.: quamdiu
non fecistis uni de minimis his, nec mihi fecistis* || b f g¹ l q: *q. n. f. uni
de minoribus his, n. m. f.; ἐφ᾽ ὅσον οὐκ ἐποιήσατε ἑνὶ τούτων τῶν ἐλαχίστων, οὐδὲ ἐμοὶ ἐποιήσατε*), !! 4.304 *aeternum miseri* poena *fodientur ini-
qui* (Matth.25.46 d g¹: *et ibunt hii in poenam aeternam* || q: *et i. hi in
poenas aeternas*, aur f *l: et i. hii in supplicium ae.*, a b c *ff¹ ff² h r¹: et i.
hi in ignem aeternum*, Cypr.: *et i. hi in ambustionem aeternam; καὶ ἀπ-
ελεύσονται οὗτοι εἰς κόλασιν αἰώνιον*), !! 4.403f. *ergo ad concilium* scribae, *plebisque vocatur/ iam gravior numerus* (Matth.26.3 c f ff² h q r¹:
tunc congregati sunt principes sacerdotum et scribae et seniores populi ||
a aur b *d* ff¹ g¹ l: *t. c. s. p. s. et sen. p.: τότε συνήχθησαν οἱ ἀρχιερεῖς
καὶ οἱ γραμματεῖς καὶ οἱ πρεσβύτεροι τοῦ λαοῦ / τ. σ. οἱ ἀρχιερεῖς κ. οἱ
Φαρισαῖοι κ. οἱ π. τ. λ. / [var.] τ. σ. οἱ ἀρχιερεῖς κ. οἱ πρεσβύτεροι τ.
λ.*), !! 4.403 *plebis* (Matth.26.3 d: *plebis* || a aur b c f ff¹ ff² g¹ h l q r¹:
populi; τοῦ λαοῦ / -), 4.406 *illic conplacuit* Christum *prosternere leto*
(Matth.26.4 c: *eum* || a aur b d f ff¹ ff² g¹ h l q r¹: -; codd. Graec.: -),
!! 4.407 *ne* (Matth.26.5 h r¹: *ne*, a aur c d f ff¹ g¹ l q: *ne forte* || b ff²:
-; *ἵνα μή*), 4.411 *-que* (Matth.26.6 aur b c d f ff¹ ff² g¹ h l q r¹: *et* || a:
-; *καί*), !! 4.411f. *accedit mulier propius, sanctumque* alabastro/ .../ ...ab
summo perfundit vertice Christum (Matth.26.7 a *aur b c d f ff¹ ff² g¹ h l
r¹: accessit mulier habens alabastrum unguenti pretiosi et infudit super ca-
put eius* || q: *a m. h. vasculum u. p. et i. s. c. e.; [var.] προσῆλθεν αὐ-
τῷ γυνὴ ἔχουσα ἀλάβαστρον μύρου βαρυτίμου καὶ κατέχεεν ἐπὶ τῆς κε-
φαλῆς αὐτοῦ*), !! 4.413 *perfundit* (Matth.26.7 d: *perfudit* || a b ff² q r¹:
infudit, aur c f ff¹ g¹ h l: *effudit; κατέχεεν*), !! 4.414f. *potuisse iuvari/ de
pretio unguenti miserorum corpora egentum* (Matth.26.9 a b c h q *r¹: po-*

tuit enim istud venundari pretio, aur *f* ff¹: *p. e. i. v. praetio multo* || g¹
l: *p. e. i. v. multo*, d ff²: *p. e. i. v.;* [var.] ἐδύνατο γὰρ τοῦτο πραθῆναι
πολλοῦ), !! 4.420f. *funeris ista mei multum laudanda ministrat/ officio
mundumque inplebunt talia facta* (Matth.26.13 *a* aur *b c d f* ff¹ *ff² g¹ l q:
ubicumque praedicatum fuerit hoc evangelium in toto mundo, dicetur et
quod haec fecit in memoriam ipsius* || h: *u. p. f. h. e. in toto orbe, nar-
rabitur et q. f. h. in m. i.;* ὅπου ἐὰν κηρυχθῇ τὸ εὐαγγέλιον τοῦτο ἐν ὅλῳ
τῷ κόσμῳ), !! 4.422 *tunc e discipulis unus se subtrahit amens* (Matth.26.
14 a: *tunc abiit unus de duodecim discipulis* || aur *b c d f ff¹* ff² g¹ h l q
r¹: *t. a. u. de duodecim;* τότε πορευθεὶς εἰς τῶν δώδεκα), !! 4.422 *e dis-
cipulis* (Matth.26.14 f *ff²: ex duodecim* || a aur *b c d* ff² g¹ h l q r¹: *de
d.;* τῶν δώδεκα), !! 4.426f. *illi continuo statuunt ter dena argenti/ pondera* (Matth.26.15 aur *c f ff¹ ff²* g¹ l: *at illi constituerunt ei triginta argente-
os*, h: *at i. c. ei t. stateres argenteos* || *a b d* q: *at i. c. ei t. stateres* [d:
stateras]; οἱ δὲ ἔστησαν αὐτῷ τριάκοντα ἀργύρια / D: οἱ δὲ ἔ. α. τ. στατῆρας / οἱ δὲ ἔ. α. τ. στατῆρας ἀργρίου), !! 4.428 *iamque dies paschae
primo processerat ortu* (Matth.26.17 a aur *b f h* l: *prima autem die azy-
morum* || c d ff¹ ff² g¹ q: *p. a. a.;* τῇ δὲ πρώτῃ τῶν ἀζύμων), !! 4.430
at (Matth.26.18 aur *b c f* ff² g¹ h l q r¹: *at* || a d: *autem*, ff¹: -; δέ), !!
4.430 *ille* (Matth.26.18 *b c f* ff² h q r¹: *ille* || a aur ff¹ g¹ l: *Iesus*, d:
qui; ὁ δέ), !! 4.432 *vespere mox primo* (Matth.26.20 aur *b c f* ff¹ ff² g¹ h
l q r¹: *vespere autem facto* || d: *sero a. f.*, a: *cumque sero esset factum;*
ὀψίας δὲ γενομένης), 4.432 *vespere mox primo bis sex recubantibus una/
discipulis* (Matth.26.20 *a* aur *b c d f ff¹ ff² g¹* h q r¹: *vespere autem facto
discumbebat cum duodecim discipulis suis* || l: *v. a. f. d. cum discipulis
suis;* [var.] ἀνέκειτο μετὰ τῶν δώδεκα μαθητῶν αὐτοῦ), !! 4.433 *discipulis*
(Matth.26.20 a *b c f* ff¹ ff² g¹ h l q r¹: *discipulis* || d: -; μαθητῶν /
-), !! 4.434f. *en urget tempus, Christum cum prodere morti/ e vobis unus
scelerato corde volutat* (Matth.26.21 a d q: *unus ex vobis* || aur *b c f* ff¹
ff² g¹ h l r¹: *unus vestrum;* εἷς ἐξ ὑμῶν), 4.436 *continuo cuncti quaerunt*
(Matth.26.22 d: *unusquisque eorum* || a aur *b c f* ff¹ ff² g¹ h l q r¹: *sin-
guli;* εἷς ἕκαστος), 4.438 *ille* (Pronomen) (Matth.26.23 aur *b c f* ff¹ ff² g¹
l q: *ipse*, d: *qui* || a: *Iesus*, h r¹: -; ὁ δέ), !! 4.439f. *sed Suboles hominis
quondam praescripta subibit/ supplicia* (Matth.26.24 *a* b c d *f* ff¹ *ff²* g¹ h
l *q r¹: Filius quidem hominis vadit, sicut scriptum est de illo* || aur: *F. q.
h. v., s. constitutum e. de i.;* ὁ μὲν Υἱὸς τοῦ ἀνθρώπου ὑπάγει καθὼς γέγραπται περὶ αὐτοῦ), !! 4.447 *divisumque dehinc tradit (panem)* (Matth.
26.26 Zusatz ff¹: *quod pro vobis tradetur* || a aur *b c d f* ff² g¹ h l q r¹:
- [zuvor haben jedoch sämtliche codd. *dedit* bzw. *dans*]; codd. Graec.: -),
!! 4.448 *proprium sic edere corpus* (Matth.26.26 a f g¹: *edite* || ff¹ l:
comedite, aur *b c d* ff² h q r¹: *manducate;* φάγετε), 4.449 *hinc calicem*

sumit (Aktiv) *Dominus* (Matth.26.27 aur b c d f ff¹ ff² g¹ h l q rˡ: *et accipiens calicem* || a: *accepto calice;* [var.] καὶ λαβὼν ποτήριον), 4.449f.
hinc calicem sumit Dominus vinoque repletum/ gratis _sanctificat_ *verbis*
(Matth.26.27 a: *et accepto calice* _benedixit_ *et gratias egit* || aur b c d f
ff¹ ff² g¹ h l q rˡ: *et accipiens calicem g. e.;* [var.] καὶ λαβὼν ποτήριον
καὶ εὐχαριστήσας), 4.453 *hoc potate meum* (Matth.26.27 aur *b d f* ff¹ *ff²*
g¹ h l q rˡ Cypr.: *bibite ex hoc omnes* || a c: -; πίετε ἐξ αὐτοῦ πάντες),
!! 4.453 *meum* (Matth.26.27; cf. 26.28 a aur b d f ff¹ ff² h l q rˡ: *hic est
enim sanguis meus,* c: *h. e. calix sanguinis mei* || g¹: *hic est enim
sanguis;* τοῦτο γάρ ἐστιν τὸ αἷμα μου), 4.454 *post haec non umquam vitis
gustabo liquorem* (Matth.26.29 a aur b c d ff¹ g¹ h l q: Hauptsatz || ff²:
quoniam, f rˡ: *quia;* codd. Graec.: Hauptsatz / ὅτι), 4.454 *post haec*
(Matth.26.29 aur b c d f ff¹ ff² g¹ h l q rˡ: *amodo* || a: -; ἀπ' ἄρτι), !!
4.455f. *donec regna Patris melioris munere vitae/ in* _nova_ *me rursus concedent surgere vina* (Matth.26.29 *a* aur b c d f ff¹ *ff²* g¹ h l rˡ Cypr.: *usque in diem illum, cum illud bibam vobiscum novum in regno Patris
mei* || q: *u. in d. i., c. i. b. v. in r. P. m.;* [var.] ἕως τῆς ἡμέρας ἐκείνης, ὅταν αὐτὸ πίνω μεθ' ὑμῶν καινὸν ἐν τῇ βασιλείᾳ τοῦ Πατρός μου),
4.469 *sed* (Matth.26.33 h: *autem* || a aur b c d f ff¹ ff² g¹ l q rˡ: -; δέ /
-), !! 4.473 *Christum, fortissime Petre,* _negabis_ (Matth.26.34 aur b c f f ff¹
ff² g¹ h l q rˡ: *negabis* || a d: *abnegabis;* ἀπαρνήσῃ / ἀπαρνήσει), !!
4.474 *et* _prius_, *alitibus resonent* _quam_ *tecta domorum* (Matth.26.34 aur b
c d f ff¹ ff² g¹ h l q rˡ: _antequam_ *gallus cantet* || a: *ante galli cantum;*
[var.] πρὶν ἀλέκτορα φωνῆσαι), !! 4.478 *nominis Hebraei sunt* _Gessamaneia_ *rura* (Matth.26.36 c h: *Gessamani* || q: *Gessemani,* aur: *Gezamani,*
a b ff²: *Gedsamani,* d rˡ: *Getsamani,* f: *Gethsamani,* ff¹ g¹ l: *Gethsemani;*
Γεθσημανί), 4.478 *rura* (Matth.26.36 d rˡ: *agrum,* h: *agro,* b c ff² q:
praedium || a f: *locum,* aur ff¹ g¹ l: *villam;* χωρίον), !! 4.482 *ipse sed*
adsumpto *longe procedere Petro* (Matth.26.37 a aur b c f ff¹ ff² g¹ h l q
rˡ: *adsumpto Petro* || d: *suscipiens Petrum;* παραλαβὼν τὸν Πέτρον;
Widmann 9, Nestler 9), !! 4.484 *tunc* _angore_ *gravi maestus sic voce profatur* (Matth.26.38; cf. 26.37 a: *coepit...anxius esse* || aur b c f ff¹ ff² g¹
h l q rˡ: *c....maestus esse,* d: *c....deficere;* ἤρξατο λυπεῖσθαι καὶ ἀδημονεῖν), !! 4.484 *tunc angore gravi* _maestus_ *sic voce profatur* (Matth.26.38;
cf. 26.37 aur b c f ff¹ ff² g¹ h l q rˡ: *coepit...maestus esse* || a: *c....anxius* [sc. *esse*], d: *c....deficere;* ἤρξατο λυπεῖσθαι καὶ ἀδημονεῖν), !!
4.488 *haec ait et paulum* _procedens_ *corpore terram/ deprimit* (Matth.26.39
a aur b c f ff¹ ff² g¹ h l q rˡ: _progressus_ || d: *accedens;* προελθών /
προσελθών), !! 4.488 _procedens_ (Matth.26.39 d: *accedens* || a aur b c f
ff¹ ff² g¹ h l q rˡ: *progressus;* προελθών / προσελθών), !! 4.490 *calicis me*
transeat *huius/ ...violentia* (Matth.26.39 a aur d ff¹ ff² g¹ h l q rˡ: *transeat*

a me calix iste || b c f: *transfer a me calicem istum;* παρελθάτω ἀπ᾽
ἐμοῦ τὸ ποτήριον τοῦτο), !! 4.492 *sed* (Matth.26.39 a b ff² h q r¹: *sed* ||
aur c d f ff¹ g¹ l: *verum;* πλήν), 4.497 *tantis sub casibus* (Matth.26.40 a
aur b c d f ff¹ ff² g¹ h l q: *sic* || r¹: -; οὕτως), !! 4.498 *ne* (Matth.26.41
h r¹: *ne* || a aur b c d f ff¹ ff² g¹ l q: *ut non;* ἵνα μή), 4.501 *secessit rur-*
sus secreti montis in arcem/ orabatque Patrem (Matth.26.42 a aur b c f ff¹
ff² g¹ h l r¹: *abiit et oravit* || d: *a., o.,* q: *abiens o.;* ἀπελθὼν προσηύξα-
το), 4.503 *hunc quoniam calicem non est transire potestas* (Matth.26.42
aur *b c d f* ff¹ *ff² g¹ l q* r¹: *si non potest hic calix transire* [Nebensatz] ||
a h: *non p. hoc poculum t.* [Hauptsatz]; [var.] εἰ οὐ δύναται τοῦτο τὸ ποτήριον παρελθεῖν, !! 4.503 *hunc* (Matth.26.42 aur c f ff¹ r¹: *hic calix,* g¹
l: *c. hic,* a h: *hoc poculum,* b ff² q: *hoc* || d: *calix iste;* τοῦτο τὸ ποτήρι-
ον), !! 4.503 *hunc quoniam calicem non est transire potestas* (Matth.26.42
aur *c d f* ff¹ *g¹ l* r¹: *si non potest hic calix transire* || a h: *non p. hoc po-*
culum transire, b ff² q: *si n. p. hoc t.* [doch cf. 26.39 *calix / calicem*]; εἰ
οὐ δύναται τοῦτο τὸ ποτήριον παρελθεῖν / εἰ οὐ δ. τοῦτο παρελθεῖν), !!
4.505 *rursus.../ invenit* (cf. Matth.26.43 a: *cum venisset rursus invenit*
eos || aur b c f ff¹ ff² g¹ h l r¹: *et venit iterum et invenit eos,* q: *et ve-*
niens i. e. iterum, d: *veniens iterum i. e.;* [var.] καὶ ἐλθὼν πάλιν εὗρεν
αὐτούς), !! 4.505f. *rursus discipulos somni sub pondere pressos/ invenit*
(Matth.26.43 a b g¹: *erant enim oculi eorum gravati a somno* [g¹: *g.*
somno, a: *somno g.*] || aur c *d f* ff¹ ff² *h l q* r¹: *e. e. o. e. g.;* καθεύδον-
τας), !! 4.508 *iam* (Matth.26.45 a aur b c f ff¹ ff² g¹ h l q r¹: *iam* || d:
de cetero; [var.] λοιπόν), 4.511f. *Iudas numero stipante catervae/ advenit*
procerum iussu populique ferocis (Matth.26.47 a *aur* b c f *ff¹* ff² *h l q r¹:*
Iudas...et... turba...missi a principibus sacerdotum et senioribus plebis ||
d *g¹: I....et...turba...a principibus s. et s. p.;* ᾽Ιούδας...ἦλθεν καὶ μετ᾽
αὐτοῦ ὄχλος πολύς...ἀπὸ τῶν ἀρχιερέων καὶ πρεσβυτέρων τοῦ λαοῦ), !!
4.512 *populi* (Matth.26.47 aur ff¹ h l q r¹: *populi* || a b c d f ff²: *plebis,*
g¹: -; τοῦ λαοῦ), !! 4.521 *iniecere manum turbae Christumque prehendunt*
(Matth.26.50 *a* aur b c f ff¹ ff² g¹ h l q r¹: *et manus iniecerunt in Iesum*
et tenuerunt eum || d: *et inmiserunt m. in I. et t. e.;* ἐπέβαλον τὰς χεῖ-
ρας ἐπὶ τὸν ᾽Ιησοῦν καὶ ἐκράτησαν αὐτόν), 4.524 *tempore et excussam*
rapuit vi vulneris aurem (Matth.26.51 a *aur* b c f *ff¹* ff² *g¹ l* q: *et am-*
putavit auriculam eius, h *r¹: et abscidit a. e.* || d: *et abstulit e. a.;* ἀφεῖ-
λεν αὐτοῦ τὸ ὠτίον), 4.524 *excussam rapuit vi vulneris aurem* (Matth.26.
51 d: *abstulit* || a aur b c f ff¹ ff² g¹ l q: *amputavit,* h r¹: *abscidit;* ἀφεῖ-
λεν), !! 4.525 *olli Christus ait* (Matth.26.52 aur b c f ff¹ ff² g¹ h l q: *tunc*
ait illi Iesus || a: *t. a. ad illum I.,* d: *t. dicit ei I.;* τότε λέγει αὐτῷ ὁ
᾽Ιησοῦς), !! 4.525 *ait* (Matth.26.52 a aur b c f ff¹ ff² g¹ h l q: *ait* || d:
dicit; λέγει), 4.526f. *nam quicumque ferox confidet vindice ferro,/ hunc*

iusti similis ferri vindicta manebit (Matth.26.52 g¹: *omnis enim, qui gladio percutit, gladio peribit* || *a aur b c d f ff' ff² h l q r': omnes e., q. gladium utuntuntur, gladio peribunt;* πάντες γὰρ οἱ λαβόντες μάχαιραν ἐν μαχαίρῃ ἀπολοῦνται / π. γ. οἱ λ. μ. ἐν μ. ἀποθανοῦνται), !! 4.526 *nam* (Matth.26.52 aur b c d f ff¹ ff² g¹ h l q r¹: *enim* || a: -; γάρ), 4.526 *confidet vindice ferro* (Matth.26.52 h: *gladium utuntuntur,* ff²: *accipiunt gladium et gladio utuntur* || b c d q r¹: *accipiunt gladium,* a aur ff¹ l: *acceperint g.,* f: *peremerint gladio,* g¹: *gladio percutit;* λαβόντες μάχαιραν; *confidere* und *uti* drücken das Gewohnheitsmäßige abstrakt aus), 4.526 *vindice* (Matth.26.52 g¹: *percutit,* f: *peremerint* || b c d ff² q r¹: *accipiunt,* a aur ff¹ l: *acceperint,* h: *utuntuntur;* λαβόντες; der Gewaltgedanke, der hinter *vindice* steht, kommt durch *percutit* und *peremerint* am stärksten zum Ausdruck), !! 4.528 *an* (Matth.26.53 aur f ff¹ g¹ l: *an* || a b c d ff² h q r¹: *aut;* ἤ), 4.528f. *an ego non possem caelestia castra vocare/ et Patris innumeras in proelia ducere turmas?* (Matth.26.53 *aur b c f ff' ff² g¹ h r': aut non putas posse me modo rogare Patrem meum et exhibebit mihi plus quam duodecim milia legiones angelorum?* || a d l q: *a. n. p. p. me m. r. P. m. et e. m. plus quam duodecim legiones angelorum?;* [var.] ἢ δοκεῖς ὅτι οὐ δύναμαι παρακαλέσαι τὸν Πατέρα μου, καὶ παραστήσει μοι ἄρτι πλείω δώδεκα λεγιῶνας ἀγγέλων;), 4.529f. *an ego non possem caelestia castra vocare/ et Patris innumeras in proelia ducere turmas* (Matth.26.53 a aur b c d f ff¹ g¹ h l q r¹: *legiones* || ff²: -; λεγιῶνας / λεγ[ε]ώνων), !! 4.530 *sed scriptura meis conplenda est debita rebus* (Matth.26.54 d r¹: *quomodo ergo conplebuntur scripturae, quia sic oportet fieri?* || a aur *b c f ff'* ff² g¹ h l q: *q. e. implebuntur s., q. s. o. f.?;* πῶς οὖν πληρωθῶσιν αἱ γραφαὶ ὅτι οὕτως δεῖ γενέσθαι;), !! 4.533f. *templi media qui semper in arce/ vobiscum residens docui* (Matth.26.55 a *aur* b c d f ff' ff² g¹ h l q: *sedebam* [l: *sedebat*] *in templo docens* || r¹: *eram in t. d.;* [var.] ἐν τῷ ἱερῷ ἐκαθεζόμην διδάσκων), 4.536 *Christo...relicto* (abl.abs.) (Matth.26.56 a aur b c f ff¹ ff² g¹ h l n *q* r¹: *relicto eo* || d: *relinquentes eum;* ἀφέντες αὐτόν), !! 4.536 *discipuli passim Christo fugere relicto* (Matth.26.56 *a* aur *b c f* ff¹ ff² *g¹ h l n r': tunc discipuli omnes relicto eo fugierunt* || q: *t. d. o. derelicto eo fugerunt,* d: *t. d. o. relinquentes eum f.;* [var.] τότε οἱ μαθηταὶ πάντες ἀφέντες αὐτὸν ἔφυγον; Widmann 9), !! 4.538 *cum venere omnes scribae proceresque vocati* (Matth.26.57 a aur b c f ff¹ ff² g¹ h l n q: *[Caipham] ubi scribae et seniores convenerant* [aur g¹: *convenerunt*] || d: *u. s. e. s. congregati sunt;*

[Καϊάφαν] ὅπου οἱ γραμματεῖς καὶ οἱ πρεσβύτεροι συνήχθησαν),[434] !!
4.539 *at Petrus longe servans vestigia solus* (Matth.26.58 a aur b c f ff[1]
ff[2] g[1] h l q: *a longe*, d: *de longe* || n: *de longinquo;* ἀπὸ μακρόθεν / μα-
κρόθεν), !! 4.541 *extremum opperiens tanto sub turbine finem* (Matth.26.58
aur b c d f *ff[1]* g[1] l: *ut videret* [d: *videre] finem rei* || a ff[2] h n q r[1]: *ut v.
exitum r.;* ἰδεῖν τὸ τέλος), !! 4.542 *ecce sacerdotes falsos conquirere tes-
tes/ incumbunt* (Matth.26.59 *aur* b c d f ff[1] ff[2] g[1] h l q r[1]: *principes autem
sacerdotum et universum concilium quaerebant falsum testimonium contra
Iesum* || a n: *princeps vero et u. c. q. f. t. adversus I.;* [var.] οἱ δὲ ἀρχ-
ιερεῖς καὶ τὸ συνέδριον ὅλον ἐζήτουν ψευδομαρτυρίαν κατὰ τοῦ Ἰησοῦ),
!! 4.542/4 *falsos conquirere testes/ incumbunt fictasque volunt contexere
causas,/ quis mortem insonti possent imponere Christo* (Matth.26.59 *aur*
b c f ff[1] ff[2] g[1] h l q r[1]: *quaerebant falsum testimonium contra Iesum, ut
eum morti traderent*, d: *q. f. t. adversus I., quatenus mortificarent eum* ||
a n: *q. f. t. a. I., ut eum interficerent;* [var.] ἐζήτουν ψευδομαρτυρίαν κατὰ τοῦ Ἰησοῦ, ὅπως αὐτὸν θανατώσωσιν), 4.544 *insonti* (cf. Matth.26.60
f: *non invenerunt culpam* || c *ff[2]* h r[1]: *n. i. in eum quicquam*, a n: *n. i.
exitum rei*, d: *et n. i. rei sequentia*, q: *et n. i.*, aur b ff[1] g[1] l: *et n. i., c.
m. t. a.;* καὶ...οὐχ εὗρον / -), !! 4.546f. *qui dicere Iesum/ audissent*
(Matth.26.61 b c f ff[2] h r[1]: *audivimus hunc dixisse*, d: *hunc audivimus di-
centem* || a aur ff[1] g[1] l n q: *hic dixit;* οὗτος ἔφη), 4.546 *ultima prosiliunt
testes* (Matth.26.60 aur b c d f *ff[1]* ff[2] g[1] h l q r[1]: *novissime autem venerunt
duo falsi testes* || a n: *postea a. v. d. f. t.;* [var.] ὕστερον δὲ προσελθόν-
τες δύο ψευδομάρτυρες), 4.548 *versum* (Matth.26.61 a aur b f ff[1] g[1] h l n
q r[1]: *illud*, d: *eum eum* || c: *aliud;* αὐτόν / -), !! 4.548 *trinis...diebus*
(Matth.26.61 a n: *in tribus diebus*, d: *post tres dies* || b q: *post triduo,*
aur c f ff[1] ff[2] g[1] h l r[1]: *post triduum;* διὰ τριῶν ἡμερῶν), 4.548 *et versum
trinis iterum instaurare diebus* (Matth.26.61 b c ff[2] h r[1]: *possum...illud re-
aedificare*, q: *i. reaedificabo* || a aur f ff[1] g[1] l n: *p....aedificare i.*, d: *p.
...ae. eum eum;* [var.] δύναμαι...οἰκοδομῆσαι αὐτόν), !! 4.551 *nihil*
(Matth.26.62 aur b c d f ff[1] ff[2] g[1] h l q: *nihil* || a n: *non;* οὐδέν), 4.551
cur nihil ad tantas nunc respondere querellas/ ...audes? (Matth.26.62 a
aur b c f *ff[1] ff[2]* g[1] h l n q r[1]: *nihil respondes ad ea* [c: *haec], quae isti ad-
versum te testificantur?* || d: *nihil respondes, quid i. testantur de te?;*
οὐδὲν ἀποκρίνῃ, τί οὗτοί σου καταμαρτυροῦσιν;), !! 4.554 *si fas te crede-*

---

[434] Da in dieser Zusammenstellung unterschiedliche Tempora nicht erwähnt werden, bleibt
die Tatsache unberücksichtigt, daß in d *(congregati sunt)* und aur g[1] *(convenerunt)* das
Perfekt anstelle des Plusquamperfekts steht. Nestler (17f.) sagt, bei Juvencus sei der Her-
gang in Übereinstimmung mit aur d g[1] so dargestellt, als ob die Priester erst nach der Ankunft Christi erschienen wären.

re Christum (Matth.26.63 a aur b c d f ff¹ ff² g¹ h n q: *si tu es Chris-tus* || l: *si tu es;* εἰ σὺ εἶ ὁ Χριστός), 4.554 *ut fateare palam* (Matth.26.63 a aur b c d f ff¹ ff² g¹ l n q r¹: *ut* || h: -; ἵνα), !! 4.556f. *istaec sola tibi procedunt pectore verba/ vera tuo* (Matth.26.64 r¹: *tu dixisti. verum dico vobis*, a aur d f ff¹ g¹ l n: *tu dixisti. verum tamen dico vobis* || b ff² q: *tu dixisti. tamen dico vobis*, c h: *tu dixisti. amen dico vobis;* σὺ εἶπας. πλὴν λέγω ὑμῖν; Juvencus scheint *tu dixisti verum. tamen dico vobis* gele-sen zu haben. So steht sein Text grundsätzlich den codd. näher, die *verum* haben, in welcher Funktion oder Zuordnung auch immer), 4.557/9 (Haupt-satz) (Matth.26.64 a aur b c f ff¹ ff² g¹ h l q r¹: Hauptsatz || d: *quia...;* codd. Graec.: Hauptsatz), !! 4.560 *talibus auditis scindit de pectore ves-tem* (Matth.26.65 aur b ff¹ ff² g¹ l n: *tunc...scidit* || c f q r¹: *t....consci-dit*, h: *t....conscindit*, d: *disrupit;* τότε...διέρρηξεν), !! 4.565 *conclamant omnes mortique addicere certant* (Matth.26.66 b c h: *at illi responderunt omnes* || a n: *at i. r. universi*, ff²: *at i. r.*, aur f *ff¹* g¹ l q: *at i. respon-dentes;* D: οἱ δὲ ἀπεκρίθησαν πάντες καί / ο. δὲ ἀποκριθέντες), !! 4.567f. *et palmae in malis colaphique in vertice crebri/ insultant* (Matth.26.67 aur c f ff¹ *g¹* h l n q *r¹: tunc expuerunt in faciem eius et colaphis eum cecide-runt, alii autem palmas in faciem ei dederunt* || a b *ff²: t. e. in f. e. et c. e. c.;* [var.] τότε ἐνέπτυσαν εἰς τὸ πρόσωπον αὐτοῦ καὶ ἐκολάφισαν αὐτόν, οἱ δὲ ἐράπισαν; Nestler 11), !! 4.573 *ille* (Matth.26.70 aur b c f ff¹ ff² g¹ h l q r¹: *ille* || a n: *Petrus;* ὁ δέ), 4.574 *sed* (Matth.26.71 a aur b c f ff¹ ff² h l n q r¹: *autem* || g¹: -; δέ), !! 4.574f. *ecce sed egressum primo sub limine cernens/ altera* (Matth.26.71 a n: *egressus autem ad ia-nuam vidit illum alia ancilla* || b g¹ r¹: *exeuntem autem illum ianuam v. eum a. a.*, aur c f *ff¹ ff²* h l q: *exeunte autem illo ianuam v. illum a. a.;* [var.] ἐξελθόντα δὲ εἰς τὸν πυλῶνα εἶδεν αὐτὸν ἄλλη), 4.574f. *ecce sed egressum primo sub limine cernens/ altera consimili prodebat voce minis-tris* (Matth.26.71 b g¹ r¹: *exeuntem...vidit illum* || a n: *egressus...v. i.*, aur c f ff¹ ff² h l *q: exeunte illo...v. eum;* ἐξελθόντα δὲ αὐτόν...εἶδεν / ἐξ-ελθόντα δέ...ε. / D: ἐξελθόντος δὲ αὐτοῦ...ε.; die Konstruktion bei Juven-cus entspricht b g¹ r¹), !! 4.576 *rursus ait iurans, illum se nosse negabat* (Matth.26.72 g¹: *et iterum iuravit cum iuramento: non novi hominem* || aur b c f *ff¹* ff² h l n q r¹: *et i. negavit c. iuramento dicens: n. n. h.;* [var.] καὶ πάλιν ἠρνήσατο μετὰ ὅρκου, ὅτι οὐκ οἶδα τὸν ἄνθρωπον), !! 4.576 *se nosse negabat* (Matth.26.72 aur b c f ff¹ g¹ l q r¹: *non novi homi-nem* || h: *nescio h.*, n: -; ὅτι οὐκ οἶδα τὸν ἄνθρωπον), !! 4.576 *negabat* (Matth.26.72 aur b c f ff¹ ff² h l n q r¹: *negavit* || g¹: *iuravit;* ἠρνήσατο), 4.578 *eque sono vocis sese cognoscere dicunt* (Matth.26.73 aur f ff¹ g¹ l q: *nam et loquella tua manifestum te facit* || a b c *ff²* h n r¹: *n. et l. t. similis e.;* δῆλόν σε ποιεῖ / D: ὁμοιάζει), !! 4.580f. *et Petrus iurans devo-*

tis omnia verbis/ nescire adfirmat (Matth.26.74 a b c ff² *h* n q r¹: *tunc coepit devotare se* [h r¹: *devotare*] || aur f ff¹ l: *t. c. d. detestari se*, g¹: *t. c. detestare se; τότε ἤρξατο καταθεματίζειν*), 4.583 *Simonis* (Matth.26. 75 a aur b c d f ff¹ ff² h l n r¹: *Petrus* || g¹: -; ὁ Πέτρος), !! 4.585 *egressusque dehinc* ploratus *habebat amaros* (Matth.26.75 b c ff² h l q r¹: *et egressus foras amarissime ploravit* || aur f *ff* g¹: *et e. f. flevit amare; καὶ ἐξελθὼν ἔξω ἔκλαυσεν πικρῶς*), 4.585 *egressusque dehinc ploratus habebat* amaros *(Positiv)* (Matth.26.75 c l: *ploravit amare*, aur f g¹: *flevit amare* || b ff² h q: *amarissime ploravit;*[435] *ἔκλαυσεν πικρῶς*), 4.586ff. (Matth.27.1f., 11/23, 3/10, 27ff. Die Umstellung mag veranlaßt sein durch Matth.27.3 *a aur b c d ff ff² g¹ h l q r¹: tunc videns Iudas..., quia* damnatus est [h: *iudicatus est*], *paenitentia ductus rettulit triginta argenteos principibus sacerdotum et senioribus* || f: *t. v. I...., q. ad iudicium ductus est, p. d. r. t. a. p. s. et s.;* [var.] *τότε ἰδὼν Ἰούδας ὁ παραδιδοὺς αὐτὸν ὅτι κατεκρίθη, μεταμεληθεὶς ἔστρεψεν τὰ τριάκοντα ἀργύρια τοῖς ἀρχιερεῦσιν καὶ πρεσβυτέροις*; wenn es in Matth.27.3 heißt, Judas zeige Reue aufgrund von Jesu Verurteilung, könnte Juvencus dadurch veranlaßt worden sein, die Verurteilung, die bei Matthäus erst folgt, vorzuziehen. Das von cod. f überlieferte *quod ad iudicium ductus est* korrigiert *damnatus est* unter Rückgriff auf 27.2 *et vinctum adduxerunt eum et tradiderunt Pontio Pilato praesidi.* Wie Marold Evangelienbuch 333f. und Nestler 19f., 43f. aus der Formulierung von cod. f, die doch die überlieferte Reihenfolge der Geschehnisse [Reue des Judas im Anschluß an die Auslieferung Jesu an Pilatus, nicht im Anschluß an Jesu Verurteilung] nur bestätigt, Unzufriedenheit über die Reihenfolge herauslesen, ist unverständlich; vgl. Einleitung, Kap.VI), !! 4.588f. *iamque e concilio Christum post terga* revinctum/ *praesidis ad gremium magno clamore trahebant* (Matth.27.2 aur b c f ff¹ ff² g¹ *h l q r¹: et vinctum adduxerunt eum* || a: *et ligatum eum duxerunt*, d: *et ligantes e. d.; καὶ δήσαντες αὐτὸν ἀπήγαγον*), !! 4.591 *talia* Pilati *verbis excepit Iesus* (cf. Matth.27.11 r¹: *et interrogavit eum Pilatus dicens* || a aur b c d f ff¹ ff² g¹ h l q: *et i. e. praeses d.; καὶ ἐπηρώτησεν αὐτὸν ὁ ἡγεμὼν λέγων / κ. ἐ. α. λ.*), !! 4.599 sollemni...die (Matth.27.15 aur b c f ff¹ *ff* g¹ h l q r¹: *per diem autem sollemnem* || a d: *p. d. a. festum; κατὰ δὲ ἑορτήν*), !! 4.601f. *latro/ quem Christo infensus populus* dimittere *vitae/ ardebat* (Matth.27.17 aur b c d f *ff²* g¹ h l q r¹: *quem vultis dimittam?*, ff¹: *q. v. demittam?* || a: *q. vobis de duobus mittam?; τίνα θέλετε ἀπολύσω ὑμῖν;*), !! 4.603f. *trucibus somno sed territa* visis/ *Pilati coniunx* (Matth.27.19 a aur b d f ff¹ g¹ *h l q* r¹:

---

[435] Die Ausgabe von Jülicher/Matzkow/Aland läßt einen im unklaren über die Lesart von ff¹ (*amare* oder *amarissisime?*).

multa enim passa sum hodie per visum propter eum || c: *m. e. hodie per
somnum passa sum,* ff²: *m. e. p. s. h. propter eum;* πολλὰ γὰρ ἔπαθον
σήμερον κατ᾽ ὄναρ δι᾽ αὐτόν), !! 4.603 *somno* (Matth.27.19 c: *per som-
num* || a aur b d f ff¹ g¹ h l q r¹: *per visum,* ff²: -; κατ᾽ ὄναρ), !! 4.609
populum...rogabant (Matth.27.20 a b c ff² g¹ h r¹: *persuaserunt populo,* q:
p. populum || aur f ff¹ l: *p. populis,* d: *p. turbis;* ἔπεισαν τοὺς ὄχλους),
4.614f. *plebs incensa malo saevos miscere tumultus,/ et crucis ad poenas
iterumque iterumque petebat* (Matth.27.23 a aur b c *d f* ff¹ ff² h l q r¹: *at
illi magis clamabant: crucifigatur* || g¹: -; οἱ δὲ περισσῶς ἔκραζον λέγον-
τες· σταυρωθήτω), 4.624 *plebi* (Matth.27.26 a aur c d f ff¹ ff² g¹ h l r¹:
eis || b q: -; αὐτοῖς / -), !! 4.624 *Barabban* (Matth.27.26 a aur b f ff¹ g¹
l q r¹: *Barraban* || c d ff²: *Barrabam;* Βαραββᾶν), 4.629 *proiecit templo
tunc detestans argentum* (Matth.27.5 d: *proiciens argentum* || *a* aur b c
f ff¹ ff² g¹ h l q r¹: *proiectis argenteis;* [var.] ῥίψας τὰ ἀργύρια), !!
4.629 *detestans* (Matth.27.5; cf. 26.74 aur f ff¹ g¹ l: *tunc coepit detestari*
[g¹: -*are*] || a b c ff² n q: *t. c. devotare se,* h r¹: *t. c. devotare;* τότε
ἤρξατο καταθεματίζειν), !! 4.630 *exorsusque suas laqueo sibi sumere poe-
nas* (Matth.27.5 a aur b c f ff¹ ff² g¹ h l q r¹: *laqueo se suspendit* || d: *s.
se;* ἀπήγξατο), 4.632 *inde* (Matth.27.6 b c f ff² h r¹: *tunc* || a d ff¹ g¹ l
q: *autem,* aur: -; δέ), !! 4.635 *agrum...nomine vero/ sanguinis* (Matth.
27.8 h r¹: *cognominatus est ager ille Acheldemach, quod est ager sangui-
nis* || *a* aur b c *f ff¹ ff²* g¹ l q: *vocatus est a. i. A., q. e. a. g. s.,* d: *ap-
pellatus est a. i. Echeldemach, hoc e. a. s.;* διὸ ἐκλήθη ὁ ἀγρὸς ἐκεῖνος
ἀγρὸς αἵματος ἕως τῆς σήμερον), !! 4.642 *traditus est trucibus iustus sce-
lerisque ministris* (cf. 4.652) (Matth.27.27; cf. 27.24 aur c *f* ff¹ g¹ h l q:
innocens sum a sanguine iusti || a b *d* ff² r¹: *innocens sum a sanguine
huius;* [var.] ἀθῷός εἰμι ἀπὸ τοῦ δικαίου τούτου / ἀ. ε. ἀ. τοῦ αἵματος
τούτου), !! 4.644f. *purpureamque illi tunicam clamidemque rubentem/ in-
ducunt* (Matth.27.28 a b c d *f* ff² h: *et induerunt eum tunicam purpuream
et chlamydem coccineam circumdederunt ei* || q: *et i. e. chlamydem coc-
cineam, circumdederunt eum et purpurem,* aur ff¹ g¹ l: *et ch. coccineam c.
ei;* D: καὶ ἐνδύσαντες αὐτὸν ἱμάτιον πορφυροῦν καὶ χλαμύδα κοκκίνην
περιέθηκαν αὐτῷ / καὶ ἐνδύσαντες αὐτὸν χλαμύδα κοκκίνην π. α. / κ. ἐκδύσαντες α. χ. κ. π. α.; Nestler 26), !! 4.644 *purpuream...tunicam*
(Matth.27.28 a b c d f ff² h: *tunicam purpuream* || q: *purpurem,* aur ff¹
g¹ l: -; D: ἱμάτιον πορφυροῦν [cf. Ioh.19.2] / τὰ ἱμάτια αὐτοῦ / -), !!
4.645 *inducunt* (Matth.27.28 a b c f ff² h q: *et induerunt* || d: *et vestien-
tes eum,* aur ff¹ g¹ l: *et exuentes e.;* ἐνδύσαντες αὐτόν / ἐκδύσαντες α.),
!! 4.647 *tum genibus nixi regem dominumque salutant/ Iudaeae gentis*
(Matth.27.29 a b c *d* ff² q: *adgeniculantes se ante eum,* h r¹: *genu posito
a. e.,* aur ff¹ g¹ l: *genu flexo a. e.* || f: *procidentes ad pedes eius;* γονυ-

πετήσαντες ἔμπροσθεν αὐτοῦ), !! 4.648 *faciem* (Matth.27.30 a b l r¹: *faciem* || aur c d f ff¹ ff² g¹ h q: *eum; αὐτόν*), !! 4.648f. *faciem...lavere salivis/ vertice et in sancto plagis lusere nefandis* (Matth.27.30 *a h* r¹: *expuerunt in faciem eius et acceperunt harundinem et percutiebant caput eius* || *aur* b c d f *ff¹ ff²* g¹ l q: *expuentes in f. e. a. h. et p. c. e.; ἐμπτύσαντες εἰς αὐτὸν ἔλαβον τὸν κάλαμον καὶ ἔτυπτον εἰς τὴν κεφαλὴν αὐτοῦ*), !! 4.651 *indutum propriae ducebat tegmina vestis* (Matth.27.31 a aur b c f ff¹ ff² g¹ h l q r¹: *induerunt eum vestimenta* || d: *vestierunt e. v.; ἐνέδυσαν αὐτὸν τὰ ἱμάτια αὐτοῦ*), 4.653 *sed* (Matth.27.32 a aur c d f ff¹ ff² g¹ h l q r¹: *autem* || b: -; δέ), !! 4.653 *Simonem* (Matth.27.32 a aur c d f ff¹ ff² g¹ h l q r¹: *Simonem* || b: -; ὀνόματι Σίμωνα), !! 4.654 *Cyrena* genitum (Matth.27.32 a aur b c d f ff¹ ff² g¹ q: *hominem Cyrenaeum*, r¹: *h. Cyrenensem* || h: *h. Quirineum; ἄνθρωπον Κυρηναῖον*), !! 4.657 *at postquam ventum est, ubi ruris Golgatha nomen* (cf. Matth.27.33 ff¹: *et venerunt in locum, qui dicitur Golgatha, quod est Calvariae locus nominatus* || r¹: *et v. in l., q. d. G., q. est interpraetatum C. l.*, a aur b c d f ff² g¹ h l q: *et v. in l., q. d. G., quod est C. l.;* [var.] καὶ ἐλθόντες εἰς τόπον λεγόμενον Γολγοθᾶ, ὅ ἐστιν Κρανίου Τόπος λεγόμενος; ff¹ *est ...nominatus* meint zwar die Übersetzung von *Golgatha*, die bei Juvencus fehlt, dennoch könnte die Formulierung des Dichters von einem solchen Text beeinflußt sein), !! 4.658 *permixtum felli vinum dant pocula Christo* (Matth.27.34 a aur b d ff¹ g¹ l r¹: *vinum* || c f h q: *acetum*, ff²: -; οἶνον / ὄξος), 4.670ff. *hic est, qui...poterat dissolvere* (Matth.27.40 a c ff² q r¹: *qui destruebat*, aur l: *q. destruit*, g¹: *q. destruet*, d: *q. dissolvit* || b ff¹ h: *q. destruebas*, f: *q. destrues; ὁ καταλύων*; auch die im Gegensatz zum biblischen *descende* in der 3. Pers. gehaltenen Aufforderungen *discendat* und *resolvat* in 672f. könnten auf die Verwendung der 3. Pers. zu Anfang von Matth.27.40 zurückgehen), !! 4.670 *qui templum poterat dissolvere solus* (Matth.27.40 d: *qui dissolvit templum* || aur l: *q. destruit t.*, f: *q. destrues t. Dei*, b ff¹ h: *q. destruebas t. D.*, a c ff² q r¹: *q. destruebat t. D.*, g¹: *q. destruet t.; ὁ καταλύων τὸν ναόν*), !! 4.672 *sed nunc discendat Suboles veneranda Tonantis* (Matth.27.40 ff²: *nunc* || a aur b c d f ff¹ g¹ h l q r¹: -; codd. Graec.: -), 4.673 *et crucis e poena corpusque animamque resolvat* (Matth.27.40 a b c d q: *libera te*, h r¹: *salvum te fac*, aur f ff¹ g¹ l: *salva temetipsum* || ff²: -; σῶσον σεαυτόν), !! 4.675 *atque Pharisaei scribaeque et factio demens* (Matth.27.41 a b c d ff² h q r¹: *cum scribis et Pharisaeis* (h q r¹: *Farisaeis*), f: *c. scribis et senioribus et Pharisaeis* || aur ff¹ g¹ l: *c. scribis et senioribus; μετὰ τῶν γραμματέων καὶ Φαρισαίων / μ. τ. γραμματέων κ. πρεσβυτέρων κ. Φαρισαίων / μ. τ. γραμματέων κ. πρεσβυτέρων*), !! 4.676 *atque Pharisaei scribaeque et factio demens/ inludunt* (Matth.27.41 aur f ff¹ g¹ l: *inludentes* || a b c d ff² h q r¹:

deludentes; ἐμπαίζοντες), 4.682 <u>tunc</u> *sanctis digne poterimus credere signis* (Matth.27.42 a aur b c *d* ff¹ ff² g¹ h l q r¹: <u>et</u> *credimus ei* || f: *ut videamus et credamus ei;* [var.] καὶ πιστεύσομεν ἐπ᾽ αὐτόν), !! 4.683 *confidit Genitore Deo* (Hauptsatz) (Matth.27.43 *aur c* f *ff¹* ff² *g¹* q r¹: *confidit in Deo* || *a* b d *h l:* <u>si</u> *confidit in Deo;* [var.] πέποιθεν ἐπὶ τῷ Θεῷ / εἰ π. ἐπὶ τὸν Θεόν), !! 4.683 *Deo* (Wortwahl) (Matth.27.43 a aur b ff² h l q r¹: *in Deo,* c d f g¹: *in Deum* || ff¹: *in Domino;* ἐπὶ τὸν Θεόν / τῷ Θεῷ), 4.683 *confidit* <u>in Deo</u> (Ablativ) (Matth.27.43 a aur b ff² h l q r¹: *in Deo,* ff¹: *in Domino* || c d f g¹: *in Deum;* τῷ Θεῷ / ἐπὶ τὸν Θεόν), !! 4.685 *nec minus* <u>increpitant</u> *dextraque laevaque gementes/ ...latrones* (Matth.27.44 d: *increpabant eum* || a aur b c f ff¹ ff² g¹ h l q r¹: *improperabant ei;* ὠνείδιζον αὐτόν), !! 4.686 <u>adfixi crucibus</u> *scelerum pro sorte latrones* (Matth.27.44 a aur b c f ff¹ ff² h: *latrones, qui crucifixi erant cum eo,* r¹: *l., q...crucifixerant c. eo* || d g¹ l: *l., q. fixi erant cum eo,* q: *l., q. e. c. eo;* [var.] οἱ συσταυρωθέντες σὺν αὐτῷ), 4.691 *consternata suo redierunt lumina* <u>mundo</u> (Matth.27.45 *a aur b c d f ff¹ ff² g¹ h q r¹: ab hora autem sexta tenebrae facta sunt super universam terram usque ad horam nonam* || l: *a sexta autem h. t. f. s. u. ad h. n.;* ἀπὸ δὲ ἕκτης ὥρας σκότος ἐγένετο ἐπὶ πᾶσαν τὴν γῆν ἕως ὥρας ἐνάτης / ἀ. δὲ ἕ. ὥ. σ. ἐ. ἐφ᾽ ὅλην τὴν γῆν ἕως ὥ. ἐ. / ἀ. δὲ ἕ. ὥ. σ. ἐ. ἕως ὥ. ἐ.), !! 4.692 *et* (Matth.27.46 aur ff¹ g¹ l: *et* || c h: *autem,* a b d f ff² q: -; δέ), !! 4.696 *(cogebat)* <u>potare</u> *saporem* (Matth.27.48 d: *potabat eum* || a aur b c f ff¹ ff² g¹ h l q: *dabat ei bibere,* r¹: *dedit ei b.;* ἐπότιζεν αὐτόν; bei Juvencus ist *potare* anders verwendet als in cod. d), !! 4.699f. *Helias veniat,.../* <u>liberet</u> *et misero confixum stipite regem* (Matth.27.49 c: *si veniat Helias et liberabit eum,* a b *ff²* q: *si veniet H. et liberavit e.,* aur ff¹ g¹: *si veniat H. liberans e.,* l: *si veniat H. et liberet e.,* d: *si venit H. et liverat e.* || h r¹: *si venet H. et salvabit e.,* f: *si venit H. salvare e.;* εἰ ἔρχεται Ἡλίας σώσων αὐτόν; Widmann 8f.), !! 4.700 *liberet* (finites Verb) (Matth.27.49 a b c d ff² h l q r¹: *liberabit/liberavit/liberet/liverat/salvabit* || aur ff¹ g¹: *liberans,* f: *salvare;* D: καὶ σώσει⁴³⁶ / σώσων), 4.705 *et tremebunda* <u>omni</u> *concussa est* <u>pondere</u> *tellus* (Matth.27.51 a h: *et terre motum factum est* <u>magnum</u> || aur b c d f ff¹ ff² g¹ l q r¹: *et terra mota est;* καὶ ἡ γῆ ἐσείσθη), 4.705 *concussa est...tellus* (Nominativ) (Matth.27.51 aur b c d f ff¹ ff² g¹ l q r¹: *terra mota est* || a h: *terre motum factum est magnum;* ἡ γῆ ἐσείσθη), !! 4.707 *tum veterum monumenta virum* <u>patuere</u> *repulsis/ obicibus* (Matth.27.52 a ff²: *patefacta sunt* || aur b c d f ff¹ g¹ h l q r¹:

---

⁴³⁶ Diese Lesart von D ist in der Ausgabe von Nestle/Aland nicht angegeben, jedoch in der Ausgabe des Codex Bezae von Scrivener und in der Ausgabe des griechischen Neuen Testaments von H.von Soden.

aperta sunt; ἀνεῴχθησαν), !! 4.709 *et* (Matth.27.53 a b c d f ff¹ ff² g¹ h
l q r¹: *et* || aur: -; καί), !! 4.712 *dedita qui saevae* servabant *corpora
poenae* (Matth.27.54 d: *qui...serbabant* || aur b c f ff¹ *ff²* g¹ h l q r¹: *q.
...erant custodientes;* οἱ...τηροῦντες), 4.714 *e speculis matres miracula
tanta* tuentur (Matth.27.55 a *b c d f* ff² h q r¹: *erant autem ibi mulieres
multae a longe videntes* || aur ff¹ g¹ l: *e. a. i. m. m. a. l.;* ἦσαν δὲ ἐκεῖ
γυναῖκες πολλαὶ ἀπὸ μακρόθεν θεωροῦσαι), !! 4.719 *Arimathia* (Matth.27.
57 a aur c d f ff² g¹ l: *Arimathia* || ff¹: *Ariamathia,* b h: *Arimatia;* ᾽Αρι-
μαθαίας), 4.720 *qui quondam verbis aures praebebat Iesu* (Matth.27.57
d: *qui et ipse didicerat ab Iesu* || a aur b c f *ff*¹ ff² g¹ h l q r¹: *qui et ip-
se discipulus erat Iesu;* ὃς καὶ αὐτὸς ἐμαθήτευσεν τῷ ᾽Ιησοῦ / ὃς κ. α.
ἐμαθητεύθη τῷ ᾽I.; Juvencus, d und die griechische Bibel haben verbalen
Ausdruck), !! 4.724 saxique *novo conponitur antro* (cf. Matth.27.60 aur
b *c d f* ff¹ ff² g¹ h l r¹: *et advolvit saxum magnum ad ostium monumenti* ||
q: *et a. lapidem m. ad o. m.;* [var.] καὶ ἔθηκεν αὐτὸ ἐν τῷ καινῷ αὐτοῦ
μνημείῳ ὃ ἐλατόμησεν ἐν τῇ πέτρᾳ; in der Bibel wird *petra* in Matth.27.
60 und *saxum* bzw. *lapis* in 27.61 verwendet, bei Juvencus ist es umgekehrt), !! 4.732 *nunc* meminisse *decet* (Matth.27.63 a b d ff² h n q r¹: *re-
memorati sumus* || aur c f ff¹ g¹ l: *recordati s.;* ἐμνήσθημεν), !! 4.737 *ne*
(Matth.27.64 a b c d f ff¹ ff² g¹ h l n q r¹: *ne forte* || aur: -; μήποτε),
4.738 *insania* (Matth.27.64 a aur b c d f ff¹ ff² g¹ h n q r¹: *error* || l: -;
ἡ...πλάνη), !! 4.739f. miles *permittitur.../ servare* (Matth.27.65 h r¹: *ha-
betis milites* || a aur b c d f ff² g¹ q: *h. custodes,* ff¹ l: *h. custodiam;* D:
ἔχετε φύλακας / ἔ. κουστωδίαν), 4.742 *et limen signis et saxum* milite
servant (Matth.27.66 a aur b c d f ff¹ ff² g¹ l n q r¹: *munierunt sepulcrum
signantes lapidem cum custodibus* || h: *m. s. et signaverunt l.;* D: ἠσφα-
λίσαντο τὸν τάφον σφραγίσαντες τὸν λίθον μετὰ τῆς κουστωδίας / ἠ. τ.
τ. σ. τ. λ. μ. τῶν φυλάκων), !! 4.747 *et* (Matth.28.2 a aur b c f ff¹ ff² g¹
h l n q r¹: *et* || d: -; καί), 4.747 *et saxum tumuli* de limine *volvit* (Matth.
28.2 f h q: *ab osteo* || a aur b c d ff¹ ff² g¹ l n r¹: -; ἀπὸ τῆς θύρας τοῦ
μνημείου / ἀπὸ τῆς θύρας / -), !! 4.748 *illius* et facies splendet ceu fulgu-
ris *ignis* (Matth.28.3 h r¹: *et* || a aur b c d f ff¹ ff² g¹ l n q e: *autem;*
δέ), !! 4.748 *illius et facies splendet ceu* fulguris *(fulgoris* R K₁ K₂ P T¹
Bb) *ignis* (Matth.28.3 a aur b c d f ff¹ ff² g¹ *h l q* r¹: *erat autem aspectus
eius sicut fulgur* [ff¹ ff² g¹ h q: *fulgor,* aur: *furgor*] || e: *e. a. figura e.
s. coruscatio;* [var.] ἦν δὲ ἡ εἰδέα αὐτοῦ ὡς ἀστραπή; *coruscatio* ist unmetrisch), !! 4.749 *et nivis ad* speciem *lucent velamina vestis* (cf. Matth.
28.3 a aur b c d f *ff*¹ *ff*² g¹ h l q r¹: *erat autem* aspectus *eius sicut fulgur
et vestimenta eius candida sicut nix* || e: *e. a. figura e. velut coruscatio
et vestitus e. albus ut nix;* [var.] ἦν δὲ ἡ εἰδέα αὐτοῦ ὡς ἀστραπὴ καὶ τὸ
ἔνδυμα αὐτοῦ λευκὸν ὡς χιών / [var.] ἦν δὲ ἡ ἰδέα α. ὡς ἀ. κ. τὸ ἔ. α.

λ. ὡς χ.), !! 4.750 *militibus terror sensum discluserat omnem* (Matth.28.4
a aur b c f ff¹ g¹ h l q r¹*: prae timore autem eius exterriti* [a: *territi*]
sunt || d *ff²: a timore a. e. commoti sunt custodes*, e: *a metu a. e. c. s.*
qui custodiebant; ἀπὸ δὲ τοῦ φόβου αὐτοῦ ἐσείσθησαν οἱ τηροῦντες),
4.750 *militibus* (Matth.28.4 a aur b c d f ff¹ g¹ h l q r¹: *custodes* || ff² e:
qui custodiebant; οἱ τηροῦντες), !! 4.751 *et* (Matth.28.4 a aur b c d f ff¹
g¹ h l q r¹: *et* || ff²: -; καί), !! 4.756 *surrexit Christus* (Matth.28.6 a aur
b c d f ff¹ g¹ h l q r¹ e: *surrexit* || ff²: *resurrexit;* ἠγέρθη), !! 4.758f.
quod sede sepulchri/ nulla istic iaceant fuerant quae condita membra
(Matth.28.6 e: *videte locum, ubi iacebat* || a aur b c d f *ff¹* ff² g¹ h l q
r¹: *v. l., u. posita erat;* ἴδετε τὸν τόπον, ὅπου ἔκειτο; eigentlich entspricht
nulla istic iaceant dem vorangehenden biblischen *non est hic*, doch mag
Juvencus *iacere* aus dem *ubi*-Satz genommen haben), 4.760f. *dicite praeterea celeri properoque recursu/ discipulis* (Matth.28.7 aur b c d f ff¹ ff²
g¹ h l q r¹ e: *et cito euntes dicite discipulis* || a: *et dicite d.;* καὶ ταχὺ
πορευθεῖσαι εἴπατε τοῖς μαθηταῖς αὐτοῦ), 4.763f. *his dictis visisque animos perfuderat ardens/ laetitia attonitis stupor ancipitique pavore* (Matth.
28.8 a aur b c d f ff¹ g¹ h l n q r¹: *[exierunt de monumento] cum timore*,
e: *cum metu* || ff²: -; μετὰ φόβου), 4.767 *ecce iteris medio clarus se os-
tendit Iesus* (Matth.28.9 f q: *cum autem abierent nuntiare discipulis: et ec-
ce Iesus occurrit illis* || a aur b c d ff¹ *ff²* g¹ h l n r¹ e: *et e. I. o. i.;* ὡς
δὲ ἐπορεύοντο ἀπαγγεῖλαι τοῖς μαθηταῖς αὐτοῦ / -), !! 4.769 *occurrunt
illae* (Matth.28.9 a aur b c f ff¹ ff² g¹ h l n r¹ e: *illae* || q: *illi*, d: *quae;*
αἱ δέ), 4.772/5 *ista/ fratribus en nostris propere mandata referte:/ "nostri
conspectus si cura est, ite volentes/ inque Galilaeam propere transcurrite
terram"* (Matth.28.10 h: *nuntiate fratribus meis, quia praecedo vos in Ga-
lilaeam, et ibi me videbitis* || r¹: *nuntiate f. m., quia praecedo vos in G.,
et ibi me videbunt*, d e: *nuntiate f. m., ut eant in G., et ibi me videbitis*,
a aur b c f *ff²* ff² g¹ l n q: *n. f. m., ut e. in G., et ibi me videbunt;* D:
ὑπάγετε ἀπαγγείλατε τοῖς ἀδελφοῖς μου, ἵνα ἀπέλθωσιν εἰς τὴν Γαλιλαίαν, κἀκεῖ με ὄψεσθε / ὑπάγετε ἀπαγγείλατε τ. ἀ. μου, ἵ. ἀπέλθωσιν
ε. τ. Γ., κ. με ὄψονται; bei Juvencus und weitestgehend in cod. h [teil-
weise auch in d e r¹] spricht Jesus seine Nachricht so aus, als stünde er
den Brüdern gegenüber und teilte sie ihnen unmittelbar mit), 4.780 *prae-
mia* (Plural) (cf. Matth.28.12 ff²: *pecunias* || a aur b c d f ff¹ g¹ h l n q
r¹: *pecuniam;* ἀργύρια), !! 4.780 *(manus amens) praemia militibus magna
rependit* (Matth.28.12 h: *pecuniam magnam dederunt militibus* || q e: *p.
multam d. m.*, a aur b c d f ff¹ g¹ l n: *p. copiosam d. m.*, ff²: *pecunias
copiosas d. m.*, r¹: *pecuniam d. m.;* ἀργύρια ἱκανὰ ἔδωκαν τοῖς στρατιώ-
ταις), !! 4.784f. *iamque Galilaeos conscenderat anxia montes/ mandatis
Christi concurrens turba suorum* (Matth.28.16 a aur c d f *ff¹* ff² g¹ h l n q

e: undecim autem discipuli abierunt in Galilaeam in monte, ubi constitu-
erat illis Iesus | | b: *XI a. d. a. in monte, u. c. i. I.;* οἱ δὲ ἔνδεκα μαθη-
ταὶ ἐπορεύθησαν εἰς τὴν Γαλιλαίαν εἰς τὸ ὄρος, οὗ ἐτάξατο αὐτοῖς ὁ
'Ιησοῦς), !! 4.784 *montes* (Matth.28.16 a b ff²: *in monte,* aur c d f ff¹ g¹
h n q e: *in montem* | | l: -; εἰς τὸ ὄρος), !! 4.791 *in caelo* (Matth.28.18
a aur b c f ff¹ ff² g¹ h l n q: *in caelo* | | d: *in caelis;* ἐν οὐρανῷ / D: ἐν
οὐρανοῖς; doch meidet Juvencus die Pluralformen von *caelum* durchgehend), !! 4.793 *gentibus haut aliter nunc vos ego mittere cunctis* (Matth.
28.19 a aur b *d* h n: *euntes nunc docete omnes gentes* | | c f ff¹ ff² g¹ l q
e: e. ergo docete omnes gentes; D: πορευθέντες νῦν μαθητεύσατε πάντα
τὰ ἔθνη / π. οὖν μ. π. τὰ ἔ.), !! 4.798f. *ablutisque dehinc nostra insinua-*
te docentes/ praecepta (Matth.28.20 e *Cypr.: docentes eos obserbare om-*
nia quaecumque praecepi v. | | a aur b c d f ff¹ ff² g¹ h l n q: *d. e. ser-*
vare o. q. mandavi v.; διδάσκοντες αὐτοὺς τηρεῖν πάντα ὅσα ἐνετειλάμην
ὑμῖν).

IV. Materialsammlung zum Marcusevangelium

!! 2.44f. *ecce sed egresso iuvenis - mirabile dictu -/ occurrit, miseram cui*
mentem spiritus ater/ inmunda inplebat lacerans virtute furoris (Marc.5.2
aur f i l q r¹ e: *occurrit,* d: *orrit* | | b c ff²: *obviavit;* ὑπήντησεν / ἀπήν-
τησεν), !! 2.47 *illi grata domus tetris habitare sepulchris* (Marc.5.3 *aur c*
d f *ff²* i l q *r¹: qui domicilium habebat in monumentis* | | *b* e: *qui habebat*
habitationem in monumentis; ὃς τὴν κατοίκησιν εἶχεν ἐν τοῖς μνήμασιν),
!! 2.47 *habitare* (Marc.5.3 b: *habitationem* | | aur c d f ff² i l q r¹ e: *do-*
micilium; τὴν κατοίκησιν), 2.47 *sepulchris* (pl.) (Marc.5.3 c d f l e: *in*
monumentis | aur b ff² i q r¹: *in monumento;* ἐν τοῖς μνήμασιν), !! 2.48
nec...quisquam (Marc.5.4 b c d f ff² i q r¹: *nec quisquam* | | aur l: *et ne-*
minem, e: *et nemo;* καὶ οὐδείς), !! 2.48 *nec poterat rapidum quisquam re-*
tinere furorem (Marc.5.4 d ff² *i* q: *nec quisquam posset eum amplius dom-*
are, aur f l r¹: n. q. a. poterat e. domare, e: *et neminem posse eum iam*
d. | | b: *n. q. valebat eum d.,* c: *n. q. valeret a. e. d.;* καὶ οὐδεὶς ἴσχυεν
αὐτὸν δαμάσαι / D: καὶ μηδένα αὐτὸν ἰσχύειν δαμάσαι), !! 2.49 *fortia*
quin rumpebat vincula ferri (Marc.5.4 aur b c d f ff² i l q r¹: *disrupisset*
[b: *disruperat a se,* d: *disrumpebat] catenas* | | e: *dissipasseto c.;* διεσπά-
σθαι ὑπ' αὐτοῦ τὰς ἀλύσεις / D: αὐτὸν...διασπακέναι [sc. τὰς πέδας
καὶ τὰς ἀλύσεις]), 2.49 *rumpebat* (Aktiv) (Marc.5.4 aur c f ff² i l q r¹:
disrupisset, b: *disruperat a se,* d: *disrumpebat* | | e: *dissipasseto;* D: αὐ-
τὸν...διασπακέναι / διεσπάσθαι ὑπ' αὐτοῦ τὰς ἀλύσεις), !! 2.49 *fortia*
quin rumpebat vincula ferri (cf. Marc.5.4 aur *c* l: *quoniam saepe compe-*

dibus et catenis vinctus disrupisset catenas et compedes comminuisset ||
b d f ff² i q r¹: q. s. c. et c., quibus ligatus erat d. c. et c. c., e: *eo quod
alligatus fuerat catenis et dissipasseto catenas et compedes comminuerit;*
D: ὅτι πολλάκις αὐτὸν δεδεμένον πέδαις καὶ ἁλύσεσιν, ἐν αἷς ἔδησαν,
διεσπακέναι καὶ τὰς πέδας συντετριφέναι / διὰ τὸ αὐτὸν πολλάκις πέδαις καὶ ἁλύσεσιν δεδέσθαι καὶ διεσπάσθαι ὑπ' αὐτοῦ τὰς ἁλύσεις καὶ
τὰς πέδας συντετρῖφθαι), 2.53 isque *ubi pergentem Christum per litora
vidit* (Marc.5.6 e: *cum vidisset* || aur b c d f ff² i l q r¹: *videns;* ἰδών),
2.56 *oramus* (Marc.5.7 b: *rogo te per Deum* || a aur c d f *ff²* i l q r¹ e:
adiuro te p. D.; ὁρκίζω σε τὸν Θεόν), 2.58f. *nam nomen Legio est nobis
multosque sub uno/ nomine consociat flatus vis sola nocendi* (Marc.5.9 a
aur b *c d f i l q r¹* e: *Legio nomen est mihi, quia multi sumus* || ff²: -;
Λεγιὼν ὄνομά μοι, ὅτι πολλοί ἐσμεν), !! 2.60 *cernis, ut inmundi subigant
haec* pascua *porci* (cf. Marc.5.11 *b d q: erat autem ibi circa montem grex
porcorum pascentium; c f* ff² i l r¹ *e: e. a. i. c. m. g. p. pascens* || aur:
e. a. g. p. magnus c. m.; ἦν δὲ ἐκεῖ πρὸς τῷ ὄρει ἀγέλη χοίρων μεγάλη
βοσκομένη), !! 2.62 *per Patris altithroni nomen sublime* rogamus (Marc.5.
12 c: *et rogaverunt eum demones dicentes* [cf. 5.10 b: *rogabat,* c: *roga-
bant*] || *a aur b d f ff² i l q r¹: et deprecabantur illum spiritus illi d.,* e:
et obsecrabant i. daemonia dicentia; [var.] καὶ παρεκάλεσαν αὐτὸν λέγοντες), 2.63f. imperat *his hominis mentem dimittere Christus/ porcorum-
que sinit gregibus finire furores* (Marc.5.13 *c d ff²: et* misit *eos in porcos.
et exeuntes spiritus immundi intraverunt in porcos* || *a aur* b i q e: *et
permisit illis. et e. intraverunt in p. s. illi i.,* f l: *et concessit eis statim
Iesus. et e. s. immundi introierunt in p.;* D: καὶ εὐθέως Κύριος Ἰησοῦς
ἔπεμψεν αὐτοὺς εἰς τοὺς χοίρους / [var.] καὶ ἔπεμψεν αὐτούς. καὶ ἐξελ-
θόντα τὰ πνεύματα τὰ ἀκάθαρτα εἰσῆλθον ε. τ. χ. / [var.] καὶ ἐπέτρεψεν
αὐτοῖς εὐθέως ὁ Ἰησοῦς. κ. ἐ. τὰ π. τὰ ἀ. ε. ε. τ. χ. / κ. ἐ. α.), 2.63
Christus (Marc.5.13 a aur c d f ff² l q r¹: *Iesus* || b i e: -; ὁ Ἰησοῦς /
Κύριος Ἰησοῦς / -), !! 2.67 *et* (Marc.5.13 aur b d f ff² i l q r¹: *et* || a
c e: -; καί), !! 2.67f. *et iam* praecipites scopulorum margine *porci/ in mare coniecti properant disperdere vitas* (Marc.5.13 b *c: et fecerunt impetu
ire gregem per praeceps et ceciderunt in mare,* a aur f *ff²* i l q r¹: *et magno impetu grex praecipitatus est in mare,* d: *et i. praecipitatus est grex
per praeceps in mari* || e: *ierunt cum i. in gregem et per praeripium cae-
ciderunt in mare;* καὶ ὥρμησεν ἡ ἀγέλη κατὰ τοῦ κρημνοῦ εἰς τὴν θάλασ-
σαν), 2.68 *in mare* coniecti (Marc.5.13 b c e: *et fecerunt impetu ire gre-
gem per praeceps et* ceciderunt [e: caec.] *in mare* || *a* aur d f *ff²* i l q r¹:
et magno i. grex praecipitatus est in m.; καὶ ὥρμησεν ἡ ἀγέλη κατὰ τοῦ
κρημνοῦ εἰς τὴν θάλασσαν), !! 2.69 *at* vero (Marc.5.14 b: *vero* || aur c
d f ff² i l q r¹: *autem,* a e: *et;* καί), !! 2.72f. *insanum vero iuvenem post-*

quam resipisse/ credere cernentum populorum turba coacta est (Marc.5.15; cf. 5.14 aur: *et egressae sunt turbae videre* || *b* c d f ff² i l *q* r¹ *e: et egressi s. v.;* καὶ ἦλθον ἰδεῖν), !! 2.74 *orabant pavidi, regionem linqueret illam* (Marc.5.17 b *d: et coeperunt deprecari eum, ut discederet a regionibus* [d: *de r.*] *eorum* || aur c f ff² *i l q* r¹ e: *et rogare c., ut d. a finibus e.;* καὶ παρεκαλοῦν ἀπελθεῖν ἀπὸ τῶν ὁρίων αὐτῶν / καὶ ἤρξαντο παρακαλεῖν αὐτὸν ἀ. ἀ. τ. ὁ. α.).

V. Materialsammlung zum Lukasevangelium

!! 1.1 *rex fuit Herodes Iudaea in gente cruentus* (Luc.1.5 aur b c *f* ff² l π q r¹ *e: in diebus Herodis* [b e: -es] *regis Iudaeae* || d: *f. in d. Hierodis regis I.;* [var.] ἐν ταῖς ἡμέραις ῾Ηρῴδου βασιλέως τῆς ᾽Ιουδαίας), !! 1.3 *Zacharias* (Luc.1.5 aur c d l q e: *Zacharias* || b f ff² r¹: *Zaccharias;* Ζαχαρίας), !! 1.3 *Zacharias, vicibus cui templum cura tueri/ digesto instabat lectorum ex ordine vatum* (Luc.1.8 aur b c *f ff² l π q r¹ e: cum sacerdotio fungeretur Zaccharias ex ordine vicis suae ante Deum* || d: *dum s. f. ordine sacerdotii sui in conspectu Dei;* ἐν τῷ ἱερατεύειν αὐτὸν ἐν τῇ τάξει τῆς ἐφημερίας αὐτοῦ ἔναντι τοῦ Θεοῦ), !! 1.4 *ex ordine* (Luc.1.8 c: *ex ordine* || aur d f ff² π q r¹ e: *in ordine,* b l: *in ordinem;* ἐν τῇ τάξει), !! 1.4 *ex ordine* (Luc.1.8 c: *ex ordine,* aur d f ff² π q e: *in ordine,* b l: *in ordinem* || r¹: -; ἐν τῇ τάξει), 1.4 *lectorum ex ordine vatum* (Luc. 1.8 d: *in ordine sacerdotii sui* || aur b c f ff² l π q e: *in ordine vicis suae,* r¹: *(sacerdotio) vicis suae;* ἐν τῇ τάξει τῆς ἐφημερίας αὐτοῦ; vom Aufbau des Ausdrucks her und wegen der großen Nähe von *vatum* zu *sacerdotii* wird man den Wortlaut bei Juvencus am ehesten mit der Version von d vergleichen, wenn auch *vatum* gleichfalls auf ἐφημερίας und *vicis* als Fachtermini für die diensttuende Priesterabteilung zurückgehen könnte), !! 1.7 *ambos adnexos legis praecepta tenebant* (Luc.1.6 f e: *ambulantes praeceptis...Domini* || a aur b c d *ff² l* π q r¹: *incedentes mandatis ...D.;* πορευόμενοι ἐν πάσαις ταῖς ἐντολαῖς καὶ δικαιώμασιν τοῦ Κυρίου; Orbán, Versifikation 240, präsentiert *praeceptis* fälschlich als alleinige Vetus Latina-Lesart, vgl. Thraede, Anfangsverse 474 Anm.6), !! 1.10 *sed cum forte aditis arisque inferret odores/ Zacharias* (Luc.1.9 d: *forte accidit sacrificare* || aur b c ff² l π r¹: *sorte* [l: *sortem*] *exiit, ut incensum poneret,* f q e: *sors exiit, ut i. p.;* ἔλαχε τοῦ θυμιᾶσαι; wahrscheinlich ist *forte* in cod. d schlichte Verschreibung, von der zu vermuten ist, daß sie bereits in der Evangelienvorlage des Dichters zu lesen war, da laut Huemer die maßgeblichen Juvencushandschriften *forte* überliefern. In den stark durchinterpolierten codd. V₁ V₂ wäre dann zufällig die richtige Lesart *sorte* wiederhergestellt), 1.10 *aditis arisque* (Luc.1.9; cf. Luc.1.11 *b* c d f ff² l π *q e: angelus Domini stans a dextris altaris* [d: *altari*, b: *altarii*] *incensi* || aur: *a. D. s. a dextris incensi;* ἄγγελος Κυρίου ἑστὼς ἐκ δεξιῶν τοῦ θυσιαστηρίου τοῦ θυμιάματος), !! 1.11 *Zacharias* (Luc.1.8 aur l q: *Zacharias* || b c f rᐟ: *Zaccharias*, ff²: *Zaccarias*, d e: -; codd. Graec.: -), !! 1.11 <u>*visus*</u> *caelo descendere aperto/ nuntius* (Luc.1.11 d e: *visus est autem illi angelus Domini* || aur *b* c ff² l π q rᐟ: *apparuit a. i. a. D.;* ὤφθη δὲ αὐτῷ ἄγγελος Κυρίου; Orbán, Versifikation 240), !! 1.13 *cetera nam* <u>*foribus*</u> *tunc plebs adstrata rogabat* (Luc.1.10 aur *c f ff²: et omnis multitudo orabat foris* || *d* rᐟ: *et o. m. orabat foras* [d: *forans*], b l π e: *et omnis multitudo orabat;* καὶ πᾶν τὸ πλῆθος ἦν τοῦ λαοῦ προσευχόμενον), !! 1.25 <u>*plebemque*</u> *novabit* (Luc.1.17 aur b c *d* f ff² *l* π q rᐟ: *parare Domino plebem perfectum* || a: *p. D. populum p.*, e: *p. D. p. consummatam;* ἑτοιμάσαι Κυρίῳ λαὸν κατεσκευασμένον), !! 1.31 *cui talia* <u>*nuntius*</u> *addit* (Luc.1.19 *angelus;* doch cf. am Versende a: *nuntiare tibi haec,* e: *benenuntiare tibi haec* || aur b c *d* f ff² l q rᐟ: *haec tibi evangelizare;* εὐαγγελίσασθαί σοι ταῦτα), !! 1.36 *nunc ego, quem Dominus caeli, terraeque repertor,/* <u>*ante*</u> *suos vultus voluit parere ministrum* (Luc.1.19 aur b c l q rᐟ e: *ego sum Gabriel, qui adsisto ante faciem Dei* || a d f: *e. s. G., q. a. in conspectu Dei,* ff²: *e. s. G., q. adsto Deum;* [var.] ἐγώ εἰμι Γαβριὴλ ὁ παρεστηκὼς ἐνώπιον τοῦ Θεοῦ), 1.36 *ante suos vultus* (Luc.1.19 e: *ante faciem Dei* || a d f: *in conspectu D.*, aur b c l q rᐟ: *ante Dominum,* ff²: *Deum;* ἐνώπιον τοῦ Θεοῦ),[437] !! 1.43 *interea* <u>*populus*</u> *miracula longa trahebat,/ quid* (Luc.1.21 a *e: et erat populus exspectans Zachariam et mirabantur, quod* || aur b c d *f ff²* l q rᐟ: *et e. plebs e. Z. et m., q.;* [var.] καὶ ἦν ὁ λαὸς προσδοκῶν τὸν Ζαχαρίαν καὶ ἐθαύμαζον ἐν),[438] !! 1.43 *miracula* (Luc.1.21 a aur b c d f ff² l q rᐟ: *mirabantur* || e: *admirabantur;* ἐθαύμαζον), !! 1.45 <u>*progressus*</u> *trepide numen vidisse supernum/ nutibus edocuit* (Luc.1.22 a aur b c f ff² l q rᐟ: *egressus* || d:

---

[437] Orbán (Versifikation 239) sagt zu 1.126 *Dominum...praegrediere* (Luc.1.76 *praeibis enim ante faciem Domini*), daß Juvencus, indem er den spezifisch biblischen Ausdruck *praeire / antecedere ante faciem* + Genitiv (weitere Belege nennt Orbán S.239 Anm.87), der weder klassisch-lateinisch noch vulgärlateinisch bekannt sei, durch *praegredi* + Akkusativ ersetze, seiner "klassizistischen" Tendenz folge. Nun zeigt aber 1.36 *ante suos vultus* (*suos* ist praktisch wie ein Genitiv zu werten), daß Juvencus sehr wohl solche spezifisch biblische Ausdrucksweise angewandt hat, wie er auch sonst zuweilen den Mut hat, Elemente der Bibelsprache zu übernehmen (vgl. etwa Komm. zu 2.182 *miracula signis,* 2.252 *laticis da...potum,* 2.253 *respondens...inquit*).

[438] Bei 1.44 *quid tantum templo vellet cessare sacerdos* gibt Orbán (Versifikation 240f.) dem nur in T überlieferten *morare* den Vorzug vor *cessare. morare* gehe auf die durch cod. a bezeugte Lesart *moram faceret* zurück.

exiens, e: *ubi prodivit;* ἐξελθών), 1.45 *progressus* (part.coni.) (Luc.1.22
a aur b c d f ff² l q rⁱ: part.coni. || e: Temporalsatz), 1.47 *inde* (Luc.
1.23 d: *tunc* || a aur b c f ff² l q rⁱ e: -; codd. Graec.: -), !! 1.47 *con-
pleto.../ officio* (Luc.1.23 d: *ut conpleti sunt dies ministerii eius* || *a* aur
b c f *ff²* l q rⁱ: *ut impleti s. d. o. e.*, e: *quomodo repleti s. d. o. e.;* ὡς
ἐπλήσθησαν αἱ ἡμέραι τῆς λειτουργίας αὐτοῦ; Orbán, Versifikation 241),
!! 1.47f. *conpleto ex ordine.../ officio* (Luc.1.23 aur b c f *ff²* l q rⁱ e: *et
factum est, ut impleti sunt dies officii eius* || a: *et f. e., ut i. s. d. sacer-
dotii e.*, d: *et f. e., ut i. s. d. ministerii e.;* καὶ ἐγένετο ὡς ἐπλήσθησαν
αἱ ἡμέραι τῆς λειτουργίας αὐτοῦ), !! 1.50 *anxia sed ventris celabat gau-
dia coniux* (Luc.1.24 c e: *celabat se* || a aur b f ff² l q rⁱ: *occultabat se,*
d: *abscondebat se;* περιέκρυβεν ἑαυτήν; Orbán, Versifikation 241), 1.52
tunc (Luc.1.26 a aur b c ff² l: *eodem autem tempore* || d f q rⁱ e: *in
mense autem sexto;* ἐν δὲ τῷ μηνὶ τῷ ἕκτῳ; Orbán, Versifikation 241),
1.58 *salve* (Luc.1.28 c: *ave*, aur rⁱ: *have*, a d f ff² l q e: *habe* || b: -;
χαῖρε), !! 1.59 *desine conspectu mentem turbare salubri* (Luc.1.30; cf.
1.29 a *aur* b f ff² l: *ipsa autem ut vidit eum*, rⁱ: *i. a. videns*, c e: *i. a.
cum vidisset angelum* || d: *illa autem;* ἡ δὲ ἰδοῦσα / ἡ δὲ ἀκούσασα / ἡ
δὲ), !! 1.59 *turbare* (Luc.1.30; cf. 1.29 c d f: *turbata* [d: *conturbata*]
est || aur b ff² l q: *mota est*, rⁱ: *expavit*, e: *admirata est;* διεταράχθη),
!! 1.60 *nam* (Luc.1.31; cf. Luc.1.30 aur b c d f l e: *enim* || ff² q: -;
γάρ), !! 1.61 *Deus* (Luc.1.32 aur b c d f ff² l q e Cypr.: *Dominus De-
us* || a rⁱ: *Dominus;* Κύριος ὁ Θεός), !! 1.61 *Natum, quem regnare Deus
per saecula cuncta/ ...gaudetque iubetque* (Luc.1.33 a d Cypr.: *et regnavit
...in saecula* || aur b c f *ff²* l q rⁱ e: *et regnabit...in aeternum;* καὶ βασι-
λεύσει...εἰς τοὺς αἰῶνας; Orbán, Versifikation 241), 1.65f. *nullos concep-
tus fieri sine coniuge dicunt; unde igitur subolem mihimet sperabo venire?*
(Luc.1.34 a aur c d f *ff²* l q rⁱ e: *quomodo fiet istud, quod virum non no-
vi* || b: -; πῶς ἔσται τοῦτο, ἐπεὶ ἄνδρα οὐ γινώσκω), !! 1.68 *virtus celsa
Dei circumvolitabit obumbrans* (Luc.1.35 a aur b c d f ff² l q rⁱ Cypr.: *et
virtus Altissimi obumbrabit te* || e: *et potentia A. obumbravit te;* καὶ δύ-
ναμις Ὑψίστου ἐπισκιάσει σοι), !! 1.68 *obumbrans* (Luc.1.35 c f ff² rⁱ
Cypr.: *obumbrabit*, b d l e: *obumbravit* || aur q: *inumbrabit*, a: *inumbra-
vit;* ἐπισκιάσει σοι), !! 1.73 *sic cognata tibi..., sterilis .../ .../ hausit miracula membris* (Luc.1.36 aur b c d f ff² l q rⁱ: *Elisabeth cognata tua...
concepit filium* || e: *Elisabet propinqua tua...concipit f.;* [var.] Ἐλισά-
βετ ἡ συγγενίς σου...συνείληφεν υἱόν; Marold, Evangelienbuch 337),
1.77f. *virgo dehinc: Domino famulam nunc ecce iubenti,/ ut tua verba so-
nant, cernis servire paratam* (Luc.1.38 a aur b [nach 1.34] c d f ff² l q rⁱ:
*dixit autem Maria: ecce ancilla Domini, contingat mihi secundum verbum
tuum* || e: -; εἶπεν δὲ Μαριάμ· ἰδοὺ ἡ δούλη Κυρίου· γένοιτό μοι κατὰ

τὸ ῥῆμά σου), !! 1.82 *Elisabeth* (Luc.1.41 aur c f l rˡ: *Elisabeth* || ff²:
Elisabeht, d e: *Elisabet*, b: *Elisabel*, q: *Helisabeth*, Cypr.: -; ἡ ᾽Ελισά-
βετ), 1.82f. *clausae cum protinus anxia prolis/ membra uteri gremio motu
maiore resultant* und 85 *divinae vocis conpleta est Flamine Sancto* (Luc.
1.41 aur b c *d* f l q rˡ *e Cypr.: exultavit infans in utero eius et repleta est
Spiritu Sancto Elisabeth* || ff²: -; [var.] ἐσκίρτησεν τὸ βρέφος ἐν τῇ κοι-
λίᾳ αὐτῆς), !! 1.86 *clamans* (Luc.1.42 e: *clamavit* || a aur b c d f ff² l
q Cypr.: *exclamavit;* ἀνεφώνησεν / ἀνεβόησεν), !! 1.90 *ecce meo* gaudens
in viscere proles/ exultat (Luc.1.44 aur b c f ff² l q rˡ: *exultavit in gaudio
infans in utero meo* || d *e: e. in laetitia i. u. m.;* ἐσκίρτησεν ἐν ἀγαλ-
λιάσει τὸ βρέφος ἐν τῇ κοιλίᾳ μου), !! 1.92 *qui* (Luc.1.45 ff²: *qui* || a
aur b c d f q rˡ: *quae*, l: *quia*, e: -; ἡ), 1.92 *felix, qui* credi̱t *finem mox
adfore verbis* (Luc.1.45 d: *et beata quae crediderit* || *a* aur b c *f* l q *rˡ:
et b. quae* [l: *quia*] *credidisti*, ff²: *et beati, qui credidisti*, e: *et b. es cre-
dens;* καὶ μακαρία ἡ πιστεύσασα), 1.92 *finem mox adfore verbis* (nomina-
le Ausdrucksweise) (Luc.1.45 a *d: quod erit consumatio eorum, quae tibi
dicta sunt a Domino*, e: *quia erit perfectio de his, quae dicta sunt tibi a
D.* || aur b c f *ff²* l q rˡ: *quoniam perficientur ea, q. d. s. t. a D.;* ὅτι
ἔσται τελείωσις τοῖς λελαλημένοις αὐτῇ παρὰ Κυρίου), 1.98 *quod* (Luc.
1.48 a aur b f ff² l q rˡ e: *quia*, d: *quoniam* || c: *qui;* ὅτι), 1.98 *quod* me
dignatus in altum erigit (Luc.1.48 rˡ: *quia respexit humilitatem* meam ||
a aur b c *d* f ff² l q *e: q. r. h. ancillae suae;* [var.] ὅτι ἐπέβλεψεν ἐπὶ
τὴν ταπείνωσιν τῆς δούλης αὐτοῦ), !! 1.99f. *cunctisque beatam/* gentibus
et saeclis voluit Deus aequus haberi (Luc.1.48 l: *beatam me dicent omnes
gentes* || aur b c d *f* ff² q rˡ: *b. me d. o. generationes*, e: *beata me dicunt
o. nationes;* μακαριοῦσίν με πᾶσαι αἱ γενεαί),⁴³⁹ 1.100 *saeclis* (Luc.1.
50 e: *in saecula* || a b c: *in saecula saeculorum*, aur f ff² l q rˡ: *in pro-
geniem et progeniem*, d: *in generationes et generationes;* εἰς γενεὰς καὶ
γενεάς / εἰς γενεὰς γενεῶν / εἰς γενεὰν καὶ γενεάν / ἀπὸ γενεᾶς εἰς γε-
νεάν), !! 1.100 *Deus* (Luc.1.48 d: *Dominus* [cf. Luc.1.49 d: *Deus*] || a
aur b c f ff² l q rˡ e: -; D: Κύριος / -), 1.101 *fregitque superbos* (Luc.
1.51 b d ff² q: *disparsit*, aur c f l e: *dispersit* || a rˡ: *dissipavit;* διεσκόρ-
πισεν), !! 1.103 *tunc* (Luc.1.56 e: *et tunc* || a aur b c d f ff² l q rˡ: *et;*
καί; in cod. e leitet *et tunc* aber erst 1.56b ein, während es bei Juvencus
1.56a einleitet), !! 1.103 *tunc illic* mansit *trinos ex ordine menses* (Luc.1.
56 a aur b c d f ff² l q: *mansit* || e: *remansit;* ἔμεινεν), 1.103 *trinos...*

---

⁴³⁹ Orbán (Versifikation 237) behauptet, *generatio* werde als unpoetischer Ausdruck von Juvencus gemieden. *generatio* kommt zwar vor Juvencus in der Poesie tatsächlich nicht
vor, Juvencus selbst verwendet das Wort aber in 2.695 (Matth.12.39 *generatio*) und 4.
159 (Matth.24.34 *generatio*).

menses (Luc.1.56 d: *menses tres* || a aur b c f ff² 1 q e: *mensibus tribus;*
[var.] ὡς μῆνας τρεῖς; der Ablativ zur Bezeichnung der zeitlichen Er-
streckung kommt klassisch nur vereinzelt vor, ist aber im Spätlatein häufig. KS I 360f. und Löfstedt, Komm. zur Peregr.Aeth. S.51/6, nennen
keinen epischen Beleg), 1.104 *ad proprium...domum* (Luc.1.56 c d f ff² r¹
e: *in domum suam* || b: *domi suae,* aur 1 q: *in domo sua;* εἰς τὸν οἶκον
αὐτῆς), 1.105 *-que* (Luc.1.57 f: *et* || aur b c d ff² 1 q r¹ e: *autem;* δέ),
!! 1.106 *Elisabeth* (Luc.1.57 c f ff² 1 q r¹: *Elisabeth* || aur d e: *Elisabet,*
b: *Elisabel;* 'Ελισάβετ), !! 1.107f. *ad partus famam collecta cucurrit/*
turba propinquorum (Luc.1.58 e: *et audierunt circumhabitantes et propin-*
qui eius || a aur b c d f ff² 1 q r¹: *et a. vicini et cognati e.;* καὶ ἤκουσαν
οἱ περίοικοι καὶ οἱ συγγενεῖς αὐτῆς), !! 1.108 *tum* gaudia *mira frequentes/*
concelebrant (Luc.1.58 d: *et congaudebant ei* || a aur b c f l q: *et con-*
gratulabantur ei, ff²: *et -buntur ei,* r¹: *et con...egabantur ei,* e: *gratula-*
bantur illi; καὶ συνέχαιρον αὐτῇ), !! 1.109 *gaudia.../* concelebrant (Luc.
1.58 a aur b c f l q: *congratulabantur ei,* ff²: *congratulabuntur ei,* d: *con-*
gaudebant ei, r¹: *con...egabantur ei* || e: *gratulabantur illi;* συνέχαιρον
αὐτῇ; vielleicht hat das Praefix in der Bibel die Wortwahl des Dichters irgendwie beeinflußt; allerdings ist die Funktion jeweils verschieden: Bei
gaudia...concelebrant ["feiern"] hat *con-* intensivierende Funktion [cf.
Thes.IV 19.17ff., 19], bei *congaudebant* [cf. Thes.IV 285.42ff., 45] und
congratulabantur [jeweils "mitfreuen"][440] soziativ-komitative wie συν- in
συνέχαιρον), 1.113 *sed* (Luc.1.64 c: *autem* || aur b f ff² 1 q r¹ e: *et,* a d:
-; δέ), !! 1.113 *tabulis* *cum scribere temptat* (Luc.1.63 d: *et cum petisset*
tabulam || aur b c f ff² 1 q r¹: *et accepit pugillarem* [1: *-e,* ff²: *-es*], a: *et*
accepto pu..., e: *ille autem petit pugillaris;* καὶ αἰτήσας πινακίδιον; Orbán, Versifikation 241), !! 1.114 *inplicitam* solvit *per verba sonantia lin-*
guam (Luc.1.64 a d: *et confestim soluta est lingua eius* || aur b ff² r¹: *et*
continuo resoluta est l. e., c: *c. autem resolutum est,* f 1 q e: - [cf. aber
am Ende von 1.64 c f q e: *apertum est...et lingua eius*]; καὶ ἐλύθη ὁ δε-
σμὸς τῆς γλώσσης, D: κ....ἐλύθη ἡ γλῶσσα αὐτοῦ... ἀνεῴχθη δὲ τὸ στόμα αὐτοῦ / ἀ. δὲ τὸ στ. α....καὶ ἡ γλῶσσα αὐτοῦ; Orbán, Versifikation
241), 1.116 *conpletusque* canit *venturi* conscia *dicta* (Luc.1.67 aur b c e:
et prophetabat dicens, β q r¹: *et profetabat d.,* a f ff² 1 Cypr.: *et prophe-*
tavit d. || d: *et dixit;* καὶ ἐπροφήτευσεν λέγων / D: κ. εἶπεν), !! 1.119
visere *quod voluit propriamque absolvere plebem* (Luc.1.68 *a* aur b β c d
f ff² 1 q r¹: *quia visitavit et fecit redemptionem plebis suae* || e Cypr.: *qui*
prospexit r. populo suo; ὅτι ἐπεσκέψατο καὶ ἐποίησεν λύτρωσιν τῷ λαῷ

---

[440] Die Bedeutung "Glück wünschen" ist allerdings auch nicht auszuschließen, auch nicht bei
συγχαίρειν; vgl. Bauer/Aland 1546 s.v. 2.

αὐτοῦ), 1.119 *quod* (Luc.1.68 a aur b β d f ff² l q r¹: *quia* || c e Cypr.: *qui; ὅτι*), 1.119 *absolvere* (Luc.1.68 a aur b β c f ff² l q r¹ e *Cypr.: fecit redemptionem* || d: *f. salutem;* ἐποίησεν λύτρωσιν τῷ λαῷ αὐτοῦ), !! 1.119 *absolvere* plebem (Luc.1.68 aur b c f ff² l q r¹: *fecit redemptionem plebis* [l: *plebi*] *suae* || a β d e *Cypr.: f. r. populo suo;* ἐποίησεν λύτρωσιν τῷ λαῷ αὐτοῦ), !! 1.120f. *cornuque salutis/* erecto *indulget Davidis origine lumen* (Luc.1.69 aur b β c f ff² q r¹: *erexit cornum salutis nobis* || l: *erit* [wohl aus *erexit* verschrieben] *c. s. n.,* d: *elevavit c. s. n.,* e *Cypr.: excitavit c. s. n.;* ἤγειρεν κέρας σωτηρίας ἡμῖν), 1.123 haec est illa salus, *qua nos ex hostibus atris/ eripit* (Luc.1.71 d: *salutem de manu inimicorum nostrorum,* e: *salutem ab inimicis nostris* || f: *dare salutem ex inimicis nostris,* aur b β c ff² l q r¹: *liberavit nos ab inimicis nostris;* σωτηρίαν ἐξ ἐχθρῶν ἡμῶν; *haec est illa salus* ist wohl am ehesten auf das κέρας / *cornu* aus 1.69 wiederaufnehmende σωτηρίαν / *salutem* zurückzuführen, weswegen f der Negativseite zugeordnet ist), 1.124 *eripit* (Luc.1. 71 aur b β c ff² l q r¹: *liberavit* || f: *dare salutem,* d e: *salutem;* σωτηρίαν; weil 1.123f. *salus* und *eripit* verschiedenen Vetus Latina-Fassungen zuzuordnen sind, vermutet Orbán, Versifikation 241, Juvencus habe diese Fassungen zu dem Satz *haec est illa salus, qua nos ex hostibus atris eripit* kontaminiert. Doch die Kontamination könnte Juvencus in einem uns nicht erhaltenen Überlieferungsstrang bereits vorgelegen haben, vgl. Thraede, Anfangsverse 474 Anm.6), 1.125 *at* (Luc.1.76 d: *et tu autem* || a aur b β c f ff² l q r¹ e: *et tu;* καὶ σὺ δέ; Orbán, Versifikation 241), !! 1.125 *at tu, parve* puer, *sanctus dignusque propheta/ dicere* (Luc.1.76 a aur b β c f ff² l q r¹ e: *et tu, puer, propheta Altissimi vocaberis* || d: *a. t. autem, infans, p. A. v.;* καὶ σὺ δὲ, παιδίον, προφήτης Ὑψίστου κληθήσῃ), !! 1.126 praegrediere (Luc.1.76 a aur b β c f ff² l q r¹: *praeibis* || d: *antecedes;* προπορεύσῃ), 1.127 *illius et populum duces per lumen apertum* (Luc.1.77 a d e: *ad dandam scientiam salutis populo eius* || aur b β c d f ff² l q r¹: *ad d. s. s. plebi eius;* τοῦ δοῦναι γνῶσιν σωτηρίας τῷ λαῷ αὐτοῦ), 1.127 *duces* (cf. Luc.1.79 a aur b β c f ff² l q e: *ad dirigendos pedes nostros in viam pacis* || d: *ut prospere faciat p. n. in v. p.;* [var.] τοῦ κατευθῦναι τοὺς πόδας ἡμῶν εἰς ὁδὸν εἰρήνης), !! 1.127 lumen (Luc. 1.79 d: *inluminare lumen his, qui in tenebris...* || a aur b β c f ff² l q: *i. h., q. in t....,* r¹: *ut luceat h., q. in t....,* e: *praelucere eis, q. in t. sunt...;* D: ἐπιφᾶναι φῶς τοῖς ἐν σκότει.../ ἐ. τ. ἐν σ.), !! 1.144/6 *novo capitum discussio censu/ .../* describebatur (Luc.2.1 c f: *ut describeretur* || a aur l q: *ut profiteretur,* b ff²: *ut proficeretur,* β r¹: *ut...profiterentur,* d e: *profiteri* [e: *profeteri*]; ἀπογράφεσθαι), !! 1.144f. *sed tum forte novo capitum discussio* censu/ *Caesaris Augusti iussis per plurima terrae/ describebatur* (Luc.2.1 β r¹: *factum est..., exiit edictum a Caesare Augus-*

to, ut censum profiterentur universi in orbe || *a aur b c f ff² 1 q: f. e.…,*
e. e. a C. A., ut profiteretur universus orbis terrae, d *e: f. e.…, exivit e.*
a C. A. profiteri omnem orbem; ἐγένετο δὲ…ἐξῆλθεν δόγμα…ἀπογράφε-
σθαι πᾶσαν τὴν οἰκουμένην), !! 1.145 *per plurima* terrae (Luc.2.1 β c ff²
1 q: *universus orbis terrae* || b d: *per universum orbem terrarum,* r¹: *uni-*
versi in orbe terrarum, a aur f: *universus orbis,* e: -; πᾶσαν τὴν οἰκουμένην), !! 1.145f. *per plurima* terrae/ *describebatur* (Luc.2.1 a: *per univer-*
sum orbem, β: *omnes per urbem* || aur *b c f* ff² 1 q: *universus orbis,* r¹:
universi in orbe, d: *omnem orbem,* e: -; πᾶσαν τὴν οἰκουμένην), !! 1.146
Syriam *tunc iure regebat/* Quirinus (Luc.2.2 a aur c d f 1 q r¹: *praeside*
Syriae || b ff²: *praeside Syrio,* e: -; ἡγεμονεύοντος τῆς Συρίας), 1.146
Syriam tunc iure regebat/ Quirinus (Luc.2.2 *a aur* b β *c d f* ff² *1 q r¹:*
haec professio prima facta est, praeside Syrio Cyrino || e: -; [var.] αὕτη
ἀπογραφὴ πρώτη ἐγένετο ἡγεμονεύοντος τῆς Συρίας Κυρίνου), 1.146 *Sy-*
riam tunc iure regebat/ *Quirinus* (Luc.2.2 d: ducatum agente *Syriae Cyre-*
nio || *a aur* b β *c f* ff² *1 q r¹: praeside Syrio Cyrino,* e: -; [var.] ἡγεμο-
νεύοντος τῆς Συρίας Κυρίνου; *regere* liegt wohl näher bei *ducatus* als
praeses), 1.147 *Quirinus* (Luc.2.2 a aur b c f ff² 1 q r¹: *Cyrino,* β: *C. no-*
mine || d: *Cyrenio,* e: -; Κυρίνου / Κυρ(ε)ίνου / Κυρινίου / Κυρηνίου), !!
1.151 *Mariam* (Luc.2.5 a aur b β d f ff² 1 q r¹ e: *Maria* || c: -; Μαρι-
άμ), !! 1.151f. *edidit hic Mariam Davidis origine Ioseph/* desponsamque
sibi scribens gravidamque professus (Luc.2.5 f ff²: *ut profiteretur cum Ma-*
ria desponsata sibi, 1 *q: ut p. c. M. uxore sua desponsata* || β *r¹: ut p.*
c. M. sponsa sua, aur *b c: ut p. c. M. uxore sua;* [var.] ἀπογράψασθαι
σὺν Μαριὰμ τῇ ἐμνηστευμένῃ αὐτῷ), !! 1.152 *desponsamque* scribens
(Luc.2.5; cf. Luc.2.3 f: *et ibant omnes, ut scriberentur* || a aur β c d ff²
1 q: *e. i. o., ut profiterentur* [b ff²: *proficerentur,* a d: *profiteri*], r¹: *et i.*
o., ut p. censum, e: -; καὶ ἐπορεύοντο πάντες ἀπογράφεσθαι), !! 1.155
illic (Luc.2.6 e: *illic* || a aur b β c f ff² 1 q r¹: *ibi,* d: -; ἐκεῖ), !! 1.155
illic virgo novum conpleto *in tempore fetum/ solvitur*[441] (Luc.2.6 a aur
b β c f ff² 1 q r¹ *e: impleti sunt* [q: *-tus est*] *dies, ut pareret* || d: *con-*
summati sunt d., ut pariret; ἐπλήσθησαν αἱ ἡμέραι τοῦ τεκεῖν αὐτήν / D:
ἐτελέσθησαν αἱ ἡ. τ. τ. α.), 1.156 veteri cunabula textu/ *involvunt* (Luc.
2.7 *a aur* b β *c d f* ff² *1 q r¹: pannis eum involvit* || e: *obvolverunt illum;*
ἐσπαργάνωσεν αὐτόν; Schwering, Thes.IV 1388.71, zufolge bedeutet *cu-*
nabula hier "Windeln", worauf auch *textu* weist; Nestler 10f.), !! 1.157

---

[441] Überliefert ist Hansson 30 zufolge *complet in* C, *completo in* K₂ T V₂ Sg Mb Bx, *comple-*
ta in cett. Während Marold und Huemer das unverständliche *completa* in den Text setzen, sprechen sich Petschenig (Rez. Huemer 138) und Kievits zu Recht für *completo (in*
tempore) aus.

involvunt (Luc.2.7 aur b c d f ff² 1 q: _involvit_, a: _involvuit_ || β r¹: _convolvit_, e: _obvolverunt; ἐσπαργάνωσεν_), 1.157 _involvunt_ (Luc.2.7 e: _obvolverunt_ || aur b c _d_ f ff² 1 q: _involvit_, a: _involvuit_, β r¹: _convolvit; ἐσπαργάνωσεν_), !! 1.158f. _circa sollicitae pecudum custodia noctis/ pastores tenuit vigiles per pascua laeta_ (Luc.2.8 d: _pastores autem erant in regione illa cantantes_⁴⁴² _et custodientes custodias noctis super pascua sua_ || _a_ aur b β c f ff² 1 q r¹ _e: p. a. e. in i. r. vigilantes et c. vigilias n. supra gregem_ [f: _gressum_] _suum; καὶ ποιμένες ἦσαν ἐν τῇ χώρᾳ τῇ αὐτῇ ἀγραυλοῦντες καὶ φυλάσσοντες φυλακὰς τῆς νυκτὸς ἐπὶ τὴν ποίμνην αὐτῶν_), !! 1.159 _vigiles_ (Luc.2.8 a aur b β c f ff² 1 q r¹: _vigilantes et custodientes vigilias_, e: _pernoctantes et c. nocturnas vigilias_ || d: _cantantes et c. custodias; ἀγραυλοῦντες καὶ φυλάσσοντες φυλακὰς τῆς νυκτὸς_), !! 1.160 _ecce_ (Luc.2.9 a aur b β c d f ff² 1 q r¹: _ecce_ || e: -; ἰδού / -), 1.160f. _Dei.../ nuntius_ (Luc.2.9 a aur b β c d f ff² 1 q r¹: _angelus Domini_ || e: _a_. [vgl. aber anschließend _claritas Dei_]; ἄγγελος Κυρίου), 1.170 _talia dicenti iunguntur milia plebis/ caelestis_ (Luc.2.13 _a_ aur c _d_ f ff² 1 q r¹ e: _et subito facta est cum angelo_ [a: _cum illis angelorum_] _multitudo exercitus caelestis_ || b β: _et s. f. e. m. e. c.;_ [var.] _καὶ ἐξαίφνης ἐγένετο σὺν τῷ ἀγγέλῳ πλῆθος στρατιᾶς οὐρανίου_), !! 1.171 _caelestis_ (Luc.2.13 a aur β c f ff² 1 q r¹: _caelestis_ || b e: _caelestium_, d: _caeli; οὐρανίου / οὐρανοῦ_), !! 1.174 _in terris_ (Luc.2.14 aur b β f ff² 1 q r¹ e: _in terra_ || d: _super t._, a: _s. terram; ἐπὶ γῆς_), 1.174 _in terris iustos homines pax digna sequetur_ (Luc.2.14 _a_ aur b β c f 1 q r¹ _e: et in terra pax hominibus bonae voluntatis_ || ff²: _et in t. p. hominibus voluntatis_, d: _et super t. p. in hominibus consolationis; καὶ ἐπὶ γῆς εἰρήνη ἐν ἀνθρώποις εὐδοκίας / κ. ἐ. γ. ε. ἐν ἀ. εὐδοκία_), !! 1.175 _et_ (Luc.2.15 a aur b c d f ff² 1 q r¹ e: _et_ ||

---

⁴⁴² _cantantes_ ist eine bemerkenswerte Lesart, die auf den ersten Blick unerklärlich scheint, möglicherweise aber auf den ursprünglichen griechischen Wortlaut hinweist. Stand im griechischen Text vielleicht αὐλιζόμενοι? Dies würde einerseits das lateinische _vigilantes_ besser erklären (αὐλίζεσθαι = "die Nacht verbringen" und _vigilari_ "[des Nachts] wach sein") als ἀγραυλοῦντες, andererseits aber auch die Variante _cantantes_ von cod. d. Ein des Griechischen nicht sehr kundiger Bearbeiter einer altlateinischen Übersetzung könnte mit Blick auf den griechischen Text bei αὐλιζόμενοι an αὐληταί gedacht und entsprechend _cantantes_ hinzugefügt haben (denn _cantare_ heißt es auch vom Spielen auf Blasinstrumenten). _cantantes_ hätte dann in einem Teil der lateinischen Überlieferung, von dem cod. d ein Überbleibsel ist, das Echte verdrängt. Was nun die Entwicklung des griechischen Textes angeht, könnte zu einem frühen Zeitpunkt am Rand einmal ἀγραυλοῦντες als Glosse hinzugefügt worden sein. Denn ἀγραυλεῖν, leben unter freien Himmel, ist ein allgemeines Merkmal des Hirtendaseins und ποιμένες ἄγραυλοι seit Homer stehende Wendung (Hom.Il.18.162, Hes.theog.26, Apoll.Rhod.4.317). Die Glosse ἀγραυλοῦντες könnte dann ursprüngliches αὐλιζόμενοι verdrängt haben. ἀγραυλεῖν kommt in der Bibel sonst nicht vor.

β: *autem; καί*), 1.175 *et simul his dictis caeli secreta revisunt* (*revi*sit* M,
it in ras., *revisunt angeli* in mg.) (Luc.2.15 a β d f ff²: *discesserunt* [a d:
abierunt] *ab eis angeli* [ff²: *angelus*] *in caelum* || *aur* b c l q *e: discessit* [c:
discesserit] *ab illis angelus in c.; ἀπῆλθον ἀπ' αὐτῶν εἰς τὸν οὐρανὸν οἱ
ἄγγελοι*; Marold, Evangelienbuch 337f., Nestler 23), !! 1.175 *caeli secreta*
(Luc.2.15 a b β c d f ff² l q r¹ e: *in caelum* || aur: -; *εἰς τὸν οὐρανόν*), 1.
176f. *puerumque iacentem/ praesepis gremio cernunt* (Luc.2.16 e: *et vide-
runt…infantem positum in praesepium* || *a* aur b β c d f *ff²* l q r¹: *et invene-
runt…i. p. in praesepio* [doch cf. Luc.2.17 d f q: *videntes autem*, a: *videntes autem et*, e: *cum vidissent autem*]; *καὶ ἀνεῦραν…τὸ βρέφος κείμενον ἐν
τῇ φάτνῃ*), 1.178 *dispergunt late celeris vaga semina famae* (Luc.2.17 e:
retulerunt verbum || a aur b β c d f ff² l q r¹: *cognoverunt de verbo; ἐγνώ-
ρισαν περὶ τοῦ ῥήματος / διεγνώρισαν π. τ. ρ̣.*; der griechische Ausdruck
hat die Bedeutungen "bekannt machen" und "erkennen"; der Version *cognoverunt* kann nur letztere zugrunde liegen; der Dichtertext kann nur auf *retu-
lerunt* oder den griechischen Text zurückgehen), !! 1.179 *mirantes laudant*
(Luc.2.18 a aur b β c d ff² l q r¹: *mirati sunt*, f: *mirabantur* || e: *admira-
bantur; ἐθαύμασαν*), !! 1.181f. *viderat octavam lucem puer, ecce recidi/…
necesse est* (Luc.2.21 β r¹: *et postquam consummati sunt dies octo, ut cir-
cumcideretur puer* || *d e: et p. c. s. d. o., ut circumciderent infantem*, a
aur *b c f ff²* l q: *et p. c. s. d. o., ut c.;* [var.] *καὶ ὅτε ἐπλήσθησαν ἡμέραι
ὀκτὼ τοῦ περιτεμεῖν τὸ παιδίον* / [var.] *κ. ὅ. ἐ. ἡ. ὀ. τ. π. αὐτόν*), 1.181f.
recidi (Passiv) (Luc.2.21 αur b β c f ff² l q r¹: *ut circumcideretur*, e: *ad cir-
cumcidendum infantem* || a: *ut eum circumciderent*, d: *ut circumciderent in-
fantem;* [var.] *τοῦ περιτεμεῖν τὸ παιδίον*), !! 1.185 *Moyses* (Luc.2.22 a aur
b c d f ff² l q r¹ e: *Moysi* || β: *Mosi; Μωϋσέως*), !! 1.187 *observare dedit*
(sc. *Moyses*) *fetus offerre sacrandos* (cf. Luc.2.22 a r¹: *tulerunt* [sc. *paren-
tes*] *eum in Hierusalem, ut offerrent eum Domino* || aur b *c f q: t. e. in H.*,
uti sisterent e. D., d: *adduxerunt e. in Hierosolyma adsistere D.*, ff² *l: t. e.
in Iherusalem, ut eum statuerent D.*, β: *induxerunt e. in Hierosolyma ad sta-
tuendum*, e: *imposuerunt e. in Hierusalem ostendere illum ante Dominum;
ἀνήγαγον αὐτὸν εἰς Ἱεροσόλυμα παραστῆσαι τῷ Κυρίῳ*; Nestler 15f.),
1.188 *inplumes…columbas* (nur acc.) (Luc.2.24 q e: *duos pullos colum-
binos* || a aur b β c d f ff² r¹: *duos pullos columbarum; δύο νοσσοὺς περι-
στερῶν*), !! 1.188 *columbas* (Luc.2.24 a aur b β c d f ff² l r¹: *columba-
rum* || q e: *columbinos; περιστερῶν*), !! 1.190 *ecce* (Luc.2.25 a aur b β c
f ff² l q r¹ e: *ecce* || d: -; *ἰδού*), !! 1.190 *ecce senex Simeon dignus con-
prendere sensu/ caelestes voces* (Luc.2.25 r¹: *Simeon* || a aur b β c d ff² l
q e: *Symeon*, f: *Simon; Συμεών*), 1.190f. *dignus conprendere sensu/ caeles-
tes voces* (Luc.2.25 r¹: *timens Deum* || e: *timens*, a aur b c f ff² l q: *timora-
tus*, β: *religiosus*, d: *metuens; εὐσεβής / εὐλαβής*; die Beziehung zum Be-

reich Gottes ist durch *timens Deum* am stärksten ausgedrückt; *religiosus* ist unmetrisch), !! 1.194 *cum primum caeli laudem terraeque salutem/ ...vidisset* (Luc.2.26 aur b c f *ff²* 1 q r¹: *nisi prius videret Christum Domini, a β d: priusquam v. Ch. D.* | | e: *quoadusque v. Ch. D.;* [var.] πρὶν ἢ ἂν ἴδῃ τὸν Χριστὸν Κυρίου / ἕως ἂν ἴ. τ. Χ. Κ.), !! 1.196 *vidisset templo sollemnes ferre palumbas* (Luc.2.26; cf. 2.24 f r¹: *ut offerrent sacrificium...duos pullos columbarum* | | *a* aur b c d ff² 1 q e: *ut darent hostiam...d. p. c.;* καὶ τοῦ δοῦναι θυσίαν...δύο νοσσοὺς περιστερῶν), 1.197 *-que* (Luc.2.27 a b β c d f ff² 1 q r¹: *et* | | aur: -; e: *autem;* καί), 1.200 *trementibus ulnis/ accepit puerum* (Luc.2.28 b r¹ e: *accepit eum in manibus,* aur β c f 1 q: *a. e. in manus* | | d: *a. e. in alas,* a: *a. e. in amplexum,* ff²: *a.e.;* [var.] ἐδέξατο αὐτὸ εἰς τὰς ἀγκάλας; *manus* liegt von den lateinischen Ausdrücken m.E. am nächsten bei *ulna,* doch noch näher steht *ulna* das griechische ἀγκάλη, vgl. Nestler 20), !! 1.200f. *accepit* (Luc.2.28 a aur b c d f ff² 1 q e: *accepit,* β: *accipit* | | r¹: *suscipiens;* ἐδέξατο), !! 1.201 *puerum* (Luc.1.28; cf. 1.27 a aur b β c f ff² 1 q r¹: *puerum* | | d: *infantem,* e: -; τὸ παιδίον), !! 1.205f. *lux...,/ quam cunctis hominum lustratis gentibus addit/ Istrahelitarum cumulatae gloria plebis* (Luc.2.30/2 *a* aur *β c f* ff² *1 q r¹:* salutarem tuum, quod parasti.../ lumen ad revelationem gentium* | | b e: *s. t., q. p..../ l. ad r. oculorum,* d: *salutare t., q. praeparasti...l./ ad r.;* τὸ σωτήριόν σου, ὃ ἡτοίμασας.../ φῶς εἰς ἀποκάλυψιν ἐθνῶν / D: τὸ σ. σ., ὃ ἠ..../ φῶς εἰς ἀποκάλυψιν), !! 1.207 *Istrahelitarum* (Luc.2.32 b ff²: *Istrahel* | | c d f e: *Isdrahel,* a aur β r¹: *Israhel;* Ἰσραήλ), !! 1.207 *plebis* (Luc.2.32 aur b ff² 1 q r¹: *plebis,* c: *plebi* | | a β d f e: *populi;* λαοῦ), !! 1.209 *hic puer ad casum populi datur* (Luc.2.34 b: *in casum* | | a aur β c d f ff² 1 q e: *in ruinam,* r¹: *in ruina;* εἰς πτῶσιν), 1.209f. *iste renasci/ concedet populos* (Luc.2.34 *a* aur b β c d *f* ff² *q r¹* e: *[positus est] in resurrectionem multorum in Istrahel* | | l: *in r. Isl;* εἰς...ἀνάστασιν πολλῶν ἐν τῷ Ἰσραήλ), 1.210f. *dictum* (Passiv) *in contraria signum/ istius adveniet* (Luc.2.34 a b c f ff² 1 q r¹: *[positus est] in signum, quod contradicetur,* aur β e: *in s., cui contradicitur* | | d: *in signum contradicentem;* [κεῖται] εἰς σημεῖον ἀντιλεγόμενον), 1.213 *quo pateant tecti tenebrosa volumina cordis* (Genitiv) (Luc.2.35 a aur b c *d* ff² 1 q r¹: *ut revelentur multorum cordium cogitationes* | | β f: *ut r. ex multis cordibus c.,* e: *ut denudentur de m. c. c.;* ὅπως ἂν ἀποκαλυφθῶσιν πολλῶν καρδιῶν διαλογισμοί / ὅ. ἀ. ἐκ πολλῶν καρδιῶν δ.), 1.216 *Anna fuit natu gravior* (Luc.2.36 r¹: *haec erat progressa aetate in diebus multis* | | a aur b β c d f ff² 1 q e: *h. processerat in d. m.;* αὕτη προβεβηκυῖα ἐν ἡμέραις πολλαῖς), !! 1.219 *cultus cessere Dei* (Luc.2.37 β: *serviens Deo* | | e: *serviens Domino,* a aur b c d f ff² 1 q r¹ Cypr.: *serviens;* λατρεύουσα), 1.219f. *quae numine iussa/ cognovit Christum* (Luc.2.38 *a* aur *b* β c f ff² 1 q: *confitebatur Domino,* e: *confitebantur ad Dominum* | | d: *depraecabatur Deo;* ἀνθωμολο-

γεῖτο τῷ Θεῷ), !! 1.220 *et simili sermone locuta est* (Luc.2.38 a aur b β c
f ff² l q r¹ e: *loquebatur* || d: *dicebat;* ἐλάλει), !! 1.278 *crescebat rapidis
annorum gressibus infans* (Luc.2.40 d: *infans* || a aur b β c f ff² l q r¹ e:
puer; τὸ...παιδίον; *infans* ist afrikanisch, *puer* europäisch, vgl. von Soden
268), !! 1.280 *gratiaque in vultu et verbis veneranda micabat* (Luc.2.40 aur
β f ff²: *et gratia Dei erat in illo* || b c d l q r¹: *et g. D. e. cum i., a e: et g.
D. e. super illum;* καὶ χάρις Θεοῦ ἦν ἐπ' αὐτό), !! 1.282f. *cum...parentes/
ad templum laetis puerum perducere festis/ omnibus annorum vicibus de more solebant* (Luc.2.41 aur β d f q e: *et ibant parentes eius per omnes annos
in Hierusalem in die sollemni paschae* || a b c ff² l r¹: *et i. Ioseph et Maria*
[doch vgl. 2.42 c d r¹ e: *parentes eius*] *p. o. a. in H. in d. s. p.;* καὶ ἐπορεύοντο οἱ γονεῖς αὐτοῦ κατ' ἔτος εἰς Ἱερουσαλὴμ τῇ ἑορτῇ τοῦ πάσχα /
[var.] κ. ἐ. ὁ τε Ἰωσὴφ καὶ ἡ Μαρία κ. ἔ. ε. Ἰ. τῇ ἐ. τ. π.), 1.283 *pue-
rum perducere* (Luc.2.41; cf. 2.42 d e: *habentes illum* || a aur b β c f ff²
l q r¹: -; D: ἔχοντες αὐτόν / -), !! 1.283 *ad templum laetis puerum perduce-
re festis* (Luc.2.41 d: *die festo paschae,* β: *diem festum p.* || a aur b c f ff²
l q r¹: *in die sollemni p.,* e: *ad dies solomni p.* [doch vgl. 2.42 aur b c d ff²
l q r¹: *diei festi,* e: *per diem festum azymorum*]; τῇ ἑορτῇ τοῦ πάσχα), !!
1.284 *omnibus annorum vicibus* (Luc.2.41 a aur b c f ff² l q r¹: *per omnes
annos,* β e: *quodquod annis* || d: *secundum tempus;* κατ' ἔτος), !! 1.284
de more (Luc.2.42 e: *secundum morem* || a aur b β c d f ff² l q r¹: *s. con-
suetudinem;* κατὰ τὸ ἔθος; *consuetudo* episch nur in Lucr.4.1283), !! 1.287
cum puer in populo comitis vestigia matris/ deseruit (Luc.2.43 b β ff² q: *Ie-
sus puer,* aur c d f l r¹: *p. I.* || a e: *Iesus;* Ἰησοῦς ὁ παῖς), !! 1.289 *illum
.../ .../ ...quaerebat* (Luc.2.44 l: *illum* || a aur b β c d f ff² q r¹: *eum,* e:
eos; αὐτόν), !! 1.290f. *perque iteris stratas per notos perque propinquos/
quaerebat genetrix* (Luc.2.44 e: *inter propinquos* || a aur b β d f ff² l q r¹:
inter cognatos, c: *in cognatis;* ἐν τοῖς συγγενεῦσιν), 1.289/91 *illum.../ .../
quaerebat genetrix* (Luc.2.44 a: *quaerebant,* e: *quaesierunt* || aur b β c d
f ff² l q r¹: *requirebant;* ἀνεζήτουν), !! 1.291 *sed lux ubi tertia venit* (Luc.2.
46 e: *post diem tertium* || b ff²: *post triduo,* aur c f l q r¹: *post triduum,* a
β d: *p. dies tres;* μετὰ ἡμέρας τρεῖς), !! 1.294f. *vix admiratio digna/ de pueri verbis senibus fuit* (Luc.2.47 e: *et omnes, qui audiebant, admirabantur*
[cf. 2.48 f: *admirati sunt*] || a aur b β c f ff² l q r¹: *stupebant autem omnes,
qui eum audiebant,* d: *expavescebant a. o., q. a. e.;* [var.] ἐξίσταντο δὲ
πάντες οἱ ἀκούοντες αὐτοῦ; die Grundbedeutung "außer sich sein, verwirrt
sein" von ἐξίσταμαι wird mit *stupere, expavescere* treffender wiedergegeben als mit *admirari*), 1.296f. *te quaero.../ cum genitore* (Luc.2.48 *aur* c
d f q: *pater tuus et ego* || β e: *propinqui tui et ego,* a b ff² l r¹: -; ὁ πατήρ
σου κἀγώ / οἱ συγγενεῖς σου κἀγώ), 1.299 *quid me tantum, quid quaeritis?*
(Luc.2.49 β e: *quid utique quaerebatis me?* || a *aur* b c d f ff² l q r¹: *quid*

est, quod me quaerebatis?; [var.] τί ὅτι ἐζητεῖτέ με; bei Juvencus wie in β e kein Relativsatz), 1.299 *quid me tantum, quid quaeritis?* (Luc.2.49 β e: *quid utique quaerebatis me?* || a aur b c d f ff² l q r¹: *quid est, quod me quaerebatis?;* [var.] τί ὅτι ἐζητεῖτέ με;), !! 1.300 *quod* (Luc.2.49 q: *quod* || aur b β c f ff² l r¹ e: *quia,* d: *quoniam;* ὅτι), !! 1.300f. *quod...paternis/ sedibus et domibus natum inhabitare necesse est* (Luc.2.49 β: *quia in Patris mei domum oportet me esse* || a b ff² l q r¹: *q. in Patris mei o. me e., aur* c d f: *q. in his quae Patris mei sunt o. me e.,* e: *q. in re Patris mei o. me e.;* ὅτι ἐν τοῖς τοῦ Πατρός μου δεῖ εἶναί με), 1.302 *gressum sociat* (Luc.2.51 a β aur c f ff² q r¹: *descendit cum eis,* e: *cum discendisset cum illis* || b l: -; [var.] καὶ κατέβη μετ' αὐτῶν), 1.302 *patriam...revisit* (Luc.2. 51 a aur b β c d [descendit ist weiterhin Prädikat] f *ff²* l q e: *venit Nazareth* || r¹: *venerunt N.;* ἦλθεν), !! 1.309 *Zachariae* (Luc.3.2 a aur b d l e: *Zachariae* || q: *Zacariae,* c f ff² r¹: *Zacchariae;* Ζαχαρίου), 1.310ff. *ad deponendas maculas clamore vocabat,/ fluminis ut liquidi caperent miranda lavacra,/ quis animae virtus abluta sorde niteret* (Luc.3.3 aur c d f q e: *praedicans baptismum paenitentiae in remissionem peccatorum* || a b ff² l r¹: *p. b. p.;* κηρύσσων βάπτισμα μετανοίας εἰς ἄφεσιν ἁμαρτιῶν), !! 1.313 *Esaias* (C M K₁ K₂ P T Bb, *Isis* vel *Ysaias* rell.) (Luc.3.4 aur b d f l q: *Esaiae* || a: *Esaeiae,* ff² r¹ e: *Eseiae,* c: *Ysaiae;* Ἠσαΐου), !! 1.319f. *corporeisque oculis lumen tractare serenum/ omnibus indulget Genitor Dominusque salutis* (Luc.3.6 d: *et videbit omnis salutarem Domini,* r¹: *et videbitur maiestatis Domini. et videbit omnis caro salutarem Dei* || a aur b c f ff² l q e: *et v. o. c. s. Dei;* D: καὶ ὄψεται πᾶσα σὰρξ τὸ σωτήριον τοῦ Κυρίου / κ. ὄ. π. σ. τὸ σ. τοῦ Θεοῦ), 1.339 *vincla pedum...contingere* (Luc.3.16 aur c f e: *solvere corrigiam calciamentorum eius,* d: *solbere c. calciamenti* || a b ff² l q r¹: *calciamenta portare;* λῦσαι τὸν ἱμάντα τῶν ὑποδημάτων αὐτοῦ;* Einleitung Kap.I), 1.357f. *corporeamque gerens speciem discendit ab alto/ Spiritus* (Luc.3.22 a aur b c f ff² l q r¹: *et descendit Spiritus Sanctus corporali specie* || d: *et descendere Spiritum Sanctum corporali figura,* e: *et discendit Sp. S. c. forma;* καὶ καταβῆναι τὸ Πνεῦμα τὸ Ἅγιον σωματικῷ εἴδει), 1.357 *...que...discendit* (Luc.3.21f. a aur b c f ff² l r¹ e: *factum est.../ et descendit* || d q: *factum est.../ et descendere;* ἐγένετο.../ καὶ καταβῆναι), !! 1.362f. *te Nate, hodie per gaudia testor/ ex me progenitum* (Luc.3.22 a b c d ff² l r¹: *filius meus es tu, ego hodie genui te* || aur f q: *tu es f. m. dilectus, in te conplacui,* e: *tu es f. m. d., in te bene sensi;* D: υἱός μου εἶ σύ, ἐγὼ σήμερον γεγέννηκά σε / σὺ εἶ ὁ υἱός μου ὁ ἀγαπητός, ἐν σοὶ εὐδόκησα; Kievits 104, Einleitung Kap.VI).

VI. Materialsammlung zum Johannesevangelium

2.99 *iter* <u>*ingrediens*</u> (Partizip) (Ioh.1.43 aur ff² l: *voluit* [l: *incipiebat autem*] *exire in Galilaeam et* <u>*proficiscens*</u> *invenit Philippum*, e: *v. e. in G. et prodiens i. Ph.* || b *c f q* r¹: *v. proficisci in G. et invenit Philippum*, a: *v. exire in G. et invenit Philippum*; ἠθέλησεν ἐξελθεῖν εἰς τὴν Γαλιλαίαν καὶ εὑρίσκει Φίλιππον), 2.99 <u>*ingrediens*</u> (Ioh.1.43 e: <u>*prodiens*</u> || aur ff² l: *proficiscens*, a b c f q r¹: -; ἐξελθεῖν), !! 2.102 *ut primum iusto concurrit* <u>*Nathanaheli*</u> (Ioh.1.45 aur: *Nathanahel* [cf. 1.49] || a c f ff² j l q r¹ e: *Nathanael*, b: *Natahel*; Ναθαναήλ), !! 2.107f. *ille refert: genuit si quicquam* <u>*Nazara*</u>, *miror,/ quod dignum tantis umquam virtutibus esset* (Ioh.1.46 e: *a Nazara potes aliquid boni esse?* || a aur b f ff² j l q r¹: *a Nazareth potest a. b. e.?*, c: *a Nazaret p. a. b. e.?*; ἐκ Ναζαρὲτ δύναταί τι ἀγαθὸν εἶναι; Nestler 23 weist darauf hin, daß die Form *Nazara* bzw. Ναζαρά an anderen Stellen auch im Griechischen vorkommt [Matth.4.13, Luc.4.16] und hält griechischen Einfluß für wahrscheinlich, zumal es nur wenige Berührungspunkte mit k und e gebe. Doch sind die Übereinstimmungen mit k und e zahlreicher als es Nestler bekannt war), !! 2.109 *inde Philippus* <u>*ait*</u> (Ioh.1.46 b *e: ait ei Philippus* || a: *dixit illi Filippus*, aur c f ff² j l q r¹: *dicit ei Ph.;* [var.] λέγει αὐτῷ ὁ Φίλιππος), 2.110 *ubi...respexit* (Temporalsatz) (Ioh.1.47 e: *ut vidit* || a ff² j l r¹: *videns*, aur b: *videns...et*, c f q: *vidit...et;* εἶδεν ...καί), !! 2.115 *cum te diffusae tegerent umbracula* <u>*ficus*</u> (Ioh.1.48 aur c: *cum esses sub ficu*, a ff²: *c. e. s. arbore ficus*, q e *l: c. e. s. arbore fici*, r¹: *c. e. s. arbore fi...* || b: *c. e. s. arbore ficulnea*, f: *c. e. s. ficulnea*; ὄντα ὑπὸ τὴν συκῆν), !! 2.116 *ante...quam* (Ioh.1.48 b q r¹: *antequam* || a aur c f ff² l e: *priusquam;* πρό), !! 2.117 <u>*vidit*</u> *et elegit comitem te Spiritus auctor* (Ioh.1.48 a aur c f ff² l q r¹ e: *vidi te* || b: *novi te;* εἶδόν σε), !! 2.118 *vox Nathanahelis* (Ioh.1.49 aur: *Nathanahel* || a c f ff² l q r¹: *Nathanael*, b: *Natael*, e: *Natanhel;* Ναθαναήλ), !! 2.122 <u>*arborea*</u> *quod te vidi recubare sub umbra* (Ioh.1.50 b r¹: *quia viderim te sub arbore ficulnea*, a aur *ff²: vidi te s. ficus arbore*, *l q e: v. te s. arbore fici* || f: *v. te s. ficulnea*, c: *v. te s. ficu;* ὑποκάτω τῆς συκῆς / ὑπὸ τὴν συκήν), !! 2.122 *quod* (Ioh.1.50 b r¹: *quod* || a: *quia*, aur c f ff² l q e: Hauptsatz; ὅτι / Hauptsatz), !! 2.122 *vidi* (Ioh.1.50 a aur c f ff² l q e: *vidi* || b r¹: *viderim;* εἶδον), !! 2.123 *sed* <u>*maiora*</u> *dehinc rerum miracula restant* (Ioh.1.50 *a aur* b f ff² l q r¹ e: *maiora horum videbis* || c: *maius his videbis;* μείζω τούτων ὄψῃ / μείζονα τ. ὄ. / μείζων τ. ὄ.), 2.130 *vina sed interea convivis deficiebant* (Hauptsatz) (Ioh.2.3 a b ff² j r¹: *et vinum non habebant* || q: *cum defecisset vinum*, aur c f: *deficiente vino*, l e: *et factum est per multam turbam vocitorum vinum consummari;* καὶ ὑστερήσαντος οἴνου / κ. οἶνον οὐκ εἶχον, ὅτι συνετελέσθη ὁ οἶνος τοῦ γάμου), !! 2.130 *vina sed interea convivis* <u>*deficiebant*</u> (Ioh.2.3 aur c f:

deficiente vino, q: *cum defecisset vinum* || *b* r¹: *et vinum non habebant, quoniam finitum est vinum nuptiarum*, a ff²: *et v. n. h., q. consummatum erat v. n.*, l e: *et factum est per multam turbam vocitorum v. consummari;* καὶ ὑστερήσαντος οἴνου / κ. οἶνον οὐκ εἶχον, ὅτι συνετελέσθη ὁ οἶνος τοῦ γάμου), !! 2.130 *convivis* (Ioh.2.3; cf. 2.10 c: *convivae* || a f q: *homines*, aur b ff² j l r¹ e: -; codd. Graec.: -), 2.131 *tum* (Ioh.2.3 a j: *deinde* || b r¹: *et*, l e: *autem*, aur c f ff² q: -; εἶτα [nach ὅτι-Satz] / - [nach genitivus absolutus]), 2.133 *adsint, nate, bonis ex te data munera mensis* (Ioh.2.3 b ff² l e: *vinum non habent, fili* || a aur c f j q r¹: *v. n. h.;* [var.] οἶνον οὐκ ἔχουσιν), !! 2.134 *olli respondit terrarum gloria Christus* (Ioh.2.4 a j q: *illi* || aur b c d f ff² l r¹: *ei*, e: -; αὐτῇ), !! 2.134 *respondit* (Ioh.2.4 e: *et respondens...dixit* || aur c f ff² j l r¹: *et dicit ei*, b q: *et dixit ei*, a: *ait illi;* [var.] καὶ λέγει αὐτῇ), !! 2.137 *mensarum tunc inde vocat laetata ministros/ mater* (Ioh.2.5 e: *et advocatis ad se ministris...dixit* || a aur b c f ff² j l q: *ministris...d.;* λέγει...τοῖς διακόνοις), !! 2.139 *sex illic fuerant saxis praepulchra cavatis/ vascula* (Ioh.2.6 *a* aur c f ff² j l q e: *erant autem ibi positae hydriae lapideae sex* || b: *e. a. i. h. l. p.;* [var.] ἦσαν δὲ ἐκεῖ λίθιναι ὑδρίαι ἕξ...κείμεναι), !! 2.139 *illic* (Ioh.2.6 e: *illic* || a aur b c f ff² j l: *ibi*, q: -; ἐκεῖ), !! 2.140 *quae ternis aperirent ilia metretis*⁴⁴³ (Ioh.2.6 a aur c f ff² j l q r¹ e: *capientes metretas binas vel ternas* || b: *c. b. v. t.;* χωροῦσαι ἀνὰ μετρητὰς δύο ἢ τρεῖς), !! 2.141 *haec* (sc. *vascula*) *iubet e fontis gremio conplere ministros* (Ioh.2.7 ff² l: *et vocatis Iesus ministris dicit eis: implete hydrias aqua*, e: *et Iesus vocitis ad se ministris dixit illis: implete hydrias aquam* || a aur b c f q r¹: *ait dixit illis Iesus: implete hydrias aquam;* [var.] καὶ λέγει αὐτοῖς ὁ Ἰησοῦς· γεμίσατε τὰς ὑδρίας ὕδατος), !! 2.144 *conmixtas undis auras ad summa volutat* (Ioh.2.7 a aur c f ff² j l q e: *et impleverunt eas usque ad summum* || b r¹: *et i. e. usque susum;* καὶ ἐγέμισαν αὐτὰς ἕως ἄνω), !! 2.145 *hinc iubet, ut summo tradant gustanda ministro* (Ioh.2.8 e: *haurite et date archetriclino* || a aur b c f ff² j l q r¹: *h. nunc et ferte architriclino;* ἀντλήσατε νῦν καὶ φέρετε τῷ ἀρχιτρικλίνῳ), !! 2.146 *ubi* (Ioh.2.9 b: *ubi* || aur c f ff² l: *ut*, a j q r¹: *cum*, e: *quomodo;* ὡς), !! 2.146f. *ille ubi percepit venerandi dona saporis/ nescius* (Ioh.2.9 *a* b r¹: *ad ubi gustavit architriclinus aquam vinum factum et nesciebat, unde esset*, aur c f ff² l: *ut autem g. a. a. v. f. n. sciebat, unde esset* || q: *cum autem gustasset a. a. v. f. et ignorabat, u. e.*, e: *quomodo a. gustavit archetriclinus a. v. f. non intellegebat, u. e.;* ὡς δὲ ἐγεύσατο ὁ ἀρχιτρίκλινος τὸ ὕδωρ οἶνον γεγενημένον οὐκ ᾔδει, πόθεν ἐστίν), !! 2.149f. *quod pulchra*

---

⁴⁴³ In Huemers Text steht falsch *metretris*, worauf auch die Angabe *metretrum* im Index (163) zurückzugehen scheint. Ungeprüft wird *metretris* von Knappitsch, de Wit und Wacht (Konkordanz 174) übernommen.

reservans/ deteriora prius per mensas vina dedisset (Ioh.2.10 *a* aur c f *ff² j
l q e: omnis homo primum bonum vinum ponit, et cum...*, *tunc id, quod de-
terius est; tu vero...* || b *r¹: o. h. in primis b. v. p., et cum... tunc infir-
mius* [b: *infirmiorem*]; *tu autem...;* [var.] πᾶς ἄνθρωπος πρῶτον τὸν καλὸν
οἶνον τίθησιν, καὶ ὅταν..., τὸν ἐλάσσω· σὺ...), !! 2.150 *deteriora prius per
mensas vina dedisset* (Ioh.2.10 a: *prius* || b r¹: *in primis*, e: *primo*, aur c f
ff² j l q: *primum;* πρῶτον), !! 2.158 *restibus hic Christus conectit verbera
flagri/ et* (Hauptsatz und Fortführung mit *et*) (Ioh.2.15 *a* b *ff² j l q e: et fecit
quasi flagellum de restibus et* || f: *et faciens q. f. de funiculis*, aur c: *et
cum fecisset q. f. de f.;* [var.] καὶ ποιήσας φραγέλλιον ἐκ σχοινίων), !! 2.
158 *restibus* (Ioh.2.15 a b j: *de restibus* || ff²: *de reste*, e: *de resticulis*, q:
de resticula, aur c f l: *de funiculis;* ἐκ σχοινίων; Nestler 14), 2.158 *Christus*
(Ioh.2.15 e: *Iesus* || a aur b c f ff² j l q: -; codd. Graec.: -), !! 2.160 *aeris
profundit acervos* (Ioh.2.15 aur c f l: *effudit aes*, ff²: e. *eas* [wohl verschrie-
ben aus *aes*] || q: *e. pecunias*, a: *e. pecuniam*, b: *e. nummos;* e: -; ἐξέχεεν
τὸ κέρμα / ἐ. τὰ κέρματα), 2.160 *aeris...acervos* (Plural) (Ioh.2.15 b: *num-
mos*, q: *pecunias* || aur c f l: *aes*, ff²: *eas*, a: *pecuniam*, e: -; τὰ κέρματα /
τὸ κέρμα), !! 2.161 *haec* (Ioh.2.16 a q: *haec* || aur b c f ff² j l r¹ e: *istas*
[sc. *columbas*]; ταῦτα), !! 2.161 *procul haec auferte profani* (Ioh.2.16 aur
c f ff² l e: *auferte ista hinc* || a b q r¹: *tollite i. h.;* ἄρατε ταῦτα ἐντεῦθεν;
tollite liegt wohl noch näher bei ἄρατε als *auferte*), !! 2.163 *tum* (Ioh.2.18
f: *tunc* || e: *et*, a aur b c ff² j l q r¹: -; οὖν), !! 2.166 *solvite pollutis mani-
bus venerabile templum/ hoc* (Ioh.2.19 *a* aur *b c* ff² j l q r¹ e: solvite tem-
plum hoc || f: *destruite h. t.;* λύσατε τὸν ναὸν τοῦτον), !! 2.166f. *solvite
pollutis manibus venerabile templum/ hoc* (Ioh.2.19 aur ff² j l q: *templum
hoc*, a b c f r¹: *hoc t.* || e: *t. istut;* τὸν ναὸν τοῦτον), !! 2.167 *restituam*
(Ioh.2.19 a r¹: *resuscitabo*, e: *restaurabo* || b j q: *suscitabo*, aur c f ff² l:
excitabo; ἐγερῶ), !! 2.170f. *hoc.../ ...templum* (Ioh.2.20 a aur b c f ff² j l
q r¹: *hoc templum* || e: *istut t.;* ὁ ναὸς οὗτος), 2.170f. *hoc.../ ...templum*
(Wortstellung) (Ioh.2.20 a b r¹: *hoc templum* || aur c f ff² j l q: *t. h.*, e: *is-
tut t.;* ὁ ναὸς οὗτος), !! 2.172 *tu* (Ioh.2.20 a aur b c f ff² j l r¹ e: *tu* || q: -;
σύ), !! 2.172 *tu poteris tribus in spatiis renovare dierum* (Ioh.2.20 a: *resus-
citabis*, b r¹: *resuscitas*, e: *restauras* || j q: *suscitabis*, aur c f ff²: *excitabis*,
l: *aedificabis;* ἐγερεῖς), 2.172 *tribus in spatiis...dierum* (Ioh.2.20 a aur c f
ff² j l: *in tribus diebus* || b q r¹ e: *triduo;* ἐν τρισὶν ἡμέραις), !! 2.173 *hoc
verbum quondam post tempora debita digni/ cognovere viri* (cf. Ioh.2.22 a
b j q r¹: *crediderunt...verbo* || aur c f ff² l e: c....*sermoni;* ἐπίστευσαν...τῷ
λόγῳ), !! 2.173 *post* (Ioh.2.22 a: *postquam* || aur b c f ff² j l q r¹ e: *cum;*
ὅτε), !! 2.174f. *proprio de corpore Christum/ delubrum dixisse Dei* (Ioh.2.
21 e: *ille autem dicebat de templo de corpore suo* || a aur b c f ff² j l q r¹:
i. a. dicebat de templo corporis sui; ἐκεῖνος δὲ ἔλεγεν περὶ τοῦ ναοῦ τοῦ

σώματος αὐτοῦ), !! <u>2.175</u> sed signa <u>videntes</u>/ tum multi cepere fidem Sanctumque secuti (Ioh.2.23 a aur b c f *ff²* j l q rˡ: *multi crediderunt in nomine eius videntes signa, quae faciebat* || e: *m. c. in n. e., cum viderent s., q. f.*; πολλοὶ ἐπίστευσαν εἰς τὸ ὄνομα αὐτοῦ θεωροῦντες αὐτοῦ τὰ σημεῖα, ἃ ἐποίει), !! 2.177 *nocte* sub obscura (Ioh.3.2 a aur b c f ff² j l e: *nocte* || q: *noctu;* νυκτός), <u>2.179</u> venit et ad <u>Christum</u> submissa voce profatur (Ioh.3.2 aur f *e: hic venit ad Iesum nocte et dixit ei* || a b c ff² j l q: *hic v. ad eum n. et d. ei;* οὗτος ἦλθεν πρὸς αὐτὸν νυκτὸς καὶ εἶπεν αὐτῷ), <u>2.182 nec quisquam</u> tantis tribuet miracula signis (Ioh.3.2 e: *et nemo* || a aur b c f ff² j l q rˡ: *nemo enim;* οὐδεὶς γάρ), 2.182 *tantis...signis* (Ioh.3.2 e: *talia signa* || a aur b c f *ff²* j l q rˡ: *haec s.;* ταῦτα τὰ σημεῖα), !! 2.183 *ni comitata* <u>Dei</u> iubeat splendescere virtus (Ioh.3.2 *a aur b f* ff² j l q rˡ e: *nisi fuerit Deus cum illo* || c: *n. f. Dominus c. eo;* ἐὰν μὴ ᾖ ὁ Θεὸς μετ᾽ αὐτοῦ), 2.185 *nullus ad excelsum poterit* <u>conscendere</u> caelum,/ ...ni (Ioh.3.3; cf. Ioh.3.5 a c f ff² l q e Cypr.: *nisi..., non potest introire* [a: *in...*⁴⁴⁴] *in regnum Dei,* rˡ: *n...., n. p. intrare in r. D.,* j: *n...., n. p. ingredi in r. D.* || aur: *n...., n. p. videre r. D.,* b: *n...., n. p. renasci in r. D.;* [var.] ἐὰν μὴ..., οὐ δύναται εἰσελθεῖν εἰς τὴν βασιλείαν τοῦ Θεοῦ / [var.] ἐ. μὴ ..., οὐ δ. ἰδεῖν τ. β. τ. Θ.), !! <u>2.188</u> autem (Ioh.3.4 c f rˡ: *autem* || a aur b ff² j l q e: -; codd. Graec.: -), !! <u>2.193</u> liquido si quis <u>de</u> fonte renatus/ et Flatu Sancto rudibus consistere membris/ coeperit (Ioh.3.5 a q: *nisi quis renatus fuerit* <u>de</u> *aqua et* [a: *et de*] *Spiritu Sancto* || aur b c *f* ff² j l rˡ e Cypr.: *nisi quis r. f. ex a. et S. S.;* [var.] ἐὰν μή τις γεννηθῇ ἐξ ὕδατος καὶ Πνεύματος), !! 2.193 *renatus* (Ioh.3.5 a aur b c ff² j l q e: *renatus fuerit* || f rˡ: *natus f.;* γεννηθῇ), !! <u>2.193f.</u> liquido si quis de fonte renatus/ et Flatu <u>Sancto</u> (Ioh.3.5 a aur ff² rˡ: *Spiritu Sancto* || c f j l q e Cypr.: *Spiritu,* b: *Spiriti;* codd. Graec.: Πνεύματος), 2.195 <u>aetheriam</u>...in aulam (Ioh.3.5 e: *regnum caelorum* || a aur b c f ff² j l q rˡ Cypr.: *regnum Dei;* βασιλείαν τῶν οὐρανῶν / β. τοῦ Θεοῦ; vgl. Komm.), 2.195 *(si...,) aetheriam liber* <u>conscendet</u> in aulam (Ioh.3.5 a c f ff² l *q e Cypr.: nisi..., non potest introire* [a: *in...*] *in regnum Dei,* rˡ: *n...., n. p. intrare in r. D.,* j: *n...., n. p. ingredi in r. D.* || aur: *n...., n. p. videre r. D.,* b: *n...., n. p. renasci in r. D.;* [var.] ἐὰν μὴ..., οὐ δύναται εἰσελθεῖν εἰς τὴν βασιλείαν τοῦ Θεοῦ / [var.] ἐ. μὴ..., οὐ δ. ἰδεῖν τ. β. τ. Θ.), <u>2.198</u> Spiritus hic Deus est, cui parent omnia mundi (Ioh.3.6 aur ff² rˡ e: *quia Deus Spiritus est,* a j: *q. D. S. e. et ex Deo natus est* || b c f l q: -; codd. Graec.: -; Nestler 19), !! 2.200 *sed nescis* (Ioh.3.8 a b j l q rˡ: *sed nescis* || aur c f ff² e: *sed non scis;* ἀλλ᾽ οὐκ οἶδας), !! 2.200 *sed* (Ioh.3.8 a aur b c f ff² j l q rˡ: *sed* || e: *et;*

---

⁴⁴⁴ Gasquet dagegen las als ersten Buchstaben sicher *u* und erkannte als Ganzes *uidere.*

ἀλλά), 2.201 ...*que* (Ioh.3.8 aur c ff² j l rˡ e: *et* || a b f: *aut; καί*), !!
2.201 *quamque petant eius currentia flamina* (cf. 194 *Flatu) partem* (cf.
Ioh.3.8 e: *Spiritus ubi vult, flat* || a aur b c f ff² j l q rˡ: *S. u. v., spirat; τò*
Πνεῦμα ὅπου θέλει, πνεῖ), 2.202 *quisque* (Ioh.3.8 a aur b c f ff² j l q e:
omnis, qui || rˡ: *qui; πᾶς ὁ*), 2.203 *similem* (Ioh.3.8 a b c f ff² j l rˡ e:
sic || aur q: -; οὕτως), !! 2.203 *hunc similem Sancti Flatus revirescere cer-*
tum est (Ioh.3.8 rˡ: *sic est, qui natus est on...et Spiritu Sancto* || *a aur* b c
f *ff² j l q e: s. e. et omnis, q. n. e. ex aqua et Sp.;* [var.] οὕτως ἐστὶν πᾶς
ὁ γεγεννημένος ἐκ τοῦ Πνεύματος), !! 2.204 *nil horum cernere possum* (Ioh.
3.9 a aur b c f *ff² j l q: quomodo possunt haec fieri?* || e: *quomodo possunt*
ista fieri?; πῶς δύναται ταῦτα γενέσθαι;), 2.205 Solymorum (Genitiv) *mag-*
ne magister (Ioh.3.10 b f ff² j l q e: *tu es magister Istrahel* || a aur c: *tu es*
doctor in I.; σὺ εἶ ὁ διδάσκαλος τοῦ ᾿Ισραήλ), !! 2.205 *magister* (Ioh.3.10
aur b c f l e: *magister* || a ff² j q: *doctor; διδάσκαλος*), !! 2.209 *tantum*
terrestria dixi (Ioh.3.12 a b j q rˡ: *si terrestria dixi vobis* || aur c f ff² *l* e:
si terrena d. v.; εἰ τὰ ἐπίγεια εἶπον ὑμῖν), 2.213 *accipite ergo, novis quae*
sit sententia rebus (vielleicht zurückzuführen auf Ioh.3.13 aur l: *dico enim*
vobis || c ff² q: *et*, a b f j e: -, codd. Graec.: -), 2.216 *caeli* (Singular) *qui*
in sede moratur (Ioh.3.13 aur b c f ff² j l q rˡ: *qui est in caelo* || a e: *q. e.*
in caelis; ὁ ὢν ἐν τῷ οὐρανῷ / ὁ ὢν ἐκ τοῦ οὐρανοῦ; Pluralformen zu *caelum*
nie bei Juvencus), !! 2.217 *ut* (Ioh.3.14 aur b c f ff² j l q rˡ e: *sicut* || a:
quemadmodum; καθώς), !! 2.217 *ut serpens olim regionibus in desertis/*
Moysei manibus summo sublatus honore est (Ioh.3.14 a aur c f *ff²* j l q e:
sicut Moyses exaltavit serpentem in deserto || b rˡ: *s. M. e. s. in solitudine*
[b: -*m*], Cypr. *s. M. e. s. in eremo; καθὼς Μωϋσῆς ὕψωσεν τὸν ὄφιν ἐν τῷ*
ἐρήμῳ), !! 2.219 *sic* (Ioh.3.14 a b j q rˡ: *sic* || aur c f ff² l e Cypr.: *ita; οὕ-*
τως), !! 2.220f. *quicumque fidem mentis penetralibus altis/ illius ad nomen*
statuit (cf. Ioh.3.15 ff²: *qui credit in illum* || a b f j q e: *q. c. in eum*, rˡ:
q. c. in eo, aur c l: *q. c. in ipso*, Cypr.: *q. cediderit in Filium; ὁ πιστεύων*
εἰς αὐτόν), 2.222 *proculcet pedibus letum* (Ioh.3.15 aur b c f ff² j l q rˡ e:
non pereat | a: -; μὴ ἀπόληται / -), !! 2.225 *eius ut in terras discenderet*
unica Proles (Ioh.3.16 a b d j rˡ e: *ut Filium suum unicum daret* || aur c f
ff² l q: *ut F. s. unigenitum d.;* [var.] ὥστε τὸν Υἱὸν αὐτοῦ τὸν μονογενῆ ἔδω-
κεν; *unigenitus* ist unmetrisch), !! 2.227 *nec* (Ioh.3.17 b j rˡ: *nec* || a aur
c d f ff² l q e: *non; οὐ*), !! 2.227 *nec Deus hunc Natum.../ ...misit* (Ioh.3.17
j: *nec enim misit Deus hunc Filium suum* || a aur *b* c d f ff² l q *rʲ* e: *non e.*
misit Deus Filium; οὐ γὰρ ἀπέστειλεν ὁ Θεὸς τὸν Υἱὸν αὐτοῦ / οὐ γὰρ ἀπ-
έστειλεν ὁ Θεὸς τὸν Υἱόν), !! 2.229 *sed* (Ioh.3.17 a aur b c d f j l q rˡ e:
sed || ff²: -; ἀλλά), 2.230 *namque* (Ioh.3.18 a: *ideo*, d: *propter hoc* || aur
b c f ff² j l q rˡ e: -; codd. Graec.: -; siehe Komm.), 2.232 *ast* (Ioh.3.18 b:
vero, a c d f q rˡ e: *autem* || aur: *enim*, j: *nam*, ff² l: -; δέ / -), !! 2.234

unica nam Domini fuit his incognita Proles (Ioh.3.18 a d e: *quia non credidit in nomine unici Fili Dei* || aur b c f *ff² j q* r¹: *q. n. c. in n. unigeniti F. D.;* l: *q. n. c. unigenito Filio;* ὅτι μὴ πεπίστευκεν εἰς τὸ ὄνομα τοῦ μονογενοῦς Ὑιοῦ τοῦ Θεοῦ; man kann *unicus* als weniger getreue Übersetzung von μονογενής werten als *unigenitus*), !! 2.236 *magis* (Ioh.3.19 aur c d f l e Cypr.: *magis* || a b ff² j q: *potius;* μᾶλλον), !! 2.237 *sic quicumque malis mentem maculaverit actis* (Ioh.3.20 ff² q e r¹: *omnis enim, qui mala* [r¹: *mal* ...; r¹ könnte ursprünglich statt *mala* auch *male* bezeugt haben] *agit,* aur b c d f j l: *o. e., q. male a.* || a: *o., q. prava agit;* πᾶς γὰρ ὁ φαῦλα πράσσων), 2.238 *in tenebras refugit* (Ioh.3.20 a aur b d f *ff² j l q* r¹ e: *non venit ad lumen* || c: -; οὐκ ἔρχεται πρὸς τὸ φῶς), !! 2.238 *ne* (Ioh.3.20 b j q r¹ e: *ne* || a αυρ c d f ff² l: *ut non;* ἵνα μή), 2.238f. *ne lumine claro/ sordida pollutae pateant contagia mentis* (Ioh.3.20 d: *ut non arguantur operas eius de luce* || *a* aur *b c f* ff² *j l q* r¹ e: *ut n. a. opera e.;* ἵνα μὴ ἐλεγχθῇ τὰ ἔργα αὐτοῦ), 2.238f. *ne.../ sordida pollutae pateant contagia mentis* (Ioh. 3.20 r¹: *ne arguantur operae eius, quoniam mala sunt* || d: *ut non a. operas e. de luce,* a aur b c f ff² j l q e: -; ἵνα μὴ ἐλεγχθῇ τὰ ἔργα αὐτοῦ, ὅτι πονηρά ἐστιν / ἵ. μὴ ἐ. τὰ ἔ. α.), 2.239 *pateant* (Ioh.3.20 q: *manifestentur,* e: *manifestetur* || a aur b d f ff² j l r¹: *arguantur,* c: *arceantur;* ἐλεγχθῇ; *arguere* und ἐλέγχειν haben nicht die Anschaulichkeit von *patere* und *manifestare*), 2.240 *at* (Ioh.3.21 aur b c d f ff² j l q r¹ e: *autem* || a: *nam;* δέ), !! 2.241 *ad medium* (Ioh.3.21 aur b c d f ff² j l q r¹ e: *ad* || a: *in;* πρός), 2.241 *lucemque nitescere gaudet* (Ioh.3.21 *a* aur c d f ff² l q: *venit ad lucem* || b j r¹ e: *v. ad lumen;* ἔρχεται πρὸς τὸ φῶς), !! 2.242 *splendeat ut claris virtutis gloria factis* (Ioh.3.21 aur c f ff² l q: *ut manifestentur opera eius, quia in Deo sunt facta* [q: *perfecta*], a: *ut manifestetur opus e., quoniam in D. est factum* [cf. Ioh.3.19 d: *erant enim illorum mala facta*] || b d j r¹ e: *ut manifestentur opera* [d: *operae*] *e., quod i. D. sunt operata* [b: *operatae,* j: *sit operatus*]; ἵνα φανερωθῇ αὐτοῦ τὰ ἔργα, ὅτι ἐν Θεῷ ἐστιν εἰργασμένα), 2.243 *Galilaeam repetit* (Ioh.4.3 a aur b c d f ff² j l r¹ e: *abiit iterum in Galilaeam* || q: *a. in G.;* ἀπῆλθεν πάλιν εἰς τὴν Γαλιλαίαν / ἀ. ε. τ. Γ.), !! 2.245 *illic* (Ioh.4.6 q e: *illic* || a aur c d f ff² j l r¹: *ibi,* b: -; ἐκεῖ), 2.246 *puteus gelido demersus in abdita fonte* (Ioh.4.6 aur f ff²: 1 mal *puteus,* 1 mal *fons* || a b c q e: 2 mal *fons,* j l r¹: 2 mal *puteus;* 2 mal πηγή; Nestler 14 [mit abweichender Angabe zu l] vermutet Grundlage des durch aur f ff² [l] vertretenen Textes, in dem ebenfalls beide Wörter vorkommen. Vielleicht hat Juvencus solche Überlieferung vorgelegen und angeregt. Allerdings sind in den betreffenden codd. beide Wörter in gleicher Bedeutung, nämlich "Brunnen", verwendet, während bei Juvencus *puteus* den Brunnen meint, *fonte* dagegen das darin befindliche Wasser), !! 2.248f. *discipuli...escas mercantes moenibus urbis/ passim dispersi* (Ioh.4.8 d q e:

abierant in civitatem, ut escas emerent || *a aur* b c f ff² l r¹: *a. in c., ut cibos e.*, j: *a. in c., ut e.;* ἀπεληλύθεισαν εἰς τὴν πόλιν, ἵνα τροφὰς ἀγοράσωσιν; Nestler 14), 2.250 *Samaritis* (Adjektiv) *femina* (Ioh.4.7 a 1: *mulier Samaritana*, ff²: *m. Sammaritiana* || b q e: *m. a Samaria*, j: *m. quaedam ex Samaria*, r¹: *m. ex Samarit...*, aur c d *f: m. de Samaria;* γυνὴ ἐκ τῆς Σαμαρείας / τις γ. ἐκ τ. Σ.; siehe Komm.), !! 2.252 *olli Christus ait* (Ioh.4.7 a d e: *illi* || aur b c f ff² j l q r¹: *ei;* αὐτῇ), !! 2.252 *ait* (Ioh.4.7 a: *ait* || aur b c d ff² j l q r¹ e: *dicit*, f: *dixit;* λέγει), !! 2.254 *mulier Samaritica* (Ioh.4.9 aur *b c d f* ff² j l q r¹: *mulier Samaritana* || a: *Samaritana*, e: *Samarites;* γυναικὸς Σαμαρίτιδος οὔσης), 2.255 *dispernens veterum Samaritum iussa* (Ioh.4.9 aur c f *ff² l q* r¹: *non enim coutuntur Iudaei Samaritanis* || a b d j e: -; οὐ γὰρ συγχρῶνται Ἰουδαῖοι Σαμαρίταις / -; Nestler 24; siehe Komm.), !! 2.256 *Domini si munera nosses* (Ioh.4.10 a: *si scires munus Dei* || j: *si s. gratiam D.*, aur b c d f ff² l q r¹ e: *si s. donum D.;* εἰ ᾔδεις τὴν δωρεὰν τοῦ Θεοῦ; Nestler 14), 2.258 *tu potius peteres* (Ioh.4.10 b j l q r¹: *tu magis petisses* || aur c f ff²: *tu forsitan* [ff²: *forsitam*] *p.*, a d e: *tu peteres;* σὺ ἂν ᾔτησας αὐτόν), 2.261 *igitur* (Ioh.4.11 aur c f q: *ergo* || r¹: *hanc*, a b d ff² j l e: -; οὖν / -), 2.259 *sub haec* (cf. Ioh.4.11 e: *et* || a aur b c d f ff² j l q r¹: -; codd. Graec.: -), !! 2.261 *poteris undam mihi tradere vivam* (Ioh.4.11 j l: *unde habes aquam vivam...dare mihi* || a *aur* b *c d f* ff² *q r¹ e: unde ergo h. a. v.;* [var.] πόθεν οὖν ἔχεις τὸ ὕδωρ τὸ ζῶν; *mihi tradere* ist nicht adnominal zu *undam* gesetzt wie *dare mihi* zu *aquam* im Evangelium, sondern hängt von *poteris* ab), !! 2.262 *num* (Ioh.4.12 a aur b c d f ff² j l q r¹: *numquid* || e: *ne;* μή), !! 2.263 *hunc puteum* (Ioh. 4.12 a aur f ff² l q r¹ e: *hunc* || j: *istum*, c d: -; τό), !! 2.263 *hunc Iacob etenim puteum cum prole bibebat* (Ioh.4.12 r¹: ...*cum eo* || *a* αυρ b *c* d *f* ff² j q e: *et fili e.*, l: *et f. e. et pueri eius;* καὶ οἱ υἱοὶ αὐτοῦ; Juvencus hat dieselbe Konstruktion wie der lückenhafte cod. r¹, doch bleibt bei ihm Jakob Subjekt), !! 2.265 *olli respondit mundi regnator Iesus* (Ioh.4.13 *aur b c d f ff² j l q e: respondit Iesus et dixit illi* || a: *respondens I. dixit illi;* ἀπεκρίθη Ἰησοῦς καὶ εἶπεν αὐτῇ), !! 2.266 *ex ista plene nullus satiabitur unda* (Ioh. 4.13 *f q e Cypr.: omnis, qui bibet ex aqua ista, sitiet iterum* || aur b c d *ff² j l: o., qui bibit ex aqua hac, s. i.;* πᾶς ὁ πίνων ἐκ τοῦ ὕδατος τούτου διψήσει πάλιν), 2.267 *sed* (Ioh.4.14 a aur b c d f ff² j l r¹ Cypr.: *autem*, e: *vero* || q: *nam;* δέ), !! 2.267 *sed nostri dona liquoris/ ardorem excludent aeterna in saecla bibendi* (Ioh.4.14 a aur c d f ff² q e Cypr.: *non sitiet in aeternum* || b r¹: *n. s. in sempiternum*, j: *n. s. umquam*, l: - [doch vgl. nachfolgend in sämtlichen codd. *fons aquae salientis in vitam aeternam*]; [var.] οὐ μὴ διψήσει εἰς τὸν αἰῶνα), !! 2.279 *nostri istius venerandum montis in arce* (cf. Ioh.4.20 e: *patres nostri in isto monte adoraverunt* || a aur b c d f ff² j l q r¹: *p. n. in monte hoc adoraverunt;* οἱ πατέρες ἡμῶν ἐν τῷ ὄρει τούτῳ προσεκύνησαν), 2.281 *orandum* (Ioh.4.20 *a* aur *b* c d f ff² j q r' e: *adorare oportet* || l: *adorant;* προσκυνεῖν δεῖ), !! 2.283 *cum* (Ioh.4.21 a b d: *cum* || aur c f j l q r' e: *quando,* ff²: -; ὅτε), 2.285 *sed nunc certa salus Iudaeis surget ab oris* (Ioh.4.22 b: *quoniam salus ex Iudaea est* || *a* aur c d f ff² j l q e: q. s. *ex Iudaeis est;* ὅτι ἡ σωτηρία ἐκ τῶν Ἰουδαίων ἐστίν; *Iudaeis...oris* könnte auf Ἰουδαίων bzw. *Iudaeis* zurückgehen. Denn dem Dichter hätte bewußt sein können, daß es im Griechischen und Lateinischen möglich ist, Ländernamen durch Völkernamen zu ersetzen. Dennoch wird man den Bezug von *Iudaeis...oris* auf *Iudaea* als näherliegend bezeichnen; vgl. Komm.), !! 2.287 *cum* (Ioh.4.23 a b d j l q r': *cum* || aur c f ff² l e: *quando;* ὅτε), !! 2.291 *scimus, quod Christus nuntius orbi/ adventu proprio vitalia saecula pandet* (Ioh.4.25 f: *scimus* || a aur b c d ff² j l q r' e: *scio;* οἴδαμεν / οἶδα; Nestler 22f.), !! 2.291 *quod* (Ioh.4.25 a: *quod* || aur b c d f ff² j l e: *quia,* q r': *quoniam;* ὅτι; *scire, quod* ist unepisch, siehe Komm.), 2.295 *iam* (Ioh.4.27 aur c f ff² l q e: *continuo,* b j: *statim* || a: *interim,* d: *in hoc,* r': *in hoc sermone;* ἐπὶ τούτῳ), !! 2.295f. *stupuere.../ quod* (Ioh.4.27 b: *mirabantur eo, quod,* j: *m., quod* || aur c f ff² l q e: *m., quia,* d: *m., quoniam;* ἐθαύμαζον, ὅτι), 2.296 (Singular) *femina* (Ioh.4.27 a aur b c d f ff² j l r': *muliere,* e: *mulierem* || q: *mulieribus;* γυναικός), 2.297 *at* (Ioh.4.28 j e: *autem* || a aur c d f ff² l q: *ergo,* b r': *igitur;* οὖν), !! 2.297 *urnam ...pro fonte reliquit* (Ioh.4.28 a aur b c f ff² j l q r': *reliquit...hydriam* || d: *dismisit...h.,* e: *demisso urceo;* ἀφῆκεν...τὴν ὑδρίαν), !! 2.298 *et populum totis eduxit moenibus urbis* (cf. Ioh.4.29 a aur b c d e f ff² j l q r': *et abiit in civitatem* || e: *a. in civitate;* καὶ ἀπῆλθεν εἰς τὴν πόλιν), !! 2.300 *gesserat ipsa prius quaecumque* (Ioh.4.29 aur b c f ff² l r': *quaecumque feci* || a d q e: *quae f.;* πάντα, ὅσα ἐποίησα / π., ἃ ἐ.), !! 2.302 *interea* (Ioh.4.31 aur c l: *interea* || d f ff² q e: *inter haec,* b r': *postmodum,* a: -; [var.] ἐν τῷ μεταξύ; siehe Komm.), !! 2.303 *ille* (Ioh.4.32 aur b c d f ff² l r': *ille* || e: *Iesus,* a q: -; ὁ), !! 2.303 *ille satis sibi pulchrorum superesse ciborum/ respondit* (Ioh.4.32 aur c f ff² q e *Cypr.: ego cibum habeo manducare* || a b d l r': *e. escam h. m.;* ἐγὼ βρῶσιν ἔχω φαγεῖν), 2.304 *respondit. sed tum mirantum discipulorum* (Ioh.4.33 a b q r': *autem* || aur c f ff² l: *ergo,* d e: -; οὖν), !! 2.305 *inter se occultis currebat sermo loquellis* (Ioh.4.33 q: *inter se* || ff²: *intra semetipsum,* b l r': *ad alterutrum,* a aur c d f: *ad invicem,* e: *ad ininvicem;* D: ἐν ἑαυτοῖς / πρὸς ἀλλήλους; siehe Komm.), !! 2.311 *quattuor hinc menses laeta ad primordia messis/ frugiferae aestati certe superesse putatis* (Ioh.4.35 *a* aur b c d f ff² l r': *quod adhuc quattuor...menses* [b d ff²: *mensis,* a: *mensia*] *supersunt, et messis venit* || q e: *quia a. quadrimenstre* [e: *-mestre*] *est, et m. v.;* [var.] ὅτι ἔτι τετράμηνός ἐστιν, καὶ ὁ θερισμὸς ἔρχεται), !! 2.311 *hinc* (Ioh.4.35 a aur b c f ff² q e: *adhuc* || l: *inter,* d: -; ἔτι / -), !! 2.311f. *quattuor...menses.../ ...superesse* (Ioh.4.35

f: *q.... m. supersunt* || *a* aur c *d ff²* r¹: *q. m. sunt*, b: *q. mensis*, l: *q. menses*, q e: *quadrimenstre* [e: *quardimestre*] *est; τετράμηνός ἐστιν*), 2.313 *erigite ergo oculos, albentes cernite* <u>campos</u> (Ioh.4.35 a aur b c d f ff² l q r¹: *regiones* || e: *segites; τὰς χώρας*), <u>2.314f.</u> *cunctaque maturam* <u>iam</u> *rura exposcere messem./* <u>nunc</u> *quicumque metet...* (Ioh.4.35f. b: *quia albae sunt iam ad messem iam. qui metit...* || *a* ff²: *q. a. s. iam ad m./ qui m.*, aur c f: *q. a. s. iam ad m./ et qui m....*, *d* l r¹ e: *q. a. s. ad m. iam./ qui m.*, q: *q. a. s. ad m. nunc./ qui metet...; ὅτι λευκαί εἰσιν πρὸς θέρισμον./ ἤδη ὁ θερίζων...* und *ὅ. λ. ε. π. θ. ἤδη./ ὁ θ....*; trotz Interpunktion nach dem zweiten *iam* in b ist wohl ursprüngliche Interpunktion nach *messem* anzunehmen, so daß auf jeden Satz ein *iam* fällt), !! 2.317 *sator* (Ioh.4.36 a: *qui serit* || aur b c d f ff² l q r¹ e: *qui seminat; ὁ σπείρων*), !! 2.318f. *vos ego nunc misi gravidam succidere messem,/* <u>quae</u> *non est vestro sulcis inserta labore* (Relativsatz) (Ioh.4.38 *a* b c ff² q r¹: *misi vos metere, quod* [ff²: *id, q.*] *vos non laborastis*, aur f: *m. v. m., in quo v. n. l.* || *d* e: *misi vos metere. non vos laborastis;* [var.] *ἀπέστειλα ὑμᾶς θερίζειν ὃ οὐχ ὑμεῖς κεκοπιάκατε* / [var.] *ἀπέστειλα ὑμᾶς θερίζειν. οὐχ ὑμεῖς κεκοπιάκατε*), 2.318f. *messem,/ quae non est vestro sulcis inserta* <u>labore</u> (Singular) (vgl. Ioh.4.38 a *ff²*: *in labore illorum introistis*, b *d* l: *in laborem eorum i.* || aur c f e: *in labores e. i.*, q: *in laboribus e. i.; εἰς τὸν κόπον αὐτῶν εἰσεληλύθατε*), !! 2.320 *vos* <u>aliena</u> *bonae ditabunt munera frugis* (Ioh.4.38 *a* aur c d f f *ff²* l q r¹ e: *ego misi vos metere, quod vos non laborastis; alii laboraverunt, et vos in labore ipsorum introistis* || b: *e. m. v. m., q. v. n. l.; et v. in laborem eorum intrastis; ἄλλοι κεκοπιάκασιν καὶ ὑμεῖς εἰς τὸν κόπον αὐτῶν εἰσεληλύθατε*), !! 2.322 <u>Samaritum</u> *populi* (Ioh.4.40 e: *Samarites* || a aur b c d f ff² l q r¹: *Samaritani; οἱ Σαμαρῖται*), <u>2.322f.</u> *ecce Samaritum populi venere rogantes/ exorantque* (Ioh.4.40 e: *venerunt ergo ad eum Samarites obsecrantes* || *a* aur b *c d f ff²* l q r¹: *ut ergo v. ad eum Samaritani, rogabant eum; ὡς οὖν ἦλθον πρὸς αὐτὸν οἱ Σαμαρῖται, ἠρώτων αὐτόν*; wie e berichtet Juvencus die Ankunft der Samaritaner im Hauptsatz), !! 2.322 *rogantes* (Ioh.4.40 b d r¹: *rogabant*, a aur c f ff² l q: *rogaverunt* || e: *obsecrantes; ἠρώτων*), !! 2.323 *illic* (Ioh.4.40 d e: *illic* || aur b c f ff² l q r¹: *ibi* [zuvor aur c f ff² l q: *ibi;* b d r¹ e: *-*]; *ἐκεῖ*), <u>2.324</u> *iamque fides* <u>multos</u> *plebis fundaverat alta* (Ioh.4.41 q: *et multi crediderunt* || aur b c d f ff² l: *et multo plures c.*, r¹: *et m. plus c.*, e: *et m. amplius c.; πολλῷ πλείους* / *πολλῷ πλεῖον*), 2.325 *nec iam femineis tantum concredere* <u>verbis</u> (Ioh.4.42 *a* aur c f ff²: *quia iam non propter tuam loquellam* [ff²: *tua l-a*] *credimus*, q e: *q. i. n. p. tuum sermonem c.* || b *d* l r¹: *q. i. n. p. tuum testimonium c.*); [var.] *ὅτι οὐκέτι διὰ τὴν σὴν λαλιὰν πιστεύομεν* / *ὅ. ο. δ. τ. σ. μαρτυρίαν π.*), !! 2.325 *nec iam* (Ioh.4.42 d: *non iam* || aur b c f ff² l q r¹ e: *iam non*, a: *non; οὐκέτι*), 2.326 <u>ipsos</u> *sed coram virtus manifesta docebat,/ ...quod*

(Ioh.4.42 aur b c f ff² *l* q r' e: *ipsi enim audivimus et scimus, quia* | | a *d: ipsum e. a. et s.*, *quod;* αὐτοὶ γὰρ ἀκηκόαμεν καὶ οἴδαμεν, ὅτι / D: αὐτοῦ γ. ἀ. κ. ο., ὅτι; vgl. Komm. zu 325/7), 2.326 *ipsos sed coram virtus manifesta docebat* (Ioh.4.42 a d: *ipsum enim audivimus et scimus* | | aur b c f ff² *l* q r' e: *ipsi e. a. et s.;* D: αὐτοῦ γὰρ ἀκηκόαμεν καὶ οἴδαμεν / αὐτοὶ γ. ἀ. κ. ο.; vgl. Komm. zu 325/7), 2.236 *manifesta docebat* (Ioh.4.42 a aur b d f ff² q r' e: *audivimus et scimus* | | c 1: *audivimus;* ἀκηκόαμεν καὶ οἴδαμεν), !! 2.327 *venisset saecli quod iam Servator Iesus* (Ioh.4.42 q e: *quia hic est vere Salvator seculi* [e: *saeculi*] | | a aur b c d f ff² l r': *q. hic e. v. S. mundi;* ὅτι οὗτός ἐστιν ἀληθῶς ὁ Σωτὴρ τοῦ κόσμου), !! 2.327 *quod* (Ioh.4.42 a: *quod* | | aur b c f ff² l q e: *quia*, d r': *quoniam;* ὅτι), !! 2.327 *Servator* (Ioh.4.42 a aur b c d f ff² q r' e: *Salvator* | | 1: *salus;* ὁ Σωτήρ), 2.327 *Iesus* (Ioh.4.42 d f q e: *Christus* | | a aur b c ff² l r': -; ὁ Χριστός / -), !! 2.330 *regius...iuvenis* (Ioh.4.46 aur b c f ff² l q r' e: *regulus, cuius filius* | | a d: *basiliscus, c. f.;* βασιλικός, οὗ ὁ υἱός / D: βασιλίσκος, οὗ ὁ υ.), !! 2.334 *celeris deposcens dona salutis* (Ioh.4.47 c e: *rogabat eum, ut...salvaret filium eius* | | q: *r., ut...curaret f. e.*, a aur b d f ff² l r': *r. eum, ut...sanaret f. e.;* [var.] ἠρώτα, ἵνα...ἰάσηται αὐτοῦ τὸν υἱόν), !! 2.339f. *his verbis fructum mox perceptura salutis/ pulchra fides animum laetanti in pectore firmat* (Ioh.4.50 a b d f q r' e: *et credidit homo ille verbo* [q: *verbum*] | | aur c ff² l: *et c. i. h. sermoni* [l: *sermonem*]; [var.] καὶ ἐπίστευσεν ὁ ἄνθρωπος τῷ λόγῳ), !! 2.341 *iamque* (Ioh.4.51 b: *iamque* | | a: *iam*, aur c d f ff² l q r': *iam autem*, e: *et;* ἤδη), !! 2.341 *properantibus obvia servis* (Ioh.4.51 d: *obviaverunt servi eius* | | a aur b c f ff² l q r' e: *servi occurrerunt ei;* [var.] οἱ δοῦλοι αὐτοῦ ὑπήντησαν αὐτῷ), !! 2.637 *quae Genitor faciet, sectabitur omnia Natus* (Ioh.5.19 j q e: *quae enim Pater facit* | | b: *quaeque e. ille facit*, a aur c d f ff² l r': *quaecumque e. i. f.;* ἃ γὰρ ἂν ἐκεῖνος ποιῇ), 2.637 *Genitor* (Ioh.5.19 j e: *Pater* | | aur b c d f ff² l r': *ille*, q: *ipse;* ἐκεῖνος), 2.638 *namque* (Ioh.5.20 aur b c d ff² j l q r' e: *enim* | | f: *quia*, a: -; γάρ), !! 2.640 *sicut* (Ioh.5.21 a aur b c d f ff² r': *sicut* | | q e: *quomodo;* ὥσπερ), !! 2.641 *sic* (Ioh.5.21 aur b c d f ff² l r': *sic* | | a q e: *ita;* οὕτως), !! 2.643 *nec* (Ioh.5.22 b d f r' e: *nec* | | Cypr.: *nihil*, a aur c ff² j l q: *neque;* οὐδέ), 2.646f. *namque repulsus erit vestro si Natus honore,/ inprobitate pari Genitorem despicietis* (Ioh.5.23 a aur b c d f l q r' e Cypr.: *qui non honorificat Filium, non honorificat Patrem* | | ff²: *q. n. h. Patrem, n. h. Filium;* ὁ μὴ τιμῶν τὸν Υἱὸν οὐ τιμᾷ τὸν Πατέρα), 2.646f. *namque repulsus erit vestro si Natus honore,/ inprobitate pari Genitorem despicietis* (Ioh.5.23 a aur b c d f ff² l r' e Cypr.: *qui non honorificat Filium, non honorificat Patrem* | | q: *q. h. F., h. P.;* ὁ μὴ τιμῶν τὸν Υἱὸν οὐ τιμᾷ τὸν Πατέρα), 2.648 *sed cui nostra fidem sermonis gratia figet* (Ioh.5.24 b c d f ff² l q r' e: *qui...credit* [q: *credet*] *ei, qui me misit* | | aur: -; ὁ...πιστεύων τῷ πέμψαντί με), !!

2.648 *sed cui nostra fidem sermonis gratia figet* (Ioh.5.24 e: *qui sermonem
meum audit* || aur b c d f ff² 1 q r¹: *q. verbum m. a.;* ὁ τὸν λόγον μου ἀκού-
ων), !! 2.653 *tempus, cum* (Ioh.5.25 a d: *hora..., cum* || aur c f ff² 1 q e:
h...., quando, b: *h...., in qua;* ὥρα..., ὅτε), !! 2.655 *nam sicut Genitor vitam sibi possidet in se (ipse* M) (Ioh.5.26 a b d r¹ e: *sicut enim Pater habet
vitam in se* || aur c f ff² 1: *s. e. P. h. v. in semetipso,* q: *s. e. P. h. v.;*
[var.] ὥσπερ γὰρ ὁ Πατὴρ ἔχει ζωὴν ἐν ἑαυτῷ), !! 2.655 *sicut* (Ioh.5.26 a
aur b c d f ff² 1 q: *sicut* || e: *quomodo;* ὥσπερ / ὡς), 2.659 *vocis ad audi-
tum propriis exsurgere bustis* (cf. 661) (Ioh.5.29 aur b: *resurgent...in resur-
rectionem vitae* || 1 q r¹: *prodient...in r. v.,* a c d f ff²: *procident* [a d f:
procedent, ff²: *procedunt*] *in r. v.,* e: *exiant in resurrectione v.;* ἐκπορεύσονται...εἰς ἀνάστασιν ζωῆς), 2.660 *iustorumque animas redivivo corpore necti* (cf. Ioh.5.29 b 1: *et prodient, qui bona gesserunt, in resurrectionem vitae,
qui autem iniqua gesserunt, in resurrectionem iudicii* || a aur c d f ff² j q r¹
e: et p., qui b. g., in r. v., qui mala gesserunt, in r. i.; [var.] καὶ ἐκπορεύσονται οἱ τὰ ἀγαθὰ ποιήσαντες εἰς ἀνάστασιν ζωῆς, οἱ δὲ τὰ φαῦλα πρά-
ξαντες εἰς ἀνάστασιν κρίσεως; *iniqua* könnte Einfluß auf die Wahl des
Ausdrucks *iustorum* gehabt haben), 2.663 *arbitrio quoniam Genitoris cuncta
iubentur* (Ioh.5.30 b c ff² 1 r¹: *quia non quaero voluntatem meam, sed volun-
tatem eius, qui me misit, Patris* || a aur d f j q e: *q. n. q. v. m., s. v. e.,
q. me m.;* ὅτι οὐ ζητῶ τὸ θέλημα τὸ ἐμόν, ἀλλὰ τὸ θέλημα τοῦ πέμψαντός
με Πατρός / ὅ. οὐ ζ. τὸ θ. τὸ ἐ., ἀ. τὸ θ. τ. π. με; Nestler 24), !! 2.665
ego (Ioh.5.31 a aur b c d f j q r¹: *ego,* ff² 1: *ergo* [zweifellos aus ursprüngli-
chem *ego* verschrieben] || e: -; ἐγώ), !! 2.666 *aliusque itidem quia testis
habetur/ pro nobis* (Ioh.5.32 aur b c f j q r¹ e Cypr.: *alius est, qui testis est
de me* || a d ff²: *alter e., qui testimonium perhibet de me,* 1: *est, qui t. p.
de me;* ἄλλος ἐστὶν ὁ μαρτυρῶν περὶ ἐμοῦ), !! 2.666 *testis habetur* (Ioh.5.
32 e: *testis est* || a aur c d f ff² j 1 q: *testimonium perhibet,* b r¹: *testifica-
tur;* μαρτυρῶν), !! 2.667 *pro nobis* (vgl. im Relativsatz am Ende von Ioh.5.
32 e: *pro me* || a aur b c d f j q r¹: *de me,* ff² 1: -; περὶ ἐμοῦ), !! 2.670f.
Genitor..., / qui me dimisit terris sua ponere iussa (Ioh.5.37 aur b c d f ff²
j 1 q r¹ e: *qui me misit Pater* || a: *quia m. me P.;* ὁ πέμψας με Πατήρ), !!
2.673 *nec speciem propriam concessit visere vobis* (Ioh.5.37 a aur c d: *ne-
que speciem eius vidistis* || b f ff² j q r¹ e: *n. figuram* [f: ex *figura*] *e. v.,*
1: *n. figiem e. v.;* οὔτε εἶδος αὐτοῦ ἑωράκατε), !! 2.673 *nec speciem propriam concessit visere vobis* (Ioh.5.37 a b c d f f ff² j 1 q r¹ e: *neque figuram
eius vidistis* || aur: *n. f. e. audistis;* οὔτε εἶδος αὐτοῦ ἑωράκατε), !! 2.674
nec (Ioh.5.38 e: *neque* || a aur b c d f ff² j 1 q r¹: *et...non;* καὶ...οὐκ), !!
2.675 *quoniam* (Ioh.5.38 b d j r¹: *quoniam* || a aur c ff² 1 q: *quia,* e: *enim;*
ὅτι), !! 2.676f. *lectio... / perpetuam cunctis vitam quam ferre putatis* (Ioh.
5.39 a aur ff² q e Cypr.: *scripturas, in quibus vos putatis vitam aeternam*

habere, [Zusatz nach 5.39:] b: *in quibus p. vos v. ae. h.* [so auch a ff²] ||
c d f j l r¹: *s., quoniam vos p. in ipsis v. ae. h.* [so auch b]; τὰς γραφάς,
ἐν αἷς ὑμεῖς δοκεῖτε ζωὴν ἔχειν / τ. γ., ὅτι ὑ. δ. ἐν αὐταῖς ζ. αἰώνιον ἔ.),
!! 2.677 *putatis* (Ioh.5.39 aur c d f l q r¹ e Cypr.: *putatis,* [mit Zusatz nach
5.39:] a: *existimatis...putatis,* [mit Zusatz nach 5.39:] b ff²: *putatis...putatis*
|| j: *existimatis;* δοκεῖτε), !! 2.678 *haec etiam nostrum* <u>testatur</u> *lectio donum*
(Ioh.5.39 d: *testantur* (sc. *scripturae*) || q: *testificantur,* aur b c f ff² j l r¹:
testimonium perhibent [ff²: *perhibet*], a: *t. dicunt,* e Cypr.: *testimonio sunt;*
εἰσιν αἱ μαρτυροῦσαι περὶ ἐμοῦ; Nestler 14), !! <u>2.682</u> *namque* (Ioh.5.43 q
e: *enim* || a aur b c d f ff² j l r¹ Cypr.: -; codd. Graec.: δέ / -), !! 2.683 *ve-*
niet sed decolor <u>alter</u> (Ioh.5.43 a: *si alter venerit* || aur b c d f ff² j l q r¹
e: *si alius v.;* ἐὰν ἄλλος ἔλθῃ), !! 2.685 *alternae in vobis captatur* <u>gloria</u>
famae (Ioh.5.44 aur c: *qui gloriam ab invicem accipitis,* a d f *ff²* j l q e: *glo-*
riam ab i. accipientes || b r¹: *q. honorem ab i. accipitis;* δόξαν παρὰ ἀλ-
λήλων λαμβάνοντες), !! 2.685 *alternae in vobis* <u>captatur</u> *gloria famae* (Ioh.
5.44 aur *b c* r¹: *qui gloriam ab invicem accipitis,* a d f j l q e: *g. ab i. acci-*
pientes [vgl. jedoch 5.44b: a aur b c d f ff² j q r¹: *quaeritis,* l e: *quaeren-*
tes] || ff²: *g. ab i. quaerentes;* δόξαν παρὰ ἀλλήλων λαμβάνοντες), !!
2.690 *enim...si* (Ioh.5.46 a aur b c d f ff² l q e Cypr.: *si enim* || j: *quod si;*
εἰ γάρ), !! <u>4.310</u> *nam* (Ioh.11.5 a aur: *enim* || b c d f l e: *autem,* ff² r¹: -;
δέ), !! 4.311f. *obsequio cuius* (sc. *mulieris*) *fratremque domumque meren-*
tem/ amplexus pleno Christus retinebat <u>amore</u> (Ioh.11.5 a d e: *amabat au-*
tem Iesus Martham et...Lazarum || *aur* b c f ff² l r¹: *diligebat a. I. M....et*
L.; D: ἐφίλει δὲ ὁ Ἰησοῦς τὴν Μάρθαν...καὶ τὸν Λάζαρον / ἠγάπα δὲ ὁ
Ἰ. τ. Μ....καὶ τ. Λ.; im Apparat von Nestle-Aland werden a und e zusam-
men mit D erwähnt), 4.316 *sed* (Ioh.11.4 aur c d f: *autem* || a b ff² l r¹ e:
-; δέ), 4.316f. *sed Christus amaris/ percussus verbis* (Ioh.11.4 b c ff² l:
audivit...et, aur d f r¹: *audiens,* a: *cum audisset* || e: -; ἀκούσας), 4.316f.
amaris/ percussus verbis (part.coni.) (Ioh.11.4 aur d f r¹: *audiens* || b c ff²
l: *audivit...et,* a: *cum audisset,* e: -; ἀκούσας), !! 4.319 *sed Deus ut digno*
iustis celebretur <u>honore</u> (cf. Ioh.11.4 l: *ut honorificetur Filius Dei per ip-*
sum || b c *ff²*: *ut clarificetur F. D. p. i.,* aur *d f*: *ut glorificetur F. D. p. i.,*
a e: *ut magnificetur F. D. in illo;* [var.] ἵνα δοξασθῇ ὁ Υἱὸς τοῦ Θεοῦ δι᾽
αὐτῆς; eigentlich bezieht sich die zitierte Vershälfte von Ioh.11.4 auf den
Sohn, während Iuvenc.4.319 dem Vater gilt), !! 4.325 *quod* (Ioh.11.13 a b
j e: *quod* || d r¹: *quoniam,* aur c f ff² l: *quia;* ὅτι), !! <u>4.327</u> *sed* (Ioh.11.15
b: *set* || a aur c d f ff² l p r¹ e: *et;* καί), !! <u>4.336f.</u> <u>convenere</u> *illuc solacia*
debita dantes/ Iudaeae gentis proceres carique propinqui (Ioh.11.19 f: *con-*
venerant || a b c d ff² l e: *venerant,* aur p r¹: *venerunt;* ἐληλύθεισαν), !! 4.
336f. *convenere illuc solacia debita dantes/* <u>Iudaeae</u> *gentis proceres* (Ioh.
11.19 a aur b c f ff² l p r¹ e: *multi autem ex Iudaeis venerant* || d: *m. a. de*

Hierosolymis v.; πολλοὶ δὲ ἐκ τῶν 'Ιουδαίων ἐληλύθεισαν / D: π. δὲ ἐ. τ.
'Ιεροσολύμων ἐ.), 4.338 *sed* (Ioh.11.20 ff² j: *autem* || a aur b c d f l π e:
ergo, p r¹: *igitur; οὖν*), !! 4.338 *sed Martha audito Christum venisse* cucur-
rit/ *obvia* (Ioh.11.20 a aur *b c d* f ff² π e: *occurrit illi* || j p r¹: *obviam ve-
nit ei*, d: *obiabit ei; ὑπήντησεν αὐτῷ*), !! 4.339 *obvia* (Ioh.11.20 j p r¹: *ob-
viam venit* || d: *obiabit*, a aur b c d f ff² π e: *occurrit; ὑπήντησεν*), !! 4.342
nam quidquid poscis, *certum est tibi posse venire* (Ioh.11.22 f: *poposce-
ris* || a aur b c d ff² j l p r¹ e: *petieris; αἰτήσῃ* / αἰτήσῃς), !! 4.345 *Lazarus
haec vitae recidiva in lumina* surget (Ioh.11.23 l r¹: *surget* || b c d f ff² j p
e: *resurget*, aur: *resurgit*, a: *re...t; ἀναστήσεται*), !! 4.349 *en ego sum clarae vobis reparatio* vitae (Ioh.11.25 aur b c d f ff² p r¹ e: *ego sum resurrec-
tio et vita* || l Cypr.: *e. s. r.*, a: *ego; ἐγώ εἰμι ἡ ἀνάστασις καὶ ἡ ζωή* / ἐ.
ε. ἡ ἀ.), 4.352 *quicumque* (Ioh.11.26 a aur b c d f ff² l r¹ e Cypr.: *omnis,
qui* || p: *qui; πᾶς ὁ*), 4.353 non umquam *continget limina mortis* (Ioh.11.
26 a aur b c d f ff² l π r¹ e Cypr.: *non morietur in aeternum* || p: *n. m.; οὐ
μὴ ἀποθάνῃ εἰς τὸν αἰῶνα*), !! 4.356f. *sublimis veneranda Dei quod venerit
in te*/ *caelestis Suboles celso sub nomine* Christi (Ioh.11.27 a *aur b c d f ff²
l r¹: quod tu es Christus, Filius Dei, qui in hunc mundum venisti* || p: *quon-
iam tu es, F. D., q. nunc m. v.; ὅτι σὺ εἶ ὁ Χριστὸς ὁ Υἱὸς τοῦ Θεοῦ ὁ εἰς
τὸν κόσμον ἐρχόμενος*), !! 4.359 *sanctum* venisse *magistrum* (Ioh.11.28 a d
l p e: *magister venit* || aur b c f: *m. adest*, ff²: *m. ades; ὁ διδάσκαλος πάρ-
εστιν*), 4.360f. *et pariter luctu oppressam vocitare sororem/ admonuit* tacito
designans omnia nutu (Ioh.11.28 a aur b c *d* ff² l p r¹ e: *et vocavit Mariam
sororem suam silentio dicens* || f: *et v. M. s. s. occulte;* D: *καὶ ἐφώνησεν
Μαριὰμ τὴν ἀδελφὴν αὐτῆς σιωπῇ εἰποῦσα* / [var.] κ. ἐ. Μ. τ. ἀ. α. λά-
θρᾳ ε.), 4.363f. *Solymorum turba.../* credentum (Ioh.11.31 d: *Iudaei. ...pu-
tabant enim* || a aur b c f ff² l p r¹ e: *I....dicentes; οἱ...'Ιουδαῖοι...δόξαν-
τες* / οἱ 'Ι. δοξάζοντες / οἱ...'Ι....λεγόντες), !! 4.363f. *Solymorum turba
.../* credentum, *tumulo* fletus *inferre sorores* (Ioh.11.31 b: *dicentes: quia va-
dit ad monumentum, ut fleat ibi* || a aur c *d* f ff² l p r¹ e: *d., q. v. ad m., ut
ploret* [d: *ploraret*] *i.;* [var.] δοξάντες ὅτι ὑπάγει εἰς τὸ μνημεῖον ἵνα κλαύ-
σῃ ἐκεῖ), 4.365 *postquam conspexit Iesum* (Ioh.11.32 e: *ut vidit* || a b ff²:
et vidit, l: *et videt*, r¹: *et vidisset*, p: *et vid...*, aur d f: *videns*, c: *venit; καὶ
ἰδοῦσα* / ἰδοῦσα), 4.365 *Iesum* (Ioh.11.32 aur b c f ff² l r¹: *eum*, a e: *il-
lum* || d: - [doch unmittelbar vorangehend haben sämtliche codd. *ubi erat
Iesus*]; αὐτόν), !! 4.366 *procidit* (Ioh.11.32 f r¹: *procidit*, p: *procedit* || a
aur b c d ff² j: *cecidit*, e: *caecidit; ἔπεσεν*), !! 4.366 *rumpitque...hanc vo-
cem* (Ioh.11.32 aur b c ff² j e: *et dixit ei* || a d f r¹: *dicens*, p: -; λέγουσα),
4.369 fletibus *his Christus socians de corde dolorem* (Ioh.11.33 *a* b j p r¹ e:
ut vidit eam flentem, ...infremuit || aur c d f ff² l: *ut v. e. plorantem, ...i.;*
[var.] 'Ιησοῦς οὖν ὡς εἶδεν αὐτὴν κλαίουσαν..., ἐνεβριμήσατο τῷ πνεύμα-

τι), <u>4.374</u> *Sanctus* (Ioh.11.39 π: *Dominus Iesus* || a aur b c d f ff² l p r' e: *Iesus* (doch vgl. nachfolgend *Domine* in sämtlichen codd.); 'Ιησοῦς [doch vgl. nachfolgend breit überliefertes Κύριε]), !! 4.378f. *corpus...*/ *fetorem miserum liquefactis reddere membris* (Ioh.11.39 a aur b c f ff² l π e: *iam fetet* || d: i. *putet*, p: i. *pudit*; ἤδη ὄζει), !! 4.382 *sed* <u>gloria</u> *summi/ iam Genitoris adest* (Ioh.11.40 aur b c d f l p π r' e: *videbis gloriam Dei* || ff²: *v. claritatem D.*, a: *v. maiestatem D.;* ὄψῃ τὴν δόξαν τοῦ Θεοῦ), !! 4.384 *saxumque inmane* <u>revulsis</u>/ *obicibus patuit* (Ioh.11.41 e: *et ut revolverunt lapidem* || *a* aur b c d f ff² l π: *tulerunt ergo l.*, p r': *sustulerunt ergo l.;* ἦραν οὖν τὸν λίθον), <u>4.385</u> *virtus* (Ioh.11.41 π: *Dominus Iesus* || a aur b c d f ff² l p r' e: *Iesus;* ὁ...'Ιησοῦς), !! 4.385f. *virtus mox conscia* <u>caelum</u>/ *suspicit*[445] (Ioh.11.41 b c f π: *levavit oculos suos in caelum,* a: *adlevatis oculis sursum ad cae...* || aur d ff² l p r': *levavit oculos suos s.*, e: *adlevabit o. s.;* ἦρεν τοὺς ὀφθαλμοὺς αὐτοῦ εἰς τὸν οὐρανόν / [var.] ὁ δὲ 'I. ἦ. τ. ὀ. ἄνω), 4.386 *suspicit* (finites Verb) (Ioh.11.41 b c ff² l π: *levavit oculos suos, f* p r': *elevavit o. s.*, d: *tulit o. s.*, e: *adlevabit o. s.* || a: *adlevatis oculis sursum ad cae...*, aur: *elevatis s. o.;* ἦρεν τοὺς ὀφθαλμούς), !! 4.386 *et* (Ioh.11.41 b c d f ff² l p r' e: *et* || a aur π: -; καί; bei a und aur ergibt sich der Wegfall des *et* schon aus der anderen Konstruktion), !! 4.388 *me placidus semper venerandis auribus* <u>audis</u> (Ioh.11.42 a aur b c ff² p π r' e: *audis,* d: *audiebas* || f: *exaudis;* ἀκούεις), !! 4.389 *sed* <u>populus</u> *praesens me missum credere discat* (Ioh.11.42 d f: *sed propter populum, qui circumstat, dixit, ut credant* || a aur *b* c ff² *l* p π *r'* e: *s. p. turbam circumstantem dixi, ut c.;* ἀλλὰ διὰ τὸν ὄχλον τὸν περιεστῶτα εἶπον, ἵνα πιστεύσωσιν), 4.389 *praesens* (Ioh.11.42 a aur c f ff² π e: *circumstantem* || b *d* p r': *quae circumstat,* l: *qui circum me stat;* τὸν περιεστῶτα), <u>4.390</u> *haec* <u>ubi</u> *dicta dedit* (Ioh.11.43 aur b c d f ff² l p π r': *cum haec dixisset* || a: *haec dicens,* e: *his dictis;* ταῦτα εἰπών), !! 4.390f. *tumuli mox limine in ipso/ restitit adverso conplens cava saxa* <u>clamore</u> (Ioh.11.43 aur b c d f *ff²* l π: *voce magna clamavit* || a p r': *voce magna exclamavit,* e: *vocavit v. m.;* φωνῇ μεγάλῃ ἐκραύγασεν), !! <u>4.393</u> *en animam tuque ipse foras te* <u>prome</u> *sepulchro* (Ioh. 11.43 b p r': *Lazare, prodi foras* || a aur c d f ff² l π e: *L., veni f.;* Λάζαρε, δεῦρο ἔξω), <u>4.394f.</u> <u>nec mora</u> *conexis manibus pedibusque* <u>repente</u>/ *procedit tumulo* (Ioh.11.44 aur f: *et prodiit statim, qui fuerat mortuus ligatis pedibus et manibus institis, d* p r': *et confestim e., q. m. e., l. p. et m. i.* || a b c ff² l π e: *et exiit ille m. l. p. et m. i.;* D: καὶ εὐθὺς ἐξῆλθεν ὁ τεθνηκὼς δεδεμένος τοὺς πόδας καὶ τὰς χεῖρας κειρίαις / καὶ ἐ. ὁ τ. δ. τ. π. κ. τ. χ. κ. / ἐ. ὁ τ. δ. τ. π. κ. τ. χ. κ.), 4.394 *conexis* (Ioh.11.44 aur p: *liga-*

---

[445] Huemer setzt versehentlich *suscipit* in den Text. Der Fehler wird übernommen von Wacht, Konkordanz 306.

tis, b c d f ff² l π r¹: *ligatus*, a: *alligatus* | | e: -; δεδεμένος), !! 4.395 procedit tumulo (Ioh.11.44 aur: *prodiit* | | a b c f ff² π r¹: *exiit*, d l e: *exivit;* ἐξῆλθεν), 4.395 tumulo (Ioh.11.44 c: *monumento* | | a aur b d f ff² l p π r¹ e: -; codd. Graec.: -), !! 4.396 *et totum gracilis conectit fascia corpus* (Ioh. 11.44 p r¹: *ligatus pedibus et manibus fasceis* | | a aur b c d f ff² l π e: l. pedes et manus institis; δεδεμένος τοὺς πόδας καὶ τὰς χεῖρας κειρίαις; *fasceis* in der Bibel bezieht sich auf Hände und Füße, *fascia* bei Juvencus auf den ganzen Körper [cf. 44.b], in bezug auf welchen in der Bibel *sudario* zu lesen ist [44.b]), !! 4.397 *tum solvi iussit laetumque ad tecta remittit* (Ioh.11. 44 d: *dimittite, ut vadat*, r¹: *dimittite ire* | | a aur b c f ff² l e: *sinite i.;* ἄφετε αὐτὸν ὑπάγειν / ἄφετε ὑπάγειν), !! 4.398 *Iudaei postquam factum venerabile cernunt* (Ioh.11.45 e: *et viderunt, quod est factum* | | a aur b c d f ff² l π r¹: et v., quae fecit; [var.] καὶ θεασάμενοι ἃ ἐποίησεν / [var.] κ. θ. ὅσα ἐποίησεν), 4.399 *qui tanti Mariam fuerant Marthamque secuti* (Ioh.11.45 a aur b c d f ff² π r¹ e: *qui venerant ad Mariam* | | l: -; [var.] οἱ ἐλθόντες πρὸς τὴν Μαριάμ), !! 4.399 *qui* (Ioh.11.45 a b c d f ff² π r¹ e: *qui* | | aur: quia, l: -; οἱ).

E. Literatur[*]

Bibelausgaben, Überlieferungsgeschichte (chronologisch)

(Hebräische Texte:)

K.Elliger und W.Rudolph, Biblia Hebraica Stuttgartensia, Stuttgart 1977

(Griechische Texte:)

A.Rahlfs, Septuaginta. Id est Vetus Testamentum graece iuxta LXX interpretes, Stuttgart 1935 (Nachdr. 1979)

E. u. E.Nestle, K.Aland u.a., Novum Testamentum Graece et Latine, post Eberhard et Erwin Nestle communiter ed. K.Aland, M.Black, C.M.Martini, B.M.Metzger, A.Wikgren, textus Latinus Novae Vulgatae Bibliorum Sacrorum editioni debetur, Stuttgart 1984, utriusque textus apparatum recensuerunt et editionem novis curibus elaboraverunt K.Aland et B.Aland 1991

(Vetus Latina:)

P.Sabatier, Bibliorum sacrorum Latinae versiones antiquae seu vetus Italica, 3 Bde., Reims 1743 (sämtliche altateinischen Bibeltexte mit Ausnahme der Evangelien werden nach dem bei Sabatier abgedruckten Haupttext zitiert, wenn nicht anders angegeben)

F.H.Scrivener, Bezae Codex Cantabrigiensis, Cambridge/London 1864

E.Ranke, Par palimpsestorum Wirceburgensium. Antiquissimae veteris testamenti versionis Latinae Fragmenta, Wien 1871

U.Robert, Pentateuchi versio latina antiquissima e codice Lugdunensi, Paris 1881

L.Ziegler, Bruchstücke einer vorhieronymianischen Übersetzung des Pentateuch aus einem Palimpseste der königlichen Hof- und Staatsbibliothek zu München, München 1883

J.Rendel Harris, A Study of Codex Bezae (= Texts and Studies II), Cambridge 1893

---

[*] Das Verzeichnis enthält in der Regel nur die Werke, die in der vorliegenden Arbeit mehrfach genannt werden, während die bibliographischen Angaben zu den nur einmal genannten Werken in der Arbeit selbst gegeben werden (mit Ausnahme der Kommentare). Es erschien sinnvoll, dem Leser in einem separaten Abschnitt einen Überblick über die patristische Spezialliteratur zu Ioh.3 und 4 zu verschaffen, auch wenn auf einige Werke in dieser Arbeit nicht direkt Bezug genommen wird. Daneben sind vereinzelt Werke aufgenommen, die in der Arbeit zwar nicht unmittelbar genannt werden, deren Kenntnis aber im Hinblick auf die behandelten Sachverhalte im weiteren Rahmen nützlich sein könnte (etwa die Samariabücher von Zangenberg oder Juvencusaufsätze aus neuester Zeit).

H.von Soden, Das lateinische Neue Testament in Afrika zur Zeit Cyprians (= Texte und Untersuchungen zur Geschichte der altchristlichen Literatur, Bd.33), Leipzig 1909 (die Afra wird in dieser Arbeit nach Jülicher/Matzkow/Aland zitiert)

A.Gasquet, Codex Vercellensis (= Collectanea Biblica Latina, Vol.III), Rom 1914

Vetus Latina. Die Reste der altlateinischen Bibel. Nach Petrus Sabatier neu gesammelt und herausgegeben von der Erzabtei Beuron, 1951ff.

Jülicher/Matzkow/Aland = A.Jülicher, Itala. Das Neue Testament in altlateinischer Überlieferung. Durchgesehen und zum Druck besorgt von W.Matzkow und K.Aland, Berlin/New York: Matth. (1972²), Marc. (1970²), Luc. (1976²), Ioh. (1963) (Itala und Afra der Evangelien werden nach dieser Ausgabe entsprechend der jeweiligen Hauptzeile zitiert, wenn nicht anders angegeben)

B.Fischer, Beiträge = Beiträge zur Geschichte der lateinischen Bibeltexte (= Vetus Latina. Aus der Geschichte der lateinischen Bibel, Bd.12), Freiburg 1986, 156/207

R.Gryson, Altlateinische Handschriften (= Vetus Latina 1/2A), Freiburg 1999 (S.17/73 enthalten gebündelte Informationen und Literaturangaben zu den Handschriften der Evangelien)

Ph.Burton, The Old Latin Gospels. A Study of their Texts and Language, Oxford 2000

(Vulgata:)

R.Weber u.a., Biblia Sacra. Iuxta Vulgatam Versionem, adiuv. B.Fischer, J.Gribomont, H.F.D.Sparks, W.Thiele. Stuttgart 1983³

Juvencusausgaben, -kommentare, -übersetzungen, -lexika, Überlieferungsgeschichte (chronologisch)

Th.Poelmann, Juvenci Hispani evangelicae historiae libri, Coelii Sedulii..., Basel 1537

P.Tamisier, La sacrée poésie et histoire évangélique de Juvencus, ancien poète chrétien, mise du latin en vers françois, avec sommaires sur chacun chapitre, Lyon 1591 (mir nicht zugänglich)

E.Reusch, C.Vetti Aquilini Iuvenci Hispani presbyteri, historiae evangelicae libri IIII, cum notis integris Georgii Matthei Koenigii, Magni Danielis Omeisii, et Christiani Schoettgenii; itemque Iodoci Badii Ascensii, Georgii Fabricii, aliorumque selectioribus, Frankfurt/Leipzig 1710 (die Noten von Koenig, Omeis und Schoettgen werden in dieser Arbeit allein aus dem Kommentar von Reusch zitiert)

F.Arevalo, C.Vetti Aquilini Iuvenci presbyteri Hispani historiae evangelicae libri IV (= PL 19), Rom 1792 (mit Kommentar)

K.Marold, C.Vetti Aquilini Iuvenci libri evangeliorum IIII, Leipzig 1866

J.Huemer, Gai Vetti Aquilini Iuvenci evangeliorum libri quattuor (= CSEL 24), Prag/Wien/Leipzig 1891 (mit Prolegomena und Index)

A.Knappitsch, Gai Vetti Aquilini Iuvenci evangeliorum libri quattuor. In serm. Germ. transt., Programm Graz 1910/3 (mit Kommentar)

H.H.Kievits, Ad Iuvenci evangeliorum librum primum commentarius exegeticus, Diss. Groningen 1940

J.de Wit, Ad Iuvenci evangeliorum librum secundum commentarius exegeticus, Diss. Groningen 1947

M.Wacht, Concordantia in Iuvenci Evangeliorum libros, Hildesheim/Zürich/New York 1990

D.Ertmer, Studien zur althochdeutschen und altsächsischen Juvencusglossierung (= Studien zum Althochdeutschen, Bd.26), Göttingen 1994 (mit ausführlichen Beschreibungen einiger Juvencushandschriften)

G.Le Duc, Les signs de construction syntaxique du Ms. Laon 101, in: Mélanges François Kerluégan. Édités par D.Conso, N.Fick et B.Poulle, Paris 1994, 341/61

M.Castillo Bejarano, Juvenco: introducción, traducción y notas (= Biblioteca Clásica Gredos, Vol.249), Madrid 1998

M.Bauer, Philologischer Kommentar zum dritten Buch der *Evangeliorum Libri* des Juvencus, Diss. Wien 1999

H.McKee, The Cambridge Juvencus Manuscript. Glossed in Latin, Old Welsh, and Old Irish. Text and Commentary, Aberystwyth 2000 (von mir nicht eingesehen)

Weitere Literatur zu Juvencus

E.Borrell Vidal, Las palabras de Virgilio en Juvenco (= Aurea Saecula 6), Barcelona 1991 (nur zum ersten Buch des Juvencus)

L.Braun u. A.Engel, ‚Quellenwechsel' im Bibelepos des Iuvencus, Zeitschrift für Antikes Christentum 2.1998.123/38

G.Campagnuolo, Caratteri e tecniche della parafrasi di Giovenco, Vetera Christianorum 30. 1993.47/84 (65f. zu 2.248/52; 75f. zu 2.311/20)

R.W.Carruba, The Preface to Juvencus' Biblical Epic: A Structural Study, American Journal of Philology 114.1993.303/12

C.Castro Jimenez u. M.Melle, Sobre el estilo de Juvenco, Cuadernos de Filologia clásica 22.1989.133/48

E.Colombi, Paene ad verbum: *gli* Evangeliorum libri *di Giovenco tra parafrasi e commento*, Cassiodorus 3.1997.9/36 (29f. zu 2.286/8)

S.Costanza, Da Giovenco a Sedulio. I proemi degli "Evangeliorum libri" e del "Carmen Paschale", Civiltà classica e cristiana 6.1985.253/86

P.-A.Deproost, La résurrection de Lazare dans le poéme évangélique de Juvencus (IV, 306-402), Revue belge de philologie et d'histoire, Brüssel 78.2000.129/45

M.Donnini, L'alliterazione e l'omoteleuto in Giovenco, Annali della Facoltà di Lettere e Filosofia (Università di Perugia) 12.1974/5.128/59

M.Donnini, Espressività = Un aspetto della espressività di Giovenco, Vichiana 2.1973.54/67

R.Fichtner, Juvencus. Taufe und Versuchung Jesu (= Beiträge zur Altertumskunde, Bd.50), Stuttgart/Leipzig 1994 (Kommentar zu 1.346/408)

M.Flieger, Interpretationen zum Bibeldichter Juvencus, Stuttgart 1993 (= Beiträge zur Altertumskunde, Bd.40) (Kommentar zu 4.478/565)

484 Literatur

P.Flury, Zur Dichtersprache des Juvencus, in: Lemmata. Donum natalicium. Guilelmo Ehlers sexagenario a sodalibus Thesauri Linguae Latinae oblatum, München 1968, 38/47

P.Flury, Das sechste Gedicht des Paulinus von Nola, Vigiliae Christianae 27.1973.129/45

J.Fontaine, Naissance = Naissance de la poésie dans l'occident chrétien. Esquisse d'une histoire de la poésie latine chrétienne du III⁰ au VI⁰ siècle, Paris 1981 (67/80 zu Juvencus)

J.Fontaine, Dominus lucis = "Dominus lucis": un titre singulier du Christ dans le dernier vers de Juvencus, in: Mémorial André-Jean Festugière. Antiquité païenne et chrétienne. Vingt-cinq études réunies et publiées par E.Lucchesi et H.D.Saffrey (= Cahiers d' orientalisme X), Genève 1984, 131/41

Ch.Gnilka, "Palestra" bei Prudentius, Illinois Classical Studies 14.1989.365/82 (= Prudentiana I 167/86) (zu Juvencus - bes. Verse 2.445ff - siehe 375/82)

Ch.Gnilka, Über einige unechte Verse im Juvencustext, Wiener Studien 114.2001.501/17 (= Festschrift Primmer) (über die interpolierten Verse ˙1.325, ˙522, ˙523, ˙524, ˙544)

Ch.Gnilka, Seesturm = Der Seesturm beim echten und unechten Juvencus, Würzburger Jahrbücher für die Altertumswissenschaft N.F. 25.2001.213/27

N.Hansson, Textkritisches zu Juvencus. Mit vollständigem Index Verborum, Lund 1950

J.T.Hatfield, A study of Juvencus. Diss. Baltimore, Bonn 1890

F.Hérnandez-González, La sustitución de hypocrit, hypocrisis y angelus en la paráfrasis de Juvenco, in: Sojo Redriguez (Hrsg.), Latinitas biblica et christiana. Studia philologica varia in honorem Olegario Garcia de la Fuente, Madrid 1994, 266/72

R.Herzog, Exegese = Exegese - Erbauung - Delectatio. Beiträge zu einer christlichen Poetik der Spätantike, in: R.Herzog, Spätantike. Studien zur römischen und lateinisch-christlichen Literatur, hrsg. von P.Habermehl (= Hypomnemata, Supplement-Reihe, Bd.3), Göttingen 2002, 155/77 (der Aufsatz erschien zuerst in: Formen und Funktionen der Allegorie. Symposion Wolfenbüttel 1978, hrsg. von W.Haug, Stuttgart 1979, 52/69) (166/9 zum Weinwunder bei Juvencus)

R.Herzog, C.Vettius Aquilinus Iuvencus, in: Handbuch der Altertumswissenschaft VIII.5 (1989), 331/6

J.Huemer, Beiträge = Kritische Beiträge zur *historia evangelica* des Juvencus I, Wiener Studien 2.1880.81/112

O.Korn, Beiträge zur Kritik der historia evangelica des Juvencus. I. Die Handschriften der historia evangelica des Juvencus in Danzig, Wolfenbüttel und Rom, Programm Danzig 1870

M.Manitius, Zu Juvencus und Prudentius, Rheinisches Museum N.F. 45.1890.485/91

K.Marold, Evangelienbuch = Über das Evangelienbuch des Juvencus in seinem Verhältnis zum Bibeltext, Zeitschrift für wissenschaftliche Theologie 33.1890.329/41

K.Marold, Rez. Huemer, Berliner Philologische Wochenschrift 12.1892.843/7

F.Murru, Analisi semiologica e strutturale della praefatio agli Evangeliorum libri di Giovenco, Wiener Studien 93.1980.133/51

H.Nestler, Studien über die Messiade des Juvencus. Progr. Passau 1910 (= Diss. München 1910)

I.Opelt, Die Szenerie bei Iuvencus. Ein Kapitel historischer Geographie, Vigiliae Christianae 29.1975.191/207 (= Paradeigmata Poetica Christiana. Untersuchungen zur christlichen lateinischen Dichtung, Düsseldorf 1988, 49/62)

A.P.Orbán, Versifikation = Die Versifikation von Lk 1,5-80 in den Evangeliorum libri quattuor des Juvencus. Eine Analyse von Juvenc.I 1-132, Zeitschrift für die Neutestamentliche Wissenschaft 83.1992.224/44

A.P.Orbán, Bibelexeget = Juvencus als Bibelexeget und als Zeuge der "Afrikanischen" Vetus-Latina-Tradition. Untersuchungen der Bergpredigt (Mt.5,1-48) in der Vetus Latina und in der Versifikation des Juvencus (I 452-572), Vigiliae Christianae 49.1995.334/52

R.Palla, *Aeterna in saecula*. Giovenco, *praefatio* 17, Studi Classici e Orientali, 26.1977. 277/82

M.Petschenig, Latinität = Zur Latinität des Juvencus, Archiv für Lateinische Lexikographie und Grammatik 6.1889.267f.

M.Petschenig, Rez. Huemer (Juvencusedition) Berliner Philologische Wochenschrift 11. 1891.137/44

J-M.Poinsotte, Juvencus et Israel. La représentation des Juifs dans le premier poème latin chrétien (= Publications de l'Université de Rouen 57), Paris 1979

F.Quadlbauer, Zur Invocatio des Iuvencus (praef.25-27), Grazer Beiträge 2.1974.189/212

Ch.Ratkowitsch, Vergils Seesturm bei Iuvencus und Sedulius, Jahrbuch für Antike und Christentum 29.1986.40/58

Ch.Ratkowitsch, Rez. C.P.E.Springer, The Gospel as Epic in Late Antiquity, Leiden u.a. 1988, in: Jahrbuch für Antike und Christentum 32.1989.197/203

S.J.Rollins, The Parables in Juvencus' Evangeliorum libri IV, Diss. Liverpool 1984

W.Röttger, Studien zur Lichtmotivik des Juvencus (= Jahrbuch für Antike und Christentum, Ergbd.24), Münster 1996

J.Schicho, C.Vettius Aquilinus Iuvencus. Untersuchungen zur poetischen Kunst des ersten christlichen Epikers, Diss. Graz 1985

G.Simonetti Abbolito, Osservazioni = Osservazioni su alcuni procedimenti compositivi della tecnica parafrastica di Giovenco, Orpheus N.S. 6.1985.304/24

G.Simonetti Abbolito, Termini = I termini "tecnici" nella parafrasi di Giovenco, Orpheus N.S. 7.1986.53/84

K.Smolak, Die Bibel als Dichtung, Litterae Latinae 33.1978/9.17/32 (18/20 Kommentar zum Prooem)

L.Strzelecki, Studia prosodiaca et metrica, darin: II De synaloephae apud Iuvencum usu (p.14/40), Krakau 1949

J.Šubrt, Jesus and Aeneas. The Epic Mutation of the Gospel Story in the Paraphrase of Juvencus, Listy filologické 116.1993.10/7

K.Thraede, Anfangsverse = Die Anfangsverse der Evangeliendichtung des Juvencus, in: Philanthropia kai Eusebeia. Festschrift für Albrecht Dihle zum 70. Geburtstag, hrsg. v. G.W.Most, H.Petersmann, A.M.Ritter, Göttingen 1993, 473/81

K.Thraede, Buchgrenzen = Buchgrenzen bei Juvencus, in: Chartulae. Festschrift für Wolfgang Speyer (= Jahrbuch für Antike und Christentum, Ergbd.28), Münster 1998, 285/94

K.Thraede, Iuvencus = Art. Iuvencus, Reallexikon für Antike und Christentum 19.881/906, Stuttgart 2000

K.Thraede, Zum Beginn der Täuferperikope beim Bibeldichter Juvencus, in: Hortus litterarum antiquarum. Festschr. für Hans Gärtner zum 70. Geburtstag, Heidelberg 2000, 537/46

K.Thraede, Juvencus: Der Übergang zur "Bergpredigt" des Matthäusevangeliums, in: Alvarium. Festschr. für Christian Gnilka (= Jahrbuch für Antike und Christentum, Ergbd.33), Münster 2002

P.G.van der Nat, Praefatio = Die Praefatio der Evangelienparaphrase des Iuvencus, in: Studia I.H. Waszink, Hrsg. W.Boer u.a., Amsterdam 1973, 249/57

Vivona, De Iuvenci poetae amplificationibus, Palermo 1913

H.Widmann, De Gaio Vettio Aquilino Iuvenco carminis evangelici poeta et Vergili imitatore, Breslau 1905

(für weitere Spezialliteratur zu Juvencus sei auf die Literaturangaben in Herzogs HdA-Artikel und besonders auf die ausführlichen Bibliographien in den Arbeiten von Flieger, Fichtner und Röttger verwiesen)

Sprachliche Nachschlagewerke und Abhandlungen

ALL = Archiv für lateinische Lexikographie und Grammatik, Bde.1/15, Leipzig, 1884/1908

ALMA = Archivum Latinitatis Medii Aevi, Brüssel 1924ff.

B.Axelson, Unpoetische Wörter. Ein Beitrag zur Kenntnis der lateinischen Dichtersprache (= Publications of New Society of Letters at Lund, Bd.29), Lund 1945

Bauer/Aland = W.Bauer, Griechisch-deutsches Wörterbuch zu den Schriften des Neuen Testaments und der frühchristlichen Literatur, hrsg. von Kurt Aland und Barbara Aland, Berlin/New York 1988[6]

Blaise/Chirat = A.Blaise, Dictionnaire Latin-Français des Auteurs Chrétiens. Revu spécialement pour le vocabulaire théologique par H.Chirat, Turnhout 1954 (Nachdr. 1993)

Blass/Debrunner/Rehkopf = F.Blass u. A.Debrunner, Grammatik des neutestamentlichen Griechisch. Bearbeitet von F.Rehkopf, Göttingen 1990[17]

R.Braun, Deus Christianorum. Recherches sur le vocabulaire doctrinal de Tertullien, Paris 1977[2]

F.Crusius, Römische Metrik. Eine Einführung. Neu bearbeitet von H.Rubenbauer, München 1967[8] (Nachdr. Hildesheim/Zürich New York 1984)

W.Gesenius, Hebräisches und Aramäisches Handwörterbuch über das Alte Testament, Berlin/Göttingen/Heidelberg 1962[17] (vgl. die überarbeitete Neuauflage, hrsg. von D.R.Meyer und H.Donner, 1987ff.)

W.Gesenius, Hebräische Grammatik, völlig umgearbeitet von E.Kautzsch, Leipzig 1909[28] (Nachdr. Darmstadt 1995)

J.B.Hofmann, LU = Lateinische Umgangssprache, Heidelberg 1978[4]

HSz = J.B.Hofmann u. A.Szantyr, Lateinische Syntax und Stilistik (= HdA II.2.2), München 1965 (verbesserter Nachdr. 1972)

KG = R.Kühner u. B.Gerth, Ausführliche Grammatik der griechischen Sprache, Zweiter Teil: Satzlehre, Hannover/Leipzig 1898³ (Bd.1) und 1904³ (Bd.2) (Nachdr. Hannover 1983)

G.Koffmane, Geschichte des Kirchenlateins, Breslau 1879/81 (Nachdr. Hildesheim 1966)

KS = R.Kühner u. C.Stegmann, Ausführliche Grammatik der lateinischen Sprache (2 Bde.), Darmstadt 1976³, hsrg. von Andreas Thierfelder (Nachdr. 1982)

M.Leumann, Lateinische Laut- und Formenlehre.- Neuausgabe der 1926/8 in 5.Aufl. erschienenen "Lateinischen Laut- und Formenlehre" (= HdA II.2.1), München 1977

Th.Lindner, Lateinische Komposita. Ein Glossar vornehmlich zum Wortschatz der Dichtersprache, Innsbruck 1996

Little/Scott/Jones = A Greek-English Lexicon. Compiled by H.G. Liddell and R.Scott. Revised and augmented by Sir H.S.Jones, Oxford 1940⁹ (Nachdr. mit Supplement 1968)

E.Löfstedt, Syntactica. Studien und Beiträge zur historischen Syntax des Lateins, Bd.I Lund 1956²; Bd.II Lund 1933

W.Matzkow, De vocabulis quibusdam Italae et Vulgatae Christianis, Diss. Berlin 1933

G.Maurach, Lateinische Dichtersprache, Darmstadt 1995

Ch.Mohrmann, Études sur le latin des Chrétiens, Rom Bd.I 1961², Bd.II 1961, Bd.III 1965, Bd.IV 1977

Neue/Wagener = F.Neue, Formenlehre der lateinischen Sprache (4.Bde), 3.Aufl. von C.Wagener, Leipzig/Berlin 1892/1902 (Nachdr. Hildesheim/Zürich/New York 1985)

D.Norberg, Syntaktische Forschungen auf dem Gebiete des Spätlateins und des frühen Mittelalters (= Uppsala Universitets Årsskrift 1943:9), Uppsala/Leipzig 1943 (Nachdr. Hildesheim/Zürich/New York 1990)

OLD = P.G.W. Glare u.a., Oxford Latin Dictionary, Oxford 1982 (Nachdr. 1985)

L.Quicherat, Thesaurus Poeticus Linguae Latinae (revue et corrigé par Émile Chatelain), Paris 1922 (Nachdr. Hildesheim 1967)

H.Rönsch, Itala und Vulgata, Marburg 1875² (Nachdr. Hildesheim 1979)

A.H.Salonius, Vitae Patrum. Kritische Untersuchungen über Text, Syntax und Wortschatz der spätlateinischen Vitae Patrum (B.III, V, VI, VII), Lund 1920

J.Schrijnen u. Ch.Mohrmann, Studien zur Syntax der Briefe des hl.Cyprian (Zwei Teile), Nimwegen 1936f.

O.Schumann, Hexameterlexikon, Lateinisches Hexameter-Lexikon (= Monumenta Germaniae Historica, Hilfsmittel 4), Bd.1-6, bearb. von D.Kottke, München 1979/89

W.Süss, Studien zur lateinischen Bibel I, in: Acta et commentationes universitatis Tartuensis B XXIX, Dorpat 1932/33

J.S.Svennung, Anredeformen. Vergleichende Forschungen zur indirekten Anrede in der dritten Person und zum Nominativ für den Vokativ (= Skrifter utgivna av Vetenskaps-Societeten i Lund, Bd.42), Lund 1958

Schwyzer/Debrunner = E.Schwyzer, Griechische Grammatik. Auf der Grundlage von K.Brugmanns griechischer Grammatik. Zweiter Band: Syntax und syntaktische Stilistik, vervollständigt und hrsg. von A.Debrunner (= HdA II.1.2), München 1975⁴

Thes. = Thesaurus Linguae Latinae, hrsg. von der Bayerischen Akademie der Wissenschaften u.a., Leipzig u.a. 1900ff.

Thesaurus Linguae Graecae CD ROM #D, The Packard Humanities Institute, Los Altos (Elektronische Datenbank)

Thesaurus Linguae Latinae CD ROM #5.3, The Packard Humanities Institute, Los Altos (Elektronische Datenbank)

J.Wackernagel, Vorlesungen über Syntax, Erste Reihe, Basel/Boston/Stuttgart 1981³; Zweite Reihe, Basel 1957²

M.Wellstein, Nova Verba Verba in Tertullians Schriften gegen die Häretiker aus montanistischer Zeit (= Beiträge zur Altertumskunde, Bd.127), Stuttgart/Leipzig 1999

Sonstige Nachschlagewerke

ThWNT = Theologisches Wörterbuch zum Neuen Testament, hrsg. von G.Kittel, Stuttgart 1933-1979 (Nachdr. Stuttgart/Berlin/Köln 1990)

RGG³ = Die Religion in Geschichte und Gegenwart. Handwörterbuch für Theologie und Religionswissenschaft, hrsg. von H. Frhr. von Campenhausen u.a., Tübingen 1957/65³ (Nachdr. Tübingen 1986) (vgl. RGG⁴, hrsg. von D.Betz, Tübingen 1998ff.)

LThK² = Lexikon für Theologie und Kirche, hrsg. von J.Höfer und K.Rahner, Freiburg 1957-1967² (vgl. LThK³, hrsg. von W.Kasper u.a., 1993/2002; die Kirchenväter sind in der 2.Auflage besser vertreten)

Neues Handbuch der Literaturwissenschaft, Bd.4 Spätantike, hrsg. von Lodewijk J. Engels, Heinz Hofmann u.a., Wiesbaden 1997

RAC = Reallexikon für Antike und Christentum, hrsg. von Th.Klauser u.a., Stuttgart 1941 (1950)ff.

TRE = Theologische Realenzyklopädie, hrsg. von G.Krause, Berlin 1977ff.

Theologisches Begriffslexikon zum Neuen Testament, hrsg. von L.Coenen, E.Beyreuther und H.Bietenhard, 1971⁹ (Nachdr. Budapest 1993)

Spezialabhandlungen zur patristischen Exegese von Ioh.3. und 4

Ioh.3: M.Mees, Das 3. Kapitel des Johannesevangeliums in frühchristlicher Sicht, Laurentianum 27.1986.121/137 (= Forschung zur Bibel, Bd.72, hrsg. von G.Scheuermann u. A.-P. Alkofer, Würzburg 1994, 207/19)

Ioh.3.8: J.Doignon, "L'Esprit souffle où il veut" (Jean III,8) dans la plus ancienne tradition patristique Latine, Revue des sciences philosophiques et théologiques 62.1978.345/58

Ioh.3.18: M.Durst, Michael, In medios iudicium est. Zu einem Aspekt der Vorstellung vom Weltgericht bei Hilarius von Poitiers und in der lateinischen Patristik, Jahrbuch für Antike und Christentum 30.1987.29/57

Ioh.4: E.Beck, Der syrische Diatessaronkommentar zu der Perikope am Jakobsbrunnen. Übersetzt und erklärt, Oriens Christianus 74.1990.1/24, bes. 16f., 23f.)

Ioh.4: B.Fischer, Der patristische Hintergrund der drei grossen johanneischen Taufperikopen von der Samariterin, der Heilung des Blindgeborenen und der Auferweckung des Lazarus am dritten, vierten und fünften Sonntag der Quadragesima, in: G.Farnedi (Hrsg.), I simboli dell'iniziazione cristiana (= Analecta liturgica 7), Rom 1983, 61/79, dort 67/73 zu Ioh.4

Ioh.4: H.Hunger, Das lebenspendende Wasser, Jahrbuch der österreichischen Byzantinistik 38.1988.125/57

Ioh.4: A.Link, "Was redest du mit ihr?" Eine Studie zur Exegese-, Redaktions- und Theologiegeschichte von Joh 4,1-42 (= Biblische Untersuchungen, Bd.24), Regensburg 1992 (Zusammenfassungen zu Herakleon, Origenes, Chrysostomos, Augustinus).

Ioh.4: M.Mees, Gespräch = Das Gespräch mit der Samariterin am Jakobsbrunnen, Jo 4,6-26, in frühchristlicher Sicht, Augustinianum 24.1984.367/84

Ioh.4: M.Mees, Die antihäretische Polemik des Epiphanius von Salamis und ihr Gebrauch von Joh.4, Augustinianum 22.1982.405/22 (= Forschung zur Bibel, Bd.72, hrsg. von G.Scheuermann u. Andreas-P. Alkofer, Würzburg 1994, 119/32)

Ioh.4: M.Pellegrino, La tipologia battesimale in San Massimo di Torino: L'incontro con la Samaritana e le nozze di Cana, Rivista di storia e letteratura religiosa 1.1965.260/8

Ioh.4: J.-M.Poffet, La méthode exégétique d'Héracléon et d'Origène commentateurs de Jn 4: Jésus, la Samaritaine et les Samaritains (= Paradosis 28), Freiburg (Schweiz) 1985

Ioh.4: S.Scalabrella, La Samaritana segno di riconciliazione. La lettura di Agostino, Studium 81.1985.789/97

Ioh.4: M.F.Wiles, The Spiritual Gospel. The Interpretation of the Fourth Gospel in the Early Church, Cambridge 1960, 45/9.

Ioh.4.20/4: M.Caprara, Nonno e gli Ebrei. Note a Par.IV.88-121, Studi Italiani di Filologia Classica 17.1999.195/215

Ioh.4.22: I.de la Potterie, "Nous adorons, nous, ce que nous connaissons, car le salut vient des Juifs". Histoire de l'exégèse et interprétation de Jn 4,22, Biblica 64.1983.74/115, bes. 77/84

Ioh.4.24: G.Lettieri, In spirito e/o verità da Origene a Tommaso d'Aquino, Annali di storia dell'esegesi 12/1.1995.49/83

Als dichterische Bearbeitungen von Ioh.4 sind neben den Abschnitten aus Juvencus und Nonnos zu nennen Ephraem Syrus hymn.de virginit.17, 18, 19, 22, 23, 34 (CSCO 223; dt. CSCO 224); Sedul.carm.pasch.4.222/32, Arator act.1.886/90(92), Roman.Melod.hymn.19 (SC 110.328/52; H.Hunger, Jahrbuch der österreichischen Byzantinistik 38.1988.142/57 [gr.-dt.]); Arator act.1.896/90; Severus Episcopus Malacitanus 8.1/3 (hrsg. von Bischoff/Schetter/Zwierlein, München 1994) (überliefert ist nur das Ende der Perikope); Homercento 29 (SC 437.322/7); Otfrid, Evangelienbuch 2.14; Evangelium Aegidii 595/618 (ed. P.E. Beichner, Publications in Mediaeval Studies, University of Notre Dame XIX Part II, 1965, p.550).

Weitere Literatur (ohne Kommentare)

G.Barth, Die Taufe in frühchristlicher Zeit (= Biblisch-Theologische Studien, Bd.4), Neukirchen-Vluyn 1981

V.Buchheit, Gerechtigkeit = Die Definition der Gerechtigkeit bei Lactanz und seinen Vorgängern, Vigiliae Christianae 33.1979.356/74

V.Buchheit, Non agnitione sed gratia (Cypr.Don.2), Hermes 115.1987.318/334

V.Buchheit, Non homini sed Deo (Cypr.Don.3-4), Hermes 117.1989.210/226

E.R.Crusius, Europäische Literatur und lateinisches Mittelalter, Bern/München 1984[10]

E.Dassmann, Sündenvergebung durch Taufe, Buße und Märtyrerfürbitte in den Zeugnissen frühchristlicher Frömmigkeit und Kunst (= Münsterische Beiträge zur Theologie, Heft 36), Münster 1973

P.-A.Deproost, L'apôtre Pierre = L'apôtre Pierre dans une épopée du VIe siècle. L'*Historia apostolica* d'Arator (= Collection des Études Augustiniennes. Série Antiquité, vol.126), Paris 1990

P.-A.Deproost, L'épopée biblique en langue latine. Essai de définition d'un genre littéraire, Latomus 56.1997.14/39

P.-A.Deproost, Ficta et facta = *Ficta et facta*. La condamnation du 'mensonge des poètes' dans la poésie latine chrétienne, Revue des Études Augustiniennes 44.1998.101/21

J.Dey, ΠΑΛΙΓΓΕΝΕΣΙΑ. Ein Beitrag zur Klärung der religionsgeschichtlichen Bedeutung von Tit.3.5 (= Neutestamentliche Abhandlungen, Bd.17.5), Münster 1937

F.J.Dölger, Sonne der Gerechtigkeit = Die Sonne der Gerechtigkeit und der Schwarze. Eine religionsgeschichtliche Studie zum Taufgelöbnis (= Liturgiegeschichtliche Forschungen, Bd.2), Münster 1918

F.J.Dölger, Sol salutis = Sol salutis. Gebet und Gesang im christlichen Altertum (= Liturgiegeschichtliche Forschungen, Bd.16/17), Münster 1972[3]

J.Ernst, Johannes der Täufer (= Beiheft zur Zeitschrift für die neutestamentliche Wissenschaft und die Kunde der älteren Kirche, Bd.53), Berlin/New York 1989

W.Evenepoel, The Place of Poetry in Latin Christianity, in: Early Christian Poetry. A collection of Essays. Edited by J.den Boeft and A.Hilhorst, Leiden/New York/Köln 1993, 35/60

Ch.Gnilka, ΧΡΗΣΙΣ. Die Methode der Kirchenväter im Umgang mit der antiken Literatur. I Der Begriff des "rechten Gebrauchs", Basel/Stuttgart 1984. II Kultur und Conversion, Basel 1993.

Ch.Gnilka, Prudentiana (I Critica, II Exegetica, III Supplementum), München/Leipzig 2000/3

J.Golega, Studien über die Evangeliendichtung des Nonnos von Panopolis. Ein Beitrag zur Geschichte der Bibeldichtung im Altertum (= Breslauer Studien zur historischen Theologie, Bd.15), Breslau 1930

A.von Harnack, Die Terminologie der Wiedergeburt und verwandter Erlebnisse in der ältesten Kirche, Leipzig 1918

R.Herzog, Bibelepik = Die Bibelepik der lateinischen Spätantike. Formgeschichte einer erbaulichen Gattung. Bd.1, München 1975

G.Jachmann, Ausgewählte Schriften, hrsg. von Christian Gnilka (= Beiträge zur Klassischen Philologie 128), Königstein/Ts. 1981

D.Kartschoke, Bibeldichtung. Studien zur Geschichte der epischen Bibelparaphrase von Juvencus bis Otfried von Weißenburg, München 1975

F.-H.Kettler, Funktion und Tragweite der historischen Kritik des Origenes an den Evangelien, Kairos 15.1973.36/49

W.Kirsch, Die lateinische Versepik des 4. Jahrhunderts (= Schriften zur Geschichte und Kultur der Antike, Bd.28), Berlin 1989

C.Kopp, Die Heiligen Stätten der Evangelien, Regensburg 1959

M.Lausberg, Parcere subiectis. Zur Vergilnachfolge in der Johannis des Coripp, Jahrbuch für Antike und Christentum 32.1989.105/26

P.Klopsch, Einführung in die Dichtungslehren des lateinischen Mittelalters, Darmstadt 1980

H.Merkel, Widersprüche = Die Widersprüche zwischen den Evangelien (= Wissenschaftliche Untersuchungen zum Neuen Testament, Bd.13), Tübingen 1971

H.Merkel, Pluralität = Die Pluralität der Evangelien als theologisches und exegetisches Problem in der Alten Kirche, Bern/Frankfurt/Las Vegas 1978

H.Merkel, Überlieferungen = Die Überlieferungen der Alten Kirche über das Verhältnis der Evangelien, in: The interrelations of the gospels. A symposium led by M.-É.Boismard, W.R.Farmer, F.Neirynck. Jerusalem 1984. Ed. by David E.Dungan (= Bibliotheca Ephemeridum Theologicarum Lovaniensium, Bd.95), Löwen 1990, 566/90

H.Merkel, Frühchristliche Autoren = Frühchristliche Autoren über Johannes und die Synoptiker, in: John and the Synoptics, ed. Adelbert Denaux, Löwen 1992 (= Bibliotheca Ephemeridum Theologicarum Lovaniensium, Bd.101), 403/8

P.G. van der Nat, Minucius Felix und Lactanz = Minucius Felix und Lactanz, in: Christianisme et formes littéraires de l'antiquité tardive en occident (= Entretiens sur l'antiquité classique, Bd.23), Genf 1976

M.Roberts, Biblical epic and rhetorical paraphrase in late antiquity (= Arca 16), Liverpool 1985

D.Schaller, La Poesia Epica, in: Lo Spazio Letterario del Medioevo I: Il Medioevo Latino, ed. Guglielmo Cavallo, Claudio Leonardi, Enrico Menestò, vol.I: La Produzione del Testo, t.II, Rom 1993, 9/42

D.Schaller, Studien = Studien zur Lateinischen Dichtung des Frühmittelalters (= Quellen und Untersuchungen zur Lateinischen Philologie des Mittelalters, Bd.11), Stuttgart 1995

H.-M. Schenke (Jakobsbrunnen - Josephsgrab - Sychar. Topographische Untersuchungen und Erwägungen in der Perspektive von Joh.4,5.6, Zeitschrift des Deutschen Palästina-Vereins 84.1968.159/84

A.Smitmans, Das Weinwunder von Kana. Die Auslegung von Jo 2,1-11 bei den Vätern und heute, Tübingen 1966, 98/125

K.Smolak, Bibelepik = Die Bibelepik als "verfehlte Gattung", Wiener Humanistische Blätter 41.1999.7/24

C.P.E.Springer, The gospel as epic in late antiquity. The Paschale Carmen of Sedulius (= Vigiliae Christianae, Suppl.2), Leiden/New York/Kopenhagen/Köln 1988

H.Windisch, Hans, Johannes und die Synoptiker. Wollte der vierte Evangelist die älteren Evangelien ergänzen oder ersetzen? (= Untersuchungen zum Neuen Testament, Bd.12), Leipzig 1926

J.Zangenberg, ΣAMAPEIA, Antike Quellen zur Geschichte und Kultur der Samaritaner in deutscher Übersetzung (= Texte und Arbeiten zum neutestamentlichen Zeitalter, Bd.15), Tübingen/Basel 1994

J.Zangenberg, Frühes Christentum in Samarien. Topographische und traditionsgeschichtliche Studien zu den Samariatexten im Johannesevangelium (= Texte und Arbeiten zum neutestamentlichen Zeitalter, Bd.27), Tübingen/Basel 1998

O.Zwierlein, Zur Kritik und Exegese des Plautus II, Mainz 1991

Kommentare

A.Arweiler, Die Imitation antiker und spätantiker Literatur in der Dichtung "De spiritalis historiae gestis" des Alcimus Avitus. Mit einem Kommentar zu Avit.carm.4.429-540 und 5.526-703 (= Untersuchungen zur antiken Literatur und Geschichte, Bd.52), Berlin/New York 1999

C.K.Barrett, The Gospel according to St.John. An introduction with commentary and notes on the Greek text, London 1978[2] (dt. Göttingen 1990)

W.Bauer, Das Johannesevangelium (= Handbuch zum Neuen Testament, Bd.6), Tübingen 1925[2]

F.Bömer, P.Ovidius Naso, Die Fasten. Herausgegeben, übersetzt und kommentiert (2 Bde.), Heidelberg 1957/8

F.Bömer, P.Ovidius Naso, Metamorphosen. Kommentar (7 Bde.), Heidelberg, 1969/86

R.Bultmann, Das Evangelium des Johannes, Göttingen 1968[19]

G.W.Clarke, The letters of St.Cyprian of Carthage (= Ancient Christian Writers Bd.43f., Bd.46f.), New York 1984/9 (engl. Übers. u. Kommentar)

K.M.Coleman, Statius, Silvae 4, Oxford 1988

J.Conington u. H.Nettleship, The works of Virgil with a commentary (vol I: Eclogues and Georgics, vol.II, III: Aeneid), London 1898[5] (vol.I), 1884[4] (vol.II), 1883[3] (vol.III) (Nachdr. Hildesheim/New York 1979)

H.Dreyling, Lucan, Bellum civile II 1-525. Ein Kommentar, Diss. Köln 1999

J.Fontaine, Ambroise de Milan. Hymnes. Texte établi, traduit et annoté sous la direction de Jacques Fontaine, Paris 1992

C.J.Fordyce, P.Vergili Maronis Aeneidos libri VII-VII with a commentary by C.J. Fordyce, Oxford 1977

M.Hammond, A.M.Mack, W.Moskalew, T.Macci Plauti Miles Gloriosus. Edited with an introduction and notes. Revised by M.Hammond, Cambridge/Mass. 1970

R.Heinze, T.Lucretius Carus. De rerum natura Buch III erklärt von Richard Heinze, Leipzig 1897

A.Heubeck, St.West, J.B.Hainsworth, A commentary on Homer's Odyssey, 3 Bde., Oxford 1988ff.

N.Horsfall, Virgil, Aeneid 7. A Commentary by Nicholas Horsfall, Leiden/Boston/Köln 2000

HThK NT = Herders Theologischer Kommentar zum Neuen Testament, Freiburg/Basel/ Wien, 1971ff. (Nachdr. 2001)

A.Kiessling u. R.Heinze, Q.Horatius Flaccus, 1.Teil: Oden und Epoden, Berlin 1930⁷ (Nachdr. Hildesheim 1984); 2.Teil: Satiren, Berlin 1921⁵ (Nachdr. Dublin/Zürich 1977; 3.Teil: Briefe, Berlin 1914⁴ (Nachdr. Hildesheim 1984)

G.S.Kirk, The Iliad: A Commentary, Cambridge/London/New York/New Rochelle/Melbourne/Sydney 1985ff.

W.Kroll, C.Valerius Catullus. Herausgegeben und erklärt von Wilhelm Kroll, Stuttgart 1989⁷

M.-J.Lagrange, Évangile selon Saint Jean, Paris 1937³

E.Löfstedt, Philologischer Kommentar zur Peregrinatio Aetheriae, Uppsala 1936

Ch.Lucke, P.Ovidius Naso, Remedia amoris. Kommentar zu Vers 397-814 (= Habelts Dissertationsdrucke. Reihe Klassische Philologie, Heft 33), Bonn 1982

R.O.A.M. Lyne, Ciris. A poem attributed to Vergil edited with an introduction and commentary, Cambridge 1978

M.Mazzega, Sedulius, Carmen Paschale, Buch III (= Chrêsis V), Basel 1996

R.G.M.Nisbet u. M.Hubbard, A commentary on Horace: Odes Book 1, Oxford 1970; Book 2, Oxford 1978

E.Norden, P.Vergilius Maro. Aeneis Buch VI, Darmstadt 1957⁴

A.S.Pease, M.Tulli Ciceronis De Natura Deorum Libri III, Cambridge/Mass. 1955 (Nachdr. Darmstadt 1968)

W.Richter, Vergil, Georgica. Herausgegeben und erklärt von Will Richter, München 1957

O.Skutsch, The Annals of Q.Ennius, edited with introduction and commentary, Oxford 1985

F.Spaltenstein, Commentaire des Punica de Silius Italicus (= Université de Lausanne. Publications de la faculté des lettres. XXVIII), Genf 1986/90 (2 Bde.)

H.L.Strack u. P.Billerbeck, Das Evangelium nach Markus, Lukas und Johannes und die Apostelgeschichte erläutert aus Talmud und Midrasch (= Kommentar zum Neuen Testament aus Talmud und Midrasch, Bd.2), München 1924

M.van Assendelft, Sol ecce surgit igneus. A commentary on the morning and evening hymns of Prudentius (Cathemerinon 1,2,5 and 6), Groningen 1976

P.W.A.Th.van der Laan, Sedulius Carmen Paschale Boek 4. Inleiding, vertaling, commentaar (Diss. Leiden 1990), Oud-Beijerland 1990

P.van der Weijden, Laudes Domini. Tekst, vertaling en commentar, Amsterdam 1967

W.J.Verdenius, A Commentary on Hesiod. Works and Days, vv. 1-382, Leiden 1985

G.G.Vioque, Martial, Book VII. A Commentary by Guillermo Galán Vioque, Leiden/Boston/Köln 2002

J.P.Waltzing, Tertullien, Apologétique. Commentaire analytique, grammatical et historique, Paris 1931

M.-L.West, Hesiod, Works and Days. Edited with Prolegomena and Commentary, Oxford 1978

U.Wilckens, Das Evangelium nach Johannes (= Das Neue Testament Deutsch, Bd.4), Göttingen 1998[17]

E.Woytek, T.Maccius Plautus, Persa. Einleitung, Text und Kommentar (= Österreichische Akademie der Wissenschaften, Philosophisch-historische Klasse. Sitzungsberichte, Bd.385), Wien 1982

O.Zwierlein, Severi Episcopi <Malacitani (?)> in Evangelia Libri XII. Das Trierer Fragment der Bücher VIII-X. Unter Mitwirkung von Reinhart Herzog erstmalig herausgegeben und kommentiert von Bernhard Bischoff und Willy Schetter; bearbeitet von Otto Zwierlein (= Bayerische Akademie der Wissenschaften. Phil.-hist. Klasse, Abhandlungen N.F. 109), München 1994